OEUVRES
DE
VOLTAIRE

AVEC

PRÉFACES, AVERTISSEMENTS,
NOTES, ETC.

PAR M. BEUCHOT.

TOME LXXI.

TABLE ALPHABÉTIQUE ET ANALYTIQUE

DES MATIÈRES

PAR MIGER.

TOME I.

A — K.

A PARIS,
CHEZ M. BEUCHOT,
RUE DE L'UNIVERSITÉ, N° 116.
LEFÈVRE, LIBRAIRE, RUE DE L'ÉPERON, N° 6.
AIMÉ-ANDRÉ, LIBRAIRE, RUE CHRISTINE, N° 1.

M DCCC XL.

OEUVRES
DE
VOLTAIRE.

TOME LXXI.

TABLE DES MATIÈRES.

TOME I.

DE L'IMPRIMERIE DE CRAPELET,
RUE DE VAUGIRARD, N° 9.

PRÉFACE.

Je serais très bref si je n'avais à parler que de la Table. Qu'aurais-je à dire de son utilité, quand la nécessité en est évidente? C'est la cinquième fois que Miger faisait une table de Voltaire (1), et chaque fois il a dû améliorer son travail. Les améliorations qu'il a faites dans sa table pour mon édition consistent en additions à des articles, et en additions d'articles. Je crois pouvoir évaluer ces augmentations à un dixième.

Mais je profiterai de l'occasion pour donner quelques rectifications importantes qui se rapportent à différents volumes de mon édition.

Tome XI.

Page 238, vers 15, on a imprimé :

Aristote : il faut lire, *Arioste.*

Page 275-6, on a omis quatre vers, on en a transposé quatre, et répété quatre. Voici comment doit commencer la page 275 :

> Bien résolu d'attraper le malin.
> Le voilà donc qui travaille au mystère ;
> Il dit tout bas : *Sanctam, Catholicam,*
> *Papam, Romam, aquam benedictam ;*
> Puis de Bonneau prend la tasse ; et va vite
> Adroitement asperger d'eau bénite
> Le farfadet né de la belle Alix.
> Chez les païens l'eau brûlante du Styx
> Fut moins fatale, etc.

---

(1) Les quatre éditions dont Miger avait précédemment fait les tables sont celles dont j'ai parlé dans ma *Préface générale,* sous les numéros XXXVII, XXXVIII, XLI XLIV.

Il faut supprimer les quatre derniers vers de la même page :

> Et des baisers, etc.,

qui commencent la page 276.

Cette faute inconcevable, que je ne saurais expliquer, n'existant que dans un très petit nombre d'exemplaires, il était inutile de faire un carton ; mais au moins fallait-il la signaler.

Tome XXXVII.

Page 344, j'ai donné la date de 1734 au *Fragment d'une lettre sur Didon*. C'est une erreur qui me tourmentait (*voyez* tome xl, pages 144 et 152); que j'ai répétée cependant tome xxxii, page 437; mais que j'ai signalée et relevée tome lxv, page 18.

Par un *lapsus calami*, en faisant ma première note, je renvoyais à la lettre de Thieriot du 20 mars; mais j'avais omis la date. Je me reportai naturellement à l'année où *Didon* avait paru. La lettre à Thieriot est de 1736. (*Voyez* lii, 226.) Ce qui donna naissance au *Fragment d'une lettre sur Didon* fut le mauvais procédé de Le Franc, dont j'ai parlé dans mon *Avis* en tête d'*Alzire*, tome iv, page 148, et aussi tome xiv, pages 156-157.

Tome XLIII.

En donnant, pages 293 et suivantes, le *Mémoire présenté au ministère de France*, etc., j'ai dit que je le reproduisais d'après le *Journal encyclopédique*, avec des points à la fin de plusieurs alinéa; *ce qui*, ajoutai-je, *semble indiquer des lacunes*.

M. Angliviel, bibliothécaire du dépôt de la marine à Paris, qui possède un exemplaire du Mémoire de Voltaire contre son oncle, a bien voulu me le communiquer. Je puis donc, grâce à lui, rétablir aujourd'hui les suppressions faites par l'éditeur du *Journal encyclopédique*.

Et d'abord la pièce est intitulée Mémoire pour être mis *à la tête de la nouvelle édition qu'on prépare du* Siècle de Louis XIV, *et pour être distribué à ceux qui ont les anciennes.* C'est un in-8° de 15 pages.

TABLE ANALYTIQUE

DES MATIÈRES

CONTENUES

DANS LES OEUVRES DE VOLTAIRE.

(Les chiffres romains indiquent les tomes; et les chiffres arabes, les pages.)

A

A. Première lettre de tous les alphabets, XXVI, 11. — Substitué à l'o dans la syllabe *oi*; raisons de ce changement, VIII, 80; XII, 247; XXVI, 12 *et suiv.*; XXXV, 63; XXXVI, 103; XLI, 569; LXIV, 325; LXVI, 198, 211, 222. — Considéré comme verbe et comme préposition, XXVI, 15. — Pourquoi devint une lettre sacrée chez presque toutes les nations, 17.

AARON, frère de Moïse. Érige le veau d'or; commentaire sur son crime, que le peuple expie, tandis que lui-même en est récompensé, XLIX, 136, 138. — Oint par Moïse, tout prévaricateur qu'il était, *ibid.*, 154. — De sa fameuse querelle avec Coré, Datan et Abiron, 155. — Quelle en fut l'origine, XLIV, 119. — Ancien conte d'un Juif à son sujet, conservé par Fabricius, XXVIII, 277; XLVIII, 305; L., 473.

AARON-AL-RASCHILD, ou *le Juste*, calife de Bagdad. Envoie des missionnaires musulmans dans l'Inde, XV, 293. — Ne convertit pas, comme Charlemagne, avec le fer et le plomb, *ibid.* — Impose un tribut à l'impératrice Irène, 496. — Sur le refus de Nicéphore de le payer, prend l'île de Chypre et ravage la Grèce, *ibid.* — Sait se faire respecter jusqu'en Espagne et au fleuve de l'Inde; ranime les sciences et les arts, et fait succéder dans ses États la politesse à la barbarie, 333; XXIII, 38. — Envoie à l'empereur d'Occident des ambassadeurs et une horloge sonnante, regardée alors comme une merveille, XV, 433; XXIII, 65. — Ne lui a pas proposé, comme on l'a dit, de lui céder Jérusalem,

ibid. — En quoi est supérieur à ce prince; *ibid.*; XV, 416.

ABADIE (*Jean*), jésuite. (*Voy.* LABADIE.)

ABAKUM, archiprêtre russe. Ses dogmes et sa secte, XXV, 93.

ABARES (les), nation de Scythes. (*Voy.* Avares.)

ABAUZIT (*Firmin*). Un des savants hommes de l'Europe; et, au gré de l'auteur, le mieux savant, LXII, 92. — Explication qu'il donne de la Trinité, XXXI, 402 *et suiv.* — Ce qu'il rapporte au sujet de la mort de Nicolas-Antoine, XXXI, 231. — Voltaire lui attribue l'article *Apocalypse* de son *Dictionnaire philosophique*, LXII, 49, 51. — Et la *Préface* de la *Réponse d'un solitaire de la Trappe* à l'abbé de Rancé, par La Harpe, XLIII, 618. — Notes qui le concernent, LVIII, 413; LIX, 577.

ABBADIE (*Jacques*). Auteur du *Traité de la religion chrétienne réformée* et de l'*Ouverture des Sept Sceaux*; notice, XIX, 47. — Plaisanteries contre lui, XXXIV, 312; XXXIX, 458; XLIII, 208. — Mort fou, XXXIX, 458; XLIII, 208. — Preuve ridicule qu'il apportait des écrits de Moïse, XLII, 170; XLIII, 55; XLVI, 172.

Abbaye. Ce qu'on entend par ce mot, XXVI, 27. — Proposition faite à Henri III de faire ériger en *commendes* séculières toutes les abbayes; pourquoi ce projet n'eut pas lieu, 37. — Des femmes, des séculiers, des huguenots même en ont possédé; on en a donné aux reines pour leurs menus plaisirs, *ibid.*; XVIII, 181.

Abbés. Signification et origine de ce mot, XV, 444; XXVI, 27. — Décision d'un concile de Paris sur ce titre, *ibid.* — Les abbés n'étaient point prêtres dans les premiers siècles de l'Église, 35. — Étaient chefs des monastères, et les pères spirituels de leurs moines, 38. — Leurs successeurs sont devenus princes, 36, 39; XVI, 335. — Leur puissance long-temps avant Charlemagne, XV, 442. — Avaient un grand nombre de serfs, et les menaient à la guerre, *ibid. et suiv.* — Traitements cruels qu'ils exerçaient sur leurs moines, 444. — Furent de petits rois sous le gouvernement féodal, 523. — Quand portèrent le bâton pastoral, 444. — Différence entre les abbés commendataires et les abbés réguliers, XXVII, 367. — Abbés bénédictins maltraités par Jean Trithème et par Le Camus, évêque de Belley, 368.

Abbesses. Vers et note sur leur origine et sur l'étendue de leur autorité, XI, 61. — Confessaient d'abord leurs religieuses; pourquoi on leur a ôté ce droit, XXVIII, 161 *et suiv.*; XLI, 71; XLV, 143, 151; XLVII, 555.

Abbeville. Correspondance entre Voltaire et Dalembert sur les atrocités juridiques commises en cette ville en 1766, LXIII, 192 à 271. — Lettres de Frédéric II sur le même sujet, 265, 273. — En quoi ce procès est plus atroce que celui des Calas, XXXII, 275; XLIII, 431. — Précis qu'on en donne, XLVIII, 134 *et suiv.* (*Voy.* LA BARRE et ÉTALONDE DE MORIVAL.) — Autres réflexions contre l'arrêt, LXIV, 240 *et suiv.*

A. B. C. (l'), ou *Dialogues entre A. B. C.*, supposés traduits de l'anglais de M. Huet: sur *Hobbes*, *Grotius* et *Montesquieu*, XLV, 1. — Sur l'*Ame*, 25. — *Si l'Homme est né méchant et enfant du Diable*, 30. — De la *Loi naturelle* et de la *Curiosité*, 43. — Des *Manières de perdre et de garder sa liberté*, et de la *Théocratie*, 49. — Des *Trois Gouvernements* et de mille erreurs anciennes, 56. — Que l'*Europe moderne vaut mieux que l'Europe ancienne*, 61. — Des *Serfs de corps*, 66. — Des *Esprits serfs*, 72. — Sur la *Religion*, 77. — Du *Droit de la guerre*, 86. — Du *Code de la Perfidie*, 97. — Des *Lois fondamentales*, 103. — Que *tout État doit être indépendant*, 108. — De la *meilleure Législation*, 113. — Des *Abus*, 117. — Sur des *Choses curieuses*, 120. — Ce qu'en dit l'auteur dans sa Correspondance, LXV, 261, 276, 288, 298.

A. B. C. (*Voy.* Alphabet.)

ABDALA, roi de Tolède. Épouse la sœur d'Alphonse V, roi de Léon, XVI, 54.

ABDALA. Brigand qui devint un héros et un grand prince, au 18ᵉ siècle, XLVII, 338, 355. — Sans les Marattes, eût été un Tamerlan, un Alexandre, 342, 483.

ABDALLA-MOUTALEB, grand-père de Mahomet, XV, 317; XL, 171.

ABDÉLAZIS, fils de Muzza. Épouse la veuve du roi Rodrigue, que les armes de son père ont fait périr, VII, 133; XV, 491.

ABDÉRAME, gouverneur d'Espagne pour le sultan d'Égypte. S'en empare pour son propre compte; ses conquêtes, XV, 331, 492; XXIII, 38. — Vaincu et tué par Charles Martel, *ibid.*; XV, 332.

ABDIAS. Syrien qui vivait vers la fin du 1ᵉʳ siècle, et qui fut contemporain de Jésus-Christ, XLIV, 182. — Disciple des apôtres et leur successeur, fait leur histoire et y mêle des fables absurdes, XV, 349; XXVIII, 72; XLII, 133; XLIII, 584. — Accuse saint Paul de la lapidation de saint Jacques-le-Mineur, XXXI, 387. — Pauvretés qu'il raconte au sujet du prétendu combat des deux Simons à Rome, XXVIII, 73; XLIII, 125; XLIV, 183. — Peu de cas qu'on en doit faire comme historien, LXVI, 169.

Abdications de CASIMIR, roi de Pologne; de CHRISTINE de Suède; de PHILIPPE V d'Espagne; de VICTOR-AMÉDÉE, roi de Sardaigne, etc. (*Voy.* ces noms divers.)

ABDOUL-ACHMET, frère du sultan Mustapha III. Lui succède; son caractère, LXVI, 544.

ABEILLE (*Louis-Paul*), agronome. Lettre qui lui est adressée en 1761, LX, 4. — Autre en 1762, 165.

Abeilles. Antique préjugé qu'elles peuvent naître d'un cadavre pourri, XV, 211. — Virgile s'y est conformé dans la fable d'*Aristée*, *ibid.* — Samson en trouva un essaim dans la gueule d'un lion, *ibid.* — Par qui ont été observées, XXVI, 41. — Elles n'ont ni roi, ni reine, comme on l'a prétendu, 40; XLIV; 227. — Précis de la fameuse *Fable des Abeilles*, de Mandeville, XXVI, 44. — Description poétique d'une ruche qui fond tout entière sur un imprudent, XI, 105. — Vers caractéristiques, XII, 166. — Comparaison poétique, LII, 593. (*Voy.* MANDEVILLE et VIRGILE.)

ABÉLARD. Bel esprit, mais a payé tribut au mauvais goût du 12ᵉ siècle, XVI, 428.

ABEN-HEZRA, rabbin. Le premier qui osa prétendre que le *Pentateuque* avait été rédigé long-temps après Moïse, xv, 179; XLI, 300, 301. — Fut, chez les Juifs, le fondateur de la Raison, XLIII, 540.

Abensaïd, tragédie. (*Voy.* LE BLANC.)

ABGARE, prétendu roi d'Edesse. Son commerce épistolaire avec Jésus-Christ regardé comme une chimère, xv, 360, 368; xxvi, 460; xxviii, 71; XLIII, 124; XLIV, 175.

ABIAS, roitelet de Juda. Observation critique sur ses quatorze femmes, et sur le grand nombre de ses soldats, XLIX, 330 *et suiv.*

ABID, poëte arabe. (*Voy.* LABID.)

ABIMÉLECH, roi de Gérare. Enlève Sara et ensuite Rebecca; commentaire sur cette double aventure, XLIX, 50, 64. — Autres réflexions, xxx, 27.

ABIMÉLECH, fils de Gédéon. Égorge ses soixante-dix frères, et règne sur les Hébreux; réflexions à ce sujet, XLIX, 213 *et suiv.*

ABINGTON (lord). Notice qui le concerne, et comment figure dans la *Guerre civile de Genève*, XII, 284, 286.

ABLANCOURT. (*Voy.* PERROT D'.)

ABLAVIUS, consul. Vers latins où il peint Constantin comme un Néron; XLIII, 169.

Abondance (l'). Mère des arts et des heureux travaux; vers à ce sujet, XIV, 127.

ABRAHAM. Le même qu'*Abram, Abrama, Bram, Brama, Ibrahim,* xv, 71. — Contradictions et difficultés du récit que le *Pentateuque* fait de ses aventures, 72. — Comment fut d'abord appelé, XLIX, 38, 40. — Calculs et incertitudes sur l'époque de sa naissance, 41. — Et sur sa parenté avec Sara, 51. — A quel âge il dut quitter son pays, et quel intervalle a pu s'écouler entre le déluge et son voyage en Égypte, 34, 41. — Observations critiques sur la conduite qu'il tint avec Sara, son épouse, et avec Agar, sa concubine, 38, 53. — Sur le commerce immédiat qu'il eut avec Dieu; sur ses combats et sur ses victoires, 40 *et suiv.* — Sur le repas qu'il donna aux anges qui vinrent le visiter, 42. — Sur le sacrifice qu'il voulut faire de son fils Isaac, 55. — Sur ses richesses prétendues, 58. — Sur son second mariage avec Céthura, 61. — Autres observations critiques sur son histoire; xxx, 26 *et suiv.;* XLIII, 334. — Fait époque pour les Occidentaux, et non pour les Orientaux, xxvi, 46. — Personnage considérable revendiqué par les Persans, les Chaldéens et les Mages, 51. — Pris pour le Brama des Indiens, *ibid.* — Regardé par les Arabes comme le fondateur de la Mecque, *ibid.* — Les musulmans croyaient y avoir son tombeau, v, 89. — Quel respect avait pour lui Mahomet, et ce qu'il en dit dans le Koran, xxvi, 51. — Les Arabes et les Juifs ont voulu établir leur descendance de ce patriarche, 61. — Remarques importantes à ce sujet, 66. — Confondu quelquefois avec Zoroastre, 67. — Observations sur sa circoncision, *ibid. et suiv.*

ABRANTÈS (duc d'). Anecdote qui le concerne, XIX, 524. (*Voy.* HARRAC.)

Abrégé chronologique de l'Histoire de France, publié par le président Hénault. Quels en sont les véritables auteurs, LVIII, 495; LXVI, 525. (*Voy.* BOUDOT, DUMOLARD, HÉNAULT.)

ABSALON, fils de David. Commentaire sur son fratricide, XLIX, 296. — Sur sa conduite avec Joab, dont il brûla la moisson, 297. — Sur sa rébellion contre son père, 298. — Et sur les dix incestes qu'il commit à la face de tout Israël, 301.

Absence (l'). Dangereuse pour les amants, XI, 68. — Un portrait la trompe, 124. — Augmente toujours l'amour non satisfait, XXXII, 443.

Absolutions. Comment tarifées par la cour de Rome, pour apostasie, bigamie, hérésie, homicide, XXVIII, 491. — Pour paillardise, adultère, inceste, viol, parricide, vol, incendie, etc., XXXII, 316 *et suiv.* (*Voy.* Taxes *et* Péchés.)

Abstinence (l'). N'a jamais fait d'heureux, XII, 84.

ABUBÉKER, beau-père de Mahomet. Pourquoi nommé calife après la mort de son gendre, xv, 325. — Rassemble en un corps les feuilles éparses du Koran, *ibid.* — Son éloge, 326. — Début de son testament, *ibid.*

ABUFAR, roi maure, au 8e siècle. Rend hommage à Louis-le-Débonnaire, qui gouvernait l'Aquitaine sous son père, avec le titre de roi, xv, 493.

ABULCASI (le kan). Historien des Mogols, xv, 22; xvi, 223.

ABULFÉDA (le docteur). Auteur très canonique chez les Turcs, XL, 172. — Étrange histoire qu'au bout de sept cents ans il rapporte sur Mahomet, XXVII, 50.

Abus. Vice attaché à tous les usages, à toutes les lois, à toutes les institutions des hommes, xxvi, 69. — Gouvernent les États; ce que peuvent répondre les

nations auxquelles on en reproche, *ibid.*
— Ceux imputés à la nature, XLV, 118. —
Et à la société, 119. — Pourquoi les abus
subsistent, V, 486. — Que les abus publics ne sont corrigés qu'à la dernière extrémité, *ibid.* — Que, plus ils sont antiques, et plus ils sont sacrés, IX, 32. —
Qu'ils servent de lois dans presque toute
la terre, XX, 349. — Qu'ils ne doivent
jamais, quels qu'ils soient, jouir du droit
de prescription, XLII, 206. — Que, lorsqu'un abus est enraciné, il faut un coup
de foudre pour le détruire, XLVIII, 106.
— Que les abus sont malheureusement nécessaires dans ce monde, LXIV, 33.

Abus (appel comme d'). (Voy. *Appel.*)
Abyssinie (l'). (Voy. *Ethiopie.*)
Abyssins (les). Demi-chrétiens que Cosroès-le-Grand chassa d'Arabie, XV, 305.
— Qui ils reconnaissent pour patriarche,
XVII, 383.

Académicien (un) *de Berlin.* Pseudonyme de Voltaire pour la *Réponse à un académicien de Paris*, sur la querelle de Koënig avec Maupertuis, LVI, 181.

Académie d'architecture à Paris. Sa formation; quand et par qui fut instituée, XX, 329.

Académie de Cortone. S'associe Voltaire; lettre de remerciment qu'elle en reçoit, LV, 129.

Académie de Dijon. Observations critiques sur la question proposée par elle :
Si les belles-lettres ont épuré les mœurs, LV, 480.

Académie de peinture. Son établissement à Paris et à Rome, XX, 331.

Académie del Cimento, à Florence. Son
établissement; services qu'elle a rendus,
XX, 297.

Académie della Crusca, à Florence.
Son origine, XXVI, 80. — A quelle condition ses membres prennent ce titre en
tête de leurs livres, IX, 459. — Lettre qui
lui est adressée par l'auteur en 1746, LV,
122.

Académie des inscriptions et belles-lettres. Époque de son établissement,
XXVI, 78. — Ses travaux, ses Mémoires, 80. — Son but sage et utile, XXXVII, 272.
— Services qu'elle a rendus à l'histoire,
XX, 300. — Anerie qu'on lui reproche,
LII, 120.

Académie française. Époque de son
institution par Louis XIII, XIX, 240. —
Résistance apportée par le parlement de
Paris à son établissement, XXII, 247. —
Ses premiers règlements, XXXVI, 77. —
De sa *Critique du Cid*, et Remarques sur
cet ouvrage, XXXV, 44, 107, 113. — Plaisanteries dont elle est l'objet, XIII, 178, 182. — Quatrain épigrammatique, LIV, 81. — Autres vers satiriques du roi de
Prusse, 535; LV, 294. — Lettres qui lui
sont adressées par Voltaire, au sujet des
éditions falsifiées de la *Pucelle*, LVI, 784,
791. — De l'*Histoire* prétendue *de la guerre de* 1741, 807. — De la Dédicace
des *Commentaires sur Corneille*, XXXV, 1.
— De la traduction de Shakspeare par
Le Tourneur, XLVIII, 403. — Pour recommander l'abbé Delille à ses suffrages,
LXVII, 76. — Sur la tragédie d'*Irène*, IX,
459. — Loi absurde qu'on lui fit, en
1671, d'exiger, pour les discours des prix,
l'approbation de deux docteurs en théologie, LXIV, 290. — Cette loi tombée en
désuétude; à quelle occasion fut renouvelée par un arrêt du conseil, en 1771,
LXVII, 257. — Outrage qu'elle fit à l'abbé
de Saint-Pierre en l'excluant de son sein,
et refus qu'elle fit d'entendre son éloge
après sa mort, XIX, 198 *et suiv.* — Ne
doit être ni un séminaire, ni une cour
des pairs, LX, 264. — En quoi les discours de réception y ont été long-temps
ridicules; Voltaire, dans le sien, a secoué
le premier le joug de l'usage, I, 186;
XXXVII, 271 *et suiv.*; XXXVIII, 545 *et suiv.*; XLVIII, 348. — Monotonie de ses
éloges pour Louis XIV, XIII, 35. —
Qu'on n'a guère écrit contre elle que des
plaisanteries frivoles et insipides, XXVI,
81. — Comparée à une maîtresse contre
laquelle on fait des chansons et des épigrammes jusqu'à ce qu'on ait obtenu ses
faveurs, et qu'on néglige dès qu'on en a
la possession, LI, 309. — En 1763, autorisa son secrétaire à signer pour elle au
contrat de mariage de Mlle Corneille, LX,
542. — De son *Dictionnaire*, et de son
idée de publier nos auteurs classiques avec
des notes instructives, LIX, 407, 428.
(Voy. *Dictionnaire de l'Académie* et *Classiques français*). — Avantages des prix
institués par cette compagnie, LXVI, 13.

Académies. Origine et signification de
ce mot, XXVI, 79. — Les Italiens furent
les premiers qui en instituèrent, après la
renaissance des lettres, 80. — Origine de
l'usage, qui s'est introduit chez eux, de
changer le nom de ceux qui y sont admis,
XXII, 56. — Services qu'elles ont rendus,
XXI, 485. — Avantages signalés qu'elles
ont produits dans les provinces, XXVI,
81. — Ont formé en Europe une sorte de

république littéraire, xx, 342. — A quoi peuvent servir, xxxvii, 269. — Sorte de fatalité qu'il y a sur elles, et qui fait qu'aucun ouvrage académique n'a été encore, en aucun genre, un ouvrage de génie, xix, 227; lii, 120. — Sont fondées pour le mérite; mais le frelon y prend trop souvent la place de l'abeille, iii, 145. — Des brigues et haines personnelles dont elles sont toutes infectées, liii, 299.

Académiste (l'). En quoi diffère de l'académicien, xxvi, 80.

ACBAR, fils de Humaïou. Brigand heureux qui régna dans l'Inde, et y établit une puissance durable, xlvii, 478, 479. — Ce qu'en dit le P. Catrou, *ibid*.

Accord de la religion et de l'humanité. Libelle attribué à divers auteurs, et réfuté par Voltaire, xli, 261, 370.

Accusateurs. Précautions à prendre contre eux, l, 324.

Accusés. Le droit naturel prescrit de leur donner des avocats, xlii, 475; l, 326. — Leur condamnation par contumace est à la fois une injustice et une barbarie, xxi, 416; xxviii, 242, 247; xlii, 472, 474. — Des degrés de vérité selon lesquels on les juge, xxxii, 433.

ACEILLY. (*Voy.* CAILLI).

ACHAB, roi d'Israël. De sa confiscation de la vigne de Naboth, xxi, 413; xlii, 458. — Refuse d'égorger Benhabad, roi syrien; attire ainsi sur lui la colère du ciel, et surtout celle des prophètes, xi, 253. — Invraisemblance de son histoire, xlix, 339. — A quoi ressemble le dieu Sabaoth qui le trompe, 341. — Pourquoi méritait d'être puni, *ibid*. — De son luxe et de sa maison d'ivoire, *ibid*.

ACHAZ, roi de Juda. De la prophétie singulière que lui fit Isaïe, xv, 195. — Du miracle prétendu de son horloge (*Voy*. ÉZÉCHIAS).

ACHÉ (le chevalier d'.) (*Voy.* DARCHER.)

ACHERI (don *Jean-Luc* d'), bénédictin compilateur. Notice, xix, 47. — Son *Spicilége* cité sur l'inquisiteur Robert, xvi, 254.

ACHMET Ier, sultan. Fils de Mahomet III, lui succède à l'âge de 13 ans, xxiii, 559. — Paix honteuse qu'il fait avec l'empereur Matthias, 570; xviii, 415. — Tout dégénère sous son règne, 414 *et suiv*.

ACHMET IIe, sultan, fils d'Ibrahim et frère de Soliman III. Était poète et musicien; notice qui le concerne, xix, 11.

ACHMET IIIe, fils de Mahomet IVe, empereur des Turcs. Par quelle révolution succède, en 1703, à son frère Mustapha II juridiquement déposé, xviii, 435; xxiv, 203. — Fait périr tous ceux à qui il devait la couronne, et pourquoi, *ibid.*—Présents qu'il envoie à Charles XII, réfugié à Bender, et réponse aux plaintes de ce prince contre son grand-visir, 212. —Déclare la guerre au czar Pierre, et fait arrêter son ambassadeur, 227; xxv, 214 *et suiv*. — Campagne glorieuse du Pruth, suivie d'un traité de paix avec les Russes, xxiv, 233 *et suiv.*; xxv, 229 *et suiv*. — Sa lettre à Charles XII pour l'engager à retourner dans ses États par la Pologne, xxiv, 250. — Il déclare de nouveau la guerre au czar, qui avait enfreint le traité, 253. — Renouvelle la paix, 255; xxv, 242. — Accorde à Charles l'argent qu'il demande pour son départ, xxiv, 258. — Se résout à employer la force contre ce prince; son discours au divan à son sujet, 263. — Reçoit un mémoire du roi prisonnier; se déguise pour interroger lui-même l'officier qui le lui a présenté, 289. — Présents qu'il fait à ce prince, lors de son départ pour la Suède, 301.— Comment ajoute à l'empire turc plusieurs provinces de la Perse, xxv, 378. — Battu par le prince Eugène à Peterwaradin et à Belgrade; est déposé, xix, 12. — Les janissaires et le peuple le forcent à résigner le trône à son neveu Mahmoud, xviii, 435.—Obéit sans résistance, après avoir inutilement sacrifié son grand-visir et ses principaux officiers au ressentiment de la nation, 436; l, 79. — Mention de ses aventures, xxxiii, 326.

ACOMAT, bacha, au 15e siècle. Aborde au royaume de Naples avec 50 galères, et prend Otrante, xxiii, 411. — Puis l'abandonne, 412.

Açores (îles des). Quand et par qui découvertes, xvii, 357. — Monument des anciens Carthaginois sur un de leurs rochers, *ibid*. — Bataille navale; les Français qui y sont faits prisonniers périssent presque tous par la main du bourreau, xviii, 22.

ACOSTA (*Uriel*). Abandonne le judaïsme pour la philosophie, xliii, 47, 549.—A quelle peine en est condamné à Amsterdam, pour avoir détourné deux étrangers du dessein de se faire juifs, *ibid*. — Notes qui le concernent, *ibid.*; xlviii, 532.

Acoustique (l'). Question et réflexions y relatives, lxix, 161.

Actes des apôtres. (Voy. *Apôtres.*)
Actes sincères. (Voy. RUINART.)
Acteurs, actrices. Leur débit séduisant fait admirer trop souvent de mauvais vers, II, 362; III, 3; XIII, 225; LI, 219. (Voy. *Comédiens.*)
Action théâtrale. En quoi consiste, LXII, 20. — Les Anglais y donnent beaucoup, II, 357, 360. — Pourquoi plus elle est majestueuse ou effrayante, et plus elle deviendrait insipide si elle était plus souvent répétée, 358; XL, 294. — Bien ménagée, est un des plus grands ressorts de la tragédie, VII, 9, 403. — Progrès qu'elle doit, parmi nous, à Le Kain et à Mlle Clairon, VIII, 191. (Voy. *Situations* et *Unités théâtrales.*)
Actions (nobles.) D'indignes passions ne doivent point les souiller, II, 215; VII, 405.
Actions de grace. (Voy. *Prières.*)
Actions publiques. Que, dans toutes, la réussite dépend beaucoup plus des accessoires que de la chose même, VIII, 197.
ACTISAN, chef éthiopien, conquérant de l'Egypte. Des brigands qu'il en bannit après les avoir fait mutiler; et dont on a prétendu faire descendre les Juifs, XXIX, 451; XLIII, 398, 403; XLVI, 144; XLIX, 127.
ACYNDINUS (*Septimus*). Sa femme lui est infidèle pour le sauver, et saint Augustin l'approuve, XXVI, 111; XXXIII, 449. — Cette anecdote est le sujet du roman philosophique *Cosi-Sancta*, 41.
ADALGISE, fils de Didier. Cherche en vain à recouvrer le royaume de Lombardie, dont Charlemagne l'a dépouillé, XV, 410; XXIII, 54.
ADAM. Inconnu à toute la terre, excepté en Palestine, jusqu'au temps où les livres juifs ont été répandus, XXVI, 83; XXIX, 545; XLV, 121; XLVII, 335; XLIX, 30; L, 410; LXIX, 558. — Par qui cru hermaphrodite, XXVI, 88. — Pourquoi ne peut être le père des nègres, 89. — Sa formation et celle d'Ève sont une allégorie, *ibid.* — S'il eut la science infuse, XV, 44. — Peinture en vers de la vie qu'il devait mener, XIV, 128, 135. — Plaisanteries à son sujet, XIII, 235. — De la prédiction sur la fin du monde, que Flave Josèphe lui attribue, XXIX, 425; L, 456.
ADAM (le P. *Antoine*), jésuite retiré chez Voltaire. Détails qui le concernent, I, 243; XLV, 150; LVIII, 16; LX, 512; LXI, 319, 475; LXII, 243, 531; LXIII, 9; 473; LXIX, 278. — En quelles circonstances importantes sert de témoin à l'auteur, LXV, 79, 412. — Sa supplique au pape pour obtenir permission de porter perruque, 476. — Remercîments à ce sujet, 529.
Adam (la Mort d'), tragédie de Klopstock. Ce qu'on en dit, LX, 288.
ADDISON, littér. angl. A observé les lois du théâtre, II, 54. Éloge de sa tragédie de *Caton*, 353, 357, 360. — En quoi pèche cette pièce, XXXVI, 521. — Est le poëte des sages, III, 143. — Restrictions à ces éloges, *ibid.*, 153. — Élégance continue et poésie de son style, V, 476. — Pourquoi a composé *Caton* avant la *Mort de Socrate*, VI, 486. — Reproches qu'il a mérités dans son poëme de la *Campagne de Hochstedt*, XII, 118. — A bien fait d'y employer peu de fictions, 122. — Autres détails sur ce poëme en l'honneur de Marlborough, XX, 37. — Sa littérature variée, 336. — Sa manière d'écrire est un excellent modèle en tous pays, *ibid.* — Est peut-être, de tous les écrivains anglais, celui qui sut mieux conduire le génie par le goût, XXVII, 81. — Le premier du moins qui ait fait une tragédie raisonnable, XXXVII, 227. — Ce qu'il disait du *Paradis perdu* de Milton, X, 406. — Monologue de son *Caton* en vers français, XIII, 347; XXVII, 82; XXXVII, 228. — Fausse anecdote avec Boileau, et prétendue conversation qu'ils eurent ensemble au sujet des Anciens et des Modernes, III, 148; XIX, 176. — Considération dont il jouissait, III, 148. — Parvint au ministère, II, 360; XXXVII, 264. — A été enterré à Westminster, XII, 30. — Ce qui lui a manqué pour réformer sa nation, XXX, 87.
ADDO (le prophète). Commentaire sur ses miracles; sa désobéissance et sa fin tragique, XLIX, 325 *et suiv.*
ADÉLAÏDE, fille de Rodolphe II, roi de Bourgogne. Opprimée par Bérenger II, est assiégée dans Canosse; appelle à son secours Othon-le-Grand qui la délivre et l'épouse, XXIII, 8, 117. — Mère d'Othon II, 118.
ADÉLAÏDE (madame), troisième fille de Louis XV. Anecdote à son sujet, LIV, 697. (*Voy.* MARIE-ADÉLAÏDE.)
ADÉLAÏDE DE RUSSIE. Épouse l'empereur Henri IV, XXIII, 10. — Se révolte contre lui, 164. — Passe en Italie, 165. — Demande justice de son mari dans un concile, *ibid. et suiv.*

ADÉLAÏDE DE SAVOIE (*Voy.* Duchesse de BOURGOGNE.)

Adélaïde Du Guesclin, tragédie de Voltaire. Jouée d'abord sans succès en 1734, I, 148. — Reproduite, en 1752, sous le nom de *Duc de Foix*; sentiment de Condorcet sur cette pièce, 149. — Mot d'un plaisant du parterre qui contribua à sa chute, *ibid.*; III, 283. — Anecdotes sur l'inconstance du public à son sujet, 282 *et suiv.* — D'où le fond en est tiré, *ibid.* — Texte de cette pièce, 287 *et suiv.* — Notes et variantes, 357, 361. — Négligence des éditeurs de Paris, II, 3. — Autres variantes indiquées dans la Correspondance générale de l'auteur, LI, 444, 450, 455, 471; LXII, 506, 514, 539. — Écrits publiés en 1752 et 1765, au sujet de cette pièce, III, 281. — Pourquoi Voltaire lui préfère le *Duc de Foix*, LX, 573, 578; LXI, 1. (*Voy. Amélie, Duc de Foix*, et *Duc d'Alençon*.)

ADELBERT, marquis de Toscane, au commencement du 10ᵉ siècle. Est despotique dans Rome, XXIII, 104. (*Voy.* THÉODORA.)

ADHÉMAR-CHABANOIS, chroniqueur du 11ᵉ siècle (*Voy.* CHABANOIS.)

ADHÉMAR (marquis d'), grand-maître de la maison de Mme la margrave de Bareuth, par la protection de Voltaire, LV, 477, 538, 549; LVI, 79. — Lettre qu'il écrit, en 1750, à Voltaire sur l'ingratitude de Darnand et de l'abbé Desfontaines, LV, 519. — Lettre en prose et en vers qui lui est adressée par l'auteur, en 1757, LVII, 298.

Adieux à la vie. Vers composés par Voltaire peu de temps avant sa mort, XIV, 488.

ADIMO, fils de Brama, XV, 26. — Père de Brama, 299. — Père prétendu de tous les hommes, 26, 84, 299.

ADLERFELD, officier suédois. Auteur d'un journal militaire pour servir à l'histoire de Charles XII; ce qu'on en dit, XXIV, 9; LIV, 196.

Administration publique. Trois causes de la mauvaise administration qui a fait le malheur de tant de peuples, XLIV, 285. — Ce qui a rendu presque toutes les administrations vicieuses, 313. — Pensées à ce sujet, XXXIX, 422. — Qu'en tout genre d'administration l'uniformité est une vertu, XX, 265. — Qu'il est plus difficile et moins glorieux d'y réparer le mal que d'y faire le bien, LXVII, 71.

ADOLPHE DE NASSAU, empereur d'Allemagne. Le plus illustre guerrier de son temps, et le plus pauvre, XXIII, 280. — Comment et pourquoi fut élu, *ibid.* — S'allie avec l'Angleterre contre la France, qui soutient son compétiteur Albert, duc d'Autriche, 281. — Injustice honteuse qui fut la première origine de ses malheurs et de sa fin funeste, 282. — Accusé dans la diète de Mayence, y est déposé solennellement, *ibid.* — Vaincu et tué par Albert d'Autriche à la bataille de Spire, XVI, 259; XXIII, 13, 283.

ADOLPHE, fils d'Anoud, dernier duc de Gueldre. Fait la guerre à son père, qui le déshérite et donne ses États au duc de Bourgogne, XVII, 34.

ADOLPHE, frère de Christiern III, roi de Danemark. Tige des ducs de Holstein; détails historiques à ce sujet, XXIII, 514; XXIV, 47.

ADOLPHE, comte de LAMARCHE, archevêque-électeur de Cologne, au 14ᵉ siècle. Résigne l'archevêché, se fait comte de Clèves, et a des enfants, XXIII, 23.

ADOLPHE Ier DE NASSAU, électeur de Mayence, au 14ᵉ siècle. Charles IV lui donna la petite ville de Hœcht, XXIII, 21. — Sa mort, *ibid.*

ADOLPHE II DE NASSAU, électeur de Mayence, vers la fin du 15ᵉ siècle. Dispute son évêché à main armée; notice, XXIII, 21.

ADOLPHE-LE-SIMPLE, électeur palatin, neveu de Louis de Bavière, empereur. Mort en 1387, XXIII, 26.

ADOLPHE DE SCHAUEMBOURG, coadjuteur et ensuite successeur de l'archevêque luthérien Hermand de Neuwied, électeur de Cologne, au 16ᵉ siècle, XXIII, 23, 505. — L'un des plus savants hommes de son temps, 24.

ADOLPHE-FRÉDÉRIC, roi de Suède. (*Voy.* FRÉDÉRIC DE HESSE.)

ADONAÏ, le même qu'ADONIS. Nom emprunté des Phéniciens, XLVI, 129, 150. — N'était qu'un dieu local, XXX, 308; XLIV, 117. — Ce qu'il commanda à ses adorateurs, *ibid.*; XLVI, 168. — Notice y relative, XI, 109.

ADONIS. Sa fête était célébrée chez les Philistins, III, 97. — Récit en vers de son histoire, XIV, 100.

Adorateurs (les), ou les *Louanges de Dieu*, dialogue, XLVI, 376.

Adorer. Idées disparates que présente ce mot, XXVI, 92. — Chez un grand nombre de compilateurs, est la profanation d'un mot consacré à l'Être des êtres, XLVII, 458. — On ne peut expliquer au juste le sens que lui donnaient les Égyptiens, les Grecs et les Romains, XXVI, 96; XLIX, 394. — D'après celui qu'on peut lui donner, Alexandre ne le fit point adorer dans l'Inde, mais bien Auguste dans l'empire, 170; XX, 462.

ADRETS (baron des). Son fils assassine Clermont Resnel, dans la journée de la Saint-Barthélemi, X, 93.

ADRIEN (l'empereur). Sa fameuse lettre au consul Servianus sur le caractère des Juifs d'Alexandrie, XXVI, 175; L, 452. — Pourquoi l'on a imaginé qu'il était chrétien, XV, 353. — Conte des légendaires à son sujet, 363; XXXI, 144. — Infamie qu'il divinisa, XI, 205; L, 309.

ADRIEN Ier, pape. Introduit à Rome l'usage de se faire baiser les pieds, honneur que Dioclétien avait arrogé à l'empire, XV, 391; XXIII, 47. — Fait frapper monnaie, et s'attribue les droits régaliens, XV, 394. — Opinion de quelques critiques à ce sujet, XXIII, 54. — Engage Charlemagne à répudier la fille de Didier, XV, 409. — Sa lettre à ce prince sur la donation de Constantin au pape Sylvestre, XXXII, 154. — Le remercie par des vers du renouvellement de la donation de Pepin au saint-siége, XXIII, 53. — Sa lettre à l'impératrice Irène sur le même sujet, ibid. — Il baptise et sacre deux fils de Charlemagne, 56. — Sa conduite adroite au second concile de Nicée, XV, 437 et suiv. — Ses légats y ont la première place, XXIII, 5. — Sa mort, 62. — S'il est vrai que Charlemagne ait fait son épitaphe, ibid. — Sa politique intéressée, XV, 435, 438. — Traita les affaires spirituelles en prince, 439. — Ses successeurs lui ont dû leur agrandissement, 416.

ADRIEN II, pape. Fit, le premier, porter la croix devant lui, XXIII, 6. — Sa conduite dans l'affaire de Lothaire et de la reine Teutberge, 88; XV, 509. — Gontier, archevêque de Cologne, s'humilie devant lui, ibid. — Louis-le-Germanique et Charles-le-Chauve méprisent ses menaces d'excommunication, XXII, 88. — Le patriarche Photius l'excommunie par représailles, 6. — Conduite qu'il tint au sujet de la déposition d'Hincmar, évêque de Laon, et réponse vigoureuse qu'il reçut à ce sujet de Charles-le-Chauve, XXVIII, 302.

ADRIEN III, pape. Son exaltation, XXIII, 7.

ADRIEN IV, pape. Anglais, fils de mendiant, mendiant lui-même, et devenu grand homme, XVI, 97; XVIII, 358; XXIII, 11, 188. — Sa conduite et ses querelles avec Frédéric Barberousse, XVI, 99 et suiv.; XXIII, 188 et suiv. — Tableau qu'il fait exposer comme une marque de la vassalité des empereurs, 189; XVI, 101. — Prétentions ecclésiastiques qu'il cède au roi de Sicile, 102. — Donne, de son autorité, l'Irlande au roi d'Angleterre, ibid., 86, 120; XLV, 320. — A quelle condition, ibid.; XXVII, 441. — Lettre de lui qui prouve que la race carlovingienne passa à Rome pour allemande, XV, 418.

ADRIEN V, pape. Son exaltation, XXIII, 12.

ADRIEN VI (Florent-Boyens), pape. Né à Utrecht, était fils d'un artisan, XVIII, 358. — Ancien précepteur de Charles-Quint qui le fait pape, XVII, 177, 197. — Était alors régent en Espagne, XXIII, 453. — Avouait que l'Église romaine avait besoin de réformes, XVII, 262. — Haï des Romains comme étranger, XXIII, 16. — Ce qu'on écrivit à sa mort sur la porte de son médecin, ibid.

ADRIEN. Dernier patriarche en Russie, XXV, 136.

Adultère. Origine et racine de ce mot, XXVI, 99. — Expressions diverses qu'on lui substitue dans la bonne compagnie, 101. — Était impossible chez les Lacédémoniens, 102. — Ses conséquences parmi nous, 103. — Mémoire en faveur des maris, 104. — Autre Mémoire en faveur des femmes, 108. — Ce qu'il faudrait pour juger valablement un procès d'adultère, 110. — Cas singulier rapporté par saint Augustin, 111. — Bayle, plus sévère que ce saint dans le jugement qu'il en porte, ibid. — Que la société a fait une convention secrète de ne pas poursuivre ce crime, L, 301. — Quand puni de mort par les protestans, XVIII, 101. — Comment se prouvait chez les Juifs, XV, 456; XXX, 464. — Pourquoi les hommes raisonnables entreprennent rarement ces sortes de procès, XII, 78.

Adversité (l'). Rend faible, III, 25.

AÉTIUS, général sous Valentinien. Ses victoires sur les Francs, avec lesquels il s'unit ensuite contre Attila, XXII, 37. — Fut l'un des derniers soutiens de la grandeur romaine, ibid.

Affectation (l') personnifiée. Son portrait en vers, traduit de l'anglais de Pope, XIII, 399; XXXVII, 260.

Affirmation (l'). Ne doit avoir lieu qu'en

géométrie, XXVI, 112. — Celle des quakers et des pairs d'Angleterre, 113.

Affranchissements. Ceux du temps des premières croisades, XXII, 13. — Formule d'un des plus anciens, qui nous a été conservée, *ibid*.—Ceux des villes. (Voy. *Féodalité*, *Servitude*).

Affres (les) *de la mort*. Expression qui n'a point été remplacée dans notre langue, LIX, 558.

AFRE (sainte). Fille de joie dont on a fait une martyre, L, 477.

Afrique (l'). Ses côtes accroissent l'empire des sultans, mais sont moins sous leur gouvernement que sous leur protection, XVII, 509. — Pourquoi l'on y trouve encore des monuments des anciens Romains, et pas un seul vestige de ceux des chrétiens, 510. — Comment ses peuples sont devenus barbares, tandis que plusieurs de nos peuples septentrionaux, autrefois plus barbares qu'eux, atteignaient à la politesse des Grecs et des Romains, 512 *et suiv*. —Leurs querelles de religion, leurs guerres civiles, 514. — D'un point de physique qui regarde ce climat, XXVII, 211. — Le sable d'or qui coule dans ses rivières indique, dans ses montagnes, la mine jusqu'alors inaccessible aux recherches de la cupidité, XVII, 386.

Afrosine, maîtresse d'Alexis Pétrowitz. Voyage avec lui à Vienne et à Naples, XXV, 306. — Dépose contre lui dans son procès, 313. — On a prétendu qu'il l'avait épousée secrètement, XXXIX, 90.

AGAG, roi des Amalécites. Épargné par Saül, est mis en morceaux par le prophète Samuel, XL, 306; XLVIII, 494.—Ce massacre regardé comme un vrai sacrifice, IX, 296; XL, 611; XLI, 306. — Réflexions à ce sujet, XI, 253; XLIX, 268.

Agapes (les). Repas de charité que faisaient entre eux les premiers chrétiens, en mémoire de la dernière cène que Jésus-Christ célébra avec ses apôtres, XXXI, 182. — Signification de ce mot, XXVII, 273. — Reproches de dissolution et de débauche qu'on fit à ces réunions, *ibid. et suiv.*; XXIX, 41; XLIII, 121. — Un concile entreprend en vain d'en réformer les abus; un autre concile les supprime, XXXI, 182.

AGAPET II, pape. De son exaltation, XXIII, 8.

AGAR, concubine d'Abraham. Son histoire avec ce patriarche, et commentaire y relatif, XLIX, 38 *et suiv*. — Facétie sur le même sujet, XXVI, 114. (*Voy.* ABRAHAM.)

Agathocle. Dernière tragédie de Voltaire, IX, 545 *et suiv*.— Représentée le 31 mai 1779, jour anniversaire de la mort de l'auteur, 539. — Discours à cette occasion, composé par d'Alembert et prononcé par Brizard, 541. — Variantes et notes de cette pièce, 589.—Ce que l'auteur en dit dans sa Correspondance, LXX, 278, 297, 311, 320, 323, 325, 330, 343, 356.

AGATHON, poëte tragique grec. S'est rendu célèbre dans les sujets feints, V, 483.

Age. (Voy. *Vie humaine*.)

Age d'or. Ce qui en fit naître l'idée, XXX, 19.

AGÉNOIS (duc d'). Se distingue à l'attaque du Château-Dauphin, en 1744; y est blessé, XXI, 92, 93.

Agenouiller (s'). (Voy. *Prosternements*.)

Agésilas, tragédie de P. Corneille. N'est guère connue que par l'épigramme de Boileau, XXXVI, 376. — Les vers irréguliers auraient pu y faire un très-bel effet, 377. — Fragment où l'on retrouve encore un reste de Corneille, 378. — Cette pièce pourrait être retouchée avec succès, IX, 124.

AGILTRUDE, mère de Gui de Spolette, prétendu empereur. Son courage, XXIII, 102. — Soupçonnée d'avoir empoisonné l'empereur Arnould, *ibid*.

AGINCOURT (J.-B. SÉROUX d'), fermier-général. Lettre qui lui est adressée en 1770, au sujet de la colonie de Fernei, LXVI, 527. — Notice, *ibid*.

AGNÈS, fille de Guillaume, duc d'Aquitaine, mariée à l'empereur Henri III, XXIII, 10. — Gouverne l'Empire, sous la minorité de son fils Henri IV, 151. — Maintient sa régence avec beaucoup de peine, 152. — Accusée de tout sacrifier à l'évêque d'Augsbourg, son ministre et son amant, elle fuit à Rome, et y prend le voile, 153.

AGNÈS-SOREL. (*Voy*. SOREL.)

Agnès (sainte), tragédie. (*Voy*. PUGET.)

Agouste (bataille navale d'), où périt Ruyter, et où Duquesne commença sa réputation. Détails y relatifs, XIX, 434.

Agriculture. Est la mère de tous les arts et de tous les biens; la religion même ne fut fondée que sur l'agriculture, XLVIII, 102.—Travaux de la campagne, autrefois sacrés, 104.—Observations sur la grande et sur la petite culture des terres, XXVI, 128. — Sur les défrichements, 129. — De la grande protection due à l'agriculture,

132. — Par quelle fatalité elle n'est véritablement honorée qu'à la Chine, *ibid. et suiv.* — Épitre en vers sur cet art utile, et anecdote y relative, XIII, 232 ; LIX, 366. — Est, de toutes les professions, celle qui a le plus besoin d'une nombreuse famille, XVIII, 438. (Voy. *Culture, Terres.*)

AGRIPPA (*Marcus Vipsanius*). Gagna la bataille d'Actium, VIII, 95. — Fit la fortune d'Auguste, *ibid.*, 161.

AGRIPPA, petit-fils d'Hérode. Emprisonné sous Tibère, XLIX, 462. — Fait roi par Caligula, *ibid.*

AGRIPPA (*Corneille*), auteur du 15ᵉ siècle. Accusé de sortilége et d'incrédulité, fut bien heureux de ne mourir qu'à l'hôpital, XLIII, 501. — Ce qu'il a débité sur Adam et Ève, *ibid.* — Pourquoi écrivit contre les sciences, qu'il avait cultivées, *ibid.*

AGRIPPINE, mère de Néron. Observations sur ce qu'en dit Tacite, XLIV, 418.

Aguans (les). Ancienne colonie des Tartares, XVIII, 442. — Bouleversent la Perse au commencement du 17ᵉ siècle, *ibid. et suiv.* — Autres détails sur l'origine de cette milice, XXV, 368. — Et sur les ravages qu'elle commit, *ibid. et suiv.*

AGUESSEAU (*Henri* d'), père du chancelier. Intendant du Languedoc, fait rouer vif le prédicant Chomel, XX, 381 ; L, 31.

AGUESSEAU (*Henri-François* d'), chancelier. Le plus savant magistrat que la France ait eu; Notice qui le concerne, XIX, 89. — N'étant encore que procureur-général, refuse de se charger d'un édit que fit dresser le chancelier Voisin, relativement à la constitution *Unigenitus*, XX, 431. — Accuse le cardinal de Bouillon devant le parlement, 459. — S'oppose au système de Law, XXII, 290. — Est exilé, 291. — Puis rappelé au conseil, 301. — A quel point s'abaisse et oublie tous ses principes, lors de l'enregistrement de la bulle *Unigenitus*, 306. — Soutient les prérogatives de sa place contre le cardinal Dubois, mieux qu'il n'en avait maintenu la dignité en revenant à Paris à la suite de Law, 307. — Est exilé de nouveau, *ibid.* — Ne reparait à la cour et ne reprend les sceaux que sous le ministère de Fleury, *ibid.* — Achève de se discréditer par sa soumission au cardinal, 315. — Lettre où il autorise la *question*, L, 328. — Mémoire que lui adressa Voltaire, en 1738, pour obtenir réparation des calomnies de Desfontaines, LIII, 473. —. Refus qu'il lui

fit d'un privilége pour ses *Eléments de Newton*, I, 163 ; XL, 61 ; XLVIII, 328 ; LIII, 23, 30. — Son caractère; petitesses qui ont marqué son administration de la librairie, I, 163. — Ennemi des gens de lettres, et janséniste, LIX, 425. — Demisavant et demi-citoyen qui voulait empêcher la nation de penser, LXI, 299. — A défendu des lois, mais n'a jamais défendu l'humanité, LXIV, 39. — Rhéteur sans éloquence, n'a jamais fait répandre une larme, LXVI, 86. — N'a parlé des spectacles qu'en pédant, 119. — Autres réflexions sur ses écrits relatifs à l'art dramatique, XXXV, 223 ; LIX, 425. — Son Éloge proposé à l'Académie française, en 1761 ; ce qu'on en dit à cette occasion, 415, 425. — Paroles remarquables qu'il adressa, en 1714, à des magistrats, sur l'injustice des préjugés, XLVIII, 406. — Anecdote qui le concerne, LXX, 408.

Ah! ah! (les). (Facétie dirigée, en 1771, contre Le Franc de Pompignan, à l'occasion de son Éloge funèbre du duc de Bourgogne, XL, 350.

AHIAS (le prophète). Commentaire sur la manière dont il prédit la scission des douze tribus d'Israël, XLIX, 320.

Aï (vin d'). Sa mousse pétillante, image de l'humeur des Français, XI, 21 ; XIV, 130; LII, 301.

AICHSPALT (*Pierre*), électeur de Mayence au 14ᵉ siècle. Bourgeois de Trèves, et médecin de Henri VII de Luxembourg, XXIII, 21.

Aides-de-camp. Leurs fonctions ; vers descriptifs dans la *Henriade*, X, 273.

Aïeux chimériques (les), mauvaise comédie. (Voy. J.-B. ROUSSEAU.)

Aigle. Comparaisons poétiques d'un aigle fondant sur les troupeaux, X, 137. — D'un autre planant dans l'air, et tombant sur des faucons, XI, 244. — D'un autre blessé par un serpent qu'il enlève et déchire dans les airs, VI, 297 ; XIII, 357. — D'un autre suivant dans les nues l'objet de sa flamme, XII, 48.

Aigle à deux têtes. (Voy. *Armoiries.*)

Aigle blanc (chevalier de l'). Ordre renouvelé par Auguste, roi de Pologne, XXIV, 135.

AIGNAN, capucin et médecin. Inventeur du *baume tranquille*, LI, 103.

AIGUILLES (marq. d'). (*Voy.* ÉGUILLES.)

Aiguillette (nouer l'). Ce que c'est, et origine de cette expression, XI, 222. — Vers descriptifs, *ibid.* (Voy. *Impuissance et Maléficiés.*)

AIGUILLON (*Marie-Madeleine*, duchesse d'), nièce du cardinal de Richelieu. Renvoyée de la cour par Marie de Médicis, XVIII, 216. — Son oncle fit soutenir chez elle des thèses d'amour, XII, 374; XVIII, 194.—Notice qui la concerne, XXXV, 53. — Elle empêcha l'entière disgrace de Corneille, qui lui avait dédié le *Cid*, ibid.

AIGUILLON (*Marie-Madeleine*, duchesse douairière d'), surnommée la *Sœur du pot* par les philosophes à qui elle donnait à dîner. Vers et lettre, en 1734, en lui adressant *Charles XII* et la *Henriade*, LI, 468. — Autre lettre au sujet des *Lettres philosophiques*, 496. — Elle commande à Voltaire quatre vers pour le président de Montesquieu, son ami; ce que dit l'auteur à ce sujet, LVI, 630. — Ses préjugés sur le cardinal de Richelieu, son grand-oncle, et sur *Testament*, LVII, 272; LXII, 80.—Autre lettre qui lui est adressée en 1771, LXVII, 261. — Notice, LI, 467.

AIGUILLON (duc d'), neveu du maréchal de Richelieu. En 1758, bat les Anglais descendus en Bretagne, et les force à se rembarquer, XXI, 332. — N'en a pour prix qu'une persécution, ibid. — Son affaire avec le parlement, qui se met en opposition avec la cour à son sujet, LXVII, 7, 67, 89; LXVIII, 18. — Ministre des affaires étrangères en 1771, LXVII, 166. — Notes à son sujet, LXVI, 553; LXVII, 213.

AILLON (d'), évêque de Bayeux. Se prononce en faveur de Henri IV, et contre les bulles d'excommunication du pape Grégoire, XXII, 164.

AILLY (le cardinal d'). De l'horoscope qu'il fit après coup sur Jésus-Christ, XXVII, 153.

AILLY (d'). Épisode de ce guerrier dans la *Henriade*, X, 273, 292.

Aimant. Ses lois découvertes par Halley, XXI, 249.

AIMERI DE PAVIE, gouverneur de Calais pour Édouard III. Vend la place aux Français; Édouard lui pardonne, XVI, 365.

Air. Si c'est un élément, et s'il y a de l'air; doutes et objections à ce sujet, XXVI, 137.—Raisons de ceux qui le nient, 139; XLIV, 290. — Vapeurs, exhalaisons, XXVI, 142. — Que l'air, ou la région des vapeurs, n'apporte point la peste, 145. — Puissance des vapeurs, 147. — Trait singulier qu'en rapporte Boërhaave, XLVII, 357. — Autre, rapporté par l'auteur, ibid.

— Si l'air reçoit son ressort du feu, XXXVII, 437.

Aire (ville d'). Conquise par Louis XV, reste à la France par le traité de Nimègue, XIX, 437. — Et ensuite par celui d'Utrecht, XX, 106.

Aïssé (mademoiselle), Circassienne. Vers en lui envoyant du ratafia pour l'estomac, XIV, 341. — Notice qui la concerne, ibid. — Ses amours avec le chevalier d'Aydie, LI, 355. — Ses *Lettres* à madame Calendrin appréciées, LVII, 518.

Aix-la-Chapelle. Son concile de 806; ce qu'il a ajouté au symbole, XXIII, 65. — Incendiée par les Normands au 9e siècle, 95. — Au 12e siècle, prend le titre de capitale de l'Empire, et obtient le droit de battre monnaie, 199. — D'un prétendu diplôme de Charlemagne en sa faveur, rapporté tout au long dans une constitution de Frédéric Barberousse, XXXIX, 563; XLII, 608. — Paix conclue en cette ville en 1748, XXI, 276. — Autre, en 1768, XIX, 374.

Akakia (histoire du docteur) et du natif de Saint-Malo. Réunion d'opuscules de l'auteur, à l'occasion de la querelle de Maupertuis avec Kœnig, XXXIX, 473 à 514. (*Voy.* DIATRIBE, KŒNIG, MAUPERTUIS, FRÉDÉRIC II et VOLTAIRE.)

AKÉBAR, fils du sultan Amayum. Ses conquêtes, ses immenses fondations dans l'Inde, XVII, 482.

ALAIN, procureur à Paris. Voltaire, placé chez lui, y fait la connaissance de Thiériot, I, 127; LI, 29.

ALAIN CHARTIER, poète et historiographe de Charles VII. Vers au sujet du baiser sur la bouche que lui donna Marguerite d'Écosse, pendant qu'il était endormi, II, 340. — Cité au sujet d'Agnès Sorel, XXX, 228.

ALAMANI, poète italien. Émule de Virgile dans son poëme de l'*Agriculture*, LV, 121. — Protégé par François Ier, fit les délices de la cour de France, ibid.

Alamire, tragédie trouvée dans les papiers de Voltaire. Pourquoi n'est pas comprise dans la collection de ses œuvres, III, 284. — Est une quatrième version d'*Adélaïde du Guesclin*, ibid.

Aland (ile d'). Au pouvoir de Pierre-le-Grand, XXIV, 312; XXV, 270. — Négociations et congrès qui y ont lieu, 357; XXIV, 344 et suiv.

ALARI (l'abbé *Pierre-Joseph*), de l'Académie française, fils d'un fameux apothi-

Ministre que M. Chevreau n'était pas à son nouveau poste, et lui demander officieusement s'il désirait que la présentation de l'état-major de la Préfecture de la Seine lui fût faite par l'ancien Préfet, demeuré forcément en fonctions, ou s'il préférait avoir affaire à lui, Secrétaire Général.

M. Chevandier de Valdrôme lui répondit que, si je n'éprouvais pas de répugnance à venir moi-même, il m'en serait fort reconnaissant.

Je partis donc, en grand uniforme, à l'heure dite, à la tête de mon cortège de voitures dorées de la Ville, à cochers et valets de pied galonnés sur toutes les coutures, escorté par un escadron de la Garde de Paris en grande tenue, et notre arrivée à l'hôtel de la Place Beauvau fit quelque rumeur.

Suivi de mon Personnel, je traversai les premiers salons, remplis d'une foule qui s'ouvrit devant moi, comme elle eût pu faire devant le spectre de Banco. Les huissiers, qui me précédaient, me firent entrer dans un salon distinct, à côté du Cabinet du Ministre, qui donna, sans retard, l'ordre de m'introduire.

Il était entouré de son propre état-major, également en grand uniforme, ainsi que lui.

Sans me presser, je fis ranger le mien en demi-cercle de l'autre côté de la pièce, et, me plaçant au centre, je saluai gravement M. Chevandier, et lui dis :

Monsieur le Ministre,

« J'ai l'honneur de présenter à Votre Excellence le
« Personnel Administratif de la Préfecture de la Seine.
« Profondément dévoué à l'Empereur, ce Personnel
« d'Élite a, par dessus tout, l'ambition de servir utile-

« ment Sa Majesté. Son ancien Chef, qui se plaît à lui
« rendre ce témoignage, a voulu, jusqu'au bout, lui
« donner l'exemple de l'accomplissement du devoir. »

Du Ministre, pas un mot.

Surpris, M. Chevandier s'avança vers moi, les mains tendues, sans doute, en souvenir de nos anciennes relations de jeunesse et de quelques services que j'avais pu lui rendre, plus récemment.

Relevant mes dernières paroles, il se plaignit de la dureté des nécessités politiques ; exprima tout son regret de perdre le concours d'un fonctionnaire tel que moi ; puis, rendit un éclatant hommage à mes « éminents » services, et surtout, aux Travaux de Paris, admirés du Monde entier, oubliant qu'il avait voté, dans le sein du Corps Législatif, avec les adversaires systématiques de la Grande Œuvre qu'il exaltait !

Resté complètement imperturbable, je me reculai de deux pas, saluai derechef, et répondis :

Monsieur le Ministre,

« Je me sens d'autant plus flatté de cette appréciation
« de ma carrière, et particulièrement de mon œuvre
« parisienne, que je ne l'attendais pas, je l'avoue, de
« votre part.

« Je suis entré dans l'Administration sous le Minis-
« tère de l'illustre Casimir Périer, en 1831. Votre vé-
« néré père était alors un de mes garants. Je me trouve
« on ne peut plus heureux de ce qu'après 38 ans, son
« fils, devenu Ministre à son tour, veuille bien recon-
« naître publiquement que je n'ai pas compromis cette
« honorable recommandation. »

caire, et garçon fort savant, XXXVII, 491. — Anecdote qui le concerne, LIII, 484. — Question à son sujet, LXVI, 125.

ALARIC, roi des Goths. Prend et saccage Rome, XV, 235. — Dédaigne d'y régner, et y crée un empereur qui reçoit ses ordres dans son antichambre, 234, 378. — Pourquoi attaqua Rome plutôt que Constantinople, 233. — Recevait un tribut de Théodose appelé le Grand, 234, 378.

Albanais (les) sont les anciens Épirotes, XXI, 186. — Aussi bons guerriers que leurs ancêtres, *ibid.*; XVI, 485.

ALBANI (comte d'). (*Voy.* ÉDOUARD (*Casimir-Charles*), fils de CHARLES-ÉDOUARD.)

ALBANI (comtesse d'), épouse du précédent. (*Voy.* STOLBERG.)

ALBANO (*Pélage*), bénédictin espagnol, légat et cardinal. Comment est cause de la prise de Damiette sur les chrétiens, XVI, 197.

ALBARET (comte d'). Lettres qui lui sont adressées en 1759, LVIII, 156. — Et en 1760, 352.

ALBE (duc d'), principal général de Charles-Quint. Préside le tribunal qui condamne à mort l'électeur de Saxe, défait à Muhlberg, XXIII, 509. — Envoyé par Philippe II dans les Pays-Bas, avec l'ordre d'y employer les bourreaux autant que les soldats, XVIII, 4. — Horreurs qu'il commet à Bruxelles, *ibid.* — Et à Harlem, 7. — Est rappelé ; se vantait d'avoir fait périr dix-huit mille personnes par la main du bourreau, *ibid.* — Sa statue abattue à Anvers, 8. — Vice-roi à Naples, insulte le pape Paul IV, et va, peu de temps après, baiser les pieds du pontife, 347. — Comment termine sa carrière de sang, 20. — Soupçonné d'avoir conseillé à Marie de Médicis le massacre des huguenots, X, 102.

ALBE (cardinal d') et de PÉRIGORD. Prend place au-dessus du dauphin de France dans la cérémonie de la promulgation de la bulle d'Or, XVI, 315 ; XXIII, 338. — Réflexions à ce sujet, *ibid.*; XLI, 193.

ALBE (duc d'), ex-ambassadeur en France, sous le nom de *duc d'Huescar*. Souscrit, en 1773, pour la statue de Voltaire ; lettre à ce sujet, LXVIII, 225. — Comment l'auteur se défend de ne l'avoir point remercié, 332, 467.

ALBE (*Dominique* d'). Tente d'empoisonner Coligni, dont la tête était proscrite et mise à prix ; son supplice, XXII, 127.

ALBERG (comte d'), gouverneur de Riga. Défend cette place contre les Polonais, et les force d'en lever le siége, XXIV, 73. — Refuse d'en faire voir les fortifications à Pierre Ier, lors de son voyage en Livonie, XXV, 122.

ALBERGATI-CAPACELLI (le marquis), sénateur de Bologne. Éloge de sa traduction de la *Phèdre* de Racine, LIX, 6 ; LXII, 397. — Lettres qui lui sont adressées de 1758 à 1767. (*Voy. Tabl. de la Corresp.*, LVII à LXIV.) — Autre de lui à l'auteur en 1761, LIX, 480. — Mention qu'en fait Voltaire en 1764, LXI, 203.

ALBERGOTTI, lieutenant-général au service de France. Son avis, en 1706, au conseil de guerre, au sujet de la bataille de Turin, XX, 51.

ALBÉRIC, patrice de Rome. Dernier mari de Marozie, dont il eut Octavien Sporco, qui fut depuis Jean XII, pape, XLIII, 443.

ALBERMALE (comte d'). Prend la Havane sur les Espagnols avec l'amiral Pocok, XXI, 335 *et suiv.*

ALBERMALE (le général). Battu et fait prisonnier à Denain, XX, 102. — Tué à Fontenoi, XXI, 144.

ALBERONI, cardinal et premier ministre d'Espagne. Obscurité de son origine, XXI, 6, 8. — Sous quels auspices entre au ministère, 10. — Tente de bouleverser l'Europe ; son caractère audacieux et entreprenant, 6 *et suiv.*; XXV, 286. — Entre avec ardeur dans les projets et complots du fameux comte de Goërtz, XXIV, 335. — Fomente en France une conspiration contre le régent, XXII, 291, 298 ; XXIV, 342 ; XXV, 287, 358. — Veut, dans le même temps, et par les mains de Charles XII, mettre le prétendant, fils du roi Jacques, sur le trône d'Angleterre, XXI, 8. — Ses projets tournent contre lui, 6. — Est sacrifié et livré par Philippe V, pour condition de la paix avec la France, 9. — Conduit à la frontière d'Italie, et devenu légat à Bologne, cherche à détruire la petite république de Saint-Marin, 10 ; XII, 300. — L'Espagne lui doit la conservation de l'inquisition, XXI, 9. — A donné une nouvelle vie à ce pays, XXXVII, 531. — Vers où il est apprécié, XIII, 57. — Lettre qu'il écrit à Voltaire, au sujet de l'*Histoire de Charles XII*, LII, 14. — Réponse de l'auteur, 52. — Examen de son prétendu

Testament politique, xxxix, 520 *et suiv.* — Quel en est l'auteur, *ibid.*; xxix, 254.

ALBERT Ier D'AUTRICHE, empereur. États dont l'investit Rodolphe Ier, xxiii, 275. — N'est point élu pour lui succéder, 280. — Fait déposer Adolphe de Nassau, son compétiteur, 282. — Le défait et le tue à la bataille de Spire, 283; xvi, 259. — Se fait élire de nouveau; son couronnement, ses alliances, xxiii, 283. — Ses démêlés avec Boniface VIII, 284. — Sa complaisance singulière pour ce pape, 287. — Il en reçoit la France en don, mais ne profite pas de la donation, xvi, 259, 282. — Fait couronner son fils Rodolphe en Bohême, à main armée, xxiii, 288. — Met les princes de Thuringe au ban de l'Empire, et, battu par eux, les laisse paisibles, *ibid.* — Veut gouverner la Suisse despotiquement, 289; xvi, 293. — Se dispose à marcher contre les Suisses devenus libres, 294; xxiii, 290. — Meurt assassiné par son neveu, 291. — Sa femme, ses enfants, 13.

ALBERT II D'AUTRICHE, empereur. Gendre et successeur de Sigismond, xxiii, 388. — Élu empereur à cause de ses grands domaines, xvii, 171. — Premier prince de la maison d'Autriche qui régna sur la Hongrie, 165. — Sa femme, ses enfants, xxiii, 15. — Laisse, à sa mort, l'Empire affaibli, comme il l'avait trouvé, 392. — Divisions intestines dont son règne fut la source; les Hongrois ne voulurent point reconnaître pour roi le fils qu'il laissa, xvii, 165. (*Voyez* LADISLAS-ALBERT.)

ALBERT D'AUTRICHE (le cardinal archiduc), fils de l'empereur Maximilien II. Gouverneur des Pays-Bas pour Philippe II, fait la guerre à Henri IV, roi de France, xxiii, 556. — Marié à l'infante Isabelle, 557. — Privé de son héritage par son frère Mathias, 571. — Prit Calais pendant les malheurs de la France, 556; xviii, 30.

ALBERT D'AUTRICHE, fils d'Albert Ier, empereur, xxiii, 13. — Surnommé d'abord *le Contrefait*, pourquoi changea ce surnom en celui de *Sage*, 319. — Le seul, de tous ses frères, par qui la race autrichienne s'est perpétuée, *ibid.*

ALBERT D'AUTRICHE, frère de l'empereur Frédéric III. Envoyé contre les Hongrois insurgés, qui demandent le jeune Ladislas, xxiii, 399. — En querelle avec son frère, le bat à Eins, 403. — Le bat de nouveau, et se fait céder une partie de la Basse-Autriche, 404.

ALBERT II, arrière-petit-fils d'Albert-l'Ours, de la maison d'Anhalt. Succède à ses ancêtres en 1260, et gouverne la Saxe comme électeur, xxiii, 27. — Mort en 1297, *ibid.*

ALBERT III, petit-fils du précédent. Dernier des électeurs de la maison d'Anhalt, qui avait possédé la Saxe deux cent vingt-sept ans, xxiii, 27. — Sa mort en 1422, *ibid.*

ALBERT DE BAVIÈRE, duc de Munich. Marié à Cunégonde, fille de Frédéric III, xxiii, 415. — Mis au ban de l'Empire pour la donation du Tyrol que lui avait faite Sigismond d'Autriche, l'abandonne moyennant d'autres compensations, *ibid.*

ALBERT II ou III DE BAVIÈRE. Marié à Anne, fille de Ferdinand Ier, xxiii, 533. — Événements funestes occasionnés par l'énonciation peu claire de son contrat de mariage, *ibid.*

ALBERT DE BRANDEBOURG, surnommé *l'Alcibiade*, margrave de Culembach et grand-maître de l'ordre Teutonique. S'empare de la Prusse ducale, et en chasse les chevaliers catholiques, xxiii, 464. — La diète d'Augsbourg lui fait son procès; il est mis au ban de l'Empire, et n'en garde pas moins la Prusse, 477. — Charles-Quint le détache de la ligue de Smalcade, 495. — Ses efforts pour délivrer et venger Henri de Brunswick, prisonnier chez le landgrave de Hesse, 505. — Ses troupes sont défaites, et il est pris par l'électeur de Saxe, 508. — Remis en liberté après la bataille de Muhlberg, 509. — Pille les commanderies de l'ordre Teutonique, 520. — Abandonne la France, dont il a reçu de l'argent, et sert sous Charles-Quint au siège de Metz, 522. — Ravage les terres de Henri de Brunswick et de Maurice de Saxe, 523. — Battu à Hildesheim, n'en continue pas moins la guerre civile; la chambre impériale lui fait son procès, *ibid.* — Manquant d'argent et de troupes, il se réfugie en France, *ibid.*

ALBERT DE BRANDEBOURG, fils de l'électeur Jean. Archevêque de Mayence, de Magdebourg et d'Halberstadt tout à la fois, voulut bien encore être cardinal, xxiii, 22. — Sa mort en 1545, *ibid.*

ALBERT, surnommé *l'Achille*, burgrave de Nuremberg, et depuis électeur de BRANDEBOURG. Ses exploits, xxiii, 389.

399. — Est battu par le duc de Bavière, 404. — On prétend qu'il abdiqua, 28. — Sa mort en 1486, *ibid.*

ALBERT DE MECKLEMBOURG. Arme en faveur de l'électeur de Saxe et du landgrave de Hesse, prisonnier de Charles-Quint, XXIII, 519.

ALBERT DE MISNIE, landgrave de Thuringe. Pourquoi surnommé *le Dépravé*, XXIII, 281. — Deshérite ses trois enfants légitimes pour un bâtard, *ibid.*

ALBERT DE SAXE, électeur de Mayence vers la fin du XVe siècle, XXIII, 21.

ALBERT, roi de Suède. Veut prendre le tiers des métairies de son royaume; soulève ainsi tous ses sujets contre lui, XVII, 151. — Détrôné par Marguerite de Valdemar, *ibid.*

ALBERT, duc de Bavière, fils de l'empereur Louis. Sa vaine tentative contre Zurich, XXIII, 330. — Il s'accommode avec Charles IV, qui le réconcilie avec le pape, 331. — Acte qu'il signifie à ce sujet et dans lequel il s'avilit, *ibid.*—Défend ses droits sur la Lusace; bas stratagème dont l'empereur use à son égard, 339. — Venceslas est envoyé prisonnier dans ses États, 360.

ALBERT, duc de Bavière en 1440. Refuse la couronne de Bohême par un motif qui doit servir d'exemple aux princes, XXIII, 392.

ALBERT, dit *le Grand*. Va en Pologne pour y déraciner la barbarie, XVI, 43. — Bizarrerie de ce qu'il enseignait à ses élèves, 260; XVII, 80 *et suiv.*; XXXVIII, 151. — Est auteur de vingt-deux volumes bien avérés, XIV, 242.

ALBERT, jésuite à Colmar. Des exemplaires de Bayle sont brûlés dans cette ville, après un sermon de lui contre ce philosophe, XII, 335, 361.

ALBERTAS (d'), premier président de la chambre des comptes d'Aix. Emprunt qu'il fait à Voltaire, LX, 179. — Lettre facétieuse qui lui est adressée en 1765, LXII, 553.

Albigeois (les). Pourquoi ainsi nommés, XVI, 62, 243.—Leurs autres noms, *ibid.* — Croisade contre eux, 243 *et suiv.* — Sont massacrés à Béziers, et chassés presque nus de Carcassonne, 245 *et suiv.* — Ces croisades horribles ont duré vingt ans, 252. — Voulaient rétablir la primitive Église; excitèrent ainsi contre eux les prélats et les moines, qui les firent exterminer, 244; XXII, 83 *et suiv.*— Horreurs qui leur furent imputées, XLI, 56. — Combien il en périt par le fer et par les supplices, et réflexions à ce sujet, XI, 96, 97; XXX, 175; L, 32.

Albinos (les). Dissertation sur cette race d'hommes qui existe au milieu de l'Afrique, XV, 8; XVII, 373. — Relation touchant celui qui, en 1744, fut amené à Paris, XXXVIII, 521. — Pourquoi il est à craindre que cette espèce ne subsiste pas encore long-temps, XV, 9.

ALBIZZI (*Barthélemi*) de Pise, cordelier du 15e siècle. Auteur du livre des *Conformités de François avec le Christ*, XVII, 327; XXIX, 419.

ALBOACEN, roi de Grenade. En guerre avec son neveu Boabdilla, XVII, 44. — Sa mort, *ibid.*

ALBOIN, roi des Lombards. Fondateur d'une nouvelle dynastie, XV, 381.

ALBRET (*Jean* d'), roi de Navarre. Dépouillé de ses États par une bulle du pape, appuyée des armes de l'Espagne, X, 352; XVII, 111; XXIII, 437.

ALBRET (*Henri* d'), roi titulaire de Navarre, fils du précédent. François Ier conquiert la Navarre en son nom, XVII, 196. — Est fait prisonnier à Pavie avec ce monarque, 203. — S'échappe, et revient en France, 205. — Faiblesse de ce prince, aïeul de Henri IV, X, 351, 352.—Avait épousé Marguerite de Valois, sœur de François Ier, 87. — Sa mort, XVII, 196.

ALBRET (*Jeanne* d'), reine de Navarre, mère de Henri IV. Époque de sa naissance, X, 87. — Mariée d'abord à Guillaume, duc de Clèves, et depuis à Antoine de Bourbon, *ibid.* — Quelle fut sa dot, 352. — Fille et femme de princes faibles, *ibid.*, 79. — Son caractère tout opposé à celui de son mari, *ibid.*, 352. — Prend elle-même soin de l'éducation de son fils, 353. — Le confie à Coligni après la mort du roi, 359. — Le présente à l'armée et le fait reconnaître chef du parti calviniste, XXII, 127. — D'abord catholique, changea de religion, et fut depuis huguenot opiniâtre, X, 79, 352. — Sa mort subite peu avant la Saint-Barthélemi, et présomptions y relatives, 85, 86, 365. — Prétendue remariée avec un gentilhomme nommé Goyon; questions à ce sujet, 87; XXVI, 323. — D'une conspiration tramée par Philippe II dans le Béarn, pour la faire enlever avec son fils, et la livrer à l'inquisition comme hérétique, XVII, 518.

ALBRET (d'), connétable de France. Battu par le roi d'Angleterre Henri V, à

Azincourt, xvi, 397. — Périt dans la bataille, 398.

ALBRET (*César-Phébus* d'), de la maison des rois de Navarre. Maréchal de France sous Louis XIV, xix, 19. — Amant de madame de Maintenon et de Ninon de Lenclos, *ibid*. — Sa mort en 1676, *ibid*. — Est le même que le comte de Miossens, du temps de la Fronde, xix, 299. (*Voy*. MIOSSENS.)

ALBRET (la maréchale d'). Dame d'un très grand mérite; son origine, xix, 19.

ALBUQUERQUE (*Alfonse* d'), fameux capitaine portugais. Ses exploits dans l'Inde avec peu de forces, de 1510 à 1513, xvii, 139, 364. — Y établit la domination et le commerce du Portugal, *ibid*. — Prend Goa, *ibid*.

ALBUQUERQUE (duc d'), général des Portugais. En 1645, gagne contre l'Espagne la célèbre bataille de Badajoz, xix, 278.

Alchimistes. Vers et anecdotes à leur sujet, xi, 53; xxiv, 151; xxv, 147 *et suiv*.; xliv, 277. (*Voy*. DAMMI, HENRI Ier, duc de BOUILLON, et PAÏKUL.)

ALCIBIADE. D'une anecdote racontée à son sujet par Plutarque, xv, 169. — On lui a beaucoup trop prodigué les applaudissements de l'univers, L, 77.

Alcibiade, tragédie. (*Voy*. CAMPISTRON.)

ALCO (le président *Louis-Antoine* BONNIER d'). Lettre qui lui est adressée, en 1775, sur son mérite et ses envieux, lxix, 222. — Notice, *ibid*.

Alcoran (l'), dit pour *le Koran*, par un usage vicieux, xv, 337. (Voy. *Koran*.)

ALCUIN, archevêque d'Yorck. Favori de Charlemagne, et l'un de ses instituteurs, xxiii, 56; xv, 432. — Avait étudié à Rome, *ibid*. — Possédait plusieurs abbayes et vingt mille serfs, 442.

Aldée, mot arabe qui signifie *village*. Conservé en Espagne et dans l'Inde, xxi, 312; xlvii, 373.

ALDOBRANDIN (*Pierre*), moine de Florence, surnommé *Petrus Igneus*. De l'épreuve prétendue à laquelle il se soumit pour prouver que son archevêque était un fripon et un débauché, xvi, 72; xvii, 77; xxiii, 11; xxix, 193.

ALDOBRANDIN, cardinal. Envahit Ferrare par ordre du pape Clément VIII, xxix, 366; xliv, 335.

ALÈGRE (*Yves* d'), maréchal de France sous Louis XIV. Notice qui le concerne, xix, 19.

ALEMBERT (*Jean* LE ROND d'). Donne le plan de l'*Encyclopédie* ; loué pour cette entreprise, xlii, 650. — Son Discours préliminaire de cet ouvrage apprécié, xliii, 536. — Commis, en 1751, pour examiner la tragédie de *Mahomet*, a le courage de l'approuver, et s'attire la haine des fanatiques, i, 169; v, 3. — Mot honorable que lui adresse Voltaire, à l'occasion d'un vers qu'il blâmait dans *Rome sauvée*, vi, 398. — L'auteur lui dédie *Don Pèdre*, ix, 367. — Épître en vers à lui adressée, xiii, 299. — Son séjour aux Délices, en 1756, lvii, 115, 123, 182. — En 1760, défendu par Voltaire contre les insultes de Palissot, xiv, 185. — Clameurs qu'excite son article *Genève* dans l'*Encyclopédie*, lvii, 406, 411, 418, 421, 467. — Forme le projet d'aller en Prusse; Voltaire cherche à l'en détourner, lviii, 378; lix, 300. — Refuse l'éducation du grand-duc de Russie, xlviii, 379; lx, 401, 444. — Voyage en Prusse, en 1763; accueil que lui fait Frédéric, lxi, 105, 179. — Son petit commerce épistolaire avec l'évêque Jean-George Pompignan, au sujet de son *Instruction pastorale* contre les philosophes, 219, 244 *et suiv*., 273. — Ses plaisanteries à l'occasion de l'expulsion des jésuites, lx, 247. — Il publie l'histoire de leur destruction; éloges de ce livre, xli, 382; lxii, 143, 147, 156, 194, 237, 250, 255, 285, 309. — Sa haine contre les jansénistes convulsionnaires, et coups qu'il se propose de leur porter, 316. — L'Académie des sciences, en corps, demande pour lui la pension dont jouissait Clairaut, 342. — L'opinion publique le venge du refus qu'il éprouve, 365, 372. — Cette magnifique pension de 400 fr. lui est enfin accordée; réflexions à ce sujet, 503. — Éloge qu'en fait l'auteur, en 1768, dans la préface des *Scythes*, viii, 191. — Autre à l'occasion de son article *Figure de la terre* dans l'*Encyclopédie*, xxix, 396. — En 1769, par qui est invité à établir le déisme sur les ruines de la superstition, lxv, 451, 463. — En 1770, voyage dans le midi de la France avec Condorcet; va voir Voltaire à Fernei, lxvi, 387, 423. — Son séjour, et détails y relatifs, 426, 431, 444. — Correspond, à cette époque, avec le roi de Prusse, relativement à l'érection d'une statue à Voltaire, xlviii, 382. — En 1771, loué pour son *Dialogue* entre Descartes et Christine, lxvii, 123. — En 1772, est nommé secrét. perpét. de l'Académie française, LXVII, 427. — Ce que Voltaire aimait passionnément en lui, 517. — Vers à sa louange, XIII, 236. — Comment s'exprime sur les grands, et quel était le tarif de son estime, LX, 502. — En quels termes il parle de J.-J. Rousseau persécuté, LIX, 368 ; LX, 380, 381. — Épitaphe qu'il propose pour le curé Meslier, LX, 223. — Sa définition du public, 343. — De sa liaison avec Mlle l'Espinasse, et chagrin qu'il éprouve de sa mort, LXIII, 91 ; LXX, 62, 80. — Son *Apologie de l'étude*, LIX, 414 ; LXIII, 463. — Discours composé par lui pour l'anniversaire de la mort de Voltaire, IX, 539. — Découvertes que lui doit la science, XLI, 428 ; XXXVIII, 259. — Lettres qui lui sont adressées, de 1746 à 1778. (Voy. *Tabl.* de LV à LXX.) — Notice, LVI, 159.

ALENÇON (*Jean II*, duc d'). Accusé de haute trahison sous Charles VII, est confiné dans une prison pour le reste de ses jours, XXII, 40. — Louis XI l'en retire à son avénement ; mais ce prince, mécontent ensuite du roi, se ligue contre lui avec les Anglais, 42. — Il est arrêté ; autres crimes qu'on lui impute ; son interrogatoire au château de Loches, *ibid.* — Son procès continué au Louvre par des commissaires, *ibid.*; et tome L, 623. — Son duché et ses terres confisqués au profit du roi, même avant son jugement, XXII, 42. — Comment Charles VII fut à la tête des juges qui le condamnèrent, XVI, 456 ; XLV, 13 ; XXII, 40.

ALENÇON (duc d'), frère de François II, de Charles IX et de Henri III. (*Voy.* FRANÇOIS DE FRANCE.)

Alençon (le duc d'), ou *les Frères ennemis*, tragédie de Voltaire, trouvée dans ses papiers, et jusqu'alors inédite, III, 393 *et suiv.* — Est la pièce du *Duc de Foix*, refaite en trois actes, et dont les rôles de femmes ont été retranchés, 391. — A quelle occasion fut composée, *ibid.*

ALÉTHOF. Pseudonyme de Voltaire pour la satire intitulée *le Russe à Paris*, XIV, 178.

ALEXANDRE-LE-GRAND. Prince digne d'être élevé par Aristote, XLIV, 405. — A fondé plus de villes en sept ou huit ans que les autres conquérants n'en ont détruit, XVII, 363 ; XXVI, 164 ; XLIV, 405 ; XLVII, 325. — Partage de son empire entre ses successeurs, II, 142 *et suiv.*; VII, 398, 432, 439. — Vers qui les caractérisent, et qui sont devenus proverbes, II, 141 ; VII, 468. — Serait le seul héros de l'antiquité dont on aurait une histoire véritable, si Quinte-Curce ne l'avait défigurée par mille fables, XXIV, 2 ; XXVI, 169 ; XLIV, 406. — Tort des déclamateurs, en vers et en prose, qui l'ont traité de fou, XXVI, 164 ; XLIV, 401. — Reproches faits particulièrement à Boileau et à Juvénal, XXVI, 164 ; XXXVII, 362. — Quel était le but de ses efforts, XIII, 43. — Anecdote sur Charles XII y relative, XXIV, 209. — Contradictions sur son caractère, et sur plusieurs faits qu'on y rapporte, XXVI, 170 ; XXVIII, 208. — Ce qu'on a dit de la prétendue adoration qu'il exigeait n'est fondé que sur une équivoque, XXVI, 170. — Préféré à César par Plutarque, VII, 396. — Comment l'emporte sur Tamerlan, Gingis, et tous les conquérants qu'on lui veut égaler, XVI, 476. — Son repentir du meurtre de Clytus, XII, 159. — De son mignon Éphestion, XXXIV, 236. — Vers qui le caractérisent, VII, 953. — Fut digne de son surnom, malgré ses vices, 396 ; XVII, 363. — Voulut établir dans l'Arabie Heureuse le siège de son empire, XV, 69 ; XXXIV, 237. — De la prétendue visite que lui fit Thalestris, reine des Amazones, XLIV, 408. — Dialogue philosophique à son sujet, L, 147 *et suiv.* — Conte sur la recherche qu'il fit du breuvage d'immortalité, XLVII, 343 ; XLVIII, 245, 307. — Autre conte du romancier Josèphe, copié par Rollin, XV, 207 *et suiv.* — On appelle de son nom le premier siècle des arts dans l'histoire du monde, XIX, 237. — Ce qu'en dit le grand Frédéric au sujet des vers de J.-B. Rousseau, qui le mettent en parallèle avec Socrate, LXVIII, 444. — Autres observations critiques de Voltaire, 409.

ALEXANDRE, charbonnier. Fait évêque de Comane par Grégoire le thaumaturge, XLIII, 160.

ALEXANDRE, évêque d'Alexandrie. De ses querelles avec Arius, XLI, 361 ; XLIII, 173 ; L, 488. — De son prétendu miracle, 490.

ALEXANDRE II, pape. Élu sans consentement de la cour impériale, XVI, 76 ; XXIII, 10. — Chasse de Rome son compétiteur Honorius, XVI, 76. — Excommunie ceux qui s'opposeraient à la conquête de l'Angleterre par Guillaume, 43. — Lui donne une bannière et en reçoit une partie du trésor d'Harold, 44. — Par les conseils d'Hildebrand, raffermit l'autorité du sacerdoce, XXIII, 155. — Cite l'empereur Henri IV devant son tribunal, *ibid.*; XVI, 77. — Sa mort, 78.

ALEXANDRE III (*Roland*). Pape en même temps que Victor IV, XVI, 103; XXIII, 11, 195. — Excommunie Frédéric Barberousse, *ibid.*—Se réfugie en France, 197; XVI, 104. — Diète de Wurtzbourg, convoquée contre lui, XXIII, 198. — Revient à Rome, puis fuit à Bénévent, 200. — Ligue qu'il forme contre l'Empereur, *ibid.* — Les Milanais bâtissent en son honneur Alexandrie, 201; XVI, 104. — Il humilie Frédéric Barberousse, XXIII, 11, 203 *et suiv.* — N'alla jamais jusqu'à le déposer, XVI, 105. — Règle l'élection canonique des papes, 106. — Permet à Henri II la conquête de l'Irlande, à condition qu'il fera pénitence du meurtre de l'archevêque de Cantorbéry, 119.—Loué pour avoir exigé cette pénitence publique, 120; XVIII, 363, 478.— Il confirme l'érection du Portugal en royaume, XVI, 264. — Se déclare contre la servitude, 439. — S'est rendu cher à Rome et à l'Italie, XVI, 106. — Est l'homme du moyen âge qui a le plus mérité du genre humain, XVIII, 478. — Décrétale peu connue qu'on en cite, et par laquelle, en certains cas, il autorise un mari à prendre une autre femme, XXX, 347.

ALEXANDRE IV (*Rinaldo de Signi*), pape. Protège les moines mendiants contre l'université de Paris, XXIII, 12. — Publie une croisade contre Mainfroi et Conradin, 258; XVI, 237. — Comment extorque de l'argent au roi d'Angleterre pour dépouiller Conradin, *ibid.*—Meurt sans avoir réussi, 238.

ALEXANDRE V (*Pierre Philargi*). Élu pape par le concile de Pise, pendant le grand schisme, XVI, 324. — Meurt au bout de dix mois, ayant saccagé Rome, 325; XXIII, 369.

ALEXANDRE VI (*Roderico Borgia*), pape. Élevait, lors de son exaltation, cinq enfants nés de son commerce avec Vanosa, XVII, 65.—Appelle Charles VIII en Italie, et, dès qu'il y est, entre contre lui dans une ligue, 70; XXIII, 420. — Assiégé par lui dans le château Saint-Ange, demande grace et l'obtient, XVII, 70. — Soupçonné d'avoir empoisonné Zizim, frère de Bajazet II, d'accord avec ce sultan, 72. — Sorti de prison, reçoit de Charles VIII hommage d'obéissance, *ibid.*— Ligué de nouveau contre lui, 74.

— Lui ordonne de venir rendre compte de sa conduite, 75. — Envoie à Savonarole une indulgence plénière après sa condamnation, 79. — Accusé d'abuser de sa propre fille Lucrèce, 83. — Infâme orgie par laquelle il célèbre ses noces avec un prince d'Est, son quatrième mari, *ibid.*; XXXIV, 261; XLIV, 342. — Est recherché par toutes les puissances, et surtout par Louis XII, XVII, 84.— Autorise ce prince à quitter sa femme, 86. — Et son propre fils, César Borgia, à quitter l'Église, *ibid.* — Approuve le partage du royaume de Naples entre Louis XII et Ferdinand-le-Catholique, 89.—S'accorde ensuite avec ce dernier pour ôter à Louis XII son partage, 93. — Son desir d'agrandir et de couronner son fils Borgia, 90, 91. — Il conquiert les fiefs de la Romagne, *ibid.* — Louis XII favorise les atrocités qu'il y commet, 92. — Sa mort, et présomptions à ce sujet, X, 382; XVII, 94. — S'il est vrai qu'il mourut du poison préparé pour plusieurs cardinaux, *ibid.*; XLIV, 476. — Son portrait, XII, 486. — Mémoire odieuse qu'il a laissée, XVII, 96. — On l'a mal à propos comparé à Néron, XXIII, 16. — Ses crimes, XXXIV, 263; XLIV, 343 *et suiv.* — Il vécut fortuné, XXXII, 407; XXXIV, 384. — Rome lui dut sa gloire temporelle, XVII, 96.— Il affermit la souveraineté réelle des papes sur les fondements les plus solides, XLI, 156. — Comment il est représenté dans la *Pucelle*, XI, 219.

ALEXANDRE VII (*Chigi*), pape. Son exaltation, XXIII, 19. — Satisfaction éclatante qu'il fait à Louis XIV d'un outrage essuyé à Rome par son ambassadeur, XIX, 355; XLIV, 339. — Promet de rendre aux ducs de Parme Castro et Ronciglione, XIX, 355. — Par quelle adresse il les garde, XLIV, 340.— Louis XIV saisit et lui rend ensuite Avignon et le comtat Venaissin, *ibid.*; XXI, 382. — Renouvelle les censures d'Innocent X contre les propositions extraites du livre de Jansénius, XX, 411, 416. — Embellissements qu'il fit à Rome, XXIII, 19.—Long-temps loué pour avoir négligé le népotisme, finit par le mettre sur le trône, XIX, 10.

ALEXANDRE VIII (*Ottoboni*), pape. Son exaltation, XXIII, 19. — Confirma la déclaration portée par Innocent XI contre l'assemblée du clergé et les quatre propositions de 1682, XX, 362. — Secourut les pauvres et enrichit ses parents, XIX, 11. — Notice, *ibid.*

ALEXANDRE (*Noël*), dominicain. Auteur de nombreux ouvrages de théologie, XIX, 48. — Ses disputes avec les jésuites sur les usages de la Chine, *ibid.*

ALEXANDRE, jésuiste et casuiste portugais. Convaincu d'avoir employé la confession auriculaire pour faire assassiner le roi de Portugal, XXI, 71; XLVIII, 2.

Alexandre, tragédie de Racine. Le héros y est avili par l'amour dans des vers purs, XXXV, 404; XXXIX, 265. — Faible ouvrage, dans lequel il voulut imiter Corneille, XXXVI, 57. — Pourquoi la conférence de Porus avec Éphestion et Taxile intéresse peu, 289. — Cette pièce fit dire à Corneille que son auteur ne devait plus faire de tragédies, XIX, 181.

Alexandrie, en Égypte. Fut long-temps le centre du commerce et le lien des nations, XVII, 363. — Ce qu'elle est aujourd'hui; époques de sa gloire et de son dépérissement, XXVI, 172. — Caractère de ses habitants sous toutes les dominations, 173. — Fameuse lettre de l'empereur Adrien à leur sujet, 175; L, 452. — Autre, de Julien, au sujet du meurtre de leur évêque, XLIII, 182. — Sa fameuse bibliothèque incendiée par Omar, XV, 328.

Alexandrie, en Piémont. Bâtie par les Milanais en l'honneur du pape Alexandre III, XVI, 104; XXIII, 201. — Pourquoi est appelée *Alexandrie-de-la-Paille*, *ibid.* — En 1175, soutient un siège contre les Impériaux, et les bat, 203.

ALEXIS Ier COMNÈNE, empereur d'Orient. Son avènement au trône, XVI, 33. — Envoie des ambassadeurs au concile de Plaisance, 158. — Fournit aux croisés des bateaux pour se défaire d'eux, 161. — Indiscrétion d'un comte français envers lui, 164. — Il défend les faubourgs de Constantinople contre Godefroi de Bouillon, 165. — Arrête prisonnier le frère du roi de France, à son passage sur ses terres, *ibid.* — Sa magnificence, 166.

ALEXIS II MANUEL, empereur d'Orient. Épouse une fille du roi de France Louis-le-Jeune, XVI, 189. — Détrôné par son oncle Andronic, 179, 189.

ALEXIS III L'ANGE, empereur d'Orient. Détrône son frère Isaac et lui fait crever les yeux, XVI, 189. — Prend le nom de COMNÈNE, *ibid.* — Cause la prise de Constantinople par les croisés, *ibid.*

ALEXIS IV L'ANGE, fils d'Isaac. Implore contre son oncle le secours du pape, des Vénitiens et des croisés, XVI, 189. — Odieux à tous les partis, meurt étranglé, 190. (*Voy.* MIRZIFLOS.)

ALEXIS, prince de la famille des Comnène. Fonde l'État qu'on a appelé empire de Trébisonde, XVI, 193.

ALEXIS-MICHAELOWITZ, fils de Michel Romanow, czar de Russie. Son mariage, XXV, 82. — Séditions sanglantes qui troublent son règne, *ibid.* — Sa manière de gouverner, 84. — Fit déposer le patriarche Nicon, 72. — Sa mort, XIX, 17; XXV, 85. — Ses enfants, *ibid.* — Ses vues pour appeler les arts en Russie, 102. — Son *Oulogénie* ou Code, 346. — Combattit les Ottomans avec quelque succès, XIX, 17; XXV, 83. — Voulut unir ses États à la Pologne, 84. — N'est guère connu dans l'Europe que pour avoir été le père du czar Pierre-le-Grand, XVIII, 412; XXV, 85.

ALEXIS-PÉTROWITZ, fils du czar Pierre et d'Eudoxie Lapoukin, XXV, 244. — Son portrait, son caractère, 245, 301. — Son aversion pour les entreprises de son père, qui le met à la tête de la régence, 302. — Ses voyages; son mariage avec la princesse de Volfenbutel, 244, 302. — Ses débauches et dérèglements, *ibid.* — Il lui naît un fils, *ibid.* — Menaces que lui fait le czar de le deshériter s'il ne se rend pas digne de la succession, 303. — Renonce à la couronne et à tout espoir de régner, *ibid.* — Nouvelles remontrances que lui fait le czar, 304. — Annonce la résolution de se faire moine, *ibid.* — En l'absence de son père, va se jeter entre les bras de l'empereur Charles VI, beau-frère de sa défunte femme, 305. — Se retire dans le Tyrol, et ensuite à Naples, *ibid.* — Retourne auprès de son père, sur la première lettre qu'il reçoit de lui, 306. — Constitué prisonnier au château de Moscou, est deshérité par une déclaration authentique, 308. — Griefs qui lui sont imputés, et actes qu'on exige de lui, *ibid. et suiv.* — Interrogé juridiquement par son père et ensuite par des commissaires, 312. — Confronté à des témoins; sa propre maîtresse dépose contre lui, 313. — Charges résultantes d'une lettre qu'il avait minutée, de Vienne, aux sénateurs et aux archevêques de Russie, *ibid.* — Nouveaux articles d'interrogatoire dressés par son père, 314. — Ses aveux désespérés, 315 *et suiv.* — Sentiments des évêques et du clergé, consultés à son égard, 320. — Est interrogé pour la dernière fois, 322. — Condamné unanimement à mort, 323. — Révolution qu'il éprouve à la lecture de son arrêt, 326. — Son père lui pardonne publiquement, 327. — Sa mort; bruits étranges auxquels elle donne lieu, et réflexions à ce sujet, *ibid. et suiv.*; XXXIX, 92 *et suiv.* — Que son grand crime est d'avoir été trop Russe, 89. — Quelle fut la première cause de sa conduite, de son évasion, de sa mort et de celle des complices qui périrent par la main du bourreau, XXV, 332. — Pièces originales de sa condamnation, 389 *et suiv.* — On a prétendu qu'il avait épousé secrètement sa maîtresse Afrosine, XXXIX, 90. — Sa prétendue veuve réfugiée en Suisse. (*Voy.* FAUVELLES-D'HACQUEVILLE et VOLFENBUTEL.) — Autre conte non moins romanesque. (*Voy.* D'AUBAN).

ALEXIS, archevêque supposé de Novogorod-la-Grande. Son mandement, facétie qui fait allusion aux querelles du clergé et du parlement de France en 1765, XLII, 129 *et suiv.* — Quel était le véritable métropolite qui partageait réellement les principes de cet écrit, LXII, 512; LXIII, 552.

ALFONSE Ier, gendre de Pélage. Désigné comme roi des Asturies par les historiens espagnols; ne peut avoir eu de royaume, XV, 492.

ALFONSE Ier, *le Batailleur*, roi d'Aragon et de Navarre. Prend Saragosse sur les Maures, XVI, 263. — Laisse par testament son royaume aux chevaliers du Temple et de Jérusalem, 265.

ALFONSE Ier, de Portugal, fils du comte Henri. Prend Lisbonne sur les Maures, et se fait roi, XVI, 263. — Soumet sa couronne au Saint-Siége, qui lui confère cette dignité, 264.

ALFONSE Ier, duc de Ferrare. Reprend sur Clément VII l'État de Modène et de Reggio, que Jules II lui avait enlevé, XXIII, 467.

ALFONSE II, de la race de Pélage, roi des Asturies et de Léon. C'est par lui qu'on commence à retrouver en Espagne des rois chrétiens, XV, 493. — Prince artificieux et cruel; pourquoi dit *le Chaste*, 494.

ALFONSE II, roi de Naples, fils de Fernando. A l'approche de Charles VIII, s'enfuit à Messine, et se fait moine, XVII, 73.

ALFONSE III, *le Grand*, roi de Léon et des Asturies. Obligé de livrer l'éducation de son fils à des mahométans, XV, 494. — Sa vie, tissu de cruautés et de perfidies, 495. — Ses sujets se révoltent; il est contraint de céder son petit royaume à son fils don Garcie, *ibid.*

ALFONSE IV, roi d'Aragon. En 1354, chasse de Corse les Génois, qui l'en chassent à leur tour, XXI, 388.

ALFONSE V, roi de Portugal. Arme inutilement en faveur de sa nièce Jeanne, héritière de Castille, qu'il veut épouser, XVII, 43.

ALFONSE V, roi de Léon. Marie sa sœur au sultan Abdalla, roi de Tolède, XVI, 54.

ALFONSE V, *le Sage* et *le Magnanime*, roi d'Aragon. Adopté par Jeanne II, reine de Naples, la dépouille de son autorité, la met en prison, et veut lui ôter la vie, XVI, 349.

ALFONSE VI, roi de Portugal, fils de l'heureux Jean de Bragance. Prince furieux et imbécile, XIX, 377. — Déclaré impuissant malgré ses bâtards, est ensuite détrôné par sa femme Isabelle de Nemours, et par son propre frère don Pèdre, 378; XXX, 348. — Confiné par eux dans l'île de Teircère, où il meurt, XIX, 13.

ALFONSE VI, roi de Castille. Générosité d'Almamon, roi de Tolède, à son égard, XVI, 58. — Prend Tolède sur le fils de ce prince, *ibid.* — Épouse Zaïde, fille d'un roi maure, 59. — A été accusé d'avoir appelé en Espagne d'autres mahométans d'Afrique, *ibid.*

ALFONSE VIII, *le Noble*, roi de Castille. Fait partie de l'armée des chrétiens contre les Maures, lors de la grande victoire de la Sierra-Morena, XVI, 267.

ALFONSE X, *l'Astronome* ou *le Sage*, roi de Castille. Grand philosophe et très bon roi, XVI, 270. — Pourquoi accusé d'athéisme, *ibid.* — Éloge de son recueil de lois *las Partidas*, 271. — Demandé pour empereur par les princes de l'Empire, *ibid.* — Élu, mais non compté parmi les empereurs, XXIII, 12, 259. — Fait à Tolède des actes de souverain d'Allemagne, *ibid.* — Proteste contre l'élection de Rodolphe, 267. — Renonce à l'empire, 269. — Se fait donner par Grégoire X le tiers de certaines dîmes, XVI, 273. — Obligé de se liguer contre son fils don Sanche avec le miramolin de Maroc, 272. — Est vainqueur, et meurt après la victoire, *ibid.* — Il est douteux qu'il ait mis la main aux *tables Alfonsines*, 271; XVIII, 266; XXXII, 301. — Mot qu'on en cite sur l'art de gouverner, L, 79.

ALFONSE XI, roi de Castille, père de don Pèdre. Eut d'Éléonore de Guzman sept bâtards, dont Henri de Transtamare, xvi, 379. — Fut mauvais roi et mauvais père, ix, 399.

ALFONSE de Castille. Fait roi sur l'échafaud où son frère Henri IV venait d'être déposé en effigie par des conjurés, xvii, 41. — Sa mort, 42.

ALFRED-LE-GRAND, roi d'Angleterre. Vaincu par les Danois, se retire chez un berger; puis parcourt, déguisé, le camp des ennemis, xv, 484. — Les défait, est reconnu roi, et police sa patrie, 485. — Détail et éloge de ses institutions, *ibid.* — Etablit les jurés, *ibid.*; xvi, 16. — Sa mort, 39. — Est le héros que l'Angleterre vénère le plus, 382. — Fut un prince au-dessus de son siècle, xv, 485, 486.

ALFRED II, roi d'Angleterre. Meurt assassiné, xvi, 40.

ALFRENAS, gentilhomme gascon. L'un des assassins du duc de Guise, xviii, 113.

ALGAROTTI (le comte). Lettres de lui sur la tragédie de la *Mort de César,* iv, 75, 81. — Epître à lui adressée sur son projet de voyager au pôle, xiii, 117. — Autre sur sa nomination comme conseiller de guerre du roi de Pologne, 171. — Autre sur les désagréments de la Vestphalie, écrite sous son nom au roi de Prusse, liv, 250. — Vers plaisants à son sujet, 252, 253. — Sonnet sur ses *Dialogues sur la Lumière*, ou le *Newtonianisme à l'usage des Dames,* xiv, 366. — Cas qu'en fait Voltaire, lii, 221, 314. — Sentiment sur cet ouvrage, xiii, 126; liii, 121, 133, 148; lv, 142. — Trait critique y relatif, et Note à ce sujet, xxxvii, 412. — Lettres qui lui sont adressées de 1745 à 1763. (*Voy. Tab. part.* de lv à lxi.) — Ses divers séjours à Cirey, xl, 40; lii, 104, 314. — Pourquoi, en 1753, quitta la cour de Frédéric, xl, 89, 91. — Sa mort en 1764; regrets sur sa perte, lxi, 471, 477. — Notice qui le concerne; hommage rendu à ses talents et à sa mémoire, xli, 488. — Surnommé *le Cygne de Padoue,* lviii, 511. — Loué pour son *Essai sur Horace* et son *Voyage en Russie,* lix, 159.

Algarves (les). D'où vient leur nom, xvi, 272. — Sont conquises sur les Maures, *ibid.*

ALGÈBRE. Etymologie de ce mot, qui nous vient des Arabes, xv, 334; xxxix, 552, 567.

Algébriste (d'un) méprisant la littérature, et vers à ce sujet, xiii, 142.

Alger (ville et principauté d'). Ancien royaume de Numidie; depuis, petite province cédée par Barberousse à Soliman II, et devenue une retraite de corsaires, xvii, 510. — Deux fois bombardée sous Louis XIV; demande pardon et reçoit la paix, xix, 445, 450. — Des pirates de ce pays, et de la nécessité de les détruire, xxvi, 177. — En quoi consiste sa milice, 179.

ALGÉRAM, abbé de Senones, évêque de Metz. On lui attribue les fausses Décrétales qui sont en manuscrit dans la bibliothèque du Vatican, xv, 439.

Alguazil, archer espagnol. Origine de ce mot, xi, 117.

ALI, gendre de Mahomet, et son premier disciple, xv, 319. — Désigné par le prophète pour l'héritier de son autorité, est supplanté par Abubéker, 325. — Devenu calife, gouverne au milieu des troubles, et meurt assassiné, 331. — Sa secte dominante en Perse, xvii, 491.

ALI, grand-visir d'Achmet III, et son favori. (*Voy.* COUMOURGI.)

ALI, amiral des Turcs à la bataille de Lépante. Est pris avec sa galère; sa fin tragique, xvii, 504 *et suiv.*

ALIGRE (*Etienne* d'), chancelier de France sous Louis XIV, fils d'un autre *Etienne* d'ALIGRE, chancelier sous Louis XIII. Scelle l'édit de la régale, xx, 355. — Notice, xix, 35.

ALIGRE (d'), premier président. Discours qu'il prononce au lit de justice de 1776, contre les édits pour l'abolition des corvées, lxix, 553; lxx, 4.

ALLACCI, bibliothécaire du Vatican. A part aux libéralités de Louis XIV, xx, 154.

ALLAMAND, ministre à Corzier, pays de Vaud. Lettre qui lui est adressée, en 1771, sur la tolérance, lxvii, 177. — Notes qui le concernent, *ibid.*; xlvi, 6.

ALLARD, général allemand, passé au service de Russie. Fait prisonnier à Narva, xxv, 148. — Belle résistance qu'il oppose aux Ottomans, dans la campagne du Pruth, 226.

Allégories. Celles des pères de la mythologie sont les plus vraies, les plus agréables, les plus ingénieuses, xxvi, 181. — Les premiers Pères de l'Eglise en ont poussé le goût un peu trop loin, *ibid.* — Emploi ridicule qu'en ont fait nos premiers sermonnaires, 183. — Allégories de quelques fêtes anciennes, 423 *et suiv.* — Quelle est la plus belle de celles que l'antiquité nous a transmises, xv, 26. — Mention de celles qu'on trouve chez les prophètes juifs, 194; XLI, 311 et suiv. — Et de celles qui, dans l'Ancien-Testament, figurent Jésus-Christ et l'histoire de son Église, XLIII, 119 et suiv.

ALLEMAGNE (l'). Au 8e siècle, est moitié idolâtre et moitié demi-chrétienne, XXIII, 43. — Charlemagne est revendiqué par elle comme Allemand, 67; xv, 416. — Ravagée, au 9e siècle, par les Huns, les Slaves et les Saxons, XXIII, 100. — Est dans l'anarchie, 102, 105. — Origine de son droit public, et sa séparation de l'empire des Francs, xv, 469. — Son chaos se débrouille un peu au règne de Henri-l'Oiseleur, 524. — Ses limites, au 10e siècle, encore fort incertaines, XXIII, 127. — Jusqu'où ses rois étendaient alors leur supériorité territoriale du côté de la France, ibid. — Est en proie aux guerres particulières des seigneurs, 131. — Police qui s'y établit au 12e siècle, 180. — Brigandages des seigneurs à l'avénement de Frédéric II, empereur, XVI, 138. — Son état d'interrègne et de confusion au milieu du 13e siècle, 148; XXIII, 254. — Association et confédération de ses villes commerçantes, ibid. — Ses villes impériales sont toutes différemment gouvernées, 277. — La bulle d'Or lui donne quelque stabilité, 334 et suiv.; XVI, 312. — Au commencement du 15e siècle, le corps germanique était libre, mais mal réglé, 343. — Eut trois empereurs, comme l'Église trois papes, sans en avoir un, 371. — Concordat germanique entre Frédéric III et Nicolas V, 463; XXII, 65; XXIII, 399. — Sa division en cercles, 389. — D'abord en quatre, ensuite en dix, ibid., 422. — Son état aux 15e et 16e siècles, XVII, 170 et suiv. — Sous Rodolphe II, XXIII, 561; XVIII, 261, 264. — Sous Mathias et Ferdinand II, 265 et suiv. — Sous Ferdinand III, 277. — A la paix de Vestphalie, 280. — Devient alors une grande aristocratie composée d'un roi, des électeurs, des princes et des villes impériales, 279. — Ce qu'elle fut obligée de payer aux Suédois qui l'avaient dévastée et pacifiée, ibid. — Son tableau depuis cette paix jusqu'à la mort de Ferdinand III, XXIII, 631 et suiv. — Sous Léopold Ier, 649 et suiv. — Du temps de Joseph Ier et de Charles VI, 652 et suiv. — Ses empereurs contemporains de Louis XIV, XIX, 42. — Sa situation avant ce prince, 245 et suiv. — Avantages qu'elle a retirés de la révocation de l'édit de Nantes, XVIII, 280. — Son Église beaucoup plus riche que l'Empire, xx, 349. — Dévastée, mais enrichie par la guerre de 1744, XXI, 120. — Ce qui a conservé jusqu'ici sa constitution saine et entière, XVI, 347. — Son gouvernement mixte, pourquoi a subsisté si long-temps, XXIII, 288. — Religions diverses qui y sont admises, XXXIV, 329. — Plus peuplée que la France, peut aussi fournir de plus grandes armées, XIX, 481. — Est appelée l'Empire par un abus de mots dès long-temps autorisé, XXIII, 650. — Est le seul pays de la terre où la loi des fiefs subsiste véritablement, XVI, 535. (Voy. Empire d'Occident.)

Allemands (les). Patients et laborieux, ont le génie des sciences naturelles, XVIII, 266. — Ont un grand fonds d'attachement pour leurs droits, XXIII, 288. — Ce que dit le grand Frédéric de leur défaut de goût et de leur peu d'aptitude pour les beaux-arts, LII, 493; LXIX, 313. — Sentiment de Voltaire sur le même objet, 325. — Comparés aux Français, sont plus propres pour la défense que pour l'attaque, XIX, 248. — Ce qui, sur la fin d'une campagne, les rend aussi redoutables que les Français le sont au commencement, 482.

Alliés (les) en politique. A qui comparés, et peu de foi qu'on y doit faire, LIX, 505.

Allusions. Du danger d'en chercher dans les pièces de théâtre, LX, 616.

ALLYOT, conseiller aulique de la cour de Lorraine. Plaintes de Voltaire contre lui; anecdote avec sa femme, LV, 326. — Lettres qui lui sont adressées en 1749, 323, 324.

Alma, mot hébreu. Sa signification propre, XLIII, 112; XLIX, 364; L, 433. — Autres, toutes différentes, suivant le rabbin Isaac, XXXII, 14.

Almageste (l') de Ptolémée. Par qui traduit du grec en arabe, xv, 333. — Ce qu'on en dit, XXXVIII, 253, 571.

ALMAGRO (Diégo d'). Aventurier, l'un des conquérants du Pérou, XVII, 419; XXIV, 404. — Barbarie qu'on lui impute envers un Inca, 402; XVII, 419. — Marche à Cusco, et pénètre jusqu'au Chili, 424. — Fait la guerre civile avec Pizarro, qui le bat et lui fait trancher la tête, 425. — Son fils veut se faire reconnaître comme roi du Pérou, et il éprouve le même sort, ibid.

ALMAMON, calife, petit-fils d'Aaron-al-Raschild. Fait mesurer un degré du méridien pour déterminer la grandeur de la terre, xv, 333. — S'empare de l'île de Crète par ses lieutenants, 496. — Sous lui l'Égypte fut indépendante, 498.

ALMAMON, roi de Tolède. Sa générosité envers Alfonse VI de Castille, xvi, 58.

Almanach. D'où vient ce mot, xv, 333; xxvi, 185. — Des almanachs de Matthieu Lansberg et d'Antoine Souci, xv, 137; xxvi, 186. — De ceux des Chinois, 187.

Almanach (l') *du Diable*, libelle contre Voltaire. Quel en est l'auteur, LII, 398, 400; LIII, 135.

Almanza (bataille d'). Gagnée par Berwick sur les Anglais et les Impériaux en 1707, xx, 59. — Aventure qui y eut lieu, et que le maréchal aimait à raconter, 399.

ALMOADAN, soudan d'Égypte. Sa générosité envers saint Louis, XLVII, 138; xvi, 206. — Est massacré par les mamelucks, *ibid*.

Aloïsia, livre obscène. Quel en est l'auteur, xii, 230, 232; LXI, 15.

ALONZO DE ERCILLA (don), auteur d'un poëme espagnol intitulé *l'Araucana*. Notice historique sur sa personne, x, 467. — Examen de son poëme, 469 *et suiv.*

Alouette. Origine de ce mot, xxvi, 192.

Alpes (les). Quels héros les ont franchies, xii, 105; xiii, 211.—Du moyen employé par Annibal pour s'y frayer un chemin, XLIV, 234. — Vers descriptifs de ce passage, xi, 113; xiii, 211.

Alphabet. Dissertation sur ce mot et sa signification, xxvi, 19 *et suiv*. — Est l'origine de toutes les connaissances de l'homme et de toutes ses sottises, 26. — Comment il a commencé; conjecture à ce sujet, 23. — De l'importance des alphabets comme monuments historiques, xv, 111.—Note sur l'épellation des lettres de notre alphabet, LIV, 117. (Voy. *Écriture*.)

Alphée (l'). Le passage souterrain de ce fleuve jusqu'à la fontaine Aréthuse est reconnu pour une fable; vers à ce sujet, x, 305; xi, 156, 157.

ALRYMPLE. (*Voy*. chevalier DALRYMPLE.)

Alsace (l'). Son état au 13ᵉ siècle, xxiii, 268. — Promise au duc de Veimar par Richelieu, qui fait ce qu'il peut pour l'assurer à la France, xviii, 234, 278; xxiii, 606. — Ce qui en vaut la possession à cet État, auquel elle est incorporée après la mort du cardinal, 607. — Comment il s'en assura l'acquisition, 628, 629. — Des juridictions ou chambres de Metz et de Brisach pour la réunion à la couronne des terres anciennement de sa dépendance, xix, 442, 505. — Sa souveraineté vendue depuis à la France par l'Empereur et l'Empire, lors de la paix de Vestphalie, xxiii, 628; xix, 318. — Défendue par Turenne contre les Impériaux et Charles IV de Lorraine, qui voulaient la reprendre, 413 *et suiv*. — Demeure à Louis XIV par le traité de Rastadt, xx, 108. — Entamée en 1744 par les Autrichiens, est secourue par Louis XV et délivrée, xxi, 107 *et suiv*. — Ce que son acquisition a coûté à la France, xx, 562.

Altena (ville d'). Brûlée par les troupes suédoises, xxiv, 295; xxv, 258, 260. — Faux bruit qui avait attribué aux Hambourgeois l'incendie de cette ville commerçante, xxiv, 295. — Lettre détaillée de Voltaire à ce sujet, xxxvii, 97. — Cet acte de cruauté, comment justifié par ses auteurs, xxiv, 297.

Altesse (titre d'). Donné autrefois aux rois, xi, 203; xvi, 523; xviii, 60; xxii, 104; xxvii, 544. (Voy. *Étiquette*.)

Alt-Ranstadt, en Allemagne. Champ proche de Lutzen, fameux par la victoire et la mort de Gustave-Adolphe, xxiv, 140. — Charles XII y choisit son camp, *ibid*. — Y fait la paix avec Auguste, 141, 146. — Patkul, ambassadeur du czar, y est attaché pendant trois mois à un poteau, 149.

Altona. Voy. *Altena*.

ALUMGIR, empereur mogol. Descendant de Tamerlan, XLVII, 339. — Gouverné et maltraité par son visir, implore, en 1760, la protection d'Abdalla, 342. — Le visir indigné met en prison son maître, et lui fait couper la tête, *ibid*. — Autres détails, 483 *et suiv*.

ALVAKÉDI, historien arabe. Cité sur les Amazones, xxvi, 195.

ALVARÉDO, Espagnol. Commande à Mexico, en l'absence de Cortès, xvii, 415. — Sur quel prétexte il fait massacrer deux mille seigneurs qu'il dépouille, et suites qu'eut cette énormité, *ibid. et suiv*.

ALVARÈS (don *Francisco*). Fut le premier qui apprit la position des sources du

Nil, et la cause des inondations régulières de ce fleuve, XVII, 384.

ALVIANO, général des Vénitiens. Défait l'armée de Maximilien, XXIII, 429. — Est battu par Louis XII, 432. — Et par les Espagnols de Naples, 438.

Alzire ou *les Américains*, tragédie de Voltaire, jouée en 1736, IV, 163 *et suiv.* — Épitre dédicatoire à Mme du Châtelet, 149. — Discours préliminaire, 155. — Cette tragédie est toute d'invention, *ibid.* — Son but, *ibid.* — Variantes et Notes, 228 *et suiv.* — Plaisanterie sur le sujet de cette pièce, VIII, 190. — N'aurait pas réussi sans l'effet théâtral, *ibid.* — Ce que l'auteur en dit dans sa Correspondance, LI, 534, 549; LII, 1, 201, 204, 220, 224. — Sa lettre aux comédiens français, y relative, 121. — Pour qui le rôle principal a été fait, 174. — Traduite en italien par Guastaldi, LX, 28. — Sentiment de Condorcet sur cette pièce, I, 167. — Sentiment du grand Frédéric, LII, 260. — Parodies qu'on en a faites, IV, 148.

Amabed (*Lettres* d'). Roman philosophique par Voltaire, XXXIV, 269 *et suiv.*

AMANDUS, secrétaire de Frédéric Barberousse. Ses *Annales* citées, XXIII, 186.

Amants. Leur sort est d'être trahis, III, 321. — Quels doivent être leurs soins, XI, 68. — Conseils à ceux quittés par leurs maîtresses, 121. — Ce qu'il leur faut pour se voir toujours sans jamais se déplaire, XII, 76, 80. — Plaisirs que leur procure la constance, LI, 45. — Des amants qui trouvent toujours dans leurs maitresses des beautés que personne n'y trouve plus qu'eux, LII, 401. — État d'une amante abandonnée, description poétique, X, 313, 314; XI, 61. — Tableau de deux amants heureux, 18 *et suiv.*; 202, 295. — Autre d'un amant qui, dans son égarement, a plongé le poignard dans le sein d'un objet adoré, 293. — Amante confiant sa tendresse aux échos, III, 122. — Bonheur d'un amant aimé, XIII, 93. — Que, pour s'aimer toujours, les amants ne doivent pas s'aimer trop, XIV, 351.

Amants (les deux) *de Lyon.* Histoire singulière de leur suicide, XXVII, 516. — Leur épitaphe, 517. — Pièces diverses et autres détails sur cette aventure, LXVI, 367.

Amants (les) *magnifiques*, comédie-ballet de Molière. Louis XIV lui-même en donna le sujet; Notice y relative XXXVIII, 434. — Superstition orgueilleuse que l'auteur y a attaquée, XX, 149.

Amasis, tragédie de La Grange-Chancel. Appréciée, V, 102; VI, 156; LIII, 37.

AMAURI, roi de Jérusalem. Se ligue avec le soudan d'Égypte contre les Turcs, et viole ce traité, XVI, 179.

AMAURI. (*Voy.* MONTFORT.)

AMAYUM, sultan au 16e siècle. Dépouillé et chassé de l'Inde par les Turcs, XVII, 481. — Rétabli sur le trône par les Persans, *ibid.*

Amazones (les). Femmes guerrières très communes parmi les Arabes, XV, 329. — Leur royaume n'est qu'une fiction poétique, *ibid.*; XXVI, 19, 1995.

Ambassadeurs. Dispute entre eux sur la préséance au concile de Trente, XVIII, 90. — Ceux d'Espagne, au congrès de Vervins, cèdent en tout la préséance à ceux de France, XXII, 200. — Ces derniers ont partout le pas sur ceux de Russie, XXXIX, 95. — Ceux de la cour de Rome l'ont sur tous les autres, XXXII, 157. — Prétentions de ceux des rois catholiques à Rome, XIX, 353, 455. — Avant Louis XIV, ne faisaient nulle difficulté de servir dans les armées des puissances alliées auprès desquelles ils étaient employés, 262. — Ceux de France prétendent la main sur les électeurs, 438. (*Voy.* ESTRADES et *Préséances.*) — Mauvaise politique de la Porte-Ottomane à leur égard, XIII, 309; XXIV, 228, 252; XXV, 216; XLVI, 607; LXV, 363. — Ce que c'est le plus souvent qu'un ambassadeur de France en Angleterre, XXXVII, 23. — Des ambassades d'*obédience* envoyées à Rome par les princes catholiques, à l'époque de leur avènement, XIX, 253. — Vers qui caractérisent les ambassadeurs, II, 366, 423. — Circulaire qui leur est adressée, en 1770, par Voltaire, en faveur de sa petite colonie de Fernei, LXVI, 294.

Ambitieux (l'). Mauvais sujet de comédie, LXI, 112.

Ambition. Il en faut aux grands cœurs, VI, 312. — Dieu la fit pour les vieux fous, XIII, 247. — Sans une noble ambition, il ne serait point de grands hommes, XXXIX, 33. — Grande passion du cœur humain; a besoin de modération, XII, 71, 73. — Comment dépeinte dans la *Henriade*, X, 224; XXXIX, 152. — Dans une fable de La Fontaine, *ibid.* — Dans *Athalie*, *ibid.* — Dans *Mahomet*, *ibid. et suiv.* — Dans *Mérope*, V, 126 *et suiv.*

AMBOISE (card. *George* CHAUMONT d'). Ami et premier ministre de Louis XII,

XVII, 177. — Vers qui le caractérisent, x, 229. — Pourquoi trop loué dans la *Henriade*, XVII, 98. — Ses fautes; il perd la tiare pour lui, et Naples pour son roi, *ibid.* — Auteur de l'incompréhensible traité de Blois, *ibid.* — Reçoit pour Louis XII l'investiture du Milanais, XXIII, 432.—De sa *Vie* publiée par J. Sirmond, XIX, 212.

AMBOISE (*Charles* CHAUMONT d'), frère du précédent. Commande, en 1510, l'armée française contre le pape Jules II et les Vénitiens, XVII, 107.

Amboise (conjuration d'). La première qu'on connaisse en France; qui en fut l'ame invisible, XVIII, 56. — Quoique découverte, n'en fut pas moins exécutée, 57; XXII, 99. — Comment fut punie, *ibid.;* XVIII, 58.

AMBROISE (saint). Gouverneur de Milan, en devient évêque rapidement; funestes succès qu'il obtient, XV, 512. — Fait une belle action, en refusant l'entrée de l'église à Théodose, 465, 513. — Préférait les mœurs des brachmanes à celles des chrétiens de son temps, 297.—De son goût pour l'allégorie, et du mauvais usage qu'il en fit, XXIX, 411. — Sollicita la grace de Priscillien, et, n'ayant pu l'obtenir, refusa de communiquer avec ses accusateurs et leur faction, XXXII, 518.

AMBROISE, archevêque de Moscou. En 1771, est massacré par des fanatiques, lors de la maladie contagieuse qui afflige cette ville, LXVII, 262, 284.

Ame (l'). Mot que personne ne comprend, XXVI, 229; XXXIV, 432. — Questions sur son existence et sur sa nature, VII, 472 *et suiv.*— Entretiens philosophiques sur le même sujet, XXVII, 463, 470; XXXIV, 431; XXXIX, 599; XLV, 25. —Diversité des opinions sur son essence, XII, 157; XXVI, 249 *et suiv.*; XXXIII, 191; XXXVII, 177; XLI, 320. — De la connaissance qu'en eut l'antiquité, XV, 15. — Ignorance des hommes à son égard, XXXIV, 138. — On ne peut dire ce que c'est, XLVIII, 508. — Considérée dans sa signification d'*esprit, souffle, vent*, XXIX, 228; XXXI, 115. — Si elle existe dans l'enfant avant sa naissance, XXXIV, 49, 434; XLVI, 594; XLVII, 89. — Ce qu'elle devient après nous, L, 167. — Comment et quand nous arrive, XXXIV, 57. — Manière dont elle est unie au corps, et dont elle a ses idées, XXXVIII, 42 *et suiv.*— Questions sans nombre que ce mot a fait naître; son acception dans la langue grecque et dans celles qui en dérivent, XXVI, 199; L, 165 *et suiv.* — Prise en général pour l'origine et la cause de la vie, pour la vie même, XXVI, 200. — Doutes et questions sur son essence, 201 à 211.— Les Grecs en distinguaient trois sortes, 204. — De l'ame des bêtes, et de quelques idées creuses, 211, 237. — Sur l'ame et sur nos ignorances, 217. — Des ames des sots et des monstres, 225. — Ce qu'on entend par *ame végétative*, 237. — Si l'homme a une ame, et ce que ce peut être, XXXVII, 309. — Si ce qu'on appelle *ame* est immortel, 316. — Du principe d'action appelé *ame*, XLVII, 86. — Si l'ame n'est pas une faculté qu'on a prise pour une substance, XLVI, 593; XLVIII, 64, 77. — Est une énigme dont chacun a cherché le mot depuis Pythagore, 73. — Lettres sur sa matérialité, LII, 162, 167. — Si la connaissance de la nature de l'ame peut nous mener à celle de la nature de Dieu, XLVI, 586. — Revue des systèmes que la philosophie a fabriqués sur l'ame, XXVI, 253; XLVI, 588; XLVIII, 69 *et suiv.*; L, 185.—Définitions diverses qu'en ont données les Pères de l'Église, XXVI, 206; XLIII, 130. — De l'antiquité du dogme de son immortalité, XXVI, 247. — Idées diverses des philosophes à ce sujet, VII, 389; XV, 116 *et suiv.* —Son immortalité était le fondement des anciens mystères et de la doctrine des Egyptiens, VII, 390; XV, 107; XLVI, 131. — Non admise par les Chinois, XV, 77, 90, 276; XLVI, 124, 132. — Reconnue des Grecs avant qu'Homère eût écrit, 135; XLVIII, 69. — Raisonnements de Platon, XXVII, 26; L, 189, 420. — Dissertation de Socrate, VI, 529. — Reconnue des Romains, XLVI, 140. — N'est ni énoncée, ni même supposée dans aucun endroit de la loi attribuée à Moïse, 160 *et suiv.*; XXX, 463. — Ce dogme ignoré long-temps des Juifs, VII, 390; XV, 116; XXXVII, 315; XLI, 319; XLIII, 57, 238; L, 412. — Ils n'en avaient aucune idée, XLIX, 144; LXI, 184. — Quand leur fut connu, XLV, 218; XLIX, 147; LXVII, 413. — A été le plus universellement répandu; paraît le plus sage, le plus consolant et le plus politique, LVIII, 190. — Immortalité de l'ame prouvée par l'existence du mal sur la terre, XII, 197 *et suiv.* —Doutes de Cicéron, 199, 200.—Doutes de Lucrèce, 202. — N'est démontrée avec certitude que par la révélation, 203; XXVI, 222; XXXVII, 182. — Autres doutes, XIII,

47, 73. — Vers de l'auteur en faveur de cette espérance, XIII, 48. — Il se défend d'avoir nié son immortalité, XIV, 283. — Qu'on ne peut la démontrer, puisqu'on dispute encore sur la nature de l'ame, XXXVII, 182. — De l'*Histoire de l'ame*, poëme burlesque de Prior, où il se moque fort plaisamment de son sujet, 248 ; XXVII, 415. — Des raisonneurs qui ont écrit sur le roman de l'*Ame*, et du sage qui en a fait modestement l'histoire, XXVI, 207; XXXVII, 179 *et suiv*. — Questions sur l'ame, proposées à qui voudra et pourra les résoudre, XLI, 578.

Ame (de l'), par Soranus, médecin de Trajan (pseudonyme de Voltaire), XLVIII, 61 *et suiv*.

Ame (de l'article) dans l'*Encyclopédie*. (*Voy*. YVON.)

AMEAUX, conseiller d'état à Genève. Condamné pour avoir mal parlé de Calvin, XVII, 281.

AMÉDÉE VIII (*Félix*). Reçoit de l'empereur Sigismond l'investiture de la Savoie, érigée en duché, XXIII, 376. — Se fait ermite à Ripaille, XVI, 464 ; XXIII, 392. — Élu pape, quoique séculier, au concile de Bâle, se contente d'être cardinal et redevient ermite, 394, 399. — Vers sur les caprices de sa conduite, XII, 269; XIII, 211.

AMÉLIE, princesse de Prusse, sœur du grand Frédéric. Vers sur un carrousel où elle présidait, XIV, 412. — Autres adressés à elle et à Ulrique, sa sœur, 413. — Notice, LIV, 615.

Amélie ou le *Duc de Foix*, tragédie de Voltaire, III, 431 *et suiv*.—Observation sur cette pièce; variantes, LVI, 102, 120, 126, 147. — Pourquoi l'auteur la préférait à *Adélaïde*, LX, 573. (*Voy*. Duc de Foix, Adélaïde du Guesclin et Duc d'Alençon.)

AMÉLIE-ÉLISABETH DE HANAU, veuve de Guillaume V, landgrave de Hesse. Regardée comme l'héroïne de son temps; gloire et considération dont elle jouissait, XXIII, 612.

AMELOT (*Jean-Joseph*), membre de l'Académie française en 1727, et ministre des affaires étrangères en 1743. Gouverné par M. de Maurepas, n'était qu'un ministre très-subalterne, XL, 68 *et suiv*. — Correspondance de Voltaire avec lui, au sujet de sa mission secrète en Prusse à cette époque, LIV, 558, 560, 567, 573, 579, 586, 592, 594, 608.

— Sa disgrace en 1744, XL, 79. — Notice, LIV, 558.

AMELOT DE CHAILLOU. Intendant de Bourgogne en 1758, LXV, 195.—Lettres et instructions ministérielles qu'il reçoit, en 1774, au sujet de la mort, présumée prochaine, de Voltaire, et de la saisie immédiate de tous ses papiers, I, 421. — Sa réponse, 423 *et suiv*.

AMELOT DE LA HOUSSAYE (*Nicolas*). Notice littéraire sur la personne et les ouvrages de ce politique, XIX, 48. — A traduit le *Prince*, de Machiavel; sa préface réfutée, XXXVIII, 477.

AMELOTTE (*Denis*), oratorien. Auteur d'une assez bonne version du *Nouveau Testament*; Notice, XIX, 48.

Aménophys. Tragédie de Saurin, attribuée à Linant, LV, 521; LVII, 653.

AMÈRE (d'), l'un des quatre officiers français qui, en 1746, prirent le fort Ballard en plein jour, XXI, 164.

AMÉRIC-VESPUCE, négociant florentin. Pourquoi on a eu tort de donner son nom au nouveau continent, XVII, 391. — Ce qu'il faut penser de sa *Vie* publiée à Florence, 392.

Américains (les). Vers qui les caractérisent, IV, 1, 165, 166. — Espèces d'hommes différentes dont ils se composent, XVII, 393, 402. — Leur religion à l'époque de la découverte du nouveau monde, 404. — Leurs superstitions cruelles, *ibid*. — Anthropophages, 405 *et suiv*. — Sodomites au Brésil, 407. — N'ont ni poil, ni barbe; raisons diverses de cette singularité, 393; XXVII, 303; XLIV, 307. — D'une chanson en rimes américaines, citée par Montaigne, II, 59.

Amérique (l'). Sa découverte, VIII, 386 *et suiv*. — Prédiction curieuse de Sénèque le tragique à ce sujet, 360; XXVIII, 286. — Ce qu'elle était à cette époque, XV, 11. — Ses habitants ne sont pas venus d'ailleurs, 36; XVII, 393. — On y faisait des sacrifices humains, IV, 165; IX, 289. — Cruautés qu'y commirent les Espagnols, et nombre d'ames qu'ils y firent périr, IV, 164 ; XVII, 399. —Reproche imaginé par eux pour excuser leur barbarie, 405.—Productions précieuses de ce pays, 394.—Comment les richesses qui en viennent circulent dans l'ancien continent, 395 *et suiv*. — Fléaux qu'on en a rapportés, 397.—Comment devint la proie des princes chrétiens, 398. — Comment elle a été peuplée; vaines disputes et systèmes bizarres à ce sujet, 400 ;

XXVI, 260; XXXI, 484. — Différences spécifiques entre l'Amérique et l'ancien monde, XVII, 401. — Raisons pourquoi le nouveau monde est moins peuplé que l'ancien, XV, 38; XVII, 407 *et suiv.* — Si l'Europe a gagné ou perdu à sa découverte, 432. — Des possessions françaises dans ce pays, 435.—Des possessions des Anglais et des Hollandais, 451. — Que sa possession n'a pas nui à l'Espagne, XXXVII, 532. — Sa révolution de 1774 à 1777, prédite par Voltaire, XXI, 339.

Ami (l') *des hommes*, par Mirabeau. Sentiment sur cet ouvrage, XIV, 293; XXXI, 476; LIX, 213.

Amiens (ville d'). Prise par l'archiduc Ernest, par une surprise peu honorable pour les habitants, XXII, 189.—Reprise par Henri IV, *ibid. et suiv.;* XVIII, 139.— Lors de l'attentat de Damiens, demande à changer son nom en celui de Louisbourg, XXI, 367.

Amirauté de France. Liste des grands-amiraux sous le règne de Louis XIV, XIX, 31. — Quand la dignité de général des galères lui fut réunie, 32.

Amis. Portrait des faux amis, IV, 279; V, 373; XIII, 74. — Un ami vertueux est un don du ciel, le vrai bien du sage, IV, 356; XII, 60. — Vers sur la mort d'un ami, XIII, 72.—Il en est cent pour nous plaindre, et pas un pour nous secourir, V, 362; XII, 488. — Quatrain sur la nécessité d'en avoir un que l'on écoute et que l'on consulte, 529. — Que toutes les grandeurs du monde ne valent pas un bon ami, XXXIII, 379. — Que vieux amis qui se brouillent se déshonorent, LI, 421; LIV, 105. — Devoirs d'un ami, III, 344. — Ses conseils sont des lois, 435. — Qu'on n'a point d'amis alors qu'ils sont payés, VIII, 245.

Amitié. Celle d'un grand homme est un bienfait des dieux, II, 69. — Vain fantôme; trésor cherché sans cesse et jamais obtenu, III, 312, 448.—Devrait exister entre les hommes supérieurs, IV, 157. — Est un présent du ciel peu connu des rois, X, 256, 276. — La leur est souvent perfide, et souvent trahie, IX, 432. — Il n'en est point entre les parricides, VIII, 152. — Les auteurs l'ont rarement connue, XIV, 281.—N'est pas faite pour les cœurs corrompus, XII, 76. — Invocation qui lui est adressée, *ibid.* — Poëme sur son *Temple,* XII, 33 *et suiv.* — Est la passion des grands cœurs, 465. — Le partage de quelques ames privilégiées, XXXIX, 70. — Ne fuit jamais du cœur du sage, XIII, 74. — Ses charmes décrits en vers par Frédéric, roi de Prusse, LIV, 229. — Comment définie, XIII, 190; XXVI, 263. — Pourquoi est la première de toutes les vertus, LIV, 705.—Son enthousiasme plus fort chez les Grecs et chez les Arabes que chez nous, 264.— Vers cités de La Fontaine, le seul poëte du siècle de Louis XIV qui ait parlé de cette consolation de la vie, XXXIX, 154. — Autres, extraits de la *Henriade* et d'une épître de l'auteur, 155. — Ce qu'en dit la marquise de Lambert dans son traité, 156. — Charme qu'elle répand sur les travaux des hommes consacrés aux lettres, XXXVIII, 559. — Sans elle, il n'y a point de bonheur sur la terre, LIII, 77. — Est la consolation de ceux qui se trouvent accablés par les sots et par les méchants, LIX, 420.—Dans la vieillesse est la consolation de nos misères et l'appui de notre faiblesse, encore plus que la philosophie, LXII, 501; LXIII, 251. — L'amitié remplaçant l'amour, stances à ce sujet, XII, 519. — Autres vers sur l'amitié, traduits de l'Arioste, XXIX, 159.

AMMAN, secrétaire de l'ambassadeur de Naples à Paris. Vers latins qu'il adresse à Voltaire en 1746, et lettre qu'il en reçoit, XIV, 491; LV, 101.

AMMI DE CONVENTIGLIO (marquis d'). *Voy.* DAMMI.

AMMIEN-MARCELLIN. Ce qu'il dit de la fureur des premières sectes chrétiennes, XV, 371; XLI, 46. — Faux prodiges qu'il rapporte au sujet de la réédification du temple juif par l'empereur Julien, et qui attestent sa crédulité, XXVI, 485, 488; XLV, 201; XLVII, 543. — De la traduction de ses œuvres par Moulines, LXIX, 456, 495.

AMMON (d'). (*Voy.* HAMON.)

AMNON, fils de David. Commentaire sur son inceste et sur les crimes qui s'ensuivirent, XLIX, 295 *et suiv.*

AMONTOUS (*Guillaume*), excellent mécanicien. Notice, XIX, 48.

AMOUR (l'), passion personnifiée. Invocation qui lui est adressée dans *Samson,* III, 116. — Autre, 125. — Description de son temple, X, 301. — Ses trompeuses douceurs, 303. — Son cortége, 304. — Son charme indomptable, 309. — Fuit avec l'âge, XII, 518.—Combien était peint librement dans l'antiquité, 228 *et suiv.* —Inscription pour sa statue, XIV, 333. — Vers sur l'étendue de sa puissance, III, 264; VI, 8; XIV, 403. — Ses deux carquois, VI, 13; XI, 318; XXIX, 417. — Son empire sur tous les animaux, XII, 48, 53. — Les fanatiques en ont fait un démon, XIII, 241. — En quoi comparé aux rois; vers à ce sujet, LVII, 184.

Amour. (l'). Plaisir insipide quand il est ignoré, II, 297. — N'est jamais le prix de la vertu, 302. — N'est puissant que par notre faiblesse, 382; III, 316, 453. — Son pouvoir aimable et funeste, 133. — Nous dérobe souvent les biens que la gloire nous donne, 121. — Ses cruelles faiblesses, 332, 413, 471. — N'avilit point un guerrier, mais doit en être maîtrisé, 299, 316, 366. — Criminel, fut toujours malheureux, IV, 514. — Quand il est vrai, est le plus grand frein du vice, 252. — Jaloux, ressemble à la haine, III, 173, 365. — Est faible lorsqu'il est timide, VII, 148. — Égale tout; exemples qu'on en donne, III, 315. — Feu né d'un instant qu'un autre instant détruit, est suivi de l'indifférence et trop souvent de la haine, VII, 134, 135. — Quand devient un besoin honteux, XIV, 128. — Quand la possession de l'objet aimé n'est qu'une jouissance barbare, VI, 447; IX, 552. — Invitations à l'amour, XIII, 20, 32, 114, 222. — Feu sacré, ame et principe du monde, X, 103; XI, 308. — Comment on y est excité, XI, 169. — Est un des plus grands biens de la vie, LII, 190. — N'exige ni raison, ni mérite, VIII, 351. — L'infortune y dispose, IX, 553. — Non satisfait, s'augmente par l'absence, XXXIII, 443. — Peut très bien s'allier à la sagesse; vers à ce sujet, LIII, 223. — Est un grand fard, XI, 20. — Est l'ame de notre ame, XII, 83. — Enchantements qu'il produit, X, 312. — Les *Lendemains* d'une déclaration d'amour, XI, 123. — Son nom donné à mille chimères, XXVI, 265. — Spectacles qui peuvent en donner une idée, *ibid.* — Comment l'homme l'a perfectionné, 266. — A quels accidents peut survivre, 268. — Description morale qu'en donne J.-B. Rousseau, XXXIX, 158. — Autre, par Voltaire, 159. — Autre, par Fénelon, 161. — Thèses sur l'amour, que le cardinal de Richelieu fit soutenir, XII, 374; XVIII, 194. — Serments d'aimer toujours, ou de n'aimer jamais, sont également téméraires, V, 223.

Amour (de l') *au théâtre.* Voltaire l'introduit à regret dans *OEdipe*, LI, 193. — Pourquoi il en a parlé dans *Brutus,* II, 361. — Cette passion, développée dans *Zaïre*, en a fait le succès, III, 143 *et suiv.* — Question si l'amour est fait pour le théâtre tragique, II, 361; LI, 291. — Les meilleures tragédies sont celles qui peuvent s'en passer, IV, 411. — Doit être l'ame d'une pièce ou en être entièrement banni, V, 103; VI, 153. — N'a jamais fait verser tant de larmes que la nature, V, 484. — Quand il est du ressort de la comédie, VI, 4, 154. — Quand et comment il est digne de la tragédie, II, 362; III, 5; VI, 4, 154; XXXVI, 38, 263, 265; LIII, 38; LIX, 535. — Ses différences sur les théâtres français et anglais, II, 362; III, 155 *et suiv.* — Pourquoi les Français l'ont exprimé mieux que toutes les autres nations, 156. — Corneille ne l'a bien représenté que dans le *Cid* et *Polyeucte*, IV, 72; XL, 290. — Il le traite d'un ton familier, VI, 7. — Différence de l'emploi qu'en ont fait Racine et Corneille, V, 103; XXXV, 403 *et suiv.;* 491, 497; XXXVI, 118, 409. — Comment on le fait parler dans nos anciennes tragédies, VI, 5.

Amour divin. Disputes et controverse mystique sur ce sentiment, XXVI, 269. — Son analyse philosophique, 271. — Vers qui le caractérisent, X, 228.

Amour (l') *médecin,* comédie de Molière. Notice y relative, XXXVIII, 418.

Amour-propre (l'). Est aussi nécessaire à l'homme que le sang qui coule dans ses veines, XXXVII, 333. — Sans lui aucune société ne peut se former ni subsister, 50. — Don de Dieu, damné chez les dévots, XII, 82, 86. — C'est lui faire bien de l'honneur que de dire que le sentiment d'humanité n'en est qu'une branche, 153. — Combien il est difficile aux plus grands hommes, et même aux plus modestes, de se sauver de ses illusions, II, 33. — Flatteur et tyran, ne meurt jamais, XII, 560. — Anecdotes qui en donnent une idée, XXVI, 274. — Instrument de notre conservation; en quoi ressemble à celui de la perpétuité de notre espèce, 275; LXI, 556. — Comparé à un ballon, XXXIII, 53. — Présenté sous cent faces différentes dans les *Pensées* de La Rochefoucauld, XX, 306; L, 295. — Éteint souvent notre bon sens; vers à ce sujet, XIV, 170. — Bien dirigé, fait les hommes de bon sens véritablement vertueux, LXVI, 142. — C'est l'amour-propre, et non l'amour, qu'il fallait peindre aveugle, LXI, 430.

Amour (l') *socratique.* Erreur qui a porté les modernes à en accuser les Grecs, XXVI, 277. — N'était point, dans l'antiquité, un amour infame, 278. — C'est le nom qui a trompé sur la chose, *ibid.* — Dépeint dans l'*Anti-Giton*, XIV, 5 *et suiv.* (Voy. *Pédérastie.*)

Amours (*les deux*). Vers adressés à Mme de Rupelmonde, XIV, 327.

Amours de Robert-Covelle.(Voy. *Guerre civile de Genève.*)

Amours illégitimes. Quel est leur partage, IX, 226.

AMPHITRYON. Son aventure fait partie des vieilles fables des brachmanes ; comment ils la racontent, XLVII, 453 ; XLVIII, 303.

Amphitryon, comédie de Molière. Bonheur du sujet ; éloge du prologue, XXXVI, 508. — Exemple qu'offre cette pièce du passage de l'attendrissement au rire, VI, 8. — Est un recueil d'épigrammes et de madrigaux faits avec un art qu'on n'a point imité depuis, XIX, 162. — Notice y relative, XXXVIII, 423.

Amplification (l'). Est plutôt un défaut qu'une figure de rhétorique, XXVI, 281. — Quand l'orateur amplifie-t-il ? Erreur des gens de collège à cet égard, 283. — Morceaux divers de Virgile et de Racine qui sont regardés à tort comme des amplifications, 284 *et suiv.* — Exemple d'une véritable amplification, 286. — Autre d'amplification vicieuse, 294. — Compositions diverses, qui ne sont que des amplifications ennuyeuses, 295.

Ampoule (*la sainte*). N'est qu'une pieuse fiction, XXII, 172. — Dissertations de Vertot sur son authenticité, XVI, 41, 155. (*Voy.* CLOVIS et HINCMAR.)

AMPUS (baron d'). L'un des députés du parlement de Provence auprès du duc de Savoie, au temps de la Ligue, XXII, 161.

Amsterdam. Ce qu'était cette ville, lors de la fameuse révolution des Provinces-Unies, XVIII, 6. — Ce qui a fait de ce pays méprisé et stérile une puissance respectable, *ibid.* — Devient sous Frédéric-Henri, et par son commerce seul, l'une des plus florissantes villes de la terre, 16. — Les incommodités de son port ne l'empêchent pas d'être le magasin du monde, 384. — Son hôpital, modèle d'administration, XLIII, 433. — Calculs de la vie sur cette ville, XXVI, 116. — Belle résolution de ses magistrats lors de l'invasion, en 1772, par les Français, XIX, 399 *et suiv.*

Amulius et Numitor, tragédie de la première jeunesse de Voltaire, dont on possède quelques fragments, II, ij. — Pourquoi ils n'ont été admis dans aucune édition des OEuvres complètes de l'auteur, *ibid.*

AMURAT Ier, sultan. Passe, dit-on, par le secours des Génois, en Europe, et va s'établir à Andrinople, XVI, 468, 486. — Donne aux janissaires leur forme actuelle, 468. — Est assassiné dans le cours de ses victoires, *ibid.*

AMURAT II, sultan, petit-fils de Bajazet. Épouse Irène, fille d'un despote de Servie, XVI, 474, 479. — Abdique deux fois, et deux fois est obligé de reprendre la couronne, *ibid.* — S'empare de l'Albanie, 484. — Prend Thessalonique, 480. — Jure une paix solennelle avec les chrétiens, et la respecte, *ibid.*; XXIII, 395. — Sort de sa retraite pour punir les chrétiens de l'avoir rompue, et remporte la victoire de Varnes, 396 ; XVI, 482. — Plaint le sort de leur chef Ladislas, tué dans la bataille, et le fait enterrer avec une pompe militaire, 483. — Retourne dans sa solitude ; est bientôt obligé de reprendre le sceptre pour combattre Huniade, qu'il défait, *ibid.*; XXIII, 398. — Sa mort, XVI, 483. — Compté parmi les héros, peut l'être aussi parmi les philosophes, XXIII, 395.

AMURAT III. Ses conquêtes, XVIII, 413. — Comment réprime une émeute de janissaires, 414. — Vend la paix à Rodolphe, XXIII, 551. — Rompt la trêve, et ravage la haute Hongrie, 555.

AMURAT IV, surnommé *Gasi* (l'intrépide). Comment se fait respecter des janissaires, XVIII, 416. — Ses conquêtes en Perse, *ibid.* — Prend Bagdad, *ibid.*, 441. — Cruel et débauché, n'avait d'autre mérite que la valeur, 417.

AMYOT (*Jacques*). Traducteur naïf de Plutarque, XXIX, 485. — Ambassadeur de Henri II au concile de Trente, y proteste contre cette assemblée, XVIII, 87. — Pourquoi s'est bien donné de garde d'écrire l'histoire, quoiqu'il eût le titre d'historiographe, XXX, 230. — Auteur présumé des beaux vers adressés par son élève Charles IX à Ronsard, LXIX, 459.

Ana, ou *Recueils d'anecdotes.* Ne sont la plupart que des compilations faites au hasard par des écrivains mercenaires, XIX, 70, 176. — Lequel contient le plus de mensonges, et lequel plus de choses instructives, XXVI, 295. (Voy. *Anecdotes.*)

Anabaptistes (les). Origine de cette secte, XVII, 267, 301; XXIII, 459. — Réclament les droits du genre humain, mais les soutiennent en bêtes féroces; sont défaits par Frédéric de Saxe, 460; XVII, 268. — S'emparent de la Moravie, et y sont poursuivis, XXIII, 477. — Prise et supplice de leur apôtre Hutter, 478. — Désolent l'Allemagne au nom de Dieu, XVII, 270; XXIII, 482. — S'emparent de Munster et en chassent l'évêque, *ibid.* — Sont exterminés dans les Provinces-Unies et dans la basse Allemagne, 487; XVII, 271. — Cependant la secte subsiste assez nombreuse, mais entièrement différente de ce qu'elle était dans son origine, *ibid.* — Condamnés dans toutes les autres communions, ils vivent en paix au milieu d'elles, 272. — Font aujourd'hui les vrais tolérants, après avoir été aussi barbares que les autres chrétiens, *ibid.;* XLIV, 22. — Ne baptisent que les adultes, XXVII, 298. — Les anabaptistes anglais sont les pères des quakers; se croyant chrétiens, ils n'étaient réellement que des déistes, XVII, 300. — Rôle d'un bon anabaptiste dans *Candide;* XXXIII, 229 *et suiv.* — Vers sur le rappel, par Frédéric II, des anabaptistes chassés de Prusse, LIV, 221.

ANACLET (*Pierre de Léon*), fils d'un juif. Est élu pape, et chasse de Rome Innocent II, son compétiteur, XVI, 95; XXIII, 178. — L'empereur Lothaire, pris pour juge entre eux, décide contre lui, 179. — Il se retire dans le château Saint-Ange, *ibid.* — Est soutenu par Roger, roi de Sicile, XVI, 37, 95; XXIII, 180.

ANACRÉON. Vers plaisants au sujet d'une pensée de ce poète, LXV, 523. — Nous avons dans notre langue des couplets sans nombre qu'il aurait chantés lui-même, LXVII, 419, 420.

Analyse (l'). Seule manière qui appartienne à l'homme de raisonner sur les objets, XXXVIII, 52.

ANANIAS et SAPHIRA. Du prétendu miracle de leur mort, et du crime dont les accusaient les apôtres, XXVI, 503; XXXI, 424; XLII, 161; L, 447.

Anarchie (l'). Pourquoi est un grand mal en politique, et devient presque nécessaire au repos public en religion, XVII, 263. — Que l'anarchie est l'abus de la république, comme le despotisme est l'abus de la royauté, XXXIX, 432.

ANASTASE III, pape. Son exaltation, XXIII, 8. — Sa mort, XV, 529.

ANASTASE IV, pape. Son exaltation, XXIII, 11.

ANASTASE, bibliothécaire. Est le premier qui parle de la prétendue donation de Pepin au pape, XV, 391; XLIV, 443. — Et de celle de Charlemagne, 444. — Doutes exprimés à son sujet, *ibid. et suiv.*

Anatolie (l'). Pourquoi les Grecs donnèrent ce nom à l'Asie; sa signification, XLIX, 465. — Tombe au pouvoir d'Houlacou, petit-fils de Gengiskan, XVI, 230.

Anatomie. L'ancienne comparée à la moderne, XXVI, 339. — Opinions de différents savants sur le mécanisme de ses opérations, 340 *et suiv.* — Incertitudes où l'on est encore sur quelques points de cette science, XLIV, 302.

ANAVERDIKAN, tyran indien. Assassiné à cent sept ans, XXI, 268, 312.

ANCIAN, curé de Moëns. En 1759, rançonne de pauvres familles du pays de Gex; plaintes de Voltaire à ce sujet à l'évêque d'Annecy, XLVIII, 359; LVIII, 377; LXV, 78. — Persécutions qu'il suscite à l'auteur en 1761, à l'occasion de l'église et du cimetière de Fernei, *ibid.;* LIX, 423, 438, 450, 455, 460, 489, 492. — Est lui-même poursuivi criminellement pour assassinat, XL, 197; LIX, 228, 233, 258. — Requête adressée contre lui au lieutenant criminel du pays de Gex, XL, 197. — Est condamné aux galères, *ibid.;* LIX, 492.

Anciens (les). Danger de marcher sur leurs traces, II, 29 *et suiv.* — Il n'appartient qu'à l'ignorance ou à la présomption de dire qu'il n'y a rien dans eux à imiter, VI, 158. — Il n'y a point de beautés dont on ne trouve les semences dans leurs ouvrages, *ibid.* — Nous leur devons tout, *ibid.* — Des défauts où tombent ceux qui s'en écartent dans les sujets qu'ils ont traités, 283 *et suiv.* — Notre admiration pour eux ne doit pas être une superstition aveugle, X, 413, 414. — A quoi ils ont souvent manqué dans leurs compositions dramatiques, V, 420.

Anciens et *Modernes.* De la dispute à leur sujet, X, 419 *et suiv.* — Qu'elle a été et sera long-temps encore une affaire de parti, comme elle l'était du temps d'Horace, XIX, 176; XXVI, 343. — A quoi se réduit, et comment on pourrait la terminer, 356 *et suiv.* — Ridicule de ceux qui prétendent que les Anciens ont tout dit, et que nous n'avons aucune obligation aux Modernes, XXXII, 294. — La dispute enfin décidée en faveur des derniers, du moins en philosophie, XX, 340.

Anciens (les) et les Modernes, ou *la Toilette de madame de Pompadour*. Dialogue philosophique, XLII, 290.

ANCILLON (*David*), littérateur. Notice, XIX, 48.

ANCILLON (*Charles*), fils du précédent. Sa réputation littéraire, XIX, 48. — Son opinion contre l'authenticité du Testament attribué au cardinal de Richelieu, XXXIX, 326; XLI, 190; XLII, 34.

ANCRE (CONCINI, maréchal d'). Gouverne la régente Marie de Médicis, dont il était le favori et le premier ministre, XXII, 213, 216. — Dirige le conseil, et se rend maître des affaires, 226. — Les seigneurs mécontents se révoltent; il lève à ses dépens une armée contre eux, 227 *et suiv.* — Est assassiné par ordre du roi, à qui ce service est rendu suspect, 228. — Sa place de maréchal est donnée au meurtrier, *ibid.* — Est exhumé par la populace, qui fait griller son cœur et le mange, 229. — Cruauté juridique par laquelle on voulut couvrir l'opprobre de cet assassinat, *ibid. et suiv.* — Comment il eût évité son sort, XII, 54. — Autres détails qui le concernent, XVIII, 174 *et suiv.* — Quels historiens ont rendu justice à son mérite et à son innocence, 177. — Bévue de M. de Bury à son sujet, XXVI, 309; XLIV, 471.

ANCRE (*Éléonore* GALIGAÏ, maréchale d'), dame d'atours de Marie de Médicis. Arrêtée après le meurtre de son mari, et dépouillée de tous ses biens, XXII, 229. — Ses défauts, *ibid.* — Condamnée et brûlée comme sorcière; réflexions sur cette procédure déshonorante, *ibid. et suiv.*; XI, 58; XVIII, 177. — Sa belle réponse au conseiller Courtin, qui lui demandait de quel sortilège elle s'était servie pour gouverner l'esprit de Marie de Médicis, V, 88; XVIII, 178; XIX, 267. — Avait été le premier mobile de la fortune du cardinal de Richelieu, XVIII, 178.

ANDELOT (d'), frère de l'amiral Coligni, et colonel général de l'infanterie. L'accompagne et le seconde à la bataille de Dreux, où le parti protestant fut vaincu par le duc de Guise, XVIII, 58; XXII, 112.

ANDOVÈRE, reine de France, femme de Chilpéric. Pourquoi vilipendée, censurée, dégradée et divorcée par la justice ecclésiastique, XXX, 354.

ANDRÉ (saint), apôtre, frère de saint Pierre. Son *Évangile*, XLV, 330, 345. — Ses *Gestes*, livre apocryphe, XV, 361; XXVI, 462. — De son martyre prétendu, et de l'usage où sont encore les peintres de le représenter sur une croix en sautoir, 495.

ANDRÉ, roi de Hongrie, au 11ᵉ siècle. Chrétien, quoique ses peuples ne le fussent pas, XXIII, 150. — Épouse la fille de l'empereur Henri III, *ibid.* — Battu par les Polonais, se réfugie avec elle à Ratisbonne, 152.

ANDRÉ II, roi de Hongrie. Se croise, puis se retire, XVI, 194; XXIII, 230. — Son célèbre serment aux Hongrois, lors de son avènement, XXI, 61.

ANDRÉ III, dit *le Vénitien*. Roi de Hongrie, XVII, 161.

ANDRÉ DE HONGRIE, fils de Carobert, et roi de Naples. Jeanne Iʳᵉ, sa femme, s'oppose à ce qu'il règne de son chef, XVI, 307. — Il est étranglé presque sous ses yeux, *ibid.* — Le roi Louis, son frère, venge sa mort, 308.

ANDRÉ, bibliothécaire de M. d'Aguesseau. Auteur d'une *Réfutation de l'Émile* de J.-J. Rousseau; cet ouvrage apprécié par d'Alembert, LX, 407.

ANDRÉ. Divertissement pour une fête donnée par lui à la maréchale de Villars, XII, 26.

ANDRÉ, échappé du système (et qui pourrait bien être le même que le précédent). Fait revivre contre Voltaire un billet de banque de cette époque, qu'il devait avoir annulé; tracasseries à ce sujet, LV, 558, 578.

ANDRÉ (P.-N.), plus connu sous le nom de MURVILLE. (Voy. ce mot.)

André Destouches à Siam. Dialogue philosophique et allégorique sur le gouvernement de France en 1766, XLII, 610.

ANDREHEN (maréchal d'). Se rend prisonnier au prince Noir, à la bataille de Navarette, XVI, 381.

ANDREINI (*Isabelle*), actrice célèbre. Ses obsèques magnifiques à Lyon, en 1604, LXIII, 87.

ANDREINO, poëte italien. Auteur d'une comédie d'*Adam*, ou le *Péché originel*, où Milton a puisé, dit-on, le sujet de son poëme, X, 475 *et suiv.*

Andrinople. Les Turcs s'y établissent sous Amurat Iᵉʳ, XVI, 468. — Regardé comme le second empire d'Orient, 486.

Andromaque, tragédie de Racine. Le rôle d'Hermione préféré par Voltaire à celui d'Émilie dans *Cinna*, XXXV, 247 *et suiv.* — Reproche adressé à l'auteur au sujet de celui de Pylade, dont il a fait un confident trop subalterne, VI, 266. — Bel exemple d'ironie dans cette pièce, XXXV, 23. — Réponse admirable d'Hermione à Oreste, V, 482. — Vers d'amour qui touchent au ton de la comédie, VI, 7. — Beaux vers que le parterre n'applaudit pas, IX, 462. — Pourquoi n'est pas la première tragédie du théâtre français, XXXVI, 520. — Le germe s'en retrouve tout entier dans le *Pertharite* de Corneille, 201 à 210; LIX, 559, 615. — Quelques vers cités et critiqués, XXIX, 212.

Andromède, tragédie de P. Corneille. Commentée et appréciée, XXXV, 102 *et suiv.* — Vers de cette pièce cités et critiqués, XXIX, 233. — Pourrait être retouchée avec succès, IX, 124. — Sujet traité par Quinault dans *Persée*, XXXVI, 101.

ANDRONIC, empereur, fils de Michel Paléologue. Pourquoi refuse à son père la sépulture, XVI, 466.

ANDRONIC, empereur, petit-fils du précédent. Marié à une princesse de Savoie, XVII, 23. — Tournoi donné à cette occasion à Constantinople, *ibid.*

ANDRONIC, fils de Jean Paléologue Ier. Son père lui fait crever les yeux, XVI, 468. — Secouru par les Turcs et les Génois, se rend maître de Constantinople, et enferme son père, 469.

ANDRONIC COMNÈNE, empereur de Constantinople. Détrône son neveu Alexis Manuel, XVI, 179, 189. — Il est détrôné à son tour par Isaac Lange, et périt dans les plus cruels supplices, *ibid.*

ANDRY, médecin. Son système sur la génération, XXXIV, 54.

Ane (l'). Portant des fruits au marché, est l'image du peuple, XIV, 152. — La *Fête de l'âne;* quand fut établie, XVI, 74. — Sa description, et hymne qu'on y chantait, 431 *et suiv.* — D'où prit son nom, XXX, 508. — De l'âne ou de l'ânesse de *Balaam;* remarques de saint Augustin et de dom Calmet à son sujet, XIV, 210; XLIX, 164. — Mis en scène dans le *Taureau blanc,* XXXIV, 283. — L'*âne de Buridan*, illustre dans l'école, et pourquoi, XI, 192. — L'*Ane d'or* d'Apulée; le plus plaisant de son aventure est dans Lucien, XXVI, 367. — Ce qu'on en raconte, XI, 313. — L'*Ane d'or* de Machiavel, satire de ses contemporains; fragment traduit en vers, 371.

— L'*âne de la Pucelle;* sa description poétique, XI, 40, 99. — Rôle qu'il joue dans ce poëme, 130, 311, 376, 377, 380, 415. — Son octave écorchante, 187, 276, 333. — L'*âne de Silène*, XXVI, 367. — L'*âne de Vérone;* son origine et ses aventures, 372. — Ses reliques, XVI, 432.

Anecdote sur Bélisaire, XLII, 624. — Seconde anecdote, XLIII, 1.

Anecdotes. Origine de ce mot, XX, 121. — Combien il faut se défier des anecdotes, *ibid.* — Degré de crédibilité qu'on doit leur accorder, XLVIII, 168. — *Absurdes*, XXVI, 296, 298. — *Hasardées*, 304, 305; XLIV, 466, 467. — *Ridicules*, XXVI, 324 *et suiv.* — Lettres de l'auteur sur plusieurs anecdotes, 327; XLVII, 302. — Comparées en général aux vieilles chartes des moines, XXVI, 335. — Quelles sont les plus utiles et les plus précieuses, XX, 122. — Cas qu'on doit faire des anecdotes inutiles et de ceux qui les racontent, XXVI, 333. (Voyez *Ana.*)

Anecdotes sur Fréron. Pamphlet de Voltaire, XL, 229. — Attribuées à La Harpe, LIX, 297. — Sont des vérités tirées de la fange, LXX, 262.

Anecdotes sur le czar Pierre-le-Grand. Opuscule de Voltaire, XXXIX, 77.

Anecdotes sur Louis XIV. Ecrit de Voltaire, XXXIX, 3. — Autres anecdotes et particularités du règne de Louis XIV, XX, 121 à 237; XLVII, 558.

Anecdotes littéraires. Mensonges imprimés dans un recueil sous ce titre, publié en 1750 par Raynal, XIX, 70, 176, 180; XXVI, 297. — Comment un journaliste doit en traiter, XXXVII, 379 *et suiv.*

Anet (château d'). Bâti par Henri II pour Diane de Poitiers; vers et note à ce sujet, X, 305.

ANGENNES (d'), évêque du Mans. Se prononce en faveur de Henri IV, et contre les bulles d'excommunication du pape Grégoire, XXII, 164.

Anges. Origine de ce mot et ce qu'il signifie, XLVII, 432. — Leur chute, premier fondement de la religion chrétienne, n'est pas même mentionnée dans l'Ancien Testament, XV, 217, 222, 287; XLVI, 111. — N'est indiquée faiblement que dans une lettre attribuée à saint Pierre, 112. — Cette allégorie est originairement une fable indienne qui ne fut connue des Juifs que du temps d'Auguste et de Tibère, 113; xv, 215, 286; xliii, 601; xlviii, 232; xlix, 25. — Ce que disent à leur sujet les livres sacrés des Indiens, xxvi, 375 *et suiv.* — Des Perses, 378. — Des Hébreux, 379. — Tous leurs noms pris des Chaldéens et des Perses, qui les représentèrent, les premiers, comme des huissiers célestes, 382, 387; xv, 215. — Combien ils en comptèrent d'abord, *ibid.* — Ce fut d'eux que les Juifs prirent les noms des leurs, 286, 309; xlix, 382.—En combien de classes ils les distinguèrent, et sous quelle forme ils les peignirent, xv, 216; xxvi, 388. — De l'opinion des saints Pères qu'ils connurent charnellement les femmes, et engendrèrent avec elles, xxix, 543, 544. — Noms donnés dans *Enoch* à ceux qui furent pères des géants, xv, 221. — Comment ce commerce charnel fut interprété depuis, xxix, 544.—Ceux qui mangèrent avec Abraham, xlix, 42. — Leur aventure chez Loth, à Sodome, et réflexions à ce sujet, xxx, 24; xlix, 48. — Si les Grecs et les Romains en admirent, xxvi, 382. — La doctrine des anges gardiens mise en vers par Hésiode; fragment qui en est imité en vers français, 383. — Antiquité de cette doctrine, 384. — Un ange de paix descendant des cieux sur un champ de bataille, fiction poétique, x, 325. — L'ange des mers calmant ou irritant à son gré les flots, autre description, 149. (Voyez Génies.)

Anglais (les). Leur poésie a beaucoup plus de liberté que la nôtre, ii; 350. — Leur nation supplée, pour honorer les talents, aux fondations de la munificence de nos rois, iii, 147. — Exemples de leur considération pour les grands hommes, 148; xii, 30. —Voltaire a fait, le premier, connaître en France les muses anglaises, iv, 71; ix, 471; x, 482; xxix, 180; xl, 264; xlviii, 408; lxi, 413; lxv, 133.—Cause qui les prive du génie de la peinture, de la musique et de la tragédie, v, 105.—Leur génie poétique, à quoi ressemble, xxvii, 229.— Quel est le plus grand mérite de leurs poëtes, xx, 336.—Connaissances qu'ils ont acquises de l'antiquité, 337.—Ont été en philosophie les maîtres des autres nations, 338. — Sont des bavards ; leurs livres sont trop longs, lvii, 661. — Leurs mœurs comparées à celles des Français, iii, 157; xi, 381.—Le peuple y fréquente les spectacles, vii, 489.—Les contes de sorciers plus communs parmi eux qu'ailleurs, avant que la nation fût devenue philosophe, 499.—Vers qui les caractérisent, x, 59; xii, 129; xiv, 494.—Autres à leur louange, 378.—Trait satirique contre les Anglais en voyage, xi, 142.—Plus constants et plus fermes que les Français, xvi, 372.—Antipathie entre eux et les Ecossais, 350; xvii, 198. — Leur raison a quelque chose de supérieur quand elle est tranquille, xxix, 75.—La liberté les a rendus les précepteurs des nations, xii, 472.—Leurs possessions en Amérique leur ont presque autant valu que leur continent, xvii, 458.—La mer a fait leur grandeur comme leur sûreté, xviii, 34.— Sont le seul peuple qui ait commencé par être guerrier, pour finir par être marchand, xxxvii, 60.—Ce qui les distingue des autres peuples, et ce qui rend leur histoire aussi intéressante qu'instructive, xli, 454.

Anglais. Esclaves à Alger. (*Voy.* Dampreville.)

Angleterre (l'). Ce qu'étaient ses habitants du temps de César, xv, 252.—Conquise au 5e siècle par les Saxons, 403.—Comment reçut le christianisme, 450. — Son état aux 8e et 9e siècles, 402, 482. —Sa conquête par Guillaume, duc de Normandie, xvi, 39 *et suiv.*—Son état au 11e siècle, *ibid.*—Au 12e, 111 *et suiv.* —Sa donation au pape par le roi Jean, 126.—Examen de cette vassalité, xxviii, 453. — Sa grande charte, xvi, 131.—Reprend sa force sous Edouard 1er, 257, 350.—Malgré les guerres d'Edouard III, prospère à l'intérieur, 367. — Guerre civile sous Richard II, 387.—De ses malheurs après l'invasion en France, au 15e siècle, xvii, 115. — Superstitions, crimes et barbaries sous Henri VI et Marguerite d'Anjou, 117.—Factions des Roses rouge et blanche, *ibid. et suiv.*— Suite des troubles sous Edouard IV, sous le tyran Richard, et jusqu'à la fin du règne de Henri VII, 128 *et suiv.* — Règne de Henri VIII, et révolution de la religion, 285 *et suiv.*—Ce royaume est séparé de l'Église romaine; conflits d'opinions et de cultes, 292, 298.—Son invasion projetée par Philippe II, xviii, 23 *et suiv.* — Sa situation sous Edouard VI, Marie et Elisabeth, 34 *et suiv.*— La nation, sous cette dernière princesse, devient entièrement protestante, et la religion est fixée, xvii, 306. — Son état à cette époque, x, 59.—Depuis Henri VIII jusqu'à Elisabeth, avait changé quatre fois de religion,

XVIII, 43 *et suiv.* — Comment a acquis depuis un tiers de plus de population, XLI, 82. — Premières querelles d'Élisabeth et de Marie Stuart, XVIII, 47 *et suiv.* — Son état sous Jacques Ier, 280 *et suiv.* — Sous Charles Ier et ses successeurs, 285 *et suiv.* — Une licence débordée y succède à un fanatisme sombre et barbare, V, 352. — Rois d'Angleterre, d'Ecosse et d'Irlande, contemporains de Louis XIV, XIX, 13. — Etat du royaume avant ce prince, 251. — Est ravagée par la peste, en 1665, 365. — S'unit avec la Hollande et la Suède contre l'ambition de Louis, 373. — Se détache ensuite des Provinces-Unies, et se ligue contre la Suède avec la France, 381, 386. — Part qu'elle prend à la guerre de la succession de la monarchie d'Espagne, XX, 2 *et suiv.* — Ce qu'elle gagne à la paix d'Utrecht, 105. — Et à la révocation de l'édit de Nantes, XVIII, 344. — Son état à la mort de Louis XIV, XX, 120. — Sa conduite dans la guerre de 1741, XXI, 79 *et suiv.* — Enormes subsides qu'elle paie dans celle de 1744, 118 ; XXXIX, 60. — Empêche la paix, après sa défaite à Fontenoi, XXI, 147, 238 *et suiv.* — Ses pertes jusqu'à la paix d'Aix-la-Chapelle, 279, 283, 299. — Idées générales sur l'histoire de ce pays, XXXVII, 22 *et suiv.* — Sur les mœurs de ses habitants, 24 *et suiv.* — Sur sa noblesse et son gouvernement, XXX, 106 ; XXXVII, 152 ; XLV, 113 *et suiv.* ; LIII, 588. — Vers qui caractérisent ce gouvernement, X, 59 ; XLV, 59. — De l'usage d'y servir les rois à genoux, XXVIII, 206. — Ce qui a fait sa puissance, XVIII, 342 ; XXI, 86, 89 ; XXXIX, 71. — D'où vient sa supériorité maritime, XXI, 333. — Etat de sa marine au 18e siècle, 260. — Caractère des harangues de son parlement, 81. — Pourquoi ce qui n'est qu'une sédition dans un autre pays est une révolution en Angleterre, XXXVII, 150. — Ce qu'il en a coûté pour y établir la liberté, 149. — A été long-temps esclave des Romains, des Saxons, des Danois, des Français, 152. — Est, de tous les pays, celui qui a les archives les plus anciennes et les plus suivies, XLIV, 494. — Est le seul Etat où les particuliers se soient enrichis par le sort des armes, XLI, 182. — Pourquoi les taxes, plus fortes qu'en France, y sont mieux payées, XXI, 359. — Patrie de la gloire et des talents, XII, 30. — A produit les plus grands philosophes, V, 105. — N'est pas fertile pour les beaux-arts, *ibid.* — La liberté y règne, XIII, 213, 255. — La religion n'y est regardée par le parlement que comme une affaire de politique, LXIII, 187. — Coup d'œil sur ses mœurs, ses lois, ses usages, XXXIII, 200 ; XXXIV, 161 *et suiv.* — En quoi consiste la beauté de son gouvernement, XVI, 346 ; XVII, 66. — Sa sagesse en religion, cause de sa prospérité, XLIII, 424. — S'est rendue fameuse par des atrocités et par de bonnes lois, L, 331, 333. — Du temps de Shakspeare, les ouvriers y portaient les marques de leur profession, VII, 489. — Pourquoi l'usage des rois d'Angleterre, de prendre le titre de rois de France, n'est pas aboli, XXI, 204. (*Voy.* Gouvernement et Parlement d'Angleterre.)

Angleterre (la *Nouvelle-*). Habitée d'abord et gouvernée par des puritains persécutés en Angleterre, XVII, 456. — Colonie florissante ; quel était en 1750, le nombre de ses habitants, 457.

Anglomanie. Réflexions y relatives, XLI, 524.

Angoisses. Ce mot est banni mal à propos du discours, et n'est pas remplacé, XXXV, 177 ; LIX, 558.

ANGOULÊME (*Louise*, duchesse d'), mère de François Ier. (*Voy.* LOUISE DE SAVOIE.)

ANGOULÊME (*Louis-Emmanuel* DE VALOIS, duc d'). Envoyé, en 1620, comme médiateur en Allemagne, ne réussit point dans son ambassade, XXIII, 576.

ANGRIA (*Conoge*). Pirate qui se fit une grande domination vers Bombai ; son histoire, XLVII, 354 *et suiv.*

Anguilles. D'une prétendue race d'anguilles formées de farine et de jus de mouton, XLII, 201 ; XLIV, 268 *et suiv.* (*Voy.* NEEDHAM.)

ANHALT (prince d'). Après avoir servi inutilement Henri IV en France, défend la cause de Jean-George de Brandebourg, élu à l'évêché de Strasbourg par les protestants, XXIII, 553. — Et bat son compétiteur le cardinal de Lorraine, 554. — Prend les armes pour Frédéric V, électeur palatin ; est proscrit par Ferdinand II, 577.

ANHALT (prince d'). Opposé à Charles XII, débarque dans l'île de Rugen, et met ce roi en fuite, XXIV, 321 *et suiv.* — En 1745, bat à Dresde les Autrichiens et les Saxons, XXI, 157. — Regardé comme le premier officier de l'Europe pour conduire l'infanterie ; cette grande journée fut la dernière qui mit le comble à sa gloire militaire, *ibid.*

ANHALT (*Maurice*, prince d'). Tué dans la guerre de 1758, LVII, 622.

ANHALT-ZERBST (princesse d'), mère de Catherine II. (*Voy.* ÉLISABETH.)

ANIKA, riche particulier des environs d'Archangel. Comment découvre les Samoïèdes au 16ᵉ sicèle, xxv, 48.

Animaux. De leur instinct et de leur organisation, xv, 30; xli, 298; xlvi, 386. — Que les sons par lesquels ils s'expriment sont des caractères vivants de leurs passions, xxxvii, 310. —Si le principe d'action qui agit en eux est libre, xxxviii, 34; xlvii, 90. — De leurs facultés, xlvi, 595. — De ceux qui ont parlé, xiv, 209; xv, 148; xxxiv, 123. — De ceux réputés immondes, xlviii, 469; xlix, 142. — Désignation en vers de plusieurs animaux, xii, 166; xiii, 144. — Conte en vers, au sujet de l'empire que l'homme s'attribue sur eux, xiv, 211. — Sur quelle idée est fondée la commisération que nous devons avoir pour eux, xli, 298.—Comment étaient traités dans la loi juive, et de leur pacte avec le Seigneur, d'après la Genèse, xiv, 214; xlix, 29. (Voy. *Bêtes.*)

ANIUS, prêtre-roi. Singulière traduction des vers de Virgile à son sujet, xxxii, 33.

ANJOU (duc d'), depuis Henri III. (*Voy.* ce nom.)

ANJOU (*François*, duc d'), frère de Charles IX et de Henri III. (*Voy.* FRANÇOIS DE FRANCE.)

ANJOU (duc d'), fils de Monseigneur et petit-fils de Louis XIV, xix, 3. — Appelé à la succession d'Espagne par le testament de Charles d'Autriche, xix, 522, 524. (*Voy.* PHILIPPE V.)

ANJOU (comtes et ducs d'.) (*Voy.* CHARLES, JEAN, LOUIS et RENÉ D'ANJOU.)

Anjou (l'). Incorporé par Louis XI à la monarchie française, xvi, 523.

Annales. Les plus anciennes du monde sont incontestablement celles de la Chine, xv, 236. — Immense quantité de peuplades qui n'en ont pas, xxvi, 390.—Grandes nations qui ont perdu les leurs, 392. — Celles des nations modernes sont presque toutes fabuleuses, xxx, 194.

Annales de l'Empire, ouvrage de Voltaire. Quand et à quelle occasion furent composées, i, 204, 207. — Sentiment de Condorcet sur cet ouvrage, 208. — Ce que l'auteur en dit dans sa Correspondance, et quel en est l'objet principal, xxiii, 35; lvi, 371, 380, 387, 449, 456. —Aveu qu'il fait d'y avoir inséré un certain nombre de pages de son *Essai sur les mœurs*, xv, 10; xxxix, 555; lvi, 380. — Lettres à la duchesse de Gotha, par l'ordre de laquelle cette histoire fut écrite, xxiii, 1 *et suiv.*, 664. — Préface du nouvel éditeur, xxiii, j à vij.

Annales politiques. (Voy. abbé de SAINT-PIERRE.)

ANNAT (le P.), jésuite, confesseur de Louis XIV. Écrit contre le prétendu miracle opéré sur la demoiselle Perrier en faveur du jansénisme, xx, 413. — Contribue au supplice de Simon Morin, xlii, 439.

Annates. Ce que c'était que cet abus, xxii, 55. — Quand furent établies, xxvi, 394. — Jurisconsultes qui les ont combattues, 396.—Calcul des sommes payées pour cette exaction à la chambre apostolique, 397; xxxiv, 66; xli, 239; xlii, 19. — Leur inconvenance et leur injustice, xxxiv, 66; xli, 239; xlii, 616; xlv, 311; lx, 435.—Sont une véritable simonie, xx, 348. — Dissensions en France à leur occasion, xvii, 310 *et suiv.*

ANNE (sainte), mère de la vierge Marie. Sa *Vie* par le P. Malagrida, condamnée pour hérésie, xxi, 373.

ANNE (la reine) d'Angleterre, 2ᵉ fille de Jacques II, et femme du prince George de Danemarck. Abandonne son père, attaqué et poursuivi par le prince d'Orange, xix, 463. — Succède à Guillaume III, et entre dans toutes ses mesures, xx, 1 *et suiv.* — Donne des secours en argent et en troupes à l'archiduc Charles, prétendant à la succession de la couronne d'Espagne, 2.—Sa prétendue intelligence avec son frère le prince de Galles, lorsque celui-ci se présenta aux côtes d'Écosse, 65, 528. — Depuis, elle le regarda en secret comme son héritier, xx, 65. — Dominée par la duchesse de Marlborough, sa favorite; comment rompt cet esclavage domestique, 92. — Prépare en secret la paix d'Utrecht, 96. — Fait assurer et garantir sa succession à la maison d'Hanovre, qu'elle n'aimait pas, 105, 117. — Satisfaction éclatante qu'elle se vit obligée de donner au czar Pierre, xxv, 208. — Sa mort en 1714; pourquoi fut haïe de la moitié de sa nation, xix, 14; xx, 106; xxiv, 308. — Avait été obligée de proscrire son frère, et se reprocha toujours cette proscription, xx, 117; xxi, 206. — Son règne apprécié, xx, 117. — Le prince de Danemarck, son mari, ne fut que son premier sujet, xx, 1; xxvi, 110.

ANNE, fille de Ferdinand Iᵉʳ, mariée à

Albert II, duc de Bavière, xxiii, 533. — Prend le titre de reine de Hongrie dans son contrat de mariage; événements auxquels donne lieu l'énonciation peu claire de cet acte, *ibid*.

ANNE COMNÈNE, fille de l'empereur Alexis Comnène. A écrit l'histoire de son temps, xvi, 158. — Comment parle de Robert Guiscard, 33. — Sa belle expression sur les croisades, 162.—Trait qu'elle rapporte de l'arrogance féroce d'un comte français, 164.—Trait de magnificence de l'empereur son père, 166.

ANNE D'AUTRICHE, femme de Louis XIII. Répond par des railleries et par le mépris à l'amour de Richelieu, xviii, 194. — Est impliquée par le cardinal dans une conspiration imaginaire contre le roi, 202. — Mandée au conseil; injonctions qui lui sont faites, *ibid*. — Témérités galantes de Buckingham à son égard; comment elle les reçoit, 204. — Anecdote singulière au sujet d'une lettre prétendue écrite par elle à ce ministre, à l'instigation de Richelieu, 207. — Autre anecdote de son portrait trouvé sur Montmorenci avant son supplice, 227. — Elle tente de perdre le cardinal à la cour, et cherche à le rabaisser par le ridicule; sobriquet qu'elle lui donne, 229; xxxii, 424. — Est traitée en sujette criminelle, pour avoir écrit à la duchesse de Chevreuse, ennemie du cardinal et fugitive, xviii, 239. — Ses papiers sont saisis; interrogatoire qu'elle subit devant le chancelier Séguier, *ibid*. — Était dans le secret de la conspiration de Cinq-Mars, mais ne fut point accusée, 243. — A la mort du roi, est déclarée régente absolue de France par un arrêt du parlement de Paris, contrairement aux volontés de son mari, dont elle fit annuler le testament, xix, 269; xxii, 253. — Obligée de continuer la guerre contre son frère Philippe IV, xix, 270. — Fait du cardinal Mazarin le maître de la France et le sien, 279; xxii, 254. — Paroles dures et outrageantes qu'elle prononce contre le parlement à l'occasion des édits bursaux, 263. — Est obligée de rendre trois de ses membres qu'elle avait fait arrêter pour s'être opposés aux nouveaux impôts, xix, 284 *et suiv*. — Est réduite à mettre en gage les pierreries de la couronne et les siennes propres, 290; xxii, 264. — Tombe malade, et n'inspire aucune pitié au peuple, 265. — Indignement outragée à Paris, après la journée des Barricades, s'enfuit à Saint-Germain avec le roi son fils, les princes et les ministres, 268; xix, 290. — Implore la protection du grand Condé, qui l'y ramène triomphante, et la méprise après l'avoir défendue, 291, 296; xxii, 368 *et suiv*. — Servie et outragée par le cardinal de Retz, xix, 294, 298, 302. — Erre avec le roi et la cour dans le royaume, 307. — Sa réponse fière à Mazarin, qui la pressentait sur la passion du jeune roi pour sa nièce, 338. — Resta sans crédit dès que le cardinal n'eut plus besoin d'elle, 344. — Sa galanterie et quelques imprudences, seules causes de ses malheurs sous le gouvernement de Richelieu, et des bruits injurieux répandus contre elle, xx, 124. — Comment n'a presque jamais été en France que malheureuse, xix, 291. — Des *Mémoires* de Mme de Motteville qui la concernent, 168. — Vers de Voiture pour elle, monument de la liberté galante qui régnait à sa cour, 220; xxxv, 276. — Assista au carrousel de 1662, xx, 145. — Surintendante des mers de France, ne se démit de cette charge que sur la fin de sa vie, xix, 32. — Paroles qu'on en cite, et qu'elle adressa à son fils dans sa grande jeunesse, xx, 214. — Portrait bizarre qu'en a fait Maimbourg, xxv, 17. — Singulière harangue que lui adressa Grotius à l'occasion de sa grossesse, xliii, 211.

ANNE DE BAVIÈRE, palatine du Rhin. Épouse de *M. le Prince*, fils du grand Condé, et mère de Louis de Bourbon, nommé *M. le Duc*, xix, 8.

ANNE DE BOULEN, maîtresse de Henri VIII. Irrite la passion de ce prince, qui, pour l'épouser, fait casser son mariage avec Catherine d'Espagne, xvii, 285; xxiii, 471.—Pompe de son entrée dans Londres, xvii, 290.—Les partisans de la cour de Rome conjurent sa perte, 295. — Est accusée d'adultère, et passe du trône à l'échafaud, *ibid*. — Lettre qu'elle écrivit au roi avant son supplice, *ibid*. — Henri divorça avec elle avant de la faire mourir, et fit déclarer bâtarde sa fille Élisabeth, 296.

ANNE DE BOURBON-BEAUJEU (duchesse). Son père, Louis XI, lui laisse par testament le gouvernement pendant la minorité de Charles VIII, son frère, xvii, 36; xxii, 58. — Elle assemble les états-généraux, qui la confirment dans son autorité, *ibid*.

ANNE DE BRETAGNE, fille du duc François II. Aimait Louis XII, alors duc d'Orléans, xvii, 38.—Fiancée à Maximilien, qui l'épouse par procureur, *ibid.*; XXIII, 414.—Mariée à Charles VIII, 416; XVII, 38.—Devenue veuve, se remarie à Louis XII, qui, pour l'épouser, répudie sa femme, 84.— Bulle d'Alexandre VI qui autorise ce mariage, 85; XXII, 61.— Se montre aussi dévote qu'impérieuse; plaisante menace qu'elle fait à son mari, XXXII, 157.

ANNE DE CLÈVES. Quatrième épouse de Henri VIII, XVII, 296.—Son divorce, *ibid.*

ANNE DE GONZAGUE. (*Voy.* GONZAGUE.)

ANNE DE RUSSIE, fille d'un duc de Jaraslau. Épouse Henri Ier, roi de France, XVI, 21.—Devenue veuve, n'a pas la régence, et se remarie au comte de Crépi, *ibid. et suiv.*

ANNE DE RUSSIE, nièce d'Anne Petrowna. Mariée au duc de Brunswick-Bevern, LIII, 660. — Régente sous le court empire de son malheureux fils, le prince Iwan, XXI, 305.

ANNE-MARIE, fille de Monsieur et de Henriette d'Angleterre. (*Voy.* ORLÉANS.)

ANNE PETROWNA, fille du czar Pierre, impératrice de Russie. Son portrait, XXV, 381.— Mariée au duc de Holstein, *ibid.* —Son règne; elle triomphe des Turcs et des Suédois, 387.—Soutient les établissements de son père, 25, 387.— Sa générosité envers les Français prisonniers à Dantzick, XXI, 51.—Avait été demandée en mariage par le prétendant, fils de Jacques II, XXIV, 342.

Anneau (l') *de Saturne*. Rêve de Maupertuis sur ce phénomène, XXVI, 398. (*Voy. Saturne.*)

Année (l'). Comment symbolisée par les Égyptiens, XV, 99 *et suiv.* —Pourquoi dans tous les pays policés les prêtres se mêlèrent de la régler, XXXI, 411.— De l'année des brachmanes et des plus anciens gymnosophistes, XV, 289.—Ne fut d'abord que de 360 jours chez les Grecs; réformes successives indiquées par les géomètres, XXXI, 412.—L'institution des olympiades, *ibid.*— Cycle ou nombre d'or de Méthon, qui concilie l'année solaire avec l'année lunaire, *ibid.*— Bévue des prêtres romains, et confusion ridicule qu'ils introduisirent dans le comput de l'année, 413.—Réformes faites par Jules-César, et ensuite par Grégoire XIII, *ibid.* (*Voy.* ces deux noms et *Calendrier*.)

Année (l') *littéraire*. Plaintes contre l'auteur de ce recueil, LVIII, 327.—Quels en étaient les principaux rédacteurs, XL, 237. (*Voy.* FRÉRON et PANCKOUCKE.)

ANNIBAL. Son moyen de se frayer un passage à travers les Alpes, démontré possible par l'expérience, XLIV, 234.

ANNIBAL, de Capoue, nonce du pape. Emploie les protestants pour faire donner la couronne de Pologne à l'archiduc Maximilien, XVIII, 398.

Anniversaire de la Saint-Barthélemi. (Voyez *Stances.*)

Anoblissements. Quand furent conférés par les rois de France, XVI, 440; XVII, 11.

Anonymes (lettres et écrits). Cas qu'on en doit faire, XLII, 667; XLIII, 34 *et suiv.*; XLV, 147; XLVII, 28. — Vers à ce sujet, *ibid.*

ANSCHAIRE, moine de Corbie. Va prêcher le christianisme dans le Nord, au commencement du 9e siècle, XXIII, 72. — L'évêché de Hambourg fondé pour lui, *ibid.* — Ses succès en Suède et en Danemarck, 84.

ANSELME (*Pierre* de GUIBOURS, communément nommé *le Père*), moine augustin. Le premier qui ait fait une histoire généalogique des grands officiers de la couronne, XIX, 49. — Notice qui le concerne, *ibid.*

ANSELME-CASIMIR VAMBOLD D'UNSTADT, électeur de Mayence au 17e siècle. Chassé par les Suédois, XXIII, 22. — Obligé par Turenne de signer un traité de neutralité avec la France, 622. — Sa mort, 22.

ANSELME-FRANÇOIS D'INGELHEIM, électeur de Mayence vers la fin du 17e siècle. Les Français s'emparent de sa ville, XXIII, 22. — Sa mort, *ibid.*

ANSON (*George*), amiral anglais. Son voyage autour du globe, XXI, 246 *et suiv.* —Ses forces, 247. — Il sème des légumes et des fruits dans une île déserte, 248. — Observe la variation de la boussole, 249. — Attaque et brûle Payta, 250.— L'Espagne envoie contre lui une escadre, 251. — Réduit par le mauvais temps et le scorbut à un seul vaisseau, il sauve son équipage, 253. — Radoube son vaisseau à Macao, *ibid.* — Injustice de l'historien de son voyage à l'égard des Chinois, 254. — Il s'empare d'un immense galion, 256. — Refuse à l'empereur de la Chine l'impôt des navires étrangers, *ibid.* — Son entrée triomphale dans Londres, *ibid.* — Il gagne la bataille navale de Finistère, 263. — Médaille patriotique en son honneur, LXV, 479.

Antechrist. Ce que signifie ce mot dans toute sa force, et à qui l'on peut en faire l'application, xxxii, 85.

Anthologie grecque. (Voyez *Épigrammes.*)

Anthropomorphites (les). Secte de tous les peuples qui eurent des peintres et des sculpteurs, xxvi, 398.

Anthropophages. Il n'est que trop vrai qu'il en a existé, et il en existe peut-être encore; faits et témoignages à ce sujet, xvii, 405 *et suiv.;* xxvi, 400; xlviii, 489 *et suiv.* — Discussion sur cette horrible coutume, xxxiv, 381. — A quoi se réduit ce qu'on a dit des Américains à cet égard, xxiv, 6.

Anti-Giton (l'), ou *l'Amour socratique*, conte en vers, xiv, 5.

Anti-Lucrèce (l'). Jugements divers sur ce poëme latin du cardinal de Polignac, xxvi, 414; lviii, 201; lxi, 296. — Vers qui en sont imités en français, xxvi, 415. — L'auteur, aux rêveries de Lucrèce en physique, a substitué les rêveries de Descartes, 417. (*Voy.* POLIGNAC.)

Anti-Machiavel (l'), ou Réfutation du *Prince* de cet auteur, par Frédéric II. Quand fut entrepris, liii, 536, 592. — Observations de Voltaire sur cet ouvrage, soumis à sa révision, et dont il a fait la Préface, 686, 690; liv, 34, 108, 154, 163. — Pourquoi Frédéric ne veut pas qu'il soit publié sous son nom, 3, 29. — Négociations de Voltaire avec le libraire Vanduren, au sujet de l'édition que le prince voulait d'abord retirer, xl, 56; liv, 111, 119. — Frédéric met cet ouvrage entièrement à la disposition de Voltaire, qui en fait une autre édition corrigée, 174 *et suiv.;* 192, 195, 214. — Le roi désavoue l'une et l'autre édition, et fait publier une nouvelle leçon à Berlin, 212. — Autres détails sur l'édition dirigée par Voltaire en Hollande en 1740, et texte de la Préface qu'il y fit, 224, 237; xxxviii, 475. — Extrait d'un écrit périodique sur cet ouvrage, article attribué à Voltaire, 483. — Ce que le philosophe disait du *Prince* à son sujet, xl, 56.

Anti-Trinitaires. Raisons qui peuvent excuser leur doctrine, xxvi, 431. (Voy. *Sociniens* et *Unitaires.*)

ANTIGONE, roi de Judée. Fouetté, puis mis en croix par ordre de Marc-Antoine, viii, 95.

Antimoine (l'). Son usage proscrit par la Faculté de Sorbonne et le parlement, qui l'autorisèrent un siècle après, xxxii, 412.

ANTIN (duc d'). S'est signalé par un art singulier, non de dire des choses flatteuses, mais d'en faire; traits divers de courtisan qu'on en cite, xx, 232 *et suiv.;* xxxix, 11. — Bon mot de la duchesse de Bourgogne à son sujet, 12. — Donna à dîner au czar Pierre, dans son voyage en France, xxv, 293; xxxix, 91.

Antinoüs, favori d'Adrien, qui le divinisa, xi, 205; l, 309. — Tertullien avoue qu'il faisait des miracles, xi, 205. — Son prophète Ulpius, xv, 187.

Antioche (ville d'). Cédée à Baudouin par les croisés au 11e siècle, devient un petit Etat chrétien, xvi, 167, 171. — Sédition et massacre de ses habitants sous Théodose, xxxii, 358 *et suiv.*

Antipodes (les). Saints et Pères de l'Église qui en ont traité l'idée d'absurdité, xxviii, 95, 101. — Le pape Zacharie déclara que c'était un péché que d'y croire; vers à ce sujet, xiii, 129, 131.

Antiquité (l'). Est pleine d'éloges d'une antiquité plus reculée; vers à ce sujet, xxvi, 344. — Comment Horace s'exprime sur ce préjugé, *ibid.* — Comment Fontenelle, 345. — Comment Lamotte-Houdard, 346. — Sa folle vanité, 418 *et suiv.* — De l'antiquité des usages, 421. — Que presque toutes nos beautés et nos sottises sont d'après l'antiquité, lxii, 202.

Antiquité (l') *dévoilée.* Sentiment de Voltaire sur cet ouvrage, lxiii, 130, 356.

ANTOINE (saint) de Padoue. Le sermon qu'il prêche aux poissons, fameux dans toute l'Italie, lix, 391.

ANTOINE (*Marc-*), triumvir. Mande Cléopâtre à Tarse, x, 304, 307. (*Voy.* CLÉOPATRE.) — Ses débordements effrénés, viii, 85. — La vengeance du meurtre de César, prétexte de son ambition, 89. — Ses rapines et déprédations, 92. — Source de ses malheurs, 95. — Comment traitait les rois qui le servaient, *ibid.* — Fit clouer à la tribune aux harangues la tête et les mains de Cicéron, 120. — Cruauté de lui, rapportée dans les *Philippiques*, 122, 141. — Ce qu'il disait de l'adoption d'Octave par Jules-César, 85; xxvii, 202. — Lettre licencieuse qu'on en cite, 203; viii, 86. — Vers, dans la *Henriade*, sur sa funeste passion pour Cléopâtre, x, 304, 307. — Epigramme de Martial contre lui, xxviii, 89.

ANTOINE, roi de Navarre. (*Voy.* BOURBON.)

ANTOINE, évêque de Liége et d'Utrecht au 16ᵉ siècle. Succède à son frère Adolphe de Schavembourg dans l'électorat de Cologne, XXII, 124.

ANTOINE (le cardinal). Prend parti contre le duc de Parme Odoard Farnèse dans l'affaire de Castro, et fait distribuer des mousquetons bénits à ses soldats, XLIV, 337. — Recommandation singulière qu'il leur fait à cette occasion, *ibid.* — Réfugié depuis en France, fut archevêque de Reims, 338.

ANTOINE (autre), aussi cardinal. (*Voy.* BARBERINI.)

ANTOINE-VICTOR, archiduc d'Autriche, électeur-archevêque de Cologne. Donne sa démission, XXIII, 24.

ANTONIN (l'empereur). (*Voy.* MARC-ANTONIN.)

ANTONIO DE DOMINIS. (*Voy.* DOMINIS.)

ANTREMONT (marquise d'). Lettre en prose et en vers qu'elle écrit à l'auteur en 1768, et réponse qu'elle en reçoit, LXIV, 553, 579. — Notice, 553.

Anvers (ville d'). Saccagée par les troupes de Philippe II en 1576, XVIII, 8. — Prise par Alex. Farnèse en 1584, 15. — Et par les Français en 1746, XXI, 161 *et suiv.*

AOD, surnommé *le Ravaillac hébreu,* XI, 253. — Assassine Eglon, roi des Moabites, de la part du Seigneur; commentaire sur cette aventure, dont on a tant abusé pour exciter des fanatiques au parricide et au régicide, *ibid.*; XL, 610; XLIX, 205. — Question à son sujet, XLIII, 19.

Aoste (vallée d'), dans les Alpes. D'où tire son nom, XXVIII, 30.

Août (mois d'). Pourquoi il serait mieux de l'appeler *auguste*, LXV, 150, 392.

APELLES. Son évangile, XLV, 345.

APION, d'Alexandrie. Auteur d'une histoire des Égyptiens; réfuté par Flave Josèphe, XXVII, 256; XLVI, 145 *et suiv.*

Apis. S'il était adoré à Memphis comme symbole ou comme bœuf, XXVI, 435. — Tué par Cambyse, qui fait fouetter ses prêtres; réflexions à ce sujet, XXVII, 398; L, 286.

Aplanisseurs (faction des), en Angleterre. Exterminée par Cromwell, XVIII, 311.

Apocalypse (l'). A qui attribuée, XXVI, 437 *et suiv.* — Reconnue par l'Eglise pour être de saint Jean l'évangéliste, 440. — Des commentaires qu'en ont faits Newton et Bossuet, 441 *et suiv.*; XLIII, 206. — Ce que Newton a cru y trouver, XXIX, 337; XXXI, 275. — Ce qui peut servir à faire découvrir le temps auquel elle fut composée, 287. — Que chaque communion chrétienne s'est attribué les prophéties qu'elle contient, XXVI, 440. (Voy. *Bête de l'Apocalypse.*)

Apocalypse (l'article) du *Dictionnaire philosophique.* Attribué par l'auteur à M. Abauzit, patriarche des ariens de Genève, XXVI, 437 *et suiv.*; LXII, 49, 51.

Apocalypse de Méliton. (Voyez LECAMUS.)

Apocalypses (les onze). Ouvrages apocryphes, XXVI, 475.

Apocryphes (livres). Enumération des principaux, XLV, 317, 330; XLVI, 68. — Ceux que rejettent les catholiques et les protestants, XXVI, 447; XL, 408. — Ceux de la nouvelle loi, XXVI, 457. — Ceux du premier et du second siècle, 459. — Il en courait une infinité parmi les chrétiens, XV, 141. — Plusieurs sont plus anciens que les quatre évangiles, 359. — Titres d'un grand nombre qui sont perdus, 141, 360 *et suiv.* — Ceux que nous avons conservés, 141, 361. — Miracle prétendu de leur séparation des livres canoniques, au concile de Nicée, XXVIII, 148; XLVI, 84; L, 489. (Voy. *Livres supposés.*)

Apointé, désapointé. Origine et signification de ces expressions, que les Anglais ont prises de nous, et que nous n'osons reprendre, XXVI, 479. — Réflexions sur leur usage; pourquoi nous les avons perdues, LIX, 558.

Apointer, apointement, termes de palais. Leur signification, XXVI, 480.

APOLLINAIRE (saint). Institua un théâtre chrétien, XL, 282.

APOLLODORE. Seul auteur grec connu qui ait parlé d'un déluge universel, XLIII, 390. — N'est antérieur à notre ère que d'environ 140 ans, *ibid.*

APOLLON. Vers sur ses aventures, XIII, 141; XIV, 97, 280. — Célébré comme dieu des vers et de la médecine, LXV, 295.

APOLLONIUS DE TYANE, philosophe pythagoricien. Son éloge, XV, 150. — Ses disciples lui supposèrent des miracles que recueillit Philostrate, *ibid.* — Son apothéose, *ibid.* — Admirable prière qu'il avait coutume de faire aux dieux, *ibid.*

Apologie. Pourquoi l'envie permet à chacun de faire celle de sa probité, non de son esprit, XXIX, 240.

Apologie de Bolingbroke. (Voyez *Défense.*)

Apologie de la fable, xii, 23.

Apologie du luxe. (Voy. *Défense du Mondain.*)

Apologues. Celui des arbres qui veulent se choisir un roi est le premier qui soit parvenu jusqu'à nous, xlix, 213.

Apostat. (Voyez Julien *le philosophe.*)

Apothéoses. Quand ont pu être imaginées, xv, 21. — Quand et à qui prodiguées, xvi, 227.—Par qui méritées, 269; xxxii, 269.—En quoi les nôtres diffèrent de celles des Grecs et des Romains, xxx, 283.

Apothicaires. Leur querelle avec les médecins, sujet d'un poëme burlesque anglais, xxvii, 414.—Que tous les grands médecins de l'antiquité furent apothicaires, lxv, 94.

Apôtres (les). S'ils étaient mariés, xxvi, 490; xxxiv, 354.—De leurs enfants, xxvi, 492.—Où ils ont vécu, et où ils sont morts, 493.—Sous quelle discipline ils vivaient, 502. — De leurs miracles, xlii, 159.—Et de ceux de leurs disciples, après eux, 163. — Leur évangile, xlv, 345. — Des constitutions qui leur sont attribuées, xliii, 121 *et suiv.* (Voy. *Constitutions apostoliques.*)—N'ont reçu aucune domination temporelle de Jésus-Christ, qui lui-même n'en avait pas, 440. —Comment apostrophés, lviii, 516.

Apôtres (Actes des). Sont une rapsodie informe, remplie de contradictions, xliii, 107.—Ne disent pas un mot de la divinité de Jésus-Christ, 108; xlvi, 217. — Sont contraires en plusieurs endroits aux évangiles, xlix, 486.— Ont été multipliés par l'imposture et par la pieuse curiosité des simples, xlv, 333.

Apparences. Si toutes sont trompeuses, xxvi, 506.—Danger de se laisser tromper par elles, xxvii, 550 *et suiv.*

Apparitions. Ce qui les cause dans une personne vivement émue; exemples qu'on en cite, xxvi, 508 *et suiv.* —Celles dont on peut douter sans offenser la religion, 510. (Voy. *Visions.*)

Appel à minimâ. Requête contre la plus belle des vertus, la clémence; jurisprudence d'anthropophages, xlvii, 505.

Appel à toutes les nations de l'Europe, des jugemens d'un écrivain anglais. Manifeste au sujet des honneurs du pavillon entre les théâtres de Londres et de Paris, xl, 249 *et suiv.*—Préface du nouvel éditeur, 247. — Ce que l'auteur dit de cet ouvrage dans sa Correspondance, lix, 183, 229, 424.—Pourquoi le titre en fut changé depuis, et pourquoi l'éditeur l'a rétabli, xl, 247.

Appel au public, en 1766, contre un recueil de prétendues lettres secrètes de Voltaire, xlii, 479. (Voy. *Lettres secrètes.*)

Appel comme d'abus. Ressource contre les usurpations de l'Eglise, imitée d'une loi d'Angleterre, xxii, 56, 316.—Quand et par qui cette forme de procédure fut introduite en France, *ibid.*; xvi, 368; xxvi, 69.—Sa définition, *ibid.* v xvi, 369. — Louis XIV en conserva l'usage dans tous les cas qui intéressaient la juridiction royale, xx, 352.

Apraxin, l'un des généraux du czar Pierre Ier. Bat quelques troupes suédoises dans l'Ingrie, xxv, 189. — Commande dans Azof, comme général et comme amiral, 217.—Sa descente en Finlande, 270. —Commande la flotte russe qui s'empare d'Aland, xxiv, 312.— Son triomphe à Pétersbourg, xxv, 272.—Fait nommer le czar vice-amiral, *ibid.*

Apropos (l'), *à propos.* Différences de ces deux expressions, xxvi, 514 *et suiv.* —Ce que c'est que de venir au monde à propos, xxix, 335; xxxvii, 146.

Apulée. A passé sa vie à rechercher les secrets de la religion et de la magie; portrait qu'il fait des Bohêmes ou Égyptiens, xvii, 56; xxvi, 36.—Son *Ane d'or;* en quoi est curieux, xxvi, 367; lxix, 340.—Anecdote qui le concerne, xxix, 106.—Auteur à la fois très religieux et très ordurier, xxx, 131.

Apuleïus Risorius. Pseudonyme de Voltaire pour la préface de la *Pucelle d'Orléans*, xi, 7.

Aquitaine (l'). Réunie par Pepin-le-Bref à la couronne de France, xxiii, 50. — Érigée ensuite en royaume par Charlemagne, pour son fils Louis, 56.

Arabes (les). Se prétendent descendants d'Abraham, xxvi, 56, 61.—Simplicité de leur religion jusqu'à Mahomet, xv, 70.— Combien supérieurs aux Hébreux, 324.— Et aux Turcs, 328.—Adorèrent Bacchus, xlvi, 134. — S'ils adorèrent Vénus-Uranie, 136. — N'ont jamais subi le joug étranger, xv, 69.—En quoi sont comparables aux anciens Romains, 331, 333. — Cas qu'ils faisaient de la poésie, 322. — Exemple de la leur, 335.—Ancienneté de leur langue, et combien elle est étendue, XXVI, 518. — Au 8e siècle, pénétrèrent jusqu'à Toulouse, ravagèrent tout jusqu'à la Loire, et furent près d'enlever les Gaules entières aux Francs, qui les avaient enlevées aux Romains, XV, 422. — Ont fait fleurir les arts en Espagne, XVI, 54. — Sciences qu'ils apportèrent en Europe, XV, 333; XVI, 427; XXXIX, 556. — Ont fondé l'école de Salerne, VII, 131. (Voyez *Maures*.)

Arabie (l'). Sa situation lorsque parut Mahomet, V, 39. — Voleurs errants qui habitent l'*Arabie Déserte*, XV, 68. — On y mange de la bouse de vache, XII, 229. — C'est dans ces déserts qu'on a placé deux millions d'Hébreux, XV, 68. — Du pays d'Aden ou Eden qui y est renfermé, XXVI, 517. — L'*Arabie Heureuse*; comment a mérité ce nom; beauté de ses jardins, XV, 68, 69. — La petite vérole en provient, XVI, 366. — L'*Arabie Pétrée*; d'où est ainsi appelée, XV, 68.

Aragon (l'). Avait des états libres, XVI, 265. — Ancienne formule de l'inauguration des rois, 269, 457. — Pourquoi les papes prétendaient disposer de ce royaume, 274. — Son accroissement, *ibid*.

ARANDA (comte d'). A mérité la reconnaissance de l'Europe entière, en détruisant en partie les abus de l'inquisition, XIII, 255; XIV, 238; XVII, 349; XXVI, 524; XXX, 410; XXXIV, 328; LXVI, 190. — Lettre qui lui est adressée en 1771, LXVII, 319.

ARANDIA, gouverneur de Manille. Préfère le salut de la colonie à l'amitié des moines; meurt empoisonné, XXI, 337.

Ararat, montagne d'Arménie, où s'arrêta l'arche de Noé, XXVI, 528. — Opinions diverses sur sa hauteur et sa situation, 530.

Araucana (l'), poëme épique espagnol. (*Voyez* ALONZO DE ERCILLA.)

Arbalète. Arme mise en usage au 12e siècle, XVI, 128.

Arbitrage entre M. de Voltaire et M. de Foncemagne. Écrit au sujet du prétendu *Testament politique* du cardinal de Richelieu, XLII, 92.

Arbitraire (l'). A quoi ressemble une société d'hommes arbitrairement gouvernée, XL, 567.

Arbre à pain (l'). Sa description, XXVI, 531. — Est un bienfait pour les Philippines, *ibid*.; XVII, 378. — Et pour les îles Mariannes, 429.

Arbre à suif (l'). Où il croît; sa description, et usage que l'on fait de son fruit, XXVI, 534.

Arbre (l') *de la science du bien et du mal*. Vers à son sujet, XIV, 237. — Argument de l'empereur Julien contre cette tradition, et réponse de saint Cyrille, XV, 44; XLIII, 10; XLV, 221. — Regardé comme une allégorie, XLIX, 13. — Facétie y relative, XLIV, 487. — Autres réflexions, XXX, 13; XLI, 408.

ARC (*Jeanne* d'). Son origine; rôle qu'on lui fait jouer, XVI, 408. — Ses victoires; elle délivre Orléans, et fait sacrer Charles VII dans Reims, 409. — Est prise par les Anglais; son procès, son supplice, *ibid. et suiv*. — Sa véritable histoire, et particularités peu connues de son procès, XLI, 61 *et suiv*. — Fut immolée par des prêtres français à la faction de l'Angleterre, 67; XLVII, 189. — Faiblesse qu'elle montra dans ses derniers instants, XLI, 67. — Quel prix fut vendue aux Anglais, 65. — Sa mémoire réhabilitée par Charles VII, XVI, 410. — Aventurières qui ont voulu passer pour elle après son supplice, 411; XLI, 68; LVII, 11. — Héroïnes françaises qui lui sont supérieures, XXVI, 198. — Dissertation curieuse de Rapin de Thoiras à son sujet, XLI, 515. — Notice qui la concerne, X, 230. — Vers qui la caractérisent, *ibid*., 247. — Son portrait, dans le poëme qui lui est consacré, XI, 32. (*Voyez Pucelle d'Orléans*.)

ARCADIUS, fils de Théodose, empereur d'Orient. Paie tribut à Alaric et à ses Goths, XV, 234.

Arc-en-ciel. Ce phénomène, suite nécessaire des lois de la réfrangibilité, XXXVIII, 150 *et suiv*. — Les anciens n'en ont pas connu les raisons; Antonio de Dominis est le premier qui les ait devinées, 151; XXXVII, 207. — Explication mathématique qu'en a donnée Descartes, *ibid*. — Les deux arcs-en-ciel; et pourquoi ces couleurs sont toujours aperçues sous une figure circulaire, XXXVIII, 158, 160.

ARCEMBOLDI, légat du pape. Vend des indulgences en Danemarck, Suède et Norwège, XVII, 154.

Archangel, province de Russie. D'où a pris son nom, XXV, 33. — Par qui son port fut découvert, *ibid*.; XVII, 144.

Arche (l') *d'alliance*. De quoi construite, et ses dimensions; réflexions critiques à ce sujet, XLIX, 140. — De l'histoire des cinquante mille soixante et dix Juifs morts subitement, pour l'avoir regardée, 251; xxvii, 332. — Pamphlet à ce sujet, *ibid.*

Arche (l') *de Noé.* Plaisanteries sur les repas des êtres qu'elle renfermait, xxiv, 303; xlix, 27.

Archevêques. Quand furent institués, xxiii, 60. — Qu'un archevêque doit être homme d'état plutôt que théologien, lxi, 484. — Réflexions au sujet de leurs mandements sur les fêtes et sur le carême, lxvi, 44. — Quels doivent être les soins d'un archevêque de Paris, xi, 68. — L'archevêque de Lyon, quant et par qui reconnu pour primat des Gaules, xxiii, 191. — Étendue de sa juridiction, *ibid.*

Archimède. Sottise de Plutarque à son sujet, répétée par Rollin, xxix, 466.

Architectes. Pourquoi il y en a moins de bons que de bons sculpteurs, xii, 371. — Liste de ceux qui furent célèbres dans le siècle de Louis XIV, xix, 231.

Architecture. Ce qu'elle était en Europe aux 13e et 14e siècles, xvi, 418, 419.—Son état en France sous Louis XIV, xx, 329.

Archives. Quand et par qui l'usage en fut introduit dans les villes d'Allemagne, xxiii, 210. — L'Angleterre est celui de tous les pays qui a les plus anciennes et les plus suivies, xliv, 494. — Celles des affaires étrangères, en France, improprement appelées *Dépôt*, lxv, 24.

Archon (le chevalier). Son duel fameux avec son beau-père Jean Picard, au 14e siècle, xxii, 89.

Ardeur. Divers emplois de ce mot; exemples, xxvii, 1 *et suiv.*

Ardouin, marquis d'Ivrée. Se fait roi d'Italie, malgré l'empereur Henri II, et prend le titre de César, xxiii, 136. — Bat Othon, duc de Carinthie, envoyé contre lui par ce prince, *ibid.* — L'empereur lui-même le poursuit et le met en fuite à Vérone, 138. — Il se ressaisit de l'Italie, mais est bientôt obligé de fuir de nouveau, 140.

Aremburc, général. (*Voy.* Harembure.)

Aréopage (l'). Jugements atroces de ce tribunal, contestés par l'auteur, contre l'opinion de Montesquieu, l. 83.

Areskins, Écossais, médecin du czar Pierre. Dévoué au parti du prétendant; ses intrigues à la cour de Moscou, xxiv, 332.

Aréthuse (fontaine d'). Le passage souterrain du fleuve Alphée jusqu'à elle, reconnu pour une fable, xi, 157. — Objet de comparaisons poétiques, x, 305, 311.

Arétin (l'). Sa comparaison de la Vierge avec Léda, citée, xlv, 333.

Argence de Dirac (marquis d'). Sa visite, en 1760, à Voltaire, qui en fait un prosélyte; en quels termes on en parle à cette occasion, lix, 25, 35, 68, 77; lxii, 437. — Ce qu'il écrit à Voltaire, en 1765, au sujet d'une satire de Fréron contre les Calas; et réponse qu'il en reçoit, lxii, 413, 421; lxiii, 465.— Vers sur l'intérêt qu'il prend à cette famille, xii, 487; lxiii, 467. — Lettres qui lui sont adressées, de 1759 à 1778. (*Voy. Tabl. part.* de lviii à lxx.) — Visite de son fils à Fernei, en 1777; ce qu'en dit Voltaire, lxx, 363.

Argencourt (mademoiselle d'). L'un des premiers goûts de Louis XIV, xx, 123.

Argens (*Jean-Baptiste*, marquis d'). Auteur du *Mentor cavalier*, en 1736; ce qu'on dit de cet ouvrage, lii, 306, 310, 341; liii, 404. — Rôle plaisant qu'il joue à la cour de Prusse en 1743, xl, 73. — Comment traité par Frédéric, qui l'abreuve d'humiliations, 92.—Sa femme, mauvaise comédienne de province, *ibid.* — Chambellan du roi de Prusse en 1749; tracasseries entre lui et Voltaire, au sujet du bruit qui s'était répandu de la prétendue disgrace de celui-ci à la cour de Berlin, lv, 330, 353, 361. — Épigramme de J.-B. Rousseau contre lui, lii, 320. — Éloge de ses *Lettres juives*, 371, 391. — Ce qu'on dit de cet ouvrage et des histoires de vampires qui s'y trouvent, xxxii, 416. — Sa traduction du *Discours de Julien contre la secte des Galiléens*, et observations y relatives, xliii, 505; xlv, 209; lxii, 58. — Quel a été son objet en la publiant, xli, 464. — Sa *Philosophie du bon sens*, condamnée, en 1758, par le parlement de Paris, lviii, 29, 82.— Lettres qui lui sont adressées, de 1736 à 1754. (*Voy.* lii à lvi, *tabl. part.*—Épître singulière en vers, par laquelle Frédéric II lui annonce, en 1759, l'intention de se tuer, xl, 104 *et suiv.*— Sa mort; pourquoi Voltaire le regrette, lxvii, 32, 73. — Notes sur ses derniers moments, et réflexions relatives, 104, 110, 117, 367.—Portrait qu'en fait l'auteur, 32 *et suiv.* — Pourquoi il le surnommait *Isaac*, lii, 319. — Notice qui le concerne, *ibid.* — Son frère le parlementaire. (*Voy.* ÉGUILLES.)

ARGENS (marquise d'). Lettre de consolation qui lui est adressée, en 1771, sur la mort de son mari, LXVII, 32.—Détails qui la concernent, XL, 92; LXVII, 352, 367.

ARGENSON (*Marc-René* de PAULMY d'), premier lieutenant de police. Son caractère dur et despotique, XXII, 391. — Nommé par le régent garde-des-sceaux et vice-chancelier; à quelles conditions, *ibid.* — Soutint d'abord le système de Law, dont il sentit ensuite les abus, 292. — Son discours au mémorable lit de justice en 1718, 296. — Congédié, 301.— Fut plus haï qu'estimé pendant sa vie; justice qu'on lui rendit après sa mort, XII, 6. — Était un homme capable de tout; cependant sa place de lieutenant de police lui fit un plus grand nom que le ministère gêné et passager qu'il obtint sur la fin de sa vie, XX, 247. — Vers contre lui, à l'occasion de l'emprisonnement de l'auteur à la Bastille, en 1718, XII, 5. — Lettre inédite que lui adresse Voltaire à sa sortie, LI, 56. — Autres vers à sa louange, et note qui le concerne, XII, 10, 11. — Il écarta la persécution dirigée contre Fontenelle par les jésuites, et le sauva de la fureur de Le Tellier, XIX, 113; XXXI, 339; XLIII, 516. — Fit démolir Port-Royal, XX, 420.

ARGENSON (*René-Louis,* marquis d'), frère aîné de Marc-Pierre. Nommé, en 1737, à l'ambassade de Portugal, pourquoi ne remplit point ces fonctions, LIII, 113. — Son goût pour les lettres le lie avec Voltaire, I, 184. — Embrasse avec chaleur, en 1739, ses intérêts contre l'abbé Desfontaines; comment il s'exprime au sujet de ce dernier, et lettre qu'il écrit à l'auteur sur leur querelle littéraire, LIII, 471. — Autre qu'il lui écrit, en 1745, du champ de bataille de Fontenoi, LV, 24.—Devenu ministre des affaires étrangères, écrit en faveur du prince Édouard, après sa défaite à Culloden, XXI, 228. — Perd le ministère en 1749, LV, 265. — Sa mort en 1756, LVII, 215. — Le maréchal de Richelieu l'appelait le *secrétaire d'état de la république de Platon, ibid.* — Surnommé *la Bête* par les courtisans; était philosophe et excellent citoyen, 222. — Est auteur des *Considérations sur les vrais principes du gouvernement;* passages de cet ouvrage cités et loués, XLVII, 343; LIII, 587, 612, 633. — Part qu'il eut à l'*Histoire du droit public ecclésiastique*, XVII, 339. — A quoi il comparait les souverains, LV, 1.—Anecdote qui le concerne, XXIX, 97. — Lettres qui lui sont adressées, de 1739 à 1750. (*Voy.* LIII à LV, *tabl. part.*) — Par qui calomnié, XII, 467. — Notice, LIII, 113.

ARGENSON (*Antoine-René* de VOYER d'), marquis de Paulmy, et fils du précédent. (*Voy.* PAULMY.)

ARGENSON (*Marc-Pierre* de VOYER, comte d'). Second lieutenant-général de police, puis secrétaire d'état de la guerre. Dispose une armée florissante pour la campagne de 1744, XXI, 105. — Le roi l'éveille lui-même le matin de la bataille de Fontenoi, 131. — Son fils et lui se distinguent dans cette journée, XII, 135. — Il fait renvoyer madame de Pompadour, XXII, 346. — Est exilé, au retour de la favorite, en 1757; sa retraite aux Ormes, et mauvais quolibet à ce sujet, 348; LVII, 222, 240. — Sa mort en 1764; ses derniers moments, et réflexions y relatives, LXI, 554, 558; LXII, 6, 17, 37. — Eut le surnom de *la Chèvre,* LVII, 122, 222; LXII, 4.—Mot méprisant qu'il adressa à l'abbé Desfontaines, IV, 157; XLVII, 180; XLVIII, 325. — Requête au roi, qui lui fut recommandée par Voltaire au sujet de l'affaire de Francfort, I, 406. — Est, de tous les ministres de la guerre, celui qui a fait le plus de bien aux troupes, XVII, 17.

ARGENSON (*Marc-René Voyer,* marquis d'), fils du précédent et surintendant des postes. Sa singulière réfutation du *Système de la nature,* LXVI, 445, 449.— Lettres qui lui sont adressées, de 1753 à 1770, sur des sujets philosophiques, LVI, 275; LXVI, 449, 477, 521.— Notices, LV, 29; LVI, 275.

Argent (l'). Est le dieu du monde, V, 363. — Donne les honneurs, XIV, 151. — Est fait pour circuler; qui le garde est mauvais citoyen, et même mauvais ménager, XXXVII, 535. — Considérations sur ce mot et sur ses acceptions diverses, XXVII, 3. — Que le haut intérêt de l'argent est la marque infaillible de la pauvreté publique, XVI, 421. (Voy. *Monnaies, Or et Argent.*)

ARGENTAL (FÉRIOL, comte d'). Époque de sa liaison avec Voltaire, LI, 482. — Vers qui lui sont adressés au sujet de son mariage, LII, 545. — Nommé, en 1738, à l'intendance de Saint-Domingue,

LIII, 42. — N'accepte point cette place, 344. — Lettre qu'il écrit à Voltaire, en 1750, au sujet des calomnies et de l'ingratitude de Baculard d'Arnaud à son égard, LV, 517. — Autre, en 1751, pour l'engager à quitter la Prusse, 629. — En 1759, devient plénipotentiaire de Parme à Paris, LVIII, 107. — Étrange embarras dans lequel il met Voltaire en 1767, LXIII, 555. (*Voy.* DOIRET). — Vers à sa louange, XII, 103. — Diverses Notices à son sujet, *ibid.;* LI, 482; LXX, 465. — Est le principal auteur du *Comte de Comminges*, roman attribué jusqu'ici à madame de Tencin, LI, 483. — Reproche que lui faisait Voltaire d'avoir mis quelquefois dans ses pièces des vers qu'il ne voudrait pas avoir faits, LXVII, 158; LXVIII, 84, 129, 167. — Lettres qui lui sont adressées de 1734 à 1778. (Voyez *Tabl. part.* de LI à LXX.)

ARGENTAL (madame la comtesse d'). Fait changer à Voltaire un ancien dénoûment de *Nanine*, VI, 2. — Vers à l'occasion de la Sainte-Jeanne, sa patronne, XIV, 374. — Pourquoi appelée *madame Scaliger*, LVIII, 116, 129. — Lettres qui lui sont adressées de 1741 à 1771. (Voy. *Tabl. part.* de LIV à LXVII.)

ARGENTON (madame d'), l'une des premières maîtresses du régent; comment figure dans une édition falsifiée de la *Pucelle*, XI, 370.

ARGER, jacobin de Flandre. Forme le complot d'assassiner Henri IV, et l'expie à la potence, XVIII, 147 *et suiv.*

ARGET. (*Voyez* D'ARGET.)

Argonautes. A quelle époque doit être placée leur expédition, d'après la comparaison de l'état actuel du ciel à celui où il était alors, XXXVII, 218.

ARGONNE (*Noël* d'), chartreux. (*Voyez* D'ARGONNE.)

Ariane, tragédie de Th. Corneille. Commentée par Voltaire, XXXVI, 432 à 461. — Eut un succès prodigieux, et balança la réputation de *Bajazet*, 432. — Le sujet en est heureux, 433. — Tout y est sacrifié au rôle principal, IV, 406. — Quel est le grand vice de cette pièce, 411. — Tragédie faible, qui a des morceaux naturels, touchants, bien écrits, XXXVI, 461. — Les premiers actes sont une faible copie de *Bérénice*, 391, 435, 442, 445. — Vers de cette pièce qui sont dignes de Racine, 447, 456, 459.

Arianisme (l'). Embrassé par la majeure partie des peuples qui conquirent l'empire romain, XXVII, 20. — Reparaît en Europe au 16e siècle, *ibid.;* XXXVII, 146. — Des séditions qui eurent lieu à son occasion, XXX, 177 *et suiv.* — L'empereur Justin voulut l'extirper dans l'Orient; comment il en fut empêché par le grand Théodoric, XXII, 199. (*Voy.* ARIUS.)

Ariens. (Voy. *Sociniens, Unitaires.*)

ARIOSTE (l'). A surpassé tous les poëtes italiens qui l'ont précédé, XVI, 426. — Est le premier des poëtes italiens et peut-être du monde, IX, 372. — Nomme, dans son poëme, les dames illustres et les gens de lettres de son temps, *ibid.* — Son *Roland*, monstre admirable, supérieur à l'*Odyssée*, XVII, 184; XXIX, 155. — Ce qui charme surtout dans ce prodigieux ouvrage, 156. — Quel en est le fond, *ibid.* — Mérite de ses prologues, inconnu à toute l'antiquité, et qui n'est propre qu'à lui, 157, 165. — Divers fragments de son poëme, traduits ou imités en vers par Voltaire, XIII, 348; XXIX, 159 *et suiv.* — Égale Homère dans la description des combats; preuves qu'on en donne, XIII, 351; XXIX, 163. — Intéresse vivement pour tous ses héros, 164. — Est justement appelé *le Divin*, *ibid.* — Fut le maître du Tasse, *ibid.* — Pourquoi les littérateurs italiens l'ont mis beaucoup au-dessus de ce poëte, X, 459, 461. — Très humble réparation que lui fait l'auteur, pour n'avoir pas osé le compter autrefois parmi les poëtes épiques, et ne l'avoir regardé que comme le premier des grotesques, 451; XXIX, 165. — Singulière bulle de Léon X en faveur de son poëme, *ibid.* — Éloge de ses *comédies*, XVII, 182, 234. — Vers de lui contre les moines, XXXIV, 266. — Autres sur le droit des gens, le droit naturel et le droit public, XXVIII, 459. — Voltaire lui doit le sujet de *Tancrède*, VII, 210. — Jugement sensé qu'il porte d'Auguste, VIII, 87. — Le portrait qu'il a fait de ce prince, traduit en vers français, XIII, 350; XXVII, 204. — Est resté supérieur à La Fontaine dans les contes que celui-ci en a imités, XIX, 228; XLI, 561. — Cas singulier que Voltaire fait de ce poëte, LVIII, 177, 178, 197. — Tout roman devient insipide auprès de lui, *ibid.* — Écrit beaucoup mieux que La Fontaine, est cent fois plus peintre qu'Homère, et vaut mieux, à lui seul, que tous les romanciers ensemble, LXV, 428; LXIX, 102. — A fait des *épîtres* comparables à celles d'Horace, 103.

ARIOVISTE, roi germain. Amena cent

mille hommes pour piller les Gaules, xv, 251.

ARISTARQUE, de Samos. Cité sur le système de notre univers, adopté par les sages de la Chaldée, xv, 43. — Auteur prétendu d'un livre sur le système céleste, que l'on soupçonne avoir été fabriqué par les ennemis de la nouvelle philosophie, xxxii, 292. — Note à ce sujet, 293.

ARISTOBULE, roi des Juifs. Sa tyrannie, xv, 188. — Ses massacres et égorgements, xxxii, 356.

Aristocratie (l'). Est le gouvernement le plus ancien de l'Europe, xlv, 56. — Vers qui la caractérisent, ii, 376, 383. — Ce qu'elle doit faire dans son intérêt, xxxi, 460; xxxix, 435.

ARISTOPHANE, poëte comique grec. Ne fut ni comique, ni poëte, xxvii, 178. — Comment dépeint par Plutarque, *ibid.* — Fut le premier qui accoutuma les Athéniens à regarder Socrate comme un athée, *ibid.* — L'a calomnié, ii, 17. — Bas et fourbe, a toujours peint ses semblables, xxxvi, 500.

ARISTOTE. De sa *Logique*, xxvii, 26. — De sa *Physique*, 29. — De son *Traité sur les animaux*, 30. — A cru le monde éternel, 31. — De sa *Métaphysique*, *ibid.* — En quoi supérieur à Platon son maître, l, 191. — Ce qu'il pensait de l'organisation de l'univers et de son auteur, *ibid.* — A mêlé maintes erreurs avec quelques vérités, 194. — Subtilités inintelligibles qu'il a débitées sur l'ame, 195. — A enseigné que l'incrédulité est la source de la sagesse, xlii, 539. — Beauté de sa *Morale*, de sa *Rhétorique* et de sa *Poétique*, xxvii, 27 *et suiv.* — Il creusa les sources de l'éloquence; justesse de ses préceptes, xxix, 69. — Sa définition de la comédie, critiquée, xxxvi, 500. — Son sentiment sur le sujet de *Mérope*, v, 97, 101. — A connu à fond tous les principes de l'éloquence et de la poésie, xix, 74. — Des traductions de sa *Rhétorique*, par Cassandre, et de sa *Poétique*, par Dacier, *ibid.* — Ses ouvrages brûlés au concile de Toulouse, xvi, 253. — Il est, dans les conciles suivants, mis presque à côté des Pères de l'Église, *ibid.* — Sa doctrine exclusivement enseignée sous Louis XIII, par arrêt du parlement, qui défend, sous peine de mort, d'être d'un avis contraire au sien, xi, 58; xviii, 183; xxii, 233; xxxii, 411; xlvii, 414. — Un Espagnol en voulut faire un saint, et prouva qu'il fallait fêter sa fête, xxxvii, 88. — Grand génie qu'on aurait tort de mépriser, 410. — Notice qui le concerne, xxxiii, 211 *et suiv.*

ARIUS. Ses querelles avec l'évêque Alexandre et le diacre Athanase, xliii, 172. — Condamné au concile de Nicée, puis exilé, 173. — Rappelé d'exil, puis réhabilité au concile de Tyr, 176. — Conte au sujet de sa mort, *ibid.*; l, 490. — Autres détails, xxvii, 12 *et suiv.* N'est pas l'auteur du système religieux auquel il a donné son nom, *ibid.* (Voy. *Arianisme.*)

Arles (royaume d'). État de sa capitale sous Constantin, xxiii, 36. — Son état au 9ᵉ siècle, et de quoi se composait alors ce royaume, xv, 472.

ARMAGNAC (*Bernard*, comte d'), connétable, beau-père du duc d'Orléans. Chef de la faction de ce nom, opposée à celle des Bourguignons, xvi, 394. — Est massacré, 399. — Exécration de Louis XI pour cette maison, 518. (*Voy.* NEMOURS.)

ARMAGNAC (le prince d'), surnommé *M. le Grand.* Anecdote qui le concerne, xxxix, 13.

Armée. Descriptions poétiques d'une armée en marche, x, 201. — En bataille, 264, 272; xii, 130; xxxix, 164, 166. — En déroute, x, 280, 295 *et suiv.* — Fracas et tumulte d'un camp surpris, xi, 107.

Armées. Leurs dévastations, tableau poétique, x, 201, 286. — Peuples qui n'en ont jamais eu, xxvii, 39. — Ce qu'elles étaient chez les Grecs, les Romains, les Gaulois, 41 *et suiv.* — L'invention de la poudre à canon en a changé tout le système, 44 *et suiv.* — Charles VII a introduit les troupes réglées, xvi, 414. — Et Louvois la méthode de les faire subsister par magasins, xix, 364. — Au 16ᵉ siècle, les plus fortes n'allaient pas à vingt mille hommes, xviii, 71. — Ce qu'elles ont coûté en France depuis François Iᵉʳ, xxxvii, 543. — Qu'une petite armée suffit souvent pour renverser un trône ou pour l'affermir, xix, 307. — Avant Louis XIV on n'y connaissait point les habits uniformes, xx, 255.

Arménie (l'). Les Orientaux en faisaient la demeure des dieux; les Grecs les imitèrent, xxvi, 528. — Convertie et conquise par Ismaël-Sophi, xvii, 488. — Ce qu'elle était sous Tigrane, et ce qu'elle est aujourd'hui, 489.

ARMENONVILLE (FLEURIAU d'). Garde-des-sceaux sous Louis XV, xxii, 309.

Armes. Quelle espèce d'hommes s'en abstiennent, XXVII, 39. — Lesquelles étaient en usage au 13ᵉ siècle, XVI, 128. — Au 15ᵉ, 414; XVII, 176. — Et au 16ᵉ, XVIII, 71. — Que le fusil et le canon sont moins meurtriers que ne l'étaient autrefois la pique et l'épée, XXI, 142, 173.— Vers descriptifs des armes à feu, XI, 196. — Ont prévalu sur la baïonnette, XX, 27. — Que tout est arme dans les guerres civiles; vers à ce sujet, XII, 298. (*Voy.* Artillerie, Canon, Fusil, Pistolet.)

Armide, tragédie lyrique. (*Voy.* QUINAULT.)

ARMIN (le docteur). Chef d'une secte de réformés qui prend de lui le nom d'*arminiens*, XVIII, 385. — Disputes de ses sectaires avec les *gomaristes*, et persécutions qu'ils éprouvent en Hollande, *ibid. et suiv.*

ARMINIUS (HERMANN, plus connu sous le nom d'), vainqueur de Varus, et défenseur de la liberté germanique, XV, 405; XXIII, 51.

Arminius, tragédie. (*Voyez* CAMPISTRON.)

Armoiries. Doivent leur naissance aux tournois, XVII, 22. — Le caprice des ouvriers a décidé de presque toutes celles des souverains, XXIII, 326. — Origine et explication de l'aigle à deux têtes dans celles de l'Empire, *ibid.*; XVI, 315.—Que celles des rois de France n'ont jamais ressemblé à des lis, 356.

ARMOISES (maison des). Un homme qui en est issu épouse une aventurière qui se faisait passer pour Jeanne d'Arc échappée au supplice, XVI, 411; XLI, 68; LVII, 11.

ARNAUD, de Brescia. Prêche en Italie contre la puissance et les richesses des papes et du clergé, XVI, 96, 243; XXIII, 182. — Est brûlé vif à Rome, XVI, 97; XXIII, 188.—Caractère de ce réformateur, et réflexions sur son supplice, XVI, 96, 97.

ARNAUD (l'abbé). Collaborateur de la *Gazette littéraire de l'Europe*, XLI, 424; LXI, 46. — Lettre à lui adressée en 1771, au sujet de sa réception à l'Académie française, LXVII, 74, 161.—Son *Discours sur les langues,* aussi utile que sage et éloquent, *ibid.* — Loué par l'auteur, qui veut l'avoir pour juge, IX, 371.

ARNAUD (d'), maréchal-de-camp. Blessé à mort, en 1747, au combat d'Exiles, XXI, 191.

ARNAUD (d'), littérateur. (*Voy.* DARNAUD-BACULART.)

ARNAULD (*Antoine,* surnommé *le Grand*), docteur en Sorbonne, célèbre par son érudition, son éloquence et ses disputes; Notice, XIX, 49. — A dit que Dieu forma la race humaine pour la damner, XIV, 250. — Convient que les promesses de l'Ancien Testament n'étaient que temporelles et terrestres, XV, 117.— Par qui accusé d'athéisme, XII, 186, 470; XXVII, 183. — Défenseur de Jansénius, est condamné par la Faculté de théologie et exclu de la Sorbonne, XX, 407, 409, 411. — Gouverne, avec l'abbé de Saint-Cyran, les deux maisons de Port-Royal, 412. — Se réconcilie avec le gouvernement, 417. — Cabale de nouveau en faveur du jansénisme, 418. — Se retire dans les Pays-Bas, où il finit ses jours, 419. — A manqué d'asile et de tombeau; vers sur les persécutions dont il fut l'objet, XIII, 242. — Anecdote au sujet de la suppression de son éloge dans les *Hommes illustres* de Perrault, XIX, 174. — On a de lui plus de cent volumes d'écrits polémiques; presque aucun n'est aujourd'hui au rang des bons livres classiques, 50; XX, 408. — Libelle contre le roi Guillaume, qui lui a été faussement attribué, XIX, 50. — Vers qu'il fit réformer à Boileau, XXXV, 132. — Il haïssait les jésuites encore plus qu'il n'aimait la grace efficace, XX, 407.

ARNAULD, évêque d'Angers, frère puîné d'*Antoine.* Se déclare contre le formulaire d'Alexandre VII, concernant les cinq propositions de Jansénius, XX, 416. — Et le signe ensuite, *ibid.*

ARNAULD D'ANDILLY (*Robert*), frère aîné d'*Antoine.* L'un des plus grands écrivains de Port-Royal, XIX, 50.— Sa traduction de l'*Histoire juive,* de Josèphe, le dernier et le plus estimé de ses ouvrages, *ibid.* — Père du marquis de Pomponne, 51.

ARNAULD DE POMPONNE (*Simon*), secrétaire d'état des affaires étrangères.(*Voy.* POMPONNE.)

ARNOLPHE-*le-Mauvais,* ou ARNOUL, beau-fils de l'empereur Conrad Iᵉʳ. Tige de la maison de Bavière, XXIII, 8. — Sa courte guerre avec Henri-l'Oiseleur; comment elle se termine, 108. — Note qui le concerne, 8.

ARNOLPHE, archevêque de Milan. Presse l'empereur Henri II de venir en Italie contre son roi Ardouin, XXIII, 136, 137.

ARNOUD ou ARNAUD, dernier duc de Gueldre. Outragé par son fils, l'appelle en duel devant Charles-le-Téméraire, qui ne permet pas le combat, XVII, 34. — Le déshérite, et donne ses états à Charles, *ibid.*

ARNOUD, évêque d'Orléans au 10e siècle. Selon lui, le pape Léon VIII, lors de son élection, n'était ni ecclésiastique, ni même chrétien, XXIII, 123.

ARNOUD, ARNOULD, ou ARNOLFE, roi de Germanie, bâtard de Carloman. Est élu empereur, XV, 475; XXIII, 98, 103. — Les évêques lui offrent la couronne de France, 99. — Il défait les Normands, 100. — Assiége Pavie, tient un concile à Mayence, et une diète à Worms, 101. Fait sacrer roi de Lorraine son fils Zventibold, *ibid.* — Prend Rome d'assaut, et force le pape Formose à le sacrer; serment équivoque qu'il reçoit des Romains, 102; XV, 519. — Assiége Agiltrude dans Fermo, puis lève le siège, et retourne en Germanie, XXIII, 102. — Cause incertaine de sa mort, 103. — Ses bâtards, 7.

ARNOULD (*Guillaume*). Condamné comme témoin suborné par J.-B. Rousseau, dans le procès intenté au géomètre Saurin; détails qui le concernent, XIX, 138, 142; XXXVII, 505, 525. — Anecdote plaisante à ce sujet, 508.

ARNOULT (*Jean-Marie*), avocat, doyen de l'université à Dijon. Lettres qui lui sont adressées, en 1761, au sujet d'un procès que l'auteur avait pour son église de Fernei, LIX, 435, 438, 450, 489.—Notice, LXX, 365.

ARNOUVILLE. (*Voy.* MACHAULT d').

ARNOUX, jésuite, confesseur de Louis XIII. Paroles hardies qu'il adresse en chaire à ce monarque, en faveur de Marie de Médicis, sa mère, exilée à Blois, XVIII, 179. — Son renvoi, 180.

Arot et Marot (fable d'). Imposture d'auteurs chrétiens pour décrier la religion musulmane, XXVII, 47 *et suiv.*

AROUET (*René*), notaire à Saint-Loup. Vers sur sa mort, en 1499, par Ant. Dumoustier de Lafond; et lettre de Voltaire à ce sujet, LXX, 461.

AROUET (*François*), père de Voltaire. Charges qu'il a exercées; sa fortune; sa mort en 1721, I, 119. — Sévérité dont il usa envers l'auteur, 126. — Ce qu'il disait de P. Corneille, qu'il avait connu, LIX, 624. — Anecdote qui le concerne, LXVII, 347.

AROUET (*Armand*), frère aîné de Voltaire. Janséniste outré, intrigué dans l'affaire des convulsions, LII, 232.—Notice qui le concerne, XIII, 55.—Ce qu'en dit Voltaire, LII, 579; LIV, 1; LVI, 155.

AROUET (*Marie*), sœur de Voltaire. Notice, LI, 88. — Sa mort, et regrets de l'auteur sur sa perte, 168, 170.

ARPE (*J.-Fr.*). Son *Apologie de Vanini*, publiée sous le nom de Philalète, XXVII, 183.

Arquebuses. Quand devinrent des armes offensives, XVII, 176; XVIII, 71.

Arques (bataille d'). Gagnée par Henri IV sur le duc de Mayenne, XVIII, 120; XXII, 154.

ARQUIEN (Mlle d'). Française, mariée à Jean Sobieski, roi de Pologne, XIX, 15. — Lettre singulière qu'elle en reçoit, après la délivrance de Vienne, XXIII, 645.

Arras (ville d'). Assiégée par Condé, est sauvée par Turenne, XIX, 321. (*Voy. Méprise d'Arras.*)

Arrêts notables. Sur la liberté naturelle, XXVII, 57 *et suiv.*

Arsacides (les). Pays qu'ils possédèrent pendant leur domination sur la Perse, XV, 306.

Arsenaux. Vers descriptifs d'un arsenal, XI, 294. — Autres, sur l'arsenal de Berlin, LIV, 246. — Des arsenaux de marine bâtis sous Louis XIV à Brest, Rochefort, Toulon, le Havre, Dunkerque, etc., XX, 260. — Vers sur l'arsenal de Berlin, LIV, 246.

ARSÈNE, évêque de Rostou en Russie. Veut établir le principe absurde des deux puissances, XXXII, 35. — Est dégradé par le synode de sa dignité et de la prêtrise, et livré au bras séculier. L'impératrice lui fait grace, et le réduit à la condition de moine, *ibid.*; LXII, 411; LXIII, 41, 392; LXV, 399.

Art (l'). Le plus innocent tient lieu de la perfidie, III, 211. — *L'Art et la nature*, pièce de vers, XIV, 335. — Qu'il n'y a point de nature, et que tout est art, XXXIV, 388 *et suiv.*

Art (l') *d'aimer*, poëme de Gentil Bernard. Mélange de sable et de brins de paille, avec quelques diamants joliment taillés, LXVIII, 310.—Ouvrage ennuyeux qui n'offre qu'une trentaine de vers admirables, 357. (*Voy.* BERNARD.)

Art de bien argumenter. Pamphlet contre Maupertuis. Ce que c'est, XXXIX, 507.

Art (l') *dramatique.* Le premier de tous ceux à qui est attaché le nom de *beau*, LX, 117. — Celui dans lequel les Français se sont distingués davantage, VII, 8;

IX, 125. — Et le seul peut-être qui les met au-dessus des autres nations, LX, 67. — Voltaire s'est constamment occupé d'en étendre la carrière, VIII, 193. — Est une imitation de la nature dans beaucoup de genres différents, XXXVI, 131. — Considérations y relatives, XXVII, 65 *et suiv.* — Cultivé à la Chine long-temps avant qu'il le fût en Grèce, VI, 403. — Causes de sa décadence en France, II, 5; IX, 372, 376. — Vœux de l'auteur pour qu'il se relève, 282 *et suiv.* (*Voy.* Bienséances théâtrales, Poëme dramatique, Unités, etc.)

Art (l') *poétique*. Considérations y relatives; parallèle des poëmes d'Horace et de Boileau, XXVII, 118; XXXVIII, 555.

Art vétérinaire. Considérations y relatives, LXIX, 223. (*Voy.* BOURGELAT.)

ARTAXARE. Nom pris par un soldat persan qui enleva la Perse aux Parthes, XV, 306.

ARTAXERCÈS-MNÉMON, roi de Perse. Souverain sage et bon; ses louanges, XXXII, 494. — Sa clémence envers son frère Cyrus qui avait voulu l'assassiner, *ibid.* — Forcé de combattre ce rebelle en bataille rangée, le tue de sa propre main dans la mêlée, 496. — Comment traita les Grecs complices de sa révolte, 497, 499. — Vainqueur des Lacédémoniens et des Cadusiens, 501. — Vécut et mourut plein de gloire, 502.

Artémire, tragédie de Voltaire, jouée en 1720. Sévérité du public pour cette pièce, I, 132. — Son peu de succès, II, 138. — Comparée à *Mariamne*, *ibid*. — Fragments qui nous en restent, 241 *et suiv.* — Parodie qui en fut faite à la Comédie italienne, 139. — Épigramme que s'adressa l'auteur lui-même dans le *Temple du Goût*, XII, 366, 369.

ARTEVELT (*Jacques* d'), brasseur à Gand. Signe avec Édouard III, roi d'Angleterre, un traité pour que ce prince prenne le titre de roi de France, XVI, 359.

ARTFCHELOU, fils du roi de Géorgie, réfugié en Russie. Accompagne le czar Pierre dans ses voyages, XXV, 123. — Fait prisonnier à la journée de Narva, meurt en Suède, *ibid.*; XXIV, 81. — Son histoire présentée comme un exemple des révolutions de la fortune, *ibid. et suiv.*

ARTHUS, jésuite. Auteur d'une tragédie de *Joseph*, XLIX, 99.

Articles extraits de la Gazette littéraire, XLI, 423.

Articles extraits du Journal de politique et de littérature, I., 7.

Artillerie. Son invention a rétabli l'égalité entre les puissances, et rendu les guerres moins funestes, XXVII, 46. — Vers qui la décrivent, IV, 189. — Ses effets, X, 203 *et suiv.*; XIII, 149; XIV, 270. — A quelle époque on commença d'en faire usage, *ibid.*; XXIII, 345. — Si l'on s'en servit à la journée de Créci, XIV, 270; XVI, 363, 372, 397. — Écoles d'artillerie fondées par Louis XIV, XX, 256.

Artistes. Leur maladie la plus incurable est la jalousie, IV, 157; XXVIII, 253. — Qu'on rend trop tard justice, en France, aux bons artistes, X, 486; XIX, 229. — L'or est confondu avec la boue pendant leur vie, et la mort les sépare, IX, 17; XIX, 181. — Liste de ceux qui furent célèbres en tout genre, dans le siècle de Louis XIV, 223 *et suiv.* — Que presque tous les artistes sublimes ont fleuri avant l'établissement des académies, ou ont travaillé dans un goût différent de celui qui régnait dans ces sociétés, 227. — La science et l'esprit conduisent un artiste, mais ne le forment en aucun genre, XX, 155. — Il n'est de véritable gloire que pour ceux qui atteignent la perfection, IV, 409. — Seule manière dont tout artiste devrait répondre à la critique, LII, 317. — Consolation pour les grands artistes persécutés, LIX, 203.

Artois (le pays d'). Incorporé par Louis XI à la monarchie française, XVI, 523.

ARTOIS (comte d'), frère de saint Louis. (*Voy.* ROBERT D'ARTOIS.)

ARTOIS (comte d'), frère de Louis XVI, et qui depuis régna sous le nom de Charles X. Vers en son honneur, LX, 136. — L'un des premiers princes, en France, qui se firent inoculer, XXI, 408.

Arts. De leur origine, XXVI, 429. — Les nôtres comparés à ceux de l'antiquité, 431. — Les principes de ceux qui dépendent de l'imagination sont aisés; la difficulté est dans l'application, II, 53; X, 404. — Nous en devons la plupart à un instinct mécanique, et non à la saine philosophie, XXXVII, 174. — Que dans tous il y a un terme par delà lequel on ne peut plus avancer, II, 187. — Que leur décadence amène quelquefois celle d'un état, III, 149. — Aucun d'eux n'est méprisable, 153. — Sont frères et se prêtent de mutuels secours, XII, 471. — Que tous les arts sont amis, et qu'on ne doit pas les séparer, XXIX, 309. — Que le goût seul détermine les femmes à leur cul-

ture, et que les hommes en font une espèce de profanation, IV, 152. — Des différences que le génie des nations cultivées met entre les mêmes arts, V, 107. — Que tout art demande un talent, VII, 14. — Qu'il y a des règles austères et sûres pour nous diriger dans cette carrière, XII, 559. — Que presque tous les nôtres sont dus aux Italiens, X, 203. — Qu'on les a presque tous accablés de règles inutiles ou fausses, 401.— Leur état en Italie aux 13e et 14e siècles, XVI, 416 *et suiv*. — Au 16e, XVIII, 349 *et suiv*.
— Étaient encore étrangers en France sous le roi Pepin, XXIII, 50.—Ce qu'ils étaient en ce royaume sous Louis XIII, XVIII, 245 *et suiv*.— En Espagne, depuis Philippe II jusqu'à Philippe IV, 256 *et suiv*. — En Angleterre, depuis Elisabeth jusqu'à Jacques Ier, 286. — Sous Charles II, 333. — Louis XIV, en les protégeant, leur dut toute sa gloire, XXVII, 122. — Que la nouveauté des arts ne prouve point la nouveauté du globe, 123. — Des petits inconvéniens attachés aux arts, 124. — Épître en vers sur leur encouragement, XIII, 142. — Quelle est la seule façon de réussir dans tous les arts, LXII, 2. — Des arts nouvellement inventés, L, 235 *et suiv*. — Que, dans les arts de génie, tout est l'ouvrage de l'instinct, XXXVII, 56; LXVIII, 204. — Que, dans tous les arts, les petits agrémens l'emportent sur le vrai mérite, V, 479. — Que la culture des arts rend les ames plus honnêtes et plus pures, IX, 11. (*Voy. Beaux-arts*).

ARTUS, roi fabuleux de la Grande-Bretagne au 6e siècle. De l'institution de la *Table ronde* qui lui est attribuée, XVI, 377.

ARTUS, duc de Bretagne, fils de Henri II, roi d'Angleterre. Son oncle Jean-sans-Terre le dépouille de son duché, le fait enfermer, et est accusé de sa mort, XVI, 122 *et suiv*.

ARTY (l'abbé d'). Prononce à l'Académie française, en 1749, un panégyrique de saint Louis, composé par Voltaire; anecdote à ce sujet, XXXIX, 125 *et suiv*.

ARUNDEL (marbres d') ou *de Paros*. L'un des plus précieux monumens de l'antiquité, XXX, 195. — Sont essentiels pour l'histoire de la Grèce, et portent l'empreinte de la vérité, 196.

ARVIDSON (baron d'), officier suédois. Dans quelle circonstance il contrefait la signature du roi Charles XII, XXIV, 287.

ASCELIN, frère prêcheur. Envoyé par Innocent IV près du Tartare Batou-Kan, XV, 22. — Lettre que celui-ci lui donne pour le pape, XVI, 231.

ASFELD (baron d'). Blessé à mort au siège de Bonn, où il commandait, en 1689, XIX, 482.

ASFELD (*Claude-François* BIDAL d'), maréchal de France, fils du précédent. S'acquit une grande réputation pour l'attaque et la défense des places, XIX, 19. — Contribua beaucoup à la bataille d'Almanza, *ibid*.

Asie (l'). Son antiquité, XV, 11.—Pourquoi les Grecs lui donnèrent le nom d'*Anatolie*, XLIX, 464. — Son état au temps des découvertes des Portugais, XVII, 470 *et suiv*. — Quel fut le sujet de mille fables dont elle fut inondée, et qu'on a prises pour de l'histoire, 474; XXVIII, 8. — Ses mœurs comparées avec celles de l'Europe, XVIII, 481. — Son gouvernement tyrannique, IX, 230.

ASMODÉE, roi des démons. Dissertation à son sujet, XXVII, 125.

Asphalte, espèce de bitume. Où il croît, et à quoi on a essayé de l'employer, XXVII, 128.

Asphaltide (lac), plus connu sous le nom de *lac de Sodome*. (*Voy*. ce nom.)

ASRAF. Usurpe la Perse, XVIII, 443; XXV, 379. — Vaincu par Thamas-Kouli-Kan, qui le fait mourir, XVIII, 445.

ASSAS (le chev. d'), capitaine au régiment d'Auvergne. Son dévouement héroïque; pension à perpétuité aux aînés de cette famille, XXI, 309; LXV, 215, 234.

Assassin, assassinat. Origine de ces mots, et leur définition, XXVII, 135 *et suiv*. (*Voy*. VIEUX DE LA MONTAGNE.) — Comment l'assassin doit être puni, L, 261. (Voyez *Jean* PETIT). — Le premier assassinat ordonné par Dieu, dans nos livres, est le sacrifice d'Isaac, V, 89. — Autres assassinats consacrés, XXII, 113, 114. — Liste de leurs auteurs, XI, 253.—Récompenses de plusieurs assassinats célèbres, VIII, 120 *et suiv*. — Ceux qu'a produits la vengeance ou l'enthousiasme de la liberté furent souvent l'effet d'un mouvement violent, 143. — Combien le fanatisme en a causé, XXI, 362. — Qu'il n'y a point d'assassinat plus horrible et plus punissable que celui qui est commis avec le glaive de la loi, LX, 394. — Autres réflexions contre les assassinats de cette nature, LXIV, 431. (Voy. *Meurtres juridiques*.)

Assassine. Observation sur cette épithète, donnée à Fulvie dans le *Triumvirat*, LXI, 129.

Assaut. Descriptions poétiques tirées de la *Henriade* et de la *Pucelle*, x, 202 et suiv.; XI, 242. — Autre, tirée de la *Tactique*, XIV, 272.— Autre, de l'*Iliade*, mise en parallèle avec celle de l'assaut donné aux faubourgs de Paris, XXXIX, 169, 172.

ASSELIN, frère prêcheur. (*Voy.* ASCELIN.)

ASSELIN (l'abbé). Lettres qui lui sont adressées, de 1735 à 1736, au sujet de la *Mort de César*, et des mauvais procédés de l'abbé Desfontaines, LII, 34, 100, 107, 177.

Assemblées. Différentes acceptions de ce mot, XXVII, 141. — Aucun corps ne peut former dans l'état d'assemblée publique et régulière que du consentement du souverain, XXVIII, 476. — Les assemblées religieuses pour le culte doivent être autorisées par le souverain dans l'ordre civil, pour être légitimes, *ibid.* — Toute prédication séditieuse y doit être réprimée par le magistrat, 477.

Assemblées de villes, en France. Prirent d'abord le nom de parlement, XXII, 7.

Association (esprit d'). Du penchant naturel qu'y ont tous les hommes, et preuves de cette vérité, L, 517.

ASSUÉRUS, roi de Perse. Doute sur son existence, XLIX, 391. — Observations critiques sur son nom, *ibid.* — Son festin de quatre-vingts jours, *ibid.* — Plaisant édit qu'on lui fit rendre, 392. — Ce qu'il aurait pu répondre à la Juive Esther, qui lui reprochait, dit-on, d'avoir une fausse idée de Dieu, XLV, 169.

Assyrie (l'). Conjectures sur cet ancien empire, xv, 47, 56.

Astérie. (*Voy.* Lois de Minos.)

ASTOLFE, roi lombard. S'empare de tout l'exarchat de Ravenne, xv, 383. — Obligé par Pepin de le céder au pape, 391. — Assiége Rome, *ibid.*; XXIII, 48. — Assiégé lui-même deux fois dans Pavie par Pepin, est battu, et fait la paix avec lui, xv, 392.

ASTOR, seigneur de Faenza. Forcé de servir aux plaisirs infames de César Borgia, est ensuite étranglé par ordre du pape Alexandre VI, XVII, 92; XLIV, 343. (*Voy.* MANFREDI.)

Astracan (royaume d'), faisant partie de la Russie. Pris au 16ᵉ siècle sur les Tartares, XVII, 143. — Description de ce beau pays, XXV, 44 *et suiv.*

Astrate (l'), tragédie de Quinault. Il y a de belles scènes, et surtout de l'intérêt; ce qui fit son grand succès, XXXVI, 332, 375. — L'*Anneau royal*, tourné en ridicule par Boileau, est en effet une invention puérile, 332. — Cette pièce pourrait être retouchée avec succès, IX, 125.

Astres. (*Voy.* Planètes.)

Astrologie (l'). Son charlatanisme, XXVII, 143.—Toutes ses lois contraires à celles de l'astronomie, 151. — Grands hommes qui ont été infatués de cette chimère, 152.—Des gens qui se prétendent profonds en fait d'astrologie, XI, 53.— Cette superstition a été celle de tous les hommes, XV, 270.—Était en vogue sous Henri IV et sous Louis XIII, XIX, 266. — Et au commencement du règne de Louis XIV, xx, 149, 176. — Cette superstition fut apportée d'Italie en France sous Catherine de Médicis, XVIII, 100.—Par qui surnommée la *mère-nourrice* de l'astronomie, XIX, 66.

Astronomie (l'). Progrès qu'y avaient faits les anciens Chaldéens, xv, 42, 48.— Leurs observations, envoyées de Babylone en Grèce, sont le plus beau monument de l'antiquité, 42, 87, 258; XXX, 194.— Instruments des astronomes chinois, antérieurs de mille ans à notre ère vulgaire, xv, 268 *et suiv.*—Considérations sur l'étude de cette science, XXVII, 146; XXXVII, 215 *et suiv.*—Mal entendu général dans son langage vulgaire, XXXVIII, 251. (*Voy.* Tables Alfonsines et Rodolphines.)

ASTRUC, docteur en médecine. Auteur d'un livre intitulé *Conjectures sur l'Ancien Testament*, XLIX, 79.—Son travail ingrat et dangereux sur la *Genèse*, n'a servi qu'à redoubler les ténèbres qu'il a voulu éclaircir, XXX, 27, 30.—Pourquoi ses Mémoires sur le *Pentateuque* sont devenus très rares, XXI, 39.

ATABALIPA. Dernier Inca, sous qui fut détruit l'empire du Pérou, XVII, 421.— Marche contre Pizarro; réponse qu'il fait à son ambassadeur, qui lui offrait l'amitié de Charles-Quint, 422. — Arraché de son trône par les Espagnols vainqueurs, est chargé de chaines, 423.—Ne peut donner la somme immense qu'il avait promise pour sa rançon; est pendu et jeté au feu, *ibid.* — Reproche qu'on lui fait Garcilasso, Inca devenu Espagnol, dans son *Histoire de la conquête du Pérou*, *ibid.* — Réflexions sur la barbarie exercée contre lui, *ibid.;* xxxiv, 401.

ATAÏDE D'ATOUGUIA, comtesse en Portugal. Un outrage qu'elle reçoit du roi Joseph, vengé par l'assassinat de ce prince, xxi, 370. — Est reléguée dans un couvent, après le supplice de son mari et de presque tous les siens, 372. (*Voy.* JOSEPH Ier, MALAGRIDA, etc.)

ATÉIUS, tribun du peuple. Comment et pourquoi voue aux divinités infernales l'expédition de Crassus contre les Parthes, x, 182.

Ath (ville d'). Prise par les Français en 1667, xix, 365. — Remise aux Espagnols par les traités de Nimègue et de Ryswick, 437, 505. — Reprise sous Louis XV, xxi, 160.

ATHALARIC, petit-fils de Théodoric. Règle les élections des papes, xv, 381.

ATHALIE, mère d'Ochosias, roi de Juda. Observations critiques sur cette reine, et calculs sur son âge, vii, 428. — Assassinats prétendus de tous ses petits-fils, et par ses ordres, xlix, 358.

Athalie, tragédie de Racine. C'est le chef-d'œuvre de notre théâtre et de la belle poésie, v, 101. — Peut-être aussi de l'esprit humain, vii, 549; ix, 16; xxvii, 97. — N'en est pas moins encore le chef-d'œuvre du fanatisme, lix, 421. — Est, avec *Iphigénie,* la tragédie qui approche le plus de la perfection, vii, 549; xli, 532. — Ses défauts sont ceux du sujet, xxxvi, 530.—Est la seule pièce où Racine ait mis du spectacle, ii, 358. — Fut long-temps méprisée du public et oubliée, vi, 155; vii, 412; ix, 17; xx, 202. — Épigramme de Fontenelle contre cette pièce, 16. — On donnait pour pénitence, dans des jeux de société, d'en lire un acte, 17. — A été reprise au théâtre, à cause de la conformité d'âge de Joas avec Louis XV, 18. — Observations critiques de d'Alembert et de Bernis, lxvi, 106, 178. — Jugement qu'en porte Voltaire, dans un entretien avec milord Cornsbury, ix, 18 *et suiv.*— Expressions qu'il en a imitées dans *Mahomet,* v, 89. — Vers imités dans *Sémiramis,* 573. — Prétendu plagiat reproché à Racine, xxvii, 99. — Comparaison de ce sujet avec celui de *Mérope,* v, 101, 114. — Critique du rôle de Joad, vii, 427; ix, 19; lx, 167; lxi, 58; lxv, 537. — De celui de Josabeth, vii, 430, 431; ix, 20. — De celui de Mathan, *ibid.*—Beauté du songe d'Athalie, xxxv, 290. — Grandeur du tableau du cinquième acte, xxxvi, 428.

— Examen critique du parallèle que Louis Racine a fait de cette pièce avec l'*Héraclius* de Corneille, xxxvi, 3.

ATHANASE, diacre d'Alexandrie. Ses querelles avec Arius, xliii, 174. — Nommé évêque, il abuse du crédit de sa place; est condamné au concile de Tyr, puis exilé, xxvii, 18; xliii, 176.—Court l'Europe et l'Asie pour soutenir son parti, xxvii, 19. — Est le premier qui ait imaginé que Jésus soit descendu aux enfers, xliii, 89.— Son opinion sur la résurrection, xxxii, 135.

Athée (*l'*) *et le Sage,* ou *Histoire de Jenny,* roman philosophique de Voltaire. (Voy. *Jenny.*)

Athées. Examen de la question de savoir si une société d'athées peut subsister, xxvii, 159, 184. — Erreur de ceux qui croient cette société impossible, xli, 140. — Et singulière contradiction dans laquelle ils tombent, *ibid.;* xv, 281. — Leur opinion et argument sur la succession des êtres, réfutés, xxxviii, 14. — Pourquoi ne veulent pas que les hommes descendent tous d'un même père, 16. — Forcés de reconnaître une intelligence suprême, la font aveugle et purement mécanique, xliii, 231. — Ont été exclus de la Caroline et de la Pensylvanie, xiv, 285. — Qu'il y a eu des athées chez tous les peuples connus, et qu'il y en a eu de vertueux, xliii, 247, 248. — Que leurs excès doivent être attribués aux prêtres de l'antiquité et aux théologiens de l'école, xxvii, 154; xliii, 247; xlvii, 186. — Comment combattent l'existence de Dieu, et comment on les réfute, xxxviii, 15 *et suiv.*—Difficulté à laquelle ils n'ont jamais répondu, lxv, 157. — Ce qu'ils sont pour la plupart, xxvii, 187. — S'il y a des athées, à qui faut-il s'en prendre, 189. — C'est l'absurdité des dogmes chrétiens qui les fait parmi nous, xliii, 202; xlv, 85. — Combien le P. Mersenne en comptait dans Paris, xlvii, 431.—Pourquoi il y en a tant, xlvi, 574.—Réponse à leurs plaintes, 576. — Un grand nombre furent estimables dans leurs erreurs, xii, 423, 427; xxxv, 369. — Sont plus excusables que les fanatiques, xii, 424; xliv, 127. — Plus susceptibles de guérison, xxxv, 419.—Presque aussi dangereux, xiv, 285. — Athées de cabinet et athées de cour, en quoi diffèrent, xxviii, 392; xliii, 247. — Il est des athées par principes, dont l'esprit n'a point corrompu le cœur; vers à ce sujet, xlvii,

604. — Mal que produisent les sermons des athées contre Dieu, LXVIII, 300. — Qu'un roi athée l'est davantage, XXXIV, 418. — Qu'aucun gouvernement ne fut athée par principes, et ne le sera jamais, XLVII, 429.—Qu'un athée qui serait raisonneur, violent et puissant, serait un fléau aussi funeste qu'un superstitieux sanguinaire, XLI, 352.— Que le cœur le plus bas et le plus capable du crime des lâches est celui d'un athée hypocrite, LXV, 603. —Que les athées de ce temps-ci ne valent pas ceux du temps passé, 406. — Qu'un pape athée vaudrait beaucoup mieux qu'un pape superstitieux, LXIX, 318.

Athéisme (l'). Opinion pernicieuse qui s'établit en Europe par les guerres de religion au 16e siècle, XVII, 302. — Contraire à la morale et à l'intérêt de tous les hommes, XLVII, 603. — Ne peut faire aucun bien à la morale, et peut lui faire beaucoup de mal, XLIII, 555.— Est presque aussi dangereux que le fanatisme, *ibid.* ; XIV, 285. — Est le plus grand égarement de la raison, LXIII, 475.— Est un système fort mauvais dans le physique et dans le moral, LXV, 159. — Quelles en sont les sources les plus fécondes, 160. — Crimes horribles qu'il a produits en Italie, *ibid.* — Sa réfutation, XLVI, 571 *et suiv.* — Dialogues où il est combattu, XXXIV, 348, 409, 416 *et suiv.* — Nouvelle réfutation, XLIII, 228 *et suiv.* — Peut causer quelquefois autant de mal que les superstitions les plus barbares, 241. — Est la philosophie des scélérats, 242. — Peut laisser subsister les vertus sociales dans la tranquille apathie de la vie privée, mais doit porter à tous les crimes dans les orages de la vie publique, 250. — Comment répandu par les prêtres de l'antiquité et par les théologiens de l'école qui le combattent, 247; XLVII, 186. — Grand nombre de gens que la philosophie a retirés de cette erreur de l'esprit, où les avait jetés la théologie, XXVII, 156. — Comparé au fanatisme, 159, 187. — Principes qui peuvent y conduire, 160. — De la comparaison si souvent faite entre l'athéisme et l'idolâtrie, 166 *et suiv.* — Démence de ceux qui en accusent, à tort et à travers, tous ceux qui ne pensent pas comme eux, XII, 187; XXVII, 177 *et suiv.* — Voltaire repousse loin de lui cette accusation de ses ennemis, XIV, 226, 285.

ATHÉNAGORE. Comment disculpe les premiers chrétiens des accusations infames qu'on leur impute, XXXII, 510.

Athénaïs, tragédie. (*Voy.* LA GRANGE-CHANCEL).

ATHÉNÉE. Son *Banquet des philosophes*, apprécié, XXXI, 31.

Athènes (ville d'). Ce qu'elle était, VI, 151. — Avantages de la magnificence de ses jeux publics, *ibid.*—Comparée à Paris, V, 109. — Disputée aux Turcs par les Vénitiens, XVI, 501. — Son état sous la domination ottomane, 502 *et suiv.* — Son temple dédié *aux dieux inconnus*, détruit dans le 17e siècle par les bombes de l'armée vénitienne, XVIII, 434.— Portrait hideux que Bayle a fait de sa démocratie ; comment on le réfute, XXVIII, 317 *et suiv.*

Athéniens (les). Ont vu l'enfance de la tragédie, II, 30. — Étaient un peuple aimable ; leurs fictions, leur théâtre, leurs jeux solennels, XIV, 59. — De leurs éloges funèbres, XXXIX, 27. — Ont été les maîtres des Romains dans les sciences et dans l'éloquence, XXVIII, 322.—De quelques jugements atroces que l'on attribue à leur aréopage, L, 84. — Ont été les plus sots et les plus barbares juges de la terre, XXVIII, 319. (*Voyez* SOCRATE.)

Atlas, terme d'anatomie. Sa signification, son origine, XI, 130.

ATLAS, prince de Mauritanie. Pourquoi comparé par les anciens à la montagne qui porte son nom, XXVII, 212.

Atmosphère. Origine de ce mot, et sa signification, XXVI, 136.

Atomes. Quels philosophes ont voulu expliquer par eux la formation du monde, XIV, 245; XXVII, 191; XXXVIII, 57.—Ce que signifie ce mot, XXVII, 195.

Atrée et Thyeste, tragédie de Crébillon. Critique de cette pièce, IX, 201; XIII, 301. — Pourquoi n'est pas restée au théâtre, XXXV, 13; XL, 473 *et suiv.*

Atrée et Thyeste, tragédie de Voltaire. (Voy. *Pélopides*.)

ATTALE, empereur romain. Créé par Alaric, rampe sous lui, XV, 234, 378.

Attentats. Il en est qu'on ne peut réparer, IV, 417.

ATTERBURY (*François*), évêque de Rochester. Réfuté sur le reproche de contrainte puérile qu'il fait à notre versification, II, 351.

Attigny (concile d'), en 363. Le premier où la confession fut ordonnée, XV, 446.

ATTILA, roi des Huns; Ravage tout, de la Chine à la Gaule, XV, 378.—Contes qu'on a débités sur son entrevue avec Léon, évêque de Rome, 379. — Autre, sur ce qu'il s'intitulait *le fléau de Dieu*, XXXII, 421; XLVII, 337. — Était d'un rare mérite, XXXVI, 382; LXVIII, 373.

Attila, tragédie de P. Corneille. Ne mérite point de commentaires, XXXVI, 381. — Pourrait être retouchée avec succès, IX, 124.

ATTIRET (le P.), jésuite. Description qu'il fait d'une maison de campagne de l'empereur de la Chine, et des fêtes qui s'y donnaient, XXVII, 316.

Attraction. Ce qu'on entend par ce mot; examen de ses effets et des lois auxquelles elle est soumise, XXXVIII, 134 *et suiv*. — Dirige les planètes dans leur cours, 201 *et suiv*. — Remarque générale et importante sur le principe de l'attraction, 220 *et suiv*. — Agit dans toutes les opérations de la nature; expériences qui le démontrent, 288 *et suiv*. — Devinée par Bacon et démontrée par Newton, XXVII, 262; XXXVII, 175; XXXVIII, 195. — Histoire de cette nouvelle propriété de la matière, XXXVII, 194 *et suiv*. — Autres considérations sur les découvertes de Newton à l'égard du système de notre monde, particulièrement sur la cause qui fait tourner et qui retient dans leurs orbites toutes les planètes, et sur celle qui fait descendre ici-bas tous les corps vers la surface de la terre, *ibid*. — Éclaircissement sur l'attraction de tous les corps, 409. — Ses lois décrites en vers, XIII, 125. — Jusqu'où l'on a poussé l'abus de cette découverte, XXI, 430. (*Voy*. *Gravitation*.)

Au révérend père en Dieu messire Jean de Beauvais, évêque de Senez, XLVIII, 36.

Au roi en son conseil. Voltaire a composé trois écrits sous ce titre, XLVI, 439; XLVIII, 30, 437.

Aubaine (droit d'). Ce que c'est; pays où il subsiste encore, XVIII, 484. — Notice sur sa suppression en France, puis sur son rétablissement, puis enfin sur son abolition définitive, 485.

AUBANT (Mme). (*Voy*. D'AUBANT.)

Aube (l'). Vers descriptifs, XI, 262.

AUBÉRINE (de l'), secrétaire d'état sous Charles IX. Anecdote qui le concerne, XVII, 518, 519; XXVIII, 112.

AUBÉPINE (*Charles* de l'), marquis de Châteauneuf, garde-des-sceaux sous Louis XIII. (*Voy*. CHATEAUNEUF.)

AUBÉRI (*Antoine*), avocat de Paris. Écrivain médiocre et lâche flatteur, mais très instruit, LVII, 273. — Force de son témoignage contre l'authenticité du fameux Testament attribué au cardinal de Richelieu, dont il a écrit la vie par ordre de sa nièce, XXXIX, 325; XLI, 190; XLII, 34 *et suiv*. — Est aussi auteur d'une Histoire du cardinal Mazarin, *ibid*. — Notice qui le concerne, XIX, 51.

AUBERT, jésuite. Prêche contre Bayle et les *Lettres juives*, et les fait brûler en place publique à Colmar, XXX, 434; LVI, 410; LXII, 149.

AUBERT (l'abbé). Lettre en vers et en prose qu'il écrit à Voltaire en 1758, en lui adressant le recueil de ses *Fables*, LVII, 440. — Réponse qu'il en reçoit, et sa réplique, 526. — Autre lettre qui lui est adressée en 1761, LIX, 453. — En 1774, remplace Marin à la *Gazette de France*; mot à ce sujet, LXIX, 56.

AUBETERRE (marquis d'). Se distingue à Fontenoi, XII, 131; XXI, 134, 144. — Ambassadeur à la cour de Rome, y négocie l'abolition de l'ordre des jésuites, XII, 140.

AUBETERRE (chev. d'), colonel du régiment des Vaisseaux. Périt au siége de Bruxelles en 1746, XXI, 160.

AUBETERRE (comte d'), frère du précédent. Tué à la bataille de Laufelt, XIII, 180; XXI, 239; XXXIX, 37.

AUBIGNAC (l'abbé *François Hedelin* d'). Sa *Pratique du théâtre*, peu lue, XIX, 51. — Auteur de la plus ridicule tragédie en prose (*Zénobie*), toute conforme aux règles qu'il avait données, *ibid*.; XXVII, 101; XXVIII, 254; XXXV, 4. — Se croyait le maître de Corneille, 281. — A critiqué son *Œdipe*, sans en voir le vice principal, XXXVI, 222, 231. — Injures et personnalités grossières qu'il s'est permises contre ce père du théâtre, IX, 281; XXXVI, 250; XLIII, 380.

AUBIGNÉ (d'), protestant fanatique. Ce qu'il écrivit à Henri IV, lors de l'attentat de Jean Châtel, XXII, 181.

AUBIGNÉ (*Théodore* AGRIPPA d'), historien, aïeul de Mme de Maintenon. Ce qu'il rapporte au sujet de l'assassinat du duc de Guise, X, 121. — Auteur d'une satire contre Sanci, 288.

AUBIGNÉ (*Constant* d'), fils du précédent. S'adresse aux Anglais pour faire un établissement à la Caroline, XX, 191. — Mis en prison au Château-Trompette, est délivré par la fille du gouverneur, qu'il épouse et mène à la Caroline, *ibid*. — A leur retour, sont emprisonnés tous deux à Niort, par ordre de la cour, *ibid.* — Calomnié par La Beaumelle, 541.

AUBIGNÉ (comte d'), frère de Mme de Maintenon. Notes qui le concernent, xx, 196. — Réponse singulière qu'il fit à sa sœur, à l'occasion de ses plaintes sur l'uniformité de sa vie, 200.

AUBIGNÉ (Mme d'), épouse du précédent. Leçons d'économie qu'elle reçoit de Mme de Maintenon, sa belle-sœur, xxviii, 509; xxxiv, 9.

AUBIGNI (le P. d'), jésuite. Ravaillac se confesse à lui avant son crime, xlii, 457.

AUBOURG. Rôle qu'il joue dans l'affaire des Jonquay avec le comte de Morangiés, xlvii, 14, 19, 57, 254, 264, 496.

AUBRAI. (*Voy.* D'AUBRAY.)

AUBRI, curé de Saint-André-des-Arcs, à Paris. L'un des plus furieux ligueurs; encourage P. Barrière à assassiner Henri IV, xxii, 174; xviii, 145. — Se réfugie chez le cardinal-légat et l'accompagne dans son retour à Rome, *ibid.* — Est écartelé en effigie, par arrêt du parlement, *ibid.*

AUBRI (*Antoine*), écrivain du siècle de Louis XIV. (*Voy.* AUBÉRI, nom sous lequel il est plus connu.)

AUBRY, ingénieur suisse. Recommandé à l'impératrice Catherine par Voltaire, pour l'Académie de Saint-Pétersbourg, LXVIII, 52, 91.

AUBUSSON (*Pierre* d'). Défend Rhodes contre les Turcs, xvi, 499. — Les oblige à lever le siége, 500; xxiii, 411.

AUBUSSON (d'). (*Voy.* LA FEUILLADE.)

Auch (archevêq. d'). (*Voy.* MONTILLET.)

Aucunement. Observations grammaticales sur ce mot, xxxv, 14, 558.

AUDIBERT (*Dominique*), négociant et depuis secrétaire de l'Académie à Marseille. Lettres qui lui sont adressées, en 1762, au sujet des Calas et des Sirven, LX, 311, 339. — En 1763, LXI, 62. — Autres, sur divers sujets, de 1767 à 1777. (*Voy. Tabl. part.* de LXIV à LXX.)

AUDIFRET (d'), lieutenant de roi à Besançon. Vend sa vaisselle pour secourir les blessés au combat d'Exiles, xxi, 192. — Sa femme, près d'accoucher, meurt en les pansant, *ibid.*

AUDINOT (*Nicolas-Médard*), créateur de l'Ambigu-Comique. N'eut d'abord que des comédiens de bois; Notice, LXVIII, 276.

AUDOYER, ministre protestant. Pendu pour sa croyance, en Languedoc, I, 31.

AUDRA (l'abbé), docteur de Sorbonne.

Fragment d'une lettre de lui à Voltaire sur les progrès de la philosophie à Toulouse, LXV, 235, 237. — Il quitte la théologie pour l'histoire, 506. — Enseigne publiquement l'histoire générale d'après Voltaire, et en fait imprimer un abrégé à l'usage des colléges, LXVI, 182, 183. — Anecdote à ce sujet, *ibid.* — Lettres qui lui sont adressées, en 1769 et 1770, au sujet des Sirven. (*Voy. Tabl. part.* de LXV et LXVI.) — Persécuté par les fripons et par les prêtres, il meurt de chagrin; regrets exprimés sur sa perte, xvi, 246. — Autres détails qui le concernent, LXVI, 489, 538, 549; LXVII, 428; LXVIII, 459.

AUDRAN (*Girard*), graveur célèbre, dont les ouvrages ornent les cabinets des curieux. Notice qui le concerne, xix, 232.

AUFRESNE, comédien. Bien qu'en dit l'auteur, LXII, 69, 76; LXVIII, 194. — Joue à Berlin, en 1775; ce qu'en dit Frédéric, LXIX, 284, 312.

Augsbourg (ville d'). Diète de 1530, où les protestants présentent la confession de foi qui leur a servi de règle, et de ralliement à leur parti, xxiii, 476. — Assiégée, en 1552, par Maurice, nouvel électeur de Saxe, xviii, 89. — Prise, en 1703, sur les Impériaux, par l'électeur de Bavière, xx, 26. — Seule, de tant de villes, a conservé des restes du temps d'Auguste, xxi, 95.

Augsbourg (ligue d'). Formée en 1687 contre la France, xix, 459.

Augure. De quelle langue on a prétendu faire dériver ce mot, xxvii, 196. — Sur quoi la folie religieuse des augures était originairement fondée, 197. — Comment devient un objet de superstition et d'imposture, 198 *et suiv.* — Cette espèce de divination périt avec l'empire romain, 199. — Comment Cicéron s'en est moqué, 200; xli, 137.

AUGUSTE (*Octave*). Excès de cruauté auxquels il se livre après la bataille d'Actium, viii, 105; xxvii, 206. — Ne pardonne à aucun de ses ennemis, *ibid.* — Sa prétendue clémence envers Cinna, 207; viii, 106; xxxv, 196; xlii, 191. — Titres qui semblèrent légitimer sa puissance, 489. — Fut le plus fortuné de tous ceux qui usurpèrent les honneurs divins, 491. — Pourquoi les derniers temps de son empire sont cités avec admiration, viii, 89; xxvii, 205. — Bassement flatté par Horace et Virgile, viii, 86; xxvii, 204.

—Ce qu'en ont dit l'Arioste et Tacite, *ibid.*; VIII, 87; XIII, 350.—Fut un monstre adroit et heureux, 208. — Poltron et tyran, qui rendit Rome florissante, XII, 500. —Défendit, sous peine de mort, qu'on eût chez soi des vers sibyllins, XV, 130. —Mourut paisible et tout puissant, VIII, 94.—A été accusé d'inceste avec sa fille, VIII, 86; XV, 417; XXVII, 203.— Son portrait, XIII, 317; XXXVI, 383.—De son cachet, portant d'abord un sphinx, puis une tête d'Alexandre, VIII, 107. —Vers qu'on en cite au sujet de l'ordre donné, par Virgile mourant, de brûler son poëme de l'*Énéide*, X, 427.—On appela de son nom le 2ᵉ siècle des arts dans l'histoire du monde, XIX, 238.—Voltaire ne pouvait lui pardonner l'exil d'Ovide, LXII, 559.—Quels furent ses commencements. (*Voy.* OCTAVE.)

Auguste (titre d'). Ce qu'il signifie; observation relative à ceux qui le prennent, VIII, 161.

AUGUSTE (*Frédéric-*), électeur de Saxe. Est élu roi de Pologne, XIX, 509. — Conspire la ruine de Charles XII, roi de Suède; se ligue à cet effet avec le Danemarck et la Moscovie, XXIV, 47. — Portrait de ce prince et de sa cour, 48.—Son irruption en Livonie, 49.—Il investit Riga, 73.— Est obligé d'en lever le siège, *ibid.*—Se ligue plus étroitement avec le czar à Birzen, 84.—Ses sujets mécontents éclatent contre lui, 94.—Autres détails à ce sujet, XXV, 152. — Il convoque une diète, sur la demande de tous les palatinats, XXIV, 96.—Loi dure que ses sujets veulent lui faire, 100.—Il demande la paix au roi de Suède, et entame avec lui un traité secret, *ibid.*—Mauvais succès de cette négociation, 102.—Il est abandonné par la majorité des sénateurs, et obligé de quitter Varsovie, 104 *et suiv.*—Cherche en personne le roi de Suède, et perd la bataille de Clissau, 108 *et suiv.*—Assemble une diète à Marienbourg, puis à Lublin, 109. —Battu de nouveau à Pultesck, se retire à Thorn, 112.—Est déclaré par la diète de Varsovie inhabile à porter la couronne de Pologne, 117.—Fait enlever et renfermer les princes Sobieski, *ibid.* — Est lui-même en danger d'être pris, *ibid.*—Se rend maître de Varsovie, et en chasse Stanislas, son compétiteur, 124.—Poursuivi lui-même très vivement, abandonne la Pologne à ses ennemis, et se retire en Saxe, 129.—Détrôné par Charles XII, est secouru par le czar Pierre, 135; XXV, 164, 167, 169.—Leur entrevue à Grodno pour concerter un nouveau plan de guerre, et manière extraordinaire dont finit cette conférence, 172; XXIV, 135.—Il renouvelle l'ordre de l'*Aigle-Blanc*, *ibid.*— Fait arrêter Patkul, général et ambassadeur du czar en Saxe; nœud secret de cet événement, 136. — Malheureux et sans ressource après la bataille de Frauenstadt, 139.—Errant dans la Pologne, privé à la fois de son royaume et de son électorat, écrit à Charles XII pour lui demander la paix, 142; XXV, 176.—Reçoit des secours du czar pendant les négociations, et bat les Suédois en bataille rangée, 177; XXIV, 144.—Comment cette victoire de Calish rend sa situation plus malheureuse, et lettre qu'il écrit à ce sujet à Finkstein, son envoyé près de Charles XII, 146; XXV, 178.—Il signe un traité de paix qui lui ôte la couronne, aimant mieux se mettre à la discrétion de son vainqueur que dans les bras de son protecteur, 178; XXIV, 146.—Son entrevue à cette occasion avec Charles XII, qui le force d'écrire une lettre de félicitation à son successeur Stanislas, 147; XXV, 178.—Il renonce au titre de roi de Pologne, élargit les Sobieski, et livre Patkul, qu'il aurait voulu sauver, *ibid.*; XXIV, 148 *et suiv.* —Visite singulière qu'il reçoit de Charles XII à Dresde, et réflexions à ce sujet, 163 *et suiv.*; XXV, 181.—Après la défaite de celui-ci à Pultava, il retourne en Pologne, XXIV, 216.—Proteste contre son abdication, rentre dans les bonnes graces du czar, et remonte sur le trône, *ibid.*; XXV, 204.—Fait recueillir les membres de Patkul, XXIV, 150.—Va trouver le czar à Jaroslau, et lui promet de nombreux secours contre les Turcs; la diète de Pologne ne ratifie pas ces promesses, XXV, 219.— Ambassade solennelle qu'il envoie au Grand-Seigneur; tout ce qui la compose est arrêté et retenu prisonnier, XXIV, 254. —S'il est vrai qu'il ait marchandé la personne de Charles XII avec les Tartares, 257. — Ne jouit pas d'un pouvoir tranquille en Pologne, 309. — Craint l'union du czar et de Charles XII, revenu de Turquie, 348. — Est affermi sur le trône par le traité de Neustadt, XXV, 409. — Sa mort replonge l'Europe dans les dissensions, XXI, 47. — Pourquoi nommé tantôt Auguste Iᵉʳ et tantôt Auguste II, *ibid.*— Notices qui le concernent, XIX, 15; XXIII, 27.

AUGUSTE II (*Frédéric-*), fils du précédent, électeur de Saxe, roi de Pologne. Est soutenu par l'empereur Charles VI, xxi, 48. — Ses prétentions à la succession de ce prince, 59. — S'unit à la France et à la Prusse dans la guerre de 1741, 64 *et suiv*. — Puis se vend à l'Angleterre, 118. —Refuse la couronne impériale que lui offrait la France, 126. — Paie, à la paix de Dresde un million d'écus d'Allemagne, 152. — Se ligue contre le roi de Prusse avec la Russie et l'Autriche, 290. — Quitte Dresde à l'arrivée du roi Frédéric, et va occuper le camp de Pirna, 292. — Son épouse, fille de l'empereur Joseph, qui était restée dans la capitale, s'oppose vainement à l'ouverture des archives, *ibid*. — Auguste est bloqué, et son armée faite prisonnière, 293. — Il obtient des passe-ports pour retourner en Pologne, 294. — Son épouse meurt de chagrin à Dresde, *ibid*. — Vers de Frédéric II à son sujet, xiii, 311. — Mort en 1763, xxiii, 27.

AUGUSTE-CLÉMENT, électeur de Cologne au 18ᵉ siècle. Sa belle devise, xxiii, 24. — Sa mort, *ibid*.

AUGUSTE-*le-Pieux*, électeur de Saxe. Succède à son frère Maurice, xxiii, 27, 523.—Secourt l'empereur Maximilien II dans la guerre contre les Turcs, 535.— Conspiration de Groumbach contre sa vie; il se saisit des coupables, qui sont exécutés, 538 *et suiv*. — Sa mort, 27.

AUGUSTIN (saint), évêque d'Hippone. Sa puberté prématurée, xxvii, 211. — Précis de ses aventures, 212. — Sa liaison et sa correspondance avec Maxime de Madaure, philosophe païen, xxviii, 364; xxx, 296; xli, 271; xlii, 300. — Est le premier qui ait accrédité l'étrange doctrine du péché originel, xxxi, 324; xlv, 41. — Sa querelle avec Pélage à ce sujet, xxxi, 328. — Son arrêt de damnation contre ceux qui meurent sans avoir reçu le baptême, 329. — Dit expressément que la vierge Marie devint enceinte par l'oreille, xxix, 543; xliii, 586. — Croyait à la descente de Jésus-Christ aux enfers, 90. — Était intérieurement manichéen, 163. — Son sermon sur le septième psaume; fragment qu'on en cite, 207. — Son opinion sur la grace et sur la prédestination des élus, origine du jansénisme, xv, 517. (*Voy*. BAïus et JANSÉNIUS). — De sa réfutation d'Apulée sur le *Génie* de Socrate, xxx, 32. — Cas singulier d'adultère qu'il rapporte; son jugement moins sévère que celui de Bayle, xxvi, 111. (*Voy*. ACYNDINUS et BAYLE). — Ce qu'il dit de la nature de l'ame, xxvi, 217. — Qualifie les bonnes actions des païens de *péchés splendides*, xxvii, 485.— De son goût pour les figures symboliques, et de l'abus qu'il en a fait, xxix, 415 *et suiv*.; xlviii, 504. — Cité sur divers miracles, et sur la cause de leur cessation totale, xxxi, 209, 211. — Son homélie sur le symbole, regardée comme apocryphe, xxvi, 466; xxxii, 286. — Comment tâche de justifier le culte des reliques, 126.— Croit que les enfants, et même les enfants morts-nés, ressusciteront dans l'âge de maturité, 135. — Atteste avoir vu des hommes sans tête et des cyclopes, ix, 311; xxx, 239; xxxiv, 398, 439. — Cité et traduit au sujet de Priape, xlvii, 457. — Profanations infames dont il accuse les manichéens, et sa querelle avec saint Fortunat à ce sujet, xxix, 544; xxxii, 509. — Passages singuliers qu'on en relève; comparé avec Rabelais, xiv, 209, 211. — Tribut qu'il a payé au mauvais goût de son pays et de son siècle, xxvi, 182 *et suiv*.

AUGUSTIN, prélat anglais. (*Voy*. AUSTIN).

Augustins (les moines). Étaient originairement une congrégation d'ermites auxquels le pape Alexandre IV donne une règle, xvii, 329. — Ne sont guère connus du monde séculier que pour avoir eu Luther dans leur ordre, *ibid*. — C'est chez eux que s'établit, au 16ᵉ siècle, la ferme des indulgences, 242; xxiii, 443. — Leurs querelles à ce sujet avec les dominicains, xvii, 242 *et suiv*.; 329.

AUGUSTULE. Dernier excrément de l'empire romain, xxviii, 204.

AULNOI (comtesse d'). Son voyage, ses Mémoires sur l'Espagne, ses romans, xix, 51.

AULU-GELLE. Ses *Nuits attiques* l'ont fait compter au nombre des grammairiens, xxi, 31. — Cet ouvrage apprécié, *ibid*.

AUMALE (duc d'), gouverneur de Paris. L'un des chefs de la Ligue, x, 261.—Texte de la requête qui lui fut adressée par les habitants au sujet de Henri III, 162.

AUMALE (chevalier d'), frère du duc. L'un des soutiens de la Ligue; son portrait en vers, x, 123, 135, 261. — Ses exploits, ses qualités brillantes; rôle qu'il joue dans la *Henriade*, *ibid*., 136, 138, 275, 280, 281. — Son combat avec Turenne, dans ce poëme, est une fiction poétique, 326 *et suiv.* — Fut tué à Saint-Denis, 328.

AUMART, parent de Voltaire. (*Voy.* DAUMART.)

Aumône (l'). Est recommandée par toutes les religions ; la mahométane est la seule qui en ait fait un précepte légal, positif et indispensable, XV, 342.

AUMONT (*Jean* d'), maréchal de France. L'un des grands capitaines de Henri IV, XIX, 19. — Se signale à la bataille d'Ivry, X, 265. — Avait servi sous cinq rois, *ibid.*

AUMONT (*Antoine* d'), petit-fils du précédent, maréchal de France sous Louis XIV. En 1650, contribue au gain de la bataille de Retbel, XIX, 19. — Sa mort, *ibid.*

AUNILLON (*Pierre - Charles* FABIOT, plus connu sous le nom d'abbé d'). Avait écrit à Voltaire une lettre en style oriental, au sujet de sa tragédie de *Mahomet ;* réponse qu'il en reçoit dans le même style, LIV, 491.

AURENGZEB, empereur mogol. Arrive au trône par l'assassinat de ses trois frères, avec lesquels il s'était ligué contre son père Sha-Géan, qu'il emprisonne et fait empoisonner, XVIII, 447. — Carrière longue et fortunée de ce monstre, 448. — Ses immenses richesses, et royaumes qu'il ajoute à l'empire, *ibid.* — Caractère de ce tyran, qui fut appelé *le Grand*, XLVII, 320. — Ses assassinats et sa dévotion, XXXIII, 207. — Le bonheur dont jouit ce barbare, qui vécut cent ans, est un exemple funeste au genre humain, XXI, 268 ; XLVII, 482.

Auréole, couronne de rayons que les saints ont toujours sur la tête. Diverses origines de ce nom, XI, 27.

Aurore (l'). Descriptions poétiques, X, 138, 239 ; XI, 83 ; XIV, 99.

AUSONE, poëte latin. Épigramme qui en est traduite, XIII, 352 ; XXXI, 4. — Consul romain qui a fait des vers orduriers, LXIX, 24.

Austérités et mortifications. Quel fut presque toujours le motif de ceux qui en pratiquèrent publiquement, XXVII, 213.

AUSTIN, ou AUGUSTIN, évêque de Soissons au 6ᵉ siècle. Sa mission en Angleterre pour la conversion de ce royaume au christianisme, XV, 451. — Devient premier archevêque de Cantorbéry et premier primat d'Angleterre, XI, 251 ; XV, 451.

Austrasie (l'). A quelle contrée on a donné ce nom, XXIII, 43, 51.

Austrègues (les). Établissement de ce tribunal au 13ᵉ siècle, XVI, 255 ; XXIII, 265. — Sa réforme au 15ᵉ, 389.

Autels. (Voyez *Temples*).

AUTEROCHE (comte d'), officier de grenadiers. Ce qu'il répond, à Fontenoi, aux Anglais qui invitaient les Français à tirer les premiers, XXI, 135.

AUTEUIL (d'). Se signale dans l'Inde, XXI, 313. — Présents qu'il reçoit du prince Chandazaëb, XLVII, 311.

Auteurs. Acceptions diverses de ce mot, XXVII, 220. — Trois choses dont doit se garder l'auteur d'un bon ouvrage, et quatrième dont doivent se garder les autres, 221. — De ceux qui mettent leurs noms et leurs titres en tête de leurs ouvrages, *ibid.* — Du double écueil pour eux des épitres dédicatoires et des préfaces, 223. — Ne doivent composer que des livres neufs et utiles, ou du moins infiniment agréables, 224. — Conseils qu'on leur donne au sujet des critiques dont ils peuvent être l'objet, 225 ; XLII, 632 *et suiv.* — Doivent s'examiner eux-mêmes d'un œil critique et juste, se corriger cent fois et ne se rien pardonner, III, 5. — Autres conseils aux jeunes gens qui prennent leur fureur d'écrire pour du talent, XIX, 217. — Que, dans tout auteur, il faut distinguer l'homme et ses ouvrages, XXXI, 451. — Des gens qu'on appelle auteurs, et de ceux qui le sont véritablement, XXVII, 226 *et suiv.* — Des rois qui se font auteurs, L.VI, 205. — Des obstacles qu'éprouvent les auteurs au commencement de leur carrière, II, 9. — On leur attribue toutes les sottises qui courent la ville, 17. — Des ridicules des auteurs, 20. — De leurs querelles, XIII, 100 ; LI, 94. — De leur fausse humilité, XII, 514. — Des guerres d'auteurs contre auteurs, et de journaux contre journaux, LIX, 92. — Qu'ils avilissent leur profession en se déchirant, IV, 152, 156. — Ne doivent répondre aux attaques que quand on calomnie leur personne, 158 ; XXV, 14 ; XLVII, 558. — Pour vivre tranquilles, doivent éviter leurs confrères, XIII, 193. — Ce qui fait leur gloire ou leur chute, *ibid.* — Que tout auteur attaqué a le droit de se défendre, 299. — Peintures des Zoïles, XXXIII, 17. — Autre, des grands compositeurs de riens, LIX, 403. — Indignation de Voltaire contre la racaille d'auteurs de son temps, XXXIX, 577 ; LXVIII, 50. — Portrait d'un pauvre auteur, XIII, 226 *et suiv.*; XIV, 153. — Caractères particuliers qui distinguent les anteurs des différentes nations, x, 408.— Conseils qui leur sont donnés par un écrivain chinois, vi, 407. — Qu'il ne faut point imprimer tout ce qu'ils ont écrit, mais seulement ce qui peut être digne de la postérité, lv, 607 ; lvi, 73. — Que la plupart des auteurs modernes ne sont que les fripiers des siècles passés, lxx, 111. — (Voy. Gens de lettres et Écrivains.)

Autichamp (marquis d'). Tué à la bataille de Laufelt, xxi, 239.

Auto-da-fé. Ce mot prononcé ainsi par corruption, lxiv, 372.—Sa signification, xvii, 349.—Horreurs qui précèdent ces sacrifices publics, *ibid.* — Abolis en partie par le comte d'Aranda, en 1771, ont reparu depuis, *ibid.* — Descriptions qu'on en donne, x, 175 ; xxxiii, 234.

Autorité (l'). Ne veut point de partage, iv, 164. — Que toute autorité veut toujours croître, quand d'autres puissances cherchent à la diminuer, xx, 367 ; xxii, 68.—Ne doit jamais être employée là où il ne s'agit que de raison, xxvii, 229.— Quiconque veut la gloire avec elle ne doit verser le sang que par nécessité, viii, 169.

Autos sacramentales, drames dévots en Espagne, dans le genre de nos *Mystères*. (*Voyez* Calderon et *Théâtre espagnol*.)

Autreau (*Jacques*), peintre et poëte. Maltraité dans les fameux couplets qui firent exiler J.-B. Rousseau, xix, 141.— Chanson qui lui est attribuée contre cet auteur, lorsqu'il eut l'ingratitude de renier son père, *ibid.*; xxxvii, 501.—Mot qu'on en cite, lxviii, 376.

Autrey (*Marie-Thérèse* Fleuriau, comtesse d'). Visitée par Voltaire et madame Du Châtelet; Notice qui la concerne, liv, 415.

Autrey (*Henri* Fabri, comte d'). Auteur du *Pyrrhonien raisonnable*, où il veut prouver géométriquement le péché originel, lxii, 238.—Ce qu'on dit de cet ouvrage, *ibid.* — Lettre qui lui est adressée en 1765, 428. — Notice, 238.

Autriche (maison d'). Rodolphe de Hapsbourg en est la tige, xvi, 256 ; xxiii, 12. — Divisée en deux branches, l'espagnole et l'allemande, après l'abdication de Charles-Quint, 528.—Quelle était sa puissance en 1630, xix, 245.—Ce qu'elle gagne à la paix d'Utrecht, xx, 116.— Quatre puissances, à la mort de Charles VI, se disputent son héritage, xix, 12 ; xxi, 58.

Autriche (l'). Son marquisat érigé en duché par Frédéric Barberousse, xxiii, 187. — Subjuguée par Frédéric II, qui créa l'université de Vienne, 241. — Diplôme de cet empereur, qui donne à ses ducs le titre de roi, 249.—Pourquoi ils n'en ont fait aucun usage, *ibid.* — Son érection en archiduché en 1453, 402.

Autun (ville d'). Sous Constantin, avait vingt-cinq mille chefs de famille, xv, 419 ; xxiii, 36.

Auvergne (prince d'). (*Voy.* Bouillon.)

Auvergne (cardinal d'), abbé de Cluni. Mention qu'on en fait, xxxix, 458 ; lxii, 271.

Aux lecteurs de la Bibliothèque raisonnée sur l'incendie d'Altena. Petit écrit de Voltaire, xxxvii, 97:

Auzière, Genevois. Ce qu'en dit Voltaire, qui, lors des troubles de 1770, réclame pour lui la protection de l'ambassadeur français, lxvi, 156, 157, 159.

Avare (l'), comédie de Molière. La première bonne comédie en prose; Notice y relative, xxxviii, 425.—Diverses traductions qui en ont été faites, 428.— L'auteur voulait la mettre en vers ; par qui en fut empêché, xxvii, 101. — L'intrigue est la même que celle de *Mithridate*, II, 188. (*Voy.* Goldoni.)

Avares (les) ou *Abares*, peuples descendans des Scythes. Habitaient, au 9e siècle, vers le pays qu'on nomme aujourd'hui l'Autriche, xv, 443, 499. — Leurs incursions, tantôt sur l'empire d'Orient, tantôt sur celui de Charlemagne, 500.

Avarice (l'). Caractérisée, x, 245.— Vice excellent en ménage, iv, 242.— Considérations sur cette passion, xxvii, 230. (Voy. *Péchés capitaux*.)

Avaux (*Claude* de Mesmes, comte d'), surintendant des finances, homme de lettres et négociateur. Notice, xix, 37.— Faussetés à son sujet, relevées dans les *Mémoires de Maintenon*, 460, 462. — Étant ambassadeur en Hollande, donna avis à Louis XIV de l'argent que les protestans font sortir de France ; réponse que lui fit ce monarque, xli, 372 *et suiv.* —Autres avis qu'il donna sur les émigrations des manufactures françaises, 373 ; xx, 387.—Et sur une intrigue politique des jansénistes, 423.—Ambassadeur auprès de Jacques II détrôné, le suivit avec pompe en Irlande, xix, 467.

Aveiro (duc d'), l'un des chefs de la

conspiration contre le roi de Portugal, en 1758.—Déclara que les jésuites l'avaient encouragé à l'assassinat de ce prince, XXI, 370; LVIII, 32.

AVENÇON (*Guillaume* d'), archevêque d'Embrun. Chef de la députation des états de Blois à Henri III, pour faire exclure Henri de Navarre de tout droit à la couronne, XXII, 141.

AVENELLES (d'), avocat. Découvre la conspiration d'Amboise, non par zèle pour l'état, mais par intérêt, XXII, 98.

Avenir (l'). Quiconque le prédit est un fourbe ou un insensé, XVI, 85. — On ne peut le savoir que par conjecture, XXVII, 153. — Sans lui, le présent est affreux, XII, 202.—Console bien peu ceux que le présent tue, IX, 440. (Voy. *Prophètes* et *Prophéties*.)

Aventures de la mémoire. (Voy. *Mémoire*.)

Aventure (l') *indienne*. Conte philosophique de Voltaire, XXXIV, 452.

Avertissements de l'auteur: Sur la nouvelle Histoire de Louis XIV, XXXIX, 465. — Sur la nouvelle édition d'Edimbourg, 454.—Aux éditeurs de la traduction anglaise de l'*Essai sur l'histoire générale*, XL, 305. — Sur l'achèvement des Commentaires sur Corneille, XLI, 96. — En désaveu de la farce anglaise de *Saül et David*, publiée sous son nom, LXI, 116. (Voy. *Avis*.)

Aveugle-né (histoire d'un) auquel le fameux Cheselden rendit la vue, XXVIII, 429; XXXVIII, 117; LII, 355. (*Voy.* SAUNDERSON.)

Aveuglement. (Voy. *Cécité*.)

Aveugles (les) *juges des couleurs*. Conte philosophique de Voltaire, XXXIV, 455.

Avignon (ville et pays d'). Extorqués à Raimond de Toulouse par le pape Innocent III, lui sont rendus par l'empereur Frédéric II, XVI, 252.—Saint Louis et son fils Philippe s'en mettent en possession; ce dernier remet le Comtat aux papes; la ville et le territoire passent dans la branche d'Anjou régnant à Naples, *ibid*. — Jeanne Ire est obligée de vendre la ville à Clément VI, qui ne l'a jamais payée, XXVII, 235; XVI, 252, 305. — Le Saint-Siége y a été fixé pendant soixante et douze ans, 304, 319. — Saisie sur Alexandre VII par le parlement de Provence, XIX, 355; XLIV, 340.—Otée à Innocent XI par Louis XIV, et pourquoi, XIX, 458. — Saisie de nouveau sur Clément XIII, XXI, 382. — Rendue à son successeur, 386. — Vicissitudes de cette ville et du comtat Venaissin, et rapines au moyen desquels ils furent démembrés de la Provence, XXVII, 232.—Les rois de France ne reconnurent jamais dans les papes une possession légitime, mais une simple jouissance, 236.

Avis de l'auteur. Sur les éditions de ses œuvres en pays étrangers, XXXIX, 1. — A l'auteur du journal de Gottingue, sur sa critique du *Siècle de Louis XIV*, 514. — Sur la publication faite en 1760, par M. Le Brun, d'une réponse de Voltaire à ses lettres en faveur de la famille du grand Corneille, XL, 194. — Sur l'édition des OEuvres de P. Corneille, par Voltaire, 469. — Sur les tragédies de l'auteur, défigurées pour la plupart dans l'édition de Duchêne, VIII, 275. (Voy. *Avertissements*).

Avis à tous les Orientaux. Espèce de manifeste publié, en 1767, contre les jésuites, XLIII, 609.

Avis à un journaliste. (Voy. *Conseils*).

Avis au public. Sur les parricides imputés aux Calas et aux Sirven, XLII, 385. — Dans quelle intention fut composé, LXIII, 479. (*Voy.* CALAS et SIRVEN.)

Avis important d'un gentilhomme à toute la noblesse du royaume. Écrit de 1771, relatif au parlement Maupeou, XLVI, 495.

Avocats. Ce qu'ils étaient chez les anciens Romains, et ce qu'ils sont parmi nous, XXVII, 238 *et suiv*.—Ceux des monastères, appelés *avoyers*, étaient généraux de leurs troupes, XVI, 13. — Le droit naturel commande de donner des avocats aux accusés, XXI, 418; XLII, 475; L, 326. — De la funeste coutume qu'ils ont de soutenir alternativement le pour et le contre, LXIII, 368. — N'ont jamais su combien la déclamation est l'opposé de l'éloquence, LXII, 261, 454. — Leur contestation avec le cardinal de Fleury, en 1730, à l'occasion de la bulle contre le jansénisme, XXII, 311. — Prennent à cette époque le titre d'*ordre*, 312. — Pastorale violente de l'archevêque de Paris contre eux, 314. — Cessent leurs fonctions au parlement, *ibid*. — Onze d'entre eux sont exilés, puis rappelés, *ibid*. 315. — Refusent de nouveau de plaider dans la querelle sur les billets de confession, 323; XXI, 350.

Avoyers. Étaient anciennement les avocats des monastères, et les généraux de leurs troupes, XVI, 13.

Avoyers (MM. les) de Berne. Voltaire veut leur dédier sa tragédie de *Rome sauvée*; lettre qu'il leur adresse à ce sujet, LVI, 213. — Réponse en vers, faite en leur nom, par M. Lerber, 214.

AVRIGNI (*Hyacinthe* ROBILLARD d'), jésuite. Ses *Mémoires chronologiques*, exacts et curieux, XIX, 51; XXII, 236. — Cités sur le cardinal Duperron et les états de 1614, XLI, 81. — Ses *Mémoires ecclésiastiques*, infectés de l'esprit de parti, XIX, 52.

AVRIL (le P.), jésuite. Sottises qu'il a débitées sur les Orientaux, XXIV, 7.

Axe. Questions relatives à celui de la terre, XXVII, 240. (*Voy*. Terre.)

Axiomes philosophiques, par Voltaire. XLVI, 279 *et suiv*.

AYDIE (chevalier d'). Défenseur courageux de Voltaire auprès du garde-des-sceaux, LII, 159, 241, 242. — Sa mort, LIX, 290.

AYEN (duc d'), frère du comte de Noailles, renversé de cheval à la bataille de Dettingen, XXI, 99.

AYMARD (*Jacq*.). Prétendait deviner les voleurs au moyen de sa baguette, VI, 405.

AZINCOURT. (*Voy*. BLONDEL d').

Azincourt (bataille d'). Gagnée par le roi d'Angleterre sur les Français, XVI, 397. — Cruautés qu'on y exerça, 398. — Fut le dernier exemple de la demande du jour et du lieu de la bataille, IX, 436. — Recherches et particularités sur cette journée, si fameuse dans l'histoire de France et d'Angleterre, XL, 508 *et suiv*. — Ne produisit aux victorieux que de la gloire, XVI, 298.

Azof ou *Azoph* (ville d'). Assiégée et prise par le czar Pierre, qui la fortifie, XXIV, 51, 59; XXV, 115 *et suiv*. — Resté à la Russie par la paix de Carlowitz, 143. — Est rendue aux Turcs par le traité du Pruth, 235, 242; XXIV, 240.

Azolan ou *le Bénéficier*. Conte en vers par Voltaire, XIV, 78.

AZY (marquise d'), tante de madame de Villette. Lettre qui lui est adressée en 1777, LXX, 400.

B

Bababec et les Fakirs, conte philosophique, XXXIII, 162.

BABAR (le sultan), descendant de Tamerlan. Ses conquêtes dans l'Inde, au 16e siècle, XVII, 480; XLVII, 474 *et suiv*.

Babel. Signification de ce mot, XV, 46; XXVII, 242, 251; XLIII, 244. — Sa fameuse tour fut sans doute un observatoire, XV, 47. — Quand fut élevée, et par qui; récits divers à ce sujet, XI, 71. — Différentes opinions sur sa hauteur et ses dimensions, XXVII, 243, 251; XLIX, 33. — Contradictions dans les livres saints sur ce monument, XXVII, 244. — Il n'en reste aucun vestige chez les auteurs profanes, 245. — Objections des incrédules contre le miracle de son édification, XLIII, 274. — Comparaison poétique, prise de la confusion des langues à cette époque, XI, 70. — Mot plaisant d'une dame de la cour de Versailles au sujet de cette aventure, LXIV, 240.

Babouc (*vision de*), ou le *Monde comme il va*, roman allégorique, XXXIII, 1 à 26.

Babylone. Par qui fut bâtie, XV, 45; XXVII, 245. — Est la même chose que Babel, *ibid*. — Connaissance qu'on a de son antiquité, 246. — Le recueil des observations astronomiques qui y furent faites pendant dix-neuf cents ans de suite, envoyé par Alexandre en Grèce, est un monument précieux pour l'histoire, XV, 258; XXX, 194.

Babylone (princesse de), roman philosophique. (*Voy. Princesse de Babylone*.)

Babyloniens. Ce qu'ils étaient avant d'être conquis par les Perses, XV, 307. — Devenus Persans, ce qu'ils furent, 50 *et suiv*. — Leur prétendue loi de prostitution, rapportée par Hérodote, 53. — Comment l'on doit interpréter ce que cet historien raconte de l'usage absurde et infame qu'il supposa établi parmi eux, XXVII, 245 *et suiv*. — Autres réflexions sur le même objet, XXIV, 7; XLVII, 345, 562. — Apologie des dames de Babylone, XLIII, 316 *et suiv*. (*Voy*. HÉRODOTE et LARCHER.)

BACCHUS. Sa naissance, XIV, 96; XV, 124. — Où surnommé *Mangeur de chair crue*, IX, 289. — Son voyage et ses conquêtes dans l'Inde, XV, 77. — Fables dont les Arabes ont chargé cet événement, XLVII, 420 *et suiv*. — Regardé comme une divinité arabe, XLVI, 133. — Cru le même que Noé, XV, 124. — Et que Moïse, 125, XXXIV, 222. — Jusqu'où l'on a étendu son parallèle avec le législateur des Hébreux, XXVII, 252. — Ressemblance prodigieuse entre ces deux historiens, XLIII, 406; XLVI, 134. — Si celle de Moïse est tirée de la sienne, xv, 179. — Ou si celle-ci est copiée de Moïse, XLVI, 185. — Singulier miracle de Bacchus aux enfers, rapporté par Clément d'Alexandrie, XLIII, 137.

BACHAUMONT (*François* LE COIGNEUX de), conseiller au parlement. L'un des plus aimables hommes de son temps, XIX, 77. — Ce qu'on dit de son *Voyage de Montpellier*, fait en société avec Chapelle, *ibid*. — Vers à ce sujet, LVII, 565. — Anecdote plaisante sur son opinion dans la guerre de la Fronde, XIV, 260.

BACHAUMONT (*Louis* PETIT de). Ses *Mémoires secrets*; quelle en fut l'origine, LIV, 474.

Bachu ou *Baku*, ville de Perse. Renommée pour le naphte qu'elle fournit à tout ce royaume, XXV, 376. — Se soumet à la Russie, *ibid*.

BACON (*Roger*), moine du 13e siècle. En quoi fut recommandable, et en quoi ne fut qu'un charlatan, XXVII, 258. — Partisan de l'astrologie judiciaire, 259. — Absurdités qu'il débite dans ses ouvrages, *ibid*. — A passé à tort pour l'inventeur de la poudre à canon, XIV, 270; XVI, 362; XXVII, 44, 259; XLI, 144.

BACON (baron de VÉRULAM, plus connu sous le nom de *François*). Fils d'un garde-des-sceaux, fut long-temps chancelier sous le roi Jacques Ier, XXXVII, 170. — Comment a mérité l'estime de l'Europe, 172. — Ouvrit une carrière toute nouvelle à la philosophie, XVIII, 287, 333. — Devina l'attraction, XXVII, 262; XXXVII, 175; XXXVIII, 195. — Est le père de la philosophie expérimentale, XX, 338; XXXVII, 173. — Anecdotes sur cet homme célèbre, 171. — Étant chancelier, fut accusé de s'être laissé corrompre, condamné à une forte amende, et dégradé par la chambre des pairs, *ibid*. — A quel point est aujourd'hui révéré par les Anglais, *ibid*. — Pourquoi Voltaire, dans ses *Lettres philosophiques*, n'a pas voulu circonstancier son infamie, LI, 356. — Ses *Essais de morale* appréciés, XXXVII, 175. — Sa *Vie de Henri VII*, 176.

BACON-MORRIS, Anglais. Forme le projet de se tuer; ce qui l'en empêche; anecdocte à ce sujet, XXVII, 516; XXXII, 258. — Aventure singulière qu'il eut à Rome, 254.

BACQUENCOURT (de). Rapporteur de la procédure des Calas, fait triompher leur innocence, XLI, 384; LXIV, 124. — Devient intendant du pays de Gex, LXIX, 144. — Lettres qui lui sont adressées en 1776 et 1777, en faveur de la petite colonie de Fernei, LXX, 131, 203.

Badajoz (bataille de), en 1645. Perdue par les Espagnols contre les Portugais, sous les ordres du duc d'Albuquerque, XIX, 278.

Badaud. Étymologie et signification de ce mot, XXVII, 268.

BADE (*Louis*, prince de). Prend Landau, défendu par Mélac, XX, 23. — Battu et mis en fuite par Villars à Fridlingen, fait chanter un *Te Deum* à Vienne, 24. — Investit Landau que les Français avaient repris, et s'en rend maître, 38. — Général célèbre pour les campements et pour les marches, *ibid*. — Marlborough, repoussé par Villars, lui impute la faute de sa retraite, 39.

BADE-DOURLACH (*Ernest*, marquis de). Ligué avec l'électeur de Saxe Maurice contre Charles-Quint, XXIII, 517. — Et avec Mansfeld contre Ferdinand II, 579.

BADE-DOURLACH (Mme *Caroline*, margrave de). Lettres qu'elle écrit à Voltaire en 1758, LVII, 585. — En 1759, LVIII, 14. — En 1762, LX, 360, 366. — En 1763, 505. — En 1764, LXI, 483. — Lettres de l'auteur à cette princesse, LVIII, 20; LX, 538; LXI, 276, 372, 379. — Vers qui lui sont adressés, LVIII, 20.

BAGIEU (*Jacques*), chirurgien-major des gendarmes de la garde. Lettres qui lui sont adressées en 1752, LVI, 64, 261. — En 1760, LVIII, 554. — En 1761, LIX, 236. — Notice, LVI, 64.

BAGLIONI, seigneur de Pérouse au 16e siècle. Y est assiégé par Jules II, qui le chasse de sa ville, XLIV, 341.

Baguette divinatoire. (Voy. *Verge*.)

BAILLET (*Adrien*), critique célèbre du 17e siècle. Notice, XIX, 52.

BAILLEUL ou BAYEUL (*Nicolas*). (*Voy.* CHATEAU-GONTHIER.)

Bailleul, ville de Flandre. Prise par Louis XIV, reste à la France par la paix de Nimègue, XIX, 437.

BAILLON, intendant de Lyon. Lettre qui lui est adressée en 1763, LXI, 232.

BAILLOT, roi d'Écosse. (*Voy.* BALIOL.)

BAILLY (*Sylvain*), de l'Académie des sciences. Lettres qui lui sont adressées, de 1775 à 1777, sur son *Histoire de l'astronomie* et son livre de l'*Origine des sciences*, LXIX, 446, 485, 504; LXX, 238. — Opinions de l'auteur et de d'Alembert au sujet de son rêve sur un peuple ancien qui nous a tout appris, excepté son nom et son existence, 10, 25, 244. —Notice, LXIX, 446.

BAINAST, d'Abbeville. Lettre qui lui est adressée au sujet du *Temple du Goût*, LI, 401.

BAINHAM, avocat anglais. Battu de verges et brûlé vif, comme partisan du luthéranisme, XVII, 293.

Baiser (le) était une manière de saluer très ordinaire dans toute l'antiquité, XXVII, 270. — Usité depuis en Allemagne, en Angleterre, en France et en Italie, 274. — On employait même ce signe pour adorer les dieux, 271. — Des baisers donnés en trahison, *ibid*. — De ceux en usage dans les mystères et les agapes de la primitive Église, 272. — Et de nos jours dans la secte des piétistes, 274. — Dangers de cette pratique, 275. — Peinture du baiser par le Guarini, et traduction libre de ce morceau en vers français, 270. — Quatrains sur deux baisers envoyés à l'auteur par Mme Dubarry, LXVIII, 258. — Autres vers sur les baisers, XI, 202; LXIX, 28. — Madrigal à une demoiselle qui avait promis un baiser à celui qui ferait les plus jolis vers pour sa fête, XIV, 330. — Vers sur le baiser que la reine Marguerite d'Écosse donna à son poëte Alain Chartier, pendant qu'il dormait, II, 340.

Baiser les pieds. Par qui cet usage fut introduit dans l'empire, XXIII, 46; XXVIII, 401. — Comment cet honneur arrogé ensuite au pontificat, 47. — Autres détails, VII, 128; XV, 390. (Voy. *Pape* et *Mule du Pape*.)

BAÏUS ou BAY (*Michel*), docteur de Louvain. La cour de Rome condamne soixante et seize de ses propositions sur la grâce et sur la prédestination, XX, 403 *et suiv*. — Il se rétracte, 404.—Comment devint chef de secte sans s'en douter, 406.

BAJAZET Ier, dit *Ildérim* ou *le Foudre*. Succède à son père Amurat, XVI, 469. Secourt Andronic contre son père Jean Paléologue, qu'il force à détruire la citadelle de Galata, *ibid*. — S'avance en Hongrie; défait l'armée chrétienne et les Français commandés par l'empereur Sigismond, 329, 394, 469. — N'épargne que vingt-cinq chevaliers français, *ibid*. — Assiége Constantinople, 470. — Reçoit avec mépris les propositions de Tamerlan, qui lui déclare la guerre et le bat, 472. — S'il est vrai que le vainqueur l'enferma dans une cage de fer, et outragea son épouse, 473. — Avait livré aux Médicis l'un de leurs assassins; remarque singulière à ce sujet, XVII, 63.

BAJAZET II. Les Turcs sont moins redoutables sous lui que sous Mahomet II, son père, XXIII, 418. — Son union avec le pape Alexandre VI et les Vénitiens, XVII, 70. — Soupçons contre lui au sujet de la mort de son frère Zizim, 72. — — Ambassade que Venise lui envoie, 104.

Bajazet, tragédie de Racine. Artifice admirable de l'exposition, II, 42; V, 480; XXXV, 514; XXXVI, 353; XLVIII, 421. — Le rôle d'Acomat paraît l'effort de l'esprit humain, IV, 410; XXXVI, 258, 263. — Celui de Roxane, bien supérieur à la *Médée* de Corneille, XXXV, 29. — Situation imitée d'*Othon*, XXXVI, 360. — *Zulime* offre de la ressemblance avec cette tragédie, IV, 405, 410. — Vers que Voltaire en a imités dans *Brutus*, II, 434. — Autres observations critiques, LIII, 550.

Bajazet et Tamerlan, tragédie anglaise. Singulière fantaisie des Anglais au sujet de cette pièce, qu'ils faisaient jouer tous les ans, au jour de la célébration du couronnement de Guillaume III, XLVII, 471.

BALAAM, prophète. Son colloque avec une ânesse, et commentaires à ce sujet, XLIX, 164. — Quand fut écrite son histoire, 168. — Fut prophète d'un dieu étranger, et non faux prophète, XV, 192.

Balance égale. Facétie où l'on discute les raisons de donner ou de retirer aux jésuites l'éducation de la jeunesse, XL, 460.

BALC (Mme de), favorite de Catherine Ire de Russie. Pourquoi condamnée au knout par le czar, XXV, 382. — Rappelée par l'impératrice, après la mort de Pierre Ier, 383.

Bâle (canton de) en Suisse. Comment la réformation s'y opéra, XVII, 259.

Bâle (concile de), au 15e siècle. Dépose vainement le pape Eugène, XVI, 462, 464; XXIII, 397. — Déchire l'Église et fait un anti-pape, 532. — Ses sages règlements deviennent la base de la pragmatique-sanction et du concordat germanique, 463.

BALINCOURT (*Claude-Guillaume* TESTU, marquis de), maréchal de France sous Louis XIV. Notice, XIX, 20.

BALIOL. Nommé roi d'Écosse par Édouard Ier, qui le fait son vassal, XVI, 350.

Ballard (fort de). Pris en plein jour, en 1746, par quatre officiers français, XXI, 164.

BALLEROI (comte de). Blessé dangereusement à Raucoux, XXI, 166.

BALLEXERD (*Jacques*), Genevois. Recommandé auprès de M. de Choiseul par Voltaire, LXIII, 236. — Pourquoi celui-ci retire ensuite sa requête, 246. — Notice, 236.

BALLIN (*Claude*), simple orfèvre qui s'est élevé au rang des plus célèbres artistes. Notice, XIX, 233. — Homme unique en son genre, XX, 281; XXXIX, 25.

BALMERINO (lord), pair écossais. Condamné comme partisan du prince Édouard, brave ses juges et la mort, XXI, 231.

BALON, fameux danseur de l'Opéra, sous Louis XIV. Notice, XXXIX, 408.

BALTAGI-MEHEMET, grand-visir. Son origine, ses diverses fortunes, XXIV, 226; XXV, 236. — Reçoit l'ordre d'aller combattre les Moscovites, XXIV, 227. — Son expédition, 230 *et suiv.* — Hauteurs de Charles XII avec lui à Bender, XXV, 222. — Embarras dans lequel il met le czar Pierre, dans la campagne du Pruth, 224 *et suiv.;* XXIV, 234. — Fait publier une suspension d'armes; est faussement accusé de corruption à ce sujet par le parti suédois, 247; XXV, 231. — Ces imputations réfutées, *ibid. et suiv.* — Il traite de la paix avec les Russes, 233 *et suiv.;* XXIV, 239 *et suiv.* — Ses réponses aux reproches de Charles XII, 242; XXV, 236. — Obtient de la cour de Vienne un passage pour ce prince, XXIV, 244. — Lui fait signifier inutilement l'ordre de quitter l'empire turc, 245. — Intercepte ses lettres, et lui retranche son thaïm, 246. — On intrigue contre lui à la Porte, 247. — Il est disgracié et relégué dans l'île de Lemnos, où il meurt, 248. — Autre version sur sa déposition, XXV, 239.

Baltagis (les) du sérail. D'où sont ainsi nommés, XXIV, 226.

BALTIMORE (lord). Portrait qu'en fait Frédéric II étant prince royal, LIII, 672. — Vers de Voltaire à son sujet, 680.

BALTUS, jésuite. Prend le parti du diable contre Van-Dale et Fontenelle, XXXI, 307. — Absurdité de sa réfutation de leur livre sur les oracles, XV, 135. — Il accuse Fontenelle d'athéisme, XXXI, 398; XLII, 638; XLIII, 516.

BALUZE (*Étienne*), littérateur célèbre sous Louis XIV. Exilé pour avoir soutenu les prétentions du cardinal de Bouillon, XIX, 52. — A rassemblé les anciennes cérémonies des épreuves dans les combats dits *jugements de Dieu*, XV, 454. — A formé le recueil des manuscrits de la bibliothèque de Colbert, XIX, 52. — On lui doit sept volumes d'anciens monuments, *ibid.*

BALZAC (*Jean-Louis* GUEZ de). Homme éloquent, et le premier qui fonda un prix d'éloquence, XIX, 52. — Avait de l'érudition et du goût, XXXV, 52. — Changea le naturel du style épistolaire en fades déclamations recherchées, LXVIII, 487. — Observations critiques sur ce qui a décrédité ses lettres, XIII, 292; XXX, 81; XXXIX, 239, 243. — Fragment de celle qu'il écrivit à Scudéri pour prendre contre lui la défense du *Cid*, XXXV, 48. — Autre à Corneille, au sujet de *Cinna*, 200. — Malgré ses défauts, a donné du nombre et de l'harmonie à la prose, XX, 305; XXXV, 52. — Obligations que lui a la langue française, XIX, 52. — Médiocre figure qu'il fait dans le *Temple du Goût*, XII, 344, 346.

BALZAC D'ENTRAGUES. (*Voy.* ENTRAGUES.)

Ban. Ce que signifie ce terme, XXIII, 145. — Formule de cette proscription dans l'empire, *ibid.* (Voy. *Bannissement.*)

Ban (titre de), en Hongrie. Ce que c'est que cette dignité, XVII, 164.

BANCHI (*Séraphin*), dominicain. Révèle la confession de Barrière, et empêche l'assassinat de Henri IV, XXII, 174. — Réflexions à ce sujet, *ibid.*

BANDELLI. Contes incroyables par lesquels il a défiguré l'histoire de Mahomet II, LIII, 551, 603.

BANDINI (*Bernard*), l'un des assassins des Médicis. Leur est livré par Bajazet, XVII, 63.

BANDINI. Éditeur d'une excellente traduction des *Hymnes* de Callimaque, XLI, 466.

Banians (les). Descendants des anciens brachmanes, XVII, 375. — Nation errante comme la juive dans l'Orient, XV, 191, 327; XVII, 47. — N'ont jamais mêlé leur sang à un sang étranger, XV, 327; XVII, 492. — Manière dont ils trafiquent dans l'Indostan, 377.

BANIÈRES (*Jean*). A réfuté les *Éléments de la philosophie de Newton;* crime singulier dont il accuse l'auteur, XXXVIII, 368. — Ce qu'on en dit, LIII, 652.

BANKS, voyageur anglais. Son éloge, XXXIV, 441.

Banneret. Origine de cette expression, XVII, 3; XXIII, 492.

BANNIER, général suédois. Ses succès

contre les Impériaux, XXIII, 596 *et suiv.*
— Après la mort de Gustave-Adolphe, conduit ses soldats en Bohême, et fait porter au milieu d'eux le corps de leur roi, pour les exciter à le venger, 598.— Domine sur tout le cours de l'Oder, 602. — Désole la haute Saxe, 610. — Ses conquêtes en Poméranie, 611. — Soumet la Thuringe et la Saxe, 612. — Tente d'enlever l'empereur Ferdinand III à la diète de Ratisbonne, 613. — Sa mort, 614.

Bannissement. Considérations philosophiques sur le bannissement à temps et à vie, XXVII, 278.—Si un banni est encore de sa patrie, et s'il peut porter les armes contre ses anciens concitoyens, *ibid.*

Banque. Entre particuliers, quel est son but et quelles sont ses opérations, XXVII, 279.—La banque d'un état est d'un tout autre genre, 282 *et suiv.*—Considérations sur la banque d'Angleterre, XXVIII, 514 *et suiv.*

Banqueroute. Le mot et la chose nous viennent d'Italie, XXVII, 284.— Presque inconnue en France avant le 16° siècle, *ibid.*—Anecdote sur la banqueroute qu'éprouva un homme de lettres, qui parait être Voltaire lui-même, 286.

Banqueroutiers. Comment traités en Italie, en Angleterre et en France, XXVII, 285.

Baptême. Signification de ce mot, XXVII, 287.—Est un des préceptes du *Zend*, XV, 53, 313. — Vient des Indiens; en quoi consistait chez eux, XXVII, 287; XXXIV, 216; XLVII, 450.—Baptême d'immersion, où prend sa source, XXVII, 288. — Fut long-temps un accessoire de la religion judaïque; devint le principal rit et le sceau du christianisme, *ibid.*—L'Église grecque le donnait par immersion; pourquoi les Latins ont introduit le mode par aspersion, XV, 395; XXVII, 291.—Du baptême par le feu, 289.—Du baptême des morts, 290.—Dans le premier siècle, on attendait l'agonie pour recevoir le baptême, *ibid.* — Ce ne fut qu'au second siècle qu'on commença à baptiser les enfants, 292.—Idées des anabaptistes et de quelques autres communions sur le baptême, 293.—Idées des unitaires rigides, 294. — Idées des quakers, 298. — Vertus qu'on lui attribue, et réflexions à ce sujet, *ibid. et suiv.*—Arrêt de damnation porté par saint Augustin contre ceux qui meurent sans avoir été régénérés en Jésus; comment depuis fut mitigé, XXXI, 329; XLV,

41. — Vers sur le baptême, III, 194.— Combien il a changé, XXXIII, 400 *et suiv.*

Baptiser. Acception de ce mot, que l'ignorance a introduite dans notre langue, XXX, 537.

Bar-le-Duc (ville de). Relevait anciennement de l'Empire; fut érigée en margraviat par Charles IV, au 14° siècle, XXIII, 332.

Barath (racine de). De la vertu prétendue que les Juifs lui attribuaient, XV, 213; XXVIII, 325; XLI, 313; XLIII, 109, 588; XLIV, 122, 206; XLVIII, 498.

BARATIER (*Jean-Philippe*). Le plus singulier peut-être des enfants célèbres; Notice, XIX, 53.—Traducteur de Benjamin de Tudèle, dont il fit une critique judicieuse, *ibid.*; XLIX, 362.—Autres ouvrages qu'on a de lui, *ibid.*

Barbares (les). Ce nom donné jusqu'au 17° siècle, par les Italiens, à tous les ultramontains, XIX, 240.

BARBARINI, danseuse. Enlevée à Venise par les soldats de Frédéric II, qui l'amènent à Berlin, XL, 76. — Appointements considérables que lui donne ce prince, *ibid.*—Mariée depuis au fils de son chancelier, le conseiller Cocceij, *ibid.*

Barbarismes. Il y en a de deux sortes, barbarismes de mots et barbarismes de phrases; exemples, XXXV, 71, 284, 313, 315, 563, 580; XXXVI, 13, 32, 48, 60, 63, 125, 126, 137, 149, 160, 188, 271, 276, 281, 295, 298, 301, 313, 333.

BARBASAN. Accusé d'être l'un des meurtriers du duc de Bourgogne à Montereau, est remis en liberté par Henri V d'Angleterre, XVI, 402.

BARBE (sainte). Son histoire, d'après la *Fleur des saints*, XLI, 230. — Regardée comme la plus grande sainte du paradis; anecdote facétieuse qui la concerne, XLII, 21.

Barbe (la). Ce qui la produit; discussion à ce sujet, XXVII, 302.—Pourquoi les Américains n'en ont point, 304; XLIV, 307.— Considération des Orientaux pour elle, *ibid.* — Diverses modes y relatives chez les Occidentaux, 305.—Qui introduisit en Europe l'usage de la laisser croître pour inspirer du respect aux peuples, et qui l'adopta, XVII, 181.

BARBÉ-MARBOIS. Auteur présumé des lettres attribuées à Mme de Pompadour; ce que disait Voltaire de ce recueil, LXVII, 482, 483, 485, 488.

BARBERINS (les) ou BARBARINS. Démêlés de cette famille avec les Farnèse, au sujet du duché de Castro, xviii, 372 ; xliv, 336. — Philosophie du cardinal *Antoine*, frère d'Urbain VIII ; et épitaphe curieuse qu'il se fit lui-même, 338.

Barberousse, amiral de Soliman et vice-roi d'Alger. (*Voy.* Chérédin Barberousse.)

Barberousse, empereur d'Allemagne. (*Voy.* Frédéric-Barberousse.)

Barbésieux (*Louis-François-Marie* Letellier, marq. de), fils de Louvois. Succède à son père dans sa charge de secrétaire d'état de la guerre, xix, 44. — Notice qui le concerne, *ibid.* — Ce que lui dit Louis XIV, en lui annonçant son choix, xx, 5. — Tour que prit ce prince, mécontent de sa conduite, pour le corriger sans le mortifier, 230 ; xxxix, 19. — Mauvaise action qu'on lui reproche à l'égard de Mlle Chouin, xlvi, 369.

Barbeu-Dubourg. De sa traduction des *Lettres sur l'histoire*, par Bolingbroke ; et réponse à quelques reproches injustes qu'il a faits à Voltaire, xx, 351 *et suiv.;* xxxix, 574 ; lvi, 231.

Barbeyrac (*Jean*). Traducteur et commentateur de Puffendorf et de Grotius ; Notice, xix, 53. — Pourquoi plus estimé qu'eux, xliii, 522. — Accusé de vouloir détruire la religion chrétienne, comment se défendit, 523.

Barbier (Mlle *Marie-Anne*), auteur de quelques tragédies. Notice, xix, 54. — A fait un *Jules César* avec Fontenelle, dit Voltaire, iv, 72. — D'autres disent que ce fut avec l'abbé Pellegrin, *ibid.*

Barbier d'Aucourt (*Jean*), auteur d'une *Critique des Entretiens du P. Bouhours*, et d'un excellent plaidoyer ; Notice, xix, 54 ; xx, 548.

Barcaroles de Venise. Ce que c'est, v, 478.

Barcelone (ville de). En 1651, les Français en sont chassés par les Espagnols, xix, 318. — Prise par ceux-ci, en 1705, par l'Anglais Péterborough, xx, 42. — Vaine tentative des Français et de leurs alliés pour la reprendre, 43, 56. — Beauté de son port, et richesses du pays, 111. — Bloquée par une escadre française, et assiégée par terre pour Philippe V, 112. — Courage fanatique de ses habitants, et leur punition, *ibid. et suiv.*

Barchochébas, Juif du temps d'Adrien. Se proclame le *Messie*, xv, 189 ; xxvi, 99 ; xxxi, 199 ; xlvi, 206.

Barclay (*Robert*), Écossais. Présente au roi Charles II son *Apologie des Quakers* ; esprit et fragment de l'épître dédicatoire de cet ouvrage ; quel en fut l'effet, xxxvii, 130.

Bardane (*Philippe*), général de Nicéphore. Usurpateur de l'empire d'Orient, est déposé et condamné à perdre les yeux, xv, 500.

Bardin, secrétaire d'état sous Concini. Poursuivi devant le parlement par le duc de Luynes, comment échappe à la mort, xxii, 231, 232.

Bardin, libraire. Plaintes de Voltaire, en 1776, au sujet d'une édition de ses Œuvres, annoncée par lui en quarante volumes, lxix, 500, 540.

Bardou. Méchant poëte ridiculisé par Boileau, xii, 336, 362. — Boindin peint sous ce nom dans le *Temple du Goût*, *ibid.;* xix, 143.

Barebone, marchand de cuirs. Le plus accrédité des membres du parlement établi par Cromwell, xviii, 324.

Bareuth (la princesse *Wilhelmine*, depuis margrave de), sœur du roi de Prusse Frédéric II. Comment maltraitée par son père Frédéric-Guillaume, xl, 47. — Vers à sa louange, xii, 178 ; xiv, 413. — Visite l'auteur dans sa solitude de Colmar, en 1754 ; beau présent qu'elle lui fait, lvi, 523, 524, 526. — Veut l'amener en Languedoc, 525. — Fait de sa tragédie de *Sémiramis* un opéra italien, lv, 498 ; lvi, 526. — Voit encore l'auteur à son passage à Lyon, 540. — Démarche qu'elle fait auprès de lui, en 1757, pour une négociation entre la France et la Prusse, i, 226 *et suiv.;* xl, 109. — Lettre qu'elle lui écrit, à cette époque, sur la triste situation de sa famille et de son pays, lvii, 332. — Autres, faisant partie de sa correspondance avec l'auteur, de 1750 à 1758. (Voy. *Tabl. partic.* de lv à lviii.) — Autres de Voltaire à cette princesse, en 1757, lvii, 219, 315. — Sa mort, en 1758, i, 228 ; lvii, 628. — Vers y relatifs, envoyés par Voltaire à Frédéric, 638. — Observations du roi, qui desire de lui quelque chose de plus éclatant et de plus public, lviii, 17. — Ode sur le même sujet, xii, 460. — Notes et variantes de cette pièce, 466, 474 ; lviii, 66. — Observations critiques de Frédéric y relatives, 75. — Temple que ce prince lui érige, lxviii, 352. — Quinze jours avant sa mort, avait envoyé son portrait à Voltaire, xii, 476.

Bareuth (*Frédéric-Guillaume*, margrave de), beau-frère du grand Frédéric. Notes qui le concernent, LIV, 587, 590. — Lettre de l'auteur à ce prince, en lui envoyant l'ode sur la mort de la princesse de Prusse, son épouse, LVIII, 37.

BARIER (*François-Julien*.) A gravé sur une bague le portrait de Voltaire, XIV, 373; LIII, 308. — Vers à ce sujet, adressés à Mme Du Châtel, XIV, 373.

BARILLON, président aux enquêtes du parlement de Paris. Comment se conduit au sujet de l'affaire de Gaston d'Orléans, XXII, 239. — Est exilé, 241. — Arrêté de nouveau, sous le ministère de Mazarin, 256.

BARILLON, ambassadeur de France à Londres. Homme de plaisir, plus instruit des intrigues des maîtresses de Jacques II que des affaires de l'Europe, XIX, 463. — Note sur la liste, dressée par lui, des pensionnaires de Louis XIV en Angleterre, 383.

BARJONNE (*Simon*).(Voy. *saint* PIERRE.)

BARMÉCIDES (les). Leur histoire, suite de générosités inouïes, XV, 324.

Barmécides (les), tragédie. (*Voy.* LA HARPE.)

BARNABÉ (saint). Son évangile, XLV, 345.

BARNET, amiral anglais. Battu par La Bourdonnais, XXI, 273.

BARNEVELT, pensionnaire de Hollande. Favorise les arminiens, XVIII, 385. — Veut restreindre par eux l'autorité du prince d'Orange, et refuse de concourir à lui donner un pouvoir souverain, 386. — Son procès, sa condamnation, *ibid.* — Un de ses fils veut venger son sang sur celui de Maurice ; le complot est découvert, il s'échappe ; mais son jeune frère est supplicié uniquement pour n'avoir pas été son délateur, 387. — Ces violences atroces détestées depuis par les Hollandais, XX, 411. — Autres détails qui le concernent, XXXIII, 200 ; XLVI, 62.

Baromètres. Quel en fut l'inventeur, XLI, 546.

BARON (*Michel* BOIRON, dit), comédien français. Surnommé l'*Ésopus du dernier siècle*, II, 362. — Fut élevé et formé par Molière ; anecdotes qui le concernent, XIX, 323 ; XX, 204 ; XXXVIII, 398. — Son talent comme acteur ; son ton séduisant, II, 362 ; III, 3 ; XIII, 241 ; XXXVII, 95 ; XL, 293 ; LIV, 334, 358 ; LXIX, 512 ; LXX, 429. — Porta l'art du comédien jusqu'à la perfection, XIX, 54. — On ne croit pas que les pièces qu'il donna sous son nom soient de lui, *ibid.* — Le jésuite La Rue, avec lequel il était lié, passe pour avoir beaucoup travaillé à son *Andrienne*, 147. — Vers qui le concernent dans le poëme de *la Pucelle*, XI, 323, 413.

Baron d'Otrante (le), opéra buffa. (Voy. *Otrante*.)

BARONIUS, cardinal. Apologiste de la Saint-Barthélemi, XVIII, 74. — Ses *Actes* corrigés par Raggi, XIX, 172. — Pièce fausse qu'il y rapporte, XLIV, 326. — Pourquoi traite de tyrans les rois de Sicile, 330.

Barons (les). Siégeant en parlement, XXII, 19.

BARRAL. (l'abbé *Pierre* de). Son *Dictionnaire historique, littéraire et critique*, n'est qu'un libelle diffamatoire ; quels furent ses collaborateurs, XX, 455 ; XXVIII, 348. — Réfuté par Fénelon, XX, 455. — Autres notes qui le concernent, XLVII, 600. (Voy. *Dictionnaire historique, etc.*)

BARRAL (*Claude-Mathias-Joseph* de), évêque de Troyes. S'oppose inutilement à l'inhumation de Voltaire dans l'abbaye de Scellières ; sa correspondance à ce sujet avec le prieur, I, 297, 432.

BARRAT, peintre. Tableau de lui, qu'il envoie à l'impératrice de Russie ; ce qu'on en dit à ce sujet, LXIX, 294.

BARRAU, pseudonyme de TAULÈS. Envoie à Voltaire d'excellentes remarques sur son *Siècle de Louis XIV*, LXII, 409. (*Voy.* TAULÈS.)

BARRE (le P.), génovéfain. Dans son *Histoire d'Allemagne*, a copié plus de 200 pages du *Charles XII* de Voltaire, écrit vingt ans auparavant ; indications diverses à ce sujet, XXIV, ij, 30, 42, 49, 52, 66, 70, 79, 88, 93 ; XXXI, 436 ; XLII, 665. — N'a pas daigné le citer une seule fois, XLI, 163. — Son plagiat imputé à Voltaire par ses ennemis, *ibid.* ; XXXI, 436. — Discours étrange qu'il prête à Charles-Quint, XXIII, 501.

Barricades (journée des). Sous Henri III, en 1588, X, 32, 118 ; XVIII, 111 ; XXII, 141. — Autres, sous la régence d'Anne d'Autriche, en 1649 ; ce qui y donna lieu, et détails y relatifs, XIX, 284 *et suiv.* ; XXII, 265 *et suiv.*

BARRIÈRE (*Pierre*), fanatique. Poussé par les prélats ligueurs à l'assassinat de Henri IV ; son procès, son supplice, XVIII, 145 ; XXII, 174 *et suiv.* — Avait été employé autrefois par le duc de Guise pour enlever la reine Marguerite, femme de

Henri IV, détenue au château d'Usson, *ibid.*

BARROW (*Isaac*), théologien et géomètre. Fut le maître de Newton; Notice, LII, 335, 352.

BARRY (*Paul*), jésuite. Ce qu'on dit de son *Paradis ouvert à Philagie*, XX, 548. — Se rendait pleige pour la sainte Vierge, XLII, 629.

BARTENSTEIN, général des Impériaux. Battu par le grand Frédéric en 1745; vers à ce sujet, XIII, 168.

BARTHE (*Nicolas-Thomas*), auteur des *Fausses infidélités*. De son *Héroïde* sous le nom de l'abbé de Rancé, et de la réponse qu'y fit La Harpe, XLIII, 618; LXIV, 110, 116; LXVI, 136. — En quels termes on en parle, LXX, 326.

BARTHÉLEMI, apôtre. Son *Évangile*, XLV, 345. — Ses *Gestes* dans l'Inde, livre apocryphe, XXVI, 464. — Cru le même que Nathanaël, 497.

Barthélemy (journée de la Saint-), en 1572. Description des massacres dans Paris, X, 87 *et suiv.;* XII, 425. — Opinions diverses sur l'époque où le projet en fut formé, et sur le résultat qu'on s'en promettait, X, 102; XVIII, 72. — Comment fut préméditée, XLI, 73. — Ses principaux auteurs et ses principales victimes, X, 88 *et suiv.*, 360 *et suiv.* — Combien il y périt de Français, XII, 428; XLII, 508; XLVII, 582. — Des prodiges observés par Henri IV avant et après cette journée, 94; XVIII, 73. — Les mêmes massacres furent ordonnés dans tout le royaume; opposition de plusieurs commandants de provinces à leur exécution, X, 106, 365; XVIII, 74. — A qui les Mémoires de Villeroi en attribuent les ordres, X, 104. — Comment la cour prétendit justifier juridiquement ces horreurs, 364; XXII, 130.
— Approbation qu'y donne le pape; tableau qui représente les massacres, placé au Vatican, X, 364; XVIII, 74. — Réjouissances à Rome, et médailles frappées en mémoire de cet événement, XXII, 132. — Le parlement de Paris ordonne une procession annuelle en actions de graces; pourquoi elle ne se fit point, 131; XVIII, 74. — Qui osa publier, en 1758, une apologie de cette horrible journée, XII, 481.
— Fragments en réponse, XLII, 508 *et suiv.*; XLVII, 128, 588. — Ode sur son anniversaire, XII, 499. — Regardée comme un véritable sacrifice, IX, 299. — Et comme le plus grand exemple de fanatisme, XXIX, 326. — Un temps viendra où elle sera un sujet de tragédie, LXI, 343.

BARTHÉLEMI, de Pise. (*Voy.* ALBIZZI.)

BARTHÉLEMI-DES-MARTYRS (don), primat de Portugal. Son opinion, au concile de Trente, pour la réforme des cardinaux, XVIII, 82.

BARTHOLE, jurisconsulte du 14ᵉ siècle. Rédacteur de la fameuse *Bulle d'or*, XVI, 313; XXIII, 334. — Créé comte par l'empereur Charles IV, XVII, 12.

Bas de soie. Fabriqués par Voltaire lui-même à Fernei, pour Mᵐᵉ de Choiseul, LXVI, 12, 15, 29. (*Voy. Soie* et *Ver à soie*.)

BASILE (saint). Patriarche des cénobites de l'Orient, au 4ᵉ siècle, XVII, 312. — Ce qui lui fit imaginer de rassembler sous une règle les solitaires qui s'étaient dispersés dans les déserts pour y suivre la loi, XXVI, 32. — Introduisit, par les vœux domestiques, un nouveau fléau sur la terre, XXIX, 255. — Fut le premier qui permit aux abbesses d'administrer la confession à leurs religieuses, et de prêcher dans leurs églises, XLI, 71; XLVII, 556. — Son opinion sur la résurrection, XXXII, 135.

BASILE, empereur d'Orient. Assassin et successeur de Michel III, qui l'avait tiré de basse condition pour l'associer à l'empire, XV, 503. — Le patriarche Photius lui reproche son crime, et le chasse, 504, 512. — Puis le rétablit, 514; XXVIII, 137. — De son règne date le schisme qui divisa l'Église grecque de la latine, XV, 503. — Inepte cruauté de ce tyran, et conte fait à ce sujet par le président Cousin et par Montesquieu, I., 89.

Basilic (le). Animal fort fameux, mais qui n'exista jamais, XI, 253.

BASILIDE. Sa fable théologique sur l'organisation du monde, XXVII, 355. — Son *Évangile*, XLV, 346.

BASILIDÈS, BASILOWITZ. (*Voy.* IVAN.)

BASNAGE (*Jacques*), pasteur à La Haye. Plus propre à être ministre d'état que d'une paroisse; ses ouvrages appréciés, XIX, 55. — Ses *Antiquités judaïques*, XLIX, 366. — A qui attribue le *Pentateuque*, *ibid.*

BASNAGE DE BEAUVAL, avocat, frère du précédent. Plus philosophe encore que lui; ses écrits, XIX, 55. — Prit la défense de son ami Fontenelle contre les jésuites, à l'occasion de l'*Histoire des Oracles*, 113.

BASSARABA-BRANCOVAN, hospodar de la

Valachie. Entre d'abord dans la conspiration du prince Cantémir; démêle bientôt ses vues ambitieuses, abandonne son parti, et rentre dans le devoir, xxv, 220, 221.
— Piége qu'il tend au czar Pierre, en feignant d'être dans ses intérêts, 222.

BASSEVITZ (comte de), conseiller aulique à Vienne, et ministre de Holstein à la cour de Russie. Son éloge, xxv, 247.
— Cité au sujet du mariage de l'impératrice Catherine Ire avec le czar Pierre, *ibid.* — De l'entrée des troupes suédoises dans Tonninge, 262. — De la conspiration de Goëtz, 286. — Du procès d'Alexis, 326. — De l'aventure de l'infortuné Moëns, 381. — Des circonstances de la mort du czar, 384. — Assiste au conseil secret qui appelle Catherine à lui succéder, 386.

BASSEVITZ (comtesse de). Lettres qui lui sont adressées, en 1761, au sujet de quelques anecdotes de la cour du czar Pierre Ier, LIX, 262; LX, 102.

BASSINET (l'abbé). Auteur d'un *Panégyrique de saint Louis*; ce qu'on en dit, LXIV, 353. — Ses hardiesses contre les croisades et contre le pape, et clameurs qu'elles excitent, 368. — Notice, 353.

BASSOMPIERRE (*François*, maréchal de). Confident de la cabale des deux reines Anne d'Autriche et Marie de Médicis, contre le cardinal de Richelieu, XVIII, 216.
— Est renfermé à la Bastille pendant le reste de la vie de ce ministre, 221; XIX, 20. — Y composa ses *Mémoires*; jugement qu'on en porte, *ibid.*, 55.

BASSOMPIERRE (Mme de), abbesse de Poussai. Vers qui lui sont adressés, XIV, 369.

BASTIAN, capucin de Savoie. Échappé de son couvent et réfugié chez Voltaire, sous le nom de RICARD, lui vole des manuscrits, de l'argent et des bijoux, LXII, 494; LXIV, 305. — Notice, LXII, 494.

BASTIDE (*Jean-François* de), auteur du *Nouveau Spectateur*. Lettre qui lui est adressée, en 1758, sur cet ouvrage, LIX, 120. — Notice, *ibid.* (*Voy.* LA BASTIDE.)

Bastille (la), prison d'état. Vers qui la caractérisent, x, 154. — Toujours remplie sous le ministère du cardinal de Richelieu, XVIII, 221. — Fut vidée après sa mort, 244.

Bastille (la), poëme satirique de Voltaire, XII, 3 *et suiv.* — Dans quel temps et à quelle occasion fut composé, 6.

Bataille de Fontenoi, poëme de Voltaire, XII, 111.

Batailles. C'était un ancien usage des peuples du Nord de demander à l'ennemi de fixer le jour et le lieu de la bataille, IX, 436. — Le dernier exemple que l'on en connaisse fut celui de la bataille d'Azincourt, *ibid.* — Les descriptions de batailles qu'on a faites en vers, bien supérieures aux récits des historiens, XXXIX, 175. — Celles décrites dans la *Henriade*, X, 264, 271, 289. — Autres descriptions dans la *Pucelle*, XI, 73, 245, 258 *et suiv.* — Pourquoi le petit nombre des combattants l'a presque toujours emporté sur le grand, XXIII, 644.

Bataillons. De la manière de les ranger, XXVII, 306. — Qui a rétabli en Europe leur ordre, leur marche; leurs évolutions, tels à peu près qu'on les met aujourd'hui en usage, 307.

Bâtards. Vers en leur faveur, IX, 390; XI, 231. — Ceux des princes ont souvent hérité de leurs pères, XXVII, 276. — Ce qui se pratique à cet égard en France, en Espagne, à Naples et en Angleterre, *ibid.* — Questions sur les bâtards des papes, 277.

Bataves (les). Caractérisés, XII, 129. (*Voy.* Hollandais.)

Batavia. Bâtie en 1618 par la Compagnie hollandaise des Indes, malgré les rois du pays et malgré les Anglais, qui attaquèrent ce nouvel établissement, XVIII, 388.

BATERIC. L'un des trois premiers Normands qui fondèrent un état dans la Pouille, VII, 130.

Bathurin, ville de l'Ukraine, regardée comme la capitale des Cosaques. Prise par le prince Menzikof, XXV, 190. — Puis saccagée et réduite en cendres, *ibid.*

Batoques (les). Sorte de supplice usité en Russie; en quoi il consiste, XXV, 88.

BATOU-KAN, petit-fils de Gengis-Kan. De lui descendent les princes de la Tartarie-Crimée, XVI, 229. — A porté ses ravages jusqu'aux frontières d'Italie et d'Allemagne, *ibid. et suiv.*; XXIII, 245, 479.
— Le pape lui envoie des religieux en ambassade, XV, 22. — Lettre qu'il répond, XVI, 231.

BATTEUX (*Charles*), de l'Académie française. Ce qu'en dit d'Alembert, à l'occasion de sa réception, LIX, 367. — Fausseté de quelques anecdotes qu'il rapporte sur d'Olivet, LXV, 313. — Ligué contre les philosophes dans l'Académie; sarcasmes à ce sujet, LXVIII, 81, 108, 114.

BATTIANI (maréchal). Commande les Autrichiens à Laufelt, XIII, 179; XXI, 239.

BATTORI (*Étienne*), vaivode de Transylvanie. Élu roi de Pologne par la protection de la Porte-Ottomane, XVIII, 264; XXIII, 544. — Regardé à la cour de Vienne comme un rebelle et un usurpateur, *ibid.* — Marié à la sœur de Sigismond-Auguste, reste du sang des Jagellons, *ibid.* — Sa mort, 552.

BATTORI (*Sigismond*), vaivode de Transylvanie. Secoue le joug des Ottomans pour prendre celui de Vienne, XXIII, 555. — Son inconstance, sa faiblesse; il rentre dans ses états, qu'il cède au cardinal Battori, 557, 558. — Y rentre de nouveau après la mort de celui-ci; mais, défait par le parti des Impériaux, se rend sans condition, et n'est plus que baron en Bohême, 559. — Rétabli en Transylvanie par les suffrages de la nation et par la protection du sultan, 563.

BATTORI (*André*), cardinal, et cousin du précédent, qui lui cède la Transylvanie, XXIII, 558. — Se met sous la protection des Turcs; est tué à la tête d'une armée contre les Impériaux, *ibid.*

BATTORI (*Gabriel*), prince de Transylvanie. Vassal du sultan, XXIII, 568. — Se ménage entre l'empereur chrétien et l'empereur musulman, 569. — Poursuivi par les Turcs, abandonné de ses sujets, et non secouru par l'empereur, se fait donner la mort par un de ses soldats, 570.

BAUDEAU (l'abbé). (*Voy.* BEAUDEAU.)

BAUDOUIN, frère de Godefroi de Bouillon. Vend ses terres pour se croiser, XVI, 159. — S'empare d'Édesse, et s'y forme un petit état, 167. — Roi de Jérusalem à la mort de son frère, est pris par les Turcs, 173.

BAUDOUIN, comte de Flandre. Brigue les débris de l'empire d'Orient, XVI, 123. — Avait été le principal moteur de la 5ᵉ croisade, 187. — Son élection à l'empire, 192. — Vaincu par les Bulgares; son supplice, 193. — Autres détails de sa fin tragique, XXVII, 432.

BAUDOUIN II, de Courtenai, dernier empereur latin de Constantinople. Implore en vain les secours des princes d'Europe contre les Grecs, XVI, 199. — Met en gage les reliques de J.-C., qu'il avait tirées de Jérusalem, 214. — Vient au concile de Lyon, *ibid.* — Retourne à Constantinople, dont s'empare Michel Paléologue, *ibid.* — S'enfuit en France, et y vit de la vente de son marquisat de Namur, *ibid.* — Sa petite-fille mariée à Charles de Valois, 276; XXIII, 284.

BAUDOUIN, électeur de Mayence, et frère de l'empereur Henri de Luxembourg.
Eut Trèves et Mayence pendant trois ans; c'est un exemple unique, XXIII, 21. — Prit le parti de Philippe de Valois contre Édouard III, 24. — Sa mort, *ibid.*

BAUDRAND (*Michel-Antoine*), géographe. Notice, XIX, 55.

BAUDRICOURT (*Robert* de), gentilhomme champenois. Découvre Jeanne d'Arc dans un cabaret de Vaucouleurs, et la présente au roi Charles VII, XI, 44; XVI, 408. — Devise de son château, qui donne une idée de l'esprit du temps, XI, 44.

BAUER, l'un des généraux du czar Pierre Iᵉʳ. Commande la droite de son armée à la journée de Pultava, XXV, 199. — Fit prisonnière Catherine, depuis impératrice, XXIV, 237.

Baume. (*Voy.* Sainte-Baume.)

Baume tranquille. Par qui inventé, et pourquoi ainsi nommé, LI, 103.

BAUVIN (*Jean-Grégoire*), avocat. L'un des rédacteurs de l'*Observateur littéraire* en 1746, LV, 109. — Sa tragédie des *Chérusques*; ce qu'on en dit, LXVIII, 10, 48.

BAVALAN. Reçut ordre d'un duc de Bretagne d'assassiner le connétable de Clisson, III, 282. — Le succès de sa désobéissance est le sujet d'*Adélaïde du Guesclin, ibid.*

Bavards. Quatrain de l'auteur à un bavard, XIV, 397. — Des bavards secs, diffus ou ampoulés, LII, 152.

BAVIÈRE (*Joseph-Ferdinand-Léopold*, prince de), fils de l'électeur Maximilien-Emmanuel. Nommé héritier de toute la monarchie espagnole à l'âge de quatre ans, XIX, 512. — L'épouse de Charles II lui fait déchirer cet acte testamentaire, 514. — Nouveau testament en sa faveur, 516. — Sa mort précipitée, et bruits odieux répandus à ce sujet contre la maison d'Autriche, *ibid.*

BAVIÈRE (ducs, princes et électeurs de). *Voy.* ALBERT, CHARLES, FERDINAND, JOSEPH-CLÉMENT, LOUIS, MAXIMILIEN, etc.

BAVIÈRE (*Marie-Anne-Christine-Victoire*, princesse de). Mariée au dauphin Monseigneur, fils de Louis XIV; et enfants qu'elle en eut, XIX, 3. — Époque de sa mort, *ibid.*; XX, 202. — Aimait les lettres, avait même fait des vers, *ibid.* — Bon mot qu'on en cite, XLVI, 354. — Anecdote qui la concerne, XXXIX, 12. (*Voy. Adélaïde de Savoie*, duchesse de BOURGOGNE, à qui cette anecdote est aussi attribuée).

BAVIÈRE (comte de), frère naturel de l'empereur Charles VII. Est tué à la bataille de Lanfelt; son éloge, XIII, 179; XXI, 239; XXXIX, 39.

BAVIÈRE (*Voy.* CHARLOTTE-ÉLISABETH de), deuxième femme de Monsieur, frère de Louis XIV.

BAVIÈRE-NEUBOURG (*Marie-Anne* de), femme de Charles II, roi d'Espagne, et belle-sœur de l'empereur Léopold. Par attachement à la maison d'Autriche, fait déchirer le testament du roi, qui appelait le jeune prince de Bavière à la succession d'Espagne, XIX, 514. — Vive colère qu'elle manifeste à la nouvelle du traité de partage de cette monarchie, du vivant même du roi, 517. — Intrigue dirigée contre elle par le parti français, 120. — Refuse sèchement les secours offerts par la France contre les Maures assiégeant Ceuta, *ibid.* — Recommandations à son sujet, faites par Louis XIV à Philippe V, lors de son avénement au trône d'Espagne, XX, 225.

BAVIÈRE (maison de). Louis XIV fait ériger pour elle un 8ᵉ électorat, XIX, 318; XX, 108. (*Voy.* MAXIMILIEN.) — Liste de ses électeurs, depuis le commencement du 17ᵉ siècle, XXIII, 28.

BAVILLE (de), intendant du Languedoc. (*Voy.* LAMOIGNON-BAVILLE).

BAY (marq. de), général de Philippe V en Espagne. Battu par Staremberg à Saragosse, XX, 86.

BAYARD, surnommé *le Chevalier sans peur et sans reproche*. Arme François Iᵉʳ chevalier, à la bataille de Marignan, X, 230. — Trait de bravoure à Cérignoles, qui le fait comparer à Horatius Coclès, XVII, 93. — Sa valeur et sa générosité, 108. — Ses belles retraites, 109. — Est blessé à mort dans la déroute de Biagrasse, 202; XXIII, 457. — Ce qu'il répond au connétable de Bourbon qui le plaignait, III, 304, 357; XVII, 202. — Avait coutume de faire dire une messe lorsqu'il allait se battre en duel, 175.

BAYE (de), frère de la marquise de Prie. Vers qui lui sont adressés dans la *Fête de Belébat*, II, 340.

BAYER (*Jean*), d'Augsbourg, astronome. Notice, LIV, 653.

BAYEUL, membre du parlement de Paris. Opprimé par la faction des Seize, X, 152, 153. — Oncle du marquis de Château-Gontier, surintendant des finances, *ibid.*

BAYLE (*Pierre*). Génie facile, savant universel, dialecticien aussi profond qu'ingénieux, LIII, 608. — Philosophe judicieux, l'éternel honneur de la raison humaine, XII, 478. — Est le plus grand des dialecticiens, et se combat lui-même, 189, 199. — Laisse indécise la question de l'origine du mal, *ibid.* — Est l'avocat-général des philosophes, mais ne donne pas ses conclusions, *ibid.* — Combat la doctrine de Spinosa sur la nature de Dieu, XIV, 246; XLII, 565; XLIII, 564. — Avait à peu près le même caractère que lui, mais cherchait la vérité par des routes différentes, XLII, 569. — En quel cas s'est montré plus sévère que saint Augustin, XXVI, 111. — Vers à ce sujet, 112. — Examen de sa question: Si une société d'athées pourrait subsister, XXVII, 183. — A très-mal plaisanté de Henri IV, XVIII, 118. — Persécuté par Jurieu; vers à ce sujet, XII, 65, 66. — Prétextes dont on se servit à cet effet, XXXI, 396. — Ses œuvres brûlées en place publique en 1750, par ordre des jésuites allemands à Colmar, et réflexions à ce sujet, XII, 335, 361; XXX, 434; LVI, 403, 405, 410. — Qui empêcha son Dictionnaire d'être imprimé en France, XIX, 186. — L'analyse qu'en fit de Marsy, brûlée, en 1756, par arrêt du parlement de Paris, 62 *et suiv.* — Extrait qu'en fit le grand Frédéric, LXIII, 48, 447. — Cet ouvrage est le premier de ce genre où l'on puisse apprendre à penser, XX, 314; XXXI, 32. — Tracasseries et persécutions que lui suscitèrent les dévots, au sujet de l'article *David*, XXVIII, 293; XXX, 226; XXXI, 396. — Perfectionne le genre des journaux, tant déshonorés depuis, XIX, 202. — De son écrit contre le préjugé vulgaire au sujet des comètes, XX, 302. — De sa critique du chaos par Ovide, XXXI, 339 *et suiv.* — Son sentiment sur Grégoire VII, contredit par Voltaire, XXX, 141 *et suiv.* — Notice historique et littéraire sur sa personne et ses ouvrages, XIX, 55. — De sa *Vie* publiée par Desmaiseaux, 56. — On a voulu continuer son Dictionnaire, mais on n'a pu l'imiter, 57. — En quoi ont erré ceux qui l'ont entrepris, et abus scandaleux dont ils ont chargé leurs suppléments, 206. — Il convenait lui-même qu'il avait écrit pour les libraires, et qu'il avait enflé son ouvrage d'un grand nombre d'articles insignifiants, XII, 320, 353. — Doit être réduit à un tome dans la bibliothèque des gens de goût, 320. — But de Voltaire en insistant sur cette réduction, LIII, 609. — Qualités et défauts de son style, *ibid.*; XIX, 56; XXXVII, 391. — Honneur que lui a rendu le parlement de Toulouse en faisant valoir son testament, quoique d'un réfugié, XII, 65; XX, 314. — Pourquoi fut calomnié et injurié par la secte des jausénistes, et par L. Racine, XXVII, 309. — Réponse qu'il est supposé avoir faite au cardinal de Polignac, et qui n'est qu'une calomnie, XLIII, 518. — Mot qu'on en cite sur les courtisans, LXIV, 226. — Ceux qu'il écrivit au moment de sa mort, XLIII, 518. — Injustice de ses détracteurs, XII 200. — Ses mœurs étaient aussi respectables que son génie, LII, 137. — Surnommé *le Père de l'Eglise des sages*, LVII, 64. — Ses livres, tout diffus qu'ils peuvent être, seront à jamais la bibliothèque des nations, LII, 137.—Autres éloges, XXVII, 312; XXIX, 250; XXXI, 396; XL, 364.

Bayonnette. D'où cette arme tire son nom, et vers qui la caractérisent, X, 271. — Quand on commença à s'en servir, *ibid.* — Martinet, sous Louis XIV, la mit en usage d'une manière constante et uniforme, en la faisant placer au bout du fusil, XIX, 338; XX, 256. — Comment est devenue depuis plus menaçante que meurtrière, 27.

Bazin (l'abbé). Auteur supposé de la *Philosophie de l'histoire*, par Voltaire, XV, 2; XLIII, 310. — Défendu par un prétendu neveu, 313 *et suiv.* — Diatribes publiées sous son nom, 382, 386, 394, 396.—Comment écrit Bazin, XLIII, 313, 314.

Bazire. Lettre qui lui est adressée en 1764, LXII, 62.

Béatrix, fille de Renaud, comte de Bourgogne. Mariée à l'empereur Frédéric Barberousse, XXIII, 11, 190.

Béatrix, fille de l'empereur Philippe Ier, assassiné. Épouse son compétiteur Othon IV, XXIII, 226. — Fait mettre au ban de l'Empire l'assassin de son père, *ibid.*—Sa mort, 227.

Beau (le). Différentes opinions qu'on s'en forme, XXVII, 313.—Ce qui est beau dans tous les temps et dans tous les lieux, VIII, 74; XXVII, 315. — Il n'est rien de beau, en aucun genre, que ce qui soutient l'examen attentif de l'homme de goût, VIII, 192. — Il faut que le beau soit rare, sans quoi il cesserait d'être beau, XV, 145; XXVII, 100.

Beaubourg, acteur de la Comédie française. Son jeu critiqué, XLVI, 367.

Beauchamps. Auteur des *Recherches sur les théâtres;* ce qu'on dit de cet ouvrage, LIX, 573.

Beaudeau (l'abbé *Nicolas*). Auteur des *Nouvelles Éphémérides économiques*, XLVIII, 102. — Diatribe qui lui est adressée, *ibid.* — Lettre que lui écrit Voltaire en 1775, LXIX, 252.

Beaudinet. Lettres facétieuses qu'il est supposé écrire relativement aux *Questions sur les miracles*, XLII, 243, 255, 272, 283.

Beaudricourt. (*Voy.* Baudricourt.)
Beaufort (ducs de). (*Voy.* Vendôme.)
Beaufort (duchesse de). (Voy. *Gabrielle* d'Estrées.)

Beaufort (comtesse de). Étonnante aventure dont elle est victime, en 1771, dans la Franche-Comté, LVIII, 211. — Autres détails, 228, 261.

Beauharnais (*Marie-Anne-Françoise* de). Lettre qui lui est adressée en 1772, LXVII, 447. — Notice, *ibid.*

Beaujeu (Mme de Bourbon-). (*Voy.* Anne de Bourbon-Beaujeu.)

Beaumanoir, chevalier breton. Était à la tête du combat des Trente, fait d'armes singulier du 14e siècle, XVI, 377.

Beaumarchais (Caron de). Ce que Voltaire pensait de son procès avec M. Goësmann, et de ses *Mémoires* à cette occasion, LXVIII, 407, 413, 447, 449, 451. — Anecdotes plaisantes qui le concernent, 433, 452, 459, 473. — Comment son procès se termine, 459. — Cassation de l'arrêt qui le condamnait, 465. — Conseil que lui donne Voltaire au sujet de son *Barbier de Séville*, qui d'abord n'avait pas réussi, LXIX, 219.

Beaumont (l'abbé de), précepteur de Louis XIV. Ne lui avait presque rien appris, XX, 124. — Prend le parti des spectacles contre un curé de Saint-Germain-l'Auxerrois, 126. — Autorise, étant archevêque de Paris, le sentiment qu'il avait combattu étant abbé, 127.

Beaumont (*Christophe* de), archevêque de Paris. Sa querelle avec J.-J. Rousseau, XIII, 283. — Son *factum* contre lui, LX, 387. — Son portrait, son caractère, XL, 115. — Sa conduite dans l'affaire des billets de confession et des partisans de la bulle *Unigenitus*, *ibid.*; XXI, 343 *et suiv.*; XXII, 321. — Démarche extravagante qui le rend à la fois ridicule et odieux, 322. — Ses querelles à ce sujet avec le parlement, xiv, 241; xxi, 344 *et suiv.*; xxii, 323 *et suiv.* — Exilé, il est regardé dans son petit parti comme un martyr de la foi, xxi, 352; xxii, 335; lxi, 291. — Renouvelle les querelles qui semblaient assoupies; déplaît à la fois au roi et au pape; est exilé de nouveau, xxi, 368; xxii, 353. — Autres détails sur ses persécutions contre les mourants et les morts, xiv, 241; xxi, 343 *et suiv.*; xxviii, 164; lx, 327, 348. — Est présenté, dans les déclarations de Damiens, comme la première cause de son attentat, xxi, 364, 366 *et suiv.*; xxii, 345, 350. — Son Mandement contre *Bélisaire*, en 1768, et anecdote y relative, lxiv, 577. — Facétie qui lui est adressée à ce sujet, xliv, 11. — Fête qu'il institue, en 1773, contre les philosophes, lxviii, 104, 108, 116, 133.

Beaumont (*J.-B.-Jacques* Élie *de*), avocat au parlement de Paris. Voltaire lui adresse la veuve Calas, et le prie de s'intéresser au sort de cette infortunée, lx, 283. — Il prend la défense de cette famille, xli, 234; lx, 394, 428, 469, 541; lxii, 210. — Et celle des Sirven, 236; lxiii, 51, 311; lxiv, 86, 87, 114. — Son désintéressement, lx, 541. — Lettres qui lui sont adressées, de 1762 à 1771 (Voy. *Tables* de lx à lxvii..) — Autres, au sujet des Calas et des Sirven, lxiii, 310; lxiv, 117. — Loué pour sa philosophie et son éloquence, xxvii, 240; lxiv, 45. — Statue que l'auteur veut lui dresser, lxii, 245. — Procès où il paraît comme délateur des protestants, après avoir été leur défenseur, lxiii, 366, 368; lxiv, 253, 270, 276, 303, 373, 374, 419. — Plaide contre Ramponneau, xiv, 191. — Facétie à ce sujet, xl, 136.

Beaumont (Mme *Anne-Louise*, épouse d'*Élie* de). Épître de Voltaire, en réponse à celle que cette dame lui avait adressée au sujet de Mlle Corneille, xiii, 239. — Auteur des *Lettres du marquis de Roselle*; vers et lettre qui lui sont adressés au sujet de ce roman, xiv, 447; lxi, 489.

Beaumont (Mme Le Prince de). Auteur des *Magasins* des Enfants, des Adolescents, des Jeunes Dames, etc., que Voltaire qualifie de *Catéchismes*, lxiv, 271. — Présent considérable que lui fait Catherine II, impératrice, *ibid.*

Beaumont de Péréfixe, historien de Henri IV. (*Voy.* Péréfixe.)

Beaune (*Renaud* de), archevêque de Bourges. Se déclare en faveur de Henri IV, et contre les bulles d'excommunication du pape Grégoire, xxii, 164. — Entre dans le dessein du président de Harlay, de secouer le joug papal et de créer un patriarche, 165. — Négocie pour Henri IV; sa vertu courageuse, 171. — Absout ce prince lors de son abjuration, 178.

Beauregard, parent de Voltaire. Cité sur l'aventure de la veuve de Constance Phalk, lvi, 202.

Beauregard, prétendu ami de Voltaire, et qui n'était que son espion. Rapport de police inédit qu'il fit, en 1717, à son sujet, i, 328. — Indigne traitement que l'auteur en éprouve, 352. — Poursuites criminelles exercées contre lui, li, 77, 83, 88.

Beauregard (l'abbé de), prédicateur de Versailles, soi-disant ci-devant jésuite. Plaisanteries à l'occasion de la fureur de son zèle, xxxix, 364; lxx, 462 *et suiv.*

Beausobre (*Isaac* de), ministre protestant. Auteur d'une excellente *Histoire du manichéisme*, et le plus tolérant de tous les chrétiens, xix, 58; lvi, 1, 100. — N'a pas aussi bien su réussir dans ses *Remarques critiques* sur le Nouveau Testament, 81. — Cas qu'en faisait le grand Frédéric, et regrets qu'il exprime de sa perte, liii, 144. — Notice, xix, 58.

Beausobre (de), fils du précédent. Frédéric II lui sert de père, et Voltaire le loge chez lui à Paris, xix, 58; lvi, 96, 100.

Beausse (de). Éplucheur des beautés et des défauts de Racine et de Corneille; vers à ce sujet, xiv, 319. — Mot qu'on en cite au prince de Conti, depuis roi de Pologne, xlvi, 356.

Beauté (la). Son portrait, xi, 100. — En proie aux transports grossiers d'un ravisseur, 166, 178. — Résister un peu vaut mieux pour elle que trop de complaisance, 170. — Beauté superbe, comment on la fléchit, ii, 261. — Que laideur affable est préférable à beauté rude et fière, vi, 15. (Voy. *Belles* et *Femmes*.)

Beauteville (*Pierre* de Buisson, chevalier de), lieut.-général, et depuis ambassadeur en Suisse. Avis utile qu'il ouvre au siège de Maëstricht en 1748, xxi, 244. — Envoyé à Genève en 1766, comme médiateur, lxiii, 43. — Bien qu'on en dit, xii, 290; lxiii, 112, 128. — Lettres qui lui sont adressées en 1767 et 1768. (Voy. *Tabl. part.* de lxiii à lxv). — Notice, lxiii, 43.

Beauvais (baronne de). L'un des premiers goûts de Louis XIV, xx, 123.

BEAUVAIS (*Jean* de), évêque de Senez. Dans son oraison funèbre de Louis XV, insulte à la mémoire de ce prince, qui fut son bienfaiteur; lettre facétieuse et critique que lui écrit Voltaire à ce sujet, XLVIII, 36. — Notice, *ibid.*

BEAUVAU (*Henri*, marquis de). Ses *Mémoires* sur le règne de Charles IV, duc de Lorraine, LXIV, 407. — Était fort instruit des affaires de son temps, *ibid.* — Avait la faiblesse de croire aux sorciers et aux revenants, *ibid.*

BEAUVAU (marquis de), maréchal-de-camp. Envoyé par Louis XV pour complimenter Frédéric II à son avénement, XXI, 66. — Ce que lui dit ce prince au sujet des préparatifs de guerre qu'il faisait alors, *ibid.*; XL, 57. — Est blessé mortellement au siége d'Ypres; ses belles paroles, XXI, 106; XXXIX, 41.

BEAUVAU (*Marc*, marquis de), cousin du précédent et fils du prince de Craon. (*Voy.* CRAON.)

BEAUVAU (*Charles-Juste*, prince de). Dans un discours à l'Académie française, en 1771, fait l'éloge de M. de Choiseul exilé; lettre que Voltaire lui écrit à ce sujet, LXVIII, 118, 120.— Visite l'auteur à Ferney en 1777, LXX, 334, 349.

BEAUVILLIERS (duc de). Ses représentations au conseil du roi, en 1697 et 1709; peinture touchante qu'il y fait des maux de la France à cette double époque, XIX, 504; xx, 76.— Y avait exposé le danger de la magnanimité du roi à l'égard du fils de Jacques II, XIX, 529. — Gouverneur du duc de Bourgogne, pensait en tout comme Fénelon, précepteur de ce prince, *ibid.* — Pourquoi fit résoudre la paix de Ryswick, xx, 556.— Sa vertu austère, 80.

Beaux-arts. Pourquoi ce nom donné aux arts libéraux, XXXI, 33. — Dépérissent s'ils manquent d'encouragement, III, 146. — Sont les marques infaillibles de la grandeur d'un peuple, 149.— Sont la nourriture et le plaisir de l'ame, IV, 149. — Aucun d'eux n'est méprisable, III, 153. — Il y faut de la tolérance comme dans la société, IX, 27.— L'homme de génie ne donne l'exclusion à aucun; vers à ce sujet, IV, 149; XXIX, 309; LII, 191.— Occupent le peuple et le rendent plus docile, VI, 431. — Bonheur de qui les cultive, XII, 85. — Il n'y a que les esprits durs et insipides qui les dédaignent, VII, 120. — Sont des plaisirs, XII, 351. — Sont tous frères, 471. — Périssent et renaissent ensemble, XVI, 427. — Se transplantent d'eux-mêmes, après les orages, dans les pays dévastés qui en ont besoin, 367. — Leur gloire en Italie au 16e siècle, XVII, 182. — N'ont eu que quatre siècles, 189; XIX, 237 *et suiv.*— N'ont qu'un temps de perfection, LXIX, 3. — Considérés en France sous Louis XIV, par rapport à l'éloquence, à la poésie, à la littérature, aux livres de morale et d'agrément, xx, 303 *et suiv.* — Tardive fécondité des beaux-arts, suivie d'une longue stérilité, 324. — Les arts qui ne dépendent pas entièrement de l'esprit se soutiennent mieux, 328.— Beaux-arts considérés par rapport à la musique, à la peinture, à la sculpture, à l'architecture, sous Louis XIV, *ibid. et suiv.* — Beaux-arts en Europe à la même époque, 334 *et suiv.*— Regrets sur leur décadence à la fin du 18e siècle, LXVIII, 275; LXIX, 3. — Il est faux de dire qu'ils aient nui aux mœurs, XVII, 189. — Apologue à ce sujet, XXXIX, 365. — De leur union avec les Muses, et vers à ce sujet, LXIV, 234. (*Voy. Arts*).

Beaux esprits, ou prétendus tels. Vers critiques à leur sujet, XIV, 165, 170, 237 *et suiv.* — Leur temple, XIII, 100. — Qu'un homme de lettres n'est pas ce qu'on appelle un *bel esprit*, et qu'un bel esprit peut aisément ne pas mériter le titre d'*homme de lettres*, XXX, 46.

BEAUZÉE (*Nicolas*). Lettre qui lui est adressée, en 1768, au sujet des vues philosophiques qui règnent dans sa grammaire, LXIV, 521.

BEC (Du), évêque de Nantes. Se déclare en faveur de Henri IV, et contre les bulles d'excommunication du pape Grégoire, XXII, 164.

BECAN, savant. Son opinion sur la langue flamande, XI, 71.

BECCAI, rabbin. Beau conseil que ce docteur rigide et scrupuleux donne aux Juifs, et qu'ils n'ont jamais suivi, XLIII, 542.

BECCARIA (marquis de). A démontré que les peines doivent être proportionnées aux délits, XXXII, 276. — Commentaire sur son traité à ce sujet, XLII, 419 *et suiv.* — Son opinion contre la peine de mort, 442. (*Voy.* MORELLET.)— Lettre qui lui est écrite au sujet du procès du comte de Morangiés, XLVII, 6.

BEC-CRÉPIN (du), comte de Moret. Propose à Turenne de céder au cardinal Mazarin l'honneur de la bataille des Dunes, XIX, 329.

BECHERAN (l'abbé). Convulsionnaire et faiseur de miracles, XXVIII, 222; XXXI, 227. — Note qui le concerne, XXXIV, 197.

BECQUET (*Thomas*), archevêque de Cantorbéry. Doit son élévation à Henri II, XVI, 117. — Ses querelles avec ce prince sur les droits de l'Église, 118. — Condamné comme séditieux, se réfugie en France, *ibid*. — De là, excommunie le conseil du roi, *ibid*. — Paix simulée, 119. — Il trouble de nouveau l'Angleterre, et meurt assassiné, *ibid*. — Pénitence publique de ce meurtre, exigée par le pape, 120; XVIII, 363. — Est canonisé sous le nom de *Thomas de Cantorbéry*, *ibid*. — Ses reliques brûlées par Henri VIII, qui s'approprie sa châsse, enrichie de pierreries, XVII, 291.

BEDFORT (comte de), père du lord Russel condamné à mort sous le règne de Charles II. Mot remarquable de lui au roi Jacques, qui avait empêché le roi de faire grace à ce fils, et qui, dans sa disgrace, implorait en sa faveur l'emploi de son crédit sur les pairs, XIX, 464.

BEDFORT (duc de). (*Voy*. BETFORT.)

BEDMAR (marquis de), ambassadeur d'Espagne à Venise. Principal agent de la conspiration tramée dans cette ville en 1618, XVIII, 378. — A quoi dut son salut, 379. — Récompensé par le cardinalat, 377; LVII, 461. — Connu depuis sous le nom de LA CUEVA, XVIII, 377.

BEDMAR. Recommandé par Louis XIV à Philippe V, comme un homme qui a du mérite, et qui est capable de le servir, XX, 225.

Bégueule (la). Conte moral en vers, XIV, 81. — Envoi qu'en fait l'auteur à Mme de Florian, 91. — Favart en a tiré le sujet de sa *Belle Arsène*, LXVIII, 426.

Bégueules. Vers caractéristiques, IV, 263. — Des beautés décrépites, transformées en bégueules respectables, XIII, 90.

BÉGUILLET (*Edme*), avocat et notaire à Dijon. Lettre qui lui est adressée, en 1775, au sujet de son *Manuel* du meûnier-charpentier, LXIX, 400.

BEHEIM (*Martin*), de Nuremberg. Fable de sa prétendue découverte du Nouveau-Monde, en 1460, XVII, 390; XXXI, 484.

BEKKER (*Balthazar*), théologien hollandais. Auteur du *Monde enchanté*, XLI, 31. — Détails sur sa personne et sur son livre, XXVII, 318 *et suiv*. — Ses scrupules sur les anges, 323. — Déposé de sa cure pour avoir voulu anéantir le diable, 324; XXXI, 302.

Tome I.

BEL. Ce mot employé comme nom de Dieu dans toute la Syrie, XV, 46, 223; XLIX, 169.

BEL-CASTEL (PERMILLAC de), page de la princesse de Condé. Exécuté en effigie comme prévenu d'avoir empoisonné le prince son époux, XVIII, 110; XXII, 140.

Belébat (*Fête de*). Divertissement dramatique, mêlé de prose et de vers, dont beaucoup ne sont pas de Voltaire, II, 322 *et suiv*. — Quels en furent l'occasion et l'objet, *ibid*.

Bel esprit (le). Réflexions sur sa rage, XLII, 690 *et suiv*. (*Voy*. *Beaux esprits* et *Esprit*.)

BELESTAT (marquise de). Vers sur ce qu'elle se plaignait qu'on lui eût pris deux contrats au jeu, XIV, 420.

BELESTAT (GARDOUCH, marquis de). Publie, sous le voile de l'anonyme, un *Examen de l'Histoire de Henri IV*, par Bury, qui fait d'abord une grande fortune, LXV, 170, 184. — Lettres qui lui sont adressées à l'occasion de cet ouvrage, dont il se déclare l'auteur, 203, 204, 306, 307. — Était incapable de le faire, et n'y avait d'autre part que celle de l'avoir acheté, 205, 344; LXVI, 27, 31. — Cet écrit est décidément l'œuvre de La Beaumelle, XLVII, 577; LXV, 170, 208. — Notice, 203.

Belgorod. Un des gouvernements de la Russie, et l'une de ses plus fertiles provinces, XXV, 43.

Belgrade (ville de). Assiégée, en 1717, par le prince Eugène, XXI, 4. — Donnée en 1718 à l'empereur, par la paix de Passarowitz, *ibid*. — Vers de Frédéric de Prusse au sujet du massacre qu'en 1739 les Turcs y firent des Allemands, LIII, 654 *et suiv*.

Bélier, ancienne machine de guerre. Vers descriptifs, XII, 135. (*Voy*. *Cheval de Troie*.)

BÉLISAIRE, général de Justinien. Arrache Rome aux Goths, XV, 381. — Exile le pape Sylvère, et en cela ne passe point les bornes de son autorité, s'il passa celles de la justice, *ibid*.; XLIII, 408 *et suiv*. — Indiqué par Voltaire comme beau sujet de tragédie, LXIII, 129. — Jugement qu'il porte sur ce grand capitaine, LXIV, 454.

Bélisaire (roman de), par Marmontel. Défendu contre les attaques des Cogé et autres, XLIII, 408 *et suiv*. — Belle morale qu'on y trouve, I, 296. — Anecdotes y relatives, XLII, 624; XLIII, I. — Lettre supposée de l'archevêque de Cantorbéry à celui de Paris, au sujet de son mandement contre cet ouvrage, XLIV, 11. — Observations sur la censure qu'en fit la Sorbonne, XIII, 291; XXXII, 430; L, 296. — Conte satirique à ce sujet, XIV, 219 *et suiv*. — Est traduit en russe par l'impératrice Catherine, qui le dédie à l'archevêque de Twère, LXIV, 245, 274. — Éloge du xve chapitre, et sa lecture recommandée aux princes, IX, 370; XXI, 433; LXIV, 41, 44. — Idée que l'auteur y a manquée, LXIII, 487.

BELLARMIN, jésuite, depuis cardinal. Vendu à Philippe II, assiste à la fameuse procession de la *Ligue*, XXII, 156; XLII, 332. — Soutient que le pape peut rendre juste ce qui est injuste, XLIV, 346, 443. — L'un des propagateurs de la doctrine du régicide, XVIII, 149. — Franchise de son aveu sur les motifs de la haine des premiers chrétiens contre les empereurs, XXVIII, 446.

Bellebat. (Voy. *Belébat*.)

BELLECOUR (*Gilles* COLSON, dit), comédien. Ce qu'on en dit, LV, 540; LXI, 395, 430.

BELLEFONDS (*Bernardin* GIGAULT, marquis de), maréchal de France sous Louis XIV. Gagne une bataille en Catalogne, XIX, 20. — Sa mort, *ibid.*

BELLEGARDE (duc de). Assiége Livron, sous les ordres du dauphin d'Auvergne; anecdote à ce sujet, XLI, 77; XLV, 141; XLVII, 557.

BELLEGUIER. Discours qui lui est attribué sur le texte proposé par l'université de la ville de Paris, pour sujet du prix de l'année 1773, XLVII, 181 *et suiv.*

BELLE-ISLE (*Charles-Louis-Auguste* FOUQUET, comte, puis maréchal-duc de). Son portrait, XXI, 67; XXXIX, 66. — Entreprend, avec son frère, de faire élire empereur l'électeur Charles-Albert, XXI, 67 *et suiv.* — Honneurs qu'il reçoit à Francfort, au couronnement de ce prince sous le nom de Charles VII, 73. — Y tombe malade, 74. — Ses négociations, après nos désastres, rendues difficiles par le cardinal de Fleury, qui rejette sur lui tout l'odieux de la guerre, 75. — Sa belle retraite de Prague à Egra, 78. — Fait prisonnier en Hanovre contre le droit des gens, est transféré en Angleterre; 123. — Y est considéré comme prisonnier d'état; attentions distinguées qu'on a pour lui, 124. — Est renvoyé sans rançon, 153. — Délivre la Provence envahie par les Autrichiens et les Piémontais, 180.

— Prend le comté de Nice, et protége Gênes, 190; XXXIX, 66. — Éloge qu'en fait le grand Frédéric, LIV, 328, 336. — Son élection à l'Académie française, en 1749, LV, 287. — Lettres qui lui sont adressées, en 1752, au sujet du *Siècle de Louis XIV*, LVI, 144, 168, 208. — Il meurt en 1761, ministre et secrétaire d'état de la guerre; Notice qui le concerne, XIX, 20. — Sa retraite de Prague mise au-dessus de la fameuse retraite des Dix-Mille, XXXII, 62. — *Testament politique* publié sous son nom; quel est l'auteur de ce plat ouvrage, XXIX, 254; XXXIV, 40; XLII, 30; LX, 12, 58, 82.

BELLE-ISLE (*Louis-Charles-Armand* FOUQUET, chevalier, puis comte de), frère du précédent. Son portrait, XXI, 67. — Intimité avec son frère, et concert de leurs projets, *ibid. et suiv.* — Fait prisonnier avec lui, et conduit en Angleterre, 123. — Renvoyé, ainsi que lui, sans rançon, 153. — Commande les Français au combat d'Exiles, 191 *et suiv.* — Y est blessé mortellement, 192. — Comparé à Cynégire, XXXIX, 34. — Reproches injustes élevés contre sa mémoire à l'occasion de ce combat, *ibid.* — Fit, avec son frère, tout le plan de la guerre contre la reine de Hongrie, XIX, 20.

Belle-Isle-en-mer. Prise par les Anglais, XXI, 332. — Rendue à la France par la paix de 1763, 338.

BELLEMARE. Réfugié en Hollande sous le nom de BÉNAR, y fait contre la France un *Journal historique*, LVI, 377. — Obligations qu'il avait à Voltaire, qu'il déchire, *ibid.*

Belles (les). Le premier devoir est de les servir, et les rois ne vont qu'après elles, V, 248. — Le plaisir les embellit encore, XI, 20. — Portrait d'une belle dédaigneuse, 142. — Embarras d'une belle sollicitée en même temps par deux amants égaux en graces et en mérite, et conseils à ce sujet, 192, 193. — Portrait d'une belle sotte, et vers qui la caractérisent, 375, 377, 378, 380. — Comment l'esprit lui vient, 384, 385. — Travers des belles décrépites, qui regrettent de n'être plus aimables, XIII, 90. (Voy. *Beauté* et *Femme*.)

Belles-lettres. Passage remarquable de Cicéron sur les ressources et les charmes qu'offre leur culture, IV, 153. — Heureux qui peut les cultiver en paix, LVI, 281. — Sont un plaisir de tous les temps, LX, 142. — Sont comme l'argent comptant, ne manquent jamais au besoin, LXI, 282. — Nourrissent l'ame, la rectifient et la consolent, LVI, 720. — Consolent même des calamités publiques, XXI, 433. — Réflexions contre ceux qui les outragent, et moyen indiqué pour les rendre respectables, VII, 23. — Pourquoi il est absurde et abominable de dire qu'elles corrompent les mœurs, VIII, 93; LV, 480. — Quand ne procurent qu'une vie malheureuse et méprisée, XIX, 216. — Moyen de connaître si elles font du bien à une nation, XXIX, 287. — De la protection qui leur est due, ainsi qu'à ceux qui les cultivent, LI, 392 *et suiv.* — Prospèrent lorsqu'on les encourage, III, 146; XII, 108. — Qu'il faut toujours les aimer, malgré l'abus qu'on en fait, LVI, 720.

BELLET (de). Commande la gendarmerie à Fontenoi; a un cheval tué sous lui, XII, 135.

BELLEVAL, lieutenant de l'élection d'Abbeville. L'un des principaux instigateurs de l'affreuse procédure du chevalier de La Barre, XLII, 364; LXIII, 214, 227 *et suiv.*; 246, 353. — Se brouilla depuis avec le procureur du roi, et changea d'avis; sa réputation rétablie en faveur de ses fils, LXVIII, 454. — Déclaration qu'il donna, en 1773, contre cette horrible affaire, dont il fut la première cause, 464. — Rétractations de Voltaire à son sujet, et notes y relatives, XXXII, 529, 530; XLVIII, 127; LXVIII, 441, 452, 462.

BELLIÈVRE (POMPONNE de). Envoyé par Henri III au prince palatin Casimir, qui le retient en ôtage et prisonnier à Heidelberg, XVIII, 105.

BELLIÈVRE (de), premier président. Comment parvient à établir l'hôpital-général de Paris, XX, 239; XXVIII, 18.

BELLINI (*Gentile*), peintre vénitien. Mahomet II le fait venir, et le renvoie avec de magnifiques récompenses, XI, 300; XVI, 488.

BELLOT, valet de chambre de Louis XIV. Compose des récits et divertissements qui exposent avec mystère les amours du roi et de Mlle de La Vallière, XX, 144; XXXIX, 7.

BELOSTE. (*Voy.* BÉLESTAT DE GARDUCH.)

BELOWSELKY (prince de). Lettre en vers et en prose que lui écrit Voltaire en 1775, et note y relative, XIV, 479; LXIX, 239.

BELSUNCE (de), évêque de Marseille. Sa belle conduite pendant la peste de cette ville, en 1720, XII, 426; LV, 91. — Vers au sujet de ce noble dévouement, XII, 426; XLII, 683. — Lettre singulière qu'il écrivit, en 1750, au contrôleur-général des finances, qui voulait soumettre le clergé au paiement de l'impôt, comme le reste de la nation, XXI, 342, 346. — Son zèle ridicule en faveur de la bulle *Unigenitus*, LVI, 529.

BEMBO, cardinal. Cité sur la mort d'Alexandre VI et de son fils Borgia, XVII, 95. — Savait imiter la latinité de Cicéron, et semblait adopter sa philosophie sceptique, 234. — Autres mentions de lui, par allusion au cardinal de Bernis, LXV, 443, 475.

BEN-HONAÏM, astronome arabe. Traduit l'*Almageste* de Ptolémée, et pousse assez loin ses observations, XV, 333.

BEN-JOHNSON. (*Voy.* JOHNSON.)

BEN-MOHAMED, shérif. Appelé le *Géographe de Nubie*, XXXIX, 567. — Chassé de ses états, porta en Sicile, au roi Roger II, un globe d'argent sur lequel il avait gravé toute la terre connue, et corrigé Ptolémée, *ibid.*

Bender, ville de Turquie. Charles XII y est conduit prisonnier, XXIV, 206. — Stanislas-Leczinski aussi, 284. — Fameux combat auprès de cette ville, 273 *et suiv.* (*Voy.* CHARLES XII.)

Bénédictins. Moines qui tenaient le premier rang dans la foule des ordres religieux, XVII, 326. — Comment regardaient les autres moines, *ibid.* — En quoi n'ont pas suivi l'intention de leur fondateur, XIII, 234. — Ne faisaient point de vœu de pauvreté, XV, 443. — Défrichèrent des terres incultes, qu'ils firent ensuite cultiver par des serfs, *ibid.* — Formèrent des bourgades, de petites villes même, autour de leurs monastères, *ibid.* — Titres qui démontrent leur usurpation tyrannique, XLVI, 450. (*Voy. Main-morte, Mont Jura, Saint-Claude.*) — Étudièrent, et furent les seuls qui conservèrent les livres en les copiant, XIII, 237; XV, 443; XVII, 322. — De leur compilation de l'*Histoire littéraire de la France*, LI, 374, 415. — Pourquoi comptent parmi eux seize mille saints canonisés, XXVI, 28.

Bénéfices ecclésiastiques. Leur pluralité, comme celle des femmes, est un droit qui n'appartient qu'à l'homme puissant, XXVII, 366. — Faits à l'appui de cette assertion, *ibid. et suiv.* — Abus dans leur distribution, 369 *et suiv.* — Débats qui eurent lieu au concile de Trente à ce sujet, xviii, 83. — Sous Charles IX et sous Louis XIII, étaient presque tous possédés par des laïques, 68, 181; xxxix, 317. (*Voy. Biens d'Église* et *Investitures*.)

Bénéficier (le), conte en vers. (Voy. *Azolan*.)

Bénéficier (lettre d'un). (*Voy.* LETELLIER, jésuite.)

Bénévent (ville et territoire de), duché héréditaire sous les rois lombards, xv, 523. — Ses ducs résistent à Charlemagne et à ses successeurs, xxvi, 24. — De la donation aux papes qu'en fit l'empereur Henri III, xv, 416; xvi, 28; xxiii, 149; xxviii, 447.— Enlevée par le roi de Naples à Clément XIII, xxi, 383.—Rendue à son successeur, 386.

Bengale (le). Appelé *paradis terrestre* dans tous les rescrits du Grand-Mogol et des soubas, xlvii, 452.

BENHADAD, roi syrien. Vaincu et pardonné par Achab, roi d'Israël, xi, 253.

BÉNIGNE (saint), à Dijon, au 9ᵉ siècle. Convulsionnaires qui prient sur son tombeau, xv, 518, 519.

BENJAMIN DE TUDÈLE, rabbin espagnol. Par qui traduit en français, xix, 53; xlix, 362. — Ce qu'il conte de la statue de sel en laquelle fut métamorphosée la femme de Loth, xlviii, 195; xlix, 48.— Ses voyages au 12ᵉ siècle, en Europe et en Asie, xv, 189.—Accusé d'exagération et de mensonges dans la relation qu'il en fit, xlix, 361.—Pour qui cet ouvrage est fort utile, 363.

Benjamites (les). Massacrés pour le crime de ceux de Gabaa, xl, 610; xliii, 69; xlix, 232 *et suiv*. — Manière singulière dont leur tribu fut repeuplée, 235.

BENOÎT (saint). Patriarche des cénobites de l'Occident au 6ᵉ siècle, xvii, 322.— Fonde sa règle au mont Cassin; privilége singulier dont Dieu, dit-on, les gratifie, xxvi, 27. — Quelles furent les conséquences de cette institution pour la politique et pour la morale, xvii, 322 *et suiv*. —Vers y relatifs, xiii, 234.

BENOÎT III. Devint pape à l'aide des Francs, et malgré le peuple romain, xxiii, 6. — Le denier de saint Pierre fut établi en Angleterre sous son pontificat, *ibid*.

BENOÎT IV, pape. Son exaltation, xxiii, 7.

BENOÎT V, pape. Son exaltation, xxiii, 8. — Chassé par l'empereur Othon Iᵉʳ, meurt en exil, *ibid*.

BENOÎT VI, pape. Créature d'Othon II, xvi, 6. — Son exaltation, xxiii, 8. — Meurt étranglé par le consul Crescence, fils du pape Jean X, xvi, 6; xxiii, 8 *et suiv*.; xxxiv, 259.

BENOÎT VII, pape. Son exaltation, xxiii, 9.

BENOÎT VIII, de la maison de Toscanelle. Achète publiquement la papauté, xvi, 8. — Hommage qu'il extorque à la simplicité de l'empereur Henri II, xxiii, 140. — Réclame ses secours contre les Grecs et les Sarrasins, 9, 141.

BENOÎT IX. La papauté est achetée pour lui à l'âge de douze ans, xvi, 9; xxiii, 148. — A deux autres concurrents avec lesquels il partage, *ibid*. — Revend sa part, mais se réserve le denier de saint Pierre, xvi, 9; xxiii, 9, 148. — Tente vainement de rentrer dans la chaire pontificale, après l'avoir vendue, xvi, 10.

BENOÎT XII (*Jacques* FOURNIER). Résidence de ce pontife à Avignon, xxiii, 14. — Prend le parti de Christophe, roi de Danemarck, déposé en 1329 par la noblesse et le clergé, xvi, 260. — Comment Philippe de Valois l'empêche de réconcilier à l'Église l'empereur Louis de Bavière, xxiii, 318.

BENOÎT XIII (ORSINI). Son caractère, xx, 436. — Pourquoi convoque le petit concile d'Embrun, *ibid. et suiv*. — Comment loué par l'auteur dans les premières éditions de la *Henriade*, x, 159. — Sa mort, xxiii, 662. — Ce fut lui qui canonisa Grégoire VII, le perturbateur de l'Europe, xvi, 89.

BENOÎT XIV (LAMBERTINI). Lettre italienne de Voltaire en dédiant à ce pontife la tragédie de *Mahomet*, v, 10.—Traduction de cette lettre, *ibid*. — Réponse du pape, i, 168; v, 11. — Distique latin en son honneur, et discussion sur la quantité du mot *hic, ibid. et suiv*. — Lettres de remerciment, encore en italien, et leur traduction, 13, 14; lv, 53. — Modération et gaîté de ce pontife, xxi, 356. — Il se déclare neutre dans la guerre de 1741, 85. — Son bref de 1756 aux évêques de France sur la bulle *Unigenitus*, x, 356. — Cet acte supprimé par arrêt du parlement de Paris, 357. — Sa mort, xxiii, 662. — Ce pontife fut défenseur des beaux-arts, et ne fut pas cagot, liv, 545. — Variantes des vers latins composés pour son portrait, xiv, 491; lv, 54, 84. — Bon mot qu'on en cite, lvii, 535. — Notice, lv, 53.

BENOÎT, pape pendant le grand schisme. (Voy. PIERRE DE LUNA.)

BENSERADE (*Isaac* de). Son talent singulier pour les pièces galantes et allégoriques, xx, 147. — Vers qu'il fit pour Louis XIV représentant le soleil, 150; xxxix, 7. — Munificence de ce prince à son égard, xx, 157. — Notice, xix, 59. — On regrette que les inscriptions en vers dont était remplie sa maison de Gentilly n'aient pas été recueillies, *ibid*. — Est auteur d'une plate tragédie de *Cléopâtre*, xxxv, 98. — Médiocre figure qu'il fait dans le *Temple du Goût*, xii, 343, 346.

BENTHEIM (comte de). Gagné par le ministre Louvois, achète des Hollandais les munitions qui, dans la guerre de 1668, devaient servir à les détruire, xix, 389.

BENTINCK (*Charlotte-Sophie*, comtesse de), née comtesse d'Altembourg. Amie de Voltaire, ne cessa pas de l'être pendant sa catastrophe littéraire à Berlin, i, 377, 381.—Son portrait, et notes qui la concernent, lv, 278; lvii, 594; lviii, 101, 126.

BENTIVOGLIO (la maison). Dépossédée de Bologne par Jules II, xxiii, 514.

BENTIVOGLIO, nonce du pape Benoît XIII à Paris. Apprécié, xxx, 147. — Sa maîtresse la *Constitution* et sa fille la *Légende*, anecdote, *ibid*.; xlii, 136.

BÉQUILLET. (*Voy*. BÉGUILLET.)

BÉRARD, capitaine de vaisseau. Marin de Normandie, qui emporte de l'argent à Voltaire, lxx, 210.

BÉRAUD (l'abbé). Auteur d'un poëme épique sur la *Conquête de la terre promise*, lxiv, 96.—Lettre qui lui est adressée, en 1776, à ce sujet, *ibid*.

BÉRENGER, duc de Frioul. Prétend à l'empire, xv, 519; xxiii, 99. — Se fait couronner roi d'Italie à Langres en Champagne, *ibid*. — Poursuivi par l'empereur Arnould, 101.—Règne en Lombardie au milieu des factions, 103. — S'y affermit; s'allie aux Turcs; fait crever les yeux au fils de Bozon, et force dans Rome Jean IX à le couronner empereur, 104.

BÉRENGER II, dit *le Jeune*. Assiége dans Canosse Adélaïde de Bourgogne, xxiii, 117.—Devient maître absolu de la Lombardie, mais non de Rome, 119.—Chassé de l'Italie par Othon-le-Grand, 120; xvi, 1.— Se réfugie sur les côtes de Provence, chez les mahométans, 2. — Se ligue de nouveau contre Othon, avec le pape Jean XII, *ibid*.; xxiii, 121.

BÉRENGER, archidiacre d'Angers. Combat la doctrine de la présence réelle, xvi, 67. — Est condamné par deux conciles à se rétracter, 68. — Meurt dans son opinion, *ibid*. — Sa doctrine renouvelée par Wiclef, 335. — Et par les réformés du 16ᵉ siècle, xli, 240.

BÉRENGER. Loué dans le poëme de *Fontenoi*, et comme défenseur du Rhin, xii, 128.

BÉRENGER, Genevois, banni de la république. Auteur d'une *Histoire de Genève*, lxix, 397.

BÉRÉNICE, sœur d'Agrippa, et maîtresse de Titus. Princesse débauchée et incestueuse, lxv, 137.

Bérénice, tragédie de Racine. Commentée par Voltaire, xxxvi, 384 à 406. —Sujet donné à Corneille et à Racine par Henriette d'Angleterre, vi, 154; xiv, 181; xx, 144; xxxvi, 384, 532. — Sujet indigne du théâtre tragique, ix, 201, 384; lix, 563. — Comparaison des pièces des deux auteurs, vi, 154; viii, 197; ix, 384; lix, 563. — Racine seul pouvait traiter ainsi un pareil sujet, viii, 197.—Est une élégie, une idylle, plutôt qu'une tragédie simple, ii, 56; ix, 201; xxxvi, 500. — Tous les actes finissent par des vers faibles, 393, 400, 404. — Le cinquième est, en son genre, un chef-d'œuvre, 405. —Magie du style, ix, 468; xxxvi, 386 *et suiv*. — La simple lecture de cette pièce tira des larmes du grand Frédéric, ix, 467. — Plusieurs situations d'*Ariane* en sont imitées, xxxvi, 435, 442, 445. — Vers de cette tragédie dans *Zaïre*, iii, 166, 235. — Autres dans *Zulime*, iv, 481.—Vers familiers reprochés à Racine; injustice de cette critique, viii, 196 *et suiv*.; xxxii, 244. — Cette pièce est, en quelque façon, l'histoire des amours de Louis XIV avec la princesse anglaise sa belle-sœur, xiv, 181; xx, 144; lxv, 136. — Est une pastorale moins tragique que les scènes intéressantes du *Pastor fido*, vi, 154. — Anecdote y relative, xxxvii, 383. (Voy. *Tite et Bérénice*, et HENRIETTE d'Angleterre.)

Berg-op-Zoom (ville de). Prise d'assaut par les Français, xxi, 241; xxxix, 73.

BERGER, correspondant littéraire de Voltaire, puis secrétaire du prince de Carignan. Bien qu'en dit l'auteur, et galanterie qu'il lui fait, lii, 195.—Dirige une édition de la *Henriade*, 237, 248.—Emprunte de l'argent à Voltaire, 369; liii, 55. — En parle en termes peu mesurés, *ibid*. —Lettres qui lui sont adressées, de 1733 à 1744. (Voy. *Tables part*., de li à liv.) — Reproches honnêtes que lui fait l'auteur, en 1765, au sujet de la publication de prétendues *Lettres* de lui *à ses amis du Parnasse*, et de diverses autres falsifiées, LXII, 214. — Était devenu dévot, 213, 248. — Notice qui le concerne, LI, 439.

BERGER, directeur de l'Opéra, de 1744 à 1746. Lettre qui lui est adressée au sujet du *Temple de la Gloire*, LV, 124. — Notice, *ibid.*

BERGIER (*Nicolas*), historiographe de France. Est plus connu par sa curieuse histoire des *Grands chemins de l'empire romain*, XIX, 59. — Utilité de ce livre, XXVIII, 28.

BERGIER (*Pierre*). Infortuné, brûlé à Lyon en 1552, comme protestant, XLIV, 106, 130. — Son courage héroïque, *ibid.*

BERGIER (*Nicolas-Silvestre*), théologien, auteur de la *Certitude des preuves du christianisme*. Conseils raisonnables qu'on lui donne sur ce qu'il avance au sujet de l'assassinat de Henri IV, XLIV, 82. — Sur l'apologie qu'il fait du meurtre de Jean Hus et de Jérôme de Prague, 84. — Sur la cause qu'il assigne aux guerres de religion, 85. — Sur sa dispute avec Fréret, auteur prétendu de l'*Examen critique des apologistes de la religion chrétienne*, 89 *et suiv.* — Sur quelques niaiseries et absurdités qu'il raconte, 99 *et suiv.* — Sur sa doctrine intolérante, 107. — Comment fait parler Jésus lui-même sur sa naissance, et réfutation d'une citation à ce sujet, XXIX, 540. — Autres réflexions sur sa prétendue réfutation de l'*Examen critique*, etc., LXIV, 536.

BERGIER, frère du précédent. Accueilli par Voltaire en 1766, LXIII, 193, 196.

BÉRING, navigateur danois. Envoyé par le czar Pierre, et ensuite par Anne, sur les terres de l'Amérique, par la mer de Kamtschatka, XXV, 57. — Meurt dans une île à laquelle il donne son nom, 58.

BÉRINGHEN, premier valet de chambre de Louis XIII. Agent de la cabale contre Richelieu, XVIII, 216. — Reçoit l'ordre de sortir du royaume, 219.

BÉRINGHEN (marquis de), premier écuyer de Louis XIV. Enlevé sur le pont de Sèvres par un parti hollandais, qui croit se saisir du Dauphin, XX, 69.

BERKELEY (*George*), évêque de Cloyne, ci-devant missionnaire en Amérique. Auteur d'un livre intitulé *le petit Philosophe*, ou *Alciphron*; anecdote et détails curieux relativement à cet ouvrage, XXVIII, 255; XXXVII, 402, 565; XXXVIII, 303; LII, 354; LXIII, 67. — Est un des plus profonds écrivains qui aient défendu le christianisme, LXX, 31. — De ses *Dialogues* contre les incrédules, et d'une absurde méprise d'un critique à leur sujet, XXXVII, 402. — Comment a prétendu prouver que les corps n'existent pas, XXVIII, 226. — Réfuté sur le calcul différentiel, écrivit que les géomètres n'étaient pas chrétiens, XII, 469. — Lumières qu'il a portées sur des questions d'optique, LII, 354. — Notice, *ibid.*

Berlin, capitale de la Prusse. Embellie et agrandie par Frédéric II, après ses victoires, XL, 64. — Surprise par les Autrichiens en 1757; à quelle condition le général Haddik lui épargne le pillage, XXI, 299. — Prise ensuite par les Russes, en 1760, 303; LIX, 57, 100. — Abandonnée par la famille royale, qui se réfugie à Magdebourg, XXI, 303. — Voyage à Berlin. (Voy. *Voyage*, etc.)

BERMUDES (*Jean*), patriarche latin. Pourquoi se fait chasser d'Éthiopie, XVII, 385 *et suiv.*

BERNARD (saint). Son portrait, XVI, 173. — Bel esprit, mais parlant un jargon barbare, 428. — Portrait odieux qu'il trace des Romains de son temps, 97. — Prêche en France une croisade, 174. — Et en Allemagne, 175; XXIII, 182. — Doutes sur la langue dans laquelle il a pu prêcher, *ibid.* — Refusa l'emploi de général, et se contenta d'être prophète, XVI, 175. — L'événement démentit ses prophéties, 178; XXIII, 183. — Prétendus miracles qu'on lui a attribués, XVI, 175. — Fut le premier abbé de Clairvaux, XXVI, 30. — Singulière révélation qu'il eut au sujet de ses moines, *ibid.* — Fut un grand amateur d'antithèses; vers et notice qui le concernent, XI, 251.

BERNARD, bâtard de Pepin, fils de Charlemagne. A la mort de son père, Charlemagne lui laisse le royaume d'Italie, XV, 416; XXIII, 66. — Son oncle Louis-le-Débonnaire l'irrite, 69. — Excité par les évêques, fait la guerre à ce prince, XV, 458. — Défait par lui, s'en remet à sa clémence; Louis lui fait crever les yeux, ainsi qu'à tous ses partisans, 459; XXIII, 69. — Meurt des suites de cette opération; son épitaphe, 70; XV, 459. — Est la tige de la maison de Vermandois, XXIII, 5.

BERNARD, comte de Barcelonne. Amant de Judith, femme de Louis-le-Débonnaire, est mis par elle à la tête des affaires, xxiii, 73. — Pepin, fils de Louis, lui fait crever les yeux, 74.

BERNARD. Elu évêque de Tolède et primat d'Espagne, xvi, 59. — Excite une sédition en convertissant une mosquée en église, *ibid.*

BERNARD, cardinal. L'un des commissaires du pape pour le jugement des templiers, xxii, 25.

BERNARD, duc de Saxe-Veimar. (*Voy.* VEIMAR.)

BERNARD (Mlle *Catherine*), parente de Fontenelle. Auteur de quelques pièces de théâtre, conjointement avec lui; Notice, xix, 59.

BERNARD (*Jacques*), savant littérateur du siècle de Louis XIV. Notice, xix, 59.

BERNARD (*Samuel*). Loué, xii, 53. — Épître qui lui est adressée sous le nom de madame Martel, xiii, 29. — Aida Louis XIV de son crédit pour payer les armées dans ses guerres d'Italie, 31. — Anecdote à ce sujet, *ibid.* — Prêta deux cent mille écus à la Suède, xxv, 257 *et suiv.* — Ce qu'il laissa, à sa mort, d'argent prêté, en partie sans intérêts, xxxix, 109.

BERNARD (*Samuel-Jacques*), comte de COUBERT, fils du précédent, et surintendant de la maison de la reine. Ses impertinentes magnificences, li, 449. — Notice, *ibid.* — Banqueroute considérable que lui et son fils l'avocat-général font à Voltaire; ce que celui-ci en dit à cette occasion, xiii, 233; lvi, 502; lvii, 237, 545; lix, 164, 192, 256; 448; lxi, 292.

BERNARD (*Gabriel*), frère du précédent. (*Voy.* comte de RIEUX.)

BERNARD (*Pierre-Joseph*, surnommé *Gentil*). Vers qui lui sont adressés, xiv, 342, 368. — Invitation à souper, quatrain, 369. — Auteur d'une *Description du Hameau*, en vers de quatre syllabes; vers de même mesure que fait Voltaire à ce sujet, xiii, 119; lii, 176. — Lettre en prose et en vers qui lui est adressée en 1740, liv, 106. — Sentiment sur son opéra de *Castor et Pollux*, xlii, 299; lii, 548, 565. — Et sur son *Art d'aimer*, liv, 107. — Perd la mémoire; bon mot à ce sujet, lxvii, 66, 225. — Sa mort; pourquoi il fit bien de ne pas publier ce poëme, lxviii, 310. (Voy. *Art d'aimer*.) — Est auteur d'une épigramme sanglante contre la Sallé, danseuse en renom, lii, 214.

BERNARDS (*les trois*). Pièce de vers sur saint Bernard, Samuel et Gentil Bernard, xiv, 368.

Bernardins, moines. (Voy. *Clairvaux*).

Berne (canton de). Des sacriléges qui amenèrent sa réformation, xvii, 256 *et suiv.*; xxvii, 378; xliii, 404.

BERNIER (*François*), surnommé *le Mogol*, médecin de l'empereur des Indes, xxxix, 515. — Célèbre par ses voyages; Notices qui le concernent, xix, 59. — Élève de Gassendi, voulut avec lui renouveler en partie le système des atomes d'Épicure, *ibid.*; xxxviii, 389. — Voyageur philosophe, mais qui n'a pas employé sa philosophie à s'instruire à fond du gouvernement, xvii, 483. — Explication de ses expressions sur les droits de propriété du Grand-Mogol, 484. — Réfuté sur le principal fondement du gouvernement de l'Inde, xlvii, 321.

BERNIÈRES (la présidente de). Note qui la concerne, li, 80. — Reproche que lui fait l'auteur sur sa gourmandise, 155. — Dément les impostures de l'abbé Desfontaines dans sa *Voltairomanie*, xxxviii, 317, 349; liii, 452. — Lettres qui lui sont adressées, de 1722 à 1726. (Voy. *Table partic.*, li.)

BERNINI (le cavalier), architecte italien. Inutilement appelé en France, xx, 250. — Ses nobles paroles en voyant la façade du vieux Louvre, xii, 68. — Magnifiquement traité par Louis XIV, xx, 250. — Fit, par reconnaissance, la statue équestre de ce roi, qu'on voyait à Versailles, *ibid.* — Donna, pour la construction du Louvre, des dessins qui ne furent pas exécutés, 251. — Son chef-d'œuvre est le grand autel de Saint-Pierre de Rome, xviii, 372. — Autres ouvrages qui l'ont rendu célèbre, xx, 250. — Bustes des douze Césars qu'on lui attribuait, liv, 161, 276.

BERNIS (l'abbé, depuis cardinal de). Débute par faire des vers contre Voltaire, dont il devient ensuite l'ami, xi, 101. — Protégé par madame de Pompadour, est envoyé en ambassade à Venise, *ibid.*; lv, 687. — Mot à ce sujet, *ibid.* — Blessé, ainsi que cette favorite, par des plaisanteries du roi de Prusse, conclut, en 1756, un traité offensif et défensif avec la cour de Vienne, xxi, 292; xl, 101. — Remplace Rouillé au ministère des affaires étrangères, 102. — Réflexions à ce sujet, lvii, 400. — En 1757, s'oppose à toute négociation entre la France et la Prusse, XL, 110. — En 1758, est promu au cardinalat; lettre de félicitation à ce sujet, LVII, 586. — Disgracié en 1760, XXI, 292; LIX, 85. — En 1764, reparaît à la cour, LXI, 259, 276. — Bon mot de d'Alembert à ce sujet, 275. — Propose à Voltaire de traduire en vers les *Psaumes* de David; réponse qu'il en reçoit, 276, 329. — En 1769, fait élire le pape Clément XIV, et forme son conseil, XXI, 386; LXVI, 47. — Vers de lui contre le système de Spinosa, XIV, 248. — Loué par Voltaire, IX, 374. — Vers pour l'inviter à dîner chez la duchesse de Luxembourg, XIV, 380. — Observations critiques sur son poëme des *Quatre saisons*, LXI, 107, 109, 113, 138. — Mots plaisants de Voltaire et de d'Alembert à son sujet, LIX, 85; LXI, 300. — Vers de Frédéric contre lui, XL, 101. — Sa correspondance avec Voltaire, de 1758 à 1776. (Voy. *Tabl. part.* de LVII à LXX.) — Pourquoi eut le surnom de *Babet*, LV, 177, 181. — Notice qui le concerne, LVII, 586. — Anecdote qu'on en cite avec le cardinal de Fleury, LX, 16; LXVII, 366. — Autre, à l'occasion de sa promotion au cardinalat, LX, 211. — Ses réflexions sur ce qu'on appelle *le ton de la bonne compagnie*, LXIII, 554. — Son jugement sur l'*Athalie* de Racine, LXVI, 178.

BERNOÜILLI (*Jean*). Quatrain pour son portrait, XIV, 369.

BERNOÜILLI (*Jacques*). Son opinion sur les comètes, comme signes de la colère divine, XX, 302. — Sa prédiction non accomplie sur le retour de la fameuse comète de 1680, XXXVII, 202; XLVII, 238. — A revendiqué le calcul intégral; mais l'honneur de sa découverte est resté à Newton, XXXVII, 213.

BERNSTORFF (comte de), premier ministre du roi de Danemarck. Lettre qui lui est adressée, en 1767, au sujet des Sirven, LXIV, 7. — Se connaissait en hommes, LXVII, 451.

BÉROSE, ancien historien chaldéen. Ce qu'il a écrit sur le déluge de Xissutre, dans ses *Antiquités du genre humain*, XXVI, 529; XLVI, 190; XLVII, 328; XLIX, 28; LI, 231.

BERRI (duc de), frère de Louis XI. Est empoisonné par son confesseur, qui, lui-même, est trouvé mort dans son lit, XVI; 516. — Ces crimes imputés au roi, *ibid*.

BERRI (*Charles*, duc de), fils de Monseigneur et petit-fils de Louis XIV. Sa naissance; Notice, XIX, 3. — Renonciation qu'on exige de lui, lors de l'avènement de son frère Philippe V au trône d'Espagne, XX, 103. — Sa mort, 207.

BERRI (*Marie-Élisabeth* d'ORLÉANS, duchesse de), femme du précédent. Vers satiriques contre elle et son père, le régent, attribués à Voltaire, qui les désavoue, XIII, 37, 39; XIV, 317, 318. — Autres vers qui la caractérisent dans la *Pucelle*, XI, 220, 371.

BERRYER (*Nicolas-René*), lieutenant de police à Paris, sous Louis XV, et depuis ministre de la marine et garde-des-sceaux. Diverses lettres que lui écrivit, en 1751, Mme Denis, au sujet d'un vol de manuscrits chez Voltaire, I, 369 *et suiv*. — Lettre que lui adresse celui-ci, en 1755, au sujet de Mémoires qui lui ont été aussi volés, et de fragments informes de la *Pucelle*, qui courent dans Paris, 409. — Autre du ministre à La Haye, qui l'informe d'une édition furtive de ce poëme, 410. — Son projet de descente en Angleterre en 1759, et notes qui le concernent, I, 186; XL, 126, 518; LVI, 708. — Plaisanterie à son sujet, LVIII, 311.

BERRUYER, jésuite. Son *Histoire du peuple de Dieu*, brûlée par arrêt du parlement, XXX, 226; LVII, 63; LIX, 220. — Accusé d'avoir voulu tourner la *Bible* en ridicule, quoiqu'il n'y entendit pas finesse, XXVI, 89. — A changé l'Ancien et le Nouveau Testament en un roman de ruelle, dans le goût de *Clélie*, XXX, 226; XL, 17.

BERTAUT, évêque de Senez. Vers galants qu'on en cite, XXIX, 223; LVI, 234.

BERTHE. Épouse le roi de France Robert, dont elle était commère et parente; leur mariage est cassé, comme prétendu incestueux, XVI, 18 *et suiv.*; XXXII, 507. — Conte sur son accouchement d'une oie, XXVI, 20, 70; XLI, 359. (*Voy.* ROBERT.)

BERTHIER (le jésuite). Directeur du *Journal de Trévoux*, libelle périodique contre les philosophes, XIV, 189; LVIII, 38. — Et de la *Religion vengée*, autre écrit de même nature, LVII, 212. — Proposé, en 1762, pour instituteur des enfants de France; réflexions de Voltaire et de d'Alembert à ce sujet, LX, 381, 387, 401. — Traits satiriques contre lui, XII, 467, 478; XIV, 189; LXI, 350. — Facéties dont il est l'objet, XL, 12 *et suiv*. — Est introduit dans le drame de *Socrate* sous le nom de BERTIOS, VI, 488. — Note sur l'éloge qu'en a fait Montjoye en 1817, et sur l'inexactitude étrange des faits qui y sont rapportés, XII, 480. — Observation critique de lui, reconnue juste par Voltaire, XXXIX, 53.

BERTHOL. Tige de la maison de Maurienne et de Savoie, XVI, 50.

BERTHOLD DE HENNEBERG, archevêque et électeur de Mayence. Principal auteur de la ligue de Souabe, et grand réformateur de couvents de religieuses, XXIII, 22. — Sa mort en 1514, *ibid.* — Gualtieri prétend faussement qu'il mourut d'une maladie peu convenable à un archevêque, *ibid.* — Autres détails à ce sujet, XXXIV, 80, 400.

BERTILLOT, officier de génie à Versoix. Lettre qui lui est adressée en 1775, LXIX, 302.

BERTIN (*Henri-Léonard*), lieutenant de police, puis contrôleur-général et ministre d'état. A institué des sociétés d'agriculture, XIII, 234, 237. — Fut l'un des juges de La Bourdonnais, et principalement celui dont l'équité lui sauva la vie, XLVII, 308. — Rapport, notes et lettres de lui, en 1774, pour la saisie à faire, aussitôt après son décès, de tous les papiers et manuscrits de Voltaire, que l'on croyait alors en danger de mort, I, 417 *et suiv.* — Ordre du roi et instruction sur le même objet, 426 *et suiv.* — Notice, LVIII, 300. — Anecdote qu'on en cite, LXVI, 316.

BERTRADE, femme du comte d'Anjou. Fait casser son mariage, pour épouser Philippe 1er, roi de France, qui est excommunié, XVI, 20. — Censure de la cour de Rome à ce sujet, *ibid. et suiv.* — Prend l'habit de Fontevrault, XI, 61.

BERTRAND, fils de Raimond, comte de Toulouse. Fonde l'état de Tripoli, XVI, 171.

BERTRAND. Bourgeois anobli par Philippe-le-Bel, XVII, 11.

BERTRAND, évêque de Metz. Introduit l'usage des archives dans les villes, XXIII, 210.

BERTRAND (*Élie*), pasteur à Berne. Son séjour aux Délices en 1755, LVI, 667. — En 1758, Voltaire l'associe à l'entreprise de l'*Encyclopédie*, LVII, 558, 617, 638. — En 1759 est, à sa recommandation, reçu membre de l'Académie de Lyon, LVIII, 67, 91. — S'occupait de travaux sur l'histoire naturelle, 59, 61, 164; LVII, 619. — Compte rendu de son *Dictionnaire universel des fossiles*,

XLI, 446; LX, 495; LXI, 59. — L'article *Droit canonique* du *Dictionnaire philosophique* lui est attribué, XXVIII, 466; LXVI, 208. — Ses recherches sur les langues anciennes et modernes de la Suisse, LVII, 554. — Son traité de l'*Irrigation des prés*, LXI, 434. — Lettres qui lui sont adressées, de 1755 à 1772. (Voy. *Tabl. part.* de LVI à LXVIII.) — Notice, LVI, 585.

BERTRAND OU BERTRANDI (*Pierre*), cardinal et chancelier sous Henri II. Loi qu'il fit rendre contre les mères infanticides, L, 269. — Autrefois premier président du parlement, XXII, 95. — Homme tout dévoué aux maximes ultramontaines, *ibid.* — Son étrange assertion en faveur de la juridiction ecclésiastique, XXVI, 72. — Avait été aussi évêque d'Autun, *ibid.*

BÉRULE (Pierre de). Fondateur des oratoriens, devenu depuis cardinal, XVII, 336.

BERWICK (*Jacques* FITZ-JAMES, duc et maréchal de), fils naturel de Jacques II, roi d'Angleterre, et de la duchesse de Marlborough, XIX, 20. — Commande les troupes de France et d'Espagne dans la guerre de la succession, XX, 57. — Gagne la bataille d'Almanza sur milord Gallovay, 59. — Aventure de cette journée qu'il racontait toujours avec étonnement, 399. — Durant le siège de Lille, en 1708, Marlborough fait, par son entremise, proposer à Louis XIV d'entamer des négociations de paix, 68. — La cour l'oblige à faire une réponse négative, 69. — Sa mésintelligence avec le duc de Vendôme, 68. — Est envoyé en Flandre, après la bataille de Malplaquet, 82. — Ses belles campagnes du Dauphiné et de la Provence contre le duc de Savoie, de 1709 à 1712; et pourquoi Voltaire n'en a presque rien dit, *ibid.* — Il assiège Barcelone pour Philippe V, 112. — Remplace le maréchal de Villars en Languedoc, 400. — Conspiration contre lui à Nîmes, et supplice des conjurés, *ibid.* — Après la mort de Louis XIV, commande l'armée du régent contre Philippe V, XXI, 9. — Exhorte le duc de Liria, son fils, officier-général dans l'armée espagnole, à bien faire son devoir, *ibid.* — Est tué, en 1734, au siège de Philipsbourg, XIX, 20. — Fut duc en Angleterre, en Espagne et en France, *ibid.* — Avait commandé avec succès en Espagne en 1704; des intrigues de cour le firent rappeler: anecdote à ce sujet, XX, 59. — Lettre singulière, en vers et en prose, qui lui fut écrite en 1707, après le gain de la bataille d'Almanza, XXXIX, 246. — A laissé des *Mémoires* publiés en 1778 par l'abbé Hook, XIX, 20. — — Ces Mémoires cités au sujet de la pension que Marie faisait secrètement en France à Jacques II, son père, qu'elle avait détrôné, 476. — Au sujet de Louis XIV et du prince de Galles, 529. — Au sujet de Chamillart, XX, 205. — Sur la bataille d'Almanza, 59. — Sur la prise de Saragosse par le duc d'Orléans, 60. — Sur la campagne de 1708, 68. — Pourquoi il faut les consulter avec précaution sur cette campagne, *ibid.* — Erreur qui s'y trouve au sujet de la bataille de Malplaquet, et note des éditeurs à cette occasion, 82. — Cités encore sur le testament de Louis XIV, 212.

Besançon (ville de). Sous la domination espagnole, se gouvernait comme une ville impériale, XIX, 370. — Investie par le grand Condé, se rend à l'armée française en 1668, 371. — Prise par Louis XIV en 1674, après neuf jours de siège, 412. — Reste à la France par le traité de Nimègue, 437.

Besicles. Inventées par Spina, au 13e siècle, XVI, 417; XXXVIII, 105; XLI, 546; XLII, 298.

BESME, Lorrain, domestique des Guises. Assassine l'amiral Coligni, X, 89. — Pris depuis par les protestants, les Rochelois voulurent l'acheter pour le faire écarteler, *ibid.* — Par qui fut tué, *ibid.* — Autres détails, 360.

BESSIÈRES (Mlle de). Lettre que lui écrit Voltaire au sujet de la mort de sa propre sœur, LI, 167. — Portrait singulier d'une de ses tantes, LVII, 4.

BESSIN (*Alexandre-Jacques*), curé de Plainville en Normandie. Lettre qui lui est adressée en 1765, LXII, 177. — Auteur d'un poëme intitulé *l'École du sage*, *ibid.*

Bestialité. Nombreux exemples de cette turpitude, VIII, 310. — Commune chez les Juifs, XXVII, 405; XLI, 303. — Comment punie par le *Lévitique*, XXVII, 405; XLIII, 331; XLIX, 146. — Comment tarifée en cour de Rome, XVII, 237. — Usitée en Calabre, XLII, 395. — Du bouc du sabbat, et du reproche fait à son sujet aux dames juives, XLIII, 331 *et suiv.* — Qui a fait la cour à des boucs et à des chèvres, XLVIII, 465.

BESTUCHEFF (*Alexis*, comte de), chancelier de l'impératrice Élisabeth. L'excitait sans cesse contre Frédéric II; vers à ce sujet, LV, 286.

BESTUCHEFF-RIUMIN (*Michel*, comte de), ambassadeur d'Élisabeth à Paris. Propose à Voltaire de venir à la cour de Russie; lettre qui lui est adressée, en 1757, à ce sujet, LVII, 233.

Bête de l'Apocalypse. Son sens mystique, XXXI, 287. — Le passage où elle se trouve peut servir à connaître le temps où l'Apocalypse a été composée, *ibid.* — Merveilleux commentaire à son sujet, XXVI, 441. (Voy. *Apocalypse.*)

Bêtes. Du pacte que Dieu fit avec elles, XXX, 22; XLIX, 29. — Des bêtes qui ont parlé, XIV, 209; XV, 209; XLVIII, 546; XLIX, 164 *et suiv.* — Opinions diverses sur leur organisation, XXXVII, 314; XLII, 541; XLVI, 388. — Considérations sur la faculté qui les fait agir, XLVI, 39. — S'il est vrai que ce sont de simples machines privées de connaissance et de sentiment, XXXVIII, 41; XLVI, 42. — De l'étrange système qui le suppose, XIV, 210; XXVII, 328. — Comment l'assertion contraire est démontrée, XXXVII, 184. — Pourquoi leur destruction ne nous paraît point un mal, XLVII, 96. — Des opinions de Descartes et de Pereyra sur l'ame des bêtes, XXVI, 212. — Réponse aux questions des maîtres de l'école à ce sujet, XXVII, 329 *et suiv.* — L'opinion qu'elles en ont une fut générale dans tout l'Orient, et les anciens livres sacrés en font foi, XXVII, 424. (Voy. *Animaux.*)

BETFORT (duc de), frère puîné de Henri V. Seul seigneur qui assiste aux funérailles du roi son frère, à Paris, XVI, 406. — Est déclaré régent de France, 407. — La gouverne au nom de son neveu Henri VI, reconnu roi par le parlement de Paris, XI, 25; XVI, 407. — Fait faire le procès à Jeanne d'Arc comme sorcière, 409. — Combien l'acheta de Jean de Luxembourg, XLI, 65. — Portrait qu'on en fait dans la *Pucelle*, et rôle qu'il joue dans ce poëme, XI, 23, 240 *et suiv.*

BETHLEM-GABOR. Est investi de la Transylvanie, sous la protection des Ottomans, XXIII, 570 *et suiv.* — Seconde l'électeur palatin, roi de Bohême, contre l'empereur Ferdinand, 575. — Se fait reconnaître en Hongrie, 576. — Reconnu comme souverain de la Transylvanie par Ferdinand, qui lui cède sept comtés sur les frontières de son état, 578, 581. — L'empereur n'ayant pas tenu tous ses engagements, il reprend les armes, 584.— Veut en vain soutenir ses droits sur la Hongrie; désole la Styrie; est contenu par un traité qui, en lui laissant la Transylvanie et les comtés adjacents, assure le tout à l'Autriche, après lui, *ibid*.— Sa mort, 602.

BETHSABÉE. Commentaire sur son adultère avec David, et sur son mariage avec le roi-prophète, XLIX, 292.

Bethsamès, village de Judée. Comment l'arche d'alliance y fut miraculeusement conduite, XXVII, 331. — Et comment un nombre prodigieux de ses habitants furent frappés de mort subite pour l'avoir osé considérer, 332. — Ouvrage anglais où l'on révoque tous ces faits en doute, *ibid*. (Voy. *Arche d'alliance*.) — Autres détails, XLIX, 250 *et suiv*.

BÉTHUNE (de), ambassadeur en Pologne sous Louis XIV. Son portrait, son caractère, XLVI, 360.

BÉTHUNE-CHAROST (*Julie* d'ENTRAIGUES, duchesse de). L'*Épître à une dame un peu mondaine et trop dévote* est présumée lui avoir été adressée par l'auteur, XIII, 19, 21; LI, 111.

BÉTISI (marquis de). Blessé à la bataille de Varbourg en 1760, XXI, 307.

BETTINELLI (*Xavier*), jésuite littérateur à Vérone. Lettre qui lui est adressée, en 1760, sur la liberté dont on jouit en Angleterre, LVIII, 342.—Autre, en 1761, sur quelques littérateurs italiens, et particulièrement sur Marini, LIX, 355. — Quatrain de l'auteur, en lui envoyant ses Œuvres, XIV, 438. — Notice, *ibid*.

BEUCHOT (A.-J.-Q.), éditeur de la présente édition des Œuvres complètes de *Voltaire*. Préface générale, I, *j* à *xxxviij*. — Préfaces, Avertissements, Avis et Avant-Propos les plus importants : du THÉATRE, II, *j*. — Des *Originaux*, 447. — De la *Mort de César*, IV, 65. — De l'*Enfant prodigue*, 233. — De l'*Envieux*, 339.— De *Pandore*, 517. — De *Mérope*, V, 95. —D'un fragment de *Thérèse*, 197. —De la *Prude*, 351. — De l'*Écossaise*, VII, 3. — De *Tancrède*, 115. — Du *Droit du Seigneur*, 215. — De *Saül*, 327. — Des *Guèbres*, IX, 3.—De *Sophonisbe*, 117.— Des *Lois de Minos*, 275. — De la HENRIADE, X, *j* à *xix*.—De l'*Essai sur la poésie épique*, 397. — De la PUCELLE, XI, *j*. — Des *Poésies*, XII, *j et suiv*. — Du *Poëme de Fontenoi*, 113. —Du *Précis de l'Ecclésiaste*, 107. — Du *Précis du Cantique des Cantiques*, 226. — Des *Épîtres*, XIII, 2. — Des *Poésies mêlées*, 303. — De l'ESSAI SUR LES MOEURS, XV, *j et suiv*. — Du SIÈCLE DE LOUIS XIV, XIX, *j et suiv*. — Du SUPPLÉMENT à cet ouvrage, XX, 447. — Du *Précis du* SIÈCLE DE LOUIS XV, XXI *et suiv*. — De l'HISTOIRE DU PARLEMENT, XXII, *j et suiv*. — Des ANNALES DE L'EMPIRE, XXIII, *j et suiv*. — De l'HISTOIRE DE CHARLES XII, XXIV, *j et suiv*. — De l'HISTOIRE DE RUSSIE, XXV, *j et suiv*. — Du DICTIONNAIRE PHILOSOPHIQUE, XXVI, *j* à *viij*. — Des ROMANS, XXXIII, *j* à *xvj*. — Des COMMENTAIRES sur Corneille, XXXV, *j* à *ix*. — Des MÉLANGES, XXXVII, 1 *et suiv*.—Des *Lettres philosophiques*, 105 *et suiv*. — De la *Vie de J.-B. Rousseau*, 482. — Des *Éléments de la Philosophie de Newton*, XXXVIII, *j et suiv*. — De l'*Histoire d'Akakia*, XXXIX, 472.—Des *Mémoires* pour servir à la Vie de Voltaire, XL, 37. — Des *Lettres* sur la *Nouvelle Héloïse*, 205. — Des *Anecdotes sur Fréron*, 230. — De l'*Extrait du Testament de J. Meslier*, 390. — Des articles extraits de la *Gazette littéraire de l'Europe*, XLI, 424. — Du discours aux Welches, 538. — Du *Sentiment des Citoyens*, XLII, 76. — Du *Mandement* du R. P. ALEXIS, archevêque de Novogorod, 128. — Des *Questions sur les miracles*, 145.—Du *Commentaire sur le livre des Délits et des Peines*, 418. — Des *Notes* sur la Lettre de M. de Voltaire à M. Hume, 518.— Du *Discours de l'empereur Julien contre les chrétiens*, XLV, 194. — Des *Réflexions* sur les Mémoires de Dangeau, XLVI, 288. — Des *Fragments historiques sur l'Inde*, XLVII, 296. — Du *Fragment sur l'Histoire générale*, 510. — Du *Commentaire* historique sur les Œuvres de l'auteur, XLVIII, 311. — De la *Lettre à l'Académie française* sur Shakspeare, 405. — D'*Un Chrétien contre six Juifs*, 442. — De la *Bible enfin expliquée*, XLIX, 3. — Du *Commentaire sur l'Esprit des lois*, L, 50. — Des *Dernières remarques sur les Pensées de Pascal*, 339.— De la *Correspondance générale*, LI, 1 *et suiv*.—(*N. B.* Toutes les notes et contre-notes disséminées dans l'édition, et contresignées B, lui appartiennent également.)

BEUIL (Mlle de). Eut un fils naturel de Henri IV, XVIII, 226. (*Voy*. MORET.)

BEUNING. (*Voy*. VAN-BEUNING.)

BEUVRON (comte de). Blessé à la bataille de Dettingen, XXI, 100.

BÈZE (*Théodore* de). Se trouve au colloque de Poissy, XVIII, 62. — Faussement accusé d'avoir connivé à l'assassinat du duc de Guise, 66. — Sa traduction des *Psaumes* de David ; ce qu'on en dit, XX, 376 ; LX, 437.

BÈZE DE LYS, membre du parlement lors des querelles du jansénisme. Détenu prisonnier d'état à Pierre-Encize, XXII, 331.

BEZENVAL. (Mme de), parente de Marie-Leczinska, femme de Louis XV. Anecdote qui la concerne, LI, 151.

Béziers (ville de). Ses habitants massacrés par les croisés, qui la réduisent ensuite en cendres, XVI, 245.

BEZONS (*Jacques* BAZIN de), maréchal de France sous Louis XIV. Notice, XIX, 21.

BIANCHI (*Séraphin*), dominicain. Révèle la confession de P. Barrière, pour empêcher l'assassinat de Henri IV par ce fanatique, XXII, 174.

BIANCHI (le docteur). Lettre qui lui est adressée, en 1761, sur l'art dramatique, LX, 117.

BIANCO, l'un des conquérants de la Corse. Cette île lui est donnée par Pascal II, qui s'en réserve l'hommage, XXI, 388.

BIANOWITZ. (*Voy.* BESME.)

BIBIENA (le cardinal). Sa *Calandra* est la première comédie moderne régulière, V, 474. — A fait revivre la scène grecque en Italie, XVII, 183, 234 ; XXVII, 67 ; XL, 286 ; LIX, 197 ; LXII, 551.

Bible (la). Sa rareté chez les Juifs mêmes, XV, 126. — Fut restaurée par Esdras, *ibid.* — Énumération des crimes qui y sont rapportés, et auxquels sans doute l'Esprit saint n'a pas présidé, VII, 429 *et suiv.* — De ses obscénités, XII, 229 ; XXXIV, 234, 312 ; XLIII, 78. — Préjugés populaires et erreurs de physique qui s'y rencontrent, XV, 208 *et suiv.* — C'est la morale et non la physique qu'il y faut chercher, XXXVII, 65. — Observations sur son style, XII, 211. — Le présent et le passé s'y trouvent toujours mêlés avec le futur, XLIX, 85. — Contes écrits d'un style ampoulé, XXXIV, 312. — Plaisanteries sur beaucoup de ses passages, répandues dans le *Taureau blanc*, 382 *et suiv.* — Abrégé en vers des miracles et principaux faits qui y sont rapportés, XI, 253. — Doutes philosophiques à leur sujet, XLI, 98 *et suiv.* — Regardée comme un livre dangereux pour la plupart des fidèles, XXXI, 43. — Expressions de la congrégation romaine de l'Index à ce sujet, 44. — Ce qu'en disent le cardinal Duperron et le ministre Jurieu, *ibid. et suiv.* — Le concile de Toulouse en défend la lecture, XVI, 253 *et suiv.* — De ses traductions et interprétations diverses, qui ont fait naître presque autant d'opinions qu'elle a de passages difficiles à expliquer, XVII, 243 *et suiv.* — Il n'y a point de pays où elle ait excité plus de disputes qu'à Londres, XIII, 228. — Contradictions apparentes qu'elle présente, XXVIII, 209 *et suiv.* (*Voy. Écriture sainte.*)

Bible (la) *enfin expliquée*, par plusieurs aumôniers du roi de Pologne, XLIX *en entier.* (*N. B.* Chaque article de ce commentaire étant traité à part, *voyez* les mots *Genèse*, *Exode*, *Lévitique*, *Nombres*, *Deutéronome*, *Josué*, *Esdras*, *Esther*, *Prophètes*, *Daniel*, *Ézéchiel*, *Ozée*, *Jonas*, *Macchabées*, etc.) — Extraits d'une lettre de Frédéric II à d'Alembert, au sujet de cet ouvrage, 5. — Préface du nouvel éditeur, 3.

Bible (la) *des Septante.* (Voy. PTOLOMÉE-PHILADELPHE.)

Bibliothèque (la) *bleue*. Vers et notes au sujet de cette collection, XLVIII, 400 ; LXVI, 525.

Bibliothèque (la) *française*, journal. Lettre adressée, en 1736, à ses auteurs, au sujet de J.-B. Rousseau, LII, 285. — Autre, en 1738, relative à une critique des *Éléments de Newton*, LIII, 231.

Bibliothèque (la *Nouvelle*), journal publié à La Haye, de 1738 à 1744. Extrait de l'année 1740, relatif à l'édition de l'*Anti-Machiavel*, morceau attribué à Voltaire, XXXVII, 483.

Bibliothèque (la) *impartiale*, journal publié à Berlin. Lettre au rédacteur, en 1752, LVI, 104.

Bibliothèque (la) *raisonnée*, journal imprimé en Hollande. Cas que Voltaire en faisait, et lettre qu'il écrit, en 1732, à ses auteurs, sur l'incendie d'Altena, XXXVII, 97 *et suiv.* — Article de lui, qui en est extrait, sur les Œuvres de Maupertuis, XXXIX, 438.

Bibliothèque (la) *royale*, à Paris. Henri IV en est le vrai fondateur, XVIII, 141. — Combien s'est enrichie sous Louis XIV et ses successeurs, XX, 299. — Est, sans contredit, le monument le plus précieux qui soit en France, XXVII, 336.

Bibliothèque (la) *universelle des Romans*. Lettre aux éditeurs de cette collection, LXIX, 388. (Voy. *Romans*.)

BIELFELD (baron de), auteur des *Institutions politiques* et de divers autres ouvrages. Lettre qui lui est adressée en 1761, LIX, 458. — Notice, *ibid.*

Bien. La réfutation de l'axiome *Tout est bien*, sujet du poëme sur le *Désastre de Lisbonne*, XII, 189. — Et du roman de *Candide*, XXXIII, 219 *et suiv.* — L'axiome n'est vrai qu'en considérant l'arrangement de l'univers entier, 160. — Que souverain bien est une chimère, XXXVII, 388, 343. — Du bien physique et moral, 344. — Des systèmes sur l'origine du bien et du mal, 345 *et suiv.* — Difficultés de cette question, XXXIII, 409. — Que le plus grand bien est toujours mêlé d'amertume, VII, 419. — Que le bien physique et le bien moral n'ont d'existence que par rapport à nous, XXXVII, 337 *et suiv.* — Que la somme du bien et celle du mal sont égales, XIII, 208. — Fables des anciens sur leur origine, XV, 26, 314. — Que le *mieux* est l'ennemi du *bien*; conte en vers à ce sujet, XII, 83. (Voy. *Tout est bien*.)

Bien (le). Pourquoi on a raison de l'appeler *fortune*, LIX, 528. — On doit compte de son usage public, et qui l'ensevelit est mauvais citoyen, VI, 140, 141.

Bienfaisance. Mot créé par l'abbé de Saint-Pierre, XII, 100. — D'autres disent par Balzac, LIII, 306. — Quatrains sur cette vertu, XII, 223, 558, 560.

BIENFAIT, entrepreneur de marionnettes. Comment figure dans la facétie de l'*Histoire de Polichinelle*, XLII, 12 *et suiv.*

Bienfaits. Peuvent tout sur une ame bien née, VII, 155. — Quand ils font rougir, ne sont plus qu'un affront, III, 327, 466. — Vers exprimant la reconnaissance d'un bienfait à un prince devenu depuis persécuteur, 311, 447. — Qu'il ne faut refuser ses bienfaits à personne, XII, 223.

Biens d'Église. Leur cumulation défendue par l'Évangile, XXVII, 361. — Confisqués sous Dioclétien, 362. — Comment deviennent considérables sous Constantin et Justinien, *ibid.* — Par qui régis pendant les cinq premiers siècles de notre ère, et comment distribués, 364. — Possédés la plupart, sous Louis XIII, par des laïques et des princes du sang, et regardés comme des biens de famille, XVIII, 181. — Arrêt du parlement de Toulouse, au 17ᵉ siècle, pour que les pauvres y participent, XXVII, 364. — Édit de 1749, qui défend toute acquisition aux églises, sans lettres patentes du roi, 363. — Formalités usitées en France pour leur aliénation, et observations sur cette jurisprudence, 364. — Pourquoi ne sont ni sacrés, ni intangibles, XXVIII, 474. (Voy. *Bénéfices*.)

Bienséances. Les nôtres ne sont point celles des autres peuples; faits qui le prouvent, XXIX, 392 *et suiv.*

Bienséances théâtrales. Leurs règles sont un peu arbitraires, II, 357. — Motifs de leur nécessité, III, 156. — Différence établie entre les bienséances de la scène française et celles de la scène italienne, V, 106 *et suiv.*, 113, 118. — Sans elles il n'y a point de vraies beautés chez les nations policées, VIII, 193. — Les nôtres sont quelquefois un peu fades, V, 352.

Bigamie. Nature de ce délit, I, 300. — Celle des premiers rois de France, XV, 409, 421, 507; XXIX, 357 *et suiv.*; XLI, 30, 47. — Anecdotes au sujet des bigames, XVII, 266; XLII, 676; L, 302. — En quel cas la bigamie autorisée par Grégoire II, et à quelle condition, XVII, 264; XXIX, 359.

BIGEX ou BUGEX (Simon). Ouvrages qui lui sont attribués, XIV, 286; XLV, 158, 183; LXI, 86. — Voltaire a publié plusieurs écrits sous ce pseudonyme, *ibid.* — Son séjour chez l'auteur en 1763, *ibid.*

BIGNICOURT (de). Madrigaux qu'on en cite, I, 348.

BIGNON (l'abbé *Jean-Paul*), protecteur zélé des lettres. Attaqué par J.-B. Rousseau, XII, 363, 367. — Sa constitution ridicule de l'Académie des sciences, XXXVII, 270. — Fit soumettre toutes les Académies aux secrétaires d'état; ne peut réussir à faire adopter le même règlement pour l'Académie française, XXVI, 78 *et suiv.*

BIGNON (*Jérôme*), avocat-général au parlement, sous Louis XIV. A laissé un plus grand nom que de grands ouvrages, XIX, 60. — Travailla à la réforme des lois, XX, 253. — Comment démontrait que la loi salique est fondamentale pour la France, XXXI, 56.

BIGNON (*Armand-Jérôme*), prévôt des marchands à Paris, et bibliothécaire du roi. Mention qu'on en fait, LXV, 119.

BIGOT, intendant du Canada, en 1756. Accusé de malversations; son procès criminel, et mauvaise plaisanterie à ce sujet, LX, 450; LXI, 236; LXIX, 537.

BILLARD, caissier-général des postes. Sa dévotion, sa banqueroute; il est condamné au pilori, XII, 548; XIV, 237, 240; XXXIII, 152; LXV, 316.

BILLAT (de), neveu de l'archevêque d'Auch Montillet. Ce qu'on en dit, LXI, 456, 485.

BILLAUT (*Adam*), poëte connu sous le nom de *Maitre Adam*, menuisier à Nevers. Notice qui le concerne, et rondeau qu'on en cite, XIX, 60.

BILLY (de), gouverneur du jeune comte de Clermont. Vers qui lui sont adressés dans la *Fête de Belébat*, II, 338.

BING (l'amiral). (*Voy.* BYNG.)

BIORD, évêque d'Annecy. Lettre que lui écrit Voltaire, en 1759, pour le prier d'empêcher un curé de village de faire vendre les meubles de malheureux qu'il a vexés, LVIII, 277. (*Voy.* ANCIAN.) — Autre, en 1768, au nom de Mme Denis, sur le même personnage, et qui, en même temps, est apologétique de l'auteur, XLVI, 1. — Il reproche à Voltaire sa communion comme un acte d'hypocrisie : réponses qu'il en reçoit, LXV, 50, 57, 71, 78, 83, 143. — Envoie au roi leur correspondance, 143, 426, 448. — Ce que ce monarque lui fait répondre par M. de Saint-Florentin, dont il a l'indiscrétion de faire imprimer la lettre, 449. — Son ancienne affaire avec le parlement de Paris, 143, 451, 477. — Fait publier une prétendue profession de foi de l'auteur en patois savoyard, 499. — Ses friponneries théologiques; allusion à la querelle qu'il eut avec l'auteur pour cette profession de foi supposée, XXIX, 330 *et suiv.* — Comparé à George d'Alexandrie; son portrait, XXVI, 484. — Autres détails sur sa personne et sur ses manœuvres contre Voltaire, qu'il voulait faire enlever de Fernei, I, 255; XIII, 269, 319; XLVIII, 361, 385; LXV, 449, 451, 464, 477. — Lettre, sous le nom d'un parent de l'auteur, qui lui reproche ses calomnies, et le menace de poursuites juridiques, XLVI, 3. — Regardé comme un athée de pratique, LXV, 161.

BIRAGUE (cardinal de), chancelier et garde-des-sceaux. Fut un de ceux qui préparèrent la journée de la Saint-Barthélemi, XVIII, 72; XXII, 129. — Son moyen favori pour la destruction des huguenots, *ibid.*

BIRAGUE, neveu du cardinal-chancelier, connu sous le sobriquet de *Sacremore*. Tué par Mayenne, à qui il demandait la récompense de ses services, XVIII, 158.

Biribi (jeu de). Vers y relatifs, XIII, 59.

BIRON (*Henri* de GONTAUT, maréchal de). Se distingue à la bataille d'Ivry;
vers qni le caractérisent, X, 265. — Son propos à Henri IV après la victoire, *ibid.* — Tué au siége d'Épernay, *ibid.*

BIRON (*Charles* de GONTAUT, maréchal de), fils du précédent. Vers qui le caractérisent, X, 265. — Henri IV lui sauve la vie dans une bataille, 276, 277. — Décapité à la Bastille pour avoir conspiré depuis, 265. — Allusions à sa trahison, *ibid.*; 277. — Réflexions sur son supplice; pourquoi le roi aurait dû lui pardonner, XXXII, 273.

BIRON (*Armand-Charles* de GONTAUT, duc de), maréchal de France. Blessé au siége de Landau, XIX, 21. — A servi dans toutes les guerres de Louis XIV, *ibid.*

BIRON (*Louis-Antoine* de GONTAUT, duc de), fils du précédent. Part glorieuse qu'il prend à la bataille de Dettingen, XXI, 99. — Et à celle de Fontenoi, XII, 136; XXI, 137, 143. — Ce que Louis XV lui dit à ce sujet, 145.

Birzen, petite ville de Lithuanie. Ligue qu'y forment le czar Pierre et Frédéric-Auguste contre la Suède, XXIV, 84. — Charles XII y entre en vainqueur, 87.

BISSI (comte de). Tué devant Mastrhicht, du dernier coup tiré des remparts, XXXIX, 42.

BISSI (cardinal de). L'un des plus ardents défenseurs de la bulle *Unigenitus*, XX, 430.

BITAUBÉ (*Paul-Jérémie*), traducteur d'Homère. Son voyage à Fernei en 1777; ce qu'en dit Frédéric II à cette occasion, LXX, 361, 372.

BITAUT, conseiller au parlement de Paris, du temps de la Fronde. Chargé d'informer contre Mazarin exilé et contre son armée, XXII, 272. — Fait rompre les ponts par où devait passer le cardinal, rappelé de son exil, XIX, 305. — Prisonnier des troupes du roi, est relâché, et moqué de tous les partis, *ibid.*; XXII, 272.

BITONTO (l'évêque de), moine du Milanais. Plaisant sermon par lequel il ouvre le concile de Trente, XVIII, 80; LIX, 391.

Bitonto (bataille de). Notice y relative, XXI, 53.

BLAKE, amiral anglais. Opposé à l'amiral hollandais Tromp, XIX, 320. — Brûle les galions d'Espagne auprès des îles Canaries, 327. — Comment force le grand-inquisiteur de Portugal à venir traiter à son bord, XLV, 76.

Blanc (le) *et Noir* (le), conte philosophique, XXXIII, 349.

BLANCHE, sœur du roi de France Philippe-le-Bel. Mariée à Rodolphe, fils d'Albert Ier, empereur; articles remarquables du contrat, XXIII, 283.

BLANCHE DE BOURBON. Épouse don Pèdre, roi de Castille, XVI, 379. — Excite les soupçons de son mari, qui la fait enfermer, *ibid*. — Sa mort; il en est accusé, 380. — La famille Henrique de Castille se vante d'être issue de son commerce avec un frère bâtard de son mari, *ibid*.

BLANCHE DE CASTILLE, mère de saint Louis. Legs que lui fait Louis VIII, XVI, 135. — Sa régence, 250, 355. — Dévouée au pape, prête des forces pour saccager le Languedoc, 250. — Fait la paix dite de Paris avec le comte de Toulouse, 251. — Désapprouve hautement les projets de croisade de son fils, 203; XLVII, 139. — Sa mort, XVI, 208.

BLANCHET (*Jean*), jésuite, puis médecin. Auteur de l'*Art du chant*, qu'il envoie à Voltaire, LVII, 41. — Lettre de remercîment qu'il en reçoit, *ibid*.

BLANCMÉNIL. (*Voy*. NOVION-BLANCMÉNIL et POTIER.)

Blasons. Tous ceux qu'on suppose avant le 12e siècle sont évidemment faux, XVII, 22. (Voy. *Armoiries*.)

Blasphème. Origine et définition du mot, XXVII, 373. — Ce qui est blasphème dans un pays est souvent piété dans un autre, 375. — Peines portées contre ce délit, principalement par l'ordonnance de 1666, et considérations y relatives, 374 *et suiv*.; XLII, 374 *et suiv*., 428 *et suiv*.

Blé ou *bled*. Origine du mot et de la chose, XXVII, 380. — Sa richesse, et supériorité du pays qui le produit sur tout autre pays purement commerçant, 383. — Son histoire en France, 386. — Quand fut connu en Angleterre et en Ecosse, 391. — Richesses respectives de cette denrée chez les autres nations, 393. — Actes relatifs à son importation ou exportation, 387 *et suiv*. — Proverbes qu'elle a fournis, et commentaire à ce sujet, 391, 396. — Petit écrit sur l'arrêt du conseil du 13 septembre 1774, qui en permet le libre commerce dans tout le royaume, XLVIII, 82. — Apologue à ce sujet, 116. — Entraves mises à sa circulation, et mouvements qu'elles occasionnent en 1775, 118. — Sa valeur à diverses époques, XXXVII, 552. — N'est pas la nourriture de la plus grande partie du monde; immenses contrées où il est absolument inconnu, XXVI, 532; XXVII, 382. (Voy. *Grains*.)

Bleinheim. Prétendue pyramide érigée dans les plaines de ce village par l'empereur Léopold, pour monument de la défaite des Français, XX, 37; XXXIX, 17. — Palais de ce nom, bâti en Angleterre à la gloire de Marlborough, XX, 37; XXXVII, 236. (*Voy*. ADDISON et *Hochstedt*.)

Blénau (combat de). Où le maréchal d'Hocquincourt fut battu par le grand Condé, XX, 308. — Pourquoi fut si long-temps célèbre en France, *ibid*.

BLIN DE SAINMORE, littérateur. Vers, en 1762, au sujet de son *Héroïde de Gabrielle d'Estrées*, XII, 542. — Trait épigrammatique y relatif, LX, 87. — Lettres, en 1766, sur son édition projetée de Racine, LXIII, 321. — Autres, sur les prétendues *Lettres secrètes* de Voltaire, publiées par Robinet, *ibid*., 350. — Justifié d'avoir aucunement participé à ce libelle, 343, 350. — Loué comme auteur d'un joli *Recueil de vers*, LXI, 467. — De bonnes remarques sur l'art dramatique, 473. — Et d'une brochure contre les préjugés littéraires, 538. — Prend la défense de Voltaire au sujet des critiques de celui-ci sur Corneille, 548. — Auteur de la tragédie d'*Orphanis*; ce qu'on en dit, LXVIII, 406. — Ses *Commentaires sur Racine*, publiés sous le nom de Luneau de Boisjermain, LXII, 217.

BLOIS (*Louis*, comte de). Tué à la bataille de Crécy, XVI, 364.

BLOIS (*Charles*, comte de). Marié à la fille du dernier duc de Bretagne, prétend à cette province; est soutenu par Philippe de Valois, XVI, 361; XXII, 50. — Après le traité entre la France et l'Angleterre, sa querelle contre Montfort continue, XVI, 376. — Sortis tous deux de prison, ils se combattent en bataille rangée près d'Auray; Charles est tué, *ibid*.

BLOIS (*Marie-Anne* de BOURBON, dite Mlle *de*), fille naturelle légitimée de Louis XIV et de madame de La Vallière. Sa naissance; son mariage avec le prince de Conti, XIX, 4, 8; XX, 162. (*Voy*. princesse de CONTI.)

BLOIS (*Françoise-Marie* de BOURBON, dite Mlle *de*), fille naturelle légitimée de Louis XIV et de Mme de Montespan. Sa naissance, XIX, 5. — Mariée à Philippe, duc d'Orléans, depuis régent de France, *ibid.;* xx, 187. — Sa mort, xix, 5.

Blois (ville de). Des états qu'y tint Henri III, et de leur résultat, x, 120. — Anecdote relative à son château, 121. (Voy. *États-généraux* et les Guise.)

Blois (traité de), en 1504, entre Maximilien et Louis XII. Quel en fut l'auteur, xvii, 98. — Réflexions critiques y relatives, *ibid.;* xxiii, 426.

Blondeau (*Claude*). Auteur d'un *Journal du Palais*, en société avec Gabriel Guéret ; ce qu'on en dit, xix, 120.

Blondel (*David*). A prouvé la fausseté des décrétales de la collection d'Isidore, xxviii, 306.

Blondel (*François*). A achevé le beau monument de la porte Saint-Denis, à Paris, xii, 362.

Blondel (*Jacques-François*), neveu du précédent, et aussi architecte. Loué comme coopérateur de l'*Encyclopédie*, xxxi, 405.

Blondel d'Azincourt, capitaine de Normandie. Son beau fait d'armes à la journée de Mesle, xxi, 150; lv, 78.

Blot, bel esprit du temps de la Fronde. Comment tourne en ridicule l'arrêt de proscription du parlement de Paris contre le cardinal Mazarin, xix, 304.

Boabdilla, dernier roi de Grenade. Soutenu par Ferdinand et Isabelle dans sa révolte contre son oncle, auquel il succède, xvii, 44. — Détrôné ensuite par eux, va finir sa vie en Afrique ; ses regrets en abandonnant sa capitale, *ibid. et suiv.*

Bobigni, greffier de l'hôtel-de-ville de Paris. Pourquoi son fils assassine le maréchal Saint-André, xxii, 112.

Bocara, célèbre ville d'Asie. D'où tire son nom, xvi, 223. — Rançonnée et brûlée par Gengis-Kan, *ibid.* — Ses ruines par qui réparées, 226.

Boccace. A fixé la langue toscane ; en est encore le premier modèle en prose, xvi, 426. — Député par les Florentins vers Pétrarque, *ibid.* — Ont célébré tous deux Jeanne de Naples, leur disciple, *ibid.* — Sa facétie de la *Confession de Ser Ciappelletto* à l'article de la mort, xliii, 479.

Boccalini (le). Fable qu'on en cite, iv, 159.

Bochart (*Samuel*). Un des plus savants hommes de l'Europe dans les langues comme dans l'histoire ; Notice, xix, 61. — prétendu que Bacchus est une copie de Moïse et de Josué, xv, 125. — Et que les Celtes étaient une colonie égyptienne, xxvii, 535.

Bodin. De sa *République* et de sa *Méthode de l'Histoire*, xxviii, 115. — Y dit que l'influence du climat est le principe du gouvernement des peuples et de leur religion, *ibid.* — Cité sur la révélation de la confession, 159.

Boemon de Sarbruck, électeur de Trèves vers la fin du 14e siècle. Grands démêlés qu'il eut avec le Palatinat, xxiii, 24.

Boemon de Vansberg, électeur de Trèves au 13e siècle. Détruit des châteaux de barons voleurs, xxiii, 24. — Mort en 1299, *ibid.*

Boerhaave, célèbre médecin. Son éloge, xx, 333. — Trait singulier qu'il rapporte sur le pouvoir des vapeurs, xlvii, 357. — Physicien aussi exact que médecin habile, xxxviii, 51. — Son jugement sur la physique de Descartes, 367; liii, 269. — Commenté par Lamétrie, xliii, 531.

Bœuf (le). Employé au labour ; vers descriptifs, xiv, 152. — Comparé à un trafiquant, à un commis, *ibid.* — Symbole d'adoration chez les Égyptiens. (Voy. *Apis*.)

Boffrand. Loué pour son goût en architecture, xii, 322.

Bogoris, roi de Bulgarie. De sa conversion au christianisme, xv, 515; xxvii, 430.

Boguet, grand-juge de Saint-Claude. Combien, dans son livre sur les sorciers, s'est vanté d'en avoir fait brûler, xlii, 394 ; xlvi, 427. — Est celui qui a le plus approfondi la jurisprudence de la sorcellerie, xxvii, 408.

Bohême (la). Othon Ier la rend province de l'Empire, et rétablit l'ancienne religion, xv, 526 ; xxiii, 112, 116. — Renonce de nouveau au christianisme, xvi, 48. — Est érigée en royaume, 103. — Ses rois depuis la fin du 13e siècle, xxiii, 20.

Bohêmes ou *Égyptiens*. A quelle espèce de vagabonds on a donné ces noms, xvii, 55 *et suiv.* — Comment ce ramas d'anciens prêtres s'est perpétué jusqu'à nos jours, 57. — Différence qu'il y a entre eux et les juifs, xliii, 149.

Bohémond, fils de Robert Guiscard. Accompagne son père dans son entreprise contre Constantinople, xvi, 33. — Le plus politique des princes croisés, 162. — Magnificence de l'empereur Alexis à son égard, 166. — Se fait céder par les croisés tout le pays d'Antioche, 34, 167.

Boileau (*Gilles*), frère aîné de Boileau-

Despréaux. A fait quelques traductions qui valent mieux que ses vers, xix, 62. —Notice, ibid. — Manière ignominieuse dont il fut traité par son propre frère dans ses premières satires, xxxix, 267.

BOILEAU (*Jacques*), autre aîné de Despréaux, docteur de Sorbonne. Esprit bizarre qui a fait des livres bizarres, écrits en un latin extraordinaire; et mot qu'on en cite à ce sujet, xix, 62; xx, 465. — Dénonça comme un blasphème l'éloge des Chinois par le P. Lecomte, ibid. — Est auteur du livre les *Flagellants*, et de quelques autres de cette espèce; ce que Despréaux, son frère, disait de lui, ibid.

BOILEAU-DESPRÉAUX (*Nicolas*). A bien connu l'art d'écrire, et l'a bien enseigné, LIV, 363. — A donné le enseigné et l'exemple du vrai dans presque tous ses ouvrages, xxxix, 274. — Vers de lui, qui doivent être la règle de tout homme qui parle ou qui écrit, xix, 368. — Premier maître dans l'art difficile des vers français, IX, 373. — Fut le peintre des mœurs et surtout du ridicule, xii, 253. — Imitateur, a des beautés froidement parfaites, LIV, 17.— Pourquoi s'obstinait à ne pas reconnaître la supériorité des Modernes sur les Anciens, xx, 339. — Dans la querelle à leur sujet, s'est moqué de Perrault beaucoup plus qu'il n'a justifié Homère, xxvi, 350. — Belle traduction en vers qu'il a faite d'un endroit de ce poëte, xxxix, 273. — Qui lui inspira le goût de la satire, xxxviii, 333. — Origine de sa querelle avec Chapelain, 334. — Motifs de son acharnement contre Quinault, 335. — A quoi ont servi ses *Satires*, 336. — Avec quelle circonspection il faut les lire, xxxix, 267. — Reproche qu'on lui fait d'y avoir toujours attaqué des personnes dont il n'avait pas sujet de se plaindre, xiv, 264. — Critique d'un vers singulier de sa première satire, xxxii, 382. — De quelques vers de la satire sur *l'Honneur*, xxx, 254. — De celle sur *l'Équivoque*, xxxix, 275. — De celle sur les *Embarras de Paris*, xxx, 82. — De celle contre les *Femmes*; tort qu'il a eu d'y couvrir de ridicule une dame qui avait appris l'astronomie, iv, 450; LIII, 165. — Celle adressée *A mon esprit* est un chef-d'œuvre, LI, 266. — Ne fut que le second des satiriques français; Pascal fut le premier, xx, 412. — Par ses belles *Épîtres* a instruit la postérité, 320. — A mis la raison en vers harmonieux, xii, 355; xxxviii, 555; LIV, 362.—Observations sur celle du *Passage du Rhin*, xii, 123 *et suiv.* — Son *Art poétique* en quoi supérieur à celui d'Horace, xxvii, 118; xxxviii, 555; xli, 562; LXX, 342. — Son *Lutrin* eut d'abord le nom de poëme burlesque, xxvii, 413. — Pourquoi son *Ode sur la prise de Namur* ne réussirait pas aujourd'hui, xii, 477. — Critique de cette pièce, xxix, 132. — Ses Satires inférieures à ses autres ouvrages, LI, 265. — Sans ses belles *Épîtres*, et surtout son *Art poétique*, aurait une très mince réputation, xx, 320; xxxix, 267. — Qu'il faut distinguer soigneusement, dans ses vers, ce qui est devenu proverbe, d'avec ce qui mérite de devenir maxime, xix, 61. — Notice qui le concerne, ibid. — Distribua souvent avec partialité ses louanges et ses censures, xxxvii, 245. — S'est moqué à tort d'Alexandre, xxvi, 164, 172. — Injuste envers le Tasse, xiii, 263; xxviii, 248. — Envers Quinault, xii, 231; xiii, 257, 263; xxvii, 112; xxviii, 249; xxxix, 265.— Quand son goût fut mûri par l'âge, changea d'avis sur Voiture, qu'il avait loué dans ses précédentes Satires, xii, 346; xxix, 218. — Ce qui peut excuser jusqu'à un certain point son injustice envers La Fontaine, 300. — A trop loué Segrais, xii, 344.— A trop méprisé Crébillon, xix, 88; xl, 487. — Pourquoi refusa son suffrage au marquis de Saint-Aulaire, lors de son élection à l'Académie française, xix, 194. — A raillé indiscrètement Guillaume III dans son Ode sur Namur, xii, 477. — Sa dispute avec Huet sur un passage de la *Genèse*, xlvii, 433. — Entreprit un prologue d'opéra pour montrer à Quinault comment il fallait s'y prendre, et n'en fit qu'un très mauvais, fort au-dessous de ceux de ce poëte, qu'il affectait de tant rabaisser, xxxix, 267.— Pourquoi on lui pardonne la satire, xii, 67. — A fait celle de l'espèce humaine, 88. — Futilité d'un grand nombre des sujets qu'il a traités, 156. — Comment jugé dans le *Temple du Goût*; ce qu'il efface de ses ouvrages, 355. — S'y réconcilie avec Quinault, ibid. — A eu tort de dire Virgile sans défaut, 322. — Pensée fausse qu'on en relève, xxix, 226.— Épigramme de Chapelle contre lui, xix, 78. — Cas que Charles XII faisait de ses écrits, xxiv, 209. — Part qu'il eut aux libéralités de Louis XIV, xx, 156; xxxix, 6. — Son altercation avec ce monarque, au sujet de quelques vers qu'il blâmait, et que le roi trouvait bons, xx, 231. — Sa réponse au sujet d'une impertinente satire qu'on lui attribuait, II, 18. — Fausse anecdote qu'on en rapporte au sujet d'Addison, XIX, 176. — Autre, au sujet de Quinault, 180. — Ce qu'en disait la mère de Voltaire, qui l'avait vu, LIX, 494. — Vers qui le caractérisent, XII, 253, 355. — En quels termes l'auteur en parle dans l'exorde de la *Loi naturelle*, 156. — Épître satirique qui lui est adressée, XIII, 257. — Payé comme historiographe, n'a jamais rien écrit, 180; LIV, 9. — D'un parallèle publié en Angleterre entre lui, Horace et Pope, XL, 296. — Comment caractérisé par Middleton, XLII, 700.

BOINDIN (*Nicolas*). Auteur d'excellentes recherches sur les théâtres anciens et sur les tribus romaines, XIX, 62. — Critique dur, *ibid*. — Épigramme de La Faye contre lui, 143. — Peint dans le *Temple du Goût* sous le nom de BARDOU, *ibid.*; XII, 336, 362. — Comment s'en vengea, 318. — Par qui fut accusé d'athéisme, XIX, 62; LXI, 296. — Pourquoi la sépulture ecclésiastique lui fut refusée, LXV, 98. — Persécuté même après sa mort; fut privé de l'éloge funèbre que lui devait son successeur à l'Académie, LXI, 296. — Justifié des indignes calomnies d'un prétendu dictionnaire historique, XIX, 63; XXVIII, 350. — Épigramme qu'il fit contre J.-B. Rousseau, XXXVII, 490; LII, 291. — Autres détails sur l'origine de leur inimitié, XXXVII, 489. — Libelle diffamatoire publié après sa mort, sous le titre de *Mémoire*, dans lequel il accuse Lamotte-Houdard, Saurin et Malafer d'avoir ourdi la trame qui le perdit; discussion et réfutation à ce sujet, XIX, 135 *et suiv*.

BOISARD, fabuliste. Ce qu'en dit Voltaire, LXVIII, 204.

BOIS-BOURDON (seigneur de), amant de la reine Isabelle de Bavière. Cousu dans un sac par ordre du roi Charles VI, et jeté dans la Seine, XVI, 399.

BOISGELIN (comte de). Lettre qui lui est adressée en 1767, LXIV, 112.

BOISGELIN (comtesse CUSSÉ de). Lettre d'invitation qui lui est adressée en 1771, LXVIII, 143. — Son séjour à Fernei en 1772; ce qu'en dit l'auteur, 460, 461.

BOISGELIN (Jean CUSSÉ de), archevêque d'Aix, depuis cardinal. Notice, LXVII, 212.

BOISGUILLEBERT, lieutenant-général au bailliage de Rouen. S'était ruiné et prétendait faire la fortune de l'état, XIV, 258. — Auteur de la *Dîme royale*, satire où il décrie l'administration du grand Colbert, et qu'il eut l'audace d'attribuer à Vauban, *ibid.*; XIX, 218; XXVI, 125; XXIX, 254; XXXIV, 39; XLII, 71; XLVIII, 110. — Note de l'éditeur, au sujet de cette assertion répétée de Voltaire, XXXIV, 40. — Son *Détail de la France* réfuté, XX, 272. — Notice, *ibid*.

BOIS-JOURDAIN. Lâcheté audacieuse de ce capitaine, qui livre Trèves aux Impériaux, malgré le maréchal de Créqui, XIX, 423.

BOISLÈVR (*Gabriel* de), évêque d'Avranches, frère d'un partisan dont il avait partagé les concussions. Est condamné, en 1664, à une amende de douze mille francs, XX, 141.

BOISMORAND (l'abbé). De sa traduction du *Paradis perdu* de Milton, en société avec Dupré de Saint-Maur, XXIX, 172, 180.

BOIS-ROBERT (*François* LE MÉTEL, abbé de). Un des cinq auteurs qui travaillaient aux pièces dont le cardinal de Richelieu donnait le plan, V, 102; XXXV, 6, 42. — Lettre que cette éminence lui fit écrire à Mairet, au sujet du *Cid*, 47. — Est moins célèbre par son mérite que par sa faveur et sa fortune, XIX, 63. — A composé dix-huit pièces de théâtre, *ibid*. — La plupart sont des fables insipides sans mœurs et sans caractères, VII, 188.

BOISSY. Sa comédie des *Dehors trompeurs*; ce qu'on en dit, LIV, 83.

BOISSIEUX (comte de), neveu du maréchal de Villars. Envoyé pour pacifier la Corse, XXI, 394. — Malheurs de son expédition, 396. — Le chagrin hâte sa mort, *ibid*.

BOISSY (LAUS de), rédacteur du *Secrétaire du Parnasse*. Lettre qui lui est adressée, en 1770, à l'occasion de ce recueil, LXVI, 507. — Autres, sur divers sujets, de 1773 à 1777, LXVIII, 187; LXIX, 252; LXX, 41, 315. — Est auteur d'une Critique des *Trois siècles* de Sabattier, LXVIII, 187; LXIX, 252.

BOISVIN, président franc-comtois. Vers latins qu'on en cite au sujet de deux prétendus miracles, XLVIII, 396.

BOTTIN, curé de Paris. Rôle qu'il joue dans l'affaire des billets de confession, XXI, 343 *et suiv.*; XXII, 321. — Décrété et condamné deux fois par le parlement, XXI, 344, 345; XXII, 322, 324.

BOIVIN (les frères *Jean* et *Louis*), littérateurs du siècle de Louis XIV. Utilité de leurs ouvrages pour l'intelligence des beautés des auteurs grecs, XIX, 63.

BOLESLAS, duc de Bohême. Battu par Othon-le-Grand, XXXIII, 116.

BOLESLAS, duc de Pologne. Reçoit de l'empereur Othon III, et ensuite du pape Sylvestre II, le titre de roi, XXIII, 134. — Comment signale son christianisme, 136; XLIII, 447. — Envahit la Bohême, et se ligue contre Henri II avec plusieurs princes d'Allemagne, XXIII, 137.

BOLINGBROKE (SAINT-JEAN, depuis lord), secrétaire d'état sous la reine Anne. L'un des négociateurs de la paix d'Utrecht en 1711, XX, 95. — Calomnié au sujet de la rédaction de ce traité, 110. — Réfuté au sujet des intrigues qu'il dit s'être formées en France à cette époque, 96. — Accueil qu'il reçut à Versailles, 106. — Persécuté après la mort de la reine Anne, se réfugie en France, 118. — Intéresse la gloire de Louis XIV en faveur du prétendant, *ibid*. — Fut un des plus brillants génies et l'homme le plus éloquent de son siècle, XXIV, 308; XXXVII, 270. — Son portrait, LI, 68. — Ses *Mémoires secrets* appréciés et cités; ce qu'on lui reproche, XIX, 531; XXXIX, 576; LVI, 439, 445. — A écrit contre la religion chrétienne et contre les théologiens, XLIII, 495; LXIII, 189. — Ouvrage qui lui est attribué, sous le titre d'*Examen important*, etc., et qui est dirigé contre le fanatisme, XLIII, 39 *et suiv*. — Traduction d'une lettre qu'il est supposé avoir écrite à milord Cornsbury, et de la réponse de celui-ci, 206, 212. — Insulté dans les journaux au sujet de ses *Lettres sur l'histoire*, publiées après sa mort; *Défense* publiée par Voltaire en sa faveur, XXXIX, 454 *et suiv*. — Ne croit point que Moïse ait existé, XXXI, 237. — Regarde l'histoire de Joseph comme un roman, XLIX, 103. — Passage du *Deutéronome*, contre lequel il s'élève avec force, 180. — Réflexions violentes qu'on lui attribue au sujet de l'histoire de Josué, 191. — De l'aventure de Dagon dans le temple d'Azot, 247. — Du massacre d'Agag par le prêtre Samuel, 268. — D'Achab et du prophète Michée, et des rêveries hébraïques, 339 *et suiv*. — D'Élie qui dispose de la foudre, 344. — Et d'Élysée qui fait dévorer par des ours des enfants qui lui ont ri au nez, 346. — Cité au sujet de la première profession de foi attribuée à la secte chrétienne, L, 447. — Ce fut lui qui donna au célèbre Pope le plan du *Tout est bien*, XXVII, 357. — N'avait pourtant guère lieu de penser ainsi, XVII, 99. — Il aurait éclairé le genre humain, s'il n'avait noyé la vérité dans ses ouvrages, XXXI, 227; LVII, 661; LVIII, 200. — Voltaire lui dédia *Brutus*, et lui adressa pour dédicace un discours sur la tragédie en général, II, 349.*et suiv*. — Vers à sa louange, XIII, 62. — Sa devise: *Nihil admirari*, XXXIII, 386. — Propos des filles de Londres, quand il fut fait secrétaire d'état, LXV, 430; LXX, 111. — Mot célèbre de lui sur Marlborough, XXXVII, 171. — Fragment d'une lettre sur la superstition, publiée sous son nom par Voltaire, XL, 190.

Bologne (duché de). Le pape Jules II en dépossède la maison Bentivoglio, XXIII, 514.

Bombai (île de). Séjour le plus malsain de l'Inde, et le plus incommode, XLVII, 343.

BOMBELLES (vicomte de). Son singulier procès avec la demoiselle Campet; Notice qui le concerne, XLVII, 124.

Bombes. Par qui furent inventées, et premier usage qu'on en fit, X, 203. — Description poétique de leurs effets, *ibid.*, 215.

BON DE SAINT-HILAIRE (*François-Xavier*). Auteur d'une *Dissertation sur l'araignée*; vers et notice qui le concernent, LV, 1.

BONAC (*Jean-Louis* d'Usson, marquis de), ambassadeur de France à Constantinople. Ses représentations au sujet du rebelle Mahmoud, usurpateur de la Perse, XXV, 375. — Avait rempli les mêmes fonctions diplomatiques auprès de plusieurs autres cours, XXI, 240; LV, 23.

BONAC (*François-Armand* d'Usson, marquis de), fils du précédent. Blessé à la bataille de Lauffeldt, XIII, 180; XXI, 240.

BONARD, un des agens d'affaires du maréchal de Luxembourg. Comment compromet son maître, XX, 177.

BONAVENTURE (saint). Général de l'ordre des franciscains, s'élève contre les abus qui s'y sont introduits, XXXII, 57. — Ses ouvrages mystiques, XIV, 242. Notice, *ibid*. — Cité sur la femme de neige de saint François d'Assise, LXVI, 150.

BONCERF (*Pierre-François*), premier commis de M. Turgot. Auteur d'un écrit sur les *Inconvénients des droits féodaux*, brûlé par arrêt du parlement; réflexions à ce sujet, LXIX, 533, 539. — Lettres facétieuses y relatives, XLVIII, 284, 293. — Autre, qui lui est adressée en 1776, LXIX, 545. — Notice, *ibid.*

BOND, gentilhomme anglais, passionné pour les spectacles. Fait traduire *Zaïre*, la fait jouer par ses amis, y représente lui-même le rôle de Lusignan, et meurt sur le théâtre, au moment de la reconnaissance, III, 140, 153.

BONDOCDAR, soudan de Damas, de la Syrie et de l'Égypte. L'un des émirs qui ont le plus servi aux défaites de saint Louis, XLVII, 140. — Nos chroniqueurs en parlent comme d'un brigand; tous les Orientaux le regardent comme un héros égal aux Saladin, aux Omar et aux Alexandre, *ibid.*

Bonheur. Différents usages de ce terme, et son étymologie, XXIX, 348. — Idées diverses qu'on y attache, XXVII, 339 *et suiv.* — Est le port où tendent les humains; vers à ce sujet, XII, 51. — L'illusion l'annonce et l'emporte, IX, 403. — Est chose passagère, XI, 170. — Est une chimère; couplets sur cette pensée, 455. — Le parfait bonheur est la chose impossible, XIII, 109, 210; XIV, 83. — Où le trouver? vers à ce sujet, LVII, 593. — N'est tout entier nulle part, et est partout, mais avec mesure et passager, XII, 46, 49; XIV, 41. — Conte où il est personnifié sous son nom grec de *Macare*, XIV, 73. — Chacun l'a près de soi, 90, 142. — Il nous appelle et fuit devant nous, 297. — Est partout mêlé d'amertume, V, 496. — Naît souvent du sein de la douleur, LI, 251. — A besoin d'être acheté, XII, 75. — L'homme en fait moins de cas que de la raison, XXXIII, 348. — N'est pas dans la vanité, 380. — Est en nous, XII, 51, 54. — Le souvenir de celui qui n'est plus est à nos maux un poids insupportable, IV, 278. — Le monde est plein d'infortunés qui en parlent, XII, 201. (Voy. *Heureux.*)

BONIFACE (saint), missionnaire anglais. Regardé comme l'apôtre de l'Allemagne, XXIII, 44. — Fonde l'abbaye de Fulde, *ibid.* — Créé évêque de Mayence par Carloman sans le concours du pape, XV, 387; XX, 354. — Couronne et consacre par reconnaissance la rébellion de Pepin, *ibid.*; XXII, 6; XXIII, 47; XLIV, 437. — Fait une mission chez les Frisons idolâtres; y reçoit le martyre, XXIII, 49.

BONIFACE VII, pape. Veut rendre Rome aux empereurs d'Orient, XVI, 7; XXIII, 9,

128. — Appelle les Arabes d'Afrique, *ibid.* — Chassé, puis rétabli à la mort de Jean XIV, est assassiné, 9. — A fait périr Benoît VI et Jean XIV; détails de ses cruautés et de ses intrigues, XVI, 6.

BONIFACE VIII (*Benoît* CAÉTAN), pape. Son installation; traits caractéristiques de son pontificat, XXIII, 13. — Sa manie de donner des royaumes, 284 *et suiv.* — Donne la Sardaigne et la Corse au roi d'Aragon, XVI, 258, 274. — Veut disposer de l'Écosse, 258. — Prétend donner un roi à la Hongrie, 259; XVII, 162; XXIII, 286. — Institue le jubilé, et ajoute une seconde couronne au bonnet pontifical, XVI, 260. — Fait porter devant lui deux épées nues, *ibid.* — Autorise la fable de Notre-Dame de Lorette, 432. — Comparé à Grégoire VII, XXIII, 224; XVI, 275. — Était gibelin avant d'être pape, *ibid.* — Nomme Charles de Valois empereur d'Orient, 276. — Ses démêlés avec Philippe-le-Bel, à l'occasion de la bulle *Ausculta, fili*, qui est brûlée en France, 259, 281 *et suiv.*; XXVII, 438 *et suiv.* — Il donne ce royaume à Albert d'Autriche, qu'il avait d'abord excommunié, XVI, 259, 282; XXIII, 287. — Surpris dans Agnanie; sa fierté, XVI, 283. — Meurt en arrivant à Rome, *ibid.*; XXIII, 287. — Procès fait à sa mémoire, XVI, 284. — Portrait qu'en font les historiens, XI, 141; XLVIII, 552. — Canonisa saint Louis, XVI, 279.

BONIFACE IX (*Pierre* TOMACELLI). Pape durant le grand schisme d'Occident, XXIII, 358. — Se saisit, par des intrigues, de plusieurs villes d'Italie, 364. — Donne la couronne de Hongrie à Ladislas, 365. — Remplit l'univers d'indulgences plénières, XXXII, 314.

Bonn (ville de). Prise sur les Français par les Impériaux, en 1689, après trois mois et demi de siège, XIX, 482. — Prise de nouveau par Marlborough en 1703, 29.

BONNE DE SAVOIE, sœur de la femme de Louis XI. Warwick veut la marier à Édouard IV, qui fait avorter cette négociation, XVII, 125.

BONNEAU, personnage feint de la *Pucelle.* Son portrait; rôle qu'il joue dans ce poëme, XI, 18. — A qui l'on croit qu'il faisait allusion, *ibid.*

Bonne-Espérance. (Voy. *Cap de*).

BONNET (*Charles*), médecin et naturaliste genevois. Auteur de quelques ouvrages ridicules de métaphysique et de théologie, XLVI, 239. — Plaisante rêverie sur la résurrection, qu'il a insérée dans sa *Palingénésie, ibid.;* XLVII, 441; LXX, 60.—Examen de ses *Considérations sur les corps organisés;* éloge de cet ouvrage, XLI, 427.—Auteur d'un *Essai sur les facultés de l'âme;* ce qu'on en dit, LIX, 576.—Comment est ridiculisé dans le poëme de la *Guerre civile de Genève,* XII, 282, 285.—Ce qu'on en dit à ce sujet, LXIV, 285.

BONNEVAL (comte de). Proscrit de France, général en Allemagne, se fait Turc et meurt bacha; action de bravoure qu'on en raconte, XII, 269; XXI, 3; XXXIV, 438.— Autres détails de ses aventures, LIII, 39, 63; LX, 606; LXI, 18. — Fragment d'une lettre qu'il écrivit à Voltaire, en 1743, contenant les détails de son abjuration, XLVIII, 338 *et suiv.*

BONNEVAL (René de). Bel esprit qui vole Voltaire et fait imprimer un libelle contre lui, I, 340; LVI, 375.—Cru le même à qui J.-B. Rousseau a adressé une épître, 376.—Lettre qu'il écrivit à l'auteur en 1737, I, 340. — Auteur de vers sur Mlle Le Couvreur, que l'on attribuait sottement à Voltaire, XIV, 287; XLVIII, 399.

BONNIER D'ALCO (le président). (*Voyez* ALCO.)

BONNIVET (l'amiral), général de François 1er dans le Milanais, XVII, 201.—Sa défaite à Biagrasse, 202; XXIII, 457. — Ce fut à ses conseils qu'on dut la perte de la bataille de Pavie, XXII, 77.

BONONCINI. Loué dans les premières éditions du *Temple du Goût,* XII, 322.

Bon Sens (le). Livre plus terrible que le *Système de la nature,* LXIX, 321, 329. — A qui attribué, I, 568. —Notes marginales qu'y mit Voltaire, *ibid. et suiv.*—L'auteur de ce livre croit avoir attaqué Dieu; il n'a attaqué que certains prêtres anciens et modernes, XXXIX, 409.

Bon sens (*Philosophie du*). (*Voy.* D'ARGENS.)

BONTEMPS, premier valet de chambre de Louis XIV. Mot de ce prince sur son caractère dissipateur, XII, 49.—Lui servit de témoin lors de son mariage secret avec Mme de Maintenon, XX, 190; LVI, 203.

Bons mots. (Voy. MOTS.)

Bonzes. Leur fanatisme, leurs pénitences effrayantes pour gagner leur vie et séduire le peuple, X, 143; XV, 278; XVII, 380; XXVII, 478. — Sage règlement de Taïtsong, qui défend aux Chinois d'embrasser cette profession avant l'âge de quarante ans, XVII, 473.

Borandiens (les). Ce peuple, dont parle souvent Buffon dans son *Histoire naturelle,* est entièrement inconnu, XXV, 53, 67.

Bordeaux (ville de). Prise et saccagée par les Normands, au 10e siècle, XV, 478.—Son commandant Monins, massacré, sous Henri II, par des séditieux, XXII, 90.—Les officiers du corps de ville sont obligés de le déterrer avec leurs ongles, et cent bourgeois passent par la main du bourreau, *ibid.*—Massacres qui y sont commis à la Saint-Barthélemi, en 1572, 132. — Par qui et comment le peuple y est excité au carnage, *ibid.* (Voy. *Parlement de Bordeaux.*)

BORDES (*Charles*), de l'Académie de Lyon. Auteur d'une *Ode sur la guerre,* en 1762; ce qu'on en dit, LIX, 607.— Auteur de la *Profession de foi philosophique,* satire contre J.-J. Rousseau, publiée en 1763, LXII, 259.—Auteur présumé et réel de la *Lettre au docteur Pansophe,* publiée sous le nom de Voltaire, LXIII, 384, 433, 438, 440, 457, 477, 484.— Nie faiblement et avec un air d'embarras, 512.—Auteur anonyme du *Tableau philosophique du genre humain,* LXIV, 369, 374. — Auteur du *Catéchumène,* roman philosophique attribué à Voltaire, I, *xij;* LXV, 39, 54, 297; LXVIII, 185.—S'il est l'auteur du *Crocheteur borgne,* attribué au même, XXXIII, *ij et suiv.;* 27.—Vers en réponse à d'autres qu'il avait adressés à Voltaire, LXVII, 240. — Son poëme de *Parapilla* apprécié, LXVII, 190.—Lettres qui lui furent adressées, de 1753 à 1773. (Voy. *Tab. part.* de LVI à LXVIII.)

BORDIER. (*Voy.* DUBORDIER.)

BORR (*Catherine*), religieuse. Mariée au réformateur Luther, XVII, 252.

BORGIA (*César*), duc de Valentinois, et bâtard d'Alexandre VI. Accusé d'avoir abusé de sa sœur Lucrèce, et assassiné son frère le duc de Gandie, XII, 162; XVII, 84.—Porte à Louis XII sa bulle de divorce; prix qu'il en reçoit, 85. — Diacre et archevêque, passe à l'état séculier, 86. — Son habileté et ses crimes atroces dans la conquête de la Romagne, 91, 425.—Autres détails, XLIV, 342.—Sa débauche au milieu des assassinats, VIII, 100.—S'il s'empoisonna, avec son père, du poison qu'ils avaient préparé à des cardinaux, X, 382, 383; XVII, 94; XLIV, 477.—Perdit, à la mort de son père, tout le fruit de ses crimes, qui fut recueilli par l'Église, xvii, 96. — Abandonné et trahi par Gonsalve de Cordoue; est envoyé prisonnier en Espagne, 97. — S'évade de sa prison, va commander l'armée du roi de Navarre, son beau-frère, et périt glorieusement les armes à la main, *ibid.* — Fut le plus méchant homme de la chrétienté, xxii, 61.

Boris-Gudenou, beau-frère et premier ministre du czar Fédor. Lui persuade d'assassiner son frère Démétri, xviii, 406; xxv, 78. — L'empoisonne ensuite lui-même, et usurpe le trône de Russie, *ibid.;* xviii, 406. — En est chassé, *ibid.* — Son fils lui succède, et meurt victime d'un faux Démétri, 407. — Ce fut sous son règne que fut fondue à Moscou la plus grosse cloche qui soit en Europe, xxv, 39.

Boscawen, amiral anglais. Assiége inutilement Pondichéri, défendue par Dupleix, xxi, 275.

Bossuet (*Jacques-Bénigne*), évêque de Condom, et ensuite de Meaux. D'abord destiné à épouser Mlle Desvieux, comment se détermine à l'état ecclésiastique, xx, 308. — Prêche avec succès devant la cour, *ibid. et suiv.* — Est rivalisé par Bourdaloue, 309. — Examine les écrits mystiques de Mme Guyon, 445. — Jaloux de la réputation et du crédit de Fénelon, use de mauvais procédés à l'égard de ce prélat; écrit contre lui dans l'affaire du quiétisme, et triomphe de sa condamnation, 447 *et suiv.* — Apostrophé à ce sujet, xli, 370. — Son *Histoire*, qu'il appelle *universelle*, n'est que l'histoire particulière de trois ou quatre nations, lix, 596; lxv, 188. — Il y rapporte et sacrifie tout aux Juifs, et la plus grande partie de l'univers y est oubliée, xv, 426; xli, 131. — Entretien à ce sujet entre un savant et un Chinois, xxx, 69. — Comparé à un homme qui enchâsse continuellement des pierres fausses dans de l'or, xliv, 385. — Réfuté sur ce qu'il dit des hérésies, qu'il prétend avoir été prédites par Jésus-Christ, *ibid.* — Infidélité de son éloquent tableau en faveur des Égyptiens, xli, 130. — Autres réflexions critiques sur son Histoire, lii, 252. — Ses *Oraisons funèbres*, belles déclamations, xiv, 196; lix, 596. — Quelques-unes sont d'autant plus admirables, qu'elles n'ont point eu de modèle dans l'antiquité, xlvi, 407. — Comment, dans celle d'Anne de Gonzague de Clèves, il a commenté les deux visions qui avaient opéré la conversion de cette princesse Palatine, xxvi, 511; xxxii, 476; xliii, 219. — De leurs mérites et de leurs défauts, xxxix, 28; xliii, 218 *et suiv.* — Familiarités qu'il en raie dans le *Temple du Goût*, xii, 353. — Sa *Politique de l'Écriture sainte*, regardée comme un ouvrage peu digne de lui, xlii, 57; xlv, 60; xlvi, 523. — De son *Commentaire de l'Apocalypse*, xxvi, 441; lxv, 294. — Et d'une singulière méprise où il est tombé dans cet ouvrage, xxxi, 288. — Avait de la science et du génie; était le premier des déclamateurs, mais le dernier des philosophes, lxiv, 483. — A dit souvent ce qu'il ne pensait pas, xl, 594. — N'a pas toujours été de bonne foi, surtout en accusant Fénelon d'hérésie, lix, 526, 596; lxv, 294. — On a prétendu qu'il avait des sentiments philosophiques tout différents de sa théologie, xix, 64; lix, 527. — Quel ouvrage il eût mieux aimé avoir fait, s'il n'avait pas fait les siens, xx, 307. — Tenta de faire quelques vers, et les fit détestables; mais se garda bien de déclamer contre les grands poëtes, ix, 464; xxxii, 435. — S'il est vrai qu'il vécut marié secrètement avec mademoiselle Desvieux; détails à ce sujet, xix, 64; xx, 308; lix, 526. — Vers sur ce dernier Père de l'Église, lii, 17. — Autres éloges que lui donne Voltaire, vi, 150; xiv, 196. — Ce fut lui qui, en 1682, inspira les quatre fameuses décisions du clergé sur l'autorité du pape, xxii, 221, 281. — Son portrait de Marie-Thérèse cité et critiqué, xxxix, 180 *et suiv.*

Bossuet (*Jacques-Bénigne*), évêque de Troyes, neveu du précédent. Mention et Notice, lii, 17.

Boston, capitale de la Nouvelle-Angleterre. Par qui d'abord habitée et gouvernée, xvii, 456. — Combien, en 1750, on y comptait d'habitants, 457.

Bothuel (comte de). Assassine Henri Stuart, et enlève Marie, sa veuve, qu'il épouse ensuite publiquement, xviii, 49 *et suiv.* — Son insolence et ses crimes soulèvent les Écossais, 50. — Il s'enfuit aux îles Orcades, *ibid.*

Botskai, seigneur hongrois. Fait révolter une partie de l'armée contre l'empereur Rodolphe, et se déclare seigneur de la Haute-Hongrie, sans oser prendre le titre de roi, xxiii, 560. — Se fait proclamer prince de Transylvanie, et reçoit solennellement dans Pest la couronne de

Hongrie, *ibid.* — Cède la Transylvanie, et ne garde de la Hongrie que la couronne d'or qu'il avait reçue du grand-vizir, 561. — Sa mort, 562.

BOTTA-ADORNO (*Antoine*, marquis de), Milanais, ambassadeur de la reine de Hongrie à Pétersbourg, et ensuite à Berlin. Convaincu d'avoir pris une part active à la révolution qui tendait à remettre le jeune Ivan sur le trône, est sacrifié par Marie-Thérèse à la czarine Élisabeth, LIV, 581. — Mort en 1745, *ibid.*

BOTTA-ADORNO (marquis de), lieutenant-général au service de l'Autriche. Dures conditions qu'il impose aux Génois, XXI, 177. — Sa conduite lors de la révolution de Gênes en 1746, 183 *et suiv.* — Une insurrection l'oblige à sortir de cette ville, 184.

Bouc (le). Honneurs de toute espèce que l'antiquité lui a rendus, XXVII, 403. — Dans quel sens ce mot est souvent employé dans l'Écriture, *ibid.* — Du bouc de Mendès chez les Égyptiens, et du bouc Hazazel chez les Juifs, 404. — Abominations auxquelles leur culte donna lieu; vers imités de Pindare sur cette infamie, *ibid. et suiv.*; XLIX, 145. — Du bouc du sabbat, XXVII, 406; XLIII, 331; XLIX, 146.

BOUCHAIN (ville de). Prise par Louis XIV en personne, XIX, 427. — Reste à la France par le traité de Nimègue, 437.

BOUCHARD DE BUSSI, traducteur d'Élien. (*Voy.* BUSSI.)

BOUCHARDON, sculpteur. Notice, XIV, 129. — Sa fontaine de la rue de Grenelle, à Paris, est admirable, XII, 352; XIX, 234. — Mot célèbre qu'on en cite sur Homère, XXIX, 148. — Observations critiques sur son idée de *l'Amour faisant un arc de la massue d'Hercule*, LIII, 398 *et suiv.*

BOUCHER (*Jean*), curé de Saint-Benoît et docteur de Sorbonne. Séditieux emporté jusqu'à la démence; figure aux états de Paris, du tems de la Ligue, XXII, 167. — Son livre *de Justa Henrici tertii abdicatione*, rempli de calomnies, X, 47. — Auteur de l'*Apologie de Jean Châtel*, sous le faux nom de François de Véronne, LVII, 250.

BOUCHER D'ARGIS, l'un des coopérateurs de *l'Encyclopédie*. Loué, XXXI, 405; XLVIII, 156. — Mention de son ouvrage sur le *Droit ecclésiastique*, LXI, 224.

BOUCHERAT (*Louis*), chancelier de France sous Louis XIV. Sa devise singulière, XIX, 35. — Sa rigueur dans la rédaction de l'ordonnance de 1670 sur la procédure criminelle, XXI, 416.

BOUCHET, jésuite missionnaire. En contradiction avec lui-même sur les brames, XLVII, 443. — Contes ridicules qu'il a débités au sujet de l'Inde, 452 *et suiv.* — Et qu'il a insérés dans le recueil des *Lettres curieuses et édifiantes*, L, 111.

BOUCICAUT (maréchal de). En 1410, laisse prendre Gênes qui s'était mise sous la protection de la France, XVI, 394.

Boucle (la) *de cheveux*, poëme héroï-comique. (*Voy.* POPE.)

BOUDIER (*René*). Auteur de quelques vers naturels; épitaphe qu'il se fit en mourant, XIX, 65. — Notice, *ibid.* — Distique qu'on en cite sur le baptême, XXVII, 288.

BOUDIN, médecin hardi et ignorant. Par quels discours imprudents donne lieu à des calomnies contre Louis XIV, XX, 208; XXXIX, 25.

BOUDOT (l'abbé). Lettre qui lui est adressée, en 1768, au sujet de l'*Abrégé chronologique* du président Hénault, LXV, 294. — Part qu'il eut à cet ouvrage, et note y relative, *ibid.*; LVIII, 494; LXVI, 524.

BOUFFLERS (un jeune). Supposé tué par Henri IV dans les premières éditions de la *Henriade*, X, 156. — Pourquoi cet épisode a été supprimé depuis, 40, 157.

BOUFFLERS (*Louis-François*, duc de), maréchal de France. L'un des meilleurs officiers de Louis XIV, XIX, 21. — Commande un corps d'armée en Allemagne sous le Dauphin, 479. — Part qu'il prend à la journée de Steinkerque, dont il achève la victoire, 489. — Défend la place et la citadelle de Namur, 496 *et suiv.* — Justifié des reproches que lui adresse Feuquières en cette circonstance, *ibid.* — Est arrêté par Guillaume III, malgré la capitulation de cette place, XXV, 210. — Commande l'armée de Flandre sous le duc de Bourgogne; comment est réduit à rester seul témoin des succès de Marlborough, XX, 21. — Sa belle défense de Lille, assiégée pendant quatre mois par ce général et par le prince Eugène, 67. — Quoique l'ancien du maréchal de Villars, demande à servir sous lui en 1709, 79. — Commande à la bataille de Malplaquet, où il fait la retraite, 82. — Sa mort en 1711, XIX, 21.

BOUFFLERS (*Joseph-Marie*, duc de),

fils du maréchal, et lieutenant-général. Est blessé, en 1743, à la bataille de Dettingen, xxi, 100. — Prend le fort de Kenoque, 106. — Se distingue avec son fils à la bataille de Raucoux, xxxix, 38. — Défend Gênes, xxi, 187. — Meurt de la petite vérole le jour de la retraite des Autrichiens, 189; xxxix, 38. — Vers à ce sujet, xiii, 179.

BOUFFLERS (*Madeleine* de NEUVILLE-VILLEROI, duchesse de). Madrigal sur sa patronne, xiv, 378. — Depuis duchesse de Luxembourg, lviii, 107. (*Voy.* LUXEMBOURG.)

BOUFFLERS (comte de), de la branche de Rémiancourt, neveu du duc. Est tué à Dettingen, à dix ans et demi; son héroïsme, xxi, 100; xxxix, 36.

BOUFFLERS (*Marie-Françoise-Catherine* de BEAUVAU, marquise de). Vers de Voltaire, en lui adressant un exemplaire de la *Henriade*, xiv, 378. — Autres sur son déguisement en sultane, adressés à M*me* Du Châtelet, qui la conduisait déguisée elle-même en Turc, 401. — Étrennes en son nom à M*me* Du Châtelet, et réponse, 402. — Madrigaux et couplets en son honneur, 403, 405. — Maîtresse du roi Stanislas, xl, 82. — Intrigue du P. Menou à la cour de Lorraine, pour lui substituer madame Du Châtelet, *ibid*. — Lettre qui lui est adressée en 1764, lxii, 129. — Autres en 1767, lxiii, 573, 591. — Notice, lv, 311.

BOUFFLERS (abbé, puis chevalier de), fils de la marquise. Épître qui lui est adressée en 1766, xiii, 247. — Stances en réponse à sa pièce de vers intitulée *le Cœur*, xii, 540. — Couplet à madame Cramer à son sujet, xiv, 455. — Son séjour chez Voltaire en 1764 et 1765; son portrait, lxii, 130, 182, 187. — Lettre en prose et en vers qui lui est adressée en 1768, lxv, 124. — Autres éloges et notice, lx, 40; lxiii, 574. — En 1771, prend parti pour les confédérés de Pologne; ce que Voltaire en écrit à ce sujet à l'impératrice Catherine, lxvii, 198.

Bouffons, Bouffonnerie. Origine et signification, xxvii, 408. — A quel point les bouffons ont déshonoré les théâtres et les cours, 411; xxxv, 39. — Comment furent introduits dans nos comédies, lxv, 135. — Réflexions sur ce genre bas et burlesque, et sur les auteurs qui s'y sont livrés, iii, 35 *et suiv.*

BOUGAINVILLE. Plat traducteur du plat *Anti-Lucrèce*, lviii, 201; lxi, 85, 296. — Accusa Boindin d'athéisme, et le persécuta même après sa mort; en quels termes on en parle, *ibid*.

BOUGEANT (le P.), jésuite. Pénitence singulière que lui imposa sa compagnie, pour la punir d'avoir publié son *Langage des bêtes*, liii, 539. — Cet ouvrage apprécié, 544. — Prétendait que les corps des bêtes étaient habités par des anges pécheurs, xxvi, 378.

Bougre. Étymologie de ce mot, et ses différentes significations, xxvii, 429 *et suiv.* — Quand on commença à donner indifféremment ce nom aux sodomites et aux hérétiques, xvi, 254; xxvi, 281; xxvii, 433. (*Voy. Bulgares.*)

BOUGROS, ex-garde du-corps établi à Fernei. En quels termes on en parle, lxvi, 201.

BOUGUER. Son voyage à l'équateur, pour reconnaître la forme de la terre, xii, 72, 78; xiii, 117. — Trouve les lois de la gradation de la lumière, xxi, 428.

BOUHIER (*Jean*), président du parlement de Dijon. Célèbre par son érudition; Notice, xix, 65. — Lettre en latin que lui adresse Voltaire en 1739, liii, 584. — Remplacé par l'auteur à l'Académie française; éloge qu'en fait celui-ci, xxxviii, 547. — Sentiment sur sa traduction en vers français de divers morceaux d'anciens poëtes latins, xix, 65. — Et particulièrement sur le poëme de la *Guerre civile*, par Pétrone, xxxviii, 548. — Apologiste du congrès, ou combat en champ clos, imaginé au 14e siècle, pour cause d'impuissance, xxx, 351.

BOUHOURS (le P. *Dominique*), jésuite. Obligations que lui ont la langue et le bon goût, xix, 65. — A fait quelques bons ouvrages dont on a fait de bonnes critiques, *ibid*. — Ses écarts, comparaison singulière qu'il a fait d'Ignace de Loyola avec César, et de François-Xavier avec Alexandre, 66; xxix, 512. — Autres détails sur la manière dont il a écrit la vie de ces deux saints, *ibid. et suiv.* — Comment caractérisé dans le *Temple du Goût*, xii, 351. — Épitaphe en vers qu'il fit pour Molière, xxxviii, 401. — Impertinence que lui prête Barbier d'Aucourt dans la critique de ses *Entretiens*, xix, 54; xx, 548.

BOUILLAUD (*Ismaël*), savant dans l'histoire et les mathématiques, xix, 66. — S'est mêlé d'astrologie; Notice qui le concerne, *ibid*.

BOUILLEROT, curé de Romigny-sur-Seine. Sa lettre au sujet de l'inhumation de Voltaire à Scellières, 1, 441.

BOUILLON (*Godefroi* de), duc de Brabant. (*Voy.* GODEFROI DE BOUILLON.)

BOUILLON (*Henri*, duc de), prince souverain de Sédan. (*Voy.* HENRI Ier.)

BOUILLON (maréchal de). (*Voyez* TURENNE (*Henri* de LATOUR D'ORLIÈGUE).

BOUILLON (*Frédéric-Maurice*, duc de), fils du précédent. Conspire avec le comte de Soissons contre Richelieu, XVIII, 240. — Leur armée victorieuse à la Marfée; on négocie avec lui, *ibid.* — Reçu en grace à la cour, jure d'être fidèle, et trame une nouvelle conspiration avec Cinq-Mars, 241 *et suiv.* — Arrêté au milieu de son armée à Casal, sauve sa vie en échangeant sa principauté de Sédan contre des terres d'une plus grande valeur, 242. — Autres détails, X, 268. — Prend parti pour le parlement dans la guerre de la Fronde, XIX, 291. — Aide la princesse de Condé, réfugiée à Bordeaux, à soulever cette ville et à armer l'Espagne, 301.

BOUILLON (cardinal de), neveu de Turenne, et ambassadeur à Rome. Louis XIV le charge d'y poursuivre la condamnation de Fénelon, XX, 452. — Soupçonné de négligence dans cette poursuite, il est rappelé, puis exilé, 457. — Il abandonne la France ; lettre pleine de fierté qu'il écrit au roi en lui renvoyant ses ordres, 458. — Le parlement de Paris le décrète de prise de corps, et confisque ses biens, 459. — Lettre de Louis XIV, qui prouve que ce roi craignait qu'il ne devînt pape, *ibid.*; LXIV, 573. — Se croyait indépendant du roi ; sur quoi fondait son droit, XVII, 73 ; XIX, 52 ; XX, 458. — Sa conduite avec Fénelon fut celle d'une ame noble, intrépide dans l'amitié et dans la disgrace, XXVI, 273 ; LXIV, 483. — Pourquoi fit bien de se retirer à Rome, *ibid.*, 572. — Traitre espion qui fut la cause de tous ses malheurs, XX, 456 ; LXV, 34.

BOUILLON (*Charles-Godefroi*, duc de). Lettres que lui écrit Voltaire en 1761, LIX, 524. — Avait fait ses premiers vers pour l'auteur, *ibid.* — Autre lettre, en 1767, sur la perte de son fils le cardinal de Bouillon, sur Maigrot et le *Siècle de Louis XIV*, LXIV, 482.

BOUILLON (chevalier de), connu depuis sous le nom de prince d'Auvergne. Ses prétendues aventures, publiées par Mme Dunoyer, ne sont qu'un tissu de faussetés, XXXIX, 290.

BOUILLON (duchesse de), nièce du cardinal Mazarin. Citée à la chambre ardente de 1680, XX, 176. — Sa réponse à La Reynie, qui lui demandait si elle avait vu le diable, 177.

BOUILLON (duchesse de), belle-sœur du duc de Richelieu. Vers à l'occasion de son portrait par Clinchetet, XIV, 353. — Madrigal sur les deux duchesses de Bouillon, *ibid.*

BOULAINVILLIERS (*Henri*, comte de). Savant dans l'histoire, et le plus capable d'écrire celle de France, s'il n'avait pas été trop systématique, XIX, 167. — Comment était philosophe, *ibid.* — Ses écrits, profonds et utiles, doivent être lus avec précaution, *ibid.* — Avait du goût pour Mahomet, dont il a écrit la vie, LIV, 261. — Pourquoi a prétendu que Dieu suscita ce prophète, XLI, 146. — De sa *réfutation de Spinosa*, dont il a donné le poison, mais non l'antidote, XXVIII, 370 ; XLIII, 553. — Son admiration pour le gouvernement féodal, XVI, 533 ; XIX, 67. — Toute sa philosophie ne put le guérir de la chimère de l'astrologie judiciaire, XX, 176 ; XXVII, 145. — Ce qu'en disait le cardinal de Fleury, LI, 65. — Le *Dîner du comte de Boulainvilliers*, écrit dirigé contre la religion chrétienne, et publié sous son nom par Voltaire, XLIII, 563 *et suiv.* — Remarque à ce sujet, *ibid.* — Mémoire sur les finances, qui lui est attribué, et notes y relatives, XIV, 259 ; XIX, 67.

BOULANGER. Ses observations sur l'histoire de Joseph, qu'il regarde comme un roman, XLIX, 100, 103. — Sa sortie violente au sujet de celle de Josué, 193. — Et de son grand miracle d'arrêter le soleil et la lune, 196. — Ce qu'il dit de Jephté et du massacre des Éphraïmites, 219. — Philosophe audacieux, aussi chagrin qu'intrépide, XLIII, 529. — A été jusqu'à douter de la Providence divine, *ibid.* — Son *Antiquité dévoilée*, et sentiment sur cet ouvrage, LXIII, 130. — Auteur supposé du *Christianisme dévoilé*, LIV, 359. — Comment Voltaire s'exprime encore à son sujet, LXIII, 357. — Les articles *Population* et *Vingtième*, qu'on lui attribue dans l'*Encyclopédie*, sont de Damilaville, LXIII, 76. (Voy. *Despotisme oriental*.)

Boulevards de Paris. Spectacle qu'offre cette promenade, XIV, 164. — Ce que mot signifiait originairement, et combien il s'est écarté de son étymologie, xxvii, 416; xl, 137; xlviii, 545.

Boulingrin. Mot qui exprime ce qu'il ne signifie pas; son étymologie, xxix, 498.

BOULLIER (D. R.), ministre protestant. Auteur de diverses critiques des ouvrages de Voltaire, xxxvii, 36, 115. — Sa querelle avec Formey, xl, 596 *et suiv.*

BOULLONGNE (les frères *Bon* et *Louis*), peintres célèbres. Notices qui les concernent, xix, 230.

BOULLONGNE (*Jean* de), fils de Louis, l'un des précédents. Contrôleur-général des finances, en 1757; ce qu'on en dit, lvii, 431.

Boulogne (territoire de). Incorporé par Louis XI à la monarchie française, xvi, 523.

BOULOGNE (comte de). Premier laïque qui présida le parlement, xvi, 451.

BOUQUET (*Simon*), échevin de Paris. Cité sur les cérémonies du sacre d'Élisabeth, femme de Charles IX, en 1571, xxvii, 537.

Bourbier (le). Satire de Voltaire, xiv, 115. — Épître que Chaulieu lui adressa au sujet de cette pièce, 117.

BOURBON (maison de). D'où prit son nom, x, 351. — Son état de pauvreté depuis Louis IX jusqu'à Henri IV, *ibid. et suiv.* — Obligée deux fois de tenir tête à presque toute l'Europe, xix, 458; xxi, 77. (*Voy.* CAPETS.)

BOURBON (duchesse de) et d'AUVERGNE, sœur de Charles VIII. Eut le droit de se faire absoudre toute sa vie de tout péché, elle et dix personnes de sa suite, xvii, 238.

BOURBON (*Charles*, duc de), connétable. Contribue à la victoire de Marignan, xvii, 193. — Ingratitude et injustice de François Ier à son égard, 199. — Louise de Savoie, mère du roi, qu'il avait refusé d'épouser, lui suscite un procès inique, *ibid.* — Détails de ce procès, par suite duquel ses biens sont mis en séquestre, xxii, 72 *et suiv.* — Est jugé par le roi lui-même en parlement, et ajourné à son de trompe, 75. — Quitte la France, renonce à toutes ses dignités, et se donne à l'empereur Charles-Quint; dont il devient le généralissime, xvii, 210; xxiii, 455. — Est condamné comme traître; ne fut que rebelle et transfuge, xvii, 200. — Anecdotes absurdes débitées à son sujet, 201. — Fait la guerre dans le Milanais, *ibid.* — Paroles que lui adresse Bayard mourant, iii, 304, 356; xvii, 202. — Ce que Charles-Quint lui avait promis, et ce que Henri VIII lui donnait pour les frais de la guerre, *ibid.* — Il ravage la Provence; François Ier lui fait lever le siége de Marseille, *ibid.*; xxiii, 457. — Va chercher de nouveaux secours en Allemagne, xvii, 202. — Son entrevue avec François Ier prisonnier à Pavie, 204. — Stipulations en sa faveur dans le traité de Madrid, 205; xxii, 76; xxiii, 461. — N'est que gouverneur du Milanais, 459. — Conduit, pour piller Rome, son armée victorieuse, mais mal payée, 466; xvii, 207. — Est tué à l'escalade de cette ville, *ibid.*; xxiii, 466. — Comparé au grand Condé, xvii, 200. — Un arrêt du parlement damne et abolit sa mémoire à perpétuité, et confisque tous ses biens, dont une partie est rendue ensuite à sa maison, xxii, 77. — D'une tragédie dont il est le héros, lxviii, 363, 367. (*Voy.* GUIBERT.)

BOURBON (*Antoine* de), roi de Navarre, père de Henri IV. Son portrait, x, 79. — Complot formé contre sa vie; courage qu'il montra dans cette occasion, 76; xxii, 102. — Sa conduite pusillanime après la fameuse conjuration d'Amboise, x, 80, 356. — Les Guises veulent lui faire faire son procès; Catherine de Médicis se réconcilie avec lui, moyennant un écrit par lequel il renonce à la régence, après la mort de François II, 80; xxii, 102. — Épigramme contre lui à ce sujet, x, 80. — Lieutenant-général du royaume pendant la minorité de Charles IX, recouvre une ombre d'autorité, 357; xxii, 104. — Jaloux du prince de Condé, son frère, et servant malgré lui le duc de Guise qu'il détestait, est traîné par celui-ci au siége de Rouen, xviii, 65; xxii, 110. — Y est tué; son épitaphe, *ibid.*; x, 80. — De huguenot s'était fait catholique, et laissa douter dans quelle religion il mourut, *ibid.* — A quel point les Guises abusèrent de sa faiblesse et de son irrésolution, 87. — Était du sang royal de France, et chef de la branche de Bourbon, 351. — Passa toute sa vie à favoriser ses ennemis et à ruiner ses serviteurs, 352. — Pourquoi mérite seulement d'être placé dans l'histoire, xviii, 65.

BOURBON (cardinal de), cousin-germain de Henri IV. Se déclare contre les bulles d'excommunication du pape Grégoire, xxii, 164.

BOURBON (*Louis* de), prince de Condé,

nommé *Monsieur le Duc.* Notice, XIX, 8.
— Est lieutenant-général à la bataille de
Steinkerque, 489. — Combat glorieusement à celle de Nerwinde, 491. — Son
mariage avec Mlle de Nantes, XIX, 4; XX,
186. — Pourquoi ne parvint jamais au
commandement des armées, XIX, 489;
XLVII, 576; LXIV, 296. — Ses amours
avec la princesse de Conti, et correspondance poétique à ce sujet, XLVI, 371 *et
suiv.*

BOURBON (*Louise-Bénédicte* de), sœur
du précédent. (*Voy.* Duchesse du MAINE.)

BOURBON (*Adélaïde* de). Femme du
prince François-Louis, roi de Pologne, et
mère de Louis-Armand de Conti qui sur-
vécut à Louis XIV, XIX, 8 et 9.

BOURBON (princesses de), filles de
Louis XV. (*Voy.* LOUISE-ÉLISABETH et
LOUISE-MARIE.)

BOURBON (*Louis-Henri*, duc de), fils de
M. le Duc. Nommé par le parlement chef
du conseil de régence, sous l'autorité du
duc d'Orléans, XXII, 284. — Grand-maître
de la maison du roi, 285. — Sollicite
l'annulation des droits accordés aux princes légitimés par l'édit de 1714, auquel il
avait consenti, 286. — Surintendant de
l'éducation du roi Louis XV, 297. — A
la mort du duc d'Orléans régent, lui succède dans le ministère, 308. — Comment
fut nommé à cette place, *ibid.;* XXI, 28.—
Par qui était gouverné, 30; XXII, 309.—
Ses démêlés avec le cardinal de Fleury, qui
le supplante, le fait arrêter et exiler, 310;
XXI, 33, 36. — Vengé des calomnies de
La Beaumelle, XIX, 219; XX, 538; XXXII,
77; XLIII, 306; XLVII, 576; LXIV, 206;
LXVII, 79, 80.

BOURBON (*Jacques* de), second mari de
Jeanne II, reine de Naples. Mis en prison
pour s'être plaint de ses infidélités, s'é-
chappe et se retire à Besançon, dans un
couvent de cordeliers, XVI, 348.

BOURBON (*Jean*, duc de). Pour éviter
l'oisiveté, proposait des cartels à outrance
à l'honneur des dames, XVII, 33, 176.

BOURBON (*Louis* de), enfant naturel et
légitimé de Louis XIV et de Mme de
La Vallière. Notice qui le concerne,
XIX, 4.

BOURBON-BEAUJEU (duchesse de),
sœur de Charles VIII. (*Voy.* ANNE.)

BOURBON-SOISSONS (branche de), XIX,
9. (*Voy.* SOISSONS.)

BOURBON-VENDÔME (cardinal de), oncle de Henri IV. Fantôme de roi reconnu
par la Ligue, qui l'appelait Charles X, X, 35,
375; XVIII, 120; XXII, 153. — On frappait la monnaie en son nom, tandis que
le roi Henri le retenait prisonnier à
Tours, X, 375; XVIII, 122; XXII, 153. —
Sa mort, X, 379; XVIII, 126; XXII, 155.
— Pourquoi Voltaire ne l'a pas fait figurer dans la *Henriade,* X, 35, 195.

BOURCET cadet, neveu d'un lieutenant-
général à Pondichéri. Lettre qu'on en
cite, au sujet des *Fragments sur l'Inde,*
par Voltaire, XXI, *viij.*

BOURCHENU (*Jean-Pierre* MORET de),
marquis de VALBONAIS, premier président
de la chambre des comptes, à Grenoble.
Se trouva sur la flotte d'Angleterre, à la
bataille de Solbay, XIX, 68. — Ses *Mémoires sur le Dauphiné,* et Notice, *ibid.*

BOURDALOUE (*Louis*), jésuite. Le premier, en Europe, qui eut de l'éloquence
en chaire, XIX, 68; LIX, 393.—Réforma
les prédicateurs d'Angleterre comme ceux
de France, *ibid.*—Surnommé *le Corneille
des prédicateurs;* ce qu'on lui reproche,
ibid.; XIX, 82.—Sa raison toujours élo-
quente, son style plus nerveux que fleuri,
XX, 307.—On remarque qu'il n'a jamais
prêché contre le fléau de la guerre, XXX,
152; XLV, 96.—Son entretien avec Pascal dans le *Temple du Goût,* et place qu'il
y occupe, XII, 350.

BOURDILLON, auteur du Traité de l'*A-
mitié perpétuelle* entre la Pologne et la
Russie, LXVI, 267.—Par qui tous ses Mémoires lui ont été fournis, *ibid.* — C'est
sous son nom que Voltaire a publié son
*Essai sur les dissensions des églises de Po-
logne,* XLIII, 438; LXIV, 458.

BOURDIN, archevêque de Brague, en
Portugal. Limousin d'origine, XXIII, 175.
—Sacre l'empereur Henri V, *ibid.*— En
reçoit le pontificat, mais n'est pas reconnu,
ibid.

BOURDIN, procureur-général au parlement. Procède, en qualité de commissaire,
contre le prince de Condé, X, 82.—Provoque l'arrêt de proscription de l'amiral
Coligni, et la grace de son assassin, XXII,
126.

BOURDON (*Sébastien*), peintre français
du siècle de Louis XIV. Auteur d'un des
trois meilleurs tableaux qui ornent l'église
de Saint-Pierre de Rome, XIX, 228.

Bourdons. Cherchant en vain des par-
fums sur les fleurs, comparaison poétique,
XIV, 281.

BOURET, fermier-général. Fournit du
blé à la Provence, et n'accepte qu'une médaille, XXXIX, 109.—Luxe de sa table,

XLVI, 428. — Demande à Voltaire une inscription pour la statue qu'il a érigée à Louis XIV dans son palais de Croix-Fontaine; réponse qu'il en reçoit, LXV, 147. —Autre lettre que lui adresse l'auteur, en 1761, en faveur du pays de Gex, LX, 70.—Notice qui le concerne, XXXIX, 109.

BOURETTE (Mme), surnommée la *Muse limonadière*. Persécute de ses louanges Voltaire, qui ne veut pas lui répondre; manière honnête dont il se tire d'affaire avec elle, LIX, 18, 109, 220, 278.

BOURGELAT (*Claude*), créateur des écoles vétérinaires. Lettres qui lui sont adressées en 1771, LXVII, 273.—En 1775, LXIX, 222.—En quels termes on en parle, LXI, 225, 228, 243, 272.

Bourgeois (les). Au 8e siècle, en France, se choisissent des patrons parmi les seigneurs, XXIII, 45. — En quoi ceux de France et d'Allemagne, au 14e, différaient des bourgeois d'Italie, XVI, 441.—Querelles dans l'Empire, au sujet des faux-bourgeois, et définition de ce mot, XXIII, 338. — Francs, grands et petits bourgeois, XVII, 10; XXII, 8.—Portrait d'un bourgeois enrichi, qui tranche du monseigneur, XI, 39.

BOURGEOIS (le R. P.), convertisseur secret à la Chine. Ce qu'on en dit, LXX, 196.

Bourgeois gentilhomme (le), comédie-ballet de Molière. Est un des plus heureux sujets de comédie que le ridicule des hommes ait jamais pu fournir; Notice y relative, XXXVIII, 436.—Anecdote y relative, XV, 103.

Bourges (ville de). Prétendu siège d'un prétendu empire des Gaules, XXVII, 417.

Bourgogne (la). Ancien royaume dont la Savoie et la Suisse sont des démembrements, XVI, 50.—Donnée, au 11e siècle, par son dernier roi Rodolphe, à l'empereur Conrad, d'où les terres au-delà du Rhône sont encore appelées *terres d'Empire*, XXIII, 145, 146.—Incorporée à la monarchie française par Louis XI, XVI, 523, 525.—Cédée au victorieux Charles-Quint par le traité de Madrid, qui ne reçut pas son exécution, XXII, 77.

BOURGOGNE (ducs de). (*Voy*. CHARLES-*le-Téméraire*, JEAN-*sans-Terre* et PHILIPPE-*le-Bon*.)

BOURGOGNE (*Louis*, duc de), petit-fils de Louis XIV et père de Louis XV. Épouse la fille de Victor-Amédée, duc de Savoie, XIX, 3, 502.—Commande l'armée de Flandre, envoyée en 1702 contre Marlborough; revient à Versailles au milieu de la campagne, XX, 21.—En 1703, prend le Vieux-Brisach, 26.—En 1708, est placé de nouveau à la tête de l'armée de Flandre, 67.—Faussement accusé par La Beaumelle, au sujet de la prise de Lille par le prince Eugène, d'avoir trahi le royaume dont il était l'héritier, 68; XLIII, 300; XLVII, 570; LXVII, 79.—Pleure, en 1709, au conseil du roi, sur le triste état de la France, XX, 76. — Sa mort, 101, 206. —Vers sur sa fin prématurée, X, 237.— Prince philosophe, né pour rendre les peuples heureux, *ibid.;* XX, 21.—Notice qui le concerne, XIX, 3.—Les manuscrits de Fénelon, son gouverneur, qu'il avait conservés, pourquoi furent brûlés par Louis XIV, 108.

BOURGOGNE (*Marie-Adélaïde* de SAVOIE, duchesse de). Amenée en France à l'âge de onze ans, XIX, 3, 502; XX, 204. — Son esprit, ses graces, 205. — Sa mort prématurée, 100, 206. — Bon mot qu'on en cite, sur le duc d'Antin, XXXIX, 12. — Ce que lui dit un jour Louis XIV, au sujet de quelques railleries qu'elle s'était permises sur la laideur d'un officier, XX, 228; XXXIX, 12. — Beau trait qu'on en cite, au sujet d'une fille naturelle de son mari, XIX, 5.

BOURGOGNE (duc de), né en 1751. Quatrain à l'occasion des mauvais vers faits pour célébrer sa naissance, XIV, 417; LV, 673.

BOURGOIN, prieur des dominicains. Excite Jacques Clément à l'assassinat de Henri III, XVIII, 146; XXII, 152. — Son supplice, XIII, 295.

Bourguignons (les). De leur invasion dans les Gaules, VIII, 93.

Bourguignons (faction des). Opposée à celle des Armagnacs; maux qu'elles causent toutes deux à la France, XVI, 394 *et suiv.;* L., 129.

BOURIGNON (*Antoinette*), célèbre visionnaire. Achète l'île de Nordstrandt pour y établir une société de mystiques, et la revend aux jansénistes, XX, 423. — Comment Adam lui apparut, XI, 79. — Elle le croyait hermaphrodite, XXVI, 88. — Ce qu'elle disait du fanatique Labadie, qui voulut s'unir avec elle, XIX, 47.

BOURN (le pasteur). Pseudonyme de Voltaire, qui a publié sous ce nom une *Homélie*, XLIV, 370.

BOURNONVILLE (prince de), général des Impériaux. Mis en fuite par Turenne, XIX, 413 *et suiv.*

Bourreau. Ce mot employé sans inconvenance, XXVII, 418. — Reproche fait à J.-J. Rousseau, au sujet d'une alliance présentée par lui comme possible entre l'héritier présomptif de la couronne et la fille du bourreau, *ibid.*

BOURSAULT (*Edme*), littérateur du siècle de Louis XIV. Notice sur sa personne et ses ouvrages, XIX, 68.

BOURSIER (*Laurent-François*). Auteur du fameux livre de l'*Action de Dieu sur les créatures;* réflexions sur cet ouvrage, et plaisanteries sur les éloges outrés que lui ont donnés les jansénistes, XIX, 69 *et suiv.;* XLVII, 85; LXV, 285. — Pseudonyme de Voltaire, notamment dans la Correspondance générale de 1766 et 1767, LXII, 334; LXIII, 8, 124, 221, 246, 255, 259, 262, 269, 279, 304, 427; LXIV, 174, 201, 237, 262, 272, 313, 347, 355.

Boursoufle. (Voy. *Échange* et *Originaux.*)

Boursoufle (le *Comte de*), comédie. Est la même pièce que l'*Échange*, et, quoique désavouée par Voltaire, est bien certainement de lui, IV, 3 *et suiv.;* XXVI, 329; LIX, 275. (Voy. *l'Échange.*) — Le nom de *Boursoufle* avait déjà été donné à une autre comédie de l'auteur. (Voy. *les Originaux.*)

BOURZEÏS (l'abbé *Amable*). Cru l'auteur du *Coup d'état*, reconnu depuis pour être de Sirmon, LIII, 557. — Et du *Testament politique* attribué au cardinal de Richelieu, XIX, 69, 188; XXI, 423; XXIX, 253; XXXIV, 40; XLII, 51, 53. —Pourquoi Voltaire pense ensuite qu'il n'a eu aucune part à ce dernier ouvrage, LIII, 519. — Et revient, peu de temps après, à sa première opinion, 613. — Son traité des *Droits de la reine*, regardé comme un chef-d'œuvre, 519. — Comment a prétendu justifier la vénalité des charges, XXI, 423. — Surnommé le *Colletet de la politique*, XLII, 51.

Boussole (la). Quand et par qui inventée, XVI, 417; XVII, 355; XLI, 546. — Pourquoi l'aiguille en fut marquée d'une fleur de lis, XVII, 355. — Premier usage bien avéré qui en fut fait, *ibid.* — Sa variation observée par l'amiral Anson, XXI, 249.

Bout. Observations grammaticales sur les emplois vicieux de ce mot, XLI, 551.

BOUTAUDON (Mlle), nièce de Claustre, mariée à La Borde des Martres. Notice qui la concerne, XLVI, 19 *et suiv.* (*Voy.* CLAUSTRE et LA BORDE.)

BOUTEVILLE (les), depuis ducs de MONTMORENCI et de LUXEMBOURG. (*Voy.* ces noms.)

BOUTORD, curé de Plessis-Rosainvilliers. Prêche le schisme et la sédition; un arrêt du parlement le bannit à perpétuité, XXI, 348; XXII, 328.

BOUVARD (*Michel-Philippe*), médecin. Lettres qui lui sont adressées en 1770, LXVI, 188, 219.

BOUVET, capitaine au service de la Compagnie française des Indes. Son courage et son habileté dans la bataille qui eut lieu à la rade de Pondichéri entre la flotte du comte Dapcher et celle de l'amiral Pockoke, XLVII, 369. — Son vaisseau, de 74 canons, échoue sur la côte, *ibid.*

Bouvines (bataille de). Gagnée par l'empereur Philippe-Auguste sur l'empereur Othon IV, soutenu de l'Angleterre, XVI, 128 *et suiv.*

Boyador (le cap). (Voy. *Portugais.*)

Boyards. Leur rang et pouvoir en Russie, XVIII, 404. — Soumis au despotisme du prince, s'en vengent sur les cultivateurs, 412. — Leur manière de vivre, XXV, 38. — Le czar Fédor ne put les réformer, 86.

BOYER (l'abbé). Auteur d'une tragédie du *Comte d'Essex*, qui n'eut point de succès, XXXVI, 462.

BOYER (de). (*Voy.* D'ARGENS et D'ÉGUILLES.)

BOYER, théatin, depuis évêque de Mirepoix. Est nommé précepteur du Dauphin, XIV, 200. — Pourquoi le cardinal de Fleury le préféra à Massillon pour l'éducation de ce prince, I, 181. — Il succède à ce ministre dans le département des affaires ecclésiastiques, XXII, 320. — Et le fait regretter; portrait qu'en fait l'auteur, LIV, 538. — Regarde la bulle *Unigenitus* comme un article de foi et comme une loi de l'état, XXII, 321. — Borné, mais zélé pour les immunités de l'Église, s'élève contre le parlement dans l'affaire des billets de confession, XXI, 345. — Ses manœuvres pour empêcher l'auteur d'arriver à l'Académie française, I, 181; XL, 66; XLVIII, 337. — Lettre qu'il en reçoit à ce sujet, LIV, 518. — Mystifié par lui, s'en plaint au roi; réponse que lui fait ce prince, I,

83; XL, 67. — Sa conduite dans l'affaire de la thèse de l'abbé de Prades, et moyens odieux qu'il employa pour le perdre, XXXIX, 533 *et suiv.* — A la mort de l'abbé de Saint-Pierre, empêcha que l'on ne prononçât son éloge à l'Académie française, qui l'avait exclu de son sein, XIX, 199. — Mal qu'il disait de l'imprimerie, XIII, 295. — Peint et ridiculisé dans *Zadig*, sous le nom de l'archimage *Yébor* (anagramme de *Boyer*), XXXIII, 64, 78. — Épigramme sur ses prétentions au cardinalat, XIV, 400. — Vers satiriques du roi de Prusse à son sujet, LIV, 534, 575. — Autres de Voltaire, 545, 622. — Sarcasme contre lui, XIV, 410; XXXIII, 169; LVIII, 485. — Sa mort en 1755, LVII, 172.

BOYER-BANDOL, charlatan du temps de la régence. Sortilége ridicule qu'il mit à la mode, XLIX, 98.

BOYLE (*Robert*), fondateur de la physique en Angleterre. Passa sa vie à faire des expériences, XX, 338. — Procédé dans lequel il s'est trompé, XXVII, 195; XXXVIII, 51. — A perfectionné la machine pneumatique d'Otto Guerick, 178. — Autres détails qui le concernent, XXXVII, 419; XLIV, 287.

Boyne (bataille de la). Perdue par les Français réunis aux Irlandais, assure le trône d'Angleterre au prince d'Orange, XIX, 469. — Les dragonnades de France, principale cause de cette défaite, 470.

BOYNES (*Pierre-Étienne-François* BOURGEOIS de). Nommé ministre de la marine en 1771; ce que dit Voltaire à ce sujet, LXVII, 7. — Notice, *ibid.*

BOZE (LE GROS de). Inspecteur de la librairie, en 1732; son portrait, I, 143. — Déclare que l'auteur de *Brutus* et de *Zaïre* ne sera jamais un personnage académique, 142; XLVIII, 324.

Bozon, duc d'Arles. Épouse Hermengarde, fille de l'empereur Louis II, XXIII, 6. — Prétend à l'empire, 93. — Se fait couronner roi d'Arles, 94. — Ligue contre lui, *ibid.*

BOZON, fils du précédent. Adopté par Charles-le-Gros, ennemi de son père, devient roi d'Arles, XXIII, 98. — Dispute l'empire, XV, 520. — Reconnu empereur à Rome, est pris par Béranger, qui lui fait crever les yeux, XXIII, 103 *et suiv.*

Bozzo. Nonce envoyé par le pape Alexandre VI à Bajazet, XVII, 71. — Ce qu'il dit au sujet de la réception de Zizim par ce pontife, 72.

BOZZOLI, prêtre de Crémone. Comment livre cette ville aux Impériaux, en 1702, XX, 12.

Brabant (le). Ses anciennes constitutions, XVIII, 2. (Voy. *Pays-Bas.*)

BRACEGIRDLE, actrice anglaise. Notice et vers qui la concernent, III, 148.

Brachmanes (les). Ont précédé de plusieurs siècles les Chinois, qui précédèrent le reste des hommes; fait qui le prouve, XV, 295; XLVIII, 230. — Leur dogme des quatre âges du monde, 238. — Furent les premiers théologiens et les premiers astronomes, 243; L, 413. — Sur quoi est fondée cette présomption, XXVII, 420. — De leur science, XLVII, 419. — De leur religion, 423. — De leur mythologie et de leurs dogmes, 430. — De leur métempsycose, 437; XXVII, 423. — De leur prétendue idolâtrie, XLVII, 443. — Substance de leur catéchisme, 447. — Sont les véritables inventeurs du purgatoire, comme de la révolte et de la chute des génies célestes, XXXII, 48. — Croyaient l'existence des âmes de temps immémorial, XLVIII, 66. — Ont toujours reconnu un Dieu unique, XV, 83; XXI, 266. — Ont établi la religion sur la raison universelle, XV, 295. — Loi admirable qu'on en cite, L, 515. — Comment ont expliqué la création de l'homme, XXXIV, 414. — Sous quel emblème représentaient la vertu, XXI, 267; XXVII, 423; XXIX, 77; XXXIV, 203; XLVI, 117; XLVII, 346. — Ont gouverné l'Inde, XV, 81, 295. — Long-temps avant Alexandre ne régnaient plus, mais leur caste était la plus considérée, 296. — Subjugués par les Maures, ont conservé leurs lois, leurs rites, et même la langue de leurs premiers pères, XLVIII, 471. — Sont les seuls prêtres du monde qui aient conservé à la fois leurs anciens dogmes et leur crédit, XLVI, 116. — De leur théologie, imitée trop tard par les Juifs et ensuite par les chrétiens, 110. — Sublimité de leur morale, XLII, 598. — Conservent la connaissance d'un Dieu au milieu des superstitions, XV, 297. — Des hommes et des femmes qui se brûlent chez eux, XVII, 486; XXVII, 425. — Doutes exposés par l'auteur sur leur philosophie, LXX, 238 *et suiv.* — Leurs annales ne font mention d'aucune guerre entreprise par eux en aucun temps, XXVII, 40, 421. — Étymologie ridicule qu'on prétend donner à leur nom, 420. — Leurs successeurs sont devenus nos facteurs, nos négociateurs mercenaires, XLVII, 301.

BRADLEY, astronome anglais. Démontre la propagation et la progression de la lumière, XXXVIII, 76. — Cette expérience est peut-être le plus bel effort qu'on ait fait en astronomie, *ibid.*; LIII, 330. — Trouve l'aberration de la lumière des étoiles fixes à une distance incalculable de notre globe, XX, 339; XXI, 428. — Perfectionne la machine de Molineux, pour en trouver la parallaxe, XXXVIII, 77, 371.

BRADSHAW, président de la chambre qui avait jugé Charles Ier. Son corps exhumé est traîné au gibet sur la claie, XVIII, 330.

BRAGADINI, sénateur vénitien, gouverneur de Famagousse. Écorché vif par les Turcs, pour avoir défendu la place, XVII, 500, 508; XLVI, 58.

BRAGANCE (*Jean*, duc de), dit *le Fortuné*. Révolution qui le place sur le trône de Portugal, XVIII, 253 *et suiv.*; XIX, 12, 250. (*Voy.* JEAN IV.)

BRAGANCE (duc de). Sa visite à Fernei en 1768, LXV, 196. — Ce qu'en dit l'auteur, 249.

Brague (concile de), en 563. Défendit d'enterrer personne dans les églises, XXIX, 123.

Braguettes. Origine de ce mot, et note y relative, XI, 66.

Brames (les). Se vantent de posséder les plus anciens monuments de la terre, XV, 76. — Leurs livres sacrés, 79. — Cérémonies pour la naissance et l'éducation de leurs enfants, 81. — Ont dégénéré des anciens brachmanes, 302; XXI, 267; XLVII, 331. — Leurs éphémérides, 332. — Sont philosophes et prêtres tout à la fois, 334. — Sur quel fondement ont été accusés d'idolâtrie, 335. — Reconnurent toujours une espèce de trinité sous un Dieu unique, 444. — Horrible coutume qu'ils ont conservée de se brûler, et anecdote à ce sujet, 331; XXVII, 425 *et suiv.* (*Voy.* RUSSEL.)

Bramin (*Histoire d'un bon*). Conte philosophique, par Voltaire, XXXIII, 345.

Bramins. Les pénitences effrayantes auxquelles ils se dévouaient ne sont plus qu'un métier pour gagner leur vie, XVII, 380. — Le phallum des Égyptiens porté par eux en procession, et réflexions à ce sujet, *ibid.* — Leur sage théologie, 485. (Voy. *Brachmanes* et *Brames*.)

BRANCAS (*Louis* de), maréchal de France. Notice, XIX, 21. — Remet au régent une épître où Voltaire se justifie de vers satiriques qu'on lui imputait, XIII,

33. — Lettre que lui est adressée à ce sujet, LI, 38.

BRANDEBOURG (maison de). Ses électeurs depuis la fin du 15e siècle, XXIII, 28. — De son histoire (*voyez* Frédéric II.)

BRANDON (le chevalier), depuis duc de Suffolk. Épouse Marie, veuve de Louis XII, et reine douairière de France, XVIII, 39.

Braquemart. Ancien mot qui signifie *cimeterre*, XI, 100. — Son origine, 118.

Bras. Observations grammaticales sur l'emploi vicieux de ce mot, XXX, 536; XLI, 551.

Brasiliens (les). Ont été sodomites, XVII, 407. — Et anthropophages, 440; XXVI, 405, 411. (Voy. *Brésil*.)

BRASSAC (chevalier de). Fait la musique d'un opéra qui réussit; vers et notice qui le concernent, XII, 380; LI, 377, 404.

Brave (le). Est généreux, IX, 131. — Quel est trop souvent le prix de ses services, 103. — En quelles circonstances devient poltron, LXII, 198.

BRAZEY (*Jacques* MOREAU de). Auteur d'une feuille intitulée *Mémoires satiriques, historiques et amusants*, XXV, 215. — Pièce qu'il a forgée au sujet de Charles XII et du czar Pierre, *ibid.*

BRÉBEUF (*Guillaume* de). Fragments cités de sa traduction en vers de la *Pharsale* de Lucain, X, 436, 462 *et suiv.* — On ignore communément qu'il a fait le *Lucain travesti*, XIX, 69. — Notice, *ibid.*

BRÉBOEUF (le jésuite). Ce qu'il raconte de l'anthropophagie des Hurons, XXVI, 406.

Bréda (congrès de), en 1746. Notice, XXI, 193.

BRÉDEMBOURG (*Jean*), bourgeois de Rotterdam. Entreprit de réfuter Spinosa, XLIII, 550. — Devint malgré lui le disciple de celui qu'il avait attaqué, 551.

BRÉHAN. Cité comme petit prodige littéraire, LII, 12, 32.

BRÉMARE (le P.). (*Voyez* PRÉMARE.)

BRÉMONT (*François*). Ses *Transactions philosophiques*, LIII, 265.

BRENLES (de). Lettres qui lui sont adressées, de 1754 à 1759. (Voyez *Tab. part.* de LVI à LVIII.) — Vers sur son mariage; autres en réponse de lui et de son épouse, LVI, 460. — Auteur d'un *Éloge de Bochat*, 667. — Notices sur M. et Mme de Brenles, 399, 762.

BRÉQUIGNY (*Louis-George* OUDARD de). Reçu à l'Académie française en 1772, envoie son discours de réception à Voltaire, qui l'en remercie, LXVII, 496.

Brésil (le). Époque de sa découverte, XVII, 432. —Caractère, genre de vie et mœurs de ses habitants, 405, 407, 433. —État de langueur des premières colonies ; établissements solides qu'y forment enfin les Portugais, 434. —Pris tour à tour par les Espagnols et les Hollandais, est revenu à ses anciens maîtres ; ce qu'il leur a rapporté, 435. — Le roi y est riche, et le peuple y est pauvre, *ibid*. —Comment fut perdu pour la France, sous Henri II, *ibid*. —Autres détails de ses vicissitudes, XVIII, 253, 389. (Voyez *Brasiliens*.)

BRET, littérateur. Lettre qui lui est adressée, en 1761, au sujet d'une édition de Bayle qu'il se proposait de publier, LX, 7. —Interdit de ses fonctions de censeur royal en 1767, pour son approbation donnée au *Bélisaire* de Marmontel, LXIV, 398, 430.

BRETAGNE (*Louis*, duc de), fils du duc Louis de Bourgogne et de Marie-Adélaïde de Savoie. Mort en 1712 ; Notice biographique, XIX, 3 ; XX, 206.

Bretagne (la). Au 14ᵉ siècle, est une occasion de guerre entre la France et l'Angleterre, XVI, 361, 376. —Donnée en dot à l'épouse de Charles VIII, et depuis incorporée à la France, XVII, 38, 99.

BRETEUIL (*François-Victor* LE TONNELIER de), ministre de la guerre. Notice, LI, 97.

BRETEUIL (*Louis-Nicolas*, baron de), oncle du précédent. Pardonne à J.-B. Rousseau, son ancien secrétaire, une satire contre lui, XIII, 101 ; XXXVII, 485. —Lettre que lui écrit Voltaire, en 1724, au sujet de sa petite vérole et de l'incendie du château de Maisons, LI, 100.

BRETEUIL (*Gabrielle-Émilie* LE TONNELIER de). (*Voyez* marquise DU CHATELET.)

BRETEUIL (l'abbé de), frère puîné de la précédente, grand-vicaire à Sens. Lettre en vers et en prose qui lui est adressée, LII, 16. — Voltaire lui envoie un *Bayle* complet, pour présent d'étrennes, LIII, 353.

BRÉTISLAS (*Henri*), évêque de Prague. Est fait duc ou roi de Bohême ; achète son investiture de l'empereur Henri VI, à prix d'argent, XXIII, 217.

BREUNER, général allemand. Massacré par les Turcs, dont il était prisonnier, XXI, 4.

Breuvage d'immortalité. Liqueur composée par des charlatans de Chine, XVII, 474. —Devint le sujet de mille fables dont l'Asie fut inondée, et qu'on a prises pour de l'histoire, *ibid*. ; XLVII, 343 ; XLVIII, 245, 307.

Bréviaire. Ramas d'antiennes et de répons en latin de cuisine, LXVI, 524.

BRÉZÉ (marquis de). (*Voy.* MAILLÉ.)

BRIASSON, libraire à Paris. Lettre qui lui est adressée, en 1756, au sujet de l'*Encyclopédie*, LVII, 21.

BRIE. (*Voy.* DE BRIE.)

BRIENNE (*Henri-Auguste* de LOMÉNIE, comte de), secrétaire d'état des affaires étrangères pendant la minorité de Louis XIV. Notice, XIX, 40. —A laissé des *Mémoires* instructifs, *ibid.*, 70. — Y a justifié Concini, XVIII, 177.

BRIENNE (*Henri-Louis* de LOMÉNIE, comte de), fils du précédent, aussi secrétaire d'état. N'eut pas les qualités de son père, XIX, 41. —Ses malheurs, et Notice qui le concerne ; sa mémoire inhumainement déchirée, et par qui, *ibid*.

BRIENNE (marquis de). A un bras emporté au combat d'Exiles ; son mot héroïque, XXI, 192. —Sa mort, *ibid*. —Autres détails, XXXIX, 35.

BRIENNE. (*Voy.* JEAN DE BRIENNE.)

BRIENNE (*Étienne-Charles* de LOMÉNIE de), archevêque de Toulouse. Versions contradictoires sur le discours qu'il prononça, en 1765, à l'ouverture de l'assemblée du clergé, LXII, 358, 374. —Reçu à l'Académie française en 1770, LXVI, 324. —Anecdote à cette occasion, 424. — Sa protection réclamée en faveur des Sirven, 331, 343. — Accusé d'intolérance par Voltaire, 489, 513. (*Voy.* AUDRA.) —Justifié par d'Alembert, qui le croit philosophe, 504, 538. —Représenté depuis par celui-ci comme étant à la tête d'un projet pour le rétablissement des jésuites, LXVIII, 453. —Notice, LXII, 329.

Brigadiers. Leur institution par Louis XIV, XX, 255.

BRIGITTE (sainte). Ses lettres au pape Grégoire XI, prétendues dictées par un ange, XVI, 318.

BRILLANT (*Ancelin*), ancien avocat au parlement de Bordeaux, et maître-d'hôtel de Henri de Condé. Écartelé comme convaincu d'avoir empoisonné ce prince, XVIII, 110, 161 ; XXII, 140.

BRINON (Mᵐᵉ de). Femme bel esprit, qui composait de mauvaises comédies pour les demoiselles de Saint-Cyr, et que ses intrigues firent chasser par Mᵐᵉ de

Maintenon, XLVI, 307 *et suiv.* — Folle qui brûlait de l'envie de jouer un rôle, 362.

BRINVILLIERS (marquise de), célèbre empoisonneuse. Ses amours, sa dévotion, ses crimes et son supplice, XX, 174 *et suiv.* — Vers qui y font allusion, XII, 163.

BRION, Français élu à la papauté. (*Voy.* MARTIN IV.)

BRIONNE (de). Sa belle conduite à Fontenoi, XII, 138 ; XXI, 143.

BRIONNE (Mme de). Éloge de sa beauté, XIII, 328. — Quatrain pour servir d'inscription à son buste, et lettre y relative, XIV, 447 ; LXI, 461. — Autres éloges, *ibid.* — Madrigaux dont elle est l'objet, XIV, 465, 473.

BRIQUEMANT et CAVAGNE, amis de Coligni. Échappés aux assassins de la Saint-Barthélemi, sont condamnés pour la prétendue conspiration de l'amiral ; Charles IX et toute sa cour assistent à leur exécution, X, 105 ; XXII, 131.

BRISACH. Pris par Louis XIV, est restitué à l'Empire par la paix de Ryswick, XIX, 506. — Repris, reste à la France par le traité de Rastadt, XX, 107.

BRISACH et METZ (juridictions de). Établies par Louis XIV après la paix de Nimègue, pour réunir à la couronne les terres dépendantes de l'Alsace ou des Trois-Évêchés, XIX, 442. — Abolition des jugements rendus par ces juridictions ou chambres, à la paix de Ryswick, 505.

BRISSAC (maréchal de). Un des chefs de la Ligue, X, 135, 261. — Pourquoi s'était jeté dans ce parti, 262. — Gouverneur de Paris pour Mayenne, avait d'abord conçu l'idée de faire de la France une république, XXII, 175. — Comment fut entraîné à négocier secrètement avec Henri IV, *ibid.* — Ouvre à ce prince les portes de la capitale, et réconcilie Paris avec son roi, X, 262 ; XVIII, 133. — A quel prix mit la reddition de cette ville, XXII, 185. — Institua le corps des dragons, XII, 138.

BRISSON (*Barnabé*), membre du parlement de Paris au temps de la Ligue. Sa mauvaise politique, XXII, 149. — Pendu par la faction des Seize, 159. — Vers qui caractérisent son dévouement, et notes qui le concernent, X, 154 ; XXVII, 437.

BRISSONNET, président des comptes, devenu archevêque. Est fait cardinal par Alexandre VI, qu'il réconcilie avec Charles VIII, XVII, 70.

Tome I.

Britannicus, tragédie de Racine. L'unité d'intérêt y est observée, II, 56. — Est fidèle à la vérité historique, VIII, 80. — L'auteur y a embelli Tacite, *ibid.* — Ruse puérile de Néron, VI, 153 ; VIII, 80. — Est la pièce des connaisseurs, *ibid.* ; XXXVI, 386. — Pourquoi était d'abord tombée, 385. — Ce sujet ne pouvait réussir que par l'éloquence de Racine, 511 *et suiv.*

BRIZARD, comédien. En quels termes on en parle, à l'occasion du rôle d'Argire dans *Tancrède*, LIX, 2, 10, 36, 108. — Et de celui de l'hiérophante dans *Olympie*, LXI, 360. — Discours qu'il prononça avant la première représentation d'*Agathocle*, IX, 451 *et suiv.*

Brochures. Ce que dit Voltaire de la foule innombrable de celles qu'on publie chaque jour, LXII, 98.

BRODY, fils du grand-juge de Saint-Claude, et ancien conseiller exilé à Gray. Sa rapacité barbare en vertu de la mainmorte, LXVIII, 346, 351.

BROGLIE (*Victor-Maurice* de), maréchal de France. A servi dans toutes les guerres de Louis XIV ; sa mort, XIX, 21.

BROGLIE (*François-Marie*, duc de), fils du précédent, maréchal de France. L'un des meilleurs généraux de Louis XIV ; Notices, XIX, 21 ; LIV, 222, 449, 456. — Lettre qui lui est adressée en 1740, 222. — Fut fait duc en 1742, dans sa malheureuse campagne de Bohême ; vers satiriques du roi de Prusse à ce sujet, 442 *et suiv.*

BROGLIE (*Victor-François*, duc, depuis maréchal de), fils du précédent. Monte le second à l'assaut à Prague, en 1741, XXI, 72. — Vainqueur des princes de Brunswick à Bergen, est fait maréchal de France, et créé *prince du Saint-Empire*, en 1759, XIX, 21 ; XXI, 307. — Vers de *Tancrède* qui lui sont appliqués en 1762, lors de son exil par le parlement, LX, 196. — Autres à sa louange, XIV, 149 ; LXIV, 385.

BROGLIE (*Charles* de), évêque de Noyon. En 1770, présente au roi un mémoire de la noblesse contre les prétentions de Mlle de Lorraine au mariage du Dauphin, LXVI, 438. — Son séjour à Lausanne, en 1773, dans une maison qui a appartenu à Voltaire, LXVIII, 280, 283. — Vers à ce sujet, 281.

BROGNON, prédicant genevois. Comment figure dans la *Guerre civile de Genève*, XII, 255, 265.

14

BROOKS, avocat irlandais. Apologiste des massacres d'Irlande, exécutés sous Charles 1er, XLII, 509; XLVII, 593.

BROSSE et BROSSES. (*Voy.* DEBROSSE et DEBROSSES.)

BROSSETTE. Lettres qui lui sont adressées au sujet de l'*Histoire de Charles XII* et des *Satires* de Boileau, LI, 264, 331. — Autre, en lui envoyant la *Henriade*, 457.

BROSSORET, conseiller au parlement de Paris. Riche voluptueux; vers qui le dépeignent, et Notice qui le concerne, XII, 75.

BROU. (*Voy.* FEIDEAU DE BROU.)

BROUSSEL (*Pierre*), conseiller-clerc au parlement de Paris. Y était l'instrument des chefs de parti, XIX, 284; XXII, 267. — Enlevé par ordre de la régente et de Mazarin, devient la première cause de la journée des Barricades, *ibid.*; XIX, 285. — Comment remis en liberté, 286; XXII, 268. — Nommé prévôt des marchands par les rebelles, est obligé de se démettre de cette place, 274. — Chassé de Paris, puis rappelé, *ibid.* — Autres détails qui le concernent, XXVI, 319.

BROUSSIN (*René* BRULARD, comte Du). L'un des beaux esprits de la société du Marais, XIX, 78. — C'est à lui qu'est adressé le *Voyage* de Chapelle et Bachaumont, XII, 383. — Quatrain épigrammatique contre lui, XXXII, 285. — Célèbre gourmand; quelle était sa maxime, XLVI, 348.

BROUSSON (*Claude*), ministre et apôtre calviniste. Condamné à être roué vif, XX, 394. — Est considéré dans sa secte comme un martyr, 395. — Son supplice fut une cruauté plus qu'une injustice, 521.

BROUTEL, marchand de cochons. L'un des juges du chevalier de La Barre, XLVIII, 129. — Flétri par la cour des aides de Paris, *ibid.*, 390; LXIII, 321, 334, 338.

BROWN, médecin de Londres, établi aux Barbades. Son stratagème pour découvrir un vol fait par des nègres, XXVIII, 22.

BROWN (*Ulysse-Maximilien*, comte de), général autrichien. Dures conditions qu'il impose, en 1745, aux Génois, XXI, 177. — Est battu à Prague par le roi de Prusse, 296. — Blessé mortellement dans cette place, *ibid.* — Autres détails qui le concernent, LVII, 276.

BROWN, évêque de Cork, en Irlande. Soutenait qu'il y avait de l'impiété à boire à la santé des rois, et surtout à leur mémoire, XXVII, 401. — Fade jeu de mots qu'on en cite à ce sujet, *ibid.*

BROWN (*Robert*), prédicant écossais, pasteur de l'Église anglaise à Utrecht. Vers et Notice qui le concernent, XII, 257; LXV, 29.

BRU, parent de Voltaire, et premier drogman à la Porte. Particularités qu'il transmet à l'auteur pour son *Histoire de Charles XII*, XXIV, 226.

BRUC (comte de). Adepte de la philosophie; mention qui en est faite dans la Correspondance, LXI, 26, 31, 32, 37, 49, 54, 68.

BRUCE (*Jacob-Daniel*), grand-maître d'artillerie en Russie. Envoyé au congrès d'Aland, XXV, 359. — L'un des signataires de la paix de Neustadt, 364, 413.

BRUEYS (*David-Augustin*, abbé de). Auteur de dix volumes de controverse et de deux jolies comédies, XIX, 70. — Anecdote ridicule à son sujet, 71. — Son *Histoire des troubles des Cévennes*; ce qu'il y rapporte du supplice de Brousson, XX, 521.

Bruges (ville de). Prise, en 1745, par le marq. de Souvré, XXI, 151.

Bruit. Qui croit et qui redouble, vers descriptifs, V, 185. — Un bruit sourd annonce quelquefois un grand orage, IX, 153.

BRULART (de), aide-major-général. Se distingue, en 1746, au siége de Namur, XXI, 163.

BRULART. (*Voy.* comte Du BROUSSIN.)

BRUMOI (le P.), jésuite. Lettre que lui adresse le P. Tournemine sur *Mérope*, V, 97. — Réfutation de son opinion, que la tragédie grecque n'admit pas des sujets feints, 482. — Et qu'on ne peut traiter que des sujets historiques, VIII, 188. — Éloge de son *Théâtre des Grecs*, V, 483. — Traducteur quelquefois infidèle, IX, 468; XXVI, 354; XXVII, 91. — N'a pas connu le public français, IX, 461. — Ses ouvrages appréciés, XIX, 71.

BRUNEHAUT, reine de France. A conservé quelques-uns des grands chemins construits par les Romains, XV, 419. — Doutes sur son supplice prétendu, 240, 420. — Voltaire n'y croit point, XXXII, 277. — Observations y relatives, XLIV, 436.

BRUNELLESCHI. Réformateur de l'architecture gothique en Italie, XVI, 427; XVIII, 361. — Mot célèbre qu'on lui attribue, XVII, 391.

BRUNET (veuve), libraire de l'Académie française. Reproche que lui fait Voltaire, au sujet des souscriptions des *Commentaires de Corneille*, LXI, 152, 158, 187 *et suiv.*

BRUNO (saint). Fondateur des chartreux, XI, 302.

BRUNO (*Giordano*). Pourquoi fut livré aux bûchers de l'inquisition, à Venise, XLIII, 482.

BRUNON, évêque de Toul. Est nommé pape par l'empereur Henri III, XVI, 10; XXIII, 149. (*Voy.* LÉON X.)

BRUNON, archevêque de Cologne. Frère d'Othon-le-Grand, XXIII, 8. — En reçoit la Lorraine, 118. — Est obligé d'en abandonner une partie, 123. — Savait aussi détaché de la grandeur que son frère était ambitieux, *ibid.*

BRUNON, archevêque de Trèves, primat des Gaules de Germanie. Investi par l'empereur Henri IV, va à Rome; y est obligé de demander pardon d'avoir reçu l'investiture, XXIII, 167. — Soutient ensuite le droit de l'empereur, 171.

BRUNSWICK (*Henri*, duc de). Dépouillé de ses états par la ligue de Smalcade, y rentre avec le secours de l'archevêque de Brême, son frère, XXIII, 497, 503. — Réduit aux dernières extrémités par Philippe de Hesse et Maurice de Saxe, se rend à eux à discrétion, *ibid.* — Tentatives pour le délivrer et le venger, 505 *et suiv.* — Remis en liberté après la victoire de Muhlberg, 509. — Ses terres ravagées par Albert de Brandebourg, 523.

BRUNSWICK (*Christiern*, prince de). Chef d'une petite armée vagabonde, faible soutien de la maison Palatine et de l'union protestante d'Allemagne, XVIII, 270; XXIII, 579. — Pille l'abbaye de Fulde et toutes les terres ecclésiastiques de cette partie de l'Allemagne, 580. — Défait par le comte de Tilly auprès d'Aschefenbourg, *ibid.* — Passe en Lorraine et en Alsace, cherchant de nouveaux pays à ravager, *ibid.* — Secrètement appuyé par les princes protestants, reparaît en Allemagne, 583. — S'établit dans la Basse-Saxe, où son armée est de nouveau défaite et dispersée, *ibid.* — Sa mort, 584. — S'intitulait *Ami de Dieu et ennemi des prêtres*, et mérita ce dernier titre, 579.

BRUNSWICK (le prince *Ferdinand* de), beau-frère du roi de Prusse. Remplace en Hanovre le duc de Cumberland, XXI, 302. — Est vainqueur à Crévelt, 306. — Est complétement battu à Bergen par le duc de Broglie, 307.

BRUNSWICK (*Charles-Guillaume-Ferdinand*, prince héréditaire de), neveu du précédent. Son éloge, XXI, 307. — Sa bravoure et son humanité à la bataille de Crévelt, *ibid.*; XIV, 277. — Est battu à Bergen, et vainqueur à Varbourg, XXI, 307. — Est battu auprès de Francfort par le jeune prince de Condé, 309. — Est blessé; les deux armées s'intéressent à sa guérison, 310. — Ses voyages en France et dans une grande partie de l'Europe, 307. — Il visite l'auteur à Ferneï; ce qu'il lui écrit de Genève, LXI, 514; LXIII, 205. — Vers que celui-ci lui adresse pendant son séjour, et qui furent récités par Mlle Corneille, XIV, 456. — Lettres qui lui sont adressées sur Rabelais et sur d'autres auteurs accusés d'avoir mal parlé de la religion chrétienne, XLIII, 466 *et suiv.* (*N. B.* C'est le même qui, en 1792, a commandé les armées autrichiennes et prussiennes contre la France.)

BRUNSWICK (*Guillaume-Adolphe*), neveu du roi de Prusse. Meurt, en 1770, dans l'armée russe; était à la fleur de son âge; avait ébauché un poëme épique, en douze chants, sur la *Conquête du Mexique*, par Fernand Cortez, LXVI, 447, 465.

BRUNSWICK (*Charlotte* de), épouse du czarowitz Alexis. (*Voy.* VOLFENBUTEL.)

BRUNSWICK (*Élisabeth-Christine*), femme de Frédéric II de Prusse. (*Voy.* VOLFENBUTEL.)

BRUNSWICK (*Anne*, duchesse de), régente de Russie. (*Voy.* ANNE DE RUSSIE.)

BRUNSWICK-BEVERN (*Antoine-Ulric* de), époux de la précédente, et père de l'empereur Iwan VI, détrôné au berceau. Notices, XXI, 305; LIII, 660; LIV, 582; LX, 599.

BRUNSWICK (*Philippine-Charlotte*, princesse de), sœur du grand Frédéric. Ses lettres à Voltaire en 1752, LVI, 32. — Et en 1770, LXVI, 415. — Notice qui la concerne, LIV, 603. — Comment peinte par Frédéric, 633.

BRUTUS (*Marcus*). Vers qui le caractérisent, IV, 90, 101. — Son entreprise avec Cassius fut soudaine et téméraire, VIII, 143. — A eu tort de dire que la vertu n'est qu'un fantôme, XXXII, 46. — Était stoïcien et presque fanatique; poussa l'amour de la liberté jusqu'à la fureur, LII, 217. — Ses *Lettres à Cicéron* plus nerveuses que celles de Marc-Tulle, LIV, 645.

Brutus, tragédie de Mlle Bernard. Attribuée à Fontenelle, XIX, 59.

Brutus, tragédie de Voltaire, jouée en 1730; fut composée en Angleterre, I, 142; II, 349. — Texte de cette pièce, 365 *et suiv.* — Variantes et notes, 434 à 444. — Dédiée à lord Bolingbroke, 349. — Différence de sa destinée en France et dans l'étranger, 348. — Le sujet en est très convenable au théâtre anglais, 349. — Réflexions sur les principaux caractères des personnages, 359 *et suiv.* — Pourquoi l'auteur y a parlé d'amour, 361. — Pourquoi il n'a pas osé faire parler les sénateurs, quand Titus est accusé devant eux, 359. — Cette pièce traduite et jouée à Londres, III, 146. — Traduite aussi en hollandais, VI, 485. — Défigurée dans l'édition de Duchesne, VIII, 276. — Voltaire lui reprochait, dans le *Temple du Goût*, de manquer d'intrigue, XII, 366, 369. — Pourquoi depuis il a supprimé cette critique, 319. — Sentiment de Condorcet sur cette tragédie, I, 142. — Notice des écrits auxquels elle a donné naissance, II, 348.

Bruxelles (ville de). Bombardée, en 1695, par les Français, XIX, 497. — Assiégée et prise, en 1746, par le maréchal de Saxe, XXI, 160. — Est le séjour de l'ignorance, XIII, 151; LIV, 22. — Le pays de l'insipidité, 419. — Et l'éteignoir de l'imagination; vers à ce sujet, 41.

BRUYS, magistrat d'Amsterdam. Sa hauteur avec les ambassadeurs de Louis XIV en 1708, XX, 75.

BRUZEN DE LA MARTINIÈRE (*Voy.* LA MARTINIÈRE.)

BUCER (*Martin*). Chargé par le landgrave de Hesse de réconcilier les sacramentaires avec les luthériens, ne peut y réussir, XXIII, 478. — Autorise la polygamie, 495.

BUCHWALD (Mme de), grande-maîtresse de Gotha. Lettre en prose et en vers qui lui est adressée en 1753, LVI, 305. — Témoignages d'intérêt que lui donne l'auteur dans une maladie, 454. — Lettre de consolation qu'il lui écrit en 1764, LXI, 376. — Sa mort, LXVI, 546.

BUCI (*Simon*), président au parlement. Anobli par Philippe de Valois, XVII, 2.

BUCKINGHAM (*Georges-Villiers*, duc de). Favori de Jacques Ier; son origine, XVIII, 285. — Premier ministre d'Angleterre; son voyage en Espagne avec le prince de Galles, et quel en était le but, 204, 285. — Sa rivalité avec Richelieu et avec Olivarès; son portrait, 203. — Attaque la femme de ce dernier ministre, et se fait de lui un ennemi irréconciliable, 204, 286. — Ses témérités galantes auprès d'Anne d'Autriche indisposent la cour de France, 204. — Guerre de religion produite par ses amours romanesques, 205. — Sa descente dans l'île de Ré, *ibid.* — Il est forcé de se retirer sans avoir pu jeter du secours dans La Rochelle, 206. — Prépare un nouvel armement qui devient inutile; anecdote à ce sujet, 207. — Se brouille de nouveau avec Richelieu, et se dispose à conduire une flotte redoutable devant La Rochelle, 209. — Sa puissance et sa fierté révoltent la nation; on veut lui faire son procès, 288. — Est assassiné dans sa propre maison et au milieu de ses courtisans, 209, 289. — Est auteur d'une tragédie de la *Mort de César*, IV, 72. — Est le premier gentilhomme qui fut duc en Angleterre, sans être parent ou allié des rois, XVIII, 285.

BUCKURST (lord), poëte dramatique anglais, antérieur à Shakspeare. Extrait de sa tragédie de *Gorboduc*, XLVIII, 428.

BUCQUOI (comte de), général de Ferdinand II. Soumet les rebelles en Bohême, XXIII, 578. — Court assurer la Haute-Hongrie contre Bethlem-Gabor, souverain de la Transylvanie; est tué dans cette campagne, *ibid.*

Buenos-Aires (ville de). Sa fondation par les Espagnols, XVII, 463.

BUFFEVENT (chevalier de), parent de M. d'Argental. Sa visite et son séjour à Fernei, en 1772, LXVII, 499, 510.

BUFFIER (*Claude*), jésuite. Le seul de cette compagnie qui ait mis une philosophie raisonnable dans ses ouvrages; Notice, XIX, 72. — Anecdote qui le concerne, XIV, 140.

BUFFON (comte de), célèbre naturaliste. Adopte une étrange imagination de Maillet sur la formation des montagnes, XLIV, 239. — Contradictions dans lesquelles il est tombé à ce sujet, 242, 244. — Son opinion sur la formation des pierres et sur les coquilles combattue, 262. — Critique de son système des molécules organiques, XXI, 430; XLIV, 359; L, 217; LXV, 167. — Son *Histoire naturelle* de *l'homme* louée, L, 220. — Erreurs qu'on y relève au sujet des Lapons, qu'il y a confondus avec les Samoïèdes, XXV, 49. — Des Borandiens, qui sont tout-à-fait inconnus, 53. — Et de la culture du blé, XXVII, 382. — Sa *Théorie de la terre* n'est qu'un roman, une hypothèse, L, 223. — Réflexions sur ce qu'il a pris sous sa protection les montagnes formées par les courants et par le flux des mers, 230. — Critique de son opinion à ce sujet, XXXIV, 45; XXXVIII, 572; XLIII, 369, 374; XLIV, 360. — Traité de déiste par les folliculaires, pour avoir trop loué les stoïciens, XLII, 653. — Loué, IX, 369; XXXVIII, 362; LIII, 669; LIV, 235.

Bulgares ou *Boulgares*. Leur origine scythe, XV, 499; XXVII, 430. — A quelle époque inondèrent l'empire romain, et où s'établirent, *ibid*. — Leur prétendue conversion au christianisme, 431. — Pourquoi en horreur à toute l'Europe, et comment leur nom devient une injure, 432 *et suiv*. — Comment ensuite ce terme changea de signification vers les frontières de France, 433; L, 310. (*Voy*. Bougre.)

Bulle. Étymologie de ce mot, XVI, 312; XXIII, 191, 334; XXVII, 433. — Titre que prend le pape dans la salutation bullaire, 434.

Bulle d'Or (la). Analyse critique de cette fameuse constitution, publiée par l'empereur Charles IV, et rédigée par Barthole, XVI, 312 *et suiv*.; XXIII, 334 *et suiv*. — Clause contre les électeurs qui se retireraient, XXI, 155. — Mit quelque ordre dans l'anarchie de l'Allemagne, XVI, 312; XXIII, 334. — Appelée *loi fondamentale* de l'Empire, et qualifiée d'*éternelle*, n'en a pas moins subi depuis des modifications, XXXI, 58. (*Voy*. CHARLES IV.)

Bulles. Celle *Ausculta, fili*, brûlée à Paris par ordre de Philippe-le-Bel, XVI, 281; XXVII, 439. — Celle *Vineam Domini*, de Clément XI, concernant le jansénisme, XX, 420. — Celle *In cœna Domini* fulminée par Jules II, XXI, 384. — Monument étrange d'un absurde despotisme, *ibid. et suiv*.; XLV, 313. — Paul III institua l'usage de la publier tous les ans, le jeudi saint, et il la fit imprimer dans le Bullaire avec des additions aggravantes, XXI, 384; XXVII, 434. — Elle fut suivie de trois autres, ampliatives de la première, publiées par Pie V, Paul V et Urbain VIII, 436. — Clément XIV a cessé de la publier, 437; LXVI, 268. — Sagement supprimée, IX, 283. — Celles de *la Cruzade* en Espagne, par Jules II et Urbain VIII, dont le prétexte était de faire la guerre aux Maures, XVII, 49; XXVII, 441. — Argent qu'elles produisirent, XVII, 48. — Celle de *Composition*, qui permet de garder l'objet volé dont on ne connait pas le maître, 49; XXVII, 442. — Celle *Unigenitus*, par qui fabriquée, XXII, 281; XXVII, 443. — Maximes qu'elle condamnait, XXII, 282. — De quels maux a été l'origine, et querelles dont elle fut l'objet, XI, 55; XIV, 183; XXI, 343 *et suiv*. — Bref de Benoit XIV à son sujet, supprimé par arrêt du parlement de Paris, 346 *et suiv*. — Avait été demandée par Louis XIV à Rome, pour prévenir un schisme, et fut près d'en amener un, XX, 429 *et suiv*. — Son enregistrement forcé au parlement fut plutôt une flétrissure qu'une approbation, 430; XXII, 282. — Son acceptation définitive sous la régence, XX, 434; XXII, 303 *et suiv*. — Anecdote curieuse à ce sujet, XXI, 11; XXII, 306.

BULLET, professeur de théologie à Besançon. Son *Histoire du christianisme*, tirée des auteurs païens, ne serait pas désavouée par un impie, LXIV, 524. — Son livre de l'*Existence de Dieu*, où ce savant est comme un vieux soldat à qui il prend des terreurs paniques, LXV, 157.

BULLION (*Claude* de), surintendant des finances sous le règne de Louis XIV. Exerça ces fonctions conjointement avec Claude Le Bouthilier, XIX, 36. — Fut envoyé par la cour à Gaston d'Orléans, pour traiter de sa soumission, XVIII, 226.

BUONAROTTI (*Michel-Ange*), peintre, sculpteur et architecte. Se rendit également célèbre dans ces trois genres, XVIII, 362. — Auteur des dessins des deux dômes de Saint-Pierre à Rome, *ibid*.

BUONCOMPAGNO (*Jacques*), bâtard du pape Grégoire XIII, qui avait l'idée vague de lui donner un royaume, XVIII, 18; XXIII, 18.

Burates (les), peuple de Russie. N'ont pas la moindre connaissance du calendrier; comptent leur âge par les neiges; XXV, 53.

BURI (de). Examen de son *Histoire* de Henri IV, LXV, 170, 184. — Autres observations critiques, XLII, 327 *et suiv*. — A fait de ce héros un homme très médiocre, XIV, 224. — Le compare à Philippe de Macédoine, LXIII, 157, 159. — Ses impertinences contre l'illustre De Thou, et reproche qu'on lui fait à ce sujet, XLII, 324 et suiv. — A accusé sans preuve le duc de Lerme du meurtre de Henri IV, XXVI, 307; XLIV, 469.—Autre bévue sur le maréchal d'Ancre, XXVI, 309; XLIV, 471. — De la critique de son Histoire faite par La Beaumelle, XLVII, 577; LXV, 170. (*Voy.* Bélestat-Gardouch, La Beaumelle et *Examen, etc.*)

Buridan, philosophe renommé du 14ᵉ siècle. Sophisme fameux qu'on lui attribue, XI, 192.

Burigny (*Jean* Levesque de), de l'Académie des inscriptions. Auteur de l'*Examen critique des apologistes de la religion chrétienne*, attribué à Fréret, XLIII, 523; LXIII, 116, 177, 189. — D'un Traité de l'*autorité du pape*, LIII, 297.—Des *Vies* d'Érasme et de Grotius, LVII, 244, 261. — D'une *Histoire de Bossuet*, LIX, 527, 595. — Et d'une excellente traduction de Porphyre, XXXII, 456; XLI, 390; LIX, 527, 596. — Lettre que lui écrit Saint-Hyacinthe, en 1739, au sujet de la *Voltairomanie*, I, 346. — Autre, de lui, sur les démêlés de Voltaire avec Saint-Hyacinthe, 349. — Autres, qui lui sont adressées par Voltaire, de 1738 à 1761. (Voy. *Tabl. part.* de LIII à LIX.)

Burlesque. Auteurs qui ont composé des ouvrages dans ce genre en France, en Italie et en Angleterre, XXVII, 411 et suiv. — Quand on peut s'abaisser, en passant, à ce caprice; vers à ce sujet, III, 4.

Burnet (*Gilbert*), évêque de Salisbury. Ses *Mémoires* cités au sujet de la misère du peuple romain au 17ᵉ siècle, XVIII, 374. — Et de l'éloquence de la chaire chez les Anglais, XX, 337; LIX, 393. — Reproches d'athéisme qu'il a faits à Temple, XIX, 373. — Expression basse et indigne de l'histoire, qu'on lui a prêtée au sujet du prince d'Orange, 461; XLVII, 569. — Motif qu'il donne du supplice du feu infligé aux hérétiques, XVII, 304.

Burnet (*Thomas*). N'a écrit sur le déluge universel que des folies raisonnées, XIV, 295. — Son étrange idée sur la configuration de la terre avant cette époque, XXXVIII, 242, 573, 575, 581.

Buse (une). Signification de ce mot, détournée de son origine, XLVIII, 545.

Busembaum, jésuite. Ses principes politico-papistes, XL, 17. — A prêché la doctrine la plus monstrueuse de l'homicide et du régicide, *ibid.*; XXVIII, 151; XLI, 291.

Bussi (l'abbé de), depuis évêque de Luçon. Lettre en prose et en vers qui lui est adressée, XIII, 39; LI, 43.—Entre à l'Académie française, 254.—Était fils de Bussi-Rabutin, *ibid.* — Loué dans le *Temple du Goût*, XII, 347. — Anecdote qui le concerne, LII, 362.

Bussi (Bouchard de), traducteur de la *Tactique* d'Élien. Est tué à la bataille d'Hastembeck, XXI, 297.

Bussi-Castelnau (*Charles-François*, marquis de), frère du précédent. Se signale dans l'Inde, et seconde Dupleix dans la défense de Pondichéri, XXI, 276, 313; XLVII, 309.—Ses titres et dignités dans ce pays, 312.—S'empare des comptoirs anglais par delà Masulipatan, 360.—Refuse de prêter à Lalli cinq millions pour s'emparer de Madras; ce refus, origine d'une haine irréconciliable, 378. — Est battu et fait prisonnier à Vandavachi, 383.—Ses dépositions dans le procès de Lalli, 401.

Bussi d'Amboise, Assassin de son cousin Clermont-Resnel, dans la journée de la Saint-Barthélemi, X, 93.

Bussi-le-Clerc (*Jean*), gouverneur de la Bastille et chef de la faction des Seize, du temps de la Ligue. Son origine, et vers qui le caractérisent, X, 149, 152, 373.—Veut forcer le parlement à ne plus reconnaître la maison royale, 152.—Mène lui-même à la Bastille ceux de ses membres qui sont opposés à son parti, *ibid.*; XXII, 148. — Fait assassiner juridiquement le président Brisson, 158 et suiv.—Mayenne lui ôte son gouvernement de la Bastille, 160.

Bussi-Rabutin (*Roger*, comte de). Mis à la Bastille pour une chanson où Louis XIV était compromis; ses *Amours des Gaules* ne furent que le prétexte de sa prison, XX, 158.—Avait du mérite, mais ne s'en servit guère que pour se faire des ennemis, *ibid.*—Remis en liberté, mais privé de ses charges, resta dans la disgrace le reste de sa vie, *ibid.*—Ses ouvrages appréciés, XIX, 72.—Bonne opinion qu'il avait d'eux et de lui-même, XII, 347.—A fait des chansons contre Turenne et contre Luxembourg, 106.

Butler, Irlandais. L'un des assassins du général Valstein, XXIII, 601.

Butler (*Samuel*). Anglais qui a excellé

dans le genre burlesque, XXVII, 413; XXXVII, 251.—Contemporain de Milton, eut beaucoup plus de réputation que lui, *ibid.*—Tourna en ridicule les ennemis du roi Charles II, qui citait souvent ses vers, mais qui le laissa mourir de faim, 252.— Vers qui en sont traduits, XIII, 353; XXXV, 140; XXXVII, 252.

BUTURLIN, officier du czar Pierre. Créé par lui pape, dans une cérémonie burlesque qu'il renouvela plusieurs fois, XXV, 297.

Buveurs. Vers contre eux dans le *Dépositaire*, VIII, 350.

BUZENVAL, évêque de Beauvais. Se déclare contre le formulaire d'Alexandre VII, concernant les cinq propositions extraites du livre de Jansénius, XX, 416.— Et le signe ensuite, *ibid.*

BUZENVAL (de), envoyé de France en Saxe. S'entremet inutilement pour réconcilier le czar Pierre et Charles XII, roi de Suède, XXV, 180.—Ce que lui dit le roi Auguste, en lui montrant la cassette qui renfermait les membres de Patkul, que ce prince avait recueillis, XXIV, 151.

BUZONIÈRE (*Louis-François* NOUEL de). Auteur d'un volume d'*Observations* contre le *Système de la nature*, LXX, 110.—Notice, *ibid.*

BYNG, amiral anglais. En 1718, gagne la bataille de Messine, XXI, 288.

BYNG (*John*), fils du précédent, aussi amiral. Battu, en 1756, près de Port-Mahon, par La Galissonière, XXI, 287.— Est traduit devant une cour martiale; Voltaire intéresse à son sort le maréchal de Richelieu; démarches inutiles qu'ils font en sa faveur, 288; LVII, 188, 196, 200, 224, 229.—Témoignages de reconnaissance qu'il leur donne après sa condamnation, 267, 272.—Exécution de son arrêt, XXXIII, 609. — Autres détails et lettres à son sujet, LXIII, 259; LXVI, 71. —Innocente victime du machiavélisme de Pitt; Voltaire éleva seul la voix en sa faveur devant l'Europe étonnée, mais silencieuse, I, 211.

C

Cabale (la) personnifiée, X, 176.

Cabales. Combien sont affreuses, VII, 130; XIV, 192.—Autres vers y relatifs, LIX, 525.—Autres, de Boileau, cités, IX, 280.

Cabales (les). Satire en vers, où l'auteur retrace celles des gens de lettres, XIV, 255.—Ce qui le détermina à les composer, LXVIII, 16.

CABANAC, gentilhomme. Auteur des couplets satiriques contre le premier maréchal de Noailles, faussement attribués à J.-B. Rousseau, XX, 196.

CABANIS, chirurgien de J.-J. Rousseau. Ingratitude de celui-ci à son égard, LXII, 507.

CABEROLLES (D'ABBÈS de). Éloge de son article *Figure*, en physiologie, dans le *Dictionnaire encyclopédique*, XXIX, 396.

Cabires. Dieux adorés dans l'île de Samothrace; leur antiquité et leur origine, XXXII, 178 *et suiv.*—Leurs secrets sacrés, XXX, 376.

CABRAL, amiral portugais. Découvre le Brésil, XVII, 432.

Cabrières (ville de). Proscription juridique de ses habitants, et massacres qui y furent commis, XVII, 318; XXII, 87 *et suiv.*; XLII, 504.

Cacouacs. Nom donné aux philosophes dans des pamphlets publiés contre eux par J.-N. Moreau et un abbé de Saint-Cyr, LVII, 433.

Cadenas (le). Conte en vers, XIV, 10.— Variantes, 12.—A quelle occasion Voltaire le composa, *ibid.*

CADIGE, première femme de Mahomet, XV, 317.—Simplicité de son contrat de mariage avec ce prophète, 323.

Cadix (ville de). Prise et saccagée par le comte d'Essex, sous Philippe II, XVIII, 29.

Cadran solaire. L'inscription pour un cadran solaire, insérée dans presque toutes les éditions précédentes, et attribuée tantôt à Legrand, tantôt à Voltaire, n'est ni de l'un ni de l'autre; note du nouvel éditeur à ce sujet, XIV, 304.

CAÉTAN, cardinal. Légat du pape à Paris, XXII, 154.—Assiste à la fameuse procession de la Ligue, 156.—Dirige les états de 1593, 166.—Son insolence dans cette assemblée, XVIII, 122, 127.— Arrêt du parlement du roi contre lui, brûlé par le parlement de Paris, *ibid.*; XXII, 167.— Anecdote qui le concerne, au sujet de l'abjuration de Henri IV, 172.—Combat la conversion de ce prince par des processions et des libelles, 173, 175.—Refuse de l'aller voir lorsqu'il devient maître de sa capitale, 178.—Etait vendu à Philippe II, XLII, 332.

Café (le). Voy. *Ecossaise.*

CAGNON (Mlle de). Exécutée à Lyon, avec une foule de malheureux, en 1546, pour cause de religion, XLIV, 104, 129. — Scène attendrissante lorsqu'on la mena au supplice, *ibid. et suiv.*

Cagots. Leur hypocrisie, VIII, 435; XIV, 202 *et suiv.*

CAHAGNE (l'abbé). Auteur de divers écrits contre la tragédie de *Mahomet*, V, 4.

CAHUSAC, mauvais auteur de quelques opéra et comédies. Critique de ses articles insérés dans l'*Encyclopédie*, XXVII, 114; XXIX, 384. — Pourquoi Voltaire regrette qu'il ait travaillé à cette entreprise, LXII, 41; LXIII, 253.

CAÏEM, calife de Bagdad. Comment périt en lui la puissance temporelle des califes, XVI, 152.

CAILHAVA (*Jean-François* D'ESTANDOUX de). Son *Présomptueux à la mode*, comédie tombée en 1763, LXI, 112. — Lettre qui lui est adressée, en 1765, au sujet de son *Tuteur dupé*, LXII, 517. — Notice, *ibid.* — Ce que dit Voltaire à l'occasion de son *Art de la comédie*, LXVII, 516.

CAILLARD, médecin de la reine de Navarre, mère de Henri IV. Son rapport sur la mort de cette princesse, X, 86.

CAILLE (l'abbé.) Pseudonyme de Voltaire pour la satire des *Trois Empereurs en Sorbonne*, XIV, 222.

CAILLE, libraire à Genève. Vers et anecdotes qui le concernent, XIV, 269, 278.

CAILLEAU (*André-Charles*), libraire à Paris. Auteur d'une parodie de *Zulime*, IV, 406. — Et d'une autre de *Tancrède*, VII, 117. — Lettre qui lui est adressée en 1774, LXVIII, 420.

CAILLI (*Jacques*, chevalier de), plus connu sous le nom de D'ACEILLI. Ses poésies appréciées, XIX, 72. — Notice, *ibid.*

Caillou. Réflexions sur son origine, ses parties constituantes et ses différentes espèces, XLIV, 232 *et suiv.*

CAJÉTAN. (Voy. CAÉTAN.)

Calais (ville de). Assiégée et prise par Edouard III, XVI, 364. — Fausse idée sur la capitulation de cette ville et le dévouement de six bourgeois, 365; L, 142. — Reprise par le duc de Guise sur les Anglais, XVII, 522. — Henri II s'obligea de la leur rendre au bout de huit ans, ou de leur payer huit cent mille écus d'or, 523. — Aucune de ces conditions ne fut exé-

cutée, 524; XVIII, 30. — Prise par l'archiduc Albert, et rendue à la France, à la paix de Vervins, *ibid.* — Bombardée en 1694 par les flottes anglaises, XIX, 495. (Voy. *Siége de Calais* et DEBELLOY.)

CALAN, ou CALONUS, philosophe indien. Se brûle devant Alexandre, XV, 292; XXVII, 428.

Calandra (la), comédie du cardinal Bibiena. La première dans l'Italie moderne, V, 474.

CALAS (famille des). Son histoire, XL, 552. — Horribles conclusions prises contre elle par le sieur Riquet, procureur-général à Toulouse, XXXI, 390; LXVI, 331. — Intérêt qu'y prend Voltaire, et efforts qu'il fait pour la production publique de la procédure, LX, 218, 231, 252, 284, 303, 304, 306 *et suiv.* — Lettre sur la manière dont il fut engagé à prendre sa défense, LXII, 225. — Avis au public sur le parricide qui lui était imputé, XLII, 385. — Autres mentions de ses malheurs, XXXIV, 72; XLI, 380; LXII, 413. — Vengée et honorée en 1765; libéralité du roi à son égard, XLI, 375, 385; LXII, 298. — Vers sur sa réhabilitation, XII, 487. — Liste d'écrits sur les Calas, XL, 500 *et suiv.*

CALAS (*Jean*). Histoire abrégée de son procès et de sa mort, XLI, 213. — Conséquences de son supplice, 236. — Son affaire rapportée au conseil par M. de Crosne, XLI, 375. — Décision de ce conseil, et approbation du roi, 376. — Détails sur ce rapport et sur l'arrêt de réhabilitation qui intervint depuis, 380; LX, 601.

CALAS (veuve de *Jean*). Vient à Paris, en 1762, dans l'intention de demander justice; détails qui la concernent, LX, 282. — Démarches de Voltaire en sa faveur, 284, 302 *et suiv.* — Extrait d'une lettre où cette infortunée donne des détails précieux sur l'affaire qui conduisit son époux à l'échafaud, XL, 499 *et suiv.* — Déclaration juridique de sa servante, au sujet d'une nouvelle calomnie contre cette famille, 561. — Lettre qui lui est adressée, en 1765, au sujet de la réhabilitation de la mémoire de son mari, LXII, 244. — Sa fille cadette, à qui mariée, LXIV, 4. (*Voy.* DUVOISIN.)

CALAS (*Marc-Antoine*), fils aîné de *Jean*. Son suicide; comment cause des malheurs de sa famille, XL, 503 *et suiv.*, 527, 552 *et suiv.*; XLI, 224 *et suiv.*

CALAS (*Pierre*), deuxième fils de *Jean*.

CAL

Menaces qu'on lui fit, et mauvais traitements dont on l'accabla, pour lui faire abjurer sa religion, XL, 535; XLI, 233. — Sa déclaration juridique dans l'affaire de sa famille, rédigée par Voltaire, XL, 538 *et suiv.*

CALAS (*Donat*), troisième fils de *Jean*. Se réfugie en Suisse, après la mort de son père; Voltaire le fait venir chez lui, XLVIII, 368; LXII, 226. — Lettre qu'il écrit à sa mère sur le désastre de sa famille, et sur les bruits de la malveillance à son égard, XL, 505. — Son Mémoire pour son père, sa mère et son frère, rédigé par Voltaire, ainsi que la pièce précédente, 523. — Son séjour aux Délices en 1762, LX, 304. — Sa requête au roi, XL, 519. — Sa lettre au chancelier, LX, 307.

CALATRAVA (ordre de). Son origine et ses statuts, XVI, 265. — S'enrichit des dépouilles des templiers, 291.

Calcinato (bataille de). Gagnée par Vendôme contre le prince Eugène, XX, 44.

Calcul infinitésimal. (Voy. *Infini* et NEWTON.)

Calcutta (ville de). La plus belle, la plus riche, la plus délicieuse contrée de l'univers, XLVII, 353. — Prise sur les Anglais par les Mogols, 356.

CALDÉRON, auteur dramatique espagnol. Comparé à Shakspeare pour l'ignorance et le génie, VII, 484; VIII, 34, 70. — N'imita jamais personne, *ibid.* — Auteur de pièces appelées *Actes sacramentaux*, 72. — En a composé plus de deux cents de ce goût, XXVII, 68. — Traduction de son *Héraclius*, par Voltaire, VIII, 5. — Dissertation sur cette pièce, 70. — A quelle époque fut jouée, 72. — Beautés qu'on y remarque, 24, 30, 32, 59; XXVII, 70. — N'est pas imitée de Corneille, qui, au contraire, y a puisé tout le sujet de la sienne, VIII, 3, 71; XXXVI, 44; LX, 241, 285. — Il y a en lui des étincelles de génie, mais c'est le génie des Petites-Maisons, 266. — Qui fut chargé de revoir ses ouvrages après sa mort, VIII, 72.

CALDERONA (*Marie*), comédienne. Maîtresse de Philippe IV, et mère de don Juan d'Autriche; Notice, XIX, 328.

Calebasse. Article du *Dictionnaire philosophique*, d'après lequel il faut se défier de l'idée que tout a été fait pour l'homme, XXVII, 446 *et suiv.*

Calendrier. Son histoire, XVIII, 353. — Défauts du calendrier romain, 354;

CAL 113

XXVI, 189. — Réforme qu'il éprouve au 16e siècle, XVIII, 355. — Calendrier grégorien, refusé par les protestants, et reçu par les catholiques, 356; XXIII, 548. — Celui de Russie, changé par Pierre-le-Grand, XXV, 139 *et suiv.*; XXXIX, 84.

Calice. Disputes à son sujet, au concile de Trente, XVIII, 93.

Calicut (royaume de). Son étendue, XLVII, 344. — Nom que prenait le souverain de ce pays, *ibid.* — Conte ridicule sur le nombre de maris que la reine et les dames nobles y peuvent avoir, 345.

Califes (les). Premiers successeurs de Mahomet; leur puissance redoutable, XXIII, 38. — Comparés aux papes, XV, 332, 520; XVI, 152; XLI, 150. — Combien dura leur domination, XV, 332. — Leur décadence, XVI, 152. — Vers y relatifs, III, 168. — Sont détruits par la famille de Gengis, XVI, 216. — A quoi se réduisirent leurs honneurs, XVII, 210.

CALIGULA (*Caïus*), empereur. Ce qu'il publiait de sa naissance, VIII, 86; XXVII, 203. — Observations sur ce qu'en rapportent Tacite et Suétone, XLIV, 415 *et suiv.* — Contes absurdes débités à son sujet, 417, 428. — Désigna consul un cheval de son écurie, VIII, 162.

Calish (bataille de). La première bataille rangée que les Russes aient gagnée contre les Suédois; détails y relatifs, XXIV, 144; XXV, 177.

CALISTE (*Nicéphore*), auteur du 14e siècle. Portrait qu'il fait de l'apôtre Pierre, XXVI, 497.

Caliste, ou *la Belle Pénitente*, tragédie. (*Voy.* COLARDEAU.)

CALIXTE II (*Gui de Bourgogne*), pape. Son exaltation, XXIII, 10. — Finit le grand procès des investitures, *ibid.*; 176. — Était fils d'un duc de Bourgogne, et du sang royal de France, *ibid.*

CALIXTE III (*Borgia*), pape. Son exaltation, XXIII, 15. — Envoya, le premier, des galères contre les Ottomans, *ibid.*

CALLIÈRES, l'un des signataires de la paix de Ryswick. Reproches et éloges immérités qu'il reçut à ce sujet, XIX, 506.

CALLIMAQUE, poëte grec. Notice sur sa personne et ses ouvrages, XLI, 465 *et suiv.* — D'une traduction de ses hymnes en vers italiens, *ibid.* — Imitation d'une de ses épigrammes en vers français, par Voltaire, 468; XXIX, 137.

CALLISTHÈNE (le philosophe). Envoie de Babylone, à Aristote, d'anciennes observations astronomiques, XV, 42, 87, 91.

Calmar (union de). Entre la Suède, le Danemarck et la Norvége, à la fin du 14ᵉ siècle, XVII, 151.

CALMET (dom *Augustin*), bénédictin. Ses *Recherches sur la Bible*, compilation utile; Notice, XIX, 73. — Naïveté avec laquelle il a recueilli une foule de rêveries et d'imbécillités, XXX, 439. — Son opinion sur le paradis terrestre, XLIX, 13. — Ce qu'il dit des ruses des serpents, XIV, 209. — Profil qu'il donne de la tour de Babel, XI, 71. — Comment s'explique sur la visite des trois anges qui annoncent à Sara qu'elle sera mère, XLIX, 43. — Dit qu'Isaac est la figure de Jésus-Christ, 57. — Raison pour laquelle il prétend qu'Abraham lui choisit une femme chez les idolâtres, 61. — Compare Joseph vendu par ses frères à Jésus-Christ livré par Judas, 86. — Ce qu'il dit de la lèpre, qu'il confond mal à propos avec la maladie vénérienne, 143. — Prétend que les Juifs avaient du sucre dans le désert, 150. — Ce qu'il rapporte des raisins prodigieux de la Palestine, 152. — Dit que la vache rousse sacrifiée par les Juifs dans le désert est l'emblème de Jésus-Christ dans son agonie, 159. — Sa remarque singulière sur l'ânesse de Balaam, ainsi que sur les arbres et fleuves qui ont parlé, XIV, 210; XLIX, 164. — Approuve le meurtre commis par Phinées, 170. — Ses observations sur les additions faites au *Deutéronome*, 176. — Ses recherches sur Rahab la prostituée, 186. — Ce qu'il dit des pluies de pierres et du miracle de Josué, 195, 196. — Comment s'explique au sujet du vœu de Jephté, 216. — Prétend que Job a annoncé l'immortalité de l'âme et la résurrection des corps; réfuté à ce sujet, XXVI, 523. — Sa dissertation sur la fiole qui contenait l'huile avec laquelle fut oint Saül, XLIX, 256. — Comment justifie la barbarie du prophète Samuel sur le roi Agag, 268. — Observe que c'était une beauté chez les Juifs que d'être roux, 269. — Comment excuse les cruautés de David à la guerre, 291. — Et à son lit de mort, 309. — Prétend que les saints qui ressuscitèrent après la mort du Sauveur remoururent pour ressusciter un jour, XXIX, 122. — Trouve dans les vampires une preuve de la résurrection, XXXII, 137. — S'est fait leur historien, et les a traités comme il a fait l'Ancien et le Nouveau Testament, 415 *et suiv.*—Lettres qui lui sont adressées en 1748, LV, 174. — En 1754, LVI, 479. — Séjour que Voltaire fit, à cette dernière époque, dans son abbaye de Senones, 465 *et suiv.* — Vers sur le mérite de ses ouvrages, XIV, 421; LVI, 477. — A fait de bons livres dont on ne peut se passer, LVII, 277. — Inscription en vers pour son portrait, XIV, 425; LVII, 375.

Calmouks, espèce de Tartares. Leur pays, XXIV, 173; XXV, 54. — Témoignage singulier que les arts ont habité parmi eux, *ibid.* — Sont en partie tributaires du czar, qui en a toujours dans ses troupes, 115; XXIV, 173.

Calomnie. Poursuit les talents, II, 19. — Quelle est sa rage, VII, 166. — La confondre est un devoir, IV, 160. — Est le plus grand des crimes, après l'assassinat et l'empoisonnement, XLIV, 485.— Est le poison des cours, XI, 84. — Caractère particulier qu'elle y a, VIII, 209. — Comment définie et décrite par un auteur chinois, VI, 407. — Une fois entrée dans l'esprit d'un roi, n'en déloge point, LVI, 189. — *Épître sur la calomnie*, adressée à Mᵐᵉ Du Châtelet, XIII, 96. — Des calomnies contre les écrivains de réputation, IX, 281; XXXVIII, 343. — Vers sur le même sujet, XII, 66 *et suiv.* — Des calomniateurs de profession, VIII, 279.

CALONNE (de). Infamie dont il s'est couvert dans l'affaire de La Chalotais, LXIII, 272. — Son Mémoire justificatif; ce qu'on en dit à ce sujet, 338.

Calottes. Espèce de satires en vogue en France pendant un certain temps, XXXVIII, 341; LII, 77. — Les recueils qu'on en a publiés, monuments infames de méchanceté et de mauvais goût, LI, 393.

Caloyer (le), espèce de catéchisme philosophique. Ce qu'en dit Voltaire, XLI, 97; LXI, 146 *et suiv.*

CALVIN (*Jean*). Son vrai nom et son origine, XVII, 274. — Regardé par nous comme l'apôtre de Genève, n'eut d'abord aucune part à sa réforme, *ibid.* — Ce ne fut que depuis qu'il s'y érigea en pape des protestants, *ibid.*— Comparé à Luther, 275. — Son sentiment sur l'eucharistie, 276. — Son mariage à Strasbourg avec la veuve d'un anabaptiste, *ibid.* — Règle les dogmes et la discipline de son Église, *ibid.* — Sa religion conforme à l'esprit républicain, quoiqu'il eût l'esprit tyrannique, *ibid.* — Fait chasser de Genève Castalion dont il est jaloux, *ibid.* — Dispute avec Michel Servet sur la Trinité; le dénonce ensuite, le fait brûler vif, et jouit de son supplice, 278 *et suiv.*; IX, 298; XXVII, 21. — L'avait fait accuser par son valet La Fontaine, L, 324. — Avait, avant ce temps, prêché la tolérance, XVII, 278; XXXII, 405; XLI, 33. — A quel point usurpa l'empire dans la ville de Genève, XVII, 281. — Sa lettre au chambellan du roi de Navarre, qui donne une idée de son caractère, *ibid.* —Traits de dureté et despotisme qu'on en cite, *ibid.* — Fit punir un principal magistrat pour avoir dansé, après soupé, avec sa femme, *ibid.*; L, 202. — Autres détails sur sa doctrine et sur son caractère, XII, 81, 254. — Son sentiment sur la grace, *ibid.* — Son désintéressement; peu de bien qu'il laissa à sa mort, XVII, 281. — Lettre de Voltaire au sujet de son assassinat de Servet, et vers y relatifs, XII, 598; XLVIII, 360, 362; VIII, 249. — Fiction poétique qui le plaçait en enfer, dans une édition falsifiée de la *Pucelle*, XI, 350 *et suiv.* — Vers qui le caractérisent, XIII, 266.

Calvinisme (le). N'est autre chose que la religion de Zuingle, à laquelle Calvin donna son nom, XVII, 260. — Vers qui le caractérisent, X, 57. — Son introduction à Genève, XVII, 215. — En Angleterre, 290, 306. — En Écosse, 308. — Sa naissance et ses progrès en France, 355. — Le nombre de ses sectaires s'y accroît au milieu des échafauds et des tortures, 256. (Voy. *Réforme* et *Protestants.*) — Le républicanisme, esprit de cette secte, 276; XVIII, 392. — Son histoire en France, depuis le règne de François Ier jusque vers la fin de celui de Louis XIV, XX, 365 à 402.

CAMARGO (Mlle), célèbre danseuse. Est la première qui ait dansé comme un homme, XII, 370. — Son agilité, XIII, 86. — Madrigal que Voltaire lui adresse, XIV, 339. — Notice qui la concerne, *ibid.*

CAMAS (*Paul-Henri* de), Français réfugié à Berlin, par suite de la révocation de l'édit de Nantes. Est envoyé en ambassade auprès du roi de France, lors de l'avénement de Frédéric II; anecdote à ce sujet, XL, 51; LIV, 152. — Vers facétieux du roi de Prusse sur cette mission, 169. — Lettre qui lui est adressée par l'auteur sur l'*Anti-Machiavel* du prince, 224. — Notice, 118.

CAMBERT, intendant de la musique de France sous la reine-mère. Auteur des deux premiers opéra français, lesquels ne réussirent point, XXVII, 107. — Quitte la France de dépit, 108.

Cambrai. (Voy. *Ligue de.*)

Cambrai (ville de). Assiégée par Turenne, et défendue par Condé, XIX, 327. — Prise par Louis XIV en personne, 427. — Reste à la France par le traité de Nimègue, 437.

. *Cambrai* (paix de) entre François Ier et Charles-Quint, XVII, 209.

CAMBYSE. Vers qui caractérisent ce prince, VIII, 208. — Son meurtre du bœuf Apis justifié, XXXVII, 398; L, 286.

CAM-HI, empereur de la Chine. (*Voy.* KANG-HI.)

CAMILLE (le dictateur). Doutes au sujet de sa victoire sur les Gaulois, XV, 238.

Camisards (les). Agirent en bêtes féroces dans la guerre des Cévennes; ce qui les excuse, XLI, 171.

CAMOENS (le), surnommé le *Virgile portugais*. Détails historiques sur sa vie, X, 37, 443. — Examen de son poëme de *la Lusiade*, 446 *et suiv.* — Il éprouva en tout le sort d'Homère, *ibid.* — Traduit en français par La Harpe, LXVIII, 311; LXX, 131.

CAMP (Mlle), qui fut depuis Mme VAN-ROBAIS. Son mariage avec le marquis de Bombelles déclaré nul; et réflexions philosophiques sur ce procès singulier, XLVII, 124 *et suiv.*; LXVII, 537.

Campagne d'Italie, en 1734. Épigramme y relative, imitée du latin, XIV, 361.

CAMPBELL, général anglais. Tué à Fontenoi; conte absurde à ce sujet, XXXIX, 292.

CAMPI (le comte), à Modène. Lettres qui lui sont adressées, en 1774, au sujet du théâtre et de l'art dramatique, LXVIII, 508; LXIX, 7.

CAMPION, jésuite. Pendu à Londres pour sédition, XVIII, 46.

CAMPISTRON (*Jean* GALBERT de). Élève et imitateur de Racine, a outré ses défauts sans atteindre à aucune de ses beautés, VI, 155; XIX, 74. — Sa place est triste, VIII, 189. — A trop négligé la poésie de style, LI, 223. —. Son *Arminius* critiqué, VI, 155. — Son *Alcibiade*, pièce suivie, mais faiblement écrite, II, 363; VI, 155; IX, 17. — Mauvais vers qu'on en cite, et qu'a fait admirer le débit séduisant de Baron, II, 362. — Autres observations critiques, et réponse à un défenseur de

Campistron contre ce jugement, LI, 217 et suiv. — Plagiat qu'il a fait à Corneille dans son *Tiridate*, XXXVI, 247.

CAMPO-SANTO (comte de), général espagnol. Ainsi nommé de la bataille de ce nom, XXI, 92. — Sa lettre sur la bravoure des Français à la prise de Château-Dauphin, 93.

CAMPRA, musicien. Fut l'un des imitateurs de Lulli, XIX, 226. — On desirait que son récitatif fût mieux déclamé, XII, 375. — Insulté dans les fameux couplets attribués à J.-B. Rousseau, XXXVII, 493. — Notice, *ibid*.

CAMPREDON, plénipotentiaire de la France au congrès de Neustadt, XXV, 364; XXXIX, 94.

CAMUS. (*Voy*. LE CAMUS.)

CAMUS DE PONTCARRÉ (*Geoffroi-Macé*), président à Rouen. Ce qu'en dit l'auteur, et note qui le concerne, LI, 200, 344.

Canada (le). Époque de sa découverte, XVII, 438. — Description du pays, et colonie qui s'y forme, *ibid*. — Gouvernement, mœurs et caractères des habitants, 439. — Anthropophages, 440. — Ce pays, disputé par les Anglais demeure à la France par le traité d'Utrecht, 441. — Conquête qu'en font les Anglais, en 1756, 442; XXI, 283, 330. — Folie d'une guerre pour le posséder, IV, 472; XXI, 331; XXXIII, 309; LIX, 116. — Perdu probablement à jamais pour la France, XXI, 338. — Paix déshonorante, 340. — Ses colons ont mieux aimé vivre sous la domination anglaise que de venir en France, *ibid*.

Canadiens. Belle réponse d'un de leurs chefs, à qui une nation européane proposait de lui céder son patrimoine, XV, 29.

Canal de Briare. Henri IV le fit creuser pour joindre la Seine et la Loire, XVIII, 140.

Canal de Languedoc. Son importance; quand commencé et fini, XX, 252. (*Voy*. RIQUET.)

Canaries (les). Connues anciennement sous le nom d'*îles Fortunées*. Perdues dans les temps de la décadence de l'empire romain; retrouvées en 1300 par les Biscaïens, XVII, 355. — Roi que leur donne le pape Clément V, *ibid*. — Conquises par le prince don Henri de Portugal, qui les cède aux Espagnols, 357.

Canaux. Sont un des plus grands services qu'on puisse rendre à une nation,

XXIX, 436. — Celui qui joint les deux mers a immortalisé Louis XIV, Colbert et Riquet, XXVIII, 34. — Idée de ceux qu'il serait facile de faire en France et en Allemagne, *ibid*. — Lettre à M. Laurent, en 1771, sur les canaux projetés en Flandre et en Picardie, LXVII, 309.

CANDALE (de), évêque d'Aire. Traducteur de l'*Hermès*, ou *Mercure-Trismégiste;* en croyait l'original égyptien, XXX, 183.

CANDALE (duc de), fils du duc d'Épernon. Le plus bel homme de son temps; vers cités à son sujet, XXXIX, 408. — Heureuse allégorie prise pour texte de son oraison funèbre, XXIX, 419.

Candide, ou l'*Optimisme*. Roman philosophique, XXXIII, 215 *et suiv*. — Lettre plaisante que l'auteur, caché sous le nom de DEMAD, écrit au sujet de cet ouvrage aux auteurs du *Journal encyclopédique*, XL, 8. — Sentiment de Condorcet sur ce roman, et sur le talent rare que ce genre exige, I, 217.

CANDIDIEN, fils de l'empereur Galérius et de Valérie. Assassiné par les chrétiens avec sa mère, XLIII, 169, 257.

Candie (île de). Bâtie au 9ᵉ siècle par les Maures musulmans, XV, 498. — Assiégée par les Turcs, après un blocus de huit ans, XIX, 378. — Aventure singulière qui attira les armes ottomanes sur cette ile, XVIII, 417. — Secourue par Louis XIV, 421; XIX, 379. — Par quel stratagème fut réduite à capituler; son siège comparé à celui de Troie; noms qu'il a rendus célèbres, XVIII, 422. — Les Turcs s'y montrèrent supérieurs aux chrétiens dans la connaissance de l'art militaire, XIX, 380. — Son siège, le plus long et le plus mémorable dont l'histoire fasse mention, se prolongea durant près de vingt ans, XVIII, 379.

CANILLAC. Un des chefs de la Ligue, X, 135, 261.

CANILLAC (marquis de), confident du duc d'Orléans. Lors de l'accusation d'empoisonnement contre ce prince, s'oppose à une démarche trop injurieuse à son innocence, XX, 208. — Fut un de ceux qui arrangèrent le plan de la régence, XXI, 3.

CANILLAC (Mlle de). Procès singulier au sujet de son héritage, XLII, 468. — Citation bizarre de la Bible dans le plaidoyer d'Omer Talon, XXI, 413; XLII, 468.

CANNING (*Élisabeth*). Son histoire, XL, 547.

CANO (*Sébastien*). Son voyage, par lequel il achève celui de Magellan autour du monde, XVII, 429.

Canon. Erreur dans laquelle ce mot nous a jetés long-temps, XLI, 144. — D'un prétendu canon fondu à Amberg en 1301, et de ce qui a donné lieu à cette méprise, 145; XIV, 270 *et suiv*. (Voy. *Armes, Artillerie*.)

Canonisation de saint Cucufin. Facétie, XLV, 164 *et suiv*. (*Voy*. CUCUFIN.)

Canons apostoliques (les). Ouvrage apocryphe, XXVI, 469.

CANTACUZÈNE (*Jean*), empereur d'Orient. Marie sa fille à Orcan, fils d'Ottoman, XVI, 467, 479.—Se fait moine, 467. — Ce qu'il rapporte, dans son Histoire, sur le sacre des empereurs, XV, 389.

Cantarella (la). Poison dont on dit que se servirent Alexandre VI et son fils Borgia, XVII, 95; XXIX, 94; XLIV, 343.

CANTÉMIR (le prince *Démétrius*), vaivode de Moldavie. Son origine, XXIV, 232; XXV, 220. — Trahit l'empereur turc pour le czar, XXIV, 233; XXV, 220 *et suiv*. — Son extradition vainement demandée à Pierre par le Grand-Seigneur lors de la paix de Pruth, 235. — Rédacteur des *Annales turques*, cité sur le siège de Constantinople, XVI, 491. — Sur la mort de Zizim, XVII, 72.—Sur la prise de Candie, XVIII, 423. — Sur la prise de Constantinople par Mahomet II, XXIV, 8.—Où fut élevé, XVI, 493. — Réunit la science des lettres à celle des armes, XXIV, 232.

Cantique (le) *des Cantiques*. N'est probablement pas de Salomon, XII, 227, 235. — Pour quelles raisons lui est attribué; objections, XXXII, 168 *et suiv*. — N'est pas même authentique; cependant est consacré et regardé comme une allégorie perpétuelle du mariage de Jésus-Christ avec son Église, 170; XXIX, 81; XLIII, 73. — En quoi est un morceau infiniment précieux, XXIX, 81. — C'est le poëme le plus tendre de l'antiquité, XII, 227, 231. — Offre une esquisse de la poésie dramatique des Grecs, 227. — Précis de ce poëme, et son imitation en vers par Voltaire, 233 *et suiv*. —Lettre apologétique du traducteur, 228. — Sentiment de Condorcet sur cette production, qui fut brûlée, I, 221.

CANUT, roi de Danemarck, dit *le Grand*. Fut tout-à-fait indigne de ce beau surnom, XVI, 39.

CANUTSON (*Charles*), grand-maréchal de Suède au 15ᵉ siècle. Élu roi par les états, XVII, 152.

Cap Boyador (le). (Voy. *Portugais*.)

Cap de Bonne-Espérance (le), autrefois le *Cap des Tempêtes*. Pourquoi ainsi nommé, XVII, 361. — Regardé comme une des plus délicieuses habitations de la terre, *ibid*.

Cap Breton (le). (Voy. *Louisbourg*.)

Cap Non (le). Jusqu'à quelle époque fut le terme des navigations connues, XVII, 356.

Cap Vert (îles du). Trouvées par les soins du prince Henri de Portugal, XVII, 357.

CAPETS (maison des). Usurpa la couronne de France sur la maison de Charlemagne, X, 366. — Vers sur ses divisions et ses troubles intestins, dans *Adélaïde du Guesclin*, III, 302. — Dans le *Duc d'Alençon*, 402. — Dans le *Duc de Foix*, 452.—Tronc serré, dont les rameaux, divisés et courbés par l'orage, s'uniront plus beaux un jour, *ibid*. (Voy. HUGUES CAPET.)

Capitole (le). Regrets de le voir envahi par des moines, XXXIX, 359; XLIV, 158; XLV, 75; LIV, 564; LXIII, 36.

Capitulaires (les) de Charlemagne. Quand furent faits, XXIII, 58. — Cités, XV, 417, 458.

Capitulations. La première qui fut faite pour les empereurs date de l'élection de Charles-Quint, XXIII, 446.

CAPPEL (*Jacques*), avocat-général au parlement de Paris. Son réquisitoire contre Charles-Quint, XVII, 217; XXII, 81. — A combien évaluait le tribut annuel des annates, XXVI, 395.

CAPPERONNIER (*Jean*), à la bibliothèque du Roi. Lettre qui lui est adressée en 1761, LIX, 508.

CAPPERONNIER (*Jean-Augustin*), neveu du précédent. Lettre qui lui est adressée en 1768, LXV, 105.

CAPRARA, général de l'empereur Léopold Iᵉʳ. Mis en fuite par Turenne, XIX, 413.

CAPRON, dentiste célèbre à Paris. S'amusait à faire des *Pensées de La Rochefoucauld*, XLVIII, 402.

Capucins (moines). Marchent à la tête des régiments envoyés contre les vaudois, XLII, 511. — Scandale réjouissant de leur procès à Paris en 1764, XXXII, 187.—Aventure du frère Grégoire et de Mˡˡᵉ Bras-de-Fer, 188. — Autre aventure d'un jeune capucin évadé, repris et torturé, 477 *et suiv.*— Ferment leurs églises à Venise, lors de l'interdit de Paul V; le sénat les fait tous embarquer pour Rome, XVIII, 390. — Sont chassés de Russie, et pourquoi, XXXII, 34; LXII, 411; LXIII, 56. — Ce que dépensa leur ordre pour l'apothéose de saint Cucufin, XIV, 228; LXV, 370. — Description grotesque qu'on en fait, L, 287.

Caquet-bon-Bec, ou *la Poule à ma Tante*. Ce qu'on dit de cet ouvrage, LX, 529; LXV, 370.

Car (les). Facétie dirigée contre Le Franc de Pompignan, au sujet de son *Éloge du duc de Bourgogne*, XL, 347. — Lettre plaisante où ils figurent, LXII, 553.

Carabiniers (corps des). Par qui fut institué, et d'où leur venait ce nom, XII, 134.

CARACCIOLI (de). Ambassadeur de Naples à Paris en 1776, LXX, 142. — Depuis vice-roi de Sicile, y détruit l'inquisition, XVII, 353. — Notice, *ibid.*

CARACCIOLI (soi-disant marquis de). Auteur des *Lettres à une illustre morte*, en Pologne; ce qu'on en dit, LXVII, 6. — D'une prétendue *Vie de M*^{me} *de Pompadour*, et des prétendues *Lettres du pape Ganganelli*, LXX, 9, 29, 34, 142.

CARACÈNE (marquis de), gouverneur de Flandre. Notice, XIX, 18.

Caractère (le). Ne dépend pas de nous, XXVII, 448. — Il est presque impossible de le changer, *ibid. et suiv.*; L, 532. — Se transmet de père en fils pendant des siècles, XXVII, 509. — Qu'on doit s'efforcer de le plier à son état, III, 74; IV, 171; V, 179. — Qu'on peut juger sainement de celui des hommes par leurs entreprises, XIX, 347. — Que le climat le change quelquefois, VIII, 262. — Que chaque peuple a son caractère, comme chaque homme, XXIX, 447.

Caractères dramatiques. Qu'il en est de ridicules dont la représentation plaît au théâtre, IV, 238. — Qu'il en est d'autres mêlés de vices, qui ne causent qu'un plaisir sérieux, *ibid.* — Qu'il n'y en a dans la nature humaine qu'une douzaine, tout au plus, de vraiment comiques et marqués de grands traits, XX, 325 *et suiv.* — Pourquoi des caractères bas et faibles ne doivent pas figurer dans la tragédie, XXXV, 318; XXXVI, 159. — Qu'on n'y doit point altérer les caractères historiques, 469.

Caractères (les) de La Bruyère. (*Voy.* LA BRUYÈRE.)

CARAFFA, auteur d'une *Histoire de Naples*. Cité au sujet du duel juridique de Charles d'Anjou et de Pierre d'Aragon, XVII, 32.

CARAFFA, cardinal, neveu de Paul IV. Condamné par Pie IV à être pendu, XVIII, 347; XXIII, 17.

Caraïbes (les). A quoi le jésuite Lafitau, qui a vécu chez eux, attribue leur couleur rouge, XV, 37; XLIII, 368. — D'une prétendue conformité de leur langue avec celle des Hébreux, XXXI, 485. — La vérole est originaire chez eux, XVI, 366; XXXIV, 399. — Barbarie qu'on leur impute, XLII, 592.

Caraïtes (les). Secte juive qui existe encore en Pologne, XLIX, 459.

CARDAN. Pense que les remords ne sont qu'un produit de l'habitude; cette opinion réfutée, XII, 160.

CARDILLAC, gentilhomme bordelais, gouverneur du Château-Trompette. Sa fille délivre de prison Constant d'Aubigné, qui l'épouse, et dont elle partage toutes les vicissitudes, XX, 191.

CARDINAL-INFANT (le), fils de Philippe III, et gouverneur des Pays-Bas. L'un des chefs des Impériaux qui gagnèrent la bataille de Nordlingen contre les Suédois, XVIII, 233. — Louis XIII lui envoie déclarer la guerre par un héraut d'armes, *ibid.* — Autre mention qu'on en fait, XIX, 261.

CARDINAL-INFANT (don *Louis-Antoine-Jacques*). Se démet de ses dignités en 1754, et se marie; Notice, LV, 97.

Cardinaux. Paraissent dans les conciles à la fin du 9e siècle; ce qu'ils étaient alors, XV, 515. — Au 14e, avaient le pas sur les princes, XVI, 315. — Combien furent premiers ministres aux 15e et 16e, XVII, 177. — Pourquoi en cela préférés à d'autres, *ibid.* — Quand prirent le titre d'*éminence*, XVIII, 82; XIX, 10. — Étaient originairement des curés primitifs de Rome; pourquoi se crurent avec le temps supérieurs aux électeurs, à tous les princes, et égaux aux rois, XLI, 193. — Cardinaux qui ont endossé la cuirasse et marché à la tête des troupes, XVIII, 233. — Cardinaux mariés, 67. — C'est à deux cardinaux que la France doit l'opéra et la comédie, XX, 130. — Ce que c'est qu'un cardinal, XLII, 122. — Son inutilité, XXXIV, 267; XLIII, 606. — Du porte-singe de Jules III, fait cardinal, XXIII, 17. — Titres que prend la sacrée congrégation des cardinaux romains, XXII, 313.

Carélie (la), province de Finlande. Sa capitale assiégée par le czar Pierre, XXIV,

217; xxv, 211. — Lequel en resta souverain reconnu à la paix de Neustadt, 364, 399.

Carême (le). Considéré politiquement, est une institution assez sage, XXVII, 452. —Égards qu'on doit avoir pour le pauvre pendant ce temps, 453. — N'a point été institué par Jésus-Christ, mais par l'Église, 454.—Inquisition odieuse à laquelle il a donné lieu quelquefois par des curés et même des tribunaux, *ibid.* — Questions qui y sont relatives, 455 *et suiv.*—Combien est à charge au peuple des campagnes, XLVI, 427.—Réflexions critiques y relatives, LXVI, 44. — Des quatre grands carêmes autrefois en usage dans l'Église gréco-russe, xv, 447; XXV, 139.—Vers sur le carême, XIII, 13.

CARIBERT, roi franc. Eut plusieurs femmes à la fois, xv, 409, 507; XLI, 30.

CARILLO, archevêque de Tolède. Se met à la tête des révoltés contre Henri IV, roi de Castille, et le dépose, XVII, 41.

Carisme ou *Kouaresme* (le), empire formé en Orient des débris du califat. D'où vient ce nom, XVI, 216.

CARISSIMI, compositeur. Auteur d'un morceau de musique singulier, qui est un modèle de récitatif mesuré italien avant Lulli, et absolument dans le goût français, XXVII, 113; LXVIII, 101.

CARLISLE (comte de). Premier ambassadeur d'Angleterre en Russie, LIX, 446. —Ce qu'il dit de Moscou, XVIII, 412; XXV, 38.

CARLOMAN, oncle de Charlemagne et duc d'Austrasie. Réduit les Bavarois et bat les Saxons, XXIII, 44. — Crée Boniface évêque de Mayence, xv, 387.—Abdique, et se fait moine au mont Cassin, 401; XXIII, 45.

CARLOMAN, frère de Charlemagne. Sacré en même temps que lui à Saint-Denis, XXIII, 47.—Son partage à la mort de Pepin leur père, xv, 402; XXIII, 51.—Meurt subitement à vingt ans, xv, 402; XXIII, 51.— Son patrimoine envahi par son frère; sa veuve et ses enfants obligés de fuir en Lombardie, et livrés à l'usurpateur, *ibid.*; xv, 402, 410.—Silence de l'histoire sur leur sort, *ibid.*

CARLOMAN, fils de Charles-le-Chauve. Se révolte contre son père, qui lui fait crever les yeux, XXIII, 89 *et suiv.*

CARLOMAN, fils de Louis-le-Germanique. États qui lui tombent en partage à la mort de son père, XXIII, 91.—Se ligue avec son frère le Lorrain contre son oncle Charles-le-Chauve, qu'il poursuit en Italie, 92.— Le pape Jean VIII lui promet l'empire, 93. — Son bâtard Arnould roi de Germanie, puis empereur, 98, 102.

CARLOMAN, fils de Louis-le-Bègue. Est reconnu roi de France, XXIII, 94. — Sa mort, 96.

CARLOS (don), fils de Philippe II. Victime de la jalousie de son père; récits divers et conjectures à ce sujet, XVIII, 32 *et suiv.*; XXXIX, 93.—Abominable plaisanterie de son père en le condamnant, XXXV, 337; XXXVI, 49.

CARLOS (don), fils de Philippe V. Reçoit l'investiture de Parme, Plaisance, et la Toscane, XXI, 14. — Devient roi de Naples et de Sicile par la guerre de 1734, 54.—Cède à l'empereur ses droits sur Parme et Plaisance, 55.—Garde d'abord une neutralité forcée dans la guerre de 1743, 86.—Est surpris dans Velletri, 121. — Poursuit les Autrichiens jusque dans Rome; sous quel nom y est reçu, 122.— Y rend hommage au pape, *ibid.* — Le royaume des Deux-Siciles lui est assuré par la paix d'Aix-la-Chapelle, 278. — Roi d'Espagne, sous le nom de Charles III, par la mort de son frère Ferdinand, 334. —Entre dans le Portugal, qui est sauvé par les Anglais, *ibid.* — Rétablit l'inquisition dans son royaume, LXX, 205, 227, 327.

Carlovingiens (les). Passèrent toujours à Rome pour une race allemande, xv, 418; XXIX, 477.

Carlowitz (paix de), en 1699, entre l'Empire et la Turquie. Détails y relatifs, XIX, 510; XXV, 143.

Carmes (moines). Transplantés de la Palestine en Europe, au 13e siècle, XVII, 326.—Prétendent qu'Élie était leur fondateur, *ibid.*; XLIX, 335.—Ont soutenu pendant long-temps que Pythagore était un moine de leur ordre, 457.

CAROBERT, roi de Hongrie, fils de Charles Martel d'Anjou. Roi par la grace du pape et de son épée, XVII, 162; XXIII, 286, 288.—Puissance qu'il donne à son royaume, XVII, 162. — Dispute celui de Naples à Robert, son oncle, XXIII, 296.

CAROBERT (*Louis*), fils du précédent, roi de Hongrie et de Pologne. (*Voy.* Louis Ier, dit *le Grand.*)

CAROLINE. (*Voy.* Margrave de BADE-DOURLACH.)

CAROLINA-MATHILDE, sœur de George III d'Angleterre, et femme de Christian VII, roi de Danemarck, LXVII, 375. —

Son adultère, sa détention, son renvoi en Hanovre, sa mort, *ibid.*

Caroline (la). D'abord aux Français, ensuite aux Anglais, xvii, 452. — Le plus grand lustre de cette colonie est d'avoir eu Locke pour législateur, *ibid.* — Liberté de conscience et tolérance qui y règnent; sept pères de famille suffisent pour y établir légalement une religion, *ibid.*; xli, 251; xliv, 22. — Les athées seuls en sont exclus, xiv, 285. — Combien, en 1757, possédait de nègres et de blancs, xvii, 453.

CAROUGE. Son duel fameux avec LE GRIS, ordonné par le parlement, sous le règne de Charles VI, et ce qui le motiva, xvii, 29; xxii, 89.

CARPÈGNE, cardinal. Anecdote plaisante qui le concerne, xxxvii, 92.

CARPLAN-GHÉRAÏ. Nommé vizir à la place de Delvet-Ghéraï, son frère, déposé, xxiv, 290, 376.

CARR, Écossais. Favori de Jacques Ier, et depuis comte de Sommerset, xviii, 285. (*Voy.* SOMMERSET.)

CARRÉ (*Jérôme*). Nom fantastique, sous lequel Voltaire publie l'*Écossaise* et diverses facéties, vii, 1, 20; xiv, 24, 25. — Ainsi qu'un article sur le *Théâtre anglais*, xl, 247, 248; xliii, 347; lxi, 381.

CARRÉ DE MONTGEBON (*Louis-Basile*), conseiller au parlement. Convulsionnaire outré, qui crut avoir vu des miracles, et même en avoir fait, xxii, 318. — Recueil singulier qu'il en présente au roi; ce qu'il dit à ce sujet dans son Mémoire, 319; xliii, 161. — Est envoyé à la Bastille, et ensuite au château de Valence, où il meurt fou, *ibid.* — Mis par les convulsionnaires au rang des plus grands confesseurs de la foi, 320. — Autres notes qui le concernent, xi, 56; xiv, 160, 261; xx, 438; xxviii, 223.

CARRERO (l'abbé). (*Voy.* PORTO-CARRERO.)

Carrosses (les). Quand l'usage en commença dans Paris, xx, 248. (Voy. *Coches.*)

Carrousels (les). Ont succédé aux tournois, xvii, 24. — Celui donné à Paris, en 1662, vis-à-vis les Tuileries, dans une enceinte qui en a retenu le nom, xx, 145. — Autre, en 1664; sa description, 147. — Autre, à Versailles, en 1685, 187. — Celui donné à Berlin en 1750; sa description, et impromptu y relatif, xiv, 412; lv, 440, 443, 460, 477. — Celui donné à Pétersbourg, en 1766, par Catherine II, regardé comme le plus magnifique et le plus singulier de tous, xvii, 25; lxiii, 289. — Ode y relative, xii, 489.

CARTE (marquis de LA). (*Voy.* LA CARTE.)

Cartes à jouer. Originaires d'Espagne, xli, 195. — Sont l'occupation de ceux qui n'ont point d'ame, lx, 117. — Leur seul attrait; réflexions et vers y relatifs, ix, 470; xiii, 187; lix, 12. (*Voy. Jeu*).

Cartésianisme (le). A été une mode en France, xxviii, 462. (*Voy.* DESCARTES.)

Carthage (ville de). Fables sur sa fondation, xxxiv, 192. — Évocation secrète prononcée contre elle par Scipion, xliv, 410.

Carthagène (ville de). Magasin et entrepôt des trésors que l'Espagne tire du Mexique, xix, 498. — Surprise, en 1697, par l'escadre de Pointis, *ibid.* — Assiégée par l'amiral Vernon en 1740; médaille prématurée pour sa prétendue victoire, xxi, 83.

CARTOUCHE, gueux célèbre. Diverses circonstances qui ont perpétué son nom, et Notice qui le concerne, xx, 550. — A été l'objet d'une comédie et d'un poëme, 551. — Qui a osé dire que son ame ressemblait à celle du grand Condé, xxxix, 578. — Et qu'il eût donné à une république fondée par lui des lois plus sages que celles de Solon, xlii, 658.

Cas de conscience. De celui élevé au sujet du jansénisme, xx, 419. — Dispute qu'il occasionne; part qu'y prennent l'archevêque de Paris, le cardinal de Noailles et Fénelon, archevêque de Cambrai, *ibid. et suiv.* (Voy. *Mariage,* PONTAS et SANCHEZ.)

Casal, forte ville. Achetée d'un duc de Mantoue par Louis XIV, xix, 444. — Prise par Victor-Amédée, 493.

Casan (royaume de), dépendant de la Russie. Pris au 16e siècle sur les Tartares, xvii, 143. — Détails y relatifs, xxv, 46 *et suiv.*

CASCA, sénateur romain. Porta la première blessure à César; note à son sujet, viii, 155.

Cascades. Leur description poétique, xiv, 137.

CASIMIR III, dit *le Grand,* roi de Pologne. En guerre avec Jean-l'Aveugle pour la mouvance du duché de Schweidnitz en Silésie, xxiii, 321. — Police son royaume, et y introduit le droit saxon, 347.

CASIMIR IV, roi de Pologne au 15ᵉ siècle. Appelle aux états les députés de la noblesse, XVII, 147. — Ses longues guerres avec l'ordre Teutonique, qui se terminent par le partage de la Prusse, *ibid.*

CASIMIR V (*Jean*), jésuite et cardinal, frère du roi Ladislas. Élu au trône de Pologne en 1648, renvoie le chapeau, et épouse la veuve de son frère, XVIII, 400; XIX, 15, 378. — Règne vingt ans au milieu des troubles et des factions, puis abdique, et se retire dans l'abbaye de Saint-Germain-des-Prés, à Paris, XVIII, 400; XIX, 378. — Vécut beaucoup avec Ninon, 15. — De son prétendu mariage secret avec Marie Mignot, 378. — Ne pensa jamais à remonter sur le trône, XXI, 42.

CASIMIR, prince palatin. Entreprenant et courageux; Notice, XLII, 329. — Tuteur du jeune électeur Frédéric IV, XXIII, 546. — Marche en France, avec une petite armée, au secours des protestants, *ibid.* — Force Henri III à une paix honteuse, XVIII, 105. — Retient en ôtage un envoyé de ce monarque, et fait promener en triomphe les dépouilles de la France, *ibid.* — Revient, avec les débris de son armée et de nouvelles troupes, soutenir la cause des protestants et des mécontents dans les Pays-Bas, XXIII, 546. — Secourt l'électeur de Cologne Gebhard de Truchsès, dépossédé, 550.

CASSAGNES (l'abbé). Vers de lui, que Voltaire a insérés dans la *Henriade*, X, 64, 202, 214.

CASSANDRE (*François*). Traducteur de la *Rhétorique* d'Aristote; Notice, XIX, 74.

Cassandre, tragédie, premier titre d'*Olympie*. (*Voy.* ce nom.)

Cassano (bataille de). Gagnée par le duc de Vendôme sur le prince Eugène, XX, 44.

Cassel (ville de). Prise par Louis XIV, demeure à la France par le traité de Nimègue, XIX, 437.

CASSEN (*Pierre*), avocat au conseil du roi. Auteur d'un Mémoire en faveur des Sirven, LXIV, 124. — Voltaire publie sous son nom une relation circonstanciée du procès du chevalier de La Barre, XLII, 361. — Sa mort; Notice qui le concerne, LXIV, 43, 525.

CASSIEN (saint), maître d'école. Fessé par ses écoliers, XLIII, 152.

CASSINI (*Jean-Dominique*), grand astronome. Encouragé et récompensé par Louis XIV, III, 147. — Appelé en France par Colbert, XIX, 75; XX, 298. — Comment a immortalisé son nom, XIX, 75. — Commença avec son fils la méridienne qui traverse la France, *ibid.*, 401; XXXVIII, 238; XLIV, 281. — Illustration de sa famille, XIX, 75 *et suiv.* — Est le premier qui osa prédire le cours d'une comète, XXXVIII, 281.

CASSIODORE, ministre d'Athalaric. Se retire au mont Cassin et embrasse la règle de saint Benoît, XV, 381.

CASTALION. Homme savant, chassé de Genève par la jalousie de J. Calvin, XVII, 276.

CASTANAGA (marq. de). Gouverneur de Flandre, de 1685 à 1692; Notice qui le concerne, XIX, 18.

CASTEL (le P.). De sa *Mathématique universelle*, où il fait le plaisant quand il doit instruire, LXIII, 528. — De son *Clavecin oculaire*, et de sa dispute avec Rameau à ce sujet, XXXVIII, 175; LII, 339, 368. — Insulte Voltaire dans le *Mercure de Trévoux*, LIII, 150. — Croyait que l'univers avait les yeux sur lui, XII, 476; LIII, 84. — Plaisanteries à son sujet, LII, 483; LIII, 81, 278. — Son *Optique des couleurs*; ce qu'on en dit à cette occasion, LIV, 55. — Surnommé *le Fou des mathématiques* et *le Tracassier de la société*, LIII, 96. — Et encore *le Cynique des jésuites*, LVII, 152.

CASTELMORON (de). Agé de quinze ans seulement, se signale à Fontenoi par une action d'éclat, XII, 135.

CASTELNAU (*Pierre* de), moine de Citeaux, légat du pape, et l'un des inquisiteurs contre les albigeois. Suscite une guerre civile; est assassiné, XVI, 244; XLI, 57.

CASTELNAU, envoyé de France auprès d'Élisabeth d'Angleterre. Ce qu'il dit de cette reine, X, 77.

CASTELNAU-MAUVISSIÈRE (*Jacques*, marquis de), maréchal de France sous Louis XIV. Blessé à mort au camp devant Dunkerque en 1658, XIX, 22.

Castelnaudari (journée de), où le duc de Montmorenci, percé de coups, fut fait prisonnier par les troupes royales, XVIII, 226.

CASTEL-RODRIGO (don EMMANUEL, marq. de). Grand-commandeur, et gouverneur de Flandre, de 1644 à 1647, XIX, 17. — Sa mort, en 1668, 18. — Soutint mal la guerre contre Louis XIV, et ne pouvait pas la bien soutenir, *ibid.*

CASTILHON (de), avocat-général au parlement d'Aix. Éloge d'un de ses Discours, où il rend la philosophie compatible avec la religion, XXI, 425; LXIII, 102.

CASTILLE (*Bernard*). Son aventure avec les moines de Clairvaux, et procès singulier qui en fut la suite, XXVII, 60 *et suiv.*

Castille (la). Conquise sur les Maures, devient un royaume, XVI, 55.—Les états y mettent des bornes au pouvoir souverain, 270.

CASTILLON (J.-L.) Son *Essai sur les erreurs* et les *superstitions* anciennes et modernes, LXII, 547.

CASTRACANI (*Castruccio*), tyran de Lucques. Héros de Machiavel, XVI, 302, 344. Accompagne Louis de Bavière à Rome, dont celui-ci l'avait fait gouverneur, et assiste à son couronnement, *ibid.*; XXIII, 309.

Castration. Pourquoi les prêtres de Cybèle en Phrygie, de même que ceux de Syrie, s'y soumettaient, XV, 57.—Était punie de mort par une loi d'Adrien, XLII, 465. (Voy. *Eunuques.*)

CASTRIES (marquis de). Commande la cavalerie française à Rosbach; perce inutilement quelques escadrons prussiens, XXI, 301. — Blessé à la bataille de Varbourg, 307. — Emporte Rhinsberg et secourt Vesel, 308; LIX, 100.

CASTRIOT (*Jean*). *Voy.* SCANDERBERG.

Castro (duché de). Usurpé par Clément XIII sur les Farnèse, XXI, 381; XLIV, 335. — Innocent X fait démolir la ville et élever une pyramide sur ses ruines, 339. — Alexandre VII promet de le rendre aux ducs de Parme, XIX, 355. — Comment il élude cette promesse, et le garde, XLIV, 340.

Catai (l'empire du). Subjugué par Gengis-Kan, XVI, 221. — Était l'ancien nom de la Chine, *ibid.*, 227. (Voy. *Chine.*)

Catalogne (la). Se révolte sous Philippe IV et se donne à la France en 1640, XVIII, 253; XIX, 278; XXIII, 613. — Description de son territoire et caractère de ses habitants, soumis successivement à diverses puissances, XX, 110 *et suiv.* — Ils sont dépouillés de leurs priviléges par Philippe V, contre qui ils avaient pris parti en faveur de l'archiduc Charles, 113.

Cateau-Cambresis (paix de). Glorieuse pour Philippe II, XVII, 522; XXIII, 530.

Catéchismes chinois, — *du Curé*, — *du Japonais*, — *du Jardinier*. Discours et Entretiens philosophiques qui ont paru sous ces divers titres dans les premières éditions du *Dictionnaire philosophique*, XXVII, 463 à 503. — Pourquoi le *Catéchisme chinois* doit être celui de tout esprit bien fait, LXII, 43. — Clef du *Catéchisme japonais*, donnée par l'auteur lui-même, *ibid.* — *Catéchisme indien*, XLVII, 447. — *Catéchisme de l'honnête homme*, opuscule de Voltaire, XLI, 97.

Catéchumène (le). Roman philosophique attribué à tort à Voltaire; est de Bordes, I, *xij*; LXV, 39, 54, 297; LXVIII, 185.

CATESBY. L'un des chefs de la conspiration des poudres en Angleterre, XVIII, 282.

CATHERINE, fille d'un astrologue de Pise. (*N. B.* Ce nom est une erreur.) (*Voy.* CHRISTINE.)

CATHERINE (Mme), sœur de Henri IV. Tient un prêche public dans son palais, dans le temps où il n'était pas permis d'en avoir dans la ville; sédition excitée à ce sujet par des dévotes, XXII, 194. — Obtient une dispense du pape pour son mariage avec le fils du duc de Lorraine, 203.

CATHERINE D'ESPAGNE, connue aussi sous le nom de CATHERINE D'ARAGON, tante de Charles-Quint. Mariée d'abord au prince Arthur, puis à son frère Henri VIII, qui, dix-huit ans après, fait casser son mariage, XVII, 285 *et suiv.*; XXIII, 471, 480. — Scrupule singulier qu'il affecta à cette occasion, XVII, 286.

CATHERINE DE FRANCE, fille de Charles VI. Donnée en mariage à Henri V d'Angleterre, avec la France en dot, XVI, 403; XXII, 34. — Mariée en secondes noces à un simple gentilhomme nommé Tudor, d'où est venue toute la maison royale d'Angleterre, XVIII, 39.

CATHERINE DE MÉDICIS. Faussement soupçonnée, au sujet de la mort du dauphin François, frère du duc d'Orléans, son mari, qui depuis fut le roi Henri II, XXXII, 280. — Veuve de ce prince, laisse échapper, aussitôt après sa mort, les premières étincelles de son ambition, X, 354. — Se sert du pouvoir de François II pour établir son autorité, *ibid.*—Après la mort de celui-ci, tire de prison Louis Ier de Condé, condamné à mort, et le réconcilie avec les Guises, XVIII, 59; XXII, 102. — Exige du roi de Navarre sa renonciation à la régence, et conserve son autorité, malgré la maison de Lorraine, *ibid.*—Assemble les états dans Orléans; est nommée tutrice de Charles IX, mais non régente du royaume, xviii, 60. — Sa situation au milieu des partis qui divisent la France; elle négocie au lieu de régner, 62.—Dans l'idée de rabaisser les Guises, qui l'avaient humiliée, du temps de François II, favorise d'abord les calvinistes, xxii, 104. — Rend la liberté aux prisonniers pour cause de religion, 105.—Porte le fameux édit de tolérance en faveur des protestants, 106; xviii, 63. — Sans autorité dans Paris, appelle le prince de Condé à son secours, 64. — Jette les semences des guerres civiles, *ibid. et suiv.*; x, 357. — Est traînée au siége de Rouen par les Guises, xviii, 65. — A la majorité de Charles IX, se démet de la régence, et s'agenouille devant son fils, 67; xxii, 115. — Piéges qu'elle tend aux protestants; part qu'elle prend aux massacres de la Saint-Barthélemi, et particulièrement à l'assassinat de l'amiral Coligni, 128; x, 87 *et suiv.*; 357 *et suiv.* — Son sang-froid atroce dans cette journée; son portrait en vers, et notes y relatives, 90 *et suiv.*—Curiosité effrontée de ses filles d'honneur, 93 *et suiv.* — Assiste, avec le roi son fils, à l'exécution de Briquemant et de Cavagne, 105; xxii, 131.—Charles IX, avant de mourir, remet le gouvernement entre ses mains; sa seconde régence, 134 *et suiv.*; xviii, 102. — Ses prétentions chimériques sur le Portugal; mauvais succès de son expédition aux îles Açores, 21.— Somme que lui offrit Pie IV, si elle voulait exterminer les huguenots de France, 91. — Introduisit la vénalité dans presque toutes les charges de la cour, 100.— Encouragea l'astrologie judiciaire, et accrédita les sortiléges, *ibid.*; x, 78, 180.— Lettre qu'elle écrivit au prince de Condé, pour le remercier d'avoir pris les armes contre la cour, 78. — Intrigues dont elle fut accusée, *ibid.* — Propos qu'elle tint à l'occasion de la bataille de Dreux, *ibid.* — Fut injustement soupçonnée d'avoir hâté la mort de François II et de ses autres fils, 77. — Médaille curieuse qui la représente, xviii, 100.

CATHERINE Ire DE RUSSIE. Paysanne devenue impératrice; son histoire, xxiv, 235 *et suiv.*; xxv, 157. — Son caractère; son mariage secret avec le czar, xxiv, 238; xxv, 218.—L'accompagne dans ses courses et dans ses travaux, *ibid.*, 222. —Le sauve, ainsi que son armée, dans la campagne du Pruth, 227 *et suiv.*; xxiv, 239. — Son mariage déclaré solennellement, et célébré à Pétersbourg, xxv, 246.

—Comment fut nécessaire à la gloire de Pierre et à la conservation de sa vie, 247. —Découverte de son frère, 248. — Elle accouche d'une princesse, 271. — Ordre de chevalerie institué en son honneur, *ibid.* — Elle donne le jour à un fils qui meurt peu de temps après, 280.—Accompagne le czar dans ses nouveaux voyages en Europe, 282. — Tombe malade à Schwérin, y accouche pour la troisième fois, et se remet en route immédiatement, 283.—Pourquoi ne fut pas du voyage de France, 295.—Va en Prusse et en Pologne, et rentre avec le czar dans ses états, 299 *et suiv.* — Haïe du czarowitz Alexis, ne contribua pourtant en rien à son malheur, 325.—Plaignit même son infortune, 326. —Faussement accusée à ce sujet par Lamberti, 327 *et suiv.*—Accompagne le czar en Perse, 370. — Est couronnée et sacrée à Moscou; déclaration remarquable de Pierre à cette occasion, 380, 413.—Son chambellan Moëns condamné à mort par le czar, et sa favorite au knouth, 382.— Faux bruits auxquels donna lieu cette aventure, 383.—Ses prétendues intrigues avec Menzikoff, 328.—Assiste son époux dans sa dernière maladie, 385.—Lui succède le jour même de sa mort, 387.— Perfectionne ce qu'il avait commencé, xv, 66.—Augmente la splendeur de l'empire, xxv, 387.—Autres détails sur son origine et sa fortune; éloge de ses talents et de son règne, xxxix, 88, 89.

CATHERINE II DE RUSSIE, impératrice. Était de l'ancienne maison d'Ascanie, xxi, 304.—Succède à son mari Pierre III, qui voulait la répudier, et qui meurt détrôné, *ibid.* (*Voyez* son article.) — Réforme le clergé, xxv, 65. — Fait fleurir les arts, 388. — Son Code, et sages dispositions qu'il contient, xliii, 222.—Instructions de cette princesse y relatives, lxiii, 207. —Leur éloge par l'auteur, lxvii, 183.— Leur prohibition en France, 203, 208.— Elle fait offrir aux auteurs de l'*Encyclopédie*, persécutés dans leur pays, de venir imprimer cet ouvrage en Russie, lx, 398. —Achète la bibliothèque de Diderot, xliv, 153; xlviii, 379; lxii, 312. — Fait proposer à d'Alembert d'être l'instituteur de son fils le grand-duc, depuis Paul Ier, lx, 401.—Sa lettre à ce sujet comparée, par Voltaire, à celle que Philippe écrivait à Aristote le jour de la naissance d'Alexandre, 539.—Ce qu'elle lui écrit, en 1764, à l'occasion des guerres de plume, lxi, 503.—Soupçonnée, à cette époque, de l'assassinat du prince Ivan ; réflexions à ce sujet, 557 ; LXII, 14. — Son manifeste singulier sur l'aventure de ce prince, 35, 38. — Pourquoi la philosophie ne doit pas trop se vanter de pareils élèves, *ibid.* — Veut faire venir quelques Genevoises à Pétersbourg ; opposition qu'elle éprouve de la part du petit conseil de Genève, 442, 456, 467, 470. — Son édit sur la tolérance, et ce qu'elle écrit à Voltaire en le lui adressant, XXXII, 36 ; LXIII, 38, 207, 374. — Louée à ce sujet, XLII, 631 ; XLIII, 225, 462 ; XLIV, 146 ; LXIV, 232. — Traduit elle-même en langue russe le roman de *Bélisaire*, 245, 274. — Se fait inoculer, XLVIII, 22 ; LXV, 265. — Et introduit cette pratique dans ses états, 266. — Établissement qu'elle forme pour l'éducation de cinq cents demoiselles, et détails y relatifs, XXV, 354 ; LXVII, 359, 382, 404. — Détrôna son mari, mais n'eut aucune part à sa mort, LXIV, 543. — Note des éditeurs à ce sujet, XXI, 305. — Pourquoi ce ne fut, au reste, un mal qu'elle eût une faute à réparer, LXIV, 232. — Justifiée sur le meurtre du prince Ivan, 543. — Passage de *Sémiramis* que l'auteur semble lui appliquer, et réflexions sur le même objet, LX, 358 ; LXV, 35. — Sa correspondance avec Voltaire, de 1763 à 1777. (Voy. *Tabl. part.* de LXI à LXX.) — Détails donnés par elle sur sa guerre avec les Turcs en 1768 et années suivantes. (*Voyez* ses Lettres à cette époque.) — Vers qui lui sont adressés dans cette correspondance, sur la devise qu'elle avait adoptée, LXII, 445. — Sur un voyage projeté en Asie, LXIV, 239. — Sur le don d'une pelisse, LXV, 340. — Sur celui d'une tabatière tournée par elle-même et ornée de son portrait, *ibid.* — Sur la guerre avec les Turcs, 341, 359. — Autres, du roi de Prusse, sur ses victoires, LXVI, 333, 407. Autre de Voltaire, sur la magnificence de ses fêtes, LXVII, 22. — Superbe et singulier carrousel qu'elle donne, en 1766, XVII, 25. — Ode sur ce carrousel, XII, 489. — Autres odes sur la guerre qu'elle eut contre les Turcs, 492, 495. — Épître en vers sur le même sujet, XIII, 308. — Stances sur la prise de Choczim, XII, 544. — Quatrains à sa louange, XIV, 466, 467, 471. — Vers sur l'invitation qu'elle faisait à l'auteur de voyager dans ses états, 447 ; LXVII, 197. — Voltaire lui dédie la *Philosophie de l'Histoire*, XV, 1. — Autres vers pour un portrait de cette impératrice, exécuté à Lyon sur le métier, LXVI, 554.

— Surnommée *la Thomiris du Nord*, XV, 67. — Autres éloges, XXXIV, 98, 154 ; XLIII, 606 ; LXVII, 207. — Son panégyrique, XLIII, 222.

CATHERINE DE SIENNE (sainte). Prétendait avoir solennellement épousé Jésus-Christ, XVI, 318 ; XXVI, 513. — Sa *Vie* écrite par Pierre de Capoue, XVI, 318. — Envoyée en ambassade à Grégoire XI par les Florentins, *ibid.*

CATHERINE HOWARD, cinquième femme de Henri VIII. Est envoyée à l'échafaud, pour avoir eu des amants avant son mariage, XVII, 296.

CATHERINE-PARR, sixième femme de Henri VIII. Fut près de subir le sort d'Anne de Boulen et de Catherine Howard, XVII, 297.

CATHERINOT, juge de Bourges. Livres qu'il apprécie sans les avoir lus, XLIII, 508.

Catholicisme (le). Déclaré légalement idolâtrie en Angleterre ; réflexions à ce sujet, XVIII, 338 ; XXX, 281. — Joug d'un maître étranger qui avilit les souverains, XLIII, 423, 610.

Catholiques. Des lois qui ont réprouvé leur mariage avec des personnes d'une autre croyance, XXXI, 129 *et suiv.*

Catilina, tragédie de Crébillon. Critiquée par Condorcet, I, 190 *et suiv.* — Qualifiée par Voltaire de farce allobroge, LVI, 8. — En quoi diffère de *Rome sauvée*, LV, 302, 303, 308, 316, 337 ; LVI, 34, 67. — Style barbare de la pièce, 67 ; LV, 625. — Ouvrage d'un fou, versifié par Pradon, LVII, 93. — Est le tombeau du sens commun, LXIV, 57. — Anecdotes y relatives, XL, 491 *et suiv.* — Pourquoi l'on eut pour elle un enthousiasme extravagant, LXI, 87 *et suiv.* — Observations critiques, XXXII, 448 ; XXXV, 355 ; XL, 494 ; XLII, 292 ; XLVIII, 50 ; LV, 259, 314, 317.

Catilina, tragédie de Voltaire. (Voy. *Rome sauvée.*)

CATINAT (*Nicolas*), maréchal de France. Lieutenant-général en Allemagne sous le dauphin Louis, fils de Louis XIV, XIX, 479. — Homme capable de tout, et fait pour tous les emplois, *ibid.* — Commande en Italie, 483. — Son caractère ; cause et progrès de sa fortune, 484. — Gagne les batailles de Stafarde, de la Marsaille, et soumet toute la Savoie, 485 *et suiv.* — Ne peut garantir le Dauphiné d'une irruption, ni sauver la ville de Casal, 493. — Négocie avec Victor-Amédée, 501. —

Forcé à la retraite par le prince Eugène, est remplacé dans son commandement en Italie par Villeroi, xx, 10.— Sert sous ses ordres à Chiari ; quoique blessé, fait la retraite, et vient à Versailles rendre compte de sa conduite, 12. — Commande à Strasbourg ; sa circonspection, 23. — Était digne d'être donné pour guide à Philippe V ; pourquoi Mme de Maintenon s'y opposa, 114. — Mêla la philosophie au talent de la guerre, xix, 22.— Refusa le cordon bleu, *ibid.*— Vers qui le caractérisent, x, 235. — Notice qui le concerne, *ibid.* — Son éloge académique, par l'abbé d'Espagnac, par La Harpe et par Guibert, lxix, 355, 356, 358. — Sobriquet que lui avaient donné les soldats, 382.

CATON D'UTIQUE. Comparé à Socrate, vi, 485. — Réflexions sur sa vie et sur sa mort, viii, 118 *et suiv.*— Observations critiques sur une strophe de Lamotte qui le concerne, 119 ; xxvii, 507. — Est l'éternel honneur de Rome, xlii, 602. — En quoi Épictète lui fut peut-être supérieur, *ibid.* — Vers qui le caractérisent, iv, 92, 106 ; v, 305, 349, 364 ; xi, 94 ; xiii, 331.

CATON-LE-CENSEUR. Ce qu'il recommandait aux Romains, relativement au luxe, xxxi, 110. — Réponse que lui fit Lucullus, *ibid.*— Vers qui le caractérisent, xi, 94.

Caton (la *Mort de*), par Addison. Seule tragédie anglaise écrite avec une élégance et une noblesse continue, xx, 337. — Traduction en vers français du beau monologue de cette pièce, xxvii, 82 ; xxxvii, 227. — Comment son auteur l'a gâtée, 229. (*Voy.* ADDISON.)

Catoptrique (la). Cas singulier où l'une de ses plus grandes lois se trouve démentie par l'expérience, xxxvii, 401.

CATROU (le P. *François*), jésuite. Auteur d'une *Histoire romaine* avec le P. Rouillé ; Notice, xix, 76. — Ses déclamations contradictoires sur l'Inde, xvii, 483. — Dans son *Histoire du Mogol*, comment parle de Tamerlan, xlvii, 473. — Y a calomnié l'Alcoran, 480.

CATUELAN. L'un des traducteurs français de Shakspeare, lxx, 90, 97.

CATULLE, poëte latin. Vers où il est apprécié, xiii, 116. — De son *Pervigilium Veneris*, xxxi, 315.

CAUCHOIS (Mlle), actrice, depuis marquise d'Argens. Surnommée mademoiselle *Le Couvreur d'Utrecht*, lii, 392. (*Voy.* ARGENS.)

CAUCHON (*Pierre*), évêque de Beauvais. Ses surnoms qualificatifs, et part qu'il eut au procès de Jeanne d'Arc, xvi, 409 ; xli, 63. — Sa triple indignité, 65. — Autres détails, xlvii, 189.

CAULET, évêque de Pamiers. Se déclare contre le formulaire d'Alexandre VII, concernant les cinq propositions extraites de Jansénius, xx, 416. — Et le signe ensuite, *ibid.* — Résiste à Louis XIV sur la régale, 356. — Le pape Innocent XI prend son parti, 357. — Le roi saisit son temporel ; le pape et les jansénistes le dédommagent, *ibid.* — Meurt, peu de temps après, convaincu qu'il avait servi la cause de Dieu, *ibid.*

CAUMARTIN (*Louis-Urbain* LE FÈVRE de), intendant des finances. Vieillard respectable, passionné pour Henri IV et pour Sulli, reçoit le jeune Voltaire à Saint-Ange, et lui inspire l'idée d'un poëme épique, i, 127 ; xlviii, 320. — Était très-savant dans l'histoire, 321. — Son éloge en vers, xiii, 13. — Particularité qu'il rapporte au sujet des trésors de Mazarin, xx, 139. — Cité au sujet d'un enfant naturel, non reconnu, de Louis XIV, 237. — Note qui le concerne, lv, 679.

CAUMARTIN (*Antoine-Louis-François* LE FÈVRE de), conseiller d'État, neveu du précédent. Cité au sujet des manuscrits du poëte Charleval, qu'il possédait, xix, 79.

CAUMONT (maréchal de). (*Voy.* LA FORCE.)

CAUMONT (marquis de). Lettres inédites qui lui sont adressées, de 1733 à 1736, li, 433, 442, 474 ; lii, 28, 62, 255. — Note qui le concerne, li, 428.

Cause première. Diatribe à ce sujet entre Platon et Madétès, publiée par Voltaire, sous le pseudonyme de l'abbé Bazin, xliii, 382 *et suiv.*

Causes célèbres (recueil des). Ouvrage d'un avocat sans cause, et fait pour le peuple, xx, 175. — *Supplément*, par Voltaire. (*Voy.* CLAUSTRE.)

Causes finales. On a tort de s'en moquer, xliv, 236. — Spinosa, qui l'a fait quelquefois, les a reconnues plus expressément que personne, xxviii, 375. — Les géomètres non philosophes les rejettent, mais les véritables philosophes les admettent, xxvii, 189. — Regardées par Newton comme la preuve la plus forte de l'existence de Dieu, xxxviii, 13. — Mauvaise foi de ceux qui les nient, XXXIV, 390. — Comment leurs ennemis sont plus hardis que raisonnables, LXVI, 481. — Considérations y relatives, XXVII, 520, 527, 530 et suiv.

CAUSEUR (*Jean*). Cité comme exemple de longévité extraordinaire, LXVIII, 499; LXIX, 226.

CAUSSADE (M. de), à Liége. Complimenté par Voltaire; à quelle occasion, LVII, 179.

CAUSSIN (le P.), jésuite, confesseur de Louis XIII. Pourquoi favorise la liaison de ce prince avec Mlle de La Fayette, XVIII, 238. — Avait conseillé au roi de mettre la France sous la protection de la Vierge, pour sanctifier cet amour, *ibid.* — Arrêté par ordre de Richelieu, est relégué en Basse-Bretagne, *ibid.* — Rôle qu'il joua dans le procès du poëte Théophile, XLIII, 509.

CAUX (De). L'un des collaborateurs de l'*Année littéraire*, XL, 237. — Auteur d'une tragédie posthume de *Lysimachus*; ce qu'en dit Voltaire, LIII, 78.

CAUX DE CAPPEVAL, littérateur normand. A traduit en vers latins le poëme de la *Henriade*, X, *xvj*, 8. — Notes qui le concernent, LVI, 798; LVIII, 336.

CAVAGNE. (*Voy.* BRIQUEMANT.)

Cavale (une). Donnant des ruades à un bourriquet; description poétique, XI, 84.

Cavalerie française. Disciplinée sous Louis XIV par le chevalier de Fourilles, XIX, 388.

CAVALIER (*Jean*), garçon boulanger. L'un des chefs des fanatiques des Cévennes; son histoire, XX, 397. — Traite avec le maréchal de Villars, 398. — Commande des réfugiés français à la bataille d'Almanza, 399. — Anecdotes à son sujet, *ibid.* — Meurt officier-général et gouverneur de l'île de Jersey, 400. — Sa prétendue rivalité avec Voltaire, 539.

CAVEIRAC (l'abbé). Apologiste de la Saint-Barthélemi et de la révocation de l'édit de Nantes, XLII, 396, 645. — Ce qu'en disent Voltaire et d'Alembert à ce sujet dans leur correspondance, LVIII, 38, 43. — Observations sur ces deux ouvrages, XIV, 189. — Réfuté sur les faits qu'il avance, XLI, 28, 73, 246; XLVII, 123; 588, 595 *et suiv*. — N'est point l'auteur du libelle de l'*Accord de la religion et de l'humanité sur l'intolérance*, que Voltaire lui avait d'abord attribué, XLI, 261, 370, 374. — Décrété de prise de corps, en 1763, pour son *Appel à la raison*, en faveur des jésuites, LX, 504. — Est condamné au bannissement, LXI, 360. — Avait fait autrefois des factums contre le P. Gérard, en faveur de La Cadière, 338. — Vers satiriques contre lui, XI, 402. — Réfutation de son assertion que les *Mémoires de Brandebourg* n'ont pas été écrits par le roi de Prusse, XII, 481; XLVII, 130, 596.

Cayenne (île de). A quelle époque les Français s'y établirent, et comment elle s'appelait alors, XVIII, 436. — Quand a commencé à valoir quelque chose, 437.

CAYLUS (comte de). Éloge de son goût pour les arts, et notamment pour la gravure, XII, 380, 381. — Lettres qui lui sont adressées en 1733, LI, 407. — En 1739, LIII, 398. — En 1740, LIV, 181. — Comédie licencieuse qu'on lui attribue, XIV, 166; LII, 238.

CAYLUS (Mme de), nièce de Mme de Maintenon. Louée pour sa beauté et son esprit; vers de La Fare cités à ce sujet, XIX, 127. — Ses *Souvenirs*; ce qu'on en dit, LXVI, 94, 240. — Cités sur le caractère de Louis XIV, XLVI, 417. — Furent publiés par Voltaire avec une Préface et des Notes, 341; LXVI, 52. — Extraits et notes critiques, XLVI, 345 *et suiv*.

CAYROL (de), ancien sous-intendant militaire. Travail immense qu'il a fait sur la *Correspondance* de Voltaire, LI, *x*.

CAZES (*Pierre-Jacques*), peintre célèbre du siècle de Louis XIV. Notice, XIX, 229.

CAZOTTE. A ajouté un septième chant au poëme de la *Guerre civile de Genève*, par Voltaire; note à ce sujet, XII, 243, 306.

Ce qui plaît aux dames, conte en vers. (*Voy. Dames.*)

Ce qu'on ne fait pas, et ce qu'on pourrait faire. Mémoire d'un citoyen sur les embellissements dont Paris est susceptible, XXXVIII, 517 *et suiv*.

Cécité. Regrets de Samson privé de la lumière, III, 132. — Vers à Mme Du Deffand, à l'occasion de sa cécité, LXI, 214, 293. (*Voy. Aveugle-né.*)

CÉCROPS. Comment s'explique son arrivée dans l'Attique, XV, 111.

CÉLESTIN II, pape. Son exaltation, XXXIII, 11.

CÉLESTIN III, pape. Intronisé à 85 ans, sans être prêtre, XXIII, 214. — Conte qu'on en fait, à l'occasion du couronnement de Henri VI, 215; XVI, 107. — Lui défend

de conquérir les Deux-Siciles, xxiii, 216.
— S'oppose à l'enterrement de cet empereur, 11. — Réclame vainement l'évêque de Beauvais, pris les armes à la main par Richard-Cœur-de-Lion, xvi, 122.

Célestin IV, pape. Son exaltation, xxiii, 12.—Envoie des religieux en ambassade en Tartarie, xv, 32. — Réponse que lui fait le capitaine des Tartares, *ibid.*; xvi, 231.

Célestin V, pape. Boniface VIII lui avait persuadé d'abdiquer, xxiii, 13. — Meurt en prison; Boniface est accusé de sa mort, xvi, 284.

Célibat. Les premiers chrétiens n'en firent point une vertu, xxviii, 109; xxxiv, 355. — A la suite du premier concile de Nicée, fut recommandé aux prêtres, sans être ordonné, xxviii, 110. — Fut prescrit par le concile de Trente dans l'Église catholique romaine, 112.—Toutes les communions protestantes se sont séparées de Rome sur cet article, *ibid*. — Conte en vers, dont le but est de l'attaquer, xiv, 78. (Voy. *Concile de Trente*.)

Célius, habile physicien. Appelé en Prusse; ce qu'en dit Frédéric, liii, 687.

Cellamare (prince de), ambassadeur d'Espagne à Paris. Y conduit une conspiration contre le régent; comment elle est déjouée, xxi, 6 *et suiv.*; xxii, 298.

Celtes (les) ou *Keltes*. Espèce de sauvages dont on ne connaît que le nom, et qu'on a voulu en vain illustrer par des fables, xxix, 477. — Folie d'avoir voulu les faire descendre des Hébreux, xv, 250. — Leur langage, du temps de Julien, semblable au croassement des corbeaux, *ibid*.— Les druides leur avaient enseigné qu'ils renaîtraient pour combattre, xv, 449. — Croyaient une autre vie, *ibid*.— Conjectures absurdes sur ce qui les concerne, xxvii, 533 *et suiv.*

Cencius, consul de Rome au 10ᵉ siècle. (*Voy*. Crescentius.)

Cencius, bandit considéré par ses brigandages. Envoyé par l'empereur Henri IV, maltraite Grégoire VII, et le fait prisonnier, xvi, 80.

Cens. (Voy. *Dénombrements*.)

Censeurs de livres. En quoi manquent de respect au public, xii, 335.—Ce qu'on est en droit d'en exiger, xlv, 191. — Saillies épigrammatiques contre eux, xiii, 291; xxvii, 225; xlv, 190; lxviii, 79, 110. — Pourquoi appelés par d'Alembert les chaudronniers de la littérature, lxviii, 189. — Autres sorties contre eux, 493.

Censio, marquis de Frangipani, consul de Rome. Dévoué à l'empereur Henri V, xxiii, 175. — Sa férocité brutale contre le pape Gélase II, qu'il fait prisonnier, *ibid*.

Cépias. Surnom d'Octavianus, père d'Auguste, viii, 122.

Céran, valet de chambre et secrétaire de Voltaire. Ce qu'en dit l'auteur, et notes qui le concernent, xiii, 117; li, 384, 553.—Était proche parent de J.-B. Rousseau, lii, 296.

Cérati, cardinal, et confesseur de Clément XII. Son opinion en faveur des spectacles, xxxv, 483 *et suiv.*—Lettres qui lui sont adressées, lv, 59, 103. — Auteur d'une Dissertation en faveur de l'inoculation, 62. — Notice, *ibid*.

Cercles de l'Empire. (Voy. *Allemagne*.)

Cerda. (*Voy*. La Cerda.)

Cérémonial. Il n'y en a point dans l'amitié, liv, 185.—Plus un peuple est libre, moins il en a; exemples qu'on en donne, xxvii, 356 *et suiv.* — Détails de celui qui fut pratiqué pour l'acte de majorité de Charles IX, xxii, 115 *et suiv.*—Et de celui du sacre de son épouse Élisabeth, xxvii, 537. (Voy. *Étiquette, Titres, etc.*)

Cérémonies et usages. Que presque tous sont pris de l'antiquité, lxii, 202. — Des cérémonies par lesquelles les anciens peuples ont solennisé les plus absurdes imaginations, xxxix, 301.—Cérémonies annuelles: sont-elles des preuves historiques? xxx, 212. (Voy. *Usages*.)

Cérès - Éleusine. De ses mystères, xv, 165 *et suiv.* (Voy. *Expiations* et *Mystères*.)

Cérignola (bataille de), dans la Pouille. Gagnée par Gonsalve de Cordoue sur les Français, commandés par le duc de Nemours, xvii, 93.—Bayard y soutint seul l'effort de deux cents ennemis, *ibid*.

Cérinthe. Dogmatisait du temps de saint Jean l'évangéliste, dont on lui a attribué l'*Apocalypse*, xxvi, 439; xxx, 173, 185.—Avait l'esprit délié et exercé, 186. — Fut le premier auteur de la doctrine du règne de mille ans, qui fut embrassée par tant de Pères de l'Église, 173.—Son évangile, xlv, 346.

Cérisantes. Son testament frauduleux, anecdote, xxxix, 529; xlvii, 61.

Cerisi (Germain Habert de), de l'Académie française. Sa *Métamorphose des yeux de Philis en astres*; Notice, xix, 76. — Noble réponse à Richelieu, qui le chargeait de condamner le *Cid*, xii, 67.

Cérisoles (bataille de). Gagnée par le comte d'Enghien ; peu de fruit que les Français retirèrent de cette glorieuse journée, XVII, 221 ; XXIII, 502.

CERLE, moine. Son obstination dans l'affaire de la régale ; condamné par contumace à perdre la tête, il est exécuté en effigie, XX, 357 *et suiv.*

CERTAIN (*Grégoire*), médecin. Traduction en vers français de son distique latin sur Vanini ; et note qui le concerne, XIII, 357 ; XLIII, 485.

Certitude. Circonstances où elle ne peut exister, XXVII, 550. — Certitudes qui procèdent de l'erreur ou des préjugés ; leurs funestes conséquences, 551 *et suiv.* — Autres, qui ne sont que des probabilités, 553. — Certitude mathématique, la seule qui soit immuable et éternelle, 555. — Ce qu'on appelle certitude et incertitude en fait d'histoire, XXX, 211 ; XLVII, 551.

Certitude (article), dans l'*Encyclopédie.* Observation critique, et paradoxe qu'on en relève, XXX, 210.

CERUTTI, jésuite. Son *Apologie* de cette compagnie ; ce qu'on en dit, LX, 540. — L'un des coopérateurs du *Dictionnaire antiphilosophique,* LXIV, 453.

CERVANTES (*Michel*). Quel est l'original de son *Don Quichotte,* XVII, 34.

CÉSAR (*Jules*). Son aventure avec Caton, lorsqu'il voulut sauver la vie aux complices de Catilina, XLVIII, 518. — Soupçonné d'avoir favorisé les projets de ce conspirateur, avec qui il était lié, VI, 395 ; XXVIII, 85. — Sa modestie dans ses *Commentaires,* XXXV, 407. — Sentiment sur cet ouvrage, XXXVIII, 487. — Ce qu'il y rapporte de la barbarie des Gaulois, des Germains et des Bretons, XV, 250 *et suiv.* — Ses efforts inutiles pour l'abolition des sacrifices humains dans les Gaules, IX, 297. — N'a pas dépouillé une seule famille gauloise de son héritage, VIII, 93. — Réflexions sur la part qu'il eut à la mort de Pompée, et sur sa conduite à cette occasion, 121. — Conte de Dion Cassius à son sujet, XV, 54 ; XLIII, 325. — Autre conte de Plutarque, XXIV, 2. — Vers et note sur la fameuse tempête qu'il essuya sur l'Anio, en allant lui-même chercher ses troupes au royaume de Naples, X, 55. — Autres, qui le caractérisent, XIII, 130. — Sa politique comparée à la vertu de Cicéron, VI, 299. — Était fait pour être la gloire et le fléau de Rome, 301. — Pourquoi Plutarque lui préfère Alexandre, VII, 396. — Pourquoi et comment réforma le calendrier, XVIII, 354 ; XXVI, 189. — Mécompte dans ses calculs, qui nécessita un nouveau travail, XVIII, 354. — Était adonné à un vice honteux, XI, 205 ; L, 309. — Portrait licencieux qu'en fait l'auteur, LIV, 536. — Mots divers qu'on en cite, IV, 138. — Paroles que lui fait tenir Salluste contre l'immortalité de l'ame, VI, 397. — Jugement et vers latins qu'on en cite sur Térence, XLII, 632. — On lui compare tous les jours le premier roi venu, XI, 73. — Il n'est pas une ville de France, d'Espagne, des bords du Rhin ou du rivage d'Angleterre, dont les habitants ne se vantent de l'avoir eu chez eux, VIII, 78 ; XXVII, 557. — Conversation à ce sujet entre des savants de Vannes et un antiquaire, 558. — Par qui a été plaisamment qualifié de *philosophe chrétien*, 560. — Avait fait une tragédie d'*OEdipe* qui est perdue, XXXII, 435 ; XXXVIII, 487. — Son *Anti-Caton* ; ce qu'on en dit, XXXI, 12. — Contrastes à son sujet, XXVIII, 208.

CÉSAR (*Lucius*). Avait épousé une tante d'Antoine, et fut proscrit par lui, VIII, 91. — Fut sauvé par sa femme Julie, *ibid.* — Débauches honteuses qu'il reprochait à Octave, XXVII, 202.

César (*Jules*), tragédie de Shakspeare. Examen de cette pièce, II, 355. — Traduction qu'en a donnée Voltaire, partie en prose et partie en vers blancs, VII, 489 *et suiv.* — Observations critiques de d'Alembert, et réponse de l'auteur, LX, 378, 385. — Avertissement du traducteur, VII, 485. — Autres pièces sur le même sujet, composées par le duc de Buckingham, l'abbé Conti, Mlle Barbier, etc., IV, 68 à 72.

César (la *Mort de*), tragédie de Voltaire, IV, 87 *et suiv.* — Quand a dû être composée, 65. — Prologue que fit l'auteur pour les pensionnaires du couvent de Beaune, XIV, 399 ; LV, 185. — Préface du nouvel éditeur, IV, 65. — Avertissement de l'abbé La Marre pour la première édition de 1736, et observations critiques de Voltaire sur ce morceau, 68 ; LII, 216. — Préface de l'auteur pour la deuxième édition de la même année, IV, 71. — Lettres d'Algarotti à l'abbé Franchini sur cette pièce, IV, 75, 81. — Variantes et notes y relatives, 135. — Est du genre des tragédies historiques, VI, 293. — La première édition, qui en fut faite à Paris, est informe, IV, 69, 75. — Impertinentes critiques qu'elle a essuyées, LII, 89, 92, 107. — Traduite en italien par Paradisi, LVIII, 216. — Et par Cesarotti, LXIII, 12. — Traduite en hollandais, LII, 415.—Sentiment de Condorcet sur cette pièce, 1, 143. — Elle ne fut d'abord jouée que dans un collège, *ibid.;* LII, 56. — Pourquoi l'on n'en voulut point permettre l'impression, 1, 145. — Retirée, en 1743, du théâtre, fut reprise en 1763; lettre à Lekain à ce sujet, IV, 66; LXI, 94, 96. — Nouveau dénouement fait par Gohier, et jouée en 1793, IV, 139. (*Voy.* GOHIER.)

Césarée (bataille de), où Bajazet fut défait par Tamerlan, XVI, 472.

CÉSARION, fils de César et de Cléopâtre. Tué par l'ordre d'Auguste, après la bataille d'Actium, VIII, 106; XXVII, 206.

CÉSAROTTI (l'abbé *Melchior*). Lettre qui lui est adressée en 1766, au sujet de ses traductions italiennes de la *Mort de César* et de *Mahomet*, tragédies de Voltaire, LXIII, 12. — Iambes latins qu'on en cite en l'honneur du même, 13, 14.

CÉSENNE (*Michel* de), franciscain. Écrit contre le pape Jean XXII; est obligé de fuir de Pise avec l'empereur Louis V de Bavière, XXIII, 310.

Césure. En quoi diffère de l'hémistiche; exemples qu'on en donne, XXX, 165. — Comment elle plaît, XIII, 324.

CÉTHURA, seconde femme d'Abraham. Commentaire sur son mariage et sur ses enfants, XLIX, 61.

Cévennes (les). Guerre des fanatiques dans cette province, XX, 391 *et suiv.* — Montrevel et Villars sont envoyés contre eux, 28, 396, 397. — Berwick leur succède, 400. — Conspiration de leurs prophètes; ravages par le fer et le feu; supplices, *ibid. et suiv.* — Causes de la guerre civile qui y a éclaté, XLI, 171. — Jusqu'où l'atrocité y fut poussée, 173.

Ceylan (île de). Justement surnommée l'*Ile des trésors*, XLVII, 350. — Est la Taprobane des anciens, 349.

CHABANAIS (*Adémar*), contemporain et admirateur de Sylvestre II. Fait qu'il rapporte dans sa *Chronique*, et qui peint parfaitement bien le caractère de ces temps agrestes, XVI, 23.

CHABANON (*Michel-Paul-Gui* de), de l'Académie des belles-lettres. Ami de d'Alembert, qui le recommande à Voltaire, LXI, 553. — Son séjour à Fernei en 1766, LXIII, 94, 102, 105. — Exhorte l'auteur à quitter la métaphysique pour la poésie; épître en réponse à cette exhortation,

XIII, 249. — Vers qu'il fait à l'occasion de son patron saint François, XIV, 460. — De sa tragédie d'*Eponine*, IX, 378, 455, 461. — De celle de *Virginie*, LXII, 368; LXIII, 18, 20. — De celle d'*Eudoxie*, 108, 174. — Pourquoi Voltaire lui conseille de ne pas faire jouer cette dernière pièce, mais de la faire imprimer, 505; LXIV, 11. — Considérée comme bien au-dessus de ses ouvrages, LXIII, 90. — Son nouveau séjour à Fernei durant l'année 1767, LXIV, 208, 211, 257, 303, 384, 399. — Autres conseils sur son *Eudoxie*, LXV, 62, 85, 91, 127, 419. — Veut faire *Alceste* après Quinault; Voltaire cherche à le détourner de ce dessein, LXVI, 146. — Complimenté sur sa *Traduction de Pindare*, LXVII, 378, 444. — Éloge de sa Lettre sur la langue et sur la musique, LXVIII, 101. — De sa comédie de l'*Esprit de parti*, LXIX, 323. — Reproches que lui fait d'Alembert, en 1776, de passer sa vie à dire du mal de l'Académie française, et à desirer d'en être, LXX, 24, 381. — Éloge de sa *Traduction de Théocrite*, 243. — Tracasseries qu'on fait à Voltaire auprès de lui en 1777, 385. — Lettre qui lui fut adressée, en 1764, à l'occasion de son *Éloge de Rameau*, LXII, 121. — Autres, de 1765 à 1778. (*Voy. Tabl. part.* de LXII à LXX.)

CHABANON DE MAUGRIS, frère du précédent. Mention de sa Traduction en vers de quelques odes d'Horace, LXVII, 516; LXVIII, 210.

CHABANON-DESSALINES, frère des deux précédents. (*Voy.* DESSALINES.)

CHAILLOU, avocat. Auteur d'un ouvrage sur les commissions extraordinaires en matière criminelle, LXIII, 450, 481.

Chaîne des êtres créés. N'existe pas plus dans les animaux que dans les végétaux, XXVII, 560 *et suiv.* — N'est point une gradation suivie qui lie tous les êtres, XII, 193.

Chaîne des événements. (*Voy. Événements*.)

Chaire. (*Voy. Éloquence, Prédicateurs et Sermons*.)

Chaise percée. Considérée comme le premier mobile des actions des hommes, XXVIII, 308; XXXII, 424; XXXIV, 446 *et suiv.* — Celle du grand-lama, distribuée à ses adorateurs, XIII, 288. (*Voy. Garde-robe* et *Stercoristes*.)

CHALAIS (prince de). (*Voy.* TALLEYRAND CHALAIS.)

Chalcédoine (concile de), en 451. Où

Tome I.

les siéges métropolitains établirent leurs principaux droits, XXVIII, 141; XLIV, 184. — Conte de Nicéphore sur le miracle qui s'y opéra au sujet des images, XXVIII, 141 *et suiv.*

CHALCONDYLE, auteur d'une histoire des Turcs. Ses fables au sujet du siège de Rhodes, XVI, 500. — Fut précepteur des Médicis, XVII, 233. — Apprécié, 64.

Chaldéens (les). Preuves de leur antiquité, XV, 42. — Étaient parvenus à trouver le véritable système de notre univers, 43. — Inventèrent le zodiaque, 48. — Leur ancienne religion était le sabisme, 50. — Leurs superstitions, XXXIII, 99 *et suiv.* — Réflexions sur les observations astronomiques qu'on leur attribue, XLVI, 120. — Quand connurent la doctrine de Zoroastre, 123. — Prétendirent avoir des observations astronomiques de plus de quatre mille siècles, LXX, 73.

CHALONS, ancien secrétaire de Marie de Médicis. Donne à Corneille l'idée du *Cid*, XXXV, 40.

CHALONS-ARLAI (*Jean* de). Le premier seigneur châtelain qui, se croyant aux droits des Huns et des Bourguignons, établit la servitude et la main-morte sur les bords de la Saône et du Doubs, XLVI, 451 *et suiv.*

CHAMBERS (*Williams*), architecte anglais. Lettre qui lui est adressée en 1772, LXVII, 503. — Notice, *ibid.*

CHAMBON. Pseudonyme de Voltaire pour la publication de l'*Éloge historique de la Raison*, XXXIV, 323. — De la *Paix perpétuelle*, XLVI, 55. — Et de l'éloge funèbre de Louis XV, XXXIX, 9; LXVIII, 500 *et suiv.*

Chambre ardente ou *Chambre des poisons.* Établie en 1680, à Paris, XX, 174, 176. — Les plus grands seigneurs y furent cités, *ibid.*

Chambre de justice, établie en 1631, à l'Arsenal. Fut érigée pour condamner tous ceux que le parlement de Paris n'avait pas voulu condamner sans les entendre, dans les procédures contre Marie de Médicis et Gaston d'Orléans, XXII, 242. — Autre, établie en 1716, contre les financiers, 289; L, 45. — Ode à ce sujet, attribuée à Voltaire, XII, 411. (*Voy.* NOAILLES.)

Chambre de la Tournelle. Quand fut instituée, XXI, 53.

Chambre étoilée. Créée par Charles Ier, en Angleterre, et dans quel objet; mécontentement qu'elle excita, XVIII, 293 *et suiv.*

Chambre impériale. Établie à Francfort en 1495, et transférée depuis à Worms, à Augsbourg, à Ratisbonne, à Spire, et enfin à Wetzlar, XXIII, 419. — A encore à juger des procès qui durent depuis sa fondation, 420.

CHAMFORT. Sa *Jeune Indienne* louée, LXI, 302, 450. — Complimenté sur son *Éloge de Molière*, couronné par l'Académie française, XLVI, 406; LXVI, 42. — Et sur l'*Éloge de La Fontaine*, LXIV, 355 *et suiv.*; LXIX, 101. — Ses talents appréciés, LXVIII, 362; LXX, 164. — Lettres qui lui sont adressées en 1764, LXI, 302, 450. — En 1769, LXVI, 42. — En 1774, LXIX, 101.

CHAMIER, pasteur calviniste. Dresse l'édit de Nantes, XX, 381. — Son petit-fils, roué depuis en Dauphiné, est au rang des plus fameux martyrs de la secte, *ibid.*

CHAMILLART (*Michel*). Contrôleur-général des finances et secrétaire d'état de la guerre, par la protection de Mme de Maintenon, XIX, 45; XX, 4. — Prodigue les récompenses et les dignités militaires, 5. — Laisse se relâcher la discipline, 6. — Son incapacité, 5, 20. — Comment, en 1706, est cause de la perte de la bataille de Turin, 53. — Est envoyé deux fois à l'armée, pendant la campagne de 1708, comme arbitre entre les généraux, 5, 68. — Quitte les deux ministères, dont il ne peut porter le fardeau dans des temps difficiles, XIX, 45; XX, 72. — Charges ridicules qu'il fit créer, 286. — Fut le dernier ministre qui eut l'étrange secret du Masque de fer, 133. — Époque de sa mort, XIX, 45. — Passa pour être moins habile que vertueux, XX, 80, 555; LVI, 142. — Son ministère fut infortuné et condamné universellement, XX, 222.

CHAMILLI (*Noël* BOUTON, marquis de), maréchal de France. Se distingue au siège de Candie, XIX, 22. — Commande différents corps dans la guerre de 1670 contre la Hollande, 391. — Sa belle défense de Grave, en 1675, regardée comme un modèle, 22. — Sa mort, *ibid.*

CHAMOUSSET (*Charles-Humbert* de). Son calcul proportionnel de la mortalité dans les hôpitaux, XXVIII, 18. — Loué, *ibid.* — Offres qu'il fit pour l'amélioration de l'Hôtel-Dieu de Paris, et qui ne furent point acceptées, 19. — Réflexions à ce sujet, LVII, 404. — fondateur de la petite poste de Paris, LX, 266. — Notice, *ibid.*

Champ de bataille. Ensemencé; vers à ce sujet, XII, 384.

Champ de mai (assemblées du). Quand le clergé y fut admis, XV, 423.

Champ du Mensonge (le), où Louis-le-Débonnaire fut indignement trompé par le pape Grégoire IV, XV, 463; XXIII, 6, 75.

CHAMPAGNE (maréchal de). Massacré au Louvre par ordre de Marcel, prévôt des marchands, XVI, 373.

CHAMPBONIN (Mme de), cousine de Voltaire. Note à son sujet, LII, 22. — Lettres, tant en vers qu'en prose, qui lui sont adressées, de 1734 à 1764. (Voy. *Tabl. part.* de LI à LXII.) — Vers écrits au bas d'une lettre de Mme Du Châtelet, par Voltaire, XIV, 357. — Autres, sur l'avis qu'elle donne à l'auteur, que des prêtres avaient écrit contre lui à la cour, LI, 505.

CHAMPBONIN (M. de). Lettre qu'il écrit à son fils, en 1739, sur les sentiments de reconnaissance qu'il doit à Voltaire, I, 341. — Notice, LI, 505.

CHAMPBONIN (M. de), fils des précédents. Lettre de Voltaire, en 1757, en lui faisant hommage d'un exemplaire de ses Œuvres, LVII, 333.

CHAMPFLOUR (de), père, ancien lieutenant particulier à Clermont. Lettres qui lui sont adressées en 1740, LIV, 223, 254. — Autres, en 1741, 284, 290. — En 1742, 420.

CHAMPFLOUR (de) fils. Ses fautes de jeunesse, sa misère; il s'adresse à Voltaire, qui écrit en sa faveur à son père et au maréchal de Broglie, LIV, 222, 223. — Lettre qu'il reçoit de l'auteur en 1742, 421. — Autre, en 1748, LV, 171. — Et en 1761, LIX, 352, 521.

Champion (un). Origine de ce mot, XI, 118.

CHAMPMÉLÉ (Mlle). Actrice célèbre. N'était bonne que pour son temps, XIII, 241.

Chanceliers ou gardes-des-sceaux. Liste de ceux qui furent employés sous le règne de Louis XIV, XIX, 34. — Au 14e siècle, étaient en France et en Angleterre les seconds officiers de la couronne, XVI, 370, 452.

CHANCELOR, capitaine anglais. Sa navigation vers Archangel et l'embouchure de la Duina, XVII, 144; XXV, 33.

CHANCLOS (de), lieutenant-général des armées autrichiennes. Défend la place d'Ostende contre Lowendal, XXI, 152.

CHANDASAEB. aventurier arabe. Ses crimes, XXI, 312. — Obtient la nababie d'Arcate par l'argent et les troupes de Dupleix, *ibid.* — Possesseur des trésors de son rival, il fait des présents aux officiers et soldats de Pondichéri, et à la Compagnie des Indes, *ibid.* — Est nommé vice-roi d'Arcate, 314. — Pris dans la déroute des Français au Maduré, a la tête tranchée, 316. — Un de ses fils, cité comme témoin d'actes de folie du général Lalli, 323. — Autres détails qui le concernent, XLVII, 311 *et suiv.*

Chandernagor, dans l'Inde. La ville et le port sont pris sur les Français par les Anglais en 1757, XXI, 328; XLVII, 365.

Chansons. Ce qu'il faut pour bien réussir dans ces petits ouvrages, XXXIX, 185 *et suiv.* — Les nôtres meilleures que celles d'Anacréon, XXXVII, 374. — Et de Pétrarque, XXXIX, 186. — Exemples à l'appui, 185 *et suiv.*; XLI, 476. — Comment sont parmi nous, ainsi que les vaudevilles, une grande source d'erreurs publiques, XIX, 290.

Chant (le). A été employé, en Orient, dans toutes les cérémonies religieuses, XXVI, 94. — Ses différentes espèces, et questions à ce sujet, XXVIII, 9 *et suiv.* — Les chantres gaulois prétendaient en disputer avec les Romains, XV, 433. — Quand le chant romain s'établit dans les églises de France, *ibid.*; XXIII, 58.

CHANTAL (la baronne de). Sa canonisation, et raillerie à ce sujet, XIII, 251; LXV, 261. — Saint François de Sales lui avait fait deux enfants, *ibid.*

CHANTELOUBE (le P.), oratorien et aumônier de Marie de Médicis. Accusé juridiquement d'avoir suborné des meurtriers pour assassiner le cardinal de Richelieu, XVIII, 232.

CHANTEREAU. De sa *Table des Matières* pour les Œuvres de Voltaire publiées à Kehl, I, *xviij et suiv.*

CHANUT, ancien ambassadeur de France auprès de Christine de Suède. Lettre qu'il en reçut au sujet de son abdication, XIX, 333.

CHANVALLON. (*Voy.* HARLAI de.)

Chaos (le). Ce qu'en dit Ovide, d'après l'ancienne philosophie, XXXI, 339. — Combattu par Bayle, *ibid. et suiv.* — Est impossible aux yeux de la raison, XLII, 553. — Le mot et l'idée sont originaires de Phénicie, XLV, 224; XLIX, 9.

CHAPELAIN (*Jean*). Avait une littérature immense et du goût; était un des critiques les plus éclairés de son temps, XIII, 258; XX, 155. — Pensionné par Louis XIII, II, 17. — Et par Louis XIV, XX, 155. — Éloges que lui donne Voiture, XII, 346. — L'un des fondateurs de l'Académie française, rédigea les sentiments de cette compagnie sur le *Cid*, dont l'original, écrit en entier de sa main, est à la bibliothèque du Roi, XXXV, 107. — Fut utile par sa littérature; corrigea les premiers vers de Racine, XIX, 77. — Défaut qui a fait rejeter universellement parmi nous sa *Pucelle*, VI, 272. — N'a rien dessiné que d'imparfait et d'estropié, *ibid.* — N'a fait imprimer que la moitié de son poëme, XI, 16. — Fut l'un des cinq auteurs qui travaillaient pour le théâtre avec Richelieu, V, 102; XII, 373. — A fait un poëme dramatique ridicule, *les Tuileries*, dont le cardinal s'est approprié le Prologue, *ibid.* — Écrivait en prose avec assez de grace et de justesse; passait pour bon juge; était l'ami et même le protecteur de tous les gens de lettres, XXXVIII, 333. — La *Pucelle* et Boileau firent un écrivain très ridicule d'un homme d'ailleurs très estimable, 334. — Origine de sa querelle avec ce satirique, *ibid.*; XXXIX, 5. — Dans quelle société on imposait pour pénitence de lire une page de son poëme, IX, 17. — Apostrophé dans la *Pucelle* de Voltaire, XI, 16. — Rôle qu'il joue dans le *Temple du Goût*, XII, 336. — Pourquoi un auteur qui s'appellerait ainsi aujourd'hui serait obligé de changer de nom, XXXVII, 271.

CHAPELAIN (le P. *Charles-Jean-Baptiste*), prédicateur du roi. De son sermon à la cour, en 1758, contre les philosophes et l'*Encyclopédie*, LVII, 483, 485. — Prêchait comme l'autre Chapelain composait des vers, *ibid.*

CHAPELLE (*Claude-Emmanuel* LUILLIER). Vers et Notices qui le concernent, XIX, 77; LI, 35 *et suiv.* — Il n'est pas vrai qu'il se servit le premier des rimes redoublées, XIX, 77. — Épigramme impromptu qu'on en cite contre Boileau, 78. — Était un des meilleurs élèves de Gassendi, 77; XXXVIII, 389; LI, 36. — Pourquoi fut exclu de la maison de Ninon; nombreuses chansons qu'il fit contre elle, XXXIX, 407. — Comment jugé dans le *Temple du Goût*, XII, 349, 360. — Réflexions sur son *Voyage* avec Bachaumont, 383; IX, 77. — Vers à ce sujet, LVII, 565.

CHAPPE (l'abbé). Ce que dit l'impératrice Catherine de son *Voyage en Russie*, où il a tout vu en courant la poste dans un traîneau bien fermé, LXVII, 26. — Et du peu de croyance qu'il mérite, 313. — Ce qu'en dit Voltaire, 285; LXIX, 30.

CHARAS (*Moïse*), de l'Académie des sciences. L'un des premiers hommes qui aient bien écrit sur la pharmacie; Notice, XIX, 78. — Fut mis à Madrid dans les cachots de l'inquisition comme calviniste, et forcé d'abjurer, *ibid.* — Ses expériences sur les vipères et sur les effets de leurs morsures, 79.

CHARBONNET, professeur au collége Mazarin. Auteur des hymnes, prose et autres rapsodies pour la fête anniversaire du *Triomphe de la foi*, instituée en 1773, à Paris, contre les philosophes, LXVIII, 133.

Charbonnier (la foi du). Origine probable de ce proverbe, XX, 513; XLIII, 160; XLIV, 387.

CHARDIN (*Jean*). A bien connu la Perse, XVIII, 439. — Nul voyageur n'a laissé de Mémoires plus curieux, XIX, 79. — Comment a manqué l'acquisition du *Zend*, livre sacré dans l'Inde, XV, 80. — Cité, XVII, 489, 493; XXVIII, 114; L, 263.

CHARDON, maître des requêtes. Son *Mémoire* sur Sainte-Lucie, dont il a été intendant; en quels termes on en parle, LXIV, 2, 44. — Rapporteur dans l'affaire des Sirven, *ibid.*, 124. — Lettres qui lui sont adressées, en 1766, à ce sujet, LXIII, 435, 494. — Autres, en 1767 et 1768, LXIV, 2, 150, 438, 465, 488, 523, 585; LXV, 22, 54. — Et en 1771, sur sa promotion à l'intendance de l'île de Corse, LXVII, 151.

CHARÈS, natif de Lindes, ville de l'île de Rhodes. Est le sculpteur à qui l'on dut le colosse de Rhodes, XVI, 499.

Charges et emplois de judicature (vénalité des). Simonie plus funeste que la vente des bénéfices de l'Église, XXI, 423; XLIII, 428. — Son ridicule, XXXIII, 10; XLV, 22. — Ce qu'elle fut sous François Ier, XXII, 69. — Sous Louis XII, XVII, 87. — Sous le ministère de Richelieu, XVIII, 237; XXII, 251. — Quelle était à cet égard l'opinion de l'auteur du prétendu Testament de ce cardinal, XXXII, 420. — Et celle de l'abbé de Saint-Pierre, *ibid.* — Troubles auxquels elle donna lieu sous le ministère de Mazarin, XXII, 261. — Offices ridicules et inutiles créés sous Louis XIV, et supprimés sous son successeur, XVII, 114; XX, 285; XXII, 258; XXXI, 493.—Puis rétablis trois ans après, XVII, 114. — A quelle époque une place de procureur du roi coûtait plus que les premières dignités de la couronne, XX, 136. — Pourquoi leur vénalité bonne dans un état monarchique, selon Montesquieu, I., 82. — Autres réflexions contre ce marché scandaleux, XLII, 4; XLIII, 428. — De la suppression totale qui en fut faite en 1771, XXII, 366; XXXI, 366. — En quoi une pareille invention fut doublement malheureuse, LIII, 612.

Charité. Expression divine, signifiant originairement *amour*, et dont les Velches ont fait le terme infame qui signifie parmi nous l'*aumône*, LXV, 324. — Le chrétien vit par elle; vers à ce sujet, II, 330. — La théologie s'en est appropriée le nom, mais elle a proscrit trop souvent la réalité, XLII, 416.

Charité (frères de la). Qui fonda leur belle institution, XXXI, 176. — Pourquoi l'histoire ecclésiastique n'en fait aucune mention, *ibid.* — Pourquoi sont méprisés par tous les autres moines, *ibid.*

Charité (filles de la). Leurs sacrifices et leur dévouement généreux, XVII, 337. Est la plus utile et la moins nombreuse de toutes les congrégations, *ibid.*

Charité (maisons de). Pourquoi furent inconnues chez les Romains, XXVIII, 13. — Ce qu'elles supposent chez les nations modernes, 14. — Vérité favorable à l'homme, que prouve leur prodigieuse multitude, 15. — Celles de Rome moderne, de Londres, de Paris, 16.—Abus attachés à ces établissements, 17. (Voy. *Hôpital, Hôtel-Dieu.*)

Charlatans (des). En géométrie, XXXIV, 14.—En médecine, en religion, en philosophie, en littérature, XIV, 196; XXVIII, 21 *et suiv.*; LXVII, 452; LXX, 282.—Qu'ils doivent bien prendre leur temps pour réussir, XIII, 287; XXVIII, 23.—Leur langage en plus d'un genre, I., 528.—Dans tous les arts, dans toutes les professions, succèdent aux grands maîtres, LXX, 40.

CHARLEMAGNE, ou CHARLES Ier, roi de France, premier empereur d'Occident. Son règne est la grande époque des nations occidentales, XV, 246; XXIII, 35.—Sa naissance, son origine, 43.—Sa première action connue est d'avoir été au-devant du pape Étienne, et de s'être prosterné devant lui, 46; XV, 390.—Sacré à Saint-Denis en même temps que son frère Carloman, XXIII, 47.—Son partage à la mort de Pepin, son père, XV, 431; XXIII, 50.—Quoique marié, épouse la fille de Didier, roi des Lombards, 51. — Mort subite de son frère Carloman, dont il envahit le patrimoine, XV, 402; XXIII, 51.—Soupçons contre lui à ce sujet, *ibid.*, 67.—Se fait livrer la veuve et les enfants de Carloman, fugitifs en Lombardie, XV, 410. — Dépouille ses neveux, se fait couronner roi d'Austrasie, et réunit tout le royaume des Francs, XXIII, 51.— Répudie sa femme Désidérate, *ibid.* — Fait la guerre aux Saxons, *ibid.*; XV, 403 *et suiv.*—Prend et pille Eresbourg, leur capitale, 404; XXIII, 52.—Massacres; il veut les convertir au christianisme par force, *ibid.* (Voy. *Saxons* et VITIKIND.)—Marche contre Didier, son beau-père, l'assiège dans Pavie, le fait moine, et met fin au royaume des Lombards, XV, 409; XXIII, 53.—De quel droit il agit ainsi, XLIV, 319.—Sa prétendue confirmation de la donation de Pepin, XV, 412; XXIII, 53. — Toutes les pièces en ont été forgées; observations y relatives, XXVIII, 446; XLIV, 445.—Se fait couronner roi d'Italie, XV, 410; XXIII, 53.— On garde encore sa couronne de fer à Monza, *ibid.* — Prend le titre de patrice, *ibid.*— Bat une seconde fois les Saxons, 54.—Punit Adalgise, fils de Didier, de sa tentative pour recouvrer la Lombardie, *ibid.* — Bat encore les Saxons; leur fait jurer d'être chrétiens et soumis, 55.—Appuie un émir révolté contre Abdérame, roi d'Espagne, et prend Pampelune, *ibid.*; XV, 408, 493. —Son arrière-garde est taillée en pièces à Roncevaux, 408. — Bat de nouveau Vitikind et ses Saxons, XXIII, 55 *et suiv.*— Se rend à Rome, y fait baptiser et sacrer ses deux fils, 56.—Lieux divers où il tint sa cour, *ibid.*; XV, 415.—Il rebâtit Florence, XXIII, 58. — Dissipe une ligue formée contre lui par l'impératrice Irène, *ibid.*; XV, 414.—Pendant quatre ans de paix, fonde des écoles et donne ses Capitulaires, XXIII, 53. — Fonde la cour veimique, tribunal de sang, 59; XV, 407.— Fait la guerre aux Huns, XXIII, 60.—Assemble des évêques pour juger le prélat espagnol Elipand, *ibid.* — Conspiration de Pepin-le-Bossu, fils d'une de ses concubines; comment punie, 61.—Fait écrire les Livres carolins contre le culte des images, *ibid.*; XV, 436.—Sa lettre au pape Léon III sur son élection, XXIII, 62.—Il purge les mers des Normands, *ibid.*— Secourt le nouveau pontife contre les Romains, 63.—Est déclaré par lui empereur, aux acclamations du peuple, xv, 412; xxiii, 63.—L'impératrice Irène veut, dit-on, l'épouser, xv, 414; xxiii, 63.—Son autorité; quelles en furent les limites, *ibid.;* xv, 423 *et suiv.;* xliv, 450.—Transporte ailleurs une partie du peuple saxon, xv, 406; xxiii, 64.—Dicte son testament et partage ses états entre ses enfants, *ibid.* —Faute qu'il commit par ce partage, xv, 416; xvi, 231.—Reçoit des ambassadeurs et des présents du calife Aaron-al-Raschild; comparaison entre ces deux monarques, xv, 416, 433; xxiii, 65.—Convoque un concile à Aix-la-Chapelle, *ibid.* — Les peuples du Nord se fortifient contre lui, 66.—Il associe son fils Louis à l'empire, *ibid.;* xv, 416.—Donne Ulm à des moines despotes, xxiii, 66.—Meurt d'une pleurésie; jugement sur ce prince, 67; xv, 416.—Est revendiqué par les Allemands, xxiii, 67. — Ses Capitulaires prouvent qu'il ne se regardait pas comme un Franc, xv, 417. — Il ne savait pas signer son nom, xxiii, 56, 62, 67; xv, 241, 432. — Protégea cependant les lettres, les sciences, les beaux-arts; leur état sous son règne, *ibid. et suiv.;* xxiii, 56.— Iniquité dénaturée avec laquelle il dépouilla les fils de son frère, xliv, 319; xlvii, 550.—Accusé par les romanciers d'avoir joui de ses propres filles, xv, 416; xxiii, 5. — Des historiens qui ont encensé sa gloire et jusqu'à ses débauches, xlvii, 550.— Des lâches écrivains de la secte romaine qui l'ont loué d'avoir égorgé la moitié des Saxons pour convertir l'autre, xxiii, 57; xliii, 193.—Brigand que d'illustres succès et des qualités brillantes ont d'ailleurs fait grand homme, xv, 406.—Canonisé par le pape usurpateur Pascal, xxiii, 199. —S'il méritait d'être au rang des saints, xv, 416; xxiii, 68.—Placé au séjour céleste, au nombre des grands rois, dans une fiction de la *Henriade*, x, 229.— Comparé avec Charles-Quint, xvii, 211. —Liste de ses femmes, de ses concubines et de ses enfants, xxiii, 5.—Mœurs, gouvernement, usages, lois et coutumes de son temps, xv, 417 *et suiv.*, 452 *et suiv.* —S'il était despotique, et le royaume héréditaire, 423 *et suiv.*—A quel établissement dut ses conquêtes, 427.—Ses milices comment armées, *ibid.* — Forces navales, commerce, monnaies, 428 *et suiv.*—État de la religion, 434 *et suiv.* — Rites religieux, 444 *et suiv.* — Conte sur la prétendue ouverture de son tombeau à Aix-la-Chapelle, ordonné par Othon III, xxiii, 134. — Son prétendu diplôme sur l'origine de cette ville, xxix, 563; xlii, 608.

Charlemont (ville de). Prise par Louis XIV, reste à la France par la paix de Nimègue, xix, 437.

Charleroi (ville de). Prise par Louis XIV en 1667, xix, 365. — Rendue aux Espagnols par la paix de Nimègue, 437. — Prise, en 1746, par le maréchal de La Fare, xxi, 162.

CHARLES Ier, roi d'Angleterre. Étant encore prince de Galles, va, déguisé, à Madrid, faire l'amour à l'infante d'Espagne, xviii, 204, 285. — Une indiscrétion de Buckingham, son favori, fait manquer ce mariage; il épouse Henriette-Marie, sœur de Louis XIII, 204, 286.—Aussitôt après son avènement, arme en faveur de l'électeur Palatin son beau-frère, et fait un emprunt forcé à cette occasion, 287 *et suiv.*—Ses querelles avec le parlement, qui affaiblit son autorité, et lui refuse de l'argent, 288.—Il le casse, et fait emprisonner quelques-uns de ses membres; cet acte de despotisme indispose la nation, *ibid. et suiv.* — Augmente le mécontentement par son expédition infructueuse de La Rochelle, 289.—Feint de protéger cette place contre les armes de Louis XIII, et la trahit pour complaire à la passion romanesque de son favori, 208. — Tente en vain d'introduire la liturgie anglicane en Écosse, 290.—Comment aigrit Richelieu; billet du cardinal, avant-coureur des malheurs de ce prince, 292.—Ressources qu'il trouve dans son conseil secret, pour faire la guerre aux puritains, *ibid.*—Convoque un nouveau parlement, qui déclare abusifs les droits qu'il s'était arrogés; le casse encore, et aggrave ainsi les griefs de la nation, 293. — Intente un procès à la ville de Londres devant la *chambre étoilée*, qu'il avait créée, *ibid.* — Ne peut empêcher l'irruption des puritains écossais, *ibid.* — Convoque enfin le parlement qui acheva sa ruine, 294. — Croit regagner son autorité en pliant, et accorde tout ce qu'on lui demande, *ibid.* — Sacrifie le comte de Strafford au parti des puritains, *ibid.* — Accusé du massacre des protestants en Irlande; remontrance qu'il reçoit à ce sujet du parlement, 296 *et suiv.*— Veut soutenir sa puissance par un coup d'autorité; se rend odieux par cette violence, et méprisable par le pardon qu'il en demande ensuite, 298.—Les milices du royaume sont armées contre lui par le parlement, 299. — Il fuit vers le nord de l'Angleterre; dévouement de Henriette de France, sa femme, *ibid.* — Ses manifestes, et ceux du parlement, 300. — En quoi consiste son armée, et par qui commandée, 301.—Protestation remarquable qu'il fait en sa présence, *ibid.* — Il obtient d'abord des succès, et s'avance jusqu'auprès de Londres, *ibid.* — Ses partisans sont condamnés comme traîtres par le parlement; il ne veut point user de représailles envers ses prisonniers, 302.. — Est battu à Newbury, 306. —Fait une trêve avec les catholiques rebelles d'Irlande; fournit ainsi à ses ennemis le prétexte de l'accuser hautement d'être complice des massacres commis dans ce pays, *ibid.* — Battu auprès d'York, se retire à Oxford, où il est assiégé, *ibid.* — Son armée prisonnière ou dispersée à Naseby, il demande la paix au parlement, qui insulte à sa disgrace, 309. — Croit trouver sa sûreté dans l'armée écossaise, qui le livre aux Anglais, *ibid.*; XIX, 477; XLVI, 272. — S'enfuit dans l'île de Wight, où il trouve une nouvelle prison, XVIII, 311. — L'armée, excitée par Cromwell, demande qu'on fasse justice du roi, 313. — Juges que lui donne la chambre des communes, 314. — Son procès, sa mort; réflexions sur l'illégalité et l'atrocité de cette procédure, 315 *et suiv.*; L, 316. — De l'ouvrage de Saumaise pour sa défense, XII, 328. — Son portrait, son caractère, XIX, 251; XLVI, 272. — Circonstances qui causèrent sa perte, *ibid.* — Les enthousiastes, qui étaient appelés *indépendants*, furent ceux qui eurent le plus de part à sa mort, X, 175. — La guerre civile qui fit tomber sa tête avait commencé par un impôt de deux schellings sur chaque tonneau de marchandise, XXII, 260. — Monarque digne d'un meilleur sort, qui fut traité par ses vainqueurs comme il les eût traités lui-même s'il eût été heureux, XXXVII, 151. — N'était point tyran, quoique la faction victorieuse lui donnât ce nom, XXXII, 406. — Fut trop hardi dans la paix, et trop peu actif dans la guerre, XII, 49. — Disait: *Point d'évêque, point de monarque,* L, 57. — Inscription mise à la place de sa statue abattue, XVIII, 317.—Question au sujet d'un ouvrage qui lui est attribué, XXVI, 323; XXIX, 183.

CHARLES Ier, roi d'Espagne. Est le même que l'empereur Charles-Quint. (*Voy.* CHARLES-QUINT.)

CHARLES Ier, duc de Lorraine, frère de Lothaire II. Fait hommage, à genoux, à l'empereur Othon, XXIII, 127. — Oncle de Louis V, dernier roi carlovingien, est privé de la couronne de France par Hugues Capet, 131; XVI, 17. — Livré à Hugues par l'évêque de Laon, meurt captif dans la tour d'Orléans, *ibid.* — De quel prétexte Hugues se servit pour le rendre odieux, XXIII, 127.

CHARLES II, dit *le Chauve*, roi de France, puis empereur. Notice qui le concerne, XXIII, 7. — Naît à Compiègne, de Judith, seconde femme de Louis-le-Débonnaire, 71. — Pendant qu'il est au berceau, son père lui donne ce qu'on appelait alors l'Allemagne, 73; XV, 460. — Judith fait, en sa faveur, dépouiller Pepin de l'Aquitaine, XXIII, 75. — Enfermé à dix ans, par ses frères, dans le couvent de Prum, 76; XV, 463.— Remis en liberté, 466; XXIII, 78. — Ce qu'il obtient dans le dernier partage que son père fait de ses états, *ibid.* — A la mort de celui-ci, s'unit avec Louis de Bavière contre Lothaire Ier, et le bat à Fontenai, 80; XV, 467. — Leur fameux serment en langue franque ou tudesque, XXIII, 80. — Est roi de France par le partage fait à Coblentz avec ses deux frères, 81; XV, 468. — Somme qu'il paie aux Normands pour arrêter leurs ravages, 477; XXIII, 82. — Assemble un concile contre Lothaire, XV, 469. — Est battu, vers Orléans, par son frère Louis-le-Germanique, XXIII, 86. — S'empare de l'Alsace, et partage la Lorraine avec Louis, 88.— Fait crever les yeux à son fils Carloman, qui s'était révolté contre lui, 89.—Achète l'empire, et, quoique n'étant pas l'aîné, se fait élire par Jean VIII, duquel il reçoit la couronne en vassal, *ibid. et suiv.*; XV, 90. — Se fait couronner, à Pavie, roi de Lombardie, XXIII, 91. — Veut ravir la moitié de la Lorraine à son neveu Louis, *ibid.* — Est battu par lui près de Cologne, et poursuivi en Italie, 92.— Meurt empoisonné, dit-on, par Sédécias, Juif, son médecin, *ibid.*; XV, 473. — Sous lui commence le grand gouvernement féodal et la décadence de toutes choses, XXIII, 92 *et suiv.* — Lettre vigoureuse qu'il écrivit à Adrien II, au sujet de la condamnation d'Hincmar, évêque de Laon, que le pontife avait désapprouvée, XXVIII, 302.

CHARLES II, dit *le Mauvais*, roi de Navarre, comte d'Évreux. Fait assassiner le connétable La Cerda, XVI, 376. —

Avait été dépouillé pour lui par le roi Jean-le-Bon, son beau-frère, qui transige après ce meurtre, XLI, 165. — Est arrêté ensuite pour de moindres prétextes par le roi Jean lui-même, 166; XVI, 370. — Mis en liberté par le Dauphin, attise à Paris le feu de la discorde, 373. — Aspire à la couronne de France; fait avec le Dauphin une guerre suivie d'une paix simulée, 374. — Accusé sans preuve d'avoir empoisonné ce prince, qui depuis fut Charles V, 386; XLI, 166. — Comment celui-ci avait su se l'attacher, XVI, 383.

CHARLES II, roi d'Angleterre. N'étant que prince de Galles, partage les infortunes de son père, après la défaite de Naseby, et s'enfuit avec lui dans l'île de Scilly, XVIII, 309. — Monte une flotte pour aller à son secours, et hâte sa perte, 312. — Est reconnu roi en Écosse; à quelles conditions, 317. — Battu par Cromwell, 320. — Poursuivi, fugitif, réduit aux plus cruelles extrémités, arrive enfin en Normandie, 321. — Réfugié en France avec sa mère et son frère, y traîne ses malheurs et ses espérances, XIX, 323. — Veut épouser une nièce de Mazarin, qui la lui refuse, 325. — Chassé de France par le traité avec Cromwell, se réfugie en Espagne, 326. — Lors de la paix des Pyrénées, implore en vain le secours de Mazarin et de don Louis de Haro, qui lui refusent une entrevue, 343. — Est rappelé dans ses états par les Anglais, *ibid.* — Sa réception dans les plaines de Douvres, *ibid.* — Reconnu roi d'Angleterre, est proclamé dans Londres, XVIII, 330. — Comment venge la mort de son père et augmente la haine du parti qui l'avait détrôné, *ibid. et suiv.* — Professe ouvertement le théisme, 331. — Introduit la galanterie et les fêtes à la cour, mais l'asservit aux intérêts de Louis XIV, *ibid.*, 333. — Prodigue, et toujours indigent, malgré le revenu considérable qui lui est assigné, vend Dunkerque et Mardick à la France, 334; XIX, 355, 360. — Soudoyé par Louis XIV, se ligue avec lui contre les Hollandais, et leur fait une guerre onéreuse et honteuse, XVIII, 334, 342; XIX, 382. — Fait banqueroute à ses sujets, 400. — Est forcé par le parlement d'entrer dans des négociations de paix, et de cesser d'être l'instrument mercenaire de la grandeur de la France, 410. — Trait qui fait connaître la faiblesse de son gouvernement, 451. — Fit quelquefois regretter le temps où l'usurpateur Cromwell rendit sa nation respectable, XVIII, 334. — Sa cour, malgré les désastres et les malheurs publics, ne diminua rien de ses plaisirs ni de sa gaieté, 335. — Des assassinats et meurtres juridiques qui funestèrent son règne, *ibid. et suiv.* — Paraît être le premier roi d'Angleterre qui ait acheté par des pensions secrètes les suffrages des membres du parlement, 341. — Finit par le casser, et régna sans en assembler désormais, 342. — Pension que lui faisait Louis XIV, *ibid.* — Mœurs de son temps, V, 352. — Comment devint catholique sur la fin de sa vie, et quelle était sa véritable religion, XIX, 460. — Loi publique de Penn sur la tolérance, qui fut ratifiée par ce monarque, XXIX, 46; XLIV, 138. — Sa mort, XIX, 13. — Sa passion pour la duchesse de Portsmouth, qui le maîtrisa jusqu'au dernier moment de sa vie, XX, 169. — Son règne fut celui de la politesse, et l'âge des beaux-arts en Angleterre, XXXVII, 221.

CHARLES II, d'Autriche, roi d'Espagne. Enfant faible et malsain; hérite de la couronne de Philippe IV, XIX, 362. — Louis XIV et Léopold font à peu près le même traité de partage de ses états, qu'ils entamèrent depuis à sa mort, 363; LXIII, 158; LXIV, 334. — Il veut se donner pour héritier un prince de Bavière, puis un fils de l'empereur Léopold, XIX, 513. — Princes divers qui prétendent à sa succession, 514. — Sa monarchie partagée en idée, de son vivant, par Louis XIV, le roi Guillaume et les États-Généraux, 515. — Promet à Léopold de choisir l'archiduc pour son successeur, 518, 521. — Les grands d'Espagne lui persuadent de préférer un petit-fils de Louis XIV, XIV, *ibid.* — Il consulte à ce sujet des théologiens et le pape, et se détermine enfin à donner ses états au duc d'Anjou, 522. — Fausse idée que le testament de ce prince fut forgé à Versailles, 523. — Sa mort, *ibid.* — Sa faiblesse d'esprit, son ignorance, 524. — Assista à un auto-da-fé solennel, où vingt-une personnes furent brûlées, XLVI, 166. — Les Mémoires de Saint-Philippe cités au sujet de son impuissance, XX, 181. — Ses femmes. (Voy. *Marie-Louise* d'Orléans et *Marie-Anne* de BAVIÈRE-NEUBOURG.)

CHARLES III, dit *le Gros*, empereur d'Occident, roi de France. Troisième fils de Louis-le-Germanique, comment est partagé à la mort de son père, XXIII, 91.

— Fait la guerre à Bozon, roi d'Arles, 94. — Est couronné empereur à Rome, *ibid.* — Sommes qu'il paie aux Normands qui pénètrent jusqu'à Metz, 95. — Devenu roi de France, réunit toutes les couronnes de Charlemagne, 96. — Sa lâcheté au siége de Paris par les Normands, et trêve honteuse qu'il achète d'eux, xv, 480. — Ses malheurs domestiques, xxiii, 97. — Il adopte pour son fils celui de Bozon, roi d'Arles, son ennemi, 98. — Sa déposition, *ibid.*; xv, 474. — Sa fin misérable, xxiii, 98. — Meurt sans postérité, xxiii, 7.

CHARLES III, dit *le Simple*, roi de France, fils posthume de Louis-le-Bègue. Charles-le-Gros, et, après lui, Eudes, sont élus rois à son préjudice, xxiii, 99. — Les seigneurs et les évêques le font revenir d'Angleterre où il s'était réfugié, et lui rendent la couronne, 101. — Sa monarchie est démembrée par ses sujets, xv, 481. — Offre qu'il fait de sa fille à Rollon, premier duc de Normandie, *ibid.*

CHARLES III, roi d'Espagne. (Voy. DON CARLOS.)

CHARLES IV, duc de Lorraine. Marie sa sœur Marguerite, princesse de Phalsbourg, à Gaston, duc d'Orléans; est décrété, à cette occasion, de prise de corps par le parlement de Paris, xvii, 224; xxii, 243. — Les Français envahissent une partie de ses états, xviii, 229; xix, 277. — Il en est dépouillé, et retenu prisonnier par les Espagnols, *ibid.* — Prend part à la bataille de Nordlingue, gagnée par les Impériaux sur l'armée protestante, xxiii, 603. — Après la mort de Louis XIII, revient au parti de l'empereur, 616. — Vend au roi d'Espagne une armée de huit mille hommes; vient avec elle auprès de Paris, du temps de la Fronde, et quitte ensuite la France, emportant l'argent des deux partis, xix, 310. — Recouvre ses états par la paix des Pyrénées, 342. — Nouvelles inconstances de ce prince, qui est forcé de donner à Louis XIV la forte ville de Marsal, 356. — Il est battu par Turenne à Ladenbourg, 413. — Est célèbre par ses bizarreries, ses amours, ses mariages et ses infortunes, xxiii, 600.

CHARLES IV, marquis de Misnie, roi de Bohême, puis empereur d'Allemagne. Envoyé en France par son père Jean de Luxembourg, pour y être élevé à la cour de Charles-le-Bel, xxii, 304. — Nommé vicaire de l'Empire en Italie, remporte une victoire sur les guelfes et les gibelins, 312. — Est mis en possession de la Moravie, 313. — Fait avec son père un grand parti dans l'Empire pour le pape contre l'empereur Louis de Bavière, 322. — Est élu empereur par l'influence de Clément VI, 323. — Couronné roi de Bohême à Prague, 324. — Est battu partout par Louis de Bavière, *ibid.* — Ses compétiteurs à la mort de cet empereur, 327. — Arrêté pour dette à cette époque, comment il satisfait son créancier, *ibid.* — Vainqueur sans combat de tous ses concurrents, est couronné une seconde fois empereur à Aix-la-Chapelle, 328. — Protége les Juifs, 329. — Va en Italie se faire couronner; y marche plutôt en pèlerin qu'en empereur, 332. — Cérémonies ridicules auxquelles il se soumet à Rome, même en l'absence du pape, 333; xvii, 170. — Comment diminue sa puissance et flétrit sa réputation, xxiii, 333. — Sa fameuse constitution de la *bulle d'Or*, 334; xvi, 312; xvii, 170. — Faste et pompe des cérémonies de publication de cette bulle, xvi, 314; xxiii, 337. — Peu de crédit qu'il a dans l'Empire, 339. — Il abandonne l'Italie, 341 *et suiv.* — Va traiter à Avignon avec Urbain V contre les Turcs, 344. — Combat pour le pape et se fait sacrer à Rome, 346. — Pourquoi fait le voyage de Paris, 350. — Sa mort, 354. — Ses femmes et ses enfants, 14. — Fit plus de bien à sa famille qu'à l'Allemagne, 354. — Vendit en détail l'Empire, qu'il avait acheté en gros, 339, 340. — A fondé une université à Prague, xvi, 336. — Lettre singulière qu'on en cite au cardinal Colombier, 316.

CHARLES IV, dit *le Bel*, roi de France. Fausse démarche dans laquelle il s'engage par la promesse que Jean XXII lui fait de l'Empire, xxiii, 306. — Encourage sa sœur Isabelle à lever l'étendard contre son mari Édouard II, roi d'Angleterre, xvi, 352. — Accuse sa femme d'adultère en plein parlement, 354. — Avait combattu la loi salique par jalousie contre son frère, 357. — A profité de cette loi, *ibid.*

CHARLES V, dit *le Sage*, roi de France. Étant dauphin, assiste à la cérémonie de publication de la bulle d'Or; pauvre figure qu'il y fait, xvi, 315; xxiii, 337; xli, 193; lxi, 57. — Régent du royaume presque révolté, xvi, 373. — Sa guerre avec Charles-le-Mauvais, suivie d'une paix simulée, 374. — A su ensuite s'attacher ce prince, 383. — Devenu roi, répare les ruines de son pays, 378. — Délivre la France des malandrins, en envoyant Duguesclin faire la guerre à don Pèdre de Castille, 380, 382. — Cite le prince Noir devant lui à la cour des pairs, 384. — Confisque sur lui la Guyenne, *ibid.* — Sauve la France, 383 *et suiv.* — Honneurs funèbres qu'il rend à Duguesclin, 385.—S'il est vrai qu'il soit mort des suites d'un ancien empoisonnement, 386 ; XLI, 166. — Autres détails sur l'ajournement qu'il fit du prince Noir à sa cour des pairs, et sur le traité de Bretigny par lui rédigé et consommé, puis méconnu, XXII, 50 *et suiv.* — Ses lois, XVI, 386. — Avait amassé les trésors que dissipa son frère Louis, duc d'Anjou, 311, 386, 390, 421; XVII, 206. — Avait rassemblé une bibliothèque et encouragé les talents, mais en vain, XVI, 437. — Avait accordé aux citoyens de Paris des priviléges, XVII, 15. — Sa dextérité, XVI, 383. — Vers sur sa politique, IX, 388, 436. — Quatrain sur ce prince, LXIV, 389. — Bien qu'on en dit, V, 212. — De son Éloge académique par La Harpe, LXIV, 294, 316. — Et par Villette, 389. — Trait touchant qu'on en cite, 390.

CHARLES-QUINT, empereur d'Allemagne. Sa naissance, XXIII, 423. — Eut d'abord le nom de duc de Luxembourg, *ibid.* — Pourquoi son père, Philippe-le-Beau, lui nomme par testament Louis XII pour tuteur, 426. — Déclaré majeur à quinze ans, rend hommage à François Ier, 440. — Promis successivement à beaucoup de femmes, 423, 439, 440, 442, 453. — Reconnu roi de Castille avec Jeanne sa mère, 442. — Brigue la couronne impériale concurremment avec François Ier, XVII, 191; XXIII, 445. — Est élu empereur, 446. — Déclare l'Espagne indépendante de l'Empire, 447. — Reprend la Navarre sur la France, XVII, 196.—Pourquoi se prononce contre Luther à la diète de Worms, XXIII, 451. — Pourquoi l'on suppose qu'il voulait s'assurer les trois couronnes du Nord, 452.—Fait la guerre à François Ier vers la Picardie et le Milanais, 453. — Fait pape son précepteur Adrien Florent, *ibid.;* XVII, 197.—Va en Angleterre ; son traité secret avec Henri VIII, XXIII, 454.—Avait les meilleurs généraux de l'Europe, XVII, 201.—Apprend à Madrid que François Ier a été fait prisonnier à Pavie, 203 ; XXIII, 458.—Pourquoi ne profite pas de ses succès, *ibid.* — Lui impose le traité de Madrid, 461; XVII, 205. — Ligue sainte contre l'empereur, XXIII, 462.—Rançon qu'il exige du pape Clément VII, fait prisonnier par son armée, 468; XVII, 208.—Son traité avec le duc de Gueldre, XXIII, 469. — Ses reproches à Henri VIII et à François Ier, *ibid.* — Démentis du roi de France, et cartel qui n'a point de suites, 470; XVII, 33, 206; XXII, 79.—Consent, à l'avantage du pape, le traité de Barcelonne, XXIII, 472. — Rend les enfants de France, ses ôtages, par la paix de Cambrai, 473 ; XVII, 209.—Reçoit à genoux la bénédiction du pape, et se fait couronner dans Bologne, *ibid.;* XXIII, 474. — Dispose de l'Italie en maître, 475. — Pourquoi se montre indulgent envers les protestants à la diète de Nuremberg, 478. — Repousse Soliman de la Hongrie, 479; XVII, 210.— Sa victoire sur Chéredin-Barberousse ; il donne un roi à Tunis, *ibid.;* XXIII, 483. — Délivre dix-huit mille chrétiens; sa libéralité envers eux, *ibid.;* XVII, 210, 214. — S'empare du Milanais, à la mort de François Sforze, XXIII, 484.—Secourt le duc de Savoie contre la France, 485. — Harangue prononcée par lui contre François Ier devant le pape, *ibid.* — Reprend le Piémont, et entre en Provence, *ibid.* — Presse la France à l'autre bout, en Picardie, 486. — Est forcé de regagner l'Italie avec une armée diminuée par les maladies contagieuses, XVII, 216. — Calomnieusement accusé d'avoir fait empoisonner le dauphin François, est cité au parlement de Paris, en qualité de comte de Flandre et d'Artois, et condamné comme rebelle, 217; XXIII, 486, 488. — Fait la paix avec François Ier, 489. — Leur entrevue à Aigues-Mortes, 490 ; XVII, 218. — Obtient le passage en France pour aller apaiser la révolte des Gantois, XXIII, 491. — Comment est reçu à Paris, XVII, 219.—Faux bruits répandus à cette occasion, XXIII, 493. — Sanglantes exécutions qu'il ordonne à Gand, *ibid.;* XVII, 219.—Son expédition contre les Barbaresques; il y perd sa réputation et ses meilleures troupes, 220 ; XXIII, 496. — Ligues et armements préparés contre lui par François Ier, 497 ; XVII, 220.— Il désavoue l'assassinat de deux ambassadeurs de ce prince, commis en son nom, *ibid.;* XXIII, 498; XLVI, 59.—Prend Cambrai, et se ligue avec le roi d'Angleterre pour accabler la France, 169; XVII, 222. — Sa guerre avec le Danemarck, XXIII,

500. — Il convoque la grande diète de Spire, *ibid*. — Fait la paix de Crépi, pour aller combattre ses sujets révoltés en Allemagne, 502; xvii, 223. — Recourt à ses Espagnols, à l'argent et aux troupes du pape Paul III, pour opposer des forces égales aux confédérés, 226.—Permet que Farnèse, bâtard de ce pontife, règne à Parme, xviii, 79; xxiii, 511.*— Il n'est pas prouvé qu'il eut part au meurtre de ce prince, mais il en recueillit le fruit en s'emparant de Plaisance, 512; xviii, 84; xxi, 379. — Défait les protestants à la bataille de Mulberg, xvii, 226; xviii, 85; xxiii, 509.—Ses différends avec Paul III, xviii, 85; xxiii, 511.—Abandonné par ce pontife et par Henri VIII, il se raccommode avec les luthériens, et se fait en quelque sorte le chef de la religion en Allemagne, 512. — Fait rendre hommage à son fils aîné Philippe par les provinces de Flandre, de Hainaut et d'Artois, 514. — Se brouille avec son frère Ferdinand, qui ne veut pas céder à ce prince le titre de roi des Romains et la succession à l'Empire, 516; xvii, 228.—Embarras que lui donne l'affaire de Parme et de Plaisance, xviii, 85; xxiii, 516.— Il voit se liguer contre lui-même les électeurs auxquels il demandait la déposition de Ferdinand; Henri II, roi de France, et Soliman II, sultan, se joignent aux princes protestants, 517; xvii, 226 *et suiv.*; xviii, 86. — L'intérêt et le danger raccommodent les deux frères, xxiii, 518. — Il est mis en fuite, et perd tout le fruit de ses victoires, 520; xviii, 89. — Fut sur le point d'être fait prisonnier, xvii, 226; xxiii, 520.—Retiré dans Passau, il amène les confédérés à un traité, et accorde une amnistie générale à ceux qui ont porté les armes contre lui, 521. — Éprouve des revers en Italie, 522.—Emprunt qu'il fait à Côme de Médicis, *ibid.* — Forme le siége de Metz, puis est obligé de l'abandonner, xvii, 227; xxiii, 522. — Marie son fils Philippe avec la reine d'Angleterre Marie, 523.—Lui cède le royaume de Naples et de Sicile, 524. — Puis l'Espagne, le Nouveau-Monde, et toutes ses provinces héréditaires, 526. — Abdique toutes ses couronnes et l'empire, 527. — Avait assuré auparavant la liberté des protestants dans la diète d'Augsbourg, 526.—Se retire dans un couvent, 527. — Tous les actes, dans l'Empire, furent promulgués en son nom tant qu'il vécut, 527.—Dévotion bizarre qu'il montre dans sa dernière maladie, 529.—Il meurt moine et soupçonné d'hérésie, *ibid.* — Ses obsèques, 530. — Autres détails sur son abdication et sur la conduite qu'il tint dans sa retraite, xvii, 228. —Était moins puissant lorsqu'il abdiqua l'empire qu'au moment de son élection, 251. — Fable au sujet de son testament, 351.—Sa femme, ses enfants, xxiii, 16, 463. — Ses bâtards reconnus, 16. — Anecdote qui le concerne, xxx, 135. — Autre, hasardée sur ce prince et sa sœur Marguerite, xxvi, 305. — Pourquoi, après avoir pris et saccagé Rome, il ne dut pas renoncer à la religion catholique, xli, 167. — Autres détails de son duel avec François Ier, xxii, 77 *et suiv.*— Observations contre l'opinion absurde qui lui attribue l'empoisonnement du dauphin François, xxxii, 279; xliv, 473.— Se déclara contre Luther, et le fit citer devant lui; mais refusa de le faire arrêter, malgré le sauf-conduit qu'il lui avait donné, xvii, 251.—Son portrait, 137. — Comparé à François 1er, *ibid.*, 139; lxv, 432. — A Charlemagne, xvii, 211. — Et à Soliman, 499. — N'aspira point à la monarchie universelle, 209; xxiii, 475. — Commença seulement le projet de la monarchie ou de la supériorité universelle sur notre continent chrétien, que soutint depuis Philippe II, xix, 249.—Comment il figure dans une vision de la *Pucelle*, xi, 218.

CHARLES V, duc de Lorraine. Héritier de son oncle Charles IV, et dépouillé comme lui de ses états, xix, 390.— Prend Philisbourg sur les Français, 430. — Est battu par le maréchal de Créqui, 431. — Conditions auxquelles Louis XIV offre de le rétablir; il refuse ce traité, 438 *et suiv.* — Seconde Sobieski pour la délivrance de Vienne assiégée par les Turcs, 449; xviii, 433; xxiii, 641, 642 *et suiv.* — Le délivre lui-même, et bat les Turcs à Mohatz, 647. — Entre dans la ligue d'Augsbourg, xix, 459. — Après avoir conservé l'Empire à Léopold, balance la fortune de Louis XIV en Allemagne, et reprend sur les Français Bonn et Mayence, 482. — Sa mort, 506. — Son prétendu *Testament politique;* quel en est l'auteur, xxix, 254; xxxix, 289.

CHARLES VI, roi de France. Appelé à tort *Bien-Aimé*, ix, 380; xvi, 389. — Roi à douze ans, 387. — Ses frères régents dissipent les trésors du royaume, et le laissent manquer du nécessaire, 390. — Prépare une descente en Angleterre, *ibid.* — Allant en Bretagne faire la guerre au duc, est attaqué d'une horrible frénésie, 391. — Cru empoisonné et ensorcelé, *ibid.* — Court risque d'être brûlé dans une mascarade, 392. — Magicien envoyé pour le guérir, *ibid.*, 435. — Maux de la France pendant sa démence, 317, 329, 395; xi, 164. — Chasse de France les Juifs, xvii, 52. — A une entrevue à Reims avec l'empereur Venceslas, xxiii, 360. — Est pris pour juge entre cet empereur déposé et son compétiteur Robert, 365. — Cruel affront fait à sa femme Isabelle de Bavière, xvi, 399. — Sa fille Catherine mariée à Henri V, roi d'Angleterre, avec la France pour dot, 403. — Lit de justice où il nomme ce prince à la régence, 454. — Enfermé dans l'hôtel Saint-Paul avec ses domestiques, 404. — Meurt le plus malheureux des rois, et le roi le plus malheureux de l'Europe, 406. — Règlement somptuaire fait sous ce monarque, 419.

CHARLES VI, empereur d'Allemagne, deuxième fils de Léopold. N'étant qu'archiduc, est appelé en Espagne par Charles II pour lui succéder, xix, 518. — Propos par lesquels il excite contre lui l'aversion des Espagnols, 519. — Efforts de diverses puissances pour le placer sur le trône d'Espagne, échu au duc d'Anjou par le testament de Charles d'Autriche, 532 *et suiv.* — Il va implorer à Londres l'appui de la reine Anne, qui lui accorde des secours en argent et en vaisseaux, xx, 2, 39. — Les Anglais conquièrent pour lui le royaume de Valence et la Catalogne, 42. — Il grossit son parti et ses forces; est proclamé roi à Madrid et à Tolède, 57. — La nation castillane se déclare contre lui, 58 *et suiv.* — Le pape Clément XI est forcé par l'empereur Joseph de le reconnaître, 70. — La Hollande et l'Angleterre s'épuisent pour l'établir en Espagne, 87. — Il fait son entrée en vainqueur dans la capitale, *ibid.* — Est obligé par Vendôme de se retirer vers le Portugal, 90. — Est élu empereur à la mort de Joseph Ier, son frère, 95. — Prend le vain titre de *roi Catholique*, tandis que le royaume d'Espagne reste assuré à Philippe V par la paix d'Utrecht, 107. — Se lie avec ce prince; combien cette union lui coûta cher par la suite, xxi, 14 *et suiv.* — En 1729, envoie des troupes en Corse, comme seigneur suzerain de Gênes, xxi, 391. — En 1734, fait perdre la couronne de Pologne au roi Stanislas, beau-père de Louis XV, xxi, 48. — Comment la France s'en venge en Allemagne et en Italie, 51 *et suiv.* — Par le traité de 1734, il garde le Milanais, et Parme et Plaisance lui sont cédées en propriété, 55. — En 1739, il fait une guerre malheureuse aux Turcs, et ne se retire du précipice que par la médiation de la France, 57. — Sa mort; guerre pour sa succession, xix, 12; xxi, 58; xl, 56. — Son prétendu empoisonnement par un Espagnol, xxxix, 290. — Avait fait faire de sérieuses remontrances à Frédéric-Guillaume, au sujet du procès qu'il voulait faire à son fils le prince royal, xl, 49. — Eut beaucoup de peine à obtenir qu'on ne tranchât pas la tête à ce prince, *ibid.* — Quatrain satirique que lui fit Frédéric, liv, 234. — Ode de Voltaire sur sa mort, xii, 444. — Fut le dernier prince de la maison d'Autriche, xxiii, 20, 655. — État de l'Empire sous son règne, *ibid. et suiv.* — Fut constamment heureux jusqu'en 1734; comment cessèrent ses prospérités, 658. — Singulière révolution qui lui fit perdre Naples et la Sicile, *ibid.* — Malheur de ses dernières années, 659. — Sa sévérité envers ses généraux et ses plénipotentiaires, xii, 446. — Retraite qu'il donna dans ses états à son beau-frère Alexis Czarowitz, xxv, 306; xxxix, 91. — Reproche qu'on lui fait d'avoir abandonné l'historien Giannone aux persécutions des jésuites, xliv, 324. — Sa femme, ses enfants, xxiii, 20.

CHARLES VII, empereur d'Allemagne. (*Voy.* CHARLES-ALBERT.)

CHARLES VII, roi de France, troisième dauphin. Affront qu'il fait à sa mère Isabelle de Bavière, xvi, 399. — Mis en fuite par cette reine et Jean, duc de Bourgogne, 400. — Ménage l'entrevue du pont de Montereau, où celui-ci est assassiné sous ses yeux, *ibid.* — Poursuivi pour ce meurtre en plein parlement, est condamné par contumace, 403, 404, 454. — Banni, exilé du royaume, et déclaré indigne de succéder à la couronne, se retire dans l'Anjou, 406; xxii, 33 *et suiv.*; xxxi, 358. — Établit à Poitiers un parlement qui casse les arrêts de celui de Paris, xxii, 39. — Après la mort de son père, regagne pied à pied son royaume, qu'il dispute au régent Betford et au duc de Bourgogne, xvi, 407. — État déplorable où il est réduit, *ibid.*, 444. — La Pucelle d'Orléans le fait sacrer dans Reims, 409. (*Voy.* JEANNE D'ARC.) — Il réhabilite la mémoire de cette héroïne, brûlée à Rouen comme hérétique relapse, 410. — Son entrée dans Paris, 412. — Maître paisible de la France, y rétablit l'ordre, 413, 445. — Réunit son petit parlement de Poitiers à celui de Paris, XXII, 53. — Son ingratitude envers Jacques Cœur, XVI, 415.—Est à la tête des juges qui condamnent le duc d'Alençon, 456; XLV, 13. — La fin de son règne heureuse pour la France, XVI, 443, 456. — Malheureuse pour lui, par les rébellions de son fils, qui fut depuis le roi Louis XI, 416. — Se laisse mourir de faim, pour éviter le poison qu'il en redoutait, 513. — Comparé à Henri IV, 412. — Éloge et critique de sa pragmatique-sanction, digue trop faible opposée aux vexations de la cour de Rome, et qui fut bientôt renversée, 463; XXII, 54, 55. — Introduisit en France les troupes réglées, XVI, 414. — Mit terme au gouvernement féodal, 512. — Grands hommes sous son règne, 520. — Rôle que l'auteur lui fait jouer dans la *Pucelle*, XI, 15, 45, 205, 239, 271, 278, 332 *et suiv.*

CHARLES VIII, roi de France. Succède à son père Louis XI à quatorze ans, XVII, 36. — Guerre civile pendant sa minorité, 37. — Va délivrer de prison le duc d'Orléans, qui lui avait fait la guerre, *ibid.* — Son mariage avec Anne de Bretagne, 38; XXIII, 418. — Aide Henri de Richemont contre Richard III, roi d'Angleterre, XVII, 133. — Se prépare à la conquête de Naples, 39. — Négocie avec Louis-le-Maure pour descendre en Italie, 60; XXIII, 420. — Pays qu'il cède à l'empereur et au roi d'Espagne, et tribut qu'il paie à l'Angleterre, XVI, 368; XVII, 68. — Il descend en Italie; y imprime l'épouvante et la soumission, 69. — Entre à Florence, à Sienne, à Rome, 70. — Pardonne au pape Alexandre VI, déclaré contre lui, et s'en repent ensuite, *ibid.* — Lui livre Zizim, frère de Bajazet, 71. — Lui prête hommage d'obédience, et sert sa messe, 73. — Se fait déclarer empereur d'Orient, *ibid.* — Entre dans Naples sans presque avoir combattu, *ibid.* — Vainqueur à Fornoue avec huit mille Français contre quatre mille confédérés, 74. — N'en est pas moins obligé de revenir en France, et perd ses conquêtes, 75. — Avait demandé inutilement des secours au parlement de Paris, dans son expédition brillante et malheureuse d'Italie, XXII, 60. — Cité à comparaître devant le pape pour rendre compte de sa conduite, XVII, 75. — Sa mort, 76; XXIII, 421. — Anecdotes historiques très-hasardées à son sujet, XXVI, 304; XLIV, 466.

CHARLES IX, roi de France. Sa tutelle confiée à Marie de Médicis, XVIII, 60; XXII, 102. — Son acte de majorité; scène bizarre qui s'y passe, 115; XVIII, 67. — Il voyage dans les provinces de son royaume, XXII, 119. — Assemble les notables à Moulins, 120. — Tient un lit de justice à Bordeaux, 122. — Marie sa sœur Marguerite de Valois à Henri de Navarre; propos qu'il tint à l'occasion du refus par le pape de dispenses pour ce mariage, X, 85, 103. — N'eut d'autre intention que celle d'ôter toute défiance aux protestants, et d'attirer à sa cour les chefs de ce parti, 360. — Avait été façonné au crime par les leçons de sa mère, 85. — Part qu'il prend au massacre de la Saint-Barthélemi, 88, 95, 363; XXII, 129; XXVIII, 26. — Rapport de Brantôme et récits divers à ce sujet, X, 94. — Trois jours après l'assassinat de Coligni, il l'accuse de conspiration, et fait rendre un arrêt contre l'amiral et toute sa famille, 90; XXII, 130. — Mot atroce de Vitellius, qu'il répète au sujet de cet amiral, dont il alla contempler le cadavre à Montfaucon, avec toute sa cour, X, 90; XVIII, 74. — Assiste, avec sa mère, à l'exécution de Briquemant et de Cavagne, X, 105; XXII, 131. — Époque de sa mort, et symptômes effrayants qui la précédèrent, 133; X, 109, 366; XVIII, 99. — Avant de mourir, remet le gouvernement entre les mains de Catherine sa mère, XXII, 134. — Discours qu'il tient à Henri IV, X, 110. — Est le premier roi qui ait conspiré contre ses sujets, XVIII, 72. — Tempérament sanguinaire de ce prince, *ibid.* — Sa chasse aux lapins, *ibid.* — Autres détails sur la part qu'il prit aux massacres de la Saint-Barthélemi, 73 *et suiv.*; XLI, 73. — Considéré comme poëte; beaux vers qui lui sont attribués, mais qui ne peuvent pas être de lui; autres dont il pourrait bien être l'auteur, XXVIII, 27; LII, 411; LXIX, 458.

CHARLES IX, fils de Gustave Wasa. Roi de Suède à la place de son neveu Sigismond, XVIII, 394. — Père du grand Gustave-Adolphe, *ibid.*

CHARLES X, prétendu roi de France. (*Voy.* cardinal de BOURBON-VENDÔME.)

CHARLES X ou Charles-Gustave, roi de

Suède. Était de la maison palatine, et neveu de Gustave-Adolphe par sa mère, xix, 14. — Choisi par les états de Suède pour succéder à la reine Christine, sa cousine, qui avait abdiqué, xviii, 396; xxiv, 39. — Marié à Edwige-Éléonore de Holstein, qui fut depuis régente, 44. — Ne connaissait que la guerre, xviii, 396. — Ajoute de nouvelles conquêtes à celles de Gustave-Adolphe, et réunit la Scanie à la Suède, xxiv, 39. — Conquiert la Pologne, et la perd avec la même rapidité, xviii, 396. — Assiége le roi de Danemarck dans Copenhague ; sa flotte est battue par les Hollandais, 390. — Quoique chassé de la Pologne, il marche sur une mer glacée, d'île en île, jusqu'à Copenhague ; paix glorieuse que cet événement prodigieux valut à la Suède, 396. — Tourne son ambition contre ses sujets, xxiv, 40. — — Meurt sans avoir pu réussir, comme il le voulait, à établir le pouvoir arbitraire, xix, 14 ; xxiv, 40.

Charles XI, roi de Suède, fils de Charles-Gustave. Guerrier comme tous ses ancêtres, et plus absolu qu'eux, xxiv, 40. — Son mariage avec Ulrique-Éléonore, *ibid*. — Il la traite rudement, 42. — Dépouille de leurs biens un grand nombre de ses sujets, *ibid*. — Sa mort, 43. — Pourquoi retarda la majorité de son fils, 44. — Sa conduite avec la noblesse de Livonie, qui avait député auprès de lui pour réclamer les priviléges de cette province, 49; xxv, 144. — Il établit en Suède le pouvoir arbitraire, xviii, 396; xix, 14. — Fut médiateur de la paix de Ryswick, 502; xxiv, 43 *et suiv*.

Charles XII, roi de Suède. Son éducation, ses grandes qualités et ses défauts, xxiv, 40 *et suiv*. — Son avènement au trône, 43. — Régence de son aïeule, 44. — Il veut avancer sa majorité, et régner, 45. — Son sacre, son couronnement, et action remarquable qu'il fait dans cette cérémonie, 46. — Son administration ; idées peu favorables qu'il donne de son caractère, *ibid*. — Le Danemarck, la Pologne et la Moscovie conspirent sa ruine, 47; xxv, 145. — Changement prodigieux et subit qui s'opère en lui à cette occasion, et discours énergique qu'il tient dans le conseil, xxiv, 64. — Pourquoi il renonce à jamais aux femmes et au vin, 65. — Secourt le duc de Holstein, son beau-frère, opprimé par le Danemarck, 66. — Sa chasse aux ours, 67. — Sa première campagne ; sa flotte ; il assiége Copenhague, 68. — Discipline qu'il fait observer à ses troupes, 71. — Il termine la guerre avec le Danemarck par le traité de Travendal, à l'avantage du duc de Holstein, 72 *et suiv*. — Force les Polonais à lever le siége de Riga, 73. — Marche contre le czar, 74. — Secourt Narva, assiégée par ce prince, 75. — Attaque, avec huit mille hommes seulement, quatre-vingt mille Russes dans leurs retranchements, et les y force, 77 *et suiv*; xxv, 147. — Sa conduite généreuse envers les prisonniers, 148 ; xxiv, 79, 81. — Réflexions sur sa témérité en cette occasion, lix, 127. — Il passe la Duina, et bat le maréchal Stenau, xxiv, 86. — S'empare de la Courlande, et passe en Lithuanie, 87. — Son manifeste contre le roi de Pologne, 104. — Il se fait reconnaître comme le protecteur de ce royaume, *ibid*. — Varsovie lui ouvre ses portes, 106. — Il veut forcer les Polonais à élire un autre roi qu'Auguste, avec qui il avait refusé d'entrer en négociation, 107. — Défait ce prince à la bataille de Clissau, le met en fuite et le poursuit, 108. — Prend Cracovie, 109. — Est blessé par une chute de cheval; fausse nouvelle de sa mort, *ibid*. — Fait convoquer une diète à Varsovie, pour l'opposer à celle de Lublin, 111. — Bat les Saxons à Pultesk, 112. — Jette tout le nord de l'Europe dans la consternation, 115. — Assiége Thorn et la prend, 116. — Comment punit Dantzick et Elbing, qui lui refusaient le passage, 115 *et suiv*. — Résiste au conseil de Piper de prendre pour lui-même la couronne de Pologne, déclarée vacante, 118. — L'offre à Alexandre Leczinski, qui la refuse, 119. — Fait élire Stanislas Leczinski, 122. — Court achever la conquête de la Pologne, et prend Léopold d'assaut, 123. — Fait sacrer Stanislas à Varsovie, 132. — Ses succès sur les Saxons et sur les Moscovites, 138. — Il entre dans l'Empire, 140. — Met la Saxe à contribution, et y fait observer par ses soldats la plus sévère discipline, 141. — Commande avec un pouvoir absolu dans tout l'électorat, 142. — Conditions de paix qu'il impose à Auguste, 143. — Force ce prince à signer son abdication et à féliciter Stanislas son successeur, xxv, 176 ; xxiv, 147 *et suiv*. — Leur entrevue à Gutersdorf, 146. — Il se fait livrer Patkul, et l'envoie au supplice ; réflexions à ce sujet, 148 *et suiv*.; xxv, 177. — Reçoit dans son camp d'Alt-Ranstadt des ambassadeurs de presque tous les princes de la chrétienté, xxiv, 156. — Sa conversation avec Marlborough, 158.—Il forme le projet de tirer vengeance du czar Pierre, et de le détrôner, 159. — Veut auparavant humilier l'empereur d'Allemagne Joseph Ier; étranges demandes qu'il lui fait, 160.— Concessions forcées qu'il en obtient, *ibid. et suiv.* — Ce qu'il fait dire au pape, qui l'avait traversé à cette occasion, 162.—Il quitte la Saxe; étrange visite qu'il rend au roi Auguste, à Dresde, 164; xxv, 181. —Se met à la poursuite du czar; reçoit un ambassadeur turc au milieu de sa marche victorieuse, xxiv, 167 *et suiv.* — Réponse hautaine qu'il fait aux propositions de paix de la part de l'empereur, 172; xxv, 180.—Horreurs qu'il commet à son passage dans la Pologne, 182.—Ses progrès en Lithuanie; prise de Grodno, *ibid.*—Victoire d'Hollozin, 185.— Grande habileté qu'il y montra, et danger qu'il y courut, xxiv, 171.—Il tue plus de douze ennemis de sa main dans une rencontre auprès de Smolensko; nouveau danger où il fut en cette occasion, 173.—Passe le Borysthène et s'enfonce en Ukraine, 175; xxv, 185.—Prend mal ses mesures; son armée est défaite par Pierre-le-Grand; ses munitions sont perdues; extrémité où il se trouve réduit, *ibid. et suiv.;* xxiv, 177 *et suiv.*—Marches forcées qu'il fait faire à son armée pendant l'hiver de 1709; perte considérable d'hommes qu'il éprouve, 181.—Situation pénible de ce prince, 182.—Cruautés qu'il commet en Ukraine, xxv, 193.—Il investit et assiége Pultava, 195; xxiv, 185 *et suiv.* — Est blessé, 186; xxv, 198.— Comparé au czar, xxiv, 188.—Est défait entièrement à Pultava; description de la bataille, 189 *et suiv.;* xxv, 198 *et suiv.*—Dangers qu'il y courut, 199; xxiv, 192.— Sauvé par Poniatowski, fuit jusqu'au Borysthène; comment il traverse ce fleuve, 193 *et suiv.;* xxv, 200.—Se retire en Turquie, et demande un asile au Grand-Seigneur, xxiv, 204.—Conçoit le dessein d'armer la Porte contre le czar, 205.—Est conduit à Bender, 206.—Sa manière de vivre, 207.— Respect que les Turcs ont pour lui, 208. —Il prend du goût pour la lecture, 209. —Ne veut point parler français, *ibid.*— Ses intrigues à la Porte contre le czar, 210; xxv, 213.—Singulier traité de neutralité auquel succède la régence de Stockholm; ce que lui écrit Charles à ce sujet, *ibid.;* xxiv, 218.—Ses hauteurs avec le grand-vizir Baltagi-Mehemet, qui l'abandonne après l'avoir d'abord bien accueilli, xxv, 222. — Princes qui se réunissent contre sa domination, xxiv, 217. — Ses partisans à la cour de Constantinople, 227.—Il part de Bender dans l'idée de combattre le czar, 234.—Passe le Pruth à la nage, pour se rendre au camp des Turcs; arrive après la paix conclue, 241.— Reproches qu'il adresse à ce sujet au grand-vizir, et réponse mortifiante qu'il en reçoit, 242; xxv, 236.—Il s'établit à Varnitza, où il bâtit deux maisons, xxiv, 244. —Cabale contre le grand-vizir, qui lui fait retrancher son thaïm, et lui donne le conseil de partir de la Turquie par les états héréditaires de la maison d'Autriche, 245; xxv, 238.—Il emprunte de l'argent de ses gens même et des janissaires qu'il a enrichis, xxiv, 246.—Sollicite la Porte de le renvoyer par la Pologne, 250. — Résolution que prend le divan à son égard, et lettre que lui écrit le sultan Achmet, *ibid. et suiv.*—Il demande une armée, et non une escorte, pour son départ, 256.— Découvre la correspondance de Flemming avec le kan de Tartarie et le sérasquier de Bender, *ibid.*—Soupçonne qu'on veut le livrer à ses ennemis, 257. — Résout de gagner du temps, 258.—Demande et obtient de l'argent, *ibid.* — Ordres donnés par le Grand-Seigneur pour son départ par la Pologne, *ibid.* — Il se détermine à ne point partir du tout, 260.—On se voit dans la nécessité d'employer contre lui la violence, 263. — Ses vivres et sa garde lui sont retranchés; il est réduit aux officiers de sa maison, et à 300 Suédois contre 20,000 Tartares et 6,000 Turcs, 264 *et suiv.*—Il fait tuer vingt chevaux arabes dont le Grand-Seigneur lui avait fait présent, 265.—Est investi, et se retranche dans son petit camp, *ibid.*—Appelé à cette occasion *Tête-de-Fer* par les Turcs, 269.—Pourquoi et comment les janissaires envoyés contre lui refusent de l'attaquer, 270. — Pourquoi ensuite deviennent furieux contre lui, 272.— Son camp est forcé, et ses trois cents soldats enveloppés et pris, 273. — Il se défend dans sa maison avec quarante domestiques contre toute une armée, 274. — Cette maison est livrée aux flammes, et il est fait prisonnier, 276 *et suiv.*— Sa conversation avec le bacha de Bender, 279. — Rachat de ses officiers tombés entre les mains des Turcs, 280. — On l'emmène sur le chemin d'Andrinople, 281. — Son inflexibilité dans ses revers; son message à Stanislas, prisonnier des Turcs comme lui, 284. — Mémoire présenté en son nom au Grand-Seigneur, et résultat de cette démarche hardie, 286 et suiv. — Il est transféré à Demistash, et de là à Demotica, 291. — On lui assigne un nouveau thaïm, ibid. — Sa conduite singulière à Demotica ; pourquoi y reste dix mois au lit, 292. — Il apprend de fâcheuses nouvelles de la Suède, 293. — Ce qu'il écrit à ce sujet à la régence de Stockholm, 300. — Compte encore sur un secours de la part des Turcs, 299. — Événement qui détruit toutes ses espérances, ibid. — Il manifeste enfin l'intention de partir, 300. — Sa fastueuse ambassade pour prendre congé de la Porte, ibid. — Son départ, 301. — Son escorte, et présents que lui fait le Grand-Seigneur, ibid. — Sa manière de voyager, 303. — Il congédie son escorte à Tergovitz, et se sépare de sa suite, 304. — Arrive à Stralsund, 306. — En quel état retrouve l'Europe chrétienne, xxiv, 307 ; xxv, 275. — Marie sa sœur au prince de Hesse, qu'il déclare généralissime de ses armées en Suède, xxiv, 315. — Sa lettre à Kuse-Slerp, commandant de Pennamonder, 317. — Est assiégé dans Stralsund, 318. — Particularités de ce siège qui marquent bien son caractère, ibid. et suiv. ; xxv, 277. — Combat dans l'île de Rugen, xxiv, 322. — Il court le plus grand danger ; est blessé ; Poniatowski lui sauve encore une fois la vie, 323. — Il repasse à Stralsund, ibid. — Obligé de quitter cette place, il s'embarque et arrive en Scanie, 326. — Pourquoi ne veut plus rentrer dans sa capitale, 327. — Voit sa sœur en Ostrogothie, ibid. — Passe l'hiver de 1715 à Carlscrona, ibid. — Son expédition en Norvége, 329. — Il revient en Suède ; vastes entreprises qu'il médite, 334 et suiv. — Sa conduite au sujet de l'arrestation de ses ministres Goertz et Gyllembourg, 340 ; xxv, 290. — Ses desseins de vengeance contre l'Angleterre, ibid. — Ses projets d'alliance avec la Russie, xxiv, 341, 347 ; xxv, 255. — Il fait demander hautement à l'empereur d'Allemagne l'exécution du traité d'Alt-Ranstadt, xxiv, 348. — Part une seconde fois pour la conquête de la Norvége, 350. — Etrange abstinence qu'il essaie, 351. — Il assiége Frédérichshall, ibid. et suiv. — Est tué devant cette place ; circonstances de sa mort, 351. — Réflexions sur la vie et sur les actions de ce prince, 353. — Son portrait, 354. — Ses sentiments sur la religion et sur la destinée, 356. — Faux bruits qui eurent lieu sur les causes de sa mort, 357. — Regardé comme le Don Quichotte du Nord, xxxiv, 99. — Vers qui le caractérisent, xi, 51. — A été le premier des héros de son temps, mais est mort avec la réputation d'un roi imprudent, xix, 510 ; xxxix, 15. — Anecdotes qui le concernent, et paroles remarquables qu'on en cite, xxiv, 41, 42, 69, 70, 78, 79, 82, 85, 87, 114, 119, 121, 126, 140, 142, 163, 172, 182, 187, 208, 213, 276, 280, 283, 325 ; xxv, 277. — L'abus qu'il fit de la puissance arbitraire fut cause de la liberté du royaume, xix, 14. (Voy. Suède.)

Charles XII (Histoire de), par Voltaire. Préface du nouvel éditeur, xxiv, j. — Préface de l'édition de 1748, 1 et suiv. — Discours y relatif, 12 et suiv. — Sur quels récits et Mémoires a été composée, 8, 15 ; xxxvii, 366. — Sa véracité attestée par le roi Stanislas, xxiv, 30 ; xlviii, 343 ; lviii, 146. — Appréciée par Condorcet, i, 170. — Remarques de La Motraye sur cette histoire, et notes de l'auteur y relatives, xxiv, 360 et suiv. — Vers de l'auteur, en envoyant cet ouvrage à Mme Du Châtelet, xiv, 361.

CHARLES, fils de Charlemagne. Marche avec son père contre les Huns, xxiii, 57. — Partage que celui-ci lui assigne dans sa succession, 64. — Sa mort, 66.

CHARLES, second fils de Lothaire. Roi d'Arles et de Bourgogne, xv, 472 ; xxiii, 85. — Meurt sans enfants ; ses deux frères partagent ses états, 87.

CHARLES, fils de Charles-Louis, rétabli dans le Palatinat. Lui succède, et meurt en 1685 sans postérité, xxiii, 26.

CHARLES, duc de Mantoue. (*Voyez* GONZAGUE.)

CHARLES-ALBERT, électeur de Bavière, fils de Maximilien-Emmanuel. Prétend à la succession de l'empereur Charles VI, en vertu d'un testament de Ferdinand Ier, xxi, 59. — Intérêt de la France à le soutenir contre l'Autriche, 64. — Elle se ligue pour lui avec la Prusse et la Pologne, 68. — Louis XV le crée son lieutenant-général, ibid. — Il pénètre jusqu'aux portes de Vienne, ibid. et suiv. — Entre dans Prague ; s'y fait couronner roi de Bohême, 73. — Et empereur à Francfort, sous le nom de Charles VII, ibid. — Désastres rapides qui suivent ses succès, 74 et suiv. — Offres de paix qu'il fait à l'Angleterre, qui les rend publiques, et le réduit à les désavouer, 77. — Chassé de ses états hé-

réditaires, il erre dans l'Allemagne, 94.
— Retiré à Francfort, est obligé de se déclarer neutre pendant qu'on le dépouille, 103. — Rentre dans Munich, 117. — Sa mort; grande leçon qu'elle donne au monde, 124. — Ses excellentes qualités; pourquoi servirent à ses malheurs, 125. — Ses funérailles, *ibid.* — Note et réflexions qui le concernent, xxi, 65; xxiii, 661.

CHARLES BORROMÉE (saint), archevêque de Milan. Examinait lui-même les pièces de théâtre que l'on jouait dans cette ville, les munissait de son approbation et de son seing, xxxi, 456; xxxv, 484. — Assassiné par des fanatiques de l'ordre des *Humiliés*, demanda leur grace, qui lui fut refusée, xviii, 352.

CHARLES D'ANJOU, frère de Louis IX. Est prisonnier avec lui en Égypte, xvi, 206. — A quoi dut d'être choisi par le pape comme roi de Sicile, 208, 236, 238. — Son portrait; il fait servir à ses desseins la simplicité héroïque de son frère, 210. — Élu sénateur unique de Rome, ne reçoit l'investiture qu'en jurant de renoncer à cette dignité, 239; xxiii, 261, 271. — Livre bataille à son compétiteur Mainfroi, qui est tué; use cruellement de la victoire, xvi, 239; xxiii, 262 *et suiv.* — Avant la bataille, ses chevaliers avaient communié avec le pain et le vin, xv, 446. — Il défait Conradin, et lui fait trancher publiquement la tête, ainsi qu'à Frédéric d'Autriche, xvi, 240; xxiii, 264. — Quelles raisons politiques purent le porter à ces atrocités, xli, 162. — Son duel avec Pierre d'Aragon, cousin de Conradin, resté sans effet, xvii, 32; xxiii, 264. — La croisade de Tunis entreprise pour seconder ses vues intéressées, xli, 161. — Après la mort de saint Louis, ramène en Europe les débris des chrétiens, xvi, 211. — A quel prix se raccommode avec l'empereur Rodolphe; en obtient l'investiture des comtés de Provence et de Forcalquier, xxiii, 272. — Sans les Vêpres Siciliennes, envahissait Constantinople, xvi, 466. — Comment fut prévenu dans ce dessein, xxiii, 273. — Réflexions sur les crimes de ce monstre, xlvii, 139.

CHARLES D'AUTRICHE, roi d'Espagne, des Deux-Siciles, de Navarre, des Pays-Bas, etc. (*Voyez* CHARLES-QUINT.)

CHARLES D'AUTRICHE, fils de Ferdinand, frère de Rodolphe II. Commande, en 1593, un corps de Hongrois contre les Turcs; ses succès, xxiii, 554. — N'était pas reconnu prince, mais méritait de l'être, *ibid.*

CHARLES D'AUTRICHE (l'archiduc), second fils de Léopold. (*Voy.* CHARLES VI.)

CHARLES DE BLOIS. (*Voy.* BLOIS.)

CHARLES DE BOURBON, reconnu roi de France par la Ligue, sous le nom de Charles X. (*Voy.* BOURBON-VENDÔME, cardinal.)

CHARLES DE LORRAINE (le duc). (*Voy.* CHARLES IV.)

CHARLES DE LORRAINE, cardinal, frère de François de Guise. Singulier reproche qu'il fait au pape, au concile de Trente, xviii, 92. — S'y joint aux Espagnols contre la cour de Rome; propos des prélats italiens à ce sujet, 94. — Y renouvelle les acclamations des premiers conciles grecs, 97. — Forme, à cette époque, le projet de la Ligue, x, 368. — Maître absolu de l'état, avec son frère, sous le faible François II, qui avait épousé leur nièce Marie Stuart, xxii, 98. — Assiste au colloque de Poissy, 106. — Après la mort du duc, est à la tête de sa maison, et veut retenir le premier crédit, xviii, 68. — Veut établir en France l'inquisition, et y parvient à quelques égards, xxii, 92. — Ses persécutions contre les protestants; la cour de France lui est entièrement livrée, *ibid. et suiv.* — Voulut la mort d'Anne Dubourg, xvii, 320; xxii, 96. — Résolut de faire assassiner le roi Antoine de Navarre, 101. — Quel prix acheta l'évêché de Strasbourg, xxiii, 554. — Riche présent qu'il fit à un gentilhomme que la cour lui avait dépêché à Rome, pour lui porter les nouvelles de la Saint-Barthélemi, xxii, 132. — Assiste pieds nus à la première procession des flagellants; meurt par suite de cette farce pieuse, 140. — Indulgence en expectative qui avait été accordée à ce cardinal et à douze personnes de sa suite, xvii, 238.

CHARLES DE LORRAINE (le prince), frère du grand-duc de Toscane François. Commande l'armée autrichienne en 1741, xxi, 73. — Ses succès en Bohême, 75. — Il s'établit dans une île du Rhin, 103. — Pénètre dans l'Alsace, 107 *et suiv.* — Est obligé d'en sortir, 109. — Repasse le Rhin, 113. — Chasse le roi de Prusse de la Bohême, et le suit jusqu'en Silésie, 118. — Gouverneur-général de Flandre, 160. — Ne peut secourir Namur, assiégée par le maréchal de Saxe, 163. — Est battu à Prague par le grand Frédéric, 296. — Le poursuit à son tour, 297.

CHARLES DE LUXEMBOURG, marquis de Moravie, roi de Bohême, et le fils de Jean-l'Aveugle. (*Voy.* CHARLES IV, empereur.)

CHARLES DE VALOIS, petit-fils de saint Louis. Reçoit l'Aragon de Martin IV, mais ne peut exécuter la bulle, XVI, 258; XXIII, 291. — Excité contre Philippe-le-Bel, son frère, par Boniface VIII, qui le marie à la fille de Baudouin II, et le nomme empereur d'Orient, XVI, 276 ; XXIII, 285. — Ses prétentions au trône d'Allemagne, 291. — Vicaire de l'Empire en Italie, persécute les gibelins, XVI, 277. — Persécute aussi le Dante, 424.

CHARLES DE VALOIS, dauphin de Vienne. (*Voy.* CHARLES VII.)

CHARLES-ÉDOUARD STUART, fils aîné du prince de Galles, et petit-fils de Jacques II. (Voy. ÉDOUARD, *Charles*.)

CHARLES-EMMANUEL Ier, duc de Savoie. Gendre de Philippe II, est dans sa dépendance, XVII, 516. — Armé par lui contre la France, XVIII, 27. — Échoue devant Genève, 29. — Surprend cette ville par escalade, en pleine paix : les habitants font pendre ses officiers comme des voleurs de nuit, *ibid.* — Reconnu en 1591 comme protecteur de la Provence par le parlement d'Aix, qui lui prêta serment de fidélité, XVIII, 27 ; XXII, 161 *et suiv.*

CHARLES-EMMANUEL III, roi de Sardaigne par l'abdication de Victor-Amédée. Sa conduite envers son père, qui tentait à remonter sur le trône, XXI, 42 *et suiv.* — S'unit contre Charles VI avec la France et l'Espagne, 52. — N'obtient qu'une faible partie du Milanais, 55. — S'unit avec Marie-Thérèse contre la France et l'Espagne, 84. — Don Philippe lui prend la Savoie, qu'il abandonne pour aller défendre le Piémont, 87. — Sa conduite désespérée à la prise de Château-Dauphin, 93. — Il livre et perd la bataille de Coni, 115. — Est obligé de reculer jusqu'à Casal, 170. — Succès de ses alliés à la bataille de Plaisance, 172 *et suiv.* — Sommes qu'il reçoit de l'Angleterre pour entreprendre le siége de Gênes, 190. — Avantages qu'il retire de la paix d'Aix-la-Chapelle, 279. — Son portrait, XXXIX, 61.

CHARLES-EUGÈNE. (*Voy.* duc de WURTEMBERG.)

CHARLES-GASPARD DE LEYEN, archevêque électeur de Trèves vers le milieu du 17e siècle. Chassé de sa ville par les armes de la France, y rentre par la défaite du maréchal de Créqui, XXIII, 25.

CHARLES-GUILLAUME, margrave de Bade-Dourlach, fondateur, en 1715, de la ville de Carlsruhe, LVIII, 21.

CHARLES-GUSTAVE, roi de Suède. (*Voy.* CHARLES X.)

CHARLES-HENRI DE METTERNICH, électeur de Mayence. Mort en 1679, XXIII, 22. — Notice, *ibid.*

CHARLES-JOSEPH DE LORRAINE, coadjuteur et depuis électeur de Trèves, au commencement du 18e siècle. Eut beaucoup à souffrir de la guerre, XXIII, 25.

CHARLES-LE-TÉMÉRAIRE, duc de Bourgogne, fils de Philippe-le-Bon. Comment a mérité son surnom, XVI, 528; XXIII, 409. — Fait Louis XI prisonnier à Péronne, et le force de marcher à sa suite contre les Liégeois, XVI, 515. — Ses cruautés dans la prise de Dinant, 516. — Ses états héréditaires, 526. — Autres qu'il achète de Sigismond, duc d'Autriche, 527; XXIII, 407. — Envahit la Lorraine, 409. — Veut ériger ses états en royaume, *ibid.*; XVI, 527. — Hommage de vassalité qu'il exige des Suisses. — Sujet de la guerre contre eux, 528. — Est défait à Granson et à Morat, 529; XXIII, 409. — Tué au siége de Nancy, *ibid.* — Ses fautes rendirent au corps de l'état une province qui en avait été imprudemment séparée, XVI, 523, 525. — Sa fille. (*Voy.* MARIE DE BOURGOGNE.) — Arnould, duc de Gueldre, qu'il avait empêché de se battre avec son fils, lui avait donné ses états., *ibid.;* XXIII, 281.

CHARLES-LOUIS, fils de Frédéric V. Oxenstiern lui fait restituer, dans une assemblée d'ambassadeurs, le Haut et Bas-Palatinat, dont son père avait été dépossédé, XXIII, 26, 598. — Il paraît comme électeur dans une des assemblées ; mais cette cérémonie ne lui rend pas ses états, 599. — Article du traité de Prague qui le concerne, 606. — Il ne rentre point dans les droits de son palatinat, 608. — Tentatives malheureuses qu'il fait en Vestphalie, 611. — Veut acheter l'armée veimarienne avec l'argent de l'Angleterre ; mis en prison par Richelieu, n'est relâché que quand ces troupes sont assurées à la France, 612. — Huitième électorat créé en sa faveur par le traité de Vestphalie ; pension faite par l'empereur Maximilien à sa mère et à ses sœurs, 629. — S'il est probable qu'il ait, comme on l'a dit, défié Turenne en combat singulier, pour l'incendie du Palatinat; et note à ce sujet, XIX, 415.—Autres recherches et observations sur ce cartel, LXIV, 375, 406, 493.

CHARLES MARTEL, fils de Pepin, au 8ᵉ siècle. Grande bataille qu'il gagna sur les Sarrasins; exagérations dans les récits qu'on en a faits, XV, 242.—Importance de ses victoires sur Abdérame, 332, 492; XXIII, 38.— Sa puissance; n'est appelé que *subregulus* par le pape, XV, 426.—Fait décapiter un abbé de Fontenelle qui avait assemblé des troupes contre lui, 442.—Cette exécution ne contribua pas peu aux révélations que tant de moines eurent depuis de sa damnation, *ibid.*—Celle d'Eucher, citée à ce sujet, et prétendu fait qu'il apporte en preuve, XXVI, 29, 511.—Arrêta les inondations des peuples du Nord, qui, sous ses faibles descendants, se répandirent dans l'Europe, XV, 428.

CHARLES MARTEL, gendre de l'empereur Rodolphe, et petit-fils de Charles Iᵉʳ d'Anjou, roi de Naples et de Sicile, au 13ᵉ siècle, XXIII, 272.— Concurrent d'André III pour le trône de Hongrie, XVII, 161; XXIII, 13, 279.

CHARLES-MAXIMILIEN-JOSEPH, électeur de Bavière à la mort de Charles VII, son père, XXI, 126; XXIII, 29.—Vains efforts de la France pour lui faire donner l'Empire, XXI, 127.—Il est obligé de renoncer à son alliance, d'avoir recours à Marie-Thérèse même, et de se mettre à la solde des Anglais, *ibid. et suiv.*—Proteste contre l'élection de François de Lorraine, 154.—Le reconnaît ensuite, 158.—Sa mort en 1777, LXX, 437.

CHARLES-PHILIPPE, dernier électeur palatin, de la branche de Neubourg, mort en 1742, XXVI, 26.

CHARLES-PHILIPPE-THÉODORE, électeur palatin. Séjour que fait Voltaire à sa cour en 1753, LVI, 340.—Leur correspondance, de 1754 à 1764. (Voy. *Tabl. part. de* LVI *à* LXII.)—L'auteur lui dédie son *Essai sur les Mœurs*, XV, iv.—Vers à l'occasion de la grossesse de l'électrice son épouse, LIX, 376. — Autres sur le même sujet, 440.—Notes diverses qui le concernent, XV, v; XXIII, 26.—Titulaire de deux couronnes électorales en 1777, par la mort de Maximilien-Joseph de Bavière; LXX, 437.

CHARLES-THÉODORE-ANTOINE-MARIE, baron de Dalberg, électeur de Mayence, archichancelier et primat de l'Empire aux 18ᵉ et 19ᵉ siècles. Notice qui le concerne, XXIII, 22.

CHARLEVAL (*Charles* FAULCON DE RIS). Poëte célèbre par la délicatesse de son esprit; Notice, XIX, 79.—Pourquoi son neveu le président de Ris ne voulut pas faire imprimer ses ouvrages, *ibid.*—Pièce fameuse de lui dans les Œuvres de Saint-Évremond, *ibid.;* XII, 382.

CHARLEVOIX (le P.). Historien véridique du Canada, XXVI, 406.

CHARLOT, ou la *Comtesse de Givri*, drame de Voltaire, VIII, 285 *et suiv.*—Joué d'abord sur le théâtre de Fernei, et puis à Paris après la mort de l'auteur, 284.—Dans quelle intention elle fut composée, 285.—Henri IV en est le héros, *ibid.*—Notes et variantes, 334.—Ce que l'auteur en dit dans sa Correspondance, LXIV, 362, 364, 367, 371, 399.

CHARLOTTA-OPALINSKA, femme de Stanislas Leczinski, palatin de Posnanie. Sacrée reine de Pologne en même temps que son mari, XXIV, 132.

CHARLOTTE (*Guillelmine-Dorothée*) de Brandebourg-Anspach, femme de George II, roi d'Angleterre. Encouragea tous les arts, et fut un philosophe aimable sur le trône; sa générosité, XXXVII, 166.—Sa médiation entre Clarke et Leibnitz, *ibid.;* IV, 151.—Autres éloges de cette princesse, *ibid.*—Dédicace que Voltaire lui fit de sa *Henriade*, imprimée à Londres, X, 4.—Ce fut elle qui, par son exemple, introduisit le bienfait de l'inoculation en Europe, XXXVII, 166; XLVIII, 22, 26.

CHARLOTTE-ÉLISABETH DE BAVIÈRE, princesse palatine. Seconde femme de Monsieur, frère de Louis XIV, et mère de Philippe d'Orléans, régent, XIX, 7, 499; XX, 182.—Anecdote à son sujet, 187; XLVI, 312.

CHARNACÉ. Chargé par Richelieu, en 1629, d'encourager Gustave-Adolphe à descendre en Allemagne, XVIII, 212.—Envoyé de France en Hollande, y commandait, en 1637, un régiment français au service des états, XIX, 262; XX, 516.

CHARNI, de la maison de Chabot. Refuse d'exécuter en Bourgogne les ordres de la cour pour le massacre de la Saint-Barthélemi, X, 106.

CHARNI. Générosité d'Édouard III envers lui, à Calais, XVI, 365.

CHAROLAIS (comte de). Après avoir reconnu le duc du Maine et le comte de Toulouse comme princes légitimés, présente requête pour faire annuler leurs droits, xxii, 286.

CHAROLAIS (Mlle de). Impromptu que lui adresse Voltaire sur ce qu'elle était peinte en cordelier, xiv, 321.—Plaisanteries à ce sujet, *ibid.*

CHAROST (duc de), capitaine des gardes sous Louis XV. Arrête lui-même le duc de Bourbon, premier ministre, xxi, 36.

CHARPENTIER (*François*), de l'Académie française. A traduit la *Cyropédie* de Xénophon, xix, 80. Son opinion en faveur des inscriptions françaises pour les monuments de France, *ibid.*; xx, 216.—Pourquoi Louis XIV fit supprimer celles dont il avait chargé les tableaux de Le Brun dans la galerie de Versailles, *ibid.*; xxxix, 16.

CHARRON, auteur du livre de *la Sagesse*. A été persécuté; vers à ce sujet, xiii, 193.

CHARRON, officier municipal à Paris. Sa pétition à l'assemblée constituante, en 1791, pour qu'il fût rendu des honneurs publics aux cendres de Voltaire, et part qu'il prit ensuite, comme commissaire préposé à leur translation, i, 310, 446, 454 *et suiv*.

Chars élégants. Vers descriptifs, xiv, 129.

Chars de guerre. Ne furent point en usage à la bataille de Thabor, comme l'ont prétendu les Hébreux, xxvii, 299. — Quand furent inventés, et quand cette invention fut mise en pratique par les Babyloniens et les Persans, xlix, 203.— Connus à la Chine de temps immémorial, xv, 265; xxvii, 301.—Les Grecs en eurent avant la guerre de Troie, *ibid.*—Pourquoi l'on cessa de s'en servir dans toute la terre, *ibid*. — On proposa, dans la guerre de 1741, de renouveler cette ancienne invention et de la rectifier; pourquoi cette proposition ne fut qu'un projet, *ibid. et suiv.*—Nouveau modèle proposé en 1756, par Voltaire, au ministère, qui n'adopte point cette invention; réflexions à ce sujet, lvii, 166, 262, 269, 278.— Proposés encore par lui à Catherine II, dans la guerre des Turcs, lxv, 459.— Réponse que lui fit l'impératrice, 548.— Nouvelles instances de l'auteur, lxvi, 234. —Essai qu'en fit faire Catherine sur le dessin qu'il en avait envoyé, 275.

Chartes. Fausses pour la plupart, n'offrent aucune lumière sur l'histoire politique et sur le droit public de l'Europe, xliv, 414.—Des chartes signées par Jean-le-Bon, roi de France, xvi, 371.—Et par Jean-sans-Terre, roi d'Angleterre, *ibid.*, 131; xxxvii, 155.

CHARTIER (*Voy.* ALAIN CHARTIER.)

CHARTON, président d'une chambre des enquêtes au parlement de Paris. Enlevé par ordre de la régente Anne d'Autriche et de Mazarin, lors des édits bursaux de 1648, s'esquive, xix, 284.—Notice, *ibid. et suiv.*

Chartreux (moines). Établis près de Grenoble, à la fin du 11e siècle, xvii, 326.—Seul ordre ancien qui n'ait jamais eu besoin de réforme, *ibid.*

CHASOT ou CHAZOT (chevalier de), attaché à la cour de Prusse en 1742. Sauve le bagage du roi à la bataille de Czaslau, liv, 605. — Pourquoi quitte Berlin, en 1751, xl, 89; lv, 688, 697.

CHASSIRON, académicien de La Rochelle. Ses *Réflexions sur le comique larmoyant*, publiées à l'occasion de *Nanine*, vi, 2. — Éloge qu'en fait Voltaire, 4.

CHASTEL, évêque de Riez. L'un des députés du parlement de Provence auprès du duc de Savoie, du temps de la Ligue, xxii, 161.

CHASTELLUX (*François-Jean*, chevalier, puis marquis de). Loué, ix, 374.—Vers à l'occasion de son *Discours sur le Goût*, prononcé lors de sa réception à l'Académie française en 1775, xiv, 478. — Son article *Bonheur public*, destiné au Supplément de l'*Encyclopédie*, pourquoi fut rayé à la censure, lxx, 177. — Éloge de sa *Félicité publique*, xlvii, 121, 546; xlviii, 41; l, 21; lxvii, 535.—Son opinion sur l'empereur Julien, xlvii, 546.— Lettre qui lui est adressée, en 1767, au sujet du chevalier de La Barre, lxiv, 30.— Autres, en 1771, pour l'intéresser à l'abolition de la servitude dans la Franche-Comté, lxvii, 39. — En 1772 et 1773, sur son livre de la *Félicité publique*, lxviii, 61, 130, 404.—De 1775 à 1777, sur divers sujets, lxix, 220; lxx, 177, 265, 287, 325.

Chasteté. Comparée à la fleur la plus brillante, xi, 134.—Il n'y a point de vertu qu'il soit si facile de pratiquer ou d'en faire semblant, 6. — Folie du vœu qu'on en fait, xxxiv, 240.—Vice dont on a fait une vertu, lxiii, 107.

Chat. Rôdant autour d'une volière, comparaison poétique, xi, 195. — Quittant une souris, autre, 202. — Culte qui fut rendu à cet animal, xxviii, 37, 54.— Observations sur cette expression: *emporter le chat*, lxviii, 391.

CHATEAUDRUN (*Jean-Baptiste* VIVIEN de), poëte dramatique. Ce qu'on dit de ses *Troyennes* et de son *Astyanax*, LVI, 575 ; LVII, 3 ; LXI, 33.—Sa réception à l'Académie française, LVI, 665.— Son *Philoctète*, *ibid.*, 783.—Sa mort en 1775 ; Notice, LXIX, 220.

Château-Dauphin (le). Pris par les Français et les Espagnols en 1744, XXI, 92 *et suiv.*

CHATEAU-GONTHIER (*Nicolas* BAILLEUL, marquis de), président du parlement et surintendant des finances sous le règne de Louis XIV. Notice, XIX, 36.

CHATEAUNEUF (*Charles* DE L'AUBÉPINE, marquis de). Fut long-temps employé dans les ambassades, et deux fois garde-des-sceaux sous Louis XIII ; Notice qui le concerne, XIX, 34. — Sa conduite dans l'affaire de Gaston d'Orléans, fils de France, obligé de sortir du royaume, XXII, 240. — Pourquoi repris d'avoir instruit le procès du maréchal de Marillac, XVIII, 219. — Rival heureux de Richelieu auprès de la duchesse de Chevreuse, 228.— Emprisonné par ce cardinal, 229. — Vécut et mourut dans les orages de la cour, XIX, 34.

CHATEAUNEUF (l'abbé de), parrain de Voltaire. Son portrait, son caractère, I, 123. — Ses liaisons avec Ninon, chez laquelle il l'introduit, 124 *et suiv.*; XXXIX, 408.—Comment il avait fini l'histoire galante de cette courtisane célèbre, 409; XLIII, 336; LVI, 69. — Anecdote qu'il en rapporte au sujet du *Tartufe*, VIII, 344. — Ce qu'il dit de ses opinions sur la probité et l'amour, 346.— Auteur d'un *Dialogue sur la Musique des anciens*, ouvrage savant et agréable, 344.—Mot de lui sur Racine et Corneille, LXI, 474.

CHATEAUNEUF (marquis de), ambassadeur de France en Hollande, sous Louis XV. Prend auprès de lui le jeune Voltaire, I, 125.—Pourquoi il le renvoie ensuite dans sa famille, *ibid.* — Signe le traité célèbre de commerce avec la Russie en 1717, XXV, 298.— Son ambassade à Constantinople, XLIII, 336.

CHATEAU-REGNAUD (*François-Louis* ROUSSELET, comte de), vice-amiral de France et maréchal. Sert également bien sur terre et sur mer, XIX, 22.—En 1688, bombarde Alger, et met en sûreté les îles d'Amérique, *ibid.* — Envoyé en 1689 au secours de Jacques II, disperse la flotte anglaise qui s'oppose à son passage en Irlande, et la bat dans la baie de Bantry, *ibid.*, 467. — Courage et habileté qu'il montre dans une autre occasion, 468. — Sa mort, 22.

CHATEAU-RENARD, officier de la Ligue. Fait prisonnier de la main même de Henri IV, à la bataille de Contras, XVIII, 131.

CHATEAUROUX (Mme de), maîtresse de Louis XV. Gouvernée par le duc de Richelieu, I, 179. — Sert faiblement Voltaire, 181 ; XL, 67.—Pourquoi disgracie Amelot, 79. — Et retire sa protection à l'auteur, *ibid.*—Une cabale amène sa disgrace, *ibid.* — Son retour à la faveur ; sa mort, 80.—Influence qu'elle eut sur l'entreprise de la guerre de 1741, XXI, 67.—Portrait qu'on en fait dans la *Pucelle*, XI, 221, 372.—Note sur sa faveur, sa disgrace, et sa mort prématurée, *ibid.* (Voy. LA TOURNELLE et MAILLY-NESLE.)

CHATEL (*Jean*). Attente à la vie de Henri IV, à l'instigation des jésuites, XVIII, 147.—Son origine, *ibid.*—Moyens qu'il employa pour égarer son esprit, *ibid.* — Passage remarquable de l'apologie de ce parricide, publiée dans le temps, 150. — Autres détails sur son origine, son attentat, et les moyens par lesquels il fut excité à le consommer, XXII, 180.— Son supplice, 182.—Bannissement de ses père et mère, et pyramide élevée sur leur maison démolie, XVIII, 150 ; XLII, 338.

CHATILLON (ODET de), cardinal et évêque de Beauvais. Se fait protestant et se marie, XVIII, 67.— Brave le pape en assistant en habit de cardinal à la cérémonie de l'acte de majorité de Charles IX, *ibid.* ; XXII, 115.—Sa femme, nommée indifféremment à la cour *Comtesse* ou *Cardinale*, XVIII, 67.— Est condamné à Rome par l'inquisition, 94. — C'est à lui que Rabelais avait dédié son *Pantagruel*, XXVI, 268 ; XLII, 123.

CHATILLON, petit-fils de l'amiral Coligni. L'un des chefs du parti protestant sous Louis XIII, XVIII, 186. — Vend au roi la ville d'Aigues-Mortes ; est fait maréchal, 191.

CHATILLON (duc de), gouverneur du fils de Louis XV. Pourquoi exilé, XXII, 348.

Châtrés. (Voy. *Castration* et *Eunuques.*)

CHAUDON (l'abbé). Principal auteur du *Dictionnaire antiphilosophique*, XXVI, v. — Sortie contre lui à ce sujet, XLIV, 483. (Voy. *Dictionnaire antiphilosophique.*)

CHAUDRON (*Madeleine* ou *Michelle*). Brûlée à Genève comme sorcière; horribles tourments qu'on lui fait souffrir, XLII, 441; L., 281. — Détails de son procès, XXVII, 320.

CHAUFEPIÉ. Prétendu continuateur de Bayle, XXVII, 318; XXXIX, 619.

CHAULIEU (l'abbé de). Auteur d'une épigramme contre l'approbation donnée par Lamotte à l'*OEdipe* de Voltaire, I, 181; II, 9. — Remercîment de celui-ci à l'occasion de vers qu'il lui avait prêtés, XIV, 318. — Lettres en vers et en prose qui lui sont adressées, LI, 34, 35. — Récit en vers de ses derniers moments, XIII, 51. — Fragment d'une épître dans laquelle il se plaignait de ce qu'on lui attribuait les sottises d'autrui, et jugement de Voltaire sur cette pièce, II, 15 *et suiv*. — Vers qu'on en cite sur la mort, LXV, 262. — Sa vanité, XIII, 46, 52. — Son portrait dans le *Temple du Goût*, XII, 347. — Pourquoi Voltaire a publié sous son nom l'*Épître à Uranie*, I, 155; XII, 15. — Notice de sa personne et de ses ouvrages, et fragments qu'on cite de ses poésies, XIX, 80. — On a imprimé de lui trop de bagatelles insipides de société, 81; XLVIII, 268. — Vers qui le caractérisent, XIV, 266; LI, 49.

CHAULNES (*Honoré* d'ALBERT, duc de), maréchal de France sous Louis XIV. Notice, XIX, 22.

CHAULNES (duc de). (*Voy.* PECQUIGNY-CHEVREUSE.)

CHAUMEIX (*Abraham*). Convulsionnaire ardent, devenu en 1759 l'oracle du parlement de Paris, XXVI, 7; XL, 118; LVIII, 39, 44. — Dénonce l'*Encyclopédie* aux magistrats, et en signale les auteurs comme des impies, *ibid.*; XLII, 322, 650; XLIII, 436, 537; LVIII, 458; LIX, 200; LXIII, 67. — Élève le premier l'orage contre Helvétius, par son *Examen critique* du livre de l'*Esprit*, XXXII, 64. — Sarcasmes contre lui, XIII, 228. — Figure dans *Socrate* sous le nom de *Chomos*, VI, 488. — Rôle qu'il joue dans le *Pauvre Diable*, et dédicace ironique qui lui est faite de cette satire, XIV, 147, 161. — Comment dépeint dans le *Russe à Paris*, 189. — Rôle qu'il joue dans la *Pucelle*, XI, 284. — Retiré à Moscou, y devient raisonnable, s'oppose à la persécution, et fait un *factum* contre les capucins, XXVI, 7 *et suiv*.; XXXII, 34; XLIII, 538; LXII, 375, 411. — Par qui cité comme un Père de l'Église, XL, 118. — Notice, *ibid*.

CHAUSSERAYE. (*Voy.* LA CHAUSSERAIE.)

CHAUSSON, brûlé au 17ᵉ siècle. Ses mœurs infames, XII, 258, 417; XIV, 238.

CHAUVEAU (*François*). Graveur célèbre du siècle de Louis XIV, dont les estampes ornent les cabinets des curieux, XIX, 232. — Notice à son sujet, *ibid*.

CHAUVELIN (*Germain-Louis*), garde-des-sceaux. Son génie peu élevé, XXI, 47. — Encourage Fleury à demander la cession de la Lorraine à Stanislas, avec réversion à la couronne de France, 56. — Le cardinal ne peut lui pardonner d'avoir abusé de sa faiblesse en cette circonstance, *ibid*. — Il est exilé, XXII, 348. — Anecdote sur ces deux personnages, LIV, 37. — Poursuites qu'il exerça contre Voltaire, au sujet de la publication du *Temple du Goût* et des *Lettres philosophiques*, LI, 203, 409. — Il fit tout ce qu'il put pour l'empêcher d'être prophète chez lui, LII, 50. — Le persécuta encore pour la *Pucelle*, 147, 150, 242. — Et pour le *Mondain*, 344 à 376; LV, 462. — Ce qu'en dit l'auteur à l'occasion de la préférence que ce ministre donna sur lui à La Serre, pour une histoire de Molière et de ses ouvrages, LIX, 638; LX, 287. — Défendu par lui contre une calomnie de Lenglet-Dufresnoy, LV, 58.

CHAUVELIN (*François-Claude*, marquis de), ambassadeur à Turin. Protecteur des beaux-arts, défenseur de la liberté contre son frère le garde-des-sceaux et contre le cardinal de Fleury, LI, 203, 234, 238. — En 1759, est invité par l'auteur à venir aux Délices, LVIII, 168. — Séjour qu'il y fait avec son épouse, et regrets de leur départ, *ibid.*, 218 *et suiv*. — Ses observations critiques sur la tragédie de *Tancrède*, 170. — Autres observations de lui sur une lettre de l'auteur au roi de Prusse, écrite à cette époque par ordre du ministère, I, 416. — Est auteur d'une fort jolie pièce de vers sur les *Sept péchés mortels*, LVII, 550. — Vers de Voltaire à son épouse à ce sujet, XIV, 426. — Note qui le concerne, 422. — Lettres qui lui sont adressées, de 1759 à 1767. (*Voy. Tabl. part.* de LVIII à LXIV.) — Regrets de l'auteur à l'occasion de sa mort en 1773, LXVIII, 395.

CHAUVELIN (marquise de). Son séjour aux Délices, en 1759; sa belle voix; vers à l'occasion de son départ, LVIII, 218, 220, 224, 248. — Autres vers qui lui sont adressés au sujet des *Sept péchés mortels*, chantés par son mari, XIV, 426.

CHAUVELIN (*Henri-Philippe* de), abbé, et conseiller au parlement de Paris. Fonde une messe pour remercier Dieu d'avoir sauvé la vie de Louis XV qui l'exilait, XXI, 368; XXII, 331. — Dénonce, le premier, l'institut des jésuites, comme ennemi de l'état, et hâte leur destruction, 359. — Auteur des *Répliques* aux apologies de cette société, XL, 465; LX, 146. — Pourquoi surnommé *Zachée* par l'auteur, LVIII, 215. — Lettre qui lui est adressée, LV, 197. — Notes qui le concernent, *ibid.*, 211.

CHAUVELIN (le chevalier *Jacques-Bernard*, depuis marquis de), frère de l'abbé, et intendant des finances en 1759. Consultation qui lui est adressée au sujet du centième denier d'un bien rural au pays de Gex, réclamé par les fermes générales, LVIII, 172. — Avait la rage du bien public, LV, 601. — Mort en 1774, LI, 203.

CHAVANES, catéchiste à Vevay. Soupçonné à tort d'être l'auteur d'un libelle contre Saurin, publié en 1758, LVII, 657, 660; LVIII, 20, 27.

CHAVIGNI (marquis de), secrétaire d'état de la guerre sous Louis XIV. (*Voy.* LE BOUTHILLIER DE CHAVIGNY.)

CHAVIGNI (*Théodore* de), ambassadeur en Suisse en 1755. Mentionné à propos d'un manuscrit falsifié de la *Pucelle*, LVI, 701. — Note qui le concerne, LVII, 73. — Chargé des affaires étrangères; sa retraite, LX, 270.

Chef-d'œuvre d'un inconnu (le). (*Voy.* SAINT-HYACINTHE, SALENGRE et S'GRAVESENDE.)

CHEMILLÉ (*Pétronille* de). Première abbesse de Fontevrault, XI, 61.

CHEMINAIS DE MONTAIGU (*Timoléon*), jésuite. Surnommé le *Racine* des prédicateurs, XIX, 82. — Savait ce poëte par cœur, et a quelquefois déguisé ses vers dans sa prose pieuse, IX, 463; LIX, 395.

Cheminées. Furent inconnues avant le 14° siècle, XVI, 418.

Chemins (grands). Ceux construits par les Romains, bien supérieurs à ceux des autres nations, XX, 239; XXVIII, 28. — Ce qui en fait la véritable beauté, XX, 239. — Quand disparurent dans les Gaules, XXVIII, 30. — Ni réparés ni gardés sous Louis XIII, étaient infestés de brigands, XIX, 263. — Rendus praticables sous Louis XIV; largeur qui leur fut fixée, XXVIII, 31. — Sont devenus, sous son successeur, l'admiration des étrangers, XX, 239. — Quels peuples modernes ont des chemins dignes de l'antiquité, XII, 386.

CHENEVIÈRES (de). Impromptu au sujet de sa *Confession* en vers, XIV, 483. — Lettre en vers et en prose qui lui est adressée en 1756, LVII, 184. — Autre, en 1760, sur le bruit qui avait couru de la mort de l'auteur, LVIII, 416. — Autre, en 1763, sur le mariage de Mlle Corneille, LX, 533. — Notice, LVII, 184.

CHÉNIER (*Marie-Joseph* de). Son épître en vers sur cette question : *Si l'erreur est utile aux hommes*, XLI, 349 *et suiv.*

CHÉREBERT, roi franc. Eut plusieurs femmes à la fois, XXIX, 357.

CHÉRÉDIN-BARBEROUSSE, roi d'Alger. Cède cette province à Soliman II, et se contente d'être bacha, XVII, 510. — Amiral du sultan, s'empare de Tunis, et en chasse le roi Mulei-Assem, XXIII, 482. — Est défait par Charles-Quint, qui rétablit ce prince sur le trône, 483. — Reproche à François Ier de ne l'avoir pas secondé, XVII, 213. — Descend dans la Pouille et la ravage, XXIII, 488. — Fait prisonniers seize mille chrétiens qu'il emmène à Constantinople, *ibid.* — Va ensuite dans la mer Rouge s'emparer du royaume d'Yemen, XVII, 499. — Aide les Français à faire le siége de Nice, XVII, 220; XXIII, 499. — Ramène sa flotte à Toulon, où il fait ouvrir une mosquée, *ibid. et suiv.*; LXVIII, 366. — Ravage encore les côtes d'Italie, et va mourir à Constantinople, XXIII, 501.

CHÉRON (*Élisabeth-Sophie*). Célèbre par la musique, la peinture et les vers. Notice, XIX, 82.

CHERRIER (l'abbé *Claude*), censeur de la police. Estropie l'*Enfant prodigue* de Voltaire, LII, 339. — Est auteur du *Polissoniana*, *ibid.* — Notice, LIV, 238.

Chérubin, esprit céleste. Origine de ce mot, XI, 116; XLIII, 11; XLIX, 21. — Ce qu'ils étaient chez les Juifs, et comment nous les peignons aujourd'hui, XXVI, 389; XXX, 19; XLIX, 22.

Chérusques (les), tragédie de M. Bauvin. Ce qu'en dit Voltaire, LXVIII, 10, 48.

CHÉRY, avocat aux conseils du roi. Chargé des intérêts des habitants de Saint-Claude, et signataire de leurs mémoires, LXVII, 40, 144.

CHESELDEN, habile chirurgien anglais. Rend la vue à un aveugle-né, XXVIII, 429; XXXVIII, 117; LII, 355. — Ce qu'il rapporte d'un nègre hermaphrodite amené d'Angola à Londres, XXXII, 347. — Ce fut lui qui commença à faire fabriquer, en 1715, les instruments de son art, XX, 333.

CHESTERFIELD (lord). Ses *Lettres à son fils* Stanhope sont un des meilleurs livres d'éducation qu'on ait jamais faits, LXIX, 36, 44. — Est le seul Anglais qui ait jamais recommandé l'art de plaire comme le premier devoir de la vie, *ibid.* — Lettre qui lui est adressée en 1771, LXVII, 251.

Chesterfield (les Oreilles du comte de), roman philosophique de Voltaire. (Voy. *Oreilles*, etc.)

Cheval de bataille (le). Descriptions poétiques qu'on en donne, X, 264, 270; XIV, 152.

Cheval de Troie (le). Était précisément la même machine que le bélier, dont l'invention est presque aussi ancienne que celle des murailles, XV, 479.

Chevalerie (la). Comment s'est formée, XVII, 1; XXIII, 99. — Cérémonies de réception, et fêtes qui suivaient l'installation, XVII, 2. — Temps de sa plus belle vogue, XVI, 376; XVII, 3. — Priviléges de cette institution, 4. — Combien la chevalerie moderne en diffère, 5. — Quand périt l'ancien esprit de la chevalerie, 24. — L'honneur en était le ressort et le mobile, VIII, 120. — Son fait d'armes le plus célèbre au 14ᵉ siècle, XVI, 376 *et suiv.* — Dernière trace de la chevalerie ancienne qu'on ait vue dans nos armées réglées, XIX, 424. — Appartient plus au roman qu'à l'histoire, et n'était guère qu'une momerie honorable, XXIII, 492. (Voy. *Ordres de chevalerie.*)

Chevaliers (les). Combien peu il en est qui méritent les louanges qu'on leur donne, IX, 382. — Après s'être bien battus, deviennent ordinairement amis; vers à ce sujet, XI, 150. — Origine des chevaliers errants, XVI, 57. — L'armure des chevaliers, au 13ᵉ siècle, les rendait presque invulnérables, 130. — Exemples à ce sujet, *ibid.* — Que le titre de *chevalier* n'entra jamais dans la constitution d'aucun état; qu'il ne fut qu'une distinction introduite par l'usage, et non un honneur de convention, une dignité réelle, XVII, 3; XXIII, 492. — Cérémonies de leur armement et de leur installation, usitées dès le onzième siècle, XVII, 2. — Chevaliers bannerets, 3.

Chevaux (les) *et les Anes*, ou *Étrennes aux sots.* Satire par Voltaire, XIV, 195.

CHEVERNI (*Philippe* HUROULT de), chancelier de Henri IV à son entrée à Paris. (*Voy.* CHIVERNI.)

CHEVERT (de), lieutenant-colonel du régiment de Beauce. Monte le premier à l'assaut au siége de Prague, XXI, 72. — Et l'un des premiers au Château-Dauphin, 92.

CHEVREAU (*Urbain*), savant et bel esprit du siècle de Louis XIV. Notice, XIX, 82.

CHEVREMONT (l'abbé de). Auteur, ou plutôt éditeur du prétendu *Testament de Charles V*, duc de Lorraine, XXIX, 254; XXXIX, 289.

CHEVREUSE (*Marie* de ROHAN-MONTBAZON, duchesse de). Courtisée d'abord par le cardinal de Richelieu, est accusée d'avoir cabalé contre lui; se sauve en Angleterre, et traverse la rivière de Somme à la nage, pour aller gagner Calais, XVIII, 202. — L'engageait par ses artifices dans la passion qu'elle voulait lui inspirer, et le sacrifiait au garde-des-sceaux Châteauneuf, 228. — Comment appelait dérisoirement le cardinal, 229.

CHEVREUSE (duchesse de). S'emploie pour la Guyon, XX, 443. — Assiste aux conférences dévotes de Fénelon, 444.

CHEVREUSE (duc de). Se distingue aux combats de Sahy et de Fontenoi, XII, 138. (*Voy.* PECQUIGNY-CHEVREUSE.)

CHEVRIER (comte de). Est tué à Fontenoi, XII, 135; XXI, 139.

CHEVRIER (*François-Antoine*), littérateur. Comment traité au sujet d'une édition tronquée et mutilée de la *Pucelle*, LVI, 517, 526, 530, 539. — Auteur du prétendu *Testament de Belle-Isle*; note à ce sujet, XXIX, 254; XXXIV, 40; XLII, 30; LX, 58. — Notice qui le concerne, LVI, 517.

CHICOT, fou du roi Henri III, XXII, 147. — Pièce suspecte, signée de ce nom, dans le procès intenté au prince, au sujet de l'assassinat des Guises, *ibid.*

Chien (le). Son éloge, XII, 71; XXVIII, 34. — Ses différentes espèces, *ibid.* — Pourquoi déclaré immonde chez les Juifs, *ibid.* — Sa sagacité et ses autres qualités, 35. — Ce qu'Ulloa raconte des chiens du Pérou, *ibid.* — Pourquoi le mot de *chien* est devenu une injure, *ibid.* — Pourquoi le chien a été adoré ou vénéré chez les Égyptiens, 36. — Figure au nombre des constellations, *ibid.* — Quel est le plus renommé, *ibid.* —

Dogue affamé de carnage, sujet d'une comparaison poétique, XI, 282.

Chiens de chasse. Leur instinct belliqueux, leur odorat, comparaisons poétiques, X, 276; XI, 76, 86, 321, 377.

CHIFFLET (*Jean-Jacques*), savant du siècle de Louis XIV. Notice qui le concerne, XIX, 82.

Chiffres (les). Viennent de l'Inde, XV, 288. — Nécessité qui a porté les hommes à perfectionner l'art d'écrire en chiffres, XXXI, 490. — Invention dont les Italiens se servirent les premiers, XVIII, 79.

CHIGI (*Mario*), frère du pape Alexandre VII. Part active qu'il prend à l'insulte faite à Rome au marquis de Créqui, ambassadeur de France, XIX, 354. — Le pape se voit forcé de l'exiler, 355. — Autres détails, XLIV, 339.

CHIGI (le cardinal), qui fut depuis Alexandre VII. Préside à Munster les négociations pour la paix de Vestphalie, XXIII, 622. — Condamne ensuite le traité auquel il a présidé, 627. (*Voy.* ALEXANDRE VII.)

CHIGI (le cardinal), neveu du précédent. Envoyé par son oncle pour donner à Louis XIV satisfaction de l'outrage fait à son ambassadeur; est le premier légat de la cour romaine qui ait jamais eu une pareille mission, XIX, 355. — Sa réception à la cour de Versailles, XX, 151.

CHI-HOANGTI, empereur de la Chine. Ordonna de brûler tous les livres, XV, 260. — On les conserva avec soin, et ils reparurent après lui, *ibid.*

CHILDEBERT, fils de Clovis. Roi de Paris, arme contre Gondebaud, son grand-oncle, assassin de sa famille maternelle, L, 127. — S'unit avec Clotaire pour dépouiller ses neveux, fils de Clodomir, 128. — Guerre civile suscitée contre lui par un évêque de Reims, XV, 442. — Sa fille mariée à Éthelbert, 451.

CHILDÉRIC III, le dernier roi de France de la première race. Sa faiblesse, et vers y relatifs, III, 441. — Commandait à peine aux domestiques de sa maison, XXIII, 45. — Déposé par Étienne, et fait moine par Pepin, XV, 390; XXII, 6; XXIII, 45.

CHILPÉRIC, roi de Soissons, au 6ᵉ siècle. Sa tyrannie force ses sujets à la désertion, XV, 420. — Roi polygame, 409, 507; XXIX, 357; XLI, 30.

Chimères (les). Nous sont nécessaires; vers à ce sujet, XIII, 224.

Chimie (la). Ses progrès en France sous Louis XV, XXI, 428.

Chine (la). Ses quinze royaumes réunis sous un souverain plus de vingt-cinq siècles avant l'ère vulgaire, XV, 259; XLIII, 346. — Avait anciennement le nom de Catai, XVI, 221, 227. — Son étendue à l'époque de la chute de l'empire romain, XV, 257. — De sa population et de ses mœurs, 262; XLI, 186; XLVII, 522 *et suiv.* — Immensité de ses villes, XV, 262. — Ses forces militaires, 263. — Sa grande muraille, 264; XXVI, 348; XLVII, 521. — Ses finances et ses monnaies, XV, 265. — Ses manufactures, 267. — Arts et sciences qu'on y cultive, *ibid. et suiv.* — Perfection que la morale et les lois y ont acquise, 270. — Est le seul des anciens états connus qui n'ait pas été soumis au sacerdoce, 41, 88. — De sa religion, 273 *et suiv.* — D'où est venu le grand malentendu sur les rites de cet empire, 277. — Fausse inscription pour y faire remonter l'introduction du christianisme vers le 8ᵉ siècle, avant Charlemagne, 280. — Subjuguée en grande partie par Gengis, XV, 216. — Ses descendants en achèvent la conquête, 227. — Dynastie Yven, 231; XVII, 471. — Révolution qui renverse les conquérants, 472. — La dynastie chinoise des Ming succombe à son tour sous les descendants des mêmes Tartares qu'elle avait chassés, *ibid.* — Sages lois et règlements de Taitsong, son second restaurateur, 473. — Époque où les arts y furent cultivés plus que jamais, 475. — Esprit de son gouvernement, le plus ancien monument de la raison qui soit sur la terre, 477. — Sa tolérance en matière de religion, XLI, 249. — Les empereurs y sont les premiers pontifes de l'empire, XLIV, 34. — On y cultiva l'art dramatique long-temps avant qu'il fût connu des Grecs, VI, 403, 405. — Son état au 17ᵉ siècle et au commencement du 18ᵉ, XVIII, 455 *et suiv.* — Tribunaux gardiens des lois, 456. — Perfection de la culture des terres, 457. — Les Tartares achèvent de la subjuguer, après une révolution qui dura trente ans sous deux minorités, 462. — Missionnaires d'Europe; leurs querelles scandaleuses sur les cérémonies chinoises contribuent à faire proscrire le christianisme, 464; XX, 460 *et suiv.*; XXVIII, 41; XXXIII, 206. — Tremblement de terre de 1699, qui fit périr environ quatre cent mille hommes, XII, 185; XVIII, 465. — Examen de la persévérance des mœurs dans ce vaste empire que la force a subjugué deux fois, XLI, 139 *et suiv*. — Si les Égyptiens l'ont peuplé, XLVII, 527. — Mémoire sur la cérémonie du labourage qui s'y fait tous les ans, XXVI, 132. — Lettres sur l'athéisme prétendu de ce pays, XLVIII, 201. — Sur l'ancien christianisme, qui n'a pas manqué d'y fleurir, 205. — Sur ses lois et ses mœurs, 213. — Sur les succès des RR. PP. jésuites et sur leurs tribulations, 217. — Sur les dix anciennes tribus juives qu'on dit y être, 225. (Voy. *Chinois*.)

Chine (*Épître au roi de la*), par Voltaire, XIII, 377. (*Voy.* KIEN-LONG.)

Chine (*Rescrit de l'empereur de la*). Facétie à l'occasion du *Projet de paix perpétuelle*, publié par J.-J. Rousseau, XL, 307.

CHINIAC-LA-BASTIDE-DUCLOS (*Pierre*), avocat au parlement. Auteur de *Commentaires sur le Discours des libertés gallicanes* de l'abbé de Fleury, XLIV, 453; LXV, 88. — Énergumène qui établit le presbytérianisme tout cru, et qui, de plus, est calomniateur insolent, *ibid*. — Libelliste de profession, XXVIII, 257. — Plagiaire insultant ceux qu'il a volés, XII, 293. — Sottise de cet écrivain sur une pancarte de Pepin-le-Bref, XLIV, 454 *et suiv*. Calomnie et impiété qu'on lui reproche, 457. — Bévue énorme qu'il a commise, 462.

Chinois (les). Sont, après les Indiens, le peuple le plus ancien des nations connues, XXVII, 554. — Preuves à l'appui de cette assertion, XV, 85, 261; XXVIII, 37. — Leurs annales sont les plus anciennes du monde, XV, 236, 260. — Tout y est vraisemblable et naturel, XXXII, 429. — On a prouvé qu'il y a cinq mille ans ils étaient déjà réunis en corps de peuple, XLVII, 359. — On ne doit pas leur contester une chronologie unanimement reçue chez eux, et qui d'ailleurs est fondée sur l'astronomie, XV, 261; XLIII, 346. — Leur plus ancien livre est celui des *Cinq-Kings*, XV, 86, 259. — Le journal de leur empire est le plus authentique et le plus utile qu'il y ait au monde, 263. — Détails sur leur alphabet, XIII, 277; XV, 270. — Prétention ridicule de ceux qui ont voulu en faire une colonie d'Égyptiens; par qui confondue, XXV, 7; XXVIII, 38; XLVII, 329. — Lettre sur cette fantaisie qu'on eue quelques savants d'Europe, XLVIII, 221. — Observations sur le même sujet, XIII, 279; XLVII, 529. — Seule nation ancienne dont les lois se taisent sur l'immortalité de l'ame, XV, 77, 90, 276; XLVI, 124. — La religion de leurs lettrés est admirable, XXVIII, 52. — Elle est la seule qui n'ait pas été souillée par le fanatisme, XXIX, 328, 329. — Ont été faussement accusés d'athéisme par nos théologaux d'Occident, XXVIII, 46; XLI, 140; XLVI, 107; XLVII, 426, 429. — Voltaire lui-même les avait d'abord crus athées, XII, 427. — Il s'est ensuite, le premier, élevé contre cette idée, *ibid.*; XIII, 279, 287; XV, 89, 277; XLVIII, 201 *et suiv*. — Beaucoup de lettrés croient Dieu et l'ame matériels, XV, 276, 279. — Fanatisme et austérités de leurs bonzes, 278. — Pourquoi les sectes sont tolérées parmi eux, 279. — Ce qui les met au-dessus de tous les peuples de la terre, XXX, 195. — Preuve qu'il n'entre point d'idolâtrie dans les cérémonies dont ils honorent leurs aïeux et les mânes des grands hommes, XVIII, 474. — S'il est vrai qu'ils aient mangé des hommes, XLVII, 527 *et suiv*. — Toujours supérieurs dans la morale, pourquoi ont fait peu de progrès dans toutes les autres sciences, VI, 405; XIII, 279; XV, 87, 269; XVIII, 476; XX, 461. — Lors de l'invasion des Tartares, sous la conduite de Tait-Sou, ignoraient encore les armes à feu, XVIII, 458. — Antiquité de leurs poëmes dramatiques, VI, 403, 405; XVIII, 475. — Leurs manufactures, arts et sciences, XV, 267 *et suiv*. — Passent pour les plus anciens faiseurs d'almanachs, XXVI, 187. — Leur manière de supputer le temps, XXVII, 79. — Comment construisent leurs maisons d'habitation, XLVII, 520. — Connaissaient la poudre inflammable, XIV, 270. — Qui a introduit chez eux l'artillerie, *ibid.*; XV, 268. — Leur gouvernement n'est pas despotique, 271. — La loi fondamentale est que l'empire est une famille, *ibid*. — Les lois y récompensent la vertu, 273. — Leurs travaux ont instruit l'univers; sagesse de leur gouvernement, VI, 452. — Leurs tribunaux défendus contre Montesquieu, XLII, 445. — Leur cérémonie et leur politesse excessive, XV, 272. — Leur attachement à leurs habitudes, 267, 270; XLI, 140. — Ont soumis à leur sagesse les Tartares, leurs vainqueurs, VI, 403; XVII, 477. — Leur fidélité dans leur traité avec les Portugais de Macao, XXI, 254. — Leur traité de paix avec Pierre-le-Grand, le premier qu'ils aient fait depuis la fondation de l'empire, XXV, 27, 108 *et suiv*.

CHIRCHA. Usurpateur mahométan qui règne heureusement dans l'Inde, XVII, 481. — Rend la religion des Osmanlis dominante dans le Mogol, *ibid.*

CHIRON, astronome de l'expédition des Argonautes. Ses observations, XXXVII, 218; XXXVIII, 251. — Fixa le temps de l'écliptique où commence le printemps, 252.

Chirurgie. Le plus utile de tous les arts; combien perfectionnée en France, XX, 332. — Vers la fin du 16e siècle était encore inconnue en Suède, XVIII, 394. — Inscription proposée par Voltaire pour les écoles de chirurgie, XIV, 492; LXVIII, 216.

CHIVERNI (comte de), chancelier sous Henri IV. Mission qu'il reçoit de ce prince à son entrée à Paris, XXII, 176. — Porte au parlement l'édit qui lui pardonne et le rétablit, 177.

Chœurs. Dissertation sur leur emploi dans la tragédie, II, 46. — Manière dont Voltaire les a introduits dans *OEdipe*, *ibid.*; LI, 193. — Ce qu'ils étaient chez les anciens, II, 47; V, 475. — Usage qu'en fit Racine dans *Esther* et dans *Athalie*, II, 47. — Comment furent accueillis dans *OEdipe*, 359. — Pourquoi Voltaire n'a pas osé en introduire dans *Brutus*, *ibid.* — Peu de goût qu'il avait pour la musique mêlée à la déclamation, LXVII, 112. — A quelles sortes de pièces les chœurs peuvent seulement convenir, II, 48. — Des chœurs dans nos tragédies-opéra, V, 475.

CHOISEUL (*César*, comte de PLESSIS-PRASLIN, duc de), maréchal de France sous Louis XIV. Bat le vicomte de Turenne à Rethel, en 1650, XIX, 28, 296, 306. — Pourquoi flatté par Mazarin, lors de la maladie du roi à Calais, 330. — Louis XIV lui donne le commandement d'un corps de troupes en Italie, 354. — Mort en 1675, 28. (*Voy.* PRASLIN.)

CHOISEUL-FRANCIÈRES (*Claude*, comte de), maréchal de France sous Louis XIV. Notice qui le concerne, XIX, 22. — Son anecdote avec Ninon de Lenclos, XXXIX, 405. — Se distingue, en 1692, à la bataille de Steinkerque, XIX, 489.

CHOISEUL. (*Etienne-François*, comte de STAINVILLE, depuis duc de). En 1759, ambassadeur à Vienne, LVIII, 100. — Ministre des affaires étrangères et de la guerre en 1760, LX, 39, 58. — Lié avec la princesse de Robecq, comment la venge des outrages de la *Vision*, LVIII, 431, 442. —

Pourquoi protège Palissot; sa justification à ce sujet, 434, 447, 454, 484; LXIII, 31. — Éloge de sa belle ame et de ses sentiments philosophiques, LVIII, 116, 256, 284, 304, 510; LXIII, 3, 332, 342, 362, 365. — Mis en parallèle avec M. le maréchal de Belle-Isle, XXI, 334. — En 1761, publie un *Mémoire historique* sur les négociations de la France et de l'Angleterre; ce qu'on en dit, LX, 39, 58. — En 1762, fait une cause commune de toutes les branches de la maison de Bourbon, XXI, 334. — Entame les négociations de la paix de 1763, 338, 340, 379. — Emploie son crédit pour faire nommer pape Ganganelli, 385. — Dirige la conquête de la Corse, et fait opérer sa réunion à la France, 402. — Ce que lui doivent les possessions françaises en Amérique, 403. — Conclut le mariage du Dauphin, qui fut depuis Louis XVI, avec la fille de Marie-Thérèse, 405. — Obligations que lui a Voltaire, XLVIII, 359, 378; LVIII, 324; LX, 430, 451; LXIII, 81; LXVII, 110. — Protège Fréron; reproche qu'on lui fait à ce sujet, LVIII, 415. — Tracasseries qu'on fait à Voltaire auprès de lui, au sujet des sottes affaires de Genève, LXIV, 470, 485. — Se déclare violemment contre les Sirven, après avoir promis d'être leur protecteur, 558. — Explication à ce sujet, LXV, 21. — Cabales contre lui en 1769, 312, 314. — Lubies que lui reproche l'auteur, 373, 374. — Fonde et fait bâtir Versoix, LXVI, 163, 200, 215 *et suiv.* — Protège les émigrants de Genève réfugiés à Fernei, 232, 269. — En 1771, est disgracié, 553; XXI, 405. — Ce qu'en dit le grand Frédéric à cette occasion, LXVII, 30. — Questions diverses à son sujet, 20, 22, 50, 128. — Attachement et reconnaissance que lui conserve l'auteur dans son exil, 4, 48, 56, 90, 93, 94, 110, 113, 119, 138, 148, 155, 165, 181; XLVII, 30. — Ses soupçons injustes contre Voltaire, et chagrin que celui-ci en éprouve, LXVII, 120, 146, 155, 166, 395, 402, 437, 482; LXVIII, 14, 15, 30, 177, 496. — En 1774, revient à Paris en triomphateur, et en repart en philosophe, 506. — Voltaire ne se console point de l'injustice qu'il lui a faite en le croyant ingrat, 507; LXIX, 2, 423; LXX, 46, 71, 258, 281. — Vers à sa louange, XII, 488; LXIII, 467. — Épître allégorique par laquelle les *Scythes* lui furent dédiés, VIII, 185. — Autre allégorie sur sa disgrace, XIII, 315. — Son éloge et son portrait, XXI, 334,

401; LXVI, 85. — Autres éloges, XLVIII, 359, 369. — En quels termes en parlait Frédéric dans sa correspondance avec l'auteur, LVIII, 391, 455. — Lettres que lui adresse Voltaire, de 1752 à 1773. (Voy. *Tabl. part.* de LVI à LXVIII.)

CHOISEUL (duchesse de). Pourquoi surnommée par l'auteur *madame Gargantua*, LXV, 524, 544; LXVI, 12, 15, 27. — En quels termes on en parle, LXV, 275, 314; LXVI, 28. — Son portrait, XIII, 273 *et suiv.* — Comment définie, LXVI, 262, 271. — Comment l'auteur, qui ne l'a jamais vue, se la représente, 283; LXVII, 182. — Compliment d'étrennes, LXVI, 110. — Vers dont elle est l'objet, LXV, 408; LXVI, 262; LXVII, 52. — Autres, en lui envoyant des bas de soie que l'auteur assure avoir faits lui-même, LXVI, 12, 15, 29. — Stances sur la fondation de Versoix, XII, 545. — Épître allégorique sur la disgrace de son mari, XIII, 315. — Lettres qui lui sont adressées, de 1768 à 1771. (Voy. *Tabl. part.*, de LXIV à LXVII.)

CHOISEUL (une demoiselle de). Anecdote plaisante qui la concerne, LXII, 219.

CHOISEUL (*César-Gabriel*, comte de), depuis duc de Praslin. (*Voy.* PRASLIN.)

CHOISEUL-MEUSE (de), capitaine d'infanterie. Se distingue à Fontenoi, XII, 134. — Anecdote à son sujet, LVIII, 252.

CHOISY (*François-Timoléon*, abbé de), académicien. Envoyé à Siam, a publié une relation de ce pays, et plusieurs histoires, XIX, 82. — Épigraphe singulière de sa traduction de l'*Imitation de Jésus-Christ*, dédiée à Mme de Maintenon, *ibid.* — Il s'habilla et vécut en femme plusieurs années, et publia ses *Mémoires* sous le nom *de la comtesse des Barres*, où il raconte ses bonnes fortunes sous ce déguisement, 83. — A écrit ensuite une *Histoire de l'Église*, *ibid.* — Ses *Mémoires sur la cour de Louis XIV* doivent être lus avec défiance, 299; XX, 190, 242. — Ils sont aussi peu sûrs que négligemment écrits, 513; XIX, 83. — Cité au sujet d'un mot de Guillaume, prince d'Orange, concernant Louis XIV, 444. — Et de l'opposition de Louvois au mariage de ce monarque avec Mme de Maintenon, XX, 197.

CHOKZIM (bataille de). Gagnée par Jean Sobieski, délivra la Pologne du tribut des Turcs, XVIII, 401. — Vers au sujet de la prise de cette ville par les Russes, sous Catherine II, XII, 544.

CHOMEL. (*Voy.* HOMEL.)

CHORIER (*Nicolas*), avocat à Grenoble. Auteur de l'*Aloïsia*, publiée sous le nom de *Meursius*, XII, 232; LXI, 15.

Choses de ce monde. Dépendent toutes de l'usage et de l'opinion, III, 153. — Il n'y faut mettre que leur prix, et ne prendre point de grosses balances pour peser des toiles d'araignées, LVI, 260.

Choses humaines. Leur fragilité, X, 57. — De leur nécessité et de leur enchaînement, dialogue philosophique, XXXIX, 583. — Confirmation des preuves de leur nécessité, XLVI, 583.

Choses utiles et agréables. Recueil de pièces publiées par Voltaire lui-même en 1769, IX, 118.

CHOUILLIER, lieutenant du grand-prévôt. L'un des instruments de la faction des Seize contre les partisans du roi, XXII, 159.

CHOUIN (*Marie-Emilie* JOLY de). Son prétendu mariage avec le grand Dauphin, fils de Louis XIV, et contes populaires à ce sujet, XIX, 3; XX, 206; XLVII, 571. — Comment fut chassée de la cour, et autres détails qui la concernent, XLVI, 355, 369; LVII, 88.

CHOURLOULI-ALI-BACHA, grand-vizir. Son origine, XXIV, 210. — Promet de servir Charles XII; est corrompu par l'argent du czar, *ibid.* — Mémoire présenté contre lui au grand-sultan, et réponse qu'en reçoit le roi de Suède, 212. — Hauteurs du prince avec ce ministre, 213. — Il est déposé, dépouillé de ses dignités et de ses richesses, et relégué dans la Tartarie-Crimée, 214. — Sa mort, 247.

CHOVANSKOI (le knès). Veut partager le gouvernement avec la princesse Sophie, qu'il avait contribué à élever, XXV, 94. — Soulève les strélitz contre toute la famille czarienne, 95. — Son supplice, *ibid.*

CHRAM, fils de Clotaire 1er. Lui fait la guerre; son père le fait brûler, XV, 420; L, 134.

Chrétien (le). Préceptes que lui prescrit la charité, III, 174. — En quoi celui qui est mal instruit fait consister la religion, IV, 155. — Quelle est celle du vrai chrétien, *ibid.*, 226; XXXIV, 353. — Que, pour être bon chrétien, il faut être surtout bon sujet, bon citoyen, X, 100, 101; LIX, 209. (*Voy.* l'article suivant.)

Chrétiens. Plagiaires grossiers des fables inventées avant eux, LXIX, 558. — Confondus avec les Juifs sous les premiers empereurs, XV, 347. — Chassés comme eux sous Tibère, et accusés de l'incendie de Rome sous Néron, 348; XXVIII, 60. — Se séparent de la communion juive, XXIX, 20. — Se joignent aux platoniciens d'Alexandrie, XV, 346; XXXI, 437. — Étaient plus à craindre pour l'empire que les Juifs, XLVI, 84. — Dans les deux premiers siècles, n'eurent ni temples, ni autels, ni cierges, ni enceus, ni aucun des rites institués depuis, IX, 348, 349; XXVII, 217. — Avaient même ces rites en abomination, et pourquoi, 218 *et suiv.*; XXXII, 115. — Au troisième siècle, avaient des églises publiques très fréquentées et très riches, XXVIII, 186. — Leur liberté fut si grande qu'ils tinrent seize conciles dans ce siècle, *ibid.* — Preuve qu'ils furent admis dès-lors à tous les honneurs et à toutes les dignités, 187. — Au quatrième siècle, furent accusés de mêler à leurs cérémonies religieuses les plus abominables impudicités, L, 459. — Exécrables imputations dont les charge saint Épiphane à ce sujet, *ibid.*; XXX, 382; XLIII, 121. — Celles que leur faisaient les païens, XXX, 381. — Infamies et turpitudes que leurs premières sociétés se reprochaient entre elles, *ibid.* — Par qui justifiés des profanations sacriléges qu'on leur attribuait, XXXII, 510. — Vertus des premiers chrétiens, X, 179, 201. — De l'établissement de leur secte, XLIII, 92. — Quels en furent les premiers fondements, XLIV, 172. — Est celle qui a fait le plus de martyrs, 131. — Combattent les Juifs pour le dogme avec les mêmes armes que ceux-ci les combattent, attestent les mêmes prophètes et les mêmes prédictions, XL, 617. — Plaisante prophétie d'Isaïe, dont ils font la base du christianisme, 619. — Excès auxquels ils se sont portés lorsqu'ils ont commencé à dominer, XLIII, 257. — Argument barbare qu'ils ont toujours à la bouche, 262. — Comment ils se conduisirent avec les Romains, et comment ils forgèrent des vers attribués aux sibylles, XLIII, 107. — Leur conduite avec les Juifs; leur explication ridicule des prophètes, 111. — Fausses citations qu'ils en firent, 114. — Livres supposés ou falsifiés par eux pour accréditer leur secte, 119; L, 435. — Leurs principales impostures, XLIII, 122; XLIV, 174 *et suiv.* — Leurs fraudes innombrables, XXVIII, 69; XLII, 150, 175; XLVI, 227. — Des dogmes et de la métaphysique des chrétiens des premiers siècles, XLIII, 129. —

Ne furent jamais persécutés que comme des factieux destructeurs des lois de l'empire, 148; XLVI, 64 *et suiv.* — Leurs martyrs prétendus, XLIII, 150 *et suiv.* — Leurs prétendus miracles, 159. — Furent favorisés vingt ans par Dioclétien, qui devint depuis leur ennemi, L, 474. — Furent plus souvent tolérés et même protégés qu'ils n'essuyèrent de persécutions depuis ce prince jusqu'à Constantin, XLIII, 152 *et suiv.* — Ce dernier empereur fit asseoir leur secte sur les degrés de son trône, I., 478. — De leurs querelles avant lui et sous son règne, XLIII, 170. — Elles furent suspendues sous celui de Julien, puis reprises avec fureur après sa mort, 187. — Ce qu'ils furent sous Valentinien 1er et sous Théodose, *ibid. et suiv.* — Quelles furent les véritables causes de leurs persécutions sous les premiers Césars, XLI, 265 *et suiv.* — Que le nombre de leurs martyrs n'a pas été aussi considérable qu'on le prétend, 273. — De leurs sectes et de leurs malheurs jusqu'à l'établissement du mahométisme, XLIII, 190 *et suiv.* — De l'excès épouvantable de leurs persécutions, 195. — Des chrétiens platoniciens, XLVI, 243, 283 *et suiv.* — Des dogmes chrétiens, absolument différents de ceux de Jésus, XLV, 262; XLVI, 249. — Des querelles chrétiennes, 251. — Comment les chrétiens ont imité Jésus, et quel bien leur religion a fait au genre humain, 261. — Meurtres commis par eux sur d'autres chrétiens, 262 *et suiv.* — Quand, de martyrs qu'ils étaient, devinrent persécuteurs, X, 175. — De toutes les sectes sont la plus intolérante, XXXII, 373. — Pourquoi sont appelés idolâtres, XLIII, 576; XLVII, 428. — Ce n'est que chez eux qu'on a vu des sociétés religieuses instituées pour combattre, XXVII, 40. — Leurs premiers écrits attestent qu'il ne leur était pas permis de prendre les armes, XXIX, 247. — Faire une armée de chrétiens était, dans les premiers temps, une contradiction dans les termes, 249.

Chrétiens de Saint-Jean. Établis vers l'Euphrate et en Arabie, XXVII, 296; XXIX, 38; XLVI, 225; L, 436.

Chrétiens nestoriens, appelés aussi *de Saint-Thomas*. Sectaires orientaux; d'où sont ainsi nommés, XV, 293; XLVII, 351. — Ceux qu'on trouva sur les côtes de Malabar ne savaient pas qu'il existât une Église de Rome, XVII, 376. — Vains efforts que l'on fit pour les soumettre au Saint-Siége, *ibid.*

CHRISANDER. Auteur d'un *Commentaire*, publié en 1774, *sur les six jours de la création*; ce qu'on en dit, XLIX, 10.

CHRIST (le). Signification de ce mot, XXVIII, 125. (*Voy.* JÉSUS.)

Christ (chevaliers du). Institution de cet ordre en Portugal, XVI, 291.

Christiade (la). Espèce de poëme en prose par La Baume, cité au sujet de Marie-Madeleine, XXXI, 136. — Examen de divers passages qui la concernent, 137.— L'auteur en paraît savant, et même éloquent, 139. — Ce livre brûlé, en 1756, par arrêt du parlement de Paris, LVII, 62 *et suiv.* — Autres poëmes sur le même sujet, par Jérôme Vida et par un Toulousain nommé d'Escorbiac, XXXI, 140.

CHRISTIAN Ier, électeur de Saxe, fils d'Auguste-le-Pieux. Prête de l'argent et des troupes au vicomte de Turenne, pour aider Henri IV à reconquérir son royaume, XXIII, 553. — Sa mort en 1591, 27, 553.

CHRISTIAN II, fils et successeur du précédent. Mort en 1602, XXIII, 27.

CHRISTIAN II, roi de Danemarck. Épouse la fille de l'empereur Maximilien, XVII, 153. — Obtient contre les Suédois un secours de trois mille Français; son ingratitude, *ibid.* — Enlève Gustave-Vasa et six ôtages, 154. — Prend l'argent des indulgences; fait la guerre à la Suède, et en est reconnu roi, 155.—L'opprime, et fait égorger le sénat dans une fête, *ibid.*, XXIII, 452; XXIV, 36.—Perd ce royaume, que Gustave-Vasa lui enlève, XVII, 156. — Fait noyer la mère et la sœur du prince, *ibid.* — Déposé par les Danois, reçoit son arrêt en criminel, *ibid. et suiv.* — S'enfuit en Flandre, 157. — La diète de Worms s'oppose à ce que son beau-frère Charles-Quint le secoure, XXIII, 452. — Il fait en Norvége une tentative inutile, XVII, 157. — Abandonné, se laisse mener en Danemarck, et y meurt en prison, *ibid.* — Surnommé le *Néron du Nord*, XXIII, 449. — Pendant qu'il était retenu en prison par ses sujets, il avait fait Charles-Quint héritier de ses trois royaumes qu'il n'avait point, et qui étaient électifs, 500.

CHRISTIAN III, duc de Holstein, et depuis roi de Danemarck. Pourquoi, aussitôt après son élection, attaque Charles-Quint en Hollande, XXIII, 500. —
Tendresse et ménagements singuliers qu'il eut pour ses frères Jean et Adolphe, avec qui il partagea ses duchés, 510, 514; XXIV, 47.

CHRISTIAN IV, roi de Danemarck. Chef de la ligue protestante opposée à Ferdinand II, XXIII, 583. — Est défait à Northeim, 584. — Se retire dans ses états, 585. — Reçoit des secours du ministre de France, 586. — Toujours malheureux, est obligé de faire sa paix avec l'empereur, *ibid.*— Sa mort en 1648, XIX, 14.

CHRISTIAN V, roi de Danemarck. Mort en 1699, XIX, 14.

CHRISTIAN VII, roi de Danemarck. Vers au sujet de sa générosité envers les Sirven, en 1767, LXIV, 9. — De son voyage en France en 1768, et des visites qu'il fit aux Académies, LXV, 232, 268. — En 1770, il souscrit pour la statue de Voltaire, LXVI, 473, 509. — Établit la liberté de la presse dans ses états, LXVII, 35, 39. — Épitre en vers à ce sujet, XIII, 290.— Variante y relative, LXVII, 75. — Lettres à ce prince, de 1767 à 1771, LXIV, 8; LXVI, 500; LXVII, 15. — Autre du roi à l'auteur, LXVI, 523. — En 1772, fait emprisonner et renvoie ensuite en Hanovre sa femme Caroline-Mathilde, déclarée adultère, LXVII, 375.

Christianisme. Histoire de son établissement, XV, 346 *et suiv.*; XLII, 150, 151; L, 409 à 526. — Plaisante prophétie d'Isaïe dont on en a fait la base, XL, 619; XLIII, 23, 112. — Ce qu'il doit aux platoniciens d'Alexandrie, XLVI, 72, 81. — Pourquoi c'était un crime, aux yeux de ceux qui devaient le prêcher dans toute la terre, de montrer aux gentils ce qu'ils appelaient les saints livres, XLIII, 143. — Autres observations relatives à son établissement, XLI, 86 *et suiv.*; XLIV, 178; XLVI, 225. — Causes de ses progrès, 235 *et suiv.*; L, 467, 471. — Fraudes absurdes qui devaient le perdre, 465. — Son affermissement sous plusieurs empereurs, et surtout sous Dioclétien, 474. — Liberté qu'il eut de s'étendre en secret, après s'être formé obscurément dans le sein du judaïsme, XV, 351. — N'a pas souffert autant de persécutions qu'on le dit, *ibid. et suiv.*; XLVI, 63 *et suiv.* — Fausses légendes qui n'ont pas nui à son établissement, XV, 358 *et suiv.* (*Voy. Apocryphes.*) — Comment devient la religion dominante, 367. — D'où sont tirés ses principaux dogmes, XXXII, 225. — Pourquoi adopté par Constance-Chlore et par Constantin, XLVI, 84. — A peine sur le trône, fut profané par les cruautés et la vengeance, *ibid.*; XV, 371; L, 273. — Ne s'est soutenu depuis Constantin que par des troubles ou des bourreaux, XLIII, 427. — A perdu l'empire romain, XV, 377. — Son état du temps de Charlemagne, 436 *et suiv.*; 444 *et suiv.* — Comment il s'est établi dans la Grande-Bretagne, 450. — Et dans le nord de l'Europe, XVI, 47 *et suiv.*; XXIII, 84, XXV, 70 *et suiv.* — De l'opinion des savants qui ont cru que son berceau fut dans l'Inde, il y a cinq mille ans à peu près, XLVIII, 234. — Pourquoi a fait peu de progrès dans ce pays, XV, 304. — Protégé d'abord à la Chine, pourquoi en est proscrit, XVIII, 461, 464; XX, 461; XVIII, 41 *et suiv.* — Guerre qu'il occasionne au Japon, et son extinction dans ce pays, XVII, 370; XVIII, 467. — Vertus qu'il inspire, IV, 226. — Sa morale n'est ni nouvelle, ni meilleure que celle des anciens philosophes, XLVI, 81. — Vers contre sa rigidité, XII, 81, 83, 86. — Tableau résumé et critique de ses dogmes dans *le Pour et le Contre*, 16 *et suiv.* — N'est pas favorable à la poésie, 24. — Est ennemi du sang, mais n'est pas suivi, XV, 78, 344. — Les quakers seuls le suivent à la lettre, 78. — Combien diffère de la religion de Jésus, XXXIV, 254; XL, 568; XLI, 273; XLIV, 322. — Est une religion dangereuse, XXXIX, 374, 376; XLVI, 81 *et suiv.* — Filet pour les sots, poignard pour les fanatiques, 96. — Pesé dans la balance de la vérité et dans celle de la politique, XLIII, 204 *et suiv.* — Tel que Rome l'a fait, est absurde et barbare, XLVI, 215. — Des conversions au christianisme opérées par les armes en Amérique et dans une partie de l'Inde, XXXII, 490 *et suiv.* — Tableau des massacres qu'il a commis, depuis le concile de Nicée jusqu'à la sédition des Cévennes, XLIII, 589. — De son état civil et politique, XXVIII, 52 *et suiv.* — Recherches historiques à son sujet, 63 *et suiv.* — En quoi pouvait être utile, L, 505 *et suiv.* — Comment ceux qui sont à sa tête lui ont toujours insulté, 515. — C'est l'absurdité de ses dogmes qui fait les athées, XLIII, 202. — De son *Histoire* tirée des auteurs païens, par Bullet, LXIV, 524. — Du calcul de Creyge sur sa durée, LXIII, 492. — Et de celui de Woolston, LXIV, 26.

Christianisme (le) *dévoilé.* Cet ouvrage conduit à l'athéisme; Voltaire le réprouve comme académicien, comme philosophe, et encore plus comme citoyen, LXIII, 475. — A qui attribué, LXV, 271. — Quel en est le véritable auteur, L, 536; LIV, 359. (*Voy.* BOULANGER, DAMILAVILLE et d'HOLBACH.) — Notes marginales inédites de Voltaire sur cet ouvrage, L, 536 *et suiv.*; LXIII, 476.

CHRISTIEN, archevêque de Mayence au 12e siècle. Commande l'armée de Frédéric Barberousse contre les Romains, et les bat, XXIII, 200. — Détache les Vénitiens de la ligue formée contre cet empereur, 202. — Pousse la guerre en Italie, et conclut la paix à Venise, 203, 204.

CHRISTIERN (les), électeurs de Saxe et rois de Danemarck. (*Voy.* CHRISTIAN.)

CHRISTIN, avocat. Défenseur des serfs du mont Jura contre les prétentions des chanoines de Saint-Claude, XLVII, 146; LXVI, 291; LXVII, 112. — Recommandé par Voltaire auprès du chancelier Maupeou, 144. — Lettres qui lui sont adressées, de 1765 à 1778. (*Voy. Tabl. part.* de LXII à LXX.) — Articles du *Dictionnaire philosophique* qui lui sont attribués, XXVII, 366; XXX, 342. — Ainsi qu'une note sur les *erreurs de Voltaire*, par Nonotte, XII, 279. — Et l'ÉPILOGUE de la *Guerre civile de Genève*, 308. — Notice à son sujet, XXX, 342.

CHRISTINE, fille de Thomas de Pisan, astrologue. Écrivait en français, au quatorzième siècle; citée sur Charles V, XVI, 437.

CHRISTINE, fille de Henri IV, roi de France, et femme de Victor-Amédée, roi de Savoie. Notice sur cette princesse, XIX, 6. — Pourquoi, du temps de sa régence, son confesseur fut enlevé dans ses propres états par le cardinal de Richelieu, XVIII, 239.

CHRISTINE, reine de Suède, fille de Gustave-Adolphe. Son règne glorieux, XVIII, 395. — Préside aux traités de Westphalie, qui pacifièrent l'Allemagne, *ibid.* — Seule tête couronnée qui eût une gloire personnelle à cette époque, XIX, 321. — Abdique la couronne et quitte la Suède, malgré les prières de tous ses sujets, 333; XVIII, 395. — Ses lettres à Chanut, ambassadeur de France auprès d'elle, et au prince de Condé, sur cette abdication, XIX, 333. — Son goût pour les arts, 334;

xviii, 396.—Son voyage en France ; elle fait assassiner à Fontainebleau son écuyer Monaldeschi, xix, 335 ; xxxix, 424.—Sa lettre au cardinal Mazarin, au sujet de ce meurtre qui ternit sa philosophie, et réflexions y relatives, xli, 34.— Son abjuration publique à Inspruck, xix, 334.— Fut au rang des plus grands rois tant qu'elle régna, iv, 151.— N'eût point abdiqué si elle eût été reine en Italie, où elle se retira, xviii, 396.— Pourquoi fut tentée quelque temps de reprendre le gouvernement, xxi, 42.— Aima mieux converser avec des savants que de régner sur un peuple qui ne connaissait que les armes, xxiv, 39.— A été déchirée à tort par les protestants, et les papes ont triomphé de la conversion d'une femme qui n'était que philosophe, *ibid.* — Vers où elle est peinte, lv, 420 ; lvi, 73. — Mot remarquable de cette princesse au sujet de la révocation de l'édit de Nantes et des violences exercées en France contre les calvinistes, xx, 382 ; xlvii, 594.—Autre au sujet de la comtesse de La Suze, qui changea de religion pour se séparer de son mari, xix, 213. — Meurt à Rome, 14 ; xxiv, 39. — Ses prétendues *Lettres secretes;* quel en est l'auteur, xxvi, 334 ; xli, 34. — Observations critiques à leur sujet, lxi, 66.

CHRISTOBULE, architecte grec. Ses constructions pour Mahomet II ; prix qu'il en reçut, xvi, 493.

CHRISTOPHE II, roi de Danemarck. Déposé, en 1329, par la noblesse et le clergé, xvi, 259.— Le pape Benoît XII prend son parti ; pourquoi refuse de prononcer entre lui et ses sujets, 260. — Il a recours à l'Empire, qui nomme des commissaires, xxiii, 311.— Plusieurs princes lui fournissent des forces, à l'aide desquelles il chasse le régent et remonte sur le trône, *ibid.*

CHRISTOPHE, de Bavière, roi de Suède et de Danemarck. Succède, en 1742, à Éric, prince trop absolu, déposé par les états, xxiii, 394.

Chronologie (ancienne). Règle donnée par Newton pour la réformer, xxiii, 660; xxxvii, 213 *et suiv.* — S'il y en a réellement une ancienne, xxviii, 79.— Vanité de tous les systèmes sur cette matière, 81. — Leur nombre prodigieux, xlvii, 513.

CHRYSOLOGUE (*Pierre*). Au 5ᵉ siècle, imagine les *limbes,* espèce d'enfer mitigé, xi, 53 ; xxvii, 292 ; xxxi, 329.

CHRYSOSTOME (saint *Jean*). Ce qu'il dit au sujet du baptême des morts, tant reproché aux chrétiens, l, 458. — Prédicateur et flatteur du tyran Théodose, xxxii, 358. — Auteur d'une traduction grecque du *Testament des douze Patriarches,* xliii, 123. — Ce qu'il dit de la formation des cieux, xxviii, 101. — Grand saint, mais mauvais astronome, *ibid.*

CHUBB (*Thomas*). Théiste rigide qui reconnaît un Dieu, et n'admet aucun mystère, xliii, 497. — Son opinion sur Jésus-Christ, *ibid.*

CHUMONTOU, auteur de l'*Ezour-Veidam.* (*Voy.* SCHUMONTOU.)

CHURCHILL, poète satirique, et théologien de l'Église anglicane. Éloge de ses talents et de son style ; reproche qu'on lui fait d'avoir outrepassé les bornes du genre, xli, 447 *et suiv.*

CHURCHILL. (*Voy.* MARLBOROUGH.)

Chypre (île de). Donnée à Venise par sa dernière reine, xvii, 66. — Prise sur les Vénitiens par les Turcs, 500.

Chypre et Jérusalem (roi de). Origine de ce vain titre, que plusieurs souverains se sont disputé en Europe, xxiii, 220.

CIBBER, Anglais. Fut un excellent comédien, et bon poète comique, xxxvii, 237.

CIBBER (Mˡˡᵉ). Améliore la déclamation sur le théâtre anglais, dans le rôle de *Zaïre,* iii, 153.

CIBOT (le P.), jésuite. Auteur reconnu d'un *Essai sur l'antiquité des Chinois,* attribué au P. Ko, lxx, 187.

Cicatrice, Cicatrisé. Observation grammaticale sur le sens différent de ces deux expressions, ii, 134, 135.

CICÉRON (*Tullius*). Passage remarquable qu'on en cite sur les avantages de la culture des lettres, iv, 153. — Grand orateur, grand homme d'état, grand militaire, grand philosophe, grand poète, vi, 297 ; xxxii, 435. — Fragment de son poëme de *Marius,* qui en fait regretter la perte, et imitation en vers français que Voltaire en a faite, vi, 297; xiii, 357.—Vers ridicule qu'on lui a faussement imputé, vi, 298. — Son caractère justifié, 299 *et suiv.* — Était assidu au théâtre, 300. — Débauches qu'il reprochait à Antoine, viii, 87, 122, 141. — Par qui fut assassiné, 120. — Circonstances horribles de ce meurtre, *ibid.* — Éloge de ses ouvrages philosophiques, *ibid. et suiv.* — Ses contradictions et ses doutes sur la Providence et sur l'immortalité de l'âme,

XII, 199; XLII, 305; XLVIII, 71, 517.
— Reconnaissait un Dieu suprême et tout puissant, XV, 21. — Son livre *de la Nature des dieux*, le meilleur peut-être de toute l'antiquité, cité et traduit sur l'idée de la fin du monde, XXIX, 421. — Ses *Harangues* et son livre de l'*Orateur*, appréciés, XXIX, 70. — Ses beaux discours diffus, XII, 259. — De ses *Pensées*, traduites par d'Olivet, LIV, 644. — De sa *Vie*, écrite par Middleton, VIII, 120; XLI, 462; LIV, 645; LXII, 192. — A montré toute sa belle ame dans les *Tusculanes*, LII, 193. — Ne croyait point aux fables des enfers, XXIX, 110. — Ce qu'il disait de la mort, LXV, 262. — Lui, qui doutait de tout, ne doutait pourtant pas des causes finales, XLIV, 238. — Ses *Philippiques*, ce qu'on en dit, XXXI, 12. — Observations sur la conduite qu'il tint lors de la conjuration de Catilina, VI, 395. — Pourquoi, étant l'égal de César en dignité, il le flattait en parlant devant lui en avocat, XXIX, 428. — Calomnié par Warburton, XXVIII, 367. — Traité de lâche par Linguet, qui lui reproche de n'avoir plaidé que pour des coquins, LVII, 431. — Son apologie à l'occasion de cette philippique, XXVIII, 83 *et suiv*. — De quel genre était son courage, IV, 108, 137. — Qu'il faut distinguer en lui l'homme d'état et le bon citoyen, VIII, 120. — Ce que la postérité admirera toujours en lui, XLI, 463. — De la loi qu'il impose aux historiens, et réflexions y relatives, XX, 554; XXX, 216.

CID (RODRIGUE, surnommé le). Épouse Chimène, dont il avait tué le père; ses exploits, XVI, 56. — Plus puissant que tous les rois de l'Espagne, resta néanmoins fidèle à son maître, 60. — Sa mort; célébrité qu'il donna à son siècle, *ibid.*; XXXV, 41.

Cid (le), tragédie ancienne. (*Voy.* DIAMANTE et GUILLEM DE CASTRO.)

Cid (le), tragédie de P. Corneille. Remarques sur cette pièce, XXXV, 39 à 127. — Son succès d'enthousiasme, 42. — A quoi il fut dû, II, 56. — Est une imitation embellie, et, en plusieurs endroits, une traduction de deux tragédies espagnoles, XLI, 492 *et suiv*. — Persécution qu'elle attira à son auteur, XXXV, 42 *et suiv*. — Remarques sur les *Observations* de Scudéri, 98 *et suiv*. — Autres sur les *Sentiments de l'Académie française*, rédigés par Chapelain, 107 *et suiv*. — Éloge de cette critique, VI, 149. — Mot de Habert de Cerisy, chargé de condamner le *Cid*, XII, 67. — Fut la première pièce qui franchit les bornes de la France et qui obtint tous les suffrages, excepté ceux de Richelieu et de Scudéri, XL, 289. — Ses défauts, XXXV, 45, 86. — Tort qu'ont les comédiens d'en retrancher les deux premières scènes, 56, 58; LIX, 541. — Inutilité insipide du rôle de l'Infante, 56, 88. — Défaut de liaison des scènes, XXXV, 59, 86, 89, 94. — Celles imitées de l'espagnol sont les seules où Corneille ait jamais parlé au cœur, VI, 154. — Traces qu'on y trouve de la familiarité comique de nos anciennes tragédies, IX, 122; XXXV, 62 *et suiv*. — Éloge du dénouement, 97; XXXVI, 501. — Vers cités et critiqués, XXIX, 233, 276, 277.

CIDEVILLE (de), conseiller au parlement de Rouen, et ami de Voltaire. Époque de leur liaison, et Notice qui le concerne, I, 161; LI, 92. — Vers écrits sur un exemplaire de la *Henriade* que lui envoyait l'auteur, XIV, 334. — Conseils sur la prolixité de ses *Épîtres*, LI, 206. — Ses vers à l'occasion de la mort de La Faye, refaits par Voltaire, 231. — Son opéra du *Triomphe de la Beauté*, et détails y relatifs, 233, 241 *et suiv*. — Vers en lui envoyant *Ériphyle*, 261. — Autres, en lui envoyant le *Temple du Goût*, 332. — Lettre de l'auteur au sujet des critiques de ce poëme, XII, 320. — Épître en vers qui lui est adressée, XIII, 76. — Auteur d'une *Allégorie* critiquée par Voltaire, LI, 451, 457, 460, 462. — Sa *Déesse des Songes*, LII, 43. — Ses actes d'*Anacréon* et de *Daphnis et Chloé*, et autres ouvrages dramatiques, LI, 253, 259, 267, 365; LII, 52, 102. — Lettres qui lui sont adressées de 1723 à 1765. (*Voy. Tabl. part.* de LI à LXII.) — Retiré à Paris en 1772, très vieux, très infirme et très dévot; ce qui ne l'a pourtant pas empêché de rendre justice à l'auteur, LXVII, 335. — Épître en vers adressée par celui-ci à Mlle T...., sa maîtresse, au sujet de Newton, XIII, 131; LIII, 198. — Vers du conseiller à Voltaire, 675.

Ciel (le). N'a pas toujours puni les plus grands crimes, et frappe quelquefois des innocents, III, 80. — C'est un préjugé utile de le faire craindre aux pervers, XXXII, 383. — Saint Louis, dans une fiction de la *Henriade*, y transporte en esprit Henri IV, X, 228 *et suiv*. — Combien ses dons versés sur nous sont reçus différemment, XI, 381.

Ciel matériel. Ce que les anciens appelaient ainsi, XXVIII, 89, 96. — Expressions impropres nées de leurs erreurs, 98; XXVII, 464 *et suiv.* — Préjugé populaire de sa solidité, auquel se sont conformés les écrivains sacrés, XV, 209. — Si l'on peut donner la dénomination de *ciel* à cet amas bleu et blanc d'exhalaisons qui se forme au-dessus de nos têtes, XXVII, 212; XXXII, 386; XXXIV, 410; XLIII, 266.

Cilice, sorte d'étoffe. Son origine, XLIX, 87.

Cimabué. Nouvel inventeur de la peinture en Italie au 13e siècle, XVI, 427.

CINNA. De la prétendue clémence d'Auguste envers lui, VIII, 106; XXVII, 206; XXXV, 196.

Cinna, tragédie de P. Corneille. Commentaire sur cette pièce, XXXV, 193 à 273. — Épître dédicatoire qui en fut faite à M. de Montauron (*voy.* ce nom), 194. — Extrait de Sénèque, dont ce sujet est tiré, 196. — Cette tragédie est le chef-d'œuvre de Corneille, 271. — On a prétendu y trouver le tableau de la cour de Louis XIII, IX, 25. — Traces qu'on y rencontre de la familiarité comique de nos anciennes tragédies, 122; XXXV, 207 *et suiv.* — Clairon, sur le conseil de Voltaire, a rétabli la première scène, qu'on retranchait à la représentation, 204; LXI, 524. — Où devaient être placés les remords de Cinna, XXXV, 227, 229, 240; XLI, 533; LX, 109. — L'amour de Maxime est petit et puéril, VI, 153. — Bassesse de ce rôle, XIX, 383; XXXV, 250, 258. — Critique que Racine a faite du rôle d'Émilie, 244. — On retranche avec raison, au théâtre, le rôle de Livie, 253, 264. — Saillie singulière du maréchal de La Feuillade, à la 1re scène du 5e acte, 264; LX, 108. — La dernière scène fit verser des larmes au grand Condé, XX, 317; XXXV, 269. — Passage qui est imité de Shakspeare, LX, 107. — Autres observations critiques sur cette pièce, XXIX, 213, 277 *et suiv.*; XXXIX, 199; LIX, 604, 609, 611; LX, 14, 22, 108. — En quoi on a reproché à Corneille d'avoir avili son héros, VIII, 107. — Cette pièce, malgré ses défauts, sera toujours lue avec intérêt et admiration, XXXVI, 523. — D'une parodie de la grande scène, qui en fut faite en 1759, LV, 291; LVIII, 299, 440; LXI, 213. — Vers que Voltaire en a imités dans *Brutus*, II, 370, 434; dans *Adélaïde Duguesclin*, III, 357; dans *Rome sauvée*, VI, 375; et dans les *Scythes*, VIII, 262, 272.

CINQ-MARS (d'Effiat de). Placé par Richelieu auprès de Louis XIII, comme son favori, XVIII, 241. — Pourquoi devient ennemi de tous deux, *ibid.* — Conspire avec Gaston et le duc de Bouillon, *ibid.* — Cette conspiration comment découverte, 242. — Il est condamné à mort; mot du roi à l'occasion de son supplice, *ibid.* — Avait été enhardi par le roi lui-même à lui proposer plusieurs fois d'assassiner le cardinal, 241; XXXIX, 310; XLII, 95. — Autres détails, 450 *et suiv.*

Cinquième homélie prononcée à Londres, ouvrage de Voltaire, XLV, 298.

Cipayes, soldats indiens. Origine de ce nom, XLVII, 362, 375.

CIPIÈRE (RENÉ DE SAVOIE, comte de). Assassiné à Fréjus avec toute sa suite, pour avoir favorisé la religion protestante, qui n'était pas la sienne, XXII, 124.

Circoncision. Si elle vient des Égyptiens, des Arabes ou des Éthiopiens, XV, 105; XXVIII, 102 *et suiv.* — Origine probable de cette opération, XV, 106; XXVI, 67. — Prétendue ordonnée par Dieu; commentaire à ce sujet, XLIX, 40. — Qui l'inventa, *ibid.* — A quel âge a lieu chez les mahométans et chez les juifs, 41. — De celle qui eut lieu chez ces derniers, après le passage du Jourdain, 188. — Que les naturalistes n'en ont pas donné de raisons plausibles, XLV, 289. — Quelle est la véritable, *ibid.* — Que, chez les Arabes, les filles même y étaient soumises, XL, 175. — Que ce n'est qu'un ancien usage qui commença par la superstition, et qui s'est conservé par la coutume, XV, 106. — Sens mystique qu'y attache saint Cyrille, XLV, 288.

Circoncision (fête de la). De quelle autre a pris la place, XXX, 507.

Cirey (château de). Quatrain de Linant, XIV, 363; LII, 189. — Inscriptions latines de Voltaire, XIV, 490; LII, 300. — Quatrain qu'il y fit graver, en 1744, sur la porte de sa galerie, XIV, 387; LIV, 640.

Ciselure (la), en or et en argent. Quand portée en France à la plus grande perfection, XX, 332.

Cîteaux (abbaye de). Ses caveaux bénits, XI, 326. — Quelle était la plus belle relique du couvent, *ibid.* — Deux de ses simples moines délégués d'Innocent IV en Languedoc pour y juger les hérétiques, xvi, 243.

Citoyen (un) *de Montmartre.* (*Voy.* SENNEMAND.)

Citoyen (*Mémoire d'un*) *au consul de Rome.* Apologue ingénieux de Voltaire sur ce que le magistrat ne fait pas, et sur ce qu'il pourrait faire, xxxviii, 517 *et suiv.*

Citoyens. Sont frères, vii, 159. — On est citoyen avant que d'être père, vi, 426. — Il fut des citoyens avant qu'il fût des maîtres, x, 151. — Tout citoyen doit être soumis aux lois de sa patrie, xlvii, 188.

Civilité. En quoi diffère de la politesse, iii, 156.

CLAIR (M.). Pseudonyme de Voltaire pour la publication de *Quelques petites hardiesses*, à l'occasion d'un Panégyrique de saint Louis, xlvii, 132.

CLAIRAUT, célèbre géomètre. Son voyage en Laponie pour la mesure d'un degré du méridien, xii, 72, 73, 78; xiii, 117. — Son séjour à Cirey en 1739, xl, 42; liii, 538. — Son *Rapport* à l'Académie des sciences, en 1741, sur le Mémoire de l'auteur touchant les forces vives, i, 342. — De son *Cours de géométrie*, où il traite des mathématiques comme Locke a traité de l'entendement humain, liii, 682. — Moyen qu'il imagina de faire apprendre facilement aux jeunes gens les élémens de la géométrie, xxx, 53 *et suiv.* — Publia, à l'âge de seize ans, un *Traité sur les courbes*, qui eût fait honneur aux plus grands géomètres, li, 227. — Lettre qu'il écrivit à Voltaire, en 1759, au sujet de la perturbation des corps célestes, lviii, 155. — Autre de l'auteur sur sa guerre avec les géomètres, au sujet de la comète, 160. — Cause de sa mort, lxii, 342. — Lettre y relative, et hommage à sa mémoire, 355. — Notices, liii, 538, 682.

CLAIRE-EUGÉNIE, infante d'Espagne, fille de Philippe II. La faction des Seize, aussitôt après l'assassinat de Henri III, voulait la marier au duc de Guise, x, 124; xxii, 160. — La proposition en fut faite aux états de Paris de 1593, par l'ambassadeur d'Espagne, 167; xviii, 126. — Arrêt du parlement qui éloigne ce choix, xxii, 168. — Son père, n'ayant pu la faire reine, lui donne en dot les Pays-Bas et la Franche-Comté, comme un fief reversible à la couronne d'Espagne, faute de postérité, xviii, 31.

CLAIRON (Mlle), de la Comédie française. Voltaire lui dédie la tragédie de *Zulime*, iv, 408. — Éloge qu'il en fait, 409, 411; viii, 190; xl, 293. — Épîtres en vers qu'il lui adresse, xiii, 224, 240. — Autres vers à sa louange, xiv, 289. — En 1760, est la seule au théâtre qui se déclare ouvertement contre la comédie des *Philosophes*, lviii, 395; lix, 31. — En 1763, Voltaire veut qu'on lui adresse ses *OEuvres pies*, comme ayant intérêt à les propager, lxi, 146, 160, 171. — En 1764, par le conseil de l'auteur, elle rétablit la première scène de *Cinna*, qu'on avait retranchée à la représentation, xxxv, 204; lxi, 524. — Aventure qui lui fait naître, en 1765, l'idée de quitter le théâtre; Voltaire l'affermit dans cette résolution, lxii, 317, 318, 320, 322, 325, 331, 400. — Son voyage à Fernei, 391, 396, 399, 403. — Elle y joue la tragédie, *ibid. et suiv.*, 420 *et suiv.*, 433, 434. — On y célèbre sa fête par des couplets, xiv, 451. — Sa retraite en 1766, lxiii, 127, 131, 155. — Elle rend le pain bénit dans sa paroisse; ce qu'on en dit à ce sujet, 186, 192. — Voltaire réclame son intercession pour faire obtenir une cure de campagne à un prêtre qu'il protége, 110, 125. — Lettres qui lui furent adressées, en 1750, sur la tragédie d'*Oreste*, et principalement sur le rôle d'*Électre*; conseils et leçons que lui donne l'auteur, lv, 385, 386, 391, 394. — En 1755, au sujet du rôle d'Idamé dans l'*Orphelin de la Chine*, lvi, 757, 770. — En 1758, au sujet d'*Alzire*, lvii, 519. — En 1760, au sujet de celui d'*Aménaïde* dans *Tancrède*, lix, 20, 38. — De celui d'*Électre* dans *Oreste*, et de l'édition tronquée de *Tancrède*, 531. — Sur ce qu'il avait exalté les acteurs de Fernei aux dépens de ceux de Paris, 73. — Sur la décoration du troisième acte de *Tancrède*, 79. — Sur la consultation de l'avocat Huern en faveur des comédiens, 531, 580. — Autres lettres, de 1763 à 1767. (*Voy. Tabl. part.* de lx à lxiv.) — En 1772, elle donne chez elle une fête en l'honneur de Voltaire; vers que l'auteur lui adresse à ce sujet, xiv, 471; lxvii, 539, 541. — Son départ pour l'Allemagne, lxviii, 179. — En quels termes on en parle, xl, 293; lxviii, 327; lxix, 419. — Louée d'avoir appris le costume aux Français, lxii, 393. — Elle aima mieux renoncer tout-à-fait à son art, que de l'exercer avec honte, lxiii, 127. — Pourquoi l'auteur, dans l'épître qu'il lui adressa en 1765, poussa l'enthousiasme un peu loin, LXII, 434, 436.—Reproche qu'il lui fit d'avoir défiguré le rôle d'*Olympie*, LXIV, 294.—D'avoir écourté le deuxième acte de *Tancrède*, d'y avoir fait insérer des vers ridicules, et, en général, de couper bras et jambes aux pièces nouvelles, LIX, 150; LXIII, 488; LXIV, 46. — Prédiction de Mlle Gaussin à son sujet, LXI, 388.—De son portrait par Vanloo, LXII, 8.—Notice, LIX, 48.

Clairvaux (moines de). (Voyez *Clervaux*.)

CLAMOUZE, Portugais au service de France. En 1746, saute dans les retranchements du fort Ballard, et fait mettre bas les armes, lui quatrième, à toute la garnison, XXI, 164.

CLAPARÈDE, professeur à Genève. C'est à lui que furent adressées d'abord les *Questions sur les miracles*, par un proposant; note à ce sujet, XLII, 147.

CLARENCE (duc de), frère d'Édouard IV. Se révolte avec Warwick contre ce prince, XVII, 125.—Rentré en grace, assassine le prince de Galles, fils de Marguerite d'Anjou, 127.—Condamné à mort et libre de choisir son supplice, demande à périr dans un tonneau de vin de Malvoisie, 129.

CLARENDON. '(*Voy.* HYDE.)

CLARIS (*Maurice* de), conseiller à la cour des aides de Montpellier. Auteur d'un poëme sur *la Grace*, XIV, 384.—Vers de Voltaire en réponse à l'envoi qu'il lui en avait fait, *ibid*.

Clarisse Harlowe, roman de Richardson. Ce qu'en dit Voltaire, et pourquoi il ne voudrait pas être condamné à le relire, XLVII, 260; LVIII, 355.—Pourquoi a réussi, LXIV, 224.

CLARKE (*Samuel*). Auteur d'un excellent livre sur l'existence de Dieu, XIV, 262; XXVII, 22.—Le philosophe le plus profond, le plus clair, le plus méthodique et le plus fort de tous ceux qui ont parlé de l'Être suprême, XXXI, 445.—Son livre plus fait pour éclairer que pour toucher, XXXIV, 385.—Justifie Newton sur le mot *sensorium*, appliqué par lui à Dieu comme remplissant l'espace, XXIX, 210; XXXVIII, 20. — Sa dispute à cet égard avec Leibnitz est peut-être le plus beau monument que nous ayons des combats littéraires, *ibid*. — Ce qu'il pense lui-même de l'espace et de la durée, *ibid*.—N'a réfuté Collins sur le libre arbitre que par des injures, 28; XXXI, 13.—A aussi mal combattu l'éternité du monde, qu'il a mal établi la réalité de l'espace infini, XXIX, 261.—A combattu avec mauvaise foi des vérités dont il sentait la force, et qui semblaient s'accommoder mal avec ses systèmes, XLII, 550.—Le prédicateur en lui a étouffé le philosophe, *ibid*.—A voulu faire secte; ne chantait jamais le *Credo* d'Athanase, LI, 356.—Ne prononçait jamais le nom de Dieu qu'avec un air de recueillement et de respect très remarquable, XXXVIII, 12.—Se déclara hautement arien, XXVII, 22.—Et fut le plus ferme patron de cette doctrine, XXXVII, 145.—Le recueil de ses *Sermons*, excellent livre que très peu de gens sont capables d'entendre, LIX, 395. —La reine Anne voulut le nommer primat d'Angleterre; comment elle n'exécuta point ce dessein, XXXVII, 145 *et suiv*.

Classiques français. D'une édition projetée par l'Académie française, avec des notes instructives, LIX, 407, 411, 428; LX, 287.

CLAUDE (madame), princesse, fille de Louis XII et d'Anne de Bretagne. Promise d'abord à Charles-Quint, XXIII, 423. — Traité singulier relatif à cette alliance, 426. — Epouse le duc d'Angoulême, qui fut depuis le roi François 1er, 427.

CLAUDE, évêque de Turin, au 8e siècle. Proscrit avec chaleur le culte des images, et retient plusieurs dogmes qui sont encore aujourd'hui le fondement de la religion des protestants, XVI, 62; XX, 367; XXII, 86; XXIII, 61.

CLAUDE (*Jean*), ministre de Charenton. Oracle de son parti dans le temps des controverses, et digne émule des Bossuet, des Arnauld, des Nicole; Notice, XIX, 83.

CLAUDIEN, poëte latin. A révélé tout au long dans son poëme les mystères de Cérès-Eleusine, XXX, 378. — Passage à ce sujet traduit en vers français, 379; XIII, 358.

CLAUSSE, évêque de Châlons. Se prononce en faveur de Henri IV, et contre les bulles d'excommunication du pape Grégoire, XXII, 164.

CLAUSTRE (*André*). Son procès avec la famille de Jean-François de La Borde, XLVI, 12. — Sa lettre curieuse à Mme de La Flachère, 23. — Ses mensonges, 27 *et suiv*.

Clavecin oculaire. Idée qu'on en donne, XXXVIII, 175. (*Voy.* CASTEL.)

CLAVERET, auteur d'une comédie intitulée *la Place royale*. Ses invectives grossières contre Corneille, son ami, qui avait traité le même sujet que lui, XXXV, 42.

Clémence (la). Personnifiée dans la *Henriade*, x, 303. — Tous les humains en ont besoin, VII, 411. — Quand le prince est clément, les sujets sont fidèles, IX, 109. — La clémence a raison, et la colère a tort, XII, 172.

Clémence de Louis XIV et de Louis XV dans la victoire. Sujet d'une ode de l'auteur, XII, 451.

CLÉMENT (saint). Roman de ce prétendu pape, XLIV, 181. — Ses *Homélies*, ses *Epîtres aux Corinthiens*, ses *Recognitions*, livres apocryphes, XXVI, 470 *et suiv.*; XLIII, 439. — Fragment curieux de ce dernier ouvrage, XLIV, 181.—Réflexions sur l'*Histoire* qu'on lui attribue, XXVI, 224.

CLÉMENT (saint) d'Alexandrie. Le plus savant des Pères de l'Église, ou plutôt le seul savant de l'antiquité profane, XXVII, 337. — Comment appelle toujours les chrétiens, XLIII, 136.—Seule chose qui puisse instruire et plaire dans ses ouvrages, *ibid.* — Extravagances qu'il rapporte au sujet de Bacchus, 137. — Pourquoi, selon lui, Dieu fit le monde en six jours et se reposa le septième, 139. — Ce qu'il dit dans ses *Stromates* du nom de Dieu, XV, 103, 157. — Justice qu'il rend aux brachmanes, 83, 297. — Ce qu'il dit du livre des sibylles, 140. — N'admet point le péché originel, XXXI, 326.

CLÉMENT II (*Suidger*), pape. Evêque de Bamberg, est nommé au pontificat par l'empereur Henri III, dont il était chancelier, XVI, 9; XXIII, 9, 148.

CLÉMENT III, pape. Voulut réformer le clergé, XXIII, 11. — Fit prêcher une croisade dans toute l'Europe contre le sultan Saladin, XVI, 183; XXIII, 211.

CLÉMENT IV, pape. Pourquoi accorde à saint Louis un décime sur le clergé, XVI, 209.—Donne l'investiture de Naples à son ancien maître Charles d'Anjou, 239. — On assure qu'il lui conseilla l'assassinat juridique de Conradin et de Frédéric, 240; XXIII, 12, 263; L, 317. — Mourut avant leur condamnation, XXIII, 264.

CLÉMENT V (*Bertrand de* GOT), pape. Archevêque de Bordeaux, élevé au pontificat par la protection de Philippe-le-Bel, XXIII, 292. — Fait élire empereur Henri VII, malgré ses promesses contraires à Philippe, *ibid.* — Forcé de commencer le procès contre son prédécesseur Boniface VIII, fait évanouir cette entreprise dans les délais, XVI, 284.

— Annulle l'odieuse décision de la bulle *Unam Sanctam*, qui étendait le pouvoir des papes sur le temporel des rois, XXVII, 440.—Se joint à Philippe-le-Bel contre les templiers, et en interroge lui-même soixante et douze à Poitiers, XVI, 287; XXII, 24; XXIII, 294. — Abolit cet ordre de sa seule autorité, et en donne les biens aux hospitaliers de Saint-Jean-de-Jérusalem, 26; XVI, 291. — Ce qu'il recueillit de sa dépouille, 292.—Fuit Rome où il n'a aucun pouvoir, établit sa cour à Lyon, avec sa maîtresse la comtesse de Périgord, 298; XXIII, 295. — Transfère le Saint-Siége à Avignon, XVI, 297.—Ses démêlés avec Henri VII, XXIII, 297. — Il condamne la mémoire de ce prince, et prétend lui succéder de droit divin pendant la vacance de l'Empire, 299. — Est surnommé le *pape gascon*, XVI, 297. — Roi qu'il donna aux îles Fortunées, XVII, 355. — Passa sa vie en France; vendait publiquement les bénéfices, et laissa des trésors immenses, XXIII, 13; XXXII, 155.

CLÉMENT VI (*Pierre* ROGER), pape. Achète à Jeanne Ire de Naples Avignon, qui ne lui a pas été payé, XVI, 309; XXIII, 14; XXVII, 235. — La déclare innocente du meurtre de son mari, XVI, 309. — Suit les procédures de Jean XXII contre l'empereur Louis de Bavière, XXIII, 321. — Publie une bulle contre lui, 322. — Vend l'investiture de Milan à l'archevêque Jean Visconti, 330. — Sa bulle, où il déclare que les empereurs sont les vassaux du pape et lui prêtent serment de fidélité, est une des premières semences de la révolution dans l'Église en Allemagne, 340.— Établit le jubilé de cinquante en cinquante ans, XVI, 306. (*Voy.* ROGER.)

CLÉMENT VII (*Robert*), comte de Genève. Son élection à la papauté, concurremment avec Urbain VI, commence le grand schisme d'occident, XVI, 310, 319; XXIII, 358. — Vaincu en bataille rangée par son compétiteur, 321.—Sa mort, 323.

CLÉMENT VII, bâtard de Julien de Médicis. Achète la papauté, XXIII, 16. — Ce qui rend son pontificat malheureusement remarquable, *ibid.*, 426, 466. — Se lie avec François Ier contre Charles-Quint, 457, 462; XVII, 203. — Son étrange bulle d'absolution pour le roi de France, 207.—Est assiégé dans Rome, et fait prisonnier par l'empereur, *ibid.*; XXIII, 466. — Rançon que lui demande Charles-Quint, 468; XVII, 208. — Ce qu'il obtient par le traité de Barcelone, XXIII, 472. — Bénit l'empereur et le couronne à Bologne, 474; XVII, 209. — Refuse de casser la bulle de dispense de Jules II en faveur de Catherine d'Espagne, femme de Henri VIII, et d'annuler ainsi leur mariage, 287. — Lance une bulle d'excommunication contre Henri VIII qui a fait casser ce mariage, et perd ainsi l'Angleterre, qui se sépare de l'Église romaine, 290. — En 1534, donne au cardinal Hippolyte, son neveu, la jouissance de tous les bénéfices de la terre, vacants pendant six mois, XVIII, 83. — Billet singulier qu'il avait fait au cardinal Colonne, avant d'arriver au pontificat, XVII, 286.

CLÉMENT VIII (*Aldobrandin*), pape. Son exaltation, et traits qui caractérisent son pontificat, XXIII, 18. — En 1592, ordonne à son légat à Paris de procéder à l'élection d'un roi, XXII, 166. (*Voy.* CAÉTAN.) — Refuse de recevoir l'ambassadeur de Henri IV après son abjuration, 179. — A quelles conditions consent à absoudre ce prince, 183; XXXI, 507; XLV, 322. — Par qui fut forcé à les exiger, XXXI, 508. — Cérémonie bizarre qui eut lieu à cette occasion, XVIII, 367; XXII, 184. — Artifices dont il usa pour réconcilier ce prince avec l'Église, XVIII, 367. — Comment se conduisit dans l'affaire de Molina, XX, 405. — Mourut avant d'avoir pu réduire les arguments pour et contre à un sens clair, 406. — Comment il usurpa Ferrare sur la maison d'Est, et en accrut le domaine ecclésiastique, XVIII, 367; XXIX, 365; XLIV, 333.

CLÉMENT IX (*Rospigliosi*), pape. Notice sur ce pontife, XIX, 10. — Se montra père du peuple et ami des lettres, *ibid.* — Ce que lui écrivit Samuel Sorbière, qui avait été son ami avant son exaltation, et qui n'eut pas à se louer de sa générosité, 213. — Médiateur de la paix d'Aix-la-Chapelle entre la France et l'Espagne, 374. — Voulut rétablir à Rome l'ordre dans les finances, XXIII, 19. — Pacifia l'Église pour quelque temps, lors des querelles du jansénisme, XX, 416. — Comment cette paix fut qualifiée, *ibid.* — Sa bulle pour autoriser le mariage de l'épouse d'Alphonse VI de Portugal avec don Pèdre, son beau-frère, XIX, 376; XLI, 176.

CLÉMENT X (*Altieri*), pape. Son exaltation, XXIII, 19. — Honnête homme et pacifique, mais gouverné, XIX, 10. — De son temps commença la querelle de la régale en France, XXIII, 19. — Comment figure dans la conspiration attribuée en Angleterre aux papistes, XVIII, 336.

CLÉMENT XI (*Albani*), pape. Notice sur ce pontife, XIX, 11. — Son exaltation, et traits qui caractérisent son pontificat, XXIII, 19. — En quoi comparé à saint Pierre, XLIV, 333. — Comment puni par l'empereur pour s'être armé contre lui et avoir reconnu Philippe V, roi d'Espagne, *ibid.*; XXIII, 655. — Est forcé par lui de reconnaître l'archiduc Charles, XX, 70; XXIII, 19. — Sa bulle contre le jansénisme en 1705, XX, 420. — Condamne les réflexions pieuses de Quesnel sur le Nouveau Testament, dont il avait d'abord fait l'éloge, 421. — Observations à ce sujet, *ibid.* — Pourquoi son décret n'est pas reconnu en France, 425. — Envoie un légat à la Chine, 466. — Se déclare pour Auguste contre Stanislas; brefs adressés à cette occasion à tous les prélats de Pologne, XXIV, 130, 217. — Pourquoi excommunie tout le royaume de Sicile, XLIV, 332. — Sa mort, XIX, 11; XXIII, 662. — Est moins connu par ses ouvrages en 6 vol. in-fol., que par sa bulle contre Quesnel, XIX, 11. (Voy. *Bulle Unigenitus* et *Jansénisme*.)

CLÉMENT XII, pape. Pourquoi permit au prince de Clermont de réunir la profession des armes et celle de l'Église, XXI, 105. — Sa mort, XXIII, 662.

CLÉMENT XIII (*Rezzonico*), pape. Se refuse à une réforme des jésuites par Louis XV, ce qui les perd, XXI, 375. — Envoie en Corse un visiteur-général pendant les troubles de cette île, 399. — Ses démêlés avec Ferdinand de Bourbon, duc de Parme, 378 *et suiv.* — Sa bulle d'excommunication contre ce prince est condamnée par le parlement de Paris, 381; LXV, 15. — La France lui enlève Avignon et le comtat Venaissin, XXI, 381. — Le roi de Naples lui prend Bénévent et Ponte-Corvo, 383. — Sa bulle flétrie et supprimée par l'Europe catholique, 385. — Il meurt de chagrin, *ibid.* — Fut plus vertueux qu'éclairé, *ibid.* — Plaisanteries au sujet de l'envoi qu'il fit au maréchal Daun d'une épée bénite et d'une toque remplie d'*agnus*, dans la guerre de 1758 contre la Prusse, LVII, 622; LVIII, 134, 139. — Son épitaphe par Voltaire, XIV, 465. — Il canonisa Mme de Chantal et le F. capucin Cucufin; plaisanteries à ce sujet, XIV, 228; LXV, 261, 342, 345. — En quels termes on en parle, à l'occasion de l'église de Fernei et des reliques qui lui furent demandées par l'auteur, LIX, 477, 494.

CLÉMENT XIV (*André Ganganelli*). Son élection au pontificat par l'influence de la France, XXI, 386. — Anecdotes à ce sujet, LXV, 416, 444, 456. — Abolit l'ordre des jésuites, XXI, 377; XXII, 362. — Cesse de publier tous les ans la bulle *In Cœna Domini*, XXI, 386; XXVII, 437. — On lui rend les possessions papales enlevées à ses prédécesseurs, *ibid*. — Loué, XIII, 320; XXXIV, 326. — Vers qui lui sont adressés, en 1771, au sujet d'une facétie sur le grand-inquisiteur, LXVII, 295. — Sa mort, XXIII, 662. — Insinuations et anecdote à ce sujet, LXIX, 90. — Les lettres publiées sous son nom ne sont pas de lui; examen qui en démontre la supposition, LXX, 9, 29 *et suiv*. — Quel en est le véritable auteur, *ibid.*, 142. — Épigramme contre lui au sujet de la destruction des jésuites, faussement attribuée à Voltaire, XIV, 474.

CLÉMENT (*Jacques*). Assassine Henri III; lieu de sa naissance et détails historiques qui le concernent, X, 33, 183, 374. — Circonstances de son parricide; visions que lui prêtent ses fanatiques adhérents, *ibid. et suiv*. — Comment s'était préparé à ce crime, et par qui y fut excité; caractère de ce moine meurtrier; soupçons occasionnés par la précipitation avec laquelle il fut tué par les gardes-du-corps, 178, 180, 185 *et suiv.*, 374 *et suiv*. — Procès criminel fait à son cadavre; forme du jugement, XVIII, 117; XXII, 152; XLII, 330. — Histoire du martyre de ce fanatique, imprimée et débitée publiquement, X, 178. — Motifs de croire que la lettre d'Achille de Harlay, qu'il présenta au roi, n'était pas supposée, 184. — Loué en chaire à Rome et canonisé, 225, 375; XVIII, 364. — Placé par la Sorbonne parmi les élus, XIV, 226. — Son crime consacré dans presque tous les pays catholiques, XVIII, 116. — Procession annuelle ordonnée en sa mémoire par le parlement de Toulouse, XXII, 153. — Anecdote très hasardée à son sujet, XXVI, 305; XLIV, 467.

CLÉMENT, de Dijon. Lettre par laquelle il implore les bontés de l'auteur en 1759, et lui expose sa triste situation, I, 443. — Autre, en 1760, dans laquelle il le consulte sur une tragédie de la *Mort de Charles Ier*, dont il s'occupe, 444. — Autre, en 1768, sur sa *Médée*, 446. — Ne peut venir à bout de faire représenter ces deux pièces, XIV, 289. — Plaisanteries à cette occasion, XXXV, 4. — Vers qu'il fait en l'honneur de Voltaire, XLVII, 2. — Il imprime ensuite des libelles contre lui et son neveu, LXVIII, 397 *et suiv*. — S'érige en législateur de la littérature; ses *Lettres critiques* à Voltaire, et vers épigrammatiques de celui-ci à ce sujet, XIV, 475; XLVIII, 394. — Épître en vers qu'il lui adresse, sous le titre de *Réponse de Boileau*, et observations critiques sur cette pièce, XIII, 263, 317, 324; XLVII, 200 *et suiv*. — Fait contre lui la satire: *Mon dernier mot*; autres observations critiques, LXVII, 377, 385. — Étrange livre qu'il publie contre Delille, Saint-Lambert, La Harpe et autres littérateurs, XIII, 307; XIV, 256; XXIX, 132; XXXV, 4; LXVII, 28, 34, 44, 382. — Sa détention au For-l'Évêque, sur les plaintes de Saint-Lambert, 28, 34. — Réponse à ses critiques contre les *Commentaires de Corneille*, XLVIII, 46 *et suiv*. — Sarcasmes dont il est l'objet, et termes méprisants dans lesquels on en parle, XIV, 255, 275; LXVII, 34, 45, 112, 122, 381; LXVIII, 402. — Notices, XIII, 307; XIV, 289.

CLÉMENT, de Dreux, financier bel esprit. Épître en vers qui lui est adressée, XIII, 95. — Vers de lui, à l'occasion de lentilles envoyées à Mme Du Châtelet, et réponse qu'y fait Voltaire, XIV, 393. — Lettres que lui écrit celui-ci, de 1732 à 1746. (*Voy. Tabl. part.* de LI à LV.) — Note qui le concerne, LI, 330.

CLÉMENT, de Montpellier. Avait adressé des vers à l'auteur, en l'exhortant à ne pas abandonner la poésie pour la physique; vers de Voltaire en réponse, XIV, 362.

CLÉMENT (les frères), conseillers au Châtelet. En 1777, veulent impliquer Voltaire dans une procédure contre Delisle de Sales, LXX, 283, 285.

CLÉMENT VENCESLAS, fils d'Auguste III de Pologne, archevêque-électeur de Trèves. Notice, XXIII, 25.

CLÉOPATRE, sœur de Ptolémée, maîtresse de César et d'Antoine. Citée pour le luxe de ses soupers, XI, 81. — Détails sur son voyage en Tarse, où Antoine en devint amoureux, X, 304, 307. — Elle en obtint le pays de Jéricho, VIII, 96. — Question singulière qu'elle fit à un rabbin sur la résurrection, XXXII, 137. — Fils qu'elle eut de César. (*Voy.* CÉSARION.)

Cléopâtre, tragédie de Shakspeare. Scène qui en est traduite, XXVII, 74. — Observations critiques sur cette pièce,

XLVIII, 434. — Autre tragédie, de Benserade, XXXV, 98. — Autre, de Dryden, LII, 113. — Autre, de Marmontel, qui ne réussit point; ce que dit Voltaire à ce sujet, LXVIII, 28.

Clérac (ville de). Refuse d'ouvrir ses portes à Louis XIII poursuivant les réformés, XVIII, 187. — Se rend ensuite à discrétion; sort qu'elle éprouve, *ibid.*

CLERC. (*Voy.* LE CLERC.)

Clercs. Quels étaient ceux qui pouvaient prendre cette qualité du temps de Charlemagne, XV, 444. — *Clercs acéphales*, ce que c'était, *ibid.* — Dans quel temps leur mariage fut permis, et dans quel autre il fut défendu, XXIII, 142; XXVIII, 108. — Des *clercs du secret*, devenus depuis secrétaires d'état et ministres, 112. — Des clercs ecclésiastiques et des clercs laïques du parlement, XXII, 20.

CLÉREMBAULT (*Philippe* de), comte de PALLUAU, maréchal de France sous Louis XIV. Notice qui le concerne, XIX, 22.

CLÉREMBAULT (marquis de), fils du précédent. Périt dans la déroute de Bleinheim en 1704, XX, 35.

Clergé (le). Son pouvoir dangereux dans une république, et convenable dans une monarchie; principe de Montesquieu discuté par l'auteur, L, 59. — Que son autorité n'est et ne peut être que spirituelle, XXVIII, 470. — Vers latins du Mantouan contre son avidité, cités et traduits, XXXII, 325. — Ne fit un corps que sous Constantin, XV, 384. — Et ne prit part au gouvernement que sous Pepin, père de Charles Martel, qui l'appela aux assemblées du champ de mai, 423. — Comment acquit de l'autorité et de la puissance, XVI, 334 *et suiv.* — La France est le seul pays du monde où il soit devenu un ordre de l'état, 442; XX, 344. — Et c'est celui qui demande le plus d'adresse de la part du souverain, *ibid.* — Remis par Louis XIV dans l'ordre et la décence que les guerres civiles l'avaient écarté, *ibid.*, 363. — Ce qu'il payait à l'état, année commune, sous différents noms, 345. — Ses immunités, ses revenus, *ibid. et suiv.* — Usage onéreux pour lui dans le paiement des subsides, 349. — Ses anciennes maximes sur la puissance royale, 350. — Sa dispute avec le tiers-état, aux états de 1614, sur le prétendu droit de l'Église de déposer les rois, 526; XXII, 218 *et suiv.* — Il se déclare pour la cour dans l'affaire de la régale, XX, 358. — Les quatre fameuses décisions de son assemblée de 1682 sur l'autorité du pape, 360; XXII, 281. — Il jette les hauts cris en 1750, parce qu'on lui demande l'état de ses biens, XXI, 342. — Comment détourne l'attention du gouvernement sur cette demande, *ibid.* — Ses querelles avec le parlement au sujet des billets de confession, 343. — Facétie au sujet des *Lettres sur le vingtième*, qui le considéraient comme faisant partie du corps de l'état et devant contribuer à ses charges, XXXIX, 336. — Erreur qui lui a attribué le tiers des revenus de la nation, XX, 347; XLI, 35; XLII, 683. — Des abus de la puissance ecclésiastique, et des causes de sa chute, XVII, 230 *et suiv.*, 243 à 250.

Clergé anglican (le). Cérémonies catholiques qu'il a retenues, XXXVII, 138. — Pourquoi, à l'égard des mœurs, est plus réglé que celui de France, 140. — De la validité et de la succession prétendue des ordinations anglicanes, 139.

Clergie (bénéfice de). Coutume qui eut force de loi aux 10e et 11e siècles; en quoi elle consistait, XVI, 334; XXVIII, 107. — Pour quels cas subsiste encore en Angleterre dans toute sa force, 108.

CLERMONT (*Robert* de), maréchal de France. (*Voy.* ROBERT.)

CLERMONT (Mlle de), surintendante de la maison de la reine Leczinska, femme de Louis XV. Description que Voltaire lui adresse de la *Fête de Belébat*, II, 323 *et suiv.*

CLERMONT (l'abbé, prince de), arrière-petit-fils du grand Condé. Pourquoi le pape l'autorise à être militaire et homme d'Église, XXI, 105. — Part qu'il prend à la bataille de Dettingen, 99 *et suiv.* — Il commande les principales attaques au siège d'Ypres, 105; XXXIX, 41. — Prend Furnes, XXI, 106. — S'avance jusqu'à Constance, 117. — Assiège Namur, 163. — Fondateur, à vingt ans, d'une académie des arts, XII, 379. — Vers à sa louange, *ibid.*; LI, 260, 347.

CLERMONT (comte de), frère cadet de M. le Duc. Vers qui lui sont adressés dans la *Fête de Belébat*, II, 338.

CLERMONT D'ENTRAGUES. (*Voy.* ENTRAGUES.)

CLERMONT-GALLERANDE (comte de). En 1746, prend Ath, XXI, 160.

CLERMONT-GALLERANDE (*Charles-George*, marquis de). Voyage en Prusse en 1775; ce qu'en dit Frédéric, LXIX, 308, 361.

CLERMONT-RESNEL.(*Antoine* de). L'une des victimes de la Saint-Barthélemi, x, 93. — Par qui fut assassiné, *ibid.*

CLERMONT-TONNERRE (*Gaspard*, marquis de). Sert dans la guerre de 1701, XIX, 23. — Sauve l'Alsace à Weissembourg en 1744, XXI, 108. — Contribue à la victoire de Fontenoi, *ibid.* — En 1747, est fait maréchal de France, XIX, 23.

Clermont (ville de), en Auvergne. Concile qui s'y tint pour la première croisade, XVI, 158; XXIII, 166. — De sa population en 1757, LVII, 336.

Clervaux (moines de). Procès célèbre qu'ils ont perdu contre la famille Castille; détails à ce sujet, XXVII, 59 *et suiv.*

CLÈVES (*Catherine* de), duchesse douairière de Guise. (*Voy.* GUISE.)

CLÈVES (maison de). Le premier étranger qui fut duc et pair en France en provenait, XXII, 47, 62.

Clèves (duché de). Description de ce pays; ses monuments, ses eaux minérales, XII, 384. — Querelle pour la possession des duchés de Clèves et de Juliers entre les maisons de Brandebourg et de Neubourg d'une part, et l'Autriche de l'autre; ligues opposées en Allemagne à ce sujet, XXIII, 565 *et suiv.*

Clientelle. (Voy. *Patronage.*)

Climat. De son influence sur les productions de la nature, et opinions contradictoires à ce sujet, XXVIII, 113; L, 108 *et suiv.* — Influe sur la religion, XXVIII, 116. — En fait de dogmes, c'est le climat qui cède à l'opinion, 118. — Ne fait pas nos vertus et nos vices, XIII, 311; L, 131. — Toutes les lois religieuses n'en sont pas une suite, XXXIX, 436.

Clissau (bataille de). Gagnée par Charles XII, roi de Suède, contre Auguste, roi de Pologne, XXIV, 108.

CLISSON (le connétable), sous Charles VI. Bavalan, chargé par un duc de Bretagne de l'assassiner, désobéit à cet ordre, III, 282. — Son éloge, X, 230.

Clitandre, première tragédie de P. Corneille. Ses défauts, XXXV, 11. — Exemple du malheureux goût qui y règne, 17.

CLIVE (lord), capitaine anglais. Commence sa glorieuse carrière par la belle défense de Maduré contre Dupleix, gouverneur de Pondichéri, XXI, 316. — Ses succès dans l'Inde, XLVII, 355. — Vainqueur d'Angria et libérateur de la côte de Malabar, 360. — Traité singulier qu'il fait avec Jaffer, prince mogol, 362. — Gagne une bataille décisive contre le souba, son rival, 363. — Fait la conquête de Chandernagor, et en chasse les jésuites, 365. — Présents que lui fait le Grand-Mogol, *ibid.* — Le roi d'Angleterre le fait pair d'Irlande, *ibid.* — Sa réponse à ceux qui lui demandaient compte des millions qu'il avait ajoutés à sa gloire dans l'Inde, *ibid. et suiv.*

Cloches. Leur usage est de la plus haute antiquité en Chine; nous n'en avons eu, en France, qu'au 6e siècle, XV, 267. — La plus grosse qui soit en Europe fut fondue à Moscou, sous le règne du czar Boris Godono, XXV, 39.

CLOCPITRE. Lettre écrite sous ce pseudonyme à M. Eratou (*Arouet*), sur la question de savoir si les Juifs ont mangé de la chair humaine, et comment ils l'apprêtaient, XL, 312.

CLODOALD, fils de Clovis. Invoqué sous le nom de saint Cloud, parcequ'on l'a fait moine, XV, 420.

CLODOMIR, fils de Clovis. Roi d'Orléans, arme contre Gondebaud, son grand-oncle, assassin de sa famille maternelle, L, 127. — Est tué dans une bataille, *ibid.* — Sa veuve épousée par son frère Clotaire, qui massacre ensuite ses enfants, *ibid.*; XV, 429.

CLOGENSON (J.). A fourni, pour la présente édition des Œuvres complètes de Voltaire, un grand nombre de notes, qui sont signées de ses initiales CL.

Cloître. Séjour du repentir, de la discorde et de la haine, XIV, 151; XLIII, 602. — Ce qu'il a quelquefois d'attendrissant et d'auguste, VII, 412. — Les cloîtres furent, dans les temps barbares, un refuge contre la tyrannie, XV, 443. — Le peu de connaissances qui restaient alors y fut perpétué, XVII, 322. (Voy. *Couvents, Monastères, Moines.*)

CLOS. Lettre qui lui est adressée en 1760, LIX, 19. — Variantes écrites par l'auteur sur un exemplaire des *Pélopides* à lui appartenant, et insérées dans l'édition stéréotype dirigée par Naigeon, IX, 258 *et suiv.*

CLOTAIRE 1er, fils de Clovis. Roi de Soissons, arme contre Gondebaud, son grand-oncle, assassin de sa famille maternelle, L, 127. — Epouse la veuve de son frère Clodomir, *ibid.* — Massacre ses neveux et s'empare de leurs biens, 128. — Fait brûler son propre fils, sa femme et ses enfants, 134; XV, 420. — Promulgue la loi salique, et pourquoi, *ibid.* — Roi polygame, eut presque toujours trois femmes à la fois, XXIX, 358; XLI, 30.

CLOTAIRE II, fils et successeur de Chilpéric Ier, roi de Soissons. Sa barbarie prétendue envers Brunehaut, XV, 240, 421 *et suiv.*

CLOTILDE (sainte). Veuve de Clovis, arme ses quatre fils contre Gondebaud, son oncle, assassin de sa famille, L, 127.—Les voit jouir des biens et du sang de ses petits-fils, 128.

Clou. Différentes acceptions de ce mot, qui sont la honte de notre langue, XXVIII, 120. — Des prétendus clous de la croix, et de leur étonnante multiplication, 121 *et suiv.* (Voy. *Croix*).

CLOUD (saint). (*Voy.* CLODOALD.)

CLOVIS Ier, roi de France. N'était qu'un flibustier qui vint des bords du Rhin dans les Gaules, XXIX, 440. — Son vrai nom, 474. — Ce qu'on dit de l'origine, de l'élection et de l'expédition de ce jeune conquérant, qui a jeté les fondements d'un des plus florissants états de l'Europe, 475, 477; L, 123; XLI, 540. — Vers qui rappellent ses exploits, III, 452. — Il pilla la France, mais ne chassa pas les anciens colons, VIII, 93. — Ne fut couronné ni sacré par l'évêque Remi, XV, 388. — Fable de la sainte ampoule pour son baptême, *ibid.;* XIV, 40; XVIII, 473; XXXI, 503. —Après l'avoir reçu, fut plus sanguinaire et se souilla de plus grandes crimes qu'étant païen, XV, 380, 420; XLVII, 542; XLVIII, 538; L, 126. — Ses perfidies renommées, XLV, 99. — Pourquoi le concile d'Orléans ne lui a reproché aucun de ses assassinats, XLVII, 542.— Ses vertus et ses vices; vers qui le caractérisent, XI, 95.— Fiction poétique qui le place en enfer, 94. — Observation à ce sujet, *ibid.*—Autre fiction qui le place au séjour céleste, au nombre des grands rois, X, 229.

CLOVIS II, roi de France. Causes assignées par les moines à sa folie, XV, 243.

Clovis (poëmes de). *Voy.* DESMARETS et SAINT-DIDIER.

CLUGNY (*Jean-Étienne-Bernard* de). Succède à Turgot comme contrôleur-général, en 1776; jeu de mots à ce sujet, LXX, 89, 121. — Sa mort, 148, 150.

COBHAM (baron de). Brûlé comme hérétique en Angleterre, au 15e siècle, XVI, 410.

COBHAM (lord). Mis en prison sous Jacques Ier, pour conspiration prétendue, XXXVI, 468.

COCCEIJ, conseiller. Fils d'un grand-chancelier de Prusse, épouse la Barbarini, XL, 76.

COCCHI (*Antoine*), lecteur de Pise. Traduction de sa Lettre sur le plan, les mœurs, les caractères, le merveilleux et les principales beautés de la *Henriade*, X, 25. — Éloge qu'en fait Marmontel, 8. — Cas qu'en fait Voltaire, LII, 253, 306.

Coches, ou *voitures publiques*. Il n'y en avait que deux à Paris du temps de François Ier, XVII, 178.—Les plus grands seigneurs et les princesses voyageaient à cheval, 179. (Voy. *Carrosses*.)

COCHIN, célèbre avocat. Loué par Voltaire, XII, 102 *et suiv.*

Cochon. Pourquoi cet animal regardé comme impur chez les Égyptiens et chez les Juifs, XLVIII, 470; XLIX, 142.

Coco. Ressources diverses qu'offrent ce fruit et l'arbre qui le porte, XLVII, 348; L, 237.

COCONAS (comte de), Piémontais. Part qu'il prit aux massacres de la Saint-Barthélemi, X, 97. — Fut depuis décapité, *ibid.*

Cocu. D'où vient ce mot, et comment il devrait être interprété, XXVI, 100. — Chanson de Scarron citée à ce sujet, *ibid.* — Expressions synonymes, 101.

Cocu (le) *imaginaire*, comédie de Molière. Notice y relative, et observations critiques, XXXVIII, 407.

Cocuage (le), conte en vers, par Voltaire, XIV, 16.

Code (le) *Théodosien*. La dernière loi sur la juridiction des évêques passe pour supposée, XV, 440.

CODENIUS, médecin de Frédéric II, roi de Prusse. Ce que Voltaire en dit, LV, 679; LVI, 261. — Anecdote à son sujet, LVIII, 78.

CODRUS (*Urceus*), Italien, auteur du 16e siècle. Singulière méprise du duc de La Vallière à son égard, XL, 247, 285; LIX, 369, 388; LXIII, 319.

COËTQUEN (Mme de), maîtresse de Turenne. Son indiscrétion occasionne des démêlés dans la famille royale, XX, 171. — Regrets qu'elle en témoigne à Mme Henriette, à la mort de cette princesse, 172. — Note qui la concerne, XIV, 227.

CŒUR (*Jacques*), négociant. Immensité de son commerce, XVI, 415. — Sommes considérables qu'il prête à Charles VII, *ibid.* — Ingratitude du roi; son procès au parlement; ses biens confisqués, *ibid.*

— On dit qu'il alla continuer son commerce en Chypre, 416.

Cœur. Que les peines du cœur sont les plus grandes, v, 287. — Que le cœur fait tout dans le monde, 410. — Que les cœurs malheureux sont un peu soupçonneux, 411. — Repos du cœur; qui le promet, et qui le donne, vi, 432, 433. — Qu'il est des blessures dont un cœur généreux guérit rarement, vii, 195. — Vers sur l'état d'un cœur en proie à des impressions diverses, viii, 228. — Quand le cœur est mauvais, rien ne peut le changer, 290. — Celui des humains change avec la fortune, ix, 142. — Origine de cette expression : *retenir par cœur*, xxvii, 67.

Cœuvres (marquis de). Entre dans la Valteline à la tête d'une armée, et affranchit ce pays de la domination autrichienne, xviii, 199.

Coffin, professeur de l'université. Anecdote qui le concerne, xxii, 321.

Cogé (l'abbé), professeur au collège Mazarin. Part qu'il prend aux persécutions de la Sorbonne contre *Bélisaire*, xiii, 291; xiv, 225. — Ses diatribes contre cet ouvrage; ses falsifications, xliii, 411 *et suiv.*; xlvii, 183. — Tourné en ridicule par les philosophes, comment il s'en venge, 184. — Étrange question qu'il propose pour sujet du prix d'éloquence latine à l'Université, et bévue dans laquelle il tombe à cette occasion, xxxi, 413; xlvii, 184; lxviii, 80, 87, 109. — Sarcasmes et anecdotes à son sujet, xiv, 225; xxxiv, 274; xlii, 627; lxiv, 318, 329, 387, 398. — Lettres et facéties qui lui sont adressées, en 1767, sur ses calomnies contre Voltaire et contre Marmontel, xliii, 435, 560; lxiv, 306. — Note qui le concerne, xxxiv, 84.

Cohérence, cohésion, adhésion. Force par laquelle les parties des corps tiennent ensemble, xxviii, 123. — Phénomène le plus commun, et qui est le plus inconnu, *ibid.*

Coborn, célèbre ingénieur, le Vauban des alliés dans la guerre de la succession d'Espagne, xx, 49. — Fortifie Berg-op-Zoom, et donne son nom à un bastion, xxi, 241, 242. — Son éloge, xxxix, 73.

Coigni (*François* de Franquetot, duc de), maréchal de France. Succède à Villars en Italie, et gagne les deux batailles de Parme et de Guastalla en 1734, xxi, 53. — En 1744, force les lignes de Veissembourg, 107. — Notice qui le concerne, xix, 23.

Coigni (comte de). Son séjour à Ferney en 1767, lxiv, 342. — Bien qu'en dit Voltaire, lxv, 253.

Coïmbre (ville de). Procession singulière qui y a lieu tous les ans, en commémoration du martyre des cinq compagnons de saint François d'Assise, xvi, 197.

Coisevox (*Antoine*), sculpteur célèbre. Notice, xix, 232.

Coislin, évêque d'Orléans. Délivre un malheureux moine enfermé dans une citerne par ordre de ses supérieurs, xvii, 339.

Colardeau. Auteur d'*Astarbé* et de *Caliste*, tragédies; ce que dit Voltaire à l'occasion de ces deux pièces, lvii, 284, 510, 519; lix, 87, 150, 176. — Courtisan de Pompignan et de Fréron, 338. — Son élection à l'Académie française; sa mort, lxx, 16.

Colasse. Musicien médiocre, imitateur de Lulli, lui succède, xiv, 197; xix, 225. — Insulté dans les fameux couplets attribués à J.-B. Rousseau, xxxvii, 493.

Colbert (*Jean-Baptiste*), contrôleur-général des finances sous Louis XIV. Fondateur du commerce, et protecteur de tous les arts; Notice qui le concerne, xix, 42. — Voulut apprendre un peu de latin; prenait ses leçons en carrosse, dans ses voyages de Versailles à Paris, 115. — Fait sa fortune aux dépens de Fouquet; artifice dont il se servit pour le perdre, x, 249; xx, 135 *et suiv.* — Sonnet de Hesnault contre lui à ce sujet; il dédaigne de s'en venger, 137. (*Voy.* Hesnault.) — Comment justifie la sévérité des poursuites contre son prédécesseur, 142. — Crée et encourage le commerce et les manufactures, 239 *et suiv.* — Travaillait alors pour des ingrats, 243. — Ce que lui doit la France, 273. — Arriva au maniement des finances avec de la science et du génie, *ibid.* — Ne fit pas tout ce qu'il pouvait faire, encore moins ce qu'il voulait, 276. — Seule tache de son ministère, excusable encore à certains égards, 278. — Fit rendre des arrêts contre les traitants, auxquels il fut ensuite forcé d'avoir recours, 279 *et suiv.*; xxxvii, 540. — Soutint l'état malgré le luxe d'un maître fastueux, xx, 280. — Fit agréer à Louis XIV l'établissement d'une Académie des sciences, 297. — Grands hommes qu'il attira des pays étrangers, 298. — Fut le Mécène de tous les arts, 329. — Forma l'Académie d'architecture, *ibid*. — Fit établir celle de peinture à Rome, 331.—Protégea et employa les protestants comme des sujets utiles, 376 *et suiv*. — S'opposa toujours à un coup d'éclat contre eux, xxxix, 23. — Fit créer une Compagnie des Indes très puissante, xlvii, 302. — La France lui doit une grandeur et une félicité longtemps inconnues, xxxix, 28. — Éloge de ses travaux, x, 234. — Ses impôts et ses emprunts, 250. — Son opération sur les petites monnaies, 251. — Ses lois sur le commerce et les manufactures, *ibid*. — Établit des colonies et favorisa les beaux-arts, 252; iii, 146. — Sut enrichir l'état par le luxe, xiv, 138. — Son injustice envers quelques gens de lettres, x, 252; xx, 155. — Son projet d'embellir Paris, xii, 378. — Ses successeurs le firent regretter, x, 252. — Sa mémoire est chère et respectable, 234. — Mis en parallèle avec Sulli, 266; xx, 244.—En quoi l'emporte sur Louvois, xii, 438. — Comparé à Turgot, ix, 373. — Coup d'œil sur son heureuse administration, xx, 271 *et suiv*. — Vers qui la caractérisent, x, 234. — Son caractère, xxxix, 5. — Notice sur ce ministre, que ni ses détracteurs ni ses admirateurs n'ont mis à sa véritable place, x, 248 *et suiv*.— Fureur du peuple, qui troubla ses funérailles et voulut le déterrer, 234; xiii, 99. — Défendu contre diverses accusations, xx, 243; xlvi, 412 *et suiv*. — Notice sur quelques beaux projets oubliés avec lui, xii, 378. — Il tenta vainement d'introduire le commerce des Français au Japon, xviii, 471.— Son grand malheur est d'avoir vu ses mesures toujours traversées par les entreprises de Louis XIV, lxiii, 148. — Tort de ceux qui s'acharnent contre sa mémoire, lxx, 38. — Appelé *le premier des humains;* explication au sujet de cette expression, x, 234, 261.—On peut lui être supérieur, mais on ne pourra jamais l'éclipser, lxx, 38. — Pourquoi le *Testament* qu'on lui attribue ne peut être son ouvrage; par qui il a été fabriqué, xix, 87; xxvi, 126; xxix, 254; xxxiv, 39.—Pourquoi mieux traité que le cardinal de Richelieu dans le *Temple du Goût*, xii, 373.

Colbert (*Jean-Baptiste*), marquis de Seignelai, fils du contrôleur-général. Secrétaire d'état de la marine, la rendit la plus belle qu'il prit à l'expédition de 1684 contre Gênes, ix, 452. — Sa conduite avec le doge, 453. — Fit venir les galères de Marseille sur l'Océan, 468. — Reproches qu'il fit à Tourville de n'avoir point osé aller brûler les vaisseaux anglais dans leur port, après la défaite de leur flotte, 474. — Fête superbe qu'il donna à la cour, à l'occasion du mariage de M. le Duc, xx, 187.—Sa mort, xix, 475.—Conte ridicule à ce sujet, xx, 98; xlvii, 571.

Colbert (*Charles* de Croissi), frère du grand Colbert. Secrétaire d'état des affaires étrangères; Notice, xix, 43. — Sa fierté avec le doge de Venise à la cour de Versailles, 453.

Colbert (*Jean-Baptiste*), marquis de Torci, fils de *Charles*. Secrétaire d'état des affaires étrangères; Notice, xix, 43. — Représentations qu'il fit à Louis XIV sur la reconnaissance du prince de Galles, 529. — Anecdote singulière au sujet de la détermination prise par le roi en cette circonstance, qu'il a souvent avouée sans la mentionner dans ses Mémoires, 530.— Sa mission secrète en Hollande pour traiter de la paix en 1709, xx, 77.—Proposition honteuse et inutile qu'il fit à Marlborough, 78.—Ses *Mémoires*, dont la sincérité et la modération font le plus grand prix, xix, 84; lvii, 82.—Cité sur la paix de Ryswick, xix, 503, 505, 519. — Sur le conseil de 1709, xx, 76. — Sur un mot de Louvois à Heinsius, *ibid*. — Réfuté sur Sacheverel, 94. — Il est vraisemblable que ce fut lui qui imagina, en 1688, un partage prématuré de la monarchie espagnole pendant la vie de Charles II, xix, 362, 515. — Fut un des plus honnêtes hommes de l'Europe dans une place où la politique permet le relâchement dans la morale, xx, 80, 557. — A démenti une prétendue apostrophe de Louis XIV à lord Stair, 109, 523.

Colbert, comte de Croissi, lieutenant-général des armées de France, frère du marquis de Torci. Ambassadeur de France auprès de Charles XII, est renfermé avec lui à Stralsund, xxiv, 325. — Détails de sa familiarité avec ce prince, *ibid. et suiv*.

Colbert (marquis de), lieutenant-général. Se trouve à la bataille de Fontenoi, xii, 128, 131.

Colbert, évêque de Montpellier. Ennemi déclaré de la constitution *Unigenitus*; bulle qui le flétrit, réprouvée par le parlement, xxii, 315.

Colchide (la). En quoi ses peuples ressemblaient aux Égyptiens, xv, 95; xvii,

495. — Il est peu probable que Sésostris les ait subjugués, *ibid.* — Ils ont eux-mêmes, sous le nom de Mamelucks, conquis l'Égypte, xv, 95 ; xvii, 497.

Coleman, attaché au duc d'York, qui fut depuis Jacques II. Est impliqué dans une conspiration attribuée aux papistes, xviii, 337. — Ses lettres au P. La Chaise citées en preuve, *ibid.*

Colère. Quatrain sur ses dangers, xii, 559. — La clémence a raison, et la colère a tort, 172.

Coligni (*Gaspard* de), amiral de France, chef de la maison de Châtillon. Portrait de ce guerrier ; son caractère, ses qualités, ses vertus, x, 83, 355. — Tyrannisé par les Guises, embrasse la religion protestante, 356. — Part qu'il prend à la conjuration d'Amboise, *ibid.* — Requête qu'il présente au roi à cette époque, au nom de tous les protestants du royaume, pour obtenir une liberté entière de l'exercice de leur religion, xxii, 100. — Lieutenant de Louis de Condé, sauve son armée à Dreux, xviii, 65. — Faussement accusé par la famille du duc de Guise d'avoir connivé à son assassinat, 66 ; xxii, 113. — Sa tête est mise à prix par le parlement, et il est pendu en effigie, 126. — Supplice d'un de ses domestiques qui avait tenté de l'empoisonner, 127. — Il résiste à la maison de Lorraine, xviii, 68. — Son armée se cotise pour soudoyer dix mille Allemands venus à son secours, 69. — Comment il rend la victoire de Jarnac inutile aux royalistes, 70. — Chef véritable du parti calviniste et de l'armée, après la mort de Louis de Condé, sert de père aux princes de cette maison et à Henri IV, 71 ; x, 83, 359. — Vaincu encore à Montcontour, répare les ruines de son parti, xviii, 71. — Pressé de venir à la cour, est accablé de graces extraordinaires, et reprend sa place au conseil, x, 84 *et suiv.;* xxii, 128. — Est massacré dans la journée de la Saint-Barthélemi, 130 ; x, 87 *et suiv.;* 360. — Sa tête est portée à Catherine de Médicis, 90, 91. — Trois jours après, accusé de conspiration prétendue, est condamné à être traîné sur la claie, puis pendu en place de Grève, et de là porté aux fourches patibulaires de Montfaucon ; le roi et la cour assistent à cet horrible spectacle, 90 ; xxii, 130. — Mot atroce de Vitellius, répété par Charles IX à cette occasion, x, 90. — Un arrêt du parlement déclare ses enfants roturiers, les prive de tous leurs biens et de tous les droits de citoyen, *ibid.;* xxii, 131. — Sa mémoire réhabilitée par Henri III, xviii, 105 ; xxii, 135. — Mémoires sur les affaires publiques, écrits de sa main, et trouvés parmi ses papiers, x, 90. — Réponse généreuse du duc d'Alençon, au sujet de l'un de ces Mémoires, *ibid.* — Reproche fait à Voltaire de l'avoir pris pour héros du deuxième chant de la *Henriade*, et sa réponse à ce sujet, 83. — Est regardé comme un martyr par les huguenots, *ibid.* — Avait imaginé, sous Henri II, d'établir les Français et sa secte dans le Brésil ; pourquoi n'y réussit pas, xvii, 435. — Sous Charles IX, envoya une colonie de huguenots dans la Floride ; triste sort qu'ils y eurent, 437. — Vers qui le caractérisent, x, 84. — Par qui ses restes ont été recueillis, et mausolée qui lui a été érigé, 91.

Coligni (*Louise* de), fille de l'amiral, mariée à Téligni. Perd son père et son époux, lors des massacres de la Saint-Barthélemi, x, 88. — Remariée à Guillaume, prince d'Orange ; détails de son entrée à La Haye, 91 ; xviii, 16. — Vit assassiner encore son second mari, 13.

Coligni (*Gaspard* de), petit-fils de l'amiral, et maréchal de France. Commande l'armée de Louis XIII contre les troupes rebelles du comte de Soissons, xix, 23. — Est tué, en 1646, à la bataille de la Marfée, *ibid.*

Coligni (*Jean*, comte de), dernier rejeton de cette maison. Demeure fidèle au prince de Condé, son ami, devenu général des armées espagnoles contre la France, et résiste à toutes les séductions de Mazarin pour l'en détacher, xix, 357. — A le commandement des troupes françaises envoyées par Louis XIV en Hongrie, au secours de l'empereur d'Allemagne contre l'empereur turc, *ibid.* — Pourquoi mérite peut-être une aussi grande renommée que l'amiral, *ibid.* — Ses *Mémoires, ibid.*

Colimaçons. Objet d'une expérience singulière, xliv, 225 ; xxxi, 464 ; xxxii, 221 ; lxv, 143, 147, 222. — Rétractation y relative, xxxii, 529. — Les *Colimaçons du R. P. l'Escarbotier*, facétie sur le prodige de leur tête renaissante, xliv, 349 *et suiv.*

Colin de Blamont, compositeur. Auteur de la musique de l'opéra des *Fêtes grecques et romaines.* Épigramme contre lui à ce sujet, xiv, 327.

Colineri. Employé par le cardinal

Alberoni pour soulever la Bretagne, XXI, 6.

COLINGBOURNE (*Guillaume*). Écartelé pour avoir écrit à un ami du comte de Richmond, qui fut depuis Henri VII, XLII, 451.

COLLADON, médecin genevois. Mot qu'on en cite, L, 533. — Diverses mentions de cette famille, LXIII, 546; LXIV, 125; LXV, 93.

COLLÉ. Sa *Partie de chasse de Henri IV*, ce qu'on en dit, LX, 239, 261, 378; LXIII, 103. — Son *Dupuis et Desronais*, LX, 509, 522, 571.

Collection d'anciens évangiles, XLV, 325.

Collèges. Mauvaise éducation qu'on y donne; dialogue philosophique à ce sujet, XXIX, 1 *et suiv*.

COLLENOT, négociant d'Abbeville. En 1765, consulte Voltaire sur l'éducation de ses enfants; réponse qu'il en reçoit, LXII, 189.

COLLET (*Philibert*), jurisconsulte et homme libre. A écrit contre l'excommunication et fait un *Traité de l'usure;* Notice, XIX, 84.

COLLETET. Un des cinq auteurs qui travaillaient aux pièces dont Richelieu donnait le plan, V, 102; XXXV, 6, 42. — Vers ridicules de ce poète récompensés par le cardinal, XII, 374. — N'est plus guère connu que par les satires de Boileau, XXXV, 7. — Anecdote à ce sujet, XXXIX, 266.

COLLIER, auteur anglais. A bien senti les défauts du théâtre de sa nation, XXX, 88. — Pourquoi fut haï et méprisé de ses concitoyens, qui ne voulurent pas s'éclairer par lui, *ibid*.

COLLIER, auteur français. Parodiste du *Mahomet* de Voltaire, V, 4.

COLLINEAU, élève de Le Nostre. Dément les historiettes rapportées à son sujet dans presque tous les dictionnaires, XIX, 235.

COLLINI (*Côme-Alexandre*), Florentin. Secrétaire de Voltaire, de 1752 à 1756, l'accompagne à son départ de Berlin, et le suit dans le pays de Vaud, LVI, 291, 533. — Bien qu'en dit l'auteur, LVII, 77. — Leur séparation, et détails y relatifs, 81, 99. — Devient gouverneur du jeune comte de Sauer, à Strasbourg, 300, 462. — Voltaire cherche à le placer auprès de l'électeur Palatin, et y réussit, 598, 643; LVIII, 89, 237, 280, 281, 301. — Révoque en doute l'histoire du cartel envoyé à Turenne par Charles-Louis, ancien électeur, XIX, 414. — En 1761, devait faire une édition des OEuvres de Voltaire; ce projet n'eut pas d'exécution, LIX, 304, 362. — Éloge de son *Discours sur l'Histoire d'Allemagne*, 304. — Complimenté sur son *Précis de l'Histoire du Palatinat du Rhin*, LX, 516. — Lettres qui lui sont adressées, de 1754 à 1770. (Voy. *Tabl. part.* de LVI à LXVI.) — Détails extraits de ses *Mémoires* sur le séjour de l'auteur en Prusse, et sur l'affaire de Francfort, où lui-même il joua un rôle, I, 371; LVI, 335 *et suiv*. — Note qui le concerne, 464. — Démarches que Voltaire lui conseilla pour obtenir justice contre Freytag, et auxquelles il ne donna aucune suite, LVIII, 17 *et suiv.*, 24, 488, 522; LIX, 133, 217.

COLLINS (*Antoine*), magistrat de Londres. Auteur d'un excellent ouvrage contre la liberté de penser, XXXVIII, 88. — Ce qu'il dit du baptême de Jésus, I, 437. — Et de sa transfiguration, 438. — Bon métaphysicien, grand érudit, et l'un des plus terribles ennemis de la religion chrétienne, XLIII, 490. — Est le seul philosophe qui ait bien approfondi l'idée de liberté ou libre arbitre, XXXI, 13. — Clarke ne l'a réfuté qu'en théologien et par des injures, *ibid.;* XXXVIII, 28; XLIII, 491. — Observations critiques qu'on en cite sur un passage du *Deutéronome*, contenant des détails indignes de la majesté divine, XLIX, 182 *et suiv*. — Et sur Rahab la prostituée, 186.

COLLOT, l'un des juges de la fameuse chambre de Valence, érigée en 1730. Assimilé aux Baville et aux Laubardemont, XXXIV, 77.

COLMAN, auteur comique anglais. Lettre qui lui est adressée, en 1768, au sujet de sa traduction de l'*Écossaise*, LXV, 239. — Autres mentions, XXVI, 333; XLVIII, 363.

Cologne (duché de). Ses électeurs depuis la fin du 13° siècle, XXIII, 23 *et suiv*.

COLOMB (*Christophe*). Comment conçoit l'espérance de trouver un monde nouveau qui pouvait rejoindre l'Orient et l'Occident, XVII, 365, 387. — Combat les préjugés de ses contemporains, et soutient les refus de tous les princes, *ibid*. — Obtient enfin des secours de Ferdinand et d'Isabelle, 388. — Découvre l'Amérique, *ibid. et suiv*. — Est nommé grand d'Espagne et vice-roi du Nouveau-Monde, 389. — Traitement indigne qu'il éprouve de la part de l'évêque de Burgos, intendant des armements, et comment Isabelle répare cet affront, *ibid. et suiv.* — Sa réponse célèbre à ses envieux, attribuée aussi à Brunelleschi, qui vivait avant lui, 391. — Sa mort, 398. — Grave erreur de Montesquieu à son sujet, XXVII, 5; XL, 591; XLV, 12; L, 93; LXIV, 104.

Colombiade (la), poëme. (*Voy.* DUBOCCAGE.)

COLOMBIER, cardinal, doyen du sacré-collége. On a une lettre où l'empereur Charles IV l'appelle *Votre Majesté*, XVI, 316.

COLOMIEZ (*Paul*). Ses ouvrages, utiles à ceux qui aiment les recherches littéraires; Notice, XIX, 84.

COLONNE (le cardinal). Billet curieux que lui fit Clément VII, avant son érection au pontificat, XVII, 286.

COLONNE (*Sciarra*). Surprend Boniface VIII dans Agnani, XVI, 283. — Comment l'apostrophe, et réponse qu'il en reçoit, *ibid.* — Sa maison est excommuniée jusqu'à la cinquième génération, 332.

COLONNE (*Othon*). Voy. MARTIN V, pape.

COLONNE (*Marc-Antoine*). Commande les troupes du pape à la bataille de Lépante, XVII, 506.

COLONNE (le connétable *Laurent-Onuphre*), duc de Taliacoti. Epouse une nièce de Mazarin. (*Voy.* Marie MANCINI.)

COLONNE (*Prosper*). Chasse les Français de Milan et des autres villes d'Italie, XXIII, 453.

COLONNE (*François-Marie-Pompée*). En quel sens Voltaire dit de lui qu'à soixante-quinze ans il commenta l'*Aloïsia*, LVI, 756. — Notice, *ibid.*

COLUMBRANO (princesse de). Citée comme auteur d'un écrit en faveur des *forces vives*, LIV, 313.

Combats particuliers, décrits dans la *Henriade*, entre d'Ailly et son fils, X, 273, 292. — Henri IV et d'Egmont, 278, 295. — D'Aumale et Turenne, 326. — Le sieur de Marivaux, royaliste, et Claude de Marolles, ligueur, 328. — Autres décrits dans la *Pucelle*, entre Dunois et Sacrogorgon, XI, 128. — Arondel et La Trimouille, 145. — Saint George, patron d'Angleterre, et saint Denis, patron de la France, 187. — La Pucelle et Jean Chandos, 214. — Chandos et La Trimouille, 229 *et suiv.* — Chandos et Dunois, 231. — La Trimouille et Tirconel, 296 *et suiv.* — Chandos et Tirconel, 380. — Autre description d'un combat singulier dans *Zadig*, XXXIII, 134 *et suiv.* — Combat de trente Bretons contre trente Anglais, sous le roi Charles V, XVI, 376 *et suiv.* — Fragments d'autres descriptions par l'Arioste, imités en vers français, XXIX, 163.

CÔME, duc de Florence. (*Voy.* MÉDICIS.)

Comédie. Fut instituée comme un acte de religion à Rome, XL, 282; LXIII, 86. — Instruit mieux qu'un sermon, XII, 297. — Pourquoi les Grecs et les Romains firent toutes leurs comédies en vers, et pourquoi les modernes ne les font souvent qu'en prose, XXVII, 101. — Conviennent mieux en vers, II, 352; XXXV, 449. — Bien traités, tous les genres en sont bons, IV, 237. — Quelle sorte de plaisanterie y fait rire, *ibid.* — Ce qu'elle doit être, IV, 8, 9. — S'il est permis de faire des comédies attendrissantes, 237; VI, 4; VII, 14. — Point où la tragédie et la comédie se rencontrent et se touchent, VI, 7. — Exemples du passage de l'attendrissement au rire, IV, 237; VI, 8. — Quand elle est un des plus utiles efforts de l'esprit humain, VII, 15. — Il faut y représenter les conditions et les états des hommes, 13. — La haute comédie a ses bornes; il n'y a dans la nature humaine qu'une douzaine, tout au plus, de caractères vraiment comiques et marqués de grands traits, XX, 325. — La vraie comédie comment définie, XXXVII, 238; LIX, 195. — Avantage des comédies de société, VIII, 284; XII, 380. — Comment un journaliste doit traiter de la comédie, XXXVII, 367. — Que le nom de *comédie* fut d'abord donné à toutes les pièces de théâtre, même à celles de Corneille et de Racine, XLI, 490; XLVI, 294. — Qu'une comédie où il n'y a rien de plaisant n'est qu'un sot monstre, LX, 140, 204. — Que cette proscription du comique de la comédie est le sceau de la décadence du génie, 161.

Comédie anglaise. Ses beautés et ses défauts, XXXVII, 230 *et suiv.*

Comédie française. Pourquoi nous n'avons eu, dans les premiers temps, aucune comédie supportable, VI, 5. — Que la bonne comédie fut ignorée jusqu'à Molière, III, 155.

Comédie italienne (théâtre de la). Consacré au mauvais goût et à la médisance, III, 96, 151; V, 486; LI, 51. — Fut établi à Paris du temps de Henri III, XXII, 139.

Comédie larmoyante. Ainsi appelée par

dérision, vi, 4. — Quand la comédie attendrissante mérite ce nom, 8. — Critique et excuse du *drame*, xiv, 160. — Gaucherie de Thalie sous l'habit de Melpomène, 231. — Monstre né de l'impuissance d'être plaisant ou tragique, xxvii, 103; xxxvi, 117. (Voy. *Drame*.)

Comédiens. Des prédications contre eux, xiii, 228 *et suiv*. — Ridicule de leur excommunication, xxxi, 454 *et suiv*.— Comparés aux prêtres, lix, 581.— Mémoire en leur faveur par M. Jabineau de La Voûte, et observations, lxiii, 57, 86. — Autre Mémoire contre les excommuniants, et détails à ce sujet, lix, 429, 532, 535, 580. — Déclaration ancienne de 1641, qui les maintenait dans les droits de la société, et réflexions y relatives, xxxv, 486; lix, 581. — Décision du prélat Ceratti, confesseur de Clément XII, en leur faveur, 582; xxxv, 483. — Anecdote d'un fameux comédien pensionné par le pape, ainsi que sa femme, et qui, devenu veuf, se fit prêtre, lx, 8. — En quoi leur sort, en France, est bien à plaindre, xxxiii, 298 *et suiv*.; lx, 328; lxii, 314, 318, 321. — Honneurs funèbres rendus à plusieurs en Angleterre, iii, 148; xii, 31. — Les funérailles leur sont refusées en France, iii, 148, 149. — Conversation philosophique à ce sujet, xl, 317. — Autres réflexions sur le même objet, lx, 327 *et suiv*. — Ridicule des préjugés élevés contre eux, iv, 408. — Il faut abjurer cet art, ou l'honorer, xiii, 229. — Conditions et qualités dont il exige la réunion, xix, 154; xxxvi, 253. — Il n'y a de véritable gloire que pour ceux qui atteignent la perfection; le reste n'est que toléré, iv, 409. — Description grotesque d'une troupe comique, liv, 219.

Comédiens français (la troupe des). Sortie contre eux, au sujet de la manie qu'ils ont de tronquer les pièces, et de substituer des vers de leur façon à ceux qu'ils retranchent, lvii, 647; lix, 91; lx, 161, 403; lxii, 514, 539; lxiv, 281, 302, 362. — Se permettent ces changements pour se ménager des situations qui les fassent valoir, ii, 5; lxv, 434. — Leurs critiques d'*OEdipe*, vi, 152; li, 193. — Ils suppriment le délire de Séide, dans *Mahomet*, v, 3. — Harangue pour la clôture de leur théâtre, en 1730, xxxvii, 94. — Lettre que leur écrit l'auteur, en 1735, au sujet d'*Alzire*, lii, 121. — Vers sur les principaux d'entre eux en 1760, xiv, 157. — Plaintes contre leur ingratitude et leur insolence, lv, 201; lx, 159; lxviii, 199, 221.

Comètes. Vers sur leur cours, xiii, 125. — Comparaisons poétiques qui en sont prises, xi, 185; xiii, 57. — Du pouvoir de l'attraction sur elles, xxxviii, 279. — Anciennes idées à leur égard, rectifiées par Tycho-Brahé, 280. — Vérité et erreur dans Descartes, *ibid*. — Doivent nécessairement décrire une section conique autour du soleil, 281. — Leur chemin, 282. — Pourquoi une comète, en passant près du soleil, ne tombe point sur cet astre, *ibid*. — Que les comètes sont des corps opaques, 283. — Qu'elles sont des planètes, *ibid*. — Difficulté de connaître leur retour, 284. — Ce que c'est que la queue des comètes, et méprise de Descartes à cet égard, 285. — Newton a mesuré la ligne que doit décrire la queue d'une comète en plusieurs années, 286. — Usage probable des comètes, 287. — Éclaircissements à leur sujet, xxxvii, 408. — Ce que c'est, l, 224. — Suppositions et contes auxquels elles ont donné lieu, *ibid. et suiv*., 234; xxxvii, 202. — En 1680, étaient encore l'objet de la crainte populaire, xx, 302. — De la guerre entre les géomètres, au sujet de la comète de 1682, lviii, 160. — De la prétendue comète qui, en 1773, devait réduire notre globe en poussière, lxviii, 254. — Lettre plaisante et relative, xlvii, 238. — De l'opinion de Newton, qu'il y a des comètes qui tombent dans le soleil pour le nourrir, lxix, 174. (*Voy*. BAYLE, BERNOUILLI, NEWTON.)

Commentaires. Sur l'*Esprit des lois*, l, 49. (*Voy*. MONTESQUIEU et *Esprit des lois*.) — Sur le théâtre de Corneille, xxxv et xxxvi, en entier. (*Voy*. CORNEILLE.) — Sur le livre des *Délits et des Peines*, xlii, 419 *et suiv*. — Ce qu'on en dit dans la Correspondance, lxiii, 323, 339. — *Historique*, sur les œuvres de l'auteur de la *Henriade*, xlviii, 309 à 402. — Préface du nouvel éditeur, 311. — Pourquoi ne peut être ni de Wagnière qui s'en prétendait l'auteur, ni de Christin à qui on l'a attribué, 312. — Ce qu'en disait Voltaire au maréchal de Richelieu, lxx, 139.

Commentateurs. Comment figurent au *Temple du Goût*, xii, 327 *et suiv*. (*Voy*. *Scholiastes*.)

Commerce (le). Ses nombreuses révolutions, XVII, 144. — Ce qu'il était au temps de Charlemagne, XV, 428. — Sous Louis XIII, était encore en peu de mains, XIX, 263. — Ignorance en France à ce sujet jusqu'à Law, XXXVII, 528. — Quand fut établi le *conseil de commerce* existant encore aujourd'hui, XX, 240. — Combien le commerce est honoré en Angleterre, III, 142, 151; XXXVII, 161. — Époque à laquelle il prit une nouvelle face en Europe, XLI, 415. — Il sert à la fois au luxe et aux plaisirs, XIV, 126. — Réflexions générales y relatives, XXXVII, 159 *et suiv.* — Source de son industrie, XXXIV, 22. — Comment rend un état plus puissant, XXXIX, 393. — Et plus riche, 395. (Voy. *Manufactures.*)

Commerce maritime. Dernière ressource des peuples, et pourquoi, XV, 59. — Des Phéniciens, et des peuples modernes qui furent forcés de s'enrichir par cette industrie, *ibid.*

COMMINES (*Philippe* de). Traître envers la maison de Bourgogne, dont il vend les secrets à Louis XI, XVI, 518. — Est l'un des juges envoyés au duc de Nemours, *ibid.* — A les terres de ce prince dans le Tournaisis, 520. — Ses *Mémoires*, appréciés, 518. — Aveu de lui favorable à Mahomet II, son contemporain, XVI, 488. — Occasion qu'il indique de la guerre de Charles-le-Téméraire contre les Suisses, qui fut si fatale à ce duc, 528.

COMMIRE (*Jean*), jésuite et poëte latin. Notice qui le concerne, XIX, 84.

COMMODE (l'empereur). Contes absurdes à son sujet, XLIV, 428.

Communes (chambre des), en Angleterre. Époque de sa formation; son crédit, XVI, 442; XXX, 110, 112. — Comment se constitue sous l'influence de Cromwell; sa conduite dans le procès de Charles Ier, XVIII, 313, 316 *et suiv.* — Ce qu'elle fut et ce qu'elle est maintenant, XXXVII, 156 *et suiv.*

Communion (la). Homélie sur cette cérémonie, XLV, 298. — En quoi elle consiste, *ibid.* — Pourquoi est appelée *sacrement* ou *mystère*, 300. — Changements divers qu'elle a éprouvés, XV, 445. — Était universellement en usage sous les deux espèces au temps de Charlemagne, et long-temps après lui, 446. — Se conserva toujours chez les Grecs, et dura chez les Latins jusqu'au 12e siècle, *ibid.* — Les empereurs communiaient aussi au 14e siècle, XVI, 269. — Quand il fut permis de s'y présenter sans se confesser, XLI, 52. — Des communions qui eurent lieu par arrêts des parlements, lors des querelles des jansénistes avec les constitutionnaires, XXI, 352; XXII, 328, 335. (Voy. *Eucharistie.*)

COMNÈNE (les), famille impériale d'Orient. Vont se réfugier à Trébisonde, XVI, 193, 486. (*Voy.* ALEXIS, ANNE, DAVID, JEAN, MANUEL, etc.)

Compagnie (la bonne). Ce que c'est, XIV, 223. — A des plaisirs inconnus aux gens grossiers, III, 156; XL, 329. — Autres réflexions de Bernis sur ce qu'on appelle le ton de la bonne compagnie, LXIII, 554.

Compagnie anglaise des Indes. Ses rivalités avec celle de France. (*Voy.* l'article ci-après.) — Comment s'est vue au comble de la puissance et de la gloire, XLVII, 417. — Le temps seul doit apprendre ce qu'elle deviendra, 418. — Maîtresse du Bengale et d'Orixa, a résisté aux Marattes et aux nababs qui ont voulu la déposséder, 490.

Compagnie française des Indes. Établie par Louis XIV; à quelle époque, XX, 240; XLVII, 301. — Encouragements qui lui sont donnés, XX, 241. — Le dividende de ses actions déclaré usuraire par la Sorbonne, XXXVII, 528. — Ce qu'elle doit à Law, *ibid.*; XLVII, 302. — Acquiert son privilège pendant le *système*, XXI, 18. — La prise de Louisbourg, par les Anglais, lui est fatale, 260. — Quelle fut la cause de sa prospérité à Pondichéri, 271. — Devient conquérante pour son malheur, 311. — Son revenu immense sous le gouvernement de Dupleix, 315. — Sa décadence, 316. — Sa destruction, 329; XLVII, 417. — C'est à tort qu'on a fait un reproche de son établissement à Colbert, XLVI, 415. — Sommes énormes que lui ont fournies les divers ministères depuis 1725 jusqu'à 1769, sans qu'elle ait jamais pu payer ses actionnaires du produit de son commerce, XLI, 181; XLVII, 417.

Compagnies (les). Comment il arrive qu'elles disent et font de plus énormes sottises que les particuliers, XVII, 187; LXIV, 232; LXVII, 66. — Pourquoi les grandes compagnies n'ont presque jamais pris de bons conseils dans les troubles civils, XXIV, 100. — Qu'il faut encourager et réprimer toutes les compagnies, XL, 463.

Comparaisons. Ne paraissent à leur place que dans le poëme épique ou dans

Tome I. 23

l'ode, XXXIX, 187. — Sont simples et relevées par la richesse de la diction dans Homère, *ibid.* — Triviales dans le *Télémaque*, *ibid.* — Ingénieuses dans le Tasse, *ibid.* — Prises des grands objets de la nature dans la *Henriade*, 188. — Rares et peu justes dans J.-B. Rousseau, 190. — Celles de Milton, d'où tirent leur principal mérite, 192. — Qualités qu'elles doivent avoir, et vice qui leur est trop ordinaire, *ibid. et suiv.* — Pourquoi ne sont pas admises dans la tragédie, XXXV, 165. — Vice de la plupart des pièces anglaises à cet égard, III, 154.

COMPARET. Auteur d'une lettre à J.-J. Rousseau sur son *Émile*; ce qu'on en dit, LX, 406 *et suiv.*

Compassion. Qu'on ressent pour les maux qu'on a soufferts soi-même, III, 181. — Celle qu'on doit à la douleur d'autrui, IV, 181. — C'est assez d'être homme pour aimer à donner des soins compatissants à des cœurs malheureux, V, 57. — Ses armes innocentes, IX, 401.

Compensation. Existe entre les biens et les maux des diverses conditions, XII, 45 *et suiv.*, 51 *et suiv.*; XIV, 142 *et suiv.*

Compère (le) *Matthieu.* Ce qu'on dit de cet ouvrage et de son auteur, LII, 287; LXIV, 324; LXV, 55.

Compilateurs. Ce qu'on peut dire de la plupart, XXVII, 225, 335; L, 529. — Vers satiriques à leur sujet, XIV, 159, 234. — Dans quelle classe doivent être rangés, XXXI, 435.

Compilations. Ce qu'elles sont aux ouvrages de génie, LVI, 192.

Compliments. Sont le protocole des sots, IV, 261. — Compliment au roi sur la paix d'Aix-la-Chapelle, prononcé en 1749 par le duc de Richelieu, comme directeur de l'Académie française, et composé par Voltaire, XXXIX, 97. — Anecdote y relative, *ibid.* — Compliment qui devait être prononcé, en 1763, à l'ouverture du Théâtre-Français, XLI, 12.

Complots. Quand sont mal tissus, un seul ressort venant à manquer, ils avortent; vers à ce sujet, VI, 335.

Comte de Boursoufle. (Voy. *Boursoufle.*)

Comtes. Leur origine, XV, 427.

Comtesse de Givry. (Voy. *Charlot.*)

COMUS. Invocation à ce dieu, en faveur de M. Bonneau, XI, 225.

Conciles. Assemblées d'ecclésiastiques convoqués pour résoudre des doutes ou des questions sur les points de foi ou de discipline, XXVIII, 124. — Distingués en conciles généraux et en conciles particuliers, 127. — Singulier décret tiré d'un de ceux qui se tinrent à Mâcon, *ibid.* — Résultat des huit premiers qui furent assemblés par ordre des empereurs, 128 *et suiv.* — Notice des conciles généraux, 138 *et suiv.* — Ce qu'en disait Grégoire de Nazianze, 137. — Pourquoi tant de conciles ont été opposés les uns aux autres, 147. — Des conciles grecs et des conciles romains, 148 *et suiv.* — Convoqués d'abord par les empereurs, XV, 375. — Sont supérieurs aux papes, XVI, 458. — De la question s'ils ont le droit de les déposer, *ibid.* — Des fausses décrétales qui les avaient abolis, XLIV, 186. — Notice des conciles d'Aix-la-Chapelle, d'Attigny, de Bâle, de Clermont, de Constance, de Constantinople, d'Embrun, d'Éphèse, de Florence, de Francfort, de Latran, de Lyon, de Nicée, de Pise, de Plaisance, de Toulouse, de Trente, etc. (*Voyez* ces divers articles.) — Charlemagne, fils de Pepin, tint plusieurs fameux parlements, qu'on appelait aussi conciles, XXII, 6.

CONCINI. (*Voy.* maréchal d'ANCRE.)

Conclave (fête comique du), instituée par le czar Pierre, XXV, 297.

Conclusion et examen de l'*Essai sur les mœurs.* Morceau de 1763, qui a été supprimé depuis, XLI, 24.

Concordats. Celui de l'empereur Frédéric III avec Nicolas V, XVI, 463; XXII, 65; XXIII, 399. — Celui de François Ier avec Léon X, et troubles qu'il excite, XVII, 310; XXII, 65 *et suiv.*

CONDÉ (maison de). Branche des Bourbons; son grand éclat, XIX, 7. — Comment le sort de ses princes fut toujours d'être opprimés par des prêtres, XXI, 29.

CONDÉ (*Louis Ier* de BOURBON, prince de), frère d'Antoine de Navarre. Opprimé par la maison de Lorraine, veut secouer le joug; son caractère, X, 355. — Embrasse le calvinisme, 356. — Ame invisible de la conspiration d'Amboise; avec quelle dextérité il conduit cette entreprise, *ibid.*; XVIII, 56; XXII, 98. — Quoique toute la France sût qu'il en était le chef, personne ne peut l'en convaincre; il est arrêté, et bientôt remis en liberté, 99. — Se retire dans le Béarn, et s'y déclare publiquement de la religion réformée, 100. — Les protestants veulent lui livrer la ville de Lyon et ne réussissent point, *ibid.* — Il ose, après cette action, se présenter à la cour; est arrêté de nouveau dans Orléans, accusé de lèse-majesté, et condamné à mort par des commissaires; détails de son procès, *ibid. et suiv.*; x, 356; XVIII, 59. — Est sauvé par la mort de François II, et tiré de prison par Catherine de Médicis, qui avait ménagé entre lui et les Guises une réconciliation qui ne fut qu'apparente, *ibid.*; XXII, 102. — Il s'empare d'Orléans, et se fait déclarer par son parti protecteur du royaume de France, 109. — Est assiégé dans Rouen, qui succombe, et où ses partisans sont massacrés, 111. — Vaincu et fait prisonnier à la bataille de Dreux, 112; XVIII, 65. — S'accommode avec la cour, 67. — Veut partager le gouvernement, 68. — Tente d'enlever Charles IX à Meaux, *ibid.* — Sa bravoure et son intrépidité à la bataille de Jarnac, x, 81, 82, 358. — Fait prisonnier dans cette journée, est assassiné par Montesquiou, *ibid.*; XVIII, 70. — Son portrait, et vaudeville à son sujet, x, 81. — Amour singulier de ses soldats pour sa personne, *ibid.* — Médaille que ses ennemis firent frapper pour le perdre, 82. — Fut un de ces hommes extraordinaires nés pour le malheur et pour la gloire de leur patrie, 81. — Pourquoi il avait hautement embrassé le calvinisme, XVIII, 57. — Fut le premier chef de parti qui parut faire la guerre en homme timide, 58. — Sa prison, et la mort de François II, pourraient être un sujet de tragédie, LXIV, 468.

CONDÉ (*Henri Ier*, prince de), fils de Louis Ier. L'un des chefs du parti des huguenots, XVIII, 101. — Retenu prisonnier à la cour depuis les massacres de la Saint-Barthélemi, est obligé de se faire catholique, *ibid.*; x, 105. — Forcé d'assister à l'exécution de Briquemant et de Cavagne, condamnés pour la prétendue conspiration de Coligni, *ibid.* — S'évade, abjure l'Église romaine, et se réfugie dans le Palatinat, où il ménage des secours pour son parti, XVIII, 101. — Rentre en France avec des Allemands, 103. — Bulle fulminée contre Henri IV et contre lui, 108; L, 318. — Il meurt empoisonné à Saint-Jean-d'Angely, x, 52. — Procès criminel fait à ce sujet à sa veuve et à ses domestiques, *ibid.*; XVIII, 110; XXII, 140. — Autres détails sur son empoisonnement, extraits de la correspondance de Henri IV, XVIII, 159. (Voyez *Charlotte* de LA TRIMOUILLE.)

CONDÉ (*Henri II*, prince de). Tradition populaire et ridicule au sujet de sa naissance, x, 52 *et suiv.*; XVIII, 110. — Aventure qui le brouille avec Henri IV, XXII, 208. — Arrêt singulier rendu contre lui par le parlement de Paris à cette occasion, *ibid.* — Son crédit et sa réputation pendant la régence de Marie de Médicis, XIX, 7. — Exclu du conseil par Concini, fait la guerre civile, XVIII, 175; XXII, 227. — La cour conclut avec lui une paix simulée, et le fait mettre à la Bastille, *ibid.* — Il accompagne Louis XIII dans la guerre contre les protestants, XVIII, 187. — Veut conduire l'armée et l'état, 193. — Va solliciter à Rome l'hérédité, dans sa maison, des bénéfices qu'il possédait; quel fut le fruit de son voyage, *ibid.* — Pourquoi soutient la guerre en Languedoc contre le duc de Rohan, 206. — Cède au génie de Richelieu, et brigue le commandement des troupes contre le duc de Montmorenci, son beau-frère, 225. — Est battu devant Fontarabie, 236. — Sa plus grande gloire est d'être le père du grand Condé, XIX, 7. — Sa mort, *ibid.*

CONDÉ (*Louis II DE BOURBON*, prince de), surnommé *le Grand*. Époque de sa naissance, et Notice qui le concerne, XIX, 7. — N'étant encore que duc d'Enghien, continue les conquêtes commencées par le duc de Veimar, XVIII, 278. — Gagne, à vingt-un ans, la bataille de Rocroi sur les Espagnols, XIX, 271. — Son humanité après la victoire, *ibid.* — Prend Thionville, Sirck et Fribourg, 274. — Défait Merci dans les plaines de Nordlingen, 275; XXIII, 620. — Assiège Dunkerque, et donne le premier cette place à la France, XIX, 275. — Envoyé en Catalogne par la cour, qui suspecte ses services, et ne lui donne que de mauvaises troupes mal payées, il se voit obligé de lever le siège de Lérida, 276. — Rappelé bientôt en France, bat et disperse l'armée de l'archiduc Léopold, qui assiégeait Lens, *ibid.*; XXII, 266. — Appuie le pouvoir de la régente Anne d'Autriche, XIX, 280. — L'accompagne à Saint-Germain, après la journée des Barricades, 290; XXII, 268. — Défend la cour, qu'il croyait ingrate, contre la Fronde, qui recherchait son appui, XIX, 291. — Bloque Paris, 292; XXII, 269. — Motifs qui l'avaient déterminé à favoriser Mazarin et à se déclarer contre le parlement, 270. — Ce qu'il disait lui-même de cette guerre, 269; XIX, 293. — Demande hautement le prix de ses services, XXII, 271. — Méprise la cour après l'avoir défendue, XIX, 296. —

Se ligue avec le prince de Conti et le duc de Longueville; nom ridicule donné à sa cabale, 297.— Moyen singulier que l'on emploie pour diviser son parti et les frondeurs, *ibid.* — Abandonné par le coadjuteur au ressentiment de la reine, est arrêté par ordre de la cour, 298.—Comment signe lui-même l'ordre de sa détention, 299.—Est conduit à Vincennes; le peuple fait des feux de joie à l'occasion de son emprisonnement, 300; xxii, 271. — Est ensuite conduit au Havre; chansonne en route le duc d'Harcourt, chargé de l'accompagner, xix, 299. — Est redemandé par toute la France, 300. — Vaine tentative pour le délivrer, 301. — Les parlements prennent parti pour lui; les mêmes frondeurs qui l'avaient vendu forcent la reine à le remettre en liberté, *ibid.*; xxii, 272. — Il revient à Paris, aux acclamations du peuple qui l'avait tant haï, xix, 301. — Ne veut pas plier devant Mazarin triomphant, et préfère continuer la guerre civile que le parlement avait commencée, xxii, 275. —Soulève la Guyenne, le Poitou et l'Anjou, et se met à la tête des troupes espagnoles qu'il avait autrefois battues, *ibid.*; xix, 302. — Est déclaré criminel de lèse-majesté par le parlement de Paris, 306. — Est en campagne contre le roi, et grossit partout son parti, 307.—Déguisé en courrier, vient dans la forêt d'Orléans se mettre à la tête de son armée, *ibid.* — Dissipe à Bléneau le corps d'armée royale commandé par le maréchal d'Hocquincourt, 308. — Marche vers Paris, 309. — Force l'armée royale à se retirer du faubourg Saint-Antoine, 310. — Baise la châsse de Sainte-Geneviève dans une procession, 312. — Comment se voit apostrophé en plein parlement, *ibid.*—Donne un soufflet au comte de Rieux, qui le lui rend, 313. — Est nommé généralissime des armées par le parlement de Paris, 314. — Condamné par contumace à perdre la vie, par ce même parlement à peine sorti de la faction, 317; xxii, 275. — Abandonné en France de ses partisans, et mal soutenu des Espagnols, continue sur les frontières de la Champagne une guerre malheureuse, xix, 316. — Couvre la retraite des Espagnols vaincus devant Arras, 321. — Sollicite vainement Cromwell, qui refuse de négocier avec lui, 324. — Délivre Valenciennes assiégée par Turenne, 327. — Se jette dans Cambrai, *ibid.* — Est reçu en grace à la paix des Pyrénées, 342.—Perd sa charge de grand-maître de la maison du roi, et ne revient presque qu'avec sa gloire, 343. — Commande, sous Louis XIV, l'armée destinée à faire la conquête de la Franche-Comté, 369. — Général sous ce prince dans la guerre contre la Hollande, 387, 391. — A le poignet fracassé au passage du Rhin, seule blessure qu'il ait reçue dans toutes ses campagnes, 393. — Fait tête, en Flandre, au jeune prince d'Orange, 417. — Sa dernière bataille à Senef, 418 *et suiv.* — Après la mort de Turenne, arrête les progrès de Montecuculli en Alsace, 425. — Cesse de paraître à la guerre, et se retire à Chantilly, *ibid.* – Sa mort, 526. —Quelle en fut la cause, xx, 188.—Vers qui le caractérisent, x, 235; xiv, 181. — Mis en parallèle avec Turenne, x, 235.— Comparé au connétable de Bourbon, xvii, 200. — Anecdote qui le concerne, xxxv, 269. — Lettre que lui écrivit la reine Christine sur son abdication, xix, 333. —Était né général; l'art de la guerre semblait en lui un instinct naturel, 271. — Autres anecdotes qu'on en raconte au sujet des batailles de Rocroi, de Fribourg et de Lérida, 272, 274, 276. — Vers de Middleton à sa louange, traduits par Voltaire, xlii, 700.

Condé (*Louis III*, duc de Bourbon-). (*Voy.* Bourbon.)

Condé (*Charlotte* Montmorenci, princesse de), mère de Louis II. Ses amours avec Henri IV, xviii, 143; xxii, 207. — Exilée du temps de la Fronde, reste dans Paris malgré la cour, et porte sa requête au parlement, xix, 300.

Condé (princ^{sse} de), épouse de Louis II. Durant la captivité de son mari, se réfugie à Bordeaux, soulève cette ville, et arme l'Espagne, xix, 301.

Condé (*Henri-Jules* de), nommé communément *monsieur le Prince*, fils du grand Condé. Notice qui le concerne, xix, 8. — Accompagne Louis XIV dans la conquête de la Franche-Comté, et se trouve aux deux sièges de Besançon, 369, 412. — Pourquoi le roi lui refuse un commandement, 425.

Condé (*Louis*, prince de), petit-fils du grand Condé, et surnommé *monsieur le Duc.* (*Voy.* Bourbon, *Louis.*)

Condé (*Louis-Joseph* de Bourbon, prince de), fils du précédent. Signale ses premières armes à la bataille de Hastembeck, xxi, 297. — Remporte, auprès de Francfort, un avantage sur le prince de

Brunswick, 309. — Autres, en 1762, à Genningen et Johanisberg, LX, 390. — Vers à sa louange, LXI, 154. — Lettre que lui écrit Voltaire, en 1767, au sujet des calomnies de La Beaumelle contre son père, monsieur le Duc, LXIV, 296. — Prend place au conseil en 1771, LXVII, 7. — En 1777, autre lettre de l'auteur qui implore sa protection en faveur de la colonie de Fernei, et réponse au nom du prince, LXX, 214, 220, 314.

Condé (ville de). Prise par Louis XIV en personne en 1676, XIX, 427. — Reste à la France par le traité de Nimègue, 437.

Condigne. Mot employé par les auteurs du 16e siècle, XI, 98.

CONDILLAC (l'abbé de). Lettre qui lui est adressée en 1756, LVII, 41. — Idée que lui communique Voltaire de rassembler en un corps les idées qui règnent dans trois de ses livres, et d'en former un ouvrage méthodique et suivi, 42. — Faux bruit de sa mort en 1764; LXII, 123, 125, 164. — Son admission à l'Académie française en 1768; éloge de son discours de réception, LXV, 219, 310. — Est un des premiers hommes de l'Europe pour la valeur des idées, 219. — Autres éloges, IX, 369; XXVIII, 81.

Conditions. Discours en vers sur leur égalité, XII, 45. — Autres vers sur le même sujet, XIV, 142. — Leur inégalité ne peut être fondée que sur l'inégalité primitive des talents, XV, 300. (Voy. *Égalité*.)

CONDORCET (marquis de), secrétaire de l'Académie des sciences. Comment peint par l'auteur, IX, 367. — Bien qu'il en dit, XIV, 299. — Éloge de son style, LXVIII, 380. — Son voyage et son séjour à Fernei en 1770, avec d'Alembert; détails y relatifs, LXVI, 426, 432, 444. — Son édition des *Pensées de Pascal*, avec des notes; cas qu'en fait Voltaire, L, 342 *et suiv.*; LXX, 147, 209. — Mis en parallèle avec Pascal, 284, 289, 358, 462. — A perfectionné la méthode de Fontenelle dans ses *Éloges* des anciens académiciens, XLVIII, 10; LXVIII, 157, 160, 492; LXX, 347. — Auteur de la *Lettre d'un Théologien à l'abbé Sabatier*, publiée en 1774; hardiesse de cet écrit, LXIX, 41, 47. — Lettres qui lui sont adressées, de 1770 à 1776. (Voy. *Tabl. part*. de LXVI à LXX.) — Sa *Vie de Voltaire*, I, 117 à 321. — D'une lettre de lui, apologétique du même, LXIX, 17. — Notice détaillée de lui sur Colbert, X, 248. — Autre sur le duc de Sulli, 266. — Est auteur de l'*Avertissement* mis en tête de *Zulime*, IV, 405. — On lui attribue les Lettres signées *Villevieille*, publiées en 1778, en défense de cette pièce contre une critique de La Harpe, 406. — A fait encore l'*Avertissement* qui est en tête de *Rome sauvée*, VI, 293. — Notice qui le concerne, LXVI, 445.

Condottieri (les), chefs de brigands disciplinés qui louaient leurs services, XVI; 318; XVII, 58; XIX, 271. — Noms qu'ils prenaient pour intimider la populace, XVII, 69.

CONDUIT, neveu de Newton. Anecdote qu'il en raconte au sujet de Descartes, XXXVII, 198.

Confesseurs. Du temps de Charlemagne, il y en avait dans les armées, XV, 448. — De l'influence des confesseurs des princes sur les affaires de l'état, *ibid.*; XVIII, 239. — Ont fait bien plus de mal à l'Europe que leurs maîtresses, 119. — Portrait du confesseur d'un roi jeune et amoureux, XI, 197. — Vers sur l'incontinence de certains confesseurs, II, 330. (Voy. *Confession* et *Directeurs de consciences*.)

Confession (la). Son histoire fidèle, XLI, 50 *et suiv.* — Sa haute antiquité, VII, 391, 412; XXVIII, 153. — Était en usage dans les mystères d'Égypte, de Grèce, de Samothrace, *ibid.*; XV, 448. — Comment se pratiquait chez les Juifs; n'était point alors un sacrement, XXVIII, 154, 155; XLII, 459. — Si elle est établie dans le Nouveau Testament, XXXIII, 398. — Fut publique sous Constantin, XXVIII, 155. — Ne le fut jamais en Occident, XV, 447. — Abolie en Orient à la fin du 4e siècle, *ibid.*; XXVIII, 156; XLVII, 595. — De l'établissement et de l'abolition des prêtres pénitenciers, XXVIII, 156; XLI, 52. — De l'institution de la confession auriculaire; du bien et du mal qu'elle a produits, XV, 446; XXVIII, 156; XLII, 213. — Au temps de Charlemagne, il était permis, en cas de nécessité, de se confesser à un laïque, même à une femme, XV, 448. — Si les laïques et les femmes ont été confesseurs et confesseuses, XXVIII, 160; XLI, 70. — Saint Basile fut le premier qui permit aux abbesses d'administrer la confession à leurs religieuses, et de prêcher dans leurs églises, XLI, 71; XLVII, 556. — Qu'avant le 12e siècle il n'est aucune trace ni de la formule de la confession, ni des confessionnaux établis dans les églises, ni de la nécessité préalable de se confesser avant la communion, XV, 447. —

D'où vient l'ancienne coutume de se confesser mutuellement, XLI, 85; XLII, 681. — Que la confession est le plus grand frein des crimes secrets, XV, 448. — Ses dangers et ses abus, *ibid.*; XXII, 182; XL, 373. — Exemples à ce sujet, XXI, 371; XLII, 457. — De sa révélation; opinions diverses et décisions contradictoires, XXII, 174; XXVIII, 158. — Quand et pour quels crimes elle a été ordonnée, XLII, 458, 621.

Confession (billets de). Usités en Italie et dans les pays d'obédience, XXVIII, 163. — L'archevêque de Paris Beaumont se met en tête de les introduire dans son diocèse; troubles qu'ils y occasionnent, 164; XXI, 342 *et suiv.*; XXII, 321 *et suiv.* — Pourquoi furent imaginés, et comment caractérisés, XIII, 261; XIV, 183, 241, 261. (*Voy.* BEAUMONT (*Christophe* de).

Confession d'Augsbourg. Sert de règle aux protestants, et de ralliement à leur parti, en 1530, XVII, 269; XXIII, 476.

Confiance et *défiance.* Remarques grammaticales sur ces deux mots, XXXVI, 526. — Un cœur sans confiance est un cœur sans tendresse, III, 127.

Confiscation (la). C'est une des plus anciennes tyrannies établies, que le bien d'une famille appartienne au souverain quand le père de famille a été condamné, XVII, 502. — Injustice et absurdité de cette maxime, XXI, 411; XLIII, 428. — Ses conséquences, XXVIII, 166. — N'est, dans tous les cas, autre chose qu'une rapine, LXVI, 46. — Inventée par Sylla dans ses proscriptions, n'était point un modèle à suivre, *ibid.*; XXI, 411; XLII, 466; XXVIII, 168. — Ridicule application de la *Bible* dans un plaidoyer d'Omer Talon, au sujet de biens confisqués, XXI, 413; XLII, 467 *et suiv.*

Conformez-vous au temps. Facétie philosophique adressée par l'auteur à ceux que leur destinée a mis à la tête des gouvernements, XLII, 85 *et suiv.*

Confréries. Celles des 13° et 14° siècles, XVI, 431 *et suiv.* — Celles de *la Mort* et des *Pénitents blancs*, à quelle occasion instituées par Henri III, X, 47. Mal affreux qu'elles ont causé, XLI, 236; XLVIII, 7. — Sorties contre elles, LX, 384, 386.

CONFUCIUS ou CONFUTZÉE, philosophe chinois. Époque où il vivait, XV, 274. — Beauté de sa morale, 89, 275. — N'a institué ni nouveau rit, ni nouvelle religion, 88; XLIII, 246. — N'a fait que rassembler en un corps les anciennes lois de la morale, XLII, 599. — Ami de la raison, ennemi de l'enthonsiasme, n'a point mêlé le mensonge avec la vérité, LVIII, 372. — Ne s'est dit ni inspiré ni prophète, XV, 88, 275. — S'en est tenu à la religion naturelle, et a fait tout ce qu'on peut faire sans révélation, XII, 158. — Bien supérieur à Mahomet comme législateur, XLI, 150. — Est le seul des instituteurs du monde qui ne se soit pas fait suivre par des femmes, XXVIII, 39. — Ses plaintes contre les bonzes, XV, 279. — Ses disciples, 89. — Honneurs dont jouit sa famille, qui subsiste encore, 275. — Par qui traité d'athée en Europe, 89. — Preuve qu'il ne fut jamais adoré à la Chine, XVII, 474. — Honneurs publics que lui rendent les lettrés deux fois l'an, et détails des cérémonies qui ont lieu à ce sujet, XX, 461. — Prétendues prophéties qu'on lui attribue sur Jésus, XXXII, 9. — Belles maximes qu'on en cite, XXVII, 468, 488; XXXI, 394; XLV, 79; XLVIII, 215; L, 530; LXX, 186. — Quatrain pour son portrait, XXVIII, 39. — Voltaire l'avait dans son oratoire, et le vénérait, *ibid.*; LVIII, 312.

Congo (royaume de). Sa découverte par les Portugais, XVII, 357 *et suiv.*

Congrès. Espèce d'épreuve pour les accusés d'impuissance, et qui ne fut connue qu'en France, XXX, 349. — Époque de son institution; quand et à quelle occasion fut abolie, *ibid. et suiv.* — Son apologie par le président Bouhier, 351.

Congrès politiques. D'Aix-la-Chapelle en 1748, XXI, 276. — D'Aland en 1717, XXIV, 344; XXV, 358. — De Bréda en 1746, XXI, 193. — De Gertruidenberg en 1710, XX, 85. — De Neustadt en 1720 et 1721, XXV, 364. — D'Utrecht en 1711, XX, 98. — De Verdun en 843, où la Germanie et la Gaule furent séparées, XXIX, 477. — De Vervins en 1598, XXII, 200.

CONGRÈVE. Celui de tous les Anglais qui a porté le plus loin la gloire du théâtre comique, XXXVII, 236. — Est regardé comme le Molière de l'Angleterre, 270. — A observé les lois du théâtre, II, 54.

Coni (bataille de). Gagnée contre le roi de Sardaigne par le prince de Conti et l'infant don Philippe en 1744, XXI, 115 *et suiv.*

Connaissance des beautés et des défauts de la poésie et de l'éloquence dans la langue française. Note sur cet ouvrage, attribué à Voltaire, et texte qu'on en donne, XXXIX, 147 *et suiv.* — Lettre à

M. de Sainte-Albine, y relative, 279. — Autres où Voltaire le désavoue, LV, 305; LVI, 315.

Connaisseurs (les). De leur goût et de leurs sensations, XXX, 82, 85 *et suiv.* — Font à la longue le destin des ouvrages, XXVII, 416; XXXVI, 406. — Et gouvernent l'empire des arts, XXX, 93; LV, 82. — Portrait d'un Monseigneur, prétendu connaisseur dans tous les arts, XII, 328 *et suiv.*

Connétable. Origine de ce nom, VIII, 475.

CONON. (*Voy.* CONRAD DE FALKENSTEIN.)

Conquérants (les). Fléaux du monde entier, X, 226. — N'ont jamais été que des voleurs heureux, XLVII, 468. — La rigueur est le trop nécessaire appui de leur autorité, VI, 445. — Comment définis, XVI, 222. — Sorties contre eux, XII, 438; XIII, 44, 327. — Place qu'ils occupent parmi les princes, XXIV, 13. — Pourquoi on est si avide de connaître jusqu'aux moindres particularités de leur vie, *ibid.* — Voleurs qui méritaient la roue et qui se sont fait quelquefois dresser des autels, XL, 568. — Que les véritables conquérants sont ceux qui font des heureux, LXIV, 9. — Et qui savent faire des lois, XV, 482. — Ne viennent qu'après les législateurs dans le *Temple de la Gloire*, LXV, 359. — Les conquérants injustes et sanguinaires en sont chassés par les Muses, V, 313 à 322. — Comment punis dans l'autre vie, X, 226.

Conquêtes. Explications sur ce mot, XXVIII, 168 *et suiv.* — Qu'il y a beaucoup d'exemples d'états alliés conquis par une seule puissance, et qu'il y en a bien peu d'un grand empire conquis par plusieurs alliés, et pourquoi, XXIV, 331.

CONRAD Ier, empereur. Elu en Germanie par l'influence d'Othon, duc de Saxe, XV, 522; XXIII, 105. — Ne fut jamais reconnu en Italie ni en France, 106. — Promit un tribut aux Huns et aux Hongrois, XV, 524. — Autres notes qui le concernent, XXIII, 8, 106 *et suiv.*

CONRAD II, dit *le Salique*, empereur d'Allemagne. Pourquoi est ainsi nommé, XXIII, 143. — Son avènement à l'Empire, et ce qui rendit son élection remarquable, *ibid.* — Appelé en Italie, assiège Pavie, et essuie des séditions à Ravenne, 144. — A peine couronné à Rome, n'y est plus en sûreté, *ibid.* — Repasse en Allemagne, où il trouve un parti contre lui, *ibid.* — Perd un vassal dans la Pologne, et en acquiert cent dans le royaume de Bourgogne, 145. — Erige tous les évêques en princes feudataires, 146. — Rappelé en Italie, y éprouve des revers, 147. — Sa mort, *ibid.* — Sa femme, ses enfants, 9.

CONRAD III, de la maison de Stauffen-Souabe, empereur d'Allemagne. Compétiteur de Lothaire II, est abandonné de son parti, se réconcilie avec lui et le reconnaît, XXIII, 178 *et suiv.* — Lui succède, 181. — Se croise pour la Terre-Sainte, et, avant de partir, fait reconnaître son fils Henri pour roi des Romains, XVI, 175; XXIII, 183. — Principaux princes qui l'accompagnent, *ibid.* — Ses imprudences et ses revers; il est blessé, XVI, 176. — Va en pèlerin à Jérusalem, *ibid.*; XXIII, 184. — Retourne presque seul en Allemagne, XVI, 178. — Y trouve une guerre civile sous le nom de *guerre sainte*, XXIII, 185. — Sa mort, *ibid.* — Sa femme, ses enfants, 11.

CONRAD IV, empereur. Reconnu roi des Romains, XVI, 146; XXIII, 241. — Compris dans l'excommunication de son père Frédéric II, 248. — Battu près de Francfort, 249. — Croisade prêchée contre lui à son avènement à l'Empire, après la mort de son père, 252. — A été accusé d'avoir empoisonné son frère Henri, 256; XVI, 233. — Mourut empoisonné lui-même, dit-on, par son autre frère Mainfroi, *ibid.*; XXIII, 257. — Sa femme, ses enfants, 12.

CONRAD, fils de l'empereur Henri IV. Se révolte contre son père, à l'instigation du pape Urbain II, qui promet de le couronner empereur, 166. — Est déclaré indigne de jamais régner, dans une diète tenue par son père, *ibid.* — Sa mort, 167.

CONRAD, duc de Franconie, compétiteur de Lothaire II, et depuis son successeur. (*Voy.* ci-dessus CONRAD III.)

CONRAD, fils de Frédéric Barberousse. Fait duc de Souabe par son frère Henri VI, XXIII, 216.

CONRAD, comte de Rens, électeur de Mayence. Battu par le landgrave de Hesse, XXIII, 21. — Mort en 1431, *ibid.*

CONRAD ou CONON DE FALCKENSTEIN, coadjuteur d'Engelbert, électeur de Cologne, et en même temps archevêque de Trèves, au 14e siècle. Gouverne Cologne pendant trois ans, et se voit obligé de résigner, XXIII, 23. — Ce fut sous son gouvernement qu'on apporta le corps tout frais encore, dit-on, d'un des petits innocents massacrés sous Hérode, *ibid.*—Fit de grandes fondations à Trèves; résigna son électorat à son neveu, malgré les chanoines, 25.

CONRAD DE VEINSBERG, électeur de Mayence. Fit brûler les vaudois, XXIII, 21.—Sa mort en 1396, *ibid.*

CONRADIN, duc de Souabe, fils de Conrad IV. Héritier des Deux-Siciles, XXIII, 12.—Son oncle et tuteur Mainfroi s'empare de son royaume, 258, 260.—Croisade contre lui et Mainfroi, 258; XVI, 240.—Ses succès; il est reçu en empereur au Capitole, quoique excommunié, *ibid.*; XXIII, 262 *et suiv.*—Battu et fait prisonnier par Charles d'Anjou, il meurt sur l'échafaud à dix-sept ans; détails sur son supplice et sur ses derniers moments, 263 *et suiv.*; XVI, 240, 519; L, 316.—Comment son sang fut vengé, XVI, 242; XXIII, 274.—En lui finit la maison de Souabe, XXIII, 12.

CONRINGIUS (*Herman*), un des savants les plus distingués du 17e siècle. Ses questions hardies à saint Pierre; ce qu'il lui reproche, XXXI, 424.

Consarbruck (combat de) en 1675. Détails y relatifs, XIX, 423. (*Voy.* CRÉQUI.)

Conscience (la). Avertit tous les hommes des lois de la justice, XII, 159.—Instruit dès qu'on peut l'entendre, 164.—N'a rien de commun avec les lois de l'état, XXVI, 525.—Considérations philosophiques sur la conscience du bien et du mal, XXVIII, 169.—Si un juge doit juger selon sa conscience ou selon les preuves, 172.—De la conscience trompeuse, 173. (*Voy. Liberté de conscience.*)

Conseil (le *Grand*). Était originairement en France le conseil des rois, et les accompagnait dans leurs voyages, XXI, 354.—N'était plus qu'une cour de judicature sous Charles VIII, *ibid.*—Ses débats avec le parlement sur leurs priviléges et attributions respectives, *ibid.*—Autres détails, XXII, 67.

Conseil aulique (le). Sa création, son pouvoir, XXIII, 422.—Comment devient un des grands soutiens de la puissance impériale, *ibid.*

Conseillers au parlement. Quelle était leur condition primitive, XVI, 451; XXII, 19 *et suiv.*—Ceux créés par Richelieu, pourquoi eurent le sobriquet de *quinze-vingts*, XVIII, 237; XXII, 268, 269.—Pourquoi l'eurent aussi ceux créés par Mazarin du temps de la Fronde, XIX, 293. (*Voy. Charges et emplois de judicature.*)

Conseils. Ceux d'un ami respecté sont des lois, III, 435.—*Conseils* à M. d'Helvétius sur ses Épîtres, XXXVII, 574.—Autres à un journaliste, sur la philosophie, l'histoire et la littérature, 358.—Autres à M. Louis Racine, sur son poëme de la *Religion*, XXXVIII, 502.

Conseils raisonnables à M. Bergier, pour la défense du christianisme, XLIV, 82. (*Voy.* BERGIER.)

Conseils supérieurs (les six). Remplacent les parlements en 1771, XXII, 366.—Éloge de cette institution, LXVII, 78, 84, 92, 99, 111, 115, 124, 156.—Réponse, au nom d'un de ses membres, aux remontrances de la cour des aides, XLVI, 488.—Leurs *Sentiments*, et ceux de tous les bons citoyens, 499.—*Les Peuples aux parlements*, autre écrit en leur faveur, XLVI, 522 *et suiv.*

Consentement universel. S'il est une preuve de vérité, XV, 159; XLII, 588.

Conséquences. Que l'on peut tirer les plus justes, les plus lumineuses, et cependant n'avoir pas le sens commun, XXVIII, 181.—C'est moins la logique qui manque aux hommes, que la source de la logique, 183.

Considérations. Que les petites sont le tombeau des grandes choses, LXIII, 261.—Et que les plus petits liens arrêtent les plus grandes résolutions, 268.

Consolation (lettre de), LI, 183.

Consolés (les deux). Conte philosophique en prose, où l'on prouve que le temps est celui qui console, XXXIII, 195.

Conspirateurs. Quel doit être leur caractère, II, 422; X, 119.—Quelle est leur grande règle, LXI, 381.

Conspiration d'Amboise. (*Voy.* AMBOISE et *Louis Ier* DE CONDÉ.)

Conspiration des poudres (la), en Angleterre. Est avérée; preuves contre lesquelles les jésuites n'ont opposé que des objections méprisées, LVII, 461 *et suiv.*—Quel était son but; comment découverte et ses chefs punis, XVIII, 282, 283.

Conspirations. Sont le fruit éternel des proscriptions, VIII, 181.—Tramées par des particuliers, sont anéanties aussitôt que découvertes; mais celles tramées par des rois n'en prennent que de nouvelles forces, XXIV, 340.—Si ceux qui sont instruits d'une conspiration et ne la révèlent pas doivent en être regardés comme complices, XVIII, 243; XLIII, 454 *et suiv.*

Conspirations (des) *contre les peuples*, ou des *Proscriptions*. Celles des chefs de la nation juive, XLII, 493.—De Mithridate, 494.—De Sylla, de Marius et des triumvirs, 495.—Des Juifs sous Trajan, 496.—De Théodose, 497.—De l'impératrice Théodora, 498.—Des croisés contre les Juifs, 499.—Contre les albigeois, 500.—Vêpres Siciliennes, *ibid.*—Supplice des templiers, *ibid.*—Massacres dans le Nouveau-Monde, 502.—A Mérindol et à Cabrières, 504.—Conspiration de la Saint-Barthélemi, 507.—En Irlande, 508.—Dans les vallées du Piémont, 509.

CONSTANCE, surnommé *Chlore* ou le *Pâle*, père du célèbre Constantin. Ce qu'il était, et comment il parvint à l'empire, XXVIII, 401; L, 479.—Fut regardé comme un très bon prince, et protégea toujours ouvertement les chrétiens, XXIX, 29; XLIII, 164; XLVI, 84.—Avait apporté le christianisme en Angleterre, XV, 450.—Sa concubine se fit chrétienne, 358. (*Voy.* HÉLÈNE.)

CONSTANCE, empereur, l'un des fils de Constantin. (*Voy.* CONSTANTIUS.)

CONSTANCE (*Phalk*), fils d'un cabaretier de Céphalonie. Devient barcalon ou grand-vizir du royaume de Siam, XIX, 454.—Envoie une ambassade solennelle et des présents à Louis XIV, au nom de son maître, *ibid.*—Périt victime de son ambition, 455. —Sa veuve, condamnée à servir dans la cuisine; et note à ce sujet, *ibid.*; LVI, 202.

CONSTANCE, d'Aragon, femme de l'empereur Frédéric II. Enfants qu'elle en eut; Notice, XXIII, 12.

CONSTANCE, de Sicile. Femme de l'empereur Henri VI, est sacrée avec lui à Rome, XVI, 108; XXIII, 11, 210, 215.—Livrée à Tancrède, roi de Sicile, qui la renvoie généreusement, 216.—Conspire contre son mari, exterminateur de sa famille, 221.—On prétend qu'elle l'a empoisonné, *ibid.*; XVI, 109.—Retirée en Sicile avec son fils Frédéric, y est régente, XXIII, 222.—Est obligée de jurer qu'elle l'a eu de Henri VI, 223.—Meurt laissant au pape la tutelle du roi et du royaume, 224.

CONSTANCE, reine de France, seconde femme du roi Robert. Assiste dans Orléans, avec son mari, au supplice de treize hérétiques, XVI, 61; XXII, 83; XLII, 425.—Dans un mouvement de zèle, crève un œil à l'un d'eux, qui était son confesseur, XXII, 83.

Constance (concile de). Convoqué par l'empereur Sigismond, qui s'en rend maître, XVI, 327 *et suiv.*; XXII, 374.—Met fin au schisme d'Occident, et fait brûler Jean Hus et Jérôme de Prague, 375 *et suiv.*—Spectacle pompeux de ce sacrifice, IX, 298.—N'ôte que les honneurs à un pape accusé de tous les crimes, et fait périr dans les flammes deux hommes accusés d'avoir fait de faux arguments, XVI, 341.—Condamne la doctrine du meurtre, prônée par J. Petit, 333.—Alluma, à la lueur des bûchers, l'incendie de trente ans de guerres, XXII, 532.—Luxe et magnificence qui y furent déployés, XVI, 328; XXIII, 374.—Nombre de courtisanes qu'il eut pour son service, *ibid.*; XXXIV, 81.

Constance (la). Personnifiée; son portrait, XIII, 8.—Ses plaisirs en amitié comme en amour, LI, 45.

CONSTANT, empereur d'Orient, l'un des fils du grand Constantin. Crimes qu'il partage avec ses frères, XLIII, 177.—Assassine ensuite l'aîné, Constantin II; est lui-même assassiné par ses domestiques, *ibid.*—Autres détails, XV, 500; L, 496.

CONSTANT DE REBECQUE (le baron *Samuel*). Est recommandé par Voltaire auprès de la duchesse de Grammont, LXI, 443.—Et des ducs de Richelieu et d'Aiguillon, LXVII, 315, 346.—Lettres qui lui sont adressées, de 1772 à 1775, 544; LXVIII, 324, 479; LXIX, 179.

CONSTANT D'HERMENCHE. Note qui le concerne, LVII, 86.—Surnommé par l'auteur *le bel Orosmane*, 217.—Vers au sujet de couplets chantés par lui sur le théâtre de Fernei, XIV, 483.—Excellent connaisseur en bonne déclamation, LXII, 195.

CONSTANTIN Ier, empereur. Monte sur le trône malgré les Romains, XV, 358; XXIX, 30.—Son origine; par qui appelé bâtard, LIII, 164.—Prétendu miracle de la victoire qui lui procura l'empire, 167.—Fable du labarum qui lui apparut dans les nuées en Picardie, avec une inscription grecque, XV, 367; XVIII, 473; XXVIII, 191; L, 485.—Cette fameuse vision inconnue non-seulement aux auteurs païens, mais à trois écrivains chrétiens qui avaient la plus belle occasion d'en parler, XXXII, 467 *et suiv.*—N'est probablement qu'une fraude qu'il imagina pour favoriser le succès de ses entreprises ambitieuses, 475. (Voy. *Labarum*).—

Donne, à son avènement, pleine liberté au culte chrétien, IX, 10, 14; XLIII, 168; XLVI, 84. — Ce qui le détermina à embrasser le christianisme, 169. — Des querelles religieuses avant lui et sous son règne, 170. — Part qu'il y prend; sa fameuse lettre à Arius et à Athanase, sur le ridicule de leurs disputes, XXVII, 14; XXVIII, 128; XLIII, 174. — Réflexions y relatives, XLI, 361. — Pourquoi convoque le premier concile de Nicée, XLIII, 174. — Sa donation au pape Sylvestre; ce qu'elle a de ridicule et d'absurde; fragments qu'on en cite, XV, 372 *et suiv.*; XXVIII, 444; XLIV, 185; L, 491 *et suiv.* — Lettre d'Adrien V à Charlemagne, y relative, XXXII, 154. — Pourquoi, ayant embrassé le christianisme, transporte le siége de l'empire à Constantinople, XV, 370; XXVIII, 194. — Conséquences politiques de cette fondation, XV, 370. — Attaqué de la lèpre, meurt entre les bras d'un prêtre arien, XLIII, 176. — Son caractère, XXVIII, 189. — Principaux événements de son règne, 190. — Son fameux édit sur la liberté de conscience, 193. — Ses parricides, *ibid.*; XV, 369; XLIII, 168; L, 484. — Détails recueillis des panégyriques et des satires dont il fut l'objet, 483; XLIII, 217. — Prenait toujours le titre de grand-pontife des Romains, et gouvernait réellement l'Église, L, 487. — Fut, sans contredit, le plus fastueux des empereurs, XVI, 316. — Et le plus absolu, XXVIII, 195. — Passa sa vie dans le crime, et ne fut point puni; mais Dieu sait s'il fut heureux, XXXII, 407. — Tout voluptueux qu'il était, s'était fait une telle habitude de la férocité, qu'il la porta jusque dans ses lois, XLVII, 541. — Sévérité de ce débauché contre les prostitutions à des domestiques, L, 308. — Soutint que Virgile avait prophétisé la venue du Christ, XV, 142. — Pourquoi ne se fit baptiser qu'au dernier moment, XXVIII, 77, 195. — Pourquoi fut canonisé malgré ses crimes, XLV, 197. — N'avait pu être admis aux mystères d'Éleusine, VII, 391; XV, 170. — Fiction poétique qui place en enfer ce fondateur de l'Église, et note à ce sujet, XI, 95. — Ses fils aussi ambitieux et aussi cruels que lui, XLIII, 177. — Son histoire et celle de ses fils, comparée à l'histoire des sultans turcs, L, 496. — Tableau de son siècle, à jamais célèbre par les changements qu'il apporta sur la terre, XXVIII, 184 *et suiv.* — Usage asiatique qu'il introduisit à la cour des empereurs, XVI, 528. — Réflexions sur la lâcheté des historiens qui ont pallié ses forfaits, XV, 371; XLIII, 168; XLV, 204; LIII, 58.

Constantin II, fils aîné du précédent, empereur d'Orient. Crimes qu'il partage avec ses frères, XLIII, 177. — L'un d'eux le fait assassiner, *ibid.* (Voy. Constant et Constantius.)

Constantin III, empereur d'Orient, fils d'Héraclius. Empoisonné par l'impératrice Martine, XV, 500.

Constantin IV (*Pogonat*), empereur d'Orient. Fait crever les yeux à ses deux frères, XV, 500.

Constantin V (*Copronyme*), empereur d'Orient, fils de Léon-l'Isaurien. Sa faiblesse à défendre les Romains contre Astolfe, XV, 383. — Proscrit le culte des images, 399. — Ne peut réussir à abolir les moines, *ibid.* — Présents qu'il envoie au roi Pepin, XXIII, 50. — Son règne sanguinaire, aussi malheureux pour le prince que pour les sujets, XV, 500.

Constantin VI (*Porphyrogénète Ier*), empereur d'Orient. Met dans un cloître l'impératrice Irène, sa mère, XXIII, 62. — Elle remonte sur le trône et lui fait crever les yeux; sa mort, *ibid.*; XV, 414, 500.

Constantin VII (*Porphyrogénète IIe*), empereur d'Orient. Fils de Léon-le-Philosophe, et philosophe lui-même, fit renaître, comme son père, des temps heureux, XVI, 153.

Constantin XII (*Paléologue-Dragosès*), dernier empereur d'Orient. Obligé de recevoir d'Amurat II la confirmation de la dignité impériale, XVI, 487. — Avait auprès de lui, au siège de Constantinople, le cardinal Isidore, 490; XXIII, 401. — Y fut tué, XVI, 492.

Constantin, séculier qui fut pape au 8e siècle. Déposé, dégradé par Étienne III ou IV, qui lui succède et lui fait crever les yeux, XXIII, 5.

Constantin, fils de l'empereur Michel Ducas. Épouse la fille de Robert Guiscard, XVI, 32. — Est fait eunuque par Nicéphore Botoniate, 33.

Constantin (le patriarche). De son *Histoire de Kiovie*, écrite en russe, XXV, 29.

Constantin (la), célèbre accoucheuse du temps de Louis XIV. Fait avorter Mlle de Guerchi, fille d'honneur de la reine, XX, 183. — Est pendue, *ibid.*

Constantine, fille de Tibère-Constantin. Demande au pape saint Grégoire la tête de saint Paul, pour la mettre dans un temple bâti par elle à l'honneur de cet apôtre; réponse remarquable qu'elle en reçoit, XXXII, 128.

Constantinople (ville de). Bâtie par Constantin, devient le centre de l'empire et de la religion chrétienne, XV, 370; XXVIII, 194; XXIX, 31. — Sa situation avantageuse, XV, 505; XVII, 511. — Ravagée par la peste de 842, fut encore long-temps, malgré ses désastres, la ville chrétienne la plus opulente, la plus peuplée, la plus recommandable par les arts, XV, 503; XVI, 153. — Prise et saccagée par les croisés, 191; XLI, 55. — Sa pauvreté sous les empereurs latins, XVI, 214. — Assiégée par Bajazet Ier, 470. — Délivrée par Tamerlan, 479. — Assiégée et prise par Mahomet II, 489 *et suiv.*; XXIII, 400. — Ses conciles, au 4e siècle, pour la procession du Saint-Esprit, XXVIII, 77, 134, 140. — Et au 8e, pour la proscription du culte des images, XV, 399; XVI, 65. — Le quatrième concile contre Photius fut un champ de divisions, XXIII, 532. — A l'époque de la retraite de Charles XII à Bender, devint le centre des négociations de la chrétienté, XXIV, 249. — Ses fameuses tours, et vers à leur sujet, IX, 485.

CONSTANTIUS, empereur d'Orient, l'un des fils du grand Constantin. Extermine presque tout le reste de la famille impériale, et devient maître de l'empire, XXX, 206; XLIII, 177; L, 496. — Fut un monstre de despotisme et de cruauté, XLIII, 177. — Comment ne fit pas périr son neveu Julien, qui lui succéda depuis, *ibid.*; L, 497. — Son injustice imprudente envers lui; sa mort, XLIII, 180; L, 499 *et suiv.* — Son panégyrique par Grégoire de Nazianze, XXX, 206.

Constitutions apostoliques (les). Ancien monument de fraude, mais aussi ancien dépôt des dogmes informes du second siècle, XV, 439; XXVI, 466; XXVIII, 61; XXXII, 400; XLIV, 94, 177. — Comment s'expriment sur la Trinité, XXXII, 400 *et suiv.* — Sont un mensonge politique, XLIII, 121. — Passages qu'on en cite comme l'origine cachée de la terrible puissance usurpée par les évêques de Rome, 122; XLIV, 178.

CONTADES (*Louis-George* de), maréchal de France. En 1759, est battu par les Hanovriens à Minden; ce qu'on lui reproche à ce sujet, LVIII, 153, 165.

Contagion. Vers descriptifs, II, 68.
CONTANT D'ORVILLE. (*Voy.* ORVILLE.)
CONTARINI, duc de Venise, au 11e siècle. Son traité d'alliance avec l'empereur Henri III, XXIII, 151.
CONTARINI. Légat du pape au concile de Trente, XVIII, 78.
CONTARINI, ambassadeur de Venise. Médiateur, en 1644, entre la France et la Hollande, XXIII, 625.
Contes. Qualités qu'ils doivent avoir, XXXIV, 313.
Contes en vers, de Voltaire, XIV, 5 *et suiv.* — Préface de ceux qu'il a publiés sous le nom de Guillaume Vadé, 23. — Appréciés, 3.

CONTI (*Armand* de BOURBON, prince de), frère du grand Condé. Aussi jaloux de son aîné qu'incapable de l'égaler; Notice qui le concerne, XIX, 8, 85. — Offre ses services au parlement de Paris dans la guerre de la Fronde, 291. — Général de l'armée parisienne, 293. — Abandonne ce parti, et se ligue avec Condé, 297. — Ses prétentions au cardinalat, 298. — Est arrêté par ordre de la cour, *ibid.*; XXII, 271. — Remis en liberté par l'influence des frondeurs, 272; XIX, 301. — Epouse une nièce du cardinal Mazarin, 8, 317. — Propos qu'il tient à Richard Cromwell en France, sans le connaître, 332. — Dévot et janséniste, a écrit sur la grâce et contre la comédie, XIX, 85.

CONTI (*Louis-Armand*, prince de), fils aîné du précédent. Notice qui le concerne, XIX, 8. — Marié à mademoiselle de Blois, 4, 8; XX, 162. — Sa mort, XLVI, 371. — Pourquoi n'était goûté de personne, 356.

CONTI (*François-Louis*, prince de LA ROCHE-SUR-YON et de), petit-neveu du grand Condé, et depuis roi de Pologne. Notice qui le concerne, XIX, 8. — Est lieutenant-général à la bataille de Steinkerque, 488. — Combat glorieusement à celle de Nerwinde, 492. — Pourquoi Louis XIV l'éloigne du commandement des armées, où il était appelé par la voix publique, 489. — Elu roi de Pologne, ne peut s'y maintenir contre son rival Auguste, 509; XXI, 48. — Ses belles qualités; en quoi était supérieur au grand Condé, XIX, 8. — Possédait le grand art de plaire et de se faire valoir, 508. — Passait pour être un peu vicieux; ce qu'en dit Mme de Caylus, et remarque à ce sujet, XLVI, 356. — Vers de lui à monsieur le Duc, 372. — Présenta requête contre les princes légitimés, après les avoir reconnus comme tels, XXII, 286.

CONTI (*Louis-Armand*, prince de), fils du précédent, et petit-neveu du grand Condé. Notice, XIX, 8. — Vers qu'il fit pour Voltaire en 1718, I, 330; XLVIII, 320. — Epître qui lui est adressée, XIII, 43. — Loué sur son goût, II, 44.

CONTI (prince de), fils du précédent. Commande en Italie, dans la guerre de 1744, XII, 105; XXI, 90. — Vers à sa louange, *ibid*. — Force le passage des Alpes, 91 *et suiv*. — Sa lettre à Louis XV sur la prise de Château-Dauphin, 93; XXXIX, 69. — Gagne la bataille de Coni, XXI, 115. — En 1745, est chargé de la guerre vers le Mein, 128. — Prend Mons, 162. — Placet en vers que Voltaire lui adresse pour un neveu du P. Sanadon, au nom de ce défunt jésuite, XII, 512.

CONTI (princesse de), fille de Louis XIV, et belle-sœur du roi de Pologne. Célèbre par sa beauté, essuya beaucoup d'infidélités de ses amants, XLVI, 354. — L'ambassadeur de Maroc demande son portrait; vers qui lui sont adressés à ce sujet par Périgny, *ibid*. — Ses amours avec monsieur le Duc, 371. (*Voy*. Mlle de BLOIS.)

CONTI (l'abbé *Antoine-Schinella*), noble vénitien. Auteur d'une tragédie italienne de la *Mort de César*, IV, 69; LII, 111. — Et d'une traduction de la *Mérope* de Voltaire, *ibid*. — Vers italiens qu'il adresse à Mme Du Châtelet, au sujet de son *Mémoire sur le feu*, XXXVIII, 359. — Éloge qu'on en fait, *ibid*.

Contradiction (la). Fait naître la lumière; vers à ce sujet, XIII, 293. — Sans elle tout lauguit, *ibid*.

Contradictions et Inconséquences. Le monde en est rempli, XXVIII, 196; XXXIV, 305; XLI, 155; XLII, 282; XLVII, 331; LXII, 553. — Exemples de celles qui existent dans nos usages, nos mœurs et nos lois, *ibid. et suiv*. — Dans ceux des Anglais et des Allemands, 204 *et suiv*. — Dans quelques rites, 206. — Dans les affaires et dans les hommes, 207. — Des contradictions apparentes dans les livres, 208. — Contradictions dans les jugements sur les ouvrages, 220. — Contradictions funestes dans les associations religieuses, L, 517. — De celles qui existent dans les professions; quelle est la pire de toutes, XL, 332 *et suiv*. — Presque tous les peuples sont gouvernés par des contradictions, XLI, 322. — La France est le pays du monde où l'on en trouve le plus, XXXVII, 34; XL, 332. — Que leur histoire serait une belle chose à faire, LXI, 174.

Contradictoire. Ne peut se dire que dans la dialectique, XXVIII, 221.

Contraste. Considérations sur ce mot, XXVIII, 221.

Contrat social (le), de J.-J. Rousseau. Ouvrage obscur, mal digéré, plein de contradictions et d'erreurs, XLII, 531. — N'est remarquable que par ses injures et ses plagiats, LX, 292. — Examen critique de quelques endroits de ce livre, XL, 576 *et suiv*. (*Voy*. J.-J. ROUSSEAU.)

Contre (par). Vice de cette expression, XXIX, 497; XXX, 539.

Contrebandiers. Comment devraient être punis, L, 271.

Contrôleurs-généraux des finances. Sont les auteurs les plus volumineux que l'on ait eus en France, XXXVII, 228. (*Voy. Finances*.)

Controverse (la). Ennemie de toutes les religions qu'elle se vante de soutenir, de toutes les lois qu'elle feint d'expliquer, et surtout de la concorde qu'elle a bannie de la terre dans tous les temps, XXIX, 262. — A fait couler partout le sang, et le théisme l'a étanché, XLIII, 556. — Relation d'une dispute de controverse à la Chine, entre un jésuite, un aumônier de la Compagnie danoise et un chapelain de Batavia, XLI, 346. — Controversistes dépeints dans la *Vision de Babouc*, XXXIII, 16.

Contumax (un). Injustice de notre procédure criminelle à son égard, XXI, 416; XXVIII, 242, 247; XLII, 472, 474.

Conversation. Critique de celle des salons de Paris, XXXII, 53. — Ce qu'elle doit être, XII, 349; XIII, 91, 209. — Que la liberté n'y est pas toujours licence, et qu'un peu de gaieté y est permise, V, 381. — Que les conversations générales ne sont qu'une perte irréparable de temps, LXVII, 436.

Conversations : de M. l'intendant des menus en exercice, avec M. l'abbé Grizel, XL, 317. — De Lucien, Erasme et Rabelais dans les champs Élysées, XLII, 119. (*Voy. Dialogues et Entretiens philosophiques*.)

Convier. Belle expression usitée sous Louis XIV, et qui devrait continuer d'être en usage, XXXV, 212.

Convois. Réglement pour la taxe des droits exigés par le clergé de France en 1693, XXXII, 323. (*Voy. Inhumations*, *Sépultures*.)

Convulsionnaires (les). Sorties contre eux, et plaisanteries sur leurs prétendus miracles dans le cimetière de Saint-Médard, XII, 97, 308; XIV, 161, 192; XXVIII, 222. — Comment dépeints, LIX, 200. — Quels furent leurs protecteurs, XIV, 161. — Décrétés par le parlement de Paris, XXII, 318. — Autres détails qui les concernent, XX, 437 *et suiv.* — Qu'il y eut des convulsionnaires dès le 9e siècle, XV, 518. (*Voy.* le diacre PÂRIS.)

CONYERS, jésuite. Comment figure dans la conspiration attribuée en Angleterre aux papistes, XVIII, 336.

COOK, célèbre voyageur. Ce qu'ont prouvé ses découvertes, XVII, 460.

COOTES, général anglais. Vaincu à Preston-Pans par le prince Édouard, XXI, 207 *et suiv.* — Fuit, lui quinzième, 208. — Est acquitté par une cour martiale, *ibid.*

Copenhague (ville de). Sa situation, XXIV, 69. — Assiégée par Charles X, et délivrée par les Hollandais, XVIII, 390. — Assiégée par Charles XII, comment se rachète du bombardement, XXIV, 71.

COPERNIC. Surnommé le Christophe Colomb de l'astronomie, XXXVII, 195. — Avait trouvé le vrai système du monde avant que Tycho-Brahé inventât le sien, XVIII, 267; XLI, 546. — L'a prouvé, I, 197. — Sa découverte mise dans son jour par Galilée, et condamnée par l'inquisition, XVII, 187. — Ses idées relatives à la gravitation, XXXVIII, 195, 212. — Sa prédiction sur les phases de Vénus, 232. — Son système planétaire mis au rang des vérités géométriques, LIII, 174. — Pourquoi on a prétendu en faire honneur à Pythagore et aux Chaldéens, XXXII, 290, 294. — Mausolée que lui érige Frédéric II de Prusse à Frauenburg, LXVIII, 339.

Copistes. C'est leur fort d'imiter les gestes de leurs maîtres par des contorsions, XXXVII, 353. — A quoi comparés, L, 535.

COQ DE VILLERAI (*Pierre-François*). Auteur d'une *Critique des Lettres philosophiques* de Voltaire; ce qu'on en dit, XXXVII, 115; LII, 85, 94.

COQUELEY, conseiller sous Henri IV. Autrefois ligueur violent, et depuis, détrompé, défend en parlement l'édit de Nantes, XXII, 197.

COQUELEY DE CHAUSSEPIERRE (C.-G.), avocat et censeur royal. Accusé d'approuver les infamies de Fréron sur les Calas, LXIV, 123, 156, 164. — Sépare sa cause de celle de ce folliculaire; lettre que lui écrit Voltaire à ce sujet en 1767, 186.

Coquilles. Observation importante sur leur formation, XLIV, 252. — Systèmes nouveaux qu'elles ont fait éclore, 246. — Amas de coquilles, 249. — Du falun de Touraine et de ses coquilles, 255. — Idées de Palissi sur les coquilles prétendues, 261. — Ce que Maillet a inféré de l'inspection des coquilles au grand Caire, 263. (*Voy. Colimaçons.*)

Corail. S'il est bien sûr que ce soit une production d'insectes, et si ce ne serait pas plutôt un végétal, XLIV, 221.

Corasmins (les). Ce qu'étaient ces barbares; leurs ravages dans la Syrie au 13e siècle, XVI, 200.

Corban. Origine et signification de ce mot, XXIX, 272.

Corbeau. Rôles qu'il joue dans la Fable et dans la Bible, XXXIV, 302; XLVI, 231; XLIX, 331. — Préjugé sur la longue vie des corbeaux, LIV, 351.

CORBERA (comte de). Pseudonyme de Voltaire pour la publication de l'*Épître aux Romains,* XLIV, 154.

Corbie (ville de), en Vestphalie. Mise à feu et à sang par son abbé Van-Galen, évêque de Munster, XIX, 384.

Corbie (ville de), en Picardie. Prise par les Espagnols, XVIII, 234. — Reprise par le comte de Soissons, 235.

CORDIERRE (POTHERAT de), prieur de Scellières, en 1778. Reçoit le corps de Voltaire, et le fait inhumer dans cette abbaye; sa correspondance à ce sujet avec l'évêque de Troies, I, 297, 432. — Procès-verbal qu'il dresse de cette inhumation, 435.

Cordeliers. (*Voy. Franciscains.*)

CORDEMOI (GÉRAUD de). Dans son *Histoire de Charlemagne* a débrouillé le chaos des deux premières races des rois de France, XIX, 85.

CORDIER (l'abbé *Edmond*), de Saint-Firmin. Sa tragédie de *Zarucma;* ce qu'on en dit, LIX, 582, 598; LXX, 127.

Cordoue (ville de). Siège des rois maures en Espagne, XV, 493. — Pays de délices, XVI, 54. — Le seul de l'Occident, au 10e siècle, où la géométrie, l'astronomie, la chimie et la médecine fussent cultivées, *ibid.* — Enlevée aux mahométans par Ferdinand III, roi de Castille et de Léon, XVI, 269.

CORELLI, musicien postérieur à Lulli. Comment apprécié, LXVIII, 101.

CORIBUT, prince de Lithuanie, se disant

roi de Bohême. Défait par Jean Ziska, XIII, 382.—Et par Procope, 383.—Est mis dans un couvent par son propre parti, 384.

CORIBUT, roi de Pologne. (*Voy.* MICHEL CORIBUT.)

CORINNE, rivale de Pindare. Vers qui la caractérisent, LXIV, 564, 579.

CORISANDE D'ANDOUINS, comtesse de Grammont. Lettres que lui écrivit Henri IV, et notes y relatives, XVIII, 157 *et suiv.* —Eut de ce prince un fils qui ne vécut point, 168.

Corisandre. Épisode qui formait le 14e chant de la *Pucelle* dans l'édition de 1756, et qui a été supprimé dans les suivantes, XI, 374 *et suiv.*

CORLON (de). Vers que lui adresse Voltaire, étant avec lui à Montjeu, chez le duc de Guise, XIV, 351.

Cormo-Veidam (le). Rituel des anciens brachmanes, XV, 80.—N'est qu'un ramas de cérémonies superstitieuses, XLVI, 115; XLVII, 333. (Voy. *Ezour-Veidam.*)

CORMONT (de). (*Voy.* VAUGRENANT.)

Cornard. Synonyme de *sot* et de *cocu*, XXVI, 101.

CORNARO (*Marco*), Vénitien. Sa fille, dernière reine de Chypre, donne cette île à Venise, XVII, 66.

CORNEILLE. Pape des premiers siècles, dont on a fait un saint, et pourquoi, LX, 571.

CORNEILLE (*Pierre*). Le premier homme par qui la France littéraire commença à être estimée en Europe, XIX, 85; XXXVIII, 553, 554; LIX, 204; LX, 67.—Il tira la France de la barbarie; personnalités et calomnies auxquelles ses succès le mirent en butte, XXXVIII, 390; XLIII, 380.—Est d'autant plus admirable, qu'il n'était environné que de très-mauvais modèles quand il commença à donner des tragédies, XX, 315.—Eut à combattre son siècle, ses rivaux et le cardinal de Richelieu, 316.—Calomnié par Scudéri et par l'abbé d'Aubignac, qui lui prodiguent les plus grossières injures, II, 17; IX, 281.—Était l'un des cinq auteurs qui travaillaient aux pièces dont Richelieu donnait le plan, XXXV, 6, 42.—Se retire de cette société, où il était subordonné aux autres, 7. — En quoi déplut au cardinal, 42. (Voy. le *Cid* et RICHELIEU.) — Échantillon des brochures faites contre lui, tant en vers qu'en prose, 45 *et suiv.*—Répondit très-aigrement à tous ses ennemis, 47.—Le cardinal intervient dans sa querelle scandaleuse avec Mairet, *ibid.*—Défendu par Balzac contre les critiques de Scudéri, 48. — Son *Excuse à Ariste;* ennemis que cette épître lui attira, 128.—Son rondeau contre Scudéri, et observations critiques sur cette pièce, XXXV, 132; XLII, 633.— Recevait une pension du cardinal, auquel il avait dédié ses *Horaces*, et fit un sonnet contre lui, à la mort de Louis XIII, 135. —A comparé Montauron à Auguste, en lui dédiant *Cinna*, 195.—Juste reproche que lui fait L. Racine à ce sujet, XXVII, 209.—A flatté Mazarin, XXXV, 344.—Et Fouquet, XXXVI, 212, 217.—Ses louanges à Louis XIV, 102.—N'eut pas la considération qu'il devait avoir, et fut négligé de tout le monde dans les dernières années de sa vie, LIX, 586.—Anecdotes et particularités qui le concernent, 623. — Ce qu'en disait le père de Voltaire, qui l'avait connu, 624.—Ce qu'en disait Molière, XXXVI, 301.—S'il est vrai que, sur la fin de sa vie, quand il venait au théâtre, tout le monde se levait pour lui faire honneur, XX, 543; LIX, 586, 623.—A péché contre la loi du vrai dans des détails innombrables, XXXIX, 276.—N'a pas peint les hommes tels qu'ils doivent être, IX, 383; XLVIII, 273; LIX, 562. — Peintre majestueux des Romains, XIII, 242.— Leur a souvent donné une enflure et une emphase qui est précisément l'opposé du caractère de ce peuple-roi, LX, 111.— Est rempli de traits sur la liberté, XXXV, 269. — Parle supérieurement de politique, XXXVI, 294.—Raisonne plus qu'il ne sent, XXXV, 26, 38, 206, 229, 311; XXXVI, 38, 68, 85. — Est trop sentencieux, XXXV, 171, 217, 233, 244, 287, 299, 335, 367, 531; XXXVI, 7, 56, 228, 235, 409.— Dans ses plus beaux morceaux, pèche continuellement contre la langue, LX, 571. — Excepté dans deux grandes scènes de *Cinna*, où il est aussi pur que sublime, XXX, 525.—Remarque sur le style de ses premières bonnes tragédies, comparé à celui de toutes les autres, XXXII, 444; XXXVII, 275. — En quels termes on en parle à l'occasion de ses mauvaises pièces, IX, 384; XIV, 293; XXXVI, 202; LX, 571, 575, 578, 584, 598, 614; LXI, 497.— Ses belles pièces, et les morceaux admirables répandus dans les médiocres, le feront toujours regarder avec justice comme le père de la tragédie, XL, 289; LIV, 529. —Quand il est véritablement grand, II, 360.—N'a fait aucune pièce sans amour, et n'a pas réussi à peindre cette passion,

IV, 72; XXX, 89; XXXV, 492, 497.—Pourquoi a fait très rarement répandre des larmes, 502.—A défiguré notre théâtre par des intrigues galantes, V, 103; XXXVI, 417, 420. — Exemples du ton familier dont il a traité l'amour, VI, 7.—N'a parlé au cœur que dans les scènes du *Cid*, imitées de l'espagnol, et dans *Polyeucte*, IV, 72; VI, 154; IX, 467; XXXV, 491; XXXVI, 38, 284; LIX, 565. — Pièces de lui oubliées, et qui, corrigées habilement, obtiendraient du succès, IX, 124.—Raisonneur ampoulé qui ne fut tragique que dans trois ou quatre scènes, LXVI, 361. —Son style inégal, IX, 385; XXXVI, 427. — Cependant il n'était pas d'un génie inégal, *ibid*. — Profusion de maximes atroces qu'on lui reproche, LIX, 564; LXIX, 8.—Défendu contre milady Montague, IX, 465 *et suiv*. — Combien est grand malgré ses défauts, 466.—N'a aucune pièce parfaite, VII, 549. — N'en a que cinq ou six qu'on doive, ou plutôt qu'on puisse lire, XXXIX, 201.—Comparé à Shakspeare, VII, 549; XXXV, 168. — Ne connaissait pas la médiocrité; tombait dans le bas avec la même facilité qu'il s'élevait au sublime, II, 39.—Ses imitations et traductions de l'espagnol, VIII, 71.—A réformé, par d'heureuses imitations, notre scène tragique et comique, XXXV, 429. — A, le premier, donné une pièce à machines qu'on ait pu voir avec plaisir, XXXVI, 100.—A donné des modèles de tous les genres, XXXV, 434. — Eut le premier de l'élévation dans le style et dans les sentiments, 15; LXV, 210.—Transporta, le premier, sur la scène française, les beautés des Grecs et des Latins, XXXV, 18.—A eu le premier l'idée du vrai dialogue de la tragédie, 361. — A, le premier, fait de l'admiration la base de la tragédie, 408.—A fondé parmi nous une école de grandeur d'ame, LI, 394.—Pourquoi l'on joue rarement plusieurs de ses chefs-d'œuvre, V, 103; XXXVI, 253; LXII, 45.—Pourquoi la réputation de ses ouvrages a diminué, tandis que celle de Racine augmente de jour en jour, XX, 318. —De sa traduction en vers de l'*Imitation de Jésus-Christ*, XIX, 86.—Pourquoi elle eut un si grand débit, XXXVI, 531.—Ses pièces comparées, par d'Alembert, à de belles églises gothiques, LXVIII, 134.— Comment jugé dans le *Temple du Goût*, et quels ouvrages il y sacrifie, XII, 354.— De l'invitation faite par Voltaire aux jeunes gens de rapetasser ses mauvaises pièces, LXVI, 361.—Ce qui lui a mérité le nom de *Grand*, XXXV, 158. (*Voyez* ci-après l'article du *Commentaire* de son Théâtre, et les titres de ses diverses pièces.)

CORNEILLE (*Commentaires sur*). Comment Voltaire les entreprend, XXXV, 3; LIX, 408, 470. — Par qui cette entreprise est favorisée, 568 *et suiv*. — A qui en est destiné le produit, 410. — Mesures que prend l'auteur pour en assurer le débit, 468, 472, 474, 479, 495, 511, 542, 553, 575, 617; LX, 104. — Considérés tout à la fois comme un art poétique et comme une grammaire, LIX, 472, 496, 502, 585; LXX, 104, 111.—Dans quel esprit furent composés, LXI, 259, 378. — Soumis à l'Académie française et dédiés à cette compagnie, IX, 4, 59; XXXV, 1; LIX, 586 *et suiv*. — Ridicules accusations qu'ils attirèrent à l'auteur, I, 236; IX, 280; LXI, 451. — Observations de d'Alembert y relatives, et réponses de Voltaire, LIX, 593, 604; LX, 9, 22, 43, 150, 320, 342. — Appréciés par Condorcet, I, 235.—Utiles aux étrangers qui apprennent notre langue, et à bien des Français qui croient la savoir, LIX, 531, 612. — Réponse à un académicien qui reprochait trop d'indulgence dans les critiques grammaticales, XLI, 528. — Réponse à un détracteur de Corneille, XXXVI, 534. — Sentiment d'un académicien de Lyon sur quelques endroits de ces Commentaires, XLVIII, 46 *et suiv*. — Remarques sur les trois Discours de Corneille, imprimés à la suite de son Théâtre, XXXVI, 496 *et suiv*. — Remarques sur les différentes pièces qui le composent. (*Voy*. les titres de ces pièces.) — Ce qu'a rapporté la 1re édition de cet ouvrage, LXI, 432; LXVIII, 120. — Avis y relatifs, insérés dans le *Mercure* en 1762 et 1763, XL, 469; XLI, 96. — Avertissement du commentateur sur l'édition de 1774, XXXV, 2 *et suiv*. — Traits épigrammatiques dirigés contre les souscripteurs grands seigneurs, LX, 483, 494, 542, 558. — Préface du nouvel éditeur, XXXV, I à IX.

CORNEILLE (*Vie de P.*), par Fontenelle. Remarques critiques et grammaticales sur cet ouvrage, XXXV, 505; XXXVI, 526.

CORNEILLE (*Thomas*). A fait autant de pièces que son frère Pierre, XXXVI, 432. — Lui est comparé, 433. — N'avait pas la force et la profondeur de son génie, mais parlait sa langue plus purement, 434. — Aurait eu sans lui beaucoup de réputation, XIX, 86.—Comment intriguait ses pièces, LIII, 67. — Médiocre en poésie, LIV, 393. — Commentaire sur *Ariane*, XXXVI, 435 à 461. — Ce qui a fait pour un temps réussir *Camma*, V, 103.—Commentaire sur le *Comte d'Essex*; XXXVI, 467 à 494. — A mis en vers le *Festin de Pierre*, de Molière, tel qu'on le représente aujourd'hui, XXVII, 101; XXXVIII, 417.

CORNEILLE (*Jean-François*), descendant de cette famille, et père de *Marie*. Lettre qui lui est adressée, en 1760, au sujet de sa fille, LIX, 211.—Il vient la voir à Fernei, en 1762 et en 1766; détails qui le concernent, LX, 245, 266, 484, 526, 530, 543, 544; LXIII, 34, 108 *et suiv.* — Notice, LIX, 114.

CORNEILLE ((Mlle *Marie*), fille du précédent. Recommandée, en 1760, à Voltaire par Titon-du-Tillet, qui l'avait élevée, et par Le Brun, XLVIII, 363. — Voltaire se propose de la prendre chez lui et de lui servir de père, LIX, 114, 124, 145, 177. — Lettre où il lui fait part du plaisir qu'il aura à la recevoir, 145.—Les dévotes veulent la lui enlever, 160, 164, 192. — Son caractère; éducation qu'elle reçoit à Fernei, 189, 221, 225, 244, 317.—Son portrait, 189, 331. — Les calomnies de Fréron contre sa famille lui font manquer un établissement avantageux, 346, 361, 408. — Voltaire entreprend à son profit le *Commentaire* sur les pièces de son oncle, XXXV, 3; LIX, 408. — Il lui assure quinze cents francs de rente; comment il en parle et la dépeint, 377, 430; LX, 384. — Est recherchée en mariage par M. de Vaugrenant, en 1762; pourquoi ce prétendu est congédié, 98, 462, 464, 468, 471, 482, 488, 496, 508, 531. — En 1763, est mariée à M. Dupuits, 519, 521, 524, 533, 552, 556, 560, 562.—Autres détails qui la concernent, I, 235 *et suiv.*; XLVIII, 363 *et suiv.*; LIX, 114.—Ce qu'en disait M. de Boufflers, LXVII, 541. — Était à peine parente de *Pierre*, LX, 594, 599; LXIII, 109. — Épître en vers à son sujet, XIII, 238. (*Voy.* DUPUITS.)

CORNEILLE (*Claude-Étienne*), arrière-petit-fils de *Pierre*. Détails qui le concernent, LX, 593 *et suiv.*

CORNEILLE (*Pierre*), du Pont-Marie. Mémoire en sa faveur, LXII, 149.

Cornes d'Ammon (les). Ce que les naturalistes entendent par cette expression, XXXVIII, 568; XLIV, 231. — Ont paru à l'auteur des fossiles terrestres, XV, 5.

CORNSBURY (milord). Traduction d'une lettre que milord Bolingbroke est censé lui avoir écrite, et de la réponse qu'il y a faite, XLIII, 206, 212. — Son entretien avec Voltaire sur *Athalie*, IX, 18 *et suiv.*

Coromandel (côtes de). Leur description, XLVII, 350 *et suiv.*

Coronets. Petites couronnes que les pairesses d'Angleterre portent sur leurs têtes, au sacre des rois et des reines, et dont les pairs ornent leurs armoiries, VII, 503.

Corps et Matière. Considérations philosophiques à leur sujet, XXVIII, 224 *et suiv.* — Qu'il n'y a aucun corps véritablement uni, XXXVIII, 89. — Que tous sont transparents, 163.—Leur action mutuelle sur la lumière, 165, 168. — Pourquoi un corps pèse plus qu'un autre, 181. — Lois de leur chute, trouvées par Galilée, 192. (*Voy.* ATTRACTION.)

Corps et Corporations. (*Voy.* COMPAGNIES.)

Corps organisés. (*Voy.* GÉNÉRATION.)

CORRARIO, noble vénitien. Élu pape pendant le grand schisme, sous le nom de Grégoire XII, XVI, 324; XXIII, 368. — Porte son siège à Gaïète, XVI, 325.—Errant et vivant d'aumônes, excommunie les rois, 326. — Proteste contre le concile de Constance, XXIII, 373. — Envoie sa renonciation au pontificat, XVI, 332.

CORRINGIUS. (*Voy.* CONRINGIUS.)

Corruption politique. Moyens mis en usage pour l'opérer, V, 132 *et suiv.*; X, 146.

Corse (île de). Précis de son histoire et de ses révolutions, XXI, 387 *et suiv.* — Soumise aux Carthaginois, aux Romains, aux Goths, aux Arabes, *ibid.* — Puis aux Génois, XVI, 51; XXI, 182, 388. — Loi sanguinaire qui la gouverne, 390. — Assassinats, 391. — Elle se soulève douze fois contre Gènes, *ibid.* — Il s'y forme des chefs très intelligents, 392. — Se donne à la Vierge, et se forme en république, *ibid.* — Puis choisit pour roi un aventurier qui meurt misérable, 392. (*Voy.* THÉODORE DE NEUHOFF.) — Vêpres Corsiques; massacre des Français qui viennent la désarmer, 396.—Domptée par le marquis de Maillebois, 397. — Après la retraite des Français, se soulève de nouveau contre les Génois, 398.—Clément XIII y envoie un visiteur-général, 399. — Des troupes françaises y séjournent quatre ans comme médiatrices, 400. — Est cédée par Gènes à la France dans le traité de Compiègne, *ibid.* — Couragense résistance de ses habitants, enthousiastes de la liberté, 402. — Vaincue et soumise par le comte de Vaux et M. de Marbœuf, *ibid.* — Avantages de cette conquête, *ibid. et suiv.*—Honneur qu'elle fit au ministère de M. de Choiseul, LXV, 488; LXVI, 36.

CORSEMBLEU (Mlle). Actrice formée par Voltaire, qui en fit sa maîtresse, I, 132.

CORTÈS (*Fernand*). Son expédition dans le Mexique, et ses moyens pour cette entreprise, XVII, 138, 409. — Comment y est reçu, 413. — Attaqué par quelques habitants, fait l'empereur prisonnier, et le force à lui livrer les agresseurs, 414. —Tribut immense qu'il tire de ce prince, *ibid.* — Ses différends avec Vélasquez, qu'il défait, et dont une partie des troupes se réunit à lui, 415. — Assiégé par les Mexicains, qui veulent délivrer leur roi, *ibid.* — Ose proposer à ce prince, dont il causait la mort, de mourir dans le christianisme, 416. — Tout le Mexique s'arme contre lui; il est forcé d'en quitter la capitale, et perd tous ses trésors, *ibid.* — Soutient un combat naval, et renverse la flotte ennemie, 417. — Est de nouveau maître absolu de Mexico et de tout le reste de l'empire, 418. — Persécuté pour prix de ses services; peu considéré en Espagne, malgré ses exploits, *ibid.* — Propos hardi qu'il tient à Charles-Quint, *ibid.*—Se trouve comme soldat volontaire à la malheureuse expédition de ce prince contre Alger, XXIII, 497.

CORTUSIUS, historien de Padoue. Cité sur l'époque de l'invention du papier, XVI, 418.

Corvée (la). Vers en l'honneur de son abolition par Louis XVI, en 1775, XIV, 297. — Du lit de justice tenu à ce sujet en 1776, LXIX, 553; LXX, 4.

CORVIN (*Jean et Mathias*). *Voy.* HUNIADE.

Cosaques (les) ou *Ukraniens*. Leurs mœurs et leur religion, XVIII, 399; XXV, 42. — Cosaques *Zaporaviens;* ce qui les distingue des autres peuples de la Russie, 43. — Ne connaissent d'autres lois que les usages établis par les besoins, *ibid.* — Long-temps le rempart de la Pologne, pourquoi se donnent enfin aux Russes et aux Turcs, XVIII, 399. — Ont entièrement perdu leur liberté sous l'empire de la Russie, 400. — Cosaques *russiens* passés au service de Suède, sont exceptés de l'amnistie générale stipulée par le traité de Neustadt, XXV, 399.

Cosi-Sancta. Nouvelle africaine, par Voltaire, XXXIII, 39 à 48. — Tirée de saint Augustin, 41. — Composée à l'occasion d'un jeu de société, *ij*.

COSME, duc de Florence. (*Voy.* MÉDICIS.)

Cosmogonie. Que celle de Sanchoniaton est l'origine de presque toutes les autres, XV, 62.

COSNAC (*Daniel* de), évêque de Valence, puis archevêque d'Aix. Voltaire regrette qu'on n'ait pas fait imprimer les *Mémoires* qu'il a laissés, LVII, 106, 121.

COSROÈS-*le-Grand*, ou NOUSHIRVAN, roi de Perse. Jusqu'où s'étendit son empire, XV, 315. — Pourquoi proscrivit le christianisme de ses états, *ibid.* — Ses enfants désolèrent la Perse par des guerres civiles et des parricides, *ibid.*

COSROÈS II, roi de Perse. Déchire la lettre où Mahomet lui propose d'embrasser sa religion, XV, 320. — Veut que l'empereur Héraclius embrasse celle des mages, 321.

COSTAR, compagnon d'études de Balzac et de Voiture. Jugement qu'il porte de Chapelain dans son *Mémoire des gens de lettres célèbres en France*, XX, 155.

COSTE, médecin. Requête en sa faveur au duc de Choiseul, rédigée par Voltaire, LXV, 510. — Note à ce sujet, 511.

COTTE (de). Loué pour son goût sur l'architecture, XII, 322.

COTTIN (l'abbé). Était un homme aimable, XIII, 258. — Et n'était pas sans mérite, XX, 155. — Fut pensionné de Louis XIV, *ibid.* — Beau vers de la *Henriade*, qu'on a prétendu être tiré de ses œuvres, X, 255. — Pourquoi un auteur qui s'appellerait ainsi aujourd'hui serait obligé de changer de nom, XXXVIII, 271.

COTTON (le P.), jésuite. Mis en otage auprès de Henri IV; pourquoi ce prince en fait son confesseur, XXX, 430. — Cité au parlement comme provincial de l'ordre, à l'occasion d'un livre de Santarelli, XXII, 237.— Ses réponses, *ibid. et suiv.*—Autre réponse célèbre à Henri IV, XXVIII, 158. — Sa vie est tout entière dans l'histoire de ce prince par le P. Daniel, XVIII, 118; XLI, 79.

COTYS, petit roi d'une partie de la Thrace. Fit des vers gètes pour Ovide, XXXI, 335; LXVIII, 158.

COUBERT (comte de). *Voy.* BERNARD (*Samuel-Jacques*).

Coucher ensemble. Quand ce fut une mode dans l'amitié, xx, 192; xxxix, 404.

Coucoupètre. (*Voy.* Pierre l'Ermite.)

Coucy. Un seigneur de cette maison s'établit en Sicile; vers à ce sujet dans *Tancrède*, vii, 130.

Couet (l'abbé *Bernard*). Directeur de dévotes, xiii, 32. — Est le héros du *Dîner du comte de Boulainvilliers*, xliii, 562 *et suiv*. — Quatrain qui lui est adressé comme grand-vicaire du cardinal de Noailles, archevêque de Paris, à l'occasion d'un *Mandement* de ce prélat qu'il avait envoyé à l'auteur, xiv, 332; li, 149.

Couk, marchand anglais. Somme qu'il prête à Charles XII, à Bender, xxiv, 247.

Couleurs. Quelle est leur cause dans la nature, xxxvii, 208. — Sont toutes contenues dans un seul rayon de lumière, xxxviii, 144. — Imagination de Descartes à ce sujet; erreur de Malebranche; expérience et démonstration de Newton, 139 *et suiv*. — Couleurs dans les rayons primitifs, 144, 148. — Connaissance plus approfondie de leur formation; expériences diverses, 161 *et suiv*. — Du rapport des sept couleurs primitives avec les sept notes de la musique, 171 *et suiv*.

Coumourgi (Ali-Bacha), favori du sultan Achmet III. Son origine, xxiv, 213. — Comment sert Charles XII, 214, 227. — Pourquoi élève Jussuf au rang de grand-vizir, 248. — Protége secrètement les Russes, 253. — Ses grands desseins, ses intrigues, 254, 290. — Prend le titre de grand-vizir, 299. — Sa conduite avec Charles XII, lors du départ de ce prince pour ses états, 301. — Tué, en 1716, à la bataille de Péterwaradin, 213; xxi, 4. — Cruautés qu'il exerce avant d'expirer, *ibid.*

Coupable (un). Plus il est grand, et plus le supplice doit l'être, v, 571; vi, 365; vii, 152. — Le devoir d'un roi est de le punir, v, 146. — Rien ne l'excuse, ix, 220. — Qu'on n'est pas coupable impunément, vii, 287. — Que tout coupable d'un attentat avéré est coupable aussi des jugements téméraires qu'on porte sur toutes ses actions, xvi, 517; xvii, 131.

Couprougli. (*Voy.* Cuprogli.)

Cour (la). Leçons sur la manière de s'y conduire, ii, 283. — Quel art y est le plus nécessaire, 284. — Les politesses vaines et l'art de flatter sont tout son esprit, vii, 135. — Il est des temps où tout s'y tourne en poison, ix, 403. — Fausse monnaie qui s'y débite, xiii, 154. — Vers imités de l'Arioste sur le même sujet, 351; xxviii, 459; xxix, 158. — Ce qu'on y fait, v, 256; xiii, 188. — Ses illusions et ses calomnies, vii, 260; ix, 403, 421, 476. — Son esclavage, xii, 74, 79. — Palais du vice; vers sur ce séjour, li, 324. — A aussi des vertus, xiii, 45. — Autres vers sur la cour d'un tyran, ii, 203.

Cour aulique (la). Quand prit sa forme, xvii, 173. — Ne dépend que des empereurs, et devient bientôt le plus ferme appui de leur autorité, *ibid.*

Cour veimique (la) ou *de Vestphalie*. Instituée par Charlemagne, principalement contre les Saxons; à quelle époque, xv, 407; xxiii, 59; xlvii, 549. — Étendit sa juridiction sur toute l'Allemagne, *ibid.*; xxi, 390; xxiii, 59; xlii, 448. — Abolie sous Albert II d'Autriche, dura néanmoins jusqu'à la fin du règne de Frédéric III, xxiii, 59, 389. — Ne fut pleinement dissoute que par Maximilien Ier, 390; xlii, 448; xlvii, 549.

Courage (le). Ses diverses sortes, d'après l'opinion du grand Frédéric, lviii, 78. — Le vrai; en quoi consiste, ii, 248. — Un moment quelquefois renverse le plus grand, 395. — Un guerrier doit le régler, iii, 301; vii, 192. — Il faut le plier à son état, iv, 91; vi, 171. — Quand il fait les héros, et quand les grands criminels, 369. — L'amour en donne quelquefois au sexe, et il élève l'ame des faibles, ix, 438. — La honte irrite enfin le plus faible courage, x, 118.

Courayer (le P.). De son ouvrage sur la validité et la succession des *ordinations anglicanes*, xxxvii, 139. — Protégé par la reine Charlotte, 166.

Courcillon (marquis de). Son apothéose dans l'*Anti-Giton*, xiv, 7 *et suiv.* — Sa conversion, xiii, 22.

Coureur, Coureuse. Observation grammaticale sur ces mots, xxx, 537.

Courilté (la). Nom des diètes tartares, xvi, 220; xxii, 5; xxix, 258.

Courlande (duc de). (*Voy.* Ferdinand.)

Courlande (la). Se rend à Charles XII, roi de Suède, xxiv, 87. — Est envahie par Pierre-le-Grand, xxv, 171 *et suiv.*

Cours supérieures. Priviléges de noblesse qui leur furent accordés par Anne d'Autriche en 1644, XXII, 279. — Et qui, révoqués par Louis XIV en 1669, se sont maintenus par l'usage, qui a prévalu sur les ordres du souverain, *ibid.*; XX, 275. (Voy. *Parlements.*)

Coursier. Indompté, comment on l'accoutume au frein; comparaison poétique, IX, 178. — Coursier de Thrace, XIV, 195. (Voy. *Cheval de bataille.*)

COURT (de), amiral français. A l'âge de quatre-vingts ans, commande quatorze vaisseaux français à la bataille de Toulon, en 1744, XXI, 88.

COURT, fils d'un prédicant (*Voy.* DECOURT.)

Courte réponse. (Voy. *Réponse,* etc.)

COURTEILLES (de), conseiller d'état. Fait rendre un arrêt pour le dessèchement des marais, LIX, 462, 464. — Lettre qui lui est adressée en 1761, au sujet de la querelle de l'auteur avec le président de Brosses, LX, 68.

COURTEN, colonel suisse. Tué à Fontenoi, XXI, 136.

COURTENAI (les). Reconnus princes du sang en France, par la voix publique; pourquoi n'en ont jamais eu le rang, XIX, 9. — Pierre de Courtenai, comte d'Auxerre, de cette maison, couronné et sacré dans Rome empereur d'Orient, tombe entre les mains des Grecs; sa mort, XVI, 213 *et suiv.* (*Voy.* BAUDOUIN et DEVONSHIRE-COURTENAI.)

COURTIAL. Auteur d'un drame de *la Piété filiale;* ce qu'en dit Voltaire, LXV, 505.

COURTILS. Enfermé sans nez dans la citadelle de Spandau; requête en sa faveur à Frédéric II, qui lui fait grace, XII, 521; XL, 77; LIV, 697; LV, 474.

COURTILZ DE SANDRAS (*Gratien* de). A inondé l'Europe de fictions sous le nom d'*histoires;* est l'un des plus coupables écrivains de ce genre, XIX, 86; XXXIX, 283. — Auteur d'une prétendue *Histoire de Turenne,* sous le faux nom de *Du Buisson,* LXIV, 407. — Et des prétendus *Testaments de Colbert et de Louvois,* XIX, 87; XXVI, 126; XXIX, 254; XXXIV, 39; XLII, 29.

COURTIN (*Jean*). L'un des commissaires chargés par le parlement d'informer contre les auteurs de l'assassinat des Guises aux états de Blois, XVIII, 114; XXII, 144; XLVII, 190.

COURTIN, conseiller, l'un des juges de la maréchale d'Ancre. Question singulière qu'il lui fit, et réponse qu'il en reçut, XVIII, 178; XIX, 267. — Était vendu au favori de Luynes, XXII, 230.

COURTIN (l'abbé), de la société de Voltaire. Son portrait, son caractère, XIII, 13, 26; LI, 45, 61.

Courtisan, Courtisane. Observation grammaticale sur ces mots, XXX, 537.

Courtisans. Leur pénétration, leur malignité, II, 91, 283; III, 42, 370; XI, 18. — Sont toujours soupçonneux, III, 42. — Leur versatilité, V, 182. — Leur servitude et leur bassesse, VIII, 208; IX, 35, 104. — Leur art de calomnier en paraissant sincères, VIII, 209. — Il n'en est pas un qui, pour plaire à son maître, ne devienne traître et barbare, IX, 68, 104. — Leurs calomnies sans cesse renouvelées, 476; XII, 63; XXXIX, 291. — Ne parlent pas pour un ministre disgracié, XXXIII, 72. — Quatrain sur leurs occupations à la cour, XXX, 256. — Comment le régent définissait le parfait courtisan, *ibid.* — Des courtisans lettrés, XXXVII, 239 *et suiv.* — Mots de Bayle et de milord Halifax à leur sujet, L, 529. — Les courtisans français, vils flatteurs à la cour, héros au champ de Mars, X, 117; XII, 136. — Leur amitié caractérisée, 35. — Tableau de leurs douleurs sincères ou feintes dans les maladies ou à la mort des princes, X, 185, 192. — Costume inventé par Louis XIV pour distinguer ses principaux courtisans, XX, 152.

COURTIVRON (marquis de). Auteur d'un *Traité d'Optique,* LVI, 265. — Se distingue à Ellinbogen, en Bohême; courte lettre que lui écrit le maréchal de Saxe, *ibid.* — Lettres qui lui sont adressées par Voltaire en 1753, *ibid.* — En 1755, 674. — En 1757, LVII, 289. — En 1775, LXIX, 398.

Courtrai (ville de). Prise par Louis XIV en 1667, XIX, 365. — Remise aux Espagnols par le traité de Nimègue, 437. — Reprise en 1684 par Louis XIV, 450. — Rendue à la paix de Ryswick en 1697, 505. — Prise par Louis XV, en 1744, XXI, 105.

COUSIN (*Louis*), président à la cour des monnaies, sous Louis XIV. Services qu'il a rendus à l'histoire, et traductions importantes qu'on lui doit, XIX, 87; L, 89.

COUSIN, géomètre. Appelé à Cirei, en 1738, par Voltaire, qui lui donne la direction de son cabinet de physique, LIII, 145, 161. — Lettre qui lui est adressée, 170.

Coustou (les trois frères), sculpteurs célèbres. Notices qui les concernent, XII, 378; XIX, 232.

Coutras (bataille de). Gagnée par Henri IV sur l'armée de Joyeuse; description poétique, X, 115 *et suiv.*, 369.—Détails historiques, XVIII, 109.

Coutume (la). Fait tout; est cause que le monde est gouverné par des abus comme par des lois, XIX, 254.—Que la nature a des droits avant elle, VI, 36.—Que son empire est plus vaste que celui de la nature, XVIII, 487.

Coutume de Franche-Comté, sur la main-morte. Écrit de Voltaire, XLVI, 470.

Coutumes. Dialogues philosophiques sur la variété des lois et coutumes dans un même pays, XXXIX, 379; XLII, 611.—Celles de la France viennent originairement de l'Italie et de l'Allemagne, XLI, 194.—Quand commencèrent à y être rédigées, et combien il y en a eu de différentes qui avaient toutes force de loi, XVI, 445; XXI, 420; XXVIII, 229.

Couvents. Origine de ce mot, XXXIII, 410.—Licence que les supérieurs des couvents se donnaient d'exercer la justice, et d'être chez eux lieutenants-criminels, XVII, 338.—Leur suppression en Angleterre par Henri VIII; débauches scandaleuses et fraudes pieuses que leur visite a fait découvrir, 291; XXXI, 301.—Autres du même genre à Genève, XVII, 274.—Sont le séjour de la discorde et des ennuis, XII, 297; XIV, 151.—Vœu du sage et du peuple pour leur suppression générale, XXXIV, 60, 485; XXXIX, 345.—Combien sont nuisibles, XXXIV, 167.—Que leur diminution serait au moins facile, XXXIX, 377; XLVIII, 4.—Description poétique d'un couvent de nonnes saccagé et violé, XI, 173 *et suiv.* (Voy. *Cloître, Moines, Religieuses, Vœux monastiques.*)

Couvent de Vénus. Troublé par la visite nocturne d'un commissaire; portrait en vers et comparaison à ce sujet, XI, 37.

Couvre-feu (loi du). Son origine; détails y relatifs, XVI, 46; XXXVII, 152.—Abolie par Henri Ier, XVI, 116.

Covelle (*Robert*), Genevois. Son portrait, LXII, 544.—Lettres facétieuses qu'il est supposé écrire au jésuite Needham, au sujet des questions sur les miracles et de la prétendue transformation de la farine en anguilles, XLII, 206, 276.—Autre, à un pasteur de campagne, 220.—Autre,

à ses chers concitoyens, 238.—Celles qui lui sont adressées au nom du sieur Baudinet et du proposant Théro, 226, 233, 243, 255, 260, 272.—Autre lettre curieuse, écrite sous son nom, à la louange de M. Vernet, prédicant, 344.—Rôle qu'on lui fait jouer dans le poëme de la *Guerre civile de Genève*, XII, 255, 258, 273, 277 *et suiv.*—Note qui le concerne, et fête que Voltaire lui donne à Fernei, XLII, 221.

Cowley, poëte anglais. Apprécié, LXVII, 381.

Cowper, chancelier d'Angleterre sous Charles II. Épouse secrètement une seconde femme, avec le consentement de la première, XVII, 266.—Écrivit en faveur de la polygamie, et vécut heureusement avec ses deux épouses, *ibid.*; XXIX, 360; XLII, 676; XLVII, 525.—Son apologue aux quakers qui refusaient de prêter serment en justice, XXVI, 113; XXXVII, 136.

Coyer (l'abbé). Sa *Vie de Sobieski* est d'un homme d'esprit et d'un philosophe, XIX, 15.—Exilé en 1761 pour cet ouvrage; réflexions à cette occasion, LIX, 359.—Intérêt très vif qu'y prend Voltaire, 362.—Question à son sujet, 494.—Son séjour à Fernei, 590.—Est auteur du livre de *la Prédication*; but de cet ouvrage, LXIII, 97, 137.—Sarcasme au sujet de sa *Noblesse commerçante, ibid.*—On lui attribue la *Lettre au docteur Pansophe*, publiée sous le nom de Voltaire; il nie fortement et avec l'air de sincérité, LXIII, 433, 438, 440, 454, 470, 477, 484, 512.—N'en est réellement pas l'auteur, 497.

Coypel, peintre et poëte. Loué sur son goût, XII, 322.—Médiocre et suffisant, XIV, 197.—Épigramme contre lui, 362.

Cracovie (ville de). Prise par Charles XII; violation des tombeaux des rois de Pologne, XXIV, 109.

Craig (*Jean*), mathématicien écossais. Son calcul des probabilités pour l'existence de la religion chrétienne, L, 531; LXIII, 492.—Auteur des *Principes mathématiques de théologie chrétienne, ibid.*

Crainte (la). N'est pas faite pour les cœurs vertueux, III, 80.—Elle fuit le crime, elle sort du châtiment, V, 559.—Vers qui la caractérisent, X, 248.

Cramer (*Gabriel*), imprimeur à Genève. Son caractère; ce qu'on en dit, LXII, 179.

Lettres que lui écrit l'auteur, en 1763, au sujet de l'édition de ses OEuvres, LXV, 224.—Autre, en 1769, 420.—Autre, en 1771, LXVII, 193. — Voltaire lui abandonne son petit castel de Tournei, LXIV, 353.—Son portrait, son caractère, *ibid.*, 382.—Plaintes sur son édition, en 1775, des OEuvres complètes de l'auteur, en quarante vol., LXIX, 398, 500, 540.

CRAMER (*Philibert*, dit *le Beau*), frère du précédent. Rôle qu'on lui fait jouer dans la *Guerre civile de Genève*, XII, 300. —Envoyé en ambassade à Versailles ; jeu de mots à ce sujet, LXVI, 201, 220, 224. —Son portrait, LX, 483. — Pourquoi traité d'*altesse* par l'auteur, 544 ; LXI, 4, 6.

CRAMER (les frères), imprimeurs-libraires. Lettre qui leur est adressée, en 1756, au sujet de leur édition des OEuvres de l'auteur, LVII, 37.—Leur certificat sur les friponneries de Grasset, XL, 3.—Voltaire, en 1764, leur fait présent de tous ses ouvrages, LXI, 430.—En quoi il se plaint d'eux, et tracasserie qu'on lui suscite, *ibid. et suiv.*; LXII, 179; LXVII, 386.

CRAMER-DELLON (Mme). Couplet que lui adresse Voltaire sur le chevalier de Boufflers, XIV, 455.—Bon mot d'elle au sujet de la profession de foi des prédicants en 1758, LVII, 473, 484. — Note qui la concerne, XIV, 455.—Autre pièce de vers où l'auteur fait allusion à cette dame, XII, 541, 542.

CRANMER, archevêque de Cantorbéry. Casse le mariage de Henri VIII avec Catherine d'Espagne, XVII, 290; XXII, 280.—Fait brûler deux femmes anabaptistes, XVII, 299.—Sous le règne de Marie, est condamné au même supplice comme protestant; a la faiblesse d'abjurer, 305. —Reprend son courage sur le bûcher, et fait réellement ce qu'on a écrit et probablement ce qu'on a feint de Mutius Scévola, *ibid.*

CRANTOR, philosophe grec. Belle fable qu'on en cite, XXVII, 343.

CRAON (*Marc* de BEAUVAU, prince de), gouverneur de Toscane. Y a protégé les arts, XXXIX, 41.—Éloge du marquis de Beauvau, son fils, tué à la bataille de Fontenoi, XII, 131; XXI, 140; XXXVIII, 537; XXXIX, 41. — Lettre qui lui est adressée, en 1746, au sujet de sa nomination à l'Académie della Crusca, LV, 120.—Notice, *ibid.*

CRASSI. (*Voy.* DESPREZ de.)

CRAZINSKA, comtesse polonaise. Espèce de phénomène littéraire ; portrait qu'en fait le roi de Prusse Frédéric II, LXIV, 55.

CRÉBILLON (*Prosper* JOLYOT de), censeur et auteur dramatique. Sentiments de Voltaire à son égard, IV ; 159. — Pourquoi refusa son approbation à *Mahomet*, I, 168 ; V, 3. — Ses manœuvres contre cette pièce, LX, 12, 14; LXVII, 365. — Sujets de plainte qu'il donne à l'auteur, à l'occasion de la *Mort de César*, LIV, 548.— Autorise contre lui la publication de la parodie de *Sémiramis* et de diverses satires, LV, 219, 221, 229, 321.— Ce qu'il lui dit à l'occasion de sa tragédie d'*Oreste*, VI, 147. — Ses invectives contre Sophocle; il est réprimandé à ce sujet, 283 *et suiv.* — Mutile le *Droit du Seigneur*, après avoir refusé de l'approuver, LX, 12, 14, 154, 175. — Notice qui le concerne, XIX, 88. — Brigues qui lui fermèrent long-temps les portes de l'Académie, XL, 480. — Idée d'une satire qu'il fit contre Lamotte et ses amis, et qui n'a jamais été imprimée, *ibid.* — Son épigramme contre J.-B. Rousseau qui sollicitait une place à l'Académie, et vers satiriques de celui-ci contre lui, *ibid. et suiv.* — Opposé, en 1746, à Voltaire par Mme de Pompadour, qui voulait humilier celui-ci, I, 187. — Loué par l'auteur dans son Discours de réception à l'Académie française, XXXVIII, 557. — Approuve, comme censeur, la comédie des *Philosophes;* réflexions sur ce procédé, LIX, 91 *et suiv.*— Sa mort, en 1762; persécution exercée contre un curé, pour lui avoir fait un service funèbre aux dépens des comédiens du roi, et réflexions à ce sujet, LX, 327, 348. — Son *Éloge*, publié à cette époque par Voltaire, satire déguisée, XL, 471 *et suiv.* — Observations de d'Alembert à ce sujet, LX, 380. — Examen critique de ses diverses pièces de théâtre, XL, 472 à 496. — Ce qu'il faut penser du jugement que Boileau mourant porta de sa tragédie de *Rhadamiste*, XIX, 88; XXXII, 445; XL, 487. — A su peindre la terreur qui doit animer le théâtre, XII, 322. — Fautes énormes qu'on lui reproche contre le bon sens et la langue, XXIX, 500. — Maximes monstrueuses qu'il a exprimées en vers dignes d'elles, XIII, 302 ; XXIX, 501 ; XXXV, 354 *et suiv.* — Ses *Discours académiques* en vers étranges, XXXII, 385.— Pourquoi traité de barbare, XIII, 301. — Cas qu'on doit faire de ses diverses pièces, *ibid. et suiv.* — Sorties contre lui à leur sujet, ix, 463; lxvi, 530. — *Électre et Rhadamiste* sont les seules dont on puisse soutenir la lecture, xxix, 498; xxxix, 201. — Question de l'impératrice Catherine qui le concerne, lxvii, 443. — Contes rapportés à son sujet dans un prétendu *Dictionnaire historique*, xix, 88. — Le cardinal de Fleury lui refusa du pain, xiii, 260. (*Voy.* les titres divers de ses pièces de théâtre.)

Crébillon, fils du précédent. Pourquoi emprisonné en 1734, li, 548; lii, 3. — Son *Histoire japonaise*, appréciée, *ibid.* — Comment l'appelait Voltaire, li, 363, 548.

Crécí, l'un des signataires de la paix de Ryswick. Reproches et éloges également immérités qu'il reçut à ce sujet, xix, 506.

Créci (bataille de). Gagnée par Édouard III et le prince Noir sur Philippe de Valois, xvi, 363. — S'il est vrai qu'on y fit usage d'artillerie, xiv, 271; xvi, 372, 397; xli, 145. — Raison absurde que le jésuite Daniel donne de la défaite des Français dans cette journée, 128.

Crédit. Que, pour le garder, il n'en faut guère user, viii, 382, 383.

Credo (le). (Voy. *Symbole*.)

Credo politique (le) de l'abbé de Saint-Pierre. Ce qu'on en dit, xxxii, 287.

Creech (*Thomas*), commentateur de Lucrèce. Se suicide, pour se donner le plaisir de finir comme son auteur, xxvii, 511; xxxii, 254; l, 590.

Crémilles (*Louis-Hyacinthe* Boyer de), lieutenant-général. Chargé du département de la guerre sous le maréchal de Belle-Isle, xiv, 150. — Avis utile qu'il ouvre au siége de Maestricht, xxi, 244. — Demandé et obtenu par Voltaire, comme examinateur de son *Histoire de la guerre de* 1741, lv, 77.

Crémone (ville de). Surprise par le prince Eugène, est délivrée par les Français et par les Irlandais, xx, 12 *et suiv.*

Crépi (comte de). Épouse Anne de Jaraslau, veuve de Henri Ier, roi de France, xvi, 22.

Crépi (ville de), en Valois. Paix de 1544 entre Charles-Quint et François Ier, xvii, 223; xxiii, 502.

Crépinade (la). Satire de Voltaire contre J.-B. Rousseau, xiv, 119. — Circonstances qui la rendent excusable, 121.

Créqui(*François* de Bonne, marquis et depuis maréchal de). Général des galères de France, se démet de cette charge, xix, 32.
— Envoyé par Louis XIV auprès de Cromwell, 328. — Ambassadeur de France à Rome, y est insulté par la garde corse du pape; réparation éclatante exigée à ce sujet, 355; xliv, 329. — Taille en pièces l'arrière-garde de l'armée espagnole en Flandre, xix, 365. — Est vaincu à Consarbruck; défend Trèves avec courage, et se laisse prendre à discrétion plutôt que de capituler, 423. — Racheté de sa prison, bat Charles V, duc de Lorraine, prend Fribourg, emporte le fort de Kehl l'épée à la main, et brûle le pont de Strasbourg, 431. — Meurt avec la réputation d'un homme qui devait remplacer le vicomte de Turenne, *ibid.*; xix, 23. — Comment il appelait plaisamment le palais de Versailles, xx, 236; xxxix, 10.

Créqui-Canaple (comte de). Acte juridique plaisant qu'il fait signifier à son curé, xxxi, 519. — Réflexions à ce sujet, lxi, 307.

Crescence. Fils du pape Jean X et de Théodora, xvi, 7; xxiii, 8, 128. — Consul de Rome, fait étrangler en prison Benoît VI, 9; xvi, 6. — Soulève Rome contre Othon II, et veut rétablir la république, 7; xxiii, 128.

Crescence, second consul de ce nom, et fils du précédent. Chasse de Rome le pape Jean XV, xxiii, 132. — Y veut maintenir l'ombre de l'ancienne république, *ibid.*; xvi, 8. — Chasse aussi Grégoire V, *ibid.*; xxiii, 133. — Soutient un siége dans Rome, et meurt en combattant, *ibid.* — Autre version sur sa mort, xvi, 8. — Sa veuve devient maîtresse de l'empereur Othon III, xxiii, 133.

Crescimbeni. Son *Histoire de la poésie italienne*, lvi, 353.

Crésus, roi de Lydie. Cité comme exemple de la fragilité de la fortune; vers à ce sujet, xii, 50.

Crétois (les). Comment qualifiés par saint Paul; réflexions à ce sujet, xxxii, 42 *et suiv.*; lxvii, 354. — Euripide dit que leurs prêtres mangeaient de la chair crue aux fêtes nocturnes de Bacchus, ix, 289. — Par qui furent successivement assujettis, 291.

Créton, jésuiste. Pendu à Londres pour sédition, xviii, 46; xlvii, 673.

Creutz, l'un des généraux de Charles XII. Fait prisonnier à Pultava, orne le triomphe du czar, xxiv, 190; xxv, 200, 207.

Creutz (*Gustave-Philippe*, comte de), ambassadeur de Suède à Madrid en 1764.

Visite l'auteur aux Délices; ce qu'en dit celui-ci, LXI, 438, 439, 445. — Notice, 438.

Crevelt (bataille de). Gagnée en 1758 contre les Français, par le prince héréditaire de Brunswick, XXI, 306; LVII, 560.

CREVIER. Auteur d'une mauvaise *Histoire romaine*, et d'une *Histoire de l'Université*, qui ne vaut pas mieux; vers satiriques à ce sujet, XIII, 228; XIV, 197. — A fait un libelle contre Montesquieu, pire encore que ses histoires, *ibid*. — Apostrophé à cette occasion, LXI, 295, 325 *et suiv*. — L'a attaqué principalement dans les seules choses où il a eu raison, 331. — Comment s'exprime au sujet d'un cordonnier romain qui était devenu consul, 348.

CREYGE. (*Voy*. CRAIG.)

Cri (le) *des nations*. Écrit dirigé contre les usurpations et les prétentions de la cour de Rome, XLV, 310 *et suiv*.

Cri (le) *du sang innocent*. Requête au roi en faveur du chevalier de La Barre, rédigée par Voltaire au nom du sieur d'Etallonde de Morival, XLVIII, 123 *et suiv*. (*Voy*. LA BARRE, DUVAL-SAUCOURT, BROUTEL et ETALLONDE.)

Cri public (le). Est la plus infaillible des intrigues, et la meilleure des protections contre les infamies et les persécutions, LVII, 507. — Sert quelquefois de preuve, ou du moins fortifie les preuves, XXI, 326.

CRILLON (marquis de), surnommé *le Brave*. Offre à Henri IV de se battre pour lui contre le duc de Guise, X, 268. — Mot célèbre que lui écrivit ce prince après le gain de la bataille d'Arques, *ibid*. — Se distingue à celle d'Ivry, 265. — Autres détails, XVIII, 121.

CRILLON (marquis, depuis duc de). Se distingue à Fontenoi, XII, 136. — Et à la journée de Mesle, XXI, 149 *et suiv*. — Prend Mahon, et fait le siège de Gibraltar pour le roi d'Espagne, XII, 242.

CRILLON (marquise de). Impromptu que lui adresse Voltaire à souper, dans une petite maison du duc de Richelieu, XIV, 332.

CRILLON (chevalier de), arrière-petit-fils de celui surnommé *le Brave*. Accompagne Lalli dans son expédition de l'Inde, XLVII, 368. — S'y distingue, 375. — Prêt qu'il fait à la compagnie, 383.

CRILLON (l'abbé *Athanase* BERTON de), auteur de *l'Homme moral*. Lettre qui lui est adressée, en 1771, au sujet de cet ouvrage qu'il avait envoyé à Voltaire, LXVII, 174.

CRILLON (comte de). Sa visite à Fernei en 1771; ce qu'on en dit, LXVII, 227, 238.

Crime (le). A ses héros, X, 179. — Est approuvé quand il est nécessaire, II, 149. — Qui lui pardonne en devient le complice, 422. — Ceux qui forcent au crime en sont les seuls coupables, IX, 89. — Les rois doivent en être les vengeurs, V, 161. — Qui le croit toujours en paraît capable, III, 42; XXXIX, 291. — Avantage que le juste en sait tirer, III, 179. — Est un fardeau cruel, 348, 354. — Tout excès y mène, IV, 206. — Suit quelquefois de bien près l'innocence, V, 50. — Ce qui l'aggrave, 506. — La crainte qui l'accompagne pour l'ordinaire est son châtiment, 559. — La peine le suit à pas lents, VI, 168. — Les crimes secrets ont les dieux pour témoins, V, 490, 571. — Et sont découverts avec le temps, III, 66. — Ne prouvent point que la vertu n'existe pas, XII, 163, XXXIV, 404. — Que les châtiments doivent être proportionnés aux crimes, XXXII, 276; XLII, 461; L, 255. — Quelle en est l'étendue et la borne, XLVI, 98. — En quoi on a prétendu qu'ils étaient utiles, XXVI, 45. — S'expiaient à prix d'argent chez les barbares qui détruisirent l'empire romain, XV, 453; XXIX, 283. — Tarif qu'en publia le pape Jean XXII, *ibid*.; XVII, 237. — Des crimes ou délits de temps et de lieux, XXVIII, 230. — Chaque pays eut et a les siens, *ibid*., 310. — De ceux de ce genre qu'on doit ignorer, 231 *et suiv*. — Ceux dus aux malheurs des temps sont à respecter, quand la vertu les répare, II, 200. — Qu'il y a toujours de la démence dans les grands crimes, XXII, 181. — Et qu'ils n'ont guère été commis que par de célèbres ignorants, LVI, 719. — Les crimes de lèse-majesté et de trahison, comment qualifiés par Montesquieu, XLVII, 411.

Crimée (la). Est l'ancienne Chersonèse Taurique; d'où tire son nom, XXIV, 228; XXV, 98.

Criminaliste (le). Comment défini, XXVIII, 237.

Criminel. On l'est quelquefois plus qu'on ne pense, II, 103.

Criminels condamnés. De l'exécution des arrêts rendus contre eux, XLII, 445. (*Voy*. *Procédure criminelle* et *Peine de mort*.)

CRISPUS, fils de Constantin. Égorgé

par l'ordre de son père, XXVIII, 190, 193; XLIII, 168; L, 484. — Et sous quel prétexte, XXXII, 474.

Critique (la). Distinguée de la satire et du libelle, VIII, 197 *et suiv.*; XII, 321. — Son utilité, XIII, 300. — Erreur de ceux qui disent qu'il faut mourir pour la dompter, XIV, 224. — De la critique permise, XXXVIII, 328. — Observations sur les critiques qui tiennent à la satire, XXVIII, 248; LV, 283. — Qu'on ne doit pas leur répondre; fable à ce sujet, IV, 158. — La critique personnifiée; rôle qu'elle joue dans le *Temple du Goût*, XII, 333 *et suiv*. — Que la saine critique est une dixième Muse, XXXI, 434. — Des critiques qui révoltent un siècle aussi éclairé que le nôtre, XLI, 28. — Ce que doit être la critique d'un livre, XX, 550. — Seule manière dont tout artiste devrait répondre à la critique, LII, 317.

Critique (la) *de l'École des Femmes*, comédie de Molière. Est le premier ouvrage de ce genre qu'on connaisse au théâtre; Notice y relative, XXXVIII, 413.

Critiques (les). Qualités que doit avoir un excellent critique, XXVIII, 253; XXIX, 133. — Des critiques de profession, 254; VIII, 198, 279; XXV, 24. — Le meilleur parti qu'ils aient à prendre dans les ouvrages de goût et de sentiment, c'est de ne critiquer qu'en essayant de mieux faire, XXXVIII, 331; XLII, 632 *et suiv.* — Prétendus législateurs qui n'ont fait souvent qu'embrouiller tout dans les états qu'ils ont voulu régler, X, 402. — Que leur ignorance est la pire de toutes, XXX, 302. — Des barbouilleurs qui se mêlent de juger les peintres, LXVII, 45.

Croates (les). Milice de Croatie; appelés en France Cravates, XXI, 75.

Crocheteur borgne (le), roman philosophique attribué à Voltaire, XXXIII, 27. — Il est douteux qu'il soit de lui, *ij et suiv.*

CROÏ (duc de), originaire de Flandre et passé au service de Pierre Ier. Commande l'armée russe devant Narva, XXIV, 75. — Général habile, mais qui fut peu secondé dans cette affaire; sa défaite, *ibid. et suiv.* — Prisonnier des Suédois, comment fut traité par Charles XII, 80 *et suiv.* — Autres détails, XXV, 146, 148.

Croire. Ce que c'est pour la plupart des hommes, XXVIII, 261. — Que c'est une folie atroce de penser que nous devons détester ceux qui ne croient pas ce que nous croyons, LXV, 323.

Croisades. Grégoire VII en eut la première idée, XVI, 163; XXIII, 156. — Par qui suscitées, XVI, 157. — Considérations philosophiques sur leur origine, XLVII, 132. — Intérêt qu'y prennent les papes, XVI, 164. — De la première jusqu'à la prise de Jérusalem, 157 *et suiv.* — Des suivantes jusqu'à l'envahissement de Constantinople par les Latins, 170 à 187. — Croisade malheureuse en Égypte, 194. — Autre, aussi en Égypte, par saint Louis, 205 *et suiv.* — Dernière croisade, où ce monarque meurt devant Tunis, 209 *et suiv.* — Ont été l'effet le plus mémorable de l'opinion, XLI, 160. — Ce qu'il en faut penser, et surtout de celle de saint Louis en Égypte, *ibid. et suiv.* — Ce qu'elles ont coûté en hommes et en argent, XVI, 204, 211 *et suiv.* — Réflexions sur cette étrange folie qui a régné quelque temps en Europe, X, 458; XVI, 194; XXXIV, 324; XLVII, 133. — L'ont dépeuplée et appauvrie; seul bien qu'elles ont procuré, XVI, 202, 435. — Croisades contre les païens du Nord, 182. — Contre les Juifs en Allemagne, XLII, 499. — Contre les vaudois et les albigeois, XVI, 243; XLII, 500. — Contre les hussites, XXIII, 381.

Croisades (Histoire des), par Voltaire. On a imprimé sous ce titre les chapitres LIII à LVIII de l'*Essai sur les Mœurs*, XVI, 150.

Croisés (les). Désordres et excès qu'ils commettent en Hongrie, en Bulgarie et contre les Juifs, XVI, 156; XXIII, 166; XLII, 499. — Exterminés par Soliman, XVI, 160. — Remplacés par d'autres qui battent deux fois ses armées, 167. — Prennent Nicée, et mettent le siège devant Jérusalem, *ibid.* — Emportent cette ville d'assaut, et y massacrent tout ce qui n'est pas chrétien, 168. — Sont excommuniés par Innocent III, 187. — Envahissent et ravagent Constantinople, *ibid. et suiv.* — Se partagent l'empire, 192. — Veulent s'emparer de l'Égypte, 194. — Assiégent Damiette et s'en rendent maîtres; sont obligés de capituler et de la rendre, 197 *et suiv.* — Sont défaits et exterminés par les Corasmins et les Turcs, 200 *et suiv.* — Leur extinction totale en Asie, 212. — Vice radical qui devait nécessairement détruire leurs armées et faire échouer leurs entreprises, XXIII, 184.

CROISSI (comte de). (*Voy.* COLBERT DE CROISSI.)

CROISSI (marquis de), lieutenant-général à Fontenoi. Se distingue dans cette journée, xxi, 143.

Croître, pour *accroître*. N'est plus d'usage, mais il est permis de l'employer en vers, xxxv, 77.

Croix (*Voy.* Decroix et Lacroix.)

Croix (la *sainte*). Vers y relatifs, iii, 236; xi, 173. (Voy, *Crucifix*.)

Croix (jugement de la), au 8e siècle. Ce que c'était, xxiii, 64.

Croix (supplice de la). Ne fut jamais connu des Juifs en aucun temps, xlix, 198. — Aucune nation n'y employa des clous, et il n'y en a aucun exemple, xxxii, 283.

Crom, roi bulgare. Tranche la tête à l'empereur Nicéphore, son prisonnier, et fait une coupe de son crâne, xxvii, 430.

Cromarty (lord), pair écossais. Condamné à mort pour avoir porté les armes en faveur du prince Édouard, xxi, 231. — Son épouse obtient sa grace, *ibid.*

Cromé, conseiller au parlement de Paris. Ligueur furieux; part qu'il prend à l'assassinat juridique du président Brisson, xxii, 158. — Il échappe aux poursuites du duc de Mayenne, 160.

Cromelin, agent de Genève lors des dissensions de cette république en 1767. Calomnies qu'il répand contre Voltaire à la cour de Versailles, lxiv, 470, 492.

Cromot-Dubourg (de), surintendant des finances de *Monsieur* (qui depuis fut Louis XVIII). Lettres que lui adresse Voltaire, au sujet d'une fête donnée à la reine, ix, 450; lxx, 123, 128, 135. — Notice, 123.

Cromstorm (baron de). Commande pour les alliés dans Berg-op-Zoom en 1747, xxi, 243. — S'enfuit vers les lignes, lors de la prise d'assaut par les Français, *ibid.*

Cromwell (*Olivier*). Ses commencements dans la chambre basse; discours qui prouve qu'il était alors fanatique de la liberté, xviii, 297. — Colonel dans l'armée parlementaire contre Charles Ier, comment contribue au succès de la bataille de Newbury, 306. — Réforme qu'il fait opérer dans cette armée, 307. — Parti qu'il tire de la secte des *indépendants*, *ibid.* — Empire absolu qu'il a dans la chambre, et faveur unique qu'il en obtient, 308. — Défait l'armée royale à la bataille de Naseby, *ibid.* — Forme un *conseil d'agitateurs* qui enlève le roi au parlement, 310. — Extermine la faction des *aplanisseurs*, dont le crime était de l'avoir imité, 311. — Est maître dans l'armée, dans le parlement et dans Londres, *ibid.*—Défait les Écossais à Preston-Pans, et fait leur général prisonnier, 312. — Se fait présenter des requêtes par tous les régiments, pour qu'on fasse le procès au roi, 313. — Est l'un des juges de ce prince, 314. — Avait dessein d'établir une république, et ne se flattait pas alors de succéder au roi, 315. — Se fait nommer gouverneur d'Irlande, 317. — Reçoit l'ordre de la quitter, après l'avoir soumise, 320.— Promu au généralat, bat les Écossais à Dumbar, et Charles II sur les bords de la Saverne, *ibid.*— Maître de l'Écosse entière, revient en triomphe à Londres, et la fait réunir à l'Angleterre comme un pays de conquête, 321. —Dissout le parlement républicain, 323. — Fait changer la constitution de l'état, *ibid.* — Est déclaré *Protecteur* des trois royaumes, et installé dans le palais des rois, 324. — Pourquoi prit ce nom, et comment affermit son pouvoir, xix, 323. — Est courtisé par la France et l'Espagne, xviii, 325; xix, 324. — Enlève la Jamaïque aux Espagnols, et traite avec le roi de France de couronne à couronne, 325. — Refuse son douaire à la veuve de Charles Ier, réfugiée en France, 326. — Reçoit du cardinal Mazarin une lettre remarquable, 328. — Sa mort, ses grandes actions, ses grands desseins, 330. — Craintes continuelles qui l'agitèrent dans ses dernières années, xviii, 327. — Son apothéose ridicule par un de ses chapelains, *ibid.* — Magnificence de ses funérailles, *ibid.* — Son Éloge, par Waller, xxxvii, 246. — On porte son deuil à la cour de France, xix, 331. — Son fils lui succède paisiblement, *ibid.* (*Voy.* l'article qui suit.) — Son cadavre, enterré dans le tombeau des rois, est exhumé depuis par Charles II, et porté au gibet, xviii, 328, 330. — Notice historique qui le concerne, xxviii, 261 *et suiv.* — En quoi Charles II le fit plus d'une fois regretter, xviii, 334. — Quelle était sa maxime favorite, et comment il augmenta toujours son pouvoir, 326; xxviii, 265. — Comment fit servir le fanatisme à sa cause, xxix, 334. — Assujettit sous sa domination l'Angleterre, en portant l'Évangile d'une main, l'épée dans l'autre, et le masque de la religion sur le visage, xix, 252. — Singulier contraste de son autorité dans les parlements et les armées, avec le galimatias prophétique qui régnait dans tous ses discours, XLI, 455. — Fut plus puissant qu'un roi, XIX, 13. — Réputation qu'il laissa en Europe, 331. — Couvrit des qualités d'un grand roi les crimes d'un usurpateur, 252; XLII, 677. — Jugement qu'on en porte, et examen de la question s'il fut heureux, XXVIII, 268; XXXII, 406; XLI, 94. — Paroles qu'on en cite contre l'inquisition, L, 299. — Anecdote certaine qui prouve le peu de cas qu'il faisait de la religion, XXVIII, 266. — Il parut précisément dans le seul temps où il pouvait réussir, 24. — S'il renaissait, serait un simple citoyen de Londres, XXXVII, 147; LXIV, 106. — Vers latins pour son portrait, et leur imitation en vers français, XIII, 391; XXVIII, 265. — Autres vers faits pour le portrait de Guillaume III, et qu'on lui a faussement appliqués, XXVI, 301. — La flatterie n'a pu en faire un héros, XIII, 35. — Mot qu'on en cite, L, 529. — Ses forfaits; par qui ont été exaltés, XLII, 658.

CROMWELL (*Richard*), fils du précédent. Succède paisiblement au protectorat de son père, XVIII, 327; XIX, 13, 332. — Les chefs de l'armée le forcent à rétablir le parlement républicain dissous par Olivier, XVIII, 328. — Aime mieux être réduit à la vie privée que d'être un assassin tout puissant; quitte le protectorat sans regret, pour vivre en citoyen, XIX, 332; XXVIII, 269. — Somme que lui donne le parlement, XVIII, 329. — Son voyage en France; discours que lui tient le prince de Conti, sans le connaître, XIX, 332. — Vécut heureux et ignoré, *ibid.* — Sa mort, 13.

Cromwell, tragédie. Sujet traité par Duclairon; ce qu'on en dit, LXI, 465, 466, 468. — Et par Clément de Dijon, sous le titre de la *Mort de Charles Ier*, I, 444; XIV, 289. — Crébillon avait travaillé sur le même sujet, mais il l'abandonna, XL, 491.

Cronslot. Port bâti par Pierre-le-Grand, XXIV, 312. — Fortifié, XXV, 163 *et suiv.*

CROSNE. (*Voy.* THIROUX DE CROSNE.)

CROUK, agent secret de Henri VIII. Achète des décisions théologiques en faveur de ce prince, à l'occasion de la dissolution de son mariage avec Catherine d'Espagne, XXII, 378.

CROUSAZ (*Jean-Pierre* de), savant géomètre. A réfuté Pope, et a été réfuté par Warburton et Silhouette, XXII, 194. — En quels termes on en parle, LIII, 33; LIV, 373.

CROUST, jésuite. Ameute des fanatiques en 1750, et brûle les OEuvres de Bayle sur la place publique de Colmar, XII, 335, 361; XXX, 424; LVI, 403, 405, 410. — Anecdote qui le concerne, XXX, 429. — Rôle qu'il joue dans *Candide*, XXXIII, 264.

CROY (de), évêque de Cambrai, au 16e siècle. Testament singulier qu'il fit en faveur de ses bâtards, XVII, 236.

Croyances. Quelle est la plus utile aux hommes, XXXIV, 419. (Voy. *Croire, Dieu, Religion.*)

CROZAT, riche négociant. A quelle condition la Louisiane lui est concédée par Louis XIV, XVII, 443. — Préside à l'entreprise d'un beau recueil d'estampes, XII, 375.

Crucifix. Quand s'introduisit la coutume d'en avoir chez soi, XV, 398. — Qu'il est indécent et dangereux d'en exposer sur la voie publique, XLII, 365; XLVIII, 137. — Celui de Boksley, ce que c'était, XXXI, 301. (Voy. *Croix.*)

CUBIÈRES (*Simon-Louis-Pierre*, marquis de). Lettre en vers et en prose qui lui est adressée en 1777, LXX, 348.

CUBIÈRES-PALMÉZEAUX (*Michel*, chevalier de). Lettre qui lui est adressée en 1774, LXIX, 64. — Autre, en 1775, 267.

CUBSTORFF (*Lettre du pasteur*) au pasteur KIRKERF. Ouvrage pseudonyme, où Voltaire fronde les théologiens et leur conduite, XL, 185.

CUCUFIN, frère capucin d'Ascoli. Sa canonisation sous le nom de *Séraphin*, XIV, 228; XLV, 174. — Railleries à ce sujet, *ibid.;* LXV, 261, 305. — Ce que son ordre a dépensé pour cette apothéose, XIV, 228; LXV, 370. — Sa prétendue apparition au sieur Avelines, bourgeois de Troyes, facétie, XLV, 178 *et suiv.*

CUDWORTH, Anglais. De son sentiment sur les formes ou les natures plastiques, XLII, 575.

CUGNIÈRES (*Pierre* de), avocat-général au parlement de Paris, dans le 14e siècle. Introduit l'appel comme d'abus, XVI, 368; XXII, 56. — Inutilité de ses efforts pour la réforme des usurpations ecclésiastiques, XXVI, 69. — Plaintes des barons et du parlement, rédigées par lui, 70. — Était philosophe, XL, 148.

Cuirasse. Vers descriptifs, X, 326. — Quand l'usage en devint commun en France, XVI, 15.

Cuisine et bonne chère. Lettre de l'auteur y relative, LXII, 428. — Vers sur le même sujet, XIV, 130.—Ce qu'on appelait autrefois *cuisine de poche*, XI, 274. — Envoi à une dame de la recette d'un potage, XIII, 28.

Cuissage (droit de). Ce que c'était ; par qui et comment exercé, XXVIII, 270. —Où commença, *ibid.* — Des abbés, des évêques s'attribuèrent cette prérogative, 271.—Ne fut adjugé par aucune loi positive , 272. — Fut d'abord un droit de guerre, et ensuite vendu aux vassaux par les seigneurs qui se l'étaient arrogé, XVI, 139; XLIII, 321.—Vers à ce sujet dans le *Droit du seigneur*, VII, 222, 224, 272.

Cul. Abus et inconvenances dans l'emploi qu'on fait journellement de ce mot, VII, 20; XII, 247, 248; XXVIII, 273; XXX, 536; XLI, 551, 569; LIX, 558, 576; LXI, 449.

Cul-de-lampe, Cul-de-sac, etc. (*Voyez* l'article précédent.)

Culage (droit de). Terme infame qui a été aboli; mot qu'on lui a substitué, XXVIII, 274.—Son origine, XXXII, 321.—Seigneurs qui l'exigeaient, 322. — Quand converti en prestations modiques, appelées *marquettes*, ibid. (Voy. *Cuissage.*)

Culloden (bataille de). Perdue pour Charles-Edouard, contre les Anglais commandés par le duc de Cumberland, XXI, 220.—Décide du sort de trois royaumes, *ibid.*

Culte. Réflexions sur les anciens cultes, XLVI, 106.—Que tout culte autorisé ne peut être troublé sans pécher contre l'ordre établi, XXVIII, 476. (Voy. *Tolérance*, et les divers articles *Religion.*)

Cultivateurs. Premiers moteurs des ressorts de l'état, XIII, 234.—Leur sort a été bien amélioré depuis Louis XIV, XX, 291.—Leurs peines et leurs plaisirs, XII, 47; XIV, 292.—Leurs travaux peu appréciés par les citadins, LXV, 473.

Culture (grande et petite) des terres. Observations y relatives, XXVI, 128.(Voy. *Agriculture, Terres.*)

CUMBERLAND (duc de), second fils du roi George II. Accompagne son père à la bataille de Dettingen, XXI, 96. — Y est blessé à ses côtés, 101.—Sa générosité envers un Français blessé aussi dans cette journée, *ibid.*—Il commande l'armée anglaise à la bataille de Fontenoi, XII, 129; XXI, 128, 133. — Conte absurde à son sujet, à l'occasion de cette bataille, 146; XXXIX, 292.—Éloge de sa bravoure, XII, 118, 129, 137.—Il marche en Écosse contre le prince Édouard, XXI, 219.—Le bat complétement à Culloden, 220.—Fait distribuer cinq mille livres sterling aux soldats, 221.—Est reçu à Londres en triomphe; rente considérable que lui assigne le parlement, 235.—Il commande les alliés vaincus à Laufelt, 279.— Ne peut secourir Maestricht, 244. — Commande l'armée anglaise en Hanovre en 1757, 295.—Est battu à Hastembeck par le maréchal d'Estrées, 297.—Forcé par le maréchal de Richelieu de capituler, et de laisser le champ libre contre le roi de Prusse, 299.—Cette convention, avant d'être ratifiée, est rompue, et il est remplacé par Ferdinand de Brunswick, 302.

CUMBERLAND, savant anglais. Ses calculs comiques sur la population de la terre par la famille de Noé, XXVIII, 50; XLI, 187.

CUNÉGONDE, fille de l'empereur Frédéric d'Autriche. Mariée à Albert de Bavière, duc de Munich, XXIII, 15, 415.

CUNÉGONDE, de Bavière. Femme de Conrad Ier, empereur d'Allemagne, XXIII, 8.—De Léopold, son premier mari, avait eu Arnolfe-le-Mauvais, qu'on a cru à tort fils de Conrad, *ibid.*

CUNÉGONDE, fille du premier comte de Luxembourg. Épouse l'empereur Henri II, XXIII, 136.—Fait avec lui vœu de chasteté, *ibid.*—Conte de sa justification d'une accusation d'adultère par l'épreuve du feu ardent, 140; XVI, 72.

CUNÉGONDE, fille de Canut, roi d'Angleterre. Mariée à l'empereur Henri III, est sacrée avec lui par le pape.Clément II, sa créature, XXIII, 9, 158.

CUPROGLI (*Achmet*) ou KUPERLI, grand-vizir de Mahomet IV, et fils lui-même d'un grand-vizir. Assiége Candie et la prend, XVIII, 420.—S'immortalise dans cette guerre, 422. — Perd, en 1664, la bataille de Saint-Gothard, contre les Français et les Impériaux, commandés par Montecuculli, XIX, 357 *et suiv.* — Autres détails sur sa prise de Candie, 379 *et suiv.* —Était un des meilleurs généraux de l'Europe, et un des plus grands ministres, XVIII, 422.—Comment maltraita impunément le fils d'un ambassadeur de France, XXV, 216; XLVI, 606. (*Voy.* DE LA HAYE-VANTELET.)

CUPROGLI (*Mustapha*), frère d'Achmet. Gouverneur de Constantinople, dépose Mahomet IV, XVIII, 434. — Grand-vizir sous Soliman III, son successeur, rétablit la réputation de l'empire turc, 435.

CUPROGLI (*Numan*), petit-fils d'Achmet. Est nommé grand-vizir; son beau caractère, XXIV, 214.—Fait remettre de l'argent à Charles XII, à Bender, et lui conseille de s'en retourner dans ses états, 215 *et suiv.*—Sa rigide probité, cause de sa chute, 225.—Sa retraite à Négrepont, 226.

CURÉ (Mme), depuis Mme BOURETTE, surnommée *la Muse limonadière*. (*Voyez* BOURETTE.)

Curé de campagne (un). Doit avoir des moyens honnêtes d'existence, XXVIII, 275; XXXIV, 67.— Dialogue philosophique sur la conduite que doit tenir un bon curé, XXVII, 489.—Comment il peut être très utile, XLIII, 606; XLV, 80.

Curé de Courdimanche (le). (Voy. *Fête de Belébat.*)

Curé de Fresne (le). (Voy. *Prière.*)

Curiosité (la). Maladie de l'esprit humain, LXIII, 74.—A quoi peut conduire; vers de Lucrèce à ce sujet, imités en vers français, IV, 153; XXVIII, 279 *et suiv.*— Est naturelle aux singes et aux petits chiens, comme à l'homme, 283.— Comment aiguillonne une jeune fille; description de ses effets, XIV, 56.—A quoi porte l'homme; anecdote à ce sujet, XLV, 46.

CURIS (BAY de), intendant des Menus-Plaisirs. Auteur d'une parodie de la grande scène de *Cinna*, attribuée à Marmontel, LVIII, 299, 440; LXI, 213.—Notice, LV, 291.

CURSAY (l'abbé *Jean-Marie-Joseph* THOMASSEAU de). Lettre que lui écrit Voltaire en 1773, LXVIII, 266.— Belle conduite d'un de ses ancêtres, qui refusa d'exécuter les ordres du duc de Guise pour le massacre des protestants d'Angers, *ibid.*

CUSAN, roi de Mésopotamie. Réduisit les Juifs en esclavage, XV, 183.

CUSTINE (*Marc-Antoine*, marquis de). Blessé mortellement à la bataille de Rosbach; mot de Frédéric II à ce sujet, LVII, 402.

Cycle, ou *Nombre d'or*. Ce que c'est; le philosophe Méthon en est l'inventeur, XXXI, 412.

Cyclopes. Leurs travaux dans les forges de Vulcain, comparaison poétique, XI, 183.—Vers qui les caractérisent, 380.— Saint Augustin atteste en avoir vu, XXXIV, 398, 439.

Cydon, province de Crète. Par qui successivement subjuguée, IX, 291.

Cymbalum mundi (le). Petit livre qui n'est qu'une froide imitation de Rabelais; notes y relatives, XLVI, 466 *et suiv.*—Par qui commenté, 467.

CYPRIEN (saint), évêque de Carthage. Motifs qu'il allègue du choix de quatre évangiles, XLIII, 105.—Ce qu'il dit des mœurs corrompues des chrétiens au 3e siècle, et des persécutions qu'ils s'attirèrent, 157; XXIX, 41.—Ses reproches aux évêques sur leur luxe et leur avarice, XV, 353; XXVI, 32; XXIX, 42; L, 469.— Son martyre, XLI, 278.

CYRANO DE BERGERAC. Scènes de son *Pédant joué*, prises par Molière, et réponse de celui-ci au reproche de plagiat, II, 31; VIII, 71; XXIX, 186; XXXVIII, 437.— Vers sur la mort, tirés de sa tragédie d'*Agrippine*, XLVI, 139.

CYRILLE (saint), de Jérusalem. Profanations sacrilèges qu'il impute aux manichéens, XXXII, 509. — Quel crédit il convient d'accorder à son témoignage, 515.

CYRILLE (saint), patriarche d'Alexandrie. Sa dispute avec l'empereur Julien sur l'arbre de la science du bien et du mal, XV, 44; XLIII, 10, 184.—Décrie ce prince chez les fanatiques, 186.—Pourquoi fait massacrer Hypathie dans Alexandrie par ses diacres et par ses moines, 189; XLVI, 90; L, 516.—Ses querelles avec Nestorius, au sujet de la vierge Marie, XLIII, 190; XLVI, 254. — Du sens mystique qu'il attache à la circoncision charnelle, XLV, 288.—Sa déposition par le concile d'Éphèse, XXVIII, 140, 149; XLIII, 191; XLVI, 254. — Portrait de cet évêque factieux, dont on a fait un saint, XLV, 207.

CYRILLE-LUCAR, patriarche grec de Constantinople. Étranglé en 1638, sur les plaintes réitérées de son Église, XVIII, 430.

Cyropédie (la), de Xénophon. Traduite par Charpentier, de l'Académie française, XIX, 80.

CYRUS, dit *le Grand*. Que les Juifs ont produit des témoignages de leur nation sur ce prince, environ cent soixante ans avant qu'il fût au monde, XXVIII, 285.— Singulière prophétie d'Isaïe qui le concerne, *ibid.* — Doutes sur son genre de mort, 287.—A toujours été de devenir le sujet d'un roman, *ibid.*—Quel était le véritable nom de ce barbare, 284. — Des traditions fabuleuses qui défigurent son histoire, XLIV, 384, 400.—Des romans d'Hérodote et de Xénophon à son sujet, xv, 50; xxviii, 410.

Cyrus (le jeune), frère d'Artaxerce-Mnémon. Entreprend de l'assassiner, et éprouve la clémence de ce prince, xxxii, 494. — Son ingratitude; à quel titre il se croit plus digne du trône de Perse que son frère, *ibid.* — Prend à sa solde 13,000 Grecs pour le combattre; paye exorbitante qu'il leur accorde, 495. — Livre bataille à Artaxerce, qui le tue de sa propre main, 496.

Cyrus (*Voyages de*), roman de Ramsay. Très faible imitation de *Télémaque*, xix, 183. — Dans quelle intention fut composé, xxviii, 287. — Où est le plaisant de cet ouvrage, *ibid.*

Czar. Origine de ce titre, et sa signification, xxiv, 81; xxv, 68; lvii, 577. — Comment avait lieu autrefois le mariage des czars, xxv, 80. — Triste destinée de leurs filles, qui ne se mariaient alors que rarement, 87. — Quand les ducs de Moscovie se firent appeler czars, xvi, 48. — Par qui et comment ils étaient sacrés, xxv, 82. — Leur magnificence asiatique, xvii, 143. — Peu de part qu'ils prenaient, au 16e siècle, aux affaires de l'Europe, *ibid.*

D

Dacier (*André*). Remarques sur sa traduction de l'*OEdipe* de Sophocle, sur sa préface et ses notes, ii, 21 *et suiv.* — Conseille à Voltaire d'introduire des chœurs dans son *OEdipe*, li, 193; lix, 565. — Scholiaste et traducteur très utile, xxxii, 192. — Question qu'on lui fait sur Horace, 193 *et suiv.* — Observations critiques sur la traduction qu'il a faite de ses Odes, xxxix, 272. — A faussement conclu d'un passage de ce poète, qu'on adorait réellement la statue de Priape, xv, 132. — Homme plus savant qu'écrivain élégant, mais à jamais utile par ses traductions et ses notes, xii, 327; xix, 88. — Justes critiques qu'il a faites des fautes de Corneille, xxxv, 342, 369. — Anecdote qui le concerne, lix, 591.

Dacier (*Anne* Lefèvre, femme d'*André*), l'un des prodiges du siècle de Louis xiv; Notice qui la concerne, xix, 89. — Ce qu'on peut lui reprocher, *ibid.* — Sa querelle littéraire avec Lamotte sur les Anciens, et torts qu'elle eut à cette occasion, *ibid.*; xxix, 151. — A rendu de grands services aux lettres, mais a trop outré le rôle de commentateur, *ibid.* — Traducteur et scholiaste très utile, xix, 89; xxxii, 192. — Ses dissertations sur Homère, appréciées, x, 420. — Pourquoi l'a loué d'avoir fait pleurer et parler les chevaux d'Achille, xiv, 210. — Questions qui lui sont proposées au sujet de ce poète, xxxii, 201 *et suiv.*

Dacombe (*Jean*), fameux usurier anglais. Son épitaphe improvisée par Shakspeare, xiii, 404; xxvi, 302.

Dadiky, Grec de Smyrne, interprète du roi d'Angleterre à Londres. Anecdote qui le concerne, au sujet de la *Henriade*, x, 64.

Daffis, avocat-général au parlement de Toulouse. Égorgé par la populace de cette ville, au temps de la Ligue, xxii, 151.

D'Agay (comte), intendant de Picardie en 1774. Auteur d'un Discours sur les avantages des sciences, des lettres et des arts; lettre qui lui est adressée à ce sujet, lxix, 73.

Dagobert Ier, roi de France. Fondateur de l'abbaye de Saint-Denis, xxvi, 28. — Étrange aventure que son âme eut après sa mort, 29, 511. — Eut plusieurs femmes à la fois, xv, 507; xxix, 358; xli, 30.

Dagobert II, roi de France. Réunit sous son pouvoir toute la France occidentale, xv, 421. — Ce qu'on dit de sa magnificence, *ibid.* — Ce qu'on connaît de lui, *ibid. et suiv.* — Sous lui commença l'autorité des maires du palais, et après lui vinrent les rois fainéants, 422.

Dagon, dieu des Philistins. Son idole renversée et mutilée; observations critiques à ce sujet, xlix, 247 *et suiv.*

Daguères (le chevalier). Son duel juridique avec Feudilles, xvii, 32.

D'Aguesseau (*Henri et Henri-François*). (*Voy.* Aguesseau.)

Dahldorf, colonel suédois. Dégage Charles XII des mains des Calmouks, auprès de Smolensko, xxiv, 174. — Le seconde au combat de Bender, 268, 273. — Est tué à Rugen, 323.

D'Aigueberre. (*Voy.* Dumas-d'Aigueberre.)

DAINS, avocat. Son plaidoyer contre les comédiens. (*Voy.* LE DAIN.)

Daïri (le). Empereur ecclésiastique au Japon, XVII, 367. — N'est plus que le chef de la religion, XVI, 152.

Dalaï-Lama (le). Chef de la religion dans le petit Thibet, XVII, 486. — Idole vivante des Tartares, XV, 279. — Discours qu'on lui prête par allusion au pape, XXXI, 524 *et suiv.*

Dalécarliens (les). Leur superstition du temps de Gustave-Vasa, XVII, 158. — Qui, de sauvages qu'ils étaient, les rend des soldats aguerris, XXIV, 37. — Offrent au sénat de Suède d'aller délivrer Charles XII, prisonnier chez les Turcs, 225.

DALEMBERT. (*Voy.* ALEMBERT (d').

DALLEMANT, célèbre prédicateur jésuite, à Lunéville. Sa dispute sur le système de Newton avec Mme de Richelieu, qui le confond publiquement, LII, 41, 48, 87.

Dalmatie (la). Délicieuse et fertile sous l'empire romain, XVIII, 380. — Devenue presque barbare au 17e siècle, *ibid.*

DALRYMPLE (le chevalier). Anecdotes curieuses que contiennent ses *Mémoires de la Grande-Bretagne et de l'Irlande*, XIX, 383, 464. — Cité sur Guillaume III, 470, 472. — Et sur l'amiral Russel, 475.

DALRYMPLE (Jean). Voy. STAIR.

DALRYMPLE (mylord), jeune Ecossais, neveu de mylord Stair. Portrait qu'en fait l'auteur dans sa Correspondance, LXVII, 320.

DAMASE II (*Popon*), pape. Bavarois élevé au pontificat par l'empereur Henri III, XVI, 10. — Meurt vingt-trois jours après son exaltation, *ibid.* — Autres détails qui le concernent, XXIII, 10, 149.

DAMBERTO, légat du pape. Se fait céder Jérusalem par Godefroi de Bouillon, XVI, 169.

DAMBY, général parlementaire opposé à Charles Ier. (*Voy.* DENBIGH.)

Dames (Ce qui plaît aux). Conte en vers par Voltaire, XIV, 31. — D'où est tiré en grande partie, 45. — A fourni à Favart le sujet de sa *Fée Urgèle*, 45.

Dames du palais (les). Pourquoi leur établissement a été substitué à celui des *filles d'honneur de la reine*, XX, 183.

DAMFREVILLE, capitaine de vaisseau. Va délivrer à Alger les esclaves chrétiens, au nom de Louis XIV, XIX, 451. — Pourquoi refuse de délivrer les Anglais, *ibid.*; XLVI, 295.

DAMFREVILLE (Mlle). Secourue par Voltaire, LII, 604; LIII, 64.

DAMIEN (*Pierre*), cardinal. Conte absurde qu'il fait sur Berthe, femme du roi Robert, XVI, 20, 70; LVIII, 501. — Autre conte sur saint Odilon, XVI, 70. — Excite moines et séculiers à se fouetter tout nus, 434.

DAMIEN-HARTARD (*Vonder-Leven*), électeur de Mayence. Fait rebâtir le palais de cette ville, brûlé au 16e siècle, XXIII, 22. — Mort en 1678, *ibid.*

DAMIENS (*Robert-François*), assassin de Louis XV. Son origine, son caractère, XXI, 361. — Ne voulait, dit-il, que blesser le roi, *ibid.*, 366. — Circonstances de son crime, 362. — Alarmes que ses discours donnent sur la sûreté du Dauphin, 363. — Lettre au roi, qu'il dicte de sa prison, 364. — A été égaré par le fanatisme et les discours des prêtres, XII, 473; XXI, 362, 366 *et suiv.*; XLI, 169. — Le roi remet son jugement à la grand'chambre du parlement, XXI, 366. — Cet assassin avait agi dans la même illusion que Ravaillac, et meurt dans les mêmes supplices, 367. — N'avait pas de complices, *ibid.*; XLIV, 472. — Autres détails sur son origine, les circonstances de son attentat, son jugement et son supplice, XXII, 340 *et suiv.*; LVII, 257. — Sa famille est bannie, et ses parents sont obligés de changer de nom, XXI, 367. — La Sorbonne le met au rang des élus, XIV, 227. — Comment l'auteur s'exprime au sujet de ce régicide dans ses *Mémoires*, XL, 116. — Et dans sa Correspondance, LVII, 203, 206, 209, 210, 211 *et suiv.*

DAMIENS DE GOMICOURT. Ses *Mélanges historiques et critiques* sur l'histoire de France, supprimés par deux arrêts de la cour des comptes et du parlement, LXV, 504.

Damiette (ville de). Son siège célèbre au 13e siècle, XVI, 195 *et suiv.*

DAMILAVILLE (*Etienne-Noël*), ami de Voltaire. Sa probité courageuse, LXII, 419, 427. — Son séjour à Fernei en 1765, 419. — Auteur des articles *Vingtième* et *Population* dans l'*Encyclopédie*, LXIII, 76. — Complimenté comme auteur voilé du *Christianisme dévoilé*, publié sous le nom de feu Boulanger, 356. — Son éloquent *Mémoire* en faveur des Sirven, LXIV, 45, 49. — Auteur d'une *Honnêteté théologique* contre la Sorbonne, qu'il attribuait à Voltaire, XLIII, 560;

LXIV, 424. — Lettre qui lui est adressée sur plusieurs anecdotes, XXVI, 327 *et suiv.* — Autres lettres, de 1760 à 1768. (Voy. *Tabl. part.* de LVIII à LXV.) — Certificat qu'il adressa à Voltaire, en 1766, au sujet de la publication de ses prétendues *Lettres secrètes à ses amis du Parnasse*, XLII, 479. — Sa mort en 1768, et détails y relatifs, LXV, 267, 271. — Regrets sur sa perte, et bien qu'on en dit, XXVI, 327; LXV, 273, 278, 300, 318, 334, 376. — Acte d'humanité de Voltaire envers un de ses domestiques, LXVI, 57, 64, 83. — Réfuté au sujet de l'administration de Colbert, XLVI, 414; LXIII, 76, 148. — Était réellement l'auteur du *Christianisme dévoilé*, LXV, 271. — Notes contradictoires à ce sujet, *ibid.*; L, 536; LIV, 359. — Auteur supposé de l'*Éclaircissement historique*, en réponse au libelle de Nonotte contre l'*Essai sur les mœurs*; ce qu'il y a réellement de lui dans cet ouvrage, XLI, 38, 85 *et suiv.*; XLII, 677; XLV, 157; LX, 574.

DAMMI (*Matthieu*), de Conventiglio. Au commencement du 18ᵉ siècle, parcourait toutes les cours, faisant de l'or pour les princes et les seigneurs qui en avaient besoin, et se faisait mettre en prison dans toutes les capitales de l'Europe, XXI, 94; XXVI, 148. — Cet alchimiste aventurier, se disant marquis, après avoir fait grand bruit à Paris, se retire en Autriche, XXI, 94. — A laissé des *Mémoires*, imprimés en 1739, *ibid.*

Damnés (les). Calcul mathématique de leur nombre jusqu'à nos jours, et notes y relatives, X, 227; XLII, 626.

DAMNITZ, gouverneur de Fribourg. En 1744, rend cette place aux Français, XXI, 117.

DAMOURS (*Pierre*), conseiller au parlement. L'un de ceux qui négocièrent la reddition de Paris à Henri IV, XXII, 175.

D'AMOURS (*Louis*), avocat à Angers. Auteur des prétendues *Lettres de Ninon-Lenclos*, XXVI, 335; XXXIX, 409.

DAMPIERRE (les comtes de.) *Voy.* GUI DE DAMPIERRE.

DAMPIERRE (*Guillaume*), célèbre voyageur. Hommes de couleur jaune qu'il trouve dans l'île de Timor, XVII, 375, 459. — N'a point vu d'anthropophages dans toute l'Amérique, XLII, 589. — Est le premier qui ait parlé de l'arbre à pain, XXVI, 532.

DANCHET (*Antoine*). Poëte médiocre; a fait des opéra moins mauvais que ses tragédies; vers qu'on en cite, XIX, 90 *et suiv.* — Épigrammes et traits satiriques contre lui, XIV, 313, 318, 329. — Vers épigrammatiques qu'il fit contre J.-B. Rousseau, XIX, 140; XXXVII, 494. — Notices qui le concernent, XI, 52; XIII, 301.

DANCOURT (*Florent* CARTON), comédien français et auteur comique. Son *Théâtre*, apprécié, XIX, 91. — Liaisons du prince Eugène avec sa famille, LXIX, 408.

Danemarck (le). Était appelé pays des Normands, XV, 449. — Othon Iᵉʳ le soumet, et y rétablit le christianisme, 525; XXIII, 115. — Au 10ᵉ siècle, des pirates de cette nation usurpent l'Angleterre; à quel prix les Anglais s'en rachètent, XVI, 39. — Au 12ᵉ, ce pays est soumis à l'Empire, XXIII, 187. — Croisade qu'on y prêche contre les païens du Nord, XVI, 182. — Au 15ᵉ, est réuni à la Suède par Marguerite de Valdemar, XXIV, 36. — Son état au 16ᵉ, XVII, 151. — N'entre point encore dans le système de l'Europe, XVIII, 391. — Son état au 17ᵉ siècle, *ibid.* — Ses rois sont les seuls d'Europe que les peuples aient fait absolus, et ils n'ont que rarement abusé de ce droit, 392, 397; XIX, 14; XXXIV, 156; XL, 571. — Son état avant Louis XIV, XIX, 258. — Ses souverains contemporains de ce prince, 14. — Se ligue contre la Suède, XXIV, 48, 67. — Charles XII assiége sa capitale, 68 *et suiv.* — Traité de paix, 73. — Nouvelle ligue contre la Suède, après la défaite de Charles à Pultava, XXV, 205. — Étrange exemple de fanatisme, XXVII, 299; XLI, 344; XLVI, 269.

DANÈS (*Pierre*), ambassadeur de France au concile de Trente. Fameuse réponse qu'il fit à un évêque italien, XVIII, 82; XXVI, 515.

DANET (*Pierre*), lexicographe célèbre. Utilité de ses *Dictionnaires* de la langue latine et des antiquités; Notice, XIX, 91.

DANGEAU (*Philippe* DE COURCILLON, marquis de). Confident de Louis XIV et de Mᵐᵉ Henriette dans leur commerce ingénieux, XX, 144. — Fut chargé d'engager Corneille et Racine à traiter le sujet de *Bérénice*, XXXVI, 385. — Ses *Mémoires*, quelquefois infidèles, XIX, 528. — Comment il les composa; peu de confiance qu'ils inspirent, X, 389. — Peu de cas qu'en fait Voltaire, LVII, 102. —

Étranges anecdotes qu'ils offrent, xx, 181 *et suiv.*—Réflexions critiques et notes curieuses sur un extrait de ses Mémoires, publié sous le titre de *Journal de la cour de Louis XIV;* XLVI, 287 *et suiv.* — Cités au sujet de Barbésieux et de Chamillart, xx, 5.—Et de Villeroi, 14, 530.

DANGEAU (*Louis* de COURCILLON, abbé de). Excellent académicien, xix, 92. — Notice, *ibid.* — Anecdotes plaisantes qui le concernent, LX, 247 ; LXVI, 394.

Danger. Celui qu'on bravait, souvent étonne à son approche, ix, 509. (Voy. *Péril.*)

DANGEVILLE (Mlle), actrice de la Comédie française. Comment figure dans la satire du *Pauvre Diable*, xiv, 157. — Mention qu'on en fait, LIX, 514, 529. — Son éloge, et regrets de l'auteur sur sa perte, XLI, 13.

D'ANICAN. (*Voy.* L'ÉPINE-D'ANICAN.)

DANIEL (le prophète). Quand fut composé le livre qui porte son nom, XLIX, 398. — Toute son histoire réputée un roman, *ibid. et suiv.* — Plaisanteries sur son séjour dans la fosse aux lions, xxxiv, 397.

DANIEL (*Gabriel*), jésuite et historiographe de France. Grand défaut de ses ouvrages; erreurs, ignorances et omissions qu'on lui reproche, xix, 92 ; XLI, 78 *et suiv.* — A rectifié quelques erreurs de Mézerai, xix, 92.— Pourquoi a prétendu que les premiers temps de l'histoire de France étaient plus intéressants que ceux de Rome, 93. — Qualités qui lui manquent, xxx, 221. — Sécheresse de son Histoire, où il a trop parlé du P. Cotton, et trop peu des grandes qualités de Henri IV et des particularités de sa vie, xviii, 17 *et suiv.*; xix, 58; XLI, 79, 126; LVI, 655; LIX, 551. — Reproche qu'on lui fait de n'avoir point approfondi les lois, les usages, le commerce, les arts, xx, 506; XLI, 127. — N'a point osé dissimuler les crimes de Clovis après son baptême, xv, 380.— Conte ridicule qu'il rapporte sur la chasteté de Louis VIII, xvi, 136; xviii, 474; XLI, 128. — Raison absurde qu'il donne de la défaite de Créci, *ibid.* — Ses infâmes paroles contre les albigeois, xvi, 246. — Étrange éloge qu'il fait de la piété de François Ier, xvii, 213. — Et propos non moins étrange qu'il en rapporte, ix, 381; xxii, 85; XLI, 72; XLIV, 105, 130. — Ses contradictions au sujet de Charles IX et de la Saint-Barthélemi, xviii, 73 *et suiv.* —

Ses mensonges sur l'abjuration de Henri IV, 131 ; XLII, 335. — Ses efforts pour disculper Varade, accusé d'avoir engagé P. Barrière à assassiner ce prince, xviii, 145. — Sa mauvaise foi à l'égard du roi, qu'il peint comme dévot, et faisant le métier de délateur contre les protestants auprès de la république de Venise, 142 ; XLI, 80.— Faits importants qu'il a étranglés ou supprimés dans son histoire, xv, 407; xvi, 371, 517; xxii, 165; XLIV, 104. — Autres reproches, xx, 506; XLI, 451, 552. — Comparé à Mézerai comme historien, xviii, 74.

DANIEL-BRENDEL, de Hombourg, électeur de Mayence. Mort en 1582 ; laissa de lui une mémoire chère et respectée, xxiii, 22.

Danois (les). Haine nationale entre eux et les Suédois, xxiv, 223. — Origine de cette antipathie, xvii, 151. (Voy. *Danemarck.*)

DANOY (de), lieutenant-général. Cité dans le poëme de *Fontenoi*, xii, 128. — Retiré par sa nourrice du milieu des morts à Malplaquet, deux jours après la bataille, *ibid.*

Danse (la). Vers descriptifs, xiv, 35. — Est un des plus anciens usages de notre hémisphère, xvii, 421. — Fut souvent une cérémonie religieuse chez les Hébreux et chez les Gentils, xviii, 88 ; XL, 334. — Quand fut inventé l'art de la noter, xx, 329. — Cérémonie essentielle aux fêtes sacrées de tout l'Orient, xxvi, 94. — Observations y relatives, xxviii, 11. — Les danseurs, chez les Romains, étaient vêtus précisément comme ceux de l'Opéra, 13. — Danse de Jésus et des apôtres, lors de la sainte cène, xxxi, 180.— D'où est imitée, 181.— La danse usitée dans les agapes ou repas de charité des premiers chrétiens, 182. — Dans plusieurs cérémonies de l'Église, 183. — Pourquoi a été retranchée de celle de la messe, *ibid.*— Usitée aussi en Occident dans les *fêtes des Fous* et des *Anes*, établies dans les églises, xvi, 74. — Quand proscrite à Genève et en Suisse, xvii, 281 ; xxxi, 454. — Et en France par les jansénistes, *ibid.*— Que la cour, sous Louis XIV, a dansé sur le théâtre de Lulli avec les danseurs de l'Opéra, iii, 153 ; xii, 323. — Pourquoi la danse peut se compter encore parmi les arts, xx, 128.

DANTE (le). Notice historique sur ce poëte, xxviii, 288. — Peu compris, malgré ses commentateurs, *ibid.*— Courte analyse de sa *Divine comédie*, et jugement qu'on en porte, XVI, 423; XXVIII, 290; XLVIII, 257 *et suiv*. — Fragments qui en sont imités en vers français, XIII, 358 *et suiv*.; XVI, 424; XXVIII, 291; XXXIX, 551. — Il n'est rien qu'il n'exprimât, à l'exemple des Anciens; il accoutume les Italiens à tout dire, XXXVIII, 549. — Pourquoi on ne le lit plus dans l'Europe, XXXVII, 255. — Était un fou, et son ouvrage un monstre, LIX, 356. — Est relégué dans les bibliothèques des curieux, 357. — Était gibelin, et fut persécuté par les guelfes, XVI, 424; XXXIX, 551.— De sa prétendue prophétie sur les étoiles du pôle austral, XVII, 360; XXVIII, 286; XXXV, 36.

DANTOINE, à Manosque. Lettre qui lui est adressée, en 1768, sur un projet de réforme dans les langues de l'Europe, LXV, 112.

DANTZEL. Dessine un portrait de Voltaire; vers à ce sujet, LXII, 532.

Dantzick (ville de). Mise à contribution par les généraux de Charles XII en 1703, XXIV, 115. — Assiégée et prise par les Russes en 1733, XXI, 50.

DAOUT, grand-vizir de l'empereur Osman. Va lui-même l'égorger dans sa prison, XVIII, 415.

DAPCHER (le chevalier), lieutenant-général. Blessé à Fontenoi, XII, 132. — Dissimule sa blessure devant le roi, et y succombe, XXI, 138.

DAPCHER (le comte). Fait la fonction d'amiral dans l'expédition du général Lalli, XLVII, 318, 367. — Est blessé au siège de Saint-David, 369. — Quitte l'Inde, et part pour l'Ile-de-France, après deux combats désavantageux, 371. — Reparait sur la côte; est plus maltraité dans une troisième bataille que dans les deux premières, et va se radouber à l'Ile-de-France; les officiers de l'armée et le conseil de Pondichéri protestent en vain contre son départ, 381. — Lalli lui reproche d'avoir causé la perte de l'Inde; observations à ce sujet, 401. — Autres détails qui le concernent, XLVII, 318.

D'AQUIN, de Château-Lyon (P.-L.). Lettre qui lui est adressée, en 1764, au sujet de J.-J. Rousseau, LXI, 478. — Plaisanterie sur son *Siècle littéraire de Louis XV*, XII, 251. — Trait épigrammatique contre lui, *ibid*. — Autres notes qui le concernent, VIII, 278; LXI, 478; LXIV, 359.

DARDELLE. Pseudonyme de Voltaire pour la *Conversation d'un intendant des Menus avec l'abbé Grizel*, XL, 317, 339; LIX, 429, 432.

DARDOFF, colonel suédois. (*Voyez* DAHLDORF.)

DARGENVILLE. Loué comme coopérateur de l'*Encyclopédie*, XXXI, 405.

D'ARGET. Ex-secrétaire de l'envoyé de France Valori, devient secrétaire de Frédéric II, roi de Prusse, XL, 71. — Quatrain de Voltaire, en réponse à quelques vers qu'il lui avait envoyés, LV, 19. — Épitres en vers qui lui sont adressées en 1750 et 1751, XIII, 200, 204. — Autres vers, XIV, 414. — Enlevé de nuit par un partisan autrichien, qui crut prendre l'ambassadeur français, LV, 295. — Cette aventure fournit à Frédéric le sujet d'un poëme comique que Voltaire appelle son *Lutrin*, ou sa *Batrachomyomachie homérique*, *ibid*., 313. — Ses craintes relativement à la publicité de cet ouvrage, où il joue un plaisant rôle, 683. — Dans quelle intention le manuscrit de la *Pucelle* lui fut confié par le roi, LVI, 657. — Lettres de lui à Voltaire, au sujet de ce poëme, dont celui-ci redoute la publicité, 640, 668, 722. — Pourquoi quitte la cour de Berlin en 1753, XL, 89, 91. — Notices qui le concernent, LV, 244; LVI, 642.—Lettres qui lui sont adressées, de 1749 à 1760. (Voy. *Tabl. part*. de LV à LVIII.)

D'ARGONNE (*Noël*). Le seul chartreux qui ait cultivé la littérature, XIX, 93. — Auteur des *Mélanges* publiés sous le nom de Vigneul de Marville; Notice, *ibid*. — Son opinion contre l'authenticité du *Testament* attribué au cardinal de Richelieu, XXXIX, 326; XLI, 190; XLII, 34.

Dariens (les). Seule race de l'Amérique qui soit blanche; a beaucoup de rapport aux Albinos d'Afrique, XV, 39; XVII, 402. — On n'en voit presque plus aujourd'hui, *ibid*.

Darique (la). Monnaie portée à sa véritable valeur par M. de Jaucourt; erreur de Rollin à ce sujet, XXXII, 494.

DARIUS, roi de Perse. Du présent emblématique que lui envoyèrent les Scythes, XV, 194; XXIX, 84. — Ses malheurs et sa mort; vers à ce sujet, VII, 413.

DARMSTADT (prince de). Périt, en 1705, au siège de Barcelonne, XX, 42 *et suiv*.

DARNAUD-BACULARD. Adresse à Voltaire des vers très flatteurs; réponse qu'il en reçoit, XIV, 408.—Services pécuniaires que lui rend celui-ci, LII, 228, 239, 305,

330, 343, 439, 569, 573; LIII, 161, 354, 381. — Son séjour à Cirei en 1739, 573. — Autres secours qu'il reçoit, LIV, 27, 56, 210. — Auteur supposé de quelques *Avertissements* pour l'édition des OEuvres de Voltaire, LIII, 161, 181, 208. — Recommandé par celui-ci à Helvétius, 445, 497. — Sa tragédie de *Coligni*, ce qu'on en dit, LIV, 83. — Pourquoi mis à la Bastille en 1741, 316. — Est secouru de nouveau par l'auteur, 369, 375. — Lettre qui lui est adressée en 1742, où Voltaire l'appelle son élève en Apollon, et lui donne des encouragements, 501. — Sa comédie du *Mauvais Riche*, ibid.; LV, 450. — Ce que raconte Le Kain, au sujet de la première représentation de cette pièce, I, 472. — En 1748, devient correspondant littéraire du roi de Prusse, LV, 190. — Lettres qu'il reçoit de l'auteur, qui lui avait procuré cet emploi, *ibid.*, 291, 350. — En 1750, est appelé auprès de Frédéric; vers de Voltaire à cette occasion, 404. — Autres du roi, 412. — Lettre en prose et en vers qui lui est adressée, 417. — Épître dans laquelle le prince lui parle de la décadence de Voltaire; et lettre en vers de celui-ci à ce sujet, 432. — Tour qu'il veut jouer à l'auteur, 508. — Ses intrigues contre son bienfaiteur, et lettres qu'il écrit contre lui à Fréron, 510 *et suiv.*, 524. — Sa conduite dévoilée à Voltaire par d'Argental, 517. — Et par le baron d'Adhémar, 519. — Reçoit son congé de Frédéric, 516, 523. — Se réfugie à Dresde; ce qu'il y débite au sujet de sa disgrace, 527. — En 1756, est mal à propos présumé l'un des éditeurs de la *Pucelle*, en dix-huit chants, LVII, 176, 187. — Épigramme sur sa *Traduction de Jérémie*, appliquée depuis à Le Franc de Pompignan, XIV, 428. — En 1760, se fait croupier de Fréron, LIX, 501. — Notice, LII, 229.

DARNAY, professeur de belles-lettres à Lausanne. Notice qui le concerne, LVIII, 20.

DARNAY, fils du précédent. Éditeur d'un libelle contre Voltaire, XL, 5; LVIII, 20. — Prétendu bel esprit, 35. — Rôle indigne qu'il joue dans cette affaire, 40, 42.

DARNLY, comte. (Voy. *Henri* STUART.)

DARTY (l'abbé). (*Voy.* ARTY.)

DASCHKOF (Mme), princesse russe. Son séjour à Fernei en 1771, LXVII, 152. — Son *Examen du Voyage de l'abbé Chappe en Sibérie*, et comment elle y parle de la Sorbonne, 185. — Ce que Voltaire dit d'elle et de son ouvrage, 186; LXIX, 30. — Note de l'éditeur, LXVII, 27.

D'ASSAS (*Voy.* ASSAS.)

DASSOUCI (*Charles* COYPEAU). Vers heureux qu'on en cite en rimes redoublées, XIX, 77. — Notice, *ibid.* — Autre mention qu'on en fait, 425.

D'AUBANT (Mme). Polonaise qui se fit passer pour la veuve du czarowitz Alexis, LIX, 27, 123, 262.

D'AUBE, ancien intendant de Soissons. Grand contradicteur; vers de Voltaire au sujet du portrait qu'en a fait Rulhières, dans sa satire des *Disputes*, XXVIII, 420; LXV, 431. — Était neveu de Fontenelle, XIV, 418. — Épigramme contre lui, *ibid.*

DAUBENTON, jésuite, confesseur de Philippe V. Son crédit à la cour de Madrid, L, 36. — En est chassé, et y revient plus puissant, 39. — Double mariage auquel il détermine le roi, à condition que le régent protégerait les jésuites, XXI, 10. — Il révèle au régent la confession de son pénitent, et son dessein d'abdiquer en faveur de son fils aîné, 12. — Meurt par suite du saisissement que lui cause la découverte de cette perfidie, 13; XXVIII, 159; L, 40. — Est auteur d'une *Histoire de saint François-Régis*; ce qu'on en dit, XXIX, 517.

DAUBENTON. L'un des coopérateurs de l'*Encyclopédie*; loué à ce sujet, XXXI, 405.

D'AUBRAI. Rôle qu'il jouait dans la *Henriade*, avant que l'auteur lui substituât Potier Blancménil, personnage beaucoup plus connu, X, 212.

D'AUBRAI, lieutenant civil sous Louis XIV. Père de la fameuse marquise de Brinvilliers, qui l'empoisonne avec toute sa famille, XX, 174. — Détails de la descente officielle qu'il fit à l'institut de Port-Royal des Champs, 412.

DAUDÉ (*Pierre*). Homme de lettres fort savant, XX, 401. — Extravagance que lui fait commettre le fanatisme, *ibid.* — Ressusciteur mis au pilori, XLVI, 234.

DAUDET (Mlle), fille naturelle de Mlle Le Couvreur. Services que lui rend Voltaire en Alsace, LVI, 341, 360, 371. — Il a ensuite l'idée de l'envoyer en Russie auprès de l'impératrice Catherine, LXVI, 207, 271. — Puis de l'appeler à Fernei, où il se déclare ensuite dans l'impossibilité de la recevoir, 410, 411, 425, 426. — Consent pourtant à lui donner asile pour quelque temps, *ibid.*, 491. — Elle se décide à aller en Russie, LXVII, 301. — L'auteur lui conseille de rester à Paris, LXVIII, 222.

DAUGNON (comte de). (Voy. LOUIS FOUCAULT.)

DAUMART (*Marguerite*). Mère de Voltaire, I, 119, 325.

DAUMART, parent de Voltaire, retiré pendant neuf ans aux Délices et à Fernei, où il mourut. Bien que lui fit l'auteur, et ce qu'il en dit, LVII, 269; LVIII, 71, 88; LIX, 237, 327; LX, 522. — Auteur supposé d'une lettre à l'archevêque d'Auch, LXI, 456.

DAUN (M^{al}), général autrichien. Vainqueur de Frédéric à Kollin en 1757, XXI, 296; XL, 103. — Plaisanteries de ce monarque au sujet d'une épée bénite et d'un bonnet doublé d'*agnus*, que lui envoya le pape Clément XIII, pendant la guerre de 1758, LVII, 622; LVIII, 134, 139.

DAUPHIN (le), fils de François Ier. (*Voy.* FRANÇOIS.)

DAUPHIN (le), fils de Louis XIV. (*Voy.* LOUIS, dit *Monseigneur*.)

DAUPHIN (le), fils de Louis XV et père de Louis XVI. (*Voy.* LOUIS.)

DAUPHIN D'AUVERGNE (le). (*Voy.* FRANÇOIS.)

DAUPHIN DE VIENNE (le). (*Voy.* CHARLES DE VALOIS.)

Dauphiné (le). D'où vient son nom, XVI, 367. — Quand réuni à la France, *ibid.* — Prétentions des empereurs sur cette province, 368; XXIII, 351. — Envahi en 1707 par le duc de Savoie et le prince Eugène, est délivré par Villars, XX, 61 *et suiv.* — Défendu contre les mêmes par Berwick, dans les campagnes de 1709 à 1712, 82.

DAUPHINES (les), femmes de LOUIS, dauphin, fils de Louis XIV. (*Voy.* MARIE-ANNE, de Bavière). — Et de LOUIS, fils de Louis XV. (*Voy.* MARIE-JOSÈPHE, de Saxe, et MARIE-THÉRÈSE, infante d'Espagne.)

DAVENEL. (*Voy.* AVENELLES.)

DAVESNES (*Jean*), comte de Hainaut. (*Voy.* JEAN D'AVESNES.)

DAVID, roi prophète. Oint de Samuel; commentaire à ce sujet, XLIX, 269 *et suiv.* — Réflexions critiques sur son combat avec Goliath, 271. — Sur son mariage avec Michol, fille de Saül, 276. — Sur son expédition contre Nabal, 279. — Sur sa perfidie envers le roi Achis, 289; XLV, 98. — Comparé à César, faisant mourir les assassins de Pompée, XLIX, 288. — Commencements grossiers de son règne, 290. — Commentaire sur ses conquêtes, 291. — Voulut joindre, dans sa maison, le sacerdoce avec l'empire, *ibid.* — Réflexions sur son adultère avec Bethsabée, et sur le mariage qui s'ensuivit, 292. — Inconcevables barbaries qu'il exerce à Rabbath, 294. — Fuit lâchement devant son fils Absalon révolté, 299. — Supplice infâme par lequel il fit périr les enfants de Michol, sa première femme, qu'il avait répudiée, 302. — Réflexions critiques sur la punition que Dieu lui infligea, pour avoir fait le dénombrement de son peuple, 303. — Fut assassin et perfide jusque sur les bords du tombeau, 309. — Réflexions sur cette dernière action de sa vie, dont saint Ambroise voulut en vain faire l'apologie, XLIII, 243. — Observations critiques sur son dénombrement du peuple d'Israël, XXVIII, 332 *et suiv.* — Sous quel point de vue il faut envisager son histoire; ce qu'en ont dit Huet et Bayle, XIX, 57; XXVIII, 293 *et suiv.*; XXX, 226 *et suiv.* — Questions y relatives, XLIII, 21. — Résumé de ses barbaries et de ses crimes, XXXI, 397. — Tourné en ridicule dans le drame de *Saül*, VII, 333 *et suiv.* — Par qui nommé le *Néron de la Palestine*, LXI, 140. — Ses forfaits consacrés, XLIII, 72; XLVII, 540. — Ses Psaumes prêchant la cruauté, *ibid.* — Galimatias qu'on y trouve, XLVI, 276 *et suiv.* — Ce qu'en dit un ministre anglais, LX, 7. — Considéré comme poëte, XIII, 278. — N'est point connu des Orientaux, XV, 172. — Examen critique de son histoire, XL, 611 *et suiv.* — Réflexions sur les richesses qu'il laissa à Salomon, XXXII, 162.

DAVID, négus ou roi d'Éthiopie. Manquant d'ouvriers de toute espèce, il en demande au gouverneur portugais dans les Indes, XVII, 385. — Dépossédé, puis rétabli par l'influence du patriarche, pourquoi chasse celui-ci de ses états, *ibid.*

DAVID, capitoul de Toulouse. Part qu'il prend à la procédure contre les Calas, XL, 554; XLI, 227. — Son indigne conduite lors du supplice de *Jean*, XL, 556; XLI, 377. — Auteur du désastre de cette famille; sa destitution, LXII, 220, 247. — Sa fin misérable, I, 239.

DAVID COMNÈNE, empereur de Trébisonde. Marie sa fille à Ussum-Cassan, XVI, 498.

De l'âme, écrit par Voltaire, sous le nom de Soranus, XLVIII, 61.

De l'Encyclopédie, XLVIII, 57.

De la mort de Louis XV, XLVIII, 20.

De la paix perpétuelle, XLVI, 55.

De l'horrible danger de la lecture, XLII, 115.

D'un fait singulier concernant la littérature, XLI, 19.

Débauché. (*Voy*. Libertin.)

DE BELLOI. Ce qu'on en dit à l'occasion de son *Siége de Calais*, XXXII, 73 ; LXII, 256, 267.—Ce que lui en écrit Voltaire, 236, 273.—Critique de cette pièce, XVI, 365.—Ce qu'on dit de *Titus*, LVIII, 98.—De *Bayard*, LXVI, 126 ; LXX, 114.—De *Pierre-le-Cruel*, LXVIII, 465.—Il avait renoncé à imprimer cette dernière pièce, par déférence pour Voltaire, qui traitait le même sujet, IX, 376.—Loué par l'auteur, II, 369. — Succède au prince de Clermont, à l'Académie française, LXVII, 220.—En quoi la barbarie qu'on lui reproche est plus inexcusable que celle de Shakespeare, LXX, 419.—Lettres qui lui sont adressées, de 1765 à 1772. (*Voy*. Tabl. part. de LVI à LXVIII.)

DÉBORA. La première femme guerrière dont il soit parlé dans le monde, XI, 39.—Est aussi la première et la seule prophétesse qui fut juge, XLIX, 207.—Délivra les Juifs de l'esclavage, XV, 183.

DEBRIE, auteur dramatique. Rôle qu'il joue dans l'affaire des fameux couplets qui firent exiler J.-B. Rousseau, XL, 482 *et suiv*.—Épigrammes sanglantes de celui-ci contre lui, XXXVII, 17, 508.

DE BROSSE (*Jacques*), architecte. Bâtit le palais du Luxembourg et le portail de Saint-Gervais, XII, 352 ; XX, 329.

DEBROSSES (*Charles*), premier président au parlement de Bourgogne. Critique de son *Mécanisme du langage*, XXX, 513 *et suiv*.—Ses démêlés contre Voltaire, au sujet de l'acquisition du domaine de Tournei, et lettre qu'il en reçoit à ce sujet, LVII, 647, 651 ; LIX, 440 ; LX, 17.—Dénonciations dont il le menace par suite de la perte de son procès, LXVI, 513, 531 ; LXVII, 3.—Ses prétentions à l'Académie française, en 1770 ; démarches de l'auteur pour empêcher son admission, au moins de son vivant, LXVI, 512, 517, 529, 530, 537, 549 ; LXVII, 8, 17, 43, 74.—Sa mort en 1777, LXX, 280.

DE BURE (*Guillaume-François*), libraire à Paris. Lettre qui lui est adressée, en 1776, au sujet d'un ouvrage contre le *Système de la nature*, dont Voltaire le croyait l'auteur, LXX, 110.

Décalogue (le). Réflexions critiques sur ce fameux code, regardé comme divin par les Juifs, XLIII, 185.

DE CAUX (*Voy*. CAUX.)

Décerner. Ce mot, employé par Voltaire dans le sens de *décréter*, XVI, 389 ; XVII, 294.

Déclamation (la), poëme par Dorat. Ce qu'on en dit, LXIII, 541.

Déclamation théâtrale. Corrigée en France par Mlle Le Couvreur, III, 152 ; XXVII, 95. — Rares talents qu'elle exige, IV, 409 ; VIII, 192 ; XLVI, 365. — Ce qu'elle était en Angleterre vers le milieu du 18e siècle, III, 152. — Changements heureux qu'y introduisit Mme Cibber, 153. — Nécessité d'établir des écoles de déclamation, VIII, 192. — Mise au rang des beaux-arts, LXII, 171.—Soit comique, soit tragique, est une éducation excellente, LXVII, 383.

Déclarations : de P. Calas et de la servante de sa mère, rédigées par Voltaire, XL, 538, 561.—De l'auteur sur un libelle de Vernet, XLII, 352 et 383. — Sur des calomnies publiées contre La Harpe, XLIV, 31.—Sur le procès du comte de Morangiès, XLVII, 209.—Sur une édition défigurée des *Lois de Minos*, 229.—Sur sa communion en 1769, LXV, 411, 412.

DECOURT, fils d'un prédicant. Voltaire le dit auteur des *Lettres toulousaines* sur la tolérance, publiées en 1763, LX, 619.

Découvertes. Que toutes celles faites dans les pays étrangers ont d'abord été condamnées en France, LXV, 551. (*Voy*. Imprimerie, Émétique, Inoculation.)

Découvreur. Terme inusité, employé par Voltaire, XVII, 418.

Décrétales (les). Ce que c'est, XXVIII, 299 ; XXIX, 359 ; XLIV, 186.—Qui a recueilli les véritables, XXVIII, *ibid*.—Les fausses ont eu le plus grand succès ; dans quelle vue cette collection fut faite, *ibid. et suiv*. — A quelle époque et sur quels fondements on conçut les premiers soupçons sur leur authenticité, 305.—Reconnues fausses après huit siècles ; mais les usages qu'elles avaient établis ont subsisté, XV, 440. — Sont en manuscrit au Vatican ; par qui avaient été fabriquées, 439.

DE CROIX, ancien trésorier de France à Lille, auteur de l'*Ami des arts*, et l'un des collaborateurs de l'édition de Kehl. Quatrain de Voltaire sur des vers qu'il lui avait présentés le jour de saint François, XIV, 477. — Lettres qui lui sont adressées en 1777 et 1778, LXX, 275, 429.—On lui doit une bonne copie du *Duc d'Alençon*, III, 391.—De nouveaux fragments d'*Artémire*, II, 139, 178.—Une nouvelle version d'*Eryphile*, III, 2.—La comédie de l'*Envieux*, jusqu'alors inédite, iv, 340.—Et des fragments de *Thérèse*, v, 197. — Est auteur de l'avertissement qui précède le *Baron d'Otrante*, viii, 457.—Notice, xiv, 477.

DECROZE (*Ambroise*). Sa requête contre le curé Ancian, assassin de son fils, rédigée par Voltaire, xl, 197.—Pour les détails de cette affaire, *voyez* ANCIAN.

Dédicaces. (Voy. *Epîtres dédicatoires*, et aussi tome LXX, 479.)

Défaire, défaite. Remarque grammaticale sur ces mots et leurs acceptions, xxxv, 442.

Défense de Louis XIV contre l'auteur des *Ephémérides du citoyen*, xlvi, 404 à 424. (*Voy.* DUPONT de Nemours.)

Défense de mon oncle. Réponse de Voltaire à une critique de la *Philosophie de l'histoire*, servant d'introduction à l'*Essai sur les mœurs*, xliii, 313 à 414. (*Voy.* aussi la *Tabl. part.* de ce volume.)

Défense de mylord Bolingbroke. Désavouée par Voltaire, qui en est bien l'auteur, xxxix, 450 *et suiv.*; xl, 1.

Défense du newtonianisme. (Voy. *Éléments de la philosophie de Newton.*)

DEFFANT (Mme Du) (*Voy.* Du DEFFANT.)

Défiance. Portrait d'un chef d'état défiant et se livrant à des terreurs, vi, 327. —La défiance est, avec la sévérité, la base du gouvernement de Venise, vii, 131.— Le héros connaît rarement la défiance, x, 84.

Défloration (l'article) dans le *Dictionnaire encyclopédique.* Observations y relatives, xxviii, 306.

DEFRESNEY, de Strasbourg. Lettre qui lui est adressée en 1764, LXI, 471.

Défrichements. Que le gouvernement devrait s'en charger, xiv, 280. — En quoi ils consistent principalement, xxvi, 130.

DEGOUVE. Jeune ex-jésuite adressé et recommandé par Voltaire à M. d'Argenson, lors de sa nomination à l'ambassade de Portugal, liii, 516.—Puis à Mlle Quinault, pour qu'elle en fasse un comédien, 517, 539. — Soupçonné d'indiscrétion à l'occasion de leur correspondance, liv, 128.

Déistes. L'Europe en est remplie, xxxix, 460. — Quel esprit les réunit, 463. — Quels grands hommes l'ont été, *ibid.* (Voy. *Théisme* et *Théistes.*)

Déjections. (Voy. *Excréments.*)

DE LA BORDE. (*Voy.* LA BORDE.)

DE LA CROIX. (*Voy.* LACROIX.)

DELAHAYE-VANTELET. Fils de l'ambassadeur de France, ambassadeur lui-même à Constantinople, et médiateur entre la Porte et Venise, xlvi, 606. — Indigne traitement qu'il reçoit de la Porte, et pourquoi cet outrage reste impuni, *ibid.*; xxv, 216.

DELAÎTRE, chancelier sous Charles VI. (*Voy.* LAÎTRE.)

DELAISTRE. Complimenté dans la *Fête de Belébat*, ii, 341.

DELALEU, notaire de l'auteur, à Paris. Lettre qui lui est adressée en 1768, LXV, 31.

DELAMARRE (l'abbé). (*Voy.* LAMARRE.)

Délateurs. Sont la honte et non la sûreté du trône, ii, 257.—Vers qui les caractérisent, 272; ix, 476.—Sortie contre ceux des philosophes et de la philosophie, xii, 467; xxxviii, 325.—Belle réponse de l'empereur Julien à un légiste délateur, l, 298.—Du crédit des délateurs auprès des tribunaux de l'inquisition, 299.

DELAUNAI. L'un des quatre officiers français qui, en 1746, prirent le fort Ballard en plein jour, xxi, 164.

DE LAUNAI (Mlle), depuis Mme de STAAL. (*Voy.* ce nom.)

DE LAUNAY (*François*). Le premier qui enseigna le droit français à Paris; Notice, xix, 147.

DE LAUNAY (*Louis-Guillaume-René*), maître des requêtes. Auteur d'un *Panégyrique de la pitié;* lettre qu'il reçoit de Voltaire à ce sujet en 1777, LXX, 399. —Notice, *ibid.*

DE LAUNAY, littérateur. (*Voy.* LAUNAY.)

DE LAVILLE (l'abbé). *Voy.* LA VILLE.

DELEYRE. Auteur de l'article FANATISME dans l'*Encyclopédie;* ce qu'on en dit, xxix, 316; lviii, 421; lix, 137.

DELFINI (le cardinal). Espèce de cantate latine dont Voltaire le croit l'auteur, xxvii, 113.—Et qui fut mise en musique par Carissimi, LXVIII, 101.

Delhi, ville impériale de l'Inde. Mise à feu et à sang par Nadir en 1739, xxviii, 450; xlvii, 337.—Pillée et saccagée par Abdala en 1761, 483. — Comptait alors deux millions d'habitants, *ibid.*

Délibération des états de Gex, rédigée par Voltaire, xlviii, 170.

Délibérer. Différents régimes de ce verbe, en raison de ses acceptions diverses, xxxv, 348.

Délices (les), habitation de Voltaire près du lac de Genève. Quand il y fixa sa demeure, et quel nom cette terre portait auparavant, 1, 210; XL, 97. — Sa situation et description, *ibid.;* LVII, 264. — Épitre et note y relatives, XIII, 210. — Pourquoi l'auteur vendit cette maison, I, 257; XLVIII, 372; LVI, 591; LXII, 222, 335.

DELILLE (l'abbé *Jacques*). Lettre qui lui est adressée, en 1761, au sujet de son *Épitre à M. Laurent*, LIX, 456. — Mérite de sa traduction en vers des *Géorgiques*, et éloges au sujet de cet ouvrage, IX, 370; XIII, 286; XXVIII, 113; LXVI, 147, 213, 529; LXVII, 44. — De la critique qu'en a faite Clément de Dijon, 45; XIII, 307. — Autres éloges au sujet de son *Épitre sur les voyages*, couronnée en 1765 à Marseille, LXIII, 488. — En 1771, est porté à l'Académie française par Voltaire, qui écrit en sa faveur, LXVII, 76. — Son élection par cette compagnie, en 1772, pourquoi improuvée par le roi, 490. — Quatrain qui lui est adressé, XIV, 480. — Son voyage à Fernei en 1776, LXX, 55. — S'occupait dès lors de sa traduction en vers français de *l'Énéide*, *ibid.* — Ce qu'en dit Voltaire, 64. — Notice, LIX, 456.

DELISLE (*Claude*). Son *Abrégé de l'Histoire universelle*, cité au sujet des croisades, XLI, 161.—Note qui le concerne, *ibid.*

DELISLE (*Guillaume*), géographe. C'est lui qui a changé toute la position de notre hémisphère en longitudes, XIX, 93. — Eut Louis XV pour élève, et n'en a pas fait de meilleur; Notice qui le concerne, *ibid.*

DELISLE (le chevalier), capitaine de dragons. Lettres qui lui sont adressées, de 1773 à 1777. (Voy. *Tabl. part.* de LXVIII à LXX.) — Auteur de la *Prophétie Turgotine*, LXVIII, 272.—Bien qu'on en a dit, 390, 471.

DELISLE DE LA CROYÈRE, astronome. Fait partie de l'expédition du navigateur Béring, XXV, 58. — Meurt au Kamtschatka, *ibid.*

DELISLE DE SALES (*Jean-Baptiste-Claude* ISOARD, connu sous le nom de). Sa *Philosophie de la nature*, réfutation du *Système de la nature*, le fait persécuter, L, 297; LXIX, 509, 513 *et suiv.* — Intérêt que Voltaire prend à lui, 522, 526, 539; LXX, 13. — Souscription en sa faveur, qu'il ne veut point accepter, 14. — Condamné, en 1777, au bannissement perpétuel, 263, 264, 270. — Voltaire lui offre un abri contre l'orage, 273. —Philippique de lui contre ses juges, 283, 285.—Éloge qu'en fait d'Alembert, 294.—Son voyage et son séjour à Fernei; ce qu'en dit Voltaire, 295, 307 *et suiv.* — Démarches de Voltaire et de d'Alembert pour lui procurer un emploi à la cour de Prusse, *ibid.*, 309, 367, 380, 389. —Sentiment de Frédéric sur son ouvrage, 291, 405. — Refus dur de ce prince, à qui on l'avait proposé pour bibliothécaire, et qui lui fait donner le conseil de se retirer en Hollande ou en Suède, *ibid.*, 409, 413, 415, 417, 436. — Lettres qui lui sont adressées, en 1770, sur sa *Philosophie de la nature*, LXVI, 295, 493.—En 1771, LXVII, 234. — De 1776 à 1778 (Voy. *Tabl. part.* de LXIX et LXX). — Son livre ne méritait pas tout le vacarme qu'il a occasionné, LXX, 268. — Notice qui le concerne, LXIX, 509 *et suiv.*

Délits et peines (Livre des) par Beccaria. Commentaire de Voltaire sur cet ouvrage, XLII, 419 *et suiv.* (*Voy.* BECCARIA et MORELLET.)

Délits locaux. (Voy. *Crimes.*)

DELOLME, avocat. Auteur de la *Purification des trois points de droit;* ce que Voltaire dit de cet ouvrage, LXV, 236 *et suiv.*

DELORME (*Marion*). Maîtresse publique du cardinal de Richelieu, qui fit sa fortune, XIV, 163; XVIII, 195.

DELRIO, jurisconsulte démoniaque, XXVII, 406.—Citations de ses *Disquisitions magiques*, où il prétend que tous les hérétiques sont démoniaques, 407; L, 285.

DELUC (*François*). Rôle qu'il joue dans le poëme de la *Guerre civile*, XII, 288. — Principal boute-feu de Genève; son fanatisme absurde, LXIII, 537, 547; LXIV, 540.

Déluge universel. Miracle inexécutable par les lois de la nature que nous connaissons, XXVIII, 312; XXX, 389; XXXVIII, 580. — Doutes sur la date qu'on lui donne, XV, 43; XLIV, 489. — Il n'en est fait une mention détaillée que dans les livres sacrés, XLIII, 390.— Quel est le seul auteur grec qui en ait parlé, *ibid.*—Est inconnu dans les annales de la Chine, XV, 84. — Et dans presque toute la terre, XXXII, 180; XXXIV, 283. — Comment est combattu par les incrédules, XXX, 303, 389; XLIII, 273; XLVI, 192; XLIX, 28. — Singulière manière dont Pluche prétend en prouver la possibilité, XXVIII, 314. — Ne peut être expliqué physiquement, XXXVIII, 243. — Des déluges de Deucalion et d'Ogygès, XV, 108; XLVI, 189. — De celui de Xissutre, ou de l'île de Samothrace, 190; XLIX, 27. — De celui prédit pour 1524, et de l'effroi que répandit cette fausse prédiction, XXVII, 145.

DELVET-GHERAÏ. Kan des Tartares de Crimée, XXIV, 251, 258. — Reçoit l'ordre de se tenir prêt à marcher contre les Russes, 228. — Ses dispositions; comment il flatte Charles XII, qui l'avait gagné par ses présents, 230. — Visite qu'il lui fait à Bender, XXV, 215. — Pourquoi s'oppose à la paix du Pruth, XXIV, 240. — Sa correspondance secrète avec Flemming, 256. — Est dénoncé par Charles XII au sultan, 260, 262. — Comment se conduit avec le roi de Suède, 270 *et suiv.* — Fait brûler sa maison, pour le forcer à se rendre, 276. — Est accusé par lui de s'être laissé corrompre par les Russes, 286. — Sous quel prétexte est déposé et exilé, 290. (*Voy.* CARPLAN-GHÉRAÏ.)

DENAD, pseudonyme de Voltaire. Lettre sous ce nom aux auteurs du *Journal encyclopédique*, sur le roman de *Candide*, XL, 8.

DÉMÉTRI, ou DÉMÉTRIUS, frère du czar Fédor. Confiné d'abord par lui dans un village avec sa mère, ensuite assassiné, XVIII, 405 *et suiv.*; XXV, 78. — Histoire des six faux Démétri qui parurent successivement en Russie après sa mort, et qui périrent tous misérablement, *ibid.*; XVIII, 406 à 411.

DÉMÉTRI, archevêque de Novogorod. Sa tolérance; en quels termes honorables en parle l'impératrice de Russie, LXII, 512; LXIII, 552.

Démocratie. Éloge de ce gouvernement, XLV, 56. — Quelle est la plus excellente, XXXI, 74. — Ne peut subsister que dans un petit coin de terre, 460. — Ne convient qu'à un très petit nombre de pays, XVII, 67; XXVIII, 321. — Ce qu'on a reproché à celle des Athéniens, et ce qu'elle eut de recommandable, 318, 321 *et suiv.* — Comment, dans son intérêt, doit se conduire un gouvernement démocratique, XXXIX, 435. (*Voy. Républiques et Gouvernement démocratique.*)

Démon (le) *des combats.* Caractérisé, X, 325. (*Voy. Génies.*)

Démon (le) *du Midi.* Surnom de Philippe II, X, 124; XVIII, 32.

Démoniaques. Quels malades étaient autrefois réputés tels, XV, 213; XXVIII, 325. — Comment étaient guéris alors, et comment le sont aujourd'hui, *ibid. et suiv.* — Traitement qu'on fait à ceux qui se disent possédés pour gagner de l'argent, 326. — Anecdote d'une victime de la doctrine des démoniaques, 327. — Histoire de la fameuse démoniaque de Saint-Romorantin, XXII, 192 *et suiv.* — Des jurisconsultes démoniaques, XXVII, 408. (*Voy. Possédés.*)

- *Démons.* (*Voy. Diables, Génies,* SATAN, *Lucifer, etc:*)

Démotica, petite ville près d'Andrinople. Charles XII, fait prisonnier à Bender, y est transféré; détails sur son séjour et sur la vie qu'il y mena, XXIV, 291 *et suiv.*

DEMOULIN, homme d'affaires de Voltaire. Lui dissipe une partie de son bien, I.II, 245, 592. — Lui suscite une affaire au sujet des *Lettres philosophiques*, *ibid.*; I.I, 503. — Pardon qu'il en obtient, LIII, 236, 358. — Lettre adressée à sa femme par l'auteur, *ibid.* — Celles qu'il écrivit lui-même à Voltaire, et dans lesquelles il se reconnaissait son débiteur, 225, 358.

Denain (bataille de). Gagnée en 1712 par le maréchal de Villars sur le prince Eugène, XX, 97 *et suiv.* (*Voy.* VILLARS.)

DENBIGH, l'un des généraux parlementaires opposés à Charles Ier. Pourquoi se dépose lui-même du généralat, XVIII, 308.

Dendermonde (ville de). Prise sur les Impériaux par le duc d'Harcourt, XXI, 151.

DENÈLE (Mlle QUINAULT-), actrice. Le Franc de Pompignan avait composé *Zoraïde* pour elle, XIV, 157.

Denier de saint Pierre. Quel roi d'Angleterre s'y est soumis le premier, XVI, 9, 47; XXXVII, 154. — Tentative faite pour établir ce tribut en France, XVI, 86.

DENINA. Reproche qu'on lui fait d'avoir dénigré l'*Esprit des lois* sans le comprendre, XXXIV, 97.

DENIS (saint), évêque de Paris, qui n'est point le prétendu Aréopagite. Ce patron de la France est un saint de la façon des moines, qui ont prétendu qu'après avoir été décapité, il porta sa tête entre ses bras, de Paris jusqu'à l'abbaye qui porte son nom, XI, 23 *et suiv.*; 185. — Rôle qu'il joue dans la *Pucelle*, 23, 28, 41, 44, 186 *et suiv.*

DENIS (saint) *l'Aréopagite.* Regardé long-temps comme le premier évêque de Paris; contes absurdes à son sujet, XX, 363; XXVIII, 328 *et suiv.* — Ouvrages qu'on lui attribue, reconnus apocryphes,

329. — Prétendu témoin de la fameuse éclipse qui eut lieu, dit-on, à la mort du Christ, 330, 498.

DENIS, roi de Portugal. Institue l'ordre des chevaliers du Christ, XVI, 291.

DENIS (Mme), nièce de Voltaire. Projet de l'auteur pour son établissement (*Voy.* MIGNOT). — Son mariage, LIII, 66. — Son séjour à Cirei en 1738, 107. — Devient veuve en 1744, LIV, 647. — Vient loger chez son oncle, après la mort de Mme Du Châtelet, LV, 356. — Refuse de le suivre à la cour de Berlin, malgré la promesse d'une pension de la part du roi, 448. — Sort qu'il lui fait à Paris, 464. — Mémoire et lettres diverses qu'elle écrit à M. Berryer, lieutenant de police, au sujet d'une soustraction faite par Longchamp de plusieurs manuscrits de Voltaire, I, 368 *et suiv.* — Auteur d'une comédie de la *Coquette punie*; appréhensions de Voltaire sur la médiocrité de cette pièce, LV, 298, 323, 344, 346; LVI, 90. — Il en prend ensuite une meilleure idée, et pourtant n'ose lui conseiller de la faire jouer, 101, 115, 121, 125, 129. — En 1752, elle presse le retour de son oncle, malade et tracassé en Prusse, 131. — En 1753, elle vient à sa rencontre, et se voit arrêtée avec lui à Francfort; suites désagréables de cette aventure, et lettre qu'elle adresse à ce sujet à Frédéric II, I, 205, 395; XL, 93; LVI, 328. — Retourne à Paris, et y reste pendant le séjour de Voltaire en Alsace, 331 *et suiv.* — Lettre curieuse qu'elle écrit à son oncle sur leur aventure, 344. — Reproches injurieux qu'il lui adresse en 1754, 407, 417. — Elle le rejoint à Plombières et l'accompagne à Colmar, 477 *et suiv.*, 480, 483. — Lettre qu'elle écrit de là à M. de Thibouville, 495. — Suit Voltaire à Lyon, et ensuite dans le pays de Vaud, I, 210; LVI, 533. — Est compromise dans le larcin de minutes informes de la *Guerre de 1741*, fait par Ximénès, XXI, *ij*; LVI, 721, 729, 731. — En 1756, s'occupe d'une tragédie d'*Alceste*, LVII, 32, 65, 77. — En 1757, comment s'exprime sur l'attentat de Damiens, 204. — En 1760, Voltaire reproche à Frédéric le traitement qu'elle a éprouvé à Francfort, LVIII, 363. — Réponse du prince à son sujet, 404. — En 1762, son oncle lui assure une pension de 16,000 francs, LX, 384. — En 1763, il lui donne la terre de Fernei, 547; LXI, 47, 89; LXIV, 246. — Son départ pour Paris, en 1768, avec Mme Dupuits; motifs de cette séparation, LXV, 1, 5, 11, 36, 42, 187, 335. — Fables qu'on a bâties à ce sujet, 30, 36. — Son oncle élève sa pension à 20,000 francs, 32, 42, 57, 62. — Vers la fin de 1769, elle revient auprès de Voltaire, LXVI, 78. — Lettre qu'elle écrivit, en 1755, au président Hénault, pour lui recommander M. Dupont de Colmar, LVI, 563. — Autre, à M. d'Argenson, au sujet des éditions furtives de la *Pucelle*, I, 407 *et suiv.* — Autres, en 1761, au chancelier de France, pour demander justice des calomnies de Fréron, LIX, 283. — Celles que lui adressa Voltaire, de 1750 à 1753. (Voy. *Tabl. part.* de LV et LVI.) — Elle avait pressenti le talent de Grétry, VIII, 457. — Voltaire lui adressa le *Voyage à Berlin*, en vers et en prose, XII, 383. — Ainsi qu'une épître sur la *Vie de Paris et de Versailles*, XIII, 185. — Une autre sur l'*Agriculture*, 232. — Et des stances sur sa retraite des *Délices*, XII, 537. — Boutade épigrammatique contre elle, XIV, 484. — Notes qui la concernent, LIV, 651; LVI, 721; LVII, 32; LIX, 48. — Échantillon de son orthographe, LVII, 204.

Denis (bataille et porte *Saint-*). (Voy. *Saint-Denis.*)

DENNIS (*Jean*), auteur anglais. A prétendu peindre le caractère de la nation française dans une petite relation d'un séjour de quinze jours qu'il a fait en France, XXXVII, 22. — Fit pendant soixante ans, à Londres, le métier de critique, et ne laissa pas d'y gagner sa vie, XXVIII, 255. — Note qui le concerne, *ibid.*

Dénombrements. Faits par Moïse, XXVIII, 332. — Par David, 333. — Du temps d'Esdras, *ibid.* — Par Xerxès, 335. — Par Servius Tullius, *ibid.* — De ceux attribués à Auguste, 214, 337 *et suiv.*; XLVI, 70. — De ceux des peuples modernes, XXVIII, 339. — Autres détails sur celui fait par David, XLIX, 303 *et suiv.*

Dénonciateurs. (Voy. *Confession, Conspiration, Délateurs.*)

Denrées. Leur valeur, du temps de Charlemagne, était huit fois moindre qu'elle ne l'est de nos jours, XV, 432. — Des taxes établies sur les denrées d'une province à l'autre, dans un état, XXX, 101; XXXI, 493; XXXIX, 399; LXVI, 45.

DENYS, d'Alexandrie. Fragment d'une pièce curieuse qu'il rapporte, relativement à la comparution de quelques chrétiens à l'audience d'un proconsul d'Égypte, XXIX, 26.

DENYS-LE-PETIT, moine scythe transplanté à Rome. Proposa, le premier, l'ère chrétienne, qui ne fut adoptée qu'un siècle après lui, L, 409. — Auteur du recueil des véritables décrétales, XXVIII, 279.

DENYS-LE-TYRAN. Comment traitait les philosophes, L, 530.

DEODATI DE TOVAZZI. (*Voy.* TOVAZZI.)

D'ÉON DE BEAUMONT (chevalier). Travaillait aux feuilles de Fréron, avant d'être capitaine et plénipotentiaire, LXII, 409. — En quels termes on en parle, LXIII, 426 ; LXIV, 279. — De son portrait, gravé en Minerve, et questions au sujet de son existence amphibie, LXX, 248, 370, 397, 406. — De ses querelles avec le comte de Guerchi, et de ses *Mémoires*, LXI, 547.

DEPARCIEUX. (*Voy.* PARCIEUX.)

Dépit amoureux (le), comédie de Molière. Notice y relative, et observations critiques, XXXVIII, 404. — Mouvement que Voltaire en a imité dans *Zaïre*, III, 235.

Dépositaire (le), comédie de société en cinq actes, par Voltaire, VIII, 349 *et suiv.* — Anecdotes qui ont fourni le sujet de cette pièce, 344 *et suiv.* ; XXXIX, 406 *et suiv.* — Notes et variantes, VIII, 448. — Avertissement du nouvel éditeur, 343. — Préface de l'auteur, 344. — Mention de cette pièce dans la Correspondance générale, LXV, 376, 461 ; LXVI, 128, 137, 206, 207, 248, 292.

Déprédations. Ceux qui les font sont toujours assez puissants pour n'être pas punis, LIX, 428.

Depuis. Remarque grammaticale sur ce mot, XXXV, 436.

Derbent, ville de Perse. Sa description, XXV, 372. — Origine de son nom, *ibid.* — Se rend à Pierre Ier, empereur de Russie, 374.

DERHAM, auteur de la *Théologie astronomique*. Critiqué, XXXIII, 170.

Dernières paroles d'Épictète à son fils, opuscule de Voltaire, XLI, 395.

Déroute. (Voy. *Armée*.)

Derpt (ville de). Prise par Pierre Ier, XXIV, 133 ; XXV, 155, 166. — Lui reste à la paix de Neustadt, 399. — De son université, fondée par Gustave-Adolphe, 166.

DERREY DE ROCQUEVILLE, avocat à Toulouse. Lettre qui lui est adressée en 1777, LXX, 411.

DERVIEUX (Mlle), danseuse à l'Opéra. Ce qu'on en dit, LXVI, 436 ; LXVII, 221.

DERWENTWATER (les deux frères), pairs écossais. Meurent pour la cause des Stuarts, XXI, 232 *et suiv.*

Des conspirations contre les peuples, titre d'un ouvrage de Voltaire. (Voy. *Conspirations*.)

Des embellissements de Paris, id. (Voy. *Paris*.)

Des embellissements de la ville de Cachemire (Paris), id. (Voy. *Paris*.)

Des mensonges imprimés, id., XXXIX, 282.

Des singularités de la nature, id., XLIV, 216.

Désagréments de la vieillesse, pièce de Voltaire, XII, 554.

DÉSALEURS (*Roland* RICHOT, comte), ambassadeur de la France à la Porte. Comment reçu par Charles XII à Bender, XXIV, 209. — Appuie à Constantinople les intérêts de ce prince et ceux de Stanislas, 249. — Pourquoi on l'éloigne d'Andrinople, 260. — Il prête à Charles XII de l'argent pour son départ, 301. — Lettre qui lui est adressée, en 1738, sur la philosophie, LIII, 328. — Sa mort, LVI, 577. — Notice, LI, 142.

Désastre de Lisbonne (le), poëme de Voltaire. (Voy. *Lisbonne*.)

DESBANS, ancien capitaine de dragons à Nîmes. Lettre de remerciment, en 1772, au sujet d'une brochure envoyée par lui à l'auteur, LXVII, 521.

DES BARREAUX (*Jacques* VALLÉE, seigneur), conseiller au parlement. Auteur de quelques pièces de vers agréables, mais non pas du fameux sonnet qu'on lui attribue, XIX, 96. — De qui est cette pièce, et observations critiques y relatives, *ibid.*; XLIII, 512 ; LXIV, 549. (*Voy.* LAVAU.) — Eut le cœur et la vertu d'un sage, bien qu'on l'ait traité d'athée, XII, 424. — Indiscrète témérité de Boileau, qui lui donna cette réputation, XLIII, 512. — Paya à des plaideurs les frais de leur procès, qu'il avait trop tardé à rapporter, XII, 424 ; XIX, 96 ; XLIII, 249.

DES BARRES (mémoires de la comtesse). (*Voy.* CHOISI.)

DESCARTES (*René*). Son opinion sur l'organisation des animaux, XXVI, 212. — Sur la formation des idées, XXXVIII, 46. — Sur la matière première, 51. — Ses erreurs sur la lumière, et sur la manière dont elle vient à nous, 71 *et suiv.* — Ce qu'il imagina sur les couleurs, 139.

— Son expérience pour démontrer les différents angles qu'elles produisent dans l'arc-en-ciel, 160. — Son *plein* est inadmissible, 86, 178, 188. — Ses *tourbillons*, 183 *et suiv.* — Ses idées sur les comètes, 280, 285. — Éclaircissement à son sujet, xxxvii, 410. — A eu le malheur de ne jamais citer Galilée, ix, 471; xx, 296; xxxvii, 410. — Critique de sa démonstration de l'existence de Dieu par sa possibilité, xiv, 244. — Ce qu'il demandait à Dieu pour bâtir l'univers, l, 203. — Témérité de cette parole, qu'avec de la matière et du mouvement il ferait un monde, xiv, 245; xxi, 430. — D'après Aristote, enseignait que le scepticisme est la source de la sagesse, xlii, 539. — A parlé d'un ton affirmatif de ce qu'il n'entendait point; exposé de quelques unes de ses chimères, 540. — Le plus grand philosophe de l'Europe avant que Newton parût, x, 6. — Opposition singulière dans laquelle il se trouve avec lui, xxxvii, 187, 190. — Énumération de ses erreurs, xxvii, 498 *et suiv.* — La véritable philosophie expérimentale et celle du calcul lui ont absolument manqué, liii, 618. —Tout est faux chez lui, hors la sublime application qu'il a faite de l'algèbre à la géométrie, *ibid.* — Il abandonna sa géométrie et même son esprit géométrique, pour l'esprit d'invention, de système et de roman, xxxvii, 192; liii, 329.—Toute sa physique n'est qu'un tissu d'erreurs, *ibid.* — Il imagina une mécanique contraire à toutes les lois du mouvement, lxv, 282. — Comment, malgré ses erreurs, il a contribué aux progrès de l'esprit humain, xxvii, 461. — Est le premier qui ait enseigné la manière de donner les équations algébriques des courbes, xxxvii, 192. — Ce que lui doit la dioptrique, *ibid.* — Il épuisa la sagacité de son esprit à chercher de nouvelles preuves de l'existence de Dieu, et fut cependant accusé d'athéisme, xix, 94; xxvii, 183, 463; xxxvii, 89.— Fut persécuté en Hollande, où il s'était retiré, comme il l'avait été par la misérable philosophie de l'école, *ibid.* — Attiré depuis en France par la promesse d'une pension qu'il ne put obtenir, se vit forcé de retourner dans sa solitude de Nord-Hollande, 190. — Sa mort prématurée à Stockholm, *ibid.* — Romancier hardi, xiv, 210, 243. — Était né avec une imagination brillante et forte, qui en fit un homme singulier dans sa vie privée comme dans sa manière de raisonner, xxxvii, 188. — Notice historique qui le concerne, 189 *et suiv.* — Éblouit plus qu'il n'éclaire, xiii, 75. — On ne le croit plus guère, xii, 61. — Fut le plus grand mathématicien de son temps, mais le philosophe qui connut le moins la nature, xix, 94. — Grand homme avec lequel on apprend bien peu de chose, 155. — Son sort en physique a été celui de Ronsard en littérature, 96. — Sa philosophie, erronée presque en tout, n'a d'autre mérite que d'avoir été opposée aux erreurs anciennes, 189; xxxvii, 193. — Le peu de vérités mêlées à ces chimères perça à l'aide de la méthode qu'il avait introduite, xx, 296. — Comment pensent, malgré eux, de ses livres, ceux-là même qui se disent cartésiens, xxxviii, 367. — Idées que Boerhaave donne de sa *Physique, ibid.*; liii, 269. — Son système comparé à celui de Law, xiv, 243. — Grand fou persécuté par de plus fous que lui, *ibid.* — Vers de La Fontaine en son honneur, xix, 95. — Vers composés d'abord en faveur de son système, et que l'auteur a retranchés depuis de la *Henriade*, x, 254. — Il fit pour la reine Christine un petit divertissement en vers, digne de sa matière cannelée, xxvii, 38; xxxvii, 189. — Allusion à ses imaginations ridicules de la matière subtile et des tourbillons, xi, 182; xiv, 294; liii, 132. — Ceux de ses ouvrages qui sont encore estimés, xix, 95. — Sa *Philosophie* mise en vers par Genest, *ibid.* — Le célèbre Jean de Witt fut un de ses premiers et de ses meilleurs disciples, 373. — De son Éloge académique par Thomas, xxvii, 463; xlvi, 407; lxii, 439, 441.—Pourquoi fut plus dangereux qu'Aristote, xxxvii, 198. — Ne fut qu'un heureux charlatan, liii, 330.

Deschamps (*Jean*). De sa traduction de la *Logique* de Wolf, dont il était le disciple, lii, 278.

Deschamps de Marsilly (Mlle), nièce de Mme de Maintenon. Mariée d'abord au marquis de Villette, puis à lord Bolingbroke, xx, 196, 552; li, 68. — Ne put jamais rien obtenir de sa tante; reproches qu'elle lui adresse à ce sujet, xx, 197.

Deschaufours (*Paul-Edouard*), gentilhomme lorrain. Brûlé à Paris pour cause de pédérastie, xxvi, 281. — Sur quelle loi on se fonda pour le condamner, *ibid.* — Notes qui le concernent, lv, 300; lxix, 560.

DES COUTURES (*Jacques* PARRAIN, baron). Traducteur et commentateur de Lucrèce, partageait les opinions de ce philosophe, XIX, 96. — Notice, *ibid.* — Sa traduction appréciée, XXXIX, 514; LVIII, 201.

Désertion. Maladie plus commune aux Français qu'aux autres nations, XLVII, 384. — Barbarie de notre ancienne jurisprudence à cet égard, XXII, 276; XLII, 615. — Eloge des lois de Louis XVI sur ce délit, L, 334. — Moyen de la rendre moins fréquente, LXVIII, 420.

Désespoir. L'auteur regrette que ce mot ne soit plus d'usage au pluriel, XXXV, 166.

DES ESSARTS (*Charlotte*), maîtresse de Henri IV. En eut deux filles qui furent abbesses de Fontevrault et de Chelles, XLV, 173.

DES ESSARTS (*Nicolas* LE MOYNE), avocat. Lettre qui lui est adressée, en 1775, au sujet d'un Mémoire pour un malheureux injustement accusé d'assassinat, LXIX, 409. — Autres, en 1776, au sujet de deux nègres qui réclamaient leur liberté contre un juif, 529; LXX, 142.

DESFONTAINES (l'abbé GUYOT-). Enfermé, en 1724, à Bicêtre pour un crime honteux, doit sa liberté aux sollicitations de Voltaire, I, 172; L, 310. — Lui écrit à ce sujet une lettre de remercîment, I, 345; XXXVII, 566; XXXVIII, 314, 350; XLVIII, 325. — Dans ce temps-là même fait contre son bienfaiteur un libelle que la présidente de Bernières et Thiriot l'obligent de brûler, I, 172; XXXVII, 566; XXXVIII, 312, 317, 351; LII, 341. — Donne à Evreux une édition du poëme de la *Ligue*, où il insère des vers de sa façon, et critique ensuite ces mêmes vers qu'il avait faits, X, 3, 64; XXXVIII, 317; XXXIX, 296; LII, 91; LXVI, 24, 28. — Mention bienveillante qu'en fait Voltaire en 1725, et lettre qu'il lui adresse à cette époque, LI, 163. — En 1731, fait une préface ironique en tête du procès du P. Girard et de La Cadière; Voltaire, à cette occasion, lui sauve la prison une seconde fois, 249, 252. — Son ingratitude à son égard; ses impertinentes critiques de la *Mort de César*, en 1735, LI, 89, 92, 107. — Sa rétractation, et lettre que l'auteur lui écrit à ce sujet, 110. — Nouveaux torts qu'il se donne avec lui, 117. — Il se déchaîne contre *Alzire*, XLVIII, 324. — Falsifie le *Mondain*, et le dénonce, I, 172; XIV, 131. — Est arrêté, en 1736, pour avoir tourné l'Académie française en ridicule, XXXVII, 556, 557; LII, 175. — Pardonné dans le malheur par Voltaire, qui se propose de le servir, 177. — Se ligue avec J.-B. Rousseau contre lui; ses libelles, ses nouvelles querelles avec l'auteur, 296, 341 *et suiv.* — Contresens singuliers qu'il avait faits dans sa traduction de l'*Essai sur l'épopée*, composé d'abord par Voltaire en anglais, XXXVII, 567; LII, 297, 341. — Ne peut pardonner à l'auteur d'avoir usé de son bien en se traduisant lui-même, et s'avise de décrier sa personne et ses ouvrages, XXXVIII, 305; LII, 298. — En 1738, publie un libelle contre d'Olivet, au sujet de ses remarques grammaticales sur Racine, LIII, 370. — Publie la *Voltairomanie*, I, 172; XLVIII, 326. — Examen de ce libelle, XXXVIII, 299, 327. — Procès criminel qui lui est intenté à ce sujet en 1739, LIII, 357, 401, 402, 430, 450, 473, 495. — Lettre de Saint-Hyacinthe, qui se plaint du rôle qu'il lui fait jouer dans cette affaire, I, 346. — Autre, de M. d'Argenson, sur son ingratitude, LIII, 471. — Poursuivi et forcé de désavouer ce libelle, en fait d'autres pour se consoler; réflexions à ce sujet, I, 173; XXXVII, 387; LIII, 575, 615. — Texte de ce désaveu, 575. — Dénonce *Mahomet* comme un ouvrage impie, V, 6. — Sa critique de la *Mérope* de Maffei, 113. — Singulière bévue qu'il commet au sujet d'un ouvrage du célèbre Berkeley sur la religion, XXVIII, 255; XXXVII, 402, 565; XXXVIII, 303; LII, 83, 93; LXIII, 67. — Remarques critiques sur ses *Observations*, son *Nouvelliste du Parnasse*, et son *Dictionnaire néologique*, XXXVII, 546 *et suiv.* — Autres bévues et mauvaise foi de ce satirique, 565, 567; XXVIII, 255. — Galimatias de son style, XXXVII, 568. — Eloge que Voltaire en avait fait en 1730, et que depuis il a supprimé, IX, 35. — Examen critique de sa traduction de Virgile en prose, XXXIX, 269 *et suiv.* — Avait traduit les *Psaumes* en vers français; mauvais succès qu'eut cet ouvrage, LXX, 185. — A donné incognito un gros volume de vers de sa façon, XXXVII, 558; LII, 297; LIII, 574. — Auteur d'une épigramme contre le cardinal de Fleury, *ibid.* — Dénonciateur de l'abbé Pellegrin, XXXII, 63. — Mot de lui, qui peint bien son caractère, IV, 157; XLVII, 180; XLVIII, 325. — Comment est peint dans le *Portier des Chartreux*, XIV, 166. — Epigrammes et sarcasmes contre lui, tant en vers qu'en prose, XII, 58, 66, 69, 417, 433; XIV,

376; XXXIV, 197; XXXVIII, 297, 298; LII, 182, 341; LIII, 139, 518, 541; LIV, 685. — Comment a perpétué l'espèce des folliculaires, XLII, 645. — Peint sous le nom de Zoïlin dans la comédie de l'*Envieux*, qui était demeurée jusqu'alors inédite, IV, 339 *et suiv*.

DESFORGES. Auteur d'une *Lettre critique* sur la tragédie de *Sémiramis*, XXI, V. — Et d'un distique à l'occasion du prétendant, qui lui valut trois ans de prison, *ibid*.

DESFORGES-MAILLARD, poëte breton. Écrivait dans le *Mercure*, sous le nom supposé de Mlle MALCRAIS-DELAVIGNE, XIII, 87. — Épître que Voltaire lui adresse, 85. — Vers sur ce triste hermaphrodite, LXIV, 579. — Lettres que lui écrivit l'auteur, LII, 15, 30, 36.

DESGODETS, architecte. Pris par des corsaires algériens, et racheté par Louis XIV, XIX, 216.

DESHAUTERAYES (LE ROUX), orientaliste. Lettre qui lui est adressée, en 1760, au sujet de ses *Doutes* à l'occasion d'un Mémoire de M. de Guignes sur les Chinois, LVIII, 538; LIX, 185.

DESHAYES (Mlle), petite-fille de Dancourt. D'abord maîtresse, puis femme de M. de La Popelinière, et surnommée *Polymnie* par Voltaire, LII, 408. (*Voy.* LA POPELINIÈRE.)

DESHOULIÈRES (*Antoinette* DU LIGIER DE LA GARDE). Celle des femmes françaises dont on a retenu le plus de vers, XIX, 97. — Auteur d'un mauvais sonnet contre l'admirable *Phèdre* de Racine, *ibid*. — Place qu'elle occupe dans le *Temple du Goût*, XII, 345. — Ridicule que lui prête à tort un prétendu *Dictionnaire des hommes illustres*, XXVIII, 353. — Ses *Poésies*, appréciées, LVII, 91. — Choix qu'en a publié le grand Frédéric, et vers à ce sujet, LXX, 269, 290.

DÉSIDÉRATE, fille de Didier, roi des Lombards. Mariée à Charlemagne; pourquoi en est répudiée, XV, 409; XXIII, 51.

Désinvolte. Emploi de ce mot par Voltaire, et en quel sens, XXXIV, 383.

Désirs. Ne peuvent s'étendre à ce qu'on ne connaît pas, III, 162. — Qui borne les siens est toujours assez riche, VIII, 244. — Vers qui caractérisent les tendres désirs, IV, 548; X, 302; XI, 64. — Peinture d'un cœur en proie aux désirs qui l'enflamment, 318, 375.

DES-ISSARTS. (*Voy.* ISSARTS.)

DESLANDES (*André-François*). Comment a écrit l'*Histoire de la philosophie*, LVII, 398. — Avait recommandé en mourant qu'on brûlât son livre des *Grands hommes morts en plaisantant*, *ibid*. — Était tout à la fois citoyen et philosophe, LVI, 201.

DESLANDES-PAYEN, l'un des rapporteurs qui instruisirent le procès de la maréchale d'Ancre. Homme intègre, qui ne voulut jamais conclure à la mort, ni même consentir à ne pas se trouver au jugement, XXII, 230.

DESLIONS (*Jean*), docteur de Sorbonne. Homme singulier, auteur de divers ouvrages polémiques; Notice, XIX, 97.

DESMAHYS, élève de Voltaire. Épîtres qui lui sont adressées, XIII, 201, 215. — Lettres en prose et en vers, de 1755 à 1757; LVI, 742; LVII, 108, 565. — Pourquoi Voltaire regrette qu'il ait été admis à travailler à l'*Encyclopédie*, LVII, 173, 180; LXII, 41; LXIII, 515. — Et veut, après sa mort, lui attribuer la tragédie des *Guèbres*, IX, 4, 28; LXV, 178. — Lettre adressée à l'éditeur de ses Œuvres, LXX, 440.

DESMAISEAUX. Sa *Vie de Saint-Évremond*. Ce qu'on en dit, XIX, 196; XL, 112. — Est aussi auteur d'une *Vie de Bayle*; cet ouvrage comment apprécié, XIX, 56. — Ce que ce philosophe lui écrivit lui-même au sujet de ses ouvrages, XII, 353; LIII, 609.

DESMARAIS. (*Voy.* REGNIER-DESMARAIS.)

DESMARES (Mlle), actrice. Joue Jocaste dans *Œdipe*; ce qu'en dit l'auteur, II, 9; LVIII, 211; LX, 518. — Notice, LVIII, 211.

DESMARETS (*Nicolas*), contrôleur-général des finances en 1708. Malgré son zèle et son intelligence, ne peut réparer les maux de la guerre, XIX, 45; XX, 72, 286; XXXIX, 26. — Démis, après la mort de Louis XIV, fut immolé à la haine publique, et ses successeurs le firent regretter, XIX, 46. — Mémoire apologétique de son administration, présenté comme un modèle en ce genre, *ibid*.; XX, 72. — Avait repoussé le système de Law, XXI, 17.

DESMARETS (*Jean-Baptiste-François*), fils du ministre d'état. Plus connu comme marquis de MAILLEBOIS. (*Voy.* ce nom.)

DESMARETS (*Jean* SAINT-SORLIN). L'un des collaborateurs du cardinal de Richelieu pour ses pièces de théâtre, V, 102. — Travailla beaucoup à la tragédie de *Mirame*, XIX, 97. — Sa comédie des

Visionnaires, pourquoi passa pour un chef-d'œuvre, 98. — Ses divers ouvrages, XLII, 439. — Défaut qui a fait universellement rejeter parmi nous son poëme de *Clovis*, VI, 272. — N'a crayonné que des chimères, *ibid*. — N'a dû une réputation passagère qu'au mauvais goût du siècle, X, 488. — Fut contrôleur-général de l'extraordinaire des guerres et secrétaire de la marine du Levant, XIX, 98. — Sur la fin de sa vie, fut plus connu par son fanatisme que par ses ouvrages, *ibid*. — Accusa Lamothe-le-Vayer d'être sans religion; réponse qu'il en reçut, XII, 187. — Accusa et persécuta son ami Simon Morin, qui fut brûlé vif, XIX, 168; XLII, 439.

DESMEUNIERS. (*Voy.* MEUNIER.)

DESMOLETS (le P.). Pensées inédites de Pascal qu'il a publiées, et remarques à leur sujet, XXXVII, 81 *et suiv*.

DESNOEUDS, chirurgien de Jeanne d'Albret, reine de Navarre. Son rapport sur la mort de cette princesse, X, 86. — Ses libelles contre la cour, *ibid*.

DESNOYERS (*François* SUBLET-), secrétaire d'état. Appela en France le Poussin, XII, 375. — Notice, XIX, 66. — Obtint de la cour de Moscou la liberté du marquis de Talleyrand, relégué en Sibérie, XXV, 22.

DESNOYERS ou DENOYER, secrétaire des commandements de Marie de Gonzague, reine de Pologne. Ses lettres à l'astronome Boulliau, conservées en manuscrit à la Bibliothèque royale, XIX, 66.

DESPERRIERS (*Bonaventure*). Auteur du *Cymbalum mundi*; bruit que fit cet ouvrage, et jugement qu'en ont porté des gens qui ne l'ont pas lu, XLIII, 506 *et suiv*. — Notice qui le concerne, *ibid*. — Mis au rang des athées par le P. Mersenne, XLVI, 466. — Notes sur son ouvrage, et sur la traduction qu'en a faite Du Clévier, *ibid. et suiv*.

DESPORTES (le poëte), abbé de Tyron. L'un des plus fins courtisans de son temps, X, 47.

DESPORTES (*François*), peintre célèbre d'animaux. Notice, XIX, 231.

Despote. Signification primitive de ce mot, XVI, 484; XX, 518; XLV, 20; XLVIII, 545; L, 57. — Comment un despote doit se conduire dans son intérêt, XXXIX, 435.

Despotisme. N'est pas une forme naturelle de gouvernement, XXXIX, 431. — Confondu souvent avec la monarchie; en quoi il en diffère, XLV, 20. — Est l'abus de la royauté, comme l'anarchie est l'abus de la république, XXXIX, 432 *et suiv*.; XLV, 22. — Était en horreur en Grèce, IX, 288. — Ce qu'il est en Asie, 230. — Est près de l'esclavage, 548. — Celui des prêtres est le plus absurde de tous, et le plus funeste, XL, 568. — Celui d'un seul est bien préférable à celui de plusieurs, XXXII, 409. — Le despotisme pur, châtiment d'une nation qui n'a eu ni le courage ni l'habileté de se gouverner elle-même, XL, 566.

Despotisme oriental (le). Ouvrage médiocre, dangereux et maladroit; observations critiques y relatives, LX, 139, 152. — Attribué à Boulanger, *ibid*.

DESPREZ, architecte et professeur de dessin à l'École militaire en 1770. Dédie à Voltaire le projet d'un temple funéraire destiné à honorer les cendres des rois et des grands hommes; lettre qu'il en reçoit à ce sujet, LXVI, 328. — Son projet couronné depuis, en 1776, par l'Académie, 329.

DESPREZ DE CRASSI (les frères), gentilshommes suisses au service du roi de France. Voltaire les fait rentrer, en 1761, en possession d'un domaine usurpé sur eux par les jésuites, I, 262; XLV, 147; XLVIII, 365; LIX, 174, 213, 214, 223, 251; LX, 255. — Autres détails, LXVI, 262; LXIX, 352.

DESRIVIÈRES (*Ferdinand*), sergent aux gardes-françaises. Auteur des *Loisirs d'un soldat*; vers de Voltaire, en réponse à l'envoi de cet ouvrage, XIV, 459.

DESROCHES, prédicant. De sa réfutation de l'ouvrage de Mlle Huber, sur la religion essentielle à l'homme, XLIII, 520.

DESROUBAIS, ingénieur. Pourquoi aucun des physiciens auxquels il adressa sa *Dissertation sur la figure de la terre* ne voulut la faire imprimer, XXIX, 402; XXXVIII, 239; XLIV, 282. — Il aperçut, le premier, l'erreur de Jacques Cassini sur son prétendu aplatissement aux pôles, LIV, 167.

DESSALINES, frère de Chabanon. Fait le commerce à la Martinique; ce qu'on en dit, LXVIII, 210.

Desseins. Qui change les siens découvre sa faiblesse, IV, 127.

Destin. Sacrée majesté qui, de tout temps, a mené les majestés de ce bas monde, LXVII, 47. — Maître des dieux; Homère est le premier qui ait consacré cette idée, XXVIII, 341. — Les pharisiens l'adoptèrent, 342. — Les philosophes eurent de tout temps la même opinion; comment ils raisonnaient à cet égard, *ibid. et suiv.* —Qu'un destin inévitable est la loi de toute la nature, XLVII, 93.—Conduit les mortels par des chemins secrets, VI, 215. —Description du palais des Destins dans la *Henriade*, X, 231 *et suiv.*—Quand le destin change, il faut changer avec lui, XIII, 7.—Que le destin des états dépend d'un moment, IV, 88.—Que l'homme fait ses destins, et que l'univers n'en est pas l'esclave, IX, 207. — Que la doctrine contraire à celle du destin est absurde, XXVIII, 345. (Voy. *Fatalisme, Fortune, Liberté de l'homme, Sort, Hasard.*)

Destinée (la), roman philosophique de Voltaire. (Voy. *Zadig.*)

DESTOUCHES (*André*), garde-marine. Son voyage à Siam avec le jésuite Tachard, XLII, 610.—Depuis, musicien très agréable du siècle de Louis XIV, *ibid.*—Loué sur son goût, XII, 323, 375.—Imitateur de Lulli, XIX, 226.—A fait la musique de l'opéra d'*Issé*, XXXII, 175.

DESTOUCHES (*Philippe* NÉRICAULT), auteur comique. Fut comédien dans sa jeunesse, et ensuite chargé long-temps des affaires de France en Angleterre, XIX, 98; XXXVII, 248.— Ses comédies, appréciées, XIX, 98.— Son *Ambitieux*, pièce médiocre, XXXVI, 116; LI, 358.—Eloge de son *Glorieux*, et vers au sujet de cette pièce, XII, 64; XIV, 405; XIX, 98; LV, 376.— Épigramme à l'occasion de la préface qu'il y mit, XIV, 340; LI, 269.—Son *Dissipateur*, apprécié, LII, 305, 312.—Sage dans sa conduite comme dans son style, III, 4; LII, 160.—Est, de tous les comiques, le moins comique, LI, 358.—Lettres qui lui sont adressées, LIV, 698; LV, 376.

DESTOUCHES-CANON (chevalier). Père putatif de d'Alembert; anecdote à son sujet, LXV, 407.

Destruction (la) *des jésuites.* Excellent ouvrage, dont Voltaire fait le plus grand cas, XLI, 382; LXII, 143, 147, 156, 194, 237, 250, 309. — Comparé aux *Provinciales* de Pascal, 255, 285.—Autres éloges, LXV, 167. (*Voy.* D'ALEMBERT.)

DESVIEUX (Mlle), qui prit depuis le nom de MAULÉON. Anecdote du contrat de mariage secret qui a existé entre elle et Bossuet, XIX, 64.—Célébrée par Pellisson sous le nom d'*Olympe*, 175.—Fille d'un rare mérite, qui détermina son amant à ne se donner qu'à l'Église, 64.—Ses droits et reprises, par qui furent réglés après la mort du prélat, *ibid.* —Autres détails, XX, 308; LIX, 526.

DESVIGNES (*Pierre*), chancelier de l'empereur Frédéric II. Taxé d'hérésie et d'incrédulité, XVI, 144. — Accusé d'avoir composé le livre latin des *Trois Imposteurs*, 145; XXIII, 242. — L'empereur lui fait crever les yeux; conjectures sur la cause de ce cruel traitement, 250.

Dettingen (bataille de). Perdue, en 1743, par les Français contre les alliés, XXI, 97 *et suiv.*; XXXIX, 35.

Deutéronome (le). Expliqué et commenté, XLIX, 175 *et suiv.*—A qui attribué, 181, 182. — Passages de ce livre, dont les fanatiques pourraient abuser, 179 *et suiv.*—Étranges lois qu'on en rapporte, XLIII, 57; XLVI, 164; XLVIII, 559.—Question au sujet de la manière dont on prétend qu'il fut écrit, XLIII, 49.—A quelle époque a dû l'être, XXVI, 407; XXXI, 252; LVIII, 208.

Deux consolés (les), conte philosophique de Voltaire, XXXIII, 195.

Deux siècles (les), satire de Voltaire, XIV, 230.

Deux tonneaux (les). Est le titre donné à une épître de Voltaire au roi de Prusse, XIII, 209.—Texte de la pièce, 207.

DEUX-PONTS (duc de). (*Voy.* MAXIMILIEN-JOSEPH.)

DEVAINES, premier commis des finances. Lettres qui lui sont adressées, de 1775 à 1778. (Voy. *Tabl. part.* de LXIX et LXX.) —Sa retraite en 1776; ce qu'en dit l'auteur à ce sujet, LXX, 160.

DEVAUX (comte de). (*Voy.* VAUX.)

DEVAUX, lecteur du roi de Pologne Stanislas. Lettres qui lui sont adressées, de 1739 à 1761. (Voy. *Tabl. part.* de LIII à LXX.)—Notice, LIII, 499.

Devises. Celle de Philippe IV d'Espagne, XVIII, 252; LXX, 86. — Celle de Louis XII, XX, 146.—Celle de Louis XIV, XIX, 385; XX, 145.^c—Celle de Catherine II, et vers y relatifs, LXII, 411, 445. — Ce que sont les devises par rapport aux inscriptions, XX, 146.

Devoir (le). Son empire, II, 148, 245, 382; V, 288; VI, 318, 429.—Qui fait son devoir n'a rien à redouter, 505.—Le vulgaire est content s'il le remplit; mais il faut que le héros aille au-delà du terme, VII, 195.—Le secret témoignage de l'avoir rempli tient lieu même de bonheur, VIII, 240.—Doit l'emporter sur la crainte du supplice même, XXI, 356.

DEVON (comte). Aide Alfred-le-Grand

à tirer l'Angleterre de la servitude au 9ᵉ siècle, xv, 484 *et suiv.*

DEVONSHIRE-COURTENAI (comte de). Élisabeth, reine d'Angleterre, voulut l'épouser; lettres d'elle qui prouvent son inclination, XVIII, 39.

DEVOSGE, peintre à Dijon. Fait les dessins de toutes les tragédies de Corneille, pour l'édition commentée par Voltaire; lettres qui lui sont adressées, LIX, 488, 489, 555; LX, 119.

Dévot. Signification de ce mot; à qui, dans le sens rigoureux du terme, devrait appartenir exclusivement cette qualification, XXVIII, 347. — Son origine, XLI, 235. — Des tentations qu'un dévot éprouve dans le chemin du salut, XII, 330. — Dévot atrabilaire déclamant contre les passions, VIII, 373. — Portrait d'un dévot fanatique, XII, 96, 424. — Autre, d'une dévote entrant à l'église, XI, 327. — Comment les vieilles dévotes font pénitence des péchés de leur âge, XIV, 193. — Pourquoi tant de femmes se font dévotes à cinquante ans, XXXIX, 390. — Que les dévots sont friands de la vengeance, LIV, 73. — Qu'ils sont une espèce encore pire que la canaille de la littérature, LVI, 377. — Des dévotes de cour, 253. — De la prétendue fraternité des dévots, XII, 35. — Vers à une dévote un peu mondaine, XIII, 19. — Anecdote d'une dévote se disputant avec sa voisine, LVIII, 490, 493.

Dévotion (la). Ressource des malheureux, et passion des esprits faibles, XXIII, 229. — Qu'il n'est qu'un pas de l'amour à la dévotion, XI, 173.

Dévouement. Cérémonie usitée chez les anciens; détails y relatifs, XLIV, 410 *et suiv.*

D'HERMILLY. Collaborateur de La Harpe pour la traduction française de la *Lusiade* du Camoëns, LXX, 131.

DHONA (le comte), ambassadeur de Suède en Hollande. S'unit avec Jean de Witt et le chevalier Temple pour arrêter les progrès de Louis XIV, XIX, 373.

D'HOSIER (*Pierre*). Le premier qui débrouilla les généalogies, et qui en fit une science; Notice, XIX, 99.

Diable et Diables. Malice et pouvoir du diable, XI, 309. — Comment il convient d'en parler, *ibid.* — Inconnu dans la *Genèse*, XLIX, 21. — Mis d'abord en crédit chez les Juifs, XXXI, 300. — Lesquels en prirent la croyance chez les Perses, lors de la captivité de Babylone, XV, 215 *et suiv.*; 223. — Parti qu'en tirèrent les chrétiens, XXXI, 300. — Comment son pouvoir s'accrut par l'institution des moines, *ibid.* — Comment ensuite il le perdit, 302. — Livres publiés pour éclairer les hommes à son sujet, *ibid. et suiv.* — Source de l'opinion, aussi extravagante qu'absurde, que les diables entrent en possession de notre corps et de notre ame, xv, 218; XLV, 36. — Impertinences débitées à son sujet, XI, 309. — Pourquoi on lui a appliqué la dénomination de *Lucifer*, XXVI, 385, 389; XXVII, 326. — Ce n'est que chez nous qu'on le peint avec des cornes, XI, 92. — Qu'il n'a été adoré dans aucun pays, xv, 298; XLVII, 429. — Du pouvoir de chasser les diables, donné à l'Église, XXIX, 22. — Que les noms qui furent donnés au diable sont ceux d'anciens dieux de la Syrie, xv, 223. — *Lettres du diable*, adressées à Voltaire; ce qu'il dit à ce sujet, LIX, 497. — Rôle qu'il joue dans les procès contre les sorciers, L, 284. (*Voy. Lucifer*, SATAN, et *Almanach du diable.*)

Diable (le *Pauvre*), satire par Voltaire, XIV, 149 *et suiv.* — Attribuée par lui à Guillaume Vadé, 147. — A été composée pour détourner de la carrière des lettres un jeune homme sans fortune, 149; XLVIII, 397. — Variantes et notes, XIV, 167 *et suiv.*

Diaconesses. Il y en eut dès les premiers siècles du christianisme, et les évêques les consacraient, XXVIII, 62.

Dialogue (le). Plus difficile dans la tragédie que dans la comédie, XXXIX, 193. — Exemples cités, et observations critiques, 194 *et suiv.* — Dans le dialogue en prose, Fontenelle s'est montré supérieur à Lamothe-le-Vayer, mais inférieur à Cicéron et à Galilée, 201.

Dialogues chrétiens, ou *préservatif contre l'Encyclopédie.* Entre un prêtre et un encyclopédiste, sur la religion, XL, 154. — Entre un prêtre et un ministre protestant, sur les philosophes, 161.

Dialogues en vers. Entre le P. Nicodème et Jeannot, contre les philosophes, XIV, 236. — Entre le cheval Pégase et un vieillard qui refuse de le monter, 280. — Entre un Russe et un Parisien, 179.

Dialogues et entretiens philosophiques. Entre la Raison humaine et la Sagesse divine, XLVII, 447. — Entre Platon et Madétès, sur la *cause première*, XLIII, 382. — Sur la *tolérance*, entre un mourant et un homme qui se porte bien, XLI, 335. — Sur les *dogmes*, entre un sénateur et un chrétien, XLVI, 69. — Sur les *em-*

bellissements de Cachemire, entre un bostangi et un philosophe; allusion à ce qui se passe en France, xxxix, 350. — Sur la *variété des lois et des coutumes* dans un même pays, entre un plaideur et un avocat, 379. —Entre Mme de Maintenon et Mlle de Lenclos, où l'on prouve que *les grandeurs ne rendent pas heureux*, 385. — Entre un philosophe et un contrôleur général des finances, sur ce qui fait la *vraie richesse d'un état*, 391. — Entre Marc-Aurèle et un récollet, où l'on compare *Rome moderne* et *Rome ancienne*, 359. — Entre un brachmane et un jésuite, sur *la nécessité et l'enchaînement des choses*, 583.—Entre Lucrèce et Possidonius, sur quelques points de la *doctrine d'Épicure*, 589. — Autre, sur la *nature de l'ame*, 599. — Entre les gens qui professent diverses sectes, et qui veulent tous avoir raison, 613. — Entre un sauvage et un bachelier, sur la véritable *vie de l'homme*, sur la *société*, et sur diverses questions métaphysiques, xl, 352. — Sur *le meilleur des mondes*; les lois, les femmes, le pays d'où sont venus les premiers hommes, 357. — Entre Ariste et Acrotal, sur diverses matières philosophiques, 363. — Entre Lucien, Érasme et Rabelais, sur leurs ouvrages et leurs facéties; xlii, 119. — Sur l'*Éducation des filles*, xl, 381. — Sur les *Anciens* et les *Modernes*, ou la toilette de Mme de Pompadour, xlii, 290. — Entre l'intendant des Menus et l'abbé Grizel, au sujet de la *sépulture religieuse* refusée en France aux comédiens, xl, 317. — Entre le chapon et la poularde, s'indignant contre ceux qui les mangent, xli, 387.— Entre Épictète et son fils, contre les *énergumènes*, 395. — Entre un caloyer et un homme de bien, sur l'*Ancien* et le *Nouveau Testament*, 97. — Entre le douteur et l'adorateur, sur la *religion chrétienne, Jésus* et les *apôtres*, 401. — Entre un philosophe et un prince chinois, sur la *nature de Dieu* et le culte qui lui est dû; sur l'*ame* et son existence; sur l'exercice des *vertus utiles à la société*, xxvii, 463 *et suiv*.—Entre un Indien et un Japonais; allégorie sur ce qui s'est passé en Angleterre lors du schisme des différentes sectes qui y vivent et s'y tolèrent, 495. — Entre un bacha et un jardinier grec, où l'on convient des véritables *principes sociaux* que tout homme doit professer, 503. — Entre André Destouches et un Siamois, au sujet du *gouvernement du royaume de Siam*; réflexions qui s'appliquent à celui de France, xlii, 610.— Le *Dîner du comte de Boulainvilliers*, sur la *religion* chrétienne, xliii, 552. — Entre l'empereur de la Chine et le frère Rigolet, au sujet de la *religion chrétienne* et du bannissement des jésuites de la Chine, xliv, 33. — Entre un mandarin et un jésuite sur le même sujet, 57. —Les *Adorateurs*, ou les *louanges de Dieu*, xlvi, 376.— Entre Sophronime et Adélos, sur la *mort de notre individu*, xlii, 300.— Sur la *liberté de conscience*, entre un aumônier et un anabaptiste, xxviii, 175. — Sur les qualités nécessaires pour être *bon juge*, 179. — Sur la conduite que doit tenir un *bon curé de campagne*, xxvii, 489. — Sur *Dieu*, entre un Scythe et un théologal de Constantinople, xxviii, 394. — Sur les *prêtres* qui font abhorrer les dieux, au lieu de les faire aimer, 494.— Sur l'*éducation*, entre un conseiller et un ex-jésuite, xxix, 1 *et suiv.* — Sur la *foi*, entre Alexandre VI et Pic de la Mirandole, 445. — Sur la question *S'il faut user de fraudes pieuses avec le peuple*, 517 *et suiv.* — Sur la *géométrie*, entre un maître et son disciple, xxx, 56. — Sur l'*Histoire universelle* de Bossuet, entre un savant et un Chinois, 69.—Sur le *prêt à intérêt*, entre l'abbé Des Issarts et un Hollandais, xxx, 415. — Sur la *liberté*, entre A. et B., xxxi, 13.—Sur la *liberté de penser*, entre Boldmind et Medroso, 19.—Sur la *loi naturelle*, entre A. et B., 51. — Sur les *maladies* de la *médecine*, entre une princesse et un docteur, 124. — Sur la *matière*, entre un énergumène et un philosophe, 163. — Sur les *missions religieuses*, entre M. Audrais et un jésuite, 233. — Sur le *mouvement*, entre Voltaire et un philosophe du mont Krapack, 263.— Sur la *Nature*, entre elle et un philosophe, 266. — Sur la question *Si tout est nécessaire*, entre Osmin et Sélim, 270. —Sur le *papisme*, entre un papiste et un trésorier, 346.— Sur la *Providence*, entre sœur Fessue et un métaphysicien, xxxii, 24. — Sur la *puissance*, entre le R. P. Bouvet et l'empereur Kang-Hi, 37. — Sur *Ravaillac*, entre un page du duc de Sulli et maître Filesac, xxxii, 90. — Sur la *religion*, entre Voltaire et un archange, 97.— Entre le même et un sage, 102. — Sur la *vertu*, entre un honnête homme et un excrément de théologie, 450. -- Sur la *volonté*, entre des Grecs et l'empereur

Honorius, 480. — Entre l'homme aux quarante écus et un géomètre, sur les *mathématiques*, XXXIV, 13. — Entre les mêmes, sur les divers systèmes de la *génération*, 49. — Entre les mêmes et un chirurgien-major, sur la *vérole*, 78. —Entre Freind et Birton, sur l'*athéisme*, 348 *et suiv.*, 409 *et suiv*. — Entre le docteur Goodman et l'anatomiste Sidrac, sur l'*ame* et quelques autres choses, 431. — Entre l'abbé de Châteauneuf et la maréchale de Grancei, sur ce précepte de saint Paul : *Femmes, soyez soumises à vos maris*, XLIII, 612. (*Voy*. ÉVHÉMÈRE et A. B. C.)

Diamant. S'il est vrai que la poudre de diamant soit un poison, XX, 170; XXIX, 93; LVI, 675 *et suiv.*— Du diamant appelé le *Sancy*, X, 288. — De celui appelé le *Régent*, LIV, 99. — De celui perdu à la bataille de Grandson par Charles-le-Téméraire, et qui passa depuis au duc de Florence, XVI, 529; XXIII, 409. — Des mines de diamant dans le Brésil, XVII, 435. — Où l'on commença à tailler le diamant, XLI, 547.

DIAMANTE (don *Juan*), auteur d'une tragédie espagnole du *Cid*, antérieure à celle de Guillem de Castro. Ce que Corneille en a traduit ou imité, XXIX, 276; XXXV, 59, 62 *et suiv.*, XLJ; 493 *et suiv.*— Passages qu'on en cite, XXXV, 65, 70.

DIANE, sœur d'Apollon. Ses divers emplois; vers caractéristiques à ce sujet, XIV, 98.

DIANE DE POITIERS. Notice qui la concerne, XXII, 75. — Mariée à Louis de Brézé, devint, après son veuvage, maîtresse de François 1er, *ibid.* — Puis de Henri II, qui fit bâtir pour elle le château d'Anet; vers et note à ce sujet, X, 305; XI, 218.

Diatribe à l'auteur des Éphémérides. Écrit en faveur de l'agriculture, XLVIII, 102 *et suiv.*

Diatribe du docteur Akakia. Facétie dirigée contre Maupertuis, XXXIX, 474. — Ce qui y donna naissance, I, 202; XXXIX, 472. — Le roi de Prusse la fait brûler par la main du bourreau, 377. — Ce que dit l'auteur au sujet de cette brochure, LVI, 271, 288. (*Voy*. MAUPERTUIS.)

Diatribes de l'abbé Bazin. Sur la cause première, XLII, 382.—Sur Sanchoniaton, 386. — Sur l'Égypte, 394. — Sur un peuple à qui l'on a coupé le nez et laissé les oreilles, 396.

DIAZ (*Barthélemi*). Fanatique espagnol qui assassine son frère, n'ayant pu le convertir, XXIX, 326; LIV, 258.

Dictionnaire. Éloge de cet article dans l'*Encyclopédie*, XXVIII, 348. — Des dictionnaires qui ne sont que des ouvrages de parti, 349. — De l'utilité des dictionnaires en général, BX, 496.—Ce qu'ils doivent être, LXV, 351.—Principale règle qu'il y faut suivre, XII, 479. — Des dictionnaires de calomnies, XLVII, 599. — Fragment d'une lettre sur les dictionnaires satiriques, 172. — Réponse à cette lettre, sous le nom de M. de Morza, 178.

Dictionnaire anti-philosophique, imprimé à Avignon en 1767. Ce qu'on en dit, et quels en sont les auteurs, XXX, 426; LXIV, 452. — Rapsodie dirigée contre presque tous les gens de lettres illustres, XLIV, 483. — On y fait l'éloge du fanatisme, *ibid.* — On y a falsifié la Bible au sujet de Jephté et du sacrifice de sa fille, XXX, 426.

Dictionnaire de Bayle. Le meilleur de tous, XXVII, 312. (*Voy*. BAYLE.)

Dictionnaire de l'Académie française. Sec et décharné; aucun doute n'y est éclairci, LX, 270.—Sur quel plan il devait être refait, d'après les conseils de Voltaire, I, 291; L, 582. — Réflexions à ce sujet, XXVIII, 354.

Dictionnaire de Trévoux. Sorties contre cet ouvrage et ses auteurs, XII, 478; XXXIX, 532, 534, 538. — Fécond en citations détestables, XXVII, 1.— Observations critiques, 417; XXIX, 226; XXX, 278.

Dictionnaire des hérésies, par Pluquet. Ce qu'on en dit, LX, 407, 431.

Dictionnaire encyclopédique. (Voyez Encyclopédie.)

Dictionnaire historique, littéraire, critique, en 6 vol., édit. de 1758 (par l'abbé BARRAL, GUIBAUD et cie). N'est qu'un libelle diffamatoire, dirigé contre l'abbé Ladvocat et contre tous les gens de lettres qui n'étaient pas du parti janséniste; preuve qu'on en donne, XIX, 50, 62, 69; XXVIII, 348 *et suiv.*; XLVII, 600; LXIV, 293. — A flétri la mémoire de Fénelon, XX, 455.— Observations critiques, XLIII, 504, 550.

Dictionnaire historique portatif, par l'abbé Ladvocat. (*Voy*. LADVOCAT.)

Dictionnaire historique portatif (nouveau), par le bénédictin Chaudon. Observations critiques, XLIII, 518.

Dictionnaire néologique, par l'abbé Desfontaines. Observations critiques sur ce libelle, XXXVII, 552 *et suiv.*

Dictionnaire philosophico-théologique, par Paulian. Impostures qu'il contient contre Julien-le-Philosophe, xxx, 501. — Articles divers qu'on en critique, xlvii, 172 *et suiv.*

Dictionnaire philosophique, de Voltaire. Où et quand l'idée en fut conçue, xxvi, *ij*; lxvi, 141. — Autres ouvrages qu'on y a réunis depuis les éditions de Kehl, xxvi, *iij et suiv.* — Efforts de Voltaire pour persuader qu'il n'en est pas l'auteur, et que cet ouvrage est de plusieurs mains, xxxii, 527; lxii, 11, 13, 17, 22, 26, 30, 51, 55, 57, 65, 67, 70 *et suiv.* — Correspondance avec d'Alembert à son sujet, 5, 13, 31, 36, 47, 48. — Comment apprécié par Condorcet, 1, 274. — Préface du nouvel éditeur, xxvi, *i et suiv.* — Préface de l'édition de 1765, *i et suiv.* — De la condamnation de cet ouvrage par le parlement de Paris, qui le fit brûler sur le bûcher du chevalier de La Barre, lxii, 113; lxiii, 223.

DIDEROT. En 1749, publie ses *Lettres sur les Aveugles*; ce que Voltaire lui écrit à ce sujet, lv, 281. — Est arrêté pour cet ouvrage et enfermé à Vincennes, 298, 301. — L'un des principaux auteurs de l'*Encyclopédie*; loué pour cette entreprise, xlii, 649; xliii, 535. — Autres éloges, lvii, 245; lxvi, 138. — Pressé d'y renoncer, lors des tribulations qu'elle essuie en 1758, lvii, 447. — Voltaire, qui avait réclamé de lui le renvoi de ses articles, se plaint de n'en pas recevoir de réponse, 473, 478, 483. — D'Alembert l'excuse, *à cause de l'habitude*, 487. — — Taxé de mollesse à l'occasion de la continuation de cet ouvrage, qu'on lui conseillait d'abandonner, plutôt que de l'exposer aux continuelles mutilations de la censure, 497, 501, 504. — Voltaire lui reproche, à ce sujet, de s'être fait l'esclave des libraires, et d'être devenu celui des fanatiques, 512, 518, 520; lviii, 204. — Et le compare à un aigle enchaîné par des coqs d'Inde, lix, 142. — Lettre de lui, en 1758, sur l'impossibilité de continuer l'*Encyclopédie* à l'étranger, et sur la nécessité de faire tête aux persécuteurs, lvii, 490. — Insulté par Palissot, dans sa comédie des *Philosophes*, est défendu par Voltaire, xlv, 185; lviii, 427. — Faussement accusé d'avoir publié deux libelles contre mesdames de Robecq et de Lamarck, 421, 428, 458. — Démarches de Voltaire pour le faire entrer à l'Académie, et conduite qu'il lui prescrit pour seconder ce projet, 448, 484, 486, 511, 518, 542, 545. — Cette tentative regardée comme un grand coup de partie, 483, 485 *et suiv.*, 505, 512, 526, 546, 551. — Cas qu'il en fait, et bien qu'il en dit, lix, 200, 384; lxvi, 138. — Son *Père de famille* réussit; part que Voltaire prend à ce succès, lix, 319, 320, 324, 328. — En 1764, est insulté de nouveau dans la *Dunciade* de Palissot; ce qu'on en dit à ce sujet, lxi, 367, 370. — En 1766, est invité à sortir de France, pour se soustraire aux persécutions contre les philosophes, lxiii, 240, 281, 291. — Voltaire se plaint d'en être négligé, 292. — Et lui reproche de laisser élever sa fille dans des principes qu'il déteste, 592. — D'un libelle publié en 1772 contre Voltaire, et qu'on lui attribuait, lxvii, 427. (*Voy.* LEROI.) — Son voyage à Pétersbourg en 1773; bien qu'en dit l'impératrice de Russie Catherine, lxviii, 417, 426, 464. — Riche présent qu'il tenait de cette souveraine, et anecdotes y relatives, xliv, 153; xlviii, 379; lxii, 312; lxiii, 501. — Offres qu'elle lui avait fait faire en faveur de l'*Encyclopédie*, et qu'il avait refusées, lx, 398, 405 *et suiv.* — Était peut-être le seul homme capable de faire l'*Histoire de la Philosophie*, lxiii, 32. — Vers à sa louange, xiii, 236. — Ce qu'on dit de son *Père de famille* avant que cette pièce fût mise au théâtre, lvii, 632, 656. — Ses remarques judicieuses sur l'art de la comédie, vii, 13. — Ses observations critiques sur *Tancrède*, et réponse de Voltaire, lix, 154, 190. — Lettres qui lui sont adressées, de 1749 à 1776. (*Voy. Tabl. part.* de lv à lxix.)

DIDIER, dernier roi des Lombards, successeur d'Astolphe. Reprend les villes données par Pépin à saint Pierre, et les rend sur les menaces de ce prince, xxiii, 49. — Marie à Charlemagne sa fille Désidérate, 51. — Donne asile à la veuve et aux enfants de Carloman, *ibid.*; xv, 409. — Charlemagne s'en venge par la répudiation de sa fille, *ibid.*; xxiii, 51. — Il veut surprendre Rome, et s'assurer de la personne du pape, 52; xv, 409. — Assiégé dans Pavie, se rend à Charlemagne, qui le fait moine et l'envoie en France, dans l'abbaye de Corbie, *ibid.*; xxiii, 53. — Il y meurt, xv, 410.

DIDIER, abbé de Mont-Cassin. Conte qu'il rapporte sur le moine Aldebrandin,

XVI, 72. — Pape sous le nom de Victor, 90; XXIII, 163. (*Voy.* VICTOR III.)

Didon, tragédie de Le Franc de Pompignan. Fragment d'une lettre et note y relatives, en 1736, XXXVII, 344; LII, 344; LXV, 18. — Les imprécations, dans cette pièce, sont une mauvaise imitation des beaux vers de Virgile, XLI, 557. — Autres observations critiques, XIV, 155; XXXII, 437.

DIÈGUE DE LARE (don). Son combat indécis contre trois chevaliers qui défendent l'infante Ouraca, accusée par lui de fratricide, XVI, 56 *et suiv.*

Dieppe. Cette ville bombardée en 1694 par les flottes anglaises, et presque réduite en cendres, XIX, 495. — Son port; vers descriptifs, X, 54.

DIESBACH, colonel suisse. Conduite de son régiment à la défaite de Rosbach, XXI, 301. — Calomnié par La Beaumelle, *ibid.*

DIEU. Si les hommes naissent avec la connaissance de Dieu, et si cette connaissance leur est nécessaire, XXXVII, 283. — Sommaire des raisons en faveur de son existence, 284. — Difficultés qu'on y oppose, 288. — Réponse à ces objections, 290. — Raisonnements des matérialistes à ce sujet, et conséquences nécessaires de leur opinion, 297. — Examen de la question s'il y a un Dieu, XLVII, 71 *et suiv.* (Voy. *Principe d'action*, *Principe éternel*.) — Que tout est en Dieu, et qu'il fait tout, XXX, 268, 271; XLVI, 37, 44. — Comment tout est action de Dieu, XXX, 272. — Dieu inséparable de toute la nature, XLVI, 46. — De son infini en étendue, en pouvoir, en attributs moraux, XXX, 362. — Son action sur l'homme, XLVIII, 74. — Qu'il n'y a qu'un Dieu, VI, 523; XLVI, 569. — Suites des probabilités de son unité, 571. — S'il est infini, et s'il a pu empêcher le mal, 576. — S'il arrangea le monde de toute éternité, 578. — Ne peut être un être simple, et l'étendue ne répugne pas à son essence, 585. — Est toujours agissant, XIII, 207. — Trois emblèmes sous lesquels le représentent les brachmanes, XLVII, 444. — Si un Dieu qui agit ne vaut pas mieux que les dieux d'Épicure; qui ne font rien, 78; L., 171. — De l'idée qu'en ont les épicuriens et les stoïciens, 163. — Que les Grecs en ont fait un fantôme absurde et un tyran barbare, 185. — Comment dépeint dans les Hymnes d'Orphée, XIII, 393, 394; XXVII, 338; XXIX, 78; XLVIII, 514. — Sous quel emblème est figuré dans Timée de Locres,

XXIX, 79. — Cru corporel par tous les premiers Pères de l'Église, XXX, 11. — Et par l'auteur même du *Pentateuque*, LVIII, 207. — Comment Moïse osa le faire parler, L, 519. — Définition sublime qu'en donne le Koran, XV, 338. — Quelle idée en avait Newton, et preuves qu'il donnait de son existence, XXXVIII, 11. — Comment les athées la combattent, et comment on les réfute, XXVII, 170 *et suiv.*; XXXIV, 388 *et suiv.*; XXXVIII, 14. — De l'espace et de la durée comme propriétés de Dieu, 19 *et suiv.* — De la liberté dans Dieu, et du grand principe de la raison suffisante, 24 *et suiv.* — Dialogues pour démontrer son existence, XXXIV, 385 *et suiv.*; L, 153. — Autres preuves qu'on en donne, XIV, 261, 262; XLIII, 421. — Est le père de tous les hommes, XLIV, 114. — Est l'auteur de la nature; apologue à ce sujet, XXXII, 96. — Son existence sert de base à toutes les religions, 102. — Qu'il vaut mieux, pour le bien de tous les hommes, admettre un Dieu rémunérateur et vengeur, qui récompense les bonnes actions cachées et qui punit les crimes secrets, que de n'en admettre aucun, XXVII, 168. — Un catéchiste l'annonce à des enfants, un Newton le prouve à des sages, 161, 189; XXXII, 349; XLIII, 555; XLIV, 201. — Sa toute-puissance, XXXII, 26 *et suiv.* — Comment tira le monde du chaos; vers à ce sujet, XII, 8. — Satire en vers des plus célèbres systèmes imaginés pour expliquer sa nature, XIV, 242. — Si la nature de l'âme peut nous faire connaître celle de Dieu, XLVI, 586. — S'il n'est pas dans nous, il n'exista jamais, XII, 156. — Est nécessaire au monde en tout sens, XLVII, 187. — S'il n'existait pas, il faudrait l'inventer, XIII, 265; XLVII, 187. — La certitude de son existence est notre besoin le plus grand, LVI, 311. — Si cette croyance est une erreur, c'est la plus belle des erreurs, LXV, 161. — Une morale uniforme parle en son nom, en tout temps et en tout lieu, XII, 159; XLVII, 187. — Sa sagesse et sa puissance, X, 55, 329. — Sa bonté, XXXIV, 397 *et suiv.* — Sa grandeur; vers traduits de Saadi, XVI, 430; XXXIX, 550. — Autres vers des poëtes de notre nation qui en offrent les plus belles images, 221 *et suiv.* — Est nécessairement rémunérateur et punisseur, XLV, 133, 134. — Étranges peintures qu'on en a faites, XLVI, 46, 380, 399. — Sa clémence, IV, 168. — Comment il faut le prier, XLVI, 275. — Ne commande pas la haine, V, 58. —

N'est point colère, xii, 81. — Ni tyran, 15. — Conduit la matière par le mouvement, et les humains par le plaisir, 81. — N'a pas créé l'homme pour le damner, 170, 177. — Son unité, vi, 523. — Nous ne devons de temple qu'à lui, 534. — Dogmes des Anciens sur son unité, vii, 390; xv, 107. — Entretien philosophique sur sa nature et sur le culte qui lui est dû, xxvii, 463. — N'a pas besoin de nos soins assidus, xii, 20. — N'a que faire de nos prières, xxxiv, 437. — De quel œil il regarde les diverses religions, et comment il juge les mortels, x, 221, 222. — Il nous a faits pour l'aimer, et non pour le comprendre, 223. — Punit en père, et non en tyran, 228, 246. — Profondeur de ses décrets, 338 *et suiv.* — Maître éternel qui voit tout, et qui jugera jusqu'à nos pensées les plus secrètes, xlvi, 102. — Quel honneur mérite le premier qui enseigna aux hommes cette doctrine, 103. — Toutes les nations civilisées ont reconnu un Dieu, xxviii, 361; xlvi, 104. — Noms divers que lui donna l'antiquité, x, 222; xv, 61, 103; xlvi, 376. — Tout l'annonce à l'homme, et l'idée lui en est naturelle, xii, 558; xlvi, 105. — D'où elle lui est venue, xxviii, 357. — Sa connaissance est le fruit de la raison cultivée, xv, 16, 120. — Combien il est naturel d'y croire et de l'adorer, 295. — La croyance d'un Dieu rémunérateur et punisseur nous sert à la fois de frein et de consolation, xiii, 264; xlv, 133. — Pourquoi la terre entière doit l'embrasser, xlvi, 376. — Croire Dieu et les esprits corporels est une ancienne erreur métaphysique; mais ne croire absolument aucun Dieu, ce serait une erreur affreuse en morale, xv, 280. (Voy. *Athéisme, Être suprême, Intelligence suprême, Principe d'action* et *Principe éternel.*)

Dieu et les hommes, par le docteur Obern, œuvre théologique, mais raisonnable, traduite par Jacques Aimon : ouvrage de Voltaire, faussement attribué à M. Sissous de Valmire, xlvi, 97 à 286.

Dieu (le vrai). Ode à ce sujet, attribuée à Voltaire, qui la désavoue; et notes de l'éditeur au sujet de cette pièce, xii, 411; xiv, 287; xlviii, 271, 400.

Dieux. C'est partout une confuse idée, que les dieux sont autrefois descendus sur la terre, xv, 42. — Opinion de toute l'antiquité, qu'ils communiquaient avec les filles des hommes, xxx, 21; xlix, 26. — Leurs statues chez les Romains ne sont point une preuve d'idolâtrie, xxx, 285. — Des dieux de toute espèce qu'eurent les nations anciennes, xv, 103 *et suiv.* — Et qui étaient adorés sous une forme humaine, 276. — Des dieux peints par Homère, xii, 377; xiii, 21.

Diffamations. Celles qui ont été accréditées par quelques historiens, xliv, 429 *et suiv.*

Difficulté. Son prix; vers à ce sujet, vii, 487; ix, 470. — Surmontée dans quelque genre que ce puisse être, fait une grande partie du mérite, xxxviii, 549; xli, 461.

Digby (lord), l'un des favoris de Charles 1er. Mauvais conseil qu'il donne à ce prince, pour soutenir sa puissance dans son déclin, xviii, 298.

Digeste (le). Le premier manuscrit en fut trouvé à Amalfi, et donné en présent par Lothaire II à la ville de Pise, xxiii, 180. — Fut ensuite enlevé aux Pisans par les Florentins, *ibid.*

Digestion. Opinions diverses sur son mécanisme, encore ignoré, xxvi, 340; xxviii, 308. — Que la manière dont on digère décide presque toujours de notre manière de penser, lxvii, 460. (Voyez *Chaise percée.*)

Dignités héréditaires. (Voy. *Titres et Honneurs.*)

Digotrets, ancien syndic de la Sorbonne. Rôle qu'il joue dans le procès relatif à la fameuse thèse de l'abbé de Prades, xxxix, 541.

Dijon (ville de). D'un prétendu miracle qui y est arrivé, xlviii, 396.

Dillon (les), Irlandais. Un colonel de cette maison est tué à Fontenoi, xxi, 140. — Un autre, à Laufeldt, 239. — Éloge de cette famille, xxxix, 37.

Dimanche (le), ou les *Filles de Minée.* Conte en vers par Voltaire, xiv, 94. — Pourquoi paysans, cordeliers et curés aiment à boire ce jour-là, *ibid.* — A qui est due l'institution de cette fête, *ibid.* — A qui les trois royaumes d'Angleterre, d'Écosse et d'Irlande en doivent la sanctification, xxxvii, 142. (Voy. *Fêtes.*)

Dîmes. Leurs inconvénients, xxx, 341. — Furent l'origine de la fameuse querelle d'Aaron avec Dathan, Coré et Abiron, xxviii, 277. (*Voy.* Aaron.)

Dina, fille de Jacob et de Lia. Son aventure avec le prince Sichem, et commentaire à ce sujet, xxx, 28 *et suiv.*; xl, 606; xlix, 80.

Dinant (ville de). Cruautés qu'y commit

Charles-le-Téméraire, duc de Bourgogne, xvi, 516.

Dîner. Qu'il faut dîner, quelque malheureux qu'on soit, xi, 168. — Qu'un bon dîner dispose à l'amour, 169. — Quatrain sur une invitation à dîner, lxvi, 284.

Dîner (le) *du comte de Boulainvilliers.* Écrit dirigé contre la religion chrétienne, xliii, 562 *et suiv.* — Pourquoi Voltaire veut faire accroire qu'il n'en est point l'auteur, et l'attribue à feu Saint-Hyacinthe, 563; lxiv, 537, 540, 541, 546, 557, 564, 571. — Ce qu'il en dit dans cette intention, 551.

Dinouart (l'abbé). Collaborateur du *Journal chrétien,* xiv, 187.

Diocèse. Ce que signifiait ce mot dans l'origine, xxii, 7. — Quand les évêques appelèrent de ce nom leur district spirituel, xliii, 441.

Dioclétien, empereur. Né dans l'esclavage, à quoi dut son élévation, xxviii, 399. — Comment l'empire reprit sous lui sa première splendeur, *ibid. et suiv.* — Héros guerrier et philosophe, protecteur des chrétiens, dont il devint depuis l'ennemi, 400; l, 474. — Faussement accusé de les avoir persécutés depuis qu'il fut sur le trône; les favorisa pendant plus de vingt années, *ibid.*; ix, 14; xv, 354; xxix, 27; xli, 281; xliii, 164. — Son édit contre le manichéisme, 163. — Son éloge, et réponse aux reproches ridicules que lui fait l'historien Fleury, 165. — Prétendus massacres que lui impute la Légende, xii, 279; xv, 356; xliii, 166. — Combien on a exagéré les persécutions qui eurent lieu sur la fin de son règne, et la part qu'il y prit, xxviii, 404. — Introduisit le premier dans l'empire l'usage de se faire baiser les pieds, 401; xxiii, 46. — Sembla mettre sa grandeur à placer sur le trône des Césars des hommes de basse extraction, xxviii, 401. — Fable méprisable, qu'il renonça au trône pour n'avoir pu abolir le christianisme, xv, 356; l, 479. — Sa réponse à Maximien, qui le sollicitait d'y remonter, 480. — Sa femme et sa fille traînées dans les rues de Thessalonique et jetées à la mer, sous Constantin, xxix, 31; l, 487. — Fut le premier qui donna au monde l'exemple de l'abdication de l'empire, xxviii, 407. — Régna en grand empereur, et quitta la vie en philosophe, comme il avait quitté l'empire, *ibid.*; xxxi, 158. — Les lois qui nous restent de lui sont des témoignages de sa sagesse et de son humanité, xv, 355 *et suiv.*;

l, 476. — Ce qu'on appelle l'*ère de Dioclétien,* xxviii, 400.

Diodore de Sicile. Son histoire, aussi folle et fabuleuse que celle d'Hérodote, xxviii, 411. — Charmante description qu'il a faite de la prétendue île de Panchaïe, *ibid.* — Ses contes absurdes sur l'Égypte et sur Sésostris, 412, 413. — A examiné sérieusement l'histoire de Jupiter, des demi-dieux, des Amazones, des Gorgones, etc., 414. — De la traduction de cet auteur, publiée par Terrasson, 411.

Diogène le cynique. Pourquoi vécut dans un tonneau, xiv, 171.

Dion Cassius. Doutes sur son récit, d'après Sénèque, de la clémence d'Auguste envers Cinna, viii, 106; xxvii, 206; xxxv, 196. — Est faible et stérile, en comparaison de Corneille, 219. — Absurdité qu'il raconte au sujet de Jules-César, xv, 54; xliii, 325. — Vil Grec, vil écrivain, vil flatteur, vil ennemi de Cicéron, lxiv, 583.

Dionis (Mlle), auteur de l'*Origine des Graces,* poëme en prose. Lettre que lui écrit Voltaire au sujet de cet ouvrage, en 1778, lxx, 451.

Dionis du Séjour (*Achille-Pierre*), de l'Académie des sciences, auteur d'un *Essai sur les comètes* et de l'*Anneau de Saturne.* Lettre que lui écrit Voltaire en 1775, lxix, 173. — Autre, en 1776, lxx, 5.

Directeurs de conscience. Leurs occupations, leurs intrigues, xxviii, 416. — Pourquoi n'ont que des filles ou femmes à gouverner, 417. — Portrait qu'en fait Boileau, *ibid.* (Voy. *Confesseurs.*)

Discipline militaire. Exemples de sévérité dont Louis XIV et le prince d'Orange usèrent pour l'affermir dans leurs armées, xix, 409. — Institutions créées à cet effet en France par le premier, xx, 258.

Discord. Mot hors d'usage, mais qui est à regretter, xxxv, 166.

Discorde (la). Personnifiée; portrait de ce monstre, x, 49, 140. — Rôle qu'elle joue dans la *Henriade,* et vers qui la caractérisent, 138, 139, 147, 148, 152, 154, 173, 262, 277, 283, 303, 312, 325. — Pourquoi a établi son séjour dans les couvents, xii, 297. — Étend partout son empire, xiv, 266. — Est fatale aux états, xiii, 325.

Discours académiques. A quoi comparés, et pourquoi n'influent en rien sur le goût de la nation, lxvi, 14.

Discours aux confédérés catholiques de

Kaminieck en Pologne, par le major Kaiserling; ouvrage de Voltaire, XLIV, 143.

Discours aux Velches, par Antoine Vadé, et *Supplément* à ce Discours, XLI, 539, 569. — Avertissement du nouvel éditeur, 538, 567. (Voy. *Velches*.)

Discours d'appareil. A quoi comparés, XXXIV, 74.

Discours de l'empereur Julien contre les chrétiens. Traduit par le marquis d'Argens, XLV, 209.—Avertissement du nouvel éditeur, 194. — Supplément à ce Discours, par Voltaire, 292. (*Voy*. Julien.)

Discours de Me Belleguier, ancien avocat. Opuscule critique et satirique de Voltaire, au sujet du texte proposé par l'Université de la ville de Paris pour le sujet du prix de l'année 1773, XLVII, 183 à 199.

Discours de Voltaire pour sa réception à l'Académie française en 1746, XXXVIII, 545.

Discours du conseiller Anne Dubourg à ses juges. Opuscule de Voltaire, XLVI, 610. (*Voy*. Dubourg.)

Discours historique et critique, à l'occasion de la tragédie des *Guèbres*, IX, 13. — Autre, sur la tragédie de *Don Pèdre*, 376 *et suiv*.

Discours en vers, prononcé en 1732, avant la représentation d'*Eriphyle*, III, 4 *et suiv*.

Discours en vers sur l'homme, par Voltaire, XII, 43 *et suiv*. (Voy. *Homme*.) — Sont un des plus beaux monuments de la poésie française, au sentiment de Condorcet, I, 169. — Réponses de l'auteur à quelques critiques, LIII, 296, 318, 336, 346, 438. — Pourquoi il appelait plaisamment ce recueil son *Petit Carême*, 327.

Discours prononcé avant la représentation d'*Oreste*, VI, 160.

Discours sur l'Histoire universelle, par Bossuet. N'a eu ni modèle ni imitateurs, XX, 310. (*Voy*. Bossuet.)

Discours sur la tragédie, par Voltaire, II, 349.

Dispensary, petit poëme anglais. Jugement qu'on en porte, et vers qui en sont traduits, XIII, 345; XXVII, 414, 448.

Dispenses. Absurde tyrannie de cet abus, XLV, 312.—Comment tarifées pour la France par la cour de Rome, XXVIII, 491. — Leur évaluation par Jean XXII, XVII, 237; XXXII, 319 *et suiv*.

Disputes. Celles des anciens philosophes furent toujours paisibles, et celles des théologiens souvent sanglantes et toujours turbulentes, XX, 403.—Procès criminels auxquels donnèrent lieu celles de l'école, L, 290. — Disputes mémorables sur les affaires ecclésiastiques, XX, 344. — Sur le calvinisme, le jansénisme, le quiétisme, 355 à 459. — Sur les cérémonies chinoises, 460 *et suiv*. — Sont souvent aussi funestes que vaines; quatrain à ce sujet, XII, 560. — Autres vers sur les disputes en métaphysique, XIV, 383. — A quoi sont comparées, XXXIV, 385. — Portrait d'un docteur subtil et toujours disputant, XXXVII, 253. — Que les disputes n'ont jamais convaincu personne, LXI, 364. (Voy. *Querelles théologiques* et *Religion* (querelles de).

Disputes (les), discours satirique en vers, par Rulhières, XXVIII, 418.

Dissertation envoyée par l'auteur, en italien, à l'Académie de Bologne, en 1746, et traduite par lui-même en français, sur *les changements arrivés dans le globe*, et sur les *pétrifications* qu'on prétend en être encore les témoignages, XXXVIII, 565.

Dissertations. Sur la tragédie ancienne et moderne, V, 473. — Sur les principales tragédies anciennes et modernes (sous le nom de Dumolard), VI, 255. — Sur la mort de Henri IV, X, 381.—Sur les changements arrivés dans le globe, XXXVIII, 565.

Dissimulation. N'est jamais une vertu; ne peut devenir un talent estimable que quand elle est absolument nécessaire, XX, 136.— De la maxime royale: Qui ne sait pas dissimuler *ne sait pas régner*, XXI, 36.

Distances et grandeurs. Comment nous en avons l'idée, XXXVIII, 110, 113. — Les angles ni les lignes optiques ne peuvent nous les faire connaître; exemples en preuve, 115 *et suiv*. —Autres détails, XXVIII, 425 *et suiv*.

Ditrich, comte d'Isembourg, électeur de Mayence. Dispute à main armée l'archevêché à Adolphe de Nassau, et finit par céder, en 1463, l'électorat à ce compétiteur, XXIII, 21. — Après la mort de celui-ci, remonte sur le siège électoral, et bâtit le château de Mayence, *ibid*.

Ditrich de Nassau, électeur de Trèves au 14e siècle. Cité à Rome pour répondre aux plaintes de son clergé, qui lui refusa la sépulture, XXIII, 24.

Diurnal romain (le) des 7e et 8e siècles. En quoi est un monument de l'histoire bien curieux, XXIII, 40; LVI, 450. — Pourquoi la cour de Rome a empêché que le reste ne fût imprimé, *ibid.*

Divertissement pour une fête donnée à la maréchale de Villars, XII, 26.—Autres. (*Voy.* Belébat, et *l'Hôte et l'Hôtesse.*)

Divination. Comment se pratiquait; vers descriptifs, XI, 163. — Que les divinations étaient des espèces d'oracles, et d'une plus haute antiquité, XV, 136.— Des mille façons dans lesquelles cet art se subdivisa, *ibid.*

Divinité. Ce n'est pas le simulacre qui la constituait chez les Anciens, XXX, 279. —Dialogue y relatif, L, 153 *et suiv.* (*Voy.* Dieu et *Idoles.*)

Divorce. Permis par l'Évangile pour cause d'adultère, et par la loi juive sans spécifier la cause, XXX, 345.—Pratiqué dans tous les pays du Nord, chez tous les réformés de toutes les confessions possibles, et dans toute l'Église grecque, XXVIII, 438. — Autorisé et étendu par le code Justinien, *ibid.* — Interdit par le droit canonique, *ibid.* — Autorisé par la loi civile du temps de Charlemagne, XV, 457.—Comment a lieu dans l'Orient, XLIII, 323. — Réflexions sur celui du roi de France Louis-le-Jeune, XVI, 113.— Sur ceux de Louis XII et de Henri IV, aussi rois de France, L, 302 *et suiv.* — Et sur celui de Henri VIII, roi d'Angleterre, *ibid.* — Son utilité, 301. — Mémoire d'un magistrat, qui en démontre la nécessité dans certains cas, XXVI, 104. —N'est point contraire à la loi de Jésus-Christ, 106. — Autre Mémoire sur le même sujet, en faveur des femmes, 108.

Divorces. Nouvelle et juste application de ce mort au pluriel, faite par Corneille, XXXV, 152.

Divus (titre de), donné aux empereurs avant Constantin, et que l'on a traduit par *saint* ou *dieu.* Ne signifiait rien d'approchant de ce que nous entendons par ces mots, XXVII, 543.

Dodd. (*William*), fameux prédicateur anglais. Pendu pour crime de faux, en 1777, L, 259.

Dodin, avocat à Paris. Lettre qui lui est adressée, en 1775, au sujet d'un Mémoire dans lequel il s'élève contre le secret des procédures, LXIX, 306.

Doge de Venise (le). Ne fut d'abord qu'un tribun du peuple, élu par des bourgeois, XVI, 52.—Prenait, au 10ᵉ siècle, le titre de duc de Dalmatie, 53. — De son mariage annuel avec la mer, XXXII, 86.

Dogmes. Ce que c'est, XXVIII, 439; XLIII, 312.—Songe plaisant à ce sujet, XXVIII, 440.— Le souverain n'est point juge de leur vérité; mais il en doit prendre connaissance dans tout ce qui intéresse l'ordre civil, 486.— Les peuples les ont toujours reçus comme la monnaie, sans en examiner le poids et le titre, XVI, 66. — Sont tous les poisons de l'ame, dont l'antidote est le mépris, XLIII, 428.—Différence infinie qui est entre eux et la vertu, XLII, 186; XLVI, 94.—Des disputes sur le dogme, et vers à ce sujet, XLIV, 199.— Parmi les philosophes, ne troublèrent jamais la paix des nations, XLII, 604.— N'ont excité aucune guerre dans celles de l'antiquité, XLIII, 592.— Ont amené la discorde sur la terre, où la morale amenait la paix, XVIII, 478, 487; LXII, 102.— Il n'en est aucun sur lequel les hommes ne se soient divisés, XVII, 247.—Dogmes chrétiens, absolument différents de ceux de Jésus, XLV, 262; XLVI, 249. — Le dogme de l'immortalité de l'ame, le plus universellement répandu, est aussi le plus sage, le plus consolant, le plus politique, LVIII, 190. — Entretien philosophique sur les dogmes, XLVI, 69. — Moins de dogme et plus de vertu, voilà le culte véritable, LXV, 519. — Quand ce qu'on appelle le dogme est enraciné dans une nation, il faut que le souverain dise qu'il mourra pour ce dogme; ce qui est plus aisé que d'éclairer le peuple, XVIII, 301.

Doigny du Ponceau. Lettre en réponse à des vers qu'il avait adressés à Voltaire en 1773, LXVIII, 320. — Autre, sur son *Discours d'un nègre à un Européen*, pièce qui a concouru, en 1775, pour le prix de poésie à l'Académie française, LXIX, 399. — Autre, en 1777, sur son *Panégyrique du chancelier de L'Hospital*, LXX, 362.

Doinet (femme), sœur du brave Thurot, tué en Irlande. Son aventure fâcheuse; tourments que cette affaire donne à Voltaire, LXIII, 508, 550, 555, 570, 581. — Manière heureuse dont elle se termine, LXIV, 5, 17, 27. — Note qui la concerne, LXV, 182.

Dôle (ville de). En 1668, assiégée par Louis XIV en personne, se rend à l'armée française, XIX, 371 *et suiv.* — D'un prétendu miracle arrivé dans cette ville, XLVIII, 396.

Dolgorowski, premier ambassadeur russe en France, en 1687. Pourquoi il échoue, XXV, 97.— Général de Pierre Iᵉʳ, remporte une victoire sur les Tartares,

125. — Commissaire de l'armée en Ingrie, 146. — Pourquoi est battu à Narva, *ibid.* — Prisonnier des Suédois, 148; xxiv, 79. — Comment traité par Charles XII, *ibid.*; xxv, 148. — Accompagne le czar dans son voyage en France, 291.

DOLGOROWSKI (le prince), au service de Catherine II. Ses victoires sur les Turcs en 1771, LXVII, 214.

DOLIGNY (Mlle), actrice de la Comédie française. Notice, LXII, 78.

DOLOT. (*Voy.* THOLOT.)

Dom et *Don*. Signification de ce titre, qui parut trop ambitieux à l'empereur Auguste, et que depuis on a donné aux bénédictins, xv, 495. — Ensuite aux seigneurs espagnols, et enfin aux rois d'Espagne, *ibid.*

Domaine (le) *des empereurs et des rois*. Jurisprudence ridicule de leur inaliénabilité, xxx, 352. — Domaines de la couronne déclarés inaliénables en France par tous les arrêts du parlement, sont presque tous aliénés, xx, 288; XLV, 105.

DOMASCHNIEFF, gentilhomme de la chambre de Catherine II, et directeur de l'Académie des sciences de Saint-Pétersbourg. Lettre qui lui est adressée en 1776, LXX, 87.

DOMAT (*Jean*), célèbre jurisconsulte. Son livre des *Lois civiles;* Notice, xix, 100.

Domestiques. Gens qui poussent toujours à l'extrême les droits de leurs maîtres, xix, 353.

Dominicains (moines). Milice papale connue d'abord sous le nom de *frères prêcheurs*, xvi, 146. — Prêchent une croisade contre Frédéric II, empereur, *ibid.* — Leur sourde ambition, leurs intrigues, leur puissance en Espagne et en France; et vers à ce sujet, x, 172. — Étrange imposture à laquelle donne lieu leur animosité contre les franciscains, au sujet de la Vierge, xvii, 256. — Procès qui leur est intenté à Berne, et supplice de quatre d'entre eux, 258 *et suiv.*; XLII, 405. — Leurs disputes à la Chine avec les jésuites, xx, 262. — Autres, au concile de Trente, sur le péché originel et l'immaculée conception, xvii, 81. — Et sur l'eucharistie, 87. Ils conviennent que leur confrère Clément, assassin de Henri III, fut exhorté à ce parricide par le prieur Bourgoin, 146. — Accusés d'empoisonnement sacrilége de l'empereur Henri VII, sont déclarés innocents par son fils, le roi Jean de Bohême, xvi, 300;

xxiii, 298. — De leurs prétendus miracles en Allemagne et en Suisse, xxx, 377. — Ils président, en Espagne, aux tribunaux de l'inquisition, xvii, 329.

DOMINIQUE (saint). Inquisiteur en Languedoc, y fonde son ordre, xxx, 391. — Donne d'abord l'exemple d'une vie apostolique, xvi, 244. — Excite au carnage, à la bataille de Toulouse, 249. — Notice qui le concerne, xxvi, 524. — Patente singulière qu'on en cite, 527; xxx, 406. — Fiction poétique qui le place en enfer, xi, 97.

DOMINIS (*Antonio* de), archevêque de Spalatro, en Dalmatie. Notice sur ce prélat, l'une des plus illustres victimes de l'inquisition, xxxiii, 151. — Est le premier qui ait expliqué le phénomène de l'arc-en-ciel, *ibid.*; xxxvii, 207. — N'avait d'ailleurs que des notions très fausses sur la vision, xxxviii, 152.

DOMITIEN, empereur. Conte rapporté par Hégésippe sur sa crainte de la race de David, xv, 352, 368; XLIII, 124. — Fait qui prouve qu'il n'était pas persécuteur, xxvi, 493.

DOMNUS ou DONUS II, pape. Son exaltation, xxiii, 9.

DOMPIERRE. (*Voy.* FONTAINE et HORNOI.)

Domremi (village de). Célébré dans la *Pucelle*, pour avoir donné naissance à Jeanne d'Arc, xi, 32.

Don Garcie de Navarre, comédie de Molière. (*Voy. Garcie.*) — *Don Juan*, comédie du même. (*Voy. Juan.*) — *Don Pèdre*, tragédie de Voltaire. (*Voy. Pèdre.*) — *Don Sanche d'Aragon*, comédie héroïque de Corneille. (*Voy. Sanche.*)

Donations. Celles que firent les Romains, xxviii, 443. — Celle de Constantin au pape Sylvestre; ce qu'elle a d'absurde, 444. — Celle de Pepin; raisons qui portent à en douter, 445. — Celle de Charlemagne; quand les pièces en furent forgées, 447. — Celle de Bénévent par l'empereur Henri III, la première qui soit bien avérée, *ibid.* — Celle de la comtesse Mathilde à Grégoire VII, la plus considérable de toutes, et la plus authentique; doutes et difficultés, *ibid.* — Celle de la suzeraineté de Naples aux papes, sur quoi fondée, 449. — Comment celle de l'Angleterre et de l'Irlande leur fut faite par le roi Jean; examen de cette double vassalité, 452 *et suiv.* — Donations faites par les papes, 454. — Donations entre particuliers, 455. — Observations nouvelles sur celles de Pepin, XLI, 29, 76; XLIV, 437, 441. — De Charlemagne, XXXIX, 258; XLIV, 445. — Et de Constantin, 185; L, 491. — Pratique usitée pour la donation de biens à l'Église, XVI, 87. — Origine de la plupart des donations de ce genre, XV, 442. (*Voy.* CHARLEMAGNE, CONSTANTIN, PEPIN, et *Papes.*)

DONGE (marquis de), colonel du Soissonnais. Blessé à mort au combat d'Exiles, XXI, 192.

DONGOIS, greffier au parlement, neveu de Boileau. Se crut un homme d'importance, XIII, 258.

Dons. Ce que prétendent la plupart de ceux qui en font; et vers à ce sujet, XII, 514; LIV, 40. — Les dons d'un ennemi sont à craindre, X, 85. — Ceux que le ciel verse sur nous, combien sont reçus différemment, XI, 381.

DORAISON DE TORAME, avocat-général au parlement de Provence sous Henri IV et Louis XIII. Auteur de l'*Église militante*, où il a traité des arrêts rendus par saint Pierre en matière criminelle, XXXI, 425.

DORAT (*Jean*). De son *Éloge*, par Vitrac, LXIX, 458.

DORAT (*Claude-Joseph*). De sa tragédie de *Théagène*, et des vers de cette pièce qui firent mettre à la Bastille le réviseur théâtral Marin, LX, 616, 618. — Son *Avis aux deux sages*, pièce de vers où Voltaire se plaint d'être confondu d'une manière désagréable avec J.-J. Rousseau, LXIII, 506, 539. — Excuses qu'il lui adresse, 541. — Épigramme contre lui, imputée à Voltaire, et dont La Harpe était l'auteur; dénégations et plaintes de Voltaire à ce sujet, LXIV, 92, 128, 481, 489, 492, 495, 568, 580; LXV, 2, 16. — En 1770, il impute encore à Voltaire d'autres torts imaginaires, LXVI, 373. — En est pardonné pour la seconde fois, 415. — Lettres qui lui sont adressées en 1767 et 1768; LXIII, 541, 578; LXIV, 51, 92, 128; LXV, 1. — Autre, en 1770, au sujet des *Anecdotes sur Fréron*, LXVI, 373. — Vers épigrammatiques de Rulhières contre lui, à l'occasion de sa terrible *Ode à l'honneur du nouveau règne*, LXIX, 6, 14.

DORBAY (*François*), l'un des architectes de la façade du Louvre, avec Perrault et Le Vau; Notice, XIX, 234; XX, 251.

DORIA (*André*), amiral au service de France, au 16ᵉ siècle. Contribue à ses succès contre les Impériaux, XXIII, 470. — Bat les galères de Charles-Quint devant Naples, XVII, 221. — Intrigues contre lui à la cour; mécontent de François Iᵉʳ, il l'abandonne, et passe au service de l'empereur, *ibid.*; XXIII, 471. — Secourt Nice, assiégée par les Français et par les Turcs; défait les troupes de Soliman, XVII, 220. — Rend la liberté à Gênes sa patrie, dont Charles-Quint lui permettait d'être souverain, 221. — Les Génois lui élevèrent une statue, *ibid.* — Est l'homme de l'Europe moderne qui a le plus illustré le nom de citoyen, XXI, 389.

DORIA (le général). En 1630, est blessé et pris par Montmorenci, à la journée de Vegliane, XVIII, 215.

DORIA (le prince *François*). En 1746, se met à la tête de l'insurrection de Gênes contre les Autrichiens, XXI, 184.

DORLÉANS (*Louis*), avocat au parlement de Paris, et l'un des députés aux états-généraux convoqués par la Ligue. Y plaide contre Henri IV; comment il s'exprime sur les lois fondamentales du royaume de France, XLV, 104. — Autres extraits curieux de son livre intitulé *Réponse des vrais catholiques*, etc., XVIII, 128.

D'ORLÉANS. (*Voy.* ORLÉANS.)

DORMANS (*Guillaume* de). Chancelier du roi Jean, qui l'anoblit, XVII, 11, 13.

Dormants (les *Sept*). Leur histoire; d'où tire son origine, et comment nous est arrivée de main en main, XXVIII, 456. — Racontée comme authentique par le R. P. Girard, 457.

DOROZ, procureur-général du parlement de Besançon en 1766. Anecdote qui le concerne, LXIII, 334, 345. — En quels termes peu favorables on en parle, LXVI, 409.

DORSET (comte de), poëte anglais. C'est à lui que l'Angleterre a dû le célèbre Prior; anecdote à ce sujet, XXVIII, 248.

D'OSSAT (le cardinal). Reçoit de Clément VIII l'absolution et la discipline pour Henri IV abjurant, XVIII, 367; XXII, 184. — Clause qu'il fit réformer dans la bulle à ce sujet, *ibid.*

DOSSERI, lieutenant de la place de Rhinberg. Se vend à Louis XIV; le prince d'Orange le fait punir de mort, XIX, 391 et suiv.

DOTTER (*Johns*), femme de Scanie. Vit plusieurs mois sans prendre autre chose que de l'eau, XXIV, 351.

Douai (ville de). Prise par Louis XIV en 1667, XIX, 365. — Par les alliés en 1770, XX, 86. — Par Villars en 1712, 102.

DOUBLET DE PERSAN (Mme). Son *Grand-Livre*, espèce de journal long-temps connu sous le nom de *Nouvelles à la main*, et dont les *Mémoires secrets*, attribués à Bachaumont, sont considérés comme la suite, LIV, 474. — Notice, *ibid*. — Autre mention, LV, 388.

DOUCIN (*Louis*), jésuite. L'un des fabricateurs de la bulle *Unigenitus*, XXII, 281, 303 ; XL, 461 ; XLI, 265; XLII, 136, 684. — Allusion qu'on a prétendu trouver dans les *Guèbres* contre ce persécuteur des jansénistes, IX, 24.— Comment figure dans le *Paradis des sots*, XI, 55.

DOUJAT (*Jean*), jurisconsulte et homme de lettres toulousain. Notice qui le concerne, XIX, 101.

Douleur (la). Est donnée à l'homme pour sa conservation, XII, 82. — Est le premier ressort de toutes les actions des animaux, XXVII, 349. — Est aussi nécessaire que la mort, *ibid*.— On ne soulage point les douleurs qu'on méprise, III, 346, 421.

Doutes. En fait d'histoire sont nécessaires ; ce qui le prouve, XXIV, 2 *et suiv*., 18 *et suiv*. — Ceux que l'on peut avoir sur quelques points de l'histoire de l'Empire, XXXIX, 557 *et suiv*. — Ceux que font naitre les quatre Evangiles, I., 439 *et suiv*. — Que quiconque cherche à s'instruire doit savoir douter, XLIV, 219. — Proverbe espagnol sur le doute, LXIV, 437. — Que tout ce qui nous environne est l'empire du doute, LXVI, 448. — Il y a pourtant des vérités qui sont incontestables, 449. — *Doutes sur la mesure des forces motrices et sur leur nature*, XXXVIII, 490. — Doutes sur l'homme, XXXVII, 277. — Sur le *Testament politique* attribué au cardinal de Richelieu, et sur les *Remarques* de M. de Foncemagne y relatives, XLII, 26, 33, 70.

DOUVRIER (*Louis*), antiquaire. Imagine, pour Louis XIV, l'emblème d'un soleil dardant ses rayons sur un globe, XX, 145.

Dow (*Alexandre*); colonel dans la Compagnie anglaise des Indes. Traducteur du *Shasta*, XXI, 266; XLVIII, 230. — Pendant plus de vingt ans, a étudié la langue sacrée dans le Bengale, et a puisé à la source du brachmanisme, 231; XLVII, 322. — A traduit l'*Histoire de l'Inde* du Persan Feristha, 464. — Assure que les brachmanes eurent depuis quatre mille ans un catéchisme dont il donne la substance, 447; XXI, 266.

DOXAT, major-général, homme né libre, qui se vendit à l'empereur Charles VI; pourquoi condamné à mort par ce prince, XXXII, 501.

DOZITHÉE, évêque de Rostou. Sa déposition dans le procès d'Alexis, fils du czar Pierre, XXV, 314. — Ses fourberies, 333. — Comment abuse de la princesse Marie, sœur du czar, 334.— Son châtiment, *ibid*.

DRACKE, gouverneur de Calcutta. Lors de la guerre du comptoir anglais avec le souba du Bengale, le conseil de cette ville le fait embarquer sur le Gange, XLVII, 356. — Sa religion, qui lui faisait regarder la guerre comme un crime, fut le motif de cette mesure, *ibid*.

DRACKÉ (*François*), armateur anglais. Son Voyage autour du monde, et son expédition dans les possessions espagnoles d'Amérique, XVII, 23. — Bat la grande flotte de Philippe II, destinée pour la conquête de l'Angleterre, 24. — N'alla jamais au Japon, et encore moins à la terre d'Yesso, qu'on prétend qu'il découvrit, XLI, 83. — Mourut en 1596, en allant à Porto-Bello, *ibid*.; XLII, 679.

Dragonnades (les). Expédition armée contre les protestants de France, XX, 383. —Quels hommes les conduisaient, et horreurs qu'on y commit, 384 *et suiv*. — Furent une des principales causes de la perte de la bataille de La Boyne, et de l'oppression des catholiques dans les trois royaumes de la Grande-Bretagne, XIX, 470. (Voy. *Cévennes*.)

Dragons (corps des). Par qui fut institué, XII, 138. — Origine de cette dénomination, *ibid*.

DRAGUT, amiral turc. Non moins redoutable que Barberousse, fait une descente en Sicile, et pille Agosta, XXIII, 518. — Infeste les côtes d'Italie, 522.

Drame (le). Comment ce genre bâtard s'introduisit en France, à la honte de la nation, LXV, 361. (Voy. *Comédies larmoyantes* et *Tragédies bourgeoises*).

Draps (fabriques de). Quand s'établirent en France, XX, 245 *et suiv*.

DREAMER (*John*). Pseudonyme d'une Lettre de Voltaire aux auteurs de la *Gazette littéraire*, sur les songes, XLI, 484 *et suiv*.

DREBELLIUS. Inventeur des thermomètres, XLI, 546.

Dresde (ville de). Entrevue singulière qui y eut lieu entre Charles XII et Auguste, roi de Pologne, par lui détrôné, XXIV, 163 *et suiv*. — Prise, en 1745, par le grand Frédéric, XXI, 157. — Prise de nouveau, en 1756, par le même, XXI, 292.

Dreux (bataille de), en 1562. Fut la première bataille rangée qui se donna entre le parti catholique et le parti protestant, X, 79. — Ce qui la rendit remarquable, XVIII, 65; XXII, 111 *et suiv.*

DREVET (*Pierre*). Célèbre graveur dont les estampes ornent les cabinets des curieux; Notice, XIX, 232.

DROGON, fils naturel de Charlemagne, évêque de Metz, XXIII, 5. — Comment traité par son frère Louis-le-Débonnaire, 70.

DROGON, fils de Tancrède de Hauteville. L'un des trois premiers Normands qui fondèrent un état dans la Pouille, au 11° siècle, VII, 130; XVI, 26 *et suiv.*; XXIII, 154.

DROGUET. Provençal dont le déportement fut le signal des Vêpres Siciliennes, XVI, 241.

Droit (en). Vice de cette expression, XXX, 539.

Droit canonique. Ce que c'est; idée générale qu'on en donne, XXVIII, 466 *et suiv.* — Du ministère des ecclésiastiques, 466. — De leurs possessions ou revenus, 471. — De leurs assemblées, 475. — Des peines ecclésiastiques, 481. — De l'inspection sur le dogme, 485. — Et de l'administration des sacrements, 486. — Juridiction des ecclésiastiques, 489.

Droit civil. Des bulles de divers papes qui en défendirent l'enseignement, XXVIII, 439. — Louis XIV en établit des professeurs dans toutes les universités de France, XX, 299.

Droit d'aubaine. (Voy. *Aubaine.*)

Droit de représailles. Loi d'une politique sanguinaire, XLII, 451.

Droit des gens, de la guerre, et de la paix. Ce qu'il faut penser de tous les ouvrages qui en traitent, XIX, 53. — Autres réflexions y relatives, XXIV, 151 *et suiv.*; XXV, 179, 208, 216, 290; XXVIII, 458 *et suiv.* — Du droit de la guerre, dialogue entre un Français et un Allemand, XLV, 86.

Droit divin. Ce qu'on appelle ainsi, XLI, 296. — Que la vertu seule en est, VI, 525, 526. — Tout le reste est convention ou force, XLV, 31. — Que l'idée du droit divin pour l'épiscopat ne tend qu'à faire des tyrans en camail et en rochet, XXXVII, 140.

Droit du seigneur (le), comédie, VII, 219 *et suiv.* — A été représentée en cinq actes, sous le titre d'*Écueil du sage*, 213.

— Puis remise au théâtre sous son vrai titre, 216. — Variantes qui donnent la pièce telle qu'elle était en cinq actes, 294 *et suiv.* — Ce que l'auteur en dit dans sa Correspondance, LVIII, 353, 462; LIX, 168, 180, 219, 351, 379, 411. — Manœuvres de Crébillon contre cette pièce, qu'il mutile, LX, 12, 14, 154, 175. — Jouée sur le théâtre de Fernei, 199. — Préface du nouvel éditeur, VII, 215. — Écrits publiés à l'occasion de cette pièce, 216. — Différentes personnes à qui Voltaire l'attribua, 215 *et suiv.* — Pourquoi il ne voulait pas s'en avouer l'auteur, LIX, 572, 575, 582.

Droit féodal. N'est, dans son principe, que le droit du plus fort, et, dans ses conséquences, qu'une source éternelle de discordes, XXIII, 410. — Plaidoyer de l'avocat-général Séguier contre la suppression des droits féodaux, et Lettres facétieuses à ce sujet, XLVIII, 284, 293. (Voy. *Féodalité.*)

Droit naturel. Sa définition, XLI, 257. — En aucun cas le droit humain ne peut être fondé que sur celui de nature, *ibid. et suiv.*

Droit public. Vers de l'Arioste à ce sujet, cités et traduits, XXVIII, 459. — Belles compilations sur ce droit, à quoi ont abouti, 461. — Apologue anecdotique, *ibid.* — Quel doit être l'effet de tous ces commentaires, 463. — Questions diverses à ce sujet, *ibid. et suiv.* Comment le droit public est devenu un des plus grands fléaux des peuples, XVII, 214.

Droits (les). Ne sont jamais établis que par la nécessité, par la force, et ensuite par l'usage, XXII, 13; XXIII, 90. — A quoi comparés, LX, 319.

Droits d'entrée. Ridicule de ceux payés dans l'intérieur de la France pour les marchandises provenant des villes du royaume, XXXI, 493; LXVI, 46. (Voyez *Denrées.*)

Droits des hommes et usurpations des papes. Écrit philosophique, XLVI, 318 *et suiv.*

DROUET, fermier-général. En quels termes en parle l'auteur, LXI, 119 *et suiv.*

DROUIN (Mme), née GAUTIER, actrice de la Comédie française. Mention qu'on en fait, et Notice, LIV, 281, 298, 327; 341, 434, 440.

DROUYN DE VAUDEUIL. (*Voy.* VAUDEUIL.

Druides, prêtres gaulois. Ce que fit

Jules-César pour arrêter leurs homicides religieux, IX, 297. — Imposteurs grossiers, faits pour le peuple barbare qu'ils gouvernaient, XV, 250. — Petite scène dialoguée, dont le but moral est de persuader aux prêtres qu'au lieu de faire abhorrer les dieux, ils doivent les faire aimer, et adoucir les mœurs des hommes au lieu de les rendre féroces, XXVIII, 944.

Druides (les), tragédie de l'abbé Le Blanc. Jugement qu'on en porte, LXVII, 369, 372, 386. — Examinée par un docteur de Sorbonne qui en fait défendre la représentation et l'impression, 438.

DRUMMOND (lord), officier au service de France. Amène en Écosse des secours au prince Charles-Édouard, XXI, 216, 217. — Déclaration d'un manifeste du roi de France, qu'il fait à son débarquement; ses suites, *ibid.*

DRYDEN, poëte anglais. Tragique inégal et impétueux, n'a point observé les convenances théâtrales, et n'a pas su faire parler l'amour, III, 155. — Reproche ridicule qu'il fait à la nation française, 156. — Plus fécond que judicieux, XXXVII, 224. — Fragments de ses pièces, traduits en vers, XIII, 361; XXXVII, 225 *et suiv.* — Autres vers sur la fureur des partis, XXVII, 379. — Sentiment sur sa *Cléopâtre*, LII, 113. — Son *Timothée*, ou la *Fête d'Alexandre*, pièce lyrique où règne le plus grand enthousiasme, XXIX, 131. — Cette ode, regardée comme un chef-d'œuvre, l'a fait surnommer le *Pindare anglais*, LXVII, 381. — Comparaison de mauvais goût qu'il a employée, XXXV, 16. — S'est signalé dans tous les genres de poésie; mérite de ses ouvrages, qu'aucun poëte de sa nation n'égale, et qu'aucun ancien n'a surpassé, XX, 336. — Son jugement cité sur le poëme de Milton, X, 486. — Fut inhumé à Westminster, XII, 30. — A fourni à Voltaire le sujet du conte: *Ce qui plaît aux Dames*, XIV, 45.

Du gouvernement d'Auguste. Écrit de Voltaire, LII, 489.

DU BARRI (comtesse), maîtresse de Louis XV. Fait exiler les ducs de Choiseul et de Praslin, XXI, 404. — Vers sur deux baisers qu'elle avait envoyés à l'auteur, LXVIII, 258. — Autres, sur son portrait, *ibid.*

Du BARRI (comte), surnommé *le Roué*. Note qui le concerne, LXIX, 13.

DU BARRI DE LA RENAUDIE. Chef de la conspiration d'Amboise, la fait découvrir par son indiscrétion, XVIII, 57. — Périt les armes à la main, 58.

DUBELLAI (*Jean*), évêque de Paris. Ordonne, en 1535, une procession générale, à la suite de laquelle six hérétiques sont brûlés sur la place de l'Estrapade, XXII, 84.

DUBELLAI (*Eustache*), autre évêque de Paris. En 1554, déclare l'institut des jésuites contraire aux lois et dangereux à l'état, XXII, 118. — En 1559, est l'un des juges du conseiller Anne Dubourg, 96.

DU BELLAI (*Jean*), cardinal. Au rapport de Brantôme, avait épousé Mme de Châtillon, XVIII, 67.

DU BELLOI. (*Voy.* DE BELLOI.)

DU BOCCAGE (Mme). Vers qui lui sont adressés pendant son voyage d'Italie, LVII, 505. — Autres, à son retour, XIV, 448. — Son séjour aux Délices, en 1758, LVII, 569. — Autres vers après son départ, 658; LVIII, 22. — Stances, au nom de Mme Denis, sur son poëme du *Paradis terrestre*, XII, 526. — Autres vers sur le même sujet, XIV, 406, 407. — Madrigal, 379. — Autres vers sur un compliment adressé par elle à l'auteur pour sa fête, 464. — Autres, à l'occasion du portrait de l'auteur, que la nièce de cette dame avait orné de fleurs, LXVIII, 9. — Surnommée la *Sapho de la Normandie*, LV, 134 *et suiv.* — Peu de succès de sa tragédie des *Amazones*, 298. — Éloge de sa *Colombiade*, LVII, 198. — Éloge de ses *Lettres sur l'Italie*, LXII, 14. — Lettres qui lui sont adressées, de 1749 à 1777. (Voy. *Tabl. part.* de LV à LXX.)

DUBOIS (chevalier). Son duel juridique avec le chevalier de Vervins, ordonné par le parlement, sous Philippe de Valois, XVII, 29.

DUBOIS (cardinal). Obscurité de son origine, et cause de son élévation, XXI, 25 *et suiv.* — Son portrait, son caractère, 26; XXII, 304. — Étant abbé et secrétaire d'état, comment découvre la conspiration de Cellamare, XXI, 6 *et suiv.* — Dirige la guerre que le régent fait à Philippe V, 9. — A, comme archevêque de Cambrai, la principale part à la pacification de l'Église de France, troublée par les querelles de controverse, XX, 435. — Par quelle intrigue il parvient à faire recevoir sans restriction la bulle *Unigenitus*, *ibid.*; XXI, 11; XXII, 304 *et suiv.* — Devient cardinal et premier ministre,

306. — Affront qu'il éprouve à son entrée au conseil du roi, où le régent lui avait fait prendre la première place après les princes du sang, 307. — Vengeance qu'il en tire; *ibid*. — Tout fut ridicule et tranquille sous son ministère, 306. — Il mourut en philosophe, 305, 307. — Expédient qu'il employa pour ne pas recevoir les sacrements, xxi, 26. — Défiait tous les cardinaux d'être plus athées que lui, xliii, 61. — Avait en l'idée de se tuer; comment il s'apostropha lui-même à cette occasion, xxvii, 514. — Fou mitré, fameux par sa vessie, xiv, 196. — Épitre que lui adressa Voltaire, et apologie des éloges qu'elle contient, xiii, 56 *et suiv*. — Par qui fut composé son Discours de réception à l'Académie française, xix, 134. — Lettres en vers et en prose qui lui sont adressées, li, 72, 74. — Anecdote ridicule de sa prétendue négociation du mariage de Mlle de Blois avec le duc de Chartres, depuis régent, xx, 187. — Trait plaisant qu'on en cite, lxvi, 358.

Dubois (*Gérard*), oratorien, auteur de l'*Histoire de l'Église de Paris*. Notice, xix, 101.

Dubois (*Philippe* Goibaud), de Port-Royal, traducteur de saint Augustin. Notice qui le concerne, xlii, 301.

Dubois, commissaire des guerres, intendant de l'armée de Lalli. Est massacré à Pondichéri par les habitants, après la reddition de la ville, xxi, 324; xlvii, 394. — Pourquoi y était devenu l'objet de l'exécration publique, 389.

Dubois (Mlle), de la Comédie française. Ses querelles avec Mlle Durancy, et tour de maître Gonin qu'elle lui joue, lxiv, 378, 397, 402, 403, 476, 480, 481. — En quels termes on en parle, lx, 478, 624; lxiv, 469, 480, 481, 502. — Vers inédits qui lui furent adressés à l'occasion du rôle d'Arzame qu'elle devait jouer dans la tragédie des *Guèbres*, lxv, 401.

Dubois, président au parlement de Paris. Protecteur des convulsionnaires, xiv, 160, 261; xxii, 318.

Dubois de Fontanelle (*Jean-Gaspard*). Auteur d'*Éricie ou la Vestale*, tragédie condamnée par le parlement, xxxiii, *xij*; lxv, 212. — Lettre qui lui est adressée en 1770, lxvi, 355. — Notice, *ibid*. — Rédacteur de la *Gazette des Deux-Ponts*, lxix, 78.

Dubois de La Motte, capitaine de vaisseau. Conduit un convoi à Saint-Domingue, malgré l'attaque de toute une escadre anglaise, xxi, 262.

Dubordier, physicien. Ses malheurs; détails qui le concernent; comment il est secouru par Voltaire, lvi, 268.

Dubos (l'abbé *Jean-Baptiste*). Notice sur cet écrivain, et sur les ouvrages qui l'ont rendu recommandable, xix, 101. — Sa prédiction sur la séparation des colonies anglaises, *ibid*. — Quel est le seul sujet, dans l'histoire de France, qu'il trouvait digne de l'épopée, xx, 325. — Croyait à tort que les hommes de génie peuvent trouver encore une foule de caractères, 326. — Erreur qu'il a avancée au sujet de la dégénération prétendue des espèces non mélangées, xxxvii, 282. — Fait important qu'il a omis dans son excellente histoire de la *Ligue de Cambrai*, xvii, 101. — Manière dont il a fait son livre des *Réflexions sur la poésie, la peinture et la musique*; utilité de cet ouvrage, xix, 101; lvi, 153. — Erreur qu'on en relève sur le costume théâtral des danseurs chez les Romains, xxviii, 13. — Sa grande querelle avec Montesquieu, xxxi, 104. — Homme très sage, très savant, très estimé, qui fut en butte aux traits satiriques de J.-B. Rousseau, iv, 73; xxxvii, 519; xl, 484. — Est regardé comme l'un des écrivains les plus judicieux que la France ait produits, liii, 557. — Observations critiques sur son style, lv, 629. — Lettre qui lui est adressée, en 1738, sur l'histoire et le plan du *Siècle de Louis XIV*, liii, 303.

Dubourg (*Anne*), conseiller au parlement de Paris. Arrêté dans la grand-chambre, par l'ordre de Henri II, comme partisan du protestantisme, xvii, 319. — Livré à une commission qui le condamne à être pendu et brûlé, *ibid*.; xxii, 96. — N'est exécuté que sous le règne de François II, xvii, 320. — Ses dernières paroles, xxii, 96. — Comment lui fut inspirée sa constance héroïque, xliv, 104, 128. — Sa mort fut un véritable sacrifice, ix, 299. — Le supplice de ce juge intègre, et d'une vertu reconnue, fit plus de réformés que les livres de Calvin, xvii, 320; xxii, 97. — Autres réflexions y relatives, l, 277. — Discours qu'il est supposé avoir tenu à ses juges avant de mourir, xlvi, 600.

Du Bourg (*Éléonore-Marie* du Maine, comte et maréchal). Sauve une partie de l'infanterie française dans la déroute de Bleinheim, xx, 34. — Bat le général Merci

à Neubourg sur le Rhin, en 1709, 84.
— Notice qui le concerne, XIX, 21.

DUBROCARD, lieutenant-général d'artillerie. Tué à Fontenoi, XII, 132; XXI, 140.

DUBUISSON. Auteur d'une *Histoire du vicomte de Turenne.* N'est autre que COURTILZ DE SANDRAS. (*Voy.* ce nom.)

DUC (Monsieur le). (*Voy. Louis* de BOURBON.)

Duc d'Alençon (le) et *Duc de Foix* (le); tragédies de Voltaire. (*Voy. Alençon* et *Foix.*)

DU CANGE (*Charles* DUFRESNE.) Utilité de ses *Glossaires;* Notice, XIX, 102. — Rien de plus savant et de plus profond que ses ouvrages, XLVI, 407. — Cité sur l'invention de l'artillerie, XIV, 271. — Sur la fête de l'Ane, XVI, 431. — Sur les duels, XVII, 26, 27.

DUCAS, historien grec. Cru de race impériale, XVI, 492. — Cité au sujet de la prise de Constantinople par les Turcs, *ibid.* (*Voy.* MICHEL DUCAS).

DUCASSE (l'abbé). Sa *Pratique de la juridiction ecclésiastique;* ce qu'on en dit, LIX, 435.

DUCERCEAU (*Jean-Antoine*), jésuite. Ses poésies appréciées; abus qu'il a fait du genre marotique, XIX, 102. — Notice, *ibid.*

DUCHAILA (marquis), lieutenant-général. Cité dans le *Poëme de Fontenoi,* XII, 128. — Soumet la ville de Gand, XXI, 148. — Se distingue à la journée de Mesle, 149 *et suiv.*

DUCHAILA (l'abbé), chef des missions du Languedoc. Pourquoi assassiné par les protestants, XX, 395; XLI, 171. — Ce meurtre fut l'origine de la guerre déplorable des Cévennes, *ibid.*

DUCHANGE (*Gaspard*), graveur célèbre, dont les estampes ornent les cabinets des curieux. Notice, XIX, 233.

DUCHARMEL, gentilhomme lorrain. Anecdote de sa conversion; ce qu'on en dit à ce sujet, XLVI, 359.

DUCHATEL (*Tannegui*). Ravage Rome pour lui faire accepter un pape, XVI, 324. — Assassine Jean, duc de Bourgogne, au pont de Montereau, 400. — Déclaration qu'il fait sur cet événement, et note y relative, *ibid. et suiv.* — Sa descente en Angleterre, 401. — Il est relâché par Henri V, qui refuse de le livrer à Philippe de Bourgogne, 402. — Vers d'*Adélaïde du Guesclin* qui rappellent son horrible action, III, 343.

DU CHATELET (*Gabrielle-Émilie* LE TONNELIER DE BRETEUIL, marquise). Sa liaison avec Voltaire en 1733; elle se retire avec lui à Cirei, I, 161; LI, 400. — Éloge de ses qualités et de ses talents, I, 162; LI, 39 *et suiv.* — Son portrait en vers, LI, 423. — Autres vers qui la caractérisent, 427; LII, 98, 219. — Autres, sur son goût pour les sciences, 270 *et suiv.* — Voltaire lui dédie *Alzire,* IV, 149. — Et lui adresse une ode sur le Fanatisme, XII, 422. — Épitre sur sa liaison avec Maupertuis, XIII, 94. — Autre, sur la Calomnie, 96. — Autre, sur la Philosophie de Newton, 123. — Autres, inédites, sous le nom d'*Uranie,* 112, 114, 115. — Réponse de Voltaire, au nom de cette dame, à qui Frédéric avait demandé ce qu'elle faisait à Cirei, 135. — Stances qui lui sont adressées sur les poëtes épiques, XII, 509. — Autres, où l'auteur regrette de n'être plus dans l'âge des amours, 518. — Autres, en son nom, à M. de Forcalquier, sur une pagode chinoise, 511. — Vers à l'occasion d'une collation sur la montagne Saint-Blaise, XIV, 355. — Autres, en lui offrant le *Traité de la métaphysique,* composé pour elle, 353; XXXVII, 277. — Autres vers à sa louange, IV, 10; XIII, 104, 118, 198; XIV, 354, 355. — Autres, sur ce qu'elle soupait avec beaucoup de prêtres, *ibid.* — Autres, lorsqu'elle apprenait l'algèbre, 356. — Vers écrits par Voltaire au bas d'une de ses lettres à Mme de Chambonin, 357. — Réponse qu'il fait, en son nom, à M. de Formont, qui lui avait adressé des vers sur *le Mondain, ibid.* — Madrigaux, 359, 364, 371, 374. — Vers en lui envoyant l'*Histoire de Charles XII,* 361. — Autres, en lui envoyant une bague où le portrait de l'auteur était gravé, 373. — Autres, le jour qu'elle joua, à Sceaux, le rôle d'*Issé,* 395. — Autres, parodiés de la sarabande de cette pièce, 396. — Autres, sur un souper avec Voltaire dans une hôtellerie, et un dîner dans un collége, 397. — Autres, en recevant son portrait, 374. — Vers écrits à la marge d'un manuscrit d'elle sur Newton, 377. — Autres, sur son déguisement en Turc dans un bal, 401. — Autres, sur l'Esprit et l'Amour, 402. — Étrennes, au nom de Mme de Boufflers, et sa réponse, *ibid. et suiv.* — Quatrain pour sa devise, 360. — Impromptu sur son séjour avec Voltaire à Cirei, 373. — La *Philosophie de l'histoire* et l'*Essai sur les mœurs* ont été composés pour elle, XV, 1, 245; XXXIX, 564; XL,

42; XLI, 126. — Ses remarques sur l'*Histoire universelle* de Bossuet, 130. — Méprise un peu trop l'histoire ; comment traite Tacite, LII, 88. — Auteur d'une *Dissertation sur la nature du feu et sur sa propagation;* opinion hardie qui lui fait manquer le prix à l'Académie des sciences, I, 164; LIII, 127, 322, 606. — Mémoire de Voltaire sur cet ouvrage, XXXVIII, 353. — Vers italiens de l'abbé Conti à son sujet, 359. — En 1739, voyage avec Voltaire dans les Pays-Bas; leur séjour chez le duc d'Aremberg, LIII, 620 *et suiv.* — Amène avec elle Koënig à Paris, 668. — N'a pas à se louer de ses procédés, LIV, 18. — Exposition de ses *Institutions physiques*, où l'on examine les idées de Leibnitz, XXXVIII, 447 *et suiv.* — Éloge de ce livre, unique dans son genre, LIV, 179, 269, 272. — Sa dispute avec M. de Mairan sur les forces vives, 289, 295, 303, 312. — Ses relations philosophiques avec Clairaut, LXII, 355. — Voltaire lui dédie ses *Éléments de la philosophie de Newton*, XXXVIII, 6 *et suiv.* — Lettre qu'il lui adresse au sujet d'une nouvelle édition de cet ouvrage, en 1741, 8 ; LIV, 312. — Vers du roi de Prusse à sa louange, LIII, 389. — Lettre de Voltaire à M. d'Argental sur l'*Envieux*, comédie qu'il donne à La Mare, 344. — Anecdotes qui la concernent, 362 ; LIV, 691 ; LV, 71, 142, 193. — Projet du jésuite Menou de la substituer, en 1748, à Mme de Boufflers, maîtresse du roi Stanislas, XL, 82. — Comment cette intrigue fut déjouée, *ibid. et suiv.* — Son voyage à Lunéville en 1749; sa mort, et regrets que l'auteur exprime de sa perte, 83; LV, 339, 340, 342, 349, 350, 351. — Vers composés quelques jours après sa mort, et désavoués ensuite par l'auteur, XIV, 407. — Note y relative, *ibid.* — Sa mémoire, par qui outragée, LV, 349. — Son éloge historique par Voltaire, XXXIX, 411 *et suiv.* — Notice de sa personne et de ses ouvrages, XIX, 69. — Avait fait une *Grammaire raisonnée* et une *Traduction de Virgile*, XXXIX, 418; LV, 350, 351, 362. — Voltaire eut l'intention de compléter et de publier ce dernier ouvrage; mais son projet n'eut pas de suite, LVI, 54. — A laissé un traité manuscrit sur le *Bonheur*; ce qu'on en dit, XXXIX, 421. — Et un *Examen*, aussi manuscrit, *de la Genèse et du Nouveau Testament;* note à ce sujet, LVIII, 179. — Ce qui reste de huit volumes de lettres que Voltaire lui avait écrites, et qu'elle montra plusieurs fois à l'abbé de Voisenon, LI, 511. — Il paraît qu'elles ont été brûlées, 512. — Autres notes qui la concernent, *ibid.;* LII, 87 ; LV, 335. — Réflexions qu'on en cite, au sujet de son attachement pour Voltaire, et des causes qui le diminuèrent, LV, 264. — Fut un grand homme en jupe et en cornette, LIV, 454; LV, 351, 378.

Du Chatelet (comte), fils de la marquise, nommé dans le *Poëme de Fontenoi*, XII, 135. — Grièvement blessé à Hastembeck, XXI, 297. — Sa mort, XXXIX, 421.

Du Chatelet (*Marc-Antoine*), marquis de Trichâteau. Notice et détails qui le concernent, LIII, 598.

Du Chatelet (*Marie-Gabrielle-Pauline*), fille de la marquise. (*Voy.* duchesse de Montenero.)

Duchatelet. (*Voy.* Hay-Duchatelet.)

Du Chatelet-Clémont (*François-Bernardin*, marquis), gouverneur de Vincennes en 1749. Notice, LV, 301.

Duchatelet de Lomont (comte de). Se distingue à la défense de Namur contre le roi Guillaume, XIX, 497.

Duché de Vancy (*Joseph-François*), valet de chambre de Louis XIV. Auteur de quelques tragédies; l'opéra d'*Iphigénie en Tauride* est son meilleur ouvrage, XIX, 102; XXXIX, 8. — Dut sa fortune à Mme de Maintenon, pour le théâtre de laquelle il composa la plupart de ses pièces, 103 ; XX, 204. — Vers sur la comparaison qu'il avait faite de Voltaire avec le *Messie*, et note y relative, XIV, 309.

Duchesne (*André*), historiographe du roi. Auteur de beaucoup d'histoires, XIX, 103. — On le surnommait *le Père de l'histoire de France*, *ibid.*

Duchesne (*Guy*), libraire à Paris. Lettre qui lui est adressée, en 1764, au sujet d'une édition projetée de la *Henriade*, LXI, 255. — Reproches que lui fait l'auteur d'avoir défiguré tous ses ouvrages, II, 2 ; VIII, 275 ; LXI, 88, 353; LXII, 107; LXIII, 488; LXIV, 81.

Duchy, seigneur de Belébat. Vers qui lui sont adressés dans une fête, II, 339.

Ducis (*J.-F.*), poëte tragique. Sa tragédie de *Roméo et Juliette;* ce qu'on en dit, LXVII, 520, 535; LXVIII, 10, 28, 48. — Vers de la *Sémiramis* de Voltaire qu'il a imités dans *Hamlet*, V, 574. — Sentiment sur cette dernière pièce, LXVI, 53, 54 *et suiv.*

DUCKER, général de Charles XII et gouverneur de Stralsund. Scène qui a lieu entre lui et ce prince revenant de Turquie *incognito*, XXIX, 306. — Rend Stralsund aux Prussiens; sa réponse aux reproches du roi à ce sujet, XXV, 278.

DUCLAIRON (*Antoine* MAILLET). Auteur d'une tragédie de *Cromwell*, LXI, 465. — Questions au sujet de cette pièce, *ibid.*, 466. — Est nommé consul à Amsterdam; renseignements que lui demande Voltaire au sujet de la publication faite en Hollande de ses prétendues *Lettres secrètes*, LXIII, 369, 416, 418, 438. — Notice, 418.

DU CLÉVIER (*Thomas*). Ses Lettres et traduction du *Cymbalum mundi*, annotées par Voltaire, XLVI, 466 *et suiv.*

DUCLOS, secrétaire de l'Académie française. En 1750, succède à Voltaire dans sa charge d'historiographe de France, LV, 500. — Réponse qu'il lui fait, au nom de cette compagnie, en 1756, sur les éditions falsifiées de la *Pucelle*, LVI, 791. — Sa brouillerie avec d'Alembert, en 1758, LVII, 483, 504. — En 1760, est insulté par Palissot, dans la comédie des *Philosophes*, et défendu par Voltaire, XIV, 185; LVIII, 427. — Communique à l'Académie les remarques de Voltaire sur Corneille, IX, 459. — En 1770, est chargé de négocier avec M. de La Chalotais; ne réussit point dans cette mission, LXVI, 223, 236. — Lettre qui lui fut adressée en 1745, LV, 16. — Autres, de 1760 à 1771. (Voy. *Tabl. part.* de LVIII à LXVII.) — Sa mort en 1772, LXVII, 408. — Anecdote tirée de son portefeuille, relativement à l'empoisonnement prétendu de Madame, belle-sœur de Louis XIV, XX, 172. — Ce qu'il disait de la canaille de la littérature, XIV, 290. — Ses *Confessions du comte de* ***, appréciées, LIV, 417. — Traits satiriques contre lui, LV, 695; LVI, 5, 33, 42, 47. — Ses *Considérations sur les mœurs* sont l'ouvrage d'un honnête homme, LVIII, 427. — Ce fut lui qui fit faire à Helvétius son livre de l'*Esprit*, LXVIII, 73. — Éloge de son *Histoire de Louis XI*, LV, 17.

DUCLOS (Mlle), de la Comédie française. Ce qu'on en dit, II, 363; LI, 32. — A détruit en France la mélopée théâtrale, XXVIII, 11. — Défaut de sa déclamation, espèce de chant, XIII, 241; XLVI, 367. — Anecdotes à son sujet, XXXII, 285; LI, 32. — L'*Anti-Giton* fut imprimée d'abord comme lui étant adressé, XIV, 8. — Couplet épigrammatique, 314. — Voltaire la chanta, un autre en fut aimé, XIII, 12. — Notes qui la concernent, *ibid.*; XIV, 314.

DU COUDRAI (*Alexandre-Jacques*, chevalier). Lettre qui lui est adressée en 1773, à l'occasion de son *Poëme sur le Luxe*, LXVIII, 180.

Ducs. Leur origine, XV, 427. — Quel fut le premier étranger qui devint duc et pair en France, XXII, 47, 62.

DU DEFFAND (marquise). Impromptu qui lui est adressé, XIV, 341. — Vers à l'occasion de sa cécité, LXI, 214, 293. — Autres, sur le nom de *Petite-mère*, qu'elle donnait à Mme de Choiseul, LXV, 246, 275. — Reproche que lui fait Voltaire de haïr les philosophes et de se faire leur ennemie, quoiqu'elle pense comme eux, 287, 324, 345; LXVII, 138. — Sa liaison de quarante ans avec le président Hénault, et ingratitude de celui-ci à son égard, LXVI, 524 *et suiv.* — En quels termes on en parle, LV, 306. — Vers à sa louange, LXV, 408. — Stances imprimées comme lui ayant été adressées par Voltaire, âgé de quatre-vingts ans, XII, 552. — Pourquoi elle s'en défend dans sa correspondance, 553. — Vers de Voltaire, pour s'excuser, en 1778, de ne pouvoir, avec elle, voir l'opéra de *Roland*, XIV, 486. — D'Alembert lui reproche d'avoir protégé Palissot contre les philosophes, LVIII, 396, 442; LIX, 86. — De dénigrer les ouvrages de Voltaire, et de goûter les gentillesses de Fréron, LXI, 338; LXII, 37. — De ne pas croire aux femmes honnêtes, LXIII, 91. — D'avoir écrit des noirceurs à Voltaire, au sujet de l'érection de sa statue, LXVI, 351. — Elle se plaint à l'auteur des préventions qu'on lui a données contre elle, LXIX, 122. — Éloge de son esprit vrai, LXIII, 46. — Comment elle définissait le livre de Montesquieu, XXXI, 107; XXXIX, 436; L, 74; LXX, 234. — Bon mot qu'on en cite sur saint Denis, XI, 24. — Lettres qui lui sont adressées, de 1732 à 1775. (Voy. *Tabl. part.* de LI à LXIX.) — Notice qui la concerne, LI, 320.

DUDLEY (*Robert*), fils du duc de Northumberland et favori d'Elisabeth, XXXVI, 463. — Le même que Leicester, LXV, 140. (*Voyez* ce nom.)

DUDOYER (*Gérard*). Auteur du *Vindicatif*; ce qu'on en dit, LXIX, 4, 6.

Duels. Plus fréquents dans l'antiquité qu'on ne pense, VII, 447. — Différences des combats singuliers et des duels juridiques, XVII, 32. — L'usage en commença avec les monarchies modernes, 26.—Ils y furent ordonnés légalement, *ibid.* — Les clercs et les abbés ne pouvaient combattre sans la permission de leur évêque, 27.—Usages et formules qu'on y observait, 28.—De plusieurs duels qui furent ordonnés par les parlements et par les rois, 29 *et suiv.*, 175; XXII, 89.—On en compte beaucoup où des gens d'Église ont eu part, depuis le cardinal de Guise jusqu'au cardinal de Retz, XVIII, 182.—Défis entre des rois, sans un seul exemple de combat, XVII, 32; XXIII, 470.—Jusqu'au 16ᵉ siècle, furent une des épreuves usitées dans les accusations juridiques, XVII, 35.— Barbarie gothique devenue le caractère de la nation, et qui, non moins que les guerres civiles et étrangères, a contribué à dépeupler le pays, XIX, 266.—Pourquoi abolis par Louis XIV, XX, 254.—Réflexions à ce sujet, XXXIX, 133.—Par quelle contradiction sont honorables et pendables chez les nations modernes, L, 266.

DUFAÏ, directeur du Jardin du Roi et du Cabinet d'histoire naturelle, à Paris. Vers et notice à son sujet, XII, 72.

DUFAUR (*Louis*), conseiller sous Henri II. Recommande la réforme des mœurs et la tolérance des religions, XXII, 95.—Est arrêté avec Anne Dubourg et impliqué dans son procès, *ibid.*—Interdit et mis à l'amende, proteste contre cet arrêt, qui est rayé et biffé, 97.

DUFOSSÉ (*Pierre-Thomas*), écrivain de Port-Royal. Auteur des *Mémoires* publiés sous le nom de *Pontis*, XIX, 178; XXXIX, 283.—Son récit de l'apparition de la mère Angélique, XXVI, 513.

DUFOURNI, auditeur des comptes. Continuateur de l'*Histoire généalogique des grands-officiers de la couronne*, du P. Anselme, XIX, 49.

DUFRESNE (*A.-A.*), acteur de la Comédie française. Joue le rôle d'*OEdipe* dans la tragédie de Voltaire qui porte ce nom, II, 9.—Son jugement sur cette pièce, LI, 193.—Son succès dans le rôle d'*Orosmane*, XII, 64.—Sa retraite du théâtre, LIV, 288, 311.—Des corrections qu'il fit ou fit faire au rôle de Vendôme, dans *Adélaïde du Guesclin*, et dont se plaignit l'auteur, LXII, 528, 540.—N'avait qu'une belle voix et un beau visage, LXX, 429.

DUFRESNE (Mᵐᵉ), née DE SEINE, femme du précédent, et actrice. Son billet *in articulo mortis*, LI, 269.—Notice, *ibid.*— Le rôle d'*Alzire* fut fait pour elle, LII, 174.

DUFRESNE (*Jeanne-Françoise*), actrice, et sœur du précédent. (*Voy.* QUINAULT-DUFRESNE.)

DUFRESNOI (*Charles-Alphonse*), peintre et poète. Auteur d'un poëme latin *de la Peinture*; Notice, XIX, 103.

DUFRESNOI (Mᵐᵉ), femme d'un commis du marquis de Louvois, et maitresse de ce ministre. Ce que Louis XIV fit pour elle, XX, 162.—Mise en scène dans l'*Ingénu*, XXXIII, 440.

DUFRESNY (*Charles Rivière*), auteur comique. Passait pour petit-fils de Henri IV, et lui ressemblait, XIX, 103. — Ses comédies, appréciées, *ibid.*—Mort pauvre, malgré la munificence de Louis XIV, *ibid.* — Mot de ce prince sur sa prodigalité, XII, 49. — Avilit ses talents dans la misère, *ibid.*, 54. — Mourut en poltron, LI, 125. — Mot qu'on en cite au sujet du nouveau Louvre, XXXII, 59. — Les *Lettres persanes* de Montesquieu sont une imitation de son *Siamois*, XIX, 162. — Regnard ne lui a point dérobé la comédie du *Joueur*, comme on l'a prétendu, 185. — Eloge de plusieurs de ses comédies, XXXVII, 368. — Jolie chanson qu'on en cite, 374. — Fut attaqué indignement par J.-B. Rousseau, 513.

DUGUAST, l'un des mignons de Henri III. Part qu'il eut à sa faveur et à ses débauches, X, 46.

DUGUAST (marquis de). (*Voy.* del VASTO.)

DUGUAY-TROUIN (*René*), l'un des plus grands hommes de la marine française. Notice qui le concerne, XIX, 103. — Homme unique en son genre; de simple matelot devient chef d'escadre, 499. — Prend beaucoup de vaisseaux marchands de Hollande et d'Angleterre, *ibid.* — Equipe une petite flotte pour le Brésil; prend aux Portugais Saint-Sébastien de Rio-Janeiro, XX, 97. — Sa mort, XIX, 104. — Ses *Mémoires*, 103; LIV, 151.

DUGUESCLIN (*Bertrand*). Etait un condottiero, IX, 377. — Passe en Castille au secours de Transtamare contre don Pèdre, son frère et son roi légitime, *ibid.*; XVI, 380. — Rançonne Urbain IV dans Avignon, IX, 377; XVI, 381.— Est défait et pris à Navarette par le prince Noir, *ibid.* — Se rachète, 382. — Est envoyé une seconde fois par Charles V en Espagne, IX, 378. — Défait don Pèdre auprès de Tolède, XVI, 382. — Devenu connétable, sauve la France envahie par les Anglais, 384.—Honneurs funèbres que Charles V lui rend, 385. — Note et vers qui le caractérisent, III, 319; x, 230.

DUGUESCLIN (un). Blessé à Fontenoi, XII, 135; XXI, 139.

DUGUET (*Jacques-Joseph*). L'une des meilleures plumes du parti janséniste, XIX, 104. — Son livre de *l'Institution d'un Prince*; ce qu'on en dit, *ibid.*; LIV, 174. — Son travail sur Isaïe, XIX, 104. — Sa mort, *ibid.*

DUHAILLAN. Anecdote historique qu'il a hasardée dans un de ses opuscules, XXVI, 304; XLIV, 466.

DUHALDE (*J.-B.*), jésuite. A donné la meilleure et la plus ample description de la Chine; Notice, XIX, 104. — Tragédie chinoise, tirée du recueil qu'il a publié, VI, 403.— Ses Mémoires, cités sur l'antiquité des monuments indiens, XLVII, 333.

DU HALLIER. L'un des assassins du maréchal d'Ancre, XVIII, 176.

DUHAMEL (*J.-B.*), secrétaire de l'Académie des sciences. Était théologien, quoique philosophe; Notice, XIX, 105.

DUHAMEL DU MONCEAU (*Henri-Louis*). Services qu'il a rendus à l'agriculture, XXI, 426. — Expériences où il a perdu sa peine et son argent, XXXIV, 41.

DUILLIER. (*Voy.* FATIO-.)

DUJARRY (l'abbé). A soixante-cinq ans, concourt pour le prix de poésie avec Voltaire, qui en avait dix-huit, I, 130; XII, 402. — Vers ridicules de son poëme, qui fut couronné, *ibid.* —Lettre, observations critiques et petite anecdote littéraire à ce sujet, XXXVII, 1 *et suiv.*; LII, 287. — Epigramme, XIV, 314.

DULAURENS (l'abbé). Auteur de l'*Arétin moderne*, LXII, 142. — De la *Chandelle d'Arras*, LXIII, 209.—Et du *Compère Matthieu*, *ibid.*; LXIV, 324. — Voltaire cherche à le faire passer pour l'auteur de son *Ingénu*, *ibid.*, 324, 346. — Raison présumée de cette fantaisie, 359. — Son poëme du *Balai*, 403. — Ce qu'en dit Voltaire, LXV, 39, 55. — Voltaire publie comme étant de lui sa *Relation du bannissement des jésuites de la Chine*, XLIV, 33.

DUMAGNON. A imprimé que le *Cinna* de Corneille était le portrait de la cour de Louis XIII, IX, 25.

DUMARSAIS (*César* CHESNEAU). A connu mieux que personne la métaphysique de la grammaire, et approfondi les principes des langues, XIX, 105. — Notice, *ibid.* — Courte analyse de son opinion sur les Galiléens, XLIV, 214. — Ses réflexions accablantes sur la destruction de Jérusalem, XLIX, 377. — Pourquoi était bon grammairien, XXVI, 11. — Pauvre et persécuté, reçoit une pension de M. de Lauraguais, *ibid.*; VII, 10. — Pourquoi le gouvernement ne lui donnait aucun secours, 11.— Fut l'un des coopérateurs de l'*Encyclopédie*, XIX, 105; XXIX, 396; XXXI, 414. — Discours qu'on lui prête contre la vénalité des charges, XLII, 4. — Lettre qui lui fut adressée en 1755, LVI, 760. — Avait enseigné la déclamation à Mlle Le Couvreur, 761. — Sa mémoire honorée par d'Alembert, LVII, 386, 397. — Anecdote sur ses derniers moments; il fit des simagrées à sa mort, 398; LXI, 274. — Cru l'auteur d'un ouvrage philosophique attribué d'abord à Saint-Evremond, XXVIII, 211; LXI, 217, 223, 227. — Anecdote qui le concerne, XLII, 638. — Passage singulier d'une pastorale de J.-G. Le Franc à son sujet, 639.

DUMAS D'AIGUEBERRE, ami de l'auteur, et depuis conseiller au parlement de Toulouse. Fragment d'une lettre en vers et en prose que lui écrit Voltaire, en 1726, à l'occasion de son voyage en Angleterre, XLVIII, 322. — Autre lettre, en 1743, sur *Mérope*, LIV, 524. — Autre, en 1749, au sujet de Mme Du Châtelet, LV, 355. — Est auteur de diverses pièces de théâtre; ce qu'on en dit, LIV, 525. — Notices, LI, 442; LIV, 524.

DUMÉNIL, avocat. Pourquoi fait le voyage de Russie en 1774; plaisanteries de Catherine II et de Voltaire à son sujet, LXIX, 82, 95, 142, 167. — Autre mention qu'on en fait, LXI, 199.

DUMESNIL (Mme), actrice de la Comédie française. Comment figure dans la satire le *Pauvre Diable*, XIV, 157.—Crée le rôle de *Sémiramis*, VIII, 191; LV, 201. — Questions et reproches dont elle est l'objet, LVI, 525; LVII, 93, 103. — En quels termes on en parle au sujet de *Mérope*, dont elle fit le succès, XL, 292; LIV, 525. — Anecdote qui la concerne, I, 477. — Ses passions malheureuses, LV, 502; LVI, 103; LX, 478. — Fut la première actrice en qui l'on vit le grand pathétique de l'action, XL, 293. — Scène de *Mérope* qu'elle fit supprimer à la première représentation, et qui n'a jamais été jouée, V, 191. — Lettre qui lui est adressée, en 1743, au sujet des difficultés qu'éprouvait le *Jules-César*, LIV, 548.

DUMOLARD, ami de l'auteur. Sa Dissertation sur les diverses tragédies d'*Electre*, VI, 255. — Part qu'y prit Voltaire, *ibid.*

— Placé par lui comme bibliothécaire auprès du roi de Prusse, en 1740; détails qui le concernent, LIV, 178, 182, 186, 207, 219, 242. — Renvoyé par ce prince, 317, 338. — Affection que lui porte Voltaire, LIX, 252. — Lettre qui lui est adressée, en 1761, au sujet de Mlle Corneille, 244. — Fut l'un des premiers auteurs de sa fortune, XLVIII, 363; LIX, 252; LX, 595. — Part qu'il eut à l'*Abrégé chronologique* publié par le président Hénault, LXVI, 524.

DUMONT (Mme). Vers adressés par elle à Voltaire, et réponse de celui-ci, XIV, 394.

DUMOULIN, célèbre médecin. Paroles remarquables qu'il adressa à des médecins avant de mourir, XXVIII, 20. — Autres, à ses héritiers, LXI, 339.

DUMOURIEZ (*Anne-François* DUPERRIER), père du général de ce nom qui a figuré depuis dans la révolution française. Ses vers à Voltaire, en lui adressant son imitation en vers du poëme de *Richardet*, XIV, 455. — Réponse qu'il en reçoit, *ibid.*

DUMOUSTIER DE LAFOND, capitaine d'artillerie, et membre de plusieurs académies. Fait imprimer les vers d'un *Antoine Dumoustier*, son aïeul, sur la mort d'un *René* AROUET, en 1499, LXX, 461. — Est lui-même auteur d'une Histoire de Londun; lettre qui lui est adressée en 1778, *ibid.*

Dunciade (la), de Pope. Appréciée, VII, 23. — Passage cité et critiqué, XL, 300.

Dunciade (la), de Palissot. Ce qu'on dit de ce poëme satirique, LXI, 366, 370, 371, 380. — Comment qualifié, 376. — Quelle est la meilleure imagination de tout l'ouvrage, XIII, 285. (*Voy.* PALISSOT.)

Dunes (bataille des). Gagnée par Turenne, XIX, 328.

Dunkerque (ville de). Prise par le duc d'Enghien, qui donne, le premier, cette place à la France, XIX, 275. — Reprise par les Espagnols, 318. — Les Anglais la bloquent par mer, et les Français par terre, 328. — Se rend à ceux-ci, qui la livrent aux Anglais, dont ils recherchaient l'alliance contre l'Espagne, XVIII, 325; XIX, 329. — Vendue par Charles II à la France, XVIII, 334; XIX, 355. — A quel prix, *ibid.* — Fortifiée par Louis XIV, 356. — Bombardée en 1694 par les Anglais, 495. — Leur est remise en 1712, pour garantie des engagements de Louis XIV, XX, 99. — Son port comblé, sa citadelle rasée, et ses fortifications démolies, en vertu du traité de paix d'Utrecht, 105, 109. — Et de celui de Paris en 1763, XXI, 340. — Embellissements qu'elle dut à ses malheurs, XX, 98.

DUNOIS (*Jean*, comte de). Fils naturel de Jean d'Orléans et de la comtesse d'Enghien, XI, 25. — Soutient la couronne de Charles VII, XVI, 415, 514, 520. — Entre contre Louis XI dans la Ligue du bien public, 514. — Rôle que l'auteur lui fait jouer dans le poëme de la *Pucelle*, XI, 25, 77 *et suiv.*; 115, 128 *et suiv.* — Note qui le concerne, au sujet de cette héroïne, X, 230.

DUNOYER (Mme), Française réfugiée en Hollande. Notice, I, 125. — Les *Lettres* publiées par elle sont supposées, ainsi que les prétendues aventures du chevalier de Bouillon, XXXIX, 289. — Cet ouvrage est méprisé des honnêtes gens, 244. — Autres détails qui la concernent, XX, 540.

DUNOYER (Mlle *Olympe*), fille de la précédente. Ses liaisons avec Voltaire, et publicité déshonorante qu'y donne sa mère, I, 125. — Le zèle du prosélytisme employé vainement pour l'enlever, LI, 29. — Lettres qui lui sont adressées en 1713 et 1714, 3 à 31. — Vers sur un déguisement, 9. — Mariée depuis à M. Winterfeld, XX, 540; XXXIX, 289. — Cadeau que lui fait l'auteur, LII, 304.

DUNSTAN, saint irlandais. Plaisanteries sur ses miracles, XXXIII, 383.

Du PAS. Brave officier, ignominieusement puni par Louis XIV pour avoir rendu la ville de Naerden au prince d'Orange, XIX, 409. — Se fait tuer un an après, comme volontaire, au siége de Grave, *ibid.*

DUPATY (*Charles-Jean-Bapt.* MERCIER), avocat-général à Bordeaux. Fait frapper une médaille de Henri IV; éloge de son éloquence et de sa générosité, LXV, 332, 400. — Idolâtre de la tolérance, LXVI, 244. — Lettre qui lui est adressée en 1769, pour le féliciter de sa haine contre le fanatisme, LXV, 398. — Autres en 1770; intérêt que lui porte l'auteur pendant sa détention au fort de Pierre-Encise, et ensuite son exil, LXVI, 454, 474, 522, 526. — Notes qui le concernent, et motifs de la rigueur dont il fut l'objet, 503, 522. — Bien qu'en dit l'auteur, LXX, 388.

DUPERRON (le cardinal). Exhorte Sulli à quitter le calvinisme; réponse célèbre qu'il en reçoit, X, 266. — Sollicite à Rome l'absolution de Henri IV; reçoit du pape Clément VIII la discipline et l'absolution pour ce prince, XXII, 184. —

Autres détails de la cérémonie qui eut lieu à ce sujet, XVIII, 367. — Sa conduite aux états-généraux de 1614; ses principes ultramontains; comment il oublia, dans cette occasion, ce qu'il devait au sang de Henri IV, 173. — Prétendait que l'Église peut déposer les rois, XX, 350, 526; XXII, 218; XLI, 81, 292. — Réfuté à ce sujet par un écrit de Jacques Ier, roi d'Angleterre, XX, 351. — Principes extraits fidèlement de son discours, XXII, 281. — Sa harangue, monument de bassesse et de perfidie, arrachée depuis des registres du clergé, sur l'inspiration de Bossuet, *ibid.* — Ce qu'il pensait de la *Bible*, XXXI, 44.

Dupeurs. On rit de les voir dupés, VIII, 387.

DUPEYROU (*Pierre-Alexandre*), ami de J.-J. Rousseau. Note qui le concerne, XLII, 253. — Rôle que Voltaire lui fait jouer dans les *Questions sur les miracles*, *ibid.*, 272, 286 *et suiv.*

DUPIN (la). Rôle qu'elle joue dans l'affaire qui fit citer le maréchal duc de Luxembourg devant la chambre ardente, XX, 178.

DUPIN (*Louis Ellies*), docteur de Sorbonne. Sa *Bibliothèque des auteurs ecclésiastiques*; Notice, XIX, 106. — Prétendus martyres qu'il a traités de fables ridicules, XII, 163.

DUPIN (*Claude*), fermier-général. Auteur d'*Observations sur l'Esprit des lois*, I, 53. — Notice concernant son épouse, LIV, 642.

DUPINET (*Antoine*). De son livre sur les *Taxes et Dispenses apostoliques*, et extraits qu'on en donne, XXXII, 316 *et suiv.*

DUPLEIX (*Scipion*). Le premier historien qui ait cité en marge ses autorités, XIX, 106. — Pourquoi on ne lit plus son *Histoire de France*, *ibid.*

DUPLEIX (marquis de). Services qui lui méritent le gouvernement-général de Pondichéri, XXI, 272. — Il propose la neutralité à la Compagnie anglaise, qui la refuse, *ibid.* — Jaloux de La Bourdonnais, casse la capitulation de Madras, et détruit la ville Noire, 274. — Fait signer des mémoires contre ce rival, 275. — Sauve Pondichéri assiégé par les Anglais, *ibid.* — Est fait grand-cordon de Saint-Louis, 276. — Prête de l'argent et des troupes à l'Arabe Chandasaëb, pour usurper la nababie d'Arcate, 312. — Les Anglais lui font la guerre au sujet de la protection qu'il accorde au souba ou roi de Décan, 313. — Présents qu'il reçoit; son faste, sa puissance, 314 *et suiv.* — Il veut faire assiéger la capitale du Maduré; vaincu, perd son armée, sa grandeur, ses richesses, 316. — Est rappelé; plaide à Paris contre la Compagnie des Indes, et meurt de chagrin, *ibid. et suiv.* — De sa faction dans l'Inde, et des malversations dont on l'accusa, LXII, 150. — Avant d'être nommé gouverneur de Pondichéri, avait équipé pour son compte quinze vaisseaux qui allaient dans tous les ports de l'Asie, XLVII, 353. — Notice de ses actions dans l'Inde, 308 *et suiv.*

DU PLESSIS (les). (*Voy.* RICHELIEU.)

DUPLESSIS DE LA HAUTERIVE. Auteur d'un poëme intitulé *la Religion d'accord avec la raison;* ce qu'on en dit, LIX, 589 *et suiv.*

DUPLESSIS-MORNAI. (*Voy.* MORNAI.)

DUPONT (*Pierre-Samuel*) de Nemours. Lettres qui lui sont adressées, en 1763, sur sa réfutation de la *Richesse de l'État*, LXI, 120. — En 1769, sur l'agriculture et le poëme des *Saisons*, LXV, 466. — En 1770, sur la Compagnie des Indes et sur le système de Law, LXVI, 344. — En 1775 et 1776, sur divers objets d'économie politique, LXIX, 363, 395, 517, 523, 561, 565; LXX, 1. — Défense de Louis XIV contre ses *Éphémérides du citoyen*, XLVI, 404. — Diatribe qui lui est adressée, XLVIII, 102.

DUPONT, avocat à Colmar, et homme de lettres. Recommandé par Voltaire, LVI, 561. — Et par madame Denis, 563. — Entre au conseil du duc de Wurtemberg, LXII, 63, 90. — Correspondance de l'auteur avec lui, de 1753 à 1776, restée jusqu'alors inédite. (Voy. *Tabl. part.* de LVI à LXX.) — Lettre de lui à Voltaire, LVI, 570. — Notice, 348.

DUPONT-QUELLENEC (*Charles*). Épouse l'héritière de la maison de Soubise, dont il prend le nom, X, 93. (*Voy.* SOUBISE.)

DUPORT D'ANVILLE, supérieur des sulpiciens. Sa conduite ridicule en Sorbonne, à l'occasion de la fameuse thèse de l'abbé de Prades, XXXIX, 543.

DUPRAT (*Antoine*), chancelier et ministre de François Ier. Conclut avec les ministres de Léon X ce fameux traité auquel on a donné le nom de *concordat*, XVII, 310. — Nommé archevêque de Sens par la mère de François Ier, régente pendant la captivité de ce monarque; le parlement s'oppose à cette nomination,

XXII, 67. — Prostitue la magistrature, et met à l'encan les charges de conseiller, 69. — Mandé au parlement, dont il était le chef, 71. — Etait en horreur pour son concordat et ses vexations, 72. — Conseille les poursuites contre le connétable de Bourbon, 73. — Homme dur, autant que servile, fait condamner comme traîtres ce prince et ses amis, et prononce lui-même leur arrêt, 77; XVII, 201. — Fut depuis élevé au cardinalat, 310.

DUPRAT (*Guillaume*), évêque de Clermont, fils naturel du chancelier-cardinal. Demande qu'il fait au concile de Trente, XVIII, 81. — Son legs aux jésuites, XXII, 118.

DUPRÉ, jésuite. Ses menées pour faire condamner en Sorbonne la thèse de l'abbé de Prades, XXXIX, 535 *et suiv.*

DUPRÉ, petit-fils d'un Français réfugié par suite de la révocation de l'édit de Nantes. Nommé gouverneur de Pondichéri par les Anglais, après la reddition de cette ville, la fait raser, XLVII, 395.

DUPRÉ DE SAINT-MAUR. Persécuté pour la peine qu'il prit d'enrichir notre littérature des chefs-d'œuvre de la littérature anglaise, XLVIII, 409. — De sa traduction du *Paradis perdu*, X, 482; XXIX, 172, 180. — De la réponse qu'il fit au discours de réception de Le Franc de Pompignan à l'Académie française, XL, 348; XLI, 414.

DUPUI-MONTBRUN. (*Voy.* MONTBRUN SAINT-ANDRÉ.)

DUPUIS, auteur de l'*Origine de tous les cultes*. Son système sur les signes du Zodiaque, XV, 48, 49.

DUPUITS (*Claude*), cornette de dragons. Son mariage avec mademoiselle Corneille, en 1763, LX, 519, 521, 524, 533, 552 556, 560, 562. — En 1765, Voltaire sollicite pour lui une compagnie, LXII, 178. — Lettre qui lui est adressée en 1768, LXV, 275.

DUPUITS (Mme), femme du précédent. Accompagne Mme Denis à Paris, lors de la séparation de cette dame d'avec son oncle, en 1768; note à ce sujet, LXV, 5, 11, 14. (*Voy.* Mlle CORNEILLE.)

DUPUY (*Pierre*). Très savant homme, dont la science fut utile à l'état, XIX, 106. — Fit l'inventaire des chartres, débrouilla la loi salique, et défendit les libertés de l'Église gallicane, *ibid.* — Son *Histoire des Templiers*, et ce qui en résulte pour cet ordre, *ibid.*

DUPUY (*Raimond*), grand-maître et instituteur de la milice des templiers. Notice, XVI, 172.

DUPUY (*Louis*), secrétaire perpétuel de l'Académie des inscriptions et belles-lettres. Lettre qui lui est adressée en 1764, LXI, 525. — Notice, *ibid.*

DUPUY (Mme), née *Louise* MENON, femme du précédent. Étant encore demoiselle, avait consulté l'auteur sur les livres qu'elle devait lire; lettre qu'elle en reçut en 1756, et note à ce sujet, LVII, 90.

DUPUY (Mme), née L'ESTANDUÈRE. Lettre qui lui est adressée en 1769, LXVI, 109. (*Voy.* L'ESTANDUÈRE.)

DUQUESNE (l'amiral). Homme singulier, parvenu au commandement par son seul mérite; remporte un avantage sur Ruyter, dans les mers de Sicile, XIX, 433. — Bat les flottes espagnole et hollandaise, à la bataille d'Agouste, 434. — Et après la mort de Ruyter, *ibid.* — Bombarde Alger, 446. — Et ensuite Gênes, 452. — Pourquoi fut mal récompensé, et réponse remarquable qu'il fit à ce sujet à Louis XIV, 435. — Inscription sur son tombeau, *ibid.*

DUQUESNE, neveu du précédent. Obligé de s'expatrier lors de la révocation de l'édit de Nantes, se retire en Suisse, où il porte le corps de son père, qu'il y fait enterrer en secret, XIX, 435. — Forme une colonie de réfugiés français au cap de Bonne-Espérance, XX, 387.

DURANCY (Mlle *Madeleine-Céleste* de FROSSAC, connue sous le nom de), actrice de la Comédie française. Ses succès prophétisés par l'auteur, LVIII, 517; LXIII, 380; LXIV, 107. — En quels termes il en parle, LXIII, 415; LXIV, 243. — Rétablit dans *Zulime* et dans *Tancrède* les rôles tronqués par Clairon, LXIII, 488. — Comment l'auteur voulait qu'elle jouât le rôle d'Obéide dans la tragédie des *Scythes*, LXIV, 16, 29, 37, 88, 91, 166. — Ses querelles avec Mlle Dubois, 378, 397. — Sa retraite, 402, 403. — Notice, LXIII, 403.

DURAND (*David*), continuateur de l'*Histoire d'Angleterre* de Rapin de Thoiras. Ce qu'on en dit, XX, 37. — Auteur d'une *Vie de Vanini*, XLIII, 484.

DURAND (Mlle). Anecdotes mensongères qu'elle a publiées sur Grégoire VII, le cardinal de Richelieu, la princesse de Condé et la marquise d'Urfé, XXXIX, 289. — Notice, *ibid.*

DURANTI, premier président du parlement de Toulouse. Égorgé par la populace de cette ville, au temps de la Ligue, XXII, 151.

DURAS (*Jacques-Henri* de DURFORT, duc de), neveu du vicomte de Turenne. Maréchal de France immédiatement après la mort de son oncle, XIX, 23. — Commande réellement l'armée de Monseigneur, fils de Louis XIV, en Allemagne, 479. — Mort en 1704, *ibid.*

DURAS (*Jean-Baptiste* de DURFORT, duc de), fils du précédent. En 1741, est fait maréchal de France, XIX, 23.—Sa mort, en 1770, *ibid.*

DURAS (*Emmanuel-Félicité*, duc de), fils du précédent. Cité dans le *Poëme de Fontenoi*, XII, 136. — Chargé de faire les honneurs au roi de Danemarck en 1768, lui tient d'étranges discours, LXV, 278, 300.—Maréchal de France en 1775, XIX, 23.—Mort en 1789, *ibid.*— Notice, LIV, 529, 566.

DURAZZO (*Charles* de). Complice du meurtre du roi André, à Naples, a la tête tranchée, XVI, 308.

DURAZZO (*Charles*). Surnommé *le Petit*, XVII, 163. — Adopté par Jeanne Ire de Naples, se ligue contre elle avec Urbain VI, XVI, 309, 310; XXIII, 355. — Entre dans Naples, et la fait étouffer, *ibid.*; XVI, 311. — Emprisonne le pape Urbain VI, au lieu de partager le royaume de Naples avec lui, 322. — Se fait couronner roi de Hongrie, XVII, 163. — Y est assassiné par ordre et sous les yeux d'Élisabeth de Bosnie et de sa fille Marie, dont il possédait la couronne, 164; XVI, 323, 455. — Autres détails qui le concernent, XXIII, 355.

DURAZZO, sénateur génois. Accompagne à Versailles le doge Lescaro venant faire réparation à Louis XIV, XIX, 451.

Durée (la). Considérée comme attribut de Dieu; sentiments de divers philosophes à ce sujet, XXXVIII, 19 *et suiv.;* 457.

DU RESNEL (l'abbé). Entreprend la traduction en vers des *Essais de Pope sur la Critique*, et *sur l'Homme*, LII, 83, 349. — Son séjour chez Voltaire en 1737, 547. — Lettres qui lui sont adressées, de 1733 à 1739. (Voy. *Tabl. part.* de LI à LIII.) — Sa mort, en 1761; ce qu'on en dit, et inscription pour son portrait, LIX, 457. — Lettre où Voltaire avoue avoir fait la moitié de ses vers, LXV, 354.

DUREY DE MEYNIÈRES, président des enquêtes. Ce qu'il écrit à Voltaire, au sujet du *Siècle de Louis XIV*, et des mau-

vaises dispositions du parlement à son égard, LXVII, 343. — Notice qui le concerne, LIII, 436.

DUREY DE MORSAN (J.-M.), frère de Mme de Sauvigny. Persécuté et proscrit par sa famille, qui le fait interdire; détails de ses malheurs et de ses faiblesses; obligations qu'il a à Voltaire, LXIV, 534; LXV, 301, 326, 335, 397; LXVI, 121, 133, 154 *et suiv.*, 158, 184. — Lui sert quelque temps de copiste, LXVII, 391; LXVIII, 29, 32. — Se retire à Lausanne; sa conduite singulière, LXIX, 146 *et suiv.* — Auteur du prétendu *Testament d'Alberoni*, XXIX, 254; XXXIX, 520. — Inscription latine qu'il fit pour le portrait de J.-J. Rousseau, et anecdote y relative, XIV, 492. (*Voy.* SAUVIGNY.)

DURFORT (*Gui-Alphonse* de). (*Voy.* duc de LORGES.)

DURING, jeune Suédois. Accompagne Charles XII, à son retour de Turquie, de Tergovitz à Stralsund, XXIV, 304. — Stratagème qu'il emploie pour que le prince ne se sépare point de lui, 305. — Tué à Rugen, 323.

DURÔST (le capitaine). Personnage genevois qui figure dans les *Questions sur les Miracles*, XLII, 200, 204, 209, 344.

DUROURE. (*Voy.* ROURE DE COMBALET.)

DURYER (*André*). Long-temps employé à Constantinople et en Égypte; auteur d'une traduction de *l'Alcoran* et de *l'Histoire de la Perse*, XIX, 106.

DURYER (*Pierre*), historiographe, auteur dramatique, et traducteur. Notice, XIX, 107.—Vers qu'on cite de son *Scévole*, II, 135. — Cette pièce, retouchée, pourrait obtenir un grand succès, IX, 125. —Ce qu'on en dit, LXX, 114.—Autres vers de son *Alcyonée*, cités et parodiés, XIX, 296; XX, 516.

Du SAUZET, jésuite apostat en Hollande. Lettre qui lui est adressée, LIII, 231.— En quels termes en parle l'auteur, et somme qu'il lui fait remettre pour un service rendu, 353.

DUSSOL (*Louis*). Son singulier procès de succession en 1778, et réflexions à ce sujet, LXX, 411.

DUTENS (*Louis*). Auteur du *Tocsin*, libelle contre les philosophes, XXXII, 295; LXVIII, 61.—Demi-savant, et l'un des plus grands détracteurs du dernier siècle, *ibid.* —Auteur de recherches sur l'*Origine des découvertes* attribuées aux Modernes, LXIII, 405; LXV, 113.—Note extraite de ses *Mémoires* sur un prétendu *Testament* de Pierre Ier, xxv, 385.—Autres détails à son sujet, XLVI, 603 *et suiv*. — Lettre qui lui fut adressée, en 1764, sur son édition des OEuvres de Leibnitz, LXII, 81. —Autre, en 1768, sur le même sujet, LXV, 113.—Notice, *ibid*.

DUTERTRE, notaire à Paris. Lettres qui lui sont adressées, en 1777, sur des affaires d'intérêt, LXX, 215, 303.

DUTEIL (Mlle). Par quelle infidélité possède un manuscrit imparfait de la *Pucelle*, LVI, 538, 541. — Proposition que lui fait faire l'auteur, pour retirer de ses mains le chant de l'*Ane*, 588, 628.

DUTILLET, greffier au parlement. Procède, en qualité de commissaire, contre le prince de Condé, x, 82.

DUTOT. Auteur d'un excellent ouvrage sur les finances, XXXVIII, 536.—Examen détaillé qu'en fait Voltaire, *ibid. et suiv*.

DU TREMBLAI (*Joseph*), capucin, agent du cardinal de Richelieu. (*Voy*. JOSEPH.)

DU TROUSSET DE VALINCOURT. (*Voyez* VALINCOURT.)

DU VAIR (*Guillaume*), conseiller au parlement. Siége aux états-généraux de 1593, XXII, 167.—Négocie la reddition de Paris à Henri IV, 175.

DU VAIR, garde-des-sceaux sous Louis XIII. Anecdote à son sujet, XXII, 224.

DUVAL, docteur de Sorbonne. Accrédite à Paris la farce de la démoniaque de Romorantin, XXII, 193.—Est assigné par le parlement, *ibid*.

DUVAL (*Valentin* JAMERAY-), bibliothécaire de l'empereur François Ier. De paysan devenu un savant homme, LII, 36.—Comment parvint à avoir les premiers éléments d'astronomie, XXVII, 146.

DUVAL DE SAUCOURT (*Nicolas-Pierre*), lieutenant particulier et assesseur du présidial d'Abbeville. Instigateur secret de l'assassinat juridique du chevalier de La Barre, XLII, 364.—Motif de sa haine contre lui et contre l'abbesse de Villancourt, sa parente, *ibid.*; XLVIII, 126; LXIX, 268.—Fut l'un de ses juges, XLVIII, 129.—Autres détails sur la part qu'il prit à ce procès, XLII, 367 *et suiv*. (*Voy*. BELLEVAL.)

DUVAL-LEYRIT, gouverneur de Pondichéri pour la Compagnie des Indes. (*Voy*. LEYRIT.)

DUVERGER DE HAURANNE, abbé de Saint-Cyran. Regardé comme le fondateur de Port-Royal, XLII, 462. — Auteur d'un *Traité sur le suicide*, qu'il permet dans certains cas, *ibid.*; L, 268. — Ami de Jansénius, et partisan de sa doctrine; homme aussi ardent qu'écrivain diffus et obscur, XX, 406.—Eut pour disciple le fameux Arnauld, avec lequel il gouverna les deux maisons de Port-Royal, 412.

DUVERGER DE SAINT-ÉTIENNE (comte). (*Voy*. SAINT-ÉTIENNE.)

DUVERNET (l'abbé *Théophile*). Lettre qui lui est adressée, en 1765, au sujet des jésuites, dont Voltaire l'invite à écrire l'histoire, LXII, 292.—Autres, de 1771 à 1773, contenant des notes sur l'auteur, dont il se proposait d'être l'historien, LXVII, 275, 334, 373, 390, 479; LXVIII, 15, 291.—Avis que Voltaire lui fait donner sur son travail, LXVII, 409.—Autres lettres, de 1774 à 1777, LXIX, 20, 289; 534; LXX, 276.— Pourquoi on lui attribue la *Lettre d'un théologien*, qui était de Condorcet, LXIX, 49, 51, 53, 78, 79. —De sa *Vie de Voltaire*, et d'une anecdote inexactement rapportée par lui, au sujet des désagréments qu'éprouva l'auteur à Berlin, I, 379.—Autre, très suspecte, relativement à une prétendue confidence de Frédéric au baron de Pollnitz, 389.—Notes qui le concernent, LXII, 292; LXVII, 290.—Est auteur de *Réflexions critiques sur la tragédie*, au sujet des *Lois de Minos*, IX, 277; LXVIII, 291.

DUVERNEY. (*Voy*. PARIS-DUVERNEY.)

DUVOISIN (Mme), fille cadette de madame Calas. Voltaire lui écrit, en 1772, sur le triomphe entier de la famille Sirven, LXVII, 338.—Notice, *ibid*.

Dynastie. Étymologie de ce mot, et sens dans lequel il est employé, XXXIV, 296.

E

E (l') muet. Forme la douce harmonie de notre langue, XXVIII, 356; LIX, 267. — A des effets désagréables dans la musique, XIX, 223; LXIII, 533.

Eau. Expérience de sa prétendue transmutation en terre, XXVII, 195; XXXVII, 419; XXXVIII, 52, 357; XLIV, 287. — Considérée comme élément, quelle est son essence, 289.

Eau bouillante. Image du feu d'amour, quand il agit en nous; comparaison poétique, XI, 318, 375.

Eau de jalousie. Sorte d'épreuve en usage chez les Juifs, et dans quel cas, xv, 456; xxviii, 70; xxix, 192; xlvii, 461; xlix, 149.

Eaux fluviales. Troublées par les vents, comparaisons poétiques, x, 150; xii, 164.

Eaux minérales. Voltaire ne croit pas à leurs merveilles; plaisanterie à ce sujet, lxvi, 249.

Ebbon, archevêque de Reims. Dépose Louis-le-Débonnaire, son souverain et son bienfaiteur, et lui impose une pénitence publique, xv, 464; xxiii, 76. — Est déposé à son tour, mais seulement dans la sacristie, xv, 466; xxiii, 76.

Ébionites. Ce que signifie ce nom, xx, 173. — Ennemis de saint Paul, répandent des diffamations contre lui, xxvi, 500. — Supposent des *Actes des Apôtres*, xlv, 334. — Leur évangile; ce qu'on en cite, 347. — Quand se confondirent avec les Nazaréens, xlvi, 85.

Éboli (princesse d'), maîtresse de Philippe II, roi d'Espagne. Anecdote à son sujet, x, 47; xviii, 33.

Ecclésiaste (l'). Précis en vers de ce livre par Voltaire, xii, 205 *et suiv.* — Préface du nouvel éditeur, 207. — Dédié au roi de Prusse, 209. — En quoi précieux, qu'il soit on non de Salomon, 210. — Morale qu'il renferme, *ibid.* — Pourquoi on n'a pu, dans la traduction, employer le style dans lequel il est écrit, *ibid.* — Cet ouvrage apprécié par Condorcet, i, 220. — Des maximes qui y règnent, xxxii, 166. — Pourquoi les critiques ont peine à se persuader que Salomon en soit l'auteur, 167. — En quel temps et par qui nombre de savants prétendent qu'il fut écrit, *ibid.*; xlviii, 259. — Passages qu'on en cite contre l'immortalité de l'ame, xii, 219; xxxv, 362; xlii, 303 *et suiv.*; lxviii, 78. — Ce livre tout épicurien; pourquoi est sacré parmi nous, *ibid.* — Bel emblème cité et expliqué, xxix, 80.

Ecclésiastiques. Leurs mœurs au troisième siècle; reproches que leur font saint Cyprien, Charlemagne et l'abbé Trithème, xxvi, 32 *et suiv.* — De leur ministère, xxviii, 468. — Ne sont pas l'Église, 469. — De leurs possessions ou revenus, 471. — De leurs assemblées, 475. — Ne peuvent infliger que des peines uniquement spirituelles, 481. — De leur juridiction, 489. — Erreur qu'on a faite dans la distinction de leurs délits en communs et en *privilégiés*, xxxi, 521. — Doivent être entièrement soumis à la justice du roi, comme les autres citoyens, 525. — Combien on en comptait vers 1700, tant réguliers que séculiers, en France et à Rome, xvii, 340. — En Espagne et en Portugal, *ibid.* (*Voy. Abbés, Clergé, Moines, Prêtres*, etc.)

Échange (l'), ou *Quand est-ce qu'on me marie?* comédie en trois actes et en prose, iv, 13 *et suiv.* — Est la même pièce que le *Comte de Boursoufle*, et, quoique désavouée par l'auteur, est certainement de lui, 3 *et suiv.*; xxvi, 329; lix, 275. — Jouée à Cirei en 1734, iv, 3. — Et à Anet en 1747; prologue dialogué à cette occasion, et dans lequel figure l'auteur, 7 *et suiv.* — Notes et variantes contenant un autre dénouement, 60 *et suiv.*

Échard (*Laurent*). Son *Histoire romaine*, fautive et tronquée, viii, 106; xxvii, 207, 431. — Honteux passage de son continuateur, xxxvi, 414.

Échecs (jeu des). Inventé par les Indiens; est allégorique comme leurs fables, xv, 76, 289.

Éclairage public. Vers descriptifs, xii, 9. — Avant le 14e siècle, la bougie était inconnue et la chandelle un luxe, xvi, 418. — Comment on s'éclairait alors, *ibid.*

Éclaircissements historiques à l'occasion d'un libelle calomnieux contre l'*Essai sur les mœurs*, publiés par Voltaire sous le nom de Damilaville, xli, 38 *et suiv.* — Additions qu'y fait celui-ci, 85. (*Voy.* Damilaville *et* Nonotte.)

Éclaircissements historiques sur Charles XII, xxiv, 1 *et suiv.*

Éclaircissements nécessaires sur les *Éléments de la Philosophie de Newton*, xxxvii, 397 à 410.

Éclairs. Leurs effets dans une profonde nuit; vers à ce sujet, x, 182, 242; xi, 145.

Éclipses. Celle qu'on prétend être arrivée à la mort du Christ, supposée, d'après le calcul des astronomes, xxviii, 330; xlix, 481; l, 443. — Ce qui a donné cours au sentiment qu'elle a existé, xxviii, 497. — Les annales de la Chine n'en font aucune mention, 331, 502. — De l'éclipse centrale du soleil, calculée à la Chine, 2155 ans avant l'ère vulgaire, xxx, 195. — Les livres chinois en rapportent une suite de trente-six, xv, 257.

Écliptique (l'). Observations sur son

obliquité, xxvii, 240; xxxviii, 571.

École des femmes (l'), comédie de Molière. Notices et observations critiques y relatives, xxxviii, 412. — Critique de cette pièce, autre comédie du même, 413. — Imitation anglaise qu'en a faite Wicherley, xxxvii, 234.

École des Maris (l'), comédie de Molière. Notice y relative; le dénonement est le meilleur de toutes les pièces de l'auteur, xxxviii, 408.

École militaire. Pâris-Duverney en fut le vrai fondateur, xxi, 36; xlvi, 418; xlviii, 16; lvii, 59, 110. — Est le plus beau monument du règne de Louis XV, que l'impératrice Marie-Thérèse a imité depuis, xxi, 354.

Économie. Acception ordinaire de ce mot, xxviii, 504. — *Parler par économie* : ce qu'on entend par cette expression; exemples divers qui l'expliquent, xv, 212; xxviii, 521.

Économie domestique. Celle de la campagne fournit les trois seules choses dont les hommes aient un vrai besoin, xxviii, 504. — Que la vie patriarcale ne convient nullement à la température de notre air, *ibid.* — Différence entre l'économie de la campagne et les illusions des villes, 508. — Singulière lettre de Mme de Maintenon à ce sujet, 509; xxxiv, 9. — Ce que valait le marc d'argent à cette époque, xxviii, 511.

Économie politique ou *publique*. En quoi consiste, xxviii, 512. — Quels obstacles elle rencontre souvent, *ibid.* — Exemple qu'on en présente dans le gouvernement d'Angleterre, *ibid. et suiv.* — Des pays où elle n'offre point de ressource, quels qu'en soient les administrateurs, 516. — Autres où il arrive tout le contraire; la France prise pour exemple, 517. — Considérations générales, *ibid. et suiv.* — C'est en France et en Angleterre que l'économie publique est le plus compliquée, 520. — Quand les peuples de l'Europe commencèrent à connaître de nouveaux besoins, xli, 179.—Autres réflexions à ce sujet, xlvi, 415 *et suiv.* — *L'Homme aux quarante écus*, dirigé contre l'esprit de système introduit dans cette science, xxxiv, 3. — Livres pseudonymes qui en ont traité, xxvi, 125.

Écossais (les). Leurs mœurs et leurs lois, xxi, 202. — Leur attachement à la maison des Stuarts, 203. — Leur inimitié contre les Anglais, *ibid.*; xvi, 350; xvii, 198.

Écossaise (l') ou *le Café*, comédie de Voltaire, vii, 25 *et suiv.* — Noms supposés sous lesquels elle a été publiée, 1. — Dédiée à M. de Lauraguais, 8. — *Requête de Jérôme Carré aux Parisiens*, plaisanterie contre Fréron, publiée la veille de la première représentation, 17. — Succès de cette pièce, et anecdotes à ce sujet, 21; xii, 260; xiii, 81; lviii, 527; lxv, 230. — Notes et variantes, vii, 108 *et suiv.* — A quel genre elle appartient, 14. — Traduite en anglais, et jouée sur le théâtre de Londres, xxvi, 333; xlviii, 363; lxv, 240. — Détails sur cette pièce, et sur les démarches de Fréron pour en empêcher la représentation, lviii, 467, 469, 483, 498, 528. — Préface du nouvel éditeur, vii, 3. — Préface de l'auteur, 12.

Écosse (l'). Subjuguée trois fois par Édouard Ier, et trois fois soulevée, xvi, 257, 350.—Son royaume rétabli par Robert Bruce, 352.—Édouard III la dompta et ne put la garder, 354; xvii, 168. — Son état au 16e siècle, *ibid.* — Comment le calvinisme s'y établit, 307. — Guerre civile sous Marie Stuart, 308; xviii, 52. — Conquise et réunie à l'Angleterre par Cromwell, 319 *et suiv.* — Comment contribue à la puissance de son ancienne rivale, xx, 56. — Tentative d'une descente par Louis XIV, en 1708, pour y replacer le fils de Jacques II sur le trône, 64 *et suiv.* — Autre tentative, en 1746, en faveur du prince Édouard, xxi, 219 *et suiv.* — Elle fut redoutable, tant qu'elle ne se vendit point; vers épigrammatiques sur sa pauvreté, xvii, 168; xxvii, 391.

Écrasons l'infâme. Ce que Voltaire entendait par ces expressions, qui terminent une grande partie de ses lettres à Damilaville et à d'Alembert, liv, 237; lx, 452; lxi, 265. — Anecdote plaisante à ce sujet, lxiv, 545 *et suiv.*

Écriture (l'). Est un des grands raffinements de la société perfectionnée, xvi, 221. — Est la peinture de la voix; plus elle est ressemblante, meilleure elle est, xxxi, 332. — A commencé

Tome I. 32

par des figures, des hiéroglyphes et des symboles, xv, 87, 97; xli, 300. — Par qui fut inventé l'alphabet, xv, 45, 59, 98. — Était inconnue en Amérique, lors de sa découverte, 11. — Ainsi que chez les Tartares conquis par Gengis, dont toutes les lois furent promulguées de bouche, xvi, 221 — Et rare encore en Europe au 12e siècle, xv, 87. — Long-temps inconnue dans tout le Nord, xxv, 29. — L'écriture en chiffres; à quelle occasion fut imaginée, xxxi, 490. (Voy. *Alphabet* et *Chiffres*.)

Écriture sainte (l'). Deux manières de l'interpréter, figurément et dans un sens mystique, xliii, 278. — Pourquoi ne doit jamais être mêlée dans les disputes philosophiques, 279. — Dans quel esprit il faut la lire, 278, 282; xlix, 44, 180. — Contradictions apparentes qu'on y trouve, xxviii, 209 *et suiv.* — En matière de physique, s'est toujours proportionnée aux idées reçues, xxxvii, 64. — Abus qu'en ont fait ceux qui combattent la raison par l'autorité, xxxviii, 87. (Voy. *Bible.*)

Écrivains. Caractères auxquels on peut reconnaître ceux des diverses nations, x, 408. — Qualité dominante des écrivains français, 491. — Écrivains recommandables et chéris, vers à ce sujet, xi, 291. — Quel est le loyer de quiconque ose écrire, xiii, 178. — Des calomnies contre les écrivains de réputation, xxxviii, 343. — Pourquoi il est intéressant de relever les petites fautes des grands écrivains, liii, 609. — Une des raisons qui font lire les écrivains français dans toute l'Europe, c'est qu'ils rendent justice à toutes les nations, xvii, 393. — Catalogue de la plupart de ceux qui ont paru dans le siècle de Louis XIV, xix, 47 *et suiv.* — Préjugés populaires auxquels les écrivains sacrés ont daigné se conformer par condescendance, xv, 208. — Que les écrivains du siècle de Louis XIV ont eu de la force, et qu'aujourd'hui l'on cherche des contorsions, xlii, 658. — Des écrivains de parti, xliv, 431. (Voy. *Auteurs* et *Gens de lettres.*)

Écrouelles. Pourquoi appelées *maladie divine*, xxviii, 529. — Quand on commença d'attribuer à des princes le privilége de les guérir; anecdotes à ce sujet, xvi, 40; xxviii, 529 *et suiv.;* lxix, 301. — Saint Louis les a touchées, xvi, 40. — Et Jacques II d'Angleterre, lorsqu'il était réfugié en France, xix, 467. — Guillaume III a renoncé à ce miracle, xv, 150; xvi, 41. — Anecdotes sur celles qu'a touchées Louis XV, *ibid.* — Cette mode sacrée discréditée par le raisonnement, xxviii, 531.

Écueil (l') *du sage.* Titre sous lequel fut d'abord représenté le *Droit du seigneur*, comédie de Voltaire, vii, 213; lix, 572. (Voy. *Droit du seigneur.*)

ÉDELINCK (*Gérard*). Graveur célèbre dont les estampes ornent les cabinets des curieux; Notice, xix, 232.

Éden ou *Æden*, jardin, lieu de délices, situé dans l'Arabie Heureuse, xv, 69. (Voy. ADAM.)

Édesse (ville d'), en Mésopotamie. Baudouin, l'un des chefs des croisés, s'en empare, et s'y forme un petit état, xvi, 167. — Du prétendu commerce épistolaire d'un roi de ce pays avec Jésus-Christ, xv, 360, 368; xliii, 124; xliv, 175. (*Voy.* ABGARE.)

Édimbourg, ville d'Écosse. Prise par le prince Charles-Édouard, qui s'y fait proclamer et reconnaître, xxi, 205. — Son château, seule place véritablement forte du pays, 209. — Reprise par les Anglais, 217, 219.

Édit de Nantes (l'). Rendu par Henri IV en faveur des protestants, xxii, 195. — N'était au fond qu'une confirmation des priviléges qu'ils avaient déja obtenus des rois ses prédécesseurs, les armes à la main, xx, 370. — Sa promulgation en 1598, *ibid.* — Ne fut qu'un traité de paix entre les sectateurs des deux religions, xxii, 199. — Effets de sa révocation par Louis XIV en 1685, xx, 385, 387; xxxiii, 415; xxxix, 23 *et suiv.;* xlvii, 597 *et suiv.* — Cette révocation regardée comme une des grandes plaies de l'état, 594. — L'apologie qu'en a faite Caveyrac, réfutée par Voltaire, 595 *et suiv.* — Autres observations sur le même sujet, xli, 372 *et suiv.* (*Voy.* CAVEIRAC et *Protestants.*)

Éditeurs. En quoi ressemblent aux sacristins, xlviii, 266. — Et à des corbeaux, 270. — Ne doivent pas tirer de l'oubli de mauvais ouvrages que l'auteur y a condamnés, LVI, 75. — Conseils qu'on leur donne, LIII, 233; LXV, 33. (Voy. *Libraires.*)

ÉDITH, femme de Loth. Sa métamorphose en statue de sel n'est qu'une allégorie, XLIII, 278. — Commentaire à ce sujet; son aventure comparée aux fables d'Eurydice et de Niobé, XLIX, 48.—Saint Irénée et Tertullien ont prétendu que, malgré sa métamorphose, elle avait conservé toutes les marques de son sexe, XXVII, 134; XXXIV, 297; XLVIII, 500; XLIX, 48.

Édits et *Ordonnances des rois de France.* Quand s'introduisit l'usage de les enregistrer au parlement, XXII, 53. — *Édits de Louis XVI pendant l'administration de Turgot :* opuscule apologétique de ce ministre, par Voltaire, XLVIII, 155 *et suiv.*

ÉDOUARD, roi d'Angleterre, appelé *le Saint*, ou *le Confesseur.* Son vœu de chasteté; sa canonisation, XVI, 40. — Le premier roi qui, selon les moines, eut le don de guérir les écrouelles; ses prétendus miracles, *ibid.* — Guerre pour sa succession, 42.

ÉDOUARD Ier, roi d'Angleterre. S'unit avec Adolphe de Nassau contre la France, XXIII, 281.—Lui donne de l'argent pour faire la guerre, mais n'entreprend rien, *ibid. et suiv.* — Son royaume fut aussi heureux sous lui que les mœurs d'alors le permettaient, XVI, 257. — Pays auxquels il renonce, et ceux qu'il gagne, 350. — Est ajourné par les pairs de France, L, 622. — Il conquiert l'Écosse et ne peut la garder, XVI, 257, 350. — Donne au parlement d'Angleterre la forme qu'il a encore aujourd'hui, 351.—Meurt lorsqu'il allait conquérir pour la quatrième fois l'Écosse, *ibid.*

ÉDOUARD II, roi d'Angleterre, fils du précédent. Abandonne les projets de son père pour se livrer à d'indignes plaisirs, XVI, 351. — Ses favoris irritent la nation, et surtout sa femme Isabelle, qui lève l'étendard contre lui, *ibid.* — Il est enfermé dans la Tour de Londres, et déposé solennellement, 353. — Soupçons sur sa mort, *ibid.* — Son arrêt de déposition en contradiction avec la loi salique d'Angleterre, XXVIII, 205.

ÉDOUARD III, roi d'Angleterre. Mené en France par sa mère Isabelle, XVI, 352. — Couronné à quatorze ans, 353. — Fait périr Mortimer, amant de la reine sa mère, qu'il fait enfermer, *ibid.* — Conquiert l'Écosse, 354. — Ne peut la garder, XVII, 168. — Prétend, du chef de sa mère, à la régence de France, XVI, 357. — Rend hommage à Philippe de Valois, puis prend le titre de roi de France, 358. — Son traité à ce sujet avec Jacques d'Artevelt, brasseur à Gand, 359. — Se ligue avec l'empereur Louis de Bavière, qui le fait vicaire impérial, *ibid.;* XXIII, 317. — A, depuis, refusé l'empire, 327; XVI, 360; XVII, 170. — Gagne une bataille navale sur la flotte française, XVI, 360. — Défie en duel Philippe de Valois, qui refuse, 361; XVII, 33. — Gagne avec son fils, le prince Noir, la bataille de Créci, XVI, 362. — Assiége et prend Calais, 364. — Calomnie ridicule inventée contre lui, au sujet de la capitulation de cette ville, *ibid.;* XXXIV, 449. — Traits nombreux de sa générosité, XVI, 365 *et suiv.;* L, 143. — Portrait de ce prince, et autres détails de sa querelle avec le roi de France, 140 *et suiv.* — Il refuse, à son tour, de se battre en duel avec Philippe de Valois, XVI, 364; XVII, 33. — Ne profite pas de la victoire de Poitiers, XVI, 374. — Son prétendu vœu à la Vierge, supposé par nos historiens, *ibid.* — Pays et sommes qu'il exige pour la rançon du roi Jean, 375. — Charles V profite de sa vieillesse pour sauver la France, 383. — Il ne fait plus que des tournois, 377; XVII, 23. — Institue l'ordre de la Jarretière, XVI, 377; XVII, 4. — Meurt misérablement dans les bras de sa maîtresse, XVI, 378. — Prospérité intérieure de l'Angleterre sous son règne, 367. — Fit, le premier, frapper des pièces d'or, 446; XXVII, 6.

ÉDOUARD IV, roi d'Angleterre, fils aîné du duc d'Yorck. Étant comte de Lamarche, fait son apprentissage de la guerre civile sous Warwick, XVII, 119. — Proclamé roi dans Londres, 122. — Affermi sur le trône par Warwick, 123. — Son mariage avec Élisabeth Woodeville, 125. — Ingrat envers Warwick et chassé par lui d'Angleterre, se réfugie en Hollande, *ibid.* — Rentre en Angleterre, bat Warwick et Marguerite d'Anjou, qui s'était liée avec lui, 126.— Fait assassiner le prince de Galles et le roi Henri VI, 127. — Fait périr son propre frère, le duc de Clarence, 129. — Débarque à Calais; reçoit de l'argent de Louis XI pour renoncer à la guerre, XVI, 517; XVII, 128. — Propose au parlement une nouvelle invasion en France, et meurt avant de l'effectuer; conjectures à ce sujet, 129.

Édouard V, fils du précédent. Son oncle, duc de Glocester, s'empare de sa personne, à la mort de son père, et le fait étrangler dans la Tour de Londres, XVII, 129 *et suiv.* (*Voy.* Richard III.)

Édouard VI, roi d'Angleterre, fils de Henri VIII et de Jeanne Seymour. Signe en pleurant l'arrêt de mort de deux pauvres femmes anabaptistes, XVII, 299. — Meurt, n'ayant encore pu donner que des espérances, 303. — Avait déclaré héritière du royaume sa cousine Jeanne Gray, au préjudice de Marie sa sœur, *ibid.* — Des sanglantes tragédies, séditions et troubles de son règne, XVIII, 37.

Édouard (*Charles*), le *second Prétendant*, fils aîné du prince de Galles et petit-fils de Jacques II. Louis XV le fait venir de Rome en 1744, et tente vainement de le faire débarquer en Angleterre, XXI, 104. — Nouvelle entreprise; il débarque dans un petit canton de l'Écosse, avec sept personnes seulement, 201; XLVII, 317. — Est solennellement proclamé régent à Perth, XXI, 204. — Reçoit quelques secours de France et d'Espagne, *ibid. et suiv.* — Ses premiers succès; il prend Edimbourg, et y est proclamé, 205. — Sa tête est mise à prix dans Londres, 206. — Il gagne la bataille de Preston-Pans, *ibid. et suiv.* — Reçoit de nouveaux secours de France et d'Espagne, 209. — Manifeste du roi de France en sa faveur en 1746, XXXVIII, 543. — Artifices employés par la cour de Londres pour le rendre odieux, XXI, 210, 212. — Il s'avance à peu de distance de cette ville; écrits que ses partisans y publient, 214 *et suiv.* — Ses nouvelles proclamations, quoique généreuses, sont brûlées par la main du bourreau, 217. — Il bat les Anglais deux fois en un jour, à Falkirk, 218. — Est obligé de lever le siège du château de Stirling, 219. — Battu à Culloden par le duc de Cumberland, passe une rivière à la nage, 220. — Est abandonné de ses adhérents, 221. — Etat affreux où il se trouve réduit, 222 *et suiv.* — Il est poursuivi d'asile en asile, 223 *et suiv.* — Se réfugie, à la suite de Mlle Macdonald, sous des habits de servante, dans l'île de Skye, 226. — Découvert, est obligé de s'en séparer et de s'abandonner seul à sa destinée, *ibid.* — Son noble discours à un gentilhomme chez lequel il se réfugie, 227. — Il regagne l'Écosse, apprend l'arrestation de Mlle Macdonald et le sort rigoureux de ses amis, *ibid.* — Le roi de France fait intercéder pour lui, 228. — Supplice de ses partisans, 229. — Deux frégates françaises le ramènent à Saint-Pol de Léon, 235. — Réfugié en France, il y est, après la paix, arrêté, garrotté, mis en prison, puis enfin conduit hors du royaume, *ibid.* — S'est, depuis ce temps, caché au reste de la terre, 236. — Réunissant en vain les vertus de ses pères et le courage de Jean Sobieski, son aïeul maternel, il exécuta les exploits et essuya les malheurs les plus incroyables, XIX, 477. — Fut supérieur à Gustave Vasa, XXXIX, 72. — Autre mention de ses aventures, XXXIII, 326; LV, 306; LVIII, 118. — Epoque et lieu de sa mort, XXI, 199. — Distique critique au sujet de l'acte de violence ordonné contre lui en France, *v.*

Édouard (*Louis - Philippe - Casimir - Charles*), fils du précédent. Réfugié avec son père à Rome, XXI, 199. — Et depuis en Toscane, sous le nom d'Albani, *ibid.* — Autres détails qui le concernent, LX, 599.

Éducation. Fait tout, en matière de religion, III, 165. — Différence qu'elle met entre les hommes, VII, 237; VIII, 299. — Développe les facultés de l'ame, mais ne les crée pas, XII, 165. — Conduit la nature, et ne la change pas, 558. — De la question si tous les hommes sont nés avec le même esprit, les mêmes dispositions, et si tout dépend de leur éducation, XXIX, 240; LXVIII, 294, 298. — Dialogue entre un conseiller et un jésuite sur l'éducation des colléges et de l'école de droit, XXIX *et suiv.* — Autre, sur l'éducation des filles, XL, 381. — Réflexions d'un père de famille sur le même sujet, XXVI, 12. — D'un *Essai d'éducation* par La Chalotais, LX, 581;

LXI, 75. — D'un *Plan d'études et d'éducation*, par Robert, 339. — Conseils sur l'éducation, LXII, 189.

Éducation (l') *d'un prince*, conte en vers, XIV, 46. — Pièces de théâtre dont il a fourni le sujet, 53.

Éducation (l') *d'une fille*, autre conte en vers. (Voy. *Gertrude*.)

Éduquer. Expression vicieuse; barbarisme, XXIX, 497; XXX, 539; XXXV, 71; XL, 208; LIX, 264; LXIII, 525.

EDWIGE-ÉLÉONORE de Holstein, veuve de Charles X, roi de Suède. Aïeule et tutrice de Charles XII, XXIV, 44. — Sa régence, son ambition, *ibid*. — Perd son pouvoir et son crédit; rentre dans la vie privée, 45. — Fait les honneurs des fêtes pour la célébration du mariage de sa petite-fille Ulrique avec le prince Frédéric de Hesse-Cassel, 315.

EDWIGE, sœur aînée de Charles XII, roi de Suède. Mariée au duc de Holstein, XXIV, 47. — Implore le secours de son frère contre le roi de Danemarck, *ibid*. — Sa mort; caractère de cette princesse, 183.

EFFIAT (marquis d'). Amène en Angleterre la princesse Henriette-Marie, fille de Henri-le-Grand, qui devait épouser le roi Charles Ier, XXXVII, 171. — Sa visite au célèbre Bacon, et mot qu'on en cite, *ibid*.

Égaliser. Emploi vicieux de cette expression, XXIX, 497. — Est un barbarisme, XXXV, 71.

Égalité. Les hommes naissent égaux, III, 20, 65; V, 26; VII, 410; XII, 45. — Discours en vers sur l'égalité des conditions, *ibid*. — Autres vers sur le même sujet, XIV, 142. — Que l'inégalité entre les conditions est nécessaire, XVII, 7; XLIV, 193. — Que l'égalité existerait entre tous les hommes, s'ils étaient sans besoins, XXIX, 7. — Qu'elle est tout à la fois la chose la plus naturelle et la plus chimérique, 10. — Laquelle est pour nous la parfaite et seule égalité, XII, 47. — Définition de l'égalité politique, XVI, 296. — Qu'elle n'anéantit pas la subordination, XXXIX, 427. — Description d'un état où elle règne, XIII, 212.

ÉGÉSIPPE (*Voy*. HÉGÉSIPPE.)

ÉGILONE, veuve du roi Rodrigue. Épouse un musulman, fils du conquérant dont les armes ont fait périr son mari, XV, 491.

EGINHART, secrétaire du roi Charlemagne. Nous apprend que ce prince ne savait pas signer son nom, XV, 432. — Prétend que le pape a déposé Childéric III, et donné le royaume à Pepin, 390; XXII, 6; XXIII, 47; XLIV, 441. — Vil flatteur des pontifes qui l'avaient gagné, XLIV, 187. — Fables débitées par les romanciers qui ont célébré ses amours avec la belle Emma, prétendue fille de l'empereur, XXIII, 5, 67.

Église (l'). Origine et signification de ce mot chez les Grecs, XXIX, 35; XLIII, 101. — Et dans les sociétés chrétiennes, XXIX, 37. — Précis de l'histoire de l'Église chrétienne, 11 *et suiv*. — Du pouvoir qui lui fut donné de chasser les démons, 22. — De ses martyrs, 24. — De son établissement sous Constantin, 30. — Querelle entre l'Église grecque et la latine dans l'Asie et dans l'Europe, 49. — Changements apportés dans les usages de l'Église depuis Jésus-Christ, XLI, 59. — Son état avant Charlemagne, XV, 346 *et suiv*., 395 *et suiv*. — Du grand schisme entre l'Orient et l'Occident, 511 *et suiv*. — Que les commandements de l'Église ne furent bien connus qu'en 1215, après le troisième concile de Latran, 477. — Ce qu'elle fut sous Léon X et vers la fin du 16e siècle, XVII, 230 *et suiv*. — Ses abus violents ou ridicules, 238. — Ses souffrances, ses déréglements, sous Henri IV et Louis XIII, XVIII, 181. — Qu'elle ne peut déposer les rois, XLI, 81. — Débats à ce sujet aux états-généraux de 1614, XVIII, 178 *et suiv*.; XXII, 218 *et suiv*.; XLI, 292. — Qu'elle se dit chrétienne et catholique, sans être ni l'une ni l'autre, XLIII, 422. — Observations sur cette étrange maxime que, hors l'Église, il n'y a point de salut; XII, 169 *et suiv*.; XLI, 365 *et suiv*.; XLIII, 569. — Autre, que tout devient légitime à qui la venge, X, 177. — Définition poétique de l'Église, 340. — Autres vers qui expriment son unité, *ibid*.; LIX, 208.

Église anglicane (l'). La plus savante et la plus régulière de l'Europe, XLIII, 47. — En quoi moins superstitieuse et moins absurde que la romaine, 213. — Vers de Louis Racine à son sujet, critiqués, XLV, 83. (*Voy.* ELISABETH, HENRI VIII et *Religion anglicane.*)

Église gallicane (l'). De ses libertés, qu'elle aurait dû appeler ses droits; disputes mémorables; usurpations auxquelles elle s'opposa constamment, XX, 352 *et suiv.*; XXII, 281 *et suiv.* — Substance de ses décisions de 1682, XX, 360. — Les maximes qu'elles contiennent, désavouées en partie sous le ministère de Fleury, ont repris depuis une grande vigueur, 361 *et suiv.*

Église grecque (l'). Son aversion et son mépris pour l'Eglise latine, XV, 395, 400, 512, 516; XVI, 11; XXVII, 293. — N'a jamais reconnu la primatie de Rome, LXI, 304. — De la querelle qu'elle eut dans l'Asie et dans l'Europe, et du grand schisme commencé sous Photius, qui la sépara des Latins, XV, 511 *et suiv.*; XIX, 49; XLVI, 86. — Réunions passagères entre les deux Eglises, XV, 514; XVI, 461; XXIII, 391. — Ses subtilités théologiques, XV, 397 *et suiv.* (Voy. *Images.*) — Son esclavage sous la domination turque, égal à son ignorance, XXIX, 54 *et suiv.* — Consistance plus respectable qu'elle a prise en Russie, 56. — Fut entièrement soumise aux empereurs jusqu'au dernier Constantin; et, en Russie, est entièrement dépendante du pouvoir suprême, *ibid.*; XLIII, 445; LXV, 250. — Autres réflexions sur ses divisions, XXXIII, 204. — Des diverses tentatives faites pour la réunir avec l'Eglise latine, XXV, 295 *et suiv.*

Église primitive (l'). Comment se gouvernait, XVI, 95. — Son portrait, XXIX, 35. — Examen des sociétés qui ont cru la rétablir, 38 *et suiv.*

Église romaine (l') ou *latine*. S'est toujours décidée, dans les disputes de religion, pour l'opinion qui soumettait l'esprit et anéantissait le raisonnement, XVI, 68. — Comment était faite pour donner aux autres des leçons, 74. — A toujours eu l'avantage de pouvoir donner au mérite ce qu'ailleurs on donne à la naissance, 97. — Du schisme qui la sépara de l'Eglise grecque, XV, 511 *et suiv.*; XXIX, 49; XLVI, 86 *et suiv.* — Ses excès; pourquoi elle l'a emporté en crimes sur toutes les sectes du monde, XLIII, 199. — Son histoire est l'histoire des folies et des crimes, XVIII, 478; LXVI, 92. (Voy. *Église grecque.*)

Église russe (l'). Assujettie à l'état, XXIV, 57. — Quand et par qui le plainchant y fut introduit, XXV, 74. — Son clergé et ses moines payés du trésor public, 65. — Epoque de son indépendance de l'Eglise grecque, 71. — Edit des réglements ecclésiastiques par Pierre-le-Grand, 137. — Son ancien usage pour le mariage des prêtres séculiers, 138. — Son synode, 352. — Ses réglements monastiques, 353. — En quoi ses usages diffèrent des nôtres, 355. — D'où vient que ses prêtres donnent un second baptême à un catholique qui embrasse la religion grecque, XVI, 462.

Églogue (l'). Ce qu'elle a été jusqu'à présent parmi nous, XXIX, 56. — Imitations en vers français d'une églogue de Théocrite et d'une églogue allemande, XIII, 343, 404; XXIX, 57 *et suiv.*

EGLON, roi des Moabites. Assassiné par Aod. (*Voy.* AOD.)

EGMONT (le comte LAMORAL d'). Bat les Français à Gravelines, XVII, 522. — A la tête tranchée pour avoir défendu les droits et la liberté de sa patrie, *ibid.*; X, 263; XVIII, 5. — Vers sur son infortune, X, 263.

EGMONT (le jeune comte d'), fils du précédent. Envoyé par Philippe II au secours de la Ligue; son portrait, X, 34, 263. — Paroles condamnables qu'on lui impute au sujet de son père, *ibid.* — Vers qui le caractérisent, 270. — Sa défaite à la bataille d'Ivry; sa mort, 279, 295.

EGMONT-PIGNATELLI (Mme *Angélique-Amable*, comtesse d'), fille du duc de Villars. Convertie et volée par son convertisseur, LVI, 775; LIX, 222, 240; LXVI, 277. (*Voy.* GRIZEL.) — Lettre qui lui est adressée en 1755, après sa prise d'habit, LVI, 775.

EGMONT-PIGNATELLI (*Jeanne-Sophie*, épouse du comte *Casimir* d'), et fille du maréchal de Richelieu. Sa mort; Notice, LXVIII, 363.

ÉGUILLES (*Alexandre-Jean-Baptiste* LE BOYER, seigneur d'), frère du marquis d'Argens. Envoyé secrètement en Ecosse par Louis XV auprès du prince Edouard, XXI, 209. — Depuis, président au parlement d'Aix, *ibid.*; LIV, 504. — Mémoire de lui, brûlé par ce parlement, LX, 486. — Ce qu'on en dit, 495; LXI, 81.

Égypte (l'). Ce que dit Platon de l'antiquité de ses monuments de peinture et de sculpture, IX, 348. — Ce qu'en raconte Hérodote, et réflexions à ce sujet, XV, 4; XXX, 198. — Révolutions physiques qu'elle a éprouvées, XV, 4. — Sa position géographique; pourquoi fut une des dernières terres habitées, 91. — Ne fut civilisée qu'après la Chaldée et beaucoup d'autres peuples, 48, 91, 289. — Souvent conquise, et par qui, 95. — Silence des Egyptiens et de tous les Grecs sur les fameuses plaies de ce pays, 96. — De ses prêtres, ou prophètes, ou schoen, XLIII, 341. — La domination des rois pasteurs y a remplacé celle des mages, III, 241. — Gouvernée par les mamelucks, qui s'en étaient rendus maîtres depuis nos dernières croisades, XVI, 215; XVII, 495. — Dans tous les temps connus, fut toujours conquise par qui voulut l'attaquer, 497; XXVI, 436; XLI, 275; XLIII, 398; XLVII, 467; LVIII, 540. — Alexandrie seule, bâtie par les Grecs, a fait sa véritable gloire, XLIII, 394. — Il n'y a jamais eu aucun ouvrage que de la main des Grecs, *ibid.*; XV, 113; XXIV, 19. — Comment devint la meilleure terre à froment de l'univers, XXVII, 383. (Voy. *Pyramides d'Égypte*.)

Égyptiens (les). Leur antiquité, XLVI, 130. — Sont modernes en comparaison des peuples asiatiques, *ibid.*; XV, 48; XLIII, 365; LVIII, 540. — De toutes les anciennes nations paraissent la plus nouvelle, LXII, 188. — Des savants d'Europe ont imaginé qu'ils avaient peuplé l'Inde et la Chine, XXXIV, 202; XLVII, 527; XLVIII, 221 *et suiv.* — Ecrivaient l'histoire en vers, II, 60. — Leurs livres sacrés sont perdus, XV, 80. — Leur langue, leurs symboles, 97 *et suiv.* — Leurs monuments, 100. — N'ont pu inventer le zodiaque, comme certains auteurs l'ont prétendu, 48; XXIX, 412. — Leurs rites et leur circoncision, XV, 102; XXVIII, 106. — Leurs mystères, XV, 106. — N'adoraient pas des oiseaux, 104; XLIII, 391. — Ni des animaux, ni des idoles, XV, 130; XLIII, 392; XLIV, 396. — Par qui les nations ont été induites en erreur à ce sujet, *ibid.*— L'immortalité de l'ame était le fond de leur doctrine, VII, 390; LVIII, 190. — Eurent toujours pour objet l'adoration d'un seul Dieu; passage de Sénèque qui confirme cette opinion, XLVII, 427 *et suiv.* — La prière usitée dans les mystères d'Isis en est une forte preuve, XV, 107. — Combien a dégénéré cette nation, si guerrière du temps de Sésostris, XVII, 498. — Après avoir enseigné les Grecs, ils ont fini par n'être pas capables d'être leurs disciples, VI, 406. — Lettre curieuse de l'empereur Adrien à leur sujet, XXVI, 174. — Ce qu'en dit Sanchoniaton, XLIII, 391. — Ce qu'on a vanté de leur gouvernement paraît absurde et abominable, 395. — Leur superstition est ce qu'il y a jamais eu de plus méprisable, 396; XLI, 275. — Plaisanteries à ce sujet, XXXIII, 98. — Ils semblent avoir, les premiers, donné l'idée de l'intolérance, XLVI, 61. — N'ont presque jamais été qu'un peuple esclave et ignorant, XLI, 130; XLVI, 132. — Ne comptent parmi eux aucun homme distingué dans les arts de la Grèce, XVIII, 354; XLI, 130. — Pourquoi bâtirent leurs pyramides, monuments de leur servitude, XXVI, 348, 436; XLIX, 107, 108. — Réflexions sur l'horreur qu'ils avaient des étrangers et des pasteurs de brebis, XLIX, 96, 101. — Pourquoi, malgré son abaissement actuel, ce peuple attirera toujours nos regards, 107. (*Voy.* l'article précédent.)

Égyptiens (Evangile selon les). Ce qu'on en cite, XLV, 348.

EHRENPREUS, secrétaire de la chancellerie de Charles XII. Prend part au combat de Bender, XXIV, 269.

EIDAR, Persan qui ne nous est connu que sous le nom de Sophi, XXVII, 487. — Secte qu'il a formée sur la fin du 15e siècle, *ibid.* — Dogmatisait pour l'intérêt de la Perse et pour le sien propre; se rendit trop considérable; l'usurpateur Rustan le craignit et le fit assassiner, 488.

EIDOUS, littérateur à Leipsick. Lettre qui lui est adressée au sujet de sa traduction française du poëme d'*Arminius* par Schonaich, LVI, 295.

EISEN, graveur célèbre. Lettre qui lui est adressée, en 1767, au sujet des estampes projetées pour la *Henriade*, LXIV, 338.

EISENGER. Gentilhomme qui soulève l'Autriche en faveur du jeune Ladislas, XXIII, 399.

EKARD, marquis de Thuringe. Prétend à l'empire d'Allemagne, XXIII, 135. — Est assassiné, *ibid*. — Son fils Hermann est nommé marquis de Misnie, 139.

EL. Nom donné à l'Être suprême chez plusieurs peuples, XLIII, 244; XLVI, 133. — Mots qui s'en sont formés, *ibid*., 159; XV, 61.

Élasticité. Comment le feu en est la cause, XXXVII, 435, 439.

ELBEUF (duc d'), favori de Gaston d'Orléans. Veut partager le commandement avec le duc de Montmorenci à la journée de Castelnaudari; suites de cette prétention, XVIII, 225 *et suiv*.

Elbing, ville anséatique de la Prusse royale en Pologne. Comment punie pour avoir refusé passage aux troupes de Charles XII, dans la guerre de 1704, XXIV, 116. — Assiégée et prise par le czar en 1710, XXV, 209.

Eldorado. Contrée imaginaire en Amérique, que Raleig crut avoir trouvée, XVII, 436. — Voyage de *Candide* dans ce pays, XXXIII, 271, 277.

Électeurs d'Allemagne. Leur nombre n'était pas fixé au commencement du 13e siècle, XVI, 146; XXIII, 143, 248. — Ce qu'il était au commencement du 14e, 292. — Pourquoi sept électeurs, 335; XVI, 313. — Leur origine, IX, 380; XVI, 314; XLI, 192. — Nomenclature, depuis la fin du 13e siècle, de ceux de Mayence, XXIII, 21. — De Cologne, 23. — De Trèves, 24. — Palatins, 26. — De Saxe, 27. — De Brandebourg, 28. — De Bavière, créés en 1623, *ibid*. — De Hanovre, créés en 1692, 29.

ÉLECTRE. Dissertation sur les principales tragédies anciennes et modernes qui l'ont eue pour objet, VI, 255. — Auteurs et poëtes qui s'en sont occupés avec des succès divers, 256 *et suiv*. — Note de La Harpe sur cette dissertation, publiée par Voltaire sous le nom de Dumolart, 255. — Pourquoi Électre n'est point amoureuse, et ne pouvait l'être, chez les trois tragiques grecs, 267. (*Voy*. ESCHYLE, EURIPIDE, SOPHOCLE.)

Électre, tragédie de Longepierre. Quand fut jouée, VI, 256. — Pourquoi sifflée, XXVII, 95.

Électre, tragédie de Crébillon. Sentiment et observations critiques sur cette pièce, VI, 283; XIII, 240, 242; XXVI, 286; XXVII, 95; XXIX, 526; XXXIX, 195; XL, 476; LV, 323; LXI, 451; LXVI, 77; LXVIII, 304. — Ouvrage vraiment tragique, malgré ses défauts, XIII, 303; LIII, 37; LV, 258, 337. — Est le même sujet que l'*Oreste* de Voltaire, VI, 160.

Électricité. Si le feu n'en est pas la cause, XXXVII, 441.

Élégance. Origine et acception de ce mot, XXIX, 59, 60. — En quoi elle consiste dans un discours, 61. — Est plus nécessaire à la poésie que l'éloquence, *ibid*. — Observations didactiques à ce sujet, 62.

Éléments. S'il y en a, et s'ils subissent des métamorphoses; opinions des philosophes à ce sujet, XLIV, 286.

Éléments de la philosophie de Newton. Voltaire y travaille en 1737, en Hollande; ce qu'il dit de cet ouvrage dans sa Correspondance, LII, 269, 396, 402, 416, 457, 590; LIII, 182. — Pourquoi le chancelier d'Aguesseau refuse un privilége à l'auteur, I, 163; XL, 61; XLVIII, 328; LIII, 23, 30. — L'impression s'en fait en Hollande, en 1738; charlatanisme des éditeurs, 112, 120, 151, 229. — Texte de cet ouvrage, XXXVIII, 11 *et suiv*. — Préface du nouvel éditeur, I *et suiv*. — Sa dédicace à Mme Du Châtelet, 6. — *Éclaircissements nécessaires* donnés depuis à leur sujet, XXXVII, 397 *et suiv*. — Pour qui furent écrits, 405. — Ouvrages divers auxquels ils ont donné lieu, XXXVIII, 2 *et suiv*. — Fragments de Mémoires y relatifs, 412, 569. — *Défense du Newtonianisme*, ou réponse aux objections principales qu'on a faites en France contre la philosophie de Newton, 361 *et suiv*. — Lettre de l'auteur à Maupertuis sur ces éléments, LIII, 266. — Opinion de Condorcet y relative, I, 162. — *Courte réponse* aux longs discours d'un docteur allemand sur les fantômes métaphysiques et les vérités mathématiques, XXXVIII, 525. (*Voy*. NEWTON.)

ÉLÉONORE DE GUYENNE. Se croise avec Louis-le-Jeune, roi de France, son époux, XVI, 174. — Sa conduite scandaleuse en Palestine, 177. — A son retour, le roi fait casser son mariage, sous prétexte de parenté, 178; xvi, 113. — Elle se remarie avec Henri II, depuis roi d'Angleterre, 114.

ÉLÉONORE-MARIE, fille de l'empereur Ferdinand III. Veuve de Michel, roi de Pologne, se remarie à Charles, duc de Lorraine, xxiii, 19.

ÉLIE DE BEAUMONT (*J.-B.-J.*) (*Voy.* BEAUMONT.)

ÉLIE *le Thesbite*, prophète. Manière dont les corbeaux le nourrissent de la part de Dieu, xxxiv, 202; xlix, 331. — Ses miracles en faveur de la veuve de Sarepta, 332. — Fait descendre le feu du ciel, et égorge les prophètes de Baal; commentaire à ce sujet, 336. — Fuit aux menaces de Jézabel, 337. — Impertinente contradiction qui fait de lui tantôt un dieu, tantôt un goujat, 344. — Son enlèvement au ciel, miracle impertinent, imité de l'aventure de Phaéton, 346; xlv, 283. — Plaisanteries et vers à ce sujet, ii, 331; xxxiv, 302. — Pourquoi pris pour le soleil par quelques savants, xviii, 424. — Que presque tous les fanatiques attendent un Élie, 425. — Est présumé un personnage allégorique, xxix, 63; xlix, 336. — Pourquoi les carmes l'honorent comme leur fondateur, 334. — Son char de feu, comparaison poétique, x, 320.

ELIPAND, évêque du 8e siècle. Sa doctrine sur Jésus-Christ, condamnée dans un concile assemblé par Charlemagne, xxiii, 60.

ÉLISABETH, reine d'Angleterre, fille de Henri VIII et d'Anne de Boulen. Déclarée au berceau héritière légitime du royaume, et ensuite bâtarde, quand sa mère passa du trône à l'échafaud, xvii, 296; xviii, 36. — Emprisonnée et persécutée par sa sœur Marie; comment met à profit sa disgrace, xvii, 303; xviii, 39. — Proclamée reine après la mort de celle-ci, est recherchée en mariage par Philippe II, son beau-frère, et le refuse, *ibid.* — Son inclination pour le comte de Devonshire-Courtenai, *ibid.* — Songe à rendre le royaume protestant, et établit la religion anglicane telle qu'elle est aujourd'hui, 40. — A le titre de chef de cette religion, *ibid.* — Interdit la prédication pendant six mois, pour éviter la persécution, xvii, 306; xxix, 127. — Sa fameuse lettre à Héaton, évêque d'Ély, xviii, 41. — Ne persécute personne pour opinions religieuses; ne poursuit que ceux qui troublent l'état par principe de conscience, 44. — Encourage la réforme en Ecosse, et force Marie Stuart à renoncer au titre de reine d'Angleterre, *ibid.* — Résiste à Philippe II, devenu son implacable ennemi, 45. — Protège la république de Hollande contre les armes des Espagnols, et aide Henri IV à conquérir son royaume, x, 125, 377; xviii, 45; xxiii, 547. — Est excommuniée par deux papes, qui la déclarent indigne de régner, xviii, 45. — Sa lettre à Henri IV, qui venait d'abjurer, *ibid.* — Fit pendre quelques jésuites séditieux, 46. — Ne fit point périr le comte d'Essex par une jalousie de femme, comme on l'a prétendu, *ibid.* — Rivalités entre elle et Marie Stuart; son règne souillé par l'assassinat de cette princesse, 47 *et suiv.* — Comment elle rendit plus odieuse encore cette action condamnable, 54. — Ses revenus et nombre de ses sujets, 36. — Son excellente administration, 47. — Ses favoris, *ibid.* — Ce qu'en dit M. de Castelnau, envoyé de France auprès de cette reine, x, 77. — Vers à sa louange, 59, 60, 77, 78. — Bases de sa conduite depuis qu'elle fut sur le trône, xxxvi, 463. — Avait traduit en anglais le *Philoctète* de Sophocle, lvi, 80. — Son testament en faveur de Jacques Ier, xviii, 281. — On estima son règne, mais on détesta son caractère, 54. — Réflexions sur la comédie qu'elle joua en apprenant l'abjuration de Henri IV, 132. — La gloire qu'elle mérite est obscurcie par ses artifices, et souillée par le sang de Marie Stuart, 47, 143; xxxii, 406.

ÉLISABETH, fille de l'empereur Maximilien II, et femme de Charles IX, roi de France. Cérémonies de son sacre, xxvii, 537.

ÉLISABETH, princesse palatine, tante de George Ier, roi d'Angleterre. Son esprit, son savoir, xxxvii, 133. — Ses conférences avec les quakers, *ibid.* — Descartes lui dédia son roman de philosophie, *ibid.*

ÉLISABETH, princesse d'Anhalt-Zerbst, mère de Catherine II. Lettres qu'elle écrivit à Voltaire en 1749, lv, 278. — Et en 1760, lviii, 351.

ÉLISABETH - CHARLOTTE D'ORLÉANS, duchesse de Lorraine, et sœur du régent. (*Voy.* ORLÉANS.)

ÉLISABETH-CHRISTINE, reine de Prusse. (*Voy.* VOLFENBUTEL.)

ÉLISABETH DE BOSNIE, veuve de Louis-le-Grand, roi de Hongrie. Gouverne sous le nom de MARIE-ROI, sa fille, XVII, 163. — Fait assassiner Charles Durazzo, nommé roi à sa place par les états, et reconnu par elle-même, 164; XXIII, 365. — Jugée et noyée par arrêt du ban de Croatie, 366; XVI, 455.

ÉLISABETH DE FRANCE, fille de Henri II. (*Voy.* ISABELLE DE FRANCE.)

ÉLISABETH DE FRANCE, fille de Henri IV, et première femme de Philippe IV, roi d'Espagne. Notice qui la concerne, XIX, 6. — Son goût passionné pour la comédie, LX, 240.

ÉLISABETH DE PARME, épouse de Philippe V. (*Voy.* FARNÈSE.)

ÉLISABETH PETROWNA, impératrice de Russie. Soutient les établissements de Pierre-le-Grand, son père, et achève le code de lois qu'il avait commencé, XV, 66; XXV, 25, 350. — Augmente la splendeur de l'empire; ses conquêtes, 387. — Sa médiation pour la paix, demandée par le roi de Prusse victorieux, XXI, 156. — Elle fournit aux alliés des troupes contre la France, 238, 245; XXXIX, 74. — Se ligue avec la maison d'Autriche, la France et le roi de Pologne, contre le roi de Prusse, XXI, 290, 299. — Sa mort, en 1762, change la face des affaires à l'avantage de ce dernier, 304. — Clémence de cette princesse, qui ne fit punir personne de mort pendant son règne, XXV, 114. — L'Université de Moscou instituée par elle, 40. — Vers de Voltaire en lui adressant un exemplaire de la *Henriade* qu'elle lui avait demandé, XIV, 388. — Conte de prétendues propositions de mariage, faites en 1725, entre cette princesse et Louis XV, LX, 125, 143. — Lettre qui lui fut adressée en 1745 par ce monarque, et minutée par Voltaire, XXXVIII, 531.

ÉLISABETH WOODWILLE, femme d'Édouard IV, roi d'Angleterre. (*Voy.* WOODWILLE.)

ÉLISÉE, valet d'Élie et son successeur en prophétie. Est le premier prophète pour lequel l'Ecriture ait jamais employé les mots d'*oint* et de *christ*, XLIX, 338. — Ce que signifie le double souffle ou le double esprit qu'il demande à son maître, XV, 194; XLIX, 345. — De l'histoire des quarante-deux petits garçons qu'il fit dévorer par des ours, pour s'être moqués de lui, 346. — Sa prédiction ambiguë au roi de Syrie, malade, XV, 193. — Pourquoi il ne pouvait prophétiser sans le secours d'un ménétrier, XLIX, 348. — De l'enfant de la sunamite qu'il ressuscite, et dont on insinue qu'il était le père, 350. — Du miracle qu'il fit après sa mort, 359.

ELLER (*Jean-Théodore*), premier médecin du grand Frédéric. Notice, LIV, 604.

ELMACIN, historien d'Egypte. Cité sur la prise de Jérusalem par les croisés, XVI, 169.

Élocution (l'). Comment définie par Quintilien, VI, 273. — Tout poëme qui pèche par elle ne peut jouir de la moindre estime permanente et durable, *ibid.*

Éloge de l'hypocrisie, satire de Voltaire, XIV, 201.

Éloge de M. de Crébillon, par Voltaire; satire déguisée, XL, 471. — Note du nouvel éditeur sur cet écrit, *ibid.*

Éloge historique de la marquise Du Châtelet, par Voltaire, XXXIX, 411. (*Voy.* DU CHATELET.)

Éloge historique de la raison. (*Voy.* RAISON.)

Éloges. Parfum qu'on réserve pour embaumer les morts, VII, 10. (*Voy.* LOUANGES.)

Éloges académiques. (*Voy.* CONDORCET, FONTENELLE.)

Éloges funèbres : Des officiers morts dans la guerre de 1741, XXXIX, 27. — De Louis XV, publié par Voltaire comme l'ouvrage de M. Chambon, XLVIII, 9 à 19. (*Voy.* LOUIS XV et ORAISONS FUNÈBRES.)

Élogier. Vice de cette expression, XXIX, 497.

Éloquence. Née avant les règles de la rhétorique, XXIX, 66. — Tisias recueillit le premier ses lois, que la nature suggéra, 68. — Aristote en creusa les sources, et il en distingua les différents genres, 69. — Ces genres définis et examinés dans leur emploi, 70 *et suiv.* — Pourquoi exagérée chez les Orientaux, *ibid.* — Quand la véritable se montra à Athènes, et quand elle y périt, *ibid.* — Quand elle se montra dans Rome, et quand elle y fut perfectionnée, *ibid.* — De l'éloquence de la chaire et de celle du barreau, 72 *et suiv.* — De celle qui est propre aux historiens, 74. — Beaux traits d'éloquence naturelle, 68. — Des beautés et des défauts de l'éloquence dans la langue française, xxxix, 157 *et suiv.* — Réflexions contre la fausse éloquence, au sujet d'un discours de l'abbé d'Olivet, lii, 153. — Que l'art d'être éloquent en vers est, de tous les arts, le plus difficile et le plus rare, v, 102. — Qu'il faut naître éloquent comme naître poëte, lxx, 169.

Elsingford, dans la Finlande. Descente qu'y fait le czar Pierre, xxv, 268. — Bataille qu'il y gagne contre les Suédois, 269.

Elsoin, moine breton. Conduit en Syrie une foule de ses compatriotes, qui y sont vendus ou périssent de misère, xvi, 193.

Embaumements. Sont en usage chez les Égyptiens depuis la plus haute antiquité, xv, 101; xlvii, 441; xlix, 105.

Embellissements : De Paris, xxix, 99. — De la ville de Cachemire, 350.

Emblèmes. Que tout est emblème et figure dans l'antiquité; exemples cités, xv, 194 *et suiv.*; xxix, 77 *et suiv.*; xlviii, 503. — De quelques emblèmes dans la nation juive, xxix, 80. — De celui d'Oolla et d'Ooliba, 88. — D'Osée et de quelques autres emblèmes, 90. — Celui de Dieu, par Timée de Locres, le plus beau de tous, 79.

Embrun (concile d'). Par qui et comment convoqué, xx, 436 *et suiv.* (*Voy.* Tencin.)

Emeri (Particelli, plus connu sous le nom d'), contrôleur-général, et depuis surintendant des finances, sous la régence d'Anne d'Autriche. Son origine, son caractère, et Notice qui le concerne, xix, 36, 281. — Créature et favori de Mazarin, 282; xxii, 255. — Moyens bursaux qu'il imagine, 258 *et suiv.* — Tout le peuple de Paris et le parlement se déclarent contre lui, et la cour est obligée de l'exiler, 264. — Un an après il reprend la surintendance, xix, 37. — Autres détails sur ses ressources onéreuses et ridicules, et sur l'émeute qu'il excita, 281 *et suiv.* — Monté par les concussions au faîte de la fortune, avait été condamné à être pendu, xxii, 264.

Emeric-Joseph, électeur de Mayence au 18e siècle. Notice, xxiii, 22.

Émétique. Défendu sous Louis XIII par un arrêt du parlement, xi, 58. — Louis XIV est guéri à Calais par un empirique avec du vin émétisé, que les médecins de la cour regardaient comme un poison, xix, 330.

Émile, ou *de l'Éducation*, roman de J.-J. Rousseau. Brûlé par jugement du conseil de Genève; nombreuses protestations des citoyens à ce sujet, lx, 333; lxi, 86, 128, 134, 169; lxii, 174. — Observations critiques sur cet ouvrage, xxvii, 139, 419; xlii, 524; l, 246. (*Voy.* J.-J. Rousseau.)

Éminence (titre d'). Quand fut donné aux cardinaux, xviii, 82; xix, 10.

Emma. Fille que les romanciers donnent à Charlemagne, xxiii, 5, 67. (*Voy.* Eginhard.)

Emmanuel, dit *le Grand*, roi de Portugal. Expédition de Vasco de Gama, faite par ses ordres et sous ses auspices, xvii, 361. — Mariage de sa fille Isabelle avec Charles-Quint, xxiii, 16, 463.

Emmonot, procureur. L'un des membres de la faction des Seize, du temps de la Ligue, x, 149.

Empereur (titre d'). Appartenait anciennement aux généraux d'armée, et depuis fut conféré aux souverains de Rome, x, 405. — Ensuite à ceux d'une partie de l'Europe, de l'Asie et de l'Afrique, xxii, 7.

Empereurs d'Allemagne. Leur liste, avec les noms de leurs femmes et de leurs enfants, xxiii, 4 *et suiv.* — Vers techniques contenant leur suite chronologique, et les principaux événements depuis Charlemagne, 30 *et suiv.* — Communiaient sous les deux espèces, et pourquoi, xvi, 299. — Fait qui prouve qu'ainsi que les papes ils ont toujours prétendu une juridiction universelle, xvii, 153. — Au 11e siècle, se regardaient comme les seigneurs suzerains de presque toute l'Europe, xxiii, 116, 146. — Décret d'Othon III concernant leur élection, 134. — Déclaration des princes de l'Empire sur le même sujet, en 1338, passée en loi perpétuelle à Francfort, 319. — Cérémonies de leur couronnement à Rome, au 12e siècle, XVI, 99; XXIII, 189. — Leur puissance au 13e, XVI, 138. — Et au 14e, lors de la publication de la bulle d'Or, 314; XXIII, 334 et suiv. — Quand ils cessèrent d'être couronnés à Rome et à Milan, XVIII, 261. — Au commencement du 15e siècle, l'Allemagne en eut trois sans en avoir un, XXIII, 371. — Ce qui les a réduits à n'être plus que les chefs d'une république de princes, XXII, 9. — Pourquoi ont le pas sur tous les autres souverains, XIX, 350. — N'ont jamais cessé d'être rois de Rome, et n'ont jamais osé y demeurer; espèce de convention tacite à ce sujet avec les papes, XXVIII, 204; XXXII, 155; XLI, 155. — N'y avaient quelque autorité que lorsqu'ils y venaient à main armée, *ibid.* — Liste de ceux qui furent contemporains de Louis XIV, XIX, 12. — Si l'on doit compter parmi les empereurs ceux qui régnèrent depuis Arnould jusqu'à Othon Ier, et qui ne furent réellement que rois de Germanie, XXXIX, 561.

Empereurs d'Orient. Cérémonies de leur sacre, XV, 389. (Voy. *Empire d'Orient.*)

Empereurs ottomans. Ceux qui furent contemporains de Louis XIV, XIX, 11. (Voy. *Empire ottoman.*)

Empereurs romains. Comment le nom de *Divus* (Dieu) devint le titre ou le sobriquet de tous ceux qui régnèrent après Auguste, XLII, 490. — Coutume qui s'introduisit dans les compliments qu'on leur faisait à leur avènement, XXVII, 208. — Il y en eut rarement trois de suite de la même famille, depuis Néron, VIII, 161.

Empereurs (les Trois) en Sorbonne. Satire contre la censure du roman de *Bélisaire*, et de l'opinion que quiconque est mort sans confession est nécessairement damné, XIV, 218 et suiv.

Empire d'Occident, depuis *Empire d'Allemagne.* Doutes sur quelques points de son histoire, XXXIX, 557. — Pourquoi ce nom donné à l'Allemagne, XXIII, 650. — Son état depuis le 5e siècle jusqu'à Charlemagne, qui le restaure, XXIII, 36 et suiv. — A la fin du 9e, XV, 519. — Au 11e, XVI, 75. — Au 13e, 275. — Au 14e, 300 et suiv. — Forme que lui donne Charles IV par la bulle d'Or, 312 et suiv.; XXIII, 334. — Était, au 16e, une république de princes, présidée par l'empereur, XVII, 172; XVIII, 261. — Était devenu héréditaire, sans cesser d'être électif, XXIII, 534. — Son état sous Léopold, 634 et suiv. — Réflexions sur son droit public, LVI, 450. — Quelles furent de tout temps ses prétentions, XXXI, 509. (Voy. *Allemagne, Annales de l'Empire*, et *Empereurs d'Allemagne.*)

Empire d'Orient. Son état aux 8e et 9e siècles, XV, 499 et suiv. — Au temps des croisades, XVI, 153, 179, 188. — Sa décadence pendant la domination des Latins, 213, 466. — Disputes théologiques au milieu des plus pressants dangers, 467. — Rapidité des révolutions qui s'y sont succédé, XV, 500 et suiv. — Vers à ce sujet, IX, 488. — Quand fut divisé en trois empires, sans qu'il y en eût réellement un, XVI, 486. (Voy. *Constantinople.*)

Empire ottoman. Origine de sa puissance, XVI, 151. — Composé de trente peuples différents, 509. — Son état au 16e siècle, ses usages, son gouvernement, XVII, 494 et suiv. — A combien montaient ses revenus jusqu'à 1683, 501. — Son état au 17e siècle, XVIII, 413. — Que son gouvernement n'est point aussi despotique qu'on le croit, XVI, 504. — La force et la rapine l'établirent, les divisions des chrétiens l'ont maintenu, 512. — Est gouverné à peu près comme la république d'Alger, XLVI, 306. (Voy. *Turcomans* et *Porte-Ottomane.*)

Empire romain. Quelles ont été les véritables causes de sa chute, XV, 375 et suiv.; LXIV, 380. — De la révolution qui l'a transféré à Charlemagne, XXIII, 35. — Pourquoi son histoire est ce qui mérite le plus notre attention, XLIV, 411. — Que le *Saint-Empire romain*, au 14e siècle, n'était ni saint, ni romain, ni empire, XVI, 316; XXVIII, 204. — De quoi il se composait du temps de Clovis, XV, 380. — Et sous Charles-le-Chauve, 473. — Son état sous Léopold, XXIII, 469 et suiv. (Voy. *Rome* et *Romains.*)

Emplois. Que les hauts emplois sont des chaînes dorées; on ne vit plus pour soi ni pour les siens, IV, 354, 355. (Voy. *Places.*)

Empoisonnements. N'ont jamais été aussi fréquents qu'on l'a prétendu, XXIII, 326 ; XXIV, 357 ; XXV, 328 *et suiv.;* XXIX, 92. — Des dames romaines accusées de faire le métier d'empoisonneuses, historiette qui a tout l'air d'une fable, 95 *et suiv.* — Anecdote d'un fou qui proposait à un ministre français un moyen infaillible d'empoisonner tous les habitants de Londres, 97. — Que toute indigestion est un empoisonnement, *ibid.* — Quand les empoisonnements devinrent en mode à la cour de France, et par qui ils y furent introduits, XX, 173. (Voy. *Poisons.*)

EMPREUS, secrétaire de la chancellerie de Charles XII. (*Voy.* EHRENPREUS.)

Emprunts. Funeste ressource dans un état, XX, 288. — Colbert fut obligé d'y avoir recours, *ibid.*—A qui doivent être faits, V, 373. — Inconvénients des emprunts en rentes viagères, XXVI, 121.

Émulation. En quoi diffère de l'envie ; quatrain à ce sujet, XII, 560. — Celle qui doit régner entre les gens de lettres, 68.

Enchantement. Origine de ce mot, XXIX, 98. — Superstitions absurdes sur divers enchantements qui durent leur origine à des choses naturelles, *ibid.* — De l'enchantement des serpents, 99. — Enchantement des morts, ou évocation, 102. — Des autres sortiléges, 103.— Enchantements pour se faire aimer, 106. (*Voy.* Philtres.)

Encratites (les). Leur évangile, XLV, 349.

* *Encyclopédie* (l'). Ouvrage immense et immortel ; dépôt de toutes les sciences et de tous les arts, XIX, 235 *et suiv.* — Un des grands monuments de l'esprit humain, *ibid.* ; XXXI, 405 ; LIX, 200. — Détails relatifs à cette entreprise, aux gens d'un mérite supérieur qui y ont concouru, et à ses proscripteurs, tant jésuites que jansénistes, XLIII, 535 *et suiv.* — Cabales pour en obtenir la prohibition ; fait singulier à ce sujet, XXVI, 4 ; XXXIX, 532 ; XLI, 19 *et suiv.*—Ingratitude des soi-disant gens de lettres pour une entreprise aussi avantageuse à eux-mêmes, XLII, 650. — Traitée de dangereuse et d'impie dans un sermon prononcé devant le roi en 1758, LVII, 483. — Le déchaînement contre elle des brochures et des libelles protégés décide d'A- lembert à renoncer à cette entreprise, 438, 445, 455, 467.—Voltaire, qui avait cherché d'abord à le détourner de cette résolution, l'y affermit ; mais il veut que Diderot et les autres collaborateurs la quittent aussi, 469, 472, 485. — Réquisitoire d'Omer Joly contre cet ouvrage, XL, 118 *et suiv.* — Rage des convulsionnaires, qui parviennent à la faire supprimer, LIX, 200. — Révocation du privilége qui lui avait été accordé, XL, 119. — L'impératrice Catherine offre aux auteurs d'en venir continuer l'impression dans ses états, LX, 398. — Facéties à l'occasion de sa confiscation, XLI, 19 ; XLIII, 537 ; XLVIII, 57. — Dialogues philosophiques sur la persécution qu'elle essuie et les clameurs dont elle est l'objet, XL, 154, 161 *et suiv.* — Défense de ses principaux rédacteurs, insultés et calomniés par Palissot, XIV, 185. — Supprimée par l'intrigue des jésuites et des convulsionnaires, est rétablie par l'empire de la raison, XXVI, 8. — Comparée par Voltaire à un édifice bâti moitié de marbre et moitié de boue, LVII, 518. — Et par d'Alembert, à un habit d'arlequin, où il y a quelques morceaux de bonne étoffe et trop de haillons, LXVI, 173. — Est un coup de massue porté au fanatisme, LXIII, 152. — Articles qu'on en cite avec distinction, XIV, 186. — Autres sur l'agriculture, et observations critiques y relatives, XXVI, 125 *et suiv.* —Autres qui déshonorent ce monument élevé à la gloire de la nation, LVII, 173, 180, 500, 535, 554, 633. — Est un trop long ouvrage, XII, 479, 497. — En général le bon, dans ce recueil, l'emporte sur le mauvais, XXI, 427 ; XLIII, 536. — Autres détails sur cette entreprise et sur la guerre littéraire dont elle fut l'occasion, I, 229 *et suiv.;* VII, 13 ; XII, 479 *et suiv.;* LVII, 423, 426, 438, 444, 466 *et suiv.* — Du projet formé, en 1766, de réduire l'ouvrage et de le faire imprimer en pays étranger, LXIII, 252, 258 *et suiv.* — Du *Supplément* publié en 1776, LXVI, 123. — De l'édition abrégée de Panckoucke, et des articles que Voltaire se proposait d'y traiter, à soixante-seize ans, LXV, 351 ; LXVI, 49, 97.

Énéide (l'). Ce poëme est encore, avec ses défauts, le plus beau monument qui nous reste de l'antiquité, X, 427.— D'où

Virgile en tira le sujet, 428. — Préjugés de quelques critiques sur le caractère d'Énée, 430. — Grande et universelle objection que l'on fait contre ce poëme, 432. — En quoi critiqué, XXXIII, 319. — Quatrain y relatif, XII, 509. — Quels livres de ce poëme sont au-dessus de tous les poëmes grecs et latins sans exception, XXIX, 152. — Le quatrième est tout naturel, et c'est l'effort de l'esprit humain, II, 360. — Le sixième parut d'abord à Voltaire une description des anciens mystères ; il revint depuis de cette opinion, XV, 102, 167 ; XVI, 69 ; XXX, 377. — Ce qui choque davantage dans les six derniers livres, X, 432. (*Voy.* HARDOUIN.) — Virgile, par son testament, avait ordonné de brûler ce poëme, dont il n'était pas satisfait ; vers d'Auguste au sujet de cet ordre, 427.

Énergumènes. Objet d'un dialogue philosophique entre Épictète et son fils, XLI, 394. — Qu'il n'est point de faction qui n'ait les siens, XXIX, 127. — Dialogue poli sur la matière, entre un énergumène et un philosophe, XXXI, 163.

Enfants. Pourquoi il faut les accoutumer de bonne heure à ne rien admettre qui choque la raison, XXVIII, 183. — Leurs devoirs envers leurs parents, II, 370 ; XII, 558 ; XXXI, 388. — Leurs parents ont sur eux un pouvoir despotique, XIV, 61. — Tous ceux qui sont le fruit de l'amour sont regardés comme légitimes par les Orientaux, XXIII, 87. — Des enfants célèbres, XIX, 53. (*Voy.* BARATIER, BRÉHAN et PIC DE LA MIRANDOLE.)

Enfant prodigue (l'), comédie de Voltaire, IV, 241 *et suiv.* — Préface de l'édition de 1738, 235. — Autre, du nouvel éditeur, 233. — Cette pièce est la première comédie en vers de cinq pieds, 235. — Notes et variantes, 334. — A qui Voltaire en dut l'idée, LII, 222. — Ce qu'il en dit dans sa Correspondance, 235, 262, 346 ; LIV, 341. — Pourquoi il la composa, LII, 360. — Pourquoi il en recommandait le secret à ses amis, 313, 318, 319, 462. — A qui il en laissa le profit, XLVIII, 327. — Lettres critiques au sujet de cette pièce, IV, 233, 234. — Vers qu'en retrancha Mlle Quinault, et anecdote à ce sujet, LIX, 591, 592.

Enfer. Signification de ce mot, et son origine, XXIX, 108. — Idée qu'en eurent les Égyptiens et les Grecs, *ibid.* — Les poëtes qui l'inventèrent s'en moquèrent les premiers, 109. — Vers cités à ce sujet, et traduits de Virgile, de Sénèque, de Lucrèce, *ibid. et suiv.* — Les philosophes, qui n'y croyaient pas, voulaient que la populace fût contenue par cette croyance, 111. — Ce qu'en disait l'historien Polybe, *ibid.* — Les Hébreux n'y croyaient pas, et le *Pentateuque* n'en annonça jamais l'existence, *ibid.*, 114 ; XLI, 317, 318 ; XLIX, 87. — Celui des Perses, et fable ancienne citée à ce sujet, XV, 308 ; XXVI, 248 ; XLVIII, 523 ; L, 414. — Jésus-Christ en confirma la doctrine ancienne, non celle des poëtes païens, ni celle des prêtres égyptiens, mais celle qu'adopta le christianisme, XXIX, 112. — Quelles sectes rejettent un enfer éternel, et quelles autres l'admettent, 114 *et suiv.* — Petite exhortation aux philosophes qui le nient tout à plat dans leurs écrits, 118. — Observations critiques sur la description qu'on en trouve dans le *Télémaque*, XXXIX, 206. — Sur celle donnée par Virgile, 210. — Et sur celle bizarre et bigarrée faite par J.-B. Rousseau, 211. — Sa description dans la *Henriade*, X, 224 *et suiv.* — Où est placé ordinairement ; l'opinion des théologiens incertaine sur ce fait, 224. — Autre description dans la *Pucelle*, XI, 93 *et suiv.* — Personnages les plus illustres de l'antiquité qu'on y représente voués aux flammes, pour être morts sans confession, 94.

Enfer (l'article), dans l'*Encyclopédie*. Observations critiques y relatives, XXIX, 111. — A qui attribué, et quel en est le véritable auteur, LVII, 266, 296 ; LXII, 49.

Enfiler. Observations grammaticales sur ce mot, LXVI, 149.

ENGELBERG, comte de LA MARCHE, électeur de Cologne au 14e siècle. Se démet de son gouvernement ; Notice, XXIII, 23.

ENGHIEN (comte d'), sous François Ier. Commande la flotte française qui assiège Nice de concert avec les Turcs, XVII, 220 ; XXIII, 499. — Répare, par la victoire de Cérisoles, l'affront éprouvé devant cette ville, XVII, 221 ; XXIII, 502.

ENGHIEN (ducs d'). *Voy.* CONDÉ (*Louis II* et *Henri-Jules.*)

ENGILBERT II, comte de Falkenstein, électeur de Cologne. Bon soldat et malheureux archevêque; pris par les habitants de Cologne, XXIII, 23. — Mort en 1274, *ibid.*

ENGUERRAND DE COUCI, gentilhomme picard. Singulière demande qu'il fait à l'empereur Charles IV, dans son voyage en France, XXIII, 352.—Ses prétentions à tous les biens de Léopold; il lève contre l'Autriche une armée qui se dissipe bientôt, et voit ainsi son projet s'évanouir, *ibid.*

ENGUERRAND DE MARIGNI, comte de LONGUEVILLE. Accusé de malversations sous Louis-le-Hutin, fut condamné à mort par Charles de Valois, XXII, 29.— Pendu au gibet qu'il avait fait dresser à Montfaucon, XVI, 507.

Enlèvements. Sont tous suivis du parjure; vers à ce sujet, IV, 440.

ENNERY (comte d'), administrateur successif de plusieurs colonies. Comment rendit florissantes les possessions de la France en Amérique, XXI, 403. — Sa perte fut pour elle une véritable calamité publique, 404. — Les Anglais eux-mêmes en ont fait le plus bel éloge,*ibid.*— Monument attendrissant élevé à sa mémoire par le comte de Schomberg, son ami, LXX, 377.

Ennui (l'). Personnifié; son portrait, XI, 225; LI, 51, 54. — Quel est le secret d'ennuyer, XII, 94. — Autres vers sur l'ennui, 523; XIV, 84, 143.

ENOCH. Septième homme après Adam, XV, 360. — Ce que l'Ecriture et les Pères nous en disent, XXIX, 65. — Ancienne tradition en Phrygie sur ce personnage, et raisons qui le font considérer comme allégorique, 66; XLIX, 25. — Le fameux livre qu'on lui attribue est le seul fondement de tout le mystère du christianisme, XV, 220, 360; XXVII, 325; XLIII, 123. — Ce livre considéré comme apocryphe, XXVI, 459; XLVI, 112; XLVII, 434. — Fragment qu'on en cite sur la doctrine des anges rebelles, XXVI, 379; XLIII, 124, 269.

Enregistrement. Origine de la chose et du mot, LXI, 17. (Voy. *Parlements.*)

Entendement humain. Questions qui tendent à en faire une faculté résultante des organes et périssant avec eux, VI, 473. (Voy. *Ame, Homme,* et LOCKE.)

Enterrements. (Voy. *Inhumation, Sépultures.*)

Enthousiasme. Ce qu'on entend par ce mot; son origine, XXIX, 126. — Applications anecdotiques qui en expriment les diverses nuances, 127.— Que l'esprit de parti y dispose merveilleusement, *ibid.* — Quand l'enthousiasme devient fanatisme, 128. — Que l'enthousiasme raisonnable est le partage des grands poëtes, et la perfection de leur art, 129. — Genres de poésie où il est admis; autres dont il est exclu, *ibid.* — Ce qui est à craindre dans l'enthousiasme, 131.

Enthousiasme (l'article), dans l'*Encyclopédie.* Observations critiques y relatives, LVII, 173.

Enthousiastes. Qu'il n'y a rien à gagner avec eux, XXXVII, 120, 121.

ENTIUS, roi de Sardaigne. (*Voy.* ENZIO.)

ENTRAGUES (BALZAC de CLERMONT d'), oncle de la célèbre marquise de VERNEUIL. Tué à la bataille d'Ivry, X, 269, 276, 287.

ENTRAGUES (BALZAC d'), marquise de VERNEUIL, et maîtresse de Henri IV. Faussement accusée d'avoir eu part au meurtre de ce prince, X, 384; XVIII, 154; XXII, 211; XLV, 83. — Avait conspiré contre lui, XVIII, 156.

ENTRAGUES (chevalier d'), colonel. En 1702, sauve Crémone surprise par les Impériaux, XX, 13.

Entretiens philosophiques (Voy. *Dialogues* et).

Envie (l'). Vers sur cette passion, II, 394. — Nul cœur généreux n'échappe à ses injures, VII, 166. — Est l'ame du monde, IX, 279. — Vers et exemples à ce sujet, *ibid. et suiv.;* XII, 63; XIII, 242. — En quoi elle est utile, 194.— En quoi elle diffère de l'émulation, XII, 560. — Le temps seul peut la désarmer, X, 493. — Personnifiée dans le *Temple de la Gloire,* V, 311. — Autres portraits, X, 224; XI, 225; XIII, 227. — Autre, traduit de l'anglais, de Pope, XXXVII, 259. — Rôle et portrait de l'envieux dans la comédie de ce nom, IV, 343 *et suiv.* — Et dans le roman de *Zadig,* XXXIII, 66. — Quel est le premier auteur classique qui ait parlé de cette passion honteuse, XXIX, 133. — Et celui qui, le premier, ait voulu prouver qu'elle est une passion très utile, 134. — Seul secret pour échapper à cette harpie, LXVIII, 2.

Envieux (l'), comédie de Voltaire, long-temps perdue et jusqu'alors inédite, IV, 343 à 401. — Composée en 1738, et donnée à l'abbé de La Mare, sous le nom duquel M*lle* Quinault devait la présenter, 341; LIII, 345. — L'auteur croyait n'avoir fait qu'une action de bon chrétien, et non un bon ouvrage, 355. — Ne fut point représentée, IV, 340. — Comment et par qui a été retrouvée, *ibid.* — Préface de l'éditeur, 339. — Notes y relatives, 402. — Qui l'auteur y a voulu peindre, 339, 387.

ENVILLE (duc d'), de la maison de La Rochefoucauld. Son éloge, XXI, 262. — Envoyé pour reprendre le cap Breton, meurt sur le rivage de Chibuctou, *ibid.*

ENVILLE (*Louise-Élisabeth*, duchesse d'), femme du précédent. Sa vertu courageuse, XXI, 262; LXIX, 116, 132. — Son portrait; protection qu'elle accorde aux Calas, I, 238; LXII, 228; LXIV, 119. — Propage les OEuvres pies de l'auteur, LXI, 146. Son séjour à Genève en 1765, et ses visites à Fernei, LXII, 482, 485, 500. — Lettres qui lui sont adressées, LXIX, 117, 181.

ENZIO, roi de Sardaigne. Fils naturel de l'empereur Frédéric II, XXIII, 241. — Battu et fait prisonnier par les Polonais, ne peut être délivré, même à prix d'argent, 250.

ÉON (chevalier d'). (*Voy.* D'ÉON DE BEAUMONT.)

Épandre, au lieu de *répandre*. Terme heureux, mais qui a vieilli, XXXV, 599.

Épée (l') et *Robe* (la). Distinguées pour jamais aux états-généraux d'Orléans, XVIII, 60. — Qui eut la principale part à ce changement, 61.

ÉPERNON (d'), mignon de Henri III, X, 426. — Pourquoi ce prince le chassa un jour de sa présence, 47. — Créé duc et pair, XVIII, 107. — Forme la compagnie des gentilshommes nommés les *quarante-cinq*, qui assassinèrent le duc de Guise, X, 121, 371; XVIII, 113; XXII, 143. — Pourquoi abandonne l'armée, lors de l'avènement de Henri IV, X, 375. Faussement soupçonné d'avoir fait assassiner ce prince, 384; XVIII, 154; XXII, 210. — Force le parlement de Paris à donner la régence à sa veuve Marie de Médicis, 212; XVIII, 170. — Brave Concini et sa femme, qui gouverne la reine, XXII, 222. — Sa querelle avec le parlement, et insulte qu'il fait à ce corps, 223. — Il enlève la reine-mère du château de Blois où elle était reléguée, la conduit à Angoulême, et traite ensuite avec le roi Louis XIII de couronne à couronne, 224, 228; XVIII, 179 *et suiv.* — S'était presque ruiné pour secourir cette princesse, qui le néglige, 225. — Brava toujours les lois; son caractère, XXII, 222, 224. — Mot remarquable qu'on en cite au cardinal de Richelieu, XX, 186; XLII, 705. — Anecdote de la lettre qu'il lui écrivit avant de mourir, XXVII, 549. — Avait siégé aux états de Rouen en 1596, XXII, 187.

Éphémérides du citoyen (les). Journal utile à l'agriculture, XLVI, 404. — Comment le beau siècle de Louis XIV y est dénigré, 405 *et suiv.*

Éphémérides économiques (les *Nouvelles*), faisant suite à l'ouvrage précédent. Diatribe adressée à l'auteur (l'abbé Baudeau), XLVIII, 102. — Anecdotes à ce sujet, *ibid.*

Éphèse (conciles d'), sous Théodose II. Les articles de foi s'y décidèrent souvent à coups de bâton, XV, 379. — Une partie dépose Nestorius, et l'autre saint Cyrille son antagoniste, XLIII, 191. — En quoi furent curieux, XXVIII, 78, 140, 150; XLVI, 254.

Éphraïm (tribu d'). Pourquoi les Juifs qui la composèrent furent massacrés, et commentaire à ce sujet, XLIX, 187, 219 *et suiv.* (*Voy.* Lévite d'Éphraïm.)

ÉPICTÈTE. Vertueux stoïcien; en quoi fut peut-être supérieur à Caton, XLII, 602. — Belle morale contenue dans son *Manuel*, XIV, 228. — Son opinion sur la Divinité, XXX, 296. — Hommage qu'il lui rend, XLI, 410. — Ce qu'il dit sur la présence de Dieu en nous, XXXIV, 404. — Belles paroles à son fils, qu'il prononce avant de mourir, et Dialogue philosophique à ce sujet, XLI, 394; XLII, 313; XLIII, 567.

ÉPICURE. Grand homme pour son temps, XXVII, 191, 529; XLIV, 238. — Ses idées philosophiques, sa morale respectable, *ibid.* — Sa physique inadmissible, *ibid.*; XXVII, 192. — Sa doctrine sur l'indifférence de Dieu pour les hommes, XXXIV, 411. — Devait, d'après ses principes, admettre un Dieu créateur et gouverneur de tout, XXXVIII, 22. — Erreur où l'on est sur son compte, XLII, 600. — Fut, toute sa vie, un philosophe sage, tempérant et juste, *ibid.* — Son testament, 601. — Sa secte a produit de très honnêtes gens, et lui-même fut un homme de bien, XLIII, 249. — Grand mot de ce philosophe, qui alarme depuis long-temps la terre entière, XLVII, 104. — Entretiens philosophiques sur quelques points de sa doctrine, XXXIX, 589, 599; XLIII, 382; L, 163, 171. — Absurde méprise sur laquelle il a fondé sa philosophie, 194.— Sa doctrine sur les atomes, combattue, XLVI, 567 *et suiv.* — Comment apostrophé dans l'*Anti-Lucrèce*, et imitation de ce morceau en vers français, XXVI, 415. — Ce qu'il aurait pu répondre, *ibid.* — Vécut et mourut en sage; en quoi consistait sa volupté, XLIII, 382.

Épicuriens. Ne connurent que des principes physiques, XV, 118.— Nièrent qu'il y eût une ame, *ibid.* — Soutinrent que les dieux ne se mêlaient pas des affaires des hommes, *ibid.*; LXIII, 318. — Etaient une véritable société d'athées, XLI, 140; XLVI, 136. — Leur secte fut toujours très honorée, *ibid.* — Pourquoi ne furent jamais persécutés, 137. — Quel était leur principal dogme, XXXII, 94. — Avaient d'excellents préceptes et une très bonne conduite, L, 590.

Épidaure, ville sur le golfe Adriatique. A été renversée de fond en comble, VIII, 83.

Épigramme. Ce que signifie ce mot, XXIX, 135. — Rang qu'elle doit occuper dans la poésie, XXXIX, 212. — Comment définie par Boileau, *ibid.* — Genre qui peut apporter beaucoup de chagrins avec peu de gloire, *ibid.* — Des épigrammes licencieuses qu'on ne peut approuver, 213. — Modèle du genre qui doit plaire à tous les bons esprits, même aux plus rigides, *ibid.* — Autre, du genre héroïque, 214. — Cas qu'on doit faire de celles qui n'ont que le mérite d'offenser, 215. — Quelle est la première règle de l'épigramme, XXXVII, 497.

Épigrammes, par Voltaire. (*Voy.* les noms des personnes contre lesquelles elles sont dirigées, et la Table particulière du tome XIV, contenant les *Mélanges poétiques.*) — Diverses épigrammes tirées de l'*Anthologie grecque*, et qu'il a traduites en vers français, XIII, 345 *et suiv.*; XXIX, 136 *et suiv.*; LX, 588.

Épilepsie. Appelée *mal sacré* par les Grecs et par les Romains, XV, 212. — Quand passa parmi nous pour une possession du diable, *ibid.*

Épiménide. La fable imaginée à son sujet, type de l'histoire des *Sept Dormants*, XXVIII, 456.

Épinay (Mme LALIVE d'). Son séjour aux Délices en 1757, LVII, 400. — En quels termes en parle l'auteur, *ibid.*, 409. — Vers qui lui sont adressés, 414. — Voltaire l'avertit de ne pas prodiguer sa confiance à des prêtres genevois, LVIII, 267. — L'invite à devenir le lien qui doit unir les philosophes persécutés, 496. — Lettres qui lui sont adressées, de 1757 à 1778. (Voy. *Tabl. part.* de LVII à LXX.) — Est auteur des *Conversations d'Emilie*; ce qu'on dit de cet ouvrage, LXIX, 191. — Notices qui la concernent, LVII, 370, 410; LVIII, 267.

Épinay (Mlle d'), actrice de la Comédie française, qui fut depuis l'épouse de Molé. Notice et anecdotes à son sujet, LX, 471, 509. — Par qui protégée de près, 471; LXI, 74, 90.

Épiphane (saint). Turpitudes exécrables qu'il reproche aux gnostiques, la plus savante des premières sociétés chrétiennes, XXVII, 274; XXX, 381; XLIII, 121, 167; L, 459. — Arrache une image d'une église, XV, 398. — Comment a prétendu concilier les deux généalogies de Jésus-Christ, XXVIII, 213.

Épiphanie. Origine et signification de ce mot, XXX, 537; XLVIII, 545. — Pourquoi on l'a appliqué à la fête appelée *Jour des rois*, XXIX, 140.

Épiphanie de 1741, pièce de vers, XIV, 381. — *Épiphanie* de 1749, autre pièce, LV, 242.

Épiscopat. Ce qu'il fut dans le premier siècle de l'ère chrétienne, et ce qu'il devint dans les siècles suivants, XLIII, 440 *et suiv.* (Voy. *Évêques.*)

Épitaphe. Pourquoi doit être écrite en français, et non en latin, pour un Français, LX, 230.

Épitaphes: D'un babillard, xiv, 312.
— D'un égoïste, 347.—De Clément XIII, 465. — De Jayez, ministre du saint Evangile à Nyon, 488. — De Voisenon, 477. — Celle que Voltaire fit pour lui-même en 1736, lii, 165. — Celle que l'on pourrait mettre sur la tombe de la plupart des gens de lettres, xiv, 342; li, 311.

Épithalame, sur le mariage du duc de Richelieu avec Mlle de Guise, xiii, 108. (*Voy.* Murat.)

Épître aux fidèles. (*Voy.* Helvétius.)

Épître aux frères, supposée écrite de Constantinople. Facétie en faveur du théisme, xliv, 6.

Épître aux Romains, supposée traduite de l'italien du comte de Corbera. Invitation aux Romains de rompre leurs chaînes, xliv, 154. — Impostures qu'on y dévoile, 173 à 187.

Épître morale. Conseil sur la composition et le choix du sujet d'une pièce de ce genre, xxxvii, 574.

Épîtres dédicatoires, et *Dédicaces:* Ecueil que les auteurs doivent éviter, xxvii, 221.—Ce qu'elles étaient chez les Grecs et les Romains, v, 100. — N'ont été souvent présentées que par la bassesse intéressée à la vanité dédaigneuse, xxvii, 222. — Voltaire en a changé le ton, ii, 10; v, 474; xxxv, 136; li, 338; lix, 9; lxi, 263. — Ses dédicaces d'*OEdipe* à Madame, femme du régent, ii, 10.— De *Brutus,* à lord Bolingbroke, 349. — De l'*Indiscret,* à la marquise de Prie, 281; xiii, 65. — De *Zaïre,* à M. Falkener, iii, 141, 152. — D'*Alzire,* à Mme Du Châtelet, iv, 149. — De *Zulime,* à Mlle Clairon, 408. — De *Mahomet,* au pape Benoît XIV, v, 10. — De *Mérope,* à Scipion Maffei, 100. — D'*Oreste,* à la duchesse du Maine, vi, 150. — De l'*Orphelin de la Chine,* au maréchal de Richelieu, 402.—De l'*Écossaise,* au comte de Lauraguais, vii, 8. — De *Tancrède,* à Mme de Pompadour, 119. — Des *Scythes,* à MM. les ducs de Choiseul et de Praslin, viii, 185. — Des *Guèbres,* à M. de Voltaire, ix, 7. — De *Sophonisbe,* au duc de La Vallière, 120. — Des *Lois de Minos,* au duc de Richelieu, 278. — De *Don Pèdre,* à M. d'Alembert, 367. — D'*Irène,* à l'Académie française, 459. — De la *Henriade,* à la reine d'Angleterre, x, 4 *et suiv.* — Du *Poëme de Fontenoi,* à Louis XV, xii, 116. —Du *Précis de l'Ecclésiaste,* au roi de Prusse, 210. — Des *Éléments de Newton,* à Mme Du Châtelet, xxxviii, 6. — Des *Commentaires sur Corneille,* à l'Académie française, xxxv, 1. — De l'*Essai sur les mœurs,* à l'électeur Charles-Théodore, xv, iv. — Et de la *Philosophie de l'Histoire,* à l'impératrice Catherine, i.

Épîtres en vers, par Voltaire. (*Voy.,* pour l'indication de chacune d'elles, les noms des personnes à qui elles sont adressées, et les articles des sujets qui y sont traités; ainsi que la *Tabl. part.* du t. xiii de cette édition.) — Réflexions sur ce genre de poésie, liv, 693.

Éponine, héroïne romaine. Éloge de son dévouement pour son mari Sabinus, xxix, 353. — Sa réponse hardie à Vespasien, 354.

Éponine, tragédie. (*Voy.* Chabanon.)

Épopée. Observations et remarques auxquelles ce mot donne lieu, xxix, 142. (Voy. Poëme, Poésie épique, Phérécide, Hésiode, *Iliade,* Virgile, Lucain, le Tasse, l'Arioste et Milton.)

Épreuves (justification par). Barbare ineptie qui passa de l'Égypte en Grèce, xxix, 127. — Ne fut point reçue dans la république romaine, ni dans l'empire d'Orient, jusqu'à Justinien, 189. — On la trouve établie chez les Juifs dans tous les temps, 190 *et suiv.* — L'épreuve du sort, défendue par une décrétale du pape Honorius III, dans l'élection des évêques, 192.—Celle des eaux de jalousie, en quoi consistait, *ibid.;* xv, 456; xxviii, 70; xlvii, 461; xlix, 149. — Celle du duel a duré jusqu'au 16e siècle, xxix, 192. — Quelle était la plus terrible de toutes, mais dont l'histoire ne rapporte aucun exemple, *ibid.* — Comment on pouvait employer la fraude dans celles de l'eau ou de l'huile bouillante, 193. — Des épreuves de l'eau et du feu, au temps de Charlemagne, xv, 454 *et suiv.* — Et à celui de Charles-le-Chauve, xxiii, 86, 92. — Exemples qu'on en cite aux 10e et 11e siècles, xvi, 71 *et suiv.* — Toutes ces manières de trouver la vérité sont le fruit du génie oriental; elles ont été et sont encore fort en usage dans l'Inde, xv, 456; xlvii, 460 *et suiv.* (Voy. *Jugements de Dieu.*)

Équinoxes. Comment fixés par Chiron, à l'époque de l'expédition des Argonautes, XXXVII, 218; XXXVIII, 251. (Voy. *Précession des*).

Équité. Sa voix triomphe avec le temps, IX, 215. (Voy. *Justice.*)

Équivoque. Dans les lois, dans le droit public de l'Europe, dans les choses les plus sacrées, XXVI, 281; XXIX, 194. — Fait tous les malentendus en philosophie, en théologie et en affaires, XXVII, 29. — Vice nécessaire de toutes les langues formées par le hasard et l'habitude, XXIX, 195. — Celle qu'employa un tyran vis-à-vis d'un captif auquel il avait promis de ne pas le tuer, 197. — Que le monde a toujours été gouverné par des équivoques, et que toutes nos querelles de religion ont eu des équivoques pour principe, XLI, 137; LXIX, 22. — L'équivoque, cause presque unique des éclats de rire universels au théâtre, IV, 237. — Beaux vers de la satire de Boileau sur l'*Équivoque*, cités, XXVI, 77.

Équivoque (l'). Écrit publié en 1771, en faveur de l'établissement des six conseils supérieurs, XLVI, 534 *et suiv.*

ÉRASME. Moine lui-même, a jeté du ridicule sur les moines, XVII, 240. — Son entretien philosophique avec Lucien et Rabelais sur leurs ouvrages et leurs facéties, XLII, 119. — Pourquoi fut également soupçonné d'irréligion par les catholiques et par les protestants, XLIII, 502. — La statue qu'on lui a élevée à Rotterdam l'a vengé de Luther et de l'inquisition, *ibid.*

ÉRATOU, pseudonyme et anagramme d'AROUET. Lettre sous ce nom à M. Clocpitre, apologétique du *Cantique des Cantiques*, XII, 238. — Autre qu'il en reçoit, sur la question de savoir si les Juifs ont mangé de la chair humaine, XL, 312.

ERENSCHILD, contre-amiral suédois. Perd sa flotte au combat d'Aland, XXIV, 312; XXV, 271. — Prisonnier du czar Pierre, est le principal ornement de son entrée triomphale à Pétersbourg, 272; XXIV, 313.

ÉRIC, roi de Danemarck au 9e siècle. Est à la tête des Normands qui pillent Rouen et brûlent Paris; sa flotte gagne deux batailles, XV, 477.

ÉRIC, roi de Danemarck au commencement du 14e siècle. Sa guerre avec Valdemar, margrave de Brandebourg, XXIII, 302.

ÉRIC, roi de Suède et de Danemarck au 15e siècle. Désigne son neveu comme successeur du royaume; est déposé, en 1442, par les états, qui donnent la couronne à Christophe de Bavière, XXIII, 394.

ÉRIC, roi de Suède et de Danemarck, fils de Gustave Wasa. Eut le desir d'être despotique, et non la capacité, XVIII, 392. — Accusé, en 1569, par-devant les états, est solennellement déposé et condamné à une prison perpétuelle, *ibid.* — Publiquement empoisonné par Jean III, son frère et son successeur, 393.

Ériphyle, tragédie, jouée en 1732. Texte de cette pièce, III, 7 *et suiv.* — L'auteur la retira du théâtre malgré son succès, 2. — Publiée en 1779, d'après la copie de Le Kain, et dans l'édition de Kehl, d'après une copie de M. Decroix, *ibid.* — Dans la présente édition, faite d'après un manuscrit de Longchamp, cette pièce offre, entre autres changements, la suppression du rôle du grand-prêtre, et un cinquième acte tout nouveau, *ibid.* — Discours en vers qui fut prononcé avant la première représentation, 3. — Variantes et notes de cette tragédie, 64 *et suiv.* — Le plan a coûté beaucoup à l'auteur, LI, 291. — Observations de Voltaire lui-même sur cette pièce et sur les changements qu'il y a faits, 235, 236, 242, 245, 253, 255, 268, 271, 278. — Il y met des chœurs, 377. — A qui la dédie, *ibid.* — La croit mieux écrite que *Zaïre*, 301. — Convient plus tard que ce n'était qu'une esquisse assez mauvaise de *Sémiramis*, LXIX, 219. — Qu'il l'avait dès longtemps mise au rebut, et à moitié brûlée, 256. — La dédicace à Franchini et les chœurs sont perdus, 377; III, 3. — Notice des écrits publiés en 1732, à l'occasion de cette pièce, *ibid.*

ERLACH (*Jean-Louis*, comte d'). Résiste aux séductions du vicomte de Turenne, et conserve l'armée weimarienne à la France, XIX, 295. — Est chargé par Mazarin de l'arrêter, *ibid. et suiv.*

ERLACH (d'). Excellent officier, tué à la bataille de Laufeldt, XXI, 239.

ERLANG, évêque de Wurtzbourg. Traître envers l'empereur Henri V,

XXIII, 174. — Est mis au ban de l'Empire, *ibid.* — Se défend dans Wurtzbourg, dont il dispute les remparts l'épée à la main, *ibid.* — Fuit après la prise de la ville, *ibid.*

ERNEST-AUGUSTE, duc de Brunswick. Créé électeur de Hanovre par l'empereur Léopold, et à quelles conditions, XXIII, 29. — Mort en 1698, *ibid.*

ERNEST DE BAVIÈRE, évêque de Liége. Élu électeur de Cologne à la place de Gebbard de Truchsès dépossédé, soutient son droit par la voie des armes, XXIII, 550 *et suiv.* — Eut trois évêchés, fit long-temps la guerre, et agrandit Cologne, 24. — Mort en 1612, *ibid.*

ERNEST, duc de Styrie. Prend le Tyrol à son frère Frédéric d'Autriche, XXIII, 377. — Est forcé de le lui rendre et de s'en tenir à son apanage, *ibid.*

ERNEST-FRÉDÉRIC, *le Religieux*, électeur de Saxe au 15e siècle. Notice, XXIII, 27.

ERNEST (l'archiduc), gouverneur des Pays-Bas pour Philippe II. Par quelle ruse prend Amiens, XXII, 189.

ERNEST, duc de Souabe. Pourquoi mis au ban de l'Empire, XXIII, 145.

Errements. Emploi vicieux de ce mot, XXIX, 495; LXIII, 525.

Erreur (l'). A aussi ses martyrs, X, 179, 190. — Celle du peuple, utile aux tyrans, VI, 431. — Un peu de vérité fait celle du vulgaire, VIII, 109. — Si l'erreur est utile aux hommes, XLI, 349 *et suiv.* — Des erreurs accréditées en matière de goût, XLII, 73. — Des anciennes erreurs en physique, XLIV, 274. — Beaucoup d'erreurs nées d'une vérité dont on abuse, XV, 224. — Que nos erreurs sont nos lisières, XIII, 224. — Temples élevés à des chimères, par suite d'une erreur accréditée et devenue sacrée, XV, 111; L, 466. — D'où vient que tant d'hommes pleins de sagacité, et même de génie, sont pétris d'erreurs populaires, XVII, 81. — Que la politique se sert des erreurs établies comme d'un mors que le vulgaire s'est mis lui-même dans la bouche, 231; LXV, 229. — Qu'il faut pardonner à l'erreur, XII, 61.

Erreurs de Voltaire (les). (*Voy.* NONOTTE et FEZ.)

ÉSAÜ. Commentaire critique sur l'état dans lequel il naquit, XLIX, 62. — Sur la vente forcée de son droit d'aînesse, 63. — Sur son mariage avec deux filles cananéennes, 66. — Plaisanteries à son sujet, XIV, 393.

Escalade (fête de l'), célébrée tous les ans à Genève. En mémoire de quel événement fut instituée, XLII, 228, 272; LVI, 546; LVII, 404. — Vers à ce sujet, XII, 266.

ESCHYLE, poëte grec. Inventeur de la tragédie, II, 30, 356. — Sa tragédie des *Perses* comparée à *Hamlet*, V, 488. — Comment a traité le sujet d'Électre dans ses *Choéphores*; observations de Dacier et de Brumoy y relatives, VI, 266 *et suiv.*

Esclavage (l'). Aussi ancien que la guerre, qui est elle-même aussi ancienne que la nature humaine, XXIX, 198. — Aucun législateur de l'antiquité n'a tenté de l'abroger, 199. — Par qui préféré à la domesticité, et surtout à l'état libre de manœuvre, 202. — Contrat étrange par lequel Puffendorf le prétend établi, 204. — Combattu par Montesquieu, L, 114. (*Voy.* Esclaves, Serfs, Servitude.)

Esclaves. L'étymologie en défaut sur ce nom ; quel est le plus ancien monument que nous en ayons, XXIX, 197. — Livre où il en est le plus parlé, *ibid.* — Les Juifs en eurent; leurs lois à ce sujet, 199. — Les Maures et les Turcs n'ont que ceux qu'ils prennent à la guerre ou en course, 201. — Les blancs en font commerce, *ibid.* — Que les louanges des esclaves ne sont d'aucun prix, non plus que leurs services, XXXIX, 55. — Esclaves main-mortables en France, XXIX, 205, 207 *et suiv.* (*Voy.* Main-morte, Serfs, Servitude.)

ESCOBAR, jésuite. Obligation que ses ouvrages ont eue à Pascal, II, 50. — Comment figure dans le *Paradis des sots*, XI, 54.

ESCORBIAC (d'), Toulousain. Auteur d'une *Christiade*, XXXI, 140.

ESCOVEDO. Assassiné par ordre de Philippe II, roi d'Espagne, XVII, 518.

Escurial (palais de l'), appartenant au roi d'Espagne. Bâti sur les dessins d'un Français, XVIII, 257.

ESDRAS. Pourquoi l'on pense qu'il refit entièrement tous les livres juifs, XL, 406; XLVI, 159, 160. — Commentaire sur les contradictions qui se trouvent dans le sien, XLIX, 387. — Ce qu'il rapporte du dénombrement fait de son temps, XXVIII, 333. — Différentes formules de prières qu'il donna aux Juifs, XXXI, 319 ; XLVIII, 479. — Plaisanterie à son sujet, XXXIV, 387.

ESHREFF, usurpateur de la Perse. (*Voy.* ASRAF.)

ÉSOPE. Est né en Perse; est le même que Lockman, XV, 307. — Ses *Fables*, attribuées à différents auteurs par diverses nations de l'Orient, XLII, 603. — Morale qu'elles nous enseignent, 604. — Toutes les nations un peu savantes les ont adoptées, XXIX, 300. — Et en feront toujours leurs délices, XXX, 322.

Espace (l'). Considéré comme attribut de Dieu; sentiments de divers philosophes à ce sujet, XXIX, 208 *et suiv.*; XXXVIII, 19 *et suiv.*

ESPAGNAC (*Jean-Baptiste* SAHUGUET, baron d'), gouverneur de l'hôtel des Invalides, et auteur d'une *Histoire du maréchal de Saxe*. Lettres qui lui sont adressées en 1773, LVIII, 393. — En 1774, 420. — En 1775, LXIX, 193 ; 221, 355. — En 1776, LXX, 170. — En 1777, 274.

ESPAGNAC (l'abbé d'), fils du baron. Panégyriste du maréchal de Catinat; en quels termes on en parle, LVIII, 167 ; LIX, 59 ; LXIX, 355. — Proposé par Voltaire pour le panégyrique de saint-Louis à l'Académie française; bien qu'il en dit à cette occasion, LXX, 169, 170. 186.

Espagne (l'). Découverte par les Phéniciens, et subjuguée successivement par les Tyriens, les Carthaginois et les Romains, XV, 249. — Son état déplorable aux 8e et 9e siècles, 486 *et suiv.*—Sectes qui la désolent sous la domination des Visigoths, 487.—Conquise par les Maures, et soumise à l'empire des califes, 491. — Quand le nom de *grand* y fut en usage, 495. — Son état sous les Maures et jusqu'au 12e siècle, XVI, 53.—Aux 12e et 13e, XVI, 262. — Au 14e, 435.— Au 15e, XVII, 46. — Au 16e, craint d'être province de l'Empire; Charles-Quint est obligé de la déclarer indépendante, XXIII, 437.— De son gouvernement et de ses mœurs depuis Philippe II jusqu'à Charles II, XVIII, 248 *et suiv.*—Ses rois, contemporains de Louis XIV, XIX, 12. Son état avant ce prince, 249. — Et à sa mort, XX, 120. — Cause de la profonde ignorance de la saine philosophie où demeurent plongées ses écoles, XVII, 348. — S'il est vrai qu'elle ait perdu à la découverte de l'Amérique, XXXVII, 532. — Trésors qu'elle en retira depuis la fin du 15e siècle jusqu'au commencement du 18e, et ce qui lui en est resté, XLI, 177. — Perte qu'elle fit de Porto-Longone, et défaite de sa flotte sur la côte d'Italie, en 1646, par vingt vaisseaux et vingt galères, qui composaient alors presque toute la marine de la France, XIX, 277. — En 1665, les Anglais lui prennent la Jamaïque, 325. — En 1673, elle s'allie contre Louis XIV avec l'Empire et la Hollande, 406. — Elle perd encore la Havane et les îles Philippines, XXI, 335.—En 1687, entre dans la ligue d'Augsbourg, 459. — Guerre de la succession à la monarchie en 1701, XX, 1 *et suiv.* (*Voy.* CHARLES II.) — Comment conserva l'inquisition et les abus ecclésiastiques que l'établissement d'une nouvelle race de souverains semblait devoir anéantir, XXI, 9, 10. — Guerre de 1739 avec l'Angleterre, 81 *et suiv.* — Sa population et ses revenus en 1722, d'après les calculs du célèbre Ustariz, XVIII, 256. — D'où vient qu'on y voyage comme dans les déserts de l'Arabie, 257. — Les jésuites en sont chassés en 1767; réflexions sur l'édit royal rendu à ce sujet, LXIV, 207. — Quoique souvent envahie, a toujours conservé son nom, XXIX, 470. — Coup d'œil sur ses mœurs et sur ses usages, XXXIII, 201 ; XXXIV, 185. — De la tyrannie monacale qui y règne, LXIV, 331.

Espagnols (les). Subjugués tour à tour par les Carthaginois, les Romains, les Vandales, les Goths et les Arabes, XV, 250. — Furent autrefois anthropophages, et mangeaient leurs prisonniers de guerre, XXVI, 405. — Origine du silence qui est devenu le caractère de cette nation, XVII, 348. — Depuis Charles-Quint jusqu'à Philippe IV, ils eurent une supériorité marquée sur les autres peuples, XVIII, 31. — Se signalèrent dans les arts du génie, 256. — Leur théâtre, à cette époque, l'emportait sur celui des autres nations, *ibid.* — Leur politique et leur littérature dominaient en Europe, xxxv, 39. — De leurs cruautés en Amérique, xvii, 399 *et suiv.*; xlii, 502. — Comment ils reçoivent les bulles du pape, xii, 384. — Leur vanité dans la misère, xxvii, 549.

Espérance (l'). Trésor des malheureux; ses bienfaits, iii, 104; iv, 548. — Trompée, accable et décourage, vi, 199. — Adoucit les maux de la vie; biens qu'elle verse sur nous, x, 219. — Vers qui la caractérise, 302.

Espinac (d'), archevêque de Lyon. Incestueux, intrigant, négociateur pour la Ligue, xxii, 171. — Confident du duc de Guise, x, 121. — Son mot à ce prince, le jour qu'il fut assassiné, *ibid.*

Espinas (les d'), du Vivarais. Malheurs de cette famille, et justice qu'elle obtient, lxi, 324; lxiii, 64, 341, 401, 476, 565.

Espinasse (Mlle de l'), amie de d'Alembert. (*Voy.* Lespinasse.)

Espion chinois (l'). Quel est l'auteur de ce livre; inconvenances qu'on en relève, xlii, 643.

Espion turc (l'). Deux ouvrages ont paru sous ce titre, l'un publié sous Louis XIV, et l'autre sous Louis XV; ce qu'on en dit, xxxix, 244; xlii, 643. — Celui qui a été réimprimé en 1756 est le type des *Lettres persanes* de Montesquieu; quel en est le principal auteur, xix, 162.

Esprit (le Saint-). Origine de ce troisième dieu des christicoles, xliii, 145. — Est un épouvantable *non-sense*, xlvi, 248. — Comment traité au grand concile de Nicée, xxviii, 148; xlvi, 253. — Bon mot célèbre des évêques à son sujet, au concile de Trente, xviii, 91; xxviii, 152. — L'Église romaine n'a reconnu sa procession par le Père et le Fils que depuis Charlemagne, xv, 438, 515; xxviii, 77, 134; xli, 60.

Esprit (*Jacques*), oratorien. Auteur du livre de la *Fausseté des vertus humaines;* observations critiques sur cet ouvrage, xxix, 342. — Notice qui le concerne; pourquoi protégé par le chancelier Séguier, xix, 107.

Esprit. Ce mot considéré dans sa signification de souffle, vent, respiration, vie, ame, xxix, 228; xlii, 543. — Comment pourrait être défini pour n'être pas un terme vague, quand il signifie une qualité de l'ame, xxix, 220. — Ce que c'est que l'esprit en littérature, 211. — Convient rarement aux ouvrages sérieux, 212. — Exemples de ce défaut, tirés de Corneille, de Racine et des meilleurs auteurs, *ibid. et suiv.* — Doit être même banni de l'opéra, 216. — Ses saillies ne conviennent qu'aux petits ouvrages de pur agrément, 217. — A toujours besoin d'un autre mot qui en détermine le genre; exemples qui rendent cette vérité sensible, 221. — En quoi consiste l'art de dire les choses avec esprit, 222. — De la meilleure manière de connaître l'usage qu'on doit faire de l'esprit, 224. — *Bel esprit*, ce que c'est, 221; xxx, 46. — Le *faux esprit* n'est autre chose que l'esprit déplacé, xxix, 225. — En combien de sens différents le mot *esprit* s'emploie, 227. — De quel mot nous nous servions autrefois pour exprimer qu'un homme a beaucoup d'esprit, 240. — Pourquoi il n'est pas permis de faire l'apologie de son esprit, *ibid.* — De l'*esprit faux*, et des différentes manières de l'avoir ainsi, 241 *et suiv.* — Le véritable esprit sait se plier à tout, xiii, 142. — Il est fils de la nature; il ne faut pas trop l'orner, xii, 559. — L'empire de l'esprit, chez une nation, est une preuve infaillible de sa grandeur; malheur aux politiques qui n'en connaissent pas le prix, iii, 149.

Esprit (livre de l'), par Helvétius. Équivoque de ce titre, xxxii, 64. — Observations critiques sur l'ouvrage, *ibid. et suiv.*; xxix, 240; lxviii, 294, 298. — Ce qu'on peut lui reprocher, et ce qu'il a d'excellent, xxx, 236; lviii, 28. — N'est qu'une paraphrase des Pensées du duc de La Rochefoucauld, l, 295; lx, 291; lxii, 431. — Erreurs et inadvertances qu'on y relève, xxvi, 300 *et suiv.* — Qui le fit faire à Helvétius, lxviii, 73. — Autres observations critiques, *ibid.*, 253. — Accusations ridicules contre lui, xlii, 321 *et suiv.*; lvii, 611, 620. — Cet ouvrage supprimé en 1759 par arrêt du parlement, quoique l'auteur eût signé une rétractation, lviii, 40, 44, 501; lxi, 77. — Voltaire, tout en le désapprouvant, prend le parti de l'auteur contre ses juges, LXVIII, 73. (*Voy.* HELVÉTIUS.)

Esprit de parti. Sa rage, VII, 166. — Là où il domine il n'y a plus de charité, XXII, 324. — Dispose merveilleusement à l'enthousiasme, XXIX, 127. — Crimes qu'il fait commettre, XLII, 407 *et suiv.* — Vers à ce sujet, imités de Dryden, XXVII, 379. — Ce qu'il est à l'esprit de corps, XXIX, 227.

Esprit (l') *de parti*, comédie par Chabanon. Ce qu'on en dit, LXIX, 323.

Esprit de société. Est le partage naturel des Français, XX, 328.

Esprit des lois (l'), par Montesquieu. Ouvrage qu'on lit pour son plaisir autant que pour son instruction, XIX, 164. — Ce qui en fait le principal mérite, *ibid.* — Manque de méthode et souvent d'exactitude, 165. — Autres défauts qu'on lui reproche, *ibid.* — Ce qui a fait sa grande réputation, et le place au rang des livres originaux qui n'ont aucun modèle dans l'antiquité, 166; XXXI, 107. — Des citations fausses que l'auteur y a faites; des conséquences fausses qu'il en tire, et de plusieurs erreurs qu'il est important de découvrir, XXIX, 204; XXXI, 87 *et suiv.;* LXIV, 102. — Comment défini par une femme d'esprit, XXXI, 107; XXXIX, 436; L, 74; LXX, 234. — Semble fondé sur la loi naturelle et sur l'indifférence des religions, XLIII, 530. — Pourquoi la Sorbonne n'osa pas le censurer, *ibid.* — N'a été attaqué que par des esclaves des préjugés, LV, 481. — Devrait être le bréviaire de ceux qui sont appelés à gouverner les autres, LVIII, 5. — Établit le droit qu'ont les hommes de penser par eux-mêmes, LXI, 295. — Commentaire sur quelques principales maximes de cet ouvrage, XX, 79 *et suiv.;* L, 49 *et suiv.* — Observations critiques, XLV, 6 *et suiv.;* XXIX, 250 *et suiv.* — Grave erreur qu'on y relève au sujet de Christophe Colomb, XXVII, 5; XL, 591; XLV, 12. — Manque de méthode; à quoi comparé à ce sujet, LVI, 603. — Mis au rang des ouvrages de génie qui font désirer la perfection, XLV, 24. — Son système fondé sur une antithèse qui se trouve fausse, LXIV, 103. — Pourquoi cet ouvrage n'a remédié et ne remédiera jamais à rien, LXVII, 323. — Pourquoi, malgré ses défauts, il doit être cher aux hommes, XX, 560; XL, 594; XLV, 17; LXV, 415. — Autres jugements, XL, 593; LXIV, 102; LXX, 288. (*Voy.* MONTESQUIEU.)

Esprit dogmatique. Nouvelle peste qui a ravagé la terre; son origine, XX, 365. (*Voy. Dogmes.*).

Esprit humain. Tableau de ses progrès en France sous Louis XIV, XX, 295 à 333. — Dans le siècle de Louis XV, XXI, 424 *et suiv.* — Ses bornes, XXVII, 401. — N'acquiert aucune notion que par l'expérience, XII, 201. — Ridicule assertion d'Helvétius, que tous les esprits sont nés égaux, XXIX, 240; LXVIII, 294, 298.

Esprit philosophique. (*Voy. Philosophie.*)

Esprits familiers. (*Voy. Anges, Démons, Génies.*)

Esquimaux (les). Ont passé longtemps pour la seule race barbue de l'Amérique, XV, 39. — D'après les rapports de nouveaux voyageurs, ne sont point exceptés de la loi générale du Nouveau-Monde, *ibid.;* XXVII, 304.

Essai historique et critique sur les dissensions des églises de Pologne. Publié sous le pseudonyme de Joseph Bourdillon; note y relative, XLIII, 438. — Variante et note qui expliquent l'anachronisme apparent de cet écrit, classé en 1767, et dans lequel on parle d'un événement arrivé en 1771, 463, 464.

Essai sur la nature du feu et sur sa propagation. Ouvrage qui concourut en 1736 pour le prix de l'Académie des sciences, XXXVII, 414 *et suiv.* — Autre ouvrage de Mme Du Châtelet sur le même sujet, et Mémoire de Voltaire y relatif, XXXVIII, 353. (*Voy. Feu.*)

Essai sur les guerres civiles de France, X, 351 *et suiv.* (*Voy. Guerres civiles.*)

Essai sur l'homme, poëme. (*Voy.* POPE et DU RESNEL.)

Essai sur la poésie épique, par Voltaire, X, 395.

Essai sur les mœurs et l'esprit des nations, XV à XVIII, en entier. — Préface du nouvel éditeur, XV, i à viij. — L'introduction à cet ouvrage lui est bien postérieure, i. (*Voy. Philosophie de l'Histoire.*) — Il fut composé pour Mme Du Châtelet, 245. — Commence à Charlemagne et va jusqu'à Louis XIII, 246 *et suiv.* — Comment et pourquoi fut entrepris, XLI, 127 *et suiv.* — Son grand objet, 132 *et suiv.* — Est le tableau des sottises du genre humain, LVI, 655; LVII, 27. — Compte que l'auteur rend lui-même de son travail et de l'esprit qui l'a dirigé, XVI, 445; XXXIX, 549; XLI, 27; LVI, 104, 655; LVII, 249, 261; LXV, 115. — Quel avantage produira la connaissance des faits contenus dans cet ouvrage, XVI, 436; XVIII, 473 *et suiv.* — Remarques pour y servir de *Supplément*, XLI, 127 à 195. — Préface d'une des premières éditions de cet ouvrage, XXXIX, 564. — Examen de quelques objections contre plusieurs faits qui y sont rapportés, XLI, 28 à 37. — *Éclaircissements historiques* à l'occasion d'un libelle calomnieux dont il est l'objet, 38 à 93. (*Voy.* NONOTTE et DAMILAVILLE.) — Ce que l'auteur lui-même en dit dans sa Correspondance, LIV, 655; LIX, 577. — Apprécié par Frédéric-le-Grand, LIV, 489. — Par Condorcet, I, 221. — Par Robertson, 222. — Par Diderot, LIX, 157. — Révolution qu'il a faite dans la manière d'écrire l'histoire, I, 224. — D'un *Abrégé* qui en a été fait à l'usage des colléges, LXVI, 182, 183. (*Voy.* AUDRA.) — Matériaux de ce livre qui furent volés à l'auteur, et dont il regrettait la perte, LVI, 90, 92, 110, 198. — Publication d'un ancien manuscrit informe, qui fut faite dans l'étranger, sous le titre d'*Abrégé de l'Histoire universelle*, depuis Charlemagne jusqu'à Charles-Quint, I, 412 *et suiv.*; XXXIX, 568; LVI, 383, 385. — Défectuosités de cette contrefaçon, I, 413 *et suiv.*; XXXIX, 553 *et suiv.*, 569; LVI, 381, 386, 389. — Lettre civile et honnête à l'auteur malhonnête de la critique de la prétendue *Histoire universelle*, XL, 171. — Introduction de l'édition qu'en fit Jean Néaulme en 1753, XXXIX, 580 *et suiv.* — Préface du troisième volume qu'en publia Voltaire lui-même l'année suivante, 564 *et suiv.*

Essai sur les probabilités en fait de justice. Dans quelle vue seulement il faut lire cet ouvrage de Voltaire, XLVII, 37 *et suiv.*

Esséniens (les). Secte juive, dont la religion tenait quelque chose des Perses, XLIX, 454; L, 423. — Ne se mariaient point, et vivaient en commun, *ibid.* — Sont les stoïciens de la Judée, II, 200;
XLVI, 201. — Ce qu'ils pensaient de l'état des âmes après la mort, XLI, 322. — Leur morale et leur doctrine, XXIX, 247 *et suiv.* — Pline l'Ancien les appelait *la famille éternelle*, dans laquelle il ne naît personne, XXIX, 12; XLIX, 454; L, 423. — Cette définition fut appliquée depuis à nos moines, XXIX, 12.

ESSEX (*Guillaume* d'Évreux, comte d'), favori de la reine Elisabeth d'Angleterre. Origine de sa maison, XXXVI, 463. — Sa galanterie, sa bravoure, 464. — Vers qui le caractérisent, X, 125, 206, 269. — Envoyé en France au secours de Henri IV, 125, 277. — Brûle les galions de Philippe II et Cadix, XVIII, 29. — Son entrée dans cette ville, seul service un peu signalé qu'il ait rendu, XXXVI, 477. — Le mauvais succès de son expédition d'Irlande, cause véritable de sa disgrâce, 465. — Sa conspiration contre sa bienfaitrice fut d'un homme sans jugement, *ibid.*, 478. — Il fut condamné et exécuté selon les lois, sans être plaint de personne, 466. — Ne périt point par une jalousie de femme, comme on l'imagine encore en France, sur la foi d'une tragédie ou d'un roman, XVIII, 46.

ESSEX. L'un des généraux parlementaires opposés à Charles Ier, XVIII, 306. — Pourquoi se dépose lui-même du généralat, 308.

Essex (le Comte d'), tragédie de Thomas Corneille. La seule des trois pièces sur ce sujet qu'on joue quelquefois, XXXVI, 462. — Commentée par Voltaire, *ibid.* à 494. — Pièce médiocre, qui a de l'intérêt et des vers heureux, 479, 485, 487, 491. — Critique de plusieurs passages, IX, 17. — Trait satirique dirigé contre la pièce, XXXIII, 298. — Pourquoi le sujet en est mal choisi, XXXVI, 470, 483.

EST (maison d'). Possédait Ferrare et Modène, XVI, 346; XXIII, 296. — César d'Est est dépouillé de Ferrare par l'usurpation de Clément VIII, XXIX, 365; XLIV, 333.

EST (*Anne* d'), femme de François de Guise. Sa requête au parlement de Paris contre les assassins de ses fils, Henri et Louis, aux états de Blois, XXII, 144 *et suiv.* (*Voy.* GUISE.)

ESTAING (*Charles-François*, comte d').

L'un des débiteurs de Voltaire, qui le fait actionner, LII, 175, 250; LIII, 141; LIV, 27. — Notices, LII, 175, 574.

ESTAING (*Charles Hector*, comte d'). Descendant de celui qui sauva la vie à Philippe-Auguste, à la bataille de Bouvines, XLVII, 368. — Accompagne Lalli dans son expédition de l'Inde, *ibid*. — Est fait prisonnier au siége de Madras, 374. — Pris depuis sur mer par les Anglais; indigne traitement qu'il subit à Portsmouth, *ibid*. — Lettre qui lui est adressée, en 1766, au sujet de l'expédition du Brésil et du procès de Lalli, LXIII, 313. — Notice, *ibid*.

ESTAMPES (*Voy*. ÉTAMPES.)

ESTANDUÈRE. (*Voy*. L'ESTANDUÈRE.)

ESTEVAN, jésuite missionnaire. Pourquoi fomente une sédition à Pondichéri, XLVII, 382.

ESTEVAN DE GAMARE (don), général espagnol. Battu à Réthel par le maréchal Du Plessis-Praslin, XIX, 296. (*Voy*. TURENNE.)

ESTHER (la Juive). Doutes sur son existence, XLIX, 394.

Esther (livre d'). Commentaire sur les traits les plus curieux qu'il renferme, XLIX, 391. — Invraisemblances qu'offre ce conte allégorique d'une captive devenue reine, 392, 393. — Question sur cette histoire, XLIII, 20. — D'une négociation curieuse contenue au neuvième chapitre, LXV, 117.

Esther, tragédie de Racine. Composée, à la demande de Mme de Maintenon, pour la maison de Saint-Cyr; allusions que voulurent y trouver les courtisans; observations critiques à ce sujet, XX, 202 *et suiv*. — Autres, sur les chœurs de cette pièce, II, 47. — Epigramme de Fontenelle, IX, 16. — A été taxée de satire contre le ministère, XII, 361. — Vice du sujet, XXXVI, 6, 523. — Considérée comme une belle pièce de vers en dialogues, XLV, 169; XLVI, 366. — Vers que Voltaire en a introduit dans *Zulime*, IV, 482.

ESTIENNE (*Henri*). De sa comique rapsodie intitulée *Apologie d'Hérodote*, et du dessein dans lequel il la publia, XXVIII, 407.

Estonie (l'). Province conquise sur les Suédois par le czar Pierre Ier, qui en reste souverain reconnu, à la paix de Neustadt, XXV, 156, 211, 364, 399.

ESTRADES (*Godefroi*, comte d'), maréchal de France, et ambassadeur à Londres. Affaire sur la préséance entre lui et le baron de Vatteville, XIX, 352 *et suiv*. — Ambassadeur auprès des états généraux de Hollande, pourquoi ne peut traiter avec l'électeur de Brandebourg, 438. — Est tué à la bataille de Dettingen, XXI, 100. — Lettre remarquable que lui écrivit le cardinal de Richelieu au sujet de Charles Ier, XVIII, 236, 292. — Autre que lui écrivit Louis XIV, au sujet de la prétention des Anglais à faire baisser son pavillon devant le leur, XX, 259. — Ses *Lettres*, aussi estimées que celles du cardinal d'Ossat, XIX, 107. — Avait été colonel au service des Hollandais, du temps même qu'il était ambassadeur, 262.

Estrapade (supplice de l'). Infligé aux protestants sous François Ier, sur une place qui en a retenu le nom; ce que c'était, XXII, 85, 213; XLIV, 105, 129.

ESTRÉES (*Gabrielle* d'). Son portrait dans la *Henriade*, X, 307. — Ses amours avec Henri IV, 308. — Quand ce prince s'en éprit, *ibid*. — Mot injurieux contre elle, attribué à Sancy, 288. — Prête au roi l'argent que les états lui refusent pour reprendre Amiens, XXII, 191. — Est faite duchesse de Beaufort; sobriquet que lui donne le sot peuple à ce sujet, *ibid*.; X, 307. — A qui mariée, *ibid*. — Héroïde de Blin de Sainmore à son sujet, et vers de Voltaire y relatifs, XII, 542. — Autres notes qui la concernent, XVIII, 119, 124, 130.

ESTRÉES (*François-Annibal*, duc d'), maréchal de France, et frère de *Gabrielle*. Remarié à 93 ans, est mort plus que centenaire, XIX, 23. — A laissé des Mémoires où il justifie le maréchal d'Ancre, XVIII, 177.

ESTRÉES (cardinal d'), chargé des affaires de France à Rome. Obligé de voir souvent le marquis de Lavardin excommunié, ne peut être admis à l'audience du pape sans recevoir l'absolution, XIX, 457. — Persécuteur de Molinos, XX, 449. — Engage Louis XIV à solliciter à Rome sa condamnation, *ibid*.

ESTRÉES (*Jean*, comte d'), maréchal de France et vice-amiral. En 1673, se distingue dans trois batailles consécutives entre la flotte hollandaise et celle d'Angleterre et de France, XIX, 407. — Ce qu'il écrit à Colbert au sujet de la mort de Ruyter, *ibid.* — Signale son courage et son habileté contre les Anglais et les Hollandais, jusqu'alors maîtres de l'Océan, 468. — Pourquoi ne put prendre part à la journée de la Hogue, 474. — Sa mort, 24. — Fut le premier maréchal de France dans la marine, XX, 261.

ESTRÉES (*Victor-Marie*, duc d'), fils de *Jean*, vice-amiral et maréchal. Commande les flottes française et espagnole en 1701; en quelle qualité, XIX, 24. — Sa mort, *ibid.*, 7.

ESTRÉES (*Louis-César*, maréchal d'), du nom de LE TELLIER. Fut sur le point d'épouser Marie Leczinska; pourquoi ce mariage manqua, XXI, 32. — Fut toujours traité par cette reine avec distinction, *ibid.* — Part glorieuse qu'il prend à la journée de Fontenoi, XII, 138; XXI, 137, 143. — Bat le duc de Cumberland à Hastembeck, 297. — Des intrigues de cour lui avaient déjà ôté le commandement avant sa victoire, *ibid.* — Est remplacé par le duc de Richelieu, 298. — Vers à sa louange, XII, 103. — Notice, LVII, 276.

ESTRÉES (l'abbé d'). Auteur de l'*Année merveilleuse*, et associé de Fréron, LXIII, 490. — Origine de ce folliculaire, qui se prétendait le neveu du cardinal d'Estrées, et notice de ses faits et gestes, XLII, 663 *et suiv.* — Comment il avait obtenu un prieuré dans le voisinage de Fernei, et pourquoi il en voulait à Voltaire, *ibid.*; LXII, 59, 64, 73, 134, 239, 307. — Dénonce le *Portatif* au procureur-général, 59, 62, 64, 83, 134, 240. — Écrit en cour contre l'auteur, XLII, 664.

Établissements humains. A quoi comparés, XXII, 68; LX, 319. (Voy. *Choses humaines*.)

ÉTALLONDE DE MORIVAL. Son origine, XLVIII, 124. — Impliqué dans l'affaire du chevalier de La Barre, se soustrait par la fuite à la sentence rendue contre lui, XLII, 374. — Réfugié en Prusse, est recommandé par Voltaire à Frédéric, qui le fait officier, LXIV, 85, 150, 238; LXVII, 162; LXVIII, 65, 207. — Obtient de ce prince un congé pour se rendre en Suisse, 423, 425, 431, 442. — Il arrive à Fernei en 1774, 489. — Autres détails de son séjour, XLVIII, 389, 391. — Démarches de Voltaire pour sa réhabilitation, LXIX, 38, 71, 76, 81, 87, 92, 97, 104, 105, 108, 117, 125, 176, 181, 183, 192. — Sa requête au roi, intitulée *Cri du sang innocent*, XLVIII, 133; LXIX, 300. — Intercession de Frédéric en sa faveur, 76, 85, 97, 105, 156. — Mémoire composé par Voltaire, 249. — Ne veut point de lettres de grace, mais la révision de son procès, 258, 281, 297. — Retourne en Prusse sans avoir rien pu obtenir; est fait ingénieur et capitaine par Frédéric, qui le comble d'honneurs et de pensions, 288, 299, 305, 307; XLII, 380. — Autres détails qui le concernent, et lettres qui lui sont adressées de 1767 à 1775. (Voy. *Tabl. part.* de LXIII à LXIX.) — Notice, LXIII, 559. — Comment son père, président de l'élection d'Abbeville, se conduisit à son égard, LXIX, 109.

ÉTAMPES (*Jacques* de LA FERTÉ-IMBAULT, maréchal d'). Sa mort; Notice, XIX, 23. (Voy. LA FERTÉ.)

ÉTAMPES (duchesse d'). (Voy. *Anne de Pisseleu*.)

État (*Faire*) de quelqu'un ou de quelque chose. Ne se dit plus; pourquoi Voltaire voudrait qu'on le dît, XXXV, 159; XXXVI, 157.

État, profession. Réflexions sur le choix d'un état, XIV, 149. — S'il n'en est aucun plus fortuné qu'un autre, XII, 45, 51. (Voy. *Professions*.)

État (l'). Ce qui fait sa vraie richesse, XXXIX, 354. — Dialogue à ce sujet entre un philosophe et un contrôleur-général des finances, 390. — Des grands esprits qui prétendent le régir, le ranimer, le peupler ou l'enrichir, XIV, 258 *et suiv.* Que tout état doit être indépendant; autre entretien philosophique, XLV, 108. — Que la liberté de conscience et la liberté de commerce sont les deux pivots de son opulence, LXVI, 345. — Que celui qui l'a su défendre peut prétendre à le gouverner, V, 128. — Que souvent son destin dépend d'un moment, IV, 88. — Que toute pitié doit céder à son salut, VII, 132, 151. — Que ce qui le fonde peut seul le conserver, V, 539. — Ce qu'il faut pour qu'un état soit puissant, xix, 241. — Ce qui lui est nécessaire en fait toujours la force, xxxix, 71. — La raison d'état, prétexte inventé par les princes pour trahir impunément leurs promesses, ii, 257; ix, 477. — Et pour servir d'excuse aux tyrans, viii, 85; l, 314. — Des secrets d'état que l'ignorance admire, viii, 88. (Voy. *Gouvernement, Etats.*)

États (les). On ne les perd que par timidité, v, 19. — Maux qu'y causent les divisions et les passions des grands, iii, 333, 413; vii, 19. — Pourquoi chaque état de l'Europe est ruiné après une guerre de sept ou huit années, xli, 182. — Comparés dans ce cas à des particuliers qui s'endettent par ambition, *ibid.* — Ce qui dispose des états, ix, 546. — Qu'il y a visiblement une destinée qui fait leur accroissement et leur ruine, xv, 235. (Voy. l'*État.*)

États-généraux. Pourquoi il y en a toujours eu en Europe, et probablement dans toute la terre, xxix, 258. — Sous quels noms divers ils ont existé chez les Tartares, chez les Saxons et à Rome, *ibid.* — Quels sont ceux de l'empire ottoman, d'Alger et de Tunis, 259. — La diète de Ratisbonne en est le plus grand et le plus singulier exemple, *ibid.* — Ceux de la Grande-Bretagne sont les seconds de l'Europe, *ibid.* — Ceux de Suède ont une coutume honorable à l'humanité, 260. — Ce qu'ils étaient en France au 14e siècle, xvi, 370. — En 1301, le tiers-état y est admis, 275, 442. — Sous Philippe de Valois, en 1345, ils établissent le premier impôt des aides et gabelles, 443. — Ceux de 1355, assemblés à Paris sous le roi Jean, sont les plus mémorables qu'on ait jamais tenus, 371; xxix, 260. — Ceux de 1426, sous Charles VII, accordent une taille générale, xvi, 444. — Ceux de 1560, tenus à Orléans, à la mort de François II, en quoi furent remarquables, xviii, 60; xxii, 104. — Premiers états de Blois en 1576, 136. — Seconds états de Blois en 1588, où les Guises sont assassinés, x, 120, 371; xviii, 111; xxii, 141 *et suiv.* — Ceux tenus à Paris, du temps de la Ligue et sous la direction d'un légat, x, 126 *et suiv.*; xxii, 166 *et suiv.* — Ceux de Rouen sous Henri IV en 1596, 186; xviii, 137. — Ceux de Paris pendant la minorité de Louis XIII en 1614, et ce qu'ils présentèrent de plus remarquable, 171 *et suiv.*; xx, 350; xxii, 216; xli, 80. — Ceux de Danemarck en 1660, xxix, 261. — Ceux d'Espagne en 1712, *ibid.* — Pourquoi, en général, les états-généraux ont manqué d'esprit de suite, xvi, 444, 453. — Que l'effet le plus commun de ces sortes d'assemblées est de voir les abus et les maux, sans y apporter de soulagement, x, 120; xviii, 174.

Éternité. Attribuée par les plus grands philosophes à l'ordre de l'univers; mal combattue par Clarke, xxix, 261. — Questions de l'auteur à ce sujet, et réponses qu'y fait Frédéric, lxvi, 448, 465. — Autres réflexions, xlii, 551, 554, 557; lxvi, 487 *et suiv.* (Voy. *Monde matériel.*)

Éternuement. Antiquité prodigieuse de l'usage de saluer ceux qui éternuent, xv, 310.

ÉTHELBERT, l'un des rois de l'heptarchie d'Angleterre. Sa femme le convertit au christianisme, xv, 451; xvii, 314. — Un autre roi de ce nom achète la paix des Normands, xv, 483.

Éthiopie (l') ou *Abyssinie* (l'). Espèce de christianisme qui y est pratiqué, xvii, 383. — Pourquoi son roi est appelé *Prêtre-Jean*, 384. — Par qui conquise tout entière au 10e siècle, 385. — Faiblesse et pauvreté de ce royaume tant vanté, *ibid.* — Ses habitants ne sont pas le peuple indomptable dont parle Hérodote, *ibid.* — Jean Bermudès, patriarche latin, y veut dominer, et se fait chasser, *ibid. et suiv.*

Éthiopiens (les). Pratiquent l'ancienne circoncision arabe pour les garçons et pour les filles, xxviii, 106.

ÉTIENNE (saint). De la découverte miraculeuse qui fut faite de ses reliques, et des prodiges qu'elles opérèrent, xxviii, 122; xxxii, 125, 417.

ÉTIENNE II ou III, pape. Seul défenseur des Romains contre Astolfe, roi des Lombards, xv, 383. — Demande des secours à Constantin Copronyme, *ibid.* — Implore la protection de Pepin, qu'il sacre ensuite à l'abbaye de Saint-Denis, 386 *et suiv.*; xxii, 6; xxiii, 46 *et suiv.* — L'absout de son parjure envers son souverain, que lui-même il dépose, et défend aux Français, sous peine d'excommunication, de se donner des rois d'une autre race, xv, 389, 425; xxi, 388; xxiii, 47. — Lettre de saint Pierre qu'il suppose adressée du ciel à Pepin, xv, 392; xxiii, 48. — Est le premier évêque devenu prince, par le présent que cet usurpateur lui fit de quelques domaines dans la Romagne, aux dépens des usurpateurs lombards, xliii, 442. — Et le premier qui se soit fait porter sur les épaules des hommes, xxiii, 5.

Étienne III ou IV, pape. Notice qui le concerne; il dégrade Constantin, son prédécesseur, et lui fait crever les yeux, xxiii, 5. — Sa lettre à Charlemagne, au sujet de la prétendue restitution au Saint-Siège des justices de saint Pierre par le roi lombard Didier, xxxix, 557 *et suiv.* — Sa chaire de bois fut inondée de sang, xliii, 442.

Étienne IV ou V, pape. Son exaltation, xxiii, 6. — Traits qui caractérisent son pontificat, 69.

Étienne VI, pape. Son exaltation, xxiii, 7. — Il défendit les épreuves par l'eau et le feu, *ibid.*

Étienne VII, pape. Fait déterrer le corps de Formose, son prédécesseur, le fait juger, décapiter, et jeter dans le Tibre, xv, 528; xxiii, 7; xxxii, 427. — Devenu odieux aux Romains, il est lui-même chargé de fers et meurt étranglé dans sa prison, xv, 529.

Étienne VIII, pape. Cru fils de Marosie; son exaltation, xxiii, 8. — Enfermé au château Saint-Ange, *ibid.* — Accusé à la fois d'hérésie et d'incrédulité, xvi, 144.

Étienne IX, pape. Son exaltation, xxiii, 8. — Sabré au visage par les Romains, *ibid.*; xv, 531; xxxiv, 258.

Étienne X, pape. Frère de Godefroi, duc de Lorraine, xxiii, 10. — Son exaltation, *ibid.*

Étienne, roi d'Angleterre, successeur de Henri Ier. On comptait, de son temps, dans ce royaume, mille châteaux fortifiés, xvi, 112. — Son règne constamment troublé par les guerres civiles, 117.

Étienne, confesseur de la reine de France Constance. Est accusé d'hérésie; la reine assiste à son supplice, et lui crève un œil dans un mouvement de zèle, xvi, 61; xxii, 83.

Étienne, chef des Hongrois chrétiens dans le 11e siècle. Reçoit du pape le titre de roi et d'apôtre, xvii, 160; xxiii, 137.

Étienne (le cardinal). L'un des commissaires du pape pour le jugement des templiers, xxii, 25.

Étienne (*Henri*). (*Voy.* Estienne.)

Étiquette. D'où vient celle des fauteuils, xxvii, 538. — Intrigues et disputes qu'elle cause dans les cours; anecdotes à ce sujet, *ibid. et suiv.* — Celle qui règne en Espagne et en Portugal parmi les grands, 542. — Celle qui a lieu en Europe pour les titres, 548 *et suiv.* (Voy. *Préséances, Titres.*)

Étoffes d'or et de soie. Prohibées par François Ier et Henri III; réflexions à ce sujet, xvii, 180. — Reparaissent avec plus d'éclat sous Henri IV, xviii, 140. — Sous Louis XIV, se fabriquent avec une industrie nouvelle, xx, 246.

Étoile, qui apparut aux mages en Orient. De la prophétie de Seth, rapportée à ce sujet, et qui ressemble à une autre de Zoroastre, xxxii, 5 *et suiv.*

Étoile (l'), historien. (*Voy.* l'Estoile.)

Étole, ornement sacerdotal. Origine et étymologie de ce mot, xi, 228. — En quoi la nôtre diffère de celle des Anciens, *ibid.*

Étourdi (l'), comédie de Molière. Notice et observations critiques y relatives, xxxviii, 402.

Étrangers. Que leurs amitiés sont, comme eux, des oiseaux de passage, et qu'il faut se garder de les trop aimer, lxvii, 483. — Qu'on a tout à souffrir chez un peuple étranger, iv, 433.

Être suprême. Gravé par la nature en toute nation, vi, 413; xliii, 32. — Nécessité d'en croire un, et commentaire philosophique à ce sujet, xxxviii, 386. — Idée de ses caractères essentiels, l, 160. — Existe nécessairement de toute éternité, xlvi, 377. — Qu'il faut l'aimer et le servir, malgré les superstitions et le fanatisme qui déshonorent si souvent son culte, lvi, 720. (Voy. *Intelligence suprême, Dieu.*)

Étrées (l'abbé d'). (*Voy.* Estrées.)

Étrennes aux Sots, ou *les Chevaux et les Anes*, satire, par Voltaire, xiv, 195. — Sous quel nom publiée, 199.

Étude. Ce qu'elle a de bon, lxiii, 74. — La modération y est nécessaire, xli,

71 *et suiv.* — Vers de La Motte, cités, xxxvii, 391. — *Apologie de l'Étude*, écrit de d'Alembert; ce qu'on en dit, lix, 414; lxiii, 463.

Étymologie. Que les étymologies portent souvent à de futiles recherches; exemples plaisants qu'on en donne, xxv, 9; xxvi, 193. — Mots qui paraissent formés du celte, xxix, 489 *et suiv.* — Autres, dérivés du grec, xxx, 139 *et suiv.*

Eu (comte d'), connétable sous Jean-le-Bon, et pair de France. Arrêté et jugé par le seul prévôt de Paris, et exécuté dans la propre maison du roi, en présence de toute la cour, xxii, 30. — Autres mentions de cet assassinat, xvi, 369; xli, 165.

Eu (comte d'), grand-maître de l'artillerie, gouverneur du Languedoc. Se distingue à la bataille de Dettingen, et y est blessé, xxi, 99 *et suiv.* — Se distingue à Fontenoi, 143. — Loué dans le poëme sur cette journée, xii, 128. — Belle réponse qu'il fit à Louis XIV, lorsque ce prince l'envoya tenir les états de Languedoc, 140. — Couplets de Voltaire, qui lui furent chantés dans une fête à Sceaux, xiv, 393.

Eucharistie. Vers sur ce saint mystère, x, 340. — Ce qu'on en pensait aux 10ᵉ et 11ᵉ siècles, xvi, 63 *et suiv.* — Les grands et les hommes d'état s'en moquaient au 15ᵉ, xvii, 62. — Doctrine de Wiclef contre ce dogme, xvi, 335. — Allusion critique, tirée de l'application d'un passage de Cicéron, xv, 105. — Opinions partagées à ce sujet au concile de Trente, et décision de cette assemblée sur la présence réelle, xviii, 87. — Usage qui s'introduisit dans les temples avec ce nouveau dogme, xv, 395. — Il n'y a qu'une révélation qui puisse en apprendre clairement le mystère aux saints, xliii, 445. — Fut donnée, pendant les premiers siècles, aux petits enfants, xli, 59. — Comment considérée par les théistes, xliv, 121. — L'évangile de saint Jean ne dit rien de son institution, xlv, 307. — Ce que signifie ce mot, et sur quoi le dogme en est fondé, xxix, 263. — Une moitié de l'Europe anathématise l'autre à son sujet, *ibid.* — A quoi il peut exposer la religion chrétienne, 264. — Crimes commis par quelques scélérats en recevant ou en administrant ce sacrement, 265 *et suiv.* — Comment en parlent Tillotson, Lockart, Montesquieu, Fontenelle, etc., xlii, 373. — Et la foule innombrable des réformateurs du 16ᵉ siècle, xxix, 264.

Eucher (saint), évêque de Lyon. Sa révélation au sujet de la damnation de Charles Martel, xxvi, 29, 511. — Pourquoi ne peut être l'auteur de la fable impertinente qu'on lui attribue au sujet du martyre prétendu de la légion thébaine, xii, 279; xv, 357; xli, 45; xlvii, 539; l, 477.

Eudes, ou Odon, comte de Paris. Le défend contre les Normands, xv, 472, 475, 479; xxiii, 97. — Est élu roi de France, 98. — Remet sa couronne entre les mains de l'empereur Arnould, qui la lui rend, 100. — Dispute le royaume avec Charles-le-Simple, 101; xv, 520.

Eudes, duc de Bourgogne. L'un des juges de Jean-sans-Terre, xvi, 124.

Eudes (le P.), frère de l'historien Mézerai. Fondateur de la congrégation des eudistes, xix, 160.

Eudes Le Maire, bourgeois de Paris. Pourquoi anobli par Philippe Iᵉʳ, xvii, 11.

Eudoxe, fille d'un pauvre gentilhomme russe. Comment mariée au czar Michel Romanof, xxv, 80. — Son nom est encore cher à la Russie, *ibid.*

Eudoxe, sœur de la princesse Sophie. Sédition qu'elle excite en Russie, xxv, 132.

Eudoxie-Théodore, fille du colonel Lapuchin. Première épouse de Pierre-le-Grand, xxv, 101. — En a deux enfants, 217. — Pourquoi le czar se vit obligé de la répudier et de la confiner dans un couvent, xxiv, 238; xxv, 217, 300 *et suiv.* — Impliquée dans le procès de son fils Alexis, 314. — Trompée par l'évêque Dozithée, crut remonter sur le trône, 333. — Son commerce avec un officier dont elle fit l'instrument de ses desseins, *ibid. et suiv.* — Transférée prisonnière dans un autre couvent, 334.

Eudoxie, tragédie. (*Voy.* Chabanon.)

Eugène II, pape. Son exaltation, xxiii, 6. — Surnommé *le Père des pauvres*, ibid. — Fait serment de fidélité aux deux empereurs Louis et Lothaire;

mais il y est dit que c'est de son plein gré, 71.

Eugène III, pape. Maltraité par les Romains, se réfugie en France, XXIII, 11. — Comment fait ramener ses sujets à l'obéissance, XVI, 97. — Organise une croisade, 173. — Confère la dignité de roi à Alfonse de Portugal, moyennant un tribut annuel, 264.

Eugène IV (*Gondelmère*), pape. Cru fils de Grégoire XII, XXIII, 15. — Déposé par le concile de Bâle, ordonne sa dissolution, 386; XVI, 459. — Transfère ce concile à Florence, 460. — Y transfère aussi celui de Ferrare, qu'il lui avait opposé, 461; XXIII, 390. — Termine le schisme de l'Orient et de l'Occident; est proclamé chef de l'Église universelle, 391; XVI, 462. — Engage Ladislas à rompre la paix jurée avec les mahométans, 481; XXIII, 396. — Se fait reconnaître en Allemagne, malgré le concile de Bâle, 398.

Eugène de Savoie (le prince). L'un des généraux ennemis à la bataille de la Marsaille, XIX, 486. — Bat le Grand-Seigneur en personne à celle de Zanta, 510. — Comment il était passé du service de France à celui de l'empereur, XX, 7. — Paroles de Louis XIV à ce sujet, 8. — Son caractère, *ibid.* — Descend en Italie, et force Catinat à la retraite, 9. — Bat Villeroi à Chiari, et le fait prisonnier à Crémone, 14. — Est supérieur à Vendôme, qui ne lui fait qu'une guerre d'artifices et de surprises, 16. — Agit de concert avec Marlborough et les Provinces-Unies contre la maison de Bourbon, 19. — Gagne avec lui la seconde bataille de Hochstedt, 29 *et suiv.* — En 1705, est repoussé par Vendôme à la journée de Cassano, 44. — Gagne la bataille de Turin contre La Feuillade, 47 *et suiv.* — Menace la Provence et le Dauphiné, 61. — Assiége et prend Lille, 67. — S'oppose à la paix demandée par la France en 1709, 77. — Gagne la bataille de Malplaquet avec Marlborough, 81 *et suiv.*—Passe à Londres pour y soutenir la faction de celui-ci, 98. — Prend le Quesnoi, *ibid.* — Fait le siége de Landrecies, 99. — Ravage une partie de la Champagne, et pénètre jusqu'aux portes de Reims, 100. — Perd la bataille de Denain, 102. — Signe la paix de Rastadt avec Villars, 108. — Bat les Turcs à Péterwaradin, XXI, 3.—Épitre que Voltaire lui adresse après cette bataille, XIII, 23. — Assiége et prend Belgrade, XXI, 4; XXIII, 656. — Comparé en cette occasion à Jules-César et au czar Pierre, *ibid.* — On parlait de lui faire son procès, pour avoir hasardé l'état, qu'il avait sauvé, *ibid.* — Il fait la paix de Passarowitz, XXI, 4. — Sa mort, XIX, 18. — Vicaire-général des Pays-Bas, il n'y résida jamais, *ibid.* — Ses écarts de jeunesse; ses liaisons avec la famille du comédien Dancourt, LXIX, 408. — Anecdote au sujet de sa victoire de Turin, XXXVII, 160.— Fut un puissant protecteur pour J.-B. Rousseau, et ne fut pas à l'abri de son ingratitude, 514, 516.

Eugénie (l'infante). (*Voy.* Claire-Eugénie.)

Euler (*Léonard*), célèbre géomètre. Idée de lui qui a produit les lunettes achromatiques, XXI, 428; XXXVIII, 149. — Ecrit en faveur de Maupertuis, dans sa querelle avec Koënig, XXXIX, 501; LVI, 278. — Rôle qu'il joue dans la diatribe du docteur Akakia, XXXIX, 501 *et suiv.* — Jugement qu'en porte d'Alembert, LXIII, 91.

Euménides. Mot détourné de sa signification primitive, XLVIII, 545.

Eunuques. Sont fort anciens; réflexions et détails y relatifs, XVIII, 119; XLIX, 253. — Comment définis, III, 168; XII, 84. — Pourquoi ont été imaginés, XLIII, 317. — Sont d'un usage immémorial dans l'Inde comme dans l'Asie, XVIII, 454, 483. — En petit nombre dans l'Europe chrétienne, y sont réservés pour les chapelles et pour les théâtres, *ibid.* — Gouvernent le sérail et l'empire sous les sophis, 441. — Gouvernaient le palais en Chine avant Taitsong, qui les exclut de tous les emplois, XVII, 473. — Observations sur leur bannissement du service des autels, XXXII, 346. (Voy. *Castration.*) — Conjectures sur ce mot, appliqué comme titre d'honneur aux principaux officiers des rois orientaux, XLIX, 91.

Euphémie (l'article) dans l'*Encyclopédie*. Observations y relatives, XXIX, 267.

Euphémius, Sicilien. Poursuivi par l'empereur Michel pour son mariage avec une religieuse, appelle les Africains en Sicile, xv, 496, 500.

EURIPIDE, tragique grec. Supérieur à Sophocle, II, 31. —Son *Hippolyte*, imité par Racine en plusieurs endroits, *ibid.* —Son *Cresphonte*, même sujet que *Mérope*, est perdu presque entièrement; ce qu'en pensait Aristote, v, 97, 101. — Critique de l'intervention de Diane dans *Phèdre*, et de celle de Minerve dans *Iphigénie en Tauride*, 489. — Eloge de la traduction de cette dernière pièce par M. de Malézieu, vi, 152. — Morale qui termine son *Alceste*, v, 491.— Dans son *Électre*, l'attendrissement et les larmes de Clytemnestre sont poussés plus loin que dans Sophocle, vi, 157. — On lui attribue une tragédie perdue de *Pasiphaé*, ix, 311. — Repris sur la manière dont il fait parler Admète à son père, dans *Alceste*, xxvi, 351.— Efforts de son traducteur Brumoy pour justifier cette scène, 354. — Diverses situations de son *Iphigénie*, comparées avec celles de la pièce de Racine sur le même sujet, xxvii, 90. — Artifice grossier de ses prologues, xxxvi, 507. — Ses ouvrages décèlent un génie parfait, malgré les imperfections de ses tragédies, II, 31.

Europe (l'). Son état vers le temps de Charlemagne, xv, 417 *et suiv.* — Après la mort de Louis-le-Débonnaire, 467 *et suiv.* — Sous Charles-le-Gros, 474. — Aux 10e et 11e siècles, xvi, 47 *et suiv.* — Au 12e, est désolée par une maladie contagieuse, xxiii, 177. — Son état au 13e, xvi, 137, 149, 255 *et suiv.* — Au temps du concile de Constance, était une république tumultueuse dont l'empereur et le pape étaient chefs, 342 *et suiv.* — Ravagée par la peste au 14e siècle, 366 *et suiv.*; xxiii, 329. — Son impuissance à l'époque de la prise de Constantinople, xvi, 490. — Son tableau au commencement du 15e siècle, xxiii, 365. — Son état à la fin, xvii, 39 *et suiv.*, 58 *et suiv.*; xxiii, 417. — Ses mœurs s'adoucissent au 16e, xvii, 139. — Ce qu'elle était à cette époque, 141 *et suiv.* — A l'avènement de Charles-Quint, xxiii, 448.— Et sous son règne, xvii, 141 *et suiv.* — A dû sa politesse et l'esprit de société à la cour de Louis XIV, xix, 239. — De ses états avant ce monarque, 244 *et suiv.* — Sa situation à l'époque des voyages de Pierre-le-Grand en 1697, xxv, 120 *et suiv.* — A l'époque du retour de Charles XII de la Turquie, xxiv, 307; xxv, 275. — Depuis la paix d'Utrecht jusqu'à la fin du règne de Louis XIV, xx, 115 *et suiv.* — Après la mort de ce prince, xxi, 1 *et suiv.* — Paix générale et courte à la fin du 17e siècle, xix, 510. — Son état à la paix d'Aix-la-Chapelle, xxi, 279. — Son tableau en 1756, 281. — Que l'Europe moderne vaut mieux que les anciens Romains, xx, 271; xxxix, 32; xlv, 61.

Européans. Pourquoi ce nom plutôt qu'Européens, I, 221; iv, 230; vi, 405. — Que tous les Européans chrétiens sont liés comme l'étaient les peuples de la Grèce, xii, 119. — Leurs nations principales caractérisées, xxxiv, 183.— Ce qu'ils ont fait de plus important en Amérique, xvii, 354 à 382.

EUSÈBE, évêque de Nicomédie. Partisan d'Arius et de sa doctrine, xxvii, 17; xxviii, 132. — Son exil, 133. — Il baptise Constantin à son lit de mort, 77.

EUSÈBE, évêque de Césarée. Accuse Eustache au concile d'Antioche, et l'y fait déposer, xxvii, 18. — C'est lui qui nous a conservé les *Fragments de Sanchoniaton*, traduits par Philon de Biblos, xv, 60. — Il les combat, mais se donne bien de garde d'en contester l'authenticité, xlvi, 128. — Comment il s'exprime, dans son *Histoire ecclésiastique*, sur la divinité de Jésus-Christ, xxviii, 435. — Et sur la Trinité, xxxii, 400.—Contes extraits de ses Légendes, xiv, 361; xli, 284. — Rêveries de cet homme d'état, père de l'histoire ecclésiastique, xv, 367 *et suiv.* — Ce qu'il raconte du martyre de saint Polycarpe, xxxi, 146. — Cité au sujet de Marc-Aurèle, 149. — Son opinion contre la vérité des oracles, 310. — Observations critiques sur son Panégyrique de Constantin, xliii, 217. — Et sur ce qu'il dit de la vision de ce prince, xxxii, 468 *et suiv.* — Son témoignage en faveur de Dioclétien, xli, 281.

EUSÉBIE, femme de l'empereur Constantius. C'est à elle que Julien, depuis empereur, dut de n'être point compris dans le massacre de sa famille, xlv, 203. — Persécutions qu'elle exerça depuis contre lui, xxx, 498. (*Voy.* Constantius et Julien.)

Eustathe, évêque d'Antioche. Ses querelles avec Eusèbe de Césarée; sa déposition par un concile, xxvii, 18.

Eutichius (*Alexandre*), saint patriarche. Ce qu'il rapporte, dans ses *Annales*, au sujet de la tour de Babel, xi, 71.

Évangile. Remarque grammaticale sur ce mot, xxviii, 347. — Quel est le seul évangile que l'on doive lire, xliii, 203.

Évangile de la perfection. Mention qu'on en fait, xlv, 357.

Évangile de vérité. Ce qu'on reproche au livre qui porte ce titre, xlv, 331.

Évangile éternel. Composé par les frères mendiants au 13e siècle, xxviii, 72; xlv, 351.

Évangile vivant. Ce que c'est; détails y relatifs, xlv, 354, 359.

Évangiles. On en compta cinquante-quatre; il y en eut beaucoup davantage, et tous se contredisent, xl, 621; xli, 107; xlii, 173; xliii, 99. — Quand furent écrits, 101. — Pourquoi on a fini par en choisir quatre, qui ne sont pas même de ceux à qui on les attribue, 104. — Fausses citations et fausses prédictions qu'ils contiennent, 114 *et suiv.*; xlvi, 230 *et suiv.* — Principaux doutes qu'ils ont fait naître sur la personne de Jésus, 1., 430 *et suiv.* — Qu'ils furent reconnus les derniers, et que les évangiles que nous réprouvons comme apocryphes furent non-seulement écrits les premiers, mais furent quelque temps les seuls canoniques, 462 *et suiv.* — Du miracle qui s'opéra à leur égard au grand concile de Nicée, 489; xliii, 175; xlv, 328. — Sommaire historique des quatre évangiles, xlix, 463. — Se contredisent les uns les autres, et tous ensemble contredisent la raison humaine, xxviii, 212, 218; xl, 412 *et suiv.*; xlix, 487. — Notice et fragments d'anciens évangiles et autres ouvrages apocryphes, monuments du premier siècle du christianisme, xlv, 325 *et suiv.* — Pourquoi les quatre furent appelés authentiques, 328. — Notice et fragments de cinquante évangiles, 342 *et suiv.* — Les faux furent mêlés aux véritables dès le commencement du christianisme, xv,

359. — Aucun des premiers Pères de l'Église, jusqu'à Irénée, ne cite jamais rien des quatre que nous connaissons, xxix, 268. — Ne furent connus des Romains que sous Dioclétien, 270; xxxi, 36. — Furent d'abord dérobés soigneusement à l'œil des Gentils, *ibid.*; xlvi, 226. — Qu'il faut y rester invariablement attaché avec l'Église infaillible, et réprouver les cinquante autres qu'elle a réprouvés, xxix, 270.

Évangiles de l'enfance du Christ. Il y en eut deux long-temps en vénération chez les chrétiens; contes absurdes qu'ils renferment, xxvi, 368; xliii, 102. — Versions qu'on en donne, xlv, 390, 394. — Extraits, xxviii, 71.

Ève. Son aventure avec Adam n'est rappelée dans aucun des livres hébreux, xliv, 17. — Son nom même ne se trouve que dans Tobie, qui est regardé comme apocryphe, *ibid.*; xlix, 384. (*Voy.* Adam.)

Ève (évangile d'). Ce qu'on y lisait, xlv, 351.

Événements. Si l'ame a en effet des pressentiments qui en soient les avant-coureurs certains, x, 269. — Quelle en est la chaîne ou la génération, xxviii, 1. — Comment, sous ce rapport, les plus petites causes ont quelquefois amené les plus grands effets, 2; xxxix, 437; liii, 215; lxi, 40. — Que tous les événements n'ont pas des effets, xii, 195. — Leibnitz a prétendu qu'ils sont liés par une chaîne universelle, 194. — Développements de cette idée, xxxiv, 436 *et suiv.* — Dialogue philosophique sur la nécessité et l'enchaînement des choses, xxxix, 583. — Vers sur le même sujet, xi, 327. — Que la chaîne éternelle des événements ne peut être ni rompue ni mêlée, xlvii, 93. — Que l'histoire des grands événements de ce monde n'est guère que l'histoire des crimes, xv, 458. — Que les hommes ont été, sont et seront toujours menés par les événements, lix, 504; lxiv, 311. — Que presque tous les événements sont précipités les uns par les autres dans un éternel oubli, xxv, 11. — Qu'il ne reste dans la mémoire des hommes que ceux qui ont fait de grandes révolutions, lxv, 114.

Événements de l'année 1744 (sur les).

poëme à l'honneur de Louis XV et du prince de Conti, XII, 105 *et suiv.* — Variantes, et observations de l'auteur au sujet de cette composition, 109; LIV, 687, 689, 693.

Évêque de Rome. (Voy. *Papes.*)

Évêques. D'où sont ainsi nommés, xv, 349, 440. — Dans les premiers siècles, prenaient le nom de *saint* ou de *révérendissime père en Dieu*, au lieu de celui de *monseigneur*, LX, 571; LXI, 266. — Reproches que saint Cyprien adresse à ceux du 3e siècle, xv, 354; xxvi, 32; xxix, 42; L, 469. — Dans le 8e, ils étaient nommés chez les Francs sans le concours des papes, xv, 387, 440. — Du temps de Charlemagne, allaient à la guerre avec leurs serfs, 443. — Excitent à la guerre contre Louis-le-Débonnaire, 461; xxIII, 73. — Ceux du parti de l'empereur résistent au pape, 75; xv, 462. — Pénitence imposée par eux à Louis-le-Débonnaire, 464; xxIII, 76. — Ils déposent Lothaire, et plus tard Charles-le-Chauve, xv, 469, 470; xxIII, 83. — Devenus princes aux 12e et 13e siècles, ils sont partout à la tête du gouvernement féodal; coutumes ridicules qu'ils établissent, xvIII, 477. — Sont princes souverains en Allemagne, seigneurs et grands-vassaux en France et en Espagne, xvi, 335; xvII, 41; xxIII, 146. — Se sont arrogé partout les droits régaliens, xxII, 10; xLvI, 257. — Ordonnèrent des combats en champ clos dans leurs territoires, xvII, 30. — Epoque du pouvoir des papes sur eux, xv, 507, 510. — Querelles des empereurs et des papes à leur sujet. (Voy. *Investitures.*) — Pepin les admit au parlement, xxII, 6. — Philippe-le-Long leur en interdit l'entrée, xvi, 357, 450; xxII, 22. — Pourquoi ce privilége leur fut ôté, 49. — En Angleterre, ils siégent dans la chambre haute, xxxvII, 139. — Le concile de Latran leur reproche leur luxe, xvi, 420. — Question de leur résidence et de leur établissement de droit divin, débattue au concile de Trente, xvIII, 82, 91. — On y déclare que, dans les causes criminelles, ils ne peuvent être jugés que par le pape, 95. — Recommandation qui leur est faite de ne jamais céder la préséance aux ministres des rois et aux seigneurs, 96. — Quand ils appelèrent leur district spirituel du nom temporel de *diocèses*, et quand ceux des grandes villes prirent le titre de *métropolitains*, xLIII, 441. — En quoi ceux de nos jours ne ressemblent guère aux apôtres, 440, 446. — Anecdote critique à leur sujet, xxix, 271. — Se disent successeurs de Jésus, qui n'en institua jamais, xxIII, 77. — Que les quinze premiers évêques secrets de Jérusalem étaient Juifs, xxxII, 484; xxxIV, 345. — Quel fut le premier évêque qui devint prince, xLIII, 442. — Que la dernière loi du code Théodosien sur leur juridiction passe pour supposée, xv, 440. — Evêques non prêtres, abus qui fut détruit par Louis XIV, xx, 345. — Sous Louis XIII et Louis XIV avaient un banc particulier aux spectacles, 127; xxxI, 455.

ÉVHÉMÈRE, philosophe de Syracuse. Notice qui le concerne, L, 146. — Dialogues qui lui sont attribués : Sur Alexandre-le-Grand, *ibid.* — Sur Dieu et les divinités allégoriques qui le représentaient, 153 — Sur la philosophie d'Epicure et sur la théologie grecque, 163. — Sur la question de savoir si un Dieu qui agit ne vaut pas mieux que les dieux d'Epicure, qui ne font rien, 171. — Sur l'instinct, principe de toute action dans le genre animal, 177. — Sur les œuvres de Dieu, et sur la formation du monde, 188. — Sur Copernic et son système, 203. — Sur les grandes découvertes de Newton, 208. — Sur la génération, 213. — Sur la formation de la terre, 221. — Sur celle des montagnes, 227. — Sur les arts nouveaux et les idées nouvelles, 235.

Évocation des morts. (Voy. *Morts* et *Ombres.*)

Évreux (comté d'). Recherches historiques y relatives, xxxvi, 463.

Exagération. Est le propre de l'esprit humain, xxix, 273. — La poésie en fut d'abord le vaste champ; preuves qu'on en donne, 274 *et suiv.* — S'est réfugiée dans les oraisons funèbres, 279.

Examen critique des apologistes de la religion chrétienne. Cet ouvrage, attribué à Fréret par Voltaire, n'est pas de lui, xLIV, 82, 89. — Quel en est l'auteur, xLIII, 523; LXIII, 116, 177. — Eloges de cet ouvrage, 175, 177, 181, 190, 191, 255. — Autres, par d'Alembert, 184.

Examen de l'Histoire de Henri IV, de M. de Bury. Pourquoi cet ouvrage anonyme fait une grande fortune, LXV, 170, 184. — Attribué d'abord à La Beaumelle, ensuite à Voltaire, et avoué par le marquis de Bélestat, XXII, 137; XLVII, 577; LXV, 189, 306, 317. — Contient plus d'erreurs que l'histoire elle-même, 189. — On y trouve pourtant quelques recherches profondes, 190, 217, 247. — Pourquoi Voltaire croit nécessaire de le réfuter, 190, 216, 239, 256. — Ce qu'en dit d'Alembert, 117. — Autres observations critiques, et note y relative, XXII, 137; XLII, 327. — Regardé comme un libelle, XXXII, 77. — Est réellement de La Beaumelle, XLVII, 577; LXV, 208.

Examen du Testament politique du cardinal Albéroni, XXXIX, 520. (*Voy.* ALBÉRONI et DUREY DE MORSAN.)

Examen important de mylord Bolingbroke, ou le *Tombeau du fanatisme*. Écrit sur la fin de 1736, et publié pour la première fois en 1767, XLIII, 39. — Avis des anciens et nouvel éditeurs sur cet ouvrage, 41. (*Voy.* BOLINGBROKE.)

Exarchat (l'). (*Voy.* RAVENNE.)

Excellence (titre d'). Pris par les rois de Hongrie et de Pologne avant celui de *majesté*, XVII, 161. — Les ministres se l'attribuent ensuite, XXIII, 625. — Et les ambassadeurs le réclament, *ibid.*

Excès. Est le partage d'un fou, XII, 71. — Que tout excès mène au crime, IV, 206.

Excommunications. Sont une peine purement spirituelle, XXXII, 508; XLIII, 449. — Vraies règles du droit canonique à cet égard, XXVIII, 482 *et suiv.* — Quand l'usage en commença, XXIII, 88. — N'emportait pas alors l'idée qu'on voulut y attacher depuis, XV, 462. — Grégoire VII et ses successeurs prétendirent que le souverain excommunié était privé de ses états, et que ses sujets n'étaient plus obligés de lui obéir, XXXII, 508. — Doctrine contraire soutenue par le parlement et par le clergé de France, *ibid.* — Réflexions sur quelques unes des excommunications anciennes et récentes, XXI, 380, 384. — N'embrasent un état que lorsqu'elles trouvent des matières combustibles, XVI, 20. — Sont des armes dont on ne fait pas plus de cas à Rome qu'ailleurs, mais qu'on ne laisse pas d'employer comme une ancienne formule, IX, 377; XIX, 457. (*Voy. Interdit.*) — Des excommunications prononcées contre les sorciers, les comédiens et les sauterelles, XL, 324.

Excréments. Leur rapport avec le corps de l'homme, avec ses idées et ses passions, XXVIII, 308. (*Voy. Chaise percée.*)

Exemple. Son empire, XII, 165. — Est la plus belle et la plus forte des leçons, LXIII, 123. — Que les exemples corrigent mieux que les réprimandes, XXXIV, 365.

Exempts de police. Vers qui les caractérisent, IV, 396.

EXIDEUIL (marquis d'). Prétendu ambassadeur qu'on a dit relégué en Sibérie; erreur d'Oléarins à son sujet, XXV, 67. (*Voy. Charles* TALLEYRAND.)

Exil. Punition que la loi seule devrait infliger, XXI, 405. — Vers à l'occasion de l'exil de l'auteur en 1716, LI, 50. — Des nombreux exils ordonnés par Louis XV, XXI, 405; XLVIII, 15.

Exiles (combat d'), en 1747. Funeste aux Français, XXI, 190 *et suiv.* — Il y eut plus de morts que de blessés, 192. — Autres détails, XXXIX, 35.

EXILI, Italien. Cherche avec Glaser la pierre philosophale, XX, 173. — Vend secrètement des poisons; est mis à la Bastille, 174. — Du fond de sa prison enseigne son art funeste à l'amant de la Brinvilliers, *ibid.* — Ne fut pas convaincu, *ibid.*

Exode (le livre de l'). Expliqué et commenté, XLIX, 109 à 140. — Questions sur ce qu'il contient, XLIII, 13 *et suiv.* — Ses miracles épouvantent la raison, XXVI, 91.

Exorable. Ce mot, employé par Corneille, devrait se dire, XXXV, 241.

Exorcisme. Vers descriptifs de cette cérémonie, XI, 129. — Pierre de scandale arrachée par les réformateurs, deux cents ans avant qu'elle ne le fût par les catholiques, XVII, 253. — Comment se pratiquait anciennement chez les Juifs, XV, 213; XLVIII, 498.

Expérience. L'esprit humain n'acquiert aucune notion que par elle, XII, 201. — Combien son secours nous est nécessaire, XLII, 542.

Expiations. Pourquoi tous les peuples durent les admettre, XV, 27; XVII, 380;

XLV, 265. — Sont l'une des plus belles institutions de l'antiquité, XXIX, 279. — Furent prévenues par les remords, 280. — Les cérémonies en furent ridicules, *ibid.* (*Voy.* Mystères.) — Des crimes qu'on expie avec de l'argent, 283. (*Voy.* Taxes, Péchés, Meurtre.)

Exposition du livre des INSTITUTIONS PHYSIQUES. Dans laquelle on examine les idées de Leibnitz, XXXVIII, 447. (*Voy.* DU CHATELET.)

Expression (l'article), dans l'*Encyclopédie*. Critiqué, XXVII, 114.

Extraits : Du *Décret de la sacrée congrégation* de l'inquisition de Rome, à l'encontre d'un libelle intitulé *Lettre sur le vingtième* : facétie de l'auteur, XXXIX, 336. — Des *Nouvelles à la main de la ville de Montauban*, en Querci : facétie contre Le Franc de Pompignan, XL, 150. — De la *Gazette de Londres* : facétie sur les dons que les moines doivent faire à l'état pour relever notre marine, 386. — Des *Sentiments de Jean Meslier*, sur une partie des erreurs et des abus en général et en particulier; et Avertissement du nouvel éditeur, 389 *et suiv.* — Des *Souvenirs de madame de Caylus*, XLVI, 345 à 375. — D'un Mémoire sur les calomnies contre Louis XIV, XLVII, 566. — D'un Mémoire pour l'entière abolition de la servitude en France, XLVIII, 161 à 167.

Extrême-onction. De l'attirail de cette cérémonie dans tous les pays papistes; et réflexions philosophiques à ce sujet, XIII, 320; XLIII, 44. (*Voy.* la fin de l'article Hommes.)

Extrêmes (les). Manière de juger un grand nombre de questions, en comparant leurs extrémités opposées, XXIX, 285.

EYMERIC (*Nicolas*), grand-inquisiteur au 14e siècle. Auteur du *Directoire des inquisiteurs*; extrait de cet ouvrage, XXX, 399 *et suiv.*

ÉZÉCHIAS, roi de Juda. Réflexions critiques sur son histoire avec Sennachérib, et sur la manière dont il en fut délivré, XLIX, 367. — Autres, sur la prédiction que lui fit Isaïe, sur l'emplâtre de figues avec lequel il le guérit, et sur le prétendu miracle de l'horloge d'Achaz, XXX, 257 *et suiv.*; XLVIII, 448; XLIX, 369.

ÉZÉCHIEL (le prophète). Ses visions, et choses étranges que Dieu lui commande, XII, 229; XV, 197 *et suiv.*; XXIX, 289; XLI, 312; XLIX, 403. — Questions et facéties à ce sujet, XXIX, 291; XLIII, 22 *et suiv.*; XLIV, 494 *et suiv.* — Sa comparaison de Jérusalem à une débauchée, XII, 229; XV, 198. — Comment il s'exprime et se conduit avec deux prostituées, XII, 230; XXIX, 88 *et suiv.*, 292; XXXIV, 234, 308; XLIII, 77; XLIX, 405. — Comment console les Juifs captifs; il les menace qu'ils mangeront leurs enfants, XV, 197; XVII, 406; XLIX, 407. — Autres réflexions sur les passages singuliers que contient son livre, XXIX, 86; LVIII, 178; LIX, 246. — Pourquoi la lecture n'en était permise chez les Juifs qu'à trente ans, XLI, 317; XLIX, 406. — Considération dont il jouissait de son temps, LIX, 246.

Ézour-Veidam (l'). Ancien commentaire sur le *Veidam*, livre sacré des brames, contenant un résumé de ses opinions et de ses rites, XV, 80, 298. — Ouvrage d'un vrai sage qui s'élève avec force contre toutes les sottises des brachmanes de son temps, XLVIII, 239. — Fut écrit avant l'expédition d'Alexandre dans l'Inde, XLIII, 340; XLVIII, 239; LX, 1; LXIV, 463. — Composé par Schumonthou, XV, 298; XLIII, 348. — Traduit en français par le grand-prêtre de l'île de Sheringham, XXI, 267; LX, 1. — Comment le manuscrit de cette traduction parvient entre les mains de Voltaire, qui le dépose à la Bibliothèque du roi, et note à ce sujet, XXIX, 295; XLIII, 348; XLVII, 343; LIX, 68, 508; LXIV, 463. — Est, après nos livres sacrés, le monument le plus respectable de la croyance de l'unité de Dieu, XLIII, 245, 349. — Parle d'Adam et d'Ève; ce qui fait croire que les Juifs ont copié cette histoire des Indiens, XXIX, 295. — Note récente, où l'on établit que cet ouvrage n'est qu'une imposture littéraire et religieuse, XLIII, 348. (*Voy.* Cormo-Veidam et Veidam.)

EZZELINO, tyran de Padoue au 13e siècle. Sa Vie, très bien écrite par Pietro Gerardo, XVI, 344. — Fait périr plus de douze mille citoyens, *ibid.* — Est fait prisonnier et périt lui-même, avec toute sa famille, dans les plus affreux supplices, *ibid.* — Fut sur le point de s'établir une grande domination, XXIII, 256.

F

FABERT (*Abraham*), maréchal de France. Comment fit sa fortune, XIX, 24. — Sa réponse au cardinal Mazarin, qui lui proposait de servir d'espion dans l'armée, *ibid.* — Sa mort, *ibid.*

Fable (la). Combien ses mensonges sont cruels, XII, 502. — Est trop usée en poésie, XIII, 134. — Est la sœur aînée de l'Histoire, XV, 195; XXIX, 297; XXXII, 525.—*Apologie de la Fable*, pièce de vers, XII, 23.

Fables. Plus sont anciennes, plus sont allégoriques; exemples en preuve, XXIX, 298. — Fables des anciens peuples ingénieux, grossièrement imitées par des barbares, qui osèrent ensuite s'en dire les inventeurs, 299.—Quelle est la plus belle fable des Grecs, et quelle en est la plus plaisante, *ibid.* — Quelle est la plus jolie parmi les Modernes, *ibid.* — De quelques fanatiques qui ont voulu proscrire les anciennes fables, 304.—Grands avantages que les belles fables morales ont sur l'histoire, 307 *et suiv.* — Qu'on respecte l'antiquité de celles où se perd l'origine des peuples, tout en riant de leurs absurdités, X, 429. — Que les phénomènes célestes ont été en grande partie la source des fables, LIX, 544. — Elles composaient toute la littérature de l'ancienne Asie, VI, 404. — Les Français, parmi les Modernes, sont les seuls qui en aient écrit avec élégance, XXXIX, 216. — Ce qu'on dit de celles de La Fontaine, XXIX, 300; XXXIX, 216 *et suiv.* Et de celles de La Motte, 219 — Quelle est la plus ancienne de toutes les fables connues parmi nous, LXIX, 342. (Voy. *Allégories, Apologues.*) — Des fables qui défigurent l'histoire de toutes les nations, XLI, 192 *et suiv.* — Que les fables des Grecs auraient dû disparaître depuis long-temps, et celles des Modernes ne jamais paraître, XX, 338.

FABRÈGUES, avocat. L'un des députés du parlement de Provence auprès du duc de Savoie, au temps de la Ligue, XXII, 161.

FABRI (*Henri*). (*Voy.* comte d'AUTREY.)

FABRI (de), syndic des états du pays de Gex. Chargé provisoirement des affaires de France en 1765; ce qu'on en dit, LXII, 427, 516; LXIII, 198; LXIX, 519. — Comment se conduit à l'égard des colons de Fernei, et surnom de Rominagrobis que l'auteur lui donne à cette occasion, LXX, 182, 191.—Lettres qui lui sont adressées, de 1758 à 1777. (Voy. *Tabl. part.* de LVII à LXX.)

FABRIANO (*Nicolas*), moine augustin. Accusation qu'il porte contre le pape Jean XXII, dans une assemblée générale convoquée à Rome, et présidée par l'empereur Louis V de Bavière, XXIII, 309.

FABRICE (le baron), gentilhomme du duc de Holstein. Envoyé auprès de Charles XII à Bender, lui inspire le goût des lettres, XXIV, 208. — Médiateur volontaire entre lui et les Turcs, lors du refus que ce prince fit de partir, 265.— Lui procure des vivres, 267. — Lui reproche son opiniâtreté, 268. — Sa conversation avec lui après le combat de Bender, 280. — Il rachète les prisonniers suédois, 281. — Sa mission auprès du roi Stanislas, prisonnier aussi en Turquie, 284. — A fourni à Voltaire des Mémoires pour l'*Histoire de Charles XII*, dans la familiarité duquel il a vécu durant sept années, 8, 15; XLVIII, 343.

FABRICIUS (*Albert*). Écrivain judicieux, XLV, 342. — Auteur du recueil des Apocryphes, XLIX, 156.

Facéties. (Celles de l'auteur sont fondues dans les *Mélanges*, à la date de leur publication.) — Préface du recueil de *Facéties parisiennes*, XL, 152. — Des anciennes facéties italiennes qui précédèrent Rabelais, XLIII, 479.

Fâcheux (les), comédie de Molière. Notice et anecdotes qui y sont relatives, XXXVIII, 410. — Vers qui en est imité dans *Zaïre*, III, 235. — Pellisson en a fait le Prologue, XX, 134; XXXVIII, 410.

Facile. Différentes acceptions de ce mot, XXIX, 398.

Factieux (les). N'aiment jamais leur maître, IX, 398.

Faction. Ce qu'on entend par ce mot; ses différentes acceptions, XXIX, 311.—

Considéré comme synonyme de parti, *ibid. et suiv.* (Voy. *Parti.*)

Factions (les). Poisons qu'elles jettent dans les cœurs, VII, 129, 166. — Finissent toutes par être cruelles, XII, 174. — Pour les anéantir, il faut les mépriser, *ibid.* — En quoi elles diffèrent des opinions et des sectes, XLII, 427. — Tous les hommes y ont un secret penchant, XXXVII, 93. — Il n'y est souvent qu'un pas du triomphe à la chute, IV, 88. — Il n'en est point qui n'ait ses énergumènes, XXIX, 127.

Facultés de l'homme. Sont de franches qualités occultes, à commencer par le mouvement, dont personne n'a découvert l'origine, XXIX, 312. — L'éducation les développe, mais ne les crée pas, XII, 165.

Faffée. Terme employé par l'auteur; dans quel sens, LV, 414; LXI, 138.

FAGEL (le greffier). Gouverne les Provinces-Unies avec Heinsius; leurs intelligences avec Marlborough et le prince Eugène contre la France, XIII, 156; XX, 19. — Homme d'un très grand mérite; cité, XXIV, 156.

Faible. Différentes acceptions de ce mot, XXIX, 314. (Voy. *Homme.*)

Faiblesse. Personnifiée dans la Henriade, X, 224. — Parti qu'on tire de celle des humains, II, 396. — Tout homme a la sienne, VI, 348. — Celle des rois leur est funeste, IX, 400. — Portrait d'un héros maîtrisant la sienne, et la déguisant sous une fausse allégresse, X, 269.

FAIDIT. (*Voy.* FAYDIT.)

FAÏENCE. D'où vient ce mot, XVI, 417. — A qui nous devons l'art de faire la faïence en France, XLIV, 364.

FAIRFAX (lord), l'un des généraux parlementaires opposés à Charles Ier. Défait les troupes du roi, XVIII, 306. — Pourquoi se dépose lui-même du généralat, 308.

FAIRFAX (chevalier), fils du précédent. Nommé seul commandant de l'armée parlementaire, XVIII, 308. — Empire absolu qu'avait sur lui Cromwell, *ibid.* — Il réforme l'armée, *ibid.* — Contribue à la victoire de Naseby, *ibid.* — Fait accuser par l'armée onze membres du parlement, ennemis ouverts du parti indépendant, et marche sur Londres, qui lui ouvre ses portes, 310. — Le parlement lui remet la Tour, remercie l'armée d'avoir désobéi, et lui donne de l'argent, *ibid.* — Il fait exécuter comme traîtres plusieurs seigneurs qui avaient pris le parti du roi, 312. — Fait transférer ce monarque prisonnier, de l'île de Wight à Windsor; mène son armée à Londres, et met cette ville à contribution, 313. — Est l'un des juges de Charles Ier, 314. — Refuse de marcher contre l'Écosse, qui avait reconnu Charles II, et se démet du généralat, 320.

Faisans (île des). Où se tinrent les conférences pour la paix des Pyrénées, XIX, 339.

Fait singulier (d'un) *dans la littérature.* Morceau destiné à faire partie de l'*Essai sur les mœurs*, et qui fut écrit au sujet de la suppression de l'*Encyclopédie*, XLI, 19.

Faits historiques. Comment ils doivent être considérés et classés; ceux qu'il faut mettre au nombre des fables, XVIII, 472 *et suiv.* (Voy. *Histoire.*)

FAIVRE (*Arsène*), auteur d'une *Épître de Boileau à Voltaire.* Lettre qui lui est adressée en 1775, et note y relative, LXIX, 449.

FALBAIRE. (*Voy.* FENOUILLOT de.)

FALCONBRIDGE (lord), gendre de Cromwell, qui le mit à la tête d'une ambassade fastueuse à Louis XIV, lors du séjour de ce prince à Calais, XIX, 328.

FALCONNET, médecin de Louis XV. Anecdote qui le concerne, XLIII, 44.

FALCONNET (*Étienne*), sculpteur. Auteur de la statue colossale de Pierre Ier, à Pétersbourg, XXX, 86. — Était homme de lettres et de génie, *ibid.* — Notice, LXVII, 511.

FALCONNET, avocat. Réponse de Voltaire à son écrit intitulé *Preuves démonstratives en fait de justice*, XLVII, 222.

FALKENER, Anglais, d'abord négociant, puis ambassadeur à Constantinople. Voltaire, retiré chez lui, à Wandsworth, y écrit, en prose anglaise, le premier acte de *Brutus*, II, 349. — Épître dédicatoire de *Zaïre* qui lui est adressée, III, 141 *et suiv.* — Réponse à quelques observations critiques au sujet de cette épître, LI, 339 *et suiv.* — Est insulté dans une farce de la Comédie italienne, III, 151. — Son éloge comme ministre, dans une seconde lettre que lui écrit l'auteur, *ibid.* — Autre éloge de son goût et de ses connaissances, LI, 473. — Ce que lui écrit Voltaire au sujet des nouveaux ennemis que lui suscitent ses *Éléments de la Philosophie de Newton*, XLVIII, 328. — Sa mort, LVIII, 382. — Fragment d'une lettre de lui à Voltaire, XXXVII, 46.

FALKENSTEIN (comte de). Nom sous lequel l'empereur Joseph II voyage en France. (*Voy.* JOSEPH II.)

Fallacieux. Mot employé par Corneille et Bossuet, et qui ne doit pas être abandonné, XXXV, 534.

Falun de Touraine. N'est pas ce qu'on prétend; recherches et observations au sujet de cette minière, XXXIV, 44; XLIII, 372; XLIV, 255; XLVII, 24. (*Voy.* Coquilles.)

Famagouste (ville de). Prise sur les Vénitiens par les Turcs, qui en font écorcher vif le gouverneur, XVII, 500.

Famine. Tableau poétique de la désolation qu'elle produisit dans Paris, au temps de la Ligue, X, 330 *et suiv.* — Le peuple déterre des ossements pour s'en nourrir, 331. — Fanatisme des prêtres dans ces moments, et ses effets, *ibid.* — Horreurs que commettent dans cette cité un ramas de brigands étrangers, 332. — Récit d'une mère que la faim pousse à égorger son fils, 333. — Pareilles horreurs arrivées au siège de Sancerre, *ibid.* — Autres détails, 378 *et suiv.*; XVII, 407; XVIII, 124; XXVI, 405. — Famine de 1661, et arrêt du parlement de Paris y relatif, XX, 277.

Fanatiques. Cette expression, titre honorable chez les Romains, ne tient presque plus à son origine, XXIX, 323. — Comment les fanatiques s'exaltent, 325, 328. — Sont presque toujours conduits par des fripons, *ibid.* — Fanatiques novices, 315. — Profès, 326. — De sang-froid, 327. — Convertisseurs, 333. — Perturbateurs, séditieux, et persécuteurs de la raison, LIX, 106. — Papistes ou calvinistes, sont tous pétris de la même boue, détrempée dans du sang corrompu, LVII, 406. — Vers contre leurs saintes fureurs, X, 76; XII, 168; XIII, 147. — Vœu de l'auteur pour leur prochaine répression, XLII, 407. — Par quels assassinats consacrés ont été aveuglés presque tous ceux à qui l'abus de la religion chrétienne a mis le poignard à la main, XXII, 113 *et suiv.* — Ce sont des malades en délire que leurs médecins ne doivent pas irriter, XLIII, 291.

Fanatisme. Personnifié dans la *Henriade*; vers qui le caractérisent, X, 174 *et suiv.*, 190, 325. — Autres, XIII, 231. — Ode y relative, XII, 422. — Rend plus abruti et plus méchant, XVI, 433. — Sa force sur l'imagination des jeunes gens, LIV, 259. — Le peuple y est toujours porté, XXI, 368. — Sa définition, XXIX, 316. — Son histoire et ses exploits, *ibid. et suiv.* — Ce qu'il est à la superstition, 325. — Le plus grand exemple qu'on en cite, 326. — Comparé à l'athéisme philosophique, et mille fois plus dangereux que lui, XXVII, 160; XXVIII, 392; XXXIV, 419. — Monstre, qui ose se dire le fils de la religion, XLV, 155. — Sa jurisprudence exécrable, LXIV, 31. — Ses excès, L, 515 *et suiv.* — Rend la science même complice, et étouffe la raison, XX, 401. — Autres exemples qu'on en cite, XII, 168; XLI, 344; XLII, 390, 407. — Celui des prêtres pendant la famine de Paris, au temps de la Ligue, X, 331, 337. — Assassine les rois, XIII, 147; XXI, 367. — Pourquoi s'élève avec fureur contre la philosophie, LXII, 233. — Combien est alerte en France sur tout ce qui peut l'égratigner, LXI, 63. — L'*Examen important de milord Bolingbroke*, ouvrage de Voltaire, dirigé contre ce monstre, XLIII, 39 *et suiv.* — Vers sur la guerre qu'il lui a faite, XIII, 266. — Maladie épidémique; quel en est le remède, et quand elle devient incurable, XXIX, 327 *et suiv.*; L, 511. — Qu'il y a toujours dans la nation un peuple qui n'est pas du siècle, et sur qui l'atrocité du fanatisme conserve son empire, XX, 439. — Nécessité de réprimer ses excès, XLII, 407 *et suiv.* — La raison, seule arme à employer contre ce monstre, XLI, 168; L, 509, 512.

Fanatisme (le), tragédie de Voltaire. (*Voy.* Mahomet.)

FANGÉ (dom *Augustin*), abbé de Senones, neveu de Calmet. Lettres qui lui sont adressées en 1757, LVII, 277, 375. — Est auteur d'une *Vie* de son oncle, 277.

Fanime, tragédie dont il est souvent

question dans la Correspondance de 1762, sous ce nom et sous celui de *Médime*, n'est autre chose que *Zulime*, composée en 1740, considérablement retouchée, et enfin publiée en 1761, LIX, 151. — En 1757, l'auteur la fit jouer chez lui à Lausanne, LVII, 243. — Bâtarde qu'il ne veut pas produire dans le monde, 269. (Voy. *Zulime*.)

Fantaisie. Différentes acceptions de ce mot, XXIX, 338.

FANTET, libraire à Besançon. Persécutions qu'il éprouve, pour avoir vendu quelques ouvrages philosophiques, XLII, 620; LXIII, 307, 346; LXIV, 66, 100, 525; LXV, 14.

FANTIN, curé de Versailles. Séduisait ses dévotes, et volait les mourants, XIV, 193, 236; XXVIII, 390; XXIX, 266; XXXIX, 460; XL, 319; XLIII, 214; LVIII, 492. — Vers satiriques et note qui le concernent, XI, 285.

Faquirs (les). Vanité de leur fanatisme, XV, 32; XVII, 380. — Conte de Voltaire à ce sujet, XXXIII, 162.

Farces saintes (des) aux 13ᵉ et 14ᵉ siècles, XVI, 428 *et suiv.*

FAREL, prédécesseur de J. Calvin. Comment il se comporte à Arles avec les moines de Saint-Antoine, XLI, 270.

FARET. L'un des auteurs qui travaillaient aux pièces dont le cardinal de Richelieu donnait le plan, XII, 73.

FARGÈS, conseiller d'état. Son opinion contre la conduite inique et barbare du parlement de Toulouse dans l'affaire des Calas, LXI, 488, 522.—Lettres qui lui sont adressées, en 1776, sur les réclamations du pays de Gex contre les corvées et les vexations de la ferme générale, LXIX, 483, 490, 501, 526.

FARIAUX, officier hollandais, né en France, gouverneur de Maestricht, défend cette place, assiégée en 1673 par Louis XIV, XIX, 408.

FARINELLI, chanteur italien. Sans être ministre, a gouverné l'Espagne sous Ferdinand VI, XXXIII, 252.

FARNÈSE (*Pierre-Louis*), bâtard du pape Paul III. En reçoit solennellement l'investiture de Parme et de Plaisance, du consentement de Charles-Quint, XVIII, 79; XXIII, 503.— Se rend odieux à toute l'Italie par ses rapines et par l'insolence de ses débauches; est assassiné par des conjurés, XVIII, 84; XXI, 379; XXIII, 512.—Réflexion de l'auteur à ce sujet, VIII, 143.

FARNÈSE (*Octave*), fils du précédent, duc de Parme et de Plaisance. Son mariage avec Marguerite, bâtarde de Charles-Quint et veuve d'Alexandre de Médicis, XXIII, 490. — A également à se plaindre de l'empereur son beau-père, qui lui ravit Plaisance, et du pape son aïeul, qui veut le priver de Parme, 514; XVIII, 86. — Implore contre eux le secours de la France, *ibid.* — Charles-Quint, au moment de son abdication, lui rend Plaisance et le Novarais, XXIII, 526.

FARNÈSE (*Alexandre*), duc de Parme, petit-fils de Charles-Quint. Grand homme de guerre, XVIII, 10. — Nommé par Philippe II au gouvernement des Pays-Bas, ne put empêcher la fondation des sept Provinces-Unies, ni les progrès de cette république, qui naquit sous ses yeux, *ibid.*—Mais conserva dix provinces à l'Espagne, 11.— S'illustra par le siége d'Anvers, qu'il prit comme Alexandre prit Tyr, 15. — Pourquoi sa florissante armée de trente mille hommes ne put servir à subjuguer la Hollande, 26. — Envoyé au secours de Paris et de Rouen, du temps de la Ligue, délivre ces deux villes, pressées par Henri IV, 27. — Est deux fois obligé par ce prince de sortir de la France, 125, 126. — Autres notes qui le concernent, XIX, 18; XXIII, 547, 652. — Pourquoi Voltaire ne l'a pas fait figurer dans son poëme de la *Henriade*, X, 195.

FARNÈSE (*Rainuce Iᵉʳ*), duc de Parme, fils d'Alexandre. Ingratitude de Sixte-Quint envers lui, XLIV, 336.

FARNÈSE (*Odoard*), duc de Parme, fils de Rainuce Iᵉʳ. Les papes lui prennent les duchés de Castro et de Ronciglione, et l'excommunient, XXI, 381; XLIV, 336, 337.

FARNÈSE (*Rainuce II*), fils d'Odoard. Innocent X lui fait la guerre, et démolit Castro, XLIV, 339.

FARNÈSE (*Elisabeth*), héritière du duché de Parme. Mariée à Philippe V, roi d'Espagne; par quelle action commence son règne, XXI, 10, 14, 52; L, 44. — Epoque de sa mort, *ibid.* — Son caractère, LIV, 115.

Faste. Différentes significations de ce mot, XXIX, 340.

Fat. Animal bernable, IV, 241. — Portrait d'un fat en robe, 250. — Autre, d'un fat, faux connaisseur en musique, XII, 331. — Autre, d'un fat auteur, XIII, 143. — Vers à l'occasion du *Fat puni*, comédie, LIII, 169. — Mot détourné de sa signification primitive, LXIV, 326.

Fatalisme. Ses effroyables conséquences, XII, 59 *et suiv.* — L'optimisme y conduit, 188. — Vers en faveur de ce système, XIII, 245. — A été l'opinion de toute l'antiquité, XV, 340; XLI, 321. — Qu'un destin inévitable est la loi de toute la nature, XIII, 245; XLVII, 93. — De l'*Examen du fatalisme*, par Pluquet, LXII, 198, 209.

Fatalité (de la). Écrit de Voltaire, à l'occasion de la mort de Louis XV, XLVIII, 20 *et suiv.*

FATÉMA. Pseudonyme de Voltaire, qui a publié sous ce nom le drame de *Socrate*, comme traduit de l'anglais, VI, 485; LVIII, 157.

FATIME, fille du prophète Mahomet. Épouse Ali, son premier disciple, XV, 319.

FATIO-DUILLIER. Fameux protestant, et l'un des plus grands géomètres de l'Europe. Est à la tête des fanatiques des Cévennes, XX, 401. — Prétendu ressusciteur, mis au pilori en Angleterre, XXIX, 355 *et suiv.*; XLVI, 234.

FAUCHE, libraire de Neuchâtel. Plaintes de Voltaire contre lui, LXIII, 8, 23, 41.

FAUGÈRES (baron de), officier de marine. Propose d'ériger à Montpellier un monument aux grands hommes du siècle de Louis XIV; lettre que lui écrit Voltaire à ce sujet en 1776, LXX, 36.

FAUR, conseiller sous Henri II. (*Voy.* DU FAUR.)

Faussaires. Comment devraient être punis, L, 271.

Fausseté. En quoi diffère du mensonge, et en quoi de l'erreur, XXIX, 341. — De la fausseté de cœur et d'esprit, *ibid.* — De la fausseté des vertus humaines, 342.

FAUSTA. Femme de Constantin, qui la fait étouffer, XXVIII, 191; XXXII, 474; XLIII, 168; L, 484.

FAUSTE, un des inventeurs de l'imprimerie. N'a pas été condamné comme sorcier, ainsi qu'on l'a prétendu; mais ses facteurs ont été accusés de magie, XVII, 185.

FAUSTUS, docteur allemand. N'est guère connu que par une comédie dont il est le héros, et dans laquelle on le représente dans un commerce suivi avec le diable, XLIII, 501.

Faute. Quand on pleure sa faute, on va la réparer, IV, 416. — Y persister est horrible et funeste, VII, 193. — Rarement on aime le témoin de sa faute, X, 312. — Que, de faute en faute, on tombe au précipice, V, 432.

FAUTRAS (chevalier de). L'un des quatre officiers français qui, en 1746, prirent le fort Ballard en plein jour, XXI, 164.

FAUVELLES D'HACQUEVILLE (Mme), veuve d'un conseiller de Rouen. Retirée en 1776 à Lausanne, et depuis à Fernei, où elle passe pour la veuve d'Alexiowitz, assassiné par Pierre Ier, LXX, 70, 168, 211.

Faux-bourdon. Musique excellente pour ceux qui n'ont pas d'oreille, XI, 239.

Faux-monnayeurs. Comment devraient être punis, L, 271.

Faux pas. Qu'un seul en entraîne après soi beaucoup d'autres, V, 432.

FAVART. Ses *Trois Sultanes*; ce qu'on en dit, LIX, 453. — Lettre qui lui est adressée, en 1765, sur la *Fée Urgèle*, LXII, 535. — Vers au sujet d'*Isabelle et Gertrude*, 469. — Autre lettre sur la *Belle Arsène*, en 1775, LXIX, 384. — Ses ouvrages attribués à Voisenon; lettre de celui-ci à l'occasion de cette injustice du public, LXII, 487. — Était fils d'un pâtissier; ce que dit Voltaire à ce sujet, LII, 253. — A fait une parodie de *Mahomet*, qui n'a point été imprimée, V, 4. — Notice, LII, 253.

FAVART (Mme). Lettre qui lui est adressée en 1768, LXV, 27. — Notice, *ibid.*

Faveur, Faveurs. Ce qu'on entend par ces mots, XXIX, 343. — Haine qu'attire la faveur des rois, II, 74. — Celle du peuple, le destin la donne et l'ôte en un jour, IX, 173. — Qu'on ne doit publier ni les faveurs des femmes, ni celles des princes, LV, 265.

FAVIÈRES. Lettre qui lui est adressée

au sujet d'un poëme latin sur le *Printemps*, et note y relative, LI, 208.

Favori (un). Animal composé de bassesse et d'orgueil, XII, 46. — Quel doit être le favori d'un roi, XXIX, 346; L, 528.

Favori et *Favorite*. Ce qu'on entend par ces mots, XXIX, 345.

FAWKES. Sa traduction en vers anglais de Théocrite offre toutes les graces de l'original, XXIX, 56.

FAYDIT (l'abbé). Détracteur de *Télémaque*, XIX, 108; XXVIII, 257; XXXIII, 431; XLIII, 435.

FAYDIT DE TERSAC (*Jean-Joseph*), curé de Saint-Sulpice. (*Voy.* TERSAC.)

FAYE (*Barthélemi*), conseiller au parlement. Procède, en qualité de commissaire, contre le prince de Condé, X, 82; XXII, 101.

FAYE (LÉRIGET DE LA). (*Voy.* LA FAYE.)

Fécond. Quand cette expression est synonyme de *fertile*, XXIX, 346.

FÉDÉROWITZ, général russe. Prisonnier des Suédois à Narva, XXIV, 79.

FÉDERSDOFF, soldat. Sert le prince royal de Prusse prisonnier à Custrin, XL, 47. — Devient, à son avènement au trône, son valet de chambre et favori, et puis ministre, 70. — Autres détails qui le concernent, I, 379. — Aveu qu'il fait, en 1753, au sujet de l'aventure de Francfort, LVI, 345.

FÉDOR ou THÉODOR, fils du czar Jean Basilowitz. Lui succède, et fait assassiner son frère Démétrius, XVIII, 406. — Est lui-même empoisonné par son premier ministre, *ibid.* — Briga le trône de Pologne, après la mort d'Etienne Battori, et fut unanimement refusé, XXIII, 552.

FÉDOR (le czar), fils d'Alexis Michaelowitz, et frère aîné de Pierre-le-Grand. Son caractère, sa constitution, XXV, 85. — Police Moscou et l'agrandit, 39, 85. — Sa tolérance, 74. — Introduit le plain-chant dans l'Église russe, *ibid.* — Pourquoi ne peut réformer les boyards, 86. — Sa mort; il nomme Pierre héritier des Russies, 87. — Ses femmes, *ibid.* — Notice qui le concerne, XIX, 17.

FÉDOR-ROMANOW. Patriarche de Russie, XVIII, 412. — A le crédit de faire élire czar son fils Michel, 411. (*Voy.* MICHEL FÉDÉROWITZ.)

Fée. D'où vient ce mot, XLVII, 432. — Portrait de la fée Urgèle, XIV, 35 et *suiv.* — Des contes de fées, 44.

FEIDRAU (*Voy.* FEYDRAU.)

FEITAMA (*Sibrand*). Traducteur hollandais de *Brutus* et de *la Henriade*, VI, 485; X, *x viij*.

FEITAMA (*Jean*), neveu du précédent. Traducteur hollandais de *Mérope*, VI, 485.

FÉKÉTÉ (*George* de), seigneur hongrois. Lettres qui lui sont adressées, de 1767 à 1769. (*Voy. Tabl. part.* de LXIII à LXVI.) — Vers de l'auteur, en lui envoyant sa tragédie des *Scythes*, XIV, 460. — Notice, LXIV, 273.

FEL (Mlle *Marie*), de l'Opéra. Son séjour aux Délices en 1759, LVIII, 116. — Lettre qui lui est adressée à cette époque, 149. — Surnommée *le Rossignol*; vers à ce sujet, *ibid.*

FÉLIBIEN (*André*), historiographe des bâtiments du roi. Le premier qui, dans les inscriptions de l'Hôtel-de-Ville, ait donné à Louis XIV le surnom de *Grand*, XIX, 107. — Écrivain élégant, mais diffus; ses *Entretiens sur la vie des Peintres* sont l'ouvrage qui lui a fait le plus d'honneur, *ibid.* — Quatrain épigrammatique contre lui, XII, 332.

FÉLICE (*Fortuné-Barthélemi*), apostat italien, éditeur d'une Encyclopédie refondue. Ce qu'on en dit, LXV, 465; LXVI, 50, 301.

FÉLICITÉ (sainte). Histoire de son prétendu martyre et de celui de ses sept enfants, XV, 363; XXXI, 146; XLI, 285. — D'une autre sainte du même nom, XXXI, 150; XLIII, 151.

Félicité. Des différents usages de ce terme, XXIX, 347. — Que nos vertus sont en notre puissance, mais que notre félicité ne dépend pas de nous, IV, 381. (*Voy. Bonheur.*)

Félicité des temps, ode de Voltaire, XII, 454.

Félicité publique (de la), ouvrage de M. de Chastellux. Observations littéraires y relatives, I, 21 *et suiv.* — Ce qu'il a surtout d'utile, 278; LXX, 177. — D'un exemplaire de ce livre, chargé de notes de la main de Voltaire, LXVIII, 61. — Autres éloges, LXIX, 221.

FÉLINO (DU TILLOT, marq. de), Français, ministre de Ferdinand, duc de Parme. Prévient plusieurs prétentions de la cour de Rome, xxi, 378. — Mention qu'on en fait dans la Correspondance, LXVII, 249, 259, 486, 497.

FÉLIX, auteur chrétien du 3e siècle. (*Voy.* MINUTIUS FÉLIX.)

FÉLIX (le pape). Dit expressément que la vierge Marie devint enceinte par l'oreille, XXIX, 543.

FÉLIX, premier chirurgien de Louis XIV. Lui fait l'opération de la fistule; récompense qu'il en reçoit, xx, 201 *et suiv.*

FÉLIX D'URGEL. Sa doctrine sur Jésus-Christ, condamnée par un concile d'évêques, XXIII, 60.

FELTON. Anglais fanatique. Assassine le duc de Buckingham, XVIII, 209, 289.

Femme (l'article), dans l'*Encyclopédie*. Semble fait par le laquais de Gil Blas, LVII, 173, 180. — N'est fait que pour déshonorer un article sérieux, LXIII, 515. (*Voy.* DESMAHYS.)

Femme (la) *qui a raison*, comédie, VI, 91 *et suiv.* — Impromptu de société où plusieurs personnes mirent la main, 89; LVII, 600. — Jouée à Lunéville en 1748, fit partie d'une fête donnée au roi Stanislas, VI, 89. — Voltaire n'en avait composé que le tiers, LVIII, 296. — Ce qu'il en dit dans sa Correspondance, LVII, 600; LVIII, 288, 296; LIX, 22. — La même pièce, en un acte, pourquoi non imprimée, VI, 89. — Variante, 144.

Femme (d'une) *qui accouche tous les huit jours d'un lapin.* Son imposture découverte et punie, XXVI, 226; XLIV, 273.

Femmes. Vices de leur première éducation, XII, 405. — Leur vertu n'est souvent qu'une adroite hypocrisie, II, 149. — Comment on les touche, 302. — Comment la plus sotte acquiert de l'esprit, XI, 376 *et suiv.* — Portrait d'une femme à vapeurs, imitation en vers de l'anglais de Pope, XIII, 398; XXXVII, 259. — D'un passage de Plutarque à leur sujet, faussement interprété par Montesquieu, LXIV, 102. — La politesse de la société dépend d'elles; les peuples qui les enferment sont insociables, III, 155. — Art qu'elles emploient pour nous séduire, 326, 368, 465. — Les faiblesses des hommes font leur force, V, 394. — Elles passent de l'amour à la haine, mais non du mépris à l'amour, VIII, 408. —

Qui a leur cœur a bientôt le reste, XIV, 12. — Que leurs amis prétendus ne sont la plupart que de secrets amants, IV, 361. — Que n'est pas toujours femme de bien qui veut, V, 427; XI, 176. — Éloge d'une femme sensible et honnête homme, XIII, 241. — Des beautés décrépites qui tombent dans la dévotion, 90. — De celles qui terminent le cours de leurs galants exploits par un honnête mariage, LV, 147. — Comparaison d'une femme qui, la tête remplie de son amant, fait fête à son mari, III, 142. (*Voy. Beauté et Belles.*) — Comparées au roseau, VII, 138; VIII, 390. — A la girouette, 409, 507; L, 531. — Sont plus artificieuses et moins barbares que les hommes, XLVI, 98. — Qu'il n'est aucune guerre civile où quelqu'une n'ait joué un rôle, VIII, 93. — Semblent nées pour faire aimer la paix aux hommes, et pour émousser le fer dans leurs mains, IX, 396. — La dévotion, chez elles, s'allie avec l'amour, avec la politique, avec la cruauté même, XIX, 300. — Toutes les contradictions se rassemblent dans leur cœur, XXXIV, 367. — Sortie contre les femmes chevaleresques, XI, 62. — De l'influence que les femmes ont eue dans divers pays du Nord pour l'introduction du christianisme, XVI, 48; XXV, 70. — La supériorité des hommes sur elles, en quoi fondée, XXIX, 354. — Qu'elles sont capables de tout ce que nous faisons; seule différence qu'il y a entre elles et nous, LII, 318. — Des femmes qui se font auteurs, LV, 346; LVI, 91. — Leur supériorité dans le style épistolaire, IV, 372. — Qu'elles doivent oser s'instruire et perfectionner leur raison, IV, 150. — Mais qu'elles ne doivent point abandonner les devoirs de leur état pour cultiver les sciences et les lettres, 151. — En quoi sont louables celles qui font usage de leur esprit, 152. — Une femme satirique, à quoi ressemble, XIX, 97. — Qu'elles ne doivent s'occuper que du ménage, et ne prendre d'ascendant que par la douceur, IV, 248; VI, 14. — Qu'elles veulent toujours être les maîtresses au logis, XIV, 37. — Que la femme coquette est l'agrément des autres, et le mal de qui la possède, XIII, 194. — Quelle femme est le plus digne ouvrage de la nature, v, 330. — Et quelle est la plus heureuse, iv, 372. — De leur goût et des charmes de leur conversation, xiii, 273. — Quelle est, selon Mandeville, la première chose que font deux jeunes femmes qui se rencontrent, xxix, 134. — Caractères physiques qui distinguent les femmes dans toute la terre et parmi toutes les espèces, 349. — Pourquoi elles vivent un peu plus que les hommes, 351. — Pourquoi elles ont plus de douceur qu'eux dans le caractère, et connaissent moins les grands crimes, 352; xxx, 247. — On en a vu de savantes et de guerrières, mais jamais d'inventrices, xxix, 354. — De leur influence dans la société, *ibid.* — De celles qui ont régi des empires, 355. — Quelle est leur condition chez les Turcs et parmi les musulmans; erreurs qu'on a débitées à cet égard, *ibid.*; xliii, 616. — Réglements de Mahomet à leur sujet, xxvi, 153 *et suiv.* — Manière bien différente dont elles sont traitées par nous et par les Orientaux, xviii, 483 *et suiv.* — Leur contrainte en Espagne y a perfectionné le langage des signes, 257. — Préjugés populaires relativement à l'influence de la lune et à leurs incommodités périodiques, xv, 211. — Causes diverses auxquelles on les attribue, xxvi, 342. — Qu'il est des cas où l'on doit pouvoir épouser une femme du vivant de la première; et décrétale du pape Grégoire II à ce sujet, xvii, 264; xxix, 359. — Que, sans les femmes, il n'est point de plaisir en aucun genre, lxii, 9. — De leur pluralité, xxix, 356. (Voy. *Polygamie.*) — De leurs caprices et de leurs goûts bizarres en amour, xi, 305. — Pourquoi tant de femmes se font dévotes à cinquante ans, et se sauvent d'un ennui par un autre, xxxix, 390.

Femmes guerrières. (Voy. *Amazones.*)

Femmes savantes (les), comédie de Molière. Que l'auteur n'a pas prétendu s'y moquer de la science et de l'esprit, iv, 150. — Notice sur cette pièce, et anecdotes y relatives, xxxviii, 440.

Femmes, soyez soumises à vos maris. Dialogue facétieux entre l'abbé de Châteauneuf et la jeune maréchale de Grancei, où l'auteur fait allusion à la manière dont Catherine II gouvernait la Russie, xliii, 612. (*Voy.* Grancei.)

Fendilles. Son duel juridique avec Dagnères, xvii, 32.

Fénelon (*François* de Salignac de).. Précepteur des enfants de France; son portrait, xx, 444. — Ses conférences dévotes à Saint-Cyr, *ibid.* — Il se lie, par conformité de sentiments et de goûts, avec Mme Guyon, 445. — Est nommé archevêque de Cambrai, 446. — Se refuse à condamner Mme Guyon, qui dogmatisait, 447. — Publie son livre des *Maximes des Saints,* ibid. — La cour et la ville sont divisées à l'occasion de cet ouvrage, contre lequel se soulève Bossuet, 449. — Il est déféré à la cour de Rome, et le roi presse lui-même Sa Sainteté de le juger, 450. — Conversation du monarque avec l'archevêque sur ses principes de politique, 451. — Le roi fait poursuivre sa condamnation; véritable origine de la persécution excitée contre lui, 452. — Condamné à Rome, il se soumet avec docilité, et tire un beau triomphe de sa défaite, *ibid.* — Se retire dans son diocèse, et devient l'objet de la vénération de l'Europe, 453. — Est consulté par le duc d'Orléans sur divers points épineux de philosophie, *ibid.* — Prit part depuis aux querelles du jansénisme, 420. — Ne fut pas assez philosophe pour oublier que le cardinal de Noailles avait contribué à le faire condamner, 427, 454. — Reconnut vers la fin de ses jours la vanité des disputes; vers qu'il parodia à ce sujet d'un air de Lulli, *ibid.* — Attestation et anecdotes y relatives, 455, 560; xli, 37; xlvii, 559; lvi, 260, 675. — Ramsay, son élève, a écrit que personne n'avait connu ses principes, et qu'il n'eût pas craint de leur donner l'essor s'il fût né en Angleterre, xix, 108; xx, 455. — Proposition sur laquelle roule tout son livre des *Maximes des Saints,* xxvi, 270. — Résultat des persécutions qu'il éprouva à leur sujet, 273. — De la conduite que tint Bossuet à son égard dans cette affaire, lix, 596. — En quoi il s'est rencontré avec Spinosa, xxviii, 372. — Libellistes qui ont voulu flétrir sa mémoire, xx, 455. — Tous ses ouvrages partent d'un cœur plein de vertu; mais son *Télémaque* l'inspire, xix, 108. — De la disgrace où cet ouvrage le mit à la cour, xx, 310 *et suiv.* — Il ne le composa point pour l'éducation du duc de Bourgogne, 311. — Sages austères qui, à raison de ce livre, l'ont considéré comme idolâtre, xxix, 304. (*Voy. Télémaque.*) — Belle conduite que tint Marlborough à son égard, lors de la prise de Cambrai, xiv, 276; xx, 453. — Fut citoyen de l'Europe par son amour du genre humain, xiv, 277; xlviii, 474. — Ses maximes humaines de gouvernement, et préférence qu'il donnait aux intérêts des peuples sur la grandeur des rois, xix, 529. — Fut le second des hommes dans l'éloquence, et le premier dans l'art de rendre la vertu aimable, vi, 150. — Forma sa prose sur la poésie de Racine, ix, 464. — A fait des vers au-dessous de la médiocrité, mais savait par cœur presque toutes les belles poésies de l'antiquité, *ibid.*; xxxii, 435. — Injuste critique qu'il a faite du récit de la mort d'Hippolyte dans Racine, xxvi, 291. — Pourquoi condamnait notre poésie, li, 232. — Caractère de son style, lii, 153. — Après sa mort, tous les manuscrits qu'en avait conservés le duc de Bourgogne furent brûlés par Louis XIV, xix, 108. — De son éloge académique par La Harpe, lxvii, 225, 236 *et suiv.* — Pourquoi Voltaire promet de ne pas aller vivre dans Salente, qu'il a célébrée, xiv, 130. — Cité sur la condition originaire des conseillers au parlement, xvi, 451. — Sur l'emphase qu'il reproche à Auguste dans *Cinna*, xxxv, 215. — Vers de Voltaire, en envoyant à une dame ses œuvres mystiques, xiv, 322. — Sacrifice qu'il fait dans le *Temple du Goût*, xii, 353.

FÉNELON (marquis de), neveu du précédent, et ambassadeur en Hollande. Ce qu'il raconte à l'auteur sur la composition du *Télémaque* par son oncle, xx, 311. — Et sur les vers philosophiques qu'il atteste lui avoir vu faire, et qui furent mal à propos attribués à Mme Guyon, 454, 560; lvi, 260, 675. — Son extrême dévotion, et vers à ce sujet, liv, 171. — Tué à la bataille de Raucoux, xxi, 165. — Son éloge, xxxix, 37.

FENOUILLOT DE FALBAIRE. Lettres qui lui sont adressées, en 1767 et 1768, au sujet de sa pièce de l'*Honnête Criminel*, lxiv, 464; lxv, 49. — De son *Avis aux gens de lettres* contre les prétentions des libraires, lxvi, 124, 137. — Notice, lxiv, 464.

Féodalité. Forme de gouvernement très ancienne, qui subsiste dans les trois quarts de notre hémisphère avec des administrations différentes, xvi, 14; xxxix, 425; xlvii, 304. — Vers contre ce régime, ix, 416. — Son origine, xv, 522; xvi, 496. — Comment s'établit en France, 13 *et suiv.*; xxii, 7; xxiii, 93. — En vigueur dans presque toute l'Europe au 12e siècle, xvi, 111; xxiii, 170. — Comment de l'anarchie féodale sort la liberté, xvi, 438 *et suiv.* — Périt en France, quand s'affermit en Allemagne, 512. — Son état en Europe après Louis XI, au 15e siècle, 532 *et suiv.* — Ce système pourrait mériter le nom de chef-d'œuvre en Allemagne, mais en France il ne fut qu'un chef-d'œuvre d'anarchie, xix, 67. — Citation de quelques lois ridicules établies par les possesseurs de grands fiefs, xxii, 8; xliii, 321. (*Voy. Cuissage* et *Culage.*)

FERBOT (*Catherine*). La Briséis d'Achille Covelle, xlii, 200. — Lettre qui lui est adressée par M. Beaudinet dans les *Questions sur les miracles*, 283. — Rôle qu'elle joue dans la *Guerre civile de Genève*, xii, 265 *et suiv.*, 273 *et suiv.*, 280 *et suiv.*

FERDINAND Ier, frère de Charles-Quint. Celui-ci, devenu empereur, lui cède ses états d'Autriche, xxiii, 451. — Il assemble la diète de Spire, où les luthériens prennent le nom de *protestants*, 464, 473. — Demande en vain des secours contre Soliman, 464. — Est élu roi de Hongrie, puis de Bohême, 465. — Puis roi des Romains, 477. — Aide son frère à repousser Soliman de la Hongrie, 479; xvii, 210. — S'empare du duché de Wurtemberg, puis est obligé de le rendre, xxiii, 481. — Battu par les Turcs en Hongrie, il prend la fuite, 489. — Offre à Soliman de se rendre son tributaire, s'il veut le rétablir dans ce royaume, 496. — Vengeances qu'il exerce en Bohême; supplices, taxes et confiscations, 511. — Engagé par Charles-Quint à céder à son fils Philippe le titre de roi des Romains et la succession à l'Empire, se brouille avec l'empereur, xvii, 228; xxiii, 516. — Le danger et l'intérêt les raccommodent, 518. — Il acquiert la Transylvanie, *ibid.* — Fait assassiner le cardinal Martinusius, qu'il en avait déclaré vaivode, 519, XVII, 88. — Est excommunié d'abord pour ce meurtre, puis déclaré absous des censures, 89; XXIII, 519 *et suiv.* — Mis en fuite avec Charles-Quint par les principaux confédérés, 520. — A quel prix reste en possession de la haute Hongrie, 521. — Devient empereur par l'abdication de Charles-Quint, 526 *et suiv.* — La première année de son règne, en quoi fut remarquable, 528. — Sa mort, 532. — Son testament, semence de la guerre qui a ébranlé l'Europe au 18e siècle, *ibid. et suiv.*; XXI, 59. — Il ne fut couronné ni à Rome ni en Lombardie, XXIII, 534. — Voulut en vain réunir les trois religions qui partageaient l'Empire, et les princes qui se faisaient quelquefois la guerre, XVIII, 263. — Notice qui le concerne; sa femme, ses enfants, XXIII, 17.

FERDINAND Ier, roi de Castille et de Léon. Ote à son beau-frère la couronne de Léon et la vie, XVI, 55. — Enlève la Navarre à son propre frère et le fait assassiner, *ibid.* — Veut prendre le titre d'empereur, *ibid.* — Mortification que lui fait essuyer l'empereur Henri III, 56. — Combien il a peu mérité le surnom de *grand*, 55.

FERDINAND II, empereur d'Allemagne. Connu d'abord sous le nom de Ferdinand de Gratz, duc de Styrie, XXIII, 571. — Son élection au royaume de Bohême, et son couronnement, 572. — Son pacte de famille avec la branche d'Autriche espagnole, *ibid.* — Comment il se rend agréable aux Hongrois, 573. — Son avènement à l'Empire, 574. — Son couronnement, 575. — Ses différends avec les protestans, *ibid. et suiv.* — Il met au ban de l'Empire Frédéric V, électeur palatin, son compétiteur à la couronne de Bohême, 577. — Proscrit tous ceux qui ont pris les armes pour ce prince, et en fait passer un grand nombre par la main du bourreau, *ibid. et suiv.* — Investit le duc de Bavière de l'électorat palatin, 582. — Fait élire son fils Ernest-Ferdinand roi de Hongrie, et couronner roi de Bohême sans élection, 584, 585. — Jouit de l'autorité absolue, *ibid.* — Soutient avec grandeur les prétentions de l'Empire du côté du Nord, 586. — Fait la guerre au duc de Mantoue, 587. — Heureux partout, tente de rendre la puissance impériale despotique, et la religion catholique dominante, 588. — Ligue des princes de l'Empire contre lui, 589. — Sa conduite à l'égard de Valstein, qu'il dépose du généralat, 591 *et suiv.* — Il tombe, en moins d'une année, du plus haut degré de puissance, dans un état de faiblesse qui le réduit à recourir à ce duc et à lui remettre le commandement, avec le pouvoir le plus absolu, 594. — Sollicite des secours du pape Urbain VIII, qui les lui refuse, 595; XVIII, 244. — Attend sa destinée de Valstein, qu'il n'avoue pas, et dont il est en défiance, XXIII, 596. — N'agit que de son cabinet, quand il eût dû faire les derniers efforts à la tête de ses armées, 598. — Négocie avec chaque prince protestant pour les diviser; n'y réussit pas, 599. — Fait assassiner Valstein et ses principaux amis, 601. — Profite de la victoire de Nordlingen, et conclut la paix de Prague pour désunir la ligue protestante, 605 *et suiv.* — Fait déclarer son fils Ferdinand-Ernest roi des Romains, 608. — Sa mort; son règne malheureux, 609. — Ne combattit jamais que de son cabinet, *ibid.* — Autres détails concernant son élection au royaume de Bohême et son avènement à l'Empire, XVIII, 268 *et suiv.* — Ce qui le rendit despotique, 270. — De ses proscriptions contre l'électeur palatin Frédéric et contre les ducs de Meckelbourg et de Mantoue, 271 *et suiv.* — Il se crut un instant l'arbitre de l'Europe; prépara lui-même sa propre ruine par l'usage qu'il fit de son bonheur et de sa puissance, 272. — Fut près de changer l'aristocratie allemande en une monarchie absolue, et se vit sur le point d'être détrôné par Gustave-Adolphe, XIX, 248. — A été loué à tort comme un grand empereur, XVIII, 277. — Notice; sa femme, ses enfants, XXIII, 18, 19.

FERDINAND III (*Ernest*), empereur d'Allemagne. Son père Ferdinand II le fait élire roi de Hongrie, XXIII, 584. — Et couronner roi de Bohême sans élection, 585. — Il commande les Autrichiens à la célèbre journée de Nordlingue, 603. — Est déclaré et couronné roi des Romains, 608. — Son avènement à l'Empire, 609. — La première année de son règne n'est célèbre que par des disgraces, 611. — Tentative des Suédois pour l'enlever, à Ratisbonne, 613. — Pourquoi il se soutient encore après plus de vingt défaites, 616. — Aussi malheureux en négociations qu'à la guerre, 618.—Perd à tous les traités, 621. — Presse la conclusion de la paix de Vestphalie, *ibid.*— Fruit qu'il en retire, 625 *et suiv.*, 633. — Sa mort en 1657; en quel état laisse l'Empire, 634; xix, 12. — Hérita de la politique de son père, et, comme lui, fit la guerre de son cabinet, 277. — La puissance autrichienne déclina sous son règne, xviii, 277. — Notice; sa femme, ses enfants, xxiii, 18.

FERDINAND III, dit *le Saint*, roi de Castille et de Léon. Expulse les Maures d'Espagne, xvi, 269. — Comparé à saint Louis pour la sagesse de ses lois, *ibid.*, 436. — Ses dépenses excessives, 271.

FERDINAND IV, roi d'Aragon. Enlève aux Maures Gibraltar, xvi, 273.—Pourquoi surnommé *l'Ajourné*, ibid.

FERDINAND V, roi d'Aragon, dit *le Catholique*. Célèbre par ses perfidies autant que par ses conquêtes, xvi, 521; xvii, 93; xxiii, 428. — Ne peut être absolu en Aragon, xvi, 524. — Vend à Louis XI le Roussillon, 527. — Marié à Isabelle de Castille, xvii, 43.—Les deux époux vivaient comme des monarques alliés, *ibid.* — Il prend sur les musulmans le royaume de Grenade, 44. — Est regardé dans l'Europe comme le vengeur de la religion et le restaurateur de la patrie; appelé dès-lors roi d'Espagne, 45. — Fonde et dote les inquisitions, xxx, 393. — Chasse et dépouille les Juifs, *ibid.;* xvii, 46. — Reçoit de Charles VIII la Cerdagne et le Roussillon, au départ de ce prince pour l'Italie, 68. — Entre dans la ligue contre lui, 74. — Aide son parent Frédéric III à reconquérir le royaume de Naples, 75. — L'en dépouille, et partage ce royaume avec Louis XII, 89. — S'accorde ensuite avec Alexandre VI pour ôter à Louis XII son partage, 93. — Entre dans la ligue de Cambrai, 102. — Reçoit de Jules II l'investiture de Naples pour prix de son abandon de la ligue, 106. — Enlève au roi de Navarre ses états, à l'aide d'un prétexte sacré, 111. — Politique de ce prince, qui trompe successivement ses parents et ses alliés; surnoms divers qu'on lui donne, 112; xxiii, 428. — Accord singulier entre lui et son gendre Philippe, 427. — Il se prête aux projets de Christophe Colomb, xvii, 388 *et suiv.* (*Voy.* COLOMB.) — Se déclare, comme roi de Naples, contre les Vénitiens, xxiii, 431.—Meurt après avoir préparé la gloire de son petit-fils, qu'il n'aimait pas, 440.

FERDINAND VI, roi d'Espagne. Succède à son père Philippe V, xxi, 174.— Envoie des secours au prince Édouard en Écosse, 204, 209. — Sa mort, 334.

FERDINAND DE BOURBON (don), infant duc de Parme. Chasse les jésuites de ses états, et rend plusieurs édits contre des prétentions de la cour de Rome, xxi, 378 *et suiv.* — Bref de Clément XIII qui excommunie tous ceux qui ont eu part à ces édits, 381. — Toute l'Europe catholique s'élève contre le pontife, 385 *et suiv.*

FERDINAND DE GRATZ, duc de Styrie. (*Voy.* FERDINAND II, empereur.)

FERDINAND (prince), duc de Courlande. Commande les Saxons sous le maréchal de Stenau, xxiv, 85. — Battu par les Suédois auprès de la Duina; dangers qu'il courut dans cette bataille, 87.

FERDINAND, électeur de Cologne vers le milieu du 17e siècle. Ses états sont désolés par le grand Gustave, xxiii, 24. — Il signe un traité de neutralité avec la France, 622.—Sa mort, 24; xix, 458.

FERGUSON, Écossais. Géomètre au service de Pierre Ier, xxv, 128. — Ce que lui doit la Russie, *ibid.*, 160.

FÉRIA (duc de), ambassadeur d'Espagne en France du temps de la Ligue. Ses menées pour la convocation des états-généraux de Paris en 1593, xxii, 166. — Il leur propose pour reine l'infante Claire-Eugénie, 167.

FÉRIOL (comte *Charles* de), ambassadeur de France à la Porte. Comment sert Charles XII, xxiv, 212. — Prétention déplacée qu'il eut à la cour du sultan, lvi, 174 *et suiv.* — Anecdote qui le concerne au sujet de J.-B. Rousseau, xxxvii, 509.

FÉRIOL. (*Voy.* ARGENTAL et PONT-DE-VEYLE.)

FÉRISTHA (*Cassin*), historien persan. Son *Histoire de l'Inde*, appréciée, XLVII, 464.

Fermeté. Rend les dieux faciles, III, 27; V, 523. — Acceptions de ce mot, XXIX, 364. — Que la fermeté dans le malheur n'est pas une vertu rare, XXXIX, 145.

Fermiers-généraux. Appelés les colonnes de l'état par Fleury, XL, 139; XLII, 139.—Comment le soutenaient, au dire du marquis de Souvré, *ibid*. — *Les Païens et les Sous-Fermiers*, anecdote philosophique à leur sujet, *ibid.* — Conduite généreuse que tinrent plusieurs d'entre eux en temps de guerre et de disette, XXXIX, 109. — Appelés plaisamment les *soixante rois plébéiens*, XXXIII, 12; LXIX, 381, 440, 528. — Écrits divers, au nom des habitants et des états du pays de Gex, contre les vexations fiscales de leur compagnie et de ses commis en 1775 et 1776, XLVIII, 89, 92, 146, 148, 153, 172, 175, 179 *et suiv*.

FERNAND CORTÈS. (*Voy*. CORTÈS.)

FERNANDO, roi de Naples, bâtard de la maison d'Aragon. Reçoit du pape l'investiture, au préjudice des héritiers de la maison d'Anjou, XVII, 67. — N'est aimé ni du pape son suzerain, ni de ses sujets, *ibid*.

FERNANDO, roi de Naples, petit-fils du précédent. Abandonné des Napolitains, et détrôné par Charles VIII, XVII, 78. — Sa mort, 75.

Fernei. Par qui la terre de ce nom était possédée au 16e siècle, LVIII, 275. — Voltaire l'achète, et embellit ce séjour, LVII, 617, 623, 635, 642, 651; LXIX, 254.— En 1760, il y bâtit une église; procès qu'il a à ce sujet, LVIII, 529, 536; LIX, 423, 435, 438, 450, 455, 460, 490. — Sa description en vers, XIII, 318. — Cette terre donnée à Mme Denis sa nièce, LX, 547; LXI, 47, 89; LXIV, 246. — Voltaire veut la vendre pour elle, LXV, 19, 23. — Ce qu'il dit de la température singulière de ce séjour, 30. — En 1770, il y recueille les émigrants de Genève, et en forme une colonie d'horlogers, I, 258 *et suiv.*; XLVIII, 372; LXVI, 232, 239, 242, 250, 253. — Progrès de ses établissements, 269, 277, 290, 339, 357. — Union et tolérance qui y règnent entre les catholiques et les protestants, 286, 325, 399; LXVII, 177. — Circulaire par laquelle l'auteur les recommande à tous les ambassadeurs, LXVI, 294. — Torts qu'ils éprouvent par la retraite de M. de Choiseul du ministère, LXVII, 128, 132, 148, 171. — Démarches pour relever ses manufactures, et plaintes contre l'abandon dans lequel on les laisse, 210, 226, 248, 250, 258, 317, 363, 462, 536. — Lettre, en 1772, au contrôleur-général des finances à ce sujet, LXVIII, 34. — En 1773, la colonie prospère, malgré quelques violentes secousses, 329, 465. — Nouveaux efforts pour soutenir ses établissements, menacés de ruine, LXX, 131, 151, 155. — Leurs désastres, 163, 167, 181, 190, 214, 218, 226, 257.

FERRAND, comte de Flandre. Se joint à Othon IV contre Philippe-Auguste, XVI, 127. — Est pris, chargé de fers, et plongé dans un cachot, XLVI, 58. — Réflexions à ce sujet, *ibid*.

FERRAND (*Antoine*). Rival de J.-B. Rousseau dans l'épigramme et le madrigal, XIX, 108. — Vers qui donnent une idée de son goût, *ibid.;* XXXIX, 214. — Autres, de Voltaire, qui lui ont été mal à propos attribués, XIV, 323.

Ferrare (duché de). Donné à la maison d'Est par l'empereur Othon III, XVI, 346. — Droits qu'y prétendait le Saint-Siége, *ibid.;* XLIV, 333. — Comment ce fief de l'Empire fut usurpé par le pape Clément VIII, *ibid*.—Et prétexte singulier de cette tyrannie, XXIX, 365.

FERRARE (le cardinal de), légat du pape Paul IV au colloque de Poissy, sous Charles IX. Pourquoi il y est méprisé, et son porte-croix insulté, XVIII, 62.

FERRI, duc de Lorraine. Fait prisonnier par Louis V de Bavière, dans sa guerre contre Frédéric d'Autriche en 1322, XXIII, 304. — S'allie avec l'empereur, 306.

FERRIER, ambassadeur de France au concile de Trente. Y dispute avec l'ambassadeur d'Espagne sur la préséance, XVIII, 90. — Il compare Charles IX enfant à l'empereur Constantin, 92. — Autre discours singulier qu'on en cite, 95.

FERRIER, auteur d'une tragédie de

Montézume. Ce qu'on dit de cette pièce, et note y relative, 11, 359.

Fertile. Quand ce mot est synonyme de *fécond*, XXIX, 346 et suiv.

Fertilisation. Vues générales sur cet objet, XXIX, 368. (Voy. *Culture*.)

FESSE (*le P.*), jésuite, qui avait changé son nom en celui de FESSI. Procès qu'il perd contre Voltaire, et Notice qui le concerne, XLVIII, 366; LXVIII, 190, 477.

Festin (le) *de Pierre*, comédie, par Molière et Corneille (Voy. *Don Juan*.)

Fête de Belébat, divertissement. (Voy. *Belébat*.)

Fêtes (jours de). Nuisibles à la culture des terres; apologue anecdotique à ce sujet, XXIX, 378. — Non moins préjudiciables aux gens de métiers; lettre d'un ouvrier de Lyon à la commission établie à Paris pour la réformation des ordres religieux en 1766, 381. — Injustice des punitions contre ceux qui travaillent les jours de fêtes, XLVI, 433. — De l'abominable coutume de s'enivrer en faveur des saints, au lieu de labourer, XXXIX, 357; XLII, 22; XLV, 177; XLVI, 431; LIX, 462; LXV, 473. — Absurdité de ceux qui mettent au nombre des sacriléges l'inobservation des fêtes et dimanches, XXVII, 374.

Fêtes (les) *de Ramire*, pièce de Voltaire, jouée en 1745. Est entièrement perdue; il n'en reste plus qu'un vers; note à ce sujet, V, 213.

Fêtes et cérémonies anciennes. Leur origine, XV, 110; XXVI, 423. — Fêtes allégoriques, *ibid*. — Celles qui furent instituées sur des chimères, 425. — Celles qu'on prétend avoir été toutes lugubres, 426. — Si elles sont des preuves historiques, XXX, 212.

Fêtes publiques. Les Romains s'y entendaient mieux que nous; ce qui caractérise les nôtres, LIII, 643, 664. — Magnificence de celles données par Louis XIV, XXXIX, 6 et suiv. — Des fêtes qui fomentent principalement l'intolérance, la haine et l'injustice, au lieu d'être la commémoration d'actions vertueuses, XLII, 401.

Fetfa. Espèce de mandement qui accompagne presque toujours les ordres importants du Grand-Seigneur, XXIV, 264. — Signification de ce mot, XIII, 309.

Feu (le). Quelle peut être son essence, et quels sont ses effets, XXXVIII, 82. — Feu et lumière sont le même être, 83. — Ce qu'est la substance du feu, et à quoi on peut la connaître, XXXVII, 415. — Sa définition, 422. — Si c'est un corps qui ait toutes les propriétés générales de la matière, *ibid*. — D'où il a le mouvement, 431. — S'il n'est pas la cause de l'élasticité, 435. — Si l'air n'en reçoit pas aussi son ressort, 437. — Suite de l'examen; comment le feu cause l'élasticité, 439. — Si l'électricité n'est pas aussi un de ses effets, 441. — Suite des autres propriétés générales par lesquelles on cherche à déterminer sa nature, 443. — Quelle est sa figure et sa couleur, 447. — Comment nous le produisons, 449. — Comment il agit, 450. — Proportions dans lesquelles il embrase un corps quelconque, 457. — Comment et en quelle proportion il se communique d'un corps à un autre, 467. — Ce qu'on nomme le *pabulum ignis*, l'aliment du feu, et ce qui est nécessaire pour qu'un corps s'embrase et demeure embrasé, 472. — Comment il s'éteint, 478. — S'il est absolument une matière comme les autres élémens, XXXVIII, 356; XLIV, 297. — Regardé par Empédocle comme le principe de la nature, XXVII, 211. — Nécessaire à l'univers, XXXIV, 398. — Vers latins qui expriment ses propriétés, XIV, 491; XXIX, 385; XXXVII, 414; LXIII, 192. — Ce qu'on entend par cette expression au moral, XXIX, 388.

Feu d'artifice. Vers descriptifs, XI, 240; XIII, 157.

Feu élémentaire. Considéré comme un être à part qui animerait la nature, et tiendrait le milieu entre les corps et quelque autre être que nous ne connaissons pas, XII, 50; XXXVIII, 176. — Questions y relatives, XLIV, 296. — Autres observations sur son essence, XXIX, 385.

Feu grégeois. Ce qu'il pouvait être, XVI, 191. — N'a pas sauvé la Grèce, 192. — Avec quoi l'on prétend qu'il fut composé, XXVII, 129.

Feu sacré. Ame et principe du monde, XI, 308.

Feu (supplice du). Pourquoi, chez les chrétiens, est le châtiment de ceux qui ne pensent pas comme l'Eglise dominante, XVII, 304; XXII, 82, 93. — C'est à la superstition qu'on en doit l'usage barbare, L, 310.

Feuilles. Tombant dans l'arrière-saison ; objet d'une comparaison poétique, X, 242.

FEUQUIÈRES, capitaine. Tué à la bataille d'Ivry, X, 269, 276, 287.

FEUQUIÈRES (*Antoine* DE PAS, marquis de). Officier renommé dans l'art de la guerre; Notice, XIX, 109. — Pourquoi ne voulait donner à la bataille de Senef que le nom de combat, 417. — Fut l'Aristarque et quelquefois le Zoïle des généraux; son caractère et ses talents, 496. — Ce qu'il reproche au maréchal de Boufflers, *ibid.* — Et au maréchal de Villeroi, 497. — Inconséquence qu'il reprend dans Chamillart, XX, 20. — Ce qu'il avance sur la bataille de Spire, gagnée par Tallard, 27. — Compte douze fautes capitales commises avant et après la bataille de Bleinheim; erreur qu'il commet dans cette critique, 31 *et suiv.*

FEYDEAU DE BROU (Mme), abbesse de Villancourt. Rôle qu'on lui fait jouer dans l'affaire du chevalier de La Barre, son parent, XLII, 364; XLVIII, 127; LXIII, 227 *et suiv.*; LXIX, 173.

FEYDEAU DE MARVILLE (*Claude-Henri*), depuis lieutenant-général de police. Lettre qui lui est adressée en 1738, au sujet des *Éléments de Newton*; et Notice qui le concerne, LIII, 204. — Autres lettres, en 1742, au sujet de *Mahomet*, LIV, 460, 494.

Fez (royaume de). Quand ses états, réunis à ceux de Maroc, ne formèrent plus qu'un empire, XVII, 514.

FEZ, libraire à Avignon. Lettre où il propose à Voltaire de lui vendre l'édition entière de ses prétendues *Erreurs*, par Nonotte, XLII, 668. — Réponse qu'il en reçoit, LX, 256.

Fiction. Comment doit être employée dans les poëmes, X, 62; XII, 121. — De l'usage des fictions et de leurs effets dans les compositions dramatiques, V, 482 *et suiv* — Quand les fictions sont recommandables; exemples qu'on en cite, XXIX, 389.

FIDÈLE (le P.) de Pau, capucin. Auteur d'une *Oraison funèbre du Dauphin*; ce qu'on en dit, LXX, 146.

Fidélité. Si on la doit aux perfides, III, 87.

FIEF (le baron), chef des officiers de la bouche de Charles XII. Part qu'il prend au combat de Bender, XXIV, 269.

Fiefs. Que tout a été fief dans l'Europe, et que les lois de fief étaient partout différentes, XVI, 536. (Voy. *Féodalité.*)

FIELDING. Pourquoi ses romans ont eu du succès, XLI, 470. — A fait une bonne traduction allemande de l'*Avare* de Molière, XXXVIII, 428. — Ce qu'on dit de son *Tom-Jones*, LVIII, 196.

Fierté. Acception de ce mot, détourné d'un sens odieux à un sens favorable, XXIX, 391.

FIERVILLE (de). Envoyé secrètement, de la part de la France, auprès de Charles XII à Bender, XXIV, 286. — Service signalé qu'il rend à ce prince, *ibid.* — A fourni des Mémoires à Voltaire pour son histoire, 8, 15.

FIERVILLE, père et fils, comédiens français. Notes qui les concernent, LVI, 625, 661.

FIESQUE (le cardinal), Génois. Est élu à la papauté, XXIII, 246. (*Voy.* INNOCENT IV.)

FIEUBET (*Gaspard*), maître des requêtes. L'un des esprits les plus polis du 17e siècle, XIX, 197. — Épitaphe qu'il fit pour Saint-Pavin, *ibid.* — Autres éloges, XXXVII, 374.

Fièvre. Personnifiée; vers qui la caractérisent, XI, 91; XII, 59, 106; LI, 382. — Ses effets décrits, IV, 274. — Réflexions et plaisanterie philosophique à son sujet, XIII, 208; XXIX, 393.

FIGUIER, chirurgien. Singulière manière dont il certifie avoir tué des serpents, XXXII, 219.

Figure. Pour s'instruire, il faut lire tous les articles sur ce mot dans l'*Encyclopédie*, XXIX, 395. — Figure ou forme de la terre, 396. — Figure, en théologie, 411. — Figures symboliques, 412. — Figure, sens figuré, allégorique, mystique, tropologique, typique, etc., 414. (Voy. *Allégories, Emblèmes.*)

Figuré, exprimé en figure. Divers emplois de ce mot dans le discours, XXIX, 405. (Voy. *Style.*)

Filles. Quel appât les prend, VII, 249. — Jeune fille comparée à la rose nouvelle, X, 307, 308. — Portrait d'une jeune fille doucement tourmentée de ses dix-sept ans, xiv, 55. — Modèle d'éducation qu'on en donne, xl, 381. — Celle tout-à-fait contradictoire qu'elles reçoivent chez nous, xxvi, 112. (Voy. *Gertrude*.) — Portrait d'une jeune fille soulageant la vieillesse d'un père infortuné, viii, 204. — Troubles que les filles causent dans les familles, iv, 257. — Comment elles se mariaient autrefois en Russie, xxv, 140; xxxix, 95. (Voy. *Femmes*.)

Filles d'honneur (les) de la reine. Quand et à quelle occasion elles furent remplacées à la cour de France par les dames du palais, xx, 183.

Filles de joie. Tableaux de leur vie misérable, xiv, 164; xxxiii, 314. — Leurs dangereux appas, xiv, 165. — De celles converties par d'Arbrissel dans la ville de Rouen, xi, 61, 77. (Voy. *Couvent de Vénus* et *Prostitution*.)

Filles (les) *de Minée*, conte en vers. (Voy. *Dimanche*.)

Filles nubiles. Données en tribut aux Arabes; coutume fort ancienne, xv, 492.

Fillon (la), femme publique. Comment fut employée à découvrir la conspiration de Cellamare contre le régent, xxi, 6 *et suiv*.

Fils (un). Ne s'arme point contre un coupable père, ii, 370. (Voy. *Enfants*, *Parents*.)

Final (marquisat de). Enlevé par Philippe II à la maison de Caretto, xxiii, 542 *et suiv*.

Finances. Leur déprédation en France, à l'avènement de Henri IV; leur restauration par Sulli, xviii, 135 *et suiv*. — Mal administrées depuis la mort de ce prince jusqu'à Mazarin, xix, 281. — Troubles civils à leur sujet sous le ministère de celui-ci, 282 *et suiv*.; xxii, 253 *et suiv*. — Sous Louis XIV, sont rétablies par Colbert, xx, 238. — Leur état comparé sous François Ier et sous Louis XV, xxxvii, 542. — Comment elles se sont dérangées en France et en Angleterre, xli, 181. — Comment elles doivent être réglées et administrées, xl, 584; xliii, 430. — Que, malgré toutes les peines qu'on a prises pour détériorer celles de la France, on n'a jamais pu en venir à bout, lxvii, 126 *et suiv*. — Ce que la finance a de bon, xxxiii, 21. — Plaisante façon de choisir un receveur des finances, 108. — Quelle est la pierre philosophale de la finance, xlviii, 112 *et suiv*. — Liste des contrôleurs-généraux, surintendants, secrétaires-généraux des finances sous Louis XIV, xix, 36, 40. — Pourquoi il est plus aisé en France qu'ailleurs de décrier le ministère des finances dans l'esprit des peuples, xx, 273.

Finances (les), conte en vers, xiv, 92. (*Voy*. Terray.)

Financier (le) *citoyen*. Critique de cet ouvrage, xxxiv, 39.

Finesse. Différentes significations de ce mot, xxix, 425 *et suiv*. — Que la finesse n'a jamais réussi à personne dans les grandes choses, et qu'elle n'est bonne que pour les moines, lxvi, 421.

Fingsten, Suédois. L'un des plénipotentiaires d'Auguste, roi de Pologne, lors de son abdication, xxiv, 142, 146. — Lettre que lui écrivit ce prince, plus triste que le traité même qu'il avait signé, xxv, 178. — Emprisonné au retour d'Auguste, après la défaite de Charles XII à Pultava, 216.

Finistère (bataille navale du). Gagnée par les Anglais sur les Français, xxi, 263. — Espèces frappées à cette occasion, *ibid*. — Lettre y relative, adressée à un officier de marine, lxii, 548.

Finlande (la). Son gouvernement; langue qu'on y parle, xxv, 36. — Pierre-le-Grand y fait une descente et s'en empare, xxiv, 311; xxv, 268. — Puis y renonce par le traité de Neustadt, 399.

Firmament. Idée et erreur des Anciens à son sujet, xv, 209; xxviii, 93, 100; xxx, 9; xliii, 267; xlix, 10. — Tableau poétique du firmament et du mouvement des astres, x, 221 *et suiv*.

Firmian (comte de). L'Italie lui doit la renaissance des lumières, et Milan la suppression de l'inquisition, xvii, 353. — Homme instruit et hardi, lxvi, 120.

Fisc (le). Ce que c'est, xxviii, 166.

Fischer, intendant des postes de Berne. Lettre qui lui est adressée en 1768, sur le bruit qui avait couru de la mort de l'auteur, lxv, 46.

Fisher, évêque en Angleterre. Condamné à mort pour avoir refusé de reconnaître la suprématie de Henri VIII, xvii, 292. — Le pape croit en vain lui sauver la vie, en lui envoyant, pendant son procès, le chapeau de cardinal, 293.

FITZ-JAMES (*François* STUART-BER-WICK de), évêque de Soissons, fils du bâtard de Jacques II. Veut convertir Louis XV à Metz, et le force à renvoyer Mme de Châteauroux, sa maîtresse, XL, 79. — Rudesse de son zèle contre cette favorite, XI, 372. — Fut en cette occasion, et sans le savoir, l'instrument des intrigants de la cour, *ibid.* — De son mandement en faveur de la tolérance, en 1757; quelle formule il a le courage d'y omettre, et pourquoi cette pièce doit passer à la postérité, XIX, 253; XXXII, 379; XL, 79, 374; 542; LVII, 256.

FITZ-JAMES (duc de), frère du précédent. Arrêt singulier du parlement de Toulouse contre lui en 1763, XXXI, 364; LXI, 275, 306.

FITZ-OBERN, seigneur normand. Équipe à ses dépens quarante vaisseaux pour l'expédition de Guillaume-le-Conquérant en Angleterre, XVI, 43.

Fixer. Emploi vicieux que l'on fait de ce mot, XXIX, 495.

Flagellants (confrérie des). Son origine, XVI, 434. — Ils inondent l'Europe au 13e siècle, XXVII, 216. — Leurs courses en Allemagne au milieu du 14e, XXIII, 329. — Leur première procession à Paris en 1574, XXII, 139.

Flagellations. Pratiquées par des prêtres en Syrie, en Égypte, et chez les Juifs, XXVII, 214. — Imitées de ces derniers par les chrétiens, 215. — Détails curieux à ce sujet, *ibid. et suiv.*

Flagrant délit. Force de cette preuve, L, 319. (Voy. *Preuves judiciaires.*)

Flamands (les). Leur caractère, XVIII, 4. — La crainte de l'inquisition fait parmi eux plus de protestants que tous les écrits de Calvin, *ibid.* — Persécutés par Philippe II, ils vont peupler et enrichir l'Angleterre, *ibid. et suiv.*, 35.

FLAMARENS (Mme de). Vers de Voltaire sur ce qu'elle avait brûlé son manchon, qui n'était plus à la mode, XIV, 358. — Inscription pour l'urne qui renferme les cendres du manchon, 359.

FLAMMA (LA), historien italien du 14e siècle. Ce qu'il dit des inventions de son temps, XVI, 417 *et suiv.*

Flandre (la). Traité secret entre Louis XIV et Léopold, au sujet de sa possession, XIX, 363. — Sa conquête, 365.— Villes de cette province qui furent remises aux Espagnols, ou qui restèrent à la France par le traité de Nimègue, 437.— Ce qu'elle payait annuellement aux Hollandais pour être les maîtres chez elle, XX, 109. — Fut affranchie par Joseph II de ce ridicule tribut, *ibid.* — Partage qui s'en fit à la paix d'Utrecht, 116. — Ses gouverneurs, de 1664 à 1736, XIX, 17 *et suiv.* — Première campagne de Louis XV en 1744, XXI, 103 *et suiv.* (Voy. *Pays-Bas.*)

Flatterie. Il n'en existe aucun monument dans la haute antiquité, XXIX, 428. — Pindare l'employa le premier chez les Grecs, *ibid.* — La plus grande, chez les Romains, date du siècle d'Auguste, *ibid.* — Il n'en est point de remarquable, en Europe, avant Louis XIV, 429. — Ce qu'elle peut avoir de bon, 430.— Quand elle devient sotte et ridicule de la part des orateurs et des prédicateurs, *ibid.*

Flatteurs. Comment dépeints, X, 226; XIII, 34. — Qui loue tout n'est qu'un flatteur, XII, 321. — Que les flatteurs ne sont pas les dispensateurs de l'immortalité, XIII, 35. — Qu'ils sont plus haïssables encore que les tyrans, II, 390.

FLAVACOURT (Mme *Hortense-Félicité* de), sœur de Mme de Châteauroux. Ses vues ambitieuses; vers et note qui la concernent, XI, 373.

FLÉCHIER (*Esprit*), évêque de Lavaur, puis de Nîmes. Poëte français et latin, historien et prédicateur; Notice, XIX, 109. — Pourquoi composa son *Histoire de Théodose*, *ibid.* — Emprunts qu'il a faits à Lingendes, XX, 304. — Il en a tiré mot pour mot la moitié de son oraison funèbre du maréchal de Turenne, XXIX, 216. — Observations critiques sur un passage trop vanté de cette oraison, 215. — Note y relative, XX, 305.— Cité à l'occasion des massacres du Languedoc, XLI, 173. — Quelle part il eut aux libéralités de Louis XIV, XX, 155.

FLEMMING (comte de), premier ministre et favori d'Auguste, roi de Pologne. Grand homme de guerre et de cabinet, XXIV, 73. — Presse le siège de Riga, *ibid.* — Son caractère, 136. — Ce qu'en dit Charles XII à l'occasion de son étrange voyage à Dresde, 165. — Il ramène à Auguste une grande partie de la noblesse polonaise, 217. — Sa correspondance secrète avec le kan de Tartarie et le sérasquier de Bender, 256. — Il échoue dans sa tentative pour faire enlever le roi Stanislas à Deux-Ponts, 348 *et suiv.*

FLESSELLES (*Jacques* de), intendant de Lyon. Mentions diverses, et Notice, LXV, 560; LXVI, 18, 20.

Fleur. Tombée avant le temps; diverses comparaisons poétiques, X, 117, 130, 156. — Desséchée; autre comparaison, XI, 222.

Fleur des Saints (la). Compilation extravagante; ses auteurs, XXVIII, 457; XXXIII, 473. — Est extraite de la *Légende dorée*, XIV, 193; XXVIII, 457. (*Voy.* RIBADENEIRA.)

Fleuri. Diverses acceptions de ce mot, XXIX, 431. (*Voy. Style.*)

FLEURIAU. (*Voy.* ARMENONVILLE et MORVILLE.)

FLEURIEU (CLARET de), ancien commandant et prévôt des marchands de Lyon. Lettre qui lui est adressée en 1765, LXII, 191. — Quatrain au même en 1771, XIV, 470. (*Voy.* LA TOURETTE.)

Fleurus (bataille de). Gagnée en 1690 par le maréchal de Luxembourg sur le prince de Valdeck, XIX, 486.

FLEURY (cardinal *Hercule* de). D'abord évêque de Fréjus; ce que lui dit Louis XIV en le nommant à cette dignité, XXXIX, 22. — Comment il fut nommé précepteur de Louis XV; son ingratitude envers le maréchal de Villeroi, son bienfaiteur, XXI, 33 *et suiv.*; XL, 65. — Ses lettres au cardinal Quirini, beau monument de sincérité, XXI, 39; LVI, 107. — Sa conduite avec son élève et à la cour, avant d'être à la tête des affaires, XXI, 34, 39. — Il fait exclure l'abbé de Saint-Pierre de l'Académie; son discours à cette occasion, XLVII, 584. — Supplante et fait exiler le duc de Bourbon, premier ministre, XXI, 29. — Devient le maître du royaume, et exerce le pouvoir le plus illimité, XXII, 310. — Nommé cardinal, soutient les idées de la cour de Rome, XXI, 37; XXII, 310. — Sa politique, *ibid.* — Il fait évoquer au conseil du roi toutes les affaires ecclésiastiques, et les gouverne despotiquement, 308, 316. — Pourquoi n'avait pas été nommé plus tôt cardinal, XXI, 37. — Termine heureusement la campagne de 1734, 54. — Griefs qu'il eut alors contre le garde-des-sceaux Chauvelin, 56. — Veut pacifier la Corse, 394. — En retire les troupes françaises à l'époque de la guerre de 1741, 397. — Cette guerre fut entreprise contre son gré, 66, 76, 397. — Lettre de lui à l'auteur, qui induit à le penser, XLVIII, 333. — Comment il y fut entraîné, XL, 63. — N'eut pas la force de renoncer alors au ministère, XXI, 67. — Marie-Thérèse fait imprimer de lui deux lettres qu'il désavoue, 76. — Sa mort en 1743, 78. — Quelle réputation il a laissée, XL, 65. — Sa destinée unique, XXI, 38. — Ce qu'il fut pendant son ministère, et comment il gouverna l'état, 40. — Confondu quelquefois avec l'abbé de Fleury, qui fut le confesseur de Louis XV; en quoi ils différent, *ibid.* — N'eut jamais ni la patente ni le titre de premier ministre, XIX, 34. — Empêcha, durant son ministère, qu'on ne soutint les quatre fameuses propositions sur lesquelles est fondée la liberté française dans les choses ecclésiastiques, XX, 361; XXVI, 331. — Pourquoi, de concert avec le pape, fit convoquer un petit concile dans Embrun, XX, 436. — Ses entretiens avec Voltaire sur le règne de Louis XIV, 451, 512 *et suiv.* — Comment dépeint par Condorcet, I, 177. — Son portrait par Voltaire, et vers qui le caractérisent, XIII, 248, 259 *et suiv.*; XL, 65. — Persécutait sourdement et poliment, LXVII, 237. — Ne pouvait souffrir qu'on aimât l'aimable Fénelon; anecdote à ce sujet, *ibid.* — Pourquoi préféra Boyer à Massillon pour l'éducation du Dauphin, I, 181. — Autres détails sur son caractère et son administration, XXI, 38 *et suiv.* — Sa faute d'avoir négligé la marine, 264; XXXIX, 72. — Vers satiriques du roi de Prusse au sujet des persécutions que ce ministre suscitait à Voltaire, LIV, 10 *et suiv.* — Autres de celui-ci, 20, 130, 203, 369. — Autres encore du roi, 230. — Mot qu'on en cite sur les femmes *valétudinaires*, L, 308. — Autre, au sujet de la *diète européenne* de l'abbé de Saint-Pierre, XIX, 198. — L'*Apothéose d'Hercule*, par Le Moine, fut une ridicule flatterie pour le cardinal, qui n'avait rien de commun avec l'Hercule de la fable, 230. — Conseils que l'auteur lui donnait, dans la *Henriade*, au sujet de l'éducation de Louis XV, x, 239. — Épigramme de Desfontaines contre lui, LIII, 574. — Il approuva d'abord la tragédie de *Mahomet*, qu'il conseilla ensuite à l'auteur de retirer, v, 5 *et suiv.* — Éloges qui lui avaient été donnés d'abord dans le *Temple du Goût*, et pourquoi ils furent depuis supprimés, XII, 319, 358. — Lettres qui lui sont adressées, de 1740 à 1742, au sujet du roi de Prusse, LIV, 239, 245, 289, 460, 476, 481, 493. — Autre, où l'auteur le sollicite en faveur de M. Denis, son neveu, 396. — Anecdotes qui le concernent, 508; LIV, 37; LX, 16. — Lettre du cardinal à Voltaire, LIV, 243. — Vers qui lui furent adressés, en 1742, sur le besoin de la paix, XII, 448. — Ne fut pas un cardinal tyran; mais c'était un petit génie, L, 342.

FLEURY (*Claude*), historien, confesseur de Louis XV. Comparé au cardinal de ce nom, avec lequel on le confond quelquefois, XXI, 40. — Notice qui le concerne, XIX, 109. — Son *Histoire ecclésiastique*, la meilleure qu'on ait faite, ressemble en plusieurs endroits à la *Légende dorée*, *ibid.*; XIV, 262. — Inepties honteuses, et bêtises injurieuses à la Divinité, qu'il y a insérées, XXVIII, 405; XXXI, 159; XLIII, 161; L, 478. — Comparée à une statue de bone où l'on aurait mêlé quelques feuilles d'or, XLIV, 386. — Éloge des *Discours* patriotiques et savants qui la précèdent, XIV, 262; XIX, 109; XXI, 40; XXVI, 331. — On ne peut concevoir comment il a pu faire de si excellents discours et une histoire si puérile, LXII, 109. — Ses discours condamnés, et ses sottises monacales bien accueillies à Rome, XLIV, 389. — Reproches ridicules qu'il a faits à Dioclétien, XLIII, 164. — Il a suivi une évaluation des monnaies trop ancienne, XV, 431. — D'un *Abrégé* de son histoire, publié en Allemagne, avec une préface singulière du roi de Prusse; ce qu'en disent Voltaire et d'Alembert, XLIII, 504; LXIII, 178, 186, 192, 231. — Cet abrégé brûlé à Berne, 295, 349. — Et condamné par un bref papal, LXVI, 280. — Vers du prince et de Voltaire à ce sujet, *ibid.*, 299, 332. — Fragment cité de la préface de Frédéric, XLIV, 460.

FLEURY (marq. de). Tué à Dettingen, XXI, 100.

FLEURY (*Voy.* JOLI DE FLEURY.)

Fleuves. Du sentiment de l'antiquité et des systèmes des modernes sur leur origine, XXIX, 433.

Flibustiers. Vaines recherches sur l'étymologie de ce nom, XXIX, 436. — Leur origine et leur union furent à peu près celles des anciens Romains, XVII, 445. — Quand ils commencèrent à paraître, *ibid.*; XXIX, 437. — Comment contribuèrent à la prise de la Jamaïque sur les Espagnols, XVII, 446; XXIX, 437. — Usages singuliers admis parmi eux, 438; XVII, 447. — Ils traversent l'Amérique; leur retraite comparée à celle des dix mille; leur dispersion, 448 *et suiv.* — Ce qui leur a manqué pour fonder une puissance considérable en Amérique, et ce qui a rendu inutiles tous leurs exploits, 450; XXIX, 439.

Florence. Rebâtie par Charlemagne, XXIII, 58. — Démêlés de cette république avec Grégoire XI, XVI, 317; XXIII, 349. — Au 14e siècle, était une nouvelle Athènes, XVI, 427. — Sa splendeur sous les Médicis, XVII, 64. — Elle secoue leur joug et se remet en liberté, XXIII, 467. — Se défend vainement contre Charles-Quint et Clément VII; se rend à composition, et rentre sous les Médicis, 475. — Son état avant Louis XIV, XVIII, 376; XIX, 257. (*Voy.* les MÉDICIS et *Toscane.*)

FLORENT (*Adrien*), régent en Espagne, fait pape par Charles-Quint, dont il avait été le précepteur, XXIII, 453. (*Voy.* ADRIEN VI.)

FLORENTIN, religieux de Saint-François. Sa relation sur l'état du Paraguai et sur son gouvernement, XVII, 464.

FLORIAN (*Squin* de), bourgeois de Béziers. Accusateur de l'ordre des templiers, XVI, 286.

FLORIAN (*Philippe-Antoine* de CLARIS, marq. de). Son séjour aux Délices en 1758, LVII, 555. — En 1762, épouse Mme Fontaine, nièce de Voltaire, LX, 209. — Remarié en 1772 à Mme Rillet de Genève, XIV, 91; LXVII, 349, 402, 434. — Voltaire lui bâtit une jolie maison à Fernei, 498, 540. — En 1774, épouse en troisièmes noces Mlle Joli, LXIX, 65. — Lettre qui lui fut adressée, en 1759, au sujet de l'élévation de M. de Silhouette au ministère, LVIII, 101. — Autres, de 1764 à 1778. (*Voy. Tabl. part.* de LXI à LXX.) — Notice, LVII, 262. — Anecdote qui le concerne, LVIII, 420.

FLORIAN (Mme de), nièce de Voltaire, ci-devant Mme FONTAINE. Lettres qui lui sont adressées, de 1762 à 1770. (*Voy. Tabl. part.* de LX à LXVI.) — Sa mort en 1771, LXVII, 348. (*Voy.* MIGNOT et FONTAINE.)

FLORIAN (Mme de), ci-devant Mme RILLET. Mémoire en demande d'une dispense pour son nouveau mariage, LVII, 349. — Elle est refusée, et le mariage n'en a pas moins lieu; réflexions à ce sujet, 366, 402, 434. — Vers en lui envoyant le conte de *la Bégueule*, XIV, 91. — Autres vers après l'avoir entendue chanter, 464. (*Voy.* RILLIET.)

FLORIAN (Mme de), née JOLI, troisième femme du marquis. Son mariage, LXIX, 65. — En quels termes l'auteur en parle, 178, 181. — Vers sur ce qu'elle voulait qu'il vécût long-temps, XIV, 481.

FLORIAN (*Jean-Pierre* CLARIS, chevalier de), neveu du marquis. Couplets de Voltaire, qu'il chante à Fernei, en 1765, pour la fête de Mlle Clairon, XIV, 451. — Lettres qui lui sont adressées en 1775 et 1777; LXIX, 178; LXX, 340.

Floride (la). Disputée tour à tour par les Français et les Espagnols, XVII, 437. — Ils la cèdent aux Anglais en 1763, XXI, 338; LX, 463.

FLORIDOR, sieur de SOULAS, comédien. Maintenu en possession de sa noblesse par arrêt du conseil du roi, XXXV, 486; LXIII, 62.

FLORINDE, fille du comte Julien, surnommée la *Cava* ou la *Méchante*. Son prétendu viol par Rodrigue, origine de la domination des Maures en Espagne, XV, 489 *et suiv.*; XVI, 60. — Son aventure comparée à celle de Lucrèce, *ibid.*

FLOTTE (*Pierre*), chancelier de Philippe-le-Bel. Défend les droits de la France contre les prétentions du pape, XVI, 279 *et suiv.*

Fo ou FoË. Idole apportée des Indes en Chine, et adorée par les Japonais et les Tartares, XV, 278. — Fanatisme des austérités des bonzes de cette secte, *ibid. et suiv.*

Fo-HI. Premier roi de la Chine, XV, 259. — Prétendait avoir lu ses lois sur le dos d'un serpent ailé, 260.

Foi. Ce que c'est, et en quoi consiste; dialogue d'un Indien avec un bonze à ce sujet, XXIX, 441 *et suiv.* — De la foi romaine et de la luthérienne, 442. — La foi divine n'est qu'une incrédulité soumise, 443. — Conversation supposée entre Alexandre VI et Pie de la Mirandole, où ils définissent l'un et l'autre ce que c'est que la foi, 445. — Ses erreurs sont une preuve de la fausseté des religions humaines, et surtout de la nôtre, XL, 398. — Profession de foi d'un mandarin, XLIV, 77. — Vers sur la soumission aveugle de la foi, V, 55. — Est le triomphe de la théologie sur la faiblesse humaine, L, 374. — Fête du *Triomphe de la foi*, instituée en 1773 par l'archevêque de Paris, contre les philosophes, LXVIII, 104, 108, 116, 133.

FOIX (GASTON de), neveu de Louis XII. (*Voy.* NEMOURS.)

Foix (*Amélie*, ou *le duc de*), tragédie de Voltaire, III, 431 *et suiv.* — Est *Adélaïde Du Guesclin* refaite, I, 148; III, 281, 283. — Ce que l'auteur en dit dans sa Correspondance, LV, 297; LXI, 1. (Voy. *Adélaïde Du Guesclin*, *Amélie* et *duc d'Alençon*.)

FOLARD (le chevalier). Entre au service de Charles XII, après avoir fait trente campagnes dans les armées françaises, XXIV, 337. — Etudia toute sa vie l'art de la guerre en philosophe; son commentaire sur Polybe, *ibid.* — Entra dans la conspiration de Goërtz, *ibid.* — De sa folie, et des convulsions qu'il eut sur la tombe du diacre Pâris, LI, 252.

FOLARD (le P.), jésuite. Auteur d'une tragédie d'*OEdipe*; ce qu'on en dit, II, 52.

Folie. Ce que c'est, et en quoi consiste, XXIX, 447. — Plaisantes recettes contre cette maladie, 450. — En quoi diffère chez les Anglais et chez les Français, XI, 381. (Voy. *Fous.*)

Folliculaires. Combien leur métier est abominable; réflexions et vers à ce sujet, VIII, 279; XIII, 308; XIV, 154. — A qui comparés, VII, 50; XII, 66, 480; XIV, 192; XXVI, 330; XXVIII, 254; XXXIII, 299. — Anecdote singulière d'un folliculaire anglais, XXXIX, 295. (*Voy. Journalistes* et *Libellistes.*)

FONCEMAGNE (de). Voulut plaire à la duchesse d'Aiguillon, en faisant semblant de croire que le cardinal de Richelieu avait au moins quelque part à son prétendu *Testament*, LXX, 370. — Comment il en soutient l'authenticité contre Voltaire, XLII, 27 à 75. — Arbitrage entre les deux auteurs, 92 *et suiv.*

Fondateurs. Vers à leur sujet, XII, 545.

FONSECA, évêque de Burgos, et intendant des armements. Persécuteur de Christophe Colomb, XVII, 389. — Et de Fernand Cortès, 418.

FONSECA, médecin, Juif portugais établi à Constantinople. Comment il sert Charles XII auprès de la Porte, XXIV, 205.

FONTAINE (comtesse de), auteur de la *Comtesse de Savoie*. Épître que lui adresse Voltaire au sujet de ce roman, XIII, 4. — Notice, 5.

FONTAINE (Mme DAMPIERRE de), nièce de Voltaire. Rente que lui avait assurée son oncle, après avoir quitté la France, LX, 384. — Lettres qui lui sont adressées de 1750 à 1762. (Voy. *Tabl. part.* de LV à LX.) — Veuve depuis 1756, se remarie en 1762 avec M. de Florian, LX, 209. (*Voy.* Mme de FLORIAN.) — Autres détails qui la concernent. (*Voy.* MIGNOT.)

FONTAINE DE LA ROCHE (*Jacques*). L'un des rédacteurs de la *Gazette ecclésiastique*, LVII, 256. — *Remercîment sincère*, adressé à cet homme charitable, qui s'était déchaîné contre Montesquieu, XXXIX, 329.

FONTAINE-MALHERBE. L'un des collaborateurs de Le Tourneur pour la traduction française du théâtre de Shakespeare, LXX, 90, 97.

FONTAINE-MARTEL (Mme de). Épître adressée, sous son nom, à Samuel Bernard, XIII, 29. — Autre, à cette dame, sur la vie agréable de sa maison, 89. — Vers en lui envoyant le *Temple de l'Amitié*, XIV, 341. — Pourquoi elle refuse à Voltaire de prendre Linant chez elle, LI, 276. — Quel était le meilleur titre pour y avoir entrée, 277. — Sa mort, et détails y relatifs, 350 *et suiv.* — Notice, et mots qu'on en cite, XIII, 89; LI, 255, 350; LXIV, 257; LXV, 514. — Son fils visite Voltaire à Fernei en 1763; ce qu'on en dit à cette occasion, LXI, 125.

Fontaines publiques. A Paris, celles des Saints-Innocents et de Grenelle accusent la rusticité de toutes les autres, XII, 352. — Encore sont-elles toutes deux mal placées, XIX, 234; XXXIII, 8; XXXIX, 100; LIII, 400. — Inscription pour la fontaine de Budée, à Yères, XIV, 389.

FONTANA, célèbre architecte. A relevé à Rome cinq obélisques du temps des Césars, qui avaient été ensevelis sous ses décombres, XVIII, 361.

FONTANELLE. (*Voy.* DUBOIS de.)

FONTANES (*Louis*). En 1772, adresse une épître à Voltaire; lettre et note à ce sujet, LXVII, 401.

FONTANGE (Mlle de), maîtresse de Louis XIV. Fils qu'elle en eut; Notice, XIX, 5; XX, 184 *et suiv.*

FONTANIEU (*Gaspard-Moïse* de), intendant des meubles de la Couronne en 1762. Ce qu'on en dit, LX, 278.

Fonte. Comment on y jette une figure de métal, XXIX, 453. — Réflexions à ce sujet sur le veau d'or qu'on prétend avoir été coulé en une nuit, et qui fut réduit ensuite en poudre impalpable, 459; XLVIII, 452 *et suiv.*

Fontenai (bataille de), dans l'Auxerrois. Très sanglante; Lothaire y fut vaincu par ses deux frères Louis de Bavière et Charles-le-Chauve, XV, 467; XXIII, 80.

FONTENAY (le P.). Continuateur de l'*Histoire de l'Église gallicane*, par Longueval, XIX, 152.

FONTENELLE (l'abbé de). Assemble des troupes contre Charles Martel, qui lui fait trancher la tête, XV, 442.

FONTENELLE (*Bernard* LE BOUVIER de). L'esprit le plus universel que le siècle de Louis XIV ait produit; Notice de sa personne et de ses ouvrages, XIX, 109. — Est le premier écrivain qui ait orné la philosophie des graces de l'imagination, XXXVIII, 558. — De sa *Relation de l'île de Bornéo*, ou *Méro et Énegu*, allégorie sur Rome et Genève, publiée à l'époque de la révocation de l'édit de Nantes, XXXVII, 257; XLIII, 515. — Risques qu'il courut à cette occasion, et faiblesse qu'il eut de faire des vers à l'honneur de cette révocation et à celui des jésuites, *ibid*. — Son opinion sur l'influence des climats, XXVIII, 114. — Éloge de son *Histoire des Oracles*, composée d'après Van-Dale, XV, 155; XXXI, 306;

XLI, 203. — Grands services que cet ouvrage a rendus à l'esprit humain, XLVI, 408. — Son auteur déféré à Louis XIV comme un athée, par les jésuites et par Le Tellier, qui sollicitèrent contre lui une lettre de cachet, XIX, 113; XXXI, 399; XLII, 638; XLIII, 516. — Pourquoi ne répondit pas au libelle de Balthus sur le même sujet, XLII, 638. — Fut mis à l'abri de la persécution par le lieutenant de police d'Argenson, XIX, 113; XXXI, 399; XLII, 639; XLIII, 516. — Pourquoi Racine et Boileau affectèrent de le mépriser, et lui fermèrent long-temps les portes de l'Académie, XIX, 111. — Eloge de sa *Pluralité des Mondes*, XII, 321; XIX, 111; XXXVII, 412; XLVI, 408. — Ouvrage ingénieux, mais qui ne peut être mis au rang des livres classiques, XX, 314.— Ce qu'on est fâché d'y trouver, XII, 321; LIII, 121. — Méthode qu'il a heureusement inventée dans les *Éloges*, XIX, 112.— Pourquoi celui qu'il a fait de Newton a été critiqué en Angleterre, XXXVII, 188. — Singulier reproche qu'il y fait à ce philosophe, 204. — Remarques critiques et grammaticales sur sa *Vie de P. Corneille*, son oncle, XXXVI, 526 et suiv. — Observations critiques sur ses *Dialogues des Morts*, XXXIX, 201; LV, 610. — Son injustice envers Théocrite, XXIX, 56. — Dans ses *Églogues* n'a pas chanté les véritables bergers, XII, 47; XIII, 232. — La nature n'est pour rien dans ses vers, XIV, 336.— Etait médiocre en poésie, LIV, 393.— S'était associé à Mlle Barbier pour composer une tragédie de *Jules-César*, IV, 72. — Note contradictoire à ce sujet, *ibid.*— A fait presque tout le *Brutus* de Mlle Bernard, XIX, 59. — Pourquoi ne croyait point Voltaire propre à la tragédie, et réponse qu'il en reçut, I, 143. — Conseil qu'il lui fit donner au sujet de son *Brutus*, et propos singulier qu'il lui tint à l'occasion de cette pièce, LX, 613. — Auteur des *Lettres du chevalier d'Her....*, qu'il n'eut jamais le courage d'avouer, XXXIX, 243; LI, 227. — En quoi il se moquait des Chinois, XXVI, 188. — A quoi réduisait toute la question de la prééminence entre les Anciens et les Modernes, 345. — Lettre en prose et en vers que lui adresse l'auteur en 1721, LI, 63. — Fut le seul des académiciens français qui vota contre l'exclusion de l'abbé de Saint-Pierre, XIX, 198. — Reproche qu'on lui fait de n'avoir pas voulu connaître la petite-nièce de Corneille, LIX, 125, 188.— Et de n'avoir vécu que pour lui seul, LXII, 371. — Sa prudente lâcheté, et mot qu'on en cite à ce sujet, LXIII, 181. — Autre mot qu'on lui attribue au sujet du régent, XIX, 115. — Couplet contre Jacques II, réfugié en France, dont on le dit l'auteur, 466. — Sa mauvaise épigramme contre *Esther* et *Athalie*, IX, 16. — Comment jugé dans le *Temple du Goût*, XII, 338 et suiv. — Place honorable qu'il y occupe, 339. — Vers où l'on rappelle ce que les arts et les sciences lui doivent, XIV, 319. — Dénigré dans un prétendu *Dictionnaire historique*, XXVIII, 351. — Allusions dont il est l'objet dans *Micromégas*, XXXIII, vij, 171, 183. — Ce qu'il disait des histoires anciennes, LXV, 133.

Fontenoi (bataille de). Détails et anecdotes sur cette célèbre journée, XII, 130 et suiv., 453; XIV, 274, 277; XXI, 132 et suiv.; XXXIV, 63.— Impostures extravagantes débitées dans une relation publiée à Londres, XXI, 146; XXX, 217; XXXIX, 292. — Ce qui la rend mémorable, *ibid.*— Suites qu'elle eut, XXI, 147 et suiv.— Lettre de M. d'Argenson y relative, qu'il écrivit du champ de bataille à l'auteur, LV, 24.

Fontenoi (poëme de), par Voltaire, XII, 127 et suiv. — Préface du nouvel éditeur, 113.— Comment il fut composé, 117, 125. — Dédié à Louis XV, 115. — Présenté à Benoît XIV, v, 11. — Observations sur le ton de l'auteur en parlant des Hollandais et des Anglais, XII, 117. — Ce poëme respire l'humanité, 118. — Est fidèle à la vérité, 120. — Pourquoi l'auteur ne l'a point orné de longues fictions, 121. — Pourquoi il a peint les détails de l'action, 123. — Notes et variantes, 125, 140. — Lettres où certaines critiques de ce poëme sont tournées en ridicule, XXXVIII, 534 et suiv. — Epitre qu'on peut en considérer comme le premier jet, XIII, 169. — Par qui traduit en vers latins et italiens, V, 471; X, 8; LV, 71. — *Lettre du curé de Fontenoi au roi*, libelle de l'avocat Marchand sur ce poëme, XII, 115; LV, 37, 41.

Fontevrault (abbaye de). Par qui érigée; Notice y relative, XI, 61.

FORBIN-JANSON (*Jacques*), archevêque d'Arles. Outrage tous les parlements dans une *Instruction pastorale;* chanson contre eux qu'il y introduit, XXII, 316. — Le parlement d'Aix fait brûler ces pièces, et le cardinal de Fleury en fait exiler l'auteur, 317. (*Voy.* JANSON.)

FORBIN-JANSON (*Claude*, chevalier de). L'un des plus grands hommes de mer, XX, 64. — Conduit la flotte qui porte le prince de Galles en Écosse, et le ramène ensuite à Dunkerque, *ibid.*—Chef d'escadre en France, fut grand-amiral du roi de Siam, XIX, 114. — A laissé des *Mémoires* curieux, *ibid.*—Ne fut pas un des témoins du mariage de Louis XIV avec Mme de Maintenon, comme l'a prétendu l'abbé de Choisi, XX, 190, 513; LVI, 203.

FORBONNAIS (de). Auteur d'un fort bon livre sur les finances de la France, LVII, 541. — Autres éloges, XLVI, 413; XLVIII, 107.

FORCALQUIER (de). Fils du maréchal Louis de Brancas, LI, 454. — Notice qui le concerne, XIV, 349. — Stances que lui adresse Voltaire sur un plan de philosophie, XII, 510.—Autres, au nom de Mme Du Châtelet, à qui il avait envoyé une pagode chinoise, 511. — Vers sur ce qu'il avait eu les cheveux coupés par un boulet du canon au siége de Kehl, XIV, 349. — Autres à sa louange, LI, 401.

Force. Acceptions diverses de ce mot, qu'on a transporté du simple au figuré, XXIX, 467. — Quand il s'emploie au pluriel, XXXV, 584. — La force *active* met tout en mouvement dans l'univers; examen de la question si elle est toujours la même dans la nature; et manière de la calculer, XXXVIII, 62 *et suiv.* — Ce que c'est que la force *centrifuge* et la force *centripète,* 203 *et suiv.* — Doutes sur la mesure des forces *motrices* et sur leur nature, 490 *et suiv.* — Expérience y relative par M. Jurin, 469 *et suiv.* — Force *physique;* questions à ce sujet, XXIX, 463. — Force *mécanique;* ses éléments, 464. — Mémoire de Voltaire sur les *forces vives;* et rapport qui en est fait, en 1741, à l'Académie des sciences, par Pitot et Clairaut, I, 342. — Dispute à leur sujet entre M. de Mairan et Mme Du Châtelet, LIV, 289, 295, 303, 312.

Forces navales. Les Anglais sont les premiers qui aient rangé les leurs en bataille, dans l'ordre où l'on combat aujourd'hui, XXI, 89.

Forclos. Mot très expressif, qui n'est demeuré qu'au barreau, et n'a point été remplacé dans notre langue, LIX, 558.

Forfaits. Il en est que les dieux ne pardonnent point, III, 58; V, 570. (*Voy. Crime.*)

Formalités. Sont le poison de la société, LX, 116.

Formes plastiques. (*Voy.* CUDWORTH.)

FORMEY, secrétaire de l'Académie de Berlin. Son étrange sortie contre les déistes, et anecdote y relative, XXXIX, 461. — Comment explique le phénomène prétendu produit par la baguette de coudrier, XXXII, 429. — Ses accusations de plagiat contre Voltaire, et réponses de celui-ci, LVI, 93, 95. — Il fait imprimer de mauvais vers contre l'auteur, qui ne lui en garde aucune rancune, 263. — Ce qu'on dit de son livre contre le suicide, LXIX, 332. — Lettres qui lui sont adressées, de 1750 à 1771. (*Voy. Tabl. part.* de LV à LXVII.) — Lettre facétieuse publiée sous son nom, et dans laquelle on a imité son style, XL, 596. — Autre qui lui est adressée au nom du docteur Akakia, XXXIX, 511. — Projet singulier qu'on lui attribue, et qui n'est peut-être qu'une plaisanterie, XLII, 237. — D'un autre projet de l'*Encyclopédie* réduite, XL, 599; LVII, 19. — Note qui le concerne, LV, 476.

FORMONT (de), ami de Voltaire. Époque de leur liaison, I, 161. — Épître, en lui renvoyant les OEuvres de Descartes et de Malebranche, XIII, 75. — Vers qu'il écrit sur le pupitre de Voltaire, et réponse de celui-ci, XIV, 339. — Autre réponse, au nom de Mme Du Châtelet, à qui il avait adressé des vers sur la satire *le Mondain,* 357 *et suiv.* — Lettre que l'auteur lui adresse, en 1736, sur la matérialité de l'ame, LII, 167. — Il s'occupait de traduire *l'Énéide* en vers français, 83. — Est auteur d'une *Épître à l'abbé de Rothelin,* attribuée à Voltaire, XIV, 287. — Et d'une autre à *Du Resnel sur la décadence du goût;* bien qu'en dit Voltaire, et vers à cette occasion, LII, 6, 83. — Reproches que Voltaire lui fait, en 1738, d'avoir quitté la poésie pour se faire sous-fermier, LIII, 199. — Vers au sujet de son *Épître contre les philosophes qui ont le malheur de n'être que philosophes*, 314. — Autres lettres qui lui sont adressées, de 1730 à 1758. (*Voy. Tabl. part.* de LI à LVII.) — Sa mort; regrets de l'auteur sur sa perte, LVII, 655, 658; LVIII, 9. — Fleurs jetées sur son tombeau, 12.

FORMOSE, pape, fils du prêtre Léon. Était évêque de Porto, se met à la tête d'une faction contre Jean VIII, qui l'excommunie deux fois, XV, 528. — Son élection au pontificat, *ibid.* — Il reconnaît et couronne trois empereurs en même temps, 520. — Etienne VII, son successeur, fait exhumer son corps, le juge dans un concile, et lui fait trancher la tête, 528. — Son corps, repêché dans le Tibre, est enterré pontificalement une seconde fois, 529; XXIII, 7.

Formulaire contre le jansénisme. Dressé par les évêques de France, est présenté dans leurs diocèses à tous ceux qui paraissaient suspects, XX, 411. — Les religieuses de Port-Royal refusent de le signer, 412. — Quelques unes le signent ensuite, et se rendent ridicules, 416. — Plusieurs évêques se déclarent contre, 417. (*Voy.* ARNAULD et JANSÉNIUS.)

Fornication. Etymologie de ce mot; son usage, sa distinction en diverses espèces, XXIX, 470. — L'article du *Dictionnaire encyclopédique* sur cet objet, discuté par quatre évêques, en présence d'un prince de l'Eglise, LVII, 488.

Fornoue (journée de), où Charles VIII, avec huit mille Français, bat trente mille confédérés, XVII, 74.

Fort-Louis (le). Louis XIV se soumet à le raser par le traité de Ryswich, XIX, 506.

FORTUNAT (saint), évêque de Poitiers. Sa querelle avec saint Augustin au sujet des manichéens, XXXII, 510. — Était poëte, mais n'est pas l'auteur du *Pange lingua*, qu'on lui attribue, XI, 250.

Fortune. Personnifiée dans le *Poëme de Fontenoi*, XII, 129. — Qu'il faut savoir la gouverner et l'asservir, III, 315. — N'est autre chose que la nécessité, la fatalité insurmontable, XXXII, 361. — Le cœur des humains change avec elle, IX, 142. — Pourquoi on a raison d'appeler son bien *fortune*, LIX, 528.

Fossiles. De ceux que l'on prend mal à propos pour des productions marines, XLIII, 372. (*Voy.* BERTRAND et *Ivoire fossile.*)

Fou (le) *de Verberie.* (Voy. *Supplices* et *Ringuet.*)

FOUCAULT (*Louis*), comte de DAUGNON, maréchal de France. Notice qui le concerne, XIX, 25.

FOUCHER (l'abbé *Paul*), membre de l'Académie des inscriptions. Janséniste, détracteur de Voltaire, XLIII, 337. — Apostrophé par lui, 341. — Scène plaisante qu'il eut en Sorbonne, en 1751, avec l'abbé Grageon, à l'occasion de la fameuse thèse de l'abbé de Prades, XXXIX, 541. — Ses critiques injurieuses et injustes sur un passage de l'*Essai sur les mœurs*, concernant le Sadder et Zoroastre; lettres qui lui sont adressées en 1769 à ce sujet, sous le nom de *Bigex*, XLV, 183, 187, 190. — Censeur royal en 1776, pourquoi il fait rayer l'article *Bonheur public*, composé par M. de Chastellux pour le Supplément de l'*Encyclopédie*, LXX, 177. — Anecdote à ce sujet, *ibid.*

Foudre. Quand ce mot est employé par les poëtes, de préférence à *tonnerre*, XXXII, 383. — L'a été avec inconvenance dans *Polyeucte*, 384. — Objet d'une comparaison poétique, X, 220, 242.

Fouet. (Voy. *Flagellations, Verges.*)

FOUGERET DE MONTBRON. Auteur de la *Henriade travestie;* ce qu'on en dit, LV, 213.

Foule (la). Vers descriptifs, V, 188.

FOUQUET, jésuite. Revient de la Chine ennemi de son ordre, XV, 280. — Anecdote singulière qui le concerne, XXVI, 335.

FOUQUET (*Nicolas*), marquis de BELLE-ISLE, procureur-général du parlement de Paris, et surintendant des finances sous Louis XIV. Notice qui le concerne, XIX, 38. — Combien il dépensa de millions pour son palais de Vaux, 39. — L'un des plus malheureux et des plus généreux hommes qui aient été, 39, 224. — Fait gratifier sous main les conseillers du parlement, après la guerre de la

Fronde, 316. — Fête magnifique qu'il donne à Louis XIV dans sa maison de Vaux; ses armes et sa devise, xx, 133 et suiv.—Son goût passager pour M*me* de La Vallière, 135. — Le roi vent le faire arrêter pendant que la fête dure encore, ibid. — Artifice dont se sert Colbert pour le perdre, ibid. — Belle action qui ne le sauve pas, 136. — Amis qui lui restèrent dans sa disgrace, 137. — Son procès : il est condamné à un bannissement perpétuel, et le roi commue sa peine en une plus dure, 140. — Incertitudes sur le lieu et l'époque de sa mort, et note à ce sujet, ibid. ; xxvi, 319. — Autres détails des manœuvres qui furent employées pour assurer sa perte, x, 249 et suiv.— De sa philosophie dans sa disgrace, et vers à ce sujet, xiii, 9.—Quelle en fut la cause, lvi, 569. — Il avait engagé Corneille à faire OEdipe ; remarques sur les vers que ce poëte lui adressa, xxxvi, 212, 217. — Cité au sujet des extorsions de Mazarin, et des biens immenses que le cardinal s'était procurés par ce moyen, xx, 139. (Voy. Belle-Isle.)

Fourberie. Ministre de la sottise, xi, 53.

Fourberies (les) de Scapin, comédie de Molière. Notice sur cette farce, et réponse à la critique de Boileau à son sujet, xxxviii, 437.

Fourilles (chevalier de). Discipline la cavalerie française sous Louis XIV, xix, 388.

Fourmont (Étienne). Savant dans l'histoire et dans la langue des Chinois, xii, 89.

Fous. Le sage s'en sert pour aller à ses fins, v, 429.

Fous (Fête des). Quand fut établie dans la plupart des églises, xvi, 74; xxx, 508. — Précis de sa description; manuscrit trouvé à Sens, où toutes les cérémonies en sont représentées, ibid.

Fous de cour. Leur origine, xvi, 433. — Sont devenus le type des bouffons dans nos comédies, lxv, 135. — Qu'il fallait que ceux de nos rois fussent chrétiens, lxix, 261. — Étaient encore fort à la mode en France au commencement du règne de Louis XIV, xx, 149. — Reste de barbarie qui a duré plus longtemps en Allemagne qu'ailleurs, ibid.

Fox (George). Paysan qui devint le patriarche des quakers; son histoire, xxxvii, 126 et suiv.—Comparé à Jésus, xliii, 82, 91; l, 445. — Autres détails et réflexions à son sujet, xlvi, 204 et suiv.

Fox (Charles-Joseph), depuis célèbre orateur au parlement d'Angleterre, et ministre. Son séjour à Fernei en 1764; ce qu'on en dit, lxii, 46.

Fox (comte de). Lettre qui lui est adressée en 1770 par l'auteur, lxvi, 545.

Fragment de Thérèse. (Voy. Thérèse.)

Fragment d'un discours sur don Pèdre, ix, 383.

Fragment d'une lettre sur Didon, xxxvii, 344.

Fragment d'une lettre sur la tragédie, ix, 201.

Fragment d'une lettre sur un usage très utile établi en Hollande, xxxviii, 445.

Fragments : D'un Mémoire sur les marquises imaginaires de la Pluralité des mondes et du Newtonianisme, xxxvii, 412. — D'une lettre de lord Bolingbroke : morceau de Voltaire sur les moyens d'écraser la superstition, xl, 190. — Des Instructions au prince royal de ***, xliii, 420. — D'une lettre sur les Dictionnaires satiriques, xlvii, 172. — Sur quelques révolutions dans l'Inde et sur la mort du comte de Lalli, 297 à 489. — Sur la justice, à l'occasion du procès du comte de Morangiès contre les Du Jonquay, 494. — Sur le procès criminel de Montbailli, roué et brûlé vif à Saint-Omer, en 1770, pour un prétendu parricide ; et sa femme condamnée à être brûlée vive : tous deux reconnus innocents, 503. — Sur l'histoire générale, 513 à 599.

Fraguier (Claude), de l'Académie des inscriptions. A mis la philosophie de Platon en beaux vers latins, xix, 114. — A fait d'excellentes dissertations, ibid.; xii, 353.

Fraigne (marquis de). Lettre qui lui est adressée, en 1765, au sujet des troubles de Genève, lxii, 194. — Note y relative, ibid.

Franc (le), considéré comme monnaie. Expression vague qui rappelle l'origine de la monarchie, mais qui ne donne aucune idée ni du poids ni du titre de l'argent, xxix, 475.

Franc-arbitre. Est une expression abstraite, XXIX. (*Voy. Liberté de l'homme,* ou *Libre arbitre.*)

Français (les). Quand nous devînmes sauvages *français* après avoir été sauvages *francs,* sauvages *gaulois* et sauvages *celtes,* XV, 469; LVII, 21. — Remarques sur l'orthographe de ce nom. (*Voy. Langue française.*) — Ne furent guère connus que vers le 10e siècle, XXIX, 477. — Ce que fut d'abord leur gouvernement, 480. — Quand ce nom fut restreint aux peuples en deçà de la Loire, *ibid.* — Quel fut toujours leur caractère dominant; sont tels aujourd'hui que César a peint les Gaulois, 478, 481. (*Voy. Francs* et *Nation française.*) — Leur faiblesse et leur peu de génie pendant neuf cents années avant Louis XIV, XIX, 240, 245. — Leurs mœurs améliorées sous son règne, XX, 266. — Leur aisance et leurs commodités accrues depuis ce monarque, 290 *et suiv.* — Jusqu'à lui n'ont été que de sots barbares, en comparaison des Italiens, dans la carrière de tous les arts, LVIII, 198. — De toutes les nations sont celle qui a le plus connu la société, III, 155. — Depuis quand sont devenus le peuple le plus sociable et le plus poli de la terre, 156. — L'art de plaire est leur art, 157. — Rendent justice aux étrangers, IX, 471. — Nation brillante et vaine, XII, 472; XIII, 111. — Leur légèreté, 229; LXVII, 162. — Comparés au vin d'Aï, XIV, 130. — Sont moqueurs, mais sensibles au mérite, XII, 106. — Ont de l'amour pour leurs rois, III, 302. — Reproche que leur font les Anglais de servir leur maître gaiement, et vers à ce sujet, XIII, 91; XXXIX, 429; XLII, 699. — La gaieté est leur élément, XIV, 231. — Elle éclate jusque dans les horreurs de la guerre, XIII, 110. — L'esprit de société est leur partage naturel, XX, 328. — Sont plus faits pour imiter que pour inventer, VI, 158. — Arrivent tard à tout, LVI, 372, 446; LXI, 166; LXII, 202. — Comparés aux Romains dans les arts et les monuments, XII, 386. — Sont en bien des choses les disciples des Anglais; finiront par égaler leurs maîtres, LXIII, 202. — Leur génie en quoi supérieur aux autres peuples, XXIX, 488. — Leur goût sert de modèle aux autres, VI, 161. — Sont les premiers modernes qui ont fait revivre les unités théâtrales, II, 53. — L'art dramatique est le seul dans lequel les autres nations s'accordent à leur donner la préférence, VII, 8. — Ont toujours commencé par s'opposer à l'introduction des vérités, XXXVII, 328. — Contradiction de leurs mœurs et de leurs lois, XII, 30. — N'ont osé penser qu'à demi, 472. — Ce qu'ils doivent aux philosophes, *ibid.* — Passent, on ne sait pourquoi, pour un peuple fort humain, XXXII, 394. — Sont au fond la nation la plus cruelle, *ibid.;* LXIV, 241. — Apostrophés à ce sujet, LXIII, 219. — Sont capables de tous les excès dans leurs affections et dans leurs murmures, XXI, 112. — Sont, de tous les peuples, celui qui se plaît le plus à écraser ceux qui le servent, en quelque genre que ce puisse être, LV, 668. — Parlent vite et agissent lentement, LIX, 543. — Fous plein d'honneur, allant au bal comme aux batailles, XI, 71. — Savent vaincre et chanter leurs conquêtes, X, 235. — Leur fougue impétueuse, 323. — Leurs mœurs comparées à celles des Anglais, III, 157; XI, 381. — Comparés aux Allemands; sont plus propres pour l'attaque que pour la défense, XIX, 248. — Chaque nation cherche à se faire valoir; les Français font valoir les autres nations en tout genre, 229. — Règnent par la mode et par le langage, XII, 491. — Décadence de leur littérature au 18e siècle, IX, 281 *et suiv.;* XIII, 180; XIV, 234; XXXIX, 43. — Leurs possessions en Amérique, XVII, 435 *et suiv.* — Discours aux Velches, facéties au sujet du surnom de *premier peuple de l'univers* que leur donnent leurs historiens, XLI, 541, 570. — Comment cette nation appréciée par Frédéric-le-Grand, LVIII, 495. — Époque où ils étaient craints partout, et surtout à Rome, XIX, 353. (*Voy. Nation française.*)

France (la). Époque à laquelle ce nom resta seulement à la partie occidentale du pays qu'occupaient les Francs, XXIX, 476. — Son étendue lors de la naissance de Charlemagne, XXIII, 42. — A la mort de Pepin-le-Bref, 52. — Ravagée par les Normands, XV, 477. — Sa faiblesse du temps de Louis d'Outre-Mer, 526. — Ses bornes et son état vers le temps de Hugues Capet, XVI, 12 *et suiv.*

— Anarchie féodale qui y régna, 13; XXII, 7. — Ses coutumes, ses armées, ses lois, XVI, 14 et suiv. — Ce qu'elle était aux 10ᵉ et 11ᵉ siècles, 18 et suiv. — Aux 12ᵉ et 13ᵉ; et pourquoi fut mise en interdit à cette époque, 122; XXXII, 505. — Au temps de Philippe de Valois, XVI, 358 et suiv.; XXIII, 317. — Sons le roi Jean, XVI, 369 et suiv. — Sous Charles V, 383. — Sous Charles VI, 389. — Le gouvernement féodal y périt sous Charles VII, 512. — Elle s'accroît, sous Louis XI, de la Bourgogne et de la Provence, XXIII, 418. — Son état désastreux lors de la prise de François Iᵉʳ à Pavie, XVII, 204. — Ressources qui la soutinrent contre l'ascendant de Charles-Quint, 206. — Philippe II fut sur le point de la subjuguer, XVIII, 28. — Son état vers la fin du 16ᵉ siècle, sous François II, 54 et suiv. — Sous Charles IX, 60 et suiv. — Histoire de ses malheurs, leur origine, et détails des massacres de la Saint-Barthélemi, ibid.; x, 75, 360 et suiv. — Sa situation sous Henri III; mœurs du temps, Ligue, etc., XVIII, 97. — Sous Henri IV, 135 et suiv. — A l'avènement de Louis XIII, XIX, 241 et suiv. — A l'époque de sa mort, 260 et suiv. — Sous le règne de ce prince jusqu'au ministère du cardinal de Richelieu, XVIII, 169 et suiv. — A quoi montaient ses revenus dans les premières années de la régence d'Anne d'Autriche, XIX, 281. — Guerre civile et ses suites, 279 et suiv. — Son état jusqu'à la mort du cardinal Mazarin, 318 et suiv. — Avantages qu'elle retire de la paix de Vestphalie, 320; XXIII, 628. — Appauvrie par ses conquêtes; on y périt de misère au bruit des *Te Deum* et parmi les réjouissances, XIX, 494. — Son état d'humiliation et de détresse après les défaites de Louis XIV, XX, 71 et suiv. — Emigration considérable par suite de la révocation de l'édit de Nantes, 386, 593; XXXIX, 23. — Querelles religieuses, XX, 345 à 460. — Autres détails, 593. — Peinture poétique de ses mœurs dissolues sous la régence, XI, 221, 371. — Véritable cause de sa prospérité sous Louis XIV, XX, 267. — Sa dette, à la mort de ce prince, L, 42. — Quelle était la quantité de son numéraire, de 1683 à 1730, XX, 290. — Etat de la société aux 17ᵉ et 18ᵉ siècles, IV, 150. — Échappe à une invasion en 1707, XX, 61 et suiv. — Désastreux effets de l'hiver de 1709, 72. — Son triste état à l'époque du congrès d'Utrecht, 100. — Reçoit, en 1712, la loi de l'Angleterre, et la fait à l'Empire, 108. — Richesse fictive, et désastres réels occasionnés par le système de Law sous la régence, XXI, 18 et suiv. — N'avait été auxiliaire depuis la fondation de la monarchie, que dans la guerre de la succession de l'empereur Charles VI, 167. — Le fut dans la cause de l'empereur Charles VII jusqu'à sa mort; et dans celle de l'infant don Philippe jusqu'à la paix, ibid. — Ce que rapporte son territoire, XXXIV, 16. — Ses finances, de Louis XII à Louis XV, XXXVII, 541 et suiv. — Améliorations qu'on y doit desirer, XXXIV, 332 et suiv. — Après la guerre de 1734, devient l'arbitre de l'Europe, XXI, 57. — Pertes en Bavière et en Bohême; sa marine est détruite, et ses provinces exposées par suite de l'événement de la guerre de 1741, 77. — Après la paix d'Aix-la-Chapelle, se rétablit faiblement, 279. — Guerre de sept ans, 289 et suiv. — Ses armes malheureuses dans les quatre parties du monde, 310 et suiv. — Triste rôle qu'elle joue dans la politique de l'Europe, LX, 205. — Ses nouvelles pertes et son état de détresse avant la paix de 1763, XXI, 328, 377. — Pourquoi, souvent réduite aux extrémités et à quelque avilissement, s'est soutenue malgré les efforts qu'on a faits pour l'écraser, XXVII, 11; XXVIII, 517; XXIX, 481; XXXI, 495; LXIV, 429. — Quelque sottise qu'elle fasse, sa subversion n'est pas à craindre, LVIII, 316; LIX, 507. — Trésor inestimable qu'elle possède dans le travail et l'industrie de ses habitants, XX, 291, 295; LVIII, 316. — Quand la royauté y devient élective, X, 195 et suiv. — Bien administrée, est le plus puissant empire de l'Europe, XXXIX, 26. — Son gouvernement intérieur; querelles et aventures depuis 1750 jusqu'à 1762, XXI, 341 et suiv. — Renouvellement de son alliance avec les cantons helvétiques en 1777, et stances à ce sujet, XII, 566. — S'accrut, sous Louis XIV, de l'Alsace, de la Franche-Comté et d'une partie de la Flandre, XXI, 403. — Et sous Louis XV, de la

Lorraine et de la Corse, *ibid*. — Est le pays des Graces, XII, 341. — Est gouvernée par les mœurs plus que par les lois, 30. — Est peut-être le pays où l'on a le plus uni la cruauté au ridicule, XV, 160. — Et à la plaisanterie, XXXIII, 200. — Où l'on trouve le plus de contradictions, XXXVII, 34. — Et où les bagatelles aient autant d'importance, LI, 189. — Pour y réussir, il faut prendre son temps, XIII, 287. — Fut toujours l'asile des rois malheureux, XXIV, 303; XXX, 163. — Ce qu'on en peut dire en fait de lois, LXV, 400. — Éclairée par la raison, ne peut plus être gouvernée comme du temps des Garasse et des Menot, XLI, 359. — De sa population à diverses époques, 183, 185, 520; XXX, 49. — Que toute industrie y a toujours été très tardive, XLI, 195.

France équinoxiale (la). A quelle contrée on donnait ce nom, et à quoi elle se réduisait, XVII, 437.

France (la Nouvelle-). Pays désigné sous ce nom, XVII, 441 *et suiv*.

Francfort (concile de), en 794. Condamne le second concile de Nicée, qui avait rétabli le culte des images, XV, 436; XXIII, 61; XXVIII, 143, 151; XXXIX, 563.

Franche-Comté (la). Pourquoi ainsi nommée, XXIII, 119, 191. — Son gouvernement sous la domination espagnole, XIX, 369. — Se soumet, en 1668, à Louis XIV, en moins de trois semaines, 372. — Rendue, la même année, par le traité d'Aix-la-Chapelle, 375. — Soumise de nouveau en 1674, au bout de six semaines, 412. — Reste à la France par le traité de Nimègue, 437. — Coutume barbare qui dément son nom, XXI, 420; XXIX, 205; XLII, 477; XLVI, 470; XLVIII, 294. (Voy. *Jura, Main-morte, Saint-Claude* et *Servitude*.)

FRANCHEVILLE (*Joseph* DU FRESNE de), homme de lettres à Berlin. Chargé des soins de la première édition du *Siècle de Louis XIV* en 1751, XIX, 17; XX, 542; LV, 699. — On lui attribue l'*Espion turc*, qu'il désavoue, XLII, 643. — Notice, LVI, 61. — Son fils employé quelque temps par Voltaire, I, 380. — Leur séparation en 1753, 381.

FRANCHINI, envoyé du grand-duc de Toscane à Paris. Sa correspondance avec Algarotti sur la *Mort de César*, de Voltaire, IV, 75, 81. — L'auteur lui dédie sa tragédie d'*Ériphyle*, LI, 377. — Cette dédicace est perdue, III, 3.

Franchise. Différentes acceptions de ce mot, qui donne toujours une idée de liberté, dans quelque sens qu'on le prenne, XXIX, 509.

FRANCINE, directeur de l'Opéra. Pourquoi J.-B. Rousseau fit contre lui l'indigne satire de la *Francinade*, XXXVII, 490. — Pourquoi ensuite en a été traité d'*homme divin*, 514; LII, 295.

Franciscains ou *Cordeliers*. Époque de leur fondation, XVII, 327. — Cette nouvelle milice des papes, connue d'abord sous le nom de *frères mineurs*, s'établit en Europe sous Innocent IV, XVI, 146. — Prêchent une croisade contre Frédéric II, empereur, *ibid*. — Leurs missions en Tartarie, et traitement qu'ils y éprouvent, 227. — Reproches que leur fait saint Bonaventure, général de l'ordre, sur leur vie vagabonde, XXXII, 157 *et suiv*. — Leurs querelles, prétextes de guerre entre Jean XXII et Louis de Bavière, XLII, 103. — Excommuniés et brûlés pour une hérésie sur la forme des capuchons, XVI, 303; XXIII, 308; XXXVII, 39 *et suiv*.; L, 291. — Leurs querelles avec les dominicains au sujet de la Vierge, XVII, 256, 328; XVIII, 81; XLII, 404. — Abus qu'ils ont fait des figures symboliques en faveur de leur patron saint François d'Assise, XXIX, 419. — D'un procès criminel intenté au 16e siècle à ceux d'Orléans, qui furent bannis du royaume, XXXII, 463 *et suiv*.

FRANCKLIN (*Benjamin*). Force le tonnerre à descendre tranquillement sur la terre, XXXII, 383. — Son entrevue avec Voltaire en 1778, et demande qu'il lui fait de sa bénédiction pour son petit-fils, I, 289; LXX, 450, 455.

FRANÇOIS Ier, roi de France. Étant comte d'Angoulême, épouse la fille de Louis XII et d'Anne de Bretagne, XVII, 99. — Donne à Christiern II des secours contre les Suédois, 153. — Fait alliance avec Gustave Vasa, 158. — S'empare de la Navarre, 196. — La victoire de Marignan lui donne le Milanais, 192; XXIII, 440. — Il brigue avec Charles-Quint la couronne impériale, 445; XVII, 191. — Magnificence de son entrevue avec Henri VIII, 179, 195. —

Il perd le Milanais, 197; XXIII, 453. — Est obligé de prendre l'argent du tombeau de saint Martin, XVII, 198; XXII, 70. — Et d'augmenter les impôts, XVII, 199. — Son injustice envers le connétable de Bourbon est l'une des causes de ses disgraces, *ibid.* — Il délivre la Provence, envahie par ce général, 202. — Est vaincu et fait prisonnier devant Pavie, 203; XXIII, 458. — Sa lettre à sa mère à ce sujet, XVII, 204. — Enfermé à Madrid, est obligé de souscrire un traité qu'il ne tient pas, 205; XXIII, 461. — Signe la *Ligue sainte* contre Charles-Quint, 462. — Son armée reprend le Milanais, 469. — Il répond aux reproches de Charles-Quint par un démenti, *ibid. et suiv.;* XVII, 206. — Cartel entre ces deux princes, qui n'a pas de suites, 33, 206; XXII, 79. — Il demande à Clément VII une bulle d'absolution pour avoir cédé la mouvance de Flandre et d'Artois, XVII, 207. — Contagion dans son armée d'Italie, XXIII, 470. — Il rachète par la paix de Cambrai ses deux fils, par lui laissés en ôtage à Madrid, 472; XVII, 205. — Traite avec les Turcs pour reprendre le Milanais, auquel il a renoncé par deux traités, 212. — Fait brûler chez lui les luthériens, tandis qu'il s'unit avec ceux d'Allemagne, 213; XXII, 85; XXIII, 477. — Attaque le duc de Savoie, qui implore la protection de Charles-Quint, 485; XVII, 214. — Cette tentative sur l'Italie hasardée la France, 216; XXIII, 486. — Il perd son fils le dauphin *François*, à Lyon, *ibid.*; XVII, 217. — Accusé devant toute l'Europe par Charles-Quint d'avoir violé sa parole et d'avoir appelé les Turcs en Italie, le fait citer comme son vassal au parlement de Paris, *ibid.*; XXII, 81; XXIII, 488. — Fait une trêve avec lui, 489. — Leur entrevue à Aigues-Mortes, XVII, 218; XXIII, 490. — Il refuse les Gantois, qui veulent se donner à lui, 491; XVII, 219. — Dans quelle vaine idée repoussa cet hommage, *ibid.* — Toujours dupe de Charles-Quint, et son inférieur en tout, excepté en valeur, il lui accorde le passage par la France, pour aller punir les Gantois révoltés, XXIII, 491. — Comment le reçoit, *ibid.* — Faux bruits à cette occasion, 493. — Il sollicite de nouveau l'investiture du Milanais, 494. — Fatigué des refus de l'empereur, prépare contre lui des ligues et des armements, 497. — Resserre les nœuds de son alliance avec Soliman, et lui envoie deux ministres secrets qui sont assassinés dans le Milanais, XVII, 220; XXIII, 497. — Désaveu de cet attentat, commis au nom de Charles-Quint, 498. — Ligue formée contre lui par l'Angleterre et l'Empire, 499; XVII, 222. — Il appelle une seconde fois les Turcs à son secours; comment est traité à ce sujet dans la grande diète de Spire, XXIII, 500. — Assiége Nice conjointement avec les Turcs, 499; XVII, 220. — Vainqueur par ses généraux à Cérisoles, 221; XXIII, 502. — Conclut une paix avantageuse avec Charles-Quint à Crépi en Valois, *ibid.*; XVII, 223. — Achète la paix avec Henri VIII, moyennant huit cent mille écus, *ibid.* — Son concordat avec Léon X, avantageux à tous deux, pourquoi déplut à toute la France, 310 *et suiv.*; XXII, 65. — Sa mort; quelles en furent les causes, XIII, 15 *et suiv.*; XVII, 223; XXXIV, 81. — Combien jugé diversement, IX, 381. — Actions injustes, honteuses ou folles, qui lui sont reprochées, XLIV, 475; LXV, 432 *et suiv.* — Jugea lui-même le connétable de Bourbon en parlement, et le fit ajourner à son de trompe, XXII, 75. — Restitutions qu'il lui fit par le traité de Madrid, qu'il se crut ensuite dispensé d'exécuter, 76. — Le condamna après sa mort, 77. — Illustre et vaine cérémonie en parlement, à l'occasion de son duel avec Charles-Quint, *ibid. et suiv.* — Comparé à ce prince, XVII, 139; LXV, 432. — Quoique neveu de Catherine d'Espagne, soutint à Rome le parti de Henri VIII, qui sollicitait l'annullation de son mariage avec cette princesse, XVII, 287. — Crut, en revenant en France après le traité de Madrid, que la politique ne lui permettait pas de tenir parole à ses vainqueurs, XXII, 77. — Fit brûler six bourgeois de Paris comme réformés, et assista processionnellement à leur supplice; discours abominable que l'historien Daniel lui prête à cette occasion, 85; XVII, 214. — Infâme propos que lui impute le même historien, au sujet du Dauphin son fils, IX, 381; XLIV, 105, 130. — Ce que

Nonotte appelle une *tendre piété* dans ce prince, XLI, 72. — Il laissa plutôt persécuter les hérétiques, qu'il ne les poursuivit, XVII, 314. — En mourant, recommanda à son fils Henri II de faire justice des barbaries commises contre les vaudois, 318. — Son intolérance prépara les malheurs qui désolèrent la France sous le règne de ses petits-fils, XL, 114. — Ce qui a fait excuser les grandes fautes de ce prince, XXIV, 12. — Vaincu et plein de gloire, il rendit son royaume florissant, malgré ses malheurs, XVII, 137. — Transplanta en France les beaux-arts, *ibid.* — Galanterie et politesse de sa cour, 139. — Il jeta les fondements du Louvre, 224. — Ordonna l'usage de la langue française dans les tribunaux, 225. — La parlait lui-même fort mal, et ne l'écrivait pas mieux; exemple cité, XXVIII, 27, 28. — Fonda le Collège royal, XLIV, 476. — Éloge de son goût pour les arts, XII, 332. — Il fut trop malheureux pour leur faire prendre racine en France, et tous périrent avec lui, XIX, 241. — Prince plus connu par sa galanterie et par ses malheurs que par ses cruautés, XLI, 242. — La renaissance des lettres donna seule quelque éclat à son règne, XXII, 64. — Vers qu'il écrivit, dit-on, sous un portrait d'Agnès Sorel; combien le style en diffère de celui de ses lettres rapportées par Daniel, XVII, 224. — Des Mémoires qu'il composa sur la discipline militaire, *ibid.* — De la vénalité des charges, et des remontrances au temps de ce prince, XXII, 68. — État des finances sous son règne, XXXVII, 542. — De la restriction qu'il apporta au privilége exclusif dont jouissait la Sorbonne pour le commerce de théologie, XL, 113. — Comment figure dans une vision du poëme de la *Pucelle*, XI, 218. — Pourquoi Voltaire ne l'aimait guère, LXV, 432.

FRANÇOIS Ier, empereur d'Allemagne, auparavant duc de Lorraine et grand-duc de Toscane. Est reconnu en cette dernière qualité, XXI, 54. — Cède la Lorraine à la France, 56. — Sa femme, Marie-Thérèse, lui assure, sous le nom de co-régent, le partage de ses couronnes, 62. — Sa neutralité dans la guerre entre l'Espagne et l'Angleterre, relativement à l'établissement de don Philippe en Italie, 85. — Marie-Thérèse le fait élire et couronner à Francfort, 154. — Est reconnu par le roi de Prusse et l'électeur palatin, qui avaient protesté, 158. — Épître en vers qui lui est adressée sur l'inauguration de l'Université de Vienne, XIII, 217. — Lettre où Voltaire, en 1753, lui demande sa protection au sujet de l'attentat de Francfort, commandé contre lui par Frédéric, LVI, 320. — Notes qui le concernent, XXIII, 661; LV, 9.

FRANÇOIS II, fils d'Henri II, roi de France. Eut un règne court, mais remarquable; vit naître les factions qui, pendant trente ans, désolèrent la France par des guerres civiles, X, 354. — Eut pour épouse Marie Stuart, qui le gouverna, et fut elle-même gouvernée par le duc de Guise son oncle, *ibid.*; XXII, 98. — Avait consenti à faire assassiner dans son palais Antoine, roi de Navarre, mais n'osa pas se souiller de ce meurtre, X, 76; XXII, 101. — Mourut jeune et sans postérité, 102; X, 357; XVIII, 59. — État de la France sous son règne, 54 *et suiv.* — Sa mort et la prison du prince de Condé pourraient être un sujet de tragédie, LXIV, 468.

FRANÇOIS II, duc de Bretagne. Prend le parti du duc d'Orléans contre Charles VIII, XVII, 37. — Est vaincu et forcé de donner à Charles sa fille Anne et ses états, 38. — Son ministre Landais voulut livrer Henri de Richmond à Richard III, 132.

FRANÇOIS II, empereur d'Allemagne depuis la mort de Voltaire. Note qui le concerne, XXIII, 661.

FRANÇOIS, dauphin, fils de François Ier. En ôtage pour son père en Espagne, XXIII, 462. — Racheté par la paix de Cambrai, 472; XVII, 205. — Meurt à Lyon d'une pleurésie; calomnies à ce sujet contre Charles-Quint et contre son échanson, 217; XXIII, 486; XXXII, 277. — Son empoisonnement passa toujours en France pour une vérité incontestable; réflexions contre cette opinion, XLIV, 473. (*Voy.* MONTECUCULLI.)

FRANÇOIS, fils du prince Louis de Montpensier. Nommé le *Dauphin d'Auvergne*, XXII, 115. — Assiége Livron, XLI, 77; XLV, 140.

FRANÇOIS, duc de Lorraine, frère de

Charles IV, qui lui avait cédé son duché. Décrété de prise de corps par le parlement de Paris, à l'occasion du mariage de sa sœur Marguerite avec Gaston, duc d'Orléans, XXII, 245.

FRANÇOIS, duc de Lorraine, gendre de Charles VI, depuis duc de Toscane et empereur. (*Voy.* FRANÇOIS Ier, empereur d'Allemagne.)

FRANÇOIS (le frère), ancien ami de Clément XIV, et son confident. Anecdote qui le concerne, LXIX, 90.

FRANÇOIS (l'abbé), auteur des *Preuves de la religion chrétienne*. Ses ignorances, XXX, 311 *et suiv.* — Le Léthé s'est entièrement chargé de ses ouvrages, XIII, 300. — Note qui le concerne XV, *ij*.

FRANÇOIS D'ASSISE (saint). Mal qu'il a fait en instituant les ordres mendiants, XIII, 234, 235; XVII, 327; XXXII, 55. — Comment ceux-ci ont observé son testament et sa règle, 57. — Voulut convertir le sultan Mélédin, qui le raille et le renvoie avec bonté, XVI, 196. — Réussit plus mal auprès de Miramolin de Maroc, qui tranche la tête à cinq de ses compagnons, *ibid.* — Livre singulier dans lequel on regarde le Christ comme son précurseur; prétendus miracles qu'on lui attribue, XVII, 328; XXIX, 419. — Sa femme de neige, XIV, 27; XVII, 328; XLIII, 254; LXVI, 150.

FRANÇOIS DE FRANCE, duc d'Alençon, d'Anjou et de Berri, frère de François II, de Charles IX et de Henri III. Sa réponse généreuse au sujet d'un Mémoire de l'amiral Coligni, X, 90. — Quoique catholique, s'unit contre Henri III avec Henri de Condé, calviniste, XVIII, 103. — Appelé par les Flamands, 11. — Reconnu pour duc de Brabant et comte de Flandre, 12. — Veut être souverain absolu du pays qui l'avait choisi pour son protecteur; perd une principauté par sa tyrannique imprudence, *ibid.*, 107.—Haï des peuples, se retire en France couvert de honte, 12. — Autres détails, XXIII, 546 *et suiv.*—Des quatre fils de Henri II, fut le seul qui ne régna pas, X, 354. — Sa mort, 367.

FRANÇOIS DE NEUFCHATEAU. En 1775, veut intenter un procès à Fréron, au sujet d'un libelle contre la *Henriade*; pourquoi Voltaire le détourne de ce projet, LXIX, 344 *et suiv.* — En 1777, envoie à l'auteur un discours sur les dégoûts de la littérature, et le consulte sur le projet d'une édition de ses OEuvres; réponse qu'il en reçoit, LXX, 387. — Autre lettre en 1778, 444. — Epître en vers qui lui est adressée, XIII, 248.

FRANÇOIS DE PAULE (*Francesco* MARTORILLO, dit saint). Ermite calabrois, fondateur des minimes, XVII, 329; XLVIII, 236. — Appelé en France pour guérir le roi Louis XI, XVI, 521. — Peu de succès de son voyage, XXVIII, 530.

FRANÇOIS DE SALES (saint). Son assertion sur l'amour de Dieu, XXVI, 270. — Pourquoi ne lui attira aucune persécution, *ibid.* — Avait fait deux enfants à Mme de Chantal; plaisanteries à ce sujet, XIII, 251; LXV, 261. — Fragment d'une lettre qu'il écrivit à cette dame, LXIII, 6.

FRANÇOIS-ÉTIENNE, duc de Lorraine. (*Voy.* FRANÇOIS Ier, empereur.)

FRANÇOIS-LOUIS, comte palatin, électeur de Trèves, et grand-maître de l'ordre Teutonique. Mort en 1729; Notice, XXIII, 25.

FRANÇOIS RÉGIS (saint). Ce qu'on dit de son *Histoire*, écrite par le jésuite Daubenton, XXIX, 517.

FRANÇOIS-XAVIER (saint). Fut un des premiers disciples d'Ignace de Loyola, XXXII, 489. — Surnommé l'*Apôtre des Indes*, ibid.—Moyen singulier par lequel il prétendait y établir un christianisme de durée, 490. — Ce que les historiens de sa Vie rapportent de sa mission au Japon, et des prétendues merveilles qu'il y opéra, XVII, 369 *et suiv.*; XL, 20; XLIV, 70; XLVII, 347 *et suiv.* — Ce qu'en dit Warburton, et observations à ce sujet, XLVI, 117. — L'histoire de ses miracles comparée à *Don Quichotte*, au *Roman comique*, et aux convulsionnaires de Saint-Médard, XXIX, 517. — D'un tableau qui le représentait montant au ciel, dans un char magnifique attelé de quatre chevaux blancs, 512. — Etait le Fernand Cortès de la religion; mais n'a pu exister à la fois en deux endroits différents, comme on l'assure dans sa Vie, XXIV, 2; XXXIX, 303; XLI, 358. — Comparé à Alexandre-le-Grand par les jésuites, XI, 73; XIX, 66; XXIX, 512.

FRANÇOISE-MADELÈNE, femme de Charles-Emmanuel, duc de Savoie. Princesse contemporaine de Louis XIV; Notice qui la concerne, XIX, 6.

Tome I. 40

Francs (les) ou *Franqs*. Où ils étaient établis, XXIII, 37. — Leur conduite lors de l'invasion des Gaules, VIII, 93 *et suiv*. — Même étant chrétiens, immolèrent des victimes humaines, XV, 403. — Distincts des Gaulois, 417. —Leurs premiers rois, chefs sauvages qui ne reconnurent point les empereurs, 421. — Étaient élus par la nation, 425. — Barbarie de leurs lois, 420, 452 *et suiv*. — Considérations sur ces peuples, qu'on appelle *nos pères*, I., 118. — Préjugés vulgaires et raisonnements ridicules sur leur origine, XXV, 8 *et suiv.*; XXIX, 471. — Notions certaines qu'on en a, 472.—De la prétendue loi salique écrite, dit-on, par ces barbares, 473. — Preuves qui démontrent que l'on n'a jamais su ce que voulait dire originairement cette dénomination, 474. — Ce qu'elle signifia après l'expédition de Clovis, et mots dont elle est la racine, 475. — Que les Francs faisaient tous gloire de la plus profonde ignorance, et ne connaissaient que le métier des armes, 476. — Peuples qui quittèrent ce nom, lors du partage de la monarchie qui réunissait la Gaule et la Germanie, 477. — Quand les savants commencèrent à leur donner le nom de *Français*, XV, 469. (*Voy.* CLOVIS, *France*, *Français*, *Loi salique* et *Nation française.*)

Francs-archers (milice des). Exemptions dont elle jouissait sous Charles VII, XVII, 12. — Prit sans permission les titres de *noble* et d'*écuyer*, confirmés depuis par le temps, *ibid.*

FRA-PAOLO (SARPI, plus connu sous le nom de), historien du concile de Trente. Homme libre, défenseur d'un sénat libre, XVIII, 77. — Moine citoyen et excellent jurisconsulte, quoique théologien, 370. — Soutient la cause de Venise contre le pape Paul V, *ibid.* — Est assassiné, mais guérit de ses blessures ; inscription qu'il mit au-dessous d'un des stylets dont il avait été frappé, *ibid.* — Bon mot qu'on en cite au sujet du concile de Trente et de son dogme incontestable, XXVIII, 152.

Frappart. Étymologie de ce mot, XI, 93.

Fraudes pieuses. S'il en faut user avec le peuple; espèce de controverse établie à ce sujet entre un fakir et un disciple de Confucius, XXIX, 517 *et suiv*. — Leurs conséquences dangereuses, XLI, 288. — Celles employées par les premiers chrétiens; leur multitude prodigieuse, XV, 360, 439; XLII, 150, 175; XLIII, 107 à 122; XLIV, 174; XLVI, 66, 227. —Leurs instruments découverts et étalés dans la place publique, lors de la suppression des moines en Angleterre, XVII, 291; XXXI, 301.

Frauenstadt (bataille de). Gagnée par les Suédois sur les Russes, XXIV, 138; XXV, 174. —Massacre d'un nombre considérable de Moscovites, à la suite de cette journée, XXIV, 139; XXV, 175; LIV, 200.

FRÉCULPHE, évêque de Lisieux au 9e siècle. Sa *Chronique* latine, et note qui le concerne, XXVIII, 499.

FRÉDÉGAIRE, moine du 8e siècle. L'un des plus anciens historiens de France, XV, 240.

FRÉDÉRIC Ier, dit *Barberousse*, empereur d'Allemagne. Suit l'empereur Conrad III, son oncle, en Syrie, XVI, 176; XXIII, 182. — Élu par les Allemands et les Lombards, XVI, 98; XXIII, 185. — Se fait arbitre entre les deux concurrents à la couronne de Danemarck, 186. — Répudie sa femme Marie de Vohembourg, 187. — Réduit plusieurs villes de Lombardie, *ibid.* — Sacré à Rome par le pape Adrien IV, se prête au cérémonial, qu'il trouve outrageant, 188; XVI, 99. — Fierté de sa réponse aux députés du peuple romain, 100; XXIII, 189. — Sa puissance en Allemagne, 190.—Il épouse Béatrix, fille d'un comte de Bourgogne; ce qui le rend seigneur direct de la Franche-Comté, *ibid.* — Soumet la Pologne à un tribut, 191; XVI, 103. — Donne le titre de *roi* au duc de Bohême, *ibid.*; XXIII, 192. —Ses démêlés avec Adrien, *ibid. et suiv*. — Il assiège et soumet Milan, 193. — Bâtit le nouveau Lodi, *ibid.* — Agit en maître des Génois, *ibid.* — Sa puissance en Italie, 194. — Il prend et pille Crême, 195. — Prend et rase Milan révolté, 196; XVI, 104. — Démantèle Bologne, XXIII, 196. — Rase Mayence, 197. — Une ligue se forme en Italie contre lui, 198 *et suiv*. — Il ravage le Véronais, 198. — Assemble une diète à Wurtzbourg contre Alexandre III, *ibid.* — Fait canoniser Charlemagne, 199. —

Marche à Rome, brûle la ville Léonine, est couronné par l'antipape Pascal dans les ruines de Saint-Pierre, 200. — Milan est rebâti malgré lui, *ibid.*; XVI, 105. — Poursuivi par les Milanais, se retire en Alsace, XXIII, 201. — Fait élire Henri, son fils aîné, roi des Romains, *ibid.* — Et Frédéric, son second fils, duc d'Allemagne, *ibid.* — Négocie avec le pape, 202. — Ses revers en Italie, 203. — Il se sauve dans Pavie, *ibid.* — Plie devant Alexandre III, et reçoit de lui la paix, *ibid. et suiv.*; XVI, 105. — Met au ban de l'Empire Henri-le-Lion, et le dépouille de la Saxe et de la Bavière, XXIII, 204. — Abolit en Allemagne plusieurs coutumes barbares, 207. — Congrès de Plaisance en faveur de la liberté de l'Italie, 208. — Il arme chevaliers ses fils Henri et Frédéric, 209. — Marie le premier à la fille du roi de Sicile, 210. — N'a plus qu'une ombre d'autorité en Italie, 211. — Se croise contre Saladin, *ibid.*; XVI, 183. — Ses succès, 184; XXIII, 212. — Il meurt pour s'être baigné dans le Cydnus, 213; XVI, 106, 184. — Ses femmes, ses enfants, XXIII, 11. — De tous les empereurs, est celui qui a porté le plus loin ses prétentions, XVI, 106. — Ses tentatives contre la féodalité, 111. — Réputation qu'il a laissée, XXIII, 213. — Fut accusé d'incrédulité et d'hérésie, XVI, 144.

FRÉDÉRIC Ier, roi de Danemarck. Étant duc de Holstein, fait déposer Christiern II, son neveu, XVII, 156. — Est élu roi de Danemarck, de Norvége et de Suède; mais, de cette dernière couronne, n'a que le titre, 157.

FRÉDÉRIC Ier, roi de Prusse. N'étant encore qu'électeur de Brandebourg, aide Charles V, duc de Lorraine, à conserver l'Empire à Léopold, et balance avec lui la fortune de Louis XIV, XIX, 482. — Reçoit une ambassade du czar Pierre à Kœnigsberg; faste qu'il déploie en cette circonstance, XXV, 122. — Est fait roi par l'empereur Léopold, XXI, 60; XXIII, 650. — Après la défaite de Charles XII à Pultava, fait revivre les prétentions de la Prusse sur la Poméranie, XXV, 205. — Négocie avec le czar à Marienverder, 206. — Sa mort en 1713, XIX, 16. — Son fils lui succède. (*Voy.* FRÉDÉRIC-GUILLAUME Ier.) — Jugement qu'en porte le grand Frédéric, son petit-fils, LII, 491 *et suiv.*

FRÉDÉRIC II, empereur d'Allemagne. Son père, Henri VI, le fait élire encore au berceau, XXII, 219. — Pourquoi, à la mort de son père, n'est pas reconnu par les seigneurs, 221. — Ne l'est pas non plus par Innocent III, XVI, 110. — Sa mère, Constance de Sicile, est obligée de jurer qu'elle l'a eu de Henri VI, XXIII, 223. — Il dispute l'Empire à Othon, 227; XVI, 127. — Est couronné à Aix-la-Chapelle, XXIII, 227. — Est protégé par Philippe-Auguste, *ibid.* — Empereur par la victoire de Bouvines, se fait partout reconnaître, 229. — Est couronné une seconde fois à Aix-la-Chapelle, 230. — Se croise, mais reste en Allemagne, *ibid.* — Renonce au droit de la régale, 231; XVI, 138. — Milan lui ferme ses portes; il souffre cet affront, et va se faire couronner à Rome, XXIII, 232. — Ses concessions au pape, et édits sanglants qu'il signe pour lui complaire, 232. — Il embellit Naples, XVI, 234; XXIII, 233. — Son dessein paraît avoir été d'établir à Rome le siége de l'Empire, *ibid.*; XVI, 139. — Il épouse en secondes noces la fille de Jean de Brienne, qui lui apporte en dot ses droits au royaume de Jérusalem, 198; XXIII, 234. — Honorius III et Grégoire IX le pressent d'aller à la Terre-Sainte, 235, 237; XVI, 139. — Excommunié par Grégoire, se prépare à partir, *ibid.*; XXIII, 237. — Se fait céder Jérusalem par le sultan Méledin, 238; XVI, 198. — De retour en Italie, trouve une croisade organisée contre lui par le pape, 140; XXIII, 238. — Fait la paix à San-Germano; n'y gagne que l'absolution, *ibid.* — Le pape soulève contre lui son fils Henri, roi des Romains, 239. — Frédéric dépose celui-ci dans la diète de Mayence, et le condamne à une prison perpétuelle, 240; XVI, 140. — Ses différends avec Grégoire IX, 141; XXIII, 241. — Nouvelle croisade suscitée contre lui en Italie par ce pontife, qui le dépose après l'avoir accusé publiquement d'incrédulité, 242; XVI, 141. — Innocent IV le dépose de nouveau dans le concile de Lyon, l'accusant de sacrilége et d'hérésie, 143; XXIII, 247. — Il protége l'inquisition, pour se disculper des accusations des papes, xvii, 343. — N'en est pas moins persécuté par eux, malgré cette politique, *ibid*. — Ne souffre pas que l'évêque de Rome agisse en souverain des rois; sa circulaire à ce sujet à tous les princes de l'Allemagne et de l'Europe, xvi, 145; xxiii, 248. — Rend au comte de Toulouse le pays d'Avignon, que le pape lui avait extorqué, xvi, 252. — Est obligé de prendre pour sa garde des mahométans, 147, 234. — Réflexions sur le traitement cruel qu'il fit subir à son chancelier Desvignes, xxiii, 250. — Sa mort ; incertitudes à ce sujet, 251; xvi, 147. — Ses femmes, ses maîtresses, ses enfants, xxiii, 12. — Son règne apprécié, 251. — Il a laissé des vers dans la langue italienne, qui commençait à se former, xvi, 148, 422. — Pourquoi on lui a attribué le livre *de Tribus impostoribus*. (Voy. *Imposteurs*.)

FRÉDÉRIC II, roi de Danemarck. Aide Tycho-Brahé à bâtir Uranibourg, petite ville habitée par quelques savants, xviii, 267.

FRÉDÉRIC II, roi de Prusse. Étant prince royal, n'éprouve que de mauvais traitements de la part de son père Frédéric-Guillaume, xl, 46. — Est forcé par lui de voir fouetter sa maîtresse par la main du bourreau, 47. — Enfermé dans la citadelle de Custrin, pour avoir voulu voyager sans permission, est forcé d'assister au supplice de son ami Kat, décapité sous sa croisée, *ibid*. — Devait lui-même être condamné à mort ; comment la vie lui fut sauvée, et quelle reconnaissance singulière il témoigna par la suite à l'auteur de son salut, 48 *et suiv.* — Ne fut remis en liberté qu'au bout de dix-huit mois, 49. — Commencement de son commerce épistolaire avec Voltaire, 50 *et suiv*.; lii, 256. — N'avait reçu de son père que l'éducation d'un soldat, i, 174. — Embrasse avec chaleur la cause du docteur Wolf, persécuté pour ses opinions philosophiques, lii, 259, 277. — Sa profession de foi, 405. — Il communique à l'auteur des *Mémoires* manuscrits et curieux sur Pierre I*er*, 551, 557. — Portrait qu'il fait de lui-même, 558. — Sa discussion avec Voltaire sur l'indivisibilité de la matière, et sur la liberté considérée comme faculté d'agir à sa volonté, 504, 510, 520, 526, 597 ; liii, 14, 44, 71, 101. — Précautions qu'il est obligé de prendre pour dérober aux curieux sa correspondance, 92. — Épître en vers que lui adresse Voltaire sur l'usage de la science dans les princes, xiii, 127. — Est auteur des *Considérations sur l'état politique de l'Europe* en 1738 ; ce qu'en dit Voltaire, liii, 106, 210. — Entreprend une édition de la *Henriade*, pour laquelle il compose une préface, x, 15 *et suiv*.; liii, 591, 658. — Vers que Voltaire lui adresse pour être mis immédiatement après l'invocation à la Vérité dans ce poëme, et qui n'ont été admis dans le texte d'aucune édition, x, 65. (Voy. *Henriade*.) — Entreprend de réfuter *le Prince* de Machiavel, i, 175 ; liii, 536, 591. (Voy. *Anti-Machiavel*.) — Manifeste le regret d'être bientôt forcé de renoncer à son indépendance, liv, 39, 101. — Son avènement au trône en 1740, 119. — Présent singulier qu'il envoie à l'auteur à cette occasion, 138 ; xl, 51. — Augmente son armée, et pose les fondements de sa nouvelle Académie, liv, 144. — Son voyage à Strasbourg, et de là dans ses états de la Basse-Allemagne, 192 ; xl, 53 ; xlviii, 331. — Son expédition de Liége, xl, 54 ; liv, 204, 218, 228, 234. — Son entrevue avec Voltaire auprès de Clèves, xl, 54 ; liv, 195, 227. — Voltaire en prend occasion de lui faire suspendre l'impression de son *Anti-Machiavel*, dont le roi n'était pas autant ennemi que le prince royal avait paru l'être, xl, 56 ; liv, 297, 299. — Pourquoi cette première résolution ne put être exécutée, xl, 56. — Reçoit Voltaire à Berlin, liv, 246. — Billet de congé de l'auteur, et réponse du prince, xiv, 381 : — Autres vers sur leur séparation, liv, 249. — Armées et trésors que lui avait laissés son père, xxi, 61. — Ses prétentions sur la Silésie, *ibid*. — Il envahit cette province, 63. — Aveu curieux qu'il fait lui-même des motifs qui le déterminent à cette expédition, xl, 58. — Détails sur sa conquête, et sur les propositions singulières qu'il fit à Marie-Thérèse, 59 ; xxi, 63. — Il gagne la bataille de Molwitz sur les Impériaux, *ibid. et suiv.*; xl, 60. — La France hésite à s'unir à lui, xxi, 64. — Ses succès contre l'Autriche et en Moravie, 73. — Il fait sa paix particulière avec la reine de Hongrie, 104. — La rompt pour s'unir de nouveau avec la France, 110. — Prend Prague, 114. — Est obligé d'évacuer la Bohême, 118. — Bat les Autrichiens à Friedberg, 148. — Et à Sore, 155. — Quoique vainqueur, demande la paix, 156. — Refusé, remporte de nouvelles victoires sur les Autrichiens et les Saxons, 157. — Garde la Silésie par le traité de Dresde; reconnaît François Ier empereur, 158. — De retour en Prusse, y fait fleurir les lois et les arts, *ibid*. — Embellit Berlin, et fait un palais de Potsdam, XL, 64. — Quelle vie mène dans cette dernière résidence, 69. — Gouverne l'Église aussi despotiquement que l'état; anecdotes diverses à ce sujet, 73 *et suiv*. — Séductions qu'il emploie pour attirer Voltaire à sa cour en 1749, après la mort de Mme Du Châtelet, 1, 193; XL, 84. — Lettre où il lui jure une amitié éternelle, 86; LV, 455. — Séjour de Voltaire à sa cour; comment le roi se conduit avec lui, et part singulière qu'il prend à ses querelles avec Maupertuis, 1, 195 à 203; LVI, 189. — Il écrit contre Koënig et contre Voltaire; réflexions à ce sujet, 1, 376; LVI, 205. — Brouillerie qui s'ensuit entre l'auteur et le monarque, 1, 378. — Billet de congé en vers que l'auteur lui envoie, et réponse de Frédéric, 202, 203, 378; XIV, 419; XLVIII, 354. — Anecdote suspecte au sujet de leur brouillerie, racontée par Duvernet, 1, 379. — Autre, au sujet du baron de Pollnitz, 389. — Il fait arrêter l'auteur à Francfort, 205; XL, 94; XLVIII, 355. (*Voy*. l'article VOLTAIRE.) — Renoue avec lui en 1755, et lui envoie son opéra de *Mérope*, 1, 226; XL, 99; LVII, 16, 19, 26, 435. — Se ligue avec l'Angleterre pour empêcher l'invasion du Hanovre par les Français, XXI, 284. — En 1756, résiste seul à presque tout le continent ligué contre lui, 291; XL, 102. — Entre dans Dresde, et y fait ouvrir les archives de Saxe, XXI, 292. — Est déclaré perturbateur public et rebelle par le conseil aulique, 293. — Répond par la bataille de Lovositz, indécise par le nombre des morts, mais non par ses suites, *ibid*. — Fait prisonnière l'armée du roi de Pologne, *ibid*. — Est maître de toute la Saxe, 295. — Défait à Prague Charles de Lorraine, 296. — Est battu par le maréchal Dawn, 297. — Ses états sont ravagés par les Français et par les Russes; crise dans laquelle il se trouve en 1757, 299, 303; XL, 103. — Il est mis au ban de l'Empire, XXI, 293. — Entame vainement des négociations de paix; sa correspondance à ce sujet avec le duc de Richelieu, XL, 107; LVII, 317 *et suiv*. — Mauvais état de ses affaires, 329. — Sa liberté d'esprit au milieu de ses malheurs; espèce de testament philosophique qu'il écrit en vers, XXI, 299; LVII, 352. — Il avait pris la résolution de se tuer s'il était poussé à bout, XL, 103 *et suiv*.; LVII, 316, 343, 364. — Épîtres en vers qu'il adresse à ce sujet au marquis d'Argens et à Voltaire, XL, 104; XLVIII, 375. — Celui-ci combat sa résolution, et le détermine à vivre, XL, 107; LVII, 93, 354, 370. — Il gagne la célèbre bataille de Rosbach contre les Français, XXI, 302; XL, 108; LVII, 371, 376, 378 *et suiv*. — Son humanité après la victoire, XIV, 277; LVII, 380, 388. — Pertes que lui font éprouver les Autrichiens, 396, 399, 402. — Il vole en Silésie, gagne la bataille de Lissa, et reprend Breslau, XXI, 303; XL, 111; LVII, 411, 437. — Bat les Russes à Custrin, 602. — S'affaiblit en combattant; a recours aux subsides de l'Angleterre, XXI, 303. — Étonne l'Europe et l'appauvrit, LVIII, 251. — Ode qu'il fait, en 1759, contre Louis XV, et réponse qu'y fait faire le duc de Choiseul, XL, 121, 123. — Voltaire, en 1760, lui reproche de faire le plongeon, de désavouer ses œuvres, et de les faire imprimer tronquées, LVIII, 377. — Autres reproches au sujet de l'aventure de Francfort, et réponse du prince, 363, 404. — L'auteur ne pouvait lui pardonner cette scène, et il eût voulu le voir humilié, même après avoir renoué avec lui; comment il s'en exprime en divers endroits de sa Correspondance, LVII, 143, 151, 366; LVIII, 129, 158, 285. — Comment il reçoit les propositions de paix qui lui sont faites de la part de la France; lettres qui expriment à cet égard ses sentiments et sa détermination, 340, 351, 391, 455. — Les Russes lui prennent sa capitale, et il se réfugie avec sa famille à Magdebourg, LIX, 59. — En 1762, il se retranche sous Breslau, XXI, 303. — Est sauvé par son alliance avec Pierre III, empereur de Russie, 304. — Privé de ce secours, n'en continue pas moins la guerre, 305. — Tentative d'assassinat contre lui à cette époque, LX, 176. — En 1766, il publie un *Extrait du Dictionnaire de Bayle*, LXIII, 48, 447. — Et un *Abrégé de l'Histoire de l'Église*, de Fleury, avec une singulière préface de sa façon; cet ouvrage est brûlé à Berne, 50, 186, 295, 349. — Fragment qu'on cite de la préface, XLIV, 460. — Bulle de Clément VII contre l'*Abrégé*, et vers de Voltaire y relatifs, LXVI, 280, 299. — Autres du prince, 332. — Faux bruit de sa mort, et réflexions à ce sujet, LXIII, 77. — Il offre un asile aux philosophes persécutés en France, 218, 395. — En 1770, combat le livre du *Système de la Nature*, LXVI, 334, 416. — Est un des premiers à souscrire pour la statue érigée par les gens de lettres à Voltaire; correspondance à ce sujet, XLVIII, 380; LXVI, 378 *et suiv.* — La lettre du roi, consignée dans les archives de l'Académie française, XLVIII, 380; LXVI, 383. — Il fait exécuter un buste de l'auteur dans la manufacture de porcelaines de Berlin, XLVIII, 383. — Stances et autres vers de Voltaire à ce sujet, *ibid.*; XII, 555; XIV, 476. — Remerciement que lui adresse l'auteur au sujet de sa souscription, LXVI, 389. — En 1771, il compose un poëme en six chants contre les confédérés de Pologne, LXVII, 288, 332. — Ce qu'en dit Voltaire, 307, 352; LXVIII, 7. — Pourquoi le prince ne veut pas le faire imprimer, LXVII, 288; LXIX, 217. — Après la mort de Thiriot, en 1772, ne voulut plus avoir à Paris de correspondant littéraire; vers à ce sujet, LXVIII, 105, 113, 126. — Quelle était sa maxime constante en matière de philosophie, LXVI, 416. — Et son occupation principale comme souverain, 417. — Pourquoi conserve chez lui les jésuites chassés du reste de l'Europe, XXI, 377. — Portrait de ce prince dans le *Voyage à Berlin*, XII, 383. — Pourquoi damné par les dévots, 169. — Ses talents militaires; vers à ce sujet, XIV, 273. — Son éloge comme poëte, XIII, 278. — Vers qui lui sont adressés sur son goût pour les lettres et pour la philosophie, LII, 417. — Sur une tête de Socrate, dont il avait fait présent à l'auteur, 411, 434. — Sur l'envoi d'une bague, LIII, 36. — Sur son départ pour l'armée en 1738, 157. — Sur le don qu'il fit d'une écritoire à Mme Du Châtelet, 228. — Compliment d'étrennes, 373. — Autres vers sur une convalescence de ce prince, 501. — Sur un don de plumes d'ambre, 628. — Sur la protection qu'il accorde à l'auteur, 642. — Sur un envoi de vin de Hongrie, 647. — Sur son Épître à lord Baltimore, 680. — Sur le don de son portrait à l'auteur, LXIX, 203. — Vers que le prince compose durant la dernière maladie de son père, LIV, 38. — Ce que lui écrit Voltaire à ce sujet, 42. — Épître où le prince déclare que le sceptre ne lui fera point abandonner la lyre, 51. — Envoi que Voltaire lui fait d'une écritoire, 75. — Songe allégorique de celui-ci sur la situation de Frédéric, 78. — Vers sur son amour pour l'étude et les arts, 92. — Autres, où il est comparé à Prométhée, XIV, 410; LIV, 113. — Autres, sur son palais délabré de La-Haye, 209. — Sur le rappel des anabaptistes, 221. — Sur son expédition en Silésie, 264, 279, 309, 332. — Autres, sur différents sujets, LII, 524; LIV, 116, 131, 152 *et suiv.*, 184, 189, 203, 231, 249, 250, 252, 369, 371, 385, 408, 409, 429, 431, 434, 437, 443, 452, 454, 455, 466, 468, 498, 505, 506, 507, 536, 546, 554, 599, 613, 621; LV, 153, 238, 274, 286, 377, 397, 405, 408, 415, 599, 609, 646, 665, 666, 678, 681; LVIII, 81, 109, 147, 359; LXVI, 113, 190, 299, 300, 332 *et suiv.*, 365; LXVII, 52; LXVIII, 126, 206, 353; LXIX, 103, 270, 271, 325; LXX, 391. — Ode sur son avènement, XII, 440. — Épître sur le même sujet, XIII, 138. — Autres Épîtres sur la vie de l'auteur à Cirei, 133, 135. — Autres, sur divers sujets, 146, 148, 151, 153, 154, 161, 166, 167, 168, 174, 205, 206, 207. — Stances en lui adressant un marchand de vin, et réponse de Frédéric, XII, 515; LIV, 192. — Autres, d'adieu, XII, 516. — Autres, pour obtenir du prince la grace d'un Français détenu à Spandau, 521; XL, 77. — Autres, sur divers sujets, XII, 530 à 536. —

Impromptu sur une rose demandée par lui, xiv, 410. — Placet pour un homme à qui il devait de l'argent, 411. — Impromptu sur un carrousel donné par lui, 412. — Vers sur ses ouvrages, 415 *et suiv.* — Impromptu sur ce qu'il avait des cheveux blancs à la fleur de son âge, 412. — Sur son départ de Potsdam pour Berlin, 414. — Sur ses Mémoires pour l'histoire de Brandebourg, 415. — Sur ce qu'il disait l'ame mortelle, 416. — Autres pièces sur divers sujets, 416, 417. — Sur le mot *Immortali* qu'il avait fait mettre au bas d'un buste de Voltaire, xii, 555; xiv, 476; xlviii, 383. — Lettre de l'auteur en lui envoyant *Mahomet*, liv, 256. — Extrait d'une lettre du roi sur *Nanine*, lv, 382. — Voltaire lui dédie le poëme de la *Loi naturelle*, xii, 155, 169, 173. — Portrait satirique du prince, que l'auteur substitua à cette dédicace après leurs brouilleries, 179. — Autre dédicace du *Précis de l'Ecclésiaste*, 210. — Autres vers supprimés d'un discours en vers adressé au prince royal, et remplacés depuis par le tableau des violences exercées au nom du roi contre l'auteur, 87. — Beau trait qu'on en cite, lv, 474. — Autres d'une nature différente, 515, 658, 659; lxvi, 256, 268, 289. — Vers satiriques qui lui furent adressés lors de son invasion en Saxe en 1756, xiv, 423. — Notes y relatives, lvii, 170, 181. — Autres vers satiriques insérés dans une édition falsifiée de la *Pucelle*, xi, 373, 374, 381. — Observations critiques et grammaticales sur ses poésies dans sa correspondance avec Voltaire, lii, 582; liii, 4, 8, 108, 158, 375, 562; liv, 74; lv, 261, 267, 287, 398; lxiii, 521 *et suiv.* — De son discours académique, en 1772, sur l'utilité des sciences et des arts dans un état, lxvii, 367, 392. — De son *Essai sur les formes du gouvernement et sur les devoirs des souverains*, lxx, 301, 306, 317, 319. — Est le véritable auteur des *Mémoires de Brandebourg*, où Voltaire n'a fait que des corrections de grammaire, xii, 481; xlvii, 131, 596; lviii, 58. — En 1778, le prince ordonne pour l'auteur un service solennel dans l'église catholique de Berlin, 1, 297. — Texte de l'Éloge qu'il en lut à l'Académie royale de cette ville, 5 *et suiv.* — Comment Voltaire avait voulu lui faire attribuer le *Sermon des Cinquante*, xi, 602; xliii, 53; xliv, 208. — Sa correspondance avec Voltaire, de 1736 à 1778. (Voy. *Tabl. part.* de lii à lxx.) — Notice sur ce prince, lii, 256 *et suiv.*

Frédéric III, empereur d'Allemagne. Son élection, xxiii, 392. — Refuse la couronne de Bohême, 393. — Se charge de la tutelle de Ladislas-Albert, qui en était roi, *ibid.* — Son couronnement à Aix-la-Chapelle, 394. — Il fait la guerre aux Suisses, de concert avec la France, 395. — Veut chasser les Français de l'Alsace et du pays Messin, 397. — Refuse de donner le jeune Ladislas à la Bohême, 398. — Est couronné par Nicolas V à Rome, 399. — Confirmé par ce pape dans la tutelle de Ladislas, puis forcé de le rendre à ses peuples, 400. — Ses prétentions sur la Hongrie et sur la Bohême, 403. — Ses querelles avec le duc Albert, son frère, qui le bat à Eines, *ibid.* — Ne fut roi de Hongrie que de nom, xvii, 165. — Son traité bizarre avec Mathias Huniade, xxiii, 405. — Marie son fils Maximilien avec Marie de Bourgogne, 410. — Mathias Huniade lui enlève l'Autriche, 413; xvii, 166. — Met au ban de l'Empire Albert de Bavière, son gendre, xxiii, 415. — Sa mort; il fut peu puissant, quoi qu'en dise son épitaphe, xvii, 39, 172. — Son règne, le plus long règne d'empereur, mais non le plus glorieux, xxiii, 417. — Sa femme, ses enfants, 15. — De son concordat avec Nicolas V, qui demeura en vigueur malgré les reproches que lui adressèrent les états de l'Empire, xxii, 65; xxiii, 398.

Frédéric III, roi de Danemarck. Étrange loi qui le reconnaît, en 1661, pour souverain absolu et supérieur aux lois, xviii, 391, 397; xix, 14. — N'en a que rarement abusé, *ibid.* — Sa mort, *ibid.*

Frédéric III, roi de Naples, dernier de la branche bâtarde d'Aragon. Après le départ de Charles VIII, reprend son royaume avec l'aide de Gonzalve de Cordoue, envoyé par Ferdinand-le-Catholique, xvii, 75. — Attaqué par Louis XII, est trahi et dépouillé par Ferdinand et Gonzalve, 89. — Se remet entre les mains de Louis XII, qui lui fait une pension, 90.

FRÉDÉRIC III, électeur palatin, de la branche de Simmeren. Mort en 1576; Notice, XXIII, 26.

FRÉDÉRIC IV, roi de Danemarck. Conspire la ruine de son cousin Charles XII, roi de Suède; se ligue à cet effet avec la Pologne et la Russie, XXIV, 47. — Fait la guerre au duc de Holstein, 48. — Est forcé à la paix, 72. — Pendant la retraite de Charles à Bender, renouvelle ses prétentions sur les duchés de Holstein et de Brême, 218. — Fait une descente en Suède, 222. — Défaite de son armée à Helsinbourg, 224. — S'empare des états de Holstein, XXV, 263. — Sa mort, XIX, 14.

FRÉDÉRIC IV, électeur palatin, petit-fils de Louis VI. Mort en 1610, XXIII, 26.

FRÉDÉRIC V, électeur palatin, fils du précédent. Roi de Bohême en concurrence avec Ferdinand de Gratz, depuis empereur, XXIII, 574. — Est couronné avec la princesse d'Angleterre, fille de Jacques Ier, son épouse, 575. — Est attaqué à la fois dans son nouveau royaume et dans son électorat, et défait à la bataille de Prague, 577. — Mis au ban de l'Empire, se réfugie successivement en Silésie, en Danemarck, en Hollande, en Angleterre, en France, et n'obtient de secours nulle part, *ibid. et suiv.* — Son électorat est donné à Maximilien de Bavière, 582. — Sa bibliothèque, la plus nombreuse et la plus belle de l'Allemagne, transportée à Rome, et perdue en partie, 581. — Ses états, biens et dignités dévolus au domaine impérial, 582. — Est protégé par Gustave-Adolphe, roi de Suède, 594. — Et ramené par lui dans Munich, 596. — Prêt à être rétabli dans le Palatinat, perd ce protecteur, et termine en 1632 sa malheureuse vie, 26, 597. — Sa veuve et son fils pensionnés par Maximilien, en vertu du traité de Vestphalie, 606, 629. — Fut un des princes les plus malheureux de son temps, et la cause des longs malheurs de l'Allemagne; autres détails qui le concernent, XVIII, 269 à 275.

FRÉDÉRIC, prince de Hesse, qui fut depuis roi de Suède. Vent secourir Landau, assiégée par le maréchal de Tallard; est défait auprès de Spire, XX, 26. — Le fait prisonnier à Bleinheim, 34. — Débarque en Espagne et prend Gibraltar, 41. — Est battu à Castiglione par Médavi-Grancei, 53. — Son mariage avec Ulrique-Éléonore, sœur de Charles XII, XXIV, 315. — Est déclaré généralissime des armées de Suède, *ibid.* — Accompagne son beau-frère dans son expédition de Norvége, 329, 334. — A la mort du roi, prend ses mesures pour faire tomber la couronne sur la tête de sa femme, 353. — Monte sur le trône de Suède par la cession qu'elle lui en fait, 358; XXV, 362. — Par la médiation de la France, obtient la paix de Neustadt, 363 *et suiv.* — Ne fut que le premier magistrat d'un royaume devenu république, XXI, 281. — De la conspiration qui eut lieu en sa faveur contre le sénat, et qui indisposa la Suède contre son roi, 282.

FRÉDÉRIC, comte de Sarverde, électeur de Cologne au commencement du 15e siècle. Prince paisible, mort en 1414, XXIII, 23.

FRÉDÉRIC, comte palatin. Ligné avec Maurice de Saxe contre Charles-Quint, XXIII, 517.

FRÉDÉRIC, landgrave de Hesse, et son fils. (*Voy.* HESSE-CASSEL.)

FRÉDÉRIC, prince d'Antioche. Fils naturel de l'empereur Frédéric II, XXIII, 12.

FRÉDÉRIC-AUGUSTE. (*Voy.* AUGUSTE.)

FRÉDÉRIC-CHARLES-JOSEPH, baron d'Erthal, électeur de Mayence au 18e siècle. Notice, XXIII, 22.

FRÉDÉRIC D'AUTRICHE. Arme en faveur de Conradin son cousin, XVI, 239; XXIII, 260, 262. — Pris avec lui par Charles d'Anjou, qui les fait périr ensemble sur l'échafaud, 263 *et suiv.;* XVI, 240. — Comment ce sang fut vengé, 242; XXIII, 274.

FRÉDÉRIC D'AUTRICHE. (*Voy.* FRÉDÉRIC *le Beau.*)

FRÉDÉRIC D'AUTRICHE, souverain du Tyrol. Ligué avec le pape Jean XXIII contre l'empereur Sigismond, XVI, 330 *et suiv.* — Général des troupes de l'Église à Constance, XXIII, 373. — Prend des villes que l'évêque de Trente réclamait, et retient ce prélat prisonnier, 377. — Sommation que lui fait le concile, dominé par l'empereur, *ibid.* — Il fuit de Constance; est mis au ban de l'Empire, *ibid.* — Rentre depuis en possession du Tyrol, que lui avait pris son frère Ernest, *ibid.* (*Voy.* JEAN D'AUTRICHE.)

FRÉDÉRIC DE BRUNSWICK, duc. Élu empereur d'Allemagne, est assassiné dans le temps qu'il se prépare à son couronnement, xxiii, 363.

FRÉDÉRIC DE HOHENZOLLERN, burgrave de Nuremberg. A quel prix achète de l'empereur Sigismond le marquisat de Brandebourg, xxiii, 28.

FRÉDÉRIC DE HOLSTEIN. Accord bizarre qu'il fait avec son frère Jean, roi de Danemarck et de Suède, pour l'administration alternative de leurs états, xxiii, 412. (*Voy.* FRÉDÉRIC Ier, roi de Danemarck.)

FRÉDÉRIC DE NASSAU. (*Voy.* HENRI-FRÉDÉRIC.)

FRÉDÉRIC DE SOUABE, fils de Frédéric de Stauffen. Compétiteur de Lothaire II, xxiii, 178. — Abandonné de son parti, se réconcilie avec l'empereur, et le reconnaît, 179.

FRÉDÉRIC DE SOUABE, second fils de Barberousse. Élu duc d'Allemagne, xxiii, 201. — Armé chevalier par son père, 209. — Se croise avec lui, 212. — Meurt près de Ptolémaïs, 213; xvi, 184. — Sottise de ceux qui ont écrit qu'il était mort victime de la chasteté, *ibid.*

FRÉDÉRIC DE STAUFFEN, baron. Aide l'empereur Henri IV à gagner la bataille décisive de Mersbourg; épouse ensuite sa fille Agnès, qui lui apporte en dot le duché de Souabe, xxiii, 162. — Est l'origine de cette illustre et malheureuse maison, *ibid.* — Empêche l'empereur Henri V de succomber, et le soutient contre les Saxons, 174.

FRÉDÉRIC DE TOLÈDE, amiral espagnol. Envoyé par Olivarès pour croiser devant La Rochelle, assiégée par Richelieu, xviii, 207. — Pourquoi quitte sa station et retourne en Espagne, *ibid.*

FRÉDÉRIC DE WEDA, électeur de Cologne au 16e siècle. Abdique, et se réserve une pension qu'on ne lui paie point; meurt de misère, xxiii, 24.

FRÉDÉRIC - GUILLAUME. Administre l'électorat de Saxe pendant dix ans, durant la minorité de Christian II, xxiii, 27. — Mort en 1602, *ibid.*

FRÉDÉRIC-GUILLAUME, dit *le Grand*, électeur de Brandebourg, et père de Frédéric Ier, roi de Prusse. Rétablit son pays, xxiii, 28. — Traité avec la France et la Suède, 615. — Ce qu'il gagne à la paix de Vestphalie, 627. — Secourt les Hollandais contre Louis XIV, xix, 402. — Enlève la Poméranie aux Suédois, 436. — Est obligé, à la paix de Nimègue, de rendre toutes ses conquêtes, 437. — Vaines soumissions qu'il fit à Louis XIV pour les conserver, *ibid.*—Mort en 1688, xxiii, 28.

FRÉDÉRIC-GUILLAUME Ier, fils de Frédéric Ier, et second roi de Prusse. Est quelquefois appelé Frédéric II, xxi, 60, 65. — Ses dépenses pour défricher la Prusse; son trésor, son économie, son armée, 60, 61. — Le premier qui eut une grande armée, et qui la disciplina, xix, 16; xxi, 289. — Comment se fait livrer Stettin et une partie de la Poméranie, xxiv, 310; xxv, 265, 266. — Fut un vrai Vandale; son portrait, et anecdotes qui le concernent, xl, 43 *et suiv.*, 76. — Voulut faire couper la tête à son fils, qui fut depuis le grand Frédéric; comment fut détourné de ce projet, 1, 174; xl, 48 *et suiv.* (*Voy.* FRÉDÉRIC II.) — Ogre couronné, liv, 236. — Sa mort en 1740; détails sur ses derniers instants, donnés par son fils à Voltaire, 144. — Notice, xxiii, 28.

FRÉDÉRIC-GUILLAUME II, depuis quatrième roi de Prusse, neveu du grand Frédéric. Lettres qu'il écrit à Voltaire en 1770 et 1771, étant encore prince royal, lxvi, 482; lxvii, 84.—Autres, de l'auteur à ce prince, lxvi, 498; lxvii, 12.

FRÉDÉRIC - GUILLAUME DE BRANDEBOURG-BAREUTH, beau-frère de Frédéric II, roi de Prusse. (*Voy.* margrave de BAREUTH.)

FRÉDÉRIC-*le-Beau*, duc d'Autriche, fils d'Albert Ier. Est élu empereur, concurremment avec son oncle Louis de Bavière, xxiii, 300. — Lui fait la guerre, 301. — Est vaincu et pris près de Muhldorf, 304; xvi, 300. — Mis en liberté, renonce à l'Empire pour le temps de la vie de Louis, xxiii, 307.

FRÉDÉRIC Ier, de la maison de Misnie, surnommé *le Belliqueux*, électeur de Saxe. Sa mort en 1428, xxiii, 27.

FRÉDÉRIC-*l'Affable*, successeur du précédent. Mort en 1428, xxiii, 27.

FRÉDÉRIC-*le-Belliqueux*. Tuteur de Philippe, et électeur palatin, quoique son pupille vécût, XXIII, 26. — Mort en 1476, *ibid.*

FRÉDÉRIC-*le-Sage*. Électeur de Saxe. Refuse l'Empire après la mort de Maximilien, XVII, 244. — Protége Luther ouvertement, *ibid.*; XXIII, 444. — Souhaitait l'extirpation de l'Eglise romaine, XVII, 252. — En quoi consiste le refus qu'il fit de la couronne impériale, XXIII, 446. — Défit les anabaptistes dans une grande bataille, 460. — Mort en 1525, 27.

FRÉDÉRIC-*le-Sage*, électeur palatin, frère et successeur de Louis, XXIII, 26. — Mort en 1544, *ibid.*

FRÉDÉRIC-*le-Sévère*, marquis de Misnie. A la mort de son beau-père Louis V de Bavière, refuse l'Empire, XXIII, 14, 327. — Conte fait par Mutius à ce sujet, *ibid.*

Frédérickshall, ville de Norvège. Assiégée par Charles XII, qui est tué devant cette place, XXIV, 350 *et suiv.* — Levée du siége après sa mort, 358.

FRÉGOSE, noble génois, ambassadeur secret de François Ier vers les Vénitiens. Assassiné au nom de Charles-Quint, qui désavoue cet attentat, XXIII, 497; XLVI, 59.

FRÉMONT DE MAZI, président au parlement, petit-fils d'un fameux partisan. Est envoyé prisonnier au château de Ham, lors des querelles du jansénisme, XXII, 331.

FRÉNAIS, traducteur de la *Vie et des Opinions de Tristram Shandy*. De quoi loué, L, 11.

Frères ennemis (les), tragédie de Racine. Ce fut Molière qui lui en donna le sujet, XIX, 181. — Cette pièce offre le dernier exemple de stances dans la tragédie, XXXV, 33. — Vers que Voltaire en a placé dans sa *Rome sauvée*, IV, 228.

Frères mineurs. (Voy. *Franciscains.*)
Frères prêcheurs. (Voy. *Dominicains.*)

FRÉRET. Croit l'histoire de Joseph un roman, XLIX, 103. — Ce qu'il dit de Rahab la prostituée, 186. — Regarde l'histoire de Michas comme antérieure à la *Genèse* et à l'*Exode*, 225. — Son immense érudition, sa profonde critique, XLIII, 524. — Son opinion sur l'époque de la naissance de Jésus, *ibid.* — Et sur le temps où furent écrits les quatre évangiles qui sont restés canoniques, 525. — Comment argumente contre la mission du Christ, 527. — Ne doit pas être accusé d'athéisme, 528. — De sa *Lettre de Thrasybule à Leucippe*, LXII, 464, 518. — Auteur supposé de l'*Examen critique des apologistes de la religion chrétienne*, XLIII, 523; XLIV, 82, 89; LXIII, 116, 189. (Voy. *Examen critique.*) — A écrit contre Newton sans savoir ce qu'il disait, XXXVII, 219; LVII, 541. — Rôle qu'il joue dans le *Dîner du comte de Boulainvilliers*, XLIII, 562 *et suiv.*

FRÉRON. En 1752, ses *Lettres sur quelques écrits de ce temps* sont supprimées; Voltaire écrit en sa faveur au chancelier, LVI, 115, 129. — Ingratitude du folliculaire, *ibid.* — Ses calomnies sur la famille des Calas, XL, 561, 566; XLVIII, 370; LXIV, 121. — Ses diatribes contre Voltaire au sujet de l'éducation donnée à Mlle Corneille, LIX, 243, 252, 283, 285, 301. — Calomnie aussi la famille de cette demoiselle, et lui fait manquer un établissement avantageux, 298, 346, 361. — Est mis aux arrêts par la police, pour avoir insulté Mlle Clairon; est protégé en cette circonstance par le roi de Pologne et par la reine de France, sa fille, LXII, 224. — Éditeur du *Commentaire* posthume de La Beaumelle *sur la Henriade*, X, x; XIII, 285; LXIX, 344, 353. — Délateur des éditeurs de l'*Encyclopédie*, LVIII, 327. — Quels étaient ses crompiers pour l'*Année littéraire*, XL, 236 *et suiv.* — En quels termes méprisants on en parle, LXI, 439; LXVI, 99. — Infamies dont il est accusé par son beau-frère Royou, et Mémoire de celui-ci contre lui, XXVI, 328; XL, 241; LXVI, 210, 213, 309. — Est mis en scène dans l'*Écossaise*; plaisanteries et anecdote à ce sujet, VII, 13 *et suiv.*; LXV, 240. — Ses démarches pour en empêcher les représentations, LVIII, 497, 527. — Vers pour une caricature contre lui, destinée à accompagner cette comédie, XIV, 437. — Comment figure dans la satire *le Pauvre Diable*, 153. — Dans le roman de *Candide*, XXXIII, 299. — Chassé du temple de la Renommée dans la *Pucelle*, XI, 114. — Son portrait satirique, et note y relative, 281. — Sarcasmes et épigrammes contre lui, XII, 67, 248, 250, 260; XIII, 221, 227, 235, 254,

260, 267, 275, 286; xiv, 227, 237, 289, 438, 440, 450, 476; xxxiv, 70, 197; xlii, 645; xliii, 326; lviii, 550, 555; lix, 9, 226, 430; lxii, 251; lxv, 49; lxvi, 309, 343, 374; lxvii, 65; lxx, 236, 261, 263. — Demande faite à Voltaire, par sa veuve, de marier sa fille, par la raison qu'il a marié la petite-fille de Corneille; sa réponse à ce sujet, xlviii, 393; lxix, 513, 574. — *Anecdotes sur Fréron*, écrit d'abord attribué à La Harpe, et ensuite à Voltaire, xl, 230, 231; lviii, 564; lix, 297, 362; lxvi, 309, 375; lxvii, 223; lxx, 236, 261, 263. — Stances facétieuses inédites, intitulées *les Fréron*..., xiv, 434.

FRESNEL, de Strasbourg. Lettre qui lui est adressée en 1764, lxi, 471.

FREYDENRIK, banneret à Berne. Voltaire en fait fréquemment mention dans sa correspondance avec le pasteur BERTRAND. (*Voy.* ce nom.) — Visité par Voltaire en 1756, lvi, 668. — Bons offices qu'il rend à l'auteur, lvii, 637; lviii, 35, 41, 302. — Un de ses ancêtres possédait, au 16e siècle, le château de Fernei, 275.

FREYTAG, résident du roi de Prusse à Francfort. Comment se conduit à l'égard de Voltaire, lors de son passage dans cette ville, après qu'il eut quitté la cour de Berlin en 1753, et ce qu'en dit l'auteur, i, 205, 394, 400, 406; xii, 85, 87; xl, 93; xlviii, 355; lvi, 317, 323, 329, 335 *et suiv.*; lvii, 151.

Fribourg (ville de). Prise par le grand Condé, alors duc d'Enghien, sur le général autrichien Merci, xix, 274 *et suiv.* — Prise par le maréchal de Créqui, 431. — Laissée à la France par le traité de Nimègue, 439. — Restituée à la paix de Ryswick, 506. — Prise par Villars en 1713, xx, 107. — Assiégée et prise par Louis XV en 1744, xxi, 116 *et suiv.*

Fridlingen (bataille de). Gagnée par le duc de Villars contre le prince de Bade, xx, 24. — Anecdote à ce sujet, *ibid.*

Fripons. Sont serviables, iv, 16. — Ceux qui gouvernent les sots sont à craindre, viii, 354. — Comment les fripons peuvent être en même temps ridicules, 364.

Frise (la province de). Vers la fin du 16e siècle, l'usage des clefs et des serrures y était encore inconnu, xviii, 16.

FRISI (*Paul*), barnabite italien. Grand géomètre et excellent philosophe, malgré sa robe, au jugement de d'Alembert, qui le recommande à l'auteur, lxiii, 93.

Frivolité. Nous console de nos innombrables misères; réflexions philosophiques à ce sujet, xxix, 523 *et suiv.*; lix, 12.

Froid. Ce qu'on entend par ce terme dans les belles-lettres et dans les beaux-arts, xxix, 525 *et suiv.*

FROISSART, historien. Cité au sujet d'une bombarde extraordinaire, xiv, 271. — Et du supplice de Spencer, favori d'Édouard II, xvi, 363.

FROMENTEAU. Présente à Henri III l'état comparatif des impôts sous son règne et sous celui de Louis XII, xvii, 112, 309.

Fronde (guerre de la). Énormes licences et rapines odieuses de ses chefs, viii, 100. — Comment fut un mélange hideux d'abominations et de ridicules, xiv, 260; xix, 294. — Comment qualifiée par le grand Condé, 293; xxii, 269. — Fut injuste et inconsidérée autant que ridicule, 270. — Comparée aux discordes civiles qui désolaient l'Angleterre à la même époque, xix, 295. — Quelles étaient les livrées des divers partis, 303. — Pourquoi leurs chefs et les peuples furent moins cruels que du temps de la Ligue, 305.

Frondeurs. N'ont emploi que de médire; leur portrait, xiii, 33; xxxix, 34. — Depuis quand ce nom fut donné aux censeurs du gouvernement, xix, 297.

FRONSAC (duc de), fils unique du duc, depuis maréchal de Richelieu. Notice qui le concerne, lv, 462. — En quels termes méprisants il parlait de son père, même au roi, 471.

FRONTENAC (Mme de), cousine de Mme de Maintenon. Ce que lui écrivait celle-ci au sujet de Louis XIV et de sa passion pour elle, xx, 185.

FRONTENAC (marquis de), officier français. S'illustre au siège de Candie, xviii, 422.

FROULAI (marquis de), maréchal-de-camp. Périt à la bataille de Laufeldt; jeune homme qui donnait les plus grandes espérances, xiii, 179; xxi, 239; xxxix, 39.

FROULAI (*Louis-Gabriel*, bailli de). Défenseur courageux de Voltaire auprès du garde-des-sceaux en 1736, LII, 159, 241, 242. — Ambassadeur de France auprès de Frédéric II, de 1749 à 1753, LI, 354. — En 1757, une négociation se forme à Paris entre la France et la Prusse, par son entremise, XLVIII, 377. — Ambassadeur de Malte en France, LII, 40; LX, 349. — En 1762, devenu dévot, se déclare contre les comédiens, LX, 349.

FROULAI (*René* de), comte de TESSÉ. (*Voy.* ce nom.)

FRUPAN (*George*), chrétien renégat. Conduit le siége de Rhodes, sous les ordres du grand-vizir Messith Paléologue, XVI, 500; LX, 349.

FUENTÈS (comte de), général espagnol. Tué à la bataille de Rocroi, XIX, 273. — Mot du duc d'Enghien à son sujet, *ibid.* — Son fils est envoyé à Fontainebleau pour satisfaire solennellement Louis XIV sur l'affront fait à Londres à son ambassadeur par celui d'Espagne, 352.

Fulde (abbaye de). Par qui fondée; ce qu'elle fut dans l'origine, et ce qu'elle est aujourd'hui, XXIII, 44. — Pillée par Christiern, duc de Brunswick, 580.

FULVIE, femme de Marc-Antoine. Épigramme licencieuse qu'Octave fit sur elle, VIII, 85; XXVII, 202. — Était née pour les guerres civiles, VIII, 93. — Fut accusée d'avoir arraché la langue à Cicéron après sa mort, et de l'avoir percée d'une aiguille, 142.

FUMÉE, évêque de Beauvais. Se déclare en faveur de Henri IV, et contre les bulles d'excommunication du pape Grégoire, XXII, 164.

Funester. Terme italien, employé par Voltaire comme très expressif, XVIII, 335; XLIV, 473.

FUNK, envoyé de Charles XII à la Porte. Demande dangereuse dont il est chargé pour le Grand-Seigneur; il est mis en prison, XXIV, 262.

FURETIÈRE (*Antoine*). Fameux par son *Dictionnaire* et par sa querelle; Notice, XIX, 114. — Homme caustique et médiocre écrivain; faisait des satires dans le goût de Regnier, XXXVIII, 333.

FURSTENBERG (les deux frères). Dépouillés de leurs biens par l'empereur, y sont rétablis par le traité de Nimègue, XIX, 437. — Le cardinal est élu à l'évêché de Cologne par l'influence de Louis XIV, 458. — Le pape et l'empereur se réunissent contre sa nomination, *ibid.* — Mention de lui dans le traité de Ryswick, XX, 108.

Fusée. Vers descriptifs, XIII, 157. (Voy. *Feu d'artifice.*)

FUSIGAT (*Antoine*). Histoire malheureuse de sa famille, XIV, 94.

Fusils. Les Prussiens furent les premiers qui chargèrent les leurs avec des baguettes de fer, XX, 27. (Voy. *Baïonnettes* et *Armes à feu.*)

G

GABARD, secrétaire de M. Hénin, résident de France à Genève. Lettre qui lui est adressée en 1772, LXVII, 397.

Gabelles. Origine prétendue de ce mot, XIV, 92.

GABRIEL (l'ange). Rôle qu'il joue dans la *Pucelle*, XI, 188 *et suiv.*

GABRIELLE D'ESTRÉES, maîtresse de Henri IV. (*Voy.* ESTRÉES.)

Gabrielle de Vergy, tragédie de De Belloi. Traits épigrammatiques contre cette pièce, LXIII, 465; LXV, 349; LXX, 332.

GACÉ (GOYON, comte de), depuis maréchal de MATIGNON. (*Voy.* ce nom.)

GACON (*François*). A fait de mauvaises satires en mauvais vers contre les auteurs les plus estimés de son temps, XIX, 114. — A été mis par le P. Niceron dans le catalogue des hommes illustres, *ibid.* — Traits épigrammatiques contre lui, XII, 330; XIII, 100.

Gadebesk (ville de). Victoire célèbre remportée en cet endroit par les Suédois sur les Danois en 1712, XXIV, 293; XXV, 259.

GAETAN (*Jean*), élu à la papauté en 1118. (*Voy.* GÉLASE II.)

GAGARIN, prince russe, gouverneur de la Sibérie. Décapité pour ses vexations, XXV, 345.

GAGES (comte de), général des Espagnols en 1745. Poursuit les Autrichiens en Italie, XXI, 168. — Défait les Piémontais, 170. — Perd la bataille de Plaisance, pour avoir résisté aux conseils de Maillebois, 172.

Gageure imprévue (la), comédie. Ce qu'on en dit, LXV, 418 ; LXVI, 427.

GAGNIER. Faussetés qu'il a débitées sur Mahomet dans sa *Vie* de ce prophète, XXVII, 49.

GAGUIN (*Robert*), historien du 16e siècle. Fable qu'il raconte sur l'érection du bourg d'Yvetot en royaume, XXXII, 502. — Jusqu'où fait remonter l'origine de l'Université de Paris, 410.

Gaieté. Ce qu'elle doit être dans la société, XIII, 91. — Est l'élément des Français, XIV, 231. — Don merveilleux que possèdent les gens gais, VII, 258.

GAIFRE, duc d'Aquitaine. Forcé par Pepin à lui rendre hommage, XXIII, 49. — Révoque son serment de fidélité; voit son duché réuni à la couronne de France, 50.

GAILLANDE (l'abbé). Sorbonniste furieux et fanatique, XXXIX, 538 *et suiv.*

GAILLARD (*Achille*), jésuite. Accommodement singulier qu'il propose à Clément VIII dans les querelles du jansénisme, XX, 405.

GAILLARD (*Gabriel-Henri*), historien. Auteur d'un *Discours sur les avantages de la paix*, couronné en 1767; et anecdote y relative, LXIII, 576 *et suiv.* — Lettres qui lui sont adressées, en 1768, au sujet de son *Éloge de Corneille*, couronné à l'Académie de Rouen, LXV, 220. — En 1769, au sujet de son *Éloge de Henri IV*, couronné à La Rochelle, 331, 370. — Et de son *Histoire de François Ier*, 431. — Loué, IX, 371. — Démarches de Voltaire, en 1771, pour le faire admettre à l'Académie française, LXVI, 490, 497 ; LXVII, 36, 54.—Autres en 1773, LXVIII, 378.

Galant, *Galanterie*. Origine de ces mots, et leurs différentes acceptions, XXIX, 527. — Que galanterie est sœur de friponnerie, XIV, 329. — Stances au sujet des vieillards qui veulent faire des vers galants, XII, 552, 554; LIV, 376.— Autres vers sur le même sujet, LXII, 268.

GALÉAS (*Jean*), duc de Milan. (*Voy.* VISCONTI.)

GALEN. (*Voy.* VAN-GALEN.)

GALÈRE (*Maximien*). Son origine ; son association à l'empire, XXVIII, 400. — Sa victoire sur les Perses, et son triomphe à Rome, 401. — Motifs de jalousie qu'il a contre les chrétiens, et vengeances cruelles qu'il exerce, 402 *et suiv.;* XLIII, 162, 164. — Fut l'auteur des persécutions contre eux sous Dioclétien, XV, 354; XXIX, 28 ; L, 475. — Sa prétendue conversation avec ce prince, qu'il est supposé avoir forcé d'abdiquer l'empire, 480. — Ses enfants et leur mère assassinés par les chrétiens, XXIX, 31; XLIII, 169, 257.

Galères de France (généraux des). Leur liste sous le règne de Louis XIV, XIX, 32. — Quand cette dignité fut réunie à l'amirauté, 33.

GALIANI (l'abbé), Napolitain. De ses *Dialogues sur le commerce des blés*, écrits en français, XXVII, 390; LXVI, 132, 135, 213, 228. — Portrait qu'en fait Voltaire sans l'avoir vu, 476. — Ce qu'il disait de Rome et du pape, LXIX, 318.

GALIEN (*Claude*), jeune homme protégé du duc de Richelieu, et placé par lui auprès de Voltaire, LXIII, 371. — Détails à son sujet, 398 *et suiv.*, 543 ; LXIV, 20, 302, 342, 360, 361. — Travaille à une histoire du Dauphiné, sa patrie, LXIII, 556 ; LXIV, 108. — Compte peu avantageux que Voltaire rend de lui à son protecteur, 193, 361, 469. — Secrétaire du résident de France à Genève, qui est obligé de le renvoyer, 328, 342, 500, 501. — Publie sur les affaires de cette république un pamphlet qu'il attribue à Voltaire, 504. — Son impertinence envers le duc, qui lui retire ses bienfaits, et dont il voulait se faire passer pour le fils naturel, 537 *et suiv.* — Notice, LXIII, 371.

GALIGAÏ (*Éléonore*). (*Voy.* maréchale d'ANCRE.)

GALILÉE. Fondateur de la philosophie, restaurateur et victime de la raison en Italie, IX, 471. — Condamné par l'inquisition pour avoir démontré le mouvement de la terre, XI, 57; XII, 425, 428; XVII, 187. — Vers qui y font allusion, XI, 57. — Autres détails de ses découvertes et des persécutions qu'elles lui attirèrent, XXVI, 301; XXXVII, 197; XXXVIII, 192; XLI, 546; XLIV, 283;

XLVII, 195; L, 198. — Ce que Voltaire voudrait qu'on gravât à ce sujet à la porte du saint-office, XXVII, 229. — Établit l'étude de la vraie physique, et lui fit, le premier, parler le langage de la vérité et de la raison, XVII, 187; XX, 343. — Fit connaître à l'Italie la philosophie expérimentale, inconnue partout également, XIX, 239. — En quoi fut supérieur à Platon, XVII, 187. — Son sort comparé à celui de Socrate, 188. — Fut un véritable inventeur et un grand philosophe, LIII, 330.

Galiléens. Nom sous lequel furent d'abord connus les sectateurs du Christ. (*Voy.* Chrétiens.)

Galimatias (le). Personnifié; vers qui le caractérisent, XI, 266. — Son cortège, *ibid.*

Galimatias dramatique. Colloque entre des gens qui professent diverses sectes, et qui veulent tous avoir raison, XXXIX, 613.

Galimatias pindarique. Sur un carrousel donné par l'impératrice de Russie en 1766, XII, 489 *et suiv.*

Galiotes à bombes. Époque de leur invention; furent employées pour la première fois au siège d'Alger, XIX, 445.

GALLAND (*Antoine*), savant dans les langues orientales, et traducteur des *Mille et une Nuits.* Notice, XIX, 115.

GALLATIN (*Paul*), syndic à Genève. Comment figure dans le poëme de la *Guerre civile*, XII, 261, 300.

GALLES (prince de), fils d'Édouard III. (*Voy.* PRINCE NOIR.)

GALLES (prince de), fils de Henri VI et de Marguerite d'Anjou. Combats de sa mère en sa faveur. (*Voy.* MARGUERITE.) — Est exclu du trône par le parlement, XVII, 120. — Pris et maltraité par Édouard IV, parle fièrement à cet usurpateur, 127. — Est assassiné, *ibid.*

GALLES (prince de), fils de Charles Ier. (*Voy.* CHARLES II.)

GALLES (prince de), fils de Jacques II. Accompagne son père dans sa retraite en France, XIX, 464. — Reconnu pour roi d'Angleterre par Louis XIV, 530 *et suiv.* — Déclaré au parlement britannique coupable de haute trahison, et condamné à mort, 531. — Envoyé en Écosse, en 1708, avec de puissants secours, ne peut y aborder, et revient à Dunkerque, XX, 63 *et suiv.* — Le roi est obligé de le renvoyer de France; il se cache à Commercy, 118. — Passe secrètement en Écosse en 1714; est obligé de revenir en Lorraine, 119. — De la conspiration en sa faveur déjouée en Angleterre, XXIV, 339 *et suiv.*; XXV, 288 *et suiv.* — Albéroni voulut l'introniser par les mains de Charles XII, XXI, 8. — Ne tenta de reprendre la couronne que pour faire périr ses amis par des bourreaux, XIX, 477. — Époque et lieu de sa mort, XXI, 199.

GALLES (princesse de), épouse de George II, roi d'Angleterre. (*Voy.* CHARLOTTE.)

GALLIEN, empereur. La seule action glorieuse de son règne est la liberté de conscience accordée aux chrétiens et aux sectaires de la Perse, IX, 14.

GALLITZIN (*Basile*), prince russe. Partage la puissance avec la princesse Sophie; son éloge, XXV, 96. — Contient les strélitz, *ibid.* — Est le premier qui fit envoyer une ambassade russe en France, 97. — Son expédition ruineuse en Crimée, 98. — Conspire contre le czar Pierre, 99. — Est dépouillé de tous ses biens et relégué à Karga, 100.

GALLITZIN (*Michel Michaelowitz*). Général formé par le czar Pierre, et l'un de ceux qui secondèrent le mieux ses entreprises, XXIV, 311. — Marche contre les Tartares, et les défait à Kiovie, XXV, 219. — Va en Finlande, et en fait la conquête, XXIV, 311; XXV, 269. — En est gouverneur, 271. — Prend quatre frégates suédoises à l'abordage, 363.

GALLITZIN (*Alexandre, fils de Michel*), commandant en chef de l'armée russe dans la guerre contre les Turcs en 1768. Vers en son honneur, XII, 494, 544. — Ses conquêtes, XLVI, 607.

GALLITZIN (prince de), ambassadeur russe à Paris. Lettres qui lui sont adressées, de 1765 à 1773, LXII, 470; LXIV, 160, 337; LXV, 333; LXVIII, 255. — Ambassadeur en Hollande, y fait imprimer le livre posthume d'Helvétius sur l'*Homme*, et le dédie à l'impératrice Catherine, *ibid.*, 274, 293. — Son séjour à Fernei en 1770, LXVI, 196.

GALLIUS (*Quintus*), préteur. Mis à la torture par ordre et en présence d'Auguste, VIII, 106; XXVII, 206.

GALLOIS (l'abbé *Jean*). Fut le premier qui travailla au *Journal des Savants* avec Sallo, qui en avait conçu l'idée, XIX, 115. — Comment apprit un peu de latin au grand Colbert, et mot qu'on lui prête au sujet de ce ministre, *ibid.*

GALLOWAY (milord), autrefois comte de Ruvigny. Commande les Portugais dans l'Estramadoure espagnole, XX, 57. — Entre dans Madrid, et fait proclamer roi l'archiduc Charles, *ibid.* — Perd la bataille d'Almanza, 59. (*Voy.* RUVIGNY.)

Galloway, petite ville d'Irlande. Jacques II, dans son expédition, y fait pendre quelques citoyens qui avaient été d'avis de lui en fermer les portes, XIX, 472.

GALLUS, neveu du grand Constantin. Assassiné par ordre de Constantius, fils de cet empereur, XLIII, 177; L, 497.

GAMA (*Vasco* de). Expédition qui l'a rendu immortel, XVII, 361. — Et qui est le premier fondement du commerce des Européans avec les Indes par l'Océan, X, 444; XVII, 363.

GAMACHE (l'abbé de). Son *Astronomie physique;* ce qu'on dit de cet ouvrage, LIV, 55, 136.

GAMALIEL. Fut le maître de saint Paul ; formule de prières qu'il institua parmi les Juifs, XXXI, 319.

GAMBIE. Un armateur de Brest, en 1696, y ravage les plantations des Anglais, XIX, 498.

GAMERRA (de), lieutenant au service de l'empereur. Auteur d'une *Cornéide* ou *Histoire des cornes;* lettre qui lui est adressée à ce sujet, LXVIII, 302.

Gand (ville de). Ses habitants forcent leur princesse Marie de Bourgogne à épouser Maximilien, XVI, 531. — Se soulèvent contre Charles-Quint pour le maintien de leurs droits, XXIII, 490. — Veulent se donner à François Ier, qui les refuse, 491. — Sont réduits et humiliés par l'empereur, qui fait pendre vingt-quatre bourgeois, 493. — Leur ville se rend à Louis XIV, XIX, 430. — Est remise à l'Espagne par le traité de Nimègue, 437. — Reprise par le maréchal de Saxe après la bataille de Fontenoi, XXI, 148 *et suiv.*

GANDIE (duc de), bâtard d'Alexandre VI. Son assassinat imputé à César Borgia, son frère, auquel il disputait la jouissance de Lucrèce leur sœur, XVII, 84.

GANDIE (*François* BORGIA, duc de), petit-fils d'Alexandre VI. Entré dans l'ordre des jésuites, lui procure des richesses et du crédit, XVII, 334.

GANGANELLI. (*Voy.* CLÉMENT XIV.)

Gange (le), fleuve. Vertu attribuée à ses eaux; superstition, XVII, 484 *et suiv.;* XLVII, 364. — Pourquoi il est réputé sacré, 450.

GANNAI (*Jean* de), premier président du parlement de Paris. Assiste Charles VIII rendant hommage d'obédience au pape Alexandre VI dans Rome, XVII, 72.

GANYMÈDE. Vers qui le caractérisent, XI, 82.

Garant, Garantie. Origine et signification de ces mots, XXIX, 529.

GARASSE (le P.). Le plus dangereux fanatique parmi les jésuites; libelle qui lui est imputé contre la cour de France; poursuites à cette occasion, et habile friponnerie d'un nonce qui le défend, XXII, 235. — Insolent calomniateur et ridicule écrivain, XLIII, 484. — Délateur et persécuteur de Théophile, 509; XIII, 262; L, 294. — Trouvait partout des athées; c'est lui qui a induit le public en erreur sur Vanini, XXVII, 180. — Accusait aussi d'athéisme Tacite et Lucain, XLI, 518. — Indécence de ses sermons; échantillons de son éloquence, XXVI, 184. — Ses grossières injures contre Pasquier, XXX, 431; L, 293. — Facéties qui le concernent, XL, 23, 27.

Garce, Garçon. Observation grammaticale sur ces mots, XXX, 537.

GARCIE (don), roi d'Aragon et de Navarre. Père de l'impératrice Marie, mère d'Othon, XXIII, 132.

Garcie (Don) de Navarre, comédie de Molière. Notice y relative, XXXVIII, 408.

GARCILASSO DE LA VÉGA. Issu de la race des incas, écrit leur histoire, XVII, 420. — Ce qu'il rapporte d'Atabalipa, 423.

Garde-robe. Que notre caractère et notre tour d'esprit en dépendent absolument, XXXII, 424; LXV, 535. (*Voy. Chaise percée, Déjections, Excréments, Stercoristes.*)

Garde-robe (grand-maître de la). Charge créée par Louis XIV, XX, 153.

Gardes (régiment des). Formé en

France par Charles IX, XVIII, 57. — Tous les rois en Europe n'avaient eu jusqu'alors qu'un petit nombre d'archers pour les accompagner, *ibid.*

GARDES-DES-SCEAUX. (Voy. CHANCELIERS.)

GARDES-MARINES. Leur institution, XX, 260.

GARGANTUA. De l'histoire de ce personnage et de ses miracles; article facétieux, XXIX, 531 *et suiv.*

GARIBALDI, sénateur génois. Accompagne à Versailles le doge Lescaro venant faire réparation à Louis XIV, XIX, 451.

GARNET, jésuite. Exécuté en Angleterre comme complice de la conspiration des poudres; son ordre le soutient innocent, et en fait un martyr, XVIII, 282, 283; XL, 460.

GARNIER (*Robert*), poëte dramatique du temps de Henri III. Vers de lui, comparés à l'expression des mêmes sentiments dans Corneille, XXXV, 413. — N'écrivit que des platitudes, XXVII, 72.

GARNIER (*Sébastien*), contemporain de Henri IV. Auteur d'une *Henriade* et d'une *Loyssée*, X, XV; XLVII, 521. — Notes à ce sujet, LXI, 255; LXVI, 137.

GARRICK. Le plus grand acteur qu'ait eu l'Angleterre, VIII, 191. — Excellait dans l'action théâtrale, *ibid.*; LXX, 119.

GARTH (*Samuel*), Anglais. Auteur du *Dispensary*, poëme burlesque sur la querelle des médecins et des apothicaires; fragments qui en sont imités en vers français, XIII, 345; XXVII, 414, 448.

GASI, raja du Mogol. Prend prisonnier l'empereur Sha-Amed, et lui fait crever les yeux, XLVII, 339. — Ne pouvant se faire empereur, met en sa place Alamgir, *ibid.*

GASSENDI (*Pierre* GASSEND, plus connu sous le nom de). Restaurateur d'une partie de la physique d'Épicure, XIV, 242; XIX, 115. — Pourquoi fut accusé d'athéisme, 116; XLII, 540. — Ses doutes sur la spiritualité de l'ame, XXVI, 209 *et suiv.* — A rectifié les anciennes opinions des philosophes en tout ce qui regarde l'espace, la durée, les bornes du monde, XXXVIII, 24. — Cas particulier qu'en faisait Newton, *ibid.* — Admet les atomes, 57. — N'est pas éloigné de penser que l'homme a trois ames, XIV, 242. — N'a défendu de la doctrine d'Épicure que ce qu'elle peut avoir de bon, XLIII, 489. — A deviné bien des choses qu'on a prouvées après lui, LIII, 330.— Comment rendit la raison à un pauvre homme qui se croyait sorcier, XLI, 149. — Eut pour élèves Chapelle, Bernier et Molière, XXXVIII, 389. — Notice qui le concerne, XIX, 115 *et suiv.*

GASSION (*Jean de*), élève du grand Gustave, et maréchal de France sous Louis XIV. Seconde le duc d'Enghien à Rocroi, XIX, 272. — Est tué, en 1647, au siége de Lens, 25. — Pourquoi il ne voulut jamais se marier, *ibid.*

GASSION, lieutenant-général. Conseil salutaire, mais non suivi, qu'il donne, en 1706, à Villeroi, à la bataille de Ramillies, XX, 46.

GASTON (*Jean-Baptiste*), frère de Louis XIII, et duc d'Orléans. (*Voy.* ORLÉANS.)

GASTON DE FOIX, duc de Nemours, et neveu de Louis XII. (*Voy.* NEMOURS.)

GATIEN DE COURTILZ, historien. (*Voy.* COURTILZ.)

GATIMOZIN, empereur du Mexique à la mort de Montézuma. Arme contre les Espagnols, et les force d'abandonner sa capitale, XVII, 416. — Tombe dans leurs mains avec sa femme; leur destinée funeste; paroles célèbres qu'il prononça sur des charbons ardents, 417. — Leur sublimité, XXXV, 24.

GAUBIL (le P.), missionnaire en Chine. A vérifié les éclipses rapportées par Confucius, XV, 257. — A traduit un livre chinois sur les conquêtes de Gengis, XVI, 221; XXX, 198.

GAUCHAT (*Jean*). Mauvais auteur de quelques brochures; Notice qui le concerne, et rôle qu'il joue dans la *Pucelle*, XI, 284. — Autres sarcasmes et vers satiriques dont il est l'objet, XIV, 157, 178, 197; XXXIII, 301. — Fut l'un des délateurs des encyclopédistes; notes à ce sujet, LVIII, 491, 549.

GAUCHER, comte de Saint-Paul. L'un des juges de Jean-sans-Terre, XVI, 124.

GAUDON. (*Voy.* RAMPONEAU.)

GAUFFECOUAT (de). Lettres qui lui sont adressées en 1755 et 1756, LVI, 581; LVII, 12, 15, 23, 28.

GAUFFREDI ou GAUFRIDI (*Louis*), curé à Aix en Provence. Brûlé comme sorcier en 1611; son procès absurde et inhumain, XX, 301; XLVII, 414; L, 281.

GAULARD, receveur-général, fils d'un ancien ami de Voltaire. Son séjour aux Délices en 1760, avec Marmontel, LVIII, 420, 440.

Gaule (la). Dans quel état de barbarie était plongée à l'époque de l'expédition de Jules-César; efforts inutiles qu'il fit pour y abolir les sacrifices humains, IX, 297; XV, 65, 252.

GAULMIN (*Gilbert*). Savant traducteur du Livre des choses omises par Moïse, seul ouvrage de plaisanterie qui nous soit venu des anciens Juifs, XXVI, 449; XLIX, 156. — Fragment qu'on en cite, XXVIII, 277. — Notices, XLVIII, 305; LXIV, 520.

Gaulois (les). Sont presque le seul peuple d'Occident qui aient perdu leur nom; comment ils s'appelaient primitivement, XXIX, 471, 477. — Le peu que nous savons de leur histoire nous vient des Grecs et des Romains, XV, 248; XXVII, 534. — Furent heureux d'être vaincus par ces derniers, XV, 418. — Étaient agriculteurs ou bourgeois, 424. — Pendant long-temps les chantres, dans les églises de France, furent appelés *chantres gaulois*, 432.

GAULTIER (l'abbé), chapelain des Incurables en 1778. Confesse Voltaire; profession de foi qu'il en reçoit, I, 294, 430. — Déclare n'avoir pu l'entendre ensuite en confession, 431. — Sa correspondance avec l'auteur dans sa dernière maladie, 449 à 457.

GAURIC (*Luc*), astrologue. Amené en France par Catherine de Médicis, XVIII, 100. — Homme important alors, et qui n'eût été de nos jours qu'un misérable charlatan, *ibid.*

GAUSSIN (Mlle), actrice du Théâtre-Français. Louée dans la dédicace de *Zaïre*, III, 150. — Épître que lui adressa Voltaire, après qu'elle eut joué ce rôle, XIII, 92. — Son éloge, XII, 64. — Madrigal qui lui est adressé, XIV, 337. — Autres vers en son honneur, 364; LII, 186. — Lettre que lui écrit l'auteur, en 1730, au sujet du rôle de Tullie dans *Brutus*, LI, 196. — Notice qui la concerne, *ibid.* — Autres vers sur son jeu et ses charmes, 198. — Reproches dont elle est l'objet, LIV, 32; LVI, 252, 257. — Sa prédiction sur Mlle Clairon, LXI, 388. — Regrets sur sa perte, XLI, 13. — Autre Notice, LVIII, 569. — A cinquante ans, elle jouait encore des rôles de jeune fille, LIX, 602, 608.

GAUTIER (l'abbé), ex-aumônier du maréchal de Tallard. Envoyé secrètement de Londres à Versailles, en 1771, pour négocier la paix avec l'Angleterre, XX, 95 *et suiv.*

GAUTIER (*Dominique-François*). Ardent convulsionnaire, impliqué dans le procès de Damiens, XXII, 341 *et suiv.*, 350, 352.

GAUTIER (Mlle), de la Comédie française. (*Voy.* DROUIN.)

GAUTIER *sans-argent*, ou *sans-avoir*. Lieutenant de Pierre-l'Ermite, XVI, 160. — Ravage la Bulgarie, *ibid.* — Sa fin misérable dans l'Asie-Mineure, 161.

Gavache, sobriquet injurieux. Son origine, XXXI, 320.

GAVESTON, favori d'Édouard II. Est décapité, XVI, 351.

GAVRE (prince de). Gouverneur de Namur pour Marie-Thérèse, lors de la prise de cette place par le maréchal de Saxe, XXI, 163.

GAY DE NAUBLAC, avocat de Bordeaux. Lettre qui lui est adressée en 1766, LXIII, 373. — Autre, en 1768, au sujet d'un écrit de lui sur une prétendue rétractation de Voltaire, LXV, 101.

GAYA (le chevalier), attaché à la duchesse du Maine. Lettre qui lui est adressée en 1750, LV, 427.

GAYANT, président aux enquêtes du parlement de Paris. Comment se conduit au sujet de l'affaire de Gaston, duc d'Orléans, XXII, 239. — Exilé à ce sujet, 241.

GAYOT DE PITAVAL. Ses *Causes célèbres*, ouvrage d'un avocat sans cause, et fait pour le peuple, XX, 175.

Gazetier cuirassé (le). Ce qu'on dit de ce libelle, XXXII, 80.

Gazetier (le) *d'Avignon*. Lettre qui lui est adressée, en 1768, sur l'histoire publiée par lui de la prétendue conversion de l'auteur, LXV, 76.

Gazette ecclésiastique. Plaisante importance qu'elle donne à des querelles ignorées, XIV, 170, 187. — Ce qu'est cette gazette, *ibid.*; L, 52. — Sarcasmes contre elle, XII, 467, 481; XIII, 281; XXXIV, 177, 197. — Ses accusations contre Montesquieu, XII, 187; XXXI, 108; L, 52.

Tome I.

— Facétie adressée à ses auteurs sous le titre de *Remercîment sincère*, XXXIX, 329.
— Comment ce journal se perpétue, XLII, 644. — Ses calomnies contre Voltaire, LV, 84, 86 *et suiv.* — Notice y relative, LXII, 370.

Gazette littéraire de l'Europe, par l'abbé Arnaud et J.-B. Suard. Par qui protégée, LXI, 41 *et suiv.* — Voltaire concourt à cette entreprise, 45, 47, 59, 63 *et suiv.* — Articles qui en sont extraits, sous la forme de lettres adressées en 1764 à ses auteurs : du *Discours sur le gouvernement*, par Algernon Sidney, XLI, 425.
— Des *Considérations sur les corps organisés*, par Charles Bonnet, 427. — Sur les *Éléments de critique* de H. Home, 435.
— Sur les *Lettres* de milady Montague, écrites pendant ses voyages en Europe, en Asie, en Afrique, 441. — Sur le *Dictionnaire universel des fossiles*, par Bertrand, 446. — Sur les *Poëmes* de C. Churchill, 447. — Sur l'*Histoire d'Angleterre*, par David Hume, 450. — Sur les *Traductions italiennes* en vers blancs de plusieurs tragédies françaises, par Lorenzo Guazzesi, 456. — Sur les *OEuvres* du docteur Middleton, 461. — Sur la *Défense du paganisme*, par l'empereur Julien, 464. — Sur les *Hymnes* de Callimaque de Cyrène, trad. en vers ital., 465. — Sur l'*Histoire de Julie Mandeville*, roman anglais, 468. — Sur l'*Histoire romaine* de N. Hooke, 471. — Sur des *Mémoires* pour servir à la Vie de Fr. Pétrarque, 476. — Sur l'*Histoire du ministère de R. Walpole*, 480. — Sur la *Mérope* du marquis Maffei, 481. — D'un livre sur les rêves, 484. — Tribut à la mémoire de M. Algarotti, 488. — Anecdotes sur le *Cid*, 490. — Des discours académiques *sur la poésie sacrée des Hébreux*, par Lowth, 496. — Sur la bataille d'Azincourt et sur la Pucelle d'Orléans, 508. — Sur le *Tacite justifié* contre la fausse imputation d'impiété, de J. Kynaston, 518. — Sur le gouvernement et la population de la Suède, 520. — Sur l'anglomanie, 524.

GÉAN-GUIR, Grand-Mogol, fils d'Akébar. Embellit encore les fondations de son père, XVII, 482. — Ses deux fils lui font la guerre l'un après l'autre, XVIII, 446; XLVII, 481.

Géants. Armés contre les dieux, objet d'une comparaison poétique, X, 262. — Origine de leur guerre, tant chantée chez les Grecs, XLVI, 111; XLVIII, 68. — Cette fable semble plus raisonnable que celle de la guerre des anges, dont l'Ancien Testament au surplus ne parle pas, XV, 217, 222; XXIX, 170. — Des géants enfantés du commerce des anges avec les filles des hommes, XV, 210, 221; XLV, 272; XLIX, 26.

GÉBER, savant arabe. A probablement donné son nom à l'algèbre, XV, 334; XXXIX, 552.

GEBHARD DE TRUCHSÈS, archevêque de Cologne, et électeur. Marié secrètement avec une religieuse, XXIII, 548. — Veut rendre Cologne luthérienne, et n'y réussit pas, 549. — Fait la guerre avec succès pour sa maitresse, et l'épouse publiquement, 550. — Veut garder son archevêché et sa femme; est chassé de son électorat par les armes de ses chanoines et d'Ernest de Bavière, son compétiteur, *ibid.* — Excommunié et dépossédé, se retire à La Haye avec sa femme, sous la protection du duc d'Orange, 551.
— Sa mort, 24.

GÉDÉON. Commentaire sur son histoire, déclarée indigne de la majesté du peuple de Dieu, XLIX, 210 *et suiv.*

GÉDOYN (l'abbé *Nicolas*), traducteur de Quintilien et de Pausanias. Sa passion pour les bons auteurs de l'antiquité, XIX, 116. — Ce qu'il pensait du poëme de Milton, et dissertations curieuses qu'il écrivit à ce sujet, 117. — Comment désignait méchamment Racine le fils, LV, 299. — Ce qu'on a dit de lui et de Ninon n'est qu'un conte ridicule, XIX, 117; XXVIII, 353; XXXIV, 196; XLIII, 336.

GÉLASE Ier, pape. Son fameux décret sur la distinction des livres authentiques et des livres apocryphes, dans le concile de 494 à Rome, XLV, 329 *et suiv.*

GÉLASE II (*Gaétan*), pape. Son exaltation, XXIII, 10, 175. — Traîné immédiatement en prison par la faction opposée, trouve moyen de se retirer en France, *ibid.* — Meurt au concile de Vienne en Dauphiné, *ibid.*

GELÉE (*Claude*). (*Voy.* le LORRAIN.)

Gémavers (bataille de), où les Russes furent entièrement défaits par les Suédois, XXV, 171.

Gendarmerie. Celle de France était la

plus estimée au 15e siècle, XVII, 176. — Détails y relatifs, XVI, 414. — Quand celle à cheval fit la principale force des armées chrétiennes, 44; XVII, 105; XXIII, 450.

GENDRON (le docteur), oculiste. Habitait à Auteuil la maison de Boileau ; quatrain à ce sujet, attribué à Voltaire et désavoué par lui, XIV, 287, 305.

Généalogie. Celle de Jésus-Christ, différente dans saint Luc et saint Matthieu ; ce qu'on a fait pour concilier leurs contradictions, XXVIII, 213 ; XXIX, 537; XLIII, 100; L, 431. — Celle de Mahomet, dont aucune autre n'approche, 545.

GENET (la femme), friponne de janséniste. Détails du procès singulier qu'elle intente à Bruxelles, en 1740, à son confesseur jésuite, XLVII, 40 *et suiv.* ; LXVII, 430 *et suiv.*

Génération. Systèmes divers sur la façon dont la nature opère ce miracle perpétuel, XXXIV, 51; XLI, 428; L., 213 *et suiv.* — Ont tous été détruits les uns par les autres, LXV, 177. — Son mystère incompréhensible est le sceau de l'Être éternel, XXVII, 54. — Pourquoi est un secret impénétrable, XXX, 2. — Conversation à ce sujet entre un jeune marié et un philosophe, XXXIV, 49. — Offre dans les êtres une variété infinie, 428. — Ses organes regardés comme quelque chose de noble et de sacré, XXVI, 67. — Quels peuples en adorèrent l'emblème, XXXIV, 443. — Absurdité de la doctrine des générations fortuites, XLIV, 270 *et suiv.*

Générations. Quelle est à peu près la durée de chacune d'elles, d'après le cours ordinaire de la nature, XXXVII, 215.

Généreux (l'article), extrait de l'*Encyclopédie*. Composé par Voltaire ; note à ce sujet, XXX, 2.

Générosité. Mobile de toutes les belles actions; comment caractérisée et définie, XXX, 2. — Conte arabe à ce sujet, XXVI, 519 *et suiv.*

Gênes (ville et république de). Célèbre sous les Romains, est détruite par les Goths, et rebâtie par Charlemagne, XVI, 50. — Saccagée au 10e siècle par les mahométans, *ibid.* — Rétablie par le commerce, devient une république puissante, *ibid.* — S'empare de la Corse, 51 ; XXI, 388; XXIII, 151. — Dureté de sa domination, XXI, 390. — Elle paie un tribut aux papes pour cette ile, puis s'en affranchit, XVI, 51. — S'enrichit en vendant des provisions aux armées des croisés, 167. — Triomphe de Venise sur la fin du 14e siècle, 345. — Décline ensuite de jour en jour, *ibid.* — A livré, dit-on, l'Europe aux Turcs, 468. — Donne seule quelques secours à Constantinople assiégée par Mahomet II, 491. — Soumise plusieurs fois à la France, 394 ; XVII, 59, 191 ; XXI, 389. — Veut se donner à Louis XI, qui la donne au diable, 391. — Punition fastueuse que Louis XII lui inflige pour avoir tenté de recouvrer sa liberté, XVII, 100. — Chasse deux fois les Français, 110. — Bombardée en 1684, pour avoir servi les ennemis de la France, XIX, 451. — S'humilie devant Louis XIV, qui exige que le doge et quatre sénateurs viennent implorer sa clémence à Versailles, 452. — S'unit, en 1745, avec la France et l'Espagne, XXI, 167. — Est bloquée par les escadres anglaises, 177. — Dures conditions que l'Autriche lui impose, *ibid. et suiv.* — Elle supporte impatiemment le joug ; une révolution s'y opère, 180 *et suiv.* — Les Autrichiens en sont chassés, 184. — Est menacée de nouveau par eux, 186. — Reçoit de Louis XV des secours d'hommes et d'argent, 187. — Le duc de Boufflers commande les troupes qui la défendent, *ibid.* — Dévouement des dames génoises en cette circonstance, 188. — La cour de Vienne ordonne la levée du blocus, *ibid.* — Est toujours menacée par les Piémontais, 189. — Comment fortifiée, 176. — La France lui envoie Richelieu, 189. — La cour d'Angleterre s'épuise pour la faire tomber, comme celle de France pour la défendre, *ibid.* — Elle rentre dans tous ses droits à la paix d'Aix-la-Chapelle, 278. — Ses démêlés avec la Corse ; elle cède à la France ses droits sur cette ile, 394, 400.

Genèse (la). Prise des anciennes fables des peuples qui avoisinent l'Égypte, XLIII, 64. — Sa conformité avec la tradition et la cosmogonie des Phéniciens, *ibid. et suiv.* — Expliquée et commentée, XLIX, 9 à 108. — Donnée pour une histoire réelle, et non pour une allégorie, 18, 19. — Qu'elle n'a pu être écrite du temps de Moïse, mais après David,

35. — Analyse qu'on en fait, et remarques sur la physique de ces temps reculés, xxx, 5 *et suiv.* — Que son histoire est simple et ne s'élève jamais, 8; xlvii, 433. — Questions y relatives, xliii, 9. — Pourquoi la lecture du premier chapitre fut interdite aux Juifs jusqu'à l'âge de vingt-cinq ans; conjectures à ce sujet, xxvi, 89; xli, 100; xliii, 267; xliv, 378; xlix, 10.

GENEST (saint). D'abord comédien; comment fut miraculeusement converti, xliii, 153; l, 477. — Contradictions dans l'histoire de son martyre, xliii, 153. — Autres détails sur sa conversion, xxviii, 406.

Genest (*Saint*), tragédie. (*Voy.* ROTROU.)

GENEST (l'abbé *Charles-Claude*), aumônier de la duchesse d'Orléans, philosophe et poëte. Fit des pièces pour la duchesse du Maine, xx, 204. — Sa tragédie de *Pénélope* est la seule qui se soit conservée au théâtre, xix, 117. — Celle de *Joseph* est la moins mauvaise que l'on ait faite sur ce sujet, xlix, 99. — A plus signalé sa patience que son génie par le laborieux ouvrage où il a versifié la *Philosophie de Descartes*, xix, 95, 117. — Eut part aux bienfaits de Louis XIV, 118.

Genève (ville de). Attaquée en pleine paix et escaladée par les troupes de Philippe II, sous le commandement d'Emmanuel de Savoie, xviii, 29. — Délivrée par ses habitants, *ibid.* — Cet événement lui procure une liberté entière, et en fait comme la capitale de la religion réformée, xvii, 215. — Était ville libre impériale, et non pas sujette du duc de Savoie, comme l'a prétendu P. Daniel, *ibid.* — Manière dont la réforme s'y établit, et inscription à ce sujet, qui subsiste encore aujourd'hui dans l'hôtel-de-ville, 273 *et suiv.* — Scandales et dissolutions révoltantes de la part des catholiques, 274. — Devient un état républicain en devenant calviniste, xx, 368. — Projet d'empoisonnement découvert contre les principaux auteurs de la réforme, xlii, 397. — Esprit de rigorisme et de pédantisme qui y règne, 1, 209. — Proscription de la danse et de la musique, qui dure plus de cent cinquante ans, xvii, 275; xxxi, 454; lx,

509. — Proscription de la comédie; sortie à ce sujet contre les faquins à monologue, jaloux des gens à dialogue, lix, 260. — On n'y voit que des prédicants, des marchands et des truites, lx, 367. — Sa république comment qualifiée, 463. — Dissensions et protestations, en 1764, au sujet de l'arrêt contre l'*Émile* de J.-J. Rousseau. (Voy. *Émile*.) — Voltaire tient la balance égale, en 1765, entre les citoyens et le conseil, lxii, 490, 493. — Et offre son entremise pour rétablir la paix entre eux, 491. — Histoire des troubles passés et présents de cette république, qui lui est dédiée, 493, 496. — Plan de pacification qu'il propose, 507 *et suiv.* — Détails relatifs aux dissensions, *ibid.*, 520; lxiii, 15, 29, 33. — M. de Beauteville y est envoyé comme médiateur, 43. — Fondement de cette ridicule guerre de plume, 57. — L'incendie de son théâtre, en 1768, attribué au fanatisme religieux et patriotique, xii, 295; lxiv, 560, 567. — Meurtres et pillages qui s'y commettent en 1770, lxvi, 157, 164, 168. — Émigration de ses habitants, 215, 224 *et suiv.*, 269. — Sa position; vie qu'on y mène, xii, 254, 303. — Description grotesque de son sénat, 260. — Richesses et caractère de ses habitants, 254, 281, 285. — De son escalade, 266. — De son commerce d'horlogerie, 296. — De sa promenade appelée *Plain-Palais*, 303. — Description de son lac; épître que lui adresse l'auteur en arrivant à sa terre, xiii, 210. — De son gouvernement, xl, 569 *et suiv.*

Genève (l'article), dans l'*Encyclopédie*. Clameurs qu'il excite, et écrits divers auxquels il donne lieu. (*Voy.* d'ALEMBERT et J.-J. ROUSSEAU.)

Geneviève (sainte), patronne de Paris. Imitation par Voltaire d'une ode latine du P. Le Jay à son sujet, xii, 393. — Note y relative, 397. — Cette pièce, désavouée depuis par l'auteur, est incontestablement de lui, xi, 15. — Sainte célèbre en des temps ténébreux, xiii, 244. — Eut la protection de la France jusqu'à Louis XIII, qui lui ôta cette dignité pour la conférer à la vierge Marie, xxii, 252. — Sa châsse promenée dans Paris, du temps de la Fronde, pour obtenir l'expulsion du cardinal

Mazarin, xix, 309. — Baisée dans une procession par le grand Condé, qui y frotte son chapelet, 312. — Vers qui la concernent, et pour lesquels l'auteur craint de se brouiller avec elle et avec ses moines; et réflexions à ce sujet, xiii, 244; lxiii, 4, 6, 30, 34. — Que sa châsse ne fera pas toujours la pluie et le beau temps, xl, 147; xlii, 88; lxiii, 37.

Gengis-Kan. Ses ancêtres, xvi, 218. — S'appelait Témugin auparavant, 220. — Défait le prêtre Jean, et s'empare de ses états, 219. — Donne des lois aux Tartares, 220 *et suiv.* — Ses conquêtes, 200, 221 *et suiv.* — Bat le sultan Mohammed, 223. — Prend, rançonne et brûle Boccara, *ibid.* — Subjugue la majeure partie de l'Asie, 224. — Tient dans les plaines de Toncat une cour plénière triomphale, 225. — Sa mort, 226. — Hommes égorgés sur son tombeau, *ibid.* — Comment il partagea ses états entre ses quatre fils, *ibid.*, 229 *et suiv.* — Sa politique et son gouvernement, 222, 230. — Ses conquêtes comparées à celles de Tamerlan, 476. — Sa dynastie règne un siècle entier à la Chine, et y maintient les lois établies, 231; xvii, 471. — Par quelle révolution elle en est chassée, 472. — Portrait en vers de ce conquérant, vi, 410.

Gengis, tragédie de Voltaire. (Voy. *Orphelin de la Chine.*)

Génie. Belles fautes du génie d'invention, préférables à l'exacte et froide oraison d'un puriste, x, 422; xiii, 134; xx, 317. — N'a qu'un siècle, après quoi il faut qu'il dégénère, 326. — S'étend et se resserre par tout ce qui nous environne, xxxviii, 391. — Pourquoi le génie français est perdu, lviii, 23. — Ce mot considéré dans le sens d'*ingenium*, xxx, 33. — Ses différentes acceptions, *ibid.* — Si le génie est, au fond, autre chose que le talent, 35. — Ce que les ouvrages de génie sont aux compilations, lvi, 192. — Que le souffle du génie n'est jamais descendu qu'en de nobles ames, xiii, 240. — Que c'est un crime, en fait de beaux-arts, de mettre des entraves au génie, lxvii, 299. — Vers sur ce don précieux, li, 539. — Que les calomnies et les persécutions contre les hommes de génie sont un symptôme de décadence pour le goût d'une nation, ix, 284; xiv, 192. — Réflexion sur les hommes de génie qui se sont élevés au milieu des dissensions et des guerres civiles, xvi, 427 *et suiv.* — Il n'y en a aucun qui n'ait été persécuté, xxxvi, 527.

Génie (l'article), dans l'*Encyclopédie*. A été traité par des hommes qui en avaient, xxx, 34.

Génies, Démons ou *Esprits familiers.* Divinités secondaires dont la doctrine fut établie dès la plus haute antiquité, xxx, 36. — Idée qu'il est possible de s'en former, 37. — Source de fêtes, de divertissements et de bons contes, qui venait de cette créance, 39. — Du Génie ou Démon familier de Socrate, xii, 164; xxx, 31; xxxii, 230. — Les Génies qui président aux combats, objet d'une comparaison poétique, x, 272. (Voy. *Anges, Démons.*)

Gennadius. Institué patriarche par Mahomet II, après la prise de Constantinople, xvi, 495.

Génois (les). Vendent et livrent l'Europe aux Turcs pour quelques milliers de besans d'or, xvi, 468. (Voy. *Gênes.*)

Génonville (de La Faluère de), conseiller au parlement, ami de l'auteur. Des Lettres sur l'*OEdipe* de Sophocle, celui de Corneille et celui de Voltaire, qu'on prétend lui avoir été adressées par celui-ci, ii, 13. — Lettre en vers et en prose, li, 60. — Épître en vers que lui écrit l'auteur étant malade, xiii, 46. — Il supplante celui-ci auprès de Mlle de Livry, sa maîtresse, 47, 53. — Vers sur sa mort, 61. — Épître à ses mânes, 72.

Genre humain (le). Son antiquité, xv, 11, 44; xxxiii, 99; xxxiv, 243. — Pourquoi est resté long-temps semblable aux brutes, xv, 253. — Ne descend pas d'une seule race, 7, 290. — Ne va pas en dégénérant, xii, 458. — S'améliore, mais lentement, l, 277. — Avec quelles précautions il faut l'éclairer, lxx, 344. — Qu'il ne diminue ni n'augmente, comme on le croit, xli, 185. (Voy. *Population.*) — Qu'il n'est pas si méchant que certaines gens le crient, dans l'espérance de le gouverner, xlv, 33. (Voy. *Hommes* et *Humains.*)

Gens d'Église. Pourquoi, dans tous les pays, sont un peu fâchés que les hommes aient des yeux, XLII, 225. (Voy. *Ecclésiastiques, Prêtres.*)

Gens de goût. (Voy. *Connaisseurs, Gens de lettres, Goût.*)

Gens de lettres. A quoi répond ce terme, XXX, 43. — Quel esprit semble constituer leur caractère, 45. — En quoi ceux de notre siècle sont bien supérieurs à ceux des siècles précédents, *ibid.* — Il y en a beaucoup qui ne sont point auteurs, et ce sont probablement les plus heureux, 46. — Dirigent à la longue l'esprit public, IX, 11; XXVII, 416; XXX, 93. — De la considération qui leur est due, XXXVII, 263 *et suiv.* — Quels sont ceux qui ont rendu le plus de services au monde, XXXI, 8. — Quel est leur plus grand malheur, 10. — En quoi ils pourraient le disputer aux théologiens, 11. — Devraient tous être frères, et ne sont presque tous que de faux frères, LIII, 545. — Ce qu'est devenue leur profession, et ce qu'on y gagne, LI, 514. — Leurs disputes ne servent qu'à faire rire les sots à leurs dépens, et à déshonorer les talents que l'on devrait rendre respectables, LII, 109. — Comment ils devraient se combattre, LI, 194. — De la fureur exhalée contre eux par les jansénistes et les jésuites, XLII, 694. — Des persécutions auxquelles ils sont en butte, LVI, 716 *et suiv.* — En quoi leur condition est comparée à celle de l'âne du public, LXV, 225. — Leur vie, comparée à celle des princes, LVI, 242. — Leur état équivoque, et désagréments qui les environnent, 137. — Vers sur l'union qui devrait exister entre eux, XII, 68; XXXIX, 190; LXIV, 234. — Se font plus de mal que ne leur en font les fanatiques, 545. — Se déchirent et se dévorent les uns les autres, 564, 568. — Exemples des persécutions que les gens de lettres inconnus ont excitées ou tâché d'exciter contre des hommes de lettres connus, XXXII, 64; XXXVIII, 343. — Méprisés quand ils n'ont pas réussi, sont persécutés dès qu'ils ont de la réputation, III, 145; XIV, 257. — Comparés par d'Alembert aux filles de joie, LXI, 220. — Leur sort cruel, 532; LXII, 106, 127. — Leurs tribulations, XLIII, 377 *et suiv.;* LXVII, 490. — La satire ment sur eux pendant leur vie, et l'éloge ment après leur mort, LXV, 313. — Quatrain que l'on pourrait mettre sur le tombeau de la plupart, IV, 342; LI, 311. — Indignation de l'auteur contre les libellistes qui usurpent ce titre, et contre lesquels est dirigée la satire du *Pauvre Diable*, XXVII, 226; XLVIII, 397. — Revue des mémoires de la bassesse et de la méchanceté de ceux qu'il a obligés, LVI, 375 *et suiv.* — De leurs friponneries, LXVI, 31.

Gens du monde. Comment ils apprennent à penser, VII, 237. — Leurs discours choisis, 247, 276. — Leur dignité, 290.

GENTIL. Commis de Semblançay, qu'il trahit, XXII, 69. — Est exécuté lui-même sous le gibet de Montfaucon, où son infidélité avait conduit son maître, *ibid. et suiv.*

GENTIL, célèbre voyageur. (*Voy.* LE GENTIL.)

Gentilhomme (premier). Pourquoi Henri II institua cette charge, XVIII, 112.

GENTILIS, dogmatiseur. Sa querelle avec Calvin, qui veut le faire brûler, XXVII, 21. — Comment il se tire de ce mauvais pas, *ibid.* — Pourquoi ensuite il est décapité, *ibid.*

GENTILLET, auteur d'un *Anti-Machiavel.* Ce qu'on en dit, LIV, 109.

Gentous (les). Nom qu'on donne aux vrais Indiens; son origine, XLVII, 326. — Leurs coutumes les plus remarquables, *ibid. et suiv.* (Voy. *Inde* et *Indiens.*)

Génuflexion. Acte d'adoration dans certains pays, n'est dans d'autres qu'une révérence ordinaire, XV, 277, 390. — Rois et princes qui l'ont exigée à titre d'hommage et de vassalité, XVI, 528. (Voy. *Prosternements.*)

GEOFFRIN (Mme). Son procédé généreux envers Mlle Corneille, LIX, 546. — Souscrit la première en sa faveur, quoique son père lui eût fait un procès impertinent, XLVIII, 365; LXIII, 497. — Lettre qui lui est adressée en 1764, LXI, 438. — En 1766, elle voyage en Pologne, LXIII, 129. — Ce que lui écrit l'auteur en faveur des Sirven, et réponse de cette dame; sa générosité à leur égard, 200, 243; LXIV, 119. — Détails sur sa maladie et sur ses derniers moments, LXX, 137, 172. — D'une rapsodie comique publiée contre elle, *ibid.* — D'Alembert, Thomas, Morellet, écrivent chacun son éloge, 407, 410.

GEOFFROI, comte d'Anjou, dit *Grise-gonelle*. Il poursuit Othon dans la forêt des Ardennes, et lui propose un duel, que cet empereur refuse, XXIII, 127.

GEOFFROI OU GODEFROI DE VITERBE. Ce qu'il rapporte du massacre des sénateurs romains par Othon II, XVI, 7; XXIII, 128. — Et du prétendu supplice d'une Marie d'Aragon, femme d'Othon III, XLI, 75.

GEOFFROI DU MAINE, évêque d'Angers. Oblige les moines de Saint-Serga de prouver par le duel leurs droits à de certaines dîmes, XVII, 30; XXII, 90.

GEOFFROY, abbé de Vendôme. Prête de l'argent à l'empereur Henri IV, à Rome, XXIII, 165. — En est remboursé par le titre de cardinal que ce prince donne à lui et à ses successeurs, *ibid.*

GEOFFROY DE PREUILLI. (*Voyez* PREUILLI.)

GEOGEGHAM (chevalier de). Bat les Anglais dans l'Inde, à l'attaque de Vandavachi, XLVII, 381.

Géographie. Science qu'il faudra toujours perfectionner, XXV, 192; XXX, 46. — Quel en est, au gré de l'auteur, un des plus grands avantages, 52. — Est peut-être le seul art dans lequel les derniers ouvrages sont toujours les meilleurs, LVII, 621.

Géométrie. Quel fut le bel âge de cette science, XX, 342. — Obligation qu'elle a à Descartes, XXXVII, 191. — Comment Clairaut imagina d'en faire apprendre les éléments aux jeunes gens, XXX, 53. — Exemple tracé d'après cette méthode, que l'on aurait dû suivre, 55 *et suiv.* — De l'infini en géométrie, 361. — Entretiens d'un géomètre avec *l'Homme aux quarante écus*, XXXIV, 13.

GEORGE (saint), patron d'Angleterre. Cappadocien au service de Dioclétien; son martyre en Perse, XI, 90. — Rôle qu'il joue dans la *Pucelle*, 184, 251. — Origine du proverbe : *monté comme un saint George*, 184.

GEORGE (saint), moine, puis évêque d'Alexandrie. Le plus séditieux et le plus emporté des chrétiens, XXVI, 484; XLIII, 183. — Se fait suivre par des satellites, bat les païens de ses mains, et détruit leurs temples; est tué par les Alexandrins, *ibid.* — Ne doit pas être confondu avec le patron de l'Angleterre, XI, 90.

GEORGE Ier, roi d'Angleterre. Son avènement, XXIV, 308. — Son portrait, *ibid.* — Le seul roi de l'Europe, à cette époque, qui connût sur le trône les douceurs de la vie privée et de l'amitié, 309. — Il séquestre entre ses mains les duchés de Brême et de Verden, que le roi de Danemarck lui avait remis en dépôt, 310; XXV, 263. — Combien il les achète ensuite de ce prince, qui les avait pris sur les Suédois, 277. — Conspiration de Gortz pour le détrôner, 286. — Autres détails sur cette conspiration, XXIV, 335 *et suiv.* — Comment elle se termine, XXV, 360. — Qui s'était chargé de l'assassiner, LIV, 259. — Est compris dans le traité de Neustadt, XXV, 412. — Épître que lui adresse l'auteur, en lui envoyant sa tragédie d'*OEdipe*, XIII, 48. — Sa mort, XIX, 14.

GEORGE II, roi d'Angleterre. En 1739, déclare la guerre à l'Espagne, XXI, 81. — Lève, en 1741, une armée de vingt-cinq mille hommes pour secourir Marie-Thérèse; ce qui l'oblige à l'abandonner et à signer un traité de neutralité, 69. — De concert ensuite avec cette princesse, il déclare la guerre à Louis XV, 90. — Sa situation critique lors de la bataille de Dettingen, 96 *et suiv.* — Sa valeur personnelle, 101. — Il dîne sur le champ de bataille, *ibid.* — Son ministère fait arrêter MM. de Belle-Isle, contre le droit des gens, 124. — Le roi les renvoie sans rançon, 153. — Son trône est menacé d'une révolution, 154. — Le prince Édouard débarque en son absence du royaume, 204. — Le roi revient en hâte, 210. — Il exige des milices de Londres un nouveau serment, 211. — Demande des secours aux Hollandais, *ibid.* — Est menacé par Louis XV dans son électorat de Hanovre, 284. — Fait venir des Hanovriens et des Hessois, 285. — S'allie avec la Russie contre l'Autriche, 295. — A su gouverner, XXXIX, 60. — Éloges donnés à son épouse. (*Voy.* CHARLOTTE.)

GEORGE DE SAXE, prince souverain de Misnie et de la Thuringe. Catholique très zélé, qui déshérite son frère et ses neveux pour cause de religion, XXIII, 494. — Indulgence de sa fille pour son mari le landgrave de Hesse, à qui elle permet d'avoir une seconde femme, XVII, 265, 266; XXIII, 494 *et suiv.*

GEORGE, frère du roi de Danemarck Christian V, et mari d'Anne, seconde fille de Jacques II, qui fut depuis reine d'Angleterre. Abandonne son beau-père lors de la conspiration en faveur de Guillaume, prince d'Orange, à qui l'on transfère sa couronne, XIX, 463. — Lorsque sa femme fut appelée au trône d'Angleterre, après la mort de Guillaume III, il ne fut que son premier sujet, XX, 1.

George Dandin, comédie de Molière. Notice y relative, XXXVIII, 429.—Eloge de sa diction, XXVII, 101.

GEORGE-FRÉDÉRIC DE GREIFFENKLAU, électeur de Mayence. Principal auteur du fameux édit de la restitution des bénéfices, qui causa la guerre de trente ans, XXIII, 22. — Mort en 1629, *ibid.*

GEORGE-GUILLAUME, électeur de Brandebourg. Voit tout son pays dévasté dans la guerre de trente ans, XXIII, 28.—Forcé par Gustave-Adolphe de se joindre à lui, lui livre la forteresse de Spandau, 593. — Sa mort en 1640; Frédéric-Guillaume lui succède, 28.

GEORGE-LOUIS, électeur de Hanovre. Admis en 1708 dans le collège électoral à Ratisbonne, avec le titre d'architrésorier de l'Empire, XXIII, 29. — Roi d'Angleterre en 1714, sous le nom de George Ier. (*Voy.* ce nom.)

Géorgie (la). D'où est ainsi nommée, XXII, 452. — Pays ajouté par les Anglais à la Caroline, *ibid.*

Géorgiques (les) de Virgile. En quoi feront toujours les délices des gens de lettres, LXVIII, 486. — Ne peuvent être d'aucun usage aux paysans, 485. (*Voy.* DELILLE et VIRGILE.)

GÉRARD, baron d'Eppenstein, électeur de Mayence. Combattit à la bataille où Adolphe de Nassau fut tué; mort en 1305, XXIII, 21.

GÉRARD, comte de Holstein. Régent du royaume de Danemarck après la déposition de Christophe, en est chassé par celui-ci, qui remonte sur le trône, XXIII, 311.

GÉRARD (*Balthasar*). Assassine Guillaume, prince d'Orange, LIV, 259. — Comment fut poussé à ce crime, XVIII, 13. — Avait communié pour s'y préparer, XXIII, 551; XLII, 456. — Récompenses et lettres de noblesse accordées par Philippe II à sa famille, XVIII, 14; XLIX, 206. — Comment, après avoir joui de ses singuliers priviléges, elle redevient roturière, XVIII, 14; XXIII, 551.

GÉRARD, consul de France à Dantzick, et depuis commis aux affaires étrangères sous M. de Vergennes. Part qu'il prend à la publication d'une satire sur le partage de la Pologne, LXIX, 238.

GÉRARDO (*Pietro*). A très bien écrit la Vie d'Ezzelino, tyran de Padoue, XVI, 344.

GERBERON, savant bénédictin. Notice qui le concerne, XX, 422.

GERBERT, archevêque de Reims. Précepteur d'Othon III, XVI, 22. — Pourquoi regardé comme un magicien, et chassé de son évêché sous le roi Robert, *ibid.* — Lettre qu'on en cite au sujet de l'usurpation de Hugues Capet, 17.—Ennemi de la nouvelle maison de France, gouverne Grégoire V, 19. — Pape depuis sous le nom de Silvestre. (*Voy.* SILVESTRE II.)

GERBIER, avocat. Loué, XXII, 358; XXVII, 59; LXIX, 180.

GERBILLON, jésuite français. Service qu'il rendit aux Russes lors de leur ambassade en Chine, XXV, 110.

GERLACH DE NASSAU, électeur de Mayence au 14e siècle. Notice qui le concerne, XXIII, 21.

GERMAIN (*Pierre*). Simple orfèvre qui s'est élevé au rang des plus célèbres artistes du siècle de Louis XIV; Notice qui le concerne, XIX, 233.

GERMAIN (*Thomas*). Excellent orfèvre du 18e siècle, dont les dessins et les ouvrages sont du plus grand goût; vers et Notices à son sujet, XIII, 79; XIV, 129, 164.

GERMAIN, écuyer, et orfèvre du roi, présumé fils du précédent. Lettre qui lui est adressée en 1776, LXX, 162.

Germains (les). Leur état barbare lors de l'arrivée des Romains, XV, 252. — Ce qu'il faut penser des louanges que Tacite donne à leurs mœurs, 65, 252 *et suiv.* — Récits qui démentent un peu le panégyrique qu'il en fait, XLI, 307.

Germanie (la). (Voy. *Allemagne*.)

Germes. Différentes opinions sur la manière dont ils coopèrent à la reproduction des espèces, XXI, 430; XLIV, 266. (Voy. *Génération*.)

GERSON (*Jean*), député de l'Université de Paris au concile de Constance. A beaucoup de peine à en obtenir la condamnation de la doctrine de l'assassinat, soutenue par le docteur Jean Petit, à l'occasion du meurtre du duc d'Orléans, XVI, 333 *et suiv.* — Philosophe, l'éternel honneur de l'Université, XL, 148; XLVII, 189. — Fidèle à son roi légitime, meurt dans un exil qui le rend encore plus vénérable, *ibid.* — Par qui cru l'auteur de l'*Imitation de Jésus-Christ*, LXII, 83.

Gertrude, ou l'*Éducation d'une jeune fille*. Conte en vers par Voltaire, XIV, 54. — Mis en opéra par Favart, 58. — Remerciment de Voltaire, et vers à ce sujet, LXII, 469.

Gertruidenberg (congrès de), en 1710. Conditions humiliantes qu'il voulut imposer à la France, XX, 85 *et suiv.*

GERVAIS (saint). Sa prétendue apparition, miracle attesté par saint Augustin; et réflexions à ce sujet, XXXI, 209. — Belle église qu'on lui a érigée à Paris. (Voy. *Paris et ses monuments*.)

GERVAISE DE LA TOUCHE (*Jean-Charles*), avocat. Auteur du *Portier des Chartreux*, XIV, 166; LVII, 10; LXIX, 553; LXX, 4. — Et du discours prononcé par M. d'Aligre au lit de justice de 1776, pour l'abolissement des corvées, *ibid.*

GERVASI (le docteur), médecin du cardinal de Rohan. Traite et guérit Voltaire de la petite vérole, I, 133; XIII, 60. — Épître en vers qui lui est adressée en remerciment, *ibid.* — Sa mission dans le Gévaudan, où régnait la peste, *ibid.* — Autres détails qui le concernent, LI, 100 *et suiv.*; LVI, 341.

GESSLER. (*Voy.* GRISLER.)

Gex (pays de). Ruiné par suite de la révocation de l'édit de Nantes, est rétabli par Voltaire, XIII, 319. — Écrits divers de Voltaire pour ses habitants, et note y relative, XL, 197 *et suiv.* — En 1761, lettre à M. Bouret, fermier-général, pour solliciter un abonnement du sel forcé, LX, 70. — En 1774, requête au roi en faveur des fabriques de Versoix et de Fernei, XL, 197. — Lettre à M. Turgot, au nom des syndics, contre un arrêt du conseil de 1773 sur le prix du sel, XLVIII, 43. — En 1775, notes sur le pays de Gex, 89. — Mémoire contre les vexations fiscales qu'il éprouve, 92. — Autre, contenant des offres à la ferme générale, 146. — Autre, pour la diminution du fardeau dont la ferme veut le charger, adressé à M. Trudaine, 148 *et suiv.* — Supplique à M. Turgot sur le même objet, et sur les demandes des états au sujet du sel et du tabac, 153. — En 1776, Mémoire au même sur les profits énormes de la ferme générale, 172. — Prières et questions qui lui sont adressées sur les vexations des commis, 175. — Délibération des états au sujet des charges de la province, 179. — Notes à M. Turgot, 184. — Remontrances au roi à l'occasion de l'édit des franchises de 1775, 296 *et suiv.* — Requête au roi en son conseil sur le monopole du sel, et sur la consommation qu'en font les états, 437. (*Voy.* les articles DEVAINES, DUPONT, L'ABRI, FARGÈS, SAINT-JULIEN, TRUDAINE, TURGOT et *Fernei*.)

GHERAÏ (les frères), vizirs. (*Voy.* CARPLAN et DELVET.)

GIAFAR-LE-BARMÉCIDE. Vers sur sa disgrâce, traduits de l'arabe par Voltaire, XIII, 343; XV, 335. — Épître allégorique adressée sous ce nom à la duchesse de Choiseul, XIII, 315.

GIAFFERI, l'un des chefs insurgés corses en 1735. En est déclaré général, XXI, 392. — Sa valeur et ses vertus, 397. — Meurt assassiné en 1753, *ibid. et suiv.*

GIANNONE. Célèbre par son *Histoire de Naples*; se trompe souvent sur les affaires qui ne sont pas de son pays, XIX, 505. — Cité sur Othon et la princesse Théophanie, XXIII, 124. — Service éternel qu'il a rendu aux rois de Naples, XLIV, 324. — Fut abandonné, pour récompense, à la persécution des jésuites, et sacrifié lâchement à la cour de Rome, *ibid.* — Cité encore sur les revenus du clergé de Naples, XX, 347. — Et sur les désordres causés par les ecclésiastiques dans ce royaume, XXVII, 437.

Gibelins (faction des). D'où vient ce nom, XXIII, 164. — Partisans des empereurs, XVI, 140. — Désolent l'Italie, 139 *et suiv.*, 275; XXIII, 238, 255.

Gibraltar. Conquis sur les Maures, xvi, 273. — Pris par les Anglais en 1704, xx, 41. — Leur est laissé par les traités, parce qu'on n'a pas pu le leur ôter, xliv, 319.

Giez, banquier de Voltaire. Meurt dans sa maison de Monrion; regrets que l'auteur exprime de cette perte, lvi, 748, 750, 766, 768, 783.

Gilbert, surnommé le Caton des fiacres. Rôle qu'il joue dans l'affaire du comte de Morangiès, et notes qui le concernent, xlvii, 6, 17, 63, 248; l, 323; lxviii, 348; lxx, 77, 81.

Gilbert, résident de la reine Christine en France. Est auteur d'une *Mérope* aujourd'hui inconnue, v, 102. — Et d'une *Rodogune* représentée sans succès quelques mois avant celle de Corneille, xxxv, 505.

Gilbert de Voisins (*Pierre*), avocat-général en 1734. Requiert la condamnation des *Lettres philosophiques*, xxxvii, 109. — Ce qu'en dit l'auteur en 1764, lxi, 390.

Gilbert de Voisins (*Pierre-Paul*), petit-fils du précédent. Grand parlementaire, opposé à l'arrêt de révision du procès des Calas, lx, 622.

Gilfort (lord), époux de Jeanne Gray. Périt avec elle sur l'échafaud, xviii, 38.

Gilles (frère). Envoyé à Maroc par saint François d'Assise pour convertir le Miramolin, est mis à mort par ce prince avec quatre de ses moines, xvi, 196. — Singulière procession en mémoire de cette aventure, 197.

Gilli. Lettre qui lui est adressée, en 1764, sur la compagnie des Indes, lxii, 150. — Sa banqueroute en 1767, lxiv, 88, 89.

Gillot (*Jacques*), chanoine de la Sainte-Chapelle de Paris. L'un des auteurs de la *Satire Ménippée*, l, 11.

Gin (*Pierre-Louis-Claude*), conseiller au grand conseil. Auteur d'un livre intitulé *Des vrais principes du gouvernement français;* lettre qui lui est adressée à ce sujet, lxx, 291.

Gioia (*Flavio*), Napolitain. Inventeur de la boussole, xvii, 355; xli, 546.

Giori, prêtre italien. Espion placé auprès du cardinal de Bouillon, s'introduit dans sa confiance, sollicite ses présents, les reçoit et le trahit, xx, 456; lxv, 34.

Giotto (le), peintre célèbre du 13e siècle. Note qui le concerne, xvi, 427.

Girard (*Antoine*), jésuite. Traducteur de la *Fleur des Saints*, xiv, 193; xxviii, 157. — Comment prétend prouver l'authenticité de l'*Histoire des Sept Dormants*, ibid.

Girard, autre jésuite. Accusé d'avoir ensorcelé la demoiselle La Cadière; vers de la *Pucelle* qui font allusion à cette aventure, xi, 36, 59. — Autres, sur une estampe où il était représenté avec sa belle pénitente, xiv, 339. — Réflexions relatives à son procès, 193; xl, 323; xlii, 636; xlvii, 414; l, 278. — D'une relation ironique qui en fut publiée, li, 249.

Girard (l'abbé *Gabriel*), de l'Académie française. Utilité de son livre des *Synonymes*, xix, 118. — Remarques critiques à son sujet, xxix, 236. — Comment a gâté cet ouvrage dans les dernières éditions, xxx, 253. — Observations critiques sur sa *Nouvelle grammaire;* pourquoi l'on recommande aux jeunes gens de ne point la lire, xxxix, 238. — Est un ouvrage ridicule, lv, 177.

Girardeau, mousquetaire français. Blessé à Dettingue; générosité dont le duc de Cumberland use à son égard, xxi, 101.

Girardon (*François*), sculpteur. Caractère et mérite de ses compositions, xii, 342. — Son mausolée du cardinal de Richelieu, *ibid.;* xviii, 245. — A égalé tout ce que l'antiquité a de plus beau, xix, 232.

Giraud, médecin. Auteur d'une *Épître du Diable à Voltaire;* ce qu'on en dit, lix, 497.

Girofle. Seul endroit de la terre où la nature l'ait placé, xvii, 364.

Girouettes. Objet de comparaisons poétiques, viii, 409, 507; l, 531; lvi, 744.

Giselbert, duc de Lorraine. En est dépouillé par Henri-l'Oiseleur, qui la lui rend ensuite, xxiii, 108.

Giselle, fille de l'empereur Louis-le-Faible. Mariée à un comte de Bourgogne, xxiii, 6.

Giselle, sœur de l'empereur Henri II. Fait chrétien son mari, roi de Hongrie, xvi, 48; xxv, 70.

GISORS (comte de), fils du maréchal de Belle-Isle. Prisonnier à la bataille de Crevelt, meurt de ses blessures; son éloge, XIV, 277; XXI, 306.

Gitons. Il y avait des lois contre eux à Rome, VIII, 87. (Voy. *Anti-Giton*, *Pédérastie*, *Amour socratique*.)

GIUDICE (*François*), cardinal et grand-inquisiteur. Comment son insolence envers Philippe V fait conserver l'inquisition, qu'elle devait faire détruire, XXI, 10. — S'unit avec Albéroni, qui bientôt rompt avec lui et le relègue à Rome, *ibid.*

GIUSTINIANI, Génois. Commande dans Constantinople assiégée par Mahomet II, XVI, 491.

GIVRI (bailli de). Sa belle conduite à l'attaque de Château-Dauphin, où il est tué, XXI, 92 *et suiv*.

Givri (la *Comtesse de*), drame de Voltaire. (Voy. *Charlot*.)

Glace (la). Objet d'une expérience curieuse faite en Russie par le comte Orlof, LXVIII, 161, 201.

Glaces. (Voy. *Miroirs* et *Manufacture des*.)

Gladiateurs (combats de). Jeux barbares, qui furent abolis au 5e siècle par Théodoric, XVII, 19.

GLASER, apothicaire allemand. (*Voy.* EXILI.)

Glèbe. Abolition de sa servitude, due en partie à Voltaire, VII, 10.

GLEBO (*Étienne*), officier russe. Instrument et complice des fourberies de Dozithée et de l'ambition d'Eudoxie, XXV, 333. — Son commerce avec cette princesse, *ibid*. — Son supplice, 334.

GLEICHEN (baron de), Danois. Son voyage à Fernei en 1772; ce qu'en dit l'auteur, LXVII, 446, 451, 460, 483.

Globe (le). N'est qu'un vaste champ de carnage et d'infection, XLVI, 396. — Des révolutions qu'il a subies, XV, 3. — Rêveries et systèmes absurdes à ce sujet, 6. (*Voy*. MAUPERTUIS.) — N'a pu être entièrement inondé, 255. — Considérations philosophiques sur les changements qui y sont arrivés, XXVIII, 5 *et suiv*. — Vers sur le même sujet, XLIV, 256. — Dissertation sur les pétrifications qu'on prétend en être encore les témoignages, XXXVIII, 565. — Digression sur la manière dont il a pu être inondé,

580. — De sa population après le déluge, et de sa population actuelle, XXXI, 472 *et suiv*.; XLI, 183 *et suiv*. — Que la nouveauté des arts ne prouve rien contre son antiquité, XXVII, 123. — Que ses inégalités ne sont point une suite d'un prétendu bouleversement, XXXVIII, 243. (Voy. *Terre*, *Déluge*.)

GLOCESTER (duc de), oncle du roi Henri VI. Assassiné par ordre de la reine Marguerite d'Anjou, XVII, 117.

GLOCESTER (princesse de), épouse du précédent. Condamnée à faire amende honorable et à une prison perpétuelle, pour sortilége prétendu contre le roi Henri VI, XVI, 410, 435; XVII, 116.

GLOCESTER (*Richard*, duc de). (*Voy*. RICHARD III.)

Gloire (la). Enchanteresse dont tous les hommes briguent les faveurs; vers à ce sujet, V, 323. — Digne salaire des travaux des humains, VI, 365. — Qui n'ose la vouloir n'ose la mériter, *ibid*. — La dédaigner, ce serait peu chérir la vertu, V, 216. — Où réside, LXIII, 466. — Comment il faut l'aimer, XXVIII, 86, 87. — Ce qu'elle coûte, XIV, 255. — Tardive, ne vient souvent qu'après la mort, IX, 315. — Achille, dans Homère, la traite de chimère quand il est courroucé; mais dans le fond de son cœur il l'aime à la folie, LVII, 259. — Portrait de ce fantôme, XIII, 110. — Comparée à une femme coquette, 194. — Comment définie, XXX, 63. — De qui elle est le partage et à qui elle convient, 64, 66 *et suiv*. — Pourquoi tant de gens ont tort d'y prétendre; espèce d'apologue à ce sujet, 68. — Acceptions diverses du mot, 64. — Gloire et Muses sont sœurs, V, 313. (Voy. *Temple de la Gloire*.)

Glorieux. Acceptions diverses de ce mot, XXX, 65 *et suiv*. — Apologue sur la sottise que nous avons eue de faire Dieu glorieux comme nous, 67, 68.

Glorieux (le), comédie de Destouches. Sentiments sur cette pièce, III, 4; XXVII, 103; XXXVII, 368; LI, 257; LII, 346; LV, 176. (*Voy*. DESTOUCHES.)

Glossopètre. Observations sur cette espèce de pierre, XV, 5; XXXVIII, 567; XLIV, 231.

GLUCK (le chevalier). De sa musique comparée à celle de Lulli, LXIX, 36. — Autres éloges, 40, 183.

Gnostiques (les). La plus savante des premières sociétés chrétiennes, d'abord en honneur, et ensuite méprisée, XXVII, 273. — Infamies que leur reproche saint Épiphane, *ibid.;* XLIII, 121. — Ce que signifiait ce nom, qui fut long-temps honorable, XXX, 173. — Leur évangile, XLV, 351.

Goa (île de). Le plus beau port du monde, au rapport de tous les navigateurs, XLVII, 344. — Sa ville, monument de la supériorité des Européans sur les Indiens, *ibid.* — Malheureusement célèbre par son inquisition, *ibid.*

GOAS (comte de), colonel de Bourbonnais. Tué au combat d'Exiles, XXI, 192.

GOBELIN (l'abbé), confesseur de Mme de Maintenon. Approuve son ambition, sa dévotion, et nourrit ses illusions, XX, 195. — Son caractère trigaud et processif, XXVIII, 417; XXXIV, 9; XLVI, 357. — Anecdote qui le concerne, 351.

Gobelins (Manufacture des). Beauté de ses tapisseries; situation de cet établissement sous Louis XIV, XIV, 129; XX, 246.

GODARD (le chevalier). *Voy.* GOUDARD.

GODEAU (*Antoine*), évêque de Grasse. Poëte, orateur et historien, fut un de ceux qui servirent à l'établissement de l'Académie française; Notice, XIX, 118.
— Auteur d'une *Histoire ecclésiastique* et d'un poëme des *Fastes de l'Église*, où il a cru égaler Ovide, *ibid.* — Condamnait le fanatisme de Polyeucte, XXXV, 308. — Vers de lui que Corneille a imités, 320.

GODEFROI, prince de Danemarck, chef de Normands. Brûle Pontoise et vient devant Paris, XV, 478. — Charles-le-Gros lui cède une partie de la Hollande, *ibid.*

GODEFROI (*Denis*). Service important qu'il a rendu à l'Europe par son travail sur le *Corpus juris civilis*, XIX, 118.

GODEFROI (*Théodore*), fils du précédent. Historiographe de France sous Louis XIII et Louis XIV, s'appliqua surtout aux titres et au cérémonial, XIX, 118.

GODEFROI (*Denis*), fils de *Théodore*. Historiographe de France comme son père, XIX, 118.

GODEFROI DE BOUILLON, neveu de la comtesse Mathilde. Gagne avec l'empereur Henri IV la bataille de Mersbourg, et y tue Rodolphe, compétiteur de ce prince, XVI, 85; XXIII, 161. — Vend ses terres et se croise, XVI, 159. — Son armée, 161. — Attaque les faubourgs de Constantinople, 165. — Élu duc de Jérusalem, est obligé de céder cette ville à un légat du pape, 169.

GODEHEU, directeur de la Compagnie française des Indes. Succède à Dupleix dans son gouvernement, XLVII, 314. — Son administration sage et pacifique, 315.

GODESCALE (*Jean*), bénédictin. Anathématisé par Hincmar, et fouetté devant Charles-le-Chauve, XV, 517 *et suiv.* — Ses opinions étaient celles que soutinrent depuis les jansénistes, *ibid.*

GODESCALE, prédicateur allemand. Marche à la tête des croisés, XXIII, 166. — Est massacré avec eux en Hongrie, XVI, 160.

GODET-DESMARETS, évêque de Chartres. Fait avec Mme de Maintenon les règlements de la maison de Saint-Cyr, XX, 199. — Gouverne cette favorite et son établissement avec le despotisme d'un directeur, 451. — Envenime le cœur de Louis XIV contre Fénelon, *ibid.*

GODIN. Son voyage à l'équateur, pour reconnaître la forme de la terre, XIII, 117.

GODINOT (*Jean*), chanoine à Reims. Anecdote qui le concerne, LV, 348.

GODOLPHIN, grand-trésorier en Angleterre sous la reine Anne. Beau-père d'une des filles de Marlborough, livre à ce duc les finances de l'état, XX, 91. — Sa disgrâce, 93.

GOERTZ (*Henri*, baron de), favori et premier ministre de Charles XII. Son origine, son caractère, ses entreprises, XXIV, 330; XXV, 261. — Son empire sur l'esprit du roi, 262, 274. — Négocie à la cour de Pologne et à celle du czar, 266; XXIV, 333 *et suiv.;* avec le roi de Prusse, XXV, 265. — Avec le Danemarck, 266. — Avec les corsaires de Madagascar, XXIV, 335. — Avec Albéroni, *ibid.;* XXV, 286. — En France et dans les Pays-Bas, 287, 288; XXIV, 336. — Confère avec le czar à La Haye, 338. — Autre version sur ces conférences, XXV, 289. — Ses intrigues découvertes par le duc d'Orléans, régent, XXIV, 338. — Est arrêté par les états-généraux ; sa réponse au comte de Welderen, chargé de l'interroger, 339; xxv, 290. — Est remis en liberté, XXIV, 343. — Jaloux du duc d'Ormond, détruit ses projets, et flatte les vues du czar, *ibid. et suiv.* — Retourne en Suède, 344. — Monnaie fictive qu'il emploie pour subvenir aux besoins de son maître, 345. — Devenu en horreur à la nation suédoise, n'a pour lui que l'amitié du roi, 346 *et suiv.* — Part pour aller consommer avec le ministre du czar la grande alliance qu'il méditait, et qui devait changer la face de l'Europe, 347. — Conditions préliminaires de cette alliance, *ibid.* — Détails de ses négociations au congrès d'Aland, xxv, 359. — La mort de Charles XII fait avorter ses projets; il est arrêté et décapité par ordre du sénat de Stockholm, XXIV, 359. — Ses liaisons avec Voltaire, et réflexions à ce sujet, I, 132; xxv, 288.

GOEUTZ, général autrichien. Battu par le duc Bernard de Veimar, XXIII, 610, 611. — Tué à Tabor, où il commandait l'armée impériale, 619.

GOHIER, ministre de la justice de 1792 à 1793, et depuis membre du directoire exécutif. Auteur d'un nouveau dénouement de la *Mort de César*, joué à Paris en 1794 sur le théâtre de la République, IV, 66. — Texte de ce morceau curieux, 139 *et suiv.*

GOLDONI, poëte dramatique italien. Appelé *l'Enfant* et le *Peintre de la nature*, LVIII, 451, 509; LIX, 6, 194, 406; LX, 564. — Stances en son honneur, LVIII, 451. — Ce qu'il a, et ce qui lui manque, VII, 12. — Son imitation du *Menteur* de Corneille, XXXV, 448, 464, 467. — Sa comédie du *Bourru bienfaisant* fait époque dans la littérature française, LXVII, 387. — Ce qui frappe surtout dans ses pièces, LIX, 194; LXI, 33. — Lettres qui lui sont adressées, de 1760 à 1772. (Voy. *Tabl. part.* de LIX à LXVIII.) — Notice, LIX, 49.

GOLITZIN (le prince), neveu du comte de Schouwalou. Sa visite à Fernei en 1772; ce qu'en dit Voltaire, LXVII, 470 *et suiv.*

GOLLOVIN (*Alexis*), gouverneur de Sibérie. Chef de l'ambassade russe en Chine, signe le traité d'une paix perpétuelle avec cet empire, xxv, 111 *et suiv.* — Accompagne Pierre Ier dans ses voyages, 119 *et suiv.* — Grand-amiral et premier chevalier de Saint-André, 142. — Crée le czar chevalier, 162.

GOLLOVIN (comte). Part qu'il prend à la victoire de Pultava, XXIV, 190.

GOLLOWKIN, général russe. Prisonnier des Suédois à Narva, XXIV, 79.

GOLTZ (baron de), ministre du roi de Prusse à Paris. Lettres qui lui sont adressées, en 1774, au sujet de l'infortuné d'Étallonde de Morival, LXIX, 125. — Autre en 1775, 192.

GOMAR (*François*), théologien protestant. Chef d'une secte en Hollande, XVIII, 385. — Notice qui le concerne, XLI, 245.

Gomaristes (secte des). Comment se forma, XVIII, 385. — Leur dispute avec les arminiens, *ibid. et suiv.* — Furent martyrs en Flandre et bourreaux en Hollande, XII, 168.

GOMBAULD (*Jean* OGIER de). Auteur de quelques bonnes épigrammes; Notice, XIX, 119.

GOMBERVILLE (*Marin* LE ROI de). L'un des premiers académiciens; écrivit de grands romans avant le temps du bon goût, XIX, 119. — Sa réputation mourut avant lui; Notice, *ibid.*

Gomérites (les). Notices sur ces anciens peuples, xv, 64 *et suiv.*

GONDEBAUD, roi bourguignon. Sa loi pour ordonner les duels, XVII, 26. — Crimes dont se souilla ce législateur franc, L, 126. — Sa famille armée contre lui, 127.

GONDI (*Albert* de), cardinal et archevêque de Paris. Mis à la tête des finances sous Henri IV, XXII, 188. — Est obligé de renoncer à cette administration et d'avouer son ignorance, 189. — Pourquoi il s'était cru un grand financier, LXIX, 567.

GONDI (*Henri* de), évêque de Paris. Préséance qui lui est disputée à la cérémonie des obsèques du grand Henri, XXII, 215.

GONDI (*Albert* et *Jean-François* de), l'un maréchal et l'autre cardinal de Retz. (*Voy.* RETZ.)

GONDRIN (marquis de), fils du duc d'Antin. Sa mort, XX, 207.

GONDRIN (marquise de), depuis comtesse de Toulouse. Épître qui lui est adressée sur le péril qu'elle avait couru en traversant la Loire, XIII, 25. — Anecdote sur une maladie de cette dame, IV, 236.

Gonorrhée. Qu'il ne faut pas confondre la gonorrhée antique avec une autre incommodité, XLVIII, 557.—Qu'elle n'est point contagieuse, XLIX, 148.

GONSALVE DE CORDOUE, surnommé *le grand Capitaine*. A mérité ce titre, mais non celui de *vertueux*, XVII, 93. — Envoyé par Ferdinand-le-Catholique, aide Frédéric III à reconquérir son royaume de Naples, 75. — Lors d'une seconde invasion, est envoyé pour l'accabler, sous prétexte de le défendre, 89. — Appelé en duel par le duc de Nemours, répond en battant plusieurs fois son armée, 93. — Envoie prisonnier en Espagne César Borgia, qui s'était confié à lui, 97.—Mis en parallèle avec Turenne, XIX, 421.

GONTAUT. (*Voy.* BIRON.)

GONTIER, archevêque de Cologne. Pourquoi excommunié et déposé par le pape Nicolas Ier; sa protestation, XV, 508. — Se soumet à son successeur, 509.

GONTRAN, roi franc. Eut plusieurs femmes à la fois, XV, 409, 507; XXIX, 357; XLI, 30.

GONZAGUE (maison des). S'établit à Mantoue au 14e siècle, XVI, 345; XXIII, 417.

GONZAGUE (*Frédéric* de), de la maison de Mantoue, duc de Nevers. L'un des auteurs de la Saint-Barthélemi. (*Voy.* NEVERS.)

GONZAGUE (*Charles* de), duc de Nevers, parent de Vincent II, duc de Mantoue, mort sans enfants. Prend possession de ce duché, et se fait reconnaître, XXIII, 587. — L'empereur Ferdinand et le duc de Savoie s'unissent contre lui; le ministère de France entre dans son parti, *ibid.* — Proscrit par l'empereur, XVIII, 271. — Tous ses partisans, vassaux de l'Empire en Italie, sont déclarés rebelles, XXIII, 588.

GONZAGUE (*Marie-Louise* de), épouse de Ladislas, roi de Pologne, XVIII, 400. — Avait aimé le grand-écuyer Cinq-Mars, *ibid.* — Remariée à son beau-frère Casimir, successeur de Ladislas, *ibid.* — Autres détails, XIX, 15, 378.

GONZAGUE DE CLÈVES (*Anne* de), princesse palatine. Visions qui opérèrent sa conversion, commentées par Bossuet dans son Oraison funèbre, XXVI, 511; XXXII, 476. — Ne méritait pas d'avoir un tel panégyriste; Notice qui la concerne, XLIII, 219.

GONZALÈS DE MENDOZA. L'un des premiers qui nous aient donné des nouvelles sûres de la Chine, XLVIII, 199.° — Ce qu'il raconte d'une princesse nommée Hanzibon, *ibid.*

GOODHEART. Nom forgé par Voltaire pour la publication de la *Paix perpétuelle*, XLVI, 54.

GORDES, de la maison de Simiane. Refuse d'exécuter en Dauphiné les ordres de la cour pour le massacre de la Saint-Barthélemi, X, 106.

GORDON, Écossais, l'un des généraux de Pierre-le-Grand. Discipline les troupes de ce prince, XXV, 106. — Prend part à l'expédition d'Azof, 113. — Figure dans le triomphe du czar à Moscou, 117. — Bat les strélitz rebelles, 133; XXXIX, 83.

GORDON, autre Écossais. L'un des assassins de Valstein, XXIII, 600.

GORDON (*Jacques*). Est pénétré d'admiration pour l'assassinat de Jules-César, XLIX, 206. — Ce qu'il dit du miracle des deux mille cochons dans lesquels Jésus envoya des démons, L, 438.

GORDON (*Thomas*). Excellent traducteur de Tacite, XXXVII, 260.

Gorée (île de), en Afrique. Enlevée aux Français par les Anglais en 1758, XXI, 330. — Rendue par la paix de 1763, 340.

GORTZ (baron de). (*Voy.* GOERTZ.)

GOSLIN, évêque de Paris au 9e siècle. Est tué en défendant cette ville contre les Normands, XV, 479; XXIII, 97. — Méritait l'apothéose, XV, 480.—Figurerait à merveille dans une tragédie du *Siège de Paris*, LXII, 500.

GOT (*Bertrand* de), archevêque de Bordeaux sous Philippe-le-Bel. Est élu pape, XXIII, 292. (*Voy.* CLÉMENT V.)

GOTHA (ducs de). De qui descendent, XXIII, 509.

GOTHA (duchesse de). (*Voy.* SAXE-GOTHA.)

Goths (les). Prennent et pillent Rome à diverses reprises, XV, 234, 378 *et suiv.* — En sont chassés par Bélisaire et Narsès, 381.

GOTTER (comte de), grand-maréchal de la maison du roi de Prusse. Lettre qui lui est adressée en 1753, LVI, 294. — Questions à son sujet, LVII, 340, 349.

Gottingue (Journal de). Avis à son auteur, à l'occasion du *Siècle de Louis XIV*, critiqué par lui, XXXIX, 514.

GOTTSCHED, littérat. allem. Lettre qui lui est adressée, en 1756, au sujet d'ouvrages désavoués par Voltaire, I.VII, 1.

GOUDARD (chevalier). Auteur de l'*Espion chinois*; ce qu'on en dit, XLII, 643. — Auteur du *Testament de Mandrin*, XXIX, 254.

GOUGE (*Jean* de), bourgeois de Sens. Reconnu roi par les brigands, du temps du roi Jean; ses ravages, XVI, 375.

GOUJON (*Jean*), sculpteur célèbre. A orné la fontaine des Saints-Innocents à Paris, XII, 352; XIX, 234.

GOUJON (*Alexandre*). De sa *Table des matières* des OEuvres de Voltaire, édition de Desoër, I, *xxj*.

GOUJU (lettre de *Charles*) à ses frères. Facétie contre les jésuites, XL, 340.

GOULU, général des feuillants. A écrit contre Balzac deux volumes d'injures, XIX, 53.

Goupillon. Description de cet instrument, usité dans l'antiquité; et note y relative, XI, 129.

GOURDON DE BACH. Défend l'*Alcibiade* de Campistron contre une critique de Voltaire; lettre de celui-ci à ce sujet, LI, 217 *et suiv.*

GOURGUES (chevalier de), Gascon. Son expédition dans la Floride; ce qu'on en dit, XVII, 439.

GOURVILLE (*Jean* HÉRAULD de), valet de chambre du duc de La Rochefoucauld. Comment devint un homme considérable, XIX, 119, 300. — Sa tentative pour délivrer les princes de Condé et de Conti, enfermés à Vincennes du temps de la Fronde, *ibid.* — Trait de violence qu'il commit dans cette guerre, et qu'il rapporte comme des choses ordinaires, 312. — Sert Fouquet dans sa disgrace, XX, 133, 137, 140. — Conseil non suivi qu'il donne à Louvois au sujet des protestants, 385; XXXIX, 23. — Anecdotes vraies et curieuses que renferment ses *Mémoires*, XIX, 119. — Fut pendu en effigie dans le temps même que le roi l'envoyait en Allemagne, *ibid.*; XXVIII,

198. — Obligé de fuir de France, confia deux cassettes pleines d'argent, l'une à Ninon de Lenclos qui lui en rendit fidèle compte, et l'autre à un dévot qui lui nia ce dépôt, VIII, 345; XXIX, 405. (*Voy.* NINON et le *Dépositaire*.)

Goût. N'est que la suite d'un sens droit, et le sentiment prompt d'un esprit bien fait, XX, 124. — Des différents goûts des peuples, X, 401 *et suiv.* — Que ce n'est pas bon signe pour le goût d'une nation, quand ce qu'elle admire ne réussit que chez elle, LXII, 523. — Ce que c'est, dans les arts et dans les sciences, que le goût comparé au goût sensuel, XXX, 73. — Comment le goût se forme chez une nation, et quand il peut s'y gâter, 75. — Vastes pays où il n'est jamais parvenu, 77. — S'il est arbitraire, et s'il est en effet un bon et un mauvais goût, 76, 77. — Quel est le meilleur en tout genre, *ibid.* — Que les connaisseurs distinguent, surtout dans le même homme, le temps où son goût était formé, celui où il acquit sa perfection, celui où il tomba en décadence; Corneille et Boileau cités en exemple, 82. — Du goût particulier d'une nation, 84. — Du goût des connaisseurs, 85. — Autres exemples du bon et du mauvais goût, tirés des tragédies françaises et anglaises, XXIX, 288; XXX, 87. — Rareté des gens de goût, 91. — Que chacun, en fait de goût, doit être maître chez soi, IX, 21. — En quoi consiste le véritable, XIV, 283; LVII, 22. — Son histoire, XII, 331. — Son portrait, 341. — Comment on le distingue du faux goût, 357. — En quoi celui-ci diffère du faux bel esprit, XXIX, 226. — Que n'avoir qu'un goût, c'est ne vivre qu'à demi; vers à ce sujet, XIII, 142. — Que ce n'est point par des satires, mais par des ouvrages écrits dans le bon goût, qu'on réforme le goût des hommes, XXXVIII, 333. — Que tout annonce la prochaine décadence du goût parmi nous, IX, 284; LVIII, 23; LXIV, 351. (Voy. *Arts*, *Littérature* et *Temple du Goût*.)

Goutte (la). Maladie qui confond terriblement l'art prétendu de la médecine, LXVII, 70.

Gouvernement. Fait seul le caractère des nations, I, 131. — Le meilleur est celui où l'on n'obéit qu'aux lois; mais il faut le chercher, XXIX, 258. — Les gouvernements d'Asie et de quelques contrées célèbres, passés en revue par un Indien et un Européan, 255 *et suiv.* — Qu'il existe plus de livres sur le gouvernement qu'il n'y a de princes sur la terre, XXX, 94. — Pourquoi il ne peut jamais en être un bon, 96. — Qu'un gouvernement doit être conforme au temps et aux hommes pour lesquels il est institué; apologue à ce sujet, 105 *et suiv.* — Pourquoi les gouvernements les plus éclairés ont permis les coutumes, les fables les plus insensées, XXXI, 470. — Que chacun, en fait de gouvernement, doit être maître chez soi, IX, 21. — Que la bonté d'un gouvernement consiste à protéger et à contenir toutes les conditions, XXXIX, 428. — Que les prêtres n'y doivent prendre aucune part, XL, 570. — Et n'y doivent prêcher que la morale, XLIII, 607. — Quel est le grand défaut de presque tous ceux qui gouvernent, XXXII, 420. — La république, gouvernement primitif de tout état, XXXI, 376. — Comment il se fait que presque toute la terre soit gouvernée par des monarques, 377. — Quel est l'intérêt de tout gouvernement, XXXIX, 434. — Quel est de tous les gouvernements le plus tolérable, XL, 584. — Trois causes de prodigieuses erreurs en fait de gouvernement, qui ont fait le malheur de tant de peuples, XLIV, 285. — Des trois gouvernements, et de mille erreurs anciennes, XLV, 56. — Pensées sur le gouvernement, XXXIX, 422 *et suiv.* (Voy. *Aristocratie, Démocratie, Despotisme, Monarchie, Théocratie, République*, et les articles ci-après.)

Gouvernement absolu. Douceur de son joug en France, XIII, 213; XXXIX, 429. — Ce qu'il est chez les Turcs, XIV, 483; XVI, 507 *et suiv.* — Il n'y en avait pas en Europe au 13e siècle, 269. — Aux 15e et 16e, la monarchie pure n'existait qu'en France, XVII, 175. — Ne vient qu'à la longue; comment se forme, XVI, 228. — L'autorité des rois a commencé partout par être balancée, XVII, 159. — Heureux sous un bon roi, est le pire de tous sous un roi faible ou méchant, 175. — Ses dangers pour les sujets et pour le maître, XVI, 507. — Est l'origine du pur despotisme, XL, 567 *et suiv.*

Gouvernement démocratique ou *républicain*. Vers contre cette forme de gouvernement, II, 384. — Autres, qui le caractérisent, VIII, 202. — Ne convient qu'à un petit canton suisse ou à Genève, XVII, 67. — Ce qu'il doit être, XL, 574 *et suiv.* — Est le plus tolérable de tous, 584. — Comment deux partis peuvent lui être utiles, 575, 587. — A été le partage de tous les peuples du Nord, dans l'ancien monde et dans le nouveau, XVII, 439. — (Voy. *Démocratie* et *République*.)

Gouvernement féodal. Gouvernement de sauvages et de barbares un peu à leur aise, XVI, 534; LIII, 612. — Son origine, XV, 523.

Gouvernement de fait. Maxime horrible et lâche, VI, 200.

Gouvernement héréditaire. Ne l'est devenu qu'avec le temps; était d'abord électif partout, XV, 426. (Voy. *Loi salique*.)

Gouvernement militaire. Ses dangers, VIII, 161.

Gouvernement municipal. Aboli presque partout au 10e siècle, XVI, 15. — Rétabli, au 12e, en Angleterre et en Allemagne, 115, 255. — Au 14e, prévaut partout, 297.

Gouvernement théocratique. Ne peut être fondé que sur des miracles, XXXI, 216. (Voy. *Théocratie*.)

Gouvernement d'Angleterre. En quoi consiste sa beauté, XVI, 346; XVII, 66. — Ses avantages et ses inconvénients, XVI, 351. — Mélange égal de la liberté et de la royauté, 512. — Son but, XXXVII, 149. — Le plus parfait peut-être qui soit au monde, XXXIV, 164, 331. — A pris sous Édouard Ier sa forme actuelle, XVI, 350. — Vers qui le caractérisent, X, 59, 60. — Tableau qu'on en fait, XXX, 106.

Gouvernement (du) *et de la divinité d'Auguste*, XLII, 489.

Gouverner. Que quiconque sait très bien gouverner une grande maison, peut gouverner un royaume, XXXIX, 89. — Que, pour gouverner de droit ses frères les hommes, il faut le consentement libre des peuples, XLIV, 319.

GOUVERNET (Mme de). (*Voy*. Mlle de LIVRI.)

GOYON, ministre protestant en Hollande. Passait pour être fils de Jeanne d'Albret, reine de Navarre, x, 87; xxvi, 323.

Grace, Graces. Acceptions et emplois divers de ces mots, xxix, 344; xxx, 117 *et suiv.* — Allégorie des trois Graces, compagnes nécessaires de la Beauté dans tous les genres, xli, 563. — Rôle qu'elles jouent dans le *Temple de l'Amour*, x, 302. — Et dans le *Temple du Goût*, xii, 341. — Que la grace, en s'exprimant, vaut mieux que ce qu'on dit, xiv, 68. — Que l'esprit donne des graces, iv, 150. — Du titre de *Grace*, donné anciennement aux rois d'Angleterre, xvi, 528; xxvii, 544. (Voy. *Étiquette.*) — Ce que c'est que la grace chez les théologiens, xxx, 120. — Comment définie par saint Thomas et le P. Bouhours, 121 *et suiv.* — Qu'Homère est le premier qui ait parlé de la grace efficace et gratuite, 123. — Philosophes qui n'ont pas été de son avis, 124. (Voy. *Théologiens.*) — De divers poëmes sur la grace. (*Voy.* L. Racine et Claris.) — D'un autre sur l'origine des Graces. (*Voy.* Dionis.)

Gracieux. Mot qu'on doit à Ménage, et qui a réussi; ses acceptions et dérivés, xxx, 131. — Employé d'une façon impropre par Boileau, *ibid.*

Graffigni (Mme de). Son séjour à Cirei en 1739, liii, 406. — Est un grand exemple des malheurs de ce monde, *ibid.* — Vers à l'occasion d'une lecture de la *Pucelle*, que l'on devait faire chez elle, xiv, 401. — Intérêt que lui porte Voltaire, lv, 454; lvii, 117, 151. — Lettres qui lui sont adressées en 1750, lv, 382, 393. — Autres, en 1758, lvii, 528, 546. — Sa *Fille d'Aristide*, jouée sans succès à cette époque, 542, 547, 558. — Sa mort; regrets de l'auteur sur sa perte, lviii, 10. — Notice, et *Lettres* écrites par elle durant son séjour à Cirei en 1739, publiées en 1820, liii, 406.

Grageon, docteur de Sorbonne. Scène ridicule entre lui et le docteur Foucher, au sujet de la thèse de l'abbé de Prades, xxxix, 541.

Graham, mécanicien. Inventeur du télescope parallactique, xxxviii, 77.

Grains. Erreur sur leur germination, accréditée par Jésus et l'apôtre Paul, xxvi, 123. — Considérations sur leur exportation, 127. — Méthode pour en recueillir plus qu'à l'ordinaire, 131. — Autres réflexions sur la liberté de leur commerce, lxv, 485 *et suiv.* (Voy. *Blés.*)

Grammaires. Leur étude, moins nécessaire pour se former le style que pour la lecture assidue des bons auteurs, xxxix, 237. (Voy. *Langues.*)

Grammairiens. A qui on donnait ce nom chez les Grecs et les Romains, xxxi, 31. — Ce qu'ils sont pour les auteurs, l, 531. — Vers qui les caractérisent, xii, 100.

Grammont (comtesse de), amie de Henri IV. (*Voy.* Corisande d'Andouin.)

Grammont (*Antoine* de), maréchal de France sous Louis XIV. Sert sous le grand Condé, et le seconde dans la bataille de Fribourg, xix, 274. — Fait prisonnier à Nordlingue, 275. — Dégagé par Condé à l'affaire de Lens, 276. — Envoyé en Espagne en 1656, pour y solliciter la paix et demander l'infaute, 336. — Sa mort, 25.

Grammont (*Antoine* de), petit-fils du précédent, aussi maréchal de France. Notice, xix, 25.

Grammont (*Louis*, duc de), fils du deuxième *Antoine*, et neveu du maréchal de Noailles. Son impatience fait perdre la bataille de Dettingue, xxi, 98. — Première victime de la journée de Fontenoi, xix, 25; xxi, 133; xxxix, 37. — Vers qui lui sont consacrés dans le poëme sur cette bataille, xii, 130.

Grammont (*Philibert*, comte de), frère du précédent. Anecdote qui le concerne avec Louis XIV, xx, 233. — Mot qu'on en cite sur le chancelier Le Tellier, 386; xliii, 218. — Autre sur L'Angeli, xx, 149.

Grammont (comtesse de), née Hamilton. Notice qui la concerne; son caractère, sa conversion, xlvi, 359.

Grammont (le président de). Auteur d'une *Histoire de France* oubliée, xxvii, 181. — Jugement téméraire et atroce qu'il porte sur Vanini, 182.

Grammont (*Béatrix* Choiseul de Stainville, duchesse de). La première et la plus généreuse protectrice de la petite-nièce de Corneille, lix, 568; lx, 584. — Lettres qui lui sont adressées, de 1764 à 1767. (Voy. *Tabl. part.*, de lxi à lxiv.) — Notice qui la concerne, lxi, 442.

Grammont (Mémoires du comte de), par

Hamilton son beau-frère. (*Voy.* HAMILTON.)

GRANA (marquis de), gouverneur de Flandre, de 1682 à 1685. Notice, XIX, 18.

GRANCEI (*Jacques* ROUXEL, comte de), maréchal de France sous Louis XIV. Notice, XIX, 27.

GRANCEI (*Jacques - Léonor* ROUXEL , comte de MÉDAVI et de), petit-fils du précédent. En 1706, gagne une victoire complète sur les Impériaux commandés par le prince de Hesse, XIX, 27 ; XX, 53. — Créé maréchal de France en 1724, XIX, 27. — Époque de sa mort, *ibid.*

GRANCEI (maréchale de). Rôle que l'auteur lui fait jouer dans la facétie intitulée *Femmes, soyez soumises à vos maris*, XLIII, 612.

Grand (surnom de). Déféré à divers hommes célèbres dont le nom seul a prévalu, XIX, 441.

Grand, Grandeur. Ce qu'on entend par ces mots, dans le sens moral comme dans le sens physique, XXX, 132. — Quand ils expriment une dignité, 134.

Grandesse (titre de). Quand fut en usage en Espagne, XV, 495; XXX, 134.

Grandeur et décadence des Romains (traité de la), par Montesquieu. Apprécié, XIX, 163 ; LIV, 531.

Grandeur souveraine. On ne la partage point, VI, 328.

Grandeurs (les). Leur appareil est une injure pour le pauvre, VIII, 203. — Ne sont qu'un brillant esclavage, IX, 403. — On les nomme trop souvent du faux nom de bonheur, III, 164. — Ne rendent pas heureux; dialogue philosophique à ce sujet entre Mme de Maintenon et Ninon de Lenclos, XXXIX, 385.— Que le plus haut degré de la grandeur humaine peut être le comble de la calamité, XXI, 124. — Que plus on est élevé, et plus la chute est à craindre, IX, 395. (*Voy. Honneurs et Dignités.*)

Grandeurs et distances. (*Voy. Grandeurs.*)

GRANDIER (*Urbain*), curé de Loudun. Condamné au feu pour avoir ensorcelé des ursulines, XLVII, 414; L, 279. — Réflexions sur son supplice, IX, 27 ; XIX, 267; XX, 301 ; L, 279. — On le frappait d'un crucifix de fer en l'y conduisant, XII, 187. — Vers qui font allusion à sa condamnation, XI, 58. — Auteur d'une oraison funèbre de Scévole de Sainte-Marthe, XIX, 195.

Grands. Leur orgueil, II, 376.—Leur ingratitude, 377. — Leurs passions font le malheur des états, III, 333, 413, 472. — Sont attachés à leurs seuls intérêts, VII, 143.— Prétendent en vain faire honorer leurs vices, XIII, 44. — Le tombeau pour eux est près de la prison, IX, 492. — Les petits perdent leurs mœurs auprès d'eux, VI, 74. — L'innocence succombe à leurs tendresses, IX, 553. — On les amuse souvent plus par son ridicule qu'on ne leur plaît par ses talents, IV, 12. — Qu'il faut se défier des idées qui n'attribuent jamais leur mort à des causes naturelles, III, 42; X, 86, 381. — Vanité des titres dont on pare leurs tombeaux, 202.

GRANDSON, général anglais. Fait prisonnier par Du Guesclin, XVI, 385.

GRANET (l'abbé). Auteur de la traduction française de l'*Essai sur les guerres civiles de France*, que Voltaire écrivit en anglais, X, 350. — Rédacteur du *Nouvelliste du Parnasse*, XXXVII, 546.

GRANGÉ, libraire. En quoi Voltaire se plaint de lui, VIII, 278; LIX, 466; LXI, 88.

Granson (bataille de), où Charles-le-Téméraire fut battu par les Suisses, XVI, 529 ; XXIII, 409.

GRANVELLE, évêque d'Arras, depuis cardinal. Sa perfidie envers Philippe, landgrave de Hesse, XXIII, 500.—Gouverne la Flandre, XVII, 177. — Se rend odieux aux Flamands, qui demandent son éloignement, XVIII, 4.

GRASSET (*François*), libraire à Lausanne. Ses démêlés avec Voltaire au sujet d'une édition qu'il se proposait de faire de la *Pucelle*, XI, 2 et *suiv.* — Lettre qu'il en reçoit à cette occasion en 1755, LVI, 636. — Offre à l'auteur de lui vendre le manuscrit de ce poëme, altéré et défiguré, 681, 694. — Chassé de Lausanne, est arrêté à Genève et banni, 681, 682, 684, 692, 695, 711.—Lettre à son sujet au premier syndic de Genève, 689. — Autre, au lieutenant de police de Paris, I, 409. — Certificat des frères Cramer qui le concerne, XL, 3. — En 1758, publie un libelle contre l'auteur, sous le titre de *Guerre de M. de V...*, etc.; Mémoire de Voltaire, et plaintes contre lui, XL, 1, 5; LVII, 657; LVIII, 19, 32.

GRASSET (*Gabriel*). Pseudonyme de Voltaire pour l'Épître dédicatoire des *Guèbres*, tragédie dont il ne voulait pas s'avouer l'auteur, IX, 4 *et suiv.*, 9.

GRASSINS (les). Leur conduite à Fontenoi, XXI, 133. — A la journée de Mesle, 149.

GRATIANI (le comte), secrétaire d'état du duc de Modène. Objet des libéralités de Louis XIV, XX, 154.

GRATIEN, collègue de l'empereur Théodose. Assassiné par Maxime, XLIII, 188.

GRATIEN, diacre qui acheta la papauté. (*Voy.* GRÉGOIRE VI.)

GRAVE (vicomte de), auteur d'une tragédie de *Varon*. Mis en scène dans la *Conversation d'un intendant des Menus avec l'abbé Grizel*, XL, 337.

Grave, *Gravité*. Différentes acceptions de ces mots, XXX, 136 *et suiv.* — La gravité, comment définie par Confucius et par La Rochefoucauld, LXX, 186. (*Voy. Style.*)

Gravelines (ville de). Prise en 1644 par Gaston d'Orléans sur les Impériaux, XIX, 277.

GRAVESANDE. (*Voy.* S'GRAVESANDE.)

Graveurs. Liste de ceux qui se distinguèrent dans le siècle de Louis XIV, XIX, 231.

GRAVILLE (marquis de). Blessé à la journée de Mesle, XXI, 150.

GRAVINA. A écrit sur les principes de l'art tragique en homme de génie, et a fait des tragédies pitoyables, XLI, 483; LVI, 354.

Gravitation. Expérience qui en démontre les effets, XXXVIII, 192. — Histoire de sa découverte, 196 *et suiv.* — Elle dirige les planètes dans leur cours, 197, 201. — Démonstration de ses lois, tirée des règles de Kepler, 208 *et suiv.* — Nouvelles preuves et nouveaux effets, 214 *et suiv.* — Est dans toutes les parties de la matière également; calcul hardi et admirable de Newton à ce sujet, 220 *et suiv.* — Est la cause évidente de toutes les marées, 262. — Que son pouvoir agit à proportion de la matière que renferment les corps, XXXVII, 201.

Gravité. (*Voy. Grave*.)

Gravure. En taille-douce, inventée à Florence au 15e siècle, XVII, 185; XX, 332. — Cet art poussé chez nous plus loin qu'aux lieux de sa naissance, *ibid.* — Son utilité, XII, 375. — Gravure en pierres précieuses; ses progrès, XIX, 235; XX, 332.

GRAY (*Élisabeth* WOODRILLE, veuve du chevalier). Epouse Edouard IV, roi d'Angleterre, XVII, 125.

GRAY (*Jeanne*). Son origine, XVII, 303; XVIII, 37. — Désignée pour reine d'Angleterre, par le testament d'Edouard VI, et proclamée dans Londres, *ibid.*; XVII, 303. — Se dépouille en vain de cette dignité; périt sur l'échafaud à l'âge de dix-sept ans, avec toute sa famille, XVIII, 38. — Quelle fut la principale cause de sa mort, *ibid.*

Grèce (la). Sa position, et révolutions physiques qu'elle a éprouvées, XV, 108. — Ses déluges, 109. — Fut le pays des fables, 110. — Le despotisme y était en horreur, IX, 288. — Son état sous le Bas-Empire, XII, 496. (*Voy. Empire d'Orient*). — L'esprit de l'ancienne Grèce anéanti par la seule prise de Constantinople, XV, 253. — Séparée de l'empire d'Orient après les croisades, XVI, 215. — Etat de la Grèce moderne sous le joug des Turcs, XII, 495; XVI, 501. — Vœux pour son émancipation, XII, 496; XIII, 311; XXIX, 54; XLVII, 132; LXV, 315; LXVI, 348.

GRÉCOURT (*Jean-Baptiste-Joseph* VILLART de), chanoine de Tours. Son poëme de *Philotanus* n'est qu'une histoire satirique de la bulle *Unigenitus* en vers burlesques, XIX, 120. — Ce qu'on y blâme et ce qu'on y loue, *ibid.*; XXXVII, 251. — On lui a mal à propos attribué plusieurs opuscules de Voltaire, XIV, 21. — Et, à Voltaire, une épître de lui, 287; LXII, 89.

Grecs (les). Peuple inventeur, ingénieux et sensible, VI, 151. — Etaient barbares du temps de la guerre de Troie, IX, 289. — Les Phéniciens furent leurs premiers précepteurs, XV, 111. — Leurs alphabets, *ibid.* — Harmonie de leur langue, même dans les premiers âges de la Grèce, II, 60; XV, 112. — Ils changèrent et adoucirent tous les mots et les noms rudes des autres nations, *ibid.* — Ils leur transmirent tous les arts, XII, 331; XV, 113. — Leurs commencements supérieurs à ceux des Romains, 228. — Leurs législateurs, 114.—Leur croyance sur l'immortalité de l'ame, 116. — Adoraient un Dieu suprême, XLVI, 135.— Leurs sectes philosophiques, xv, 117.— Ce qui les rendit le peuple le plus ingénieux de la terre, 118. — Etaient tolérants; Socrate est le seul qu'ils aient fait mourir pour ses opinions, XLI, 259; XLVI, 63.—Peignent leurs dieux comme des tyrans et des bourreaux immortels, I., 170. — De leur enfer, 173. — Qu'ils n'ont pu puiser leurs fables dans l'histoire juive, XXVII, 255. — Leurs subtilités théologiques sous le Bas-Empire. (Voy. *Église grecque.*) — Quel est le plus grand assujétissement de leurs descendants sous la domination torque, XIII, 311; XVI, 503. — Vœux pour leur délivrance, XXIX, 54. (Voy. *Grèce*.)

GRÉGOIRE (saint) de Néocésarée, dit *le Thaumaturge*. De sa vision, de sa Lettre au Diable, et de ses prétendus miracles, XLI, 276; XLII, 271; XLIII, 160; XLIV, 387; XLVI, 232. — Est le premier qui ait dit que la Vierge devint enceinte par l'oreille, XXIX, 543.

GRÉGOIRE (saint) de Nazianze. Calomniateur de l'empereur Julien; discours fougueux qu'il prononce contre lui après sa mort, XXX, 205; XLIII, 183; L, 500. — Panégyriste de l'empereur Constance, assassin de sa famille et de ses sujets, mais dévot, XXX, 206. — Etait poëte; composa de pieuses farces pour opposer un théâtre chrétien au théâtre païen de Sophocle et d'Euripide, XVI, 428; XXVII, 66; XL, 282; LXIII, 62. — Ce qu'il disait des conciles en général, XXVIII, 137.

GRÉGOIRE (saint) de Nysse, évêque et docteur de l'Eglise au 4e siècle. Comment s'explique sur la procession du Saint-Esprit par le Père et le Fils, xv, 438. — Est auteur d'une *Vie* de saint Grégoire - Thaumaturge ; ce qu'il y dit de ses prétendus miracles, XLI, 276; XLII, 271.

GRÉGOIRE (saint), dit *le Grand*, pape. Flatte tour à tour l'empereur Maurice et Phocas son meurtrier, xv, 315; XXXVI, 18. — Envoie en Angleterre le moine Austin, et le nomme primat, 451. — La musique qu'on lui attribue n'était pas sans mérite, 438. — Les Grecs l'appelaient par ironie *Grégoire-Dialogue*, 517. — A, le premier, fait brûler des sorciers, I., 282. — Brûla tous les auteurs latins qu'il put trouver, XLIII, 193. — Sa lettre à un évêque de Cagliari pour forcer tous les païens de la Sardaigne à se convertir, *ibid.* — Comment voulait qu'on en usât avec ceux-ci après leur conversion, XXXII, 128. — Ce qu'il mande à Constantine, épouse de l'empereur Maurice, sur le danger d'approcher des reliques des saints et de toucher à leurs tombeaux, *ibid.* — Ses *Dialogues*, monument de bêtise, LX, 458, 560. — Refuse le titre de *Grand*, mais le mérita par ses vertus, XXIII, 42.

GRÉGOIRE II, pape. Ennemi secret des empereurs, condamne dans un concile les ennemis du culte des images, xv, 400. — Se rend maître des affaires dans Rome, *ibid.* — Il n'est pas vrai qu'il ait déposé Léon l'Isaurien, et que le peuple romain l'ait reconnu pour son souverain, *ibid.* — Implora la protection de Charles Martel contre les rois lombards, 426. — En secouant le joug de son empereur, ne fut autre chose qu'un rebelle, XLI, 151. — Dans quel cas permit à un homme d'avoir deux femmes, et à quelle condition; sa décrétale à ce sujet, XVII, 264; XXIX, 359.

GRÉGOIRE III, pape. A, le premier, recours aux Francs contre les Lombards et les empereurs, xv, 386, 426.—Imite la conduite de son prédécesseur contre les ennemis du culte des images, 400.

GRÉGOIRE IV, pape. Notice qui le concerne, XXIII, 6. — Prend parti contre Louis-le-Débonnaire par ses enfants révoltés, xv, 462. — Le trompe dans un champ qui a conservé le nom de *Champ du Mensonge*, 463; XXIII, 6, 75. — Rebâtit le port d'Ostie, xv, 506.

GRÉGOIRE V, pape. Neveu d'Othon III, qui le fait élire, XXIII, 9, 132. — Chassé de Rome par le consul Crescence, 133; XVI, 8. — Pourquoi excommunie Robert, roi de France, 19; XXXII, 506; LVIII, 500. — Par qui était gouverné, XVI, 19.

GRÉGOIRE VI (*Gratien*), pape. Achète la papauté, XVI, 9; XXIII, 148. — Est déposé par l'empereur Henri III comme simoniaque, *ibid.* — Est exilé, XVI, 9.

GRÉGOIRE VII (*Hildebrand*), pape.

Son origine, son portrait, XVI, 77. — Étant cardinal, gouverne le pontificat, *ibid.*; XXIII, 155. — Élu contre les lois évêque de Rome, arrache cette capitale aux empereurs, et défend à tous les évêques d'Occident de porter l'ancien nom de *pape*, pour se l'attribuer à lui seul, XVI, 76; XXIII, 155; XXIX, 43. — Sa circulaire contre Philippe I*er*, roi de France; ses menaces de le déposer, XVI, 20, 78. — Son audace contre son empereur Henri IV, 79; IX, 18; XLV, 319. — Propose le premier une croisade, et veut qu'il serve sous lui, XVI, 163; XXIII, 156. — Exige un tribut du duc de Bohême, 157. — Sa querelle avec Henri IV sur les investitures, *ibid. et suiv.*; XVI, 78 *et suiv.* — Le cite à comparaître devant lui, *ibid.* — Maltraité et saisi par Cencius, bandit envoyé par l'empereur, paie cher sa liberté, 80. — Déposé à Worms par Henri, le dépose à son tour, *ibid.*; XXIII, 158. — Avec quelle hauteur reçoit cet empereur, qui vient lui demander l'absolution, 160; XVI, 82. — Excommunie les princes normands de la Pouille et de la Calabre, 79. — Ecrit que son devoir est d'abaisser les rois, 81. — Prétend être seigneur suzerain et domanial de l'Espagne, 86. — Demande à Guillaume-le-Conquérant hommage de la couronne d'Angleterre; réponse qu'il essuie, 47. — Donne le royaume teutonique à Rodolphe, et excommunie de nouveau l'empereur, 84; XXIII, 160. — Etait, pendant ce temps même, bloqué dans Canosse par les seigneurs lombards, *ibid.* — Henri le fait de nouveau déposer à Brixen, 161; XVI, 85. — Il y est, entre autres choses, accusé de magie, *ibid.* — Assiégé dans Rome par Henri, exige qu'il lui demande l'absolution, 88; XXIII, 162. — Réfugié au château Saint-Ange, promet de le couronner de cette retraite; plaisante cérémonie qu'il lui propose à ce sujet, *ibid.*; XLIV, 452. — Est délivré par Robert Guiscard, qu'il avait excommunié, XVI, 32, 88; XXIII, 163. — Est emmené à Salerne; y meurt le protégé ou plutôt le prisonnier des princes normands, conquérants des Deux-Siciles, dont il se croyait le seigneur suzerain, XVI, 32; XXIII, 163; XXXII, 154. — Mis au rang des saints par l'Eglise, et par les sages au rang des fous, XVI, 89. — Réflexions sur la canonisation de cet incendiaire de l'Europe, XXX, 146; XLIII, 254. — Il la bouleversa pour élever le sacerdoce au-dessus de l'empire, XVI, 47, 79 *et suiv.* — Comparé à Boniface VIII, 275; XXIII, 284. — Fut le premier pontife qui rendit l'Eglise romaine redoutable, 10. — L'idée que Bayle en donne, réfutée par Voltaire, qui le considère bien comme le boute-feu de l'Europe, mais qui lui refuse le titre de grand homme, XXX, 141 *et suiv.* — Fut l'auteur de cinq cents ans de guerres civiles, soutenues par ses successeurs, XXXI, 427. — Extension qu'il donnait aux excommunications prononcées contre les souverains, XXXII, 507. — Est en exécration en France et en Allemagne, et canonisé à Rome, XLIV, 434. — Avoue, dans ses lettres, que Charlemagne faisait une pension au Saint-Siége, XV, 413. — N'osa jamais prendre le titre de souverain de Rome, sous quelque dénomination que ce pût être, XLI, 152. — N'y fut jamais le maître, XLIII, 444. — De la donation qu'il se fit faire par la comtesse Mathilde, sa pénitente, et réflexions à ce sujet, XXX, 145. (*Voy.* MATHILDE.) — N'est pas le premier, ainsi qu'on le croit communément, qui établit la chimère d'une monarchie universelle, XXI, 387. — Avait conçu le projet des croisades qui s'exécuta depuis; ce qu'on en dit à ce sujet, XVI, 134. — *L'Histoire de ses amours*, par M*lle* Durand, mise au rang des mensonges imprimés, XXXIX, 289.

GRÉGOIRE VIII, pape. Passé pour savant, éloquent et honnête homme, XXIII, 11.

GRÉGOIRE IX, pape, frère d'Innocent III. Presse Frédéric II de partir pour la Terre-Sainte, et, en l'absence de cet empereur, organise contre lui une croisade en Italie, XVI, 139; XXIII, 237. — Soulève contre lui son fils Henri, 239; XVI, 140. — L'accuse d'incrédulité, 141; XXIII, 242. — Excite une nouvelle croisade, 243. — Offre la couronne impériale à Robert, frère de saint Louis, qui la refuse, X, 143; XVI, 142; XXIII, 243. — Propose à l'empereur de tout concilier en faisant une cession de l'Empire et de tous ses états au Saint-Siége, 245.

— Sa mort, *ibid.;* xvi, 142. — Il était lui-même chassé par les Romains, tandis qu'il excommuniait et croyait pouvoir déposer Frédéric, xxiii, 12. — Il n'osa pourtant point se mettre à sa place et se dire prince temporel de Rome, xli, 153.

Grégoire X, pape. A donné des règles sévères pour la tenue des conclaves, xxiii, 12. — Ce qu'il ose écrire à l'empereur Rodolphe, 269. — Dîmes sur le clergé accordées par lui à Alfonse-le-Sage, xvi, 273.

Grégoire XI (*Roger de Momon*), pape. Sa hauteur avec Valdemar, roi de Danemarck, et réponse qu'on prête à celui-ci, xxiii, 347.—Ses démêlés avec Florence, 348; xvi, 317. — Moyens par lesquels on le décide à transférer le Saint-Siége d'Avignon à Rome, 318. — Il y est reçu comme seigneur de la ville, xxiii, 14. — Sa mort, 353.

Grégoire XII. (*Voy.* Corrario.)

Grégoire XIII (*Buon Compagno*), pape. Son exaltation; Notice, xxiii, 17. — Ses prétentions bizarres sur l'Irlande et ensuite sur le Portugal, xviii, 18 *et suiv.* — Avait l'idée vague de donner un royaume à son bâtard Jacques Buon Compagno, *ibid.* — Lui donna beaucoup de biens et de dignités, mais ne démembra pas l'état, *ibid.;* xxiii, 357. — Joie qu'il témoigna, et actions de grace qu'il rendit à Dieu, au sujet de la Saint-Barthélemi, xxii, 132. — Actes publics par lesquels il approuva les massacres de cette journée, et médaille qu'il fit frapper à cette occasion, *ibid.;* xviii, 357. — Il secourut la Ligue d'hommes et d'argent, x, 124. — S'est rendu immortel par la réforme du calendrier qui porte son nom, xvii, 353; xxiii, 548. — Comment et avec le secours de qui il l'opéra, xviii, 355. — Célèbre ambassade d'obédience qu'il reçut du Japon dans les derniers jours de son pontificat, xvii, 370; xviii, 356.

Grégoire XIV (*Sfondrato*), pape. Envoie des troupes au secours de la Ligue, et fournit de l'argent aux factieux de Paris, xviii, 125; xxii, 157; xxiii, 18. —Renouvelle les excommunications et les monitoires contre Henri III et Henri IV, xxii, 162. — Ses bulles annulées par les évêques, et brûlées par arrêt du parlement de Tours, qui le déclare perturbateur du repos public et complice de l'assassinat de Henri III, *ibid. et suiv.* — Il s'appauvrit pour Philippe II, et fut dominé par lui, xviii, 366.

Grégoire XV (*Ludovisio*), pape. Son exaltation, xxiii, 18. — Aide beaucoup à la pacification des troubles de la Valteline, *ibid.*

Grégoire, député du commerce de Marseille en 1735. Vers que l'auteur lui adresse, xiv, 360.

Grégori. D'accord avec Newton sur la manière de connaître la figure de la terre, xxxviii, 238.

Grenade (ile de). Conquise sur les rois maures par Ferdinand et Isabelle, xvi, 44.

Grenadiers (corps des). Par qui institué, xx, 255.

Grenier à sel (*Remontrances du*). Facétie de Voltaire au sujet des affaires du parlement en 1771, xlvi, 508.

Gresham, négociant anglais. Conte ridicule où il figure, au sujet de la fameuse flotte *l'Invincible*, xviii, 25. — Il bâtit à ses dépens la Bourse de Londres et un collège qui porte son nom, 36.

Greslon, jésuite, auteur d'une *Histoire de la Chine*. Le premier qui ait fait mention d'une grande éclipse de soleil en l'an 32 de Jésus-Christ, xxviii, 501. — Observations à ce sujet, 502.

Gresset. Sa *Chartreuse*, bien supérieure au *Ver-Vert*, lii, 157. — Mot plaisant à l'occasion de sa retraite des jésuites, 166. — De sa tragédie d'*Édouard III*, liv, 56, 62, 83.—Observations sur son style, xii, 100; liii, 62. — Autres, de Frédéric II; et rang que ce prince lui assigne parmi les poëtes français, 88. — Le monarque veut l'attirer à sa cour : il refuse ses offres brillantes, liv, 267.— Sa réception à l'Académie française, et ce qu'on en dit à ce sujet, lv, 177. — Sorties contre lui à l'occasion de sa fameuse Lettre contre la Comédie, dans laquelle il renonce au théâtre, lviii, 130, 132. — Trait épigrammatique sur le même sujet, xiv, 157. — Sa mort; Notice qui le concerne, *ibid.;* lxx, 410. — Épigramme sur sa conduite à l'égard de Voltaire, xiv, 427.— Ce qui a fait tomber ses petits poëmes, xxx, 331.— Auteur supposé de la comédie de l'*En-*

fant prodigue, LII, 234, 262, 314. — Vers de lui au sujet de l'attentat de Damiens, qui n'ont pas été recueillis dans ses OEuvres, XXI, 367.

GRÉTRY (*André-Ernest*), célèbre compositeur. Voltaire fait pour lui le *Baron d'Otrante* et *les Deux Tonneaux,* VIII, 457. — Ce fut le premier auteur qui lui donna un opéra, 458. — Quatrain sur son *Jugement de Midas,* XIV, 487.—Notices, VIII, 457; LXV, 169.

GRIFFET (le P.), jésuite. Défenseur de son ordre contre les parlements; anecdote relative à son expulsion de France, XXII, 361. — Mot qu'on en cite au sujet du régicide de Damiens, que l'on attribuait d'abord aux jésuites, XL, 116. — De son opinion sur le *Masque de fer,* et de son Traité sur les différentes sortes de preuves qui servent à établir la vérité de l'histoire, XX, 130; XXVI, 311; LXVI, 115.

GRILLE (chevalier de). Capitaine de grenadiers, se distingue à la bataille de Fontenoi, XII, 134; XXI, 143 *et suiv.* — Major-général, est blessé à mort au combat d'Exiles, 192.

GRILLET. (*Voy.* RILLIET.)

GRIMALDI, jésuite. Nouvelle propriété de la lumière, dont il a fait la découverte, XXXVIII, 137. — Cité sur une question d'optique, LII, 352.

GRIMALDI (Mlle). Son or potable; ce que c'est, XLVIII, 458.

GRIMM (baron de), surnommé le *Petit Prophète.* Son séjour à Genève, en 1759, avec Mme d'Épinai; sa visite aux Délices, LVIII, 106, 109. — Pamphlets qu'on lui attribue faussement contre Mmes de Robecq et de Lamarck, 421, 431. — Bien qu'en dit Voltaire, LXV, 550. — Son voyage en Russie en 1773; ce qu'en dit Catherine, LXVIII, 334. — En revient, en 1777, avec le titre de colonel, et séjourne en passant à la cour de Prusse; ce qu'en dit Frédéric, LXX, 339. — Lettres qui lui sont adressées, de 1766 à 1770. (*Voy. Tabl. part.* de LXIII à LXVI.)

GRIMOAD, évêque d'Angoulême. Excommunie Gui, vicomte de Limoges, qui le fait mettre en prison, XVI, 22.

Grisette. Portrait d'une grisette parvenue, XI, 38.

GRISLER, gouverneur d'Uri. Sa tyrannie envers les Suisses; quelles en furent les suites, XVI, 294; XXIII, 290.

GRISON. Nom donné à des laquais, et pourquoi, II, 305, 320.

Grisons (pays des). A qui obéissait aux 10e et 11e siècles, XVI, 50. — Était un démembrement de la Bourgogne, et ne formait alors qu'un même état avec la Suisse, *ibid.* (*Voy. Suisse.*)

GRIZEL (l'abbé). Convertit Mme d'Egmont, fille du duc de Villars, et lui vole cinquante mille francs, LIX, 222; LXVI, 277. — Ou plutôt à M. de Tourny, son héritier, LIX, 240. — Notice qui le concerne; sarcasmes et vers satiriques contre lui, XI, 285; XII, 547; XIII, 288, 323; LXVI, 218, 221. — A été impliqué dans la banqueroute du financier Billard, XIV, 240; XXXIII, 152.—Sa *Conversation avec l'intendant des Menus,* facétie, XL, 317.

Grodno, capitale de la Lithuanie. Séjour qu'y font le czar Pierre et Frédéric-Auguste, roi de Pologne, et manière extraordinaire dont finit leur conférence, XXIV, 135; XXV, 173.— Comment tombe au pouvoir de Charles XII, 182 *et suiv.;* XXIV, 168.

GROLÉE (Mme de), tante de d'Argental. Sa singulière coutume envers les filles et les femmes qu'on lui présentait, LVII, 533, 559; LIX, 178.

GROS (*Pierre*), curé de Fernei. Certificat qu'il donne à Voltaire en 1768, LXV, 79. — En 1769, il lui porte le viatique; déclaration qu'il en reçoit à cette occasion, XLVIII, 386; LXV, 411 *et suiv.* —Lettres qui lui sont adressées, 59, 411.

GROS. (*Voy.* LE GROS.)

GROSLEY (*Pierre-Jean*), de l'Académie des inscriptions. Lettre qui lui est adressée, en 1758, au sujet de la conjuration de Venise, et de la conspiration des poudres en Angleterre, LVII, 460. — Autre que lui adresse, en 1778, l'abbé Mignot, à l'occasion de l'enterrement de Voltaire à Scellières, I, 439. — Notice, LVII, 460.

Grossesse. Vers adressés à l'électeur palatin sur celle de sa femme, LIX, 376, 440.

GROTHUSEN, favori et trésorier de Charles XII à Bender. Style laconique de ses comptes, XXIV, 207. — Comment obtient des secours en argent du pacha de cette ville, 261. — Harangue les janissaires envoyés contre le roi, et leur fait poser les armes, 270. — Fait prisonnier au combat de Bender, est racheté par ce prince, 280. — Le suit à Démotica, 293. — Son ambassade extraordinaire à la Porte, 300. — Il prête de l'argent à Charles XII pour cette brillante comédie, 301. — Est tué à Rugen, 323.

GROTIUS. Impliqué dans l'affaire de Barneveldt en Hollande, et condamné à une prison perpétuelle, en est tiré par sa femme, XVIII, 386 *et suiv*. — Depuis, ambassadeur de Suède en France, mais plus célèbre par ses ouvrages que par son ambassade, 387. — Ce qu'il dit de l'administration de nos finances à cette époque, 236. — Son traité de la *Vérité de la religion chrétienne*, ouvrage aussi pauvre en raisonnement qu'en éloquence, XLIII, 208, 330; LXIV, 104. — Ridicule de ses harangues au roi Louis XIII et à la reine Anne, XLIII, 211. — Est auteur de quelques mauvaises tragédies latines, X, 481; XLIII, 211, 379. — Quelques vers de celle d'*Adam*, transportés par Milton dans son poëme, XXIX, 182. — Effet que doivent produire ses ouvrages sur le *droit public*, XXVIII, 463. — Inutilité de son livre sur le *Droit de paix et de guerre*, XIV, 276. — Son fatras, XXXIV, 98. — Dans ses écrits sur la religion, n'a voulu que confondre les gomaristes, XLIII, 44. — Actions et propos ridicules qu'il impute à Mahomet, XVI, 94; XLVII, 116. — Réfuté à ce sujet, XXVII, 52 *et suiv*. — Ce qu'il dit du *Cantique des Cantiques*, XXXII, 170. — Avait la chimère de vouloir réunir toutes les sectes des chrétiens, XLIII, 211. — A extorqué de son temps une réputation qu'il était bien loin de mériter, LXII, 284; LXIV, 104. — Exemples de son genre d'éloquence, 104. — Jugement qu'on en porte, XLV, 1 *et suiv*. — Traduit et commenté par Barbeyrac, XIX, 53.

Grotte des fées. Où située, et pourquoi nommée ainsi, XLIV, 253.

GROU, jésuite, traducteur de Platon. Cité par d'Alembert comme collaborateur des *Trois Siècles* de Sabatier, LXVIII, 184.

GROUMBACH. Sa conspiration contre l'électeur de Saxe Auguste, XXIII, 538. — Il est exécuté avec ses complices, 539.

GUADAGNI, secrétaire de la Société botanique à Florence. Lettre qui lui est adressée en 1746, LV, 130.

Guadeloupe (île de la). Enlevée aux Français en 1759, et sans coup férir, par les Anglais, XXI, 331.

GUARINI (le). Éloge de son *Pastor fido*, XXII, 183; XXVII, 67; XL, 287. — Passage qui en est imité par Corneille dans sa tragédie des *Horaces*, XXXV, 191. — Peinture qu'il fait du *baiser*, et traduction libre de ce morceau en vers français, XIII, 363; XXVII, 270. — Autres vers imités sur l'honneur qui règne à la suite des rois, XIII, 363; XXX, 256.

GUASTALDI. Sa traduction italienne de la tragédie d'*Alzire*, IX, 28. — Témoignages d'estime que lui donne l'auteur, *ibid.*, 88.

GUAZZESI (*Lorenzo*). Examen de sa traduction en vers blancs de plusieurs tragédies de notre théâtre, XLI, 456.

GUDIN DE LA BRENELLERIE (*Paul-Philippe*). Auteur d'une tragédie de *Lothaire et Valrade*, on *le royaume en interdit*, LXV, 246; LXVII, 232. — Lettre qui lui est adressée en 1776 sur son *Coriolan*, LXX, 153. — Autre, en 1777, sur son livre *Aux mânes de Louis XV*, 245. — Reproche qu'on lui fait au sujet de cet ouvrage, 247. — Questions y relatives, 260.

GUÉANT (Mlle), actrice de la Comédie française. Mention et Notice, LVII, 39.

Guèbres (les). Restes des anciens Persans; vivent dispersés en Asie comme les Juifs en Europe, XV, 327; XVII, 376. — Sha-Abbas les a chassés d'Ispahan, XV, 328. — Rendent un culte secret au soleil, comme à une image du Créateur, X, 222. — Vers à ce sujet, IX, 41. — Absurdités que renferme leur cosmogonie, XLVI, 400. (*Voy. Parsis et Persans.*)

Guèbres (les) ou *la Tolérance*, tragédie de Voltaire non représentée, IX, 29 *et suiv*. — Était originairement une tragédie chrétienne, 10. — But de l'auteur en la composant, 11, 13, 23. — Vers qui en renferment tout l'esprit, 24, 25, 26. — Allusions que l'on a follement prétendu y trouver, 24 *et suiv*. — Variantes et notes, 112 *et suiv*. — Difficultés qu'éprouvent sa représentation et sa publication, et réflexions à ce sujet, LXV, 245, 252, 550. — Observations et Notices y relatives, 151, 179, 192, 242, 245, 251, 268, 272, 436, 439, 447, 481, 508. — Pourquoi regardée par l'auteur comme une pièce sainte, 252, 536. — La dernière scène est précisément l'édit de Nantes, 549. — Les droits des hommes y sont établis contre les usurpations des prêtres, 243; LXVI, 39. — Pourquoi l'auteur voulut d'abord donner cette pièce sous le nom de feu Desmahys, IX, 28; LXV, 178. — Et ensuite sous celui de La Touche, 243. — Pourquoi voulait l'intituler *les Deux Frères*, 269. — A été imprimée en pays étranger sous le titre de *la Tolérance*, 538. — Lettre y relative, adressée en 1770 aux rédacteurs du *Journal encyclopédique*, XLVI, 436. — Préface du nouvel éditeur, IX, 3. — Épître dédicatoire à Voltaire, par Grasset, 7. — Préface de l'éditeur (Voltaire lui-même sous le pseudonyme de Grasset), 10. — Discours historique et critique, à l'occasion de cette tragédie, 13.

GUÉBRIANT (*Jean-Baptiste* BUDES, comte de), maréchal de France. L'un des grands hommes de guerre de son temps, XIX, 25. — Achète le serment des troupes veimariennes, à la mort de leur chef, dont il continue les conquêtes, XVIII, 278; XXIII, 611. — Détails de ses succès contre les Impériaux, 613, 614. — Est tué au siège de Rothweil, IX, 25; XXIII, 616. — Ses petits succès furent toujours balancés par des pertes, XIX, 273.

GUÉBRIANT (la maréchale de). La seule femme qui ait jamais eu le titre et fait les fonctions d'ambassadrice plénipotentiaire; relation de son *Voyage en Pologne*, faite en société avec Le Laboureur, XIX, 149.

GUELDRE (duc de). (*Voy.* ARNOUD.)

GUELFE, fils d'Azon, marquis d'Italie. Fait duc de Bavière par l'empereur Henri IV, XXIII, 154. — A l'ingratitude de s'armer ensuite contre son bienfaiteur, 158.

GUELFE, fils du précédent. Épouse la comtesse Mathilde, XVI, 89; XXIII, 164. — Se brouille avec elle, et s'en sépare, 166.

Guelfes (faction des). D'où a pris son nom, XXIII, 164, 181. — Ils désolent l'Italie, 238 *et suiv.*, 255; XVI, 139. —

Partisans de la papauté, et encore plus de la liberté, 140; XXIII, 255. — Combien ont duré et quand ont pris fin leurs querelles avec les gibelins, XVI, 276.

GUÉMENÉE (M. de). Ce qu'il dit au parlement de Paris, qui, sous Louis XIII, se plaignait d'avoir été précédé par les députés de la noblesse dans une cérémonie, XIX, 289.

GUÉNEAU DE MONTBÉLIARD. Vers en réponse à d'autres que ce savant avait adressés à Voltaire, XIV, 474. — Notice, *ibid.*

GUÉNÉE (l'abbé). Publie, en 1776, les *Lettres de six Juifs portugais*, ouvrage dirigé contre Voltaire, à qui il est adressé; en quels termes on en parle, LXX, 147, 172, 179, 187. — Réfutation de ce livre, XLVIII, 143 à 365. — Niaiseries qui lui sont reprochées, 520 *et suiv.* — Traits de satire judaïque dont il fait l'application à la nation française, 536. — S'est fait la trompette de la calomnie contre Voltaire, 543. — A prouvé sans le vouloir, dans deux dissertations, la stérilité de la Palestine, XVI, 155. — Absurdité qu'il a avancée, à propos du veau d'or, sur la fonte des métaux, XXIX, 451, 457 *et suiv.*

GUÉNÉGAUD, secrétaire d'état sous Fouquet. Après la disgrace de ce ministre est poursuivi par la chambre de justice, qui lui ôte la plus grande partie de sa fortune, XX, 140. — Sa fille, mariée au maréchal d'Albret, de la maison des rois de Navarre, fut célébrée par Saint-Evremond, XIX, 19.

GUERA (*Emmanuel* de), docteur et juge ecclésiastique en Espagne. Avait travaillé avec Caldéron, et fut chargé de revoir ses ouvrages dramatiques après sa mort, VIII, 72.

GUERCHI (REGNIER de). L'une des victimes de la Saint-Barthélemi, X, 93; XII, 140.

GUERCHI (Mlle de), fille d'honneur de la reine en 1673. Son aventure déplorable, qui donne lieu à l'établissement des dames du palais, XX, 183.

GUERCHI (le comte *Claude-Louis* REGNIER de). Se distingue à Fontenoi, XII, 132; XXI, 140. — Et aux retraites de Crevelt et de Minden, XII, 140. — Est nommé ambassadeur en Angleterre, 141. — A été calomnié; son éloge, *ibid.*

Tome I.   45

Gueret, jésuite. Professeur d'une science absurde qu'on nommait alors *philosophie*, xviii, 148. — Impliqué dans l'affaire du régicide Jean Châtel, n'avoue rien à la question ; est banni du royaume, *ibid.*; xxii, 182.

Guéret (*Gabriel*). Auteur du *Parnasse réformé* et de la *Guerre des auteurs*; Notice, xix, 120. — A fait le *Journal du Palais*, concurremment avec Blondeau, *ibid.*

Guericke, de Magdebourg. (*Voy.* Otto-Guerick.)

Guérin, évêque de Senlis. Range en bataille l'armée de Philippe-Auguste à Bouvines, xvi, 129.

Guérin, avocat-général du parlement de Provence. Provocateur et principal agent du massacre des vaudois, xvii, 317 ; xxii, 87 ; xlii, 505, 506. — Supplice qu'il subit, en expiation de son crime, xvii, 318 ; xxii, 88.

Guérin du Rocher. Auteur d'une *Histoire véritable des temps fabuleux*; ce qu'on dit de cet ouvrage, lxx, 268. — Observations critiques y relatives, l, 24. — Comparé à Don Quichotte se battant contre des moulins à vent, 28.

Guérault de Pival. Ses *Doutes sur la religion*; ce qu'on en dit, lxv, 318.

Guerre (la). Comparée par Frédéric II à une fièvre intermittente qui peut être suspendue, mais non jamais guérie, lxviii, 25. — Pourquoi l'on est en guerre depuis si long-temps, et pourquoi l'on commet ce crime sans aucun remords, xlvi, 99. — Que tous les animaux se la font ; pourquoi les hommes ne devraient pas les imiter, xxx, 147. — Cet art, mis en pratique par les Grecs, par les Romains, par les nations modernes, 148 *et suiv.* — Fut plus approfondi en Europe, sous Charles-Quint, qu'il ne l'avait encore été, xxiii, 450. — Comment, au bout de quelques années, elle rend le vainqueur presque aussi malheureux que le vaincu, xx, 283. — Nations qui ne l'ont jamais faite, xxvii, 39 ; xlv, 87. — Dissertation philosophique sur ses lois, *ibid. et suiv.* — C'était anciennement la coutume de la déclarer par un héraut d'armes; Louis XIII est le dernier de nos rois qui l'ait observée, xviii, 187, 234 ; xix, 261. — Questions sur les homicides qui s'y commettent, vii, 472. — Sa folie et ses fureurs, xi, 293 ; xii, 434, 492; xxxiii, 224. — Est un fléau du ciel, affreux, mais nécessaire, x, 204. — Quelle sorte de gens elle enrichit, lix, 255. — Quelles sectes l'ont eue en horreur, xxxvii, 123 ; l, 261. — Futilité de la plupart de ses motifs, xxx, 149 ; xxxiii, 189 ; xxxiv, 5. — Si elle est permise, c'est pour la liberté, xii, 557. — Décrite en style comique, xiii, 102, 104. — Autre peinture de ses horreurs, et nécessité de connaître cet art, xiv, 269. — Des bénédictions de drapeaux qui précèdent l'égorgement, et des actions de grace qui l'accompagnent, 272 ; xxx, 150 ; xxxiii, 190 ; xxxix, 29. — Pourquoi, excepté Massillon, les prédicateurs n'ont jamais osé s'élever en chaire contre ce fléau, xxx, 152 ; xxxix, 29 ; xlv, 95. — Est devenue moins barbare, xlvi, 58. — Le fusil et le canon y sont moins meurtriers que ne l'étaient autrefois la pique et l'épée, xxi, 142, 173. — Que, pour y réussir, il faut surtout beaucoup d'argent, lix, 506.

Guerre de 1741 (*Histoire de la*). Manuscrit informe et défiguré, volé à l'auteur, lv, 357 ; lvi, 664, 689, 729, 731 ; lvii, 17. — Fondue dans le *Précis du Siècle de Louis XV*, n'aurait pu être admise dans ses OEuvres sans former double emploi, xxi, *vij.* — Ce que l'auteur lui même dit de cet ouvrage, lv, 149. (*Voy.* Prieur et Ximénès.)—Eloge funèbre des officiers morts dans cette guerre, xxxix, 27.

Guerre civile de Genève (la), ou les *Amours de Robert Covelle*, poëme, xii, 241 *et suiv.* — Une histoire vraie en est le sujet, 244. — Pourquoi J.-J. Rousseau y est maltraité, 244, 271, 306. — N'a que cinq chants; Cazotte en a fait un septième, 243, 306. — A quelle occasion fut composé cet ouvrage, et seul reproche qu'on puisse lui faire, i, 258.

Guerre littéraire, ou *Choix de quelques pièces littéraires de M. de V****, libelle contre Voltaire, qui en poursuit l'éditeur Grasset; mémoire et requête à ce sujet aux magistrats de Lausanne, xl, 1, 5; lvii, 657; lviii, 19, 32.

Guerres (les) : De trente ans, xviii, 269 *et suiv.*, 277; xxiii, 577 *et suiv.*,

605. — De la succession à la monarchie d'Espagne en 1701, XX, 1 et suiv. — En Allemagne contre les Turcs, en 1715, XXI, 2. — Du régent à Philippe V, 5. — De 1734, en Italie : la seule qui n'ait pas été malheureuse pour la France, et pourquoi, 54. — De 1741, pour la succession d'Autriche, 58 et suiv. — De 1744, en Piémont, 90 et suiv. — En Allemagne et en Italie, 115 et suiv. — De 1746, encore en Italie, pour don Philippe ; et désastres qui en furent la suite, 166 et suiv. — En Provence et en Bretagne, 179 et suiv. — En 1756, entre la France et l'Angleterre, 291 et suiv. — En Allemagne à la même époque, 296 et suiv. — En quoi cette dernière guerre diffère de toutes celles qui ont désolé le monde, 289.

Guerres civiles. Que les guerres entre les princes chrétiens peuvent être, pour la plupart, qualifiées ainsi, XIX, 500.— Leurs fruits malheureux, V, 134 ; VIII, 328 ; X, 271, 275. — Corrompent les lois, les esprits et les mœurs, VIII, 172. — Sont le théâtre de la licence, 101. — Il n'en est aucune où quelque femme n'ait joué un rôle, 93. — Qu'on y change de parti, 125. — Qu'elles élèvent quelquefois les derniers des citoyens au faîte des grandeurs ; vers à ce sujet, IX, 546, 556. — Qu'elles ébranlent le corps de l'état, et ne le détruisent pas, XVI, 415. — Celle de la Ligue, XVIII, 105 et suiv. — Celle de 1644 à 1654, XIX, 279 à 318. — Celles de France plus longues, plus cruelles, plus fécondes en crimes que celles d'Angleterre, 294 ; XXXVII, 150. — Presque toujours, dans les autres états, sont fatales aux conjurés ; mais, en Angleterre, elles le sont aux rois, XVI, 388. — Si la religion n'en enfante plus, c'est à la philosophie qu'on en est redevable, XXVIII, 393.

Guerres civiles de France (Essai sur les). Ouvrage de Voltaire, écrit en anglais, puis traduit en français par Granet, X, 350, 351 et suiv.

Guerres de religion. Sont une fureur particulière aux chrétiens, et qui était ignorée des idolâtres, XV, 229 ; XIX, 247 ; XX, 365. — Quelle a été la cause de toutes celles dont l'Europe a été ensanglantée, XVIII, 41 ; XLI, 167. (Voy. *Religion*) (querelles de.)

GUESCLIN (*Voy.* DU GUESCLIN.)

GUEST, gouverneur d'Édimbourg. Se retire dans le château, à l'arrivée du prince Édouard, XXI, 205. — Convient de ne pas tirer sur la ville, à condition qu'elle lui fournisse des vivres, 210.

GUEUDEVILLE. Détracteur du *Télémaque*, XIX, 108 ; XLIII, 435.

Gueux, Mendiants. Ce qui les multiplie, XXV, 338. — Très plaisant sermon qui leur est adressé, XXX, 155. — Portrait en vers d'un gueux, XII, 49.

GUGLIELMINI, fameux astronome toscan. Récompensé par Louis XIV, fait bâtir de ses libéralités une maison à Florence ; inscription qu'il y met, III, 147 ; XXXIX, 16 ; LIV, 67. (*Voy.* VIVIANI.)

GUI, frère du Dauphin d'Auvergne. Templier, refuse de se reconnaître coupable pour sauver sa vie, XVI, 290. — Est brûlé vif, 288 ; XXIII, 294. — Cite au jugement de Dieu le roi et le pape, XXII, 26.

GUI, d'Arezzo. Invente, au 11e siècle, les nouvelles notes de la musique, XVI, 427.

GUI, duc de SPOLETTE. Prétend à l'Empire ; se fait couronner à Rome, XV, 520 ; XXIII, 99. — Assiégé dans Pavie, est mis en fuite par Arnoud, 101. — Errant et pauvre, prend le titre d'*Invincible et toujours Auguste*, 104. — Son fils Lambert est sacré empereur par Jean IX, *ibid*.

GUI, vicomte de Limoges. Excommunié par l'évêque Grimoad, le fait mettre en prison, XVI, 22. — Va plaider sa cause à Rome ; est condamné à être tiré à quatre chevaux, et s'évade, *ibid*. et suiv.

GUI DE BOURGOGNE, archevêque de Vienne, du sang royal de France. Est élu à la papauté, XXIII, 175 et suiv. (*Voy.* CALIXTE II.)

GUI DE CRÊME, anti-pape. (*Voy.* PASCAL III.)

GUI DE DAMPIERRE. L'un des juges de Jean-sans-Terre, XXVI, 124.

GUI DE DAMPIERRE (le comte). Philippe-le-Bel lui confisque la Flandre, XXIII, 227.

GUI DE LAVAL (Mlle). Mariée au roi René, XVII, 22.

GUI DE LUSIGNAN, roi de Jérusalem. (*Voy.* LUSIGNAN.)

Gui de Rochefort. (*Voy.* Rochefort.)

Gui-Patin. (*Voy.* Patin.)

Guibaud (le P.), oratorien. Collaborateur du *Dictionnaire historique*, etc., publié par Barral, xx, 455; xxviii, 348.

Guibert, archevêque de Ravenne. Antipape opposé à Grégoire VII par Henri IV; xvi, 35; xxiii, 162. — Couronne cet empereur dans Rome, *ibid.* — Est intronisé, *ibid.* — Prend la fuite, 165.

Guibert (comte de). Son séjour à Fernei en 1773, lxviii, 363. — Éloges donnés à sa *Tactique* et à sa tragédie du *Connétable de Bourbon*, 363, 369, 371, 372. — Pièce de vers plaisante et satirique au sujet du premier de ces ouvrages, xiv, 269. — Autres éloges de sa tragédie, ix, 371; xiv, 275. — Ce qu'on dit de sa personne et de son caractère, lxviii, 369, 372. — Panégyriste de Catinat, lxix, 358. — Reproche qu'on lui fait d'avoir rabaissé Louis XIV et le maréchal de Villars, 382. — Son voyage en Prusse; ce qu'il rapporte de Frédéric, et vers de Voltaire à ce sujet, lxviii, 353 *et suiv.* — Ce qu'en dit le prince, 377; lxix, 316.

Guibours (*Pierre* de), moine augustin, plus connu sous le nom de P. Anselme. (*Voy.* Anselme.)

Guicciardino ou Guichardin. Fut le Xénophon de l'Italie, et commanda quelquefois dans les guerres qu'il écrivit, xvii, 182. — Comment a trompé l'Europe sur les causes de la mort d'Alexandre VI et de son bâtard Borgia, x, 382; xvii, 95. — Cité au sujet de ce pontife et de Charles VIII, 73, 74. — Du meurtre du duc de Candie, 84. — Et de la prostitution du jeune Astor, 92.

Guiche (comte de), favori de Monsieur, frère de Louis XIV. En quelle occasion Mazarin lui prodigue des flatteries et des promesses, xix, 330. — Envoyé par le roi pour sonder le gué au passage du Rhin, 392. — Prend part à des intrigues qui ont pour but de perdre Mlle de La Vallière, xx, 159.

Guichu (de). Vers sur son amour pour le jeu de biribi, xiii, 59.

Guiche (*Voy.* La Guiche.)

Guidi (l'abbé), l'un des rédacteurs des *Nouvelles ecclésiastiques*. Auteur d'un libelle contre d'Alembert, lxii, 367, 387.

Guido (marquis de). (*Voy.* Toscanelle.)

Guienne (la). Cédée à Édouard III par le traité de Bretigny, xxii, 51. — Confisquée sur son fils par Charles V, 52.

Guignard (*Jean*), jésuite. Impliqué dans le régicide de Jean Châtel, et exécuté comme convaincu d'y avoir participé, xxii, 182. — Ses écrits séditieux; passages qu'on en cite, *ibid.* — Regardé comme un martyr par le P. Jouvenci, historien des jésuites, qui le compare à Jésus-Christ, *ibid.;* xl, 17. — Autres détails, xviii, 149; xl, 460. — N'était nullement complice de Jean Châtel, et fut jugé à la rigueur, xix, 126.

Guignes (de). Raillé pour avoir fait descendre les Chinois des Egyptiens, xxv, 7; xliii, 313; xlvii, 339. — Ce qu'on dit de son *Histoire des Huns*, lviii, 538; lxii, 524.

Guilain (saint). Son prétendu miracle, conte digne de la *Légende dorée*; vers qui y font allusion, xi, 36.

Guilfort (lord), fils du duc de Northumberland, et mari de Jeanne Gray. Est envoyé à l'échafaud avec toute sa famille par la reine Marie, xviii, 38.

Guillaume Ier, *le Conquérant*, *le Bâtard*, duc de Normandie, roi d'Angleterre. Son origine, xvi, 41. — Appuie d'une forte armée ses faibles prétentions à la couronne d'Angleterre, 43. — Est aidé par le pape, *ibid.* — Gagne la bataille d'Hastings, 44. — Le magistrat de Londres lui offre la couronne, *ibid.* — Sut gouverner comme il avait su conquérir, 45. — Ses lois et son administration, *ibid. et suiv.* — Traite les Anglais en esclaves qu'il ne craignait point, 116. — Sa loi du *couvre-feu*, xvi, 46; xxxvii, 152. — Fit bâtir la Tour de Londres, x, 60. — Reproches ridicules que lui font les historiens, xvi, 45 *et suiv.* — Sa réponse à Grégoire VII, qui lui demandait l'hommage du royaume d'Angleterre, 47. — Force Philippe Ier, roi de France, à lui demander la paix, *ibid.* — Autres détails sur cet usurpateur, devenu roi de droit divin, xxx, 107 *et suiv.* — Ce que l'auteur est fâché d'avoir dit de celui-ci, et ce qu'il en aurait dû dire, lx, 24. — Premier vassal de la France, il en porta les lois fondamentales dans l'Angleterre, LXVII, 88.

GUILLAUME I*er*, roi de Sicile. Assiége Adrien IV, qui lui cède des prétentions ecclésiastiques, XVI, 102.

GUILLAUME II, dit *le Roux*, roi d'Angleterre. Chasse du trône son frère aîné Robert, XVI, 162; XXX, 108.

GUILLAUME II, stathouder. Gendre de Charles I*er*, voulut se rendre souverain en Hollande, comme Charles en Angleterre, et ne réussit pas mieux que lui, XVIII, 322.

GUILLAUME III, prince d'Orange, fils du précédent. Exclu des charges de ses ancêtres par la paix dictée par Cromwell aux Hollandais, XVIII, 325, 388. — Capitaine-général des forces de terre opposées par les Hollandais à Louis XIV; son caractère, XIX, 390. — Est fait statbouder, 397. — Excite une sédition contre les frères de Witt, qui sont massacrés, 398 *et suiv*. — Sert son pays par ses biens, son activité et ses négociations, 402. — Prend Bonn, 410. — Signale sa présence d'esprit et son courage à la bataille de Senef contre le grand Condé, 418. — Perd celle de Mont-Cassel contre Monsieur, 431. — Attaque le maréchal de Luxembourg quatre jours après la paix de Nimègue, signée malgré lui par les plénipotentiaires de France et de Hollande, 439. — Remue tout pour faire recommencer la guerre, 444. — Parvient à liguer l'Europe contre la France, 459. — Appelé par les principaux seigneurs d'Angleterre, arme contre Jacques II, son beau-père, et le détrône, 462 *et suiv*. — Conditions qui lui sont imposées pour régner, 464. — Il marche contre les Français et Jacques II en Irlande; est vainqueur à la journée de la Boyne, 469 *et suiv*. — Blessé avant la bataille, passe pour mort en France, 471. — Joie indécente que l'on montre à Paris à cette nouvelle, *ibid*. — Fait publier un pardon général après sa victoire, 472. — Vient s'opposer, en Flandre, au maréchal de Luxembourg, qui prend Mons en sa présence, 486. — Perd les batailles de Steinkerque et de Nerwinde, 489 *et suiv*. — Reprend sur les Français la ville et la citadelle de Namur, 495.— Réussit pleinement en Angleterre et en Irlande, 500. — Est reconnu roi d'Angleterre par Louis XIV, en vertu de la paix de Ryswick, 505. — Fait avec ce prince le traité de partage de la monarchie espagnole, 515. — Reconnaît d'abord Philippe V comme roi légitime d'Espagne, 527. — Signe ensuite à La Haye la ligue tramée contre la maison de France, 528. — Remue tout pour abaisser Louis XIV, 533. — Sa mort en 1702, *ibid*. — Réputation qu'il laisse en Europe, *ibid*. — Son caractère, comparé à celui de Louis XIV, *ibid.*; XXXIX, 15. — Reçut la visite du czar Pierre, à Utrecht et à La Haye, XXV, 125. — Et lui fit présent d'un beau vaisseau, 129. —A, le premier, négligé la coutume des rois d'Angleterre de toucher les écrouelles, XV, 150; XVI, 41. — Anecdote ridicule au sujet de ses prétendues amours, XIX, 81; XXVI, 297. — D'un libelle fait contre lui, et attribué au célèbre docteur Arnauld, XIX, 50. — D'un mot de lui au sujet d'une prétendue lettre que La Beaumelle a supposé lui avoir été écrite par Louis XIV, 444; XLII, 707. — Vers pour son portrait, que l'on a faussement appliqués à Cromwell, XXVI, 301. — Raillerie indiscrète de Boileau à son égard, XII, 477. — Sa singulière apostrophe à un comédien qui récitait, en plein théâtre, des vers à sa louange, XX, 231.

GUILLAUME IV (*Charles-Henri-Frison*), prince d'Orange, de la branche de Nassau-Diest. Est élu statbouder lors de l'invasion des Français en 1747, XXI, 196. — Modifications qu'il apporte au stathoudérat, 197.

GUILLAUME V, fils de Tancrède, roi de Sicile. Proclamé par le peuple après la mort de son père, XXIII, 218. — Vaincu par l'empereur Henri VI, qui lui fait crever les yeux et le fait eunuque, XVI, 108; XXIII, 219. — Il est confiné en prison à Coire, chez les Grisons, *ibid*.

GUILLAUME VIII, landgrave de Hesse-Cassel. Lettre qui lui est adressée, en 1753, au sujet de l'attentat de Francfort, LVI, 339.

GUILLAUME, surnommé *Fier-à-bras*, gentilhomme normand. Ses exploits en Sicile, XVI, 26. — Se fait lui-même comte de la Pouille, 27. — Sa mort, *ibid*.

GUILLAUME, fils de Philippe, landgrave de Hesse. Arme, avec Maurice de Saxe et plusieurs princes, pour la liberté de son père, prisonnier de Charles-Quint, XXIII, 519.

GUILLAUME (frère), cordelier, inquisiteur à Paris. Part qu'il prend au procès des templiers, XVI, 288.

GUILLAUME, comte de Hollande. Innocent IV lui donne l'Empire pour l'opposer à Frédéric II, XXIII, 249. — Compétiteur de Conrad IV, est forcé de quitter l'Allemagne, 252. — S'y rétablit, 253. — Donne à la maison de Maurienne l'investiture de plusieurs fiefs, 254. — Est tué dans une guerre civile contre les Frisons, 257; XVI, 147. — Fut appelé aussi *le roi des prêtres*, XXIII, 252.

GUILLAUME, duc de Clèves. Son mariage avec Jeanne d'Albret, annulé par le pape, X, 87. — L'un de ses fils quitte l'évêché de Munster pour se marier, XXIII, 551.

GUILLAUME, curé de Fresne-sous-Berny. Note qui le concerne, et *Prière à Dieu*, qui lui est attribuée, L, 595 *et suiv.*

GUILLAUME D'ÉVREUX, fils de Gauthier, comte d'Essex (*Voy.* ESSEX.)

GUILLAUME DE NANGIS. (*Voy.* NANGIS.)

GUILLAUME DE NASSAU, prince d'Orange, surnommé *le Taciturne*. Nommé par Philippe II au gouvernement des Pays-Bas, XVIII, 2. — Pourquoi prend les armes contre ce monarque, 4. — Son caractère, son courage, *ibid.* — Il entre dans le Brabant, 6. — Les états de Hollande et de Zélande se réunissent à lui, et le reconnaissent pour stathouder, *ibid.* — Quoique battu, son parti se fortifie, 7. — Est reconnu gouverneur du Brabant et de la Flandre, 9. — Lieutenant-général de l'archiduc Mathias, *ibid.* — Fait contracter aux sept Provinces l'union d'Utrecht, et en est déclaré le chef, 10. — Sa tête mise à prix par la cour d'Espagne, 11. — Manifeste où il se porte devant l'Europe accusateur de Philippe II, 12; XVII, 517; XXV, 325. — Il se soutient dans les Pays-Bas contre toute sa puissance, XXIII, 543. — Diverses tentatives faites contre sa vie, 551. — Il est assassiné; détails à ce sujet, *ibid.*; XVIII, 13; LIV, 229. — Avait travaillé pour lui-même autant que pour la république, XVIII, 14. — Son fils. (*Voy.* MAURICE DE NASSAU.)

GUILLAUME DE GENEPPE, électeur de Cologne au 14e siècle. Amassa et laissa de grands trésors, XXIII, 23. — Mort en 1362, *ibid.*

GUILLAUME DE TYR. Vision qu'il rapporte de Pierre-l'Ermite, XVI, 157.

GUILLAUME-LE-BRETON. Mauvais vers latins de lui, cités au sujet des armoiries de France, XVI, 357.

Guillaume Tell, tragédie de Lemière. Ce qu'on en dit, LXIII, 486, 511. — Traits épigrammatiques, 503, 511, 514; LXIV, 311, 355. (*Voy.* TELL.)

GUILLAUMOT (*Charles-Abel*), architecte. Lettre qui lui est adressée, en 1768, au sujet des embellissements de Paris, LXV, 155. — Ses observations et calculs sur la dépense faite pour Versailles, XXXIX, 10.

GUILLELMINE ou WILHELMINE. (*Voy.* Margrave, princesse de BAREITH.)

GUILLELMINI. (*Voy.* GUGLIELMINI.)

GUILLEM DE CASTRO, Espagnol. Auteur d'une tragédie du *Cid*, XXXV, 40. — A imité Diamante, 62. — A été lui-même imité par Corneille, *ibid. et suiv.*, 89; XLI, 492 *et suiv.* — Langage qu'on lui prête à ce sujet dans une satire contre Corneille, XXXV, 46.

GUILLEMET. Pseudonyme de Voltaire pour sa correspondance avec Mme de Choiseul, LXV, 342, 389, 446, 456, 488, 526, 545; LXVI, 13, 111.

GUILLON (*Claude*). Exécuté en 1629, pour avoir mangé de la chair de cheval en carême, IX, 27; XLII, 448; XLVI, 427; LXII, 519; LXIII, 14.

GUIMOND DE LA TOUCHE (*Claude*). Sa tragédie d'*Iphigénie en Tauride*; mentions de l'auteur et de la pièce, LVII, 284, 309, 434, 449, 458, 465. (*Voy. Iphigénie.*) — Ce qu'en disaient Mme de Graffigni et Voltaire, 528. — Celui-ci voulut lui attribuer sa tragédie des *Guèbres*, LXV, 243, 252, 329.

GUINCESTRE, curé de Saint-Gervais, du temps de la Ligue. Comment dépeint dans les premières éditions de la *Henriade*, X, 347. — Note qui le concerne, XXXIV, 90.

Guinées. Monnaie anglaise ; pourquoi ainsi nommée, XVII, 359.

Guinegaste (bataille de). Louis XII y est battu par Henri VIII, XVII, 112. — Est aussi appelée *la Journée des éperons*, ibid.; XXIII, 438.

GUISCARD (*Voy.* ROBERT GUISCARD.)

GUISCARD (comte de). Gouverneur de Namur en 1695, la défend inutilement contre les Anglais, XIX, 497. — Ambassadeur de France auprès de Charles XII, l'accompagne dans son expédition contre Copenhague; conversation qu'ils eurent à ce sujet, XXIV, 69.

GUISCARD (marquis de), sous-gouverneur de Louis XIV. L'un des plus sages hommes du royaume, XX, 396. — Son fils, indigne de lui, *ibid.* (*Voy.* LA BOURLIE.)

GUISE (*François*, duc de), père du *Balafré*. Jette, avec le cardinal de Lorraine, son frère, les fondements de la Ligue, X, 76. — Abuse de la faiblesse d'Antoine de Navarre, et veut le faire assassiner; mot qu'on lui prête à ce sujet, *ibid.* — Se rend fameux par la défense de Metz contre Charles-Quint, 79; XVII, 227; XXIII, 522. — Va commander l'armée du pape pour servir les projets de Henri II sur les Deux-Siciles, XVII, 520. — N'arrive qu'après la défaite de Saint-Quentin, qui les fait évanouir, 521. — Est rappelé, et déclaré vice-roi sous le nom de lieutenant-général du royaume, *ibid.*— Prend Calais et Thionville, 522. — Sa puissance, égale à celle des anciens maires du palais, XVIII, 58. — Maître absolu de l'état sous le jeune et faible François II, qui avait épousé sa nièce Marie Stuart, X, 354; XXII, 98. — La conspiration d'Amboise, découverte et punie, ne sert qu'à le rendre plus puissant, 99. — Il se fait regarder par le peuple comme le protecteur de la catholicité, XVIII, 63.—Provoque le massacre de Vassi, 64; XXII, 108. — Gagne la bataille de Dreux, 112; XVIII, 65. — Fait le siége d'Orléans; est assassiné par Poltrot, X, 79; XVIII, 66; XXII, 112. — Toute sa famille en deuil vient demander au roi justice contre Coligni, qu'elle accuse d'avoir encouragé ce crime, 113. — Avait de grandes qualités, qu'il ne faut pas confondre avec de la vertu, X, 76. — Paroles chrétiennes, mais hypocrites, à un protestant qui avait voulu l'assassiner, IV, 230; LII, 1. — Ce qui le mit au-dessus de tous les capitaines de son temps, XVIII, 522.

GUISE (*Henri I*er, duc de), dit *le Balafré*, fils du précédent. Amitié fort équivoque qu'ent pour lui Henri III, dans sa jeunesse, X, 46. — Soupçonné de l'assassinat de Saint-Mégrin, 48. — Part qu'il prend aux massacres de la Saint-Barthélemi, 92, 361. — Complice de l'assassinat de Coligni, foule aux pieds son cadavre, *ibid.*; XVIII, 105. — Vers qui caractérisent ce héros factieux, X, 122, 175. — Son portrait, son ambition; il veut enlever la couronne à la maison des Capets, 112, 118, 367. — Riche, puissant, et chef de la maison de Lorraine, force Henri III à lui donner le commandement des armées, XVIII, 103. — Exécute le grand projet de la Ligue, formé par son oncle le cardinal et entamé par son père François, 105; X, 111, 368; XXII, 135. — Sujet soumis en apparence, est réellement plus maître que le roi, X, 368. — Fait des exploits de grand général en Allemagne, 118. — Triomphe de l'armée des princes protestants envoyée au secours de Henri de Navarre, 369; XVIII, 110. — Sa requête au roi, où chaque mot était une offense, 111. — Est reçu à Paris comme le sauveur de la nation; assiége le roi, qui lui en avait défendu l'entrée, et chasse son souverain de sa capitale, *ibid.*; X, 370. — Autres détails sur la journée des Barricades, XXII, 141. — Autorités citées sur la défense que lui fit Henri III de venir à Paris, XLI, 74. — Sa réponse à l'avis que le roi voulait le faire arrêter, XXXVI, 469. — Maître, avec son frère le cardinal, de la délibération des états de Blois, y vient braver son souverain ; est assassiné par son ordre, après une feinte réconciliation; circonstances de ce meurtre, X, 121, 371; XVIII, 112 *et suiv.*; XXII, 142 *et suiv.*—Procès intenté par sa veuve à Henri III, et requête qu'elle présente à ce sujet au parlement, X, 372; XVIII, 114; XXII, 144 *et suiv.* — Du projet d'élever son fils au trône de France, en le mariant avec l'infante Claire-Eugénie, 155, 160, 167 *et suiv.*

GUISE (*Louis*, cardinal de), frère du *Balafré*. Exécute avec lui le projet de la

Ligue, imaginé par le cardinal de Lorraine, x, 111, 368; xxii, 135.—Ses propos sur Henri III, dont il se flattait de faire un moine, x, 119. — Maître, avec son frère, de la délibération des états de Blois, y est assassiné en 1589, et par qui, 371; xviii, 113; xxii, 142 *et suiv.* —Poursuites juridiques à ce sujet contre Henri III, x, 372; xviii, 114; xxii, 144 *et suiv.* — Pourquoi l'auteur de la *Henriade* n'a pas cru nécessaire de parler de sa mort dans ce poëme, x, 121.

Guise (un autre cardinal), fils du *Balafré.* Son duel, en 1617, avec le duc de Nevers-Gonzague, xviii, 182.

Guise (*Henri II*, duc de), petit-fils du *Balafré.* Avec le courage de ses ancêtres, veut en faire revivre la fortune; conspire avec le comte de Soissons contre Richelieu, xviii, 240. — Est condamné par contumace au parlement de Paris, *ibid.* — Célèbre depuis par sa défense de Naples, qui s'était donnée à lui après s'être révoltée contre Philippe IV, roi d'Espagne, *ibid.*; xix, 278. — Pourquoi ne passa que pour un aventurier audacieux, *ibid.* — Était singulier en tout; figura au carrousel de 1662; ce qu'on y disait de lui en le voyant courir avec le grand Condé, xx, 145.—Extrait singulier de ses *Mémoires*, xxxvi, 235.

Guise (les ducs de). Chefs ambitieux d'un peuple crédule, x, 76. — A quel point abusent de la faiblesse d'Antoine de Navarre, 87. — Veulent établir en France l'inquisition, 198. — Maîtres de la cour sous François II, deviennent bientôt les maîtres de tout le royaume, 354. — Complot pour les arrêter à Amboise, 356. — Cruauté avec laquelle ils punissent ceux qui sont impliqués dans cette conspiration, *ibid.* — Font arrêter et condamner à mort le prince de Condé, *ibid.* — Autres détails sur cette conspiration et ses suites, xviii, 56 *et suiv.*; xxii, 98 *et suiv.* — Part qu'ils prennent à la journée de la Saint-Barthélemi, 72. — Près de partager l'autorité royale, sont assassinés à Blois, x, 32, 371.— Procès criminel contre Henri III à ce sujet, 372; xviii, 114; xxii, 144. — De leurs efforts pour mettre Marie Stuart, reine d'Écosse, leur nièce, sur le trône d'Angleterre, xviii, 44. — De leur union avec les Condés contre Marie de Médicis et Concini, 175 *et suiv.* — Observation singulière sur toute la lignée des Guises, xxvii, 509. (*Voy.* Lorraine et les articles ci-dessus)

Guise (prince de). Débiteur de Voltaire, qui se plaint de lui, lii, 485, 578. — Lettre qui lui est adressée, en 1738, au sujet de sa créance et des procédures auxquelles elle a donné lieu, liii, 64.— Quatrain sur ce qu'il avait prêché l'auteur, xiv, 352.

Guise (princesse de). Lettre qui lui est adressée en 1732, li, 260.

Guise (Mlle de), fille des précédents. Madrigal qui lui est adressé, xiv, 342.— Autre, dans le temps qu'elle devait épouser le maréchal de Richelieu, 351. — Epître au sujet de ce mariage, xiii, 108. — Détails y relatifs, li, 475, 477. — Duel à l'occasion de cette alliance, 508. (*Voy.* duchesse de Richelieu.)

Guiton. Elu maire de La Rochelle pendant le siége de cette place par Richelieu; son discours en acceptant ces fonctions; sa courageuse résolution, xviii, 206, 209; xx, 373. — Après s'être rendu à discrétion, a l'audace de paraître avec ses gardes devant le cardinal, *ibid.*

Gulliver (*Voyages de*). (*Voy.* Swift.)

Gunther de Schwartzbourg. Elu empereur d'Allemagne, tombe en apoplexie, et vend ses droits à Charles de Luxembourg, qui ne le paie point, xxiii, 328. — Sa mort, *ibid.*

Gusman (*Éléonore* de). A sept bâtards d'Alfonse XI, roi de Castille, xvi, 379. — Mise à mort par don Pèdre, *ibid.*

Gustave Vasa. Son origine, son portrait, son caractère, xvii, 154; xxiv, 37. — Perfidement enlevé et mis aux fers par Christiern II, xvii, 154. — S'échappe de prison, erre dans la Dalécarlie, et y travaille aux mines, 155. — Se fait connaître, se voit bientôt à la tête d'une armée, et est secouru par Lubeck, *ibid.* — Affranchit la Suède de la tyrannie des Danois; est élu roi du pays dont il était le libérateur, 137, 157; xxiv, 37. — Proscrit en Suède la religion catholique, et y introduit le luthéranisme par la supériorité de sa politique, plus encore que par son autorité, xvii, 157, 262; xxiii, 455; xxiv, 38. — S'allie avec la France, xvii, 158. —

Fait déclarer la couronne héréditaire dans sa maison, élective à l'extinction de sa race, 459. — Règne heureux et absolu, et meurt plein de gloire, laissant sur le trône sa famille et sa religion, XXIV, 38. — Tira la Suède de l'obscurité, XVII, 159. — En fut le héros et l'idole, 137.

Gustave Vasa, tragédie de Piron. Ce qu'on en dit, LI, 354, 358, 431.

GUSTAVE-ADOLPHE, roi de Suède, petit-fils de Gustave Vasa. A quel âge succède à son père Charles IX, XVIII, 394. — Ses premières guerres infructueuses, 395. — Soutient ses prétentions contre le roi de Pologne Sigismond, son parent, que protége l'empereur Ferdinand II, 273. — Ses conquêtes, 395. — Sur le point de détrôner Sigismond, ne renonce à cette entreprise que pour aller tenter de détrôner l'empereur, qui voulait lui enlever la Livonie dont il s'était emparé, et lui refusait le titre de roi, 273, 395. — Son expédition en Allemagne, pour le soutien de la ligue protestante, XXIII, 590 *et suiv.* — Il venge les princes protestants, en se vengeant lui-même, XVIII, 273. — Son traité d'alliance avec la France, regardé des deux parts comme le triomphe de la politique, XXIII, 592. — A quel prix on a prétendu qu'il avait traité avec Richelieu pour diviser l'Allemagne, et réflexions à ce sujet, XVIII, 220, 274. — Succès de son expédition; il défait complétement les Impériaux à Leipsick, *ibid.;* XXIII, 593. — Tout se soumet à lui, des bords de l'Elbe à ceux du Rhin, XVIII, 274. — Il contribue à l'abaissement de la maison d'Autriche, XXIV, 38. — Ferdinand II engage inutilement la cour de Rome à publier contre lui une croisade; le Saint-Père promet un jubilé, XVIII, 274; XXIII, 595. — Ses progrès dans la Franconie et la Souabe; il rétablit le duc de Mecklembourg dans ses états, s'empare de Munich, et y ramène l'électeur palatin dépossédé, XVIII, 275; XXIII, 596. — Est tué à la bataille de Lutzen, au milieu de sa victoire; son corps est porté en présence de ses soldats, pour les exciter à le venger, 597; XVIII, 275. — Il emporta dans la tombe le nom de *Grand*, les regrets du Nord et l'estime de ses ennemis, XXIV, 39. —

Croyait tous les rois égaux, et n'admettait de supériorité que celle de la victoire, XXIII, 624.

GUSTAVE III, roi de Suède. Ses qualités personnelles; Notice, LXVII, 91. — Loué pour avoir changé, en un seul jour, les lois de ses états, et en avoir fait de nouvelles, IX, 360; XLVIII, 156. — Épitres en vers que lui adresse l'auteur, XIII, 313, 325. — Lettre qu'il lui écrit, en 1771, à l'occasion de l'*Éloge* du roi son père, composé par ce monarque, LVII, 282. — Réponse du prince, 331.

Gutersdorf, en Saxe. Détails de l'entrevue qu'eurent en ce lieu Charles XII et Auguste, lors de l'abdication de ce dernier, XXIV, 146 *et suiv.*

GUYON (Mme), célèbre par sa mysticité. Son origine, XX, 441. — Ses voyages avec son directeur Lacombe; ses livres, ses prophéties, 442 *et suiv.* — Persécutée par l'archevêque de Paris, est protégée par Mme de Maintenon, 443. — S'introduit à Saint-Cyr et y répand ses idées, puis en est renvoyée par sa protectrice elle-même, qui l'abandonne. 444. — Elle fait connaissance avec Fénelon, *ibid.* — Se met sous la direction de Bossuet, 445. — Ses écrits examinés par ce prélat, et censurés par l'archevêque de Paris, *ibid. et suiv.* — Elle continue à dogmatiser, après avoir promis le silence; est enfermée à Vincennes, et y compose un grand nombre de vers mystiques, 446. — Avait épousé Jésus-Christ dans une de ses extases, *ibid.* — En quoi le traitement qu'elle éprouva fut rigoureux et injuste, XXVI, 270. — Chanson philosophique qu'on lui a imputée, et qui fut composée par Fénelon, XX, 454; LVI, 260, 675.

GUYON (l'abbé). Auteur d'une *Histoire du Bas-Empire*, dans un style convenable au titre, XLII, 695. — Surnommait Voltaire l'*Antechrist*, *ibid.* — Comment a parlé de Louis XIV, 696. — A écrit le libelle intitulé l'*Oracle des nouveaux philosophes;* sorties contre lui, et démentis qui lui sont donnés à ce sujet, 487, 695; LVIII, 424; LIX, 208. — Autres, XII, 467; XIII, 260; XIV, 200, 284. — Gourmandé sur ce qu'il dit de Théodose, XLV, 205. — Est chassé du temple de la Renommée dans la *Pucelle*.

xi, 114. — Vers et note satirique qui le concernent, 283.

GUYOT, avocat. Son *Vocabulaire* de la langue française, et lettres qui lui sont adressées au sujet de cet ouvrage, LXIV, 325, 371.

GUYOT DE MERVILLE, auteur dramatique. En 1736, injurie continuellement Voltaire, LII, 319 *et suiv.* — Et pourquoi, LIII, 169. — En 1738, Mlle Quinault est engagée par celui-ci à faire cesser ses libelles, 326, 468. — En 1755, il s'excuse du mal qu'il a voulu faire à l'auteur; offre de lui dédier son *Théâtre*, de supprimer les choses qui l'ont offensé, et lui demande son amitié, LVI, 619. — Réponse qu'il en reçoit à ce sujet, 622. — Son suicide, et note qui le concerne, 619.

GUYS, auteur d'un *Voyage littéraire en Grèce*. Épître par laquelle Voltaire le remercie de cet ouvrage, XIII, 329.

GYAC (la dame de), maîtresse de Jean, duc de Bourgogne. Conseille à ce prince d'accepter la conférence de Montereau, où il est assassiné, XVI, 401. — Conséquence absurde qu'on en tire, *ibid.*

GYLLEMBOURG (comte de), ambassadeur de Suède en Angleterre. Y traite avec les mécontents en faveur du Prétendant, XXIV, 336. — Sa conspiration découverte, il y est arrêté, puis remis en liberté, 339, 343; XXV, 289 *et suiv.* — Envoyé au congrès d'Alland, 359.

GYLLENSTIERN, gentilhomme suédois. Blessé à la bataille d'Hollozin; service que lui rend Charles XII, XXIV, 171.

H

H. Observations sur l'*h* aspirée, LXIV, 286, 555. — Vers où Voltaire n'en a pas tenu compte, XI, 104, 354.

Habeas corpus (loi d'), en Angleterre. Y est regardée comme le boulevard de la liberté, XVIII, 289; XXI, 213. — Suspendue lors de l'entreprise du prince Édouard, *ibid.*

HABERT (*Isaac*), évêque de Vabre, et docteur en théologie. Soulève les esprits contre Jansénius, XX, 407.

HABERT DE CERISI, de l'Académie française. (*Voy.* CERISI.)

Habile, Habileté. Origine et acceptions de ces mots, XXX, 157 *et suiv.*

Habit. Change les mœurs ainsi que la figure, XIV, 49.

Habitude. Tient lieu quelquefois de la nature, V, 63; VIII, 333. — *Ne fait point passion*: axiome de l'école, vrai dans les plaisirs des arts, mais non dans ceux de la nature, XXXII, 89.

HACHETTE (*Jeanne*), héroïne qui défendit Beauvais en 1472, XXVI, 198. — Faible et honteuse récompense dont jouirent ses descendants, et réflexions à ce sujet, *ibid.*

HADDIK, général autrichien. Surprend Berlin en 1757, et lui épargne le pillage moyennant huit cent mille livres, XXI, 299.

HAINAULT. (*Voy.* HÉNAULT et HESNAUT.)

Haine (la). Vers qui la caractérisent, X, 302. — Que les fausses réunions augmentent les haines, XVII, 43. — Que la haine théologique est la plus implacable de toutes, 278 *et suiv.*

Haïr. Qu'il est dur de haïr ceux qu'on voulait aimer, V, 48.

HALFRENAS. L'un des assassins du duc de Guise, X, 121.

HALIFAX (milord). Comment définit les cours, LXIV, 226.

HALLER (*Albert*, baron de), célèbre médecin et naturaliste de Berne, qui cultiva aussi avec succès la poésie allemande. Auteur de l'excellent article de la *Génération* dans l'*Encyclopédie*, LVII, 503. — Zélé protestant, met l'intolérance à la mode dans le canton de Berne, XXXIX, 622. — Plaisante anecdote avec La Métrie, et note y relative, LVI, 173. — Lettre que lui écrit Voltaire, en 1759, au sujet d'un libelle imprimé contre lui à Lausanne, LVIII, 34. — Réponse magistrale du baron, 36. — Anecdote à ce sujet, *ibid.* — Autres détails sur la protection qu'il accorde au libraire Grasset contre l'auteur, XI, 2; LVIII, 46.

HALLEY. Savant astronome et grand poëte, XX, 339. — Son voyage, en 1698, au pôle antarctique, beaucoup plus important mais beaucoup moins célèbre que celui des Argonautes, *ibid.* — Éloge qu'il fait de Newton, *ibid.; L*, 211; LXIX, 196; LXX, 6. — A découvert les propriétés de l'aimant et donné des lois à la matière magnétique, XXI, 249. — Cité sur les lois de la gravitation, LIII, 280.—Et sur la comète de 1680, XXXVII, 202; XXXVIII, 280.

Hambourg (ville de). Ses habitants soupçonnés d'avoir fait incendier Alténa; comment justifiés, XXIV, 295; XXXVII, 97.

HAMÉDI KERMANI, poëte persan. Plaisanterie hardie qu'il fit à Tamerlan, XVI, 477.

HAMILTON (*Jean*), curé de Saint-Côme. Ligueur furieux, faisant les fonctions d'archer, X, 154, 156, 159.

HAMILTON (marquis). Sacrifie à Charles Ier une partie de ses biens pour faire la guerre aux puritains d'Ecosse, XVIII, 292.

HAMILTON (duc), général des Ecossais armés en faveur de Charles Ier. Est défait à Preston par Cromwell, qui le prend prisonnier, XVIII, 312.—Et condamné à mort par la chambre des communes, contre toutes les lois de la guerre, 317.

HAMILTON, l'un des généraux de Charles XII. Fait prisonnier à Pultava, orne le triomphe du czar, XXIV, 221; XXV, 200, 207.

HAMILTON (*Antoine*, comte d'). Le premier qui ait fait des romans dans un goût plaisant, XIX, 120 — Ses *Mémoires du comte de Grammont*, appréciés, *ibid.*— Place qu'il occupe dans le *Temple du Goût*, XII, 348. — Notice qui le concerne, *ibid.;* XIX, 120. — On a de lui quelques jolies poésies, *ibid.* — Grace de ses vers de quatre pieds, XIV, 63.

HAMILTON (le chevalier *William*), ambassadeur de Naples. Cité au sujet de ses Observations sur l'histoire naturelle du Vésuve et de l'Etna, XXXIV, 442. — Lettre qui lui est adressée, en 1773, sur le même objet, LXVIII, 253. — Notice, *ibid.*

Hamlet, tragédie de Shakespeare. Pièce grossière et barbare, où l'on trouve des traits sublimes, V, 488.—Comparée aux *Perses* d'Eschyle, *ibid.* — Plan et analyse qu'on en donne, XL, 250. — Sujet tiré de Saxon le Grammairien, 263. — Observations critiques, V, 488; XLVIII,

414. — Imitation en vers français du beau monologue de cette pièce, XXVII, 80; XXXVII, 222; XL, 264. —Traduction littérale du même morceau, XXXVII, 223; XL, 265. — Autre fragment en vers blancs, XLI, 437.

Hamlet, tragédie de Ducis. Observations sur le théâtre, à l'occasion de cette pièce, LXVI, 53, 54.

HAMON (*Christophe-Henri* d'), chambellan du roi de Prusse, et envoyé de ce prince à Paris en 1751. Y loge chez Voltaire, pendant que celui-ci est à Berlin, LV, 526, 528, 537, 541, 576. — Lettre qui lui est adressée en 1768, LXV, 60. — Est auteur d'une *Généalogie ascendante* des rois et princes de l'Europe, *ibid.*

Hamscrit (le), langue sacrée des brames. Son antiquité, XV, 285; XLV, 159; XLVII, 323. — Livres qui existent dans cette langue, XV, 79.

HANNETAIRE (*Jean-Nicolas* SERVANDONI d'). Revendique une pièce de vers que l'on attribuait à Voltaire, LXVII, 471. — Notice, *ibid.*

Hanovre (le). Ses électeurs depuis la fin du 17e siècle, XXIII, 29. — Ses habitants caractérisés, XII, 129.

HAQUIN. Roi de Norvége par la seule autorité du pape Innocent IV, qui en reçoit un tribut, et le fait enfant légitime, de bâtard qu'il était, XVI, 148.

Harangue. Prononcée le jour de la clôture du Théâtre Français, en 1730, XXXVII, 94.

Harangues. Espèce de mensonge oratoire que se sont permis autrefois les historiens, XXV, 18. — Si l'on doit en insérer dans l'histoire, XXXe, 215; XLIV, 407. (*Voy*. SALLUSTE.) — Des harangues parlementaires, et de l'exagération qui y domine presque toujours, XXI, 81.

Haras (les). Etablis en 1667, XX, 256. — Furent d'une grande ressource pour la remonte de la cavalerie; ressource depuis trop négligée, *ibid.*

HARCOURT (comte d'), de la maison de Lorraine. Prend Balaguier et bat les Espagnols, XIX, 277. — Est chargé par Mazarin de conduire au Havre le prince de Condé, qui le chansonne à ce sujet, 299.

HARCOURT (le marquis *Henri*, depuis duc d'), maréchal de France. Ambassadeur à Madrid, dispose favorablement la cour d'Espagne pour le petit-fils de Louis XIV, XIX, 26, 519. — Rappelé d'ambassade pour commander une armée contre l'Espagne, 521. — Faux bruits dont il est l'objet, au sujet du testament de Charles d'Autriche, 525. — Ce qu'en dit Louis XIV dans ses Instructions à Philippe V, xx, 225. — Sa mort, XIX, 26.

HARCOURT (duc d'), fils du précédent, aussi maréchal de France. Notice, XIX, 26. — Blessé à la bataille de Dettingue, XXI, 100. — Garde les gorges de Phalsbourg, 109. — Sa conduite à Fontenoi, 140; XII, 128.—Prend Dendermonde, XXI, 151.

HARDION (*Jacques*), de l'Académie française. Sujet de plainte que Voltaire a contre lui, LI, 251. — Note qui concerne ce détracteur, *ibid.*— Autres mentions, LII, 106; LV, 106. — Sa mort; ce qu'on en dit, LXIII, 381.

HARDOUIN (*Jean*), jésuite. Profond dans l'histoire, et chimérique dans les sentiments; jusqu'où il a poussé la bizarrerie, XIX, 121. — A calomnié divers philosophes, en les accusant d'athéisme, XII, 186, 470; XIX, 121; XXVII, 183; XXXVII, 83. — Sa folie ôta à sa calomnie toute son atrocité, XIX, 121.

HARDY, auteur français de six cents pièces de théâtre, qui furent faites chacune en deux ou trois jours, XXXV, 10. —N'écrivit que des platitudes, XXVII, 72.

HAREMBURE (général d'). Blessé et pris à la bataille de Plaisance, XXI, 172.

HARLAI (*Achille* de), premier président du parlement du temps de la Ligue. Arrêté par les Seize; sa conduite ferme et courageuse; anecdotes qui le concernent, XXII, 148 *et suiv.* — Vers qui le caractérisent, x, 152, 184. — Comment se rachète de la prison de la Bastille, et trouve le moyen de se rendre auprès de Henri IV, XXII, 165. — Conçoit, le premier, l'idée de secouer le joug du pape et de créer un patriarche, *ibid.;* xx, 361. — Assiste aux états de Rouen, XXII, 187. — Ses remontrances à Henri IV, qui demandait de l'argent pour chasser les Espagnols d'Amiens, 190. — Sa réponse sage et plaisante à des bourgeois de Paris fanatisés, 194. — Autres remontrances au roi contre le rappel des jésuites, 206. — Lettre qui fut présentée de sa part à Henri III par Jacques Clément, et raisons qu'on a de croire que cette pièce n'était pas supposée, x, 184, 374. — Livres de *l'Ancien Testament* dont il aurait voulu que la lecture fût interdite aux jeunes prêtres, XLIX, 179. — Mort sous Louis XIII, à l'âge de quatre-vingts ans, XXII, 149.

HARLAI, l'un des signataires de la paix de Ryswick, en 1697. Reproches et éloges également immérités qu'il reçut à cette occasion, XIX, 506.

HARLAI DE CHANVALLON, archevêque de Paris. Décrié pour ses mœurs, refuse les honneurs de la sépulture à Molière, XIX, 161; XXVIII, 400. — Marie secrètement, Louis XIV avec Mme de Maintenon, xx, 190. — Poursuit Mme Guyon et son directeur Lacombe dans l'affaire du quiétisme, 443. — Etait jaloux que d'autres que lui se portassent pour juges des livres dans son diocèse, 446. —Fixa la taxe des droits du clergé pour les mariages et les convois, XXXII, 323. — Comment mourut ce prélat débauché, LXVI, 42. — Anecdote qui le concerne, XXXIII, 436.

HARLAI DE SANCY. (*Voy.* SANCY.)

HARLAY, comte d'Oxford. (*Voy.* OXFORD.)

Harlem (ville de). Assiégée par les Espagnols, se rend à discrétion; horreurs qu'ils y commettent, XVIII, 7.

HARLEY (*Laure*). Madrigal qui lui est adressé en vers anglais par Voltaire, et sa traduction en vers français, XIV, 493.

Harlot. Signification de ce nom, et à qui il est donné, XVI, 41.

Harmonie. Vers qui la caractérisent, x, 235; XIII, 134. — Invocation que lui fait l'auteur, LII, 138.

Haro (clameur de). Origine de cet usage, xv, 482.

HARO (don *Louis* de). Gouverne l'Espagne et Philippe IV, XIX, 322. — Prodigue sa politique pour s'unir avec Cromwell, 324. — Ses conférences avec Mazarin dans l'île des Faisans, 339. — Ce qu'il disait de la politique du cardinal, 340. — Comment il l'oblige à faire recevoir en grace le prince de Condé, à la paix des Pyrénées, 342.

HAROLD. Ses droits à la couronne d'Angleterre, XVI, 42. — Est tué à la bataille d'Hastings, gagnée par Guillaume, son compétiteur, 44.

Harpies. Objet d'une comparaison poétique, XIII, 308. — Note critique sur la fiction de Virgile à leur sujet, XI, 290 *et suiv.*

HARRACH (comte d'). Ambassadeur de Léopold à Madrid, à l'époque des prétentions à la succession de Charles II, est rappelé, puis renvoyé en Espagne, XIX, 521. — Compliment singulier que lui fait le duc d'Abrantès, et qui l'induit en erreur, 524.

HARRISSON, major-général de Cromwell. Violences dont il use pour la dissolution du parlement républicain, XVIII, 323.

HARVEY (*Guillaume*), grand calculateur. Son système sur la génération, XLI, 429; L, 214; LXV, 177.

HARVEY (milord). (*Voy.* HERVEY.)

Hasard (le). Ce qu'en philosophie on entend par ce mot, XXVII, 193. — Erreur où sont tombés à ce sujet Racine le fils et J.-B. Rousseau, *ibid. et suiv.* — Qu'il n'y a point de hasard, et que tout est épreuve ou punition, ou récompense, ou prévoyance, XXXIII, 145. — Le hasard va souvent plus loin que la prudence, V, 166. — Sacrée majesté qui arrange tout dans ce monde, XIII, 145; LVIII, 55; LXIV, 68; LXVIII, 79, 165.

Hastembeck (bataille d'). Gagnée sur le duc de Cumberland par le maréchal d'Estrées, XXI, 297; LVII, 276.

HASTINGS (lord). Pourquoi le duc de Glocester, qui fut depuis le tyran Richard III, lui fait trancher la tête en plein conseil, XVII, 130.

Hastings (bataille d'). Décide la conquête d'Angleterre par Guillaume, duc de Normandie, XVI, 44.

HATTON ou OTTON, archevêque de Mayence. (*Voy.* OTHON.)

Haubert. Cotte d'armes dont on revêtait anciennement les chevaliers, XVII, 3. — De quoi cette armure était ordinairement composée, XI, 66.

Hautain. Ce mot ne se dit que de l'espèce humaine, et il se prend toujours en mauvaise part, XXX, 161.

Hauteur. Comment est tantôt une bonne et tantôt une mauvaise qualité, XXX, 162. — Observation grammaticale sur l'emploi de ce mot au pluriel, 163.

HAUZIBON, princesse de la Chine. De quelle manière miraculeuse devint grosse; réflexions à ce sujet, XLVIII, 199.

Havane (île de la). Sa situation, son importance, XXI, 335. — Prise par les Anglais en 1762; butin immense qu'ils en tirent, 336.

Havre-de-Grace (le). Bâti par François Ier, XVIII, 67. — En 1563, les protestants y introduisirent trois mille Anglais; le connétable de Montmorenci eut bien de la peine à les en chasser, *ibid.* — Bombardée en 1694 par les Anglais; son port brûlé et renversé, XIX, 495. — Médaille frappée en Hollande à cette occasion, *ibid.*

HAVRÉ (duc d'), colonel du régiment de la Couronne. Est tué à Fontenoi, XII, 131.

HAWKES, amiral anglais. Prend six vaisseaux de guerre français, de sept qu'il avait combattus, XXI, 264.

HAY, jésuite. Impliqué dans l'affaire de Jean Châtel, est condamné à un bannissement perpétuel, XVIII, 149; XXII, 182.

HAY (milord *Charles*), capitaine aux Gardes anglaises. A la journée de Fontenoi, invite les Français à tirer les premiers; ce que lui répond le comte d'Auteroche, XXI, 135.

HAY-DUCHATELET (*Paul*). Auteur d'une satire atroce contre les deux frères Marillac, est choisi par Richelieu pour l'un des juges du maréchal, XVIII, 208.

HAYER (le P. LE), moine récollet. Auteur du *Journal chrétien*, XIV, 189. — Ou plutôt d'un journal intitulé *Lettres sur quelques écrits de ce temps*, XIII, 282. — Comment dépeint dans la satire *le Russe à Paris*, XIV, 189. — Collaborateur de la *Religion vengée*, ouvrage contre les philosophes, LVII, 206, 212.

HAZON, marchand à Paris. Sa réponse grossière à Colbert, qui le consultait sur ce qu'il devait faire pour encourager le commerce, XX, 243.

HEATON, évêque d'Ély. Lettre énergique que lui écrit la reine Élisabeth d'Angleterre, XVIII, 41.

HÉBERT, historien de Louis XIV. Ce qu'on dit de ses *Mémoires*, LVII, 87, 89.

HÉBERT, fameux marchand de curiosités à Paris. Cause de sa fortune, xii, 48. — Cité, v, 377; xiv, 486.

HÉBERT (M*me*), femme du précédent. Vers sur l'envoi qu'elle avait fait à l'auteur, de deux remèdes, xiv, 486.

Hébreux (les). Ce que signifie leur nom, xlviii, 448. — Des recherches faites par le savant Lowth sur leur poésie sacrée, xli, 496. — Traits contre la pureté, la charité, la bonne foi, la justice et la raison universelle, qui se trouvent consacrés dans leurs livres, xl, 605 *et suiv.;* xliv, 378 *et suiv.*—Grande preuve qu'ils n'ont jamais habité en Égypte, lxiii, 130. (Voy. *Israélites, Juifs.*)

Hébreux (Évangile selon les). Saint Jérôme en a pris nombre de témoignages, xlv, 352. — Cru le même que celui de Matthieu, dont se servaient les Nazaréens, 356.

HECQUET (*Philippe*), médecin. Auteur d'un système raisonné de la *Trituration*, xix, 122. — D'un traité sur les *Dispenses du carême*, xxxii, 457. — Ce qu'il entendait par l'expression de *ventres paresseux*, 424. — Cru le type du portrait du docteur Sangrado, dans le roman de *Gil-Blas*, 456.

HÉGÉSIPPE. L'un des principaux auteurs de livres supposés par les premiers chrétiens, xliii, 125. — A répété les impostures d'Abdias, 127, 585; lxvi, 169. — Conte qu'il rapporte au sujet de Domitien, xv, 352, 368.

Hégire. Nom donné à l'époque de la fuite de Mahomet à Médine, qui devint celle de sa gloire et de la fondation de son empire, xv, 319 *et suiv*.

HÉGUERTI (d'), négociant. Auteur de divers ouvrages sur le commerce maritime, les envoie à Voltaire, qui l'en remercie, lvii, 359.

Heidelberg (ville d'). Son université, fondée par Robert, comte palatin, en 1345, sur le modèle de celle de Paris, xxiii, 322. — Réception que l'empereur François I*er* y fait à son épouse Marie-Thérèse, qui vient de le faire couronner à Francfort, xxi, 154 *et suiv*.

HEIN (*Pierre*), amiral hollandais. Prises considérables qu'il fit sur les Espagnols, et dont il enrichit sa patrie, xviii, 389.

HEINSIUS (*Daniel*). Auteur d'une plate tragédie latine sur le *Massacre des Innocents*, xxxv, 105.

HEINSIUS, grand-pensionnaire des Provinces-Unies. D'intelligence avec le prince Eugène et Marlborough contre la maison de Bourbon, xx, 19.—Traité autrefois avec hauteur par Louvois, traite de même le marquis de Torci, envoyé de Louis XIV, en 1709, 76.—S'oppose à la paix, 77, 97 *et suiv*.

HÉLÈNE. Fille d'écurie et concubine de Constance Chlore, dont on a fait une sainte, xv, 358; xxix, 29; xliii, 164. — Mère du célèbre Constantin, *ibid.;* l, 483. — Ses prétendus miracles, 490.

HELGAUT, écrivain des siècles barbares. Prétendu miracle qu'il rapporte du roi Robert, xv, 149.

HÉLIODORE. Son aventure merveilleuse rapportée dans le deuxième livre des *Macchabées*, xlix, 425.

HÉLIOGABALE, empereur. Contes absurdes à son sujet, xliv, 429.

Héloïse (la *Nouvelle*), roman de J.-J. Rousseau. Appréciée, xlii, 350 *et suiv.;* lix, 264, 275, 306, 315, 325, 331. — Est un libelle contre la nation, 385. — Lettres critiques sur cet ouvrage, publiées sous le nom de Ximénès, et qui paraissent être de Voltaire, xxi, *iij;* xl, 203 *et suiv.;* lix, 314, 315, 318, 322, 325, 338, 385. — Voltaire n'en trouve de bon que le morceau sur le suicide, 332. — En quels termes il en parle, 262, 343; xxvii, 419; lxvi, 376. — Sarcasmes et plaisanteries à son sujet, xiii, 273; xiv, 233. (*Voy.* J.-J. ROUSSEAU.)

Helsinbourg (bataille d'). Gagnée par les Suédois sur les Danois, xxiv, 224 *et suiv.*

HELVÉTIUS (*Jean-Claude-Adrien*), fameux médecin. A très bien écrit sur l'économie animale et sur la fièvre, xix, 122. — Père du philosophe de ce nom; Notice, *ibid.* — Loué, xii, 60.

HELVÉTIUS (*Claude-Adrien*), fils du précédent. Vrai philosophe, qui renonça à la place de fermier-général pour cultiver les lettres, xiv, 185; xix, 122; lviii, 427. — Voltaire lui adresse un discours en vers sur la modération, xii, 71. — Et une Épître, xiii, 137. — Conseils qui lui sont donnés sur la composition et le choix d'une épître morale, xxxvii, 574 *et suiv*. — Autres, sur des essais de poésie, 578 *et suiv.* — Autres, sur la composition de ses Epîtres en vers, LIII, 342, 496; LIV, 314, 362 *et suiv.* — Son livre *De l'Esprit*, LVII, 602. — Vers qui lui sont adressés à ce sujet, 645. — Plaintes sur la manière dont il y traite l'amitié, *ibid.*, 653. — Acharnement ridicule du parlement contre lui, 659; LVIII, 29. — Insulté par Palissot, est défendu par Voltaire, XIV, 185; LVIII, 427. — Par qui et pourquoi persécuté, XXX, 236; XXXII, 64. — Tort qu'il eut d'avouer son ouvrage, LX, 411; LXI, 93. — Voltaire, qui lui avait conseillé de quitter la France, lui conseille ensuite d'y rester, LVII, 645; LVIII, 501; LXI, 151. — Lettres qui lui sont adressées, de 1740 à 1766. (*Voy. Tabl. part.* de LIV à LXIII.) — Sa réception à l'Académie de Berlin, LXI, 337. — Voltaire se plaint de ce qu'il n'ose plus écrire, LXII, 262. — Son voyage en Prusse, *ibid.*, 288, 317. — Son retour, 368. — Voltaire l'invite à ne pas désespérer de la cause commune, et à se servir de son esprit pour éclairer le genre humain, 369 *et suiv.* — Sa mort; il est regretté par Voltaire, quoique celui-ci n'eût pas trop à s'en louer, LXVII, 330, 344. — A quoi il compare sa prose et ses vers, LVIII, 144. — Ce qu'il dit de son livre *De l'Esprit*, qu'il n'aimait point, et de sa personne, à laquelle il était véritablement attaché, XXX, 236; LXVII, 351; LXVIII, 73, 255. — Sentiment sur son livre posthume *De l'Homme*; mauvais service qu'on lui a rendu en le faisant imprimer, 96, 251, 267, 298, 310, 315. (*Voy. Esprit, Homme.*)

Hémistiche. Ce que c'est; vers techniques qui montrent par quelle méthode on en doit rompre la monotonie, XXX, 164. — En quoi diffère de la césure, 165 *et suiv.* — Les Grecs et les Latins n'en avaient point dans leurs vers hexamètres, 167. — Les Italiens n'en ont dans aucune de leurs poésies, *ibid.* — Les Anglais sont dans le même cas, 168. — Ainsi que les Espagnols, 169.

HÉNAULT (le président *Charles-François*). Comment sauve des flammes le manuscrit de la *Henriade*, X, V. — Complimenté dans la *Fête de Belébat*, II, 341. — Epitre que Voltaire lui adresse sur l'envie, XIII, 192. — Pourquoi le début en a été changé depuis, 195. — Particularité singulière au sujet de cette pièce, où l'auteur célébrait les soupers splendides du président, LV, 230, 237. — Autre Epître sur son ballet du *Temple des Chimères*, XIII, 223. — Stances, en lui envoyant le manuscrit de *Mérope*, XII, 514; LIV, 40. — Son jugement en faveur du *Panégyrique de Louis XV* par Voltaire, XXXIX, 50. — Auteur d'une Epître intitulée *l'Homme inutile*; vers qui lui sont adressés à ce sujet, LV, 49. — Conseils au sujet de sa tragédie de *François II*, LXI, 127. — Auteur d'une autre tragédie de *Cornélie vestale*, LXV, 130. — A joint aux travaux utiles les agréments de la société, XIX, 122. — A été dans l'histoire ce que Fontenelle a été dans la philosophie, *ibid.* — Son *Abrégé chronologique*, le seul livre de ce genre dans lequel on ait jamais peint les mœurs des hommes, le caractère des cours et des siècles, XXXVIII, 557; LV, 303. — Est peut-être la seule manière dont il faudra désormais écrire toutes les grandes histoires, XIX, 122. — Autres éloges de ce livre, XIV, 391; XIX, 52; XX, 109; LIV, 653; LV, 61; LVII, 8; LIX, 400. — Erreur qu'on en relève, et que l'auteur lui-même a reconnue sans l'avoir rectifiée depuis, XX, 109, 522 *et suiv.* — Comment critiqué par La Beaumelle, LXV, 171. — Fait relatif à la condamnation du Dauphin (depuis Charles VII), qu'on lui reproche d'avoir déguisé, XVI, 404; XXII, 1, 38. — Autres reproches au sujet de son article sur Servet, où il traite la tolérance comme on traiterait une hérésie, LXIV, 580. — Défendu contre les attaques du marquis de Bélestat, LXV, 190, 255. — Lettres qui lui sont adressées, de 1729 à 1768. (*Voy. Tabl. part.* de LI à LXV.) — Question à son sujet dans une maladie, LXI, 103. — Sa faiblesse et ses tourments, LXV, 239, 357, 366, 382, 409. — Sa mort; regrets sur sa perte, LXVI, 505. — Ne s'intéressait qu'à ce qui le regardait, 376. — Question sur son testament, 506. — Ses remarques sur le *Siècle de Louis XIV*, et note curieuse y relative, LVI, 2. — Pourquoi Voltaire, dans une lettre à Mme Du Deffand, reprend toutes les louanges qu'il lui a données, LXVI, 524 *et suiv.*

HÉNAUT (Jean), littérateur. (*Voyez* HESNAUT.)

HÉNIN (princesse d'). Lettre en vers et en prose qui lui est adressée en 1776, LXX, 96.

HENNEBERG (*Berthold* de), archevêque de Mayence. (*Voy.* BERTHOLD.)

HENNEQUIN (le président). Fut un des principaux promoteurs de la Ligue, XXII, 136.

HENNIN (*P.-M.*). Nommé résident de France à Genève en 1765.; Notice, LVII, 601; LXII, 444. — Bien qu'en dit l'auteur, LVIII, 314; LXII, 538; LXIII, 24. — Quatrain qui lui est adressé, LXVI, 284. — Lettres à lui écrites, de 1758 à 1777. (Voy. *Tabl. part.* de LVII à LXX.) — Ordres et instructions que lui donna le ministère, en 1774, au sujet de la mort présumée prochaine de Voltaire, et pour la saisie immédiate de tous ses papiers, I, 422, 424 *et suiv.*

HENNUYER (*Jean*), évêque de Lisieux. Honneur qui lui est fait d'avoir sauvé des protestants lors des massacres de la Saint-Barthélemi, X, 106. — Note contradictoire à ce sujet, 366.

HENRI Ier, *l'Oiseleur*, duc de Saxe. Son élection à l'empire d'Allemagne, XV, 522; XXIII, 8. — Par quelle assemblée des états fut élu, XXII, 13; XXIII, 107. — Cède au duc de Bavière le droit de nommer des évêques dans son duché, 108. — Comment met le duc de Lorraine dans la dépendance de la Germanie, *ibid.* — Sage législateur, et digne de régner, 109; XV, 524. — Affranchit l'Allemagne du tribut qu'elle payait aux Hongrois, *ibid.*; XXIII, 109. — Y introduit les tournois, XVII, 19; XXIII, 110. — Veut se rendre en Italie pour avoir la couronne impériale; meurt en route, *ibid.* — Ses femmes, ses enfants, 8. — La Germanie eut sous lui des villes murées et fortifiées, XV, 524. — Fut un des rois les plus dignes de régner, *ibid.*

HENRI Ier, roi de France. Pourquoi il épouse une princesse de Russie, XVI, 21.

HENRI Ier, roi d'Angleterre. Pourquoi sa mémoire est respectée, XVI, 116. — Sa charte, origine des libertés de l'Angleterre; ses lois sages, *ibid.* — Pourquoi il ménagea les Anglais, *ibid.* — Sa guerre avec la France, au sujet du duché de Normandie, XXIII, 177.

HENRI Ier, roi de Castille. (*Voy.* TRANSTAMARE.)

HENRI Ier, fils d'un duc de Bourgogne, descendant de Hugues Capet, et n'ayant que le titre de comte, s'empare d'une partie du Portugal au 12e siècle, XVI, 263. — Son fils, Alfonse Ier, s'en fait roi, *ibid.*

HENRI Ier, duc de Bouillon, prince souverain de Sédan. Tour que lui joue un alchimiste, XXVI, 148.

HENRI II, de Bavière, dit *le Saint*, *le Chaste*, *le Boiteux*, empereur d'Allemagne. Son avènement, XXIII, 9. — Se fait élire et reconnaître à main armée, 135. — Est attaqué à la fois en Italie et en Allemagne, 136. — Se fait couronner à Pavie, 138. — Défend la Bohême contre les Polonais, *ibid.* — Bâtit Bamberg, et y fonde un évêché, *ibid.* — Assemble un concile à Francfort, et s'y prosterne devant les évêques, *ibid.* — Veut se faire chanoine de Strasbourg, 139. — Conte sur l'épreuve du fer ardent qu'il aurait fait subir à sa femme Cunégonde, accusée d'adultère, 140; XVI, 72. — Se fait couronner à Rome, XXIII, 140. — Se fait associer à la communauté de Cluny, et veut se faire moine à Saint-Val, *ibid.* — Confirme les donations de ses prédécesseurs au siége de Rome, se réservant le pouvoir souverain, 141; XVI, 8. — Son expédition contre les Grecs et contre les Sarrasins, XXIII, 142. — Son entrevue avec Robert, roi de France, *ibid.* — Avait fait vœu de chasteté, quoique marié, 138. — Ses paroles à ce sujet avant sa mort, 142. — Meurt à cinquante-deux ans, *ibid.* — Fut canonisé cent ans après, 143.

HENRI II, roi de France. Chef de la branche des Valois, X, 353. — Son père lui recommande, en mourant, de faire justice des barbaries commises contre les vaudois, XVII, 318. — Il poursuit juridiquement les auteurs des massacres de Cabrières et de Mérindol, *ibid.*; XXII, 88. — Fait arrêter plusieurs membres du parlement de Paris dans la grand'-chambre, XVII, 319; XXII, 96. — Jeune et entreprenant, s'unit avec les Turcs et les protestants contre Charles-Quint, tandis qu'il fait brûler les hérétiques de son royaume, XVIII, 89; XXIII, 517, 522. — Prenait alors pour prétexte le titre singulier de *vicaire du Saint-Empire*, 517. — Ses tentatives pour rentrer dans le duché de Milan, 518. — Protége les Farnèse contre Jules III et Charles-Quint, xviii, 86. — S'oppose à la tenue du concile de Trente, *ibid.* — Se ligue avec le pape contre Philippe II, roi d'Espagne, xvi, 520. — Ses projets sur l'Italie s'évanouissent par la perte de la bataille de Saint-Quentin, 521. — Il fait fortifier Paris à la hâte, *ibid.* — Déclare le duc de Guise vice-roi de France sous le nom de lieutenant-général du royaume, *ibid.* — Est forcé à une paix désavantageuse avec l'Espagne, 523. — Donne sa fille Isabelle en mariage à Philippe II, 524. — Est tué dans un tournoi ; en quel état laisse la France, *ibid.* ; xvii, 23. — Sa mort fut le signal de trente ans de guerres civiles, xviii, 56. — Duels qu'il ordonna, xvii, 31 ; xxii, 89. — Secours qu'il donna aux Corses, xxi, 390. — De son édit qui prononce la mort en cas de présomption d'infanticide, l, 269. — Pourquoi il convoqua une assemblée des notables en 1558, xxii, 91.

Henri II, roi d'Angleterre. Épouse Éléonore de Guyenne, divorcée de Louis-le-Jeune, xvi, 113. — Vend des priviléges aux villes, 115. — Possédait une partie de la Flandre, 117. — Sa querelle avec Thomas Becket, archevêque de Cantorbéri, et par quelles paroles il contribua au meurtre de ce prélat, 119. — Lettre d'Adrien IV, qui l'avait autorisé à usurper l'Irlande, 102 ; xxvii, 441. — Cette permission lui est confirmée par Alexandre III, à condition qu'il fera pénitence du meurtre de Thomas Becket, xvi, 119. — Fait la conquête de l'Irlande, 120. — Est blâmé d'avoir accompli sa pénitence, *ibid.* — Marche au secours de l'Asie contre Saladin, 183.

Henri III, dit *le Noir*, empereur d'Allemagne. Marié deux fois ; ses enfants, xxiii, 9 *et suiv.* — Est couronné roi de Germanie, 144. — Son avènement à l'Empire, 147. — Son autorité dans Rome ; il nomme trois papes de suite, xvi, 10 ; xxiii, 148, 149. — Donne aux Normands l'investiture de leurs conquêtes dans le midi de l'Italie, *ibid.* ; xvi, 27. — Sa concession équivoque de Béné-

vent au Saint-Siége, xv, 413 ; xvi, 28 ; xxiii, 149 ; xxvii, 447. — Fait aux Hongrois une guerre malheureuse, xxiii, 149. — Fournit à Léon IX, contre les Normands, une armée qui est battue, 150 ; xvi, 28 ; xliv, 325. — Dépouille le duc de Bavière pour son fils Henri, qu'il fait roi des Romains à trois ans, xxiii, 150. — Demande au roi de Castille Ferdinand Ier l'hommage de ses états, xvi, 56. — S'allie avec Venise, xxiii, 151. — Sa mort, *ibid.*

Henri III, roi de France. Étant duc d'Anjou, gagne la bataille de Jarnac contre Condé, et celle de Montcontour contre Coligni, x, 46, 358 ; xviii, 70, 71. — Caractère faible de ce prince, et vers à ce sujet, x, 46, 95, 111, 113, 115. — Mêlait avec ses mignons la religion et la débauche, 47. — Complice de Charles IX et de Médicis dans les massacres de la Saint-Barthélemi, 95, 104, 359 ; xviii, 103. — Est élu roi de Pologne ; à quoi dut son élévation, x, 46, 110, 367. — Ne regardait cet honneur que comme un exil, xviii, 98. — Les princes protestants d'Allemagne, mécontents de son élection, lui reprochent les massacres auxquels il a pris part, xxiii, 543. — Devenu roi de France par la mort de Charles IX, il quitte la Pologne comme on se sauve d'une prison, xviii, 99 ; xxiii, 544. — A quelles conditions Paul IV prétendait lui transférer les royaumes de Naples et de Sicile, xvii, 520 ; xviii, 346. — Pourquoi Charles IX l'avait pris en horreur, x, 110. — Sa devise, et épigramme contre lui à ce sujet, 119. — Revient en France tenir d'une main faible, quoique sanguinaire, les rênes de l'état, xxii, 134. — Se fait sacrer à Reims, et fait son entrée dans Paris au milieu de la guerre civile qu'il avait fait renaître à son arrivée, xviii, 103. — Vices de tout genre qui le rendent odieux et méprisable, *ibid.* — Il demande de l'argent à la ville de Paris, et n'en obtient que des plaintes au lieu de secours, 104. — Est forcé à une paix honteuse avec les protestants, *ibid.* — Désavoue publiquement la Saint-Barthélemi, à laquelle il n'avait eu que trop de part ; réhabilite la mémoire de l'amiral Coligni, et donne des places de sûreté aux protestants, *ibid.* ; xxii, 135. —

Formation de la Sainte-Ligue; il s'en déclare le chef, croyant s'en rendre le maître; n'en fut que l'esclave, et ensuite la victime, x, 32; xviii, 106; xxii, 136. — Rompt malgré lui la paix donnée aux Réformés, et se voit obligé de s'unir contre son beau-frère le roi de Navarre, avec Guise, son sujet rebelle, *ibid.*; x, 369; xviii, 106. — Assemble les premiers états de Blois, et n'en peut obtenir des subsides pour soutenir la guerre à laquelle eux mêmes l'ont forcé, *ibid.*; xxii, 136. — Fait une nouvelle paix, et consomme ses faibles ressources en fêtes et en profusions pour ses favoris, xviii, 106; xxii, 139. — Permet à des comédiens italiens d'ouvrir un théâtre à Paris, *ibid.* — S'enrôle dans la confrérie des flagellants, *ibid.* — Débauches honteuses qu'il mêle à sa dévotion ridicule, 140. — Vers qui y font allusion, xi, 219. — Les ligueurs, enhardis par sa conduite, le forcent à poursuivre le roi de Navarre, son beau-frère, qui voulait le secourir, et à seconder le duc de Guise qui le détrônait avec respect, xviii, 108; xxii, 140. — Est défait à Contras, xviii, 109. — Est en butte aux insultes du peuple et de la faction des Seize, 111. — Essaie d'abattre la Ligue; est emprisonné lui-même dans son palais, et obligé de fuir sa capitale après la journée des Barricades, *ibid.*; x, 370; xxii, 141. — Convoque les seconds états de Blois, où les Guise sont assassinés, *ibid.*; x, 371; xviii, 112. — Est excommunié par le pape et déclaré déchu du trône par la Sorbonne, x, 373; xviii, 114; xxii, 143. — Paris lui ferme ses portes, et plusieurs villes se révoltent ouvertement, x, 372. — Il est pendu en effigie à Toulouse, xxii, 151. — Le parlement instruit contre lui un procès criminel, à la requête de la veuve du duc de Guise, xviii, 114. — Il implore le secours du roi de Navarre, qu'il avait autrefois refusé, x, 124, 373; xviii, 115; xxii, 151. — Est assassiné par Jacques Clément à Saint-Cloud, *ibid.*; x, 33, 183, 374; xviii, 115. — Ce meurtre est approuvé à Rome, et le moine adoré à Paris, 116; x, 187, 375. — Les prédicateurs y remercient Dieu de sa mort, xxii, 153. — Les Parisiens le comparent à Hérode, xviii, 116. — Remarque au sujet de la joie qu'il ressentit en voyant Jacques Clément, 115. — Il s'appelait *Alexandre*, et avait changé ce nom en celui de *Henri*, à son avènement au trône de France, xxii, 115. — Reproches qu'il reçut du haut des murs de Livron, xviii, 102; xli, 77; xlv, 142. — Il ne sut pas être maître, et aiguisa lui-même les poignards de l'Église, xii, 173 *et suiv.* — Sa prodigalité comparée à l'économie de Louis XII, xvii, 114. — Il n'est pas vrai qu'il ait été plus riche que Louis XV, xxxvii, 539. — Quel était son revenu, xxxvii, 6.

Henri III, roi d'Angleterre, fils de Jean-sans-Terre. Louis VIII de France est forcé de lui rendre le trône, xvi, 134. — Il est battu par Louis IX à Taillebourg, 202. — Prend ce monarque pour arbitre, dans la querelle avec ses barons, 208. — Alexandre IV tire de lui de l'argent, en lui promettant le royaume de Naples, 237; xxiii, 258. — Fut obligé de signer la grande charte, origine des libertés anglaises, xxxvii, 155.

Henri III, roi de Castille. Envoie des ambassadeurs à Tamerlan, vainqueur de Bajazet, xvi, 476.

Henri IV, empereur d'Allemagne. Roi des Romains à trois ans, xxiii, 150. — Empereur à six, 151. — Troubles de sa minorité, 152; xvi, 76. — Est enlevé à sa mère Agnès de Guyenne, régente, xxiii, 152. — Majeur et libre, se voit presque sans pouvoir, 154; xvi, 76. — Ligue contre lui qu'il dissipe, xxiii, 154. — Faussement accusé, offre de se justifier par le duel, xvi, 76. — Ses démêlés avec Grégoire VII, ix, 18; xvi, 88; xxiii, 155 *et suiv.*; xlv, 319. — S'accuse de débauche et de simonie dans une lettre au pape, xxiii, 156. — Comment traite ses légats, 158; xvi, 79. — Le fait déposer à Worms, dans une diète, 80; xxiii, 158. — Est déposé par lui à son tour, *ibid.* — Forcé par les princes allemands de vivre en particulier et en excommunié dans Spire, xvi, 82. — Va demander au pape l'absolution, *ibid.*; xxiii, 159. — Sa pénitence, xvi, 82; xxii, 184; xxiii, 160; xlv, 319. — Rodolphe de Souabe est élu empereur; Henri est de nouveau excommunié, xvi, 84; xxiii, 161. — Fait déposer le pape une seconde fois à Brixen, *ibid.*; xvi,

85. — Gagne la bataille de Mersbourg sur Rodolphe, *ibid.*; XXIII, 161. — Assiége Grégoire dans Rome, 162; XVI, 88. — S'y fait couronner par l'anti-pape Guibert, XXIII, 162. — Urbain II soulève contre lui son fils Conrad 164; XVI, 90. — Il réprime les excès des croisés, XXIII, 166. — Déclare son fils Conrad, indigne de régner, *ibid.* — Est excommunié par Pascal II, 167. — Son second fils, depuis Henri V, le fait prisonnier, 168. — Sa lettre à cet usurpateur dénaturé, *ibid.* — Meurt en implorant Dieu contre ce parricide, 169; XVI, 91. — Son fils fait exhumer son corps comme étant celui d'un excommunié, *ibid.* — Lui fait ensuite des obsèques; XXIII, 173. — Marié deux fois; ses enfants, 10. — Pourquoi ne put secouer le joug de la papauté, XLI, 167. — Autres réflexions sur ses querelles avec Grégoire VII, sur sa captivité et sur sa mort, XLII, 135.

HENRI IV, roi de France. Sa naissance, X, 49, 351. — Son éducation, 353, 359. — Après la mort de son père Antoine, et n'étant encore que roi de Navarre, est présenté par sa mère à l'armée, qui le reconnaît comme chef du parti calviniste, XVIII, 70. — L'amiral Coligni lui sert de père, 71. — Son mariage avec la princesse Marguerite, sœur de Charles IX, X, 85, 360. — Dangers qu'il courut, ainsi que plusieurs gentilshommes, lors des massacres de la Saint-Barthélemi, 99, 105. — Des prodiges observés par ce prince avant et après cette journée, XVIII, 73. — On le contraint d'assister à l'exécution de Briquemont et de Cavagne, condamnés pour la prétendue conspiration de Coligni, X, 105; XXII, 131. — Retenu prisonnier à la cour depuis le temps des massacres, est forcé d'abjurer le calvinisme, et se voit ensuite traité de relaps sous ce prétexte, X, 105, 364; XVIII, 101, 108. — Discours que lui tient Charles IX avant de mourir, X, 110. — A la mort de ce prince, il se sauve de la cour et va en Guyenne, XVIII, 104. — Se met à la tête des protestants et donne une nouvelle vie à ce parti, X, 367. — Offre ses biens et sa vie à Henri III, pour le soutenir contre la Ligue; en est refusé, XVIII, 108; L, 318. — Henri III est forcé par la Ligue de lui faire la guerre, XXII, 136. — Sous quel prétexte la faction des Guises veut le faire exclure de tout droit à la couronne, et le proclame bâtard, 143, 144. — Bulle de Sixte-Quint qui le déclare déchu de tout droit et de toute succession, XVIII, 108. — Il combat à la fois le roi, Marguerite sa propre femme, et la Ligue, *ibid.* — Brave le pape jusque dans Rome; répond à sa bulle injurieuse par un démenti affiché aux murs du Vatican, et en appelle à la cour des pairs, 109; L, 319. — Vainqueur de Joyeuse à Contras, est accusé à tort de n'avoir point profité de cette journée, XVIII, 109. — Sa conduite généreuse envers Henri III, à qui il se joint contre la Ligue, X, 124, 374; XVIII, 115; XXII, 151. — Fait le procès au cadavre de Jacques Clément, moine parricide, et condamne un autre moine assassin à être jeté à l'eau dans un sac, 152; XVIII, 117; XLII, 330. — Devenu roi par le droit de sa naissance, il est reconnu d'une partie de l'armée et abandonné par l'autre, X, 187, 375; XXII, 152. — Retient prisonnier le cardinal de Bourbon, reconnu roi par la Ligue, 153. — Les parlements et la Sorbonne font défense de le reconnaître, et le déclarent incapable de posséder la couronne, XVIII, 120; XXII, 154. — Il bat Mayenne à Arques, et regagne une partie de son royaume par sa valeur, *ibid.* — Ce qu'il mande à Crillon au sujet de cette victoire, XVIII, 121. — Livre et gagne la bataille d'Ivry; belles paroles qu'il prononça dans cette mémorable journée, 123; X, 34, 270, 376; XXII, 155. — Dangers qu'il y courut, X, 279. — Sa modération, sa générosité après la victoire, 336, 376. — Est blessé à Aumale; mots remarquables que lui écrit Mornai à ce sujet, 279. — Secours que lui envoie la reine Élisabeth, 125, 377. — Il continue la guerre avec différents succès, et prend d'assaut les faubourgs de Paris; ce qui lui manqua pour prendre la ville, XVIII, 122. — Assiége et bloque cette capitale, X, 377. — Nourrit ses habitants pressés par la famine, 336, 379; XVIII, 123 *et suiv.* — Chasse les Espagnols du royaume et revient devant Paris, X, 379. — Rentre au giron de l'Église, et obtient, avec l'absolution du pape, l'entrée dans sa capitale, 380. —

Ce qu'il faut penser de sa conversion, et ce qu'il en écrivait à Gabrielle d'Estrées, xviii, 130. — Détails relatifs à son abjuration dans l'église de Saint-Denis, xxii, 171. — Lettre remarquable qu'il reçut d'Elisabeth d'Angleterre à cette occasion, xviii, 45. — Il est sacré à Chartres, 132; xxii, 172. — Tentative d'assassinat contre lui par P. Barrière, 174. — Il entre dans Paris, où il avait ménagé des intelligences, xviii, 133.— Y est reconnu roi, xxii, 176 *et suiv.*— Sa conduite loyale en cette occasion; ses adieux aux ambassadeurs de Philippe II, xviii, 133. — Sa clémence envers les ligueurs, x, 281. — Il est assassiné par Jean Châtel, xxii, 180 *et suiv.* — A quelles conditions il reçut l'absolution papale long-temps refusée, 183; xlv, 314, 322. — Ce qu'il lui en coûta pour réduire les restes de la Ligue et pour apaiser les prétentions de différents seigneurs du royaume, xviii, 134; xxii, 185. — Sa réconciliation avec Mayenne, xviii, 135. — Triste état dans lequel il retrouve le royaume, et comment il surmonte toutes les difficultés, *ibid.* — Sa politique, ses finances; il convoque une assemblée de notables à Rouen, 136; xxii, 186. — Discours célèbre qu'il y prononce, 187; xviii, 137. — N'en peut obtenir de l'argent pour reprendre Amiens; s'en passe et le reprend; anecdotes à ce sujet, 138 *et suiv.*; xxii, 189 *et suiv.* — Signe l'édit de Nantes et le fait enregistrer; son discours au parlement à ce sujet, 195 *et suiv.* — Pacifie le reste du royaume, et conclut avec l'Espagne le traité de Vervins, 200. — Divorce d'avec Marguerite de Valois, 201. — Rappelle les jésuites, exilés depuis le parricide de Jean Châtel, 204. — Ses amours avec la princesse de Condé, et aventure à ce sujet, 207 *et suiv.* — Sagesse de son administration pendant la paix, et ses sentiments paternels pour son peuple, xviii, 139. — Il réforme la justice, fait fleurir le commerce et les arts, 140. — Devient l'arbitre de l'Europe; est le pacificateur de l'Italie, et le médiateur entre les papes et Venise, 141. — Protége la république naissante de Hollande, 142. — Passe pour le plus grand homme de son temps, *ibid.* — Des attentats divers commis contre sa vie par Barrière, le jésuite Varade et le curé Aubri, 145. — Par le chartreux Ouin, par deux jacobins de Flandre, par un capucin, un tapissier, un vicaire de Saint-Nicolas-des-Champs, 146. — Par Jean Châtel, 147 *et suiv.* — Et enfin par Ravaillac, 152 *et suiv.* — Véritable et unique cause de cet assassinat, xxiii, 566. — Le parlement déclare sa veuve régente, xxii, 212 *et suiv.* — Ses obsèques, 214. — Prédiction qui lui fut faite au sujet de sa mort, xviii, 155. — Dissertation y relative, x, 381 *et suiv.* — Imputations absurdes auxquelles elle donna lieu, xliv, 82, 469. — Ne fut ni connu ni aimé pendant sa vie, et ne devint cher à la nation que quand il eut été assassiné, xviii, 156; xxxix, 58; lxx, 37. — Jugé plus grand que Louis XIV, xxviii, 156. — Regrets des Français, et larmes répandues sur sa tombe, 157. — Les Mémoires de Sulli ont développé toutes ses vertus et fait pardonner toutes ses faiblesses, 156. — Lettres écrites de la main de ce prince à Corisande d'Andouin, veuve de Philibert, comte de Grammont, 157 *et suiv.*—Son Histoire, mal rédigée par le P. Daniel, 117. — A été mal plaisanté par Bayle, 118. — Calomnié au sujet de ses amours avec la princesse de Condé, 143. — Ses faiblesses furent celles du meilleur des hommes, et aucune ne l'empêcha de bien gouverner, *ibid.* — Sa gloire a triomphé de la calomnie, xiii, 34. — Buri, dans son Histoire, n'en a fait qu'un homme très médiocre, xiv, 224. — Sentiment sur celle qu'en a faite Péréfixe, xix, 57. — Malheurs de sa mort, l, 329. — Ses qualités, son esprit souple et exercé dans les affaires, xxii, 185.— Ses grands desseins périrent avec lui, 213; xxiii, 566. — Comparé avec Charles VII, xvi, 412; xlii, 341. — Et avec Louis XIV, xlvii, 587. — S'il est vrai, comme on l'a prétendu, qu'avant d'abjurer, il fût depuis long-temps catholique dans le cœur, xviii, 132; xxvi, 296; xlii, 335; xliv, 468. — Il est faux qu'il ait changé de religion par conviction, xli, 78. — Il chérit la faction calviniste, la protégea et la réprima, xx, 369. — Satisfit son goût, sa politique et son devoir, en accordant au parti le célèbre édit de Nantes, 370. —

De son prétendu projet d'établir quinze dominations en Europe, XVIII, 144; XLII, 340; LIV, 430. — Pourquoi ne pouvait prendre d'autre parti que de se ranger à la communion de Rome, XLI, 168. — Faiblesse qu'on lui reproche au sujet de l'usurpation de Ferrare par Clément VIII, qu'il favorisa, XXIX, 366. — Pourquoi aurait dû pardonner au maréchal de Biron, XXXII, 273. — Par qui comparé avec Philippe de Macédoine, LXIII, 157. — Anecdotes absurdes qui lui sont imputées, XXVI, 296; XLII, 342. — Autres bévues au sujet de son abjuration et de son assassinat, XXVI, 306 *et suiv.* — Des sommes considérables qu'il avait amassées pendant la paix, et qu'il enterra à la Bastille, XVII, 362; XXXIV, 28; XXXIX, 105; XLVIII, 108. — Ce qui fait bénir sa mémoire, XXIV, 12. — De la fiction qui, dans la *Henriade*, lui attribue un voyage en Angleterre, qu'il n'a point fait, X, 62 *et suiv.* — Est le héros du drame de *Charlot*; vers à sa louange dans cette pièce, VIII, 301, 307, 333. — Épître à lui adressée sur ce que des citoyens s'étaient mis à genoux devant sa statue au Pont-Neuf, pendant la maladie du Dauphin, XIII, 244. — Vers au sujet de cette statue, XIV, 223. — Narration poétique de ses amours avec Gabrielle d'Estrées, X, 307. — Quand il s'en éprit, *ibid.* — Fiction poétique qui le transporte en esprit au ciel et aux enfers, et lui fait voir dans le palais des Destins sa postérité et les grands hommes que la France doit produire, 208, 220 *et suiv.* — Précis de sa Vie, XVIII, 120 *et suiv.*

HENRI IV, roi d'Angleterre. Étant duc de Lancastre, fait déposer juridiquement son cousin Richard II, et le remplace sur le trône, XVI, 388. (*Voy.* LANCASTRE.) — État de l'Angleterre sous son règne, 389.

HENRI IV, roi de Castille. Ses débauches effrénées, XVII, 40. — Faction contre lui, dirigée par les évêques, 41. — Il est déposé en effigie; singularité de cette cérémonie, *ibid.* — Déclaré impuissant, quoique entouré de maîtresses; et sa fille Jeanne, bâtarde, quoique née de la reine et avouée de lui, 42. — Traité honteux par lequel il conserve le nom de roi, *ibid.* — Soupçons sur sa mort, 43. — En vain laisse son royaume à sa fille, et jure en mourant qu'elle est légitime, *ibid.*

HENRI V, empereur d'Allemagne. Son père Henri IV le fait élire et couronner, XXIII, 166. — Il se révolte contre lui à l'instigation du pape Pascal II, 167. — Le trompe par une hypocrite réconciliation, et le tient prisonnier près de Mayence, 168. — Est couronné, *ibid.* — Veut violer l'asile de son père à Liége; est repoussé par les Alsaciens, 169. — Après sa mort, fait déterrer son corps comme celui d'un excommunié, et le fait porter dans une cave, XVI, 91; XXIII, 170; XLV, 319. — Se brouille à son tour avec le pape pour les investitures dont il veut maintenir le droit, contre lequel il s'était élevé pour détrôner son père, XVI, 92; XXIII, 171. — Épouse Mathilde, fille du roi d'Angleterre Henri Ier; dot qu'il en eut, X, 171. — Obligé de se sauver de Rome, y revient, et fait prisonnier Pascal II, qui l'y couronne, 173. — Fait des obsèques à son père, *ibid.* — Triomphe de la ligue formée contre lui par les Saxons, 174. — Se met en possession des terres de sa cousine Mathilde, qui l'avait déshérité en faveur de l'Église, 175. — Entre dans Rome, met le pape en fuite, et se fait sacrer de nouveau, *ibid.* — Est excommunié, 176. — Concession par laquelle il termine, à la diète de Worms, la guerre des investitures, *ibid.*; XVI, 94. — Pourquoi fut obligé de céder à la cour de Rome, XLII, 135. — Meurt d'une maladie contagieuse, XXIII, 177. — Réputation qu'il laissa, *ibid.*

HENRI V, roi d'Angleterre. N'étant que prince de Galles, pourquoi est mis en prison à Londres, XVI, 455. — Descend en Normandie, et prend Harfleur, 395. — Les partis qui divisaient la France se réunissent contre lui, 396. — Il gagne la bataille d'Azincourt, 397. — Obligé d'aller en Angleterre amasser de l'argent et des troupes, 398. — Débarque une seconde fois en Normandie, 399. — Par la paix de Troyes épouse Catherine, fille du roi Charles VI, et a la France pour dot, 402 *et suiv.* — Entre dans Paris paisiblement, et y règne sans contradiction, 404; XXII, 34. — Meurt à Vincennes de la fistule; ce que dit Mézerai de sa maladie et de sa mort, XVI, 405, 406; XXXIV, 407.—Son corps, exposé à Saint-Denis, est porté ensuite à Westminster, XVI, 406. — Était beau-frère de Charles VII, et le plus grand homme de son temps, XI, 24. — Désirait l'abolition de la papauté, XVI, 329.

Henri V, tragédie de Shakespeare. Scène qui en est traduite, XXVII, 76. — Observations critiques y relatives, XLVIII, 413.

Henri VI, empereur d'Allemagne. Couronné deux fois roi des Romains, XXIII, 201, 209. — Armé chevalier par son père Frédéric Barberousse, *ibid.* — Épouse Constance de Sicile, 210. — A la mort de son père, règne de plein droit sans se faire couronner, 213.—Défait Henri-le-Lion près de Werden, *ibid.* — Se fait sacrer à Rome, 215. — Conte que l'on rapporte sur son couronnement, *ibid.;* XVI, 107. — Ses prétentions sur l'héritage de Naples et de Sicile, XXIII, 215. — Ses ménagements avec le pape pour se le rendre favorable dans cette expédition, *ibid.;* XVI, 107. — Richard-Cœur-de-Lion lui est livré par le duc d'Autriche; rançon que Henri a la perfidie d'exiger, 108, 186; XXIII, 217. — Son ingratitude envers les Génois et les Pisans, qui lui avaient fourni une flotte contre la Sicile, 214, 218. — Son atroce cruauté envers le cadavre et la famille de Tancrède, roi des Deux-Siciles, 219; XVI, 108.—Se croise à Worms, XXIII, 219. — Conjuration à Naples; supplice horrible qu'il invente pour la punir, 220. — Sa femme Constance conspire contre lui, et le fait, dit-on, empoisonner, 221; XVI, 109.—Avait jugé, après une discussion solennelle, qu'aucun juge n'a le droit de punir de mort, XLII, 444.

Henri VI, roi d'Angleterre. Proclamé roi de France à l'âge de neuf mois, XVI, 407. — Reconnu comme tel à Paris par le parlement, le corps des métiers et la Sorbonne, XI, 23. — Son oncle, le duc de Betford, gouverne la France en son nom, *ibid.* — Prétendus sortiléges contre lui, XVII, 116. — Son mariage avec Marguerite d'Anjou, 117. — Portait sur son écu une rose rouge, 118. — Sa maladie, son dérangement d'esprit, *ibid.* — Battu et pris par le duc d'Yorck, est conduit à Londres, 119. — Délivré par sa femme, *ibid.* — Prisonnier de Warwick, est encore délivré par elle, 120. — Est déposé par acclamation, 122. — Fuit en Écosse, 123. — Est pris, conduit à Londres avec ignominie, et renfermé dans la Tour, 124. — Délivré et rétabli sur le trône par Warwick, 125. — Remis dans la Tour par Édouard VI, 126. — Y est assassiné, 127.

Henri VII, de la maison de Luxembourg, empereur d'Allemagne. Notice, XXIII, 13. — Son élection, 292.— Venge l'assassinat d'Albert Ier, son prédécesseur, 293. — Fait élire son fils Jean roi de Bohême, *ibid.* — Chasse d'Allemagne les Juifs, et les dépouille, *ibid.* — Veut rétablir l'Empire en Italie, 295. — Se fait couronner roi des Lombards à Milan, 296. — Entre dans Rome après beaucoup de sang répandu, et proteste contre les prétentions du pape, 297; XVI, 298. — Obligé d'en sortir, assiége inutilement Florence, XXIII, 297. — Met le roi de Naples Robert au ban de l'Empire, et se dispose à marcher contre lui, 298; XVI, 299. — Meurt empoisonné, et par qui, *ibid.;* XXIII, 298. — Le pape Clément V condamne sa mémoire, 299.

Henri VII, roi d'Angleterre. Comte de Richmond, dont le droit au trône était plus que douteux, XVII, 132. — Échoue dans une première tentative contre Richard III, et retourne en Bretagne, *ibid.* — Échappe aux satellites envoyés pour le livrer à ce tyran, *ibid.* — Protégé par Charles VIII, débarque en Angleterre et défait Richard à Bosworth, 133. — Épouse une fille d'Édouard IV, et s'affermit sur le trône en réunissant les droits des Lancastre et ceux des Yorck, 134. — Deux imposteurs lui disputent la couronne; comment ils sont punis, 135. —Sut gouverner comme il avait su vaincre; son règne humanisa les mœurs de la nation, 134. — Une lésine honteuse et des rapines fiscales ternirent sa gloire, *ibid.* — Conquérant et politique heureux, il abaissa les barons et favorisa le peuple, 40; XXXVII, 156.—Charles VIII acheta de lui la paix et s'en rendit tributaire à son départ pour l'Italie, XVII, 68. — De sa *Vie*, écrite par Bacon, XXVII, 176.

HENRI VIII, roi d'Angleterre. Riche en succédant à son père, XVII, 136. — Trompé par son beau-père Ferdinand V, qui devait l'aider à conquérir la Guienne, 111. — Son irruption en Picardie; ses succès, 112. — Pour prix de la paix, marie sa sœur à Louis XII, et reçoit de lui un million d'écus, 113. — Dot considérable qu'il promet à sa fille Marie, 179. — Magnificence de son entrevue avec François I*er*, *ibid*. — Tient la balance entre ce prince et Charles-Quint, 195. — S'allie à ce dernier, et projette le démembrement de la France, *ibid*., 197; XXIII, 453. — Soudoie le connétable de Bourbon, XVII, 202. — Jaloux de Charles-Quint, traite avec François I*er*, 204. — Allié de nouveau avec l'empereur, assiége et prend Boulogne-sur-Mer, 222. — Vend la paix à la France pour huit cent mille écus, 223. — Écrit contre Luther; reçoit, à cette occasion, du pape Léon X, le titre de *Défenseur de la foi* pour lui et ses successeurs, 249. — Son portrait, XXIII, 449. — Marié à Catherine d'Espagne, veuve de son frère Arthur et tante de Charles-Quint, fait casser ce mariage par son clergé, au bout de dix-huit ans, pour épouser Anne de Boulen, XVII, 285 *et suiv.*; XXIII, 471. — Excommunié par le pape Clément VII, se fait déclarer par son clergé chef suprême de l'Eglise anglicane, 480, 481; XVII, 290. — Se fait donner les annates que prenaient les papes, 291. — Supprime les couvents et s'approprie leurs dépouilles, *ibid*. — Se retint sur le dogme, quand il eut changé la discipline, 292. — Cruautés qu'il exerça contre ceux qui refusèrent de reconnaître sa suprématie, *ibid. et suiv.* — Divorce avec Anne de Boulen, qu'il envoie ensuite à l'échafaud comme adultère, 295. — Le lendemain de l'exécution de la reine, il épouse Jeanne Seymour, 296. — Passe bientôt à de nouvelles noces avec Anne de Clèves, *ibid*. — Se résout à un nouveau divorce pour épouser Catherine Howard, à qui il fait encore trancher la tête, *ibid*. — Se marie, pour la sixième fois, à Catherine Parr, 297. — Lois aussi tyranniques que ridicules qu'il fait porter, *ibid*. — Sa mort, *ibid*. — Pourquoi personne n'osa le prévenir de sa fin prochaine, 298. — Mourut en tyran comme il avait vécu, ordonnant des supplices de son lit de mort, XVIII, 37. — Réflexions sur ce tyran sanguinaire, XXXII, 406; XXXVII, 32; XLI, 452 *et suiv.* — Fut gouverné vingt ans par le cardinal Wolsey, XVII, 177. — Favorisa les princes protestants de la ligue de Smalcade, XXIII, 507. — Durant la ligue de Malines contre la France, donna une solde de cent écus par jour à l'empereur Maximilien, XVII, 172; XXIII, 438. — Pourquoi placé parmi les grands hommes; quelle était sa devise, XVII, 138. — Ce qu'il faut louer en lui, *ibid*.

HENRI, frère d'Othon I*er*. S'unit à plusieurs seigneurs pour lui ôter le trône et la vie, XXIII, 114. — L'empereur lui pardonne, et lui donne le duché de Bavière, qu'il ôte aux héritiers naturels, *ibid*. — Il dispute la couronne à son neveu Othon II, 126. — Est mis en prison et ensuite exilé, *ibid*. — Se saisit d'Othon III, son petit-neveu et son pupille, 130. — Est obligé de le remettre en liberté et de le reconnaître, *ibid*. — Fait les fonctions de maître-d'hôtel à son installation, *ibid*.

HENRI, de Portugal, fils du roi Jean I*er*. Prince philosophe; quelle était sa devise, et comment rendit son nom plus glorieux que celui de tous ses contemporains, XVII, 356. — C'est à lui seul que les Portugais sont redevables de leurs grandes découvertes, *ibid*., 50.

HENRI, duc de Carinthie, comte de Tyrol, roi de Bohême, et beau-frère de Venceslas-le-Jeune. Fut dépouillé deux fois de son royaume : la première, par Rodolphe d'Autriche, fils d'Albert I*er*; la seconde, par Jean de Luxembourg, fils de l'empereur Henri VII, XXIII, 20, 288.

HENRI, duc de Luxembourg, beau-frère de l'empereur Henri II. Est élu duc de Bavière par les états ou le parlement, XXIII, 137.

HENRI (le comte). (*Voy*. HENRI de Portugal.)

HENRI (don), fils du grand Emmanuel. Cardinal et roi de Portugal à l'âge de soixante et dix ans, XVIII, 18. — Ne régna que pour voir discuter juridiquement devant lui quel serait son héritier, 19.

HENRI, fils de l'empereur Frédéric II. Élu, à neuf ans, roi des Romains, XXIII, 231. — A l'instigation de Grégoire IX, se soulève contre son père, qui le dépose et le condamne à une prison perpétuelle, 240; XVI, 140. — Sa mort, XXIII, 12.

HENRI, gouverneur de Sicile, frère du précédent. Son autre frère, Conrad IV, a été accusé de l'avoir empoisonné, XVI, 233; XXIII, 257.

HENRI, duc de Bavière, dit *le Superbe*, se croit assez puissant pour devenir empereur; est mis au ban de l'Empire, XXIII, 181. — Puis dépossédé, *ibid.* — Sa mort, *ibid.*

HENRI, dit *le Lion*, duc de Saxe, fils du précédent. Reprend la Bavière, XXIII, 185. — En obtient l'investiture de Frédéric Barberousse, 187. — Ligue qui se forme contre lui en Allemagne, 199.— Se croise pour la Palestine; magnificence et générosité du soudan d'Egypte à son égard, 202. — Pourquoi abandonne l'empereur en Italie, 203. — Mis au ban de l'Empire, comment se conduit, 205 *et suiv.* — Est dépouillé de ses états, 206. — Passe en Angleterre avec sa femme, fille du roi Henri II, 207.— Cherche à reprendre son bien; est vaincu à Verden, 213. — Renouvelle ses prétentions et ses guerres, 216. — Se réconcilie avec l'empereur, et laisse, en mourant, le Brunswick à ses descendants, 218. — Père de l'empereur Othon IV, 207.

HENRI (*Raspon*), landgrave de Thuringe. Anti-empereur, nommé à la diète de Wurtzbourg sur l'injonction du pape, qui veut l'opposer à Frédéric II, XVI, 146; XXIII, 248.— Pourquoi surnommé le *Roi des prêtres*, ibid. — Meurt en assiégeant Ulm, 249.

HENRI (l'infant), frère d'Alfonse X, roi de Castille. Vrai chevalier errant, passe en Italie et se fait déclarer sénateur de Rome, pour soutenir les droits de Conradin, XXIII, 263. — Est fait prisonnier par Charles d'Anjou, qui l'envoie en Provence, 264.

HENRI, duc de Bavière, fils de Louis-le-Sévère. Ligué avec Ottocar II contre l'empereur Rodolphe, XXIII, 269.—Est mis avec lui au ban de l'Empire, *ibid.*

— Battu par Rodolphe, à quel prix achète la paix, 270.

HENRI (le prince), de Prusse. Son portrait, LVII, 474. — Sa belle conduite à la journée de Rosbach, 380, 474; XL, 108.— Surnommé le *Condé de Reinsberg*, LXVII, 232. — Comment se procure une copie du manuscrit de la *Pucelle*, LV, 536. — Lettres qu'il écrit à Voltaire en 1762, LX, 170. — Et en 1773, LXVIII, 150. — Autre de l'auteur à ce prince, 181. — Son voyage à Pétersbourg en 1770; fêtes que lui donne l'impératrice Catherine, LXVI, 519 *et suiv.*

HENRI, de Vestigen, électeur de Trèves au 13ᵉ siècle. Subjugue Coblentz, XXIII, 24.

HENRI, comte de Winnanbuch. Au 14ᵉ siècle, dispute l'électorat de Cologne, et l'emporte sur deux compétiteurs, XXIII, 23. — Mort en 1332, *ibid.*

HENRI, de Wirnembourg, électeur de Mayence. Excommunié par Clément VI, se soutient par la guerre, XXIII, 21. — Mort en 1353, *ibid.*

HENRI-FRÉDÉRIC DE NASSAU, frère et depuis successeur de Maurice, le stathouder des Provinces-Unies. Combat pour l'électeur palatin contre la maison impériale, XXIII, 577.

HENRI-FRISON DE HOLLANDE. (*Voy.* GUILLAUME IV.)

Henriade (la). Poëme, X, 45 à 348. — Avant-propos, par le roi de Prusse, 15. — Préface, par Marmontel, 3. — Préface du nouvel éditeur, *i* à *xix*. — Dédicace de l'édition de Londres à la reine d'Angleterre, 4. — Vérités grandes et importantes que contient ce poëme, 5. — Lettre de M. Cocchi sur le plan, les caractères et les beautés de cet ouvrage, 25. — Idée qu'en donne l'auteur lui-même, 37. — Histoire abrégée des événements sur lesquels la fable en est fondée, 30. — Voltaire eut d'abord l'idée de dédier ce poëme à Louis XV, dans l'édition de France; la censure d'alors y mit obstacle; fragment de cette dédicace, conservé comme monument, *ij et suiv.*; LIX, 205. — Edition qu'en a faite l'abbé Desfontaines, et dans laquelle il a inséré des vers de sa façon, X, 3, 64. — Des changements faits successivement à ce poëme, 39. — Lettre de l'auteur sur les motifs de ceux qu'il y fit en 1739; invocation à Frédéric, qu'il y voulait placer immédiatement après celle à la Vérité, et qu'il rétracta depuis, LIII, 564, 567; LIV, 365. — Le prince royal de Prusse avait entrepris de la faire graver en Angleterre, LIII, 459, 591. — Puis changea l'idée d'une gravure contre celle d'une belle impression, et fit venir exprès d'Angleterre à Berlin une belle imprimerie à caractères d'argent, LIV, 40, 44, 95, 102. — Pourquoi ce projet en resta là, 365. — Autres détails à ce sujet, x, 6 *et suiv.* — Édition dite *des Damnés*, 227. — Anecdote relative à ce poëme, dont le manuscrit fut retiré du feu où l'avait jeté l'auteur, v; XLVIII, 321. — Autre anecdote singulière, au sujet d'une édition qu'il en faisait à Londres, x, 64. — Idées des dessins d'estampes que lui-même avait rédigés, LI, 77 *et suiv.* — Pourquoi il y a supposé un voyage de Henri IV en Angleterre, x, 62. — Remarque que le poëte, qu'on a accusé d'irréligion, s'y est toujours montré catholique, IV, 159; x, 69. — Réponse au reproche d'avoir pris Coligni pour héros du deuxième chant, 83. — Quel titre eut d'abord ce poëme, qui fut imprimé sans nom d'auteur, IV, 159; x, 195. — Envoi en vers qu'en fait Voltaire à Mme de Luxembourg, XIV, 328. — Autres envois à la duchesse de Villars, 331. — A M. de Cideville, 334. — A Mme de Boufflers, 378. — A l'impératrice Élisabeth de Russie, 388. — Vers au sujet d'une estampe mise à la tête d'un commentaire de ce poëme, 476. — Jugement qu'en porte Condorcet, I, 135 *et suiv.* — Ce qui l'a soutenu contre ses détracteurs, IV, 155. — Fait aimer la véritable vertu, v, 7. — Comparé avec l'*Énéide* par Marmontel, x, 10. — Sagesse de sa conduite, 17. — Ridicule accusation de plagiat contre l'auteur, XIV, 288; XLVII, 581. — Et réponse qu'y fait celui-ci, *ibid.*; LVI, 93, 95. — De la traduction en vers italiens qu'en a faite le cardinal Quirini, v, 471. — De celles publiées en vers latins par Caux de Cappeval, x, *xvj*, 8. — Et en vers allemands, par Schwartz, LIX, 512. — Tableau des principales éditions de ce poëme, x, *vj et suiv.* — Notes et variantes. (Les *notes de l'auteur* sont au bas du texte; celles des *éditeurs,* ainsi que les *variantes*, sont à la suite de chacun des dix chants.) — Écrits divers auxquels ce poëme a donné lieu, *xj et suiv.* — Notes de Voltaire, en réponse à une critique anonyme, 494 *et suiv.* — L'auteur eut l'idée d'en faire exécuter des sujets en tapisseries des Gobelins; pourquoi il y renonça, LII, 303, 304, 307. — Du commentaire posthume de ce poëme, publié sous le nom de La Beaumelle par Fréron, XIII, 285; LXIX, 344. — Vers épigrammatiques du roi de Prusse au sujet de ce libelle, 405.

Henriade travestie (la), par Fougeret de Montbron. Mention qu'on en fait, LV, 213.

HENRIETTE (*Marie-*) DE FRANCE, fille de Henri IV, mariée au prince de Galles, depuis Charles Ier. Ses malheurs, et Notices qui la concernent, XVIII, 204, 299 *et suiv.;* XIX, 6. — Fut conduite en Angleterre par Buckingham, XVIII, 204. — Ses qualités, 299. — Secourut en héroïne un époux à qui d'ailleurs elle était infidèle, *ibid. et suiv.* — Sa fuite en France, 306; XXII, 265. — Réfugiée à Paris, elle y fut réduite aux extrémités de la pauvreté, sous la régence d'Anne d'Autriche, XIX, 290. — Ne put obtenir de Cromwell qu'on lui payât même son douaire, 326. — Assista au carrousel de 1662, XX, 145.

HENRIETTE (*Anne-*) D'ANGLETERRE, fille de Charles Ier, et petite-fille de Henri-le-Grand. Extrémités où elle fut réduite dans son enfance, XIX, 290. — Mariée à Monsieur, frère de Louis XIV; princesse chère à la France par son esprit et par ses graces, 6; XX, 130. — Commerce de galanterie entre elle et Louis XIV, 143; XXXVI, 384. — Propose à Corneille et à Racine le sujet de *Titus et Bérénice*, qui était presque sa propre aventure, XX, 144; XXXVI, 384. (Voy. *Bérénice.*) — Va trouver son frère Charles II, roi d'Angleterre, et lui fait signer un traité d'union avec la France contre la Hollande; meurt, à son retour, d'une manière soudaine et affreuse, XIX, 382; XX, 169. — Si elle mourut empoisonnée, 170. — Faiblesse et indiscrétion qui furent la première cause de ces rumeurs, 171. — Aveu postérieur fait à ce sujet par Morel, maître-d'hôtel de Monsieur, et note y relative, 172. — Sa fille. (*Voy*. MARIE-LOUISE.)

HENRIETTE (Mme *Anne-*), fille de Louis XV. Mention qu'on en fait, et Notice, LVI, 37, 39, 43.

HENRIETTE. Couplets adressés à une princesse de ce nom, et qu'on attribue à Voltaire, LVII, 24.

HENRIQUE (famille des) de Castille. Se vante d'être issue du commerce de la reine Blanche de Bourbon avec un frère bâtard de son mari, XVI, 379.

HENRIQUEZ, graveur. Lettre qui lui est adressée en 1777, LXX, 225.

HÉRACLIUS, empereur d'Orient. Entêté de disputes théologiques, reçoit de Cosroès II et de Mahomet la proposition d'embrasser leur religion, XV, 321.

Héraclius, ou la *Comédie fameuse*, tragédie espagnole de Calderon. Même génie que dans Shakespeare, et même ignorance, VII, 547. — Ne ressemble en rien à l'*Héraclius* de Corneille, dont il a fourni le sujet, LX, 266, 285. — Cette pièce traduite par Voltaire, VIII, 5 *et suiv.* — Traits admirables qu'on y remarque, 24, 30, 32, 59. — Dissertation y relative, 70. — Anecdotes à son sujet, LX, 240. — Pourquoi Voltaire l'a traduite, 233, 266. — La situation la plus intéressante de cette pièce a été prise par Corneille, XLVIII, 430. — Beaux vers qu'il en a heureusement traduits, XXVII, 71. (*Voy*. CALDÉRON.)

Héraclius, tragédie de P. Corneille. Quand représentée, XXXVI, 1. — Sentiment de Louis Racine sur cette pièce; pourquoi Voltaire ne le partage point, *ibid. et suiv.* — Comparée à *Esther* pour le sujet, 6. — Commentaire y relatif, 7 à 99. — Est imitée de Calderon, VIII, 3, 71; LX, 281, 285. — Corneille aurait pu tirer un plus grand parti de l'invention du poëte espagnol, XXXVI, 44. — Cette pièce se soutient par l'intrigue et de beaux détails, 28, 64. — Observations sur le rôle d'Héraclius, 35 *et suiv.* — Inconvenances dans celui de Léontine, 40, 43, 45, 78, 81, 82, 95. — Pourquoi celui de Martian ne peut faire aucune impression, 49, 52. — Pièce d'un genre singulier, qu'il ne faudrait imiter qu'avec les plus grandes précautions, 96. — Inconvenances qu'offre le dénouement, 95, 516. — Autres observations critiques, XXX, 330; LIII, 68; LXI, 38, 216. — Pourquoi Voltaire ne pouvait la souffrir, LX, 98. — Ni se rendre raison de sa réputation, LXI, 38. — Réussit bien plus à la représentation qu'à la lecture, XXXVI, 98, 523. — Il n'y a de beau dans cette pièce que quatre vers traduits de l'espagnol, XXVII, 70; LIX, 529; LX, 84.

HÉRAULT (*René*), lieutenant de police. Permet que des personnes de mérite soient insultées dans une farce de la Comédie italienne, dont le public fait justice en la sifflant, III, 151. — Bons mots que lui répond Voltaire, au sujet des lettres de cachet, *ibid.*; I, 157. — Et de la religion chrétienne, *ibid.*; LVIII, 455. — Persécution qu'il exerce contre celui-ci à l'occasion des *Lettres philosophiques*, LII, 431. — Prend sa défense contre Desfontaines, LIII, 611. — Portrait satirique qu'on en fait, 635. — Notice, *ibid.*

Hérauts d'armes. Formalités qu'ils remplissaient autrefois, à l'approche des villes où commandait un homme suspect, XVIII, 187. — Quand ils cessèrent d'être employés aux déclarations de guerre, 234; XIX, 261.

HERBELADE (d'), gentilhomme gascon. L'un des assassins du duc de Guise, X, 121; XVIII, 113.

HERBELOT (*Barthélemi* d'). Le premier, parmi les Français, qui connut bien les langues et les histoires orientales; Notice, XIX, 123.

HERBERT (lord). L'un des premiers Anglais qui s'élevèrent non-seulement contre l'Eglise romaine, mais contre l'Eglise chrétienne, XLIII, 486. — Connu par ses *Traités de la religion des laïques* et de celle des *Gentils*, ibid. — Croit l'histoire de Joseph un roman, XLIX, 103. — Ce qu'il dit de l'ordre donné par Jésus à l'un de ses disciples, d'enlever pour lui une ânesse et son ânon, I., 440.

HERCULE. Fut probablement un personnage véritable, XV, 124. — De sa résurrection d'Alceste et de Pirithoüs, XXXII, 132, 139. — De son temple à Tyr, XLIII, 342 *et suiv.* — Contes ou fables ridicules de Lycophron à son sujet, XLVII, 515. — L'histoire de Samson est imitée de la sienne, XLIX, 221.

HERCULE (le césar). (*Voy*. MAXIMIEN-HERCULE.)

Hercule, tragédie de Rotrou. Jugement qu'on en porte, XXIX, 275; XXXV, 98.

Hérédité. Celle des honneurs et des dignités a beaucoup d'inconvénients, II, 390.

HÉRÈS. Chez Platon, ressuscite pour quinze jours, XXXII, 132, 139.

Hérésie. Signification de ce mot, XXX, 159. — Est le fruit d'un peu de science et de loisir, XVI, 61. — Pourquoi l'on n'en vit jamais chez les anciennes religions, XXX, 172. — Comment naquit parmi des chrétiens, *ibid.* — Des hérésies des premiers siècles, L, 272 *et suiv.* — De celles prétendues prédites par Jésus-Christ, XLIV, 385. — Qu'elles eurent des Grecs, non des Romains, pour auteurs, XV, 396. — Qu'il faut distinguer dans une hérésie l'opinion d'avec la faction, XLII, 425. — Des moyens employés pour l'extirper, *ibid. et suiv.* — Jugée le plus grand des crimes d'après l'Église chrétienne; pourquoi punie du supplice du feu, 424; XLVI, 89; L, 275. (Voy. *Dictionnaire des Hérésies.*)

Hérétiques. Peines décernées contre eux par la tyrannie, XLII, 422. — Qui introduisit parmi les chrétiens la méthode de les faire mourir, XVI, 230; XXII, 82; XXX, 171. — Pourquoi condamnés au supplice horrible du feu, XVII, 304; XLVI, 89. — Lesquels furent les premiers mis à mort, XLII, 423; XLVI, 88; L, 274. — Lois terribles portées contre eux en France, 276. — Grand carnage qu'on en fit aux 15ᵉ et 16ᵉ siècles, XXX, 395. — Ceux qui furent brûlés vifs à Orléans, en présence du roi Robert, XVI, 62; XXII, 83. — Et à Paris, en présence de François Iᵉʳ, 85. (Voy. *Manichéens.*)

HÉRICOURT. Second de Beaufort dans son duel contre Nemours; est tué par le marquis de Villars, son adversaire, XIX, 314.

HÉRICOURT (l'abbé d'), conseiller de grand'chambre. Sa mort à Genève en 1761; pourquoi l'auteur le regrette, LIX, 527 *et suiv.*, 531, 575.

HÉRIOLT, duc des Danois. Chassé de ses états, vient à la cour de Louis-le-Débonnaire embrasser le christianisme, XXIII, 72.

HERMAND DE NEUVIED, archevêque et électeur de Cologne. Après trente-deux ans d'épiscopat, introduit le luthéranisme dans ses états, XXIII, 23, 504. — Est excommunié par le pape, qui le prive de son évêché, 505. — Et déposé de son électorat par les princes de l'Empire, *ibid.* — Mort en 1552 dans la retraite, 23.

HERMANN. (*Voy.* ARMINIUS.)

HERMANN, landgrave de Hesse. Gouverne quelques années l'électorat de Cologne, du temps de Robert de Bavière, qu'il avait enlevé et qu'il retenait prisonnier, XXIII, 33, 411. — Sa mort en 1508, 23.

HERMANN, duc de Souabe et d'Alsace. Compétiteur de l'empereur Henri II, qui le fait déclarer ennemi de l'Empire, XXIII, 135.

HERMANN, fils d'Ekard de Thuringe. Reçoit de Henri II le marquisat de Misnie, XXIII, 139.

HERMANN (comte). Fantôme d'empereur que les Saxons donnent pour compétiteur à Henri IV, XXIII, 162. — Vient se jeter à ses genoux, et meurt ignoré, 164.

HERMANT (*Godefroi*), de Beauvais. Auteur d'ouvrages polémiques; Notice, XIX, 123.

HERMANT (*Jean*), de Caen. Auteur d'une *Histoire des hérésies*; Notice, XIX, 123.

Hermaphrodites. Si la nature en peut faire de véritables, et s'ils sont propres à la génération, XXXII, 347. — Phénomène observé à Londres d'un animal homme et femme, nègre et négresse d'Angola, *ibid.* — D'une hermaphrodite que l'on voulut faire brûler en France, L, 300.

HERMAPHRODIX, nécromant. Son épisode dans la *Pucelle*, XI, 78 *et suiv.* — Son château magique, 264 *et suiv.*

HERMAS. A, l'un des premiers, forgé des vers sibyllins en faveur du christianisme, XV, 140, 439. — Ses *Visions*, *Préceptes* et *Similitudes*, ouvrages apocryphes, XXVI, 475 *et suiv.* — Fragment d'une piété philosophique et sublime, qu'on en cite, 476. — Extrait ridicule de son livre *des Pasteurs*, XLV, 94.

HERMENCHES. (*Voy.* CONSTANT de REBECQUE et d'.)

HERMÉNÉGILDE, fils du roi visigoth Leuvigilde. Révolté contre son père, est vaincu, pris et tué, XV, 488. — Pourquoi l'Église romaine en a fait un saint, *ibid.;* XLI, 230.

HERMÈS-TRISMÉGISTE. Nombre prodigieux de volumes qu'il composa, suivant Iamblique, XXXI, 42. (Voy. *Mercure Trismégiste.*)

HERN (*Jean*). Son plaidoyer en faveur de Guillaume Land, archevêque de Cantorbéri, accusé de trahison, XLVII, 411.

HÉRODE-*le-Grand*. Roi de Judée par la grace du peuple romain, XV, 188; XLIX, 444. — Son origine, et considérations sur sa famille, 442. — Assiége et prend Jérusalem, 445. — Epouse Mariamne et la fait mourir; ses autres barbaries, 446. — Mot célèbre d'Auguste à son sujet, 447. — De quelle maladie on a prétendu qu'il fut atteint, *ibid.* — De ses monuments et de sa vie privée, 448. — Secte qui l'appela messie, 458; L., 424. — Fête célébrée en son honneur par les Juifs de Rome, *ibid.;* XXIX, 14. — Comment sa succession fut partagée entre ses fils par Auguste, XLIX, 461. — Si le massacre des Innocents, qu'on lui attribue, est bien authentique, XLII, 148; XLIX, 468. — Josèphe, historien contemporain, qui ne dissimule aucune de ses cruautés, ne dit pas un mot de ce massacre, XXX, 386; XLI, 107. — Et il n'en est mention dans aucun historien romain, XLIII, 27. — C'est le seul roi juif qui ait été vraiment puissant, XXVIII, 53; XLVI, 197.

Hérode et Mariamne, tragédie de Voltaire. (Voy. *Mariamne.*)

Hérodiens. Secte juive qui regardait le roi Hérode comme un libérateur, comme un messie, XXVIII, 53; XLIX, 458; L, 424. — Détails y relatifs, XXIX, 14.

HÉRODOTE. Avant lui l'histoire s'écrivait en vers chez les Grecs, II, 60. — A mêlé trop de fables avec quelques vérités, XXVII, 245; XXX, 202. — Ne ment pas toujours, XV, 4. — Presque tout ce qu'il raconte sur la foi des étrangers est fabuleux; mais tout ce qu'il a vu est vrai, XVII, 495; XXVIII, 102; XXXIX, 300; XLIV, 399. — Quand devient le modèle des historiens, 401. — Eut le même mérite qu'Homère; usage qu'on en peut faire, 402. — Des fables qu'il a débitées, et qu'a sérieusement discutées son traducteur, XXVIII, 407; XLIII, 318. (*Voy.* LARCHER et *Babyloniens.*)

Héroïnes. Soldats en jupe, qui ne sont ni de l'un ni de l'autre sexe, XI, 62. (Voy. *Amazones* et *Femmes guerrières.*)

Héroïsme. Les temps d'anarchie sont ceux qui produisent l'excès de l'héroïsme; son essor est plus retenu dans les gouvernements réglés, XVI, 25.

HÉRON (M.). Lettre que lui écrit l'auteur en 1760, en lui transmettant deux requêtes pour l'intendant de Bourgogne, LIX, 172.

Héros (les). Leur sort est d'être persécutés, VII, 143. — Un héros opprimé attendrit tous les cœurs, 146. — Les regards d'un héros produisent les grands hommes, XII, 108. — Le roi grand homme est au-dessus du héros, LII, 50; LVII, 577. — Les beaux dits des héros, quand font effet, L, 530. — Le vrai héros mis en opposition avec les héros vulgaires, V, 330 *et suiv.* — Connaît rarement la défiance, X, 84. — Quel est le prince vraiment héros, LIV, 199.

Héros. Que la lettre *h*, dans ce mot, peut fort bien n'être pas toujours aspirée, LXIV, 555.

HÉROUVILLE (marq. d'), chef des ingénieurs au siége d'Ostende. Son éloge, XXI, 152.

HÉROUVILLE (comte d'), lieutenant-général des armées du roi. L'un des coopérateurs de l'*Encyclopédie;* loué à ce sujet, XLIII, 535.

HERRERA, historien espagnol. Son fanatisme atroce, et principes qu'il lui inspire, LIV, 258. — Assure que les Mexicains étaient anthropophages, XXVI, 403. — Cité sur l'inca Atabalipa, XXIII, 423.

HERRY, chapelain de Cromwell. En fait l'apothéose, XVIII, 327.

Herstall (terre d'), sur la Meuse, aux portes de Liége. Sommaire des droits du roi de Prusse sur ce fief de l'Empire, rédigé par Voltaire, L, 605. — Notes relatives à cet écrit, non compris jusqu'alors dans ses OEuvres, XL, 55; LIV, 172, 218.

HERTZBERG (comte de). Auteur de *Mémoires* sur la conduite des cours de Vienne et de Saxe dans la guerre de 1756 contre la Prusse, LVII, 175. — Son ouvrage fut attribué d'abord à Frédéric II, *ibid.,* 200.

HERVART (*Barthélemi*), banquier du cardinal Mazarin, qui le nomma contrôleur-général des finances, xix, 39 ; xx, 326. — Importants services qu'il rendit à la couronne, xix, 39. — Mourut simple conseiller d'état, 40. — Sa famille quitta le royaume après la révocation de l'édit de Nantes, et porta des biens immenses dans l'étranger, *ibid.;* xii, 299. — Zèle de sa veuve pour empêcher les conversions des calvinistes, tentées à prix d'argent, xx, 380.

HERVÉ, comte de Nevers. L'un des juges de Jean-sans-Terre, xvi, 124.

HERVEY (milord *Jules*), garde-des-sceaux d'Angleterre. Lettre qui lui est adressée, en 1740, au sujet du *Siècle de Louis XIV,* liv, 65. — Etait l'un des plus aimables hommes de son temps ; gentillesses singulières dont Pope l'a régalé, xl, 299. — A fait en vers une description philosophique de l'Italie ; traduction qu'en donne Voltaire, xiii, 364 ; xxxvii, 241. — Note qui le concerne, liv, 65. — Vers que l'on présume lui avoir été adressés, xiv, 378.

HÉSIODE. N'a écrit qu'en vers, xxix, 143. — Sa fable de *Pandore,* imitée en vers français, xiii, 365 ; xxix, 144. — Remarques sur son poëme *des Travaux et des Jours,* 145. — Excellentes maximes et emblèmes admirables qu'il contient, *ibid.* — Fragment qui en est imité en vers français sur la doctrine des anges gardiens, xiii, 367 ; xxvi, 383. — Eloge de sa peinture de l'Amour, xii, 24. — Pourquoi ce poëte eut moins de réputation qu'Homère, xxix, 146. — Est le premier auteur classique qui ait parlé de l'Envie, 133. — Cité à ce sujet, ix, 280.

HESNAUT (*Jean*), littérateur du siècle de Louis XIV. Notice qui le concerne, xix, 123. — Avait traduit en vers les trois premiers chants du poëme de Lucrèce, *ibid.* — Son sonnet contre Colbert, qui dédaigna de s'en venger, xx, 137. — Note sur son fameux sonnet de l'*Avorton,* 183 ; lvi, 426.

HESSE (landgrave de), gendre de George de Saxe. (*Voy.* PHILIPPE-*le-Magnanime.*)

HESSE (prince de), beau-frère de Charles XII, et depuis roi de Suède. (*Voy.* FRÉDÉRIC DE HESSE.)

HESSE-CASSEL (*Frédéric Ier*, landgrave de). Prisonnier à Stade, en 1760 ; de *confesseur* devient *martyr,* lviii, 475, 479. — Élevé dans le calvinisme, s'était fait catholique, 242. — Sa détention, non confirmée, 484.

HESSE-CASSEL (*Frédéric II*, prince héréditaire et depuis landgrave de), fils de Guillaume VIII, cousin et ensuite neveu du grand Frédéric. Lettres qui lui sont adressées, de 1756 à 1776. (Voy. *Tabl. part.* de lvi, lxi, lxiii, lxx.) — Autres, de ce prince à Voltaire, en 1753 et années suivantes, lvi, 326. — Notice qui le concerne, *ibid.* — Prince philosophe, auteur de *Pensées diverses sur les princes,* lxx, 48, 49. — Reproche que lui fait son oncle, à l'occasion de cet ouvrage, d'avoir vendu ses sujets aux Anglais, et pour quel motif, 76. — Loué par Voltaire, lxvii, 428. — Proscrit la torture dans ses états, xl, 373. — Vers au nom d'une dame à qui ce prince avait donné une boîte ornée de son portrait, xiv, 470.

HESSE-PHILIPSTADT (prince de). Résistance inutile qu'il oppose aux Français à la prise d'assaut de Berg-op-Zoom, xxi, 243.

HÉSYCHIUS ou HÉSYQUE. Ses évangiles, xlv, 352.

Hetman ou *Itman*. Nom qui fut donné d'abord au chef des Cosaques, xxv, 42. — Qui est, aujourd'hui, revêtu de cette dignité en Russie, *ibid.*

Heur. Mot qui n'aurait pas dû être banni de notre langue, xxxv, 139.

Heureux. Origine de ce mot, et ses acceptions diverses, xxx, 186 *et suiv.* — A qui on peut l'appliquer, 187. — Que ceux qu'on appelle heureux sont, pour la plupart, dévorés de passions ou d'ennui, lxiii, 328. — Fausseté de la maxime philosophique tant rebattue : *Nul ne peut être appelé heureux avant sa mort,* ainsi que du proverbe du peuple : *Heureux comme un roi,* ibid.; xii, 46; xxvii, 340. — Que ce n'est pas notre condition, mais bien la trempe de notre ame, qui nous rend heureux, xxx, 189. — Ce qu'il faut pour vivre heureux, viii, 299 ; xli, 360. — En quoi consiste l'art de l'être, xiv, 141. — Tout est au plus heureux, c'est une loi du sort, ix, 390. — Que pour vivre heureux il faut vivre sans maître, xii, 74.

HÉVÉLIUS, de Dantzick. Le premier

astronome qui ait bien connu la planète de la lune, xx, 341. — Fut gratifié par Louis XIV, *ibid.*

HIAO, ancien empereur de la Chine, où son nom est en vénération. Réforma l'astronomie, xv, 258. — Vivait incontestablement plus de deux mille quatre cents ans avant notre ère, 260.

Hiatus (les). Interdits à notre poésie, sont permis aux Italiens et aux Anglais, xxx, 168. — Réflexions à leur sujet, LXVI, 198, 211, 222.

Hibou (le) *qui veut voir le soleil à midi;* apologue, xiv, 238.

Hiéroglyphes. Furent long-temps le seul langage écrit parmi les hommes, et pourquoi, xv, 194. — C'est à eux que nous devons les premières fables, 195.

HIGINIS, évêque de Cordoue. L'un des dénonciateurs des priscillianistes, reconnut depuis leur innocence, et fut enveloppé dans la persécution qu'ils essuyèrent, xxxii, 519.

HILDBOURGHAUSEN (prince de). Commande l'armée des Cercles à Rosbach; son avis est cause de cette défaite, xxi, 300.

HILDEBRAND, moine de Cluni. (*Voy.* GRÉGOIRE VII.)

HILDEGARDE, fille de Childebrand, et l'une des femmes de Charlemagne, xxiii, 5. — Le suit à Rome; y assiste au baptême et au sacre de deux de ses fils, 56.

HILDERIC. (*Voy.* CHILDÉRIC III.)

HILDOUIN (l'abbé). Fut le premier qui écrivit que saint Denis ayant été décapité, porta sa tête entre ses bras, de Paris jusqu'à l'abbaye qui porte son nom, xi, 24; xxxviii, 328.

HILL (*Aaron*). Auteur d'une traduction anglaise de *Zaïre*, jouée à Londres, III, 152. — Vers qu'il a très bien traduits, 154. — Comment il a détruit l'effet de *Zaïre, vous pleurez !* 156 *et suiv.* — Notices qui le concernent, LII, 221; LV, 300.

HILLEL, rabbin. Fondateur de la secte des pharisiens, xxxii, 134; XL, 422.

HINCMAR, archevêque de Reims. A parlé le premier de la sainte ampoule apportée du ciel par un pigeon, xv, 388. — Pourquoi fit anathématiser et fouetter le bénédictin Godescale, 517 *et suiv.*

HINCMAR, évêque de Laon, neveu du précédent. Odieux au clergé et au peuple de son diocèse par ses injustices et ses violences, est cité successivement à trois conciles, et déposé, xxviii, 303. — En appelle au pape ; correspondance remarquable à ce sujet entre Adrien II et Charles-le-Chauve, *ibid. et suiv.*

HIPPARQUE. Ses observations astronomiques, xxxvii, 216; xxxviii, 251.

HIPPOCRATE. Son opinion sur la formation des enfants, xxxiv, 51; XLI, 429.

HIPPOLYTE. Ressuscité par Esculape, xxxii, 132, 138.

HIPPOLYTE (saint). Fable inventée à son sujet, XLI, 285.

HIPPOLYTE (le cardinal). Son oncle, Clément VII, lui donne la jouissance de tous les bénéfices de la terre vacants pendant six mois, xviii, 83.

HIRCAN, grand-prêtre des Juifs, fils de Simon, le dernier des Macchabées. Son histoire, xv, 187; XLIX, 431 *et suiv.*

HIRSCHELL, Juif. Son procès avec Voltaire, et détails y relatifs, I, 199; LV, 536, 558, 561, 569, 572.

Histoire. Sa définition, xxx, 191. — Ses premiers fondements, 192. — S'écrivait anciennement en vers, II, 60; X, 417. — Des premiers peuples qui l'écrivirent, xv, 236. — Pourquoi celle d'une nation ne peut être écrite que fort tard, *ibid.* — Pourquoi toute histoire est récente, xxx, 197. — Défigurée par la fable chez toutes les nations, jusqu'à ce que la philosophie soit venue éclairer les hommes, xv, 287; xviii, 474; xxxiii, 429; xlvii, 466. — N'a commencé à se débrouiller que vers la fin du 16e siècle, xv, 351. — Quelles nations disputent à la France la supériorité dans ce genre, vii, 8. — Vers, devenu proverbe, sur la manière dont on l'écrit, viii, 304. — Quelle serait l'histoire utile, xxiv, 28; xxx, 203. — Quand elle est une science stérile ou précieuse, V, 112. — Des doutes historiques, ix, 380. — Des déclamations de collége, sous le nom d'histoires, où la nation qu'on célèbre est toujours la première du monde, 382. — Que l'histoire de l'Europe n'est qu'un immense procès-verbal de contrats de mariages, de généalogies et de titres disputés, xvi, 349. — Ce que devrait être l'histoire pour des hommes raisonnables, XLIV, 431. — Que l'histoire n'a pas, comme les mathématiques, des vérités fondamentales, XXIII, 108. — Que l'extrême probabilité est la seule certitude qu'on y puisse acquérir, XXX, 209. — Quels faits peuvent y porter le doute, 211. — Si les temples, les fêtes, les cérémonies annuelles, les médailles même, sont des preuves historiques, 212. — Que les doutes sont nécessaires, et surtout pour ce qui regarde l'histoire ancienne, XXIV, 1. — Que les vérités historiques ne sont que des probabilités, XXXII, 432. — Que la critique a souvent substitué de nouvelles erreurs aux anciennes, IX, 380. — De l'histoire satirique et des mémoires frauduleux, XXX, 216 *et suiv*. — Comment l'histoire devient un libelle, XXV, 16. — De la maxime de Cicéron que l'historien n'ose dire une fausseté ni cacher une vérité, *ibid.*; XXX, 216. — Des mauvaises actions que l'Histoire a consacrées ou excusées, 225 *et suiv*. — Qu'elle n'est qu'une suite des mêmes événements renouvelés et variés, XXI, 121. — Qu'elle doit être un témoin, et non un flatteur, XXIV, 17. — Jusqu'à quel point il est permis aux poëtes de l'altérer dans des faits qui ne sont pas des faits principaux, X, 62; XXXVI, 469. — Ce qu'on entend par mensonges historiques, XXV, 23. — Faussetés historiques combattues, XLVII, 531. — Vérités éclaircies, 541 *et suiv*. — Que l'histoire n'est, après tout, qu'un ramas de tracasseries que l'on fait aux morts, LVII, 221. — Qu'elle n'est fondée, en grande partie, que sur des ouï-dire rassemblés et comparés, XX, 511. — Qu'il n'appartient qu'aux philosophes de l'écrire, XLI, 451. — Des différentes manières de l'écrire, selon qu'elle est nationale ou étrangère, XXX, 220. — Méthode et style qui lui conviennent, *ibid. et suiv*. — Si l'on y doit insérer des harangues et faire des portraits, 215; XXV, 16 *et suiv*.; XXXIX, 574. — Que tous les détails inutiles y ressemblent aux bagages dans une armée, 573. — Pourquoi l'on y doit voir les choses en grand, *ibid*. — Autres remarques sur la manière de l'étudier et de l'écrire, XXIV, 18 *et suiv*. — De son utilité, XXX, 207. — Pourquoi il faut s'attacher surtout à l'histoire de sa patrie, XLI, 525; XLIV, 413. — Que l'histoire, pour intéresser, doit être animée par les passions, les forfaits, les infortunes, XXXIII, 427. — Quelle est l'histoire qu'il faut que tout homme sache, XXIV, 22 *et suiv*. — Que ses faits principaux doivent être appliqués à la morale et à l'étude du monde, L, 530. — De l'usage qu'on peut en faire au théâtre, IX, 381. — Comment un journaliste doit en traiter, XXXVII, 362 *et suiv*. — Questions diverses y relatives, XLI, 192 *et suiv*. — Des contes qui la déshonorent, XLIV, 435. — Qu'il faut toujours, lorsqu'on lit une histoire, songer au temps où l'auteur a écrit, XXIV, 16. — Qu'il n'appartient point à un prêtre de l'écrire, LII, 20. — Fragment sur l'histoire générale, XLVII, 513 *et suiv*. — Que l'histoire est la partie des belles-lettres qui a le plus de partisans dans tous les pays, et vers à ce sujet, LVI, 478. (Voy. *Philosophie de l'Histoire* et *Pyrrhonisme de l'Histoire*.)

Histoire ancienne. A quoi ressemble, XV, 145. — Mot de Fontenelle à son sujet, LXV, 133. — N'est que trop souvent l'histoire des erreurs anciennes, XLV, 61. — Réflexions y relatives, XXXIII, 429; XLI, 475. — Moyens de la connaître avec quelque certitude, XXX, 194. — Qu'avant les plus anciens historiens, il y avait de quoi faire une Histoire ancienne, 200. — A quelle époque remonte celle que nous appelons ainsi, XLIV, 398. — Comparable à la moderne; avantages de celle-ci sur l'autre, XXX, 208. (*Voy.* ROLLIN.)

Histoire byzantine. Compilation ridicule, l'opprobre de l'esprit humain, XLIV, 429. — Et monument de sa décadence, L, 89.

Histoire d'Angleterre. Réflexions générales y relatives, XXXVII, 22 *et suiv*.; XLI, 451 *et suiv*. (*Voy.* HUME et RAPIN DE THOIRAS.)

Histoire de Charles XII, XXIV, 1 *et suiv*.

Histoire d'Élisabeth Canning et des Calas, XL, 547.

Histoire de France. Sa sécheresse et sa petitesse, XXXIII, 427. — Comment écrite, LXI, 476. — Faussetés et obscurités que nous en présentent les premiers temps, XV, 240. — De l'immensité des ouvrages qui peuvent y servir, et du cas qu'on doit en faire, XXX, 200 ; XLI, 189. — Idées de l'auteur sur cette histoire, et sur ceux à qui il appartient de l'écrire, LIV, 24. — De quoi elle se compose, LXV, 433.

Histoire de Jenny, ou *le Sage et l'Athée*, roman philosophique de Voltaire, XXXIV, 337.

Histoire de l'empire de Russie sous Pierre-le-Grand, XXV, 1 *et suiv.*

Histoire de l'établissement du christianisme, I., 407.

Histoire d'un bon bramin, roman philosophique de Voltaire, XXXIII, 345.

Histoire des voyages de Scarmentado, roman philosophique de Voltaire, XXXIII, 198.

Histoire du docteur Akakia et du natif de Saint-Malo, écrits de Voltaire contre Maupertuis, XXXIX, 471.

Histoire du parlement de Paris, par Voltaire, XXII, 1 *et suiv.*

Histoire ecclésiastique. (*Voy.* CLAUDE FLEURY.)

Histoire juive. Si Dieu en fut réellement l'auteur dans tous les temps, et autres questions y relatives, XLIV, 390 *et suiv.* — Pourquoi fut si long-temps inconnue, XXXVII, 255. — Vers où ses principaux prodiges sont rappelés et critiqués, XI, 252 *et suiv.* — Est d'un bout à l'autre un blasphème continuel contre l'Être suprême, XLV, 223. (*Voy.* JOSÈPHE et *Juifs.*)

Histoire naturelle. Ses progrès en France sous Louis XV, XXI, 428.

Histoire romaine. Pourquoi est ce qui mérite le plus notre attention, XLIV, 411. — De quelques faits rapportés dans Tacite et dans Suétone, et doutes à leur sujet, 415. — Contient des événements très possibles, mais très peu vraisemblables, XV, 238. — A eu aussi ses miracles, qui ne sont pas moins chimériques que les nôtres, XXX, 203; LII, 436. — Des contes absurdes intitulés *Histoire*, depuis Tacite, XLIV, 428. — Que cette histoire est encore à faire parmi nous, XLI, 471. (*Voy.* ROLLIN.)

Histoires : de Charles XII, d'Élisabeth Canning et des Calas, de Pierre-le-Grand, du Parlement, etc., par Voltaire. (*Voy.* ces divers articles.)

Historiens. Lâches adulateurs des vainqueurs et des gens heureux, mentent au genre humain, IX, 378; XLIV, 433; XLV, 204. — Sont animés souvent par la sottise de la rivalité nationale, IX, 379. — Qu'un historien ne doit point dissimuler ce qu'ont fait avant lui les rois et les ministres, dans la crainte ridicule de blesser la délicatesse de leurs arrière-cousins, LXII, 93, 94. — Celui qui, pour plaire à une famille puissante, loue un tyran, est un lâche; celui qui veut flétrir la mémoire d'un bon prince est un monstre, XXV, 23. — Accusations sans preuves dont les historiens se plaisent à noircir leurs ouvrages, X, 382. — En quoi diffèrent des historiographes, et quel est leur commun devoir, XXX, 228. — De l'éloquence qui leur est propre, XXIX, 74 *et suiv.* — Barbarie de nos plus anciens historiens, XV, 240, 379, 484. — Ceux de la France comparés aux étrangers, VII, 8. — Que nos historiens ont souvent traité l'histoire comme Homère traite le siège de Troie, XXXIX, 302 *et suiv.* — Convenances auxquelles ont manqué les auteurs de l'histoire ancienne, XLI, 475. — Que tout historien de son pays doit écrire hors de son pays, LV, 503, 652; LVI, 255. — Triple chaîne dont les historiens français ont été long-temps gênés et garrottés, LXI, 475. — Que celui-là n'est pas digne du nom d'historien, qui ne veut peindre que de fantaisie, et ne veut que montrer de l'esprit, XX, 535. — La loi que Cicéron leur impose d'oser ne rien dire de faux et ne rien cacher de vrai, ne les autorise pas à faire de l'histoire une satire, 554; XXX, 216. — Qu'il faut n'être d'aucun pays, et dépouiller tout esprit de parti, quand on écrit l'histoire, LIV, 632.

Historiographe. Ce titre, bien différent de celui d'historien, XXX, 228. — Ses prérogatives et ses priviléges, 229. — Comment cet emploi fut exercé à Venise, en Chine, en France, *ibid.* — Combien il est difficile qu'un historiographe ne soit pas menteur, *ibid.* — Quel est le propre d'un historiographe, et quels sont ses devoirs, 230.

Hiver de 1709. Ses funestes effets, XX, 72, 286. — Détruit une partie de l'armée de Charles XII dans l'Ukraine, XXIV, 181.

HOAITSONG, dernier empereur du sang chinois. Son orgueil et sa mollesse, XVIII, 459. — Sa fin tragique et celle de toute sa famille, 460. — Ce fut sous son règne que les jésuites pénétrèrent enfin jusque dans la cour de Pékin, *ibid.*

HOBBES. Supposait, sans l'affirmer, que la matière seule existe, et produit la sensation et la pensée, XIV, 249. — Ses principes erronés sur le juste et l'injuste, XLII, 595. — Disait que, dans une république où l'on ne reconnaîtrait point de Dieu, il ferait pendre le citoyen qui en proposerait un, XXVIII, 386; XLVI, 103. — Ce qu'il entendait apparemment par cette étrange exagération, XXVIII, 387. — Ne reconnaissait d'autre religion que celle où le magistrat est le vrai pontife, XLIII, 486. — Jugement qu'on porte sur ce philosophe, XLV, 1 *et suiv.* — Anecdote qui le concerne, LXVII, 192.

Hocca (le), espèce de jeu de loto. Vers et note y relatifs, XIII, 59, 60.

Hochstedt (bataille de). Gagnée en 1703 sur les Impériaux par le maréchal de Villars, XX, 26. — Seconde bataille, en 1709, appelée aussi par les Anglais bataille de Bleinheim, gagnée par Marlborough et le prince Eugène contre les maréchaux de Tallard et de Marsin, 29 *et suiv.* — Poëme d'Addison pour célébrer cette dernière campagne, XII, 118. (Voy. *Bleinheim.*) — Médaille y relative, XIX, 386. — Destinée bizarre d'un régiment français, composé des débris de cette bataille, XXIV, 138, 324; XXV, 174.

HOCQUINCOURT (*Charles* de MOUCHI, maréchal d'). Son billet à la duchesse de Montbazon, au sujet de la prise de Péronne, XIX, 296. — Commande la petite armée du cardinal Mazarin dans la guerre de la Fronde, 303. — Battu par le grand Condé à Blenau, 308. — Et encore devant Arras, 321. — Tué en 1658 devant Dunkerque, en servant les ennemis, 26. (*Voy.* CHARLEVAL et SAINT-EVREMOND.)

Hocus pocus. Signification que l'on donne à ces deux mots, abrégés ou plutôt estropiés d'après des paroles de la messe latine, XLIII, 195.

Hogue (bataille de la). (Voy. *La Hogue.*)

HOLBACH (baron d'). Ce qu'on dit des divers ouvrages philosophiques ci-après dont il est auteur, ou qui lui sont attribués : de l'*Histoire critique de Jésus-Christ*, XXVI, 124; XXXI, 136. — Du *Système de la Nature*, XXVII, 521; XXVIII, 376. (*Voy.* cet article.) — De l'*Histoire de David*, traduite de l'anglais de Hut, 294. — Du *Bon Sens*, XXXIV, 409; L, 568. — De la *Théologie portative*, XLVI, 6, LXIV, 340, 401, 565. — Du *Christianisme dévoilé*, L, 536; LIV, 359; LXV, 271. — De l'*Imposture sacerdotale*, LXIV, 566. — De la traduction des *Lettres philosophiques* de Toland, LXV, 201. — De l'*Esprit du clergé*, traduit ou recomposé d'après Trenchard et Gordon, LXIV, 566. — Et de l'*Essai sur les préjugés*, qu'on a aussi attribué à Dumarsais, LXVI, 281. — Reproche que lui fait d'Alembert d'avoir réuni contre la philosophie les princes et les prêtres, LXX, 432.

HOLBEIN, célèbre peintre. Son portrait d'Anne de Clèves séduit Henri VIII, qui l'épouse, et divorce bientôt d'avec elle, XVII, 296.

HOLBERG, poëte dramatique danois. Sa comédie du *Potier d'étain*; ce qu'on en dit, XLVII, 582; LX, 217.

Hollandais (les). Leurs possessions en Amérique, XVII, 451 *et suiv.* — Y sont à peine connus; Surinam est ce qu'ils y ont conservé de plus considérable, 458; XVIII, 253. — Combattent pour leur liberté contre les troupes de Philippe II, et deviennent tout d'un coup d'habiles guerriers, 6. — Leur belle défense de Leyde, 7. — L'acte de navigation de 1650, cause de leur guerre avec l'Angleterre, 343. — Conditions de la paix que leur accorde Cromwell en 1651, 325. — Font le commerce exclusif au Japon; à quelles conditions y sont admis, XVII, 370; XVIII, 468, 470. — Services odieux qu'ils y rendent au gouvernement de ce pays, 469. — Vendent à la France des munitions qui servent à les détruire, XIX, 389. — Dans la guerre de 1744, avaient promis de se joindre aux armées de la reine de Hongrie et des Anglais, XXI, 68, 105. — Envoient des députés à Louis XV, au lieu de troupes contre lui, *ibid.* — Se déclarent enfin pour Marie-Thérèse d'Autriche, 119. (Voy. *Hollande.*)

Hollande (la). Sa révolution pour la

liberté, et détails y relatifs. (Voy. *Provinces-Unies*.) — Secourue par l'Angleterre contre Philippe II, xviii, 15. — Sa situation au 17e siècle, 382. — A quoi dut sa prospérité, *ibid. et suiv*. — Querelles théologiques qui la troublèrent; deux partis dans l'état, 385. — Catastrophes sanglantes qu'y cause le combat de la liberté et de l'ambition, 387 *et suiv*. — Ses grands établissements dans l'Inde, 389; xxi, 270. — En 1652, rompt avec son alliée l'Angleterre, et a autant de vaisseaux qu'elle, xviii, 390. — Bat la flotte suédoise devant Copenhague, *ibid*. — Devient l'arbitre des couronnes; comparée à l'ancienne Tyr, *ibid*. — Fait en 1653 sa paix avec l'Espagne; combien alors était puissante, xix, 320. — Triomphe sur les mers, dont les Anglais avaient toujours eu l'empire, 359. — Reçoit un secours de six mille Français contre l'évêque de Munster, 360. — Paie chèrement cette protection, *ibid*. — Son union, en 1668, avec l'Angleterre et la Suède, contre l'ambition de Louis XIV, 373. — Bon état de ses armées navales et mauvais état de ses troupes de terre, 380. — Louis XIV détache d'elle l'Angleterre, et engage Charles II dans ses desseins, 381. — Factions qui la divisent, 383. — La Suède l'abandonne aussi, 385. — Reproches que lui font les rois ligués, 386. — Préparatifs formidables de Louis pour la subjuguer, 387. — Faiblesse des moyens qu'elle lui oppose, 390. — Conquête successive de ses différentes places, 391 *et suiv*. — Cinquante mille familles se disposent à partir pour Batavia, et la Hollande est sur le point d'être ruinée et dépeuplée, 396. — Les états envoient demander la paix à Louis XIV, 397. — La dureté des conditions du vainqueur fait prendre aux vaincus la résolution de périr les armes à la main, 398. — La banque d'Amsterdam rembourse ses billets à tous ceux qui l'exigent, 400. — Les magistrats font percer les digues, et l'on inonde le pays, *ibid*. — L'amiral Ruyter met en sûreté les côtes de la Hollande, 401. — Diverses puissances viennent à son secours, 402 *et suiv*. — Les Français sont obligés de l'évacuer, 410. — Ce qu'elle gagne à la paix de Nimègue, 436 *et suiv*. — Se ligue de nouveau contre Louis XIV avec l'Empire et la Suède, 444. — Entre dans la ligue d'Augsbourg, 459. — Part qu'elle prend à la guerre de la succession à la monarchie d'Espagne, 532; xx, 1 *et suiv*. — Sa fierté, ses prétentions en 1709; propositions insultantes qu'elle fait à Louis XIV demandant la paix, 75 *et suiv*. — Barrière considérable qu'elle obtient par le traité d'Utrecht, 74, 104. — Son état à la mort de Louis XIV, 120. — Réflexions sur la part qu'elle prit à la guerre de 1741, xxxix, 61. — Ses indécisions dans la guerre de 1744, xxi, 68, 105. — Se déclare enfin pour Marie-Thérèse, 119. — Troubles et divisions des états-généraux lors de la campagne de 1746, 161. — Sa situation lors du congrès de Bréda, 194. — Elle refuse la paix, et est envahie par les Français, 195. — Révolution qui fait des Provinces-Unies une sorte de monarchie mixte, 196. — Envoie au roi d'Angleterre des secours contre le prince Édouard, malgré les capitulations avec la France, 212. — Ces troupes sont obligées de se retirer, conformément à la loi de guerre long-temps éludée, 217. — Son animosité contre la France, 237. — Ses finances comparées à ce qu'elles étaient sous Philippe II, xl, 585. — Peinture des mœurs de ce pays, xxxiii, 200; xxxiv, 158. — Vers y relatifs, liv, 163. — Usage très-utile qui y est établi, xxxviii, 445. — Texte des représentations qui furent adressées par la France aux états-généraux en 1745, au sujet de l'infraction à la capitulation de Tournai, et qui furent rédigées par Voltaire, 539.

Hollande (la *Nouvelle-*). Nom donné à la partie des terres australes séparées de notre hémisphère, xvii, 459. — Est aussi grande que l'Europe, 460. — Peuplée d'anthropophages, xxvi, 412.

Hollosin (bataille d'), où Charles XII remporta une victoire mémorable sur les Moscovites, xxiv, 171; xxv, 185.

Holstein (le). Origine des querelles de ses ducs avec le Danemarck, xxiv, 47. — Pris par celui-ci, 298, 310. — Faisait partie de l'ancienne Chersonèse Cimbrique, xxv, 261.

HOLSTEIN (duc de), beau-frère de Charles XII. Éloge de ce jeune prince, xxiv, 47. — Opprimé par le roi de Danemarck, vient à Stockholm implorer le secours du roi de Suède, *ibid.* — Celui qu'il en reçoit, 66. — La guerre se termine à son avantage, 72. — Commande la cavalerie suédoise à la bataille de Clissau, périt dans cette journée, 108.

HOLSTEIN (duc de), fils du précédent. Est dépouillé de ses états par le roi de Danemarck, XXIV, 298, 310; XXV, 263.—Mesures prises par le prince de Hesse pour l'exclure de la couronne de Suède, à laquelle il pouvait prétendre à la mort de Charles XII, XXIV, 353 *et suiv.* — Pierre-le-Grand le fait venir à sa cour et soutient ses droits, XXV, 379. — Épouse Anne Petrowna, fille du czar, 381; XXIV, 343. — Veut attirer Voltaire auprès de lui, LIX, 70, 152, 347. — Sa mort, 152.

HOLSTEIN (duchesse de). (*Voy.* EDWIGE et EDWIGE-ÉLÉONORE.)

HOLSTEIN (comte de). (*Voy.* GÉRARD.)

HOLSTEIN-GOTTORP (duc de). Devenu empereur de Russie en 1762. (*Voy.* PIERRE III.)

HOLWELL (*Jean-Sophonie*), gouverneur de Calcutta. Prisonnier au Bengale, XLVII, 357. — Y a étudié pendant vingt ans la langue sacrée, et a puisé à la source du brachmanisme, XV, 287; XLVII, 358, 413; LXIX, 448. — A traduit et publié le *Shasta*, livre des anciens brames, XV, 80; XXI, 265; XLVIII, 230. — Est auteur de Mémoires précieux sur l'Inde, XLVII, 358. — A démontré que les Gangarides avaient écrit une mythologie il y a cinq mille ans, *ibid.* — Description qu'il donne de la contrée de Vishnapour, 486.

HOMBERG, chimiste et philosophe. Soupçonné à l'occasion des désastres de la famille royale de Louis XIV, court à la Bastille se constituer prisonnier ; pourquoi n'y est pas reçu, XX, 208; XXXIX, 25.

HOME (*Henri*), grand-juge d'Écosse, depuis milord KAIMS. Auteur d'*Éléments de critique*; singularités curieuses de cet ouvrage, XLI, 435 *et suiv.* — Admirateur de l'absurde galimatias de Shakespeare, qu'il propose pour modèle du bon goût et de l'esprit dans la tragédie ; 437.—Trouve Racine ridicule, et s'avise d'en critiquer les plus admirables endroits sans savoir le français, *ibid.*, 438 ;

XXVII, 87. — Jugements extraordinaires qu'il porte sur tous les arts, XXXIV, 97 ; XLI, 439; XLVIII, 425.

HOMEL, ministre protestant. Roué vif en 1683, en Languedoc, à cause de sa croyance, XX, 381; L, 31.

Homélies, supposées prononcées à Londres, de 1765 à 1769 : Sur l'athéisme, XLIII, 228. — Sur la superstition, 251. — Sur l'interprétation de l'Ancien Testament, 265. — Sur l'interprétation du Nouveau Testament, 283. — Sur la communion, XLV, 298. — Autre, sur la doctrine et la morale de Jésus, et qui est attribuée au pasteur Bourn, XLIV, 370.

HOMÈRE. Naquit probablement à Smyrne, XV, 113. — Obligations que lui a la langue grecque, XXXVIII, 551. — Qui fit, le premier, connaître ses poëmes et les mit en ordre, XXXI, 37.—A peint les dieux tels qu'on les croyait, et les hommes tels qu'ils étaient ; son livre est un monument de ces temps reculés, X, 38, 417; XLVI, 135. — Notice historique sur sa personne et sur ses ouvrages, X, 415. — A créé son art et l'a laissé imparfait, 422.—Son grand mérite est d'y avoir été un peintre sublime, *ibid.* — Barbarie des mœurs qu'il a dépeintes, IX, 289. — On les retrouve chez les Arabes du temps de Mahomet, XV, 330. — Fut calomnié par Margitès, II, 17. — Pourquoi dut être préféré à Hésiode par les Grecs, XXIX, 146. — Ce qui confirme dans l'opinion qu'il était de la colonie grecque établie à Smyrne, 147. — A peint son siècle, 149.—A de grands défauts, dont tous les gens de goût conviennent, à l'exception de Mme Dacier, son commentateur, 151. — N'a jamais fait répandre de pleurs, 153. — Il y a beaucoup de pierres brutes dans le bâtiment de marbre qu'il a élevé, 155. — Vers qui le caractérisent, XII, 24, 253, 509. — Inférieur au Tasse, XVII, 184; XXXIV, 98. — Et à l'Arioste, XVII, 184. — Qui sont ceux qui ne peuvent lui pardonner ses fautes en faveur de ses beautés, X, 424. — Que presque tous les critiques y ont cherché des règles qui n'y sont point, 402. — Questions sur ce poëte, adressées à Mme Dacier, XXXII, 201 *et suiv.* — Comment une traduction en vers français pourrait réussir, 204.—Morceaux des neuvième, seizième et vingt-quatrième chants de l'*Iliade*, traduits par Voltaire, XIII, 367 *et suiv.*; XXIX, 150; XXXII, 205. — Beau fragment qu'en a traduit Boileau, XXXIX, 273. — Poëte unique, qu'on admire et qu'on ne lit pas, XI, 169; XIX, 176; LV, 313. — Critique qu'en fait le signor Pococurante dans *Candide*, XXXIII, 319. — Invocation qui lui est adressée dans la *Pucelle*, XI, 55. — Passages de ce poëme qui en sont imités, 185, 233. (Voy. *Iliade* et *Odyssée*.)

Homme (l'). Est libre au moment qu'il veut l'être, II, 182. — Le faible est inquiet, le grand homme est tranquille, III, 455. — Le faible trompe, et le puissant commande, V, 42. — Le faible est bientôt traître, 62. — Devoirs de l'homme vertueux, 140. — Tout homme a sa faiblesse, VI, 348. — Le faible passe quelquefois pour politique, VII, 406. — Le puissant foule aux pieds le faible qui menace, VIII, 176. — Le brave est généreux, IX, 131. — Le vertueux, quand il est faible, n'est jamais grand, XXXIX, 135. — Calomnié, ne doit jamais l'oublier, IV, 159. — Doit agir d'après son cœur, VI, 17. — Le secret témoignage de la vertu lui tient lieu même du bonheur, VIII, 240. — Le fond de l'homme est partout le même, 242; XV, 34. — Devient féroce quand sa raison est pervertie, IX, 27. — Fait lui-même son destin, 207. — Sa nature est bornée, XII, 59. — Doit détrôner les vices, ses tyrans, 63. — N'a d'autre moteur que le plaisir, 82. — L'univers n'a pas été créé pour lui, 91; XXXIII, 193. — L'éducation développe ses facultés, mais ne les crée pas, XII, 165. — La nature a formé tout ce qui dans la vie lui est nécessaire, 158. — Nous ne devons pas songer à pénétrer son essence, 166. — Il n'acquiert de notion que par l'expérience, 201. — Est né pour l'erreur, et flexible aux préjugés, 350. — Dieu le créa frivole et vain, pour le rendre moins misérable, 501. — Est né pour l'envie, XIII, 242. — Croyance de toute l'antiquité que son corps était fait à l'image de Dieu, et vers à ce sujet, XLVIII, 514; XLIX, 11. — Conte en vers sur sa faiblesse physique, et contre son empire sur les animaux, XIV, 211. — Autres vers sur sa faiblesse et ses maux, 273.— Est né pour la société, son état naturel, XV, 29 *et suiv.* — En quoi consiste toute sa politique, XXXI, 457. — Est heureux dès qu'il croit l'être, XXXIV, 23. — Est moins malheureux quand il ne l'est pas seul, XXXIII, 119. — Fait plus de cas de la raison que du bonheur, 348. — Difficulté d'expliquer le bon et le mauvais principe, 362. — Et les rapports du physique avec le moral, 465. — Que ses facultés sont de franches qualités occultes, XXIX, 312. — Doutes sur l'homme, XXXVII, 277. — Quelle idée s'en sont formée les paysans d'une partie de l'Europe, *ibid.* — N'a été bien connu que d'un petit nombre de philosophes, 278. — Comment défini par Malebranche et par Pascal, *ibid.* — S'il a une ame, et ce que ce peut être, 309. — S'il a la liberté d'agir à son choix, ou s'il jouit du libre arbitre, 320. — Raisonnements qui portent à le croire, 321 *et suiv.* — Sophisme qu'on objecte pour prouver le contraire, comment rétorqué, 326. (Voy. *Liberté de l'homme* ou *Libre arbitre*.) — De l'homme considéré comme un être sociable, 329. — Sa faiblesse, XLII, 537, 547. — Comment il peut penser, 537.— S'il lui est nécessaire de savoir, 538. — Bornes de son intelligence, 543. — Sa dépendance, 556, 559. — Ses ignorances, XXVI, 217; XXX, 302, 311; XLII, 606; XLIV, 301. — De ses devoirs, quelque secte qu'il embrasse, XLVI, 598. — Que, malgré tous nos crimes, les principes de la vertu sont dans son cœur, 599. — Qu'il n'est point né méchant, mais le devient comme il devient malade, XXXI, 169 *et suiv.* — Entretien philosophique à ce sujet, XLV, 30. — Livré sans frein à lui-même, à quels excès il s'abandonne, XI, 151. — Autres preuves qu'il n'est point né méchant, XXX, 245. — Coutumes et usages qui peuvent le rendre ainsi, 240. — Ce qu'il serait dans l'état de pure nature, 248. — Examen d'une pensée de Pascal à son sujet, 250. — Réflexion générale qui le concerne, 252. — Qu'il est plus malheureux que tous les animaux ensemble, XLVI, 396. — Qu'il aime le changement; vers à ce sujet, XIV, 222. — Que son étude principale est celle dont on s'occupe le moins, LIX, 138. — Sa supériorité sur la femme, sur quoi fondée, XXIX, 354. — Facétie à ce sujet, XLIII, 606. — Le peu de temps qu'il a à vivre; bel apologue à ce sujet, xxx, 233. — S'il est vrai qu'il dégénère, xii, 458. (*Voy. Hommes.*)

Homme (sept *Discours en vers sur l'*), par Voltaire, xii, 41 *et suiv.* Le premier prouve l'égalité des conditions, c'est-à-dire qu'il y a dans chaque profession une mesure de biens et de maux qui les rend toutes égales, 45. — Le second, que l'homme est libre, et qu'ainsi c'est à lui à faire son bonheur, 56. — Le troisième, que le plus grand obstacle au bonheur, c'est l'envie, 63. — Le quatrième, que, pour être heureux, il faut être modéré en tout, 71. — Le cinquième, que le plaisir vient de Dieu, 81. — Le sixième, que le bonheur parfait ne peut être le partage de l'homme en ce monde, et que l'homme n'a point à se plaindre de son état, 88. — Le septième enfin, que la vertu consiste à faire du bien à ses semblables, et non dans de vaines pratiques de mortification, 96. (*Voy. Discours en vers.*)

Homme (*Essai sur l'*), de Pope. Le premier des poëmes didactiques et des poëmes philosophiques, xxxvii, 260; lvi, 457. — Traduit en vers par Du Resnel, lii, 83, 349. — Et en prose par Silhouette, lviii, 88, 102, 118, 123, 131. (*Voy.* Pope.)

Homme (*De l'*), livre posthume d'Helvétius. Sentiment sur cet ouvrage; passages divers qu'on en cite, lxviii, 96, 251, 267, 298, 310, 315, 356, 368.

Homme (l') *aux quarante écus*, roman philosophique, xxxiv, 1 à 100. — Est dirigé contre l'esprit de système en agriculture et en économie politique, 3.

Hommes (les). Naissent égaux, iii, 20, 65; v, 26; xii, 45. — La nature est la même dans tous, ii, 357. — L'ame humaine y est liée à l'intérêt, 72. — Combien leur vie est bigarrée, iv, 236. — Ont tous un fonds de justice dans le cœur, v, 489. — Sont égaux en malheur, vi, 427. — Sont tous également le jouet du sort, xii, 216 *et suiv.* — Fripons ou sots pour les trois quarts; l'autre quart se tient chez soi, vii, 50. — Questions qui tendent à faire de l'entendement humain une faculté, résultat des organes, et périssant avec eux, vi, 473. — Qu'il est des races qui, en naissant, semblent avoir été condamnées au crime; vers à ce sujet, ix, 207. — De l'assertion ridicule que les hommes naissent tous également doués d'esprit, lxviii, 294, 298. — Que les plus barbares superstitions semblent un instinct de leur nature, ix, 294. — Doivent être égaux devant la loi, xii, 176. — Sont faits pour s'aimer, 435, 439, 492. — Sont rarement assez bons ou assez méchants, x, 370. — Bien peu s'élèvent au-dessus des mœurs de leur temps, xvi, 436. — Trois choses qui influent sans cesse sur leur esprit, xviii, 481. — Reçoivent différemment les dons du ciel, xi, 381. — De leurs différentes races et couleurs, xv, 7, 290; xvii, 145, 367, 402; xxx, 238; xxxiv, 43, 237, 397; xli, 91; xliii, 365 *et suiv.* — Que toutes ont toujours vécu en société, xxx, 240. — Liens éternels dont la nature les unit, malgré tout ce qui les divise, xvii, 378. — Autres réflexions sur le même sujet, xxxvii, 280. — N'ont pas été des poissons, comme le prétend Maillet, xliv, 241, 263. — De l'opinion qui en fait la race originaire de l'Indostan, xv, 239. — Systèmes sur la génération des enfants, xxxiv, 49. (*Voy. Génération.*) — Admirable structure du corps humain, 389. — Que les hommes doivent se supporter les uns les autres, xii, 167. — A quoi comparés à ce sujet, xlii, 415. — De la stupide indolence dans laquelle la plupart croupissent au sujet de la religion, xliii, 43. — Qu'on peut juger de leur caractère par leurs entreprises, xix, 347. — Jouissant des facultés attachées à leur nature, sont égaux, xxix, 6. — Vivant en société, se divisent en deux classes qui se subdivisent en mille autres, lesquelles ont encore des nuances différentes, 8. — Ce qui, dans cet état, les empêche d'être égaux, 9. — Comment raisonnablement doivent se comporter, pour que l'ordre de la société ne soit pas troublé, 11. — Pourquoi le pouvoir est communément entre leurs mains, dans les états et dans les familles, xlvi, 98. — En quoi la plupart ressemblent aux moines, lxi, 41. — En quoi aux grenouilles d'Homère, xiv, 170. — En quoi aux moutons, lxv, 535. — Comparés à des ballons, lvi, 113. — A des balles de paume, 391. — A de frêles vaisseaux battus des vents, XII 217. — A des insectes se dévorant les uns les autres, XXXIII, 87. — Tourmentés où ils sont, loués et fêtés où ils ne sont pas, XI, 97. — Sont les marionnettes et les machines de la Providence, XIV, 489; XXXI, 371; XXXIII, 424; XXXIV, 435; LXVIII, 209. — De leurs droits, et des usurpations des papes sur eux, XLIV, 318 *et suiv.* — Observations sur la durée de leur vie, XV, 10. — Réflexions philosophiques sur l'attirail dont on persécute leurs derniers instants, et vers sur le même sujet, XIII, 323; XLIII, 44; LX, 66; LXI, 425, 558; LXVII, 116. — Sont dans ce monde comme des prisonniers dans la petite cour d'une prison, LXIX, 63. — Il en est peu qui voulussent recommencer la même carrière qu'ils ont courue, et repasser par les mêmes événements, XII, 201. — Ce qu'en disait, en général, le grand Frédéric, LIX, 111. (Voy. *Homme*, *Humains*.)

Hommes (grands). Sont quelquefois bien petits; comparés à l'aimant qui les attire d'un côté et repousse de l'autre, I, 147. — Passent avant les héros, LII, 50; LVII, 577. — Souvent les scélérats leur ressemblent, X, 179, 190. — De ceux qui ont été les bienfaiteurs du genre humain, et qu'une superstition pardonnable place au rang des dieux, XXXII, 268. — Le peuple aveugle et faible est né pour eux, V, 28. — Ils échappent au vulgaire, LVII, 67. — Quels sont les véritables grands hommes, XXVI, 332. — Les regards d'un héros les produisent, XII, 108. — Ce sont les grandes actions qui louent les grands hommes, LIX, 354.

Hommes à talents. La nature en forme presque toujours en tout genre; il ne s'agit que de les encourager et de les employer, III, 146. — Des calomnies et des jalousies auxquelles ils sont en butte, IX, 284; XXXVI, 527.

Hommes de couleur. (Voy. *Nègres*.)

Hommes d'état. Ce n'est point une pénétration supérieure qui les fait, c'est leur caractère; marques auxquelles on peut les reconnaître, et exemples cités, XIX, 346 *et suiv.* — Il vaut mieux pour eux avoir une réputation contestée que de n'en point avoir du tout, XLIV, 434. — Facilité malheureuse avec laquelle on aime à leur imputer les crimes les plus affreux, X, 381. — On se venge de leur grandeur en les accusant, *ibid.* (Voy. *Ministres*, *Hommes en place*.)

Hommes de lettres. (Voy. *Auteurs*, *Gens de lettres*, *Écrivains*.)

Hommes en place. Que l'homme se perd souvent dans l'homme en place, IV, 355. — Quelle est la grande raison des hommes en place, LXIV, 484. — Pourquoi, si on eût différé le supplice de la plupart, un seul à peine aurait été exécuté, XXVII, 63; XLVII, 414.

Hongrie (la). Ravagée trois fois par les croisés, au 11e siècle, devient leur tombeau, XVI, 160, 161. — D'abord royaume électif, XVII, 159. — Priviléges et prétentions des nobles, 160, 165, 166. — Quand elle reçut le christianisme, 160. — Regardée par l'Empire comme un fief, et par les papes comme un bénéfice, 161. — Sa puissance au 14e siècle, 162. — Causes de sa décadence, 167. — Au 16e siècle, disputée sans cesse aux Turcs par la maison d'Autriche, et considérée comme l'avant-mur de l'Allemagne, XXIII, 534. — Ravages qu'y commirent les Turcs et les Allemands, 384, 556, 638 *et suiv.* — Cédée par Rodolphe à son frère Mathias, 563. — Et par celui-ci à Ferdinand de Gratz, 571. — Ligue protestante à ce sujet, et révolution qui se fait dans le royaume, 573 *et suiv.* — Révoltée contre Léopold, qui veut la réunir sous un pouvoir absolu, 647. — Cruautés qu'y exerce l'empereur, 648. — La couronne déclarée héréditaire dans la maison impériale, 649.

Hongrois (les). Ravagent la Bavière, la Souabe et la Franconie, XXIII, 104. — Othon-le-Grand les défait dans Augsbourg, 118. — Hongrois chrétiens armés, au 11e siècle, contre les Hongrois idolâtres, 137. — Ils tuent leur roi Pierre, renoncent à la religion chrétienne et à l'hommage qu'ils avaient fait à l'Empire, 149. — Demandent du secours aux Allemands contre les Polonais, et n'en sont pas moins battus par eux, 152. — Vaincus par les Tartares au 13e siècle, 245. — Et par Soliman au 16e, 167. — Au commencement du 17e, stipulent expressément avec l'empereur Rodolphe II l'autorisation des religions luthérienne et calviniste, 561. — Et avec Mathias, l'exclusion des Allemands de toute charge publique, 564.

HONI, marchand de vin. Stances dont Voltaire le charge pour le roi de Prusse, XII, 515. — Réponse qu'y fait Frédéric, LIV, 192.

Honnête Criminel (l'), tragédie de M. de Falbaire. Observations critiques, LXIV, 453, 464, 490. — Aventure sur laquelle cette pièce est fondée, 526; LXV, 49, 50.

Honnête homme. Son secret ascendant, IV, 386. — Quel est le train de ses jours à Paris, à Londres ou à Rome, XIV, 128.

Honnêtes gens. Sont quelquefois bien peu *honnêtes*, LVIII, 373. — Quel est un de leurs plus grands malheurs, LXIII, 265.

Honnêtetés littéraires (les). Écrit à l'usage de ceux qui entrent dans la carrière des lettres, XLII, 632 à 711.

Honneur. Sentiment universel dont les plus corrompus ne peuvent se défaire, et qui est le pivot de la société, XXXVII, 343. — Comment défini, L, 535. — Quand n'est qu'un fantôme vain qu'on prend pour la vertu, IV, 210. — On a perdu bien peu quand on le garde, III, 319. — Peut dissoudre les nœuds formés par l'intérêt, 402. — Tyran auquel on doit obéir, 473. — Préférable à la richesse, VII, 265. — Plus puissant que la loi, est plus sacré, VIII, 353. — Ce qu'il faut entendre par ce mot, XXXIX, 432. — Ses différentes acceptions, XXX, 253, 256. — N'est pas le mobile des monarchies; Montesquieu réfuté à ce sujet, XX, 79; XXIX, 257; XXX, 254; XXXIX, 432; XLV, 18; L, 68. — Que c'est précisément dans les cours qu'il y a toujours le moins d'honneur; quatrain à ce sujet, XXX, 256. — Servir la patrie est l'honneur véritable, VII, 175.

Honneurs et Dignités. Ne sont qu'un bien stérile, X, 220, 241; XII, 53, 131. — Inconvénients de leur hérédité, II, 390. — Que tous les honneurs sont fondés sur la fortune; vers à ce sujet, XIV, 151. (Voy. *Grandeurs.*)

HONORIA (la princesse), sœur de Valentinien III. Anecdote qui la concerne, XV, 378; LXVII, 158; LXVIII, 373.

HONORIUS, empereur d'Occident. Cruel et lâche, XV, 234. — Anecdotes sur le mépris où il était tombé, 378.

HONORIUS Ier, pape. Sa fameuse lettre pastorale, en réponse à des questions subtiles sur le nombre des natures et des volontés qui se trouvaient en Jésus-Christ, XV, 396; XXXII, 480. — Réplique des questionneurs, *ibid. et suiv.* — Homme très sensé, quoi qu'en disent les jansénistes, qui ont tant écrit contre lui, 482.

HONORIUS II (*Cadaloüs*), évêque de Parme, anti-pape. Compétiteur d'Alexandre II, XVI, 44. — Chassé par lui de Rome, 76.

HONORIUS II (*Lambert*), pape. Son élection, XXIII, 10.

HONORIUS III, pape. Son exaltation, XXIII, 12. — Sacre, dans Rome, empereur d'Orient, Pierre de Courtenai, XVI, 213. — Concessions qu'il tire de l'empereur Frédéric II, XXIII, 232. — Dans quel dessein lui fait épouser une des héritières prétendues du royaume de Jérusalem, 234. — Le presse de partir pour la Terre-Sainte, 235; XVI, 139. — Lui suscite des affaires à Naples, XXIII, 236. — Est pris pour arbitre entre l'empereur et les villes d'Italie, *ibid.* — Relève Valdemar, roi de Danemarck, d'un serment fait par force, 235, 236. — Sa mort, 237.

HONORIUS IV, pape, de la maison de Savelli. Prend le parti des Français en Sicile, XXIII, 13.

Honte. Est dans le crime, et non dans le supplice, II, 165. — Vers de la *Henriade* qui offrent le développement de cette pensée, X, 154. — Qu'il est accablant de parler de sa honte, III, 70; X, 380. — Que la honte irrite enfin le plus faible courage, 118.

HOOK (l'abbé). Editeur des *Mémoires du duc de Berwick;* ce qu'on en dit, XIX, xj, 20.

HOOKE, auteur d'une Histoire romaine en anglais. Extraits et réflexions critiques à l'occasion de cet ouvrage, XLI, 471.

HOORN (comte de), général suédois. Commandant à Narva, défend cette place contre les Russes, XXIV, 76. — Signifie à l'assemblée de Varsovie l'ordre d'élire Stanislas au trône de Pologne, et assiste publiquement à cette assemblée, 121 *et suiv.* — Gouverneur à Varsovie pour ce prince, 124. — Assiégé dans le château de cette ville par le roi Auguste, se rend prisonnier de guerre avec quinze cents Suédois, 126.

Hôpital-général de Paris. Son établissement, xx, 239.—Tribut que lui payaient, année commune, les spectacles de cette ville, xxviii, 17.

Hôpitaux. Lesquels sont bien administrés, xxviii, 18; xliii, 433.

HORACE, poëte latin. L'homme de l'antiquité qui avait le plus de goût, v, 487. — Sottises théâtrales qu'il a condamnées, *ibid.* — On est fâché qu'il ait dit que l'indigence lui inspira des vers, iv, 152. — Caractérisé, xiii, 116, 317. — Bassesse des éloges qu'il prodigue à Auguste, viii, 86; xii, 75, 156; xxvii, 204. — A loué Virgile convenablement, ix, 372. — Pourquoi s'est fait panégyriste des Scythes barbares, xv, 65, 252. —Son *Art poétique*; en quoi est inférieur à celui de Boileau, xxvii, 118; xxxviii, 555; xli, 562; lxx, 342. — Son *Poëme séculaire*, un des plus beaux morceaux de l'antiquité, xxxi, 315; lxvii, 422. —Opinion sur sa cinquième satire, lvi, 155. — Des libertés poétiques qu'il a prises, et qui seraient chez nous des licences intolérables, xxx, 526 *et suiv.*; lxvii, 379. — Sa philosophie, ses maximes, xiii, 322 *et suiv.* — A mêlé des obscénités à des leçons de morale, xxix, 293; xxx, 518; xxxvii, 231. — Comment traduit et commenté par Dacier, xii, 327 *et suiv.*— En quoi cette traduction est défectueuse, xxxix, 272. — Questions adressées au traducteur, xxxii, 193. — Pourquoi Voltaire doute qu'on le traduise jamais heureusement en vers, xix, 156. — Passages qui en sont imités dans *Mérope* et dans *Oreste*, v, 190; vi, 168. — De ses *Odes*, que le P. Hardouin prétend avoir été composées par des moines du 13e siècle, xix, 121. — Traduction en vers de la première strophe de l'ode *Justum et tenacem*, xiii, 384; xix, 398. — De la première strophe de celle sur la Médiocrité, xxxix, 273. — Celle de *Pallida Mors*, etc., comment traduite par Racan et Malherbe, 149, 150. — Autres passages qui en sont imités sur les Scythes, xiii, 384; xv, 65. — Autres, sur Castor et Pollux, xiii, 385; xxvii, 343; xlv, 164. — De la querelle littéraire entre M. Dacier et le marquis de Sévigné, au sujet d'un vers de l'*Art poétique*, xxxvii, 550. — Commentaire sur un autre vers de sa troisième satire, altéré ou tronqué, xlv, 3. — Ne voulait pas qu'on ne louât que l'antiquité; ses vers à ce sujet, imités en français, xii, 455; xiii, 385; xxvi, 345. — Autres, sur les libations faites à Auguste, xiii, 384; xxvii, 399. — D'un parallèle entre lui, Boileau et Pope, fait en Angleterre, xl, 296. — Jugement qu'en porte Pococurante dans *Candide*, xxxiii, 320.— Épître qui lui est adressée par Voltaire, et ce que dit l'auteur au sujet de cette pièce, xiii, 317; lxviii, 15, 28, 29 *et suiv.*

Horaces (les), tragédie de P. Corneille. Commentaire de Voltaire sur cette pièce, xxxv, 133 à 192. — Remarques sur l'épître dédicatoire au cardinal de Richelieu, 134.—Le personnage de Sabine justifié contre Corneille lui-même, 137. — Examen d'une critique de Vauvenargues au sujet de la troisième scène du second acte, 158. — Et d'une autre d'Addison sur le meurtre de Camille, 185.— Critique du cinquième acte, que Corneille lui-même reconnaît être tout en plaidoyers, 187. — Eloge du *Qu'il mourût*, v, 481; xxxv, 173. — Autres traits sublimes, 139, 157, 158, 164. — Vice de la duplicité d'action, 178.— Corneille lui-même fait un noble aveu de ce défaut, 181; xxxvi, 520. — Réponse de Corneille menacé d'une critique semblable à celle du *Cid*, xxxv, 133. — Cette pièce pourrait être retouchée avec succès, ix, 124.

HORD, major-général suédois. Accompagne Charles XII dans son voyage à Dresde; mot qu'on en cite à cette occasion, xxiv, 164. —Blessé dangereusement à Pultava, l'accompagne dans sa fuite, 200. — Le seconde au combat de Bender, 268, 273. — Y est blessé, 274.

Horlogerie. Est, à Genève, une branche de commerce fort importante; vers descriptifs, xii, 297. — Ce qu'elle était en France avant Louis XIV, xviii, 247. — Ses progrès sous le règne de ce prince, xix, 235. — Établissements d'horlogerie formés par Voltaire. (Voy. *Fernei.*)

Horloges. Ce que c'était ou pouvait être que l'*horloge d'Achaz*, et réflexions critiques à ce sujet, xxx, 257; xlix, 369. (*Voy.* EZÉCHIAS et *Ombre.*) — Le pape Paul Ier en envoie à Pepin une à roues, XXIII, 50. — Aaron-al-Raschild en envoie à Charlemagne une sonnante, qu'on regarde comme une merveille, XV, 433. — Ce ne fut qu'au 13e siècle qu'il y en eut dans les villes de l'Empire, ibid. — Celle de Bologne était fameuse, XVI, 417. — C'est à Huyghens que sont dus les vrais principes de la régularité de leurs mouvements, XX, 298. — Singulier anachronisme de Shakespeare, qui a fait sonner une horloge dans son Jules César, VII, 523. — Origine de l'ancienne coutume qui se conserve encore en Allemagne, en Flandre, en Angleterre, d'entretenir des hommes qui avertissent de l'heure pendant la nuit, XV, 433.

HORN (comte de). Son sang, versé par Philippe II, fut le premier ciment de la république des Provinces-Unies, XVIII, 5.

HORN (maréchal de). Avec le prince de Saxe-Weimar, livre aux Impériaux la célèbre bataille de Nordlingue, en 1634, XXIII, 603.

HORNAC (comte de), ban ou palatin de Croatie. Fait emprisonner Marie-Roi et noyer la régente Élisabeth, pour punir l'assassinat de Durazzo, XVII, 164; XXIII, 357. — Son supplice ordonné par Sigismond, XVII, 164; XXIII, 358.

HORNOI (*Alexandre-Marie* de DOMPIERRE d'), fils de Dompierre de Fontaine, conseiller au parlement et neveu de Voltaire. Lettre qui lui est adressée, en 1763, au sujet du drame de *Saül*, LXI, 118. — Autre, en 1774, relative au procès d'Étallonde de Morival, LXIX, 106. — Son mariage; sa visite à Fernei en 1770, LXVI, 394. — Notice, LVI, 662.

HORNOI (Mme d'). Lettre qui lui est adressée, en 1770, à l'occasion de son mariage, LXVI, 393.

Hospitaliers de Saint-Jean (ordre des). Religieux-soldats; leur établissement, XVI, 172. — Rivaux des templiers, 173, 201, 210. — S'enrichissent de leurs dépouilles, 291. — Étaient alors appelés *chevaliers de Rhodes*, et pourquoi, ibid.

Hospitalité. Vertu sociale, qui commence à être de peu d'usage, et pourquoi, XXVII, 486 et suiv.

Hostie, vieux mot employé dans le sens de *victime*. Pourquoi l'auteur regrette qu'il soit devenu hors d'usage, XXXV, 165.

Hôte (l') et l'Hôtesse, divertissement en prose et en vers, IX, 451 et suiv. — Composé pour une fête donnée par Monsieur à la reine, à Brunoi, 450. — Lettres de l'auteur à M. de Cromot, qui lui avait demandé ce divertissement, LXX, 123, 128, 135. — Est imité d'une fête fort célèbre à Vienne, et qui fut renouvelée par Léopold, lors du voyage de Pierre Ier; détails à ce sujet, 124; XXV, 130; LXX, 123.

Hôtel-Dieu de Paris. Avantages et inconvénients de cet établissement, XXVIII, 17 et suiv. — Privilège ridicule qu'il avait autrefois, 19; XLVI, 431. — De son incendie en 1773, et du mandement de l'archevêque à cette occasion, LXVIII, 104 et suiv.

HOTHAM (chevalier), gouverneur de Hull par l'autorité du parlement anglais. Manière respectueuse dont il en refuse l'entrée à Charles Ier, son souverain, XVIII, 300.

Hottentots (les). Ce que le célèbre voyageur Kolb en rapporte, XVII, 362. — Opération singulière que l'on fait parmi eux à tous les mâles, ibid.; XXVIII, 107. — Comment diffèrent des autres races humaines, XXXIV, 237.

HOULACOU, petit-fils de Gengiskan. Passa l'Euphrate, que celui-ci n'avait point passé, XVI, 230. — Détruisit pour jamais dans Bagdad l'empire des califes, et se rendit maître d'une partie de l'Asie-Mineure ou Natolie, ibid.

HOURCASTRÉMÉ. Stances en réponse à des vers qu'il avait adressés à l'auteur, XII, 550.

Houssards. Cavalerie hongroise; comment montée; son service, XXI, 75. — Pierre Ier en établit en Russie, XXIV, 58.

HOUTEVILLE (l'abbé). Auteur de la *Vérité de la religion chrétienne, prouvée par les faits;* comment qualifié, et notes qui le concernent, XXXII, 210, 243; XXXIV, 312; XXXIX, 458. — Son livre monstrueux, et sa conduite digne de son livre, 449. — Détestable sophiste, 457. — Ses objections contre la religion chrétienne, plus fortes que ses réponses, LXII, 172. — N'a pu avoir d'autre but que d'abuser les hommes, 271. — Jugement plus favorable que Voltaire en avait porté dans un autre temps, XXXVIII, 306.

HUBER. Son talent pour les portraits en découpures, XIII, 323; LXVII, 506. — Avait fait pour Catherine II une suite de tableaux représentant la vie domestique de Voltaire, LXVIII, 69, 70. — Anecdote sur son fils et Mlle Lullin, 388.

HUBER (Mlle), tante du précédent. Son livre de la *Religion essentielle à l'homme* est très profond, XIII, 323. — Précis qu'on en donne, et détails anecdotiques y relatifs, XLIII, 519.

HUBERT (l'abbé). Mention de ses *Mémoires*, dont Voltaire desirait la communication, LVII, 327, 331.

HUBNER. Sa *Géographie*, mise entre les mains des enfants dans tout le nord de l'Europe, XXX, 49. — Justes reproches qu'on lui adresse, et énumération des absurdités qu'il y a insérées, *ibid. et suiv.* — Contes qu'il fait sur les Turcs comme sur les chrétiens, 51. — Ses calculs erronés sur la population, XLI, 186. — Ses erreurs, bévues et inepties, XXV, 22; XLI, 508; XLII, 640 *et suiv.*; XLIV, 479.

HUDDE, de Middelbourg. Homme très riche, qui sacrifia une partie de sa fortune pour s'instruire des mœurs et des usages de la Chine, et qui sut parvenir au grade de mandarin, XIX, 104. — Son recueil de trente années d'observations perdu dans un naufrage, 105.

HUDE, échevin d'Amsterdam. Fragment d'une lettre supposée, écrite en 1620, sur les institutions prétendues de droit divin, L, 593.

Hudibras, poëme burlesque de Buttler. On y tourne en ridicule la guerre civile excitée par les puritains, XXVII, 413. — Quel en est le héros, *ibid.*; XXXVII, 252 *et suiv.* — Le début traduit en vers français, XIII, 353; XXXVII, 252. — Pourquoi on ne le lit plus, 255. (*Voy.* BUTTLER.)

HUERNE DE LAMOTTE, avocat. Rayé du tableau de son ordre, en 1761, comme auteur d'une consultation sur l'excommunication des comédiens, LIX, 297, 419. — Son Mémoire brûlé par arrêt du parlement, 297. — Pauvre homme, qui a nui aux comédiens en voulant les servir, 405, 413, 424, 429, 580. —

Sottises qu'on relève dans son Mémoire, LXIII, 61. — Rien de plus sot que ce livre, et rien de plus impertinent que l'arrêt qui le condamne, LIX, 414. — Autres détails, XL, 318.

HUESCAR, inca. Comment augmente et embellit l'empire du Pérou, XXIII, 421 *et suiv.*

HUESCAR (duc d'), depuis duc d'Albe. (*Voy.* ALBE.)

HUET (Pierre-Daniel), évêque d'Avranches. Son opinion sur Sanchoniaton, réfutée par Van-Dale, XV, 64. — Il prétend que Moïse est tout à la fois Minos, Bacchus, Osiris, Typhon, Esculape, Amphion, Apollon, Adonis, Priape même; singulières preuves qu'il en apporte, 114, 125; XXVII, 252. — Sa *Démonstration évangélique* n'a pas paru bien claire aux hommes de bon sens, I, 26. — Sa dispute avec Boileau sur un endroit de la Genèse, XLVII, 433. — Ce prélat, l'un des plus savants hommes de l'Europe, abdiqua son évêché pour se livrer tout entier à l'étude dans la retraite, XIX, 124. — Fut le premier qui imagina que les Égyptiens avaient peuplé l'Inde et la Chine, XLVIII, 223. — Sa *Faiblesse de l'esprit humain*, œuvre posthume publiée par d'Olivet, et dans laquelle il tourne en ridicule la scolastique et les légendes; et anecdote y relative, XIX, 100. — Avait reconnu, sur la fin de ses jours, la vanité de la plupart des sciences, XX, 454; XLI, 37. — A fait des vers au-dessous de la médiocrité, IX, 464. — Notice de sa personne et de ses divers ouvrages, XIX, 124. — Cité au sujet de *Zaïde*, XII, 345.

HUET, membre du parlement d'Angleterre. Portrait qu'il fait du grand-prêtre Samuel, XLIX, 252. — Sa fameuse dissertation sur le roi David, VII, 330; XXVIII, 294 *et suiv.*; LX, 7. — A qui le compare, dans son expédition contre Nabal, XLIX, 279 — Ce qu'il dit au sujet de la barbarie exercée par lui à Rabbath, 294. — Et de l'inceste d'Amnon, 295. — Sa mauvaise plaisanterie au sujet d'Absalon, 298. — Appelle David *le Néron de la Palestine*, LXI, 140. — Dialogues philosophiques qu'il est supposé avoir écrits, XLV, 1 *et suiv.* — Le drame de *Saül* a été publié comme traduit de lui, VIII, 330.

Hugo, roi d'Arles et de Lombardie. Épouse Marozie, sa belle-sœur, qui venait d'empoisonner son mari, xv, 531. — Est chassé de Rome par un fils de cette femme, *ibid.*

Hugonis, docteur de Sorbonne, pensionnaire et espion des légats au concile de Trente, xviii, 94.

Huguenots. Nom donné aux réformés de France; son origine, xvii, 273.

Hugues ou Hugo (l'abbé), fils naturel de Charlemagne, xxiii, 5. — Son frère Louis-le-Débonnaire le force à être moine, xv, 459; xxiii, 70. — Est tué, les armes à la main, devant Toulouse, 82; xv, 471.

Hugues-*le-Grand*, père de Hugues Capet. Pourquoi appelé aussi Hugues-l'Abbé, xvi, 16; xxvi, 37. — Du sang de Charlemagne par les femmes, était un des plus puissants seigneurs de l'Europe, xxiii, 114. — Se lie avec les Normands contre Louis-d'Outremer, 115. — Othon Ier n'ayant pu le battre, le fait excommunier, *ibid.* — Hugues n'en resta pas moins maître de la France, qu'il ébranla et gouverna; mais il ne voulut pas prendre la couronne royale, xvi, 16 *et suiv.*

Hugues Capet, fils du précédent. Puissance de ses ancêtres et de sa famille, xvi, 16; xxiii, 114. — S'il assista au couronnement de l'empereur Othon Ier, 121; xvi, 2. — S'empare de la couronne de France à force ouverte, 17; xxiii, 127, 131. — Devenu roi de ses pairs, n'en eut pas un plus grand domaine, xvi, 18. (*Voy.* Capets.)

Hugues, frère de Philippe Ier, roi de France. Se croise, xvi, 162. — Son imprudence le fait retenir prisonnier par l'empereur Alexis, 165. — Conduit une nouvelle armée de croisés, 172. — Et meurt abandonné dans l'Asie-Mineure, *ibid.*

Hugues, abbé de Saint-Denis, bâtard de Lothaire. Se ligue avec un Normand, duc de Frise, contre Charles-le-Gros, qui lui fait crever les yeux, xxiii, 96.

Hugues (le cardinal). Demande justice de tous les crimes qu'il impute au pape Grégoire VII, et le fait déposer dans la diète de Worms, xxiii, 158.

Hugues, marquis de Lionne. (*Voy.* Lionne.)

Huile bouillante. En quoi consiste le secret d'y plonger la main sans se brûler, xxix, 193; l, 111. (Voy. *Épreuves.*)

Huitain bigarré (le). Vers contre La Bletterie, traducteur de Tacite, xlv, 460.

Huîtres. Singularité qu'offre leur existence, xliv, 226.

Humains (les). Leur faiblesse, ii, 396. — Sont égaux aux yeux des immortels, quelle que soit leur condition, iii, 65. — Méritent peu qu'on veuille être leur maître, iv, 164. — Droit qu'un esprit vaste et ferme a sur leurs esprits grossiers, v, 41. — Leur cœur change avec la fortune, ix, 142. — Leurs œuvres sont fragiles comme eux, x, 57. (Voy. *Hommes*, *Genre humain.*)

Humaïou, fils de Babar. Règne dans l'Inde avec des fortunes diverses, xlvii, 477. — Était, dit-on, bon astronome, et plus grand astrologne, *ibid.*

Humanité. Premier caractère d'un être pensant, iv, 155. — Vertu qui comprend toutes les autres, et sans laquelle on ne mériterait guère le nom de philosophe, xxxviii, 42. — Frédéric la regardait comme la principale vertu des souverains, liii, 387. (Voy. *Prix de la justice et de l'humanité.*)

Humbert *aux blanches mains.* Feudataire de la Bourgogne; tige des ducs de Savoie, xxiii, 147.

Humbert II, dernier dauphin du Viennois. Pourquoi donna le Dauphiné à la France, et se fit dominicain à Paris, xvi, 367; xxiii, 351.

Humbert, chimiste. (*Voy.* Homberg.)

Hume (*David*). Fait honneur à l'Écosse sa patrie, vii, 12. — A écrit l'*Histoire d'Angleterre* en philosophe; réflexions apologétiques sur cet ouvrage et sur le caractère de son auteur, xix, 185; xli, 134, 450 *et suiv.*; lxi, 475. — Est bien supérieur à Bolingbroke dans ses *Œuvres philosophiques*, traduites avec trop de réserve, lviii, 200. — Ses démêlés avec J.-J. Rousseau; sa brouillerie avec lui en 1766, et réflexions y relatives, xii, 272; xlii, 654; lxiii, 216, 224, 272, 273, 299, 309, 375, 377, 411, 415. — Lettre que lui écrit Voltaire au sujet de leur adversaire commun, 384. — Notes relatives à cette lettre,

XLII, 519. — Déclaration de Voltaire à leur sujet, 619. — Opinion sur son *factum* dans cette querelle, LXIII, 376. — Par qui a été taxé d'impiété, VII, 18.

HUME, ministre protestant. Auteur d'*Agis* et de *Douglas*, VII, 18. — Pseudonyme de Voltaire pour sa comédie de l'*Écossaise*, 12; LVIII, 439.

Humeur. Remarque littéraire au sujet de ce mot, LIX, 557. — Signifie aujourd'hui chez nous tout le contraire de ce qu'il signifiait autrefois, XXX, 515. — Les Anglais ont leur *humour* dans son acception primitive, *ibid.* — Dans la vie sociale, l'humeur est de tous les poisons le plus amer, LVI, 128.

HUMFROI, gentilhomme normand. L'un des fils de Tancrède, qui firent la conquête de la Pouille; mentions diverses qu'on en fait, XVI, 26, 28; XXIII, 150, 154; XLVI, 303.

HUMIÈRES (*Louis* de CREVAN, marq. d'), depuis duc et maréchal de France. Est le premier qui, en campagne, se soit fait servir en vaisselle d'argent, XIX, 366. — Commande, sous Louis XIV, au siége de Valenciennes, 427. — Sous Monsieur, à la bataille de Mont-Cassel, 432. — Et sous le Dauphin, en Allemagne, 469. — Battu à Valcour par le prince de Valdeck, perd le commandement, 483. — Sa mort; et Notice qui le concerne, 86.

Humiliés (ordre des). Son extinction fut un des principaux événements du pontificat de Pie V; ce qui y donna lieu, XVIII, 352.

Humilité. Anciens philosophes qui l'ont recommandée, XXX, 260. — Distinguée par Descartes en *vertueuse* et en *vicieuse*, 261. — Est la modestie de l'ame, le contre-poison de l'orgueil, 262. — Autre définition, XXVII, 488.

HUNIADE (*Jean-Corvin*), célèbre chef des Hongrois. Chéri et plus absolu qu'un roi, XVII, 165. — Entraîné par le cardinal Julien à rompre la paix jurée avec les Turcs, XVI, 482; XXIII, 396. — Battu par Amurat II, *ibid.*, 398. — Tient tête à Mahomet II, XVI, 491. — Le repousse devant Belgrade, 498. — Sa mort, XVII, 166.

HUNIADE (*Mathias-Corvin*), fils du précédent. Élu roi de Hongrie, XXIII, 403. — Son singulier traité avec Frédéric III, qui l'y appelle son fils, 405. — Reçoit du pape la Bohême, qu'il dispute à Podibrade, puis à Ladislas, *ibid. et suiv.* — Enlève l'Autriche à Frédéric III, 413; XVII, 166. — Chasse les Turcs de la Haute-Hongrie, *ibid.* — Sa mort, *ibid.*; XXIII, 414.

Huningue (forteresse d'). Reste à la France par le traité de Rastadt, en 1713, XX, 107.

Huns (les). Fables débitées sur leur origine, XV, 376. — Sont défaits par Charlemagne sur le Danube et le Raab, XXIII, 60. — Font payer à l'empereur Conrad un tribut dont Henri-l'Oiseleur affranchit l'Allemagne, XV, 524; XXIII, 109. — Leurs émigrations; leur fixation en Hongrie, XVI, 170. — De leur Histoire, par de Guignes, LVIII, 538. (Voy. *Hongrois.*)

HUOT (*F.-R.*), curé de Saint-Jean de Latran, à Paris. Les comédiens français font célébrer dans son église un service pour l'ame de Crébillon; punition que lui inflige l'archevêque à ce sujet, LX, 526 *et suiv.*

Huron (le), ou l'*Ingénu*, roman philosophique de Voltaire. (Voy. *Ingénu.*)

Hurons (les). Peuples anthropophages, XXVI, 406.

HURTAUD, pseudonyme de Voltaire pour sa comédie du *Droit du seigneur*, LIX, 362.

HUS (*Jean*), bachelier de l'Académie de Prague. Confesseur de la reine Sophie de Bavière, femme de Venceslas, XVI, 337. — Cité devant le pape Jean XXIII, pour sa doctrine contre la toute-puissance ecclésiastique, ne comparaît pas, *ibid.* — Cité au concile de Constance, obtient un sauf-conduit de l'empereur Sigismond, *ibid.*; XXIII, 377. — Est cependant emprisonné; s'enfuit; est repris et mis en jugement, XVI, 338. — Ses interrogatoires; propositions qui en sont condamnées, *ibid.*; XXIII, 375. — Étrange discours que lui tiennent les Pères du concile, XVI, 339. — Il refuse opiniâtrément de se rétracter, *ibid.* — Est condamné à expirer dans les flammes, et loue Dieu au milieu du bûcher, 340; XXIII, 375. — Détails du spectacle pompeux de son supplice, IX, 298. — Ses vengeurs; guerre des hussites, XVI, 341; XXIII, 382 *et suiv.* — En quoi consistait principalement sa doctrine, 367, 375.

Hus (Mlle), de la Comédie française. En quels termes on en parle, LVII, 3, 39; LIX, 50; LX, 13, 478.

HUSSEIN, roi de Perse. (*Voy.* SHA-HUSSEIN.)

HUT ou HUTTE, membre du parlement d'Angleterre. (*Voy.* HUET.)

HUTTEN. L'un des auteurs des *Lettres des gens obscurs*, publiées en latin macaronique au 15e siècle, L, 10.

HUTTER, apôtre des anabaptistes. Prêche la réforme et l'égalité; est pris et brûlé dans Inspruck, XXIII, 478.

HUYGHENS, de Zuilichem. Distique latin qu'il fit sur la mort d'Augustin De Thou, XVIII, 243.

HUYGHENS, astronome hollandais, fils du précédent. Ses découvertes, XX, 298; XXXVIII, 192. — Sa théorie sur la figure de la terre, XIV, 180; XXIX, 400; XXXVIII, 237. — A tenté de substituer d'autres tourbillons à ceux de Descartes, qui étaient inadmissibles, LIII, 277. — C'est lui qui a déterminé la chute des corps, dans ses beaux théorèmes sur le pendule, XXXVII, 549. — Attiré en France par Colbert, eut part aux libéralités de Louis XIV, XX, 154, 298. — Note sur sa sortie de France, à l'époque de la révocation de l'édit de Nantes, *ibid.* — Fut amoureux de Ninon; vers un peu géométriques qu'il fit pour elle, XXXIX, 403.

HYDE (le docteur), professeur d'arabe à Francfort. A traduit le *Sadder*, XV, 52. — N'a pas eu de quoi acheter le *Zend*, 80. — Il n'y a point de Persan qui ait connu la religion de Zoroastre comme lui, XX, 338. — Ses savantes recherches sur l'histoire de ce législateur, XXXII, 521. — Son histoire des anciens Perses et de leurs mages, citée et appréciée, XLVII, 426.

HYDE, avocat, devenu chancelier en Angleterre; plus connu comme homme d'état, sous le nom de CLARENDON. Était grand-père de la reine Anne, XX, 1; XXXIX,[1] 22. — Avait été banni par le parlement, pour avoir conseillé ou souffert la vente de Dunkerque et de Mardick à la France, XIX, 355. — A laissé une *Histoire des guerres civiles d'Angleterre* sous Charles Ier, et plusieurs autres ouvrages de politique, XX, 1. — A combien porte le nombre des protestants massacrés en Irlande en moins de deux années, XLIII, 198.

Hymen. Est plus saint que la nature, VII, 467, 480. — Est un frein respectable, VIII, 385. — Quel est le véritable, LII, 545. — De celui qui a l'intérêt pour père, *ibid.* — Comment il se pratique selon les différents pays, VIII, 217. (*Voy.* Mariage.)

Hymne chanté au village de Pompignan, XIV, 441.

HYPATHIE, fille célèbre par sa science et ses mœurs. Enseignait publiquement Homère et la philosophie de Platon dans Alexandrie, XLIII, 189; XLVI, 90. — Massacrée et ensuite brûlée par la populace chrétienne, déchaînée contre elle par l'évêque Cyrille, qu'on a décoré depuis du nom de saint, *ibid.*; XXX, 263; XLIII, 189; XLV, 207; L, 516.

Hyperborées. Mot employé par l'auteur, VII, 413; X, 22; XII, 18.

Hypermnestre, tragédie de Lemière. Ce qu'on en dit, LVII, 613; LVIII, 297; LIX, 149.

Hypocrisie. Personnifiée dans la *Henriade*, X, 225, 245. — Vers qui la caractérise, XIII, 231. — Ce qu'elle a de bon, XIV, 202, 203.

Hypocrisie (l'), satire en vers, dirigée contre les prêtres genevois, XIV, 201 *et suiv.* (*Voy.* VERNET.)

Hypocrites. Quelle en est l'espèce la plus lâche et la plus cruelle, XXXI, 399.

I

IAHO ou JEHOVA. Nom sacré parmi les Égyptiens, et depuis chez les Juifs, XV, 103; XLIII, 62, 244; XLVI, 131. (*Voy.* JEHOVA.)

IBRAHIM. Est le même nom qu'Abraham, XV, 71. (*Voy.* ABRAHAM.)

IBRAHIM, sultan, fils d'Amurat IV. Prince faible, dont le règne fut glorieux,

XVIII, 417. — Déposé, et enfermé dans l'appartement de ses femmes, 418. — Relation romanesque de sa mort, qui resta un secret du sérail, 419. — Notice qui le concerne, XIX, 11.

IBRAHIM-MOLLAH, gendre et grand-vizir d'Achmet III. Comment parvint à cette dignité, de simple matelot qu'il était, XXIV, 291 *et suiv.* — Veut faire la guerre aux Moscovites, malgré les vues du favori Coumourgi ; est étranglé, 292, 299. — Se sacrifia pour sauver l'empire à son maître, L, 79. — Stances poétiques qu'on en cite, XLI, 443.

Iconoclastes, *Iconolâtres*. (Voy. *Images*.)

IDACE et ITACE, tous deux évêques espagnols au 4e siècle. Introduisent chez les chrétiens la coutume horrible de juger et condamner à mort pour des opinions religieuses, XVI, 244 ; 253 ; XVII, 343 ; XXII, 82. — Font donner la question à Priscillien, XLII, 423 ; XLIII, 188. — Meurent eux-mêmes dans l'excommunication, XXXII, 519.

Idées. Ce que c'est, XXX, 265. — Comment sont produites en nous, *ibid.* — Notre ignorance sur la faculté intellectuelle qui en est l'organe, 266. — Vers à ce sujet, XI, 325. — Quatre opinions sur leur formation ; celles des anciens matérialistes ; celles de Malebranche et de Leibnitz, XXXVIII, 44 *et suiv.* — Nous viennent toutes par les sens, XXXVII, 299, 304. — Nous sont données par Dieu, XXX, 272. — Leur mécanique, 270 ; XLVI, 41. — Plats raisonnements auxquels elles ont donné lieu, LVIII, 289.—Qu'il n'y en a point d'innées, XII, 172 ; XXXVII, 306 ; XXXVIII, 38 ; XLII, 540. — Locke est le premier qui ait prouvé la fausseté de ce système, XII, 172 ; XXXVII, 180. — Soutenues par la Sorbonne, le parlement, les jésuites et les jansénistes, qui les avaient combattues ; conte allégorique et philosophique à ce sujet, XXXIV, 269. — Que les idées ne dépendent pas plus de nous dans la veille que dans le sommeil ; sujet d'un autre conte philosophique, XXXIII, 364.

Idées de Lamothe-le-Vayer (ou plutôt de Voltaire) sur la religion, XXXIX, 374.

Idées républicaines. Écrit de Voltaire sur la politique et la religion, dans lequel il critique le *Contrat social*, XL, 567 à 596.

Identité. Dans les individus, n'est établie que par la mémoire, XXX, 274. — Questions et réponses à ce sujet, 275. (*Voy.* TOLAND.). — Locke est le premier qui ait expliqué l'identité personnelle, XII, 172.

Idiomes. (Voy. *Langues*.)

Idiot. La signification de ce mot, combien détournée de son origine, XXX, 537 ; XLVIII, 545 ; LXIV, 326 ; LXVIII, 260.—Ses acceptions diverses, XXVI, 34.

Idole, *Idolâtre*, *Idolâtrie*. Acception de ces mots, et leur vraie signification, XXX, 278. — S'il y a jamais eu un gouvernement idolâtre, 279. — Examen de l'idolâtrie ancienne, 281. — Si les Perses, les Sabéens, les Égyptiens, les Tartares, les Turcs ; ont été idolâtres, et de quelle antiquité est l'origine des simulacres appelés idoles ; histoire de leur culte, 287 *et suiv.* ; XLVII, 426. — Qu'il y a peu de peuples qui aient été réellement idolâtres, XV, 130, 314. — Combien ce mot est ridiculement employé, 449 ; XVII, 382. — Rome chrétienne, quand et par qui fut accusée d'idolâtrie, XVIII, 339 ; XL, 457 ; XLIII, 576 ; XLIV, 162.

Idoménée, tragédie de Crébillon. Pièce mal conduite et mal écrite, LX, 367, 426. — Pourquoi n'est pas restée au théâtre, XL, 472.

IGNACE (saint), évêque d'Antioche. L'un des premiers et des plus célèbres martyrs ; condamné aux bêtes par l'empereur Trajan lui-même, XXIX, 25. — Sa prétendue conversation avec ce prince, XV, 362 ; XLI, 279 ; XLIII, 152. — Sa lettre à la vierge Marie, et la réponse qu'il en reçut, pièces apocryphes, XXVI, 474.

IGNACE, patriarche de Constantinople. Déposé par l'empereur Michel III, XV, 512. — Soutenu par le pape, *ibid.* — Rétabli par l'empereur Basile, 513 ; XXVIII, 137.

IGNACE DE LOYOLA. Son origine, son caractère, ses aventures, son histoire, XIII, 319 ; XVII, 330. — Comment devint chevalier errant de la vierge Marie ; détails facétieux à ce sujet, XXIX, 127 ; XXX, 298 *et suiv.* — Comment devint le fondateur de la *Société de Jésus*, XXIX, 31, 128. — Pourquoi nomma ainsi sa congrégation naissante, XXII, 117. — Ce qui fit la grandeur de cet ordre, XVII, 332. — D'un tableau qu'on a vu long-temps chez les jésuites, et dans lequel Ignace était représenté montant au ciel dans un char magnifique attelé de chevaux blancs, XXIX, 512; XLI, 54. — Par qui comparé à César, XI, 73; XIX, 66. — Son livre des *Exercices spirituels*, XVII, 333.

Ignorance. Flétrit toute grandeur, XIII, 138. — Les temps d'ignorance sont ceux des férocités, IX, 378; XXI, 419. — Facétie contre ceux qui prétendent que l'ignorance est la gardienne et la sauvegarde des états bien policés, XLII, 115. — Quelle est la pire de toutes les ignorances, XXX, 302. — Celles de l'abbé François, auteur des *Preuves de la religion*, ibid. et suiv. — Questions sur celles dont l'homme ne peut sortir, 311. — Ignorances éternelles qui doivent apprendre à douter, XLIV, 301. — Ignorances stupides et méprises funestes, 312. — Autres ignorances, XXVI, 217; XXXIII, 346; XXXIV, 433; XLII, 606 *et suiv.* — Qu'un ignorant fanatique et conséquent est souvent un homme à étouffer, XXVIII, 183.

Il faut prendre un parti, ou le Principe d'action, diatribe. Opuscule où l'on démontre l'existence d'un Être suprême, XLVII, 70 à 123. (Voy. *Principe d'action*.)

Iles Fortunées. (Voy. *Canaries*.)

Iliade (l'). Beautés et défauts de ce poëme, X, 417 *et suiv.;* XLV, 100. — Pourquoi était très précieux pour tous les Grecs, XXIX, 148. — Comment, s'il paraissait aujourd'hui, serait accueilli dans l'Europe, XXXII, 203. — Comparé au livre de Job, 204. — Morceau du vingt-quatrième livre, traduit en vers français, 205. — Passage du neuvième, mutilé par Lamotte et rétabli par Voltaire, XXIX, 150. — Autre morceau du seizième, XIII, 367.

Illinois (les), tragédie de M. de Sauvigny. Ce qu'en dit Voltaire, LXIV, 258, 291, 299, 351, 355.

ILLUMINÉ. Compagnon de saint François d'Assise, XVI, 196.

Illusions. Effet de celles dont l'ame est obsédée pendant le sommeil, V, 507.

— L'illusion, reine des cœurs, XIII, 92. — Dieu la fit pour les heureux fous du bel âge, 247, 252. — Lorsqu'on a passé le temps des illusions, on ne jouit plus de la vie, on la traîne, LVI, 362.

Images (culte des). Époque de son introduction, XV, 398. — Comment, d'une pratique pieuse, dégénéra en abus, *ibid.* — Proscrit par les empereurs grecs, 399. — Ordonné par les papes, 400. — Continue de troubler l'empire d'Orient, 501 *et suiv.* — Rétabli par le second concile de Nicée, et condamné par celui de Francfort; querelles à ce sujet, 434 *et suiv.;* XXVIII, 136, 151. — Livres carolins écrits contre ce culte, XV, 436; XXIII, 61; XXXIX, 563. — Rejeté par presque tout l'Occident, au siècle de Charlemagne, XX, 367. — Est purement de discipline ecclésiastique, XLI, 54. — Ce que les querelles à son sujet ont coûté à l'empire romain, XLVI, 91. — Elles ont fait perdre l'Occident aux empereurs de Constantinople, 92.

Images licencieuses. Ferment l'entrée de l'ame aux vrais plaisirs, III, 156. — Ne peuvent plaire qu'aux esprits grossiers, *ibid.*

Imagination. Ce que c'est, XXX, 316. — Est peut-être le seul instrument avec lequel nous composons des idées, *ibid.* — Il y en a deux sortes : la *passive*, qui va beaucoup au-delà de la mémoire; et l'*active*, qui joint la réflexion, la combinaison à la mémoire, 318 *et suiv.* — C'est celle-ci qui fait les poëtes, 324. — Pourquoi l'imagination est moins permise dans l'éloquence que dans la poésie, 325. — Des imaginations des peintres, 326. — Divers caractères de l'imagination dans les arts, *ibid.* — Quand elle peut dégénérer en démence, 327. — Quel est celui qui en a le plus, 328. — Grand défaut de quelques auteurs qui veulent toujours en avoir, 331. — Où vont s'émouvoir les imaginations passives, 332. — Qu'il faut se défier des écarts de l'imagination, XXVI, 513. — Comment définie par Malebranche, *ibid.* — Qu'elle doit être bannie de la physique, LXV, 281.

Imagination (la folle). Son portrait, et vers qui la caractérisent, XI, 265.

IMBERCOURT, chambellan de Marie de Bourgogne. Décapité pour avoir négocié le mariage de cette princesse avec le Dauphin de France, contre le vœu des Gantois, XVI, 531.

IMHOF, baron polonais. L'un des plénipotentiaires de Stanislas-Auguste lors de son abdication, XXIV, 142, 146.—Est arrêté au retour de ce prince, après la défaite de Charles XII à Pultava, 216.— Pseudonyme de Voltaire pour la publication du dialogue *les Adorateurs* ou *les Louanges de Dieu*, XLVI, 376.

Imitateurs. (Voy. *Copistes*.)

Imitation (l') *de Jésus-Christ*. De la traduction en vers qu'en fit Corneille, et du grand succès qu'elle obtint, XIX, 86; XXVI, 531. — De l'incertitude où l'on est encore sur le véritable auteur de cet ouvrage, LXII, 83.

Imitations d'auteurs anciens, par Voltaire, XIII, 341.

Immortalité. Château enchanté qu'on voit de loin, mais dans lequel on n'entre pas, LXVIII, 77. — Doutes à son sujet, XLVI, 596. (Voy. *Ame* et *Breuvage d'immortalité*.)

Impasse. Mot qu'on pourrait substituer à celui de *cul-de-sac*, qui est bas et impertinent, VII, 20; XII, 248; XXVIII, 274; XLI, 551; LIX, 558.

Impie. A qui convient cette dénomination, XXX, 332.

Imposteurs (*Traité des trois*). Livre insipide, écrit en latin, contre lequel Voltaire s'élève dans une de ses épîtres, XIII, 264.—Cherché de siècle en siècle, n'a jamais été trouvé; note à ce sujet, XVI, 141. — Pourquoi on l'a attribué à l'empereur Frédéric II, *ibid.*; XXIII, 242. — Ou à son chancelier Pierre Desvignes, XVI, 145. — L'ouvrage publié sous ce titre en 1768, par qui fabriqué, XIII, 264; LXV, 55.

Impostures chrétiennes. (Voy. *Fraudes pieuses*.)

Impôts. L'ignorance empêche d'en comprendre l'utilité, XXXVII, 541. — Quelle est la meilleure manière de les lever, XXXIX, 397. — Considérations philosophiques y relatives, XXX, 101, 334 *et suiv.* —Absurdité d'un impôt unique sur les terres, XXXIV, 11 *et suiv.* — Que le plus grand et le plus rude impôt est celui que nous nous imposons sur nous-mêmes par nos nouvelles délicatesses, qui sont devenues des besoins, XLVII, 300. — Quand les impôts sont injustes ou tyranniques, ou destructeurs de la richesse nationale, VII, 124.—Des impôts payés à l'étranger, XXXIV, 65.— Qu'en matière d'impôts, tout privilége est une véritable injustice, XX, 346. — Nécessité que le clergé y contribue, XXX, 339; XXXIX, 344. — A combien ils montaient en France sous Charles VII et sous Louis XI, XVI, 523. — De leur juste répartition en Angleterre, XXXVII, 157 *et suiv.* — De la proposition faite, dans la minorité de Louis XIV, de mettre un impôt sur les messes, LIX, 393. — Calcul des impôts levés sur la nation française par ce prince, pendant les soixante-douze années de son règne, XXXIX, 118. — Que ce ne sont point les impôts qui affaiblissent une nation, mais bien la manière de les percevoir, ou le mauvais usage qu'on en fait, 121. — Que le peuple le plus heureux doit être celui qui en paie le plus, 398. — De l'ouvrage de Mirabeau sur la *Théorie de l'impôt*, et de sa *Réfutation*. (Voy. MIRABEAU, PESSELIER, *Droits d'entrée* et *Vingtième*.)

Imprécations. Dans les pièces de théâtre, sont comme les sottises : les plus courtes sont les meilleures, LXI, 165. — Imprécations dans *OEdipe*, II, 75. — Dans *Artémire*, 256. — Dans *Mariamne*, 254, 262. — Dans *Brutus*, 371. — Dans *Samson*, III, 130, 132.—Dans *Adélaïde Du Guesclin*, 340.—Dans le *Duc de Foix*, 478. — Dans *Zulime*, IV, 440. — Dans *Mahomet*, V, 57, 81. — Dans *Rome sauvée*, VI, 363. — Dans *Tancrède*, VII, 190, 203. — Dans le *Triumvirat*, VIII, 152. — Dans les *Scythes*, 264. — Dans *Sophonisbe*, IX, 182, 192. — Dans les *Pélopides*, 247. — Dans les *Lois de Minos*, 303. — Dans *Agathocle*, 585.

Impression. Méthode favorite de l'auteur, qui aimait mieux corriger ses ouvrages en épreuves qu'en manuscrit, LIX, 410; LXII, 558; LXIV, 323.

Imprimerie. Vers descriptifs et techniques sur cet art, XII, 10; XIII, 280, 294. — Dès long-temps inventée en Chine, XV, 267; XLVII, 519. — Les premiers imprimeurs venus d'Allemagne à Paris, poursuivis comme sorciers par le parlement et l'Université, XVI, 522; XVII, 186. — L'arrêt prononcé contre eux est cassé par Louis XI, *ibid.*; xxii, 57. — Quand des imprimeries furent établies en Russie, xxiv, 56; xxv, 160. — Que cet art ne fut, en aucun temps, fatal à la patrie, xiii, 292. (*Voy.* Liberté *de penser et d'imprimer.*)

Impromptu (l') *de Versailles*, comédie de Molière. Satire cruelle et outrée; Notice et observations critiques y relatives, xxxviii, 414.

Impromptus, par Voltaire. (*Voy.* les *Tabl. part.* des tom. xii et xiv, ainsi que les noms des personnes auxquelles ils sont adressés, et l'article *Vers* (petites pièces de).

Improvisateurs. Ne peuvent faire que des choses médiocres tout au plus, lv, 7. — Que le goût d'improviser est le sceau de la barbarie chez les Italiens, *ibid.* — Anecdote prétendue d'une composition improvisée, xxvi, 363.

Impuissance. Pourquoi il convient de bien distinguer les acceptions de ce mot, xxviii, 355. — Quand la femme n'est pas en droit d'en accuser son mari, xxx, 343. — Ce n'est que dans la religion chrétienne que les tribunaux ont retenti de ces querelles entre les femmes hardies et les maris honteux, 345. — Sur quoi roulaient toujours ces procès, lorsqu'ils commencèrent, 346. — Décrétale d'Honorius III sur les femmes qui en accusent leurs maris, 348. (*Voy.* LANGEAIS et l'article ci-après.)

Impuissants. Médecins ou matrones experts peuvent-ils prononcer sur leur état, quand ils sont bien conformés, xxx, 342. — Sagacité avec laquelle les canonistes, et surtout des religieux de mœurs irréprochables, ont fouillé à leur sujet dans les mystères de la jouissance, 344. — Princes et rois déclarés impuissants, 348. — Du congrès, ou de la plus grande épreuve à laquelle on ait mis des gens accusés d'impuissance, 349 *et suiv.*

Inaliénation du domaine des empereurs et des rois. (Voy. *Domaine.*)

INAS, l'un des tyrans de l'heptarchie d'Angleterre. Fut le premier qui, dans un pélerinage à Rome, se soumit à payer le denier de saint Pierre, xxxvii, 154.

Incamérer. Mot de la langue particu-

lière à la chambre apostolique; ce qu'il signifie, xliv, 337.

Incas, souverains du Pérou. Leur origine, leur grandeur, leur magnificence, xvii, 419 *et suiv.* — Leur Histoire, par Garcilasso de la Véga, qui en était issu, 420. — Leur gouvernement théocratique, xxxii, 357.

Incas (les), roman de Marmontel. Observations critiques sur cet ouvrage, lxx, 260. (*Voy.* MARMONTEL.)

Incendiaires. Comment devraient être punis, l, 271.

Incertitude. Vers qui caractérisent l'état d'un esprit incertain, v, 66. — Qui ne peut se résoudre, s'abandonne aux conseils, 181. — Irrésolution et incertitude du vulgaire dans le péril, x, 140.

Inceste. Fut un devoir chez quelques nations anciennes, xxx, 253; xliii, 573; l, 305. — N'a point été autorisé par les Perses, comme on l'a prétendu, xxx, 253. — La loi qui le prohibe est une loi de bienséance, *ibid.*; l, 304. — N'a jamais été permis au premier degré chez les nations policées, xliii, 328. — On pouvait épouser sa sœur chez les Juifs, *ibid.*

Inceste spirituel. Ce que c'était; exemples cités, xxx, 354; l., 306.

Inclémence. Pourquoi ce mot est consacré spécialement à la poésie, xxviii, 355.

Inconstance. Personnifiée dans la *Guerre civile de Genève*, xii, 269.

Inconvenance. Mot introduit dans la langue par Voltaire; ce qu'il dit à ce sujet, lxii, 110.

Incrédulité. Que les véritables incrédules ont été de tout temps les théologiens, grands ou petits, tondus ou mitrés, xl, 343. — Opinion contradictoire de Jean-George Le Franc sur l'incrédulité, et facéties à ce sujet, xli, 196, 201, 416. — De l'*Incrédulité combattue*, etc., par le roi Stanislas, lviii, 562, 564, 565, 569.

Incubes. Ce que les jurisconsultes et les démonographes désignent par ce mot, xxix, 544; xxx, 355. — Comment démontrés, 357.

Incurable. Mot heureusement employé par Racine, xxviii, 355.

Inde (l'). Fertilité de cette heureuse contrée, xv, 75, 282; xxi, 265. — Les

Grecs, avant Pythagore, y voyageaient pour s'instruire, xv, 76, 282. — Et les plus anciens peuples pour y commercer, 76. — On y jouit d'une vie longue et saine, xxi, 268. — Son continent a été plus étendu qu'il ne l'est aujourd'hui, xv, 291. — Pourquoi Alexandre-le-Grand en fit la conquête, 282. — L'antiquité des arts y a toujours été reconnue des autres peuples, 284. — Quand les esprits y dégénérèrent, 287. — Religion qui y domine, 295. — Antiquité de la loi écrite, le *Shasta*, xxi, 266; xlvi, 111; xlviii, 229. — Comment la Vertu y est figurée dans les pagodes, xxi, 269. — De son paradis terrestre, xlvii, 451; xlviii, 240. — Espèces d'hommes différentes qui la peuplent en deçà et en delà le Gange, et leurs coutumes, xvii, 372 *et suiv.* — Quatre nations qu'on y remarque, 480.—Grands ouvrages, 482. — Contradictions dans les histoires de ce pays, 483. — Esprit de doute avec lequel il faut lire presque toutes les relations qui nous en viennent, 378. — Influence de son climat, xviii, 449. — Son excès d'opulence et de luxe n'a servi qu'à son malheur, *ibid.* — Pourquoi le petit peuple est pauvre dans ce riche pays, 452. — Comment il est gouverné en général, *ibid. et suiv.* — Les arts n'y sortent presque jamais des familles où ils sont cultivés, 453. — Pourquoi les philosophes avaient coutume d'y finir leurs jours sur un bûcher, et les femmes de s'y brûler sur le corps de leurs maris, xxi, 268. — Pourquoi cette nation n'a que de mauvais soldats, 269. — Ce qu'elle était du temps de Charlemagne, xv, 291. — Fut toujours aisément subjuguée, et pourquoi, 292, 302; xxi, 269. — Conquise par tous ceux qui ont soumis la Perse, xvi, 471. — Appartint toujours à qui voulut s'en emparer, xxi, 269. — Quand le mahométisme s'y est introduit, xv, 293. — Pourquoi il y fait plus de progrès que le christianisme, 304. — Tamerlan y a introduit les grands fiefs, xvi, 496. — Prodigieux établissement des Portugais au 16e siècle, xvii, 365. — Cet empire n'a été qu'une anarchie depuis l'irruption de Sha-Nadir, xxi, 311. — Guerre qui s'y allume entre les Français, les Anglais et différents nababs, en 1750, 313. — Tableau historique de son commerce, xlvii, 297. — Commencement des premiers troubles et des animosités entre les Compagnies française et anglaise, 303. — Pertes du commerce français dans ce pays; quelles en furent les causes principales, xxi, 328 *et suiv.*; lxii, 153.—Son état lorsque le général Lalli y fut envoyé, xlvii, 319. — Des Gentous, et de leurs coutumes les plus remarquables, 326. — Des brames, 331. — Des guerriers de l'Inde et des dernières révolutions, 336, 338. — Description sommaire des côtes de la presqu'île où les Français et les Anglais ont commercé et fait la guerre, 342. — Ce qui se passait dans l'Inde avant l'arrivée du général Lalli, 354. — Prise et destruction de Pondichéri, 387. — Portrait d'un peuple singulier dans l'Inde, 485. — Des provinces entre lesquelles cet empire était partagé en 1770, et particulièrement de la république des Seikes, 489. —Comment les compagnies de commerce y sont devenues des compagnies guerrières, xli, 180. (Voy. *Compagnie française des Indes.*)

Indépendants (secte des), en Angleterre. Leur plan suivi et caché, au milieu des partis qui divisent le royaume, xviii, 295, 305. — En quoi ressemblaient aux quakers, et en quoi en différaient; leur projet chimérique; parti qu'en tire Cromwell, 307. — Part qu'ils eurent à la mort de Charles Ier, x, 175; xviii, 315.

Indiens (les). Preuves de leur haute antiquité, xv, 75. — Sont les plus doux des hommes, 78, 294. — Pourquoi s'abstiennent de la chair des animaux et des liqueurs fortes, 79. — A quel âge sont nubiles et se marient dans les contrées méridionales, xvii, 377.— Sont imbus de l'opinion que leurs dieux sont venus souvent sur la terre, 379.— Cérémonie religieuse étrange pour nos mœurs, 380. — Au milieu d'opinions extravagantes et de superstitions bizarres, reconnaissent un Être suprême infiniment parfait, 381. — Extrait de leurs livres sacrés, *ibid. et suiv.* — Simplicité de leur antique religion, xv, 295. — Que toute théologie nous est venue d'eux, 215, 285. (Voy. *Anges*, *Shasta*, *Veidam.*) — Pourquoi nous devons les respecter, xxix, 295.—Sont le premier peuple qui ait montré un esprit inventif; preuves qu'on en rapporte, XLVI, 114. — L'antiquité de leurs arts a été reconnue des autres peuples, XV, 284, 288; XXI, 265. — Origine de leurs quatre castes, XV, 296. — Leurs quatre âges du monde ou *iogues*, XLVIII, 239. — Des femmes qui se brûlent à la mort de leurs maris, XV, 292; XVII, 486. — Anecdotes à ce sujet, XXVII, 427; XXXIII, 97; XLVIII, 238. — Comment cette coutume horrible a pu s'établir, XLVI, 116. — C'est une preuve de superstition, mais aussi de grand courage, XXI, 268. — Les philosophes se brûlent aussi, *ibid.*; XV, 292. — Depuis quand les Indiens ont dégénéré, 287, 302. — Ont toujours adoré un seul Dieu, XXI, 268; XLVII, 424. — Sont les inventeurs de la métempsycose et les premiers auteurs de la théologie, 442. — Leur catéchisme, 447. — Leur baptême, 450. — Leur paradis terrestre, 451. — Conformité apparente de quelques-uns de leurs contes avec les vérités de notre sainte Écriture, *ibid. et suiv.* — De leur Priape qu'ils appellent Lingam, et de quelques autres superstitions, 455. — Épreuves qu'ils pratiquent, 460. — De leur histoire jusqu'à Tamerlan, et fables dont elle est mêlée, 463. — Continuation jusqu'à M. Holwell, 469. — Suite jusqu'à 1770, 481 *et suiv.*

Indifférence. Personnifiée; son portrait, XII, 459; XIII, 8. — Glace les talents; vers à ce sujet, LX, 491.

Indiscret (l'), comédie de Voltaire, jouée en 1725. Dédicace à Mme de Prie, II, 281; XIII, 65. — Notes et Variantes, II, 319. — Ce que l'auteur dit au sujet de cette pièce, dans sa Correspondance, LIX, 22.

Indolence. Vers qui la caractérisent, X, 315.

Indulgence. Encourage quelquefois à l'infidélité, VII, 131.

Indulgences, Absolutions, Dispenses. Ce qu'elles étaient originairement, XXIII, 443. — Crimes pour lesquels on en pouvait obtenir, XVII, 237. — Où s'en établit la ferme, 242; XXIII, 443. — Étrange abus qu'on en fit au commencement du 16e siècle; taxe apostolique que rédigea le pape Jean XXII, XVII, 237. — Leur tarif par la cour de Rome, XXVIII, 491;

XXXII, 316. — Ventes publiques qu'en fit faire Léon X, XVII, 241; XXIII, 442. — Autre qu'en fit Alexandre VI, pour avoir une armée, XVII, 91. — Des indulgences *in articulo mortis* données par le même pontife à ceux qu'il faisait égorger, XLIII, 201, 482. — Leur validité soutenue au concile de Trente, XVIII, 96.

Industrie. Ses progrès au 16e siècle, XVII, 140. — Combien était loin encore de ce qu'elle est aujourd'hui, 179 *et suiv.*; XVIII, 246. — Vraie richesse qui, s'étant perfectionnée dans les villes, s'est accrue dans les campagnes, XX, 290, 295.

Inès de Castro, tragédie de Lamotte. Observations critiques sur cette pièce, XXXII, 439; XXXIX, 220. — Ce qui lui manque pour être au rang des pièces de Racine, XXXII, 443. — L'une des plus intéressantes qui soient restées au théâtre, XIX, 133; LII, 31. — Autres observations y relatives, LI, 92.

Infaillibilité. Fantôme que l'on ne croit pas à Rome, mais que l'on y soutient, XX, 362.

INFANTE (l'), fille de Philippe IV, roi d'Espagne. (*Voy.* MARIE-THÉRÈSE D'AUTRICHE.)

INFANTE (*Marie-Anne-Victoire* l'), fille de Philippe V, roi d'Espagne. Destinée à devenir la femme de Louis XV, XXI, 11. — Pourquoi est renvoyée à son père en 1725, 31. — Mariée depuis à Joseph Ier, roi de Portugal, *ibid.* — Autres détails, LI, 112.

Infanterie. On n'avait pas su encore en faire une bonne en France sous Louis XII; nos rois soudoyaient alors des fantassins étrangers, XVII, 105. — L'allemande et l'espagnole étaient alors réputées les meilleures, 177. — Qui mit, sous Louis XIV, l'infanterie française sur le pied de discipline où elle a été depuis, XIX, 388.

Infantes d'Espagne. Ne pouvaient parler à aucun jeune homme de la cour; anecdote à ce sujet, XIX, 2. — Les renonciations et une dot de cinq cent mille écus d'or semblent être les clauses ordinaires de leurs mariages avec les rois de France, 342.

Infanticide. Cruauté et injustice de peines qu'on y attache, XLII, 419, 61 4

LVI, 360. — Moyen de prévenir ce crime, XLII, 421 ; L, 269. — Anecdote d'une fille condamnée et non coupable, XXXII, 284 ; XLII, 420.

Infini (l'). Considérations philosophiques y relatives, XXXVII, 211 *et suiv.* — Pourquoi on ne peut en avoir qu'une idée très confuse, 301 ; XXX, 358. — De l'infini en espace et en durée, 359. — En nombre, 360. — En étendue, 361. — En géométrie, *ibid.* — En puissance, en action, en sagesse, en bonté, etc., 362. — Histoire de l'infini ; quand il commença à être traité par le calcul, 365 *et suiv.*

Influence. Comment s'exerce en physique et en morale, XXX, 370. — Influence des passions des mères sur leurs fœtus, et anecdote à ce sujet, 373 *et suiv.*

Ingénu (l') ou *le Huron*, roman philosophique, XXXIII, 381 *et suiv.* — A qui l'auteur voulut l'attribuer, LXIV, 313, 324, 346, 359. — Le publie comme extrait des manuscrits du P. Quesnel, XXXIII, *xj.*

INGOLSBY, officier anglais. Chargé par le duc de Cumberland d'attaquer une redoute près de Fontenoi, est puni de sa désobéissance par une cour martiale, XXI, 133 *et suiv.*

Ingratitude. Ode contre ce vice, XII, 416. — Quelle est la logique des ingrats, XXXIX, 33. — L'ingratitude des grands, II, 277. — Ingratitude des rois, X, 276. — Qu'il est beau de faire des ingrats, XII, 224. — Fausse vertu qui fait leur excuse, III, 343, 420.

Ingrie (l'). Vues du czar Pierre sur cette province, XXV, 144 *et suiv.* — Elle lui demeure tout entière, 168. — En est reconnu souverain par le traité de Neustadt, 364, 399.

Inhalt. (Voy. *Intérim.*)

Inhumation. Est incontestablement du ressort de la loi civile et de la police, XXVIII, 488. — Dans les églises est défendue par les conciles, XXIX, 123. — Réflexions contre l'abus existant à ce sujet, XIV, 25 ; XXXIII, 7. — Mémoire de Pacou y relatif, LXV, 199. (Voy. *Sépultures.*)

Initiation. Celle des anciens mystères, XV, 170 ; XXX, 375. — Celle des mystères chrétiens, pourquoi fut long-temps calomniée, 381. (Voy. *Mystères.*)

Initiés. D'où vient leur nom, VII, 391 ; XV, 169. — Leur confession et leurs serments, VII, 391, 412. — Cérémonies à ce sujet, XV, 170. — De ceux qui prétendaient être admis aux mystères pour y recevoir l'absolution de leurs crimes, XXIX, 282.

Injustice. Produit à la fin l'indépendance, VII, 189.

INNÈS, jésuite, recteur du collège des Écossais à Paris. Suit Jacques II en Irlande comme secrétaire d'état, XIX, 467.

Innocence. Personnifiée ; son calme, II, 86, 87, 93. — Le crime la suit quelquefois de près, V, 50. — Il est beau de mourir pour la sauver, IX, 46. — Ce qui la fait respecter, VII, 289. — Succombe aux tendresses des grands, IX, 553. — Lieux fortunés qu'elle habite dans l'autre vie, X, 228. — Que les lois, faites pour la sauver, ont servi souvent à l'opprimer ; exemples qu'on en cite, XLVII, 413 *et suiv.*

Innocents (le charnier des Saints-). Détails y relatifs, XIV, 252.

Innocents (fontaine des Saints-). Éloge de ce monument, XII, 352, 371.

Innocents (massacre des). Des difficultés élevées par les critiques sur ce point d'histoire, XXX, 384. — Saint Matthieu est le seul qui en ait parlé, et son témoignage est plus fort que le silence de toute la terre, 336 ; XLIX, 468. — Comment ce prétendu massacre est le comble de l'ineptie, XLIII, 100 ; L, 434 *et suiv.*

INNOCENT II, pape. Élu concurremment avec Anaclet, XVI, 95 ; XXIII, 178. — Chassé par lui de Rome, se réfugie en France, *ibid.* — L'empereur Lothaire II décide en sa faveur, 179. — Innocent cède à l'empereur l'usufruit des terres de la comtesse Mathilde, *ibid.* ; XVI, 96. — Soumissions qu'il reçoit de ce prince, 101 ; XXIII, 179. — Marche à la tête d'une armée contre Roger, roi de Sicile ; est vaincu et pris, XVI, 38. — Accorde à don Ramire, moine, évêque, puis roi, une dispense pour se marier, 265.

INNOCENT III, pape. Son exaltation, XXIII, 11. — Il sacre Louis-le-Jeune à Reims, XV, 388. — Se rend maître du patrimoine de saint Pierre, XVI, 110. — Met le royaume de France en interdit, 125. — Et pourquoi, XXXII, 505. — Exige un hommage-lige pur et simple de la Sicile, XXIII, 223. — Publie une croisade, 224. — Excommunie les croisés, XVI, 187. — Se prononce contre l'empereur Philippe I*er*, pour Othon IV, XXIII, 224. — Ce qu'il exige pour reconnaître Philippe, qui le refuse, 225. — Concession que lui fait Othon à son avènement, 226. — Il excommunie ce prince parce qu'il s'empare de la Pouille, *ibid.* — Excommunie Jean-sans-Terre, et transfère l'Angleterre à Philippe-Auguste, XVI, 124. — Obtient ce royaume du roi Jean, qui se reconnaît son vassal, 126. — Excommunie les pairs d'Angleterre, 132. — Puis Philippe-Auguste et son fils, 133. — Établit l'inquisition, et délègue deux moines de Citeaux pour juger les hérétiques en Languedoc, 243; 253; XVII, 245. — Tient un concile général à Rome, 249. — Ordonne à Simon de Montfort de rendre aux Aragonais leur jeune roi, 268. — Sa mort, 133.

INNOCENT IV (*Fiesque*), pape. Ami de Frédéric II étant cardinal; dès qu'il devient pape, assemble contre lui le concile de Lyon, XVI, 143; XXIII, 12, 246. — L'y accuse et l'y dépose; est accusé lui-même par son ambassadeur et par celui d'Angleterre, 247; XVI, 143 *et suiv.* — Déclare l'Empire vacant, et écrit à sept princes ou évêques pour l'élection d'un autre empereur, 145; XXIII, 248. — Offre l'Empire à plusieurs princes, 249. — Fait renouveler la croisade contre Frédéric, et ménage des conspirations contre sa vie, XVI, 146. — Envoie en Tartarie des franciscains qui se qualifient d'ambassadeurs, 227. — Fait un roi de Norvége, et crée un roi de Lithuanie, 148. — Ses projets sur le royaume de Naples et contre les enfants de l'empereur Frédéric, 234 *et suiv.;* XXIII, 257. — Meurt au milieu de ses entreprises, *ibid.;* XVI, 236. — Avait établi l'inquisition dans toute l'Italie, excepté à Naples, XXX, 391. — Remontrances qu'il fit à saint Louis sur sa sévérité contre les blasphémateurs, XLII, 430.

INNOCENT V, pape. Son exaltation, XXIII, 12.

INNOCENT VI (*Étienne-Aubert*), pape. Réside à Avignon, XXIII, 14. — Cérémonial qu'il prescrit pour le couronnement de l'empereur Charles IV à Rome, 332. — Demande pour son entretien le dixième de tous les revenus ecclésiastiques, 340.

INNOCENT VII. (*Voy.* MELIORATI.)

INNOCENT VIII (*Cibo*), pape. Marié avant d'être prêtre, avait beaucoup d'enfants, XXIII, 15 *et suiv.* — Fait prêcher une croisade contre les vaudois; teneur singulière de sa bulle à ce sujet, XLII, 510. — Censure treize propositions des thèses de Pic de la Mirandole, XVII, 82. — Conduite du peuple romain à sa mort, 65.

INNOCENT IX (*Santi-Quatro*), pape. Son exaltation, XXIII, 18.

INNOCENT X (*Pamphili*). Son exaltation, XXIII, 19. — Son pontificat longtemps gouverné par dona Olimpia, sa belle-sœur, *ibid.;* XIX, 10. — Fait démolir Castro à son instigation, XLIV, 339. — Premier médiateur de la paix de Vestphalie, dans laquelle les catholiques firent de si grandes pertes, XXIII, 621. — Condamne ensuite le traité auquel il a présidé, 627. — Sa bulle contre le jansénisme, XX, 408. — Notice qui le concerne, XIX, 10.

INNOCENT XI (*Odescalchi*), pape. Notices qui le concernent, XIX, 10; XXXIII, 19. — Son portrait, XIX, 455. — Condamne avec hauteur la conduite de Louis XIV, uni contre des chrétiens avec les Turcs, *ibid.* — Excommunie le marquis de Lavardin, envoyé à Rome pour le braver, 457. — S'unit avec l'empereur Léopold contre l'élection du cardinal de Furstemberg à la principauté de Cologne, 458. — Louis XIV lui ôte Avignon, *ibid.* — Puis le lui rend, XXI, 382. — Pape vertueux et opiniâtre; prend le parti des évêques français opposés à l'édit de la régale, XX, 357 *et suiv.* — Ennemi de Louis XIV, se fit toujours un honneur de lui résister dans toutes les occasions, 358. — Seul, de tous les papes de son siècle, ne sut pas s'accommoder aux temps, 360.

INNOCENT XII (*Pignatelli*). Dans quel but entre, en 1696, dans la négociation de paix et d'alliance entre la France et Victor-Amédée, duc de Savoie, XIX, 501. —

Son arbitrage est refusé aux conférences de Ryswick, 502. — Consulté par Charles II, roi d'Espagne, sur son testament, le détermine en faveur de la maison de France, 522; XXIII, 19. — Pris pour juge dans la querelle du quiétisme, fut aimé et estimé, quoiqu'il ait condamné Fénelon, XIX, 11; XX, 449, 452. — Pour terminer les querelles sur la régale, se montra conciliant, 362. — Notice sur ce pontife, XIX, 11.

INNOCENT XIII (*Conti*). Note qui le concerne, XXIII, 662.

Inoculation. Préjugé sur cette opération salutaire, XXXVII, 162. — Pratiquée de temps immémorial en Circassie, 163. — Adoptée par les Turcs, 167. — Est aussi en usage à la Chine, *ibid.* — Avantages de cette pratique, 168. — Qui l'introduisit en Europe, 166. — D'abord combattue, puis prônée en Angleterre par les prédicateurs, 168 *et suiv.* — Disputes en France à son sujet, 169. — Voltaire est le premier auteur parmi nous qui en ait parlé et l'ait recommandée, XII, 187; XXXVII, 162. — Exemples qu'en ont donnés, dès 1756, les princes français et plusieurs souverains, XXI, 407, 408; XLI, 18; XLII, 118; XLVIII, 19, 21 *et suiv.*; LXV, 264, 266. — Vers sur les préjugés dont il a fallu triompher au sujet de l'introduction de cette pratique, LVII, 56 *et suiv.* — Proscrite, en 1763, par arrêt du parlement, LXI, 69, 73; XLI, 16. — Facétie au sujet du réquisitoire d'Omer de Fleuri, *ibid.*; XLVIII, 23 *et suiv.*

Inondation. (Voy. *Déluge.*)

Inquisition (l'). Histoire de son origine et de ses progrès, extraite de D. Louis de Paramo, XXX, 390 *et suiv.* — Saint Dominique en est regardé comme le fondateur; extrait de la patente donnée par lui à ce sujet, 391. — Idée de sa jurisprudence et de la forme de sa procédure, inconnue aux tribunaux civils, 398. — Établie par Innocent III dans le 13e siècle, XVI, 243, 253; XVII, 342. — Protégée par l'empereur Frédéric, *ibid.* — Son établissement curieux en Portugal, XXX, 408. — Exercée en France, mais passagèrement; opposition des parlements, XVI, 254; XVII, 319, 342 *et suiv.* — Restreinte à Venise, 344. — Nulle à Naples, 345. — Médiocre en Aragon, et abominable en Espagne, *ibid et suiv.* — Comment faillit y être détruite sous Philippe V, XXI, 9 *et suiv.* — Coup que lui a porté dans ce pays le comte d'Aranda, XIII, 255; XXVI, 524; XXXIV, 329; LXVI, 190, 192. — Ce qu'elle est en Portugal, en Amérique, à Goa, XVII, 350 *et suiv.* — Excès d'horreur et d'insolence qu'on lui attribue, et qu'elle n'a pas commis, 352. — Son établissement à Rome et en Italie; elle y fut moins cruelle que partout ailleurs, *ibid.* — De la tentative qui fut faite pour l'établir en France du temps de la Ligue, X, 198; XVIII, 111. — Descriptions de son sanglant tribunal, X, 198; XI, 57, 127. — Autres vers contre elle, XII, 168. — Ses bûchers comparés aux anciens sacrifices humains, IX, 297; X, 175; XXXIV, 328. — Mise en scène dans la *Pucelle*, XI, 117 *et suiv.* — Dans le conte de *Scarmentado*, XXXIII, 202. — Dans *Candide*, 234. — Dans la *Princesse de Babylone*, XXXIV, 186. — Dans *Amabed*, 211. — *Sermon du rabbin Akib*, écrit dirigé contre elle, XL, 369 *et suiv.* — Réflexions contre son rétablissement en Espagne en 1777, L, 299; LXX, 201, 227, 327. — Un temps viendra, et il n'est pas éloigné sans doute, où ce royaume aura peine à croire qu'un pareil tribunal a existé, IX, 297. — Du *Manuel de l'Inquisition*, écrit publié par Morellet, XLI, 365; LX, 137, 146, 169, 174.

Inscriptions : Pour la statue de Louis XIV, à Montpellier, V, 112; XX, 266. — Pour une porte élevée à Nevers, en l'honneur de Louis XV, XIV, 393. — Pour une statue du même prince, IX, 480; LXI, 108, 141, 159; LXV, 149, 150. — Pour les portraits de D. Calmet, XIV, 425; LVII, 375. — De M. de La Borde, XIV, 461; LXV, 150. — De M. de Maupertuis, XIV, 383; LIV, 378. — Du duc de Rohan, XIV, 425; LVII, 530. — De Mme de Brionne, XIV, 447; LXI, 461. — De Pierre-le-Grand, XIV, 437; LIX, 234, 353. — De la reine Marie-Antoinette, LXX, 153. — Pour un parent de Mme de Lutzelbourg, XIV, 422; LVI, 523. — Pour la statue de Maffei à Véronne, V, 112. — Pour une statue de l'Amour, XIV, 333. — Pour une estampe du R. P. Girard et de La Cadière, 339. — Pour une urne renfermant les cendres d'un manchon,

359.—Pour le portrait de J. Bernouilli, 369. — Pour celui de Leibnitz, 370. — Pour celui de la princesse de Talmont, 374. — Pour une fontaine, 389. —Pour le portrait du maréchal de Saxe, 391.— Pour la tombe de M. Patu, ami de l'auteur, 427. — Pour le portrait de Confucius, XXVIII, 39. — Pour la galerie de l'auteur, LIV, 640.—Pour l'île de Malte, XIV, 477; LXIX, 399. — En vers latins, pour le château de Cirei, XIV, 490; LII, 300.—Latine et française, pour les écoles de chirurgie, XIV, 492; LXVIII, 216. — Qualités qui font le principal mérite d'une inscription, LVI, 522.—Que celles des monuments publics de France devraient être écrites en français, XIX, 180; LIV, 378; LX, 480. — Des fausses inscriptions de Chine et de Malabar, en faveur du christianisme, XV, 280; XLVIII, 208. — Inscription latine pour le portrait de J.-J. Rousseau, par Durey de Morsan, et anecdote y relative, XIV, 492.

Insipidité. Poison qui tue tous les plaisirs, LII, 217. — Et contre lequel bien peu de gens trouvent un antidote, LVI, 805.

Inspiration. Il faut la recevoir et ne la jamais chercher, LXIII, 301.

Instinct. Gouverne la terre, I., 532, 535. — Dans les arts de génie tout est son ouvrage, LXVIII, 204.—Est le principe de toute action dans le genre animal, L, 177. — Celui des animaux, supérieur au nôtre, XXX, 411; XLVI, 387; L, 179. — Définition de cette faculté, XXX, 412; L, 180. (Voy. *Animaux.*)

Instinct (l'article), dans l'*Encyclopédie.* Éloge qu'on en fait, XLVI, 388.

Institutions physiques. (Voy. Mme Du Chatelet.)

Instructeur. Note sur ce mot expressif, qui semble manquer à notre langue, XIV, 190.

Instruction du gardien des capucins de Raguse à frère Pediculoso, partant pour la Terre-Sainte. Facétie de l'auteur, XLIV, 486.

Instruction pastorale de l'évêque d'Alétopolis. Facétie à l'occasion de l'instruction pastorale de Jean-George Le Franc, évêque du Puy, contre les philosophes, XLI, 196. — Ce qu'en dit l'auteur dans sa Correspondance, LXI, 196, 204.

Instructions à A.-J. Rustan, ouvrage de Voltaire, XLIV, 205.

Instructions (Fragment des) *pour le prince royal de ****, en 1767, XLIII, 420.

Intelligence suprême. Ses ouvrages la démontrent, XIV, 262; XLII, 307, 554; XLIII, 229; XLV, 124; XLVI, 567. — Est éternelle, incompréhensible, XLII, 554. — Infinie, 555. — Unique, 560 *et suiv.;* XLVII, 72. — Tous les êtres sont soumis à ses lois éternelles, 74 *et suiv.;* XXXI, 417. (Voy. *Principe d'action.*) — Qu'il y a des choses qu'elle ne peut empêcher, 582. — Notre ignorance sur ce qui la concerne, XXVII, 466; XXXII, 26 *et suiv.* (Voy. *Dieu, Être suprême.*)

Intendance de Bourgogne (le subdélégué de l'). Lettres qui lui sont adressées en 1761, en demande de passeports de Fernei aux Délices, LX, 51, 65.

Intendants des provinces. Abolis, en 1648, par un arrêt du parlement de Paris, XIX, 283. — Et pour quels motifs, XXII, 263.

Interdit. Pourquoi jeté dans toutes les églises de Rouen au 16e siècle, XXXII, 505. — Pourquoi sur toute la France, par Innocent II et Innocent III, *ibid.* — Comment s'exerçait cette peine canonique, XIII, 295; XXXII, 505; XLV, 321. — Comment les souverains ont mérité cet infame traitement, XXXIV, 263. — De ceux qui ont prié quelquefois eux-mêmes les évêques de prononcer un interdit sur les terres de leurs vassaux, XLV, 506; LVIII, 500. (Voy. *Excommunications.*)

Intérêt. Vil roi de la terre, XI, 103. — L'âme humaine y est liée, II, 72. — Son empire, V, 42. — A le droit de dissoudre les nœuds qu'il a formés, III, 452. — N'a point de temples, mais est adoré, VII, 406. — Plus aveugle que l'Amour; vers à ce sujet, VIII, 387. — Il est combattu en nous par l'amour du prochain, XII, 164. — Perd des maisons autant qu'il en soutient, IV, 272. — Vend le faible aux crimes du plus fort, V, 126. — Donne les cœurs et les ravit de même, 132. — Père de tous les crimes, X, 225. — Mobile de toutes les actions des hommes, XXX, 413; XXXIX, 433. — Que l'intérêt particulier combat dans toutes les occasions l'intérêt général, XXIII, 171.

Intérêt de l'argent. Réflexions y relatives, XVI, 421; XXX, 414. (Voy. *Prêt à intérêt.*)

Intérêts (Trahir les) de quelqu'un. Véritable sens de cette expression, XXI, 326; XLVII, 410.

Intérim ou *Inhalt.* Édit de 1541, par lequel Charles-Quint ordonne que chacun restera dans sa croyance, en attendant mieux, sans troubler personne, XXIII, 495. — Nouvel édit de 1548; formulaire de foi et de discipline qui ne contente personne, 512. — Troubles qu'il occasionne en Allemagne, 513 *et suiv.* — Quel en est le fondement, XVIII, 85.

Intolérance. A couvert la terre de carnage, XLI, 251. — Si elle est de droit naturel et de droit humain, 257. — Si elle a été connue des Grecs, 258. — Faussement imputée aux peuples anciens, et particulièrement aux Romains, XLIV, 20; XLVI, 63; XLVIII, 474 *et suiv.* — Les Égyptiens semblent être les premiers qui en ont donné l'idée, XLVI, 61. — Si elle fut de droit divin dans le judaïsme, et si elle fut toujours mise en pratique, XLI, 296. — Si elle a été enseignée par Jésus-Christ, 323. — Témoignages contre elle, 332. — Seuls cas où elle soit de droit humain, 342. — Ses abus, 290. — Ses excès, XII, 168; LXV, 323. — Ce qui la fomente principalement, XLII, 399. — Ses causes étranges, 402. — Pourquoi elle a dominé, XII, 168. — Frein que lui impose la philosophie, 169. — Substance de tous les discours que tiennent ses partisans, XXX, 418 *et suiv.* — D'un pamphlet intitulé *Accord de la Religion et de l'Humanité sur l'Intolérance,* XLI, 261, 370, 374. (Voy. *Tolérance.*)

Introduction de l'Abrégé de l'Histoire universelle, publié par Néaulme en 1753, et reproduit en 1754, avec quelques changements, dans l'*Essai sur l'Histoire universelle*, XXXIX, 580. — Morceau supprimé depuis, et qu'on a cru devoir recueillir, *ibid.*

Invaincu. Ce mot, employé par Corneille dans le *Cid* et dans les *Horaces*, n'aurait pas dû vieillir, XXXV, 71, 173.

Invalides (Hôtel des). Le plus beau monument de bienfaisance qu'on ait jamais élevé, XX, 252; XXVIII, 16.

Invasions. Réussissent rarement, quand on n'a pas des intelligences dans le pays, XX, 62.

INVAULT (*Étienne* MAYNON d'), intendant d'Amiens, nommé contrôleur-général des finances en 1768. Ce fut sous son ministère que fut supprimée la Compagnie française des Indes, XLI, 181. — Remplacé, en 1769, par l'abbé Terrai, LXV, 198.

Inventeurs. Ce qu'on leur doit, et ce qui leur manque, V, 480. — Combien sont peu connus ceux des arts utiles, XIV, 270; XVI, 417 *et suiv.* — Heureux ceux qui les premiers marchent dans la carrière, XII, 431.

Inventions. Les plus étonnantes et les plus utiles ne sont pas celles qui font le plus d'honneur à l'esprit humain, XXXVII, 174. — Sont dues, pour la plupart, à un instinct mécanique, et non à la saine philosophie, *ibid.* — Toutes les grandes nous viennent d'ailleurs; nous les combattons d'ordinaire pendant cinquante ans, et puis nous disons que nous les perfectionnons, LVI, 372.

Investitures. Querelles qu'elles occasionnent entre les papes et les empereurs, XVI, 78 *et suiv.*; XXIII, 156 *et suiv.*, 167, 171, 173. — Et qui se terminent à la diète de Worms, par une renonciation de Henri V, 176; XVI, 94.

Iphigénie en Aulide, tragédie de Racine. Supérieure à l'*Iphigénie* d'Euripide, IX, 468, 469. — Beauté du début, XXXVI, 7. — Quels morceaux sont les plus frappants, V, 484. — La résignation d'Iphigénie à la mort, comparée à la douleur d'Aménaïde dans *Tancrède*, VII, 156, 207. — Passages comparés à ceux de l'*Andromède* de Corneille, dans des situations semblables, XXXVI, 110 *et suiv.* — Cette pièce est, avec *Athalie*, la tragédie qui approche le plus de la perfection, VII, 549; IX, 15, 469; XLI, 532. — Son éloge, XXXIII, 433; XXXVI, 426. — Analyse de cette pièce, XXVII, 85. — Examen de la traduction italienne qu'en a faite Guazzesi, XLI, 456. — D'une arlequinade substituée à la dernière scène de cette admirable tragédie, LXV, 538.

Iphigénie en Tauride, tragédie de Guimond de La Touche. Peu de cas qu'en fait Voltaire, qui l'appelle *Iphigénie en*

Crimée, LVII, 349, 479, 486, 494, 613. (*Voy.* GUIMOND.)

IRAIL (l'abbé), prieur de Saint-Vincent, auteur de l'histoire des *Querelles littéraires*. Lettre qui lui est adressée, en 1761, au sujet de cet ouvrage, LX, 85.

IRANCE, jésuite, et confesseur du roi de Portugal. Impliqué, en 1758, dans la conspiration qui fut tramée contre ce prince, LVIII, 33.

IRÈNE, impératrice d'Orient. Fameuse par son courage et par ses crimes, xv, 414. — Aaron-al-Raschild lui impose un tribut, 496. — Forme contre Charlemagne une ligue qu'il dissipe, XXIII, 58. —Rétablit le culte des images au second concile de Nicée, 61; xv, 435, 502. — Mise dans un cloître par son fils Constantin VI, remonte sur le trône, lui fait crever les yeux, et cause sa mort, 500; XXIII, 62. — Son dessein d'épouser Charlemagne, 63; xv, 414. — Une révolution la chasse de son trône, 415. — D'une lettre du pape Adrien à cette impératrice, au sujet des donations de Charlemagne, XXXIII, 53.—Était veuve de Léon IV, xv, 502. — Fut la première femme qui monta sur le trône des Césars, 500. — Et la seule qui tint un concile, XXVIII, 142 *et suiv.*

IRÈNE, fille d'un despote de Servie. Épouse Amurat II, XVI, 474, 479.

IRÈNE, prétendue maîtresse de Mahomet II. Conte par lequel on accuse ce sultan de lui avoir coupé la tête, XVI, 487; XXIII, 401. — N'a jamais existé; son histoire n'est qu'une fable, LIII, 551, 552.

Irène, tragédie de Voltaire, IX, 475 *et suiv.*—Lettre de l'auteur à l'Académie française sur cette pièce, 459. — Est conforme aux règles d'Aristote, 464. — Notes et variantes, 529 *et suiv.* —Observations sur le sujet qui y est traité, LXX, 194, 197, 205, 221, 259, 279, 350, 359, 374, 378, 380, 393, 402, 417, 419, 464.—Jouée à Paris en 1778; à la sixième représentation, le buste de l'auteur fut couronné sur le théâtre, en sa présence, IX, 458. — Avertissement du nouvel éditeur, *ibid.*

IRÉNÉE (saint). N'a ni science, ni philosophie, ni éloquence, et se borne presque toujours à répéter ce que les autres ont dit, XLIII, 139.— Assure que Jésus-Christ est mort à cinquante ans, et comment le prouve, 140; L., 430. — Sa prédiction sur la nouvelle Jérusalem, xv, 144. — Comment s'exprime sur la Trinité, XXXII, 401. — Étrange chose qu'il rapporte de la statue de sel en laquelle la femme de Lot fut métamorphosée, XXVII, 134; XXXIV, 297; XLVIII, 500; XLIX, 48. — Comment s'exprime sur le choix des quatre évangiles, XLIII, 104; XLV, 327.

IRETON, gendre de Cromwell. L'un des juges de Charles I er, XVIII, 314. — Accompagne Cromwell en Irlande, 319. — Son corps, exhumé sous Charles II, est traîné au gibet sur la claie, 330.

Irlandais (les). Bons soldats en France et en Espagne, ont toujours mal combattu chez eux, XIX, 470. — Comparés aux Anglais, *ibid.* — Belle conduite de la brigade irlandaise, du nom de Dillon, à la journée de Fontenoi, XXXIX, 37.

Irlande (l'). Donnée à Henri II par Adrien IV et par Alexandre III, son successeur, XVI, 86, 120; XXVII, 441. — De sa donation aux papes par le roi Jean, XVI, 126; XXVIII, 452. — Massacre des protestants sous Charles I er, à l'imitation de ceux de la Saint-Barthélemi en France, XVIII, 296 *et suiv.*; XLII, 508; XLIII, 198. (*Voy. Massacres religieux.*) — Soumise par Cromwell et traitée comme un pays de conquête, XVIII, 325. — Expédition malheureuse de Jacques II en ce pays, XIX, 467 *et suiv.* — Restée toujours sous la domination de l'Angleterre, fut inculte et pauvre jusqu'au 18e siècle, XVI, 120. — Quoique subjuguée, est devenue depuis une des plus florissantes provinces de l'Europe, *ibid.*

IRMENGARDE. Femme de Louis-le-Débonnaire, XXIII, 6. — Est couronnée avec lui, 69. — Sa mort, 70.

IRNEGAN, confident du duc d'Ormond. L'accompagne en Courlande, XXIV, 342. — Ses intrigues à Pétersbourg, 344.

Ironie. Remarques sur cette figure, et sur l'emploi qu'on en peut faire dans la tragédie, XXXV, 23.

Irrésistible. Heureux emploi de cette expression, XXVIII, 355.

Irrésolution. (*Voy. Incertitude.*)

ISAAC (le patriarche). Sa naissance miraculeuse, XLIX, 53. — Quel âge il avait quand Abraham voulut le sacrifier, 55, 57.—De son mariage avec Rebecca, 61. — Son sacrifice est le premier assassinat ordonné par Dieu dans nos livres, V, 89. — Examen critique de son histoire, XL, 606.

ISAAC, rabbin. Auteur d'un livre intitulé *le Rempart de la foi;* idée qu'on donne de son ouvrage et de sa personne, XLIII, 543.—Comment interprète toutes les prophéties, XXXII, 391. — Comment tâche de disculper ses compatriotes du déicide dont ils se rendirent coupables, XLVIII, 473. — Cité sur les différentes significations du mot hébreu *alma*, XXXII, 14.

ISAAC-L'ANGE, empereur de Constantinople. Détrône l'usurpateur Andronic, XVI, 189. — S'oppose au passage des croisés, 184; XXIII, 212. — Sa correspondance grossière avec Frédéric Barberousse, *ibid.* — Ne lui donnait que le titre d'*avocat de l'Église romaine*, ibid. ; XVI, 106. — Est détrôné par son propre frère, qui lui fait crever les yeux, 189.

ISABELLE DE BAVIÈRE, femme du roi de France Charles VI. Parti qu'elle a dans Paris, XVI, 394. — Gouverne le royaume, 399. — Affronts qu'elle reçoit du Dauphin son fils et du roi, *ibid.* — Prisonnière à Tours, en est enlevée par le duc de Bourgogne, *ibid.* — Fait avec lui son entrée triomphante à Paris, au milieu du carnage, 400.—Devient pour son fils une marâtre implacable, 402, 454. — Ne songe qu'à le déshériter, et profite de l'imbécillité de son mari pour lui faire signer le fameux traité de Troyes, par lequel Henri V, en épousant Catherine de France, est déclaré régent et seul roi après la mort de Charles, 402 *et suiv.;* XXII, 34.

ISABELLE DE CASTILLE. Son frère Henri IV est forcé de la reconnaître pour héritière, au mépris des droits de sa propre fille Jeanne, XVII, 42. — Mariée secrètement avec Ferdinand d'Aragon, 43. — Tous deux vivent comme des monarques alliés, *ibid.* — Elle entre en triomphe à Grenade, 44. — Chasse et dépouille les Juifs, 46. — Persécute les musulmans, et en force un grand nombre à se faire chrétiens, 49. — Combat adroitement la puissance féodale, XVI, 524, 533. — Comment réunit le duché de Placentia à sa couronne, 524. — Se ligue contre Charles VIII descendu en Italie, XVII, 74.—Se prête aux projets de Christophe Colomb, 388 *et suiv.* — Sa mort, son testament, XXIII, 427. — Ne fut jamais absolue en Castille, XVI, 524.

ISABELLE DE FRANCE, fille de Philippe-le-Bel, épouse d'Édouard II. Jalouse de son mari, qu'elle trahissait, XVI, 351. — Passe en France, puis revient en Angleterre s'armer contre lui, 352.—Cruauté de ses vengeances sur les favoris du roi, *ibid.* — Elle le fait emprisonner et déposer par le parlement, qui la nomme régente, 353. — Son fils fait périr son amant Mortimer, et la fait enfermer, *ibid. et suiv.*

ISABELLE DE FRANCE, fille de Henri II, troisième épouse de Philippe II, roi d'Espagne. Sa mort prématurée, XVII, 517, 524. — On a présumé qu'elle fut victime de la jalousie de son mari, *ibid.;* XVIII, 33. — Guillaume, prince d'Orange, accusa publiquement Philippe de l'avoir empoisonnée, XVII, 517.

ISABELLE DE NEMOURS, reine de Portugal. (*Voy.* ALFONSE VI, et don PEDRO son frère.)

ISABELLE DE PORTUGAL, fille du roi Emmanuel-le-Grand. Mariée à Charles-Quint, XXIII, 16, 463.

ISABELLE (l'infante), fille de Philippe II. Mariée au cardinal-archiduc Albert, lui apporte en dot les Pays-Bas, XXIII, 557.

ISAÏE (le prophète). Rôle singulier qu'il joue chez le roi Ezéchias, XLIX, 368. — Guérit ce prince avec un emplâtre de figues, 369. — Commentaire philosophique sur son prétendu miracle de l'horloge et de la rétrogradation de l'ombre, *ibid.;* XXX, 257.—Son étrange allégorie de la chute des anges, XV, 219. — Question sur sa grande prophétie concernant Jésus-Christ, XL, 519; XLIII, 23, 112. — Les grands théologiens la regardent comme le triomphe de la religion chrétienne, XXXII, 14. — Pourquoi il marcha tout nu dans Jérusalem, XV, 196; XLI, 311 *et suiv.* — Ses singulières prophéties en action, XV, 196. — Périt par le supplice de la scie, 193. — Considéré comme l'Homère des Hébreux, XLI, 506.

ISENGHIEN (*Louis* de MÉRODE et de

MONTMORENCI, prince d'), de la maison de Gand. Officier sous Louis XIV, et depuis maréchal de France, xix, 28.

ISIDORE, cardinal. Sa présence près de Constantin XII, lors du siége de Constantinople, irrite les Grecs, xvi, 490; xxiii, 401.—Ses contes sur Mahomet II, xvi, 494.

ISIDORE. Auteur du recueil des fausses Décrétales; ce qu'on en dit, xxviii, 305 et suiv.

ISIS et OSIRIS. Leur culte tombé dans l'avilissement; misérables vestiges qui en restent, xvii, 57. — Anciennes inscriptions de la statue d'Isis, xv, 103.

Islamisme. A quelle religion on donne ce nom, et ce qu'il signifie, xv, 343; xl, 177. (Voy. *Mahométisme.*)

Islande (l'). Était la Thulé des Anciens, xvii, 147.

ISMAEL. Sa race, plus favorisée de Dieu que celle de Jacob, xxvi, 56. — Les Arabes se vantent de descendre par lui d'Abraham, *ibid.*

ISMAEL-BACHA, sérasquier de Bender. Confère avec Charles XII pour l'engager à quitter le territoire turc, xxiv, 245, 256. — Sa correspondance avec Flemming, découverte par ce prince, *ibid.* — Il obtient pour le roi de Suède l'argent que celui-ci demandait pour son départ, 258. — Sa conduite avec ce prince, qui, après avoir reçu la somme promise, s'obstine à rester, 261 *et suiv.* — Il fait brûler sa maison pour le forcer à se rendre, 275. — Sa conversation avec Charles prisonnier, 279. — Il le conduit dans son sérail, et le fait servir en roi, 280. — Réception qu'il fait à Stanislas, roi de Pologne, amené prisonnier à Bender, dans le temps même qu'on en faisait partir Charles, 285. — Est accusé par ce dernier de s'être laissé corrompre par les Russes, 286. — Sous quel prétexte est exilé par le sultan, 290.

ISMAEL-BEG. Ambassadeur persan auprès de Pierre Ier, en implore et obtient des secours contre l'usurpateur Mahmoud, xxv, 376.

ISMAEL-SOPHI, fils d'Eidar. Soutient, les armes à la main, les opinions de son père; réformateur de la Perse, xvii, 488. — Convertit et conquiert l'Arménie; subjugue la Perse entière, qu'il laisse puissante et paisible à son fils Thamas, 489.

Israel. Nom chaldéen qui signifie *voyant Dieu*, xv, 224; xliii, 244; xlix, 80.

Israélites (les). De leur séjour dans le désert, et des miracles qui s'y opérèrent en leur faveur, xlix, 126 *et suiv.* — Des lois qui leur furent données au mont Sinaï, 130. — Des tables de pierre où elles furent gravées, 135. — De leur adoration d'un veau d'or, et de la punition qui s'ensuivit, 136 *et suiv.* — De leur esclavage, 205 *et suiv.* — Qu'il ne leur profita point d'être le peuple de Dieu, 358. — Ce qu'ils racontent eux-mêmes de leurs disgraces et de leur état déplorable, 361 *et suiv.* (Voy. *Juifs.*)

ISSARTS (marquis DES), ambassadeur de France à Dresde. Lettres en vers et en prose qui lui sont adressées en 1747, lv, 166. — Et en 1750, 399. — Notice qui le concerne, 166.

Issé, opéra. Vers à Mme Du Châtelet, qui avait joué le rôle d'Issé à Sceaux, xiv, 395. — Parodie de la sarabande de cette pièce, 396.

ITACE, évêque espagnol. (*Voy.* IDACE.)

Italie (l'). Pourquoi fut l'objet de la cupidité de tous les Barbares, xv, 393.— Pourquoi a langui près de deux cents ans, xii, 471. — Son état aux 10e et 11e siècles, xvi, 49. — Factions qui la divisent au 12e, 96, 103. — Villes qui, aux 13e et 14e, achètent ou gagnent leur liberté, 255, 297; xxiii, 276. — Vaine tentative de Henri VIII pour y rétablir l'empire, 295 *et suiv.* — Elle présente, pendant trois siècles, l'image barbare de l'ancienne Grèce, xvi, 344. — Sa splendeur au temps du concile de Constance, *ibid. et suiv.* — Pourquoi n'a jamais pu se former une constitution, 347. — Sort de la barbarie, 416. — Son état au 15e siècle, xvii, 58 *et suiv.*—Sa conquête par Charles VIII, 69 *et suiv.*— Fourmillait d'athées; ses crimes, xxxiv, 418. — Produit, au 16e siècle, des hommes extraordinaires, xvii, 139. — Sa gloire dans les arts, 182 *et suiv.* — Est l'objet des prétentions des empereurs d'Allemagne, 173. — Son état avant Louis XIV, xviii, 349 *et suiv.* — A conservé son ancienne gloire dans le siècle de ce prince; les savants y ont répandu la même lumière qui éclairait les autres pays, xx, 342. — Fournit à elle seule plus de monuments que toute l'Europe ensemble, 343. — Fut un des principaux théâtres de la guerre de 1741; neutralités singulières qu'on y remarque, xxi, 85 *et suiv.* — Sa situation pendant la campagne de 1744, 120. — Description philosophique de ce pays, traduite de l'anglais de milord Harvey, xxxvii, 241. — Quoique souvent envahie, a toujours conservé son nom, xxix, 470. — De l'inquisition en ce pays, xvii, 353. — Par où la raison s'établira, si elle y pénètre, xxxiv, 92. — D'un projet de réforme publié en 1768, lxv, 197, 200, 202, 263, 273. (*Voy.* Pilati de Tassulo.) — Son état vers la fin du 18e siècle : elle a force *sonnetieri*, et pas un homme de génie; des *ridotti*, et point de société, lxviii, 131.

Italiens (les). Ont fait renaître les lettres chez les Modernes, v, 100, 474. — Et élevé, les premiers, de grands théâtres, *ibid.* — Pourquoi, dans l'art dramatique, sont inférieurs aux Français, 118. — Et aux Anciens, 474. — Presque tous nos arts leur sont dus, x, 203; xxvii, 67. — Pourquoi ont dégénéré jusqu'au temps de Muratori, xii, 471; lvii, 91. — Que, parmi eux, il y a peu de philosophes, lxiii, 335.

Ivan-Alexiowitz, frère de Fédor, aîné de Pierre. Disgracié de la nature, et incapable de régner, xix, 17; xxv, 85. — Déclaré souverain avec son frère Pierre, 92. — Son mariage, 93. — N'a réellement que le nom de czar, 96, 99. — Sa mort, xxiv, 16; xxv, 100, 115. — Sa fille, mariée par Pierre Ier au duc Charles de Mecklenbourg, 279, 359.

Ivan-Basilowitz, grand-duc de Russie. Fait la conquête de Novogorod-la-Grande, et en emporte toutes les richesses à Moscou, xxv, 41. — Prend Cassan et Astracan sur les Tartares, 68; xvii, 137, 142.

Ivan-Basilowitz, ou Basilidès, petit-fils du précédent. Délivre son pays du joug tartare au 16e siècle, et ajoute le royaume d'Astracan à ses autres conquêtes, xvii, 137, 143; xviii, 405; xxv, 45. — C'est sous lui que la Sibérie fut découverte, 48. — Prit le nom de *czar*, qui est demeuré à ses successeurs, 68. — Etrange ressemblance qu'il eut avec Pierre Ier : soupçonnant son fils d'une conspiration au siége de Pleskou, il le tue d'un coup de pique, xviii, 405. — Après sa mort, sa mère, veuve de Démétri, assassiné par son frère Fédor, reconnaît un faux Démétri, qu'elle renie ensuite, 407, 408. — D'un acte de cruauté qu'on lui a faussement attribué, xxv, 22, 66; lix, 445.

Ivan (le prince), assassiné en Russie, en 1764. Détails qui le concernent, liii, 660; liv, 581; lxi, 557; lxii, 14, 16, 35. — Manifeste de Catherine II à ce sujet, et réflexions y relatives, 38. — Cette princesse n'eut aucune part à ce meurtre, lxiv, 543. — Autres mentions des aventures du prince, xxxiii, 326; lxi, 95.

Iven, dynastie chinoise. (*Voy.* Yven.)

Ivoire fossile. Pays où il se trouve, xxv, 52, 109.

Ivry (bataille d'). Livrée et gagnée par Henri IV sur Mayenne et les troupes espagnoles, xviii, 123; xxii, 156. — Ce prince y décria l'usage des lances, xvii, 35. — Description poétique de cette bataille dans le poëme de la *Henriade*, x, 264.

Ivrognerie. Vice fort à la mode du temps de Ninon, viii, 346. — Combien le nombre des ivrognes a diminué depuis, *ibid.*

J

Jabin, roi du pays de Canaan, envahi par Josué. De ses trois mille chariots de guerre, et de l'aventure de son général Sisara, xi, 39, 154; xlix, 208.

Jabineau de la Voute (*Pierre*), avocat. Auteur d'un Mémoire pour les comédiens. Lettres qui lui sont adressées à ce sujet en 1766, et observations critiques, lxiii, 57, 86.

Jacob (le patriarche.) Commentaire sur sa naissance, xlix, 62. — Sur la vente forcée qu'Esaü lui fit de son droit d'ainesse, 63. — Sur sa supercherie pour obtenir la bénédiction de son père, 67. — Sur

JAC

son marché avec Laban, dont il épouse les deux filles, 73. — Fraude qu'il emploie pour s'enrichir, 77. — Lutte avec Dieu pendant toute une nuit, 79. — Change son nom en celui d'Israël, 81. — Reproches qu'il adresse à ses fils au lit de la mort; énumération de sa postérité, 84. — Réflexions sur son songe et sur l'échelle mystérieuse, 71. — Vers sur le même sujet, XI, 217.— Autres réflexions critiques sur son histoire, XL, 606. — Absurdité de son prétendu testament, XLV, 267.

JACOB, directeur d'artillerie au service du czar Pierre. Condamné au châtiment des battoques, XXV, 114. — Transfuge du service de ce prince, se jette dans Azof, et la défend avec succès contre lui, ibid. — Est livré au czar, lors de la reddition de cette place, 116. — Son supplice, 117.

JACQUELOT (Isaac), pasteur à La Haye et ensuite à Berlin. Auteur de quelques ouvrages sur la religion; Notice, XIX, 124.

JACQUES-LE-MAJEUR (saint), frère de saint Jean-l'Evangéliste. Son Évangile, condamné par Innocent XI, XLV, 371 et suiv.; XLVII, 462. — Ses Gestes, livre apocryphe, XXVI, 462. — On prétend qu'Agrippa, roi des Juifs, lui fit couper la tête à Jérusalem, 495.

JACQUES-LE-MINEUR (saint), surnommé Oblia ou le Juste, frère aîné de Jésus-Christ. Auteur d'un évangile reconnu et vanté par Tertullien et Origène; traduction qu'on en donne, XLIII, 103; XLV, 352, 371 et suiv. — En quoi cet évangile est précieux, XLII, 152. — Est le premier qui parla des Mages et de tout ce qui est relatif à leur voyage, XLIII, 103. — Son martyre, et histoire qu'on en donne, XV, 362; XLIII, 152. — Par qui saint Paul est accusé d'avoir été à la tête de la sédition dans laquelle il fut si cruellement maltraité, XXXI, 387. — Fut lapidé par le fanatisme d'un saddacéen et non d'un Romain, XLI, 49, 264. — Son Histoire, livre apocryphe, XXVI, 464. — Prétendu premier évêque de Jérusalem, 494. — Son épître sur la confession, et peine qu'elle fait aux hérétiques; citation qu'on en fait, XXXII, 308.

JACQUES Ier, roi d'Angleterre (et Jacques VI, comme roi d'Écosse). Appelé à la couronne par le testament d'Élisabeth, XVIII, 280. — Malgré ce qu'il devait à cette princesse, ne porte point le deuil de la meurtrière de sa mère, ibid. — Se fait appeler sacrée majesté, premier fondement du mécontentement de la nation, ainsi que des malheurs de son fils et de sa postérité, ibid. — Comment découvre la fameuse conspiration des poudres, et en fait punir les auteurs, 281.—Loin d'être persécuteur, embrassait ouvertement le tolérantisme, 283. — Pourquoi son règne, quoique paisible et florissant, fut méprisé au dehors et au dedans, ibid. — Reproches qu'on lui fait d'avoir abandonné son gendre l'électeur palatin, qu'il aurait pu défendre dans la grande crise de la guerre de Bohême, 284; XXIII, 575, 577, 578, 583. — De s'être refusé aux cris de sa nation, aux sollicitations de l'électeur, et aux intérêts du parti protestant, dont il pouvait être le chef, XVIII, 270. — Vers sur le même sujet, XIII, 130. (Voy. FRÉDÉRIC V.)—Il prétendait que Dieu l'avait fait naître absolu, excite les parlements à examiner les bornes de l'autorité royale et l'étendue des droits de la nation, XVIII, 284. — Titres peu flatteurs que lui valent son éloquence et son érudition, ibid. — Il vend des dignités et des titres pour se procurer de l'argent, ibid.—Son abandonnement à ses favoris, 285. — Comment donne naissance à la faction des puritains, 286. — Voulait faire recevoir une liturgie nouvelle; meurt avant d'accomplir ce dessein, 291. — Livre de ce prince, que le parlement puritain fit brûler par la main du bourreau, sous le règne de son successeur, 303. — Auteur d'un Traité de théologie qu'il dédia à l'enfant Jésus, XIII, 130.—Sa Démonologie, XXVII, 319; L, 284. — Son écrit contre le cardinal Du Perron, en faveur de l'indépendance des couronnes, est son meilleur ouvrage, XX, 351. — Etant roi d'Écosse, offrit ses services à Henri IV, dont il voulait épouser la sœur, XVIII, 168.—Comment surnommé par ce prince, ibid.; XXVII, 319. — Jeta par sa faiblesse des fondements de révolutions, XVII, 169.— Par qui appelé le Salomon d'Angleterre, XVIII, 285.

JACQUES I*er* (don), roi d'Aragon, fils de Pierre II. Enlevé, puis rendu par Simon de Montfort, XVI, 268. — Est le premier à qui les états aient prêté serment de fidélité, *ibid.* — Prend Majorque aux Maures, et les chasse de Valence, *ibid.* — Conférence mémorable qui eut lieu en sa présence, en 1263, entre un rabbin et un dominicain, au sujet de la supériorité de la religion, XLIII, 542.

JACQUES I*er*, roi d'Écosse. Après avoir été dix-huit ans prisonnier en Angleterre, meurt assassiné avec sa femme par la main de ses sujets, XVII, 168; XIX, 476.

JACQUES II, roi d'Angleterre. N'étant que duc d'Yorck, se sauve du palais de Saint-James, où il était prisonnier de Cromwell, XVIII, 312. — Retiré en Hollande, monte une flotte avec le prince de Galles son frère, pour aller au secours de leur père Charles I*er*, et hâte sa perte, *ibid.* — A des intelligences avec les papistes, dont il embrasse la secte, 336. — En exécration au parlement et à la nation, est exclu et déclaré incapable d'être jamais roi d'Angleterre, 338. — De retour avec Charles II, qui le fait grand-amiral, est battu par Ruyter à Solbaie, XIX, 401. — Invente l'art des signaux en mer, 407. — Succède à Charles II, son frère, 460. — Veut rétablir le catholicisme et se rendre absolu, 461. — Les principales têtes de l'état se réunissent contre ses desseins, *ibid. et suiv.* — Le prince d'Orange, son gendre, arme publiquement contre lui sans qu'il le sache, 462. — Abandonné de tout le monde, et détrôné par Guillaume, se réfugie en France, 463 *et suiv.* — Bons traitements qu'il éprouve de la part de Louis XIV, 465. — Se fait mépriser des courtisans, et ne voit que des jésuites, 466. — S'était fait associer à cet ordre par quatre jésuites anglais, lorsqu'il était duc d'Yorck, *ibid.* — Est chansonné par les Parisiens, *ibid.* — Touche les écrouelles, *ibid.* — Louis XIV le fait conduire en Irlande avec grand appareil, 467. — Ne seconde pas dans ce pays les secours du roi de France, 469. — Vaincu sans combattre à la journée de la Boyne, il revient en France, 470. — De nouveaux secours, pour soutenir son parti, sont envoyés par Louis XIV à Limerick, en Irlande, 473. — Sacrifié par ce prince à la nécessité, il n'est pas même mentionné dans le traité de Ryswick, 505. — Finit ses jours à Saint-Germain; miracles qu'on lui attribue, 476, 529. — Faiblesse qu'il eut de recevoir en secret une pension de sa fille Marie, 476. — Fut détrôné en partie pour s'être obstiné à vouloir faire nommer cardinal le jésuite Péters, son conseil et son confesseur, XXXVII, 32. — Ses *Mémoires*, appréciés, LII, 42. — Malheurs des princes de sa maison, XIX, 477. (*Voy.* STUARTS.)

JACQUES II, roi d'Écosse, fils de Jacques I*er*. Tué, à vingt-neuf ans, dans une expédition à Roxborough contre les Anglais, XVII, 169; XIX, 476.

JACQUES III, dit *le Prétendant*, fils de Jacques II d'Angleterre. Après la mort de son père, Louis XIV lui conserve gracieusement le titre et les honneurs de la royauté, XIX, 529 *et suiv.* (*Voy.* prince de GALLES et MARIE DE MODÈNE.)

JACQUES III, roi d'Écosse. Mis en prison par son peuple; est tué ensuite par les révoltés dans une bataille, XVII, 169; XIX, 476.

JACQUES IV, roi d'Écosse, gendre de Henri VII. Périt dans une bataille contre les Anglais, après un règne très malheureux, XVII, 169; XIX, 476.

JACQUES IV, surnommé *le Juste*, roi d'Aragon. Boniface VIII lui donne la Sardaigne et la Corse, XVI, 258, 274.

JACQUES V, roi d'Écosse. Son règne fut le temps le moins funeste de sa maison, XVII, 169. — Meurt à trente ans, *ibid.* — Sa veuve, mère de Marie Stuart, *ibid.*

JACQUES VI, roi d'Écosse. Sa mère, Marie Stuart, est forcée de lui céder la couronne, XVIII, 50. — Pourquoi toute sa vie il trembla à la vue d'une épée nue, 49. — Roi d'Angleterre par le testament d'Elisabeth. (*Voy.* JACQUES I*er*.)

JACQUES VII, roi d'Écosse, le même que Jacques II d'Angleterre. Est chassé de ses trois royaumes, XIX, 477. (*Voy.* JACQUES II.)

JACQUES, archiprêtre russe. Pourquoi appliqué à la question dans le procès d'Alexis Czarowitz, XXV, 315, 316. — Puis décapité, 334.

JACQUES, homme de lettres à Paris. Présent que lui fait Voltaire, LVIII, 402.

JACQUES DE BADE. Electeur de Trèves, au commencement du 16e siècle. Arbitre entre Cologne et son archevêque, XXIII, 25.

JACQUES D'ELTZ, électeur de Trèves, vers la fin du 16e siècle. Soumet cette ville, XXIII, 25.

JACQUES DE LIEBENSTEIN, électeur de Mayence au 16e siècle. Notice, XXIII, 22.

JACQUES DE SIRCK, électeur de Trèves, au 15e siècle. Son électorat ruiné ne suffisant pas à son existence, on lui donna l'évêché de Metz, XXIII, 25.

JACQUIER (le P. *François*), minime, et savant mathématicien. Notice, LIV, 654.

JADDUS, pontife juif. Conte ridicule des auteurs qui le font figurer dans l'histoire du grand Alexandre, XXVI, 169.

JAFFER, prince mogol. Rival de Sonraïa-Doula, souba, tente de le détrôner, XLVII, 362. — Traité singulier qu'il fait avec le colonel Clive, *ibid.* — Sa perfidie avec le souba, qu'il fait mettre à mort, 364. — Et auquel il succède, *ibid.*

JAFFIER, l'un des conjurés dans la conspiration de Venise. Conte fait à son sujet, XVIII, 379.

JAGELLONS (les), rois de Pologne, XVII, 146. — Teneur du serment qu'ils prêtaient à leur couronnement, 149. (*Voy.* LADISLAS, SIGISMOND, etc.)

JAGERNDORFF (duc de). Partisan de l'électeur palatin Frédéric, vaincu à Prague, est proscrit par Ferdinand II, empereur, XXIII, 577.

JAHEL, héroïne de la Bible. Comment assassina le général Sisara, XI, 39, 154. — Commentaire sur son horrible action, XLIX, 208.

J'ai vu (les). Pièce satirique contre la mémoire de Louis XIV, attribuée faussement à Voltaire, et qui le fit mettre à la Bastille en 1716, sous la régence, I, 128, 325. — De qui elle était, II, 14. — Autre pièce qui porte le même titre, et dont celle-ci était imitée, *ibid.*

JALÉUS, savant juif. Quelle hauteur il donne à la tour de Babel, XI, 71.

Jalousie, personnifiée ; vers qui la caractérisent ; son cortège, X, 302; XIV, 17. — Son empire sur l'espèce humaine, VI, 30. — Aiguillonne toujours aux crimes, IV, 387. — Prend les traits de l'émulation, XIII, 100. — Est partout dans la nature, 102; XLII, 637. — Aime comme l'on hait, III, 173, 365; VI, 470. — Est une maladie incurable parmi les artistes, IV, 157. — Quand produit plus de crimes que l'intérêt ou l'ambition, LVI, 78. — Imprécations d'un amant jaloux, 310.

Jamaïque (la). Sa découverte, XVII, 389. — Prise sur les Espagnols par les amiraux de Cromwell, 446; XIX, 325. — En 1695, est insultée par les escadres françaises qui prennent et brûlent les vaisseaux anglais, 498. — Commerce immense que la Grande-Bretagne fait par cette île avec les Espagnols, XXI, 339.

Janissaires, milice turque. Ont reçu d'Amurat Ier leur forme actuelle, XVI, 468. — Sont les soldats les mieux nourris de la terre, 496. — Comment réprimés par Amurat III, XVIII, 413. — Disposent souvent de l'empire, 414 *et suiv.* — Refusent d'attaquer Charles XII, qui les avait comblés de présents, XXIV, 270. — Irrités ensuite contre ce prince, ils forcent son camp et assiègent sa maison, 273 *et suiv.* — Ont été détruits depuis par le sultan Mahmoud, 57.

Jansénisme. Son histoire en France, XX, 402 *et suiv.* — Bulle d'Innocent X, qui en augmente les prosélytes, 408. — Formulaires contre cette doctrine, 412, 416. — Les mêmes opinions avaient été soutenues au neuvième siècle, XV, 518. Quel fut son tombeau, XX, 434. (*Voy.* Billets de confession et Bulle Unigenitus.)

Jansénistes. Fous et rebelles, XXXIX, 348. — Fanatiques et persécuteurs, LXII, 159; LXX, 177. — Il ne faut pas confondre avec eux les défenseurs de l'Église gallicane, XIII, 281. — Vers contre la rigidité ridicule de leur morale, XII, 84, 86. — Prennent le parti du pape dans l'affaire de la régale, XX, 358. — En opposition avec les jésuites, s'affermissent par la persécution, 416. — Ridicule de leurs querelles, et vers y relatifs, XII, 468; XIII, 260; XIV, 183; XX, 402; XLI, 36; LXI, 72. — Ils imaginent de se faire comprendre dans une trêve proposée à des puissances par Louis XIV; comment ce projet fut découvert, XX, 423. — A quelle fourberie ont recours, 437. — Extravagance de cette secte, 438. — Leurs prétendus miracles, xx, 413, 437; xxviii, 223. — Autres querelles avec les constitutionnaires, xxi, 343 *et suiv.* — Sont des énergumènes atroces, et des presbytériens plus dangereux que ceux d'Angleterre, LXII, 557; LXV, 87. — Loups plus méchants que les renards jésuites, xiv, 444; xxxiv, 92; LX, 436, 587; LXI, 72, 169, 399, 401; LXIV, 319; LXV, 107. — Ce qu'on devrait en faire, XL, 464; LIX, 415, 419, 536, 539, 594; LX, 152; LXIV, 314, 381. — La bulle rendue contre eux, tournée en ridicule, xi, 55. — Rôle d'un bon janséniste dans l'*Ingénu*, xxxiii, 442 *et suiv.* — Fausses idées que les jansénistes ont contribué à déraciner dans l'esprit de la nation, XLI, 358 *et suiv.* — Ont servi à l'éloquence, et non à la philosophie, L, 534. — Ont été soupçonnés d'avoir armé les bras de l'Église contre les spectacles, et dans quel but, LXII, 552.

JANSÉNIUS (*Cornelius*), évêque d'Ypres. La cour de Rome condamne son livre sur saint Augustin, xx, 406. — Cinq propositions extraites de ce livre sont condamnées par la Faculté de théologie de Paris, 407. — Et par le pape Innocent X, 408. — Texte tiré de son propre ouvrage, et qui prouve que le fond des cinq propositions s'y trouve effectivement, bien que ni le pape, ni la Sorbonne, ni les jésuites, n'en aient indiqué la place, *ibid. et suiv.*

JANSON, cardinal, résident de France à Rome. Informe Louis XIV de l'avis du pape Innocent XII sur la succession d'Espagne en faveur de sa maison, xix, 522.

JANSON. (*Voy.* FORBIN-JANSON.)

JANSSENS, jésuite. (*Voy.* YANCIN.)

JANVIER (saint). Son prétendu miracle à Naples, et réflexions y relatives, xviii, 351; XLII, 87; L, 467.

Japon (le). Connu par Marc-Paul dès le 13e siècle, xvii, 365. — Erreur de Christophe Colomb sur la situation de cette contrée, 366. — Son état au 17e siècle, xviii, 466 *et suiv.* — Des missionnaires y portent la religion chrétienne; troubles qu'ils occasionnent dans le pays, xxx, 421. — Progrès qu'elle y fait, xvii, 370. — Pourquoi elle en est proscrite au moment où elle allait devenir la religion dominante, et à quel prix on y met la tête de nos prêtres, *ibid.*; xviii, 468. — A quelles conditions humiliantes les seuls Hollandais ont conservé le droit d'y faire le commerce, xvii, 370; xviii, 470; xxx, 422; XLVII, 300. — Vaine tentative de Colbert pour y introduire celui des Français, xviii, 471; XLI, 250. — Ce qu'il rapportait aux Portugais avant qu'ils fussent chassés de cette contrée, xvii, 371. — D'une abomination imputée à la magistrature japonaise, L, 103.

Japonais (les). Mal à propos appelés nos *antipodes* en morale, xvii, 366. — Leur religion, leur gouvernement, leurs lois, et observations philosophiques y relatives, *ibid. et suiv.* — Idée qu'ils ont du suicide, 369. — Et de la liberté de conscience, *ibid.* — Antiquité dont ils se vantent, 371. — En quoi mal à propos comparés aux Anglais, *ibid.* — Leurs vertus; horreur qu'ils ont de l'infamie, et vers à ce sujet, vi, 472, 473. — Leur célèbre ambassade à Philippe II, roi d'Espagne, et au pape Grégoire XIII, xvii, 370; xviii, 22, 356. — Furent gouvernés par une théocratie, xxxii, 353. — Défense qui leur fut faite par l'empereur Jemitz de sortir du pays sous peine de mort, xviii, 468.

JARASLAU ou JAROSLAU, duc de Russie. Sa fille mariée à Henri Ier, roi de France, xvi, 21.

JARDIN (de). Lettre qui lui est adressée, en 1770, au sujet de M. Durey de Morsan, frère de Mme de Sauvigni, LXVI, 154.

Jardiniers. Leurs travaux comparés à ceux des rois; vers à ce sujet, xii, 174 *et suiv.*

Jardins. Plantés en symétrie; vers critiques à ce sujet, xiii, 134. — Ravagés par le Rhône; vers descriptifs, xii, 267.

JARENTE DE LA BRUYÈRE (*Louis Sextius*), évêque de Digne, puis d'Orléans. Ce qu'en dit Voltaire, à propos de la candidature de Diderot à l'Académie, LVIII, 485. — Notice, *ibid.* — En 1771, perd la feuille des bénéfices, LXVII, 7.

JARNAC. Son duel juridique avec La Châteigneraye, ordonné par Henri II, xvii, 31; xxii, 89.

Jarnac (bataille de), où le prince de

Condé fut assassiné après sa défaite. Détails y relatifs, x, 81, 82, 358; xviii, 70.

Jarretière (ordre de la). Fondé par Édouard III, xvi, 377; xvii, 4.

JARS (le commandeur de). Confident de la cabale contre le cardinal de Richelieu, xviii, 228. — Accusé d'intelligences avec le frère et la mère du roi, est condamné à perdre la tête; reçoit sa grace sur l'échafaud, 229.

JARSAI (marquis de). Sa déclaration d'amour à la reine Anne d'Autriche, xix, 297.

JAUCOURT (chevalier de). Loué comme l'un des coopérateurs les plus actifs de l'*Encyclopédie*, xxxi, 405, 414; xlii, 650; xliii, 535. — Éloge de son article *Figure* en logique, métaphysique et belles-lettres, xxix, 396. — De celui sur le *Labarum*, lxv, 351. — L'article *Enfer* lui a été faussement attribué, lvii, 266, 296. — Insulté et outragé par Palissot, est défendu par Voltaire, xiv, 185; lviii, 426. — D'Alembert le fait entrer à l'Académie de Berlin, lxi, 337. — En quoi mis au-dessus des philosophes de l'antiquité, xxix, 396. — Lettre qui lui fut adressée, en 1749, au sujet de la mort de Mme Du Châtelet, et note y relative, liv, 350.

JAUCOURT (marquis de), commandant en Bresse. En 1769, visite Voltaire à Fernei, lxv, 512. — Lettre qui lui est adressée, en 1770, au sujet de la manufacture d'horlogerie qui s'y est établie, lxvi, 325.

JAUREGUI ou JAURIGNI, Biscaïen. Entreprend d'assassiner le prince d'Orange, et le blesse d'un coup de pistolet, xviii, 13. — Par quelles pratiques religieuses il se prépara à ce crime, *ibid.*; xxiii, 551; xlii, 456.

JAYEZ, ministre de l'Évangile à Nyon. Son épitaphe, par Voltaire, xiv, 488.

JEAN (saint), surnommé *le Baptiseur*. Vers qui le caractérisent, xi, 207, 393. —Autres, sur sa vie dans le désert, xiv, 375. — Secte qu'il institua, xv, 346; xxix, 38; xlv, 263. — Et qui subsista très différente de la discipline de Jésus, xxvii, 296; l, 436. — Pourquoi sa naissance est placée au 24 juin, 281. — Description poétique de la fête célébrée à cette époque de l'année, xi, 207.

JEAN (saint) *l'Évangéliste*, enterré à Éphèse. Prétendu miracle dans sa fosse, xliii, 160; xlix, 485. — Comment on démontre qu'il n'a écrit ni pu écrire son évangile, 486; xlvi, 221, 247; l, 454. — Par qui fut composé, xlv, 254. — Son autre évangile *du trépas de Marie*, 353. — Ses *Gestes*, ouvrage apocryphe, xxvi, 463. — Reconnu par l'Eglise pour l'auteur de l'*Apocalypse* attribué à Cérinthe, 440; xxx, 173, 185; xxxi, 287. — Description qu'il y fait de la nouvelle Jérusalem, xv, 142. — Du fameux verset sur la Trinité, inséré dans sa première *Épître*, et interprété par saint Augustin, xxxii, 400; xlvi, 222.

JEAN Ier, pape. Va lui-même, de Rome à Constantinople, parler en faveur des ariens, que l'empereur Justin voulait persécuter, xxii, 199. — Cet exemple cité détermine l'enregistrement de l'édit de Nantes, *ibid.*

JEAN Ier, roi de Portugal. En fait bannir l'inquisition par Innocent VII, xxx, 395.

JEAN Ier, roi de Danemarck, et JEAN II en Suède, fils de Christiern Ier. Rend un arrêt contre le sénat de Stockholm, xvii, 153; xxiii, 486. — Flatte, à cette occasion, l'empereur Maximilien, xvii, 153. — Et lui fait approuver la sentence par laquelle il dépouille tous les sénateurs de leur noblesse et de leurs biens, *ibid.*; xxiii, 426. — Accord bizarre qu'il fit avec son frère Frédéric, duc de Holstein, 412.

JEAN II, roi de Castille. Sans influence en Europe, protége l'anti-pape Luna, xvi, 329.

JEAN II, duc d'Alençon. (*Voy.* ALENÇON.)

JEAN II, roi de Suède. (Le même que JEAN Ier de Danemarck.)

JEAN III, roi de Suède, fils de Gustave Vasa. Succède à son frère Eric, déposé par les états, et le fait empoisonner publiquement, xviii, 392 *et suiv.* — Pénitence ridicule que lui impose le nonce Possevin, 393. —Ne peut réussir à faire dominer la religion catholique, ni la grecque, *ibid.* — Avait quelque teinture des lettres, *ibid.* — Mourut sans qu'on pût lui trouver un médecin, *ibid.*

JEAN III, roi de Portugal. Y rétablit de lui-même l'inquisition, xxx, 396.

Tome I.

JEAN IV, duc de Bragance, surnommé *le Fortuné*. Devient roi de Portugal par le courage de sa femme, XVIII, 253 *et suiv.*; XIX, 13. — Ne peut réussir à délivrer son pays des inquisiteurs; en est excommunié après sa mort, XVII, 350. (*Voy.* BRAGANCE.)

JEAN V, roi de Portugal, contemporain de Louis XIV. Comment dépeint dans la *Pucelle*, XI, 373. — Ce que Voltaire disait de ce prince, *ibid.*; LV, 154. — Notice qui le concerne, XIX, 13.

JEAN VIII, pape. Notice qui le concerne, XXIII, 6. — Vend l'Empire à Charles-le-Chauve, et agit en souverain, XV, 473; XXIII, 89. — Tributaire des musulmans, et prisonnier dans Rome du duc de Spolette, XV, 473; XXIII, 93. — Se réfugie en France, et y sacre Louis-le-Bègue empereur, XV, 474. — Couronne empereur à Rome Charles-le-Gros, XXIII, 94. — Reconnaît Photius pour patriarche, XV, 514 *et suiv.*; XXIX, 51. — Meurt assassiné, dit-on, à coups de marteau, XV, 517; XXIII, 6; XXXIV, 258. — Pourquoi on lui attribue le rôle de la papesse Jeanne, XXIII, 7.

JEAN IX, pape. Son installation; traits principaux qui caractérisent son pontificat, XV, 529; XXIII, 7, 104.

JEAN X, pape. Évêque de Bologne, puis de Ravenne, élu au pontificat par les intrigues de sa maîtresse, la jeune Théodora, XV, 529; XXIII, 8, 107. — En a pour fils Crescence, 8. — Homme de génie et de courage, chasse les Sarrazins du Garillan, XV, 530. — Marozie conspire contre lui; il meurt étouffé, *ibid.*; XXIII, 8; XXXIV, 258.

JEAN XI, pape. Fils de Marozie et de Sergius III, XV, 529. — Sa mère le fait élire, et gouverne sous son nom, 531; XXIII, 8, 110. — Meurt empoisonné, XV, 531. — Ne fut connu que par sa crapule, XXXI, 427. — Plus à plaindre que condamnable, fut l'instrument de l'ambition de sa mère, et la victime de son frère, XXXIX, 560.

JEAN XII (*Octavien Sporco*). Fils de la jeune Marozie et du patrice Albéric; patrice lui-même, XV, 531; XXIII, 8. — Fait pape à l'âge de dix-huit ans, *ibid.* — Est le premier qui ait changé son nom à son avènement, XV, 531; XXIII, 119; XLIII, 443. — Couronne Othon-le-Grand, XXIII, 120. — Se ligue contre lui avec Bérenger, et demande secours aux Hongrois, 121; XVI, 2. — Othon le fait juger et déposer dans un concile, 3; XXIII, 121. — Soulève deux fois les Romains, et dépose Léon VIII, son rival, 122; XVI, 4. — Fait couper la main au cardinal Jean, qui avait écrit la déposition contre lui, et fait statuer, dans un concile, que jamais empereur ne pourra déposer un pape, *ibid.* — Se proposait de chasser les Allemands d'Italie; est assassiné au milieu de ce grand dessein par les mains d'un mari qui venge sa honte, 5. — On dit qu'il refusa, en mourant, le viatique, *ibid.* — Avait imprudemment appelé en Italie les Allemands, qu'il voulut ensuite en chasser, 2 *et suiv.*; XVII, 173; XXIII, 122. — N'eut jamais dans Rome qu'une autorité très contestée, XXXII, 154. — Pape débauché, mais prince entreprenant, XXIII, 122. — Fut accusé d'incrédulité et d'hérésie, XVI, 144. — Sa mémoire disculpée contre ceux qui l'ont diffamé pour s'être opposé à Othon-le-Grand, XXXIX, 560.

JEAN XIII, pape. Attaché à Othon Ier, est chassé par les Romains, puis rétabli, XXIII, 8, 123.

JEAN XIV, pape. Créature d'Othon, et victime du parti romain, meurt au château Saint-Ange, XVI, 6; XXIII, 9.

JEAN XV, pape. Chassé de Rome par le second consul Crescence, puis rétabli, XXIII, 9, 132. — Était fils d'un prêtre, 131.

JEAN XVI, pape. Élu par les Romains; sa fin tragique, XVI, 8; XXIII, 133.

JEAN XVII, pape. Son exaltation, XXIII, 9.

JEAN XVIII, pape. Son exaltation, XXIII, 9. — Confère à Étienne de Hongrie le titre de roi et d'apôtre, XVII, 160; XXIII, 137.

JEAN XX, frère de Benoît VIII, de la maison de Toscanelle. Achète publiquement la papauté, XVI, 8. — Est chassé, puis rétabli, XXIII, 9.

JEAN XXI, pape. Passait pour assez bon médecin, XXIII, 13.

JEAN XXII (d'*Ense*), pape. Notice qui le concerne, XXIII, 14. — Bassesse de son extraction, XVI, 300; XVIII, 358. — Est élu à Lyon, XVI, 300; XXIII,

302. — Nomme Philippe de Valois lieutenant-général de l'Église contre les gibelins, en Italie, 303. — Dépose l'empereur Louis de Bavière, 305, 308; xvi, 301. — Veut faire donner l'Empire à Charles-le-Bel, roi de France, xxiii, 306. — Est lui-même déposé et condamné à mort par l'empereur, xvi, 302; xxiii, 309; xlii, 103. — Tient en prison l'anti-pape Pierre de Corbiero, auquel il avait promis la vie sauve, xxiii, 311. — Refuse de se réconcilier avec Louis de Bavière, 312. — Princes qu'il soulève contre lui, ibid. — Meurt à quatre-vingt-dix ans, 315. — Ses scrupules dans ses derniers instants, 316. — Trésors qu'il a laissés, xvi, 304; xxiii, 315. — Comment devint le plus riche de tous les papes, quoiqu'il n'eût presque aucun domaine en Italie, xxii, 56. — Faisait argent de tout; inventa la taxe des péchés et les annates, xvi, 301, 304; xvii, 237; xxiii, 315; xxix, 283; xxxii, 316. — A été plusieurs fois accusé d'hérésie, xvi, 303; xxiii, 309, 315. — Ajouta un troisième cercle à la tiare, et porta trois couronnes sans posséder aucune terre, xvi, 260; xviii, 358; xxiii, 315. — Autres détails qui le concernent, xxxii, 155.

JEAN XXIII (*Balthazar Cozza*). Corsaire sans mœurs, élu pape pendant le grand schisme, xvi, 325; xxiii, 369. — Publie une croisade contre Lancelot, roi de Naples, le bat, le reconnaît et en est trahi, 372; xvi, 326. — A recours à l'empereur Sigismond, auquel il propose une ligue et un concile, ibid. — Défait de Lancelot, essaie en vain d'éluder le concile, 327. — Prisonnier au milieu du concile de Constance qu'il préside, 330. — Promet de céder la tiare; s'enfuit déguisé en postillon, ibid.; xxiii, 374. — Est saisi, jugé par le concile, et déposé, 375; xvi, 331. — De quoi accusé par sa sentence, ibid. — Retenu trois ans prisonnier par Sigismond, se résigne à son sort, ibid. — Sa maîtresse Catherine, 325; xxiii, 369. — Autres détails qui le concernent, 372 et suiv.

JEAN, dit *le Bon*, roi de France. N'a pas mérité son surnom, ix, 380; xvi, 369. — Fait assassiner son connétable le comte d'Eu, 369; xxii, 30; xlii, 165. — Ses torts envers Charles-le-Mauvais,

ibid. — Il l'arrête, et fait périr quatre de ses amis, 166; xvi, 370. — Augmente l'altération des monnaies, ibid. — Convoque les états-généraux, qui lui font signer une charte, 371. — Battu et pris à Poitiers par le prince Noir, 372. — Captif à Londres, y est traité avec grandeur et politesse, 373. — Sort de prison après quatre ans; prix exigé pour sa rançon, 375. — Sa détresse; sa monnaie de cuir pour sa maison, ibid. — Il renouvelle les projets de croisades, 376. — Donne à Urbain V un tournoi dans Avignon, xvii, 23. — Ne pouvant payer sa rançon, retourne à sa captivité de Londres, et y meurt, xvi, 376. — Détails sur le traité de Brétigni, qu'il avait signé pour sortir de prison, xxii, 51 et suiv.

JEAN, roi bulgare. (*Voy.* JOANNIC.)

JEAN, comte de Mansfeld, électeur de Cologne. Né luthérien, xxiii, 24. — Mort en 1562, ibid.

JEAN (frère), de Rome, inquisiteur de la Foi. Crimes de ce scélérat dans Mérindol, xlii, 504 et suiv. — N'en fut puni que par la prison, ibid.

JEAN, surnommé *de Dieu*. Institue les frères de la Charité, au 16e siècle, xxxi, 176.

JEAN. (*Voy.* PRÊTRE-JEAN.)

JEAN-ADAM, de Biken, électeur de Mayence. Assiste en France à la dispute du cardinal Duperron et de Mornai, xxiii, 22. — Mort en 1604, ibid.

JEAN-ALBERT, duc de Mecklenbourg. Dispute la ville de Rostock à son frère Ulric, xxiii, 536. — Comment l'empereur Maximilien II termine ce différend, ibid. (*Voy.* MECKLENBOURG.)

JEAN BART. De simple matelot devenu chef d'escadre; se fit une grande réputation parmi les corsaires, xix, 499.

JEAN BASILIDES ou BASILOWITZ. (*Voy.* IVAN.)

JEAN-CASIMIR, roi de Pologne. (*Voy.* CASIMIR.)

JEAN D'ANJOU, duc de Calabre. Vaine tentative de Louis XI, son cousin, pour lui faire obtenir du pape Pie II le royaume de Naples, xxii, 55.

JEAN D'ANTIOCHE. Extrait qu'on en rapporte au sujet de la mort de Jésus, xlv, 484.

JEAN D'AUTRICHE, comte du Tyrol.

Ligué contre l'empereur Sigismond avec Jean XXIII, aide ce pape à fuir le concile de Constance, xxiii, 375. — Est obligé ensuite de le livrer et de demander pardon à genoux, *ibid.* — Mêmes détails sous le nom de FRÉDÉRIC D'AUTRICHE, xvi, 330 *et suiv.* (*Voy.* JUAN.)

JEAN D'AVESNES, comte de Hainaut. Guerre qu'il fait à sa mère pour son droit de succession, xxiii, 253. — Ce qu'il objecte à saint Louis, pris pour arbitre dans cette querelle, *ibid.* — Reçoit l'investiture de l'empereur Rodolphe, *ibid.*

JEAN DE BADE, électeur de Trèves au 15e siècle. Ce fut lui qui conclut le mariage de Maximilien et de Marie de Bourgogne, xxiii, 25.

JEAN DE BRIENNE. Nommé roi de Jérusalem par Philippe-Auguste, xvi, 194. — Se trouve à la tête de près de cent mille combattants, 195. — Est obligé d'obéir au légat d'Honorius III, 197. — Gardé en ôtage par le sultan d'Égypte, à la prise de Damiette, 198. — Marie sa fille à l'empereur Frédéric III, et lui donne pour dot ses droits au royaume de Jérusalem, *ibid.*; xxiii, 234. — Se trouve à la tête d'une croisade contre son gendre, sur le territoire de Capoue; est mis par lui en fuite, 238; xvi, 140. — Arrivé presque seul, pendant un interrègne, au secours de Constantinople, il est élu empereur, 199.

JEAN DE CAPOUE, Juif du 13e siècle. Sa traduction latine des *Fables* de Pilpaï, xv, 283.

JEAN DE GAND, fils du roi d'Angleterre Édouard III. Tige de la maison de Lancastre, xvii, 132.

JEAN DE HOLSTEIN, frère de Christiern III. Accord singulier qu'il fait avec celui-ci et avec son autre frère Adolphe, xxiii, 500, 514; xxiv, 47.

JEAN DE LEYDE, garçon tailleur. Va au secours de ses frères les anabaptistes avec une troupe de prophètes et d'assassins, xxiii, 482. — Se fait proclamer roi et couronner solennellement à Munster, *ibid.*; xvii, 270. — Pompe de son couronnement; sa monnaie, ses armoiries, *ibid.* — Il épouse dix femmes à la fois, et tranche la tête à l'une d'elles qui avait parlé contre son autorité, *ibid.* — Défend la ville de Munster contre son évêque Valdec; son courage en cette occasion, *ibid.* — Pris par une trahison des siens, est montré de ville en ville comme un monstre, puis tenaillé et brûlé, 271; xxiii, 487. — Considéré comme martyr dans sa secte, *ibid.*

JEAN DE LEYEN, électeur de Trèves au 16e siècle. Assiége cette ville, xxiii, 25.

JEAN DE LUXEMBOURG, fils de l'empereur Henri VII. Son père le fait élire roi de Bohême, xxiii, 293. — Diète à Francfort pour l'établir vicaire de l'Empire, 295. — Il échange sa couronne contre le Palatinat, 304. — Son accord déclaré nul par la noblesse de Bohême, *ibid.* — Est sommé par le pape de déposer Louis de Bavière, et, au lieu d'obéir au pontife, se ligue contre lui avec l'empereur, 312. — Marche en Italie avec une armée en qualité de vicaire de l'Empire, et, dans l'idée de garder ses conquêtes, s'unit secrètement avec le pape, *ibid.* — Bat les ennemis que lui suscite Louis, auquel il fait ombrage, et devient le véritable empereur par son pouvoir, *ibid.* — Son crédit en Allemagne, 313. — Il marche au secours des Polonais; est maître de la Silésie et de la Moravie, *ibid.* — Va en Italie, de concert avec le roi de France, pour y établir le pouvoir du pape, 314. — Y perd ses troupes, son argent et sa gloire, 315. — Epouse Béatrix de Bourbon, 316, 320. — Perd la vue, et n'est connu depuis que sous le nom de *Jean l'Aveugle*, *ibid.* — Son testament, *ibid.* — Toujours remuant, semble être devenu plus ambitieux; fait la guerre à Casimir, roi de Pologne, et la termine heureusement, 321. — Fait, avec son fils Charles, un grand parti dans l'Empire, au nom du pape, 322. — Est tué, en 1346, à la bataille de Créci, 20, 324.

JEAN DE LUXEMBOURG, second fils du précédent, et duc de Carinthie. Rupture de son mariage avec Marguerite, dite *la Grande-Bouche*; guerre qu'elle produit, et accommodement singulier qui la termine, xxiii, 316 *et suiv.* — Son père lui donne par testament la Moravie, 320.

JEAN DE LUXEMBOURG, comte de LIGNY. (*Voy.* LUXEMBOURG.)

JEAN DE LUXEMBOURG, comte de SAINT-PAUL, électeur de Mayence. Sa mort en 1393, et Notice, xxiii, 21.

JEAN DE METZENHAUSEN, électeur de Trèves au 16e siècle. Fit fleurir les arts, et cultiva les vertus de son état, XXIII, 25.

JEAN DE NASSAU, électeur de Mayence. Dépose l'empereur Venceslas, XXIII, 21. — Mort en 1419, *ibid.*

JEAN DE SALSTADT, archevêque d'Upsal en 1452. Excommunie le roi de Suède et le sénat dans une messe solennelle; dépose ensuite ses ornements, prend une épée et commence la guerre civile, XVII, 152.

JEAN DE SCHOENBERG, électeur de Trèves vers la fin du 16e siècle. On trouve, de son temps, dans cette ville, la robe de Jésus-Christ; mais on ne sait pas précisément d'où elle est venue, XXIII, 25.

JEAN dit DE SOUABE, assassine son oncle Albert Ier, XXIII, 291-92.

JEAN DE VERT, célèbre général des Impériaux à la bataille de Nordlingue, XXIII, 603. — Son armée est détruite par le duc de Saxe-Veimar à Rheinsfeld; il est fait prisonnier avec ses officiers-généraux, et envoyé à Paris, 610.—Racheté de prison, est mis en fuite à Tabor par Torstenson, 619.

JEAN DE VIRNENBOURG, électeur de Cologne au 14e siècle. Força le chapitre à l'élire, et dissipa tous les trésors amassés par Guillaume de Geneppe, son prédécesseur, XXIII, 23. — Sa mort en 1363, *ibid.*

JEAN D'ISEMBOURG, électeur de Trèves au 16e siècle. Sous lui, cette ville souffrit beaucoup des armes luthériennes, XXIII, 25.

JEAN-FRÉDÉRIC-CHARLES, comte d'OSTEIN. Electeur de Mayence en 1744, XXII, 22. — Sa mort, *ibid.*

JEAN-FRÉDÉRIC-HENRI, *le Magnanime*, duc-électeur de Saxe. Conserve les états de son cousin Maurice, et lui sert de tuteur, XXIII, 494. — Mis au ban de l'Empire par Charles-Quint, 506. — Défait par l'ingrat Maurice, qui s'est rangé du parti de l'empereur, 507. — Fait prisonnier Albert de Brandebourg, 508. — Blessé à Muhlberg, tombe au pouvoir de Charles, qui le fait condamner à perdre la tête, 509.—Joue aux échecs après avoir entendu sa sentence *ibid.* — A quelle condition la vie lui est laissée, *ibid.* — Pension que lui fait Maurice, en faveur de qui il a été forcé de renoncer à la dignité électorale, *ibid.* — N'en demeure pas moins prisonnier de Charles, *ibid.* — Maurice, qui l'avait dépossédé, arme en sa faveur, 519. — Il refuse la liberté qui lui est offerte par l'empereur, 520. — A la paix de Passau, est renvoyé dans les états de Thuringe qui restaient, 521. — C'est de lui que descendent les ducs de Gotha et de Veimar, 509. — Mort en 1564, 27.

JEAN-FRÉDÉRIC, duc de Gotha, fils du précédent. Entre dans la conspiration de Groumbach contre Auguste-le-Pieux, XXIII, 538. — Est arrêté, conduit dans une charrette, avec un bonnet de paille, à Vienne et ensuite à Naples, *ibid.* — Ses états sont donnés à Jean-Guillaume, son frère, 539. — Il reste confiné à Naples, 541.

JEAN GALÉAS, duc de Milan. (*Voy.* VISCONTI.)

JEAN-GEORGE, fils de Joachim II, électeur et prince de Brandebourg. Elu en 1592 à l'évêché de Strasbourg; en guerre avec son compétiteur le cardinal de Lorraine, XXIII, 553.—Lui vend ses droits, 554. — Sa mort, 28.

JEAN-GEORGE Ier, électeur de Saxe, frère de Christian et son successeur, XXIII, 27, 589. — Arme avec l'empereur Ferdinand contre l'électeur palatin Frédéric V, 577. — S'en repent ensuite, et appelle les Suédois au soutien de la ligue protestante en Allemagne, 589 *et suiv.* — Les seconde par la conquête de la Lusace, 594, 602. — Est le premier à les abandonner après la défaite de Nordlingue, 605. — Ce qu'il gagne à la paix de Prague, 606.—Mène les troupes impériales contre les Suédois; est défait en Vestphalie par le général Bannier, 608. — Forcé par les malheurs de la guerre, quitte l'alliance de Ferdinand III, et signe un traité de neutralité avec la France, 622. — Mort en 1656, 27.

JEAN-GEORGE II, électeur de Saxe, frère du précédent. Mort en 1680, XXIII, 27.

JEAN-GEORGE III, électeur de Saxe. Part qu'il prend à la défense de Vienne assiégée par les Turcs, XXIII, 643. — Mort en 1691, 27.

JEAN-GUILLAUME, électeur palatin. Son pays est ruiné dans la guerre de 1689, XXIII, 26. — A la paix de Ryswick, les terres que la maison d'Orléans lui disputait lui sont adjugées par une sentence arbitrale du pape, *ibid.*

JEAN-GUILLAUME, frère de Jean-Frédéric, duc de Gotha. Est mis en possession des états enlevés à celui-ci par Auguste-le-Pieux, XXIII, 539.

JEAN-GUILLAUME, dernier duc de Clèves, Berg et Juliers. Mort sans enfants, XXIII, 564. — Ligues opposées qui se disputent son héritage, *ibid. et suiv.*

JEAN-HUGUES D'ORSBECK, archevêque-électeur de Trèves au commencement du 17e siècle. Vit sa ville presque détruite par les Français, XXIII, 25. — La guerre lui fut toujours funeste, *ibid.*

JEAN-le-Constant, électeur de Saxe. Y abolit la religion romaine, et fait profession de la nouvelle, XXIII, 463. — S'oppose vainement à l'élection de Ferdinand Ier comme roi des Romains, 477. — Entre dans la ligue de Smalcade, *ibid.* — Mort en 1532, 27.

JEAN-le-Sévère, électeur de Brandebourg au 16e siècle. Quoique luthérien, prend les armes en faveur de Charles-Quint contre la ligue de Smalcade, et donne du secours à Ferdinand contre les Bohémiens, XXIII, 508. — Garantit la liberté à Philippe, landgrave de Hesse, 510. — Accepte le grand *Intérim*, formulaire de foi et de discipline, 513.

JEAN Ier PALÉOLOGUE, empereur d'Orient. S'humilie inutilement devant Urbain V, et revient ramper sous Amurat, XVI, 468. — Fait crever les yeux à Andronic, son fils aîné, et donne Manuel, le second, en ôtage à Amurat, *ibid.* — Est enfermé par Andronic, 469. — Reprend la pourpre au bout de deux ans, *ibid.* — Est obligé, pour obéir à Bajazet, de démolir une citadelle qu'il avait bâtie près Galata, *ibid.*

JEAN II PALÉOLOGUE, empereur d'Orient. Envoie des ambassadeurs au concile de Bâle, XVI, 459. — Vient, au concile de Ferrare, soumettre l'Eglise grecque au pape, 460; XXIII, 390. — Suit Eugène IV au concile de Florence, 391; XVI, 461, 479. — De retour à Constantinople, est odieux à l'Eglise grecque, 461. — La sépulture lui est refusée par son propre fils, XXIII, 391. — Avait régné vingt-sept ans sur les débris de l'empire romain-grec, XVI, 487.

JEAN-PHILIPPE DE SCHOENBORN, électeur de Mayence. Remet la ville d'Erforth sous sa puissance, par le secours des armes françaises et des diplômes de l'empereur Léopold, XXIII, 22. — Mort en 1673, *ibid.*

JEAN-PHILIPPE DE WALDERDORFF, coadjuteur, puis électeur de Trèves, au 18e siècle. Notice, XXIII, 25.

Jean qui pleure et Jean qui rit. Pièce de vers, par Voltaire, XII, 310. — Note y relative, XLVII, 395.

JEAN-sans-Peur, duc de Bourgogne. Etant comte de Nevers, est pris en Hongrie par Bajazet, qui le renvoie avec hauteur, XVI, 470. — Fait assassiner son cousin le duc d'Orléans, 393; XXII, 31. — Est justifié publiquement par le docteur Jean Petit, XVI, 333, 393. — Veut se rendre maître de Paris; sa faction, 394. — Enlève de Tours la reine Isabelle prisonnière, et traite avec les Anglais, 399. — Son entrée triomphante à Paris au milieu du carnage, 400. — Est assassiné au pont de Montereau, *ibid.*, 455. — Poursuites de Philippe-le-Bon, son fils, contre ses meurtriers, 404 *et suiv.*, 455; XXII, 35 *et suiv.* — Traître, qui venait de signer avec le roi d'Angleterre un traité secret par lequel il reconnaissait le droit de Henri V à la couronne de France, 34.

JEAN-sans-Pitié, évêque de Liége du temps de Henri V. Avait un prêtre qui lui servait de bourreau, et qu'il fit pendre lui-même, après l'avoir employé à ses exécutions, XLIII, 201.

JEAN-sans-Terre, roi d'Angleterre. Dépouille son neveu Artus de la Bretagne, XVI, 123. — Accusé de sa mort, est cité devant la cour des pairs de France; quels furent ses juges, 124; L, 622; XXII, 46. — Ne comparaît pas; est condamné à mort, et ses terres en France sont confisquées, XVI, 123. — Est excommunié par Innocent III, 124. — Se déclare son vassal pour échapper à Philippe-Auguste, 126. — Donne contre ce monarque des secours d'argent à Othon IV, XXIII, 227. — Obtient quelques succès en Poitou, et fait une trêve avec Philippe, XVI, 131. — Ses barons le forcent de signer la grande *Charte des libertés d'Angleterre*, *ibid.* — Il excite le pape contre eux, 132. — Est chassé par les barons, qui mettent Louis VIII à sa place, XXXVII, 154. — Errant, abandonné, meurt dans un bourg de Norfolck, XVI, 133. — Plaisante cérémonie de sa donation de l'Angleterre et de l'Irlande aux papes, XXVIII, 452.

JEAN SCHVEIGHARD, de Cronembourg, électeur de Mayence. Long-temps persécuté par le prince de Brunswick, *l'ami de Dieu et l'ennemi des prêtres*, est délivré par les armes de Tilly, XXIII, 22. — Mort en 1726, *ibid*.

JEAN-SIGISMOND, électeur de Brandebourg. Partage la succession de Clèves et de Juliers avec la maison de Neubourg, XXIII, 28. — Mort en 1619, *ibid*. — Surnommé *le Cicéron de l'Allemagne*, LIII, 374.

JEAN-SIGISMOND, prince de Transylvanie. (*Voy*. SIGISMOND.)

JEAN-ZIMISCÈS, empereur d'Orient. (*Voy*. ZIMISCÈS.)

JEANNE (la papesse). Fausseté de cette histoire, XXIII, 6 *et suiv*.

JEANNE, fille unique de Louis Hutin. Écartée du trône en vertu de la loi salique, XVI, 355; L, 140.

JEANNE D'ALBRET, reine de Navarre, mère de Henri IV. (*Voy*. ALBRET.)

JEANNE D'ARC, héroïne française. (*Voy*. ARC et *Pucelle d'Orléans*.)

JEANNE DE BOURGOGNE, femme de Philippe-le-Long. Accusée d'adultère, est jugée en cour des pairs, XXII, 29.

JEANNE DE CASTILLE, fille du roi don Henri IV. Déclarée bâtarde, quoique avouée de son père, et née en légitime mariage, XVII, 42. — Traité honteux, signé, au mépris de ses droits, par son père, *ibid*. — Il jure en vain, à son lit de mort, ainsi que la reine, qu'elle est légitime, 43. — Son oncle Alfonse, roi de Portugal, qui veut l'épouser, arme en sa faveur, *ibid*. — Elle passe dans un cloître une vie destinée au trône, 44.

JEANNE DE CASTILLE, dite *la Folle*. Après la mort de sa mère Isabelle, règne en commun avec son père Ferdinand et son mari Philippe, XXIII, 427. — Puis avec son fils Charles-Quint, 442.

JEANNE DE FRANCE, fille de Louis XI. Mariée à Louis XII, qui la répudie après vingt-deux ans de mariage sans enfants, XVII, 84; XXII, 61.

JEANNE Ire DE NAPLES. Petite-fille du roi de Naples Robert, et mariée à André, frère du roi de Hongrie, XVI, 307. — Ses dissensions avec son époux, qui veut régner sur Naples de son chef, et non comme mari de la reine, *ibid*. — Epouse Louis de Tarente, accusé de l'assassinat d'André, *ibid*. — Est accusée elle-même juridiquement à Rome, 308. — Plaide sa cause devant le consistoire, et est déclarée innocente de la mort de son mari, 309. — Vend Avignon à Clément VI, et n'en est pas payée, 252, 305, 309; XXIII, 14; XXVII, 235. — Veuve une seconde fois, gouverne seule, et contracte encore deux mariages, XVI, 309. — Adopte et reconnaît pour son héritier son cousin Charles Durazzo, qui la trahit, *ibid. et suiv*. — Protége Clément VII contre Urbain VI, 310; XXIII, 355. — Est excommuniée et déposée par Urbain VI, XVI, 310. — Adopte Louis d'Anjou, *ibid*., 348. — Tombe dans les mains de Durazzo, qui la fait étouffer, 311. — Pourquoi plainte par la postérité, *ibid*. — A ruiné Naples et la Provence, 347. — Disciple de Pétrarque et de Boccace, qui l'ont célébrée, 426. — Autres mentions de ses malheurs, XXIII, 355; XXXIII, 195.

JEANNE II DE NAPLES, ou JEANNETTE. Fait emprisonner son second mari Jacques de Bourbon, qui se plaignait de ses infidélités, XVI, 348. — Fait son favori d'un paysan devenu soldat, et est ainsi cause de l'élévation des Sforce, *ibid*. — Adopte Alfonse V d'Aragon, qui la met en prison; est délivrée par François Sforce, 349. — Adopte Louis d'Anjou, petit-fils de celui adopté si vainement par Jeanne Ire, puis René d'Anjou, *ibid*. — Ses faiblesses honteuses ont ruiné son royaume, 348.

JEANNE DE NAVARRE, femme de Philippe-le-Bel. Fondatrice du collège de Navarre, XLIV, 430. — Diffamation contre elle, *ibid*.

JEANNE DE NAVARRE. (*Voy*. ALBRET.)

JEANNE SEYMOUR. Mariée à Henri VIII d'Angleterre, le lendemain même de l'exécution d'Anne de Boulen, XVII, 286; XXIII, 471. — Lui donne un fils et meurt, XVII, 286.

JEANNE GRAY. (*Voy*. GRAY.)

JEANNIN (le président). Éloge de sa conduite à l'époque de la Saint-Barthélemi, x, 31. — Envoyé en ambassade auprès de Philippe II par Mayenne, XVIII, 28.— Ce que lui dit ce monarque, *ibid.*

Jeannot et Colin, roman philosophique par Voltaire, XXXIII, 367 *et suiv.*

JEFFREYS, envoyé d'Angleterre auprès de Charles XII. Médiateur entre les Turcs et ce prince, qui refusait de partir de Bender, XXIV, 265. — Pourquoi se retire, 267. — Rachète les Suédois prisonniers au combat de Bender, 281.

JEFFREYS, chancelier d'Angleterre sous Jacques II. Ennemi personnel et juge d'Aldernon Sidney; anecdote à ce sujet, XLI, 426. — La nature l'avait fait pour être bourreau, XLII, 445.

JEHOVA ou JAHO. Mot emprunté des Phéniciens, et qui signifiait *Dieu*; comment se prononçait diversement, XLIII, 62; XLIX, 116. — Mots qui en sont dérivés, *ibid.* — De quoi se forma ce nom sacré dans l'Orient, XXX, 423. — Est probablement l'origine de la célèbre inscription d'Isis, 424. (*Voy.* IAHO.)

JÉHU, roi d'Israël. Massacre la famille d'Achab et celle d'Ochosias; réflexions à ce sujet, VII, 428; XLIX, 356 *et suiv.*

JÉMITZ, empereur du Japon. Fameux édit par lequel il en chasse toutes les nations étrangères, fait arrêter tous les chrétiens du pays, et défend aux habitants d'en sortir, sous peine de mort; motifs de ces mesures, XVIII, 468 *et suiv.*

JENKINS, patron d'un vaisseau anglais. Mutilé par un capitaine espagnol, se présente au parlement et demande vengeance; impression que produit son discours, XXI, 80; XXIX, 68.

JENNINGS, chambellan du roi de Suède, en 1769. Bien qu'en disent Voltaire et d'Alembert dans leur correspondance, LXV, 323, 391.

Jenny (histoire de), ou l'*Athée et le Sage*, roman philosophique, par Voltaire, XXIV, 337 *et suiv.*

JEPHTÉ. Histoire de sa promesse et de son sacrifice, XXX, 425. — Dans quelle intention a été falsifiée la Bible, qui la rapporte, 426. — S'il est vrai qu'il ait égorgé sa fille, 427; XLVIII, 493. — Par qui cette action louée ou blâmée, XLI, 306. — Commentaire à ce sujet, XLIX, 214 *et suiv.* — Autre, sur le massacre qu'il fit des Ephraïmites, 187, 219.

JÉRÉMIE, prophète. Reçut l'esprit à quatorze ans, XV, 196. — Ses singulières prophéties en action, *ibid.*; XLI, 312; XLIII, 76. — Il prophétise en faveur de Nabuchodonozor, XV, 197. — Prend son parti contre le souverain légitime, XLIX, 376. — Est lapidé par les Juifs comme traître à son maître et à la patrie, 377; XXIX, 83. — A toujours mené une vie misérable, XXXIV, 307. — Avait l'art d'émouvoir les passions, XLI, 506. — Comparé au poëte Simonide, *ibid.* — D'une prétendue lettre de lui sur la prostitution des femmes de Babylone, XLIII, 319. — Allégorie qu'on en cite, XXIX, 83.

Jéricho (ville de). N'était qu'un méchant village, XLIX, 190. — Comment fut prise; commentaire à ce sujet, *ibid. et suiv.* — Chute de ses murs au son des trompettes hébraïques, et vers qui y font allusion, XI, 276, 400. — Réflexions sur le traitement rigoureux qu'elle éprouva, IX, 296; XLIX, 191, 193. — Rebâtie, devint une place importante, 331. — Bon terroir à quelques égards, XV, 176; XVI, 155. — Fut donnée à Cléopâtre par Marc-Antoine, VIII, 96.

JÉROBOAM, fils de Nabath. Sa rebellion contre Salomon, et commentaire à ce sujet, XLIX, 320 *et suiv.* — Règne sur dix tribus d'Israël, 322. — Du miracle de sa main séchée, 324.

JÉROMBAL, prêtre phénicien. Consulté par Sanchoniaton, XV, 61.

JÉRÔME (saint). Quelles étaient, suivant lui, l'étendue et la misère du pays occupé par les Juifs, XVI, 155; XXX, 491. — Sa *Lettre à Dardanus* à ce sujet, et sur ce qu'on doit entendre par la Terre-Promise, *ibid.*; XLVIII, 446; XLIX, 115. — Etait un pauvre savant prêtre, XIII, 283. — Traducteur élégant, mais fautif, des livres juifs, XLIII, 254. — Rapporte, dans ses *Pères du Désert*, des histoires de centaures et de satyres, IX, 311; XXX, 238. — Ce qu'il raconte de merveilleux de Paul l'Ermite, de saint Pacôme et de saint Antoine, XLII, 163; XLVI, 231; XLIX, 331. — Dit que, pendant quarante ans, les cheveux et les ongles des Israélites n'ont pas crû dans le désert, 177. — Dimension qu'il donne de la tour de Babel,

33. — Combat contre Pélage, en faveur de la doctrine du péché originel, XXXI, 329. — Son opinion sur la résurrection, XXXII, 135. — Et sur le don de prophétie des sibylles, 222. — Son portrait, son caractère, XIV, 27; XXX, 491. — Comment blâme l'avidité des ecclésiastiques de son temps, XXVII, 362. — Raisons qu'il apporte du choix de quatre évangiles, XLIII, 104. — Son style économique, et divers exemples qu'on en cite, XXVIII, 523, 527.

JÉRÔME CARRÉ. (*Voy.* CARRÉ.)

JÉRÔME DE PRAGUE, disciple et ami de Jean Hus. Lui est bien supérieur, XVI, 340; XXIII, 377. — Avait souscrit à la condamnation de la doctrine de son maître; mais à la mort de celui-ci il se rétracte, et est condamné au feu par le concile de Constance, XVI, 340. — Spectacle pompeux de son supplice, IX, 297 *et suiv.* — Ce qu'il dit à ses bourreaux au moment où ils allumaient le bûcher, XLIV, 104, 128. — Parla et mourut comme Socrate, XXIII, 377. — C'est l'éloge que lui donne le Pogge, témoin oculaire, XVI, 340. — Ses vengeurs, 341 *et suiv.*; XXIII, 380 *et suiv.*

Jérusalem (ville de). Où fut bâtie, XV, 68. — Le terrain en est aride, XVI, 155. — Quel en fut d'abord le vrai nom, XLIII, 59. — Son état au temps de Josué, XLIX, 194. — Commentaire sur sa prise et sur sa première destruction par Nabuchodonosor, 375 *et suiv.* — Prise par Hérode, 445. — Prise par Omar; magnifique mosquée qu'elle dut à ce conquérant, XVI, 156. — Il y laisse aux Juifs et aux chrétiens liberté de conscience, XV, 327. — Prise par les croisés; leurs fureurs, XVI, 168. — Godefroi est obligé de la céder à un légat du pape, 169. — Reprise par Saladin; sa générosité, 180. — Tombe au pouvoir des Corasmins, 200. — Des globes de feu qu'on a prétendu être sortis de terre pour empêcher la réédification de son temple sous l'empereur Julien, XXXVI, 485. (*Voy.* JULIEN.)

Jérusalem (la nouvelle). Pères de l'Église qui l'annoncent comme une cité devant descendre du ciel, XV, 144; XLIII, 117, 140; XLVI, 83. — Et qui en font un paradis sensuel, XV, 337; XXXIV, 246. — Description qu'en donne saint Justin, qui dit l'avoir vue pendant quarante nuits consécutives, XLIX, 318.

Jérusalem délivrée (la), poëme. (*Voy.* le TASSE.)

Jésuites. Société habile et tyrannique, fondée par un fou ignorant, XXVI, 273. — Pourquoi furent ainsi nommés, XXII, 117. — Le plus politique de tous les ordres monastiques; ce qui a fait sa grandeur, XVII, 333 — Leur bulle d'institution, *ibid.* — Reçus dans presque tous les royaumes, malgré les oppositions qu'ils essuyèrent, ne furent admis en France, au 16e siècle, qu'à condition qu'ils ne prendraient jamais le nom de *jésuites*, et qu'ils seraient soumis aux évêques, 334. — Protégés par la maison d'Autriche, alors ennemie de la France, 335. — Leur première maison dans Paris, et legs que leur fit l'évêque de Clermont, XXII, 118. — Vœu particulier par lequel ils étaient dévoués aux ordres du pape, 119. — Leurs novices s'enrôlent dans l'armée papale de la Ligue, 158. — Leur société bannie de France par arrêt du parlement, après le parricide de Jean Châtel; réflexions à ce sujet, XVIII, 150; XXII, 183. — Sont rappelés et rétablis par Henri IV, 204. — De leurs richesses au Mexique, cent ans après leur institution, XVII, 335. — De leur domination au Paraguay, et manière admirable dont le gouvernement était administré par eux, 463 *et suiv.* — Soumis en apparence au roi d'Espagne, y étaient rois en effet, et peut-être les rois les mieux obéis de la terre; ont abusé de leur pouvoir, et l'ont perdu, 469; XXI, 376 *et suiv.* — Expédition espagnole dirigée contre eux en 1756, LVII, 49. — Bannis à perpétuité de Venise, lors de l'interdit prononcé par Paul V, XVIII, 370. — Y sont rappelés, mais n'y peuvent rétablir leur crédit, 371. — Ceux exécutés en Angleterre, pour y avoir pris part à la conspiration des poudres, et considérés par leur ordre comme des martyrs, 282. — Ceux pendus comme papistes sous Charles II, 338. — Propositions qu'ils sont obligés de signer sous Louis XIII, concernant les libertés de l'Église gallicane, XXII, 237. — Font des miracles en France, pour les opposer à ceux des jansénistes, XX, 414. — Ont pour eux les papes et les rois, mais sont décriés dans l'esprit des peuples, *ibid.* — Rendus ridicules par les *Lettres provinciales*, ont le crédit de les faire brûler, 415. — Emploient l'autorité royale, 424. — Bulle dressée par eux, et qui met tout en désordre, 429. — Ils perdent leur crédit à la cour, 440. — De leurs missions à la Chine, et de leurs querelles avec les dominicains, au sujet des cérémonies chinoises, 462; XLVIII, 217 *et suiv.* — En sont renvoyés comme missionnaires, et conservés en partie comme mathématiciens, XVIII, 464; XX, 470; XXVIII, 41; XLIII, 33. — Quelques uns y reviennent secrètement, et sont condamnés à mort, XX, 472. — Comment prétendirent rendre leur mission respectable en Europe, *ibid.* — Établis en Russie vers la fin du 17e siècle, en sont chassés, puis rappelés, puis chassés de nouveau à plusieurs reprises, XXV, 74; LXII, 411. — Comment protégés par le régent, qui s'était d'abord déclaré contre eux, XXI, 11. — Pourquoi chassés de la cour de Lisbonne, puis du Portugal, 370 *et suiv.*; LVIII, 237. (*Voy.* MALAGRIDA.) — Part qu'on leur attribua dans l'affaire des couplets qui firent bannir J.-B. Rousseau, XIX, 139. — La banqueroute de La Valette provoque l'examen de leur constitution, XXI, 374. — Louis XV veut les réformer paternellement; Clément XIII s'y oppose, et les perd, 375. — Les parlements leur ôtent leurs collèges et leurs biens, *ibid.* — Un édit de 1764 abolit leur ordre en France, 376. — Sont détruits dans presque tous les pays qui ont été le théâtre de leur puissance, 377; XXII, 354. — Et pourquoi, XLV, 310 *et suiv.* — Accusés par les jansénistes d'un crime dont l'Europe et Damiens les ont justifiés, LX, 585. — En 1767, sont chassés d'Espagne, LXIV, 207, 214. — Entièrement abolis, en 1773, par une bulle de Clément XIV, XXI, 377, 386; XXII, 361. — Plaisanteries et bons mots rapportés par d'Alembert à cette occasion, LX, 247. — Vers y relatifs, XIV, 474; LXI, 72. — De l'Histoire de leur destruction, par d'Alembert. (*Voy.* Destruction des jésuites.) — Comment traités en France après leur suppression, XXXIV, 59. — Pourquoi Frédéric II les conserve en Prusse, XXXIX, 377; XLVIII, 3; LXX,

383. — D'un projet de les rétablir en France, formé en 1774, LXVIII, 453, 469. — Lettre à ce sujet, attribuée à un ecclésiastique, XLVIII, 1 *et suiv.* — S'ils reparaissaient, ce ne serait que pour être en horreur à la France, LXVII, 238. — Comment Voltaire contribua à faire restituer, par des jésuites de son voisinage, un domaine considérable qu'ils avaient usurpé sur six frères, gentilshommes suisses, I, 242; XLV, 147; XLVIII, 365; LIX, 174, 213, 214, 223; LXIX, 352. — Étaient les plus orgueilleux des moines, et ne durent leur chute qu'à leur orgueil, XXX, 429. — D'où leur venait ce péché de la superbe, 430. — Comment devinrent successivement confesseurs des rois, *ibid.* — Indécence de leurs livres polémiques; comment y traitaient les parlements, 431. — Mettaient leur principale vanité à s'emparer de la dernière heure d'un mourant, 433. — Avaient l'orgueil de faire des missions en France, et de s'y conduire comme s'ils eussent été chez des Indiens ou des Japonais, 434. — Quel fut le premier roi en Europe qui ne voulut pas d'un jésuite pour confesseur, XXI, 13. — Comment peints par l'Université de Paris dans tous ses procès contre eux, XLVII, 192. — Imprudents au dernier excès tant qu'ils furent puissants; quand ils n'écrivaient pas des lettres de cachet, écrivaient des libelles, XLIV, 482. — Réflexions sur la part qu'ils prirent à l'assassinat du roi de Portugal, XL, 120. — De leurs missions dans l'Inde, et de leurs *Lettres édifiantes*, XXXI, 232. — Abus de leurs missions dans l'intérieur du royaume, XLVIII, 7. — De leurs succès littéraires, XII, 373. — Parade jouée chez Voltaire, en 1763, à deux jésuites, LX, 551, 580. — Leur société, comment qualifiée, LXII, 149. — Inscription épigrammatique pour une estampe représentant N.-S. Jésus-Christ habillé en jésuite, XIV, 328; XXVIII, 223; XXXVII, 92. — Autres vers épigrammatiques à l'occasion de l'incendie de leur collége à Paris en 1726, LXIX, 560. — Facéties publiées contre eux: *l'Empereur de la Chine et le frère Rigolet*, XLIV, 33. — *Le Mandarin et le Jésuite*, 57. — *Relation de la maladie du jésuite Berthier*, XL, 12. — *Relation du voyage du frère Garassise à Lisbonne*, 23. — Lettre

JES JÉS 427

de Charles Gouju à ses frères, 340. — Balance égale, 460. — Petit avis à un jésuite, 465. — Avis à tous les Orientaux, espèce de manifeste contre leur société, XLIII, 609. — Lettre d'un bénéficier au P. Le Tellier, sur leur doctrine, XLI, 338. — N'ont été persécutés que parcequ'ils ont été persécuteurs ; avis aux intolérants, ibid. — Ridicule de leurs querelles avec les jansénistes, XIII, 260. — Comparés avec eux, XIV, 444 ; XXXIV, 92 ; XL, 464. — Ce qu'on devrait faire des uns et des autres, LIX, 419, 536, 539 ; LX, 152 ; LXIV, 314, 381.

Jésuitesses (communautés des). Abolies dès le 17e siècle par Urbain VIII, XIX, 10.

Jésus. Sa génération, sujet d'interminables disputes entre les doctes, XLIX, 463. — Son baptême, 471. — Histoire de sa famille, trouvée sous l'empereur Justinien, XLV, 346. — Version de Desposines sur sa généalogie, ibid. — Contradictions qu'offre son histoire dans saint Luc et dans saint Matthieu ; et comment on a prétendu les concilier, XXVIII, 64 et suiv., 213 ; XXIX, 537 ; XL, 621 ; XLIII, 25, 99 ; L, 431. — Des évangiles de son enfance, et des contes ridicules qui en sont extraits, XLIII, 102 ; XLV, 349, 390, 394. — Quelles furent ses aïeules, XLIII, 67 ; XLVI, 71 ; XLIX, 89. — Observations sur sa personne, XLIII, 80. — Histoire monstrueuse de sa vie, connue dès le 2e siècle, 84 ; XXXI, 197. — Autres observations sur les prodiges qu'il opéra, XLIII, 86. — Sur sa conduite avec les marchands dans le temple, 87. — Sur ses sermons, 88. — Plaisanteries au sujet de son enlèvement par Satan sur une montagne, XIV, 19 ; XLII, 269 ; XLIX, 472. — Et de son entrée à Jérusalem sur un âne, XI, 406. — Prédit comme prochaine la fin du monde, qui n'est pourtant pas encore arrivée ; réflexions et sarcasmes à ce sujet, XLI, 112, 113 ; XLIII, 579. — Des miracles qui ont manifesté sa puissance ou sa bonté, XLII, 148. — De ceux par lui promis, 158. — Fragment de la chanson qu'il chanta la veille de sa mort, selon les apôtres Jean et Matthieu, XXVI, 95 ; XLIII, 104 ; L, 441. — Dissertation au sujet des ténèbres dont on rapporte que la terre fut couverte avant qu'il rendit l'esprit, XXVIII, 497 et suiv. — Evangile de sa Passion et de sa résurrection, XLV, 432. — Extrait de Jean d'Antioche au sujet de sa mort, 484. — Ce qui a été écrit de sa descente aux enfers, et qui, le premier, imagina ce voyage, XLIII, 89, 170. — D'où l'on estime que l'idée en est prise originairement, XXIX, 120. — Sa correspondance supposée avec le prétendu roi de la ville d'Edesse, XV, 360, 368 ; XXVI, 460 ; XLIII, 124 ; XLIV, 175. — Prétendu édit de Tibère pour le mettre au rang des dieux de l'empire, XV, 368 ; XLII, 149 ; XLIII, 121 ; XLIV, 176. — Prophéties attribuées aux sibylles à son sujet, XV, 140 ; XLIV, 176. — Autres, attribuées aux livres juifs, XLV, 266 et suiv. — Quelle idée il faut se former de Jésus et de ses disciples, XLIII, 91. — Il était doux et tolérant, mais ses sectateurs ont été, de tout temps, inhumains et barbares, XLI, 327 et suiv. ; XLIII, 262 ; LXI, 240. — Se conformait aux préjugés et au langage des paysans galiléens, XIV, 264. — Ce qu'était probablement l'histoire véritable de sa vie, que chaque écrivain s'est piqué de rendre merveilleuse, XLI, 404. — Ce qui résulte du chaos des histoires écrites contre lui par les Juifs, et en sa faveur par les chrétiens, XLIII, 587. — Ce qu'en pensent les théistes ; à qui ils le comparent, et comment ils le révèrent, XLIV, 135. — N'institua point de religion nouvelle, ni rien qui eût le moindre rapport aux dogmes chrétiens, ibid. ; XXX, 505. — Les théistes disent être seuls de sa religion, XLIV, 136. — De son histoire d'après les quatre évangiles, qui se contredisent, XL, 621 ; XLIII, 99. — De ses différentes aventures, XL, 623. — De sa transfiguration et de sa mort, ibid. — Sa secte subsiste cachée, et s'amalgame avec la métaphysique de Platon, 624. — Reconnu pour Dieu au bout de trois cents ans, 625. — Questions relatives à sa naissance, à sa vie, à ses miracles, XLIII, 26 et suiv. — Sur quoi se fondaient ceux qui ont nié son existence, XLVI, 203. — Ce qu'il était réellement, 204. — S'il fut en effet à la tête d'une faction, ou s'il eut seulement des disciples, ibid., 207. — Rien ne prouve qu'il mérita le supplice dont il mourut, 211 et suiv. — Était enthousiaste de bonne foi, 213. — Preuve que les apôtres ne croyaient pas à sa divinité, 217. — De ses mœurs et de l'établissement de sa secte, 223. — De ceux qui nient absolument ses miracles, XXXI, 219 et suiv. — De ses disciples, L, 444. — Comment on a corrompu sa religion simple et naturelle, XLI, 402 et suiv.; XLIII, 288. — Sa divinité reconnue au grand concile de Nicée; pourquoi ne l'est pas par les sociniens, XXVIII, 435; XL, 379; XLVI, 253. — Homélie sur sa doctrine et sur sa morale, XLIV, 370 et suiv. — Reçut le baptême de Jean, mais ne baptisa jamais personne, XXVII, 288; XXVIII, 267; XXXVII, 119. — Judaïsa toute sa vie, XXXII, 378. — Fut soumis à la loi de Moïse, depuis le moment de sa naissance jusqu'à celui de sa mort, XLI, 111; XLII, 179; XLIII, 104; XLVI, 216. — Ses disciples eux-mêmes furent constamment juifs, XLV, 278 et suiv.; XLVI, 216. — N'a pas voulu établir une Eglise chrétienne, et n'a pas fait sa religion, 215; XLI, 111. — Les dogmes chrétiens sont absolument différents des siens, XLVI, 249. — Vers sur la beauté sa morale, XII, 19, 97. — Autres en l'honneur de sa Passion, III, 188. — Railleries sur le même sujet, XIII, 205. — Autres vers pour et contre sa divinité, dans le *Saint-Genest* de Rotrou, XXXV, 332. — Il peut fournir un ouvrage sublime, XVI, 429. — Abrégé critique de son histoire dans le *Pour et le Contre*, XII, 17 et suiv. — Autre, dans le *Sermon des Cinquante*, XL, 621. — Assertion importante de saint Irénée sur l'âge qu'il avait réellement quand il mourut, XLIII, 140. — Précis et examen de son histoire, telle qu'elle est rapportée dans les Evangiles, XL, 621 et suiv. — Autres abrégés de sa vie, XXXIV, 257; XLVI, 71. — Dans les *Actes des Apôtres* et dans les discours de Paul, n'est jamais regardé que comme un homme, XL, 378; XLIII, 108; XLIX, 479. — N'a jamais dit qu'il fût dieu et homme tout ensemble, XLIV, 180. — Disputes ridicules sur ses deux natures, qui furent reconnues au concile d'Éphèse, XXXVIII, 78, 140; XLIII, 191. — Comment devint dieu par la suite, XLIV, 181; XLV, 241. — Objections sur les miracles apportés en preuve de sa divinité, XLI, 118; XLIII, 583. — Autres, sur les prodiges opérés à sa mort, XLIX, 480; L, 444. — Discours impertinents et barbares que les évangélistes lui attribuent, XLI, 403, 409, 410; L, 441. — Pourquoi fut appelé *Christ* et sa doctrine *christianisme*, XXVIII, 125. — Sa mort comparée à celle de Socrate, XLI, 328 et suiv.; XLIII, 290; XLIV, 135. — Des prophéties qui ont annoncé sa manifestation future, XV, 142, 441; XXII, 4 et suiv. — Relation de son apparition visible et miraculeuse, en 1771, dans l'église de Paimpol, en Basse-Bretagne, 259. — Copie de la prétendue lettre qu'il y laissa, 260. — Observations sur cette imposture, 263, 479; LXVII, 239. — Détails facétieux à son sujet dans la *Pucelle*, XI, 406. — De son horoscope fait après coup par Albert-le-Grand et le cardinal d'Ailly, XXVII, 154. (Voy. *Chrétiens*, *Christianisme*, *Christiade*, *Religion chrétienne*.)

Jésus-Christ (Histoire critique de). Passage qu'on en cite, XXVI, 124. — L'auteur anonyme de cet ouvrage est le baron d'Holbach, *ibid.*; LXVII, 283. (Voy. HOLBACH.)

JETZER. Frère-lai dont les dominicains abusent étrangement à Berne, XVII, 257. — On veut l'empoisonner lorsqu'il a reconnu l'imposture; il leur échappe et les dénonce aux magistrats; procès à ce sujet, 258 et suiv. — Autres détails de son histoire singulière et de ses suites, XXVII, 378; XXXII, 463; XLII, 405 et suiv.

Jeu. Resserre l'ame, XXXIV, 76. — Amène l'ennui, XII, 523; LV, 178. — Description d'une maison de jeu, XXXIII, 300. (Voy. *Biribi*, *Cartes*, *Hocca*.)

Jeûne. D'où a pu en venir la coutume, XXVI, 426; XXVII, 455. — Autres questions et réflexions y relatives, *ibid.* et suiv.; XLI, 393.

Jeunes gens. Leurs amitiés prétendues, XII, 36. — Sont tous compatissants, IV, 393. — Ont souvent bien du bon, VIII, 368. — Sortie contre les jeunes pédants, 354. — Autres contre les précoces Catons, 367, 369, 373. — Portrait d'un beau jeune homme, XI, 195. (Voy. l'article qui suit.)

Jeunesse. Imprudente, se trahit aisément, II, 76. — Bouillante, est facile à séduire, 378. — Il ne faut jamais en désespérer, IV, 333. — En esprit, comme en amour, hasarde quelquefois ses prémices; vers à ce sujet, XIII, 152. — Est le temps des illusions, V, 45.

Jeux floraux. (Voy. TOULOUSE.)

JOACHIM Ier (*Nestor*), fils de Jean-le-Cicéron. Electeur de Brandebourg au 16e siècle; Notice, XXIII, 28.

JOACHIM II (*Hector*), fils du précédent, aussi électeur de Brandebourg. Se joint à Maurice de Saxe contre Charles-Quint, XXIII, 517 *et suiv*. — Sa mort en 1571, 28.

JOANNET (l'abbé). Collaborateur du *Journal chrétien*, XIV, 187, 235.

JOANNIC, roi bulgare. Pourquoi déclare la guerre au pape Innocent III et à ses croisés, XXVII, 432. — Sa cruauté envers le prétendu empereur Baudouin, *ibid*.

JOB. Le livre allégorique qu'on lui attribue est manifestement arabe et antérieur à tous les livres juifs, XV, 26; XXVI, 522; XLVI, 162. — Est le monument le plus précieux, et le plus ancien des livres qui aient été écrits en deçà de l'Euphrate, XXVI, 524; XLIII, 270. — Il y est parlé du commerce de l'Inde et de ses toiles peintes, XLVII, 420. — C'est là que Satan paraît pour la première fois, XV, 27, 218, 287. — Interpellation que lui fait Voltaire, XXX, 435. — Preuve de son antériorité à Moïse, 438; XLI, 148. — Pourquoi l'on a prétendu qu'il connaissait le dogme de la résurrection, XXXII, 133. — Calmet veut qu'il ait été attaqué du mal vénérien, XLIX, 143.

JOB, archevêque de Novogorod. Est sacré patriarche au 16e siècle, XXV, 71.

Joconde (conte de). Est écrit dans les plus anciens livres orientaux, XLVII, 453. — Du jugement porté par Boileau sur le *Joconde* de l'Arioste et sur celui de La Fontaine, XLI, 562.

Jodelets (les). Par qui ont été mis à la mode, XXVII, 410.

Joie. Est passagère, XII, 50. — Légère et trompeuse, XI, 170. (Voy. *Gaieté*.)

JOINVILLE. Prisonnier en Égypte avec saint Louis, XVI, 206. — Nous n'avons de son *Histoire* qu'une traduction infidèle, *ibid*. — Contes ridicules qu'on y reprend, *ibid.*; XXIV, 4; XLI, 128. — Rapporte qu'il confessa un chevalier, XV, 448; XXVIII, 160; XLII, 680. — Pourquoi ne voulut pas accompagner saint Louis à la seconde croisade, XVI, 211. — Cité au sujet des indulgences obtenues par le cardinal de Lorraine, XVII, 238.

JOLANDA. (*Voy*. VIOLANTA.)

JOLI (*Guy*), conseiller au Châtelet, et depuis secrétaire du cardinal de Retz. Ses *Mémoires*, appréciés; particularités curieuses qu'ils contiennent, XIX, 125. — Moyen bas et odieux qu'il employa pour faire accroire que la cour avait voulu l'assassiner, 297.

JOLI DE FLEURY, père d'*Omer*, et procureur-général en 1742. Ce qu'il écrivait au lieutenant de police Marville pour faire défendre la tragédie de *Mahomet*, XLVIII, 334; LIV, 470. — Mort en 1756, *ibid*.

JOLI DE FLEURY, fils aîné du précédent, procureur-général en 1766. Sa conduite dans le procès de Lalli, XLVII, 400 *et suiv*.

JOLI DE FLEURY (*Omer*), frère du précédent, et avocat-général. Détracteur de Bayle, LVII, 62 *et suiv*. — Allusion à son fameux discours contre le philosophe de Rotterdam, XII, 200 *et suiv*. — Persécute les encyclopédistes; est apostrophé à ce sujet du nom d'*Anitus*, LVIII, 197, 413. — Son réquisitoire contre l'*Encyclopédie*, dont il obtient la condamnation en 1759, et critique qu'on en fait, XL, 117 *et suiv.*; LIX, 192; LXII, 60. — Autre réquisitoire contre le livre *de l'Esprit*, par Helvétius, LVIII, 501. — Autre, contre l'*Émile* de J.-J. Rousseau, LX, 296, 387. — Autre, contre M. de Beaumont, LXI, 306, 310. — Son insolente hypocrisie le rend la honte du parlement de Paris, LXII, 369. — Fut un des protecteurs déclarés de la comédie des *Philosophes*, LVIII, 396. — Aurait pu passer pour l'avocat-général de Dioclétien ou de Galérius, LXII, 60. — Apostrophé sous le nom d'*Acanthos* dans une facétie de l'auteur, XL, 149. — Autres facéties au sujet de son réquisitoire contre l'inoculation, XLI, 16; XLVIII, 23 *et suiv.*; LXI, 73. — Termes méprisants dans lesquels on en parle, XL, 156; LVIII, 202, 276, 479; LIX, 289, 300, 498; LX, 296, 386; LXII, 320. — Portrait satirique qu'on en fait, XI, 257, 391; XIII, 228, 230, 231, 235; LIX, 277, 339. — Sorties diverses dans lesquelles Voltaire le voue à l'exécration publique, 289, 300, 315, 324, 417, 464.

JOLI DE FLEURY DE LA VALETTE, conseiller d'état, ancien intendant de Bourgogne. Son séjour aux Délices, en 1760, avec le fils d'Omer, son neveu, LIX, 77, 81, 88, 89, 91, 104, 106, 130. — Lettre qui lui est adressée, en 1771, en faveur des serfs du mont Jura, LXVII, 38.

JONAS (le prophète). Commentaire sur son naufrage et sur son séjour dans le ventre d'une baleine; fable prise des fables grecques, XLIX, 411 *et suiv.* — Questions et plaisanteries à son sujet, XXXIII, 26; XLII, 199; XLIII, 24, 210. — Rôle que son poisson joue dans le *Taureau blanc*, XXXIV, 279, 283.

JONATHAS, fils de Saül. Sa victoire miraculeuse sur les Philistins, XLIX, 262. — Pourquoi fut à la veille d'être immolé; commentaire à ce sujet, 264.

JOHNSON (*Ben*). Dégrossit la barbarie du théâtre anglais, XVIII, 286. — Auteur d'une tragédie historique de *Catilina*, VI, 300. — Y fait parler Cicéron en prose, *ibid.*

JOHNSON (*Samuel*), éditeur du théâtre de Shakespeare. Compte la bouffonnerie et l'ivrognerie parmi les beautés du théâtre tragique, XXVII, 72.

JONQUAY (LIÉGARD, surnommé DU). Son affaire avec le comte de Morangiès, XLVII, 6 à 70, 157, 209, 222, 229, 245 à 292; LXX, 82. (*Voy.* MORANGIÈS.)

Jonques. Sorte de bateaux usités en Asie, et sur lesquels Koublaï, maître de la Chine, envoya une armée de cent mille hommes pour conquérir le Japon, XVI, 230 *et suiv.*

JONQUIÈRE (marquis de LA). (*Voy.* LA JONQUIÈRE.)

JORDAN (*Charles-Étienne*), bibliothécaire de Frédéric II à Berlin. Ce qu'en dit ce prince, LII, 405. — Vers de Voltaire à sa louange, XIV, 375; LIV, 385. — A écrit la *Vie de La Croze* en un volume aussi gros que la *Vie d'Alexandre*, XIX, 126. — Notice, LII, 405.

JORE, libraire. Comment Voltaire lui sauve la Bastille, LI, 249, 252. — Motifs de plaintes qu'il a contre lui, au sujet de la publication des *Lettres anglaises* ou *philosophiques*, 477, 489, 493, 499, 503, 504. — Et ce qu'il lui écrit concernant cette affaire, LII, 229. — Comment Jore abuse de cette lettre, 245. — Publie contre l'auteur un libelle infame sous le titre de *Factum*, 246. — Se désiste ensuite, 247; LIII, 381. — Ses diverses lettres, de 1738 à 1773, dans lesquelles il avoue ses torts envers Voltaire, dont il implore le pardon, I, 334 à 338.

JOSEPH (le patriarche). Commentaire critique sur son aventure avec ses frères, et ses suites, XL, 607; XLIX, 85 *et suiv.* — Nous n'avons rien dans Homère de si touchant que cette histoire, qui a toujours passé pour un des morceaux les plus beaux de l'antiquité, 99; XXX, 440 *et suiv.* — Et qui a tout ce qui constitue un poème épique intéressant, 444. — Pièces de théâtre dont elle a été le sujet, XLIX, 99. — Toute cette histoire réputée une fiction, 103. — Conjectures sur l'époque où elle fut insérée dans le canon juif, 100. — Par qui Joseph est réputé le même que Lockman, qu'Ésope et que Salomon, 106. — Par qui comparé à Jésus-Christ, 86.

JOSEPH d'Arimathie. Bon Juif, qui donne la sépulture à Jésus sur le Calvaire, XXXII, 390. — Prophétie d'Isaïe à ce sujet; comment expliquée par le rabbin Isaac, *ibid. et suiv.*

JOSEPH Ier, empereur d'Allemagne. Couronné roi héréditaire de Hongrie à l'âge de neuf ans, XXIII, 649. — Trois ans après, est élu roi des Romains, 652. — Assiste, en 1704, au siège et à la prise de Landau par les alliés, XX, 38. — Son avènement à l'Empire, et capitulation qu'il signe en cette circonstance, XXIII, 652. — Comment, d'un trait de plume, il devient maître paisible en Italie, XX, 54. — Fait mettre au ban de l'Empire les électeurs de Bavière et de Cologne; dureté dont il use envers eux, 55. — Despotique dans l'Empire et maître de Landau, il voit le chemin de Paris presque ouvert par la prise de Lille, 69. — Force le pape Clément XI à reconnaître l'archiduc Charles, son frère, comme roi d'Espagne, 70. — Heureux partout, n'est nulle part modéré dans son bonheur, 86. — Triomphe des mécontents en Hongrie, 87. — Pourquoi n'eut rien par les traités de Rastadt et d'Utrecht, 106. — Etranges réquisitions de Charles XII, auxquelles il est forcé de consentir, XXIV, 160. — Sa réponse à l'internonce du pape, qui lui adressait des reproches très vifs à ce sujet, 161. — Son règne heureux, XXIII, 652. — Ses divers actes de despotisme, *ibid. et suiv.* — Agit véritablement en empereur romain dans l'Italie, 653. — Meurt à trente-trois ans, dans le cours de ses prospérités, 655; XX, 95. — Quelles furent les suites de sa mort, 96. — Ne fut pas plus grand guerrier que son père Léopold, 55. — Notice qui le concerne, XXIII, 20.

JOSEPH I*er*, roi de Portugal (appelé à tort Joseph II dans le *Siècle de Louis XIV*). Epouse l'infante d'Espagne, fille de Philippe V, mariée dans son enfance à Louis XV, et renvoyée en 1725 de la cour de France, XXI, 31. — Chasse les jésuites de sa cour, 370. — Est assassiné par les familles Tavora et Ataïde, *ibid. et suiv.* — Cet attentat commis à l'instigation des jésuites Malagrida et autres, 371; LVIII, 32. — Ne peut obtenir de la cour de Rome la permission de faire juger chez lui les assassins; est obligé de les livrer à l'inquisition comme hérétiques, XXI, 372; XL, 371. — Leur punition, XXI, 372; LVIII, 32.

JOSEPH II, empereur d'Allemagne. Visité, en 1770, par Frédéric II en Moravie; portrait flatteur qu'en fait ce prince, LXVI, 417. — Son voyage en France en 1777, sous le nom de *comte de Falkenstein*, LXX, 272. — Frédéric fait espérer à Voltaire qu'il recevra sa visite à Fernei; vers à ce sujet, 291, 299. — Réponse de l'auteur sur cette prophétie, qui ne s'est point accomplie, 318. — Quelle en fut la cause, selon Frédéric, 319, 372. — Autres détails à ce sujet, 304, 312, 321. — Application que le public de France lui fit de plusieurs vers d'*OEdipe*, II, 134. — Ses sages règlements sur les moines et sur leurs différentes institutions, XVII, 341. — Ridicule tribut dont il s'affranchit, XX, 109. — Notice, XXIII, 661.

JOSEPH (le P.) DU TREMBLAI, capucin. Agent du cardinal de Richelieu; son portrait, XVIII, 221. — Par quels moyens décide Louis XIII à faire arrêter sa mère Marie de Médicis, *ibid.* — Passage d'une lettre que l'auteur de sa *Vie* suppose lui avoir été écrite par le cardinal de Richelieu, à son avènement au ministère, 197. — Négociation qu'il entama avec les calvinistes, XX, 375. — Le traité *de l'Unité du Ministre*, qu'il est supposé avoir présenté à Louis XIII, mis au rang des mensonges imprimés, XLII, 30.

JOSEPH-CLÉMENT, électeur de Cologne. Porté en 1688 à cette principauté par l'empereur et le pape réunis, l'emporta sur le cardinal de Furstemberg, que protégeait Louis XIV, XIX, 458; XXIII, 24. — Lié intimement à la France dans la guerre de la succession d'Espagne, ainsi que son frère Maximilien-Emmanuel, électeur de Bavière, XIX, 527. — Chassé de ses états par la défaite de Bleinheim, se réfugie à Bruxelles, XX, 36. — Mis au ban de l'Empire, en 1706, par Joseph I*er*, 55. — Est rétabli dans ses états et dans son rang par les traités de Rastadt et d'Utrecht, 105, 108. — Sa mort en 1723, XXIII, 24.

JOSÈPHE (*Flavien*). Le seul historien juif qui passe pour avoir écrit raisonnablement, XLVI, 146; XLIX, 219. — Éloge de la traduction qu'en a faite Arnauld d'Andilly, XIX, 50. — Était homme de guerre et de la secte des pharisiens, XXXII, 399. — Son opinion sur l'érection de la tour de Babel, XI, 71. — Rêveries dont il a surchargé les livres saints, et fables extravagantes qu'il a débitées sérieusement, XV, 203 *et suiv.*; XLVI, 146 *et suiv.* — Son conte absurde concernant Alexandre et les Juifs, XV, 208. — Ridicules hyperboles qu'il a employées, et peines qu'il s'est données pour faire valoir, dans toutes les occasions, sa malheureuse patrie; pourquoi on peut les lui pardonner, IX, 324; XV, 155, 156, 225, 226; XXVI, 166; XLII, 227. — Comment a avili sa nation en croyant lui faire honneur, XXXIX, 302. — N'a cité aucun auteur égyptien qui fasse mention des prodiges de Moïse, XLIII, 51. — Contemporain de Jésus, n'a rien dit de lui ni des chrétiens, XV, 347; XXXVII, 66; XLI, 107. — Les six lignes qu'on lui attribue au sujet de Jésus ont été maladroitement interpolées dans son *Histoire*; cette falsification démontrée, XV, 361; XXVIII, 63; XL, 624; XLII, 150; XLVI, 202. — Singulières excuses qu'il donne de ce que l'histoire juive a été si long-temps inconnue, XXVII, 256. — De sa prophétie sur l'élévation de Vespasien et de Titus à l'empire, xv, 134. — De la prédiction sur la fin du monde, qu'il attribue à Adam, xxix, 425; l, 456.

Josias, roi des Juifs. On ne trouve, sous son règne, qu'un seul exemplaire du livre de la loi juive, xlix, 371. — Il établit exclusivement le culte d'Adonaï, à l'occasion de la découverte du *Pentateuque;* quelle fut sa conduite dans cette circonstance, et commentaire à ce sujet, *ibid. et suiv.* — Sa mort, 373.

Josse, marquis de Brandebourg et de Moravie. Elu empereur d'Allemagne, meurt trois mois après, xxiii, 15, 370. — Avait vendu au duc d'Orléans, frère de Charles VI, le duché de Luxembourg, qu'il avait acheté lui-même à Venceslas, 366.

Josse (*François*), libraire. Lettre que lui écrit l'auteur, en 1733, relativement aux souscriptions de la *Henriade*, li, 349. — Editions secrètes que lui et son cousin René donnent successivement des *Lettres philosophiques,* et plaintes de Voltaire à ce sujet, 500, 504; lii, 231.

Josué. Le livre qu'on lui attribue, expliqué et commenté, xlix, 185 *et suiv.* — Pourquoi ne paraît pas être de lui, 192, 194, 199. — Des cruautés auxquelles il se livra après la prise de Jéricho, et de sa clémence envers la prostituée Rahab, xv, 165, 182; xliii, 66; xlix, 186 *et suiv.* — Plaisanteries sur ses aventures, xxxiv, 311; lxiv, 96. — Ressemblances de son histoire avec celle de Bacchus, xv, 125. — Manière dont il faisait la guerre, xlix, 189. — Sorties violentes de milord Bolingbroke et de Boulanger au sujet de son histoire, 191, 193. — Observations sur son grand miracle d'arrêter le soleil et la lune, 195; xliii, 16, 17. — Vers y relatifs, xii, 503.

Joueurs. (*Voy. Jeu.*)

Jourdain, fils de l'anti-pape Pierre de Léon, au 12e siècle. Elu patrice par les Romains, qui tentèrent de rétablir l'ancienne république, xvi, 296; xxiii, 182. — Eut le pouvoir tribunitial, *ibid.*

Jourdain (le). Commentaire sur le passage de ce fleuve par les Israélites, xlix, 187. — Comparé à la rivière d'Aar chez les Suisses, xvi, 154.

Jourdan (comte), de la maison des princes normands. Chef d'une conjuration contre l'empereur Henri VI, xxiii, 220. — Supplice extraordinaire dont il périt, *ibid.*

Journal chrétien. Plaisanteries contre ce journal, et Notice sur ses auteurs, xiii, 282; xiv, 187, 233; xl, 154. — Procès criminel qui leur est intenté par Saint-Foix, xii, 467; xiv, 187; xxxii, 68; xlii, 651.

Journal de la cour de Louis XIV. N'est autre chose qu'un extrait des Mémoires manuscrits de Dangeau. (*Voy.* ce nom.)

Journal de Trévoux. Libelle périodique contre les philosophes; traits satiriques contre ses auteurs, x, 127; xi, 60; xii, 479; xiv, 187, 198. — Facétie dont ils sont l'objet, xl, 18. — Ce journal ne concilie à ses auteurs ni l'estime ni l'amitié des gens de lettres, xx, 440. — Tombe avec les jésuites, xiv, 188.

Journal des savants. Uniquement dicté par l'amour des lettres, xii, 478. — Qui en conçut l'idée, et quels furent ses premiers rédacteurs, xix, 115; xx, 202. — Mémoires et fragments que Voltaire y a insérés, xxxvii, 412, 569.

Journal économique. Plaisanteries sur des systèmes qu'il rapporte, xxxiv, 41.

Journal encyclopédique. Regardé comme le premier des journaux mensuels de l'Europe, vii, 18. — Lettres adressées à ses auteurs, xl, 129, 305; xlvi, 436; xlvii, 200.

Journaliste (Conseils à un), pour que son ouvrage réussisse, xxxvii, 358. — Comment il doit traiter de la philosophie et des sciences exactes, 359. — De l'histoire, 362. — De la comédie, 367. — De la tragédie, 369. — Des pièces de poésie, 373. — Des mélanges de littérature et des anecdotes littéraires, 379. — Langues qu'il doit savoir, 388. — Règles qu'il doit se prescrire quant au style, 391; xxix, 536.

Journalistes et *Folliculaires.* Comment caractérisés, lxix, 18. — Comment dépeints dans la *Vision de Babouc,* xxxiii, 18. — Et dans l'*Ingénu,* 431. (*Voy. Folliculaires* et *Libellistes.*)

Journaux. S'établirent sous Louis XIV; quel en est le père, xx, 300. — Qui perfectionna ce genre, et qui le déshonora, xix, 115, 202. (*Voy. Gazette.*)

Journée des dupes. Ce que l'on a appelé ainsi, xviii, 217. — Fut l'époque de la disgrace et du pouvoir absolu de Richelieu, *ibid.* — On peut encore donner ce nom à celle du prétendu triomphe du duc de Bourbon sur le cardinal de Fleury, qui réussit à le faire exiler, XXI, 34.

Jours gras, jours maigres. Distinction que Jésus-Christ n'a jamais connue, XLIII, 571 *et suiv.* (Voy. *Maigre* et *Carême.*)

Jours heureux ou néfastes. La coutume de les marquer, familière aux Romains, est prise des nations asiatiques, XVIII, 438.

JOUVENCI (*Joseph*), jésuite, et historien de sa compagnie. Cité au sujet des novices des jésuites enrôlés pour l'armée de la Ligue, XVIII, 125; XXII, 157. — Justifie ses confrères Guéret et Guignard, impliqués dans le procès du régicide Jean Châtel, 182; XVIII, 149; XIX, 125. — Son livre condamné par le parlement, *ibid.* — Pourquoi comparait le président de Harlay à Pilate, et le jésuite Guignard à Jésus-Christ, XL, 17. — Notice qui le concerne, XIX, 124. — A eu le mérite obscur d'écrire assez bien en latin; son livre *De ratione discendi et docendi* est un des meilleurs qu'on ait en ce genre, *ibid.*

JOUVENEL DES URSINS (*Jean*), avocat, puis prévôt des marchands sous Charles VI. Son courage, XVI, 395. — Sa noble conduite au parlement, *ibid.* — Chancelier du dauphin Louis; traits qui l'honorent, 396, 397. — Ses Mémoires cités au sujet du procès intenté à Charles de Valois devant le parlement de Paris, XXII, 38.

JOUVENEL DES URSINS (*Guillaume*), fils du précédent. Chancelier de France sous Charles VII, prend part au procès du duc d'Alençon, XXII, 41 *et suiv.*

JOUVENEL DES URSINS (*Jean*), frère de *Guillaume* et archevêque de Reims. Exhorte Charles VII à pardonner au duc d'Alençon, XXII, 41. — Est auteur d'une Histoire de son temps; ce qu'on en dit, XVI, 397.

JOUVENET (*Jean*), peintre célèbre. Élève de Le Brun, mais inférieur à son maître; pourquoi a peint presque tous les objets d'une couleur un peu jaune, XIX, 229. — Peignit également bien des deux mains, *ibid.*

JOVE. (*Voy.* PAUL JOVE.)

JOVIEN, successeur de Julien à l'empire. Règne avec bonté, XLV, 202.

JOYEUSE (*Anne* de). Mignon de Henri III, X, 46. — Son portrait, son caractère;. luxe des courtisans qui marchaient sous ses ordres, 115, 116. — Créé duc et pair, XVIII, 107. — Ce que Henri III, son beau-frère, dépense à sa noce, *ibid.* — Comment traité dans son ambassade à Rome, X, 115. — Donne la bataille de Coutras contre Henri IV, et périt dans cette journée; vers sur sa mort, *ibid.* — Avait un cœur digne de sa fortune, *ibid.*

JOYEUSE (*Henri* de), comte de Bouchage, frère du duc. Quitte et reprend tour-à-tour le froc et les armes; vers qui le caractérisent, X, 136. — Mot de Henri IV à son sujet, *ibid.* — Fut l'un des chefs de la Ligue, 261.

JOYEUSE (*François* de), cardinal. Officie, dans Saint-Denis, aux obsèques de Henri-le-Grand, XXII, 215.

JOYEUSE (*Jean-Armand* de), maréchal de France sous Louis XIV. Notice, XIX, 26.

JOYEUSE. Colonel d'un régiment français fait prisonnier à Hochstedt, et passé au service du roi Auguste, XXIV, 138. — Tué, en 1706, à la bataille de Frauenstadt, *ibid.*

JUAN (don) D'AUTRICHE, bâtard de Charles-Quint. Vainqueur à Lépante, XVII, 508. — Et à Tunis, où il tenta d'être roi, *ibid.;* XVIII, 8. — Nommé par Philippe II au gouvernement des Pays-Bas, n'est point reconnu par les états, 9; XXIII, 546. — Gagne une bataille inutile à Gemblours, et meurt au milieu des troubles, XVIII, 9. — Philippe II, son frère, est accusé de sa mort, sans autre preuve que l'envie de le rendre odieux, XXIII, 547. — Anecdote au sujet de sa victoire de Lépante, XVII, 508; XXIX, 418.

JUAN (don) D'AUTRICHE. Fils naturel de Philippe IV et d'une comédienne, et depuis beau-frère de Louis XIV, XIX, 18, 328; LX, 241. — Gouverneur de Flandre, XIX, 18. — Grand ennemi du jésuite Nitard, premier ministre d'Espagne, qu'il parvient à faire chasser, *ibid.;* XVIII, 260. — Seconde Condé dans la défense de Valenciennes, XIX, 326. —

Commande l'armée espagnole défaite près des Dunes par le maréchal de Turenne, 328 *et suiv.* — Sa mort, 18.

Juan (*Don*), ou *le Festin de Pierre*, comédie en prose, de Molière. Notice et anecdotes y relatives, xxxviii, 416. — Cette pièce, mise en vers par Thomas Corneille, 417; ii, 352; xxvii, 101.

Juana (dona), femme de Henri IV, roi de Castille. Ses galanteries, son impudicité, xvii, 40.

Jubilé. Ce que c'était que la loi du jubilé chez les Juifs, et pourquoi aucune nation n'a voulu l'adopter, xlviii, 550. — Du jubilé tout spirituel institué par Boniface VIII, 552; xvi, 260. — Autre, publié par Paul III, à l'ouverture du concile de Trente, xviii, 80. — Autre, établi de cinquante en cinquante ans, par Clément VI, 306. — Cérémonie qui n'est qu'une bien faible copie des anciens jeux séculaires, xxxi, 316.

Juda (le patriarche). Son inceste avec sa bru Thamar, et commentaire à ce sujet, xl, 607; xlix, 88.

Judaïsme. De toutes les religions est celle qui est le plus rarement abjurée, et pourquoi, xxx, 466. — Historiette concernant la supériorité de la loi mosaïque sur la loi chrétienne et sur la persane, xliii, 541. (Voy. *Religion juive.*)

Judaïsme (l'Esprit du). Ouvrage du baron d'Holbach, lxvii, 283.

Judaïtes. Secte fanatique parmi les Juifs; déterminés républicains, dont la religion était d'être libres, l, 423. — Furent cause de la mort de Jésus-Christ, xlix, 459. — Par qui pris pour des hérétiques, xxix, 13.

Judas. Ce qu'en dit l'évangile de Nicodème, xlvi, 206. — Secte qu'il forma, xxix, 13; l, 423.

Jude (saint). Frère de saint Simon, que l'on fête avec lui, xxvi, 464, 498.

Jude-Iscarioth. Son évangile, comment connu, xlv, 353.

Jude-Thadée (saint). Son évangile, xlv, 353. — Sa parenté avec Jésus-Christ, xxvi, 492, 499. — De son Épître sur Énoch et sur la chute des anges, xv, 220; xliii, 124, 269; xlvii, 435.

Judée (la). Sa position géographique, xv, 138; xvi, 154 *et suiv.*; xlviii, 446. — Tableaux hideux de cette contrée, xxx, 444 *et suiv.* — Sa pauvreté, xvi, 154. — Est comparée à la Suisse, *ibid.* — Et à la Corse, xlix, 115.

Judith (sainte). Commentaire sur son aventure avec Holopherne; âge qu'elle avait quand ce général en devint amoureux, xlix, 385 *et suiv.* — Vers qui font allusion à son meurtre, x, 176; xi, 40. — Autres, qui la caractérisent, 253, 340.

Judith, seconde femme de Louis-le-Débonnaire, et mère de Charles-le-Chauve. Notice, xxiii, 70, 71. — Gouverne son mari; est elle-même gouvernée par le comte Bernard, son amant, 73. — Accusée publiquement d'adultère par Vala, abbé de Corbie, *ibid.*; xv, 460. — Louis promet à son fils Pepin de la faire religieuse, xxiii, 74. — Sort cruel de son amant, à qui ce dernier fait crever les yeux, *ibid.* — Elle profite d'un moment de bonheur pour faire dépouiller Pepin de l'Aquitaine et donner ce royaume à son fils Charles, 75. — Est livrée à Lothaire, qui l'envoie prisonnière à Tortone, 76; xv, 463. — Est rendue depuis à son mari; 466, xiii, 78.

Jugements. Incertitude des jugements humains, iii, 284. — Leur iniquité, ix, 413. — Qu'un jugement trop prompt est bien souvent sans justice, vi, 355; vii, 187.

Jugements de Dieu. Combats ainsi appelés; ce qu'ils étaient, et quand ils avaient lieu, xv, 454; xxxix, 131. — Épreuves de l'eau froide, de l'eau bouillante et du fer ardent, xv, 454 *et suiv.*, 508. — Vers sur ces jugements, vii, 194, 195. — Par qui fut inventée la coutume des jugements de Dieu par l'épée ou par la lance, et réflexions à ce sujet, xlvii, 462. — Furent condamnés par la cour de Rome, plus sage à cet égard que les autres, xxix, 192; xlvii, 462. (Voy. *Épreuves.*)

Jugements par jurés. Que le droit d'être jugé par ses pairs est aussi ancien que les sociétés des hommes, xxii, 45. — Son établissement en Angleterre, xvi, 16.

Juges. Doivent être sévères, et non tyranniques, ix, 39. — Juges corrompus, comment punis dans l'autre vie, x, 246. — Quand des juges n'ont que l'ambition et l'orgueil dans la tête, ils n'ont jamais l'équité et l'humanité dans le cœur, LXVII, 170. — Traits satiriques contre eux dans la *Mort de Socrate*, VI, 526 *et suiv*. — Et dans *Zadig*, XXXIII, 61, 105 *et suiv*. — Si un juge doit juger selon sa conscience ou selon les preuves, XXVIII, 172. — Ce qu'il doit faire quand les lois sont obscures; dialogue à ce sujet, 179. (*Voy*. *Jugements, Justice, Procédure criminelle*.)

Juges (*Livre des*). Expliqué et commenté, XLIX, 202 *et suiv*.

Juifs (les). Silence que les anciens peuples ont gardé sur leur histoire, XV, 97; XLV, 122. — Quelle était leur origine, et observations à ce sujet, XXX, 473; XLVI, 142 *et suiv*. — Quand commencèrent à être connus, XV, 172. — Leur condition en Égypte, 173. — Leur sortie de ce pays, 174. — Leur marche dans le désert, 175. — En quel grand nombre ils y furent exterminés, 184. — De l'opinion qu'ils descendent d'une troupe de brigands que le roi Actisan bannit d'Égypte, après les avoir fait mutiler, XXIX, 451; XLIII, 398; XLVI, 144. — Sont un peuple très moderne, en comparaison des grandes nations dont ils étaient environnés, XLV, 123; LVIII, 208. — Se représentaient Dieu sous la forme humaine, XV, 217. — Croyaient à la pluralité des dieux, 18; XLIV, 117. — N'avaient aucune idée de l'ame immortelle; ne connurent ce dogme que long-temps après Alexandre, VII, 390; XV, 116; XXXIV, 412; XLV, 218; LX, 7; LXI, 184. — Elle n'est énoncée ni même supposée dans aucun endroit de leur loi, XXX, 463; XLVI, 160; XLVIII, 512. — Ils n'avaient point d'enfer, XV, 222. — Leur doctrine sur les anges et les diables, 216. — Ils ne les reconnurent que vers le temps de la captivité de Babylone, 223, 286, 308. — Furent presque les seuls anciens qui ne connurent pas les mystères, VII, 390. — Usages, fêtes et cérémonies qu'ils prirent des Égyptiens, XL, 280. — Ont adoré Priape, XXXIV, 443. — Cruauté de leurs prières, XV, 199. — Proscriptions pour un veau d'or, XI, 253; XV, 177. — Et pour une fille madianite, IX, 295; XI, 253; XV, 177. — Massacres et calamités, 163, 185; XXX, 481; L, 312 *et suiv*. — Énumération des assassinats que les Juifs commirent sur leurs frères, XI, 253; XL, 608 *et suiv*.; XLVIII, 459, 460, 481. — Si leurs femmes couchèrent avec des boucs, XXX, 484. — S'ils mangèrent de la chair humaine, *ibid*.; XVII, 407. — Lettre facétieuse à ce sujet, XL, 312. — Leurs sacrifices humains, IX, 294; XV, 163. — Que leur loi est la seule dans l'univers qui ait ordonné d'immoler des hommes, XLVI, 165 *et suiv*. — Des enfants juifs immolés ou mangés par leurs mères, IX, 294; X, 174; XXVI, 408; XXX, 487. — Leur histoire fut l'histoire des cannibales, XLIX, 180. — Eurent parmi eux des supplices recherchés, XLVIII, 563. — Calmet les a fait graver dans son *Dictionnaire de la Bible*, XLVII, 82. — Il y a environ quatre-vingts systèmes sur leur chronologie, et beaucoup plus de manières d'expliquer les événements de leur histoire, XXX, 204. — Questions sur les nombreuses invraisemblances qu'elle présente, XLIII, 7 *et suiv*. — Plagiats qui leur sont reprochés, XLVI, 193. — Si Dieu a été réellement, dans tous les temps, l'historien du peuple juif; et autres questions à ce sujet, XXX, 224; XLIV, 390 *et suiv*. — De leur captivité, XV, 186. — Sous les rois de Syrie furent attachés à leurs lois, 187. — Quand eurent une religion fixe et déterminée, XLVI, 147. — Ce que fut d'abord leur religion, 149. — Changements continuels qu'elle éprouva jusqu'au temps de la captivité, 155 *et suiv*. — En quoi elle consistait à leur retour de Babylone, 158. — Ne reçut de forme constante que depuis Esdras, 157; XLIX, 330; L, 417. — Ils commencèrent alors à avoir des prières réglées, XXXI, 318; XLVIII, 479. — De leurs prophètes, XV, 192. — Quand furent écrits leurs livres, XLVI, 159. — De la divinité qu'ils leur attribuent, XLIII, 56. — Ils ne les communiquèrent aux étrangers que sous Ptolémée-Philadelphe, XV, 124. — Leur haine contre toutes les nations, 190, 202; XLIII, 353 *et suiv*. — D'où leur venait cette horreur, XXX, 459; XLIII, 418. — La haine des nations contre eux, suite de leur législation, de leurs superstitions et de leurs barbaries, XVII, 54; XXXVII, 64. — Leur jubilé, XLVIII, 550. — Leurs lois militaires et de police, 552. — N'ont point décerné de peines contre les mères qui détruisent leur fruit, 554. — Pourquoi il leur est défendu de manger de la graisse et du boudin, *ibid.* — De leur propreté, 555.—De leur gaieté dans les fêtes, 557. — De la défense qui leur fut faite d'approcher de leurs femmes en certains temps, 559. — Observations critiques sur ce qu'il leur était interdit d'épouser des femmes étrangères, XLIX, 182. — Ils avaient chez eux deux baptêmes, XXVII, 288; XLVI, 200; XLVII, 451. — Combien Benjamin de Tudèle comptait de Juifs de son temps, XLIX, 361. — Ils regardaient la virginité comme un opprobre, 172, 218. — Turpitudes qu'on leur reproche, XXVII, 404. — Leur nation est la seule chez qui les lois ont été forcées de prohiber la bestialité, XLI, 303.—Qu'eux et leurs livres furent long-temps ignorés des autres peuples, L, 409. — Comment le platonisme pénétra chez eux, 419. — De leur transmigration en Égypte, 421. — Grande conformité que l'on remarque entre l'histoire sacrée du peuple de Dieu et les fables profanes, XXIX, 297; XLIII, 52, 53; XLIV, 163; XLV, 37; XLVI, 244; XLIX, 88, 113, 221. (Voy. *Histoire juive.*) — Des dix anciennes tribus juives qu'on dit être établies à la Chine, XLVIII, 225. — Lettre curieuse de l'empereur Adrien sur les Juifs d'Alexandrie, XXVI, 175; L, 452. — De leur dispersion, et de leur ferme attachement à la loi mosaïque malgré les persécutions, XXX, 465, 466.— De leurs superstitions, XLIV, 118 *et suiv.*; L, 426. — Furent toujours infatués de sortiléges, XLIV, 122. — Depuis quand font métier de la magie, XV, 158; L, 428. — Vers qui les caractérisent, X, 181, 191; XII, 17. — De l'étendue du pays qu'ils ont possédé, XLVIII, 446. — Examen critique de leur histoire, XL, 608 *et suiv.* — Ce qui les rendit si crédules sur tous les sortiléges, sur tous les enchantements des autres nations, XXXI, 254. — Quand ils sont présumés avoir eu des villes, XLVI, 147. — Des roitelets ou Melchim juifs, XXX, 483. — Leur gouvernement fut d'abord une véritable théocratie, puis une république anarchique, XXXII, 355. — Adoraient leur Dieu, mais n'étaient jamais étonnés que chaque peuple eût le sien, 371. — Leur extrême tolérance, XLI, 314; LXI, 322,

346, 354. — Comment pratiquent la confession, XLVII, 555. — En quoi ils pensent précisément le contraire de ce que font les chrétiens, XXXVII, 47. — Des prophéties contradictoires prises dans leurs livres, et qui semblent excuser leur obstination à ne pas reconnaître Jésus pour le Messie, XXXII, 10. — Notice de ceux d'entre eux qui ont attaqué la religion chrétienne par leurs écrits, XLIII, 541 *et suiv.* — Il n'y a qu'un absurde pédantisme qui puisse consacrer l'histoire d'un tel peuple à l'instruction de la jeunesse, XLV, 59. — Drame de *Saül*, où on le tourne en ridicule, VII, 332 *et suiv.* — Tableau de l'esprit des Juifs et de leur histoire, XXX, 446 *et suiv.* — Ont été enseignés par les autres nations, XV, 224; XLIII, 62. — N'avaient aucune industrie ni aucune philosophie, XXX, 458. — Leur ignorance en astronomie, XLVIII, 448. — N'apprirent quelque chose que dans les écoles des Arabes, au 9e siècle de notre ère, XLV, 256. — S'ils écrivirent d'abord sur des cailloux, XLVIII, 451.— Où et quand se formèrent dans l'art de l'usure, XXX, 462. — Moyen ingénieux qu'ils trouvèrent de sauver leur fortune; on leur doit les lettres de change, 469. — Leurs mœurs aussi abominables que leurs fables sont absurdes, XLIII, 66. — Leur histoire, depuis David jusqu'à la destruction de Jérusalem par les Romains, n'est qu'un tissu de forfaits consacrés, 70 *et suiv.* — De leur conduite après la captivité jusqu'au règne de l'Iduméen Hérode, XLVI, 194. — De leurs mœurs sous ce prince, 197. — De leurs sectes à cette époque, XXVIII, 54; XLIX, 451; L, 422.—De leurs divers temples, et de la prétendue magnificence qu'on leur attribue, XV, 153 *et suiv.* — S'ils furent magnifiques tandis qu'ils manquaient de tout dans le désert, et s'ils avaient assez d'or pour en composer un veau, XLVIII, 455. — Sommaire de leur histoire depuis les Macchabées jusqu'au temps de Jésus-Christ, XLIX, 430. — Combien on comptait chez eux de sociétés religieuses, dans les premières années qui suivirent la mort de Jésus-Christ, XXIX, 12. — Imprécations prophétiques contre eux, II, 262. — Leur condition sous les premiers empereurs, XV, 347 *et suiv.* — Comment regardés par Tacite et quantité d'autres célèbres historiens, XL, 405. — Tolérés dans Rome, y avaient une synagogue, XLVI, 63; LXIV, 584. — Vendus au marché sous Titus et sous Adrien, XV, 189. — Depuis Mahomet, ont cessé de composer un corps de peuple, 190. — Plusieurs familles établies en Chine deux siècles avant notre ère vulgaire, 281. — Massacrés en Allemagne par les croisés, XVI, 161. — Brûlés par eux à la prise de Jérusalem, 169. — Chassés de France par Philippe-le-Bel, qui s'empare de leur argent, 285. — Rappelés par le roi Jean, qui leur vend le droit de vivre et de commercer, 375. — Chassés de nouveau par Charles VI, XVII, 52. — Chassés d'Allemagne et dépouillés, XXIII, 393. — Tortures par lesquelles on arrachait de l'argent d'eux au 14e siècle, XVI, 519. — Chassés d'Espagne et dépouillés, sous Ferdinand et Isabelle, XVII, 46, 346; XXX, 393. — Brûlés tous les ans en pompe à Madrid et à Lisbonne, X, 175; XVII, 53. — Juifs portugais, chassés de France sous Louis XIII, restent pour la plupart à Bordeaux, XXII, 225. — Réflexions sur leurs diverses proscriptions, XLII, 493, 496. — Autres détails des vexations qu'ils éprouvèrent en Angleterre et en France, XXX, 468 *et suiv.* — Apostrophe aux tigres dévots qui les brûlent, XL, 376. — Leur état en Europe à différentes époques, XVII, 50 *et suiv.* — N'ont jamais eu d'établissements en Russie, XXV, 75. — Furent partout usuriers, selon le privilége et la bénédiction de leur loi, et partout en horreur par la même raison, XVII, 53. — Ont été sur le point d'obtenir le droit de bourgeoisie en Angleterre, *ibid.* — Protégés par l'empereur Charles IV, XXIII, 329. — Edit de Venceslas contre eux, 358. — Honte qu'ils essuient dans l'empire ottoman, XVIII, 429. — Il n'y a guère que Rome qui les ait constamment gardés, XVII, 52. — Combien on en compte actuellement en Europe, XLVIII, 531. — Vont partout où il y a de l'argent à gagner, LXVIII, 392. — Portrait d'un Juif usurier, XI, 149. — On peut parler beaucoup de ce peuple en théologie, mais il mérite peu de place dans l'histoire, XLI, 131.

Jule, frère du grand Constantin. Assassiné par son neveu Constantius, XLIII, 177.

Jules II (*Julien de La Rovère*), pape. Étant cardinal, fait élire Pie III, auquel il succède, XVII, 98. — Promoteur de la ligue de Cambrai contre Venise, 102. — Ennemi mortel des Borgia, 95. — Force César Borgia à rendre les villes qui lui restaient, 96; XXIII, 428. — Achève pour Rome l'agrandissement des états du Saint-Siége, commencé par Alexandre VI pour son fils, *ibid.* — S'empare de la Romagne, 431; XVII, 103. — Ses autres acquisitions, *ibid.;* XLIV, 341. — Son projet de chasser les Barbares d'Italie; il trompe Louis XII, XVII, 104 *et suiv.;* XXIII, 435 *et suiv.* — L'excommunie et met la France en interdit, XXVIII., 146; XXXIV, 262; XLIV, 342; XLV, 321. — Il donne ce royaume à Maximilien, qui ne peut s'en mettre en possession, XXVIII, 454. — Emploie jusqu'à des Turcs contre les Français, XVII, 107. — A soixante-dix ans, assiége en personne La Mirandole, *ibid.* — Aide Ferdinand V à s'emparer de la Navarre, 111. — Fulmine la bulle *In cœna Domini*, XXI, 384. — Sa bulle de la Croisade, XVII, 48; XXVII, 441. — Il fonde la grandeur temporelle des papes, XXIII, 436. — Incorpore à l'état ecclésiastique les duchés de Parme et de Plaisance, 490; XVII, 116. — Sa mort, XXIII, 436. — Guerrier auquel il ne manqua qu'une grande armée, 16. — Son portrait, XLIV, 342. — Pourquoi laissa croître sa barbe, XVII, 181. — Comment l'appelait l'archevêque d'Auch, ambassadeur de Louis XII, XXXII, 157. — Pourquoi sa mémoire est révérée des Italiens, LIV, 631. — Fut un mauvais prêtre, mais fut un prince aussi estimable qu'aucun de son temps, XVII, 105.

Jules III (*Ghiocchi*), pape. A peine élu, rétablit à Trente le concile transféré à Bologne par son prédécesseur, XVIII, 86. — Excommunie les assassins du cardinal Martinusius et Ferdinand Ier, roi de Hongrie, qui avait commandé ce crime; absout ensuite ce dernier des censures qu'il avait encourues, 89; XXIII, 519. — S'allie avec Charles-Quint contre Octave Farnèse, son gendre, 518. — Notice qui le concerne; il fit cardinal son porte-singe, qu'on appela par dérision le cardinal *Simia*, 17. — Passait pour fort voluptueux, *ibid*. — Légende que Voltaire aurait voulu mettre au revers de la médaille de ce pontife, et note y relative, LXI, 78.

Jules César, tragédie de Shakespeare. (*Voy.* CÉSAR et SHAKESPEARE.)

JULH (chevalier de). Ecrit contre J.-J. Rousseau en 1768. Lettre de félicitation qui lui est adressée à ce sujet, LXV, 104.

JULIE, fille d'Auguste. De son inceste, et de l'exil d'Ovide, VIII, 86; XXVII, 203.

JULIEN-*le-Philosophe*, surnommé *l'Apostat*, neveu du grand Constantin. Pourquoi il est épargné dans le massacre de sa famille, XLIII, 177. — Pourquoi est obligé d'embrasser à l'extérieur le christianisme, et de contrefaire l'imbécile, 179. — Déclaré César, et envoyé dans les Gaules comme dans un exil, s'y fait aimer, *ibid*. — Y est proclamé empereur malgré lui, 180. — Ne dément pas sa philosophie sur le trône; renonce à son baptême, mais non à la vertu, *ibid*. — Loin de persécuter les chrétiens, voulut apaiser leurs indignes querelles, 181. — Sa lettre aux Alexandrins sur le meurtre de l'évêque George, 182. — Il les reprend en empereur et en père, XLI, 44. — Pardonne à dix soldats chrétiens qui avaient conspiré contre sa vie, XXX, 496; L, 500. — Du prétendu miracle arrivé lorsqu'il voulut rétablir le temple de Jérusalem, XXVI, 485; XXX, 500; XLVII, 543 *et suiv*. — Est tué au milieu de ses victoires contre les Perses; sa mort fut d'un héros, et ses dernières paroles furent celles d'un sage, XXX, 495; XLIII, 182. — Indignement calomnié par Grégoire de Nazianze et Théodoret à l'occasion de sa mort, XXX, 205, 496; XLIII, 183. — Autres absurdités à son sujet, XLVII, 543. — S'il a jamais été chrétien, et s'il est probable qu'il eût pu l'être, XXVI, 481. — Ce qu'en dit Prudentius son contemporain, 483. — Stoïcien de pratique, était platonicien de théorie, XLIII, 183; XLV, 208. — Il erra sur le dogme, mais non point sur la morale, XLII, 602. — Ce qu'il pensait de la défense que Dieu fit à l'homme de manger du fruit de l'arbre de la science du bien et du mal, XV, 44; XLV, 221; XLIX, 15. — Sa dispute à ce sujet avec saint Cyrille, XV, 44; XLIII, 10. — Autres détails et questions qui le concernent, L, 496, 501. — Fut le premier des princes et des hommes après Marc-Aurèle, XXX, 495; XLV, 198; XLVII, 542. — Sa clémence envers les Antiochiens mise en contraste avec le massacre qu'en fit saint Théodose, XXXII, 359. — Il pardonna toujours aux libellistes qui écrivirent contre lui, L, 317. — Il avait plus de vertu dans le cœur, et plus de justesse dans l'esprit, que tous les Pères de l'Église, LXII, 73. — Que le bien qu'on peut dire de lui est prouvé par les faits, et que le mal ne l'est que par oui-dire et par conjectures, LII, 27. — Comment il parlait du zèle des chrétiens de son temps, XXXII, 508. — Tout superstitieux, tout fanatique qu'il était, jamais il n'employa la violence, encore moins les tourments, pour les forcer à changer de religion, XXX, 500; XLI, 465. — Fut le plus tolérant des hommes, et l'unique chef qui fût tolérant, XLVII, 545. — La Bletterie en a fait un superstitieux, *ibid*. — Pourquoi il n'a pu croire sérieusement au paganisme, *ibid*. — N'a pu être qualifié d'*apostat* que par les apostats de la raison, XLV, 203. — Pourquoi ce surnom ne lui convenait pas plus que celui d'*empereur chrétien* à Constantin, XLVII, 547. — Ce qu'on peut plus raisonnablement lui reprocher, 548. — Fut le scandale de l'Eglise et le modèle des rois, XII, 165; XV, 122. — Distique de Prudentius dans le même sens, imité en vers français par Voltaire, XIII, 400; XXVI, 483. — Qui a voulu voir en lui la bête de l'*Apocalypse*, 441. — Son portrait, ses qualités, XXX, 495; XLV, 197. — Sa réponse à un délateur, L, 298. — De sa bonne administration dans les Gaules, 318; XXX, 502. — Si quelqu'un pouvait retarder la chute de l'empire romain, c'était lui, XV, 375. — La religion chrétienne a dépendu de sa vie, XXX, 494; XLIII, 183. — Les efforts qu'il fit pour la détruire l'ont fait accuser calomnieusement de tous les crimes par tous les prêtres ses contemporains, XXX, 494 *et suiv*. — Et même par les Pères de l'Eglise, 496. — Ce qui lui inspira tant d'aversion pour le christianisme, 497. — Réflexions philosophiques au sujet de son changement de religion, *ibid. et suiv.* — Notice apologétique de son règne, 503. — Il n'est point de Français, et surtout de Parisiens, à qui sa mémoire ne doive être chère, XLVII, 548; L, 499; LXX, 459. — Ce qu'il disait du caractère de ces derniers, XXVI, 427; XXVIII, 115; XXIX, 479. — C'est à lui que la France doit les seuls beaux jours dont elle ait jamais joui jusqu'au siècle de Louis XIV, XLVIII, 104. — Vers à sa louange, XIII, 130. — Examen de son *Discours contre la secte des Galiléens*, XLV, 206 *et suiv.* — Traduction qu'en a faite le marquis d'Argens, et notes y relatives, XLI, 464; XLIII, 505; LXII, 40, 73. — Supplément à ce discours par Voltaire, XLV, 292 *et suiv.* — Nous n'en avons que des fragments, rapportés par saint Cyrille, son adversaire, XLIV, 97; XLV, 206. — Sa *Satire des Césars*, monument unique dans l'histoire, XXX, 503. — Ce qu'il faut pour bien juger ses écrits philosophiques, 504. — Opinion qu'en avait le grand Frédéric de Prusse, LII, 552. — Autres vers de Voltaire à son sujet, LIV, 386.

JULIEN. Faux messie qui parut dans la Palestine au 6e siècle, XXXI, 200.

JULIEN (le comte), gendre de Vitiza, assassiné par Rodrigue. Appelle les Maures en Espagne, VII, 132; XV, 489; XVI, 60. — L'outrage prétendu fait à sa fille par Rodrigue est une histoire assez douteuse, XV, 489.

JULIEN CESARINI, cardinal, légat en Allemagne. Défait par les hussites, XXIII, 385. — Préside au concile de Bâle, XVI, 465, 481. — Prêche une croisade contre les Turcs, *ibid.* — Entraîne Ladislas à violer la paix jurée avec Amurat II, *ibid.*; XVII, 147; XXIII, 395. — Périt à la bataille de Varnes; récits divers à ce sujet, 396; XVI, 483.

JULIEN DE LA ROVÈRE, cardinal, depuis pape sous le nom de JULES II. (*Voy.* cet article.)

JULIEN-LE-MAGNIFIQUE. (*Voy.* MÉDICIS.)

JUMILHAC (de). Commande les mousquetaires à Fontenoi, XXI, 143.

JUNQUIÈRES (de). Auteur de l'*Épître du P. Grisbourdon à M. de Voltaire*, qui se trouve dans plusieurs éditions de la *Henriade*, XI, XIV. — Et d'un petit poëme intitulé *Caquet-bon-Bec*, ou *la Poule à ma tante*; ce qu'on en dit, LX, 529; LXIV, 403.

JUPITER. Lieux de sa naissance et de sa sépulture, sérieusement recherchés par les doctes, IX, 303. — Étymologie de ce nom, *ibid.* — Pourquoi tous les peuples qui l'ont admis l'ont armé du tonnerre, *ibid.* — Pourquoi, de ses deux tonneaux, le plus gros est celui du mal, LVII, 69.

Jupiter (planète de). Sa grosseur et sa masse; ses satellites, XXXVIII, 208, 274.

Jura (le). (*Voy. Mont Jura.*)

Jurandes et maîtrises. Éloge de leur suppression, L, 331; LXIX, 537, 553, 554.

Jurement. Des jurements divers chez différentes nations, XI, 65, 180; XLII, 429. — Des lois qui les punissent, *ibid. et suiv.*

JURIEU, ministre protestant. Persécuteur de Bayle, XII, 65, 66; XIX, 55; XXX, 226. — Apostrophé à ce sujet, XLII, 320. — Ce qu'il disait de l'Écriture sainte, XXXI, 45. — Fait le prophète en Hollande, XX, 392. — Médaille dont il fut l'objet dans ce pays, 393. — Voyait dans le pape la bête de l'*Apocalypse*, XXVI, 441; XXXII, 11.

JURIN, l'un des meilleurs physiciens de l'Angleterre. Son expérience sur les forces motrices, XXXVIII, 469 *et suiv.* — Confond l'erreur de Berkeley sur le calcul différentiel; comment est traité par cet évêque irlandais, XII, 469.

Jurisprudence. Devrait être uniforme dans les lois qui règlent les fortunes des citoyens, XX, 264. — Quand elle est mauvaise, multiplie les crimes; faits qui le prouvent, XLII, 393 *et suiv.* — Prend trop souvent pour loi les sentiments particuliers des écrivains, XXI, 416. — Que le mélange des lois ecclésiastiques avec les lois civiles a corrompu la vraie jurisprudence de presque toutes les nations modernes, XXII, 203. — S'il n'est pas avantageux de s'accommoder quand on a raison, et de plaider quand on a tort, XXIX, 285.

Jurisprudence ecclésiastique. (*Voy. Droit canonique.*)

Jurisprudence criminelle. (Voy. *Procédure* et *Lois criminelles.*)

Jury. (Voy. *Jugements par jurés.*)

Jusqu'à quel point on doit tromper le peuple. Examen de ce problème délicat, XXXIX, 609.

JUSSUF, bacha, sérasquier de Bender. Réception magnifique qu'il fait à Charles XII, réfugié dans cette ville, XXIV, 206.

JUSSUF, grand-vizir. Fantôme de ministre, XXIV, 248. — Son origine; à qui dut son élévation, *ibid.* — Confirme la paix du Pruth, *ibid.*; XXV, 242. — Protége ouvertement les Russes, auxquels il s'était vendu, XXIV, 255. — Est accusé de corruption par Charles XII, 286. — Et déposé par le sultan, 290.

JUSTE de Tibériade, historien juif. A gardé un profond silence sur Jésus, XLVI, 202.

Juste et injuste. Ce qu'on doit regarder comme tel, XLV, 3, 43. — Dieu en a mis le sentiment dans tous les cœurs, XII, 159, 160; XXX, 317, 503. — Les hommes de tous les climats en ont tous une notion grossière, XLII, 583. — Ses limites difficiles à poser, 587. — Ce qui peut contrarier l'idée qu'on s'en est faite, XLV, 47. — Comment Puffendorf a prétendu en donner des idées, XXVIII, 462. — Qu'on est forcé de changer, selon le besoin, toutes celles qu'on s'en est formées; exemples à ce sujet, XXXVII, 337.

Justice. Que l'idée de justice est une vérité du premier ordre; faits qui le prouvent, XLII, 585. — Fausse maxime de Corneille à ce sujet, placée dans la bouche d'un ministre, 587. — Est la base fondamentale de toute morale, 594. — Comment nous en avons acquis l'idée, *ibid.* — Tous les hommes ont un fonds de justice dans le cœur, V, 489. — Elle se fait entendre aux plus endurcis, VI, 229. — La convenance et le droit du plus fort en tiennent lieu trop souvent entre les rois, XIX, 362. — Que l'extrême justice est une extrême injure, II, 95. — Comment la justice se rendait au temps de Charlemagne, XV, 452 *et suiv.* — Est aussi arbitraire que les modes, XXVII, 64. — Des probabilités en fait de justice, XXXII, 433; XLVII, 37, 157. — Fragment sur la justice, à l'occasion du procès du comte de Morangiès, XLVII, 494.

JUSTIN (l'empereur). Voulut extirper l'arianisme dans l'Orient; comment il fut arrêté dans ce projet, XXII, 199.

JUSTIN (saint). A, l'un des premiers, cité la sibylle de Cumes en faveur du christianisme, XV, 140, 144; XLVI, 76. — Parle d'un paradis sensuel, XV, 337; XXVIII, 68. — Miracle qu'il raconte sur la conservation des habits des Hébreux dans le désert, XLIX, 177. — Est le premier qui ait imaginé la fable de Simon Barjone et de Simon-le-Magicien à Rome, LXI, 304. — Et qui ait parlé du mystère de la Trinité comme on en parle aujourd'hui, XLIII, 129. — Son ouvrage falsifié sur ce point, 130. — Son sentiment sur l'eucharistie, XLI, 240. — Description qu'il donne de la Jérusalem céleste, XV, 144; XLIX, 318 *et suiv.* — Prétendus actes de Pilate cités par lui, XLIII, 119. — Sa bizarre allégorie sur le signe de la croix, XXVI, 181.

JUSTINIEN Ier, empereur d'Orient. Son *Histoire secrète* par Procope, satire dictée par la vengeance, XX, 121. — Son portrait, son caractère, XLIII, 409. — Méprisable despote, LXIV, 454. — Son code, et réflexions y relatives, XXVIII, 438 *et suiv.*

JUSTINIEN II, empereur d'Orient. Mutilé et enchaîné par Léonce, qui usurpe son trône, XV, 500. — Rétabli, fait couler le sang de ses ennemis sur la place publique, et périt lui-même par la main du bourreau, *ibid.*

JUVÉNAL, satirique latin. A traité à tort Cicéron de mauvais poëte; vers ridicule qu'il lui a imputé d'après un bruit populaire, VI, 298 *et suiv.* — N'a débité contre Alexandre que des paradoxes et des lieux communs, VII, 396; XXXVII, 362. — Est le premier qui ait dit que les Égyptiens adoraient des oignons; nul historien n'en avait parlé, XV, 104.

JUVENEL. (*Voy.* JOUVENEL DES URSINS.)

K

KAHLE (*Martin*), professeur à Gottingue. Écrit un livre contre Voltaire; lettre de celui-ci à ce sujet, LIV, 669. — Courte réponse du même au docteur allemand, XXXVIII, 525.

KAISERLING (baron de). Surnommé *Césarion* par le roi de Prusse, qui l'envoie auprès de Voltaire; détails qui le concernent, XL, 50; LII, 455, 465, 496, 548. — Appelé aussi *le Plutarque de la Courlande*, 465. — Vers que lui adresse Frédéric pour lui prêcher la patience dans une maladie, LIII, 57. — Il envoie à Voltaire le plan de Remusberg, dessiné par lui, 262. — Lettre qu'il lui écrit, 674. — Madrigal de Voltaire sur sa goutte, LIV, 93. — *Kaiserling et un questionneur*, dialogue en vers, 279. — Lettres en vers et en prose qui lui sont adressées en 1738, LII, 500; LIII, 263. — En 1743, LIV, 601. — Discours qu'il est supposé tenir aux confédérés catholiques de Pologne, à l'occasion du despotisme de la cour de Rome, XLIV, 143 *et suiv.*

KAISERLING (comte de), ambassadeur russe à Berlin. Anecdote qui le concerne, LV, 366.

KAISERLING (comte de), à Vienne. Lettre qui lui est adressée en 1761, LIX, 421.

KALF, charpentier de vaisseau à Sardam. Le premier qui ait commercé à Pétersbourg, xxv, 283. — Donne à diner au czar Pierre et à Catherine Ire, lors de leur voyage en Hollande, *ibid.* — Aventure de son fils, qu'il avait envoyé voyager en France, *ibid.*

Kalmouks. (Voy. *Calmouks.*)

Kamtschatka (le), province de Russie. Religion du peuple qui l'habite; ses usages bizarres, xxv, 54 *et suiv.* — Pierre-le-Grand y fait bâtir deux forts, 340. — Et y introduit la religion grecque, 57.

KANG-HI. Élu empereur de la Chine à l'âge de huit ans, XVIII, 462. — Fut assez sage et assez heureux pour se faire obéir des Chinois et des Tartares, *ibid.* — Rétablit l'empire et le rendit heureux, 463. — Grande considération dont les missionnaires d'Europe jouirent sous son règne, *ibid.* — Il permit aux jésuites d'enseigner le christianisme, XX, 463. — Admit à son audience le chef de la mission de la Chine et le légat du pape; les bannit tous deux après les avoir entendus, 466 *et suiv.* — Sa déclaration sur l'unité de Dieu, XLVII, 425. — Billet singulier qu'il écrivit aux jésuites de Pékin, XLVIII, 219. — Ses différends avec les Russes, xxv, 27. — Il préféra la paix et le commerce à une guerre inutile, 110. — Favorisa la liberté de conscience dans ses états, 344. — Fit venir des médecins d'Europe, 345. — Était amateur de tous les arts, xx, 468. — Description d'une de ses maisons de campagne et des fêtes qu'il y donnait, XXVII, 316. — Monuments indiens recueillis dans son cabinet, XXI, 266. — Sa mort; son éloge, xx, 468; xxv, 346; XLIV, 34. — Son testament remarquable, xv, 276.

Kans, princes tartares. De leur inauguration, XVI, 229; XLVIII, 196. — Leurs sujets les appellent empereurs, mais ils n'en sont pas moins les esclaves de la Porte, XXIV, 228. — Passent presque tous de la souveraineté à l'exil, 229.

KARA-MUSTAPHA, grand-vizir de Mahomet IV. S'avance jusqu'aux portes de Vienne et en forme le siége, XVIII, 432; XXIII, 640. — Son aveuglement, son luxe et sa mollesse lui font manquer l'occasion de s'en emparer, 643; XVIII, 433. — Autres détails à ce sujet, XIX, 448 *et suiv.* — Sa fuite et sa mort, XVIII, 434; XXIII, 645.

KAT, confident de Frédéric II, alors prince royal. Pourquoi périt sur l'échafaud, XL, 46, 48.

KAUNITZ (comte de), premier ministre de Marie-Thérèse. Assiégé dans Bruxelles par le maréchal de Saxe, XXI, 160. — Mis honorablement en liberté à la prise de cette ville, 161. — Rassemble une armée contre le roi de Prusse en 1757, 296.

KEATE (*George*). Auteur d'une *Histoire de Genève* et de son gouvernement, dédiée à Voltaire en 1761, LXII, 489. — Auteur du *Tombeau de l'Arcadie*, poëme dramatique; lettre qui lui est adressée en anglais, au sujet de ce dernier ouvrage, en 1773, LXVIII, 304.

Kehl (fort de). Emporté l'épée à la main par le maréchal de Créqui, en 1678, XIX, 431. — Restitué à l'Empire par la paix de Ryswick, 506.

KEITH, confident de Frédéric II de Prusse, alors prince royal. Comment échappe à la mort, XL, 46, 48.

KEITH (*George*). (*Voy.* milord MARÉCHAL.)

KEITH (*Jacques*), frère puîné du précédent, et feld-maréchal au service de Prusse. Se distingue dans la guerre de 1757, LVII, 378 *et suiv.* — Mot remarquable qu'on en cite à une impératrice de Russie, XLVII, 403. — Sa mort, LVII, 622.

KELLER, jésuite. Auteur du *Mysteria politica*, libelle attribué à Garasse, XXII, 235.

KELLY, Irlandais. L'un des sept officiers qui débarquent en Écosse avec le prince Édouard, XXI, 203.

KEMPFER. Son long séjour au Japon, et ce qu'il en rapporte, XVII, 369; XVIII, 467. — Voyageur véridique, savant et judicieux observateur, *ibid.*

KENNICOT, docteur irlandais. De son *Commentaire sur la Bible*, et de son incrédulité, XXVII, 332; XLVIII, 481.

KEPLER. Trouve les lois du mouvement et des corps célestes, XXXVII, 197. — Grande règle par laquelle il démontre la gravitation, et fausses raisons qu'il donne de cette loi admirable, XXXII, 294; XXXVIII, 204, 208 *et suiv.* — A mérité le nom de législateur en astronomie, malgré ses erreurs philosophiques, XVIII, 267; XXXVIII, 204. — Comment qualifiait l'astrologie; citation à ce sujet, XIX, 66.

KERSEBOOM. Son calcul de la vie, fait sur la ville d'Amsterdam, XXVI, 116 *et suiv.*

KETTLER (*Gothard*). Sigismond, roi de Pologne, lui donne le duché de Courlande, et le fait vice-roi de Livonie, XXIII, 531.

KEVENHULER (comte de). Gouverneur de Vienne dans la guerre de 1741, XXI, 68. — Sommation qu'il reçoit de Charles-Albert, électeur de Bavière, *ibid.*

KIEN-LONG, roi ou empereur de la Chine. Est auteur d'un recueil de vers; épître que Voltaire lui adresse à ce sujet, XIII, 377. — Notice sur son poëme de *Moukden*, où il célèbre les bienfaits de Dieu et les beautés de la nature, *ibid. et suiv.*; XLVII, 425; XLVIII, 186 *et suiv.* — Morale tendre et vertu bienfaisante qui y respire, 188. — Modestie de ce prince, 190. — Sa généalogie, 191. — Réflexions sur la vierge céleste dont il descend, XIII, 279; XLVIII, 192 *et suiv.* — Débats entre les jésuites et les jansénistes, pour savoir s'il était athée, 201 *et suiv.* — L'impératrice de Russie Catherine II lui disputait le sens commun, LXVI, 544; LXVII, 26. — Édit solennel par lequel il interdit à jamais l'entrée de l'empire aux missionnaires jésuites, XXVIII, 45.

KILMARNOCK (lord). L'un des pairs écossais qui s'armèrent en faveur du prince Édouard, XXI, 231. — Condamné à mort, *ibid.*

Kings (les *Cinq*), livre sacré des Chinois. Depuis quand sont connus à l'Europe, XV, 79. — Leur haute antiquité, 86, 259; XXVII, 337.

Kinsay, ville chinoise qui n'existe plus. Magnifique description qu'en fait Marc-Paul, XLVIII, 199.

KINSKI (comte de). Ministre de l'empereur d'Allemagne au congrès de Neustadt, XXIX, 94.

Kiovie (la), autrement la *Russie-Rouge*, ou l'Ukraine, XXV, 41. — Kiou, sa capitale, bâtie par les empereurs de Constantinople, *ibid.* — C'est là que résidaient les grands-ducs de Russie au 11e siècle, 44. — De son histoire, écrite par le patriarche Constantin, 29.

KIRCHER (le P.). L'un des plus grands mathématiciens et des plus savants hommes de son temps, XXXVIII, 172. — Ce qu'il dit de l'analogie de la lumière et du son, *ibid.* — Ce qu'il raconte d'un prétendu monument découvert par les missionnaires de la Chine, XLVIII, 209 *et suiv.*

KIUPERLI ou KOUPROGLI. (*Voy.* CUPROGLI.)

KLOPSTOCK, littérateur allemand. Auteur d'une tragédie de la *Mort d'Adam*; ce qu'on dit de la pièce et de l'auteur, LX, 288.

KNIPAUSEN (baronne de). La plus

riche veuve de Berlin sous Frédéric-Guillaume; comment fut ruinée par ce prince, XL, 43. — Cette injustice réparée par son successeur, LV, 474.

KNOBERSDORF, chambellan de Frédéric II. Bâtit l'Opéra de Berlin sans architecte, XL, 75. — Devait dessiner les estampes dont Frédéric se proposait d'orner la *Henriade* qu'il voulait faire graver, LIII, 459.

KNODERER (*Henri*), moine franciscain. Devenu électeur de Mayence vers la fin du 13e siècle, XXIII, 21. — Et confesseur de l'empereur Rodolphe, *ibid*.

Ko (le P.), jésuite chinois. Anecdote qui le concerne, XXVI, 338. — Fanatique qui a de l'esprit, mais qui déclame contre les philosophes, et qui paraît persuadé que Noé est le fondateur de la Chine, *ibid.;* LXX, 187, 190. — Note au sujet de cette assertion, 187. (*Voy.* CIBOT.)

KOENIG. Passe deux ans à Cirei avec Mme Du Châtelet et Voltaire, XLVIII, 324. — Est amené par cette dame à Paris en 1739; ce que l'auteur en dit à cette occasion, LIII, 668. — Ses mauvais procédés avec la marquise, LIV, 18. — Sa querelle littéraire avec Maupertuis en 1752, I, 201; XX, 485; XL, 90; XLVIII, 353; LVI, 97, 132, 189, 286. — Lettre que lui écrit Voltaire au sujet de son *Appel au public* du jugement qui le déclarait coupable d'avoir fabriqué une lettre de Leibnitz, pour donner à ce philosophe la gloire d'un théorème revendiqué par le président de l'Académie de Berlin, I, 201, 375; LVI, 220. — Voltaire prend son parti, I, 202, 375 *et suiv*. — Part que Frédéric II, roi de Prusse, prend à cette querelle, et brochure singulière que le prince publie à cette occasion, 202; LVI, 189, 206 *et suiv*. — Autres lettres que lui écrit Voltaire, en 1753, sur leur commune persécution, 286, 310. — Réponse d'un académicien de Berlin à un académicien de Paris, relativement à cette persécution inouïe en littérature, 181.

KOENIGSECK (comte de), général autrichien. Chargé de négocier après la campagne de 1742; lettres que lui écrit le cardinal de Fleury, XXI, 75. — Marie-Thérèse les fait imprimer; le cardinal les fait désavouer, 76. — Le comte commande les Autrichiens à la bataille de Fontenoi, 129.

KOKBEKER, capitaine hollandais. Funeste service qu'il rend au gouvernement du Japon contre les chrétiens, XVIII, 469.

KOLB (*Pierre*), voyageur. Son opinion sur les Hottentots; ce qu'il en rapporte, XVII, 362.

Kolin (bataille de). Gagnée par le maréchal Daun sur Frédéric II, roi de Prusse, XXI, 296; XL, 103; LVII, 287.

KONIGSMARCK (*Othon - Guillaume*, comte de), qui fut depuis généralissime au service de Venise. Sa réponse à Louis XIV, qui le pressait de se faire catholique, L, 533.

KONIGSMARCK (*Jean-Christophe*, comte de), l'un des généraux de Gustave-Adolphe. En 1648, à la tête des Suédois, surprend la ville de Prague en Bohême, XXIII, 623.

KONIGSMARCK (*Aurore*). Maîtresse du roi de Pologne Auguste Ier, et mère du célèbre comte et maréchal de Saxe, XI, 77. — Pourquoi Charles XII, roi de Suède, n'osa l'admettre à sa cour, *ibid*. — Chargée de négocier la paix avec ce prince, ne réussit point, XXIV, 100 *et suiv*. — Son caractère; perfections qui la rendaient une des plus aimables personnes de l'Europe, 101. — Notice qui la concerne, 294. — Aventure incroyable qu'elle est supposée avoir conduite, LIX, 27, 263.

Koor, conseiller privé du landgrave de Hesse. Loué et regretté par ce souverain, LXX, 390.

KOPPEN, général prussien. Se distingue au siège de Stralsund, XXIV, 320.

Koran (le). Veut dire *le Livre* ou *la Lecture*, XV, 337; XL, 177. — A été très bien traduit en anglais par M. Sale, XV, 317; XL, 172; XLI, 147; L, 70. — Le début en est sublime, XV, 322. — Abubeker en rassembla les feuilles éparses, 325. — On a tenté de l'attribuer à un moine nestorien, 337. — Belles paroles qui contiennent sa morale, 338. — A côté de morceaux sublimes, offre une foule d'absurdités, 339. — Ne contient rien de nouveau, *ibid*. — Sectes que ses diverses interprétations ont formées, 345. — Étendue prodigieuse du pays où il domine, XXVI, 150; XLIII,

265. — Introduction de ce livre, xxvi, 151. — On lui impute une infinité de sottises qui n'y furent jamais, 152; xxvii, 49 *et suiv*. — Règlements qu'il contient sur les femmes, xxvi, 153. — Cru éternel par les musulmans rigides, 157. — Vénération qu'ils lui portent, xxxi, 43. — N'est au fond qu'une rapsodie sans liaison, sans ordre et sans art, xxvi, 158; xlii, 193. — Est la loi canonique et civile des Turcs, xv, 338; xvi, 504. — Il y règne beaucoup de fanatisme, et il est plein d'erreurs physiques, xlii, 193.

Koublaï-Kan, petit-fils de Gengis. Achève la conquête de la Chine, xvi, 227 *et suiv*. — Envoie une armée de cent mille hommes au Japon, 231.

Kouli-Kan, usurpateur persan. (*Voy*. Thamas-Kouli-Kan.)

Kourakin (prince). Accompagne le czar Pierre Ier en France, xxv, 291. — Ambassadeur à La Haye, négocie avec le cardinal Albéroni contre l'Angleterre, 358.

Koutou. Dieu du Kamstchatka, xxv, 56.

Koutoukas, prêtre lama. Espèce de souverain en Tartarie, xxv, 344.

Krantz (*Albert*). De son conte d'un ambassadeur italien à qui un czar fit clouer son chapeau sur la tête, parcequ'il ne se découvrait pas en le haranguant, xxv, 22, 66; lix, 445.

Kremlin (le), palais des rois à Moscou. Par qui construit; détails y relatifs, xxv, 37 *et suiv*.

Kuse-Slerp, officier suédois, commandant à Usedom. Lettre qu'il reçoit de Charles XII, xxiv, 317. — Sa mort glorieuse, 318.

Kynaston (*J*.). Discours où il justifie Tacite contre la fausse imputation d'impiété, xli, 518.

FIN DE LA TABLE ANALYTIQUE DU PREMIER VOLUME.

www.ingramcontent.com/pod-product-compliance
Lightning Source LLC
Chambersburg PA
CBHW070605230426
43670CB00010B/1419